CHRISTOPH MARKSCHIES

GOTTES KÖRPER

CHRISTOPH MARKSCHIES

GOTTES KÖRPER

Jüdische, christliche und pagane
Gottesvorstellungen in der Antike

C.H.BECK

Gedruckt mit freundlicher Unterstützung der

Fritz Thyssen Stiftung
für Wissenschaftsförderung

Mit 15 Abbildungen

© Verlag C.H.Beck oHG, München 2016
Satz: Fotosatz Amann, Memmingen
Druck und Bindung: Druckerei C.H.Beck, Nördlingen
Umschlaggestaltung: Anzinger | Wüschner | Rasp, München
Umschlagabbildung: Jean Auguste Dominique Ingres,
«Jupiter und Thetis» (Detail), 1811, Musee Granet, Aix-en-Provence,
© Bridgeman Images
Gedruckt auf säurefreiem, alterungsbeständigem Papier
(hergestellt aus chlorfrei gebleichtem Zellstoff)
Printed in Germany
ISBN 978 3 406 66866 1

www.chbeck.de

Man kann Gott wortlos dienen,
ihn aber nicht sprachlos verherrlichen.

Elazar Benyoëtz

So down they sat,
And to their viands fell, nor seemingly
The Angel, nor in mist, the common gloss
Of Theologians, but with keen dispatch
Of real hunger, and concoctive heate
To transsubstantiate; what redounds, transpires
Through Spirits with ease; nor wonder; if by fire
Of sooty coal the Empiric Alchimist
Can turn, or holds it possible to turn
Metals of drossiest Ore to perfect Gold
As from the Mine.

John Milton, Paradise Lost, Buch V, Verse 433–443

So ließen sie
sich nieder, und sie aßen; und der Engel,
nicht augenscheinlich oder mystisch nur,
wie es die Theologen haben wollen,
sondern mit Hungers echtem, scharfem Zahn,
der auch Verdauungshitze sich erzeugt,
die sublimiert: was aber unverwandelt,
verflüchtigt sich behend aus Geistern schnell.
Kein Wunder, wenn der Alchemiste selbst
aus rußigem Kohlenfeuer es versteht
oder für möglich achtet, die Metalle
vom gröbsten Erz in reines Gold zu wandeln,
wie es die Grube fördert.

Übersetzung von Hans Heinrich Meier

INHALT

Vorwort 11

Erstes Kapitel
Der Körper Gottes nach dem Ende der Antike 19

Die Naturen Christi 19 – Maimonides und die jüdischen Vorstellungen von einer Unkörperlichkeit Gottes 21 – Anselm von Canterbury und Thomas von Aquin 26 – Philosophische und theologische Kritik am Anthropomorphismus in der Neuzeit 29 – Leitfragen und Gliederung 32 – Der Körper in der «Körpergeschichte» 34 – Fünf Einsichten 38

Zweites Kapitel
Der Körper Gottes in der jüdisch-christlichen Bibel und bei den frühen christlichen Theologen 41

1. Die Bibel. 43
Anthropomorphismus und Körperrhetorik 43 – Körperlichkeit, Verkörperung, Einkörperung 49 – Die jüdisch-hellenistische Bibelexegese 52

2. Die antike Philosophie 57
Xenophanes 57 – Die Kritik an Xenophanes bei christlichen Autoren 59 – Platon 60 – Philo von Alexandrien 63 – Vorstellungen von göttlichen Körpern 66 – Epikur und die epikureische Schule 69 – Die stoische Schule 72 – Die aristotelische Schule 79 – Die Debatten über Aristoteles 81

3. Die frühe christliche Theologie 86
Origenes 87 – Die «Apologeten» 96 – Clemens von Alexandrien 97 – Origenes und die Körperlosigkeit Gottes 98 – Tertullian 106 – Melito von Sardes 108 – «Gnostische» Texte 108 – Zusammenfassung 110

Drittes Kapitel
Der Körper Gottes und die antiken Götterstatuen 113

Gott und Mensch zugleich 113 − Das Kultbild des olympischen Zeus von Phidias 118 − Kultstatuen in Tempeln 123 − Epiphanien göttlicher Körper in antiken Romanen 130 − Göttergestalten in der Mythologie 133 − Gottesdarstellungen in Synagogen 137

Viertes Kapitel
Die Körper der Götter und die Körper der Seelen in der Spätantike 145

Der Platonismus 146 − Der Streit um den Seelenkörper in der christlichen Theologie 148 − Tertullian: «Über die Seele» 156 − Der «astrale Körper» der Seele: die Neuplatoniker 159 − Claudianus Mamertus 162 − Augustinus von Hippo 168 − Claudianus Mamertus: «De statu animae» 173 − Zusammenfassung 176

Fünftes Kapitel
Der Körper Gottes und die spätantike jüdische Mystik 179

1. Zeugnisse der Frömmigkeit 179
Die Vision des Ezechiel und ihre frühe Rezeption 181 − Zur Definition eines schwierigen Begriffspaares 190 − Merkava-Mystik in der hohen Kaiserzeit 198

2. Das «Shi'ur Qoma»-Textmaterial 202
Einordnung und Überlieferung 202 − Shi'ur Qoma: die Überlieferung des Textmaterials 206 − Gottes Körper in den «Shi'ur Qoma»-Texten 211 − «Shi'ur Qoma»-Traditionen bei christlichen Autoren 223 − Das «Buch des Elchasai» 227 − Die sogenannte Gnosis 234

Sechstes Kapitel
Der Körper Gottes in der spätantiken christlichen Theologie 247

1. «Über die Seele und den Körper» 247
Melito von Sardes 249 − Irenaeus von Lyon 261 − Die pseudo-clementinischen Homilien 267

2. Christliche Debatten im vierten Jahrhundert 284
Lactantius über göttliche Affekte 284 − Eusebius von Emesa über Gottes Unkörperlichkeit 290 − Augustinus von Hippo 298

3. Die anthropomorphitische Kontroverse 310
Der Begriff «Anthropomorphiten» 311 − Patriarch Theophilus III. von Alexandrien und der Beginn der Kontroverse 314 − Der Ausbruch des sogenannten ersten origenistischen Streits 319 − Die Motive des Patriarchen 325 − Evagrius Ponticus und seine Polemik 327 − Die Kritik der «Anthropomorphiten» am radikalen Origenismus 334 − Der Beginn der Konflikte 340 − Die Auseinandersetzungen in der Vita des Aphu von Oxyrhynchus/Pemdjé 345 − Die Auseinandersetzungen in den «Collationes Patrum» des Johannes Cassianus 351 − Das theologische Profil der «Anthropomorphiten» 353 − Die Nachgeschichte 361 − Der Körper des Mönchs 364 − Zusammenfassung und Ausblick 372

Siebtes Kapitel
Der Körper Gottes und die antike Christologie 373

Die Inkarnation als Spezifikum? 374 − Debatten über die Göttlichkeit des Körpers Jesu Christi 376 − Die Aufwertung des menschlichen Körpers Jesu Christi 378 − Die Abwertung des menschlichen Körpers Jesu Christi zu einem «Scheinleib» 380 − Die Ansichten des Julius Cassianus 384 − Valentinus von Rom 386 − Über die Lehren der «Anschein-Leute» 388 − Der Auferstehungsleib Jesu Christi 394 − Die Auseinandersetzungen um die «Unverderblichkeit» des Körpers Jesu Christi 398 − Die Körperlichkeit Jesu Christi in den kanonisch gewordenen Evangelien 404 − Das Bekenntnis des Agathonicus von Tarsus 410 − Der göttliche Körper Jesu Christi und der menschliche Körper 414 − Zusammenfassung 418

Schluss: Erledigte Vorstellungen von Gott? 419

Anhang

Abkürzungen 435 − Anmerkungen 437 − Bildnachweis 769 − Verzeichnis der Sekundärliteratur 770 − Stellenregister 869 − Personenregister 894

VORWORT

Sehr viele gegenwärtig in Europa und Amerika lebende Menschen sind im Laufe ihres Lebens zu der Einsicht gelangt, dass – wenn es überhaupt einen Grund gibt, an Gott zu glauben – solche Gottesbilder aufgeklärter und «moderner» sind, die zeitgemäße Standards von Vernunft treffen und in denen Gott nicht in Anlehnung an eine menschliche Person vorgestellt wird. «Anthropomorphismus», eine Vorstellung von Gott in menschlicher Gestalt, gilt gemeinhin als archaisch, naiv und primitiv.[1] Bereits *Sigmund Freud* (1856–1939) nannte eine solche Vorstellung «so offenkundig infantil, so wirklichkeitsfremd, daß es einer menschenfreundlichen Gesinnung schmerzlich wird zu denken, die große Mehrheit der Sterblichen werde sich niemals über diese Auffassung des Lebens erheben können». Für ebenso problematisch wie die männlich konnotierte «anthropomorphe» Gottesvorstellung hält der Begründer der Psychoanalyse aber auch den Versuch, anstelle eines im männlichen Körper gedachten persönlichen Gottes ein «unpersönliches, schattenhaft abstraktes Prinzip» zu setzen.[2] Selbst wenn der Philosoph *Ludwig Feuerbach* (1804–1872) die Projektionstheorie, die er erstmals 1841 in seinem Werk «Das Wesen des Christentums» formulierte, mit *allgemeinen* Zügen des Gottesbildes und nicht mit der *speziellen* Vorstellung eines göttlichen Körpers begründete,[3] kann die Vorstellung eines (angesichts des defizienten menschlichen Körpers) schlechterdings vollkommenen göttlichen Körpers leicht als Argument für die These herangezogen werden, Gott sei nichts anderes als «die personifizierte, als ein Wesen vorgestellte Gottheit oder Göttlichkeit des Menschen».[4] Kritik an anthropomorphen Gottesbildern ist, wie im folgenden Kapitel gezeigt werden wird, seit langem en vogue. Zudem sind Bedenken gegen Gottesbilder, die Gott einen wie auch immer gearteten Körper und insofern eine gewisse Form der Leiblichkeit zuschreiben, weit verbreitet.

An dieser Stelle eine knappe *Bemerkung zur Terminologie:* Sowohl in der philosophischen als auch in der theologischen Tradition wird mindestens seit dem neunzehnten Jahrhundert meist streng zwischen *Körper* und *Leib* unterschieden,[5] obwohl diese Differenzierung auch antike, terminologisch aus heutiger Perspektive meist inkonsistente Vorbilder hat.[6] Vielleicht kann man die unterschiedlichen Versuche, diese Differenz auf den Begriff zu bringen, so zusammenfassen: Unter *Körper* werden vor allem die materiellen Aspekte verstanden, unter *Leib* die in irgendeiner Weise über das Materielle hinaus qualifizierte lebendige, in geistiger Tätigkeit selbstbezügliche Materialität: Der Leib ist beispielsweise als ein beseelter Körper, als ein als sündig qualifizierter Körper oder als ein in Gestalt des Bewusstseins selbstreferentieller Körper konzipiert. Anders formuliert: Der Mensch hat einen Körper, aber ist ein Leib. Oder: Im Körper *hat* der Mensch Natur, im Leib *ist* er Natur. In bestimmten Situationen, beispielsweise bei einer Vollnarkose, hat ein Mensch zwar seinen Körper, aber ist in diesem Augenblick gerade kein Leib in dem Sinne, in dem er es vor der Vollnarkose war und nach der Vollnarkose hoffentlich wieder sein wird. Im Sinne der hier vorgenommenen sehr groben Differenzierung, die auf die allermeisten Verwendungen in Geschichte und Gegenwart zutrifft, werden beide Begriffe, Körper und Leib, im Folgenden auch differenziert verwendet werden, sofern nicht Quellensprache zitiert oder paraphrasiert wird.[7]

Ist die Vorstellung von Gottes Körper mit Blick auf die individuelle religiöse Entwicklung also ein bloßer Kinderglauben und im Blick auf die kollektiven Entwicklungen des religiösen Bewusstseins eine längst überwundene, altertümliche Stufe der Evolution? Oder gibt es auch in der Gegenwart gute Gründe dafür, Gott körperlich zu denken?

Bis weit in die europäische Neuzeit bestand mindestens im Judentum und Christentum (wie auch im Islam) Konsens darüber, dass Gott zwar keine menschliche Gestalt habe, aber doch *Person* sei – die Ablehnung des Anthropomorphismus in den drei sogenannten abrahamitischen Religionen implizierte also nicht die Ablehnung seiner Personalität. In den letzten beiden Jahrhunderten dagegen ist *Entpersonalisierung* mindestens in der Philosophie, stellenweise aber auch in der christlichen, weniger in der jüdischen und kaum in der muslimischen Theologie eines der leitenden Prinzipien geworden, von Gott zu reden.[8] Schon Goethe kritisierte die Idee, über Gott in den Kategorien einer menschlichen Person nachzudenken, und attackierte den Kampf zeitgenössischer Theologen gegen eine solche Entpersonalisierung mit dem scharfen Satz «Was soll mir euer Hohn / Über das All und Eine? / Der Professor ist eine Person, / Gott ist keine».⁹ Allerdings hält die christliche, jüdische und muslimische Mehrheitstheologie ebenso wie die im Alltag praktizierte Frömmigkeit dieser drei Weltreligionen trotz solcher gelehrten oder bildungsbürgerlichen Bedenken an der Vorstellung einer Personalität Gottes fest. Im Unterschied zu allen anderen Personen, die seit der Antike zwar allgemein als individuierte Substanzen mit Vernunft definiert werden, aber immer als Vernunft *in einem Körper* oder als *leibhafte* Vernunft gedacht werden,¹⁰ wird Gott im kollektiven Bewusstsein ganz selbstverständlich als eine *körperlose* (und insofern auch *leiblose*) Vernunft beschrieben. Eine gewisse Ausnahme bilden diejenigen pantheistischen Konzeptionen, in denen – freilich metaphorisch – die Welt als Körper oder Leib der Gottheit interpretiert wird.

Obwohl es normalerweise also Verwunderung auslöst, unter Bedingungen einer neuzeitlichen Verstandes- und Bildungskultur von einem «Körper Gottes» zu reden, der ebenso wie die Person Gottes von der Welt unterschieden ist, gibt es gelegentlich auch in der europäischen Neuzeit Zweifel an diesem allgemein verbreiteten Gottesbild: So hat beispielsweise der schwäbische Prälat *Friedrich Christoph Oetinger* (1702–1782), ein prominenter Theologe des Pietismus, in pointierter Wendung gegen eine bestimmte Form protestantischer Aufklärungstheologie die Leiblichkeit «das Ende der Werke Gottes» genannt und formuliert: «Wenn man alles Leibliche von Gott absondert: so ist Gott ein Nichts».¹¹ Und der Görlitzer Schuhmacher *Jakob Böhme* (1575–1624), ein religiöser Denker ganz eigener Prägung, hat schon lange vor Oetinger unter Aufnahme verschiedenster antiker und mittelalterlicher Denktraditionen wie zeitgenössischer radikaler Strömungen über die Frage nachgesonnen, ob nicht Gott die Natur als seinen Leib brauche.¹² In der europäischen Neuzeit sind solche Ansichten, wie sie Böhme oder Oetinger vertraten, freilich mehr oder weniger einflussreiche Sondermeinungen.

Der geschilderte Befund einer allgemein verbreiteten Vorstellung von einer körper- wie leiblosen Personalität Gottes gilt allerdings nicht für die Antike – *und zwar für die antiken Religionen in ihrer Gesamtheit*, für die pagane Religiosität, das Judentum und das Christentum samt diversen Strömungen dazwischen. Im Gegenteil: Die Vorstellung, dass Gott Körper und Leib habe, war Common Sense. In Fachkreisen war dieses Faktum schon länger bekannt. 1974 bemerkte der amerikanische Religionsphilosoph *William J. Wainwright*: «The belief that God has a body is by no means uncommon in the history of religious thought, nor is that belief confined to the primitive and unsophisticated. The Manicheans, Tertullian, certain Egyptian anchorites, and the Mormons have all maintained that God has (or is) some particular body».[13] Wainwright machte mit seinem Hinweis auf die Mormonen zugleich darauf aufmerksam, dass auch in der Neuzeit, wie wir ja auch schon an Böhme sahen, Gott «Körper» oder «Leib» zugeschrieben wird. Es kann also bei diesem Thema nicht um eine duale Gegenüberstellung von Antike und Moderne gehen, sondern nur um die sorgfältige Nachzeichnung von Entwicklungen, in deren Verlauf einst breiter vertretene Vorstellungen marginalisiert wurden und in Minderheitspositionen abwanderten.

Die Idee, angesichts dieser bemerkenswerten Veränderung im Gottesbild zwischen Antike und Moderne über den *Körper Gottes in der Antike* nachzudenken und Ergebnisse dieses Nachdenkens zu publizieren, entstand während eines mehrjährigen Forschungsprojektes über die Vorstellung vom *menschlichen* Körper in der christlichen Antike, das ich gemeinsam mit verschiedenen Mitarbeitenden gefördert von der Deutschen Forschungsgemeinschaft in Heidelberg und Berlin durchführen konnte; ich erwähne vor allem die Philologinnen Eva Elm, Anna Rack-Teuteberg und Dorothea Zeppezauer sowie den Archäologen Tomas Lehmann. Während unserer Diskussion über die Beziehung zwischen Heilung und Erlösung in der Antike fiel mir auf, dass es eine Menge an Forschungsliteratur über den *menschlichen* Körper in der Antike gibt, die mindestens für den Bereich des Christentums chronologisch wie inhaltlich Peter Browns maßstabsetzendem Buch «Body and Society» aus dem Jahre 1988 folgt,[14] aber nahezu keine Arbeiten zum Körper *Gottes*. Diese Defizitanzeige gilt auch im Hinblick auf die großen verdienstvollen Überblicksdarstellungen zum Thema, beispielsweise für den umfangreichen Band «God in Patristic Thought» des Oxforder Patristikers und anglikanischen Theologen *George Leonard Prestige* (1889–1955).[15]

Das Buch ist dann in einem längeren Prozess von insgesamt sechs Jahren gewachsen: Eine erste und noch sehr vorläufige Ideenskizze habe ich zunächst auf Einladung von Bärbel Friedrich 2008 am Alfried-Krupp-Wissenschaftskolleg in Greifswald vorgetragen, in jeweils stark veränderter Form 2009 als Alexander-Böhlig-Gedächtnisvorlesung an der Evangelisch-Theologischen Fakultät der Eberhard-Karls-Universität Tübingen, im Deutschen Evangelischen Institut für Altertumswissenschaft des Heiligen Landes in Jerusalem auf Einladung von Dieter Vieweger, anlässlich der Emeritierung von Theofried Baumeister an der Katholisch-Theologischen Fakultät der Johannes-Gutenberg-Universität Mainz und im Exzellenzcluster «Kulturelle Grundlagen von Integration» in Konstanz auf Einladung von Rudolf Schlögl wiederholt. Während der Jahre im Leitungsamt der Humboldt-Universität zu Berlin war allerdings an eine gründlichere Ausarbeitung dieser Skizze nicht zu denken. Daher ergriff ich dankbar die Gelegenheit, im Frühjahr 2011 die «Deichmann Annual Lecture Series» an der Ben-Gurion-Universität Be'er Sheva über das Thema zu halten. Dem deutschen Studienprogramm der Dormitio-Abtei auf dem Berg Zion in Jerusalem, seiner damaligen Leiterin und Inhaberin des Laurentius-Klein-Lehrstuhls, der Neutestamentlerin Margareta Gruber, und den Mönchen der dortigen Benediktinerabtei danke ich für die Möglichkeit, einen ersten Entwurf dieser Vorlesungen an jenem Ort vorzubereiten, vor allem aber Roland Deines für die Einladung nach Be'er Sheva.

Besonders dankbar bin ich aber auch meinem früheren Heidelberger althistorischen Kollegen Angelos Chaniotis und den anderen Fellows am Institute for Advanced Study in Princeton. Dieser Ort bot mir im Frühjahr und Sommer 2011 die Gelegenheit, am Manuskript weiterzuschreiben. In Princeton hatten der dortige Judaist Peter Schäfer und ich bereits im Frühjahr 2010 einige der relevanten jüdischen Texte mit Studierenden diskutiert, als ich dort als Stewart Visiting Research Scholar im Humanities Council, Program of Jewish Studies, forschen durfte. Unsere gemeinsamen Lehrveranstaltungen in Princeton und Berlin haben ebenso wie vielfältige Gespräche insbesondere das fünfte Kapitel über die jüdischen Texte stark beeinflusst. Bei beiden Aufenthalten in Princeton in den Jahren 2010 und 2011 hatte ich immer wieder die Gelegenheit, beim Mittagstisch oder beim Abendessen mit Peter Brown, Glen Bowersock, Caroline Walker Bynum, Patricia Crone (†), Christian Habicht, Peter Schäfer und Heinrich von Staden die Probleme von göttlichen wie menschlichen Körpern in der Antike zu besprechen. Die Ergebnisse meines Aufenthalts am Institute konnte ich im November 2011 bei Vorträgen sowie bei einem Seminar in Pisa an der Scuola Normale Superiore präsentieren und mit Glenn Most diskutieren. Angesichts der vielfältigen Anstöße empfinde ich das, was ich hier vorlege, aber eigentlich als mein «Princetoner Buch». In Princeton wurde mir auch bewusst, dass in der philosophischen Diskussion der Antike die

Überlegung, ob ein Gott einen Körper hat, eng verknüpft war mit der Frage, wie sich die Seele zu ihren Körpern verhält. Daher behandelt das hier vorgelegte Buch auch die antiken philosophischen Debatten über das Seele-Körper-Verhältnis, jedenfalls soweit sie für das grundlegende Thema relevant sind. Hierfür waren auch die Diskussionen mit den Mitgliedern einer einschlägigen Arbeitsgruppe zur Seele im Berliner Exzellenzcluster «Topoi» und insbesondere ihrem jetzt in Köln wirkenden Leiter Christoph Helmig von zentraler Bedeutung. Gern denke ich auch an die Gespräche im Anschluss an eine Vorstellung der Hauptthesen dieses Buches auf der North American Patristic Society im Mai 2014 in Chicago zurück, zu der mich Susanna Elm eingeladen hatte; in der letzten Phase war mir auch der Rat von Candida R. Moss in New York wichtig.

Fertiggestellt werden konnte das in Jerusalem und Princeton begonnene Buch allerdings nur, weil das Trinity College in Oxford mich ein zweites Mal während des Hilary Term 2013 als Visiting Fellow beherbergte und dadurch Diskussionen mit Oxforder Kolleginnen, Kollegen und Freunden wie Freundinnen, vor allem mit Peggy Chadwick, Mark Edwards, Guy und Sarah Stroumsa sowie Johannes Zachhuber, ermöglichte. Auch wenn der Lower Reading Room der Bodleiana im Vorfeld meines Aufenthaltes zum Missfallen nicht weniger Benutzerinnen und Benutzer erstmals seit seiner Einrichtung grundlegend umgeräumt wurde, habe ich ihn doch angesichts der wunderbaren Buchbestände dieser Bibliothek weiterhin dankbar frequentiert und bin zwischen den Räumen mit den *Patristica* und den *Classica* ebenso fleißig hin- und hergelaufen wie zwischen der Bodleiana und der Sackler Library. In Oxford bemerkte ich auch, dass meine ideengeschichtlichen Untersuchungen zum Körper Gottes als ausführliche Vorgeschichte zu Texten des Tübinger evangelischen Theologen Eberhard Jüngel gelesen werden können, in denen er die Forderung erhoben hat, wieder zu einer «wohlbedachten anthropomorphen Rede» von Gott zurückzufinden.[16] Auch wenn mir klar ist, dass die Frage nach Recht und Grenze anthropomorpher Gottesrede nicht nur für einen reflektierten Umgang mit kirchlicher Praxis, traditioneller religiöser Literatur wie gelebter Frömmigkeit von großer Bedeutung ist und ich die Beziehung auf Arbeiten eines verehrten Tübinger Lehrers erfreut wahrgenommen habe, liefert die hier vorgelegte Untersuchung nur das Material für die systematisch-theologische Diskussion, die ebenso wie im Christentum auch im Judentum und im Islam neu geführt werden muss. Die historische Wissenschaft präsentiert im besten Fall Antworten aus der Vergangenheit auf Fragen, die auch gegenwärtig noch aktuell sind; die Lösungen der Vergangenheit eignen sich aber meistens nicht dazu, unverändert übernommen oder gar repristiniert zu werden. In diesem Sinne verdankt sich die hier behauptete Modernität eines Themas aus der Antike allerdings nicht nur der verständlichen Neigung innerhalb der Altertumswissenschaften, eigene Themen deswegen als «modern» darzustellen, um mehr Menschen dazu zu bringen, einschlägige Bücher zu lesen, um Stiftungen dazu zu motivieren, entsprechende Projekte zu finanzieren oder um selbst einen Sinn im eigenen Tun zu finden.[17]

Das in Jerusalem, Princeton und Oxford gewachsene Manuskript wäre noch nicht publikationsfähig gewesen. In Berlin haben sich Mitarbeitende meines Lehrstuhls der Texte angenommen: Mirjam Wulff übersetzte höchst zuverlässig Passagen, die ich in englischer Sprache abgefasst habe und die Juliane Zachhuber gründlich durchgesehen hatte, wieder ins Deutsche zurück. Die studentischen Hilfskräfte, vor allem aber Magdalena Rauner und Saskia Triesscheijn, versorgten den in der Ferne weilenden Autor mit der Literatur, die ihm trotz der vorzüglichen Oxforder und Princetoner Bibliotheken an diesen Orten fehlte; Renate Burri, Simon Danner, Marie-Dorothee Schubert und Katharina Weigel kümmerten sich um die Formalia. Mit meinen Berliner Mitarbeiterinnen Angelica Dinger und Hannah Schiller habe ich den Text ausführlich diskutiert; ihre Einwände und Ratschläge haben mich zu verschiedenen Änderungen bewogen. Die Assistierenden Marc Bergermann, Jan Bobbe, Emmanouela Grypeou, Sarah-Magdalena Kingreen und Vera von der Osten-Sacken lasen das ganze Manuskript, identifizierten allerlei Versehen und machten hilfreiche Vorschläge für die Organisation des umfangreichen Materials. Ulrich Nolte betreute von Seiten des Verlages auch dieses Buch wie gewohnt hilfreich und Wolfgang Beck ermöglichte sein Erscheinen; die Fritz Thyssen Stiftung erlaubte mit einem namhaften Zuschuss die Publikation in dieser noblen Form. Nun schließt ihr Verfasser dankbar seine Arbeit ab und hofft, dass sein Buch über einen scheinbar ganz ungewöhnlichen und unmodernen Gegenstand vielen, die es lesen, beim eigenen Nachdenken und Forschen über etwas, *quo nihil maius cogitari possit*, zuträglich ist.

Jerusalem, im Frühjahr 2015   *Christoph Markschies*

ERSTES KAPITEL

DER KÖRPER GOTTES NACH DEM ENDE DER ANTIKE

Gott hat in der Neuzeit – im kollektiven Bewusstsein ebenso wie in den wissenschaftlichen Texten über ihn – weder einen Leib noch gar einen Körper im materiellen Sinne, wenn man einmal von den Ansichten so unterschiedlicher Sondergruppen wie Mormonen und Pantheisten absieht. Diese Defizitanzeige beschreibt allgemeine Grundannahmen über Gott in Nordamerika ebenso wie in England oder auf dem europäischen Kontinent, also in Gegenden, die durch das Christentum und insbesondere durch die jüdisch-christliche Bibel geprägt worden sind.

Die Naturen Christi

Aber gehört zu diesem kollektiven Bewusstsein nicht eine wie auch immer präzise Erinnerung daran, dass mindestens der christliche Gott nach dem Bekenntnis des abendländischen Mehrheitschristentums trinitarisch verfasst ist und die zweite göttliche Person dieser Trinität, Christus, sowohl Körper als auch Leib besitzt? Erkennbar spielt *heute* – mindestens für die allgemeine Diskussion wie Vorstellung – die antike Idee einer Körperlichkeit Christi, der spätestens seit den spätantiken Reichskonzilien von Nicaea (325) und Chalcedon (451) als zweite Person einer trinitarisch gedachten Gottheit verstanden wurde,[1] ebenso wenig eine Rolle wie die antike Idee eines göttlichen Körpers an und für sich. Dabei besitzt Christus nach der klassischen, in der Antike entstandenen Normalform christlicher Dogmatik nicht nur insofern einen Körper, als er in seiner menschlichen Leiblichkeit nach der Inkarnation auf Erden wandelte. Vielmehr thront er nach dieser bis weit in die christliche Kunst und Musik verbreiteten Vorstellung auch nach Tod und Auferstehung leibhaft im Himmel zur Rechten des Vaters.[2] Christliche Theologie hat sich – jedenfalls mit Blick auf die göttliche Person Jesu Christi – über Jahrhunderte nicht gescheut, Gott einen Körper und eine leibhafte Natur zuzuschreiben. Sie hat, präziser formuliert, jedenfalls *einer* von drei Seinsweisen Gottes einen Körper und eine leibhafte Natur zugeschrieben. Allerdings hat die westliche Christenheit (im Unterschied zu bestimmten Formen der östlichen Christenheit) diejenige Form der spätantiken Christologie rezipiert, in der jene irdische leibhafte, *menschliche Natur* des Sohnes ebenso wie die erhöhte menschliche Natur nach dem Lehrbekenntnis des Reichskonzils von Chalcedon 451[3] streng unterschieden wurde von der körper- bzw. leiblosen *göttlichen Natur* des Sohnes wie des Vaters: Die sogenannte Zwei-Naturen-Christologie, auch mit einem spätantiken, ursprünglich griechischen Kunstausdruck «Dyophysitismus» genannt,[4] versteht diesen spezifischen Körper Gottes nach der menschlichen Natur Jesu Christi als besonderen *menschlichen* Körper und insofern auch nach seiner Erhöhung zur Rechten Gottes nur eingeschränkt als göttlichen Körper. Anders formuliert: Die «Zwei-Naturen-Christologie» erlaubte es, Gott einen (menschlichen) Körper zuzuschreiben, aber zugleich an der Grundüberzeugung von der Körperlosigkeit Gottes festzuhalten. Mit dem Konzil von Chalcedon hat das Mehrheitschristentum die Idee eines «himmlischen Fleisches» oder «ungeschaffenen Fleisches» (σάρξ Χριστοῦ ἐπουράνιος oder σάρξ Χριστοῦ ἄκτιστος), also eines nichtirdischen Körpers Jesu Christi in besonderer göttlicher Leiblichkeit, zurückgewiesen. Nach der damit abgelehnten Ansicht einflussreicher Theologen besaß Christus einen solchen besonderen göttlichen Körper von Ewigkeit her und konnte ihn folglich nach seiner Himmelfahrt wieder annehmen, wenn er ihn schon auf Erden nicht verwendete (auf diese auf dem Konzil verworfene Lehrbildung wie auch auf die zugrunde liegenden religiösen Vorstellungen wird noch ausführlich eingegangen).[5] Bereits die Privilegierung der dyophysitischen Position im Reichskonzil von Chalcedon und die Ablehnung der Ansicht, Christus habe anstelle eines menschlichen einen besonderen göttlichen Leib gehabt, stärkte indirekt den Einfluss der Lehre von der Körperlosigkeit Gottes und trug damit zur Marginalisierung der Vorstellungen vom Körper Gottes bei. Gelegentliche Transformationen der antiken Lehre von einem «himmlischen Fleisch» Christi, beispielsweise in der Reformationszeit bei *Kaspar Schwenckfeld* (1490–1561)[6], haben an dieser Tatsache nichts geändert. Die ungebrochene

Tendenz zur Marginalisierung verstärkte sich seit dem achtzehnten Jahrhundert noch einmal: Die zunehmende Kritik an der spätantiken Lehrbildung von zwei Naturen Christi durch protestantische Theologen in der europäischen Neuzeit, die besonders pointiert von dem Berliner Pfarrer und Professor *Friedrich Daniel Ernst Schleiermacher* (1768–1834) artikuliert wurde,[7] begünstigte den Verlust der Erinnerungen an eine Körperlichkeit oder gar Leiblichkeit Gottes im kollektiven Bewusstsein weiter – mindestens in den von der allgemeinen Dechristianisierung geprägten protestantischen Weltgegenden. Weder für das gegenwärtige kollektive Bewusstsein nicht theologisch vorgebildeter «Laien» noch für die wissenschaftliche Theoriebildung unserer Tage spielt die klassische Frage nach der Leiblichkeit der menschlichen Existenz Jesu Christi im Himmel wie auf Erden noch irgendeine Rolle, genauso wenig wie die einst heftig debattierte Frage, ob Gott ein Körper zuzuschreiben ist.

Maimonides und die jüdischen Vorstellungen von einer Unkörperlichkeit Gottes

Neben die Tendenz zur Marginalisierung der Vorstellungen von einem himmlischen oder irdischen Körper der Gottheit in der *christlichen Theologie* und im *christlichen Glaubensbewusstsein* seit der Neuzeit treten Entwicklungen im Judentum und in der allgemeinen philosophischen Gotteslehre. Auch in diesen Kontexten wird die Vorstellung von einem göttlichen Körper oder Leib in einem wörtlichen, nichtmetaphorischen Sinne mit zum Teil großer Vehemenz abgelehnt: Die Überzeugung, dass Gott keine menschliche Stimme und keine menschliche Gestalt hat, verbindet spätestens seit dem Mittelalter das jüdische wie christliche Nachdenken über Gott; beide Denktraditionen haben sich offenkundig wechselweise beeinflusst. Der mittelalterliche jüdische Arzt, Philosoph und Rechtsgelehrte *Moses Ben Maimon*, gemeinhin Maimonides oder mit seinem Akronym RaMBaM genannt (1135–1204),[8] argumentierte vermutlich als erster jüdischer Denker so ausführlich und prinzipiell gegen anthropomorphe Gotteskonzeptionen. Natürlich musste er sich im Zuge einer solchen Argumentation ausführlich mit entsprechenden Passagen seiner heiligen Schrift, der Hebräischen Bibel, auseinandersetzen. Alle solchen biblischen Beschreibungen von Gott, die Gott eine Stimme, andere anatomische Details oder gar einen ganzen Körper zuschreiben, so behauptete Maimonides, müssten metaphorisch interpretiert werden. Der Universalgelehrte nahm an, solche Texte seien in ihrer wörtlichen Bedeutungsdimension zur Belehrung der nicht philosophisch denkenden, ungebildeten Hörer- und Leserschaft der biblischen Bücher gedacht gewesen; philosophisch denkende, gebildete Leser (an Leserinnen dachte er noch nicht) würden dagegen durch allegorische Interpretation der metaphorischen Rede der Heiligen Schrift einen Sinn entnehmen können, der mit vernünftigem Denken vereinbar sei.

Im ersten Teil seines religionsphilosophischen Hauptwerks «Führer der Unschlüssigen» (Dalālat al-ḥā'irīn oder More Nevuchim [מורה נבוכים], auch «Wegweiser der Verwirrten»),[9] dem Widmungsschreiben nach für einen Schüler namens Rabbi Joseph bestimmt und zwischen 1180 und 1190/91 in Fustat (Alt-Kairo) entstanden, bot Maimonides daher Erklärungen für biblische Textpassagen und Begriffe, die mindestens in den Augen einer ungebildeten Leserschaft die Körperlichkeit Gottes zu belegen schienen. Gottes Unkörperlichkeit war in den Augen des jüdischen mittelalterlichen Denkers «die dritte der am meisten grundlegenden Wahrheiten, die beiden voraufgehenden sind die Existenz Gottes und seine Einheit».[10] Gottes Existenz und Einheit sind im jüdischen Kontext unstrittig; es gilt schließlich das Grundbekenntnis «der Herr ist einer» (Deuteronomium 6,4).[11] Aber im Blick auf Gottes Unkörperlichkeit verhalten sich die Dinge komplizierter: Einige biblische Texte scheinen nämlich zu belegen, dass Gott einen Körper hat und körperlich ist. Im Grunde könnte dies schon aus der auch nach Maimonides unbezweifelbaren Tatsache der Gottesebenbildlichkeit des Menschen folgen. Gottesebenbildlichkeit scheint zu implizieren, dass Gott die Menschheit in *diesem* Bild und nach *dieser* Gestalt seines eigenen Körpers geschaffen hat (Genesis 1,27 f.). Maimonides widerlegt diese in seinen Augen irrige Position durch eine ausführliche Diskussion einschlägiger biblischer Passagen. Dabei bezieht er sich zum Beispiel auf die in der rabbinischen Literatur oft behandelte Formulierung aus Numeri 12,8, wo von Mose gesagt wird: «Er sieht den Herrn in seiner Gestalt» (so die hebräische Version; im griechischen Text der Septuaginta: «Er sieht den Herrn in seiner Herrlichkeit»).[12] Tatsächlich kann das an dieser Stelle verwendete hebräische Wort, das gewöhnlich mit «Gestalt» übersetzt wird, Körperlichkeit ausdrücken.[13] Aber Maimonides war tief davon überzeugt, dass der Glaube, dass Gott einen Körper hat, den Glauben an Gottes Einheit gefährde und damit am Ende den Glauben an Gottes Existenz zerstöre.

Ein Körper ist nämlich eine aus Teilen zusammengesetzte Entität, Gott aber per definitionem eine unzusammengesetzte Einheit. Körperlichkeit und Einheit sind Gegensätze: «Denn das Körperliche ist keine Einheit, es ist vielmehr aus Materie und Form zusammengesetzt, die begrifflich zweierlei sind».[14] *Einheit* wird von ihm begrifflich aber als undifferenzierte *Einzelnheit* gefasst:

> «Es gibt aber überhaupt keinen Glauben an die Einheit Gottes außer dem Glauben an ein *einziges*, einfaches Wesen, bei dem keine Zusammensetzung und keine Vielheit von Bestimmungen denkbar ist, sondern nur einen Begriff, welchen du, du magst ihn von welcher Seite auch immer betrachten oder von welchem Gesichtspunkte immer prüfen, nur als einen befindest, der in keiner Weise und aus keinem Grunde in zwei Begriffe geteilt werden kann und bei welchem es weder außerhalb noch innerhalb des Denkens eine Vielheit geben kann, wie in diesem Buche bewiesen werden soll».[15]

Dieses Argument gegen einen Körper Gottes aufgrund der Differenzierung zwischen der prinzipiellen Unzusammengesetztheit Gottes einerseits und der Zusammengesetztheit eines Körpers andererseits macht deutlich, dass Maimonides außer der neuplatonischen Begrifflichkeit der undifferenzierten Einzelnheit, dem Einen (τὸ ἕν), auch fundamentale Konzepte der aristotelischen Ontologie benutzt (wie beispielsweise den Dual von Inhalt und Form), um die Idee eines Körpers Gottes als vernunftwidrig zurückzuweisen.[16] In seinem «Führer der Unschlüssigen» hat er nicht nur demonstriert, dass die Idee eines göttlichen Körpers die absurde Vorstellung eines zusammengesetzten und somit teilbaren Gottes impliziert, sondern auch, dass diese Vorstellung eine Anwendung der aristotelischen Idee einer Substanz und ihrer Attribute auf Gott ist, welche völlig absurde Konsequenzen bei der Betrachtung Gottes zur Folge haben würde:

> «Zu diesen Irrtümern mussten aber jene notwendig deshalb gelangen, weil sie, wie wir sagten, an Phantasievorstellungen festhalten und weil dasjenige, was man sich immer von allen existierenden Körpern vorstellt, irgendeine Substanz ist, deren jede notwendig gewisse Eigenschaften besitzen muss, und niemals eine körperliche Substanz ohne Attribut zu finden ist. Und dieser Analogie folgend glauben sie, dass Gott in dieser

Weise aus einer Vielfalt verschiedenartiger Dinge zusammengesetzt ist, aus seinem Wesen und zahlreichen zu seinem Wesen hinzukommenden Dingen. Einige aber gingen, der Analogie folgend, so weit, dass sie ihn für einen Körper hielten, der Attribute besitze;[17] andere hingegen, die nicht zu diesem Tiefstand gelangten, verneinten wohl die Körperlichkeit, ließen aber doch die Attribute bestehen. Zu alledem aber führte sie nur das hartnäckige Festhalten an der wörtlichen Auslegung der Heiligen Schrift, wie ich in den Kapiteln zeigen werde, die über diesen Gegenstand handeln».[18]

Für Maimonides ist die Vorstellung von einem göttlichen Körper also völlig abwegig, weil sie *zum einen* zusammengesetzte Teile in Gott impliziert und dazu *zum anderen* die Idee, dass körperliche Akzidenzien zu seiner Substanz treten. Eine immaterielle Substanz wie Gott kann nach Maimonides nicht an einen bestimmten Ort oder eine bestimmte Zeit gebunden sein. Denn sie verfügt nicht über solche Akzidenzien, Eigenschaften,

«durch welche ein Ding in seiner Beziehung zu einem anderen Dinge dargestellt wird, indem man es zu einer bestimmten Zeit, zu einem bestimmten Ort oder zu irgendeinem Einzelding in Beziehung bringt ... Es könnte somit auf den ersten Blick scheinen, dass es begründet sei, Gott mit Eigenschaften dieser Art zu bezeichnen. Allein wenn man sich um die Wahrheit bemüht und sorgfältig nachdenkt, wird es klar, dass dies unmöglich ist. In der Tat gibt es keine Beziehung zwischen Gott und der Zeit oder zwischen Gott und dem Raume. Dies ist auch einleuchtend. Die Bewegung aber gehört zu den Begriffsmerkmalen der Körper. Gott aber ist kein Körper, und es gibt auch keine Beziehung zwischen ihm und der Zeit. Und ebenso besteht keine Beziehung zwischen Gott und dem Raume».[19]

Neben solchen Argumenten, die eher vor dem Hintergrund der aristotelischen Metaphysik formuliert sind, verwendete der jüdische Philosoph in einer zweiten Argumentationslinie auch solche, die eher aus einem platonischen Kontext stammen: In seinem «Traktat über die Auferstehung der Toten» benutzte Maimonides die nach platonischer Vorstellung gedachte Beziehung zwischen Körper und Seele als Argument: Weil «der Körper als ganzer allein das Werkzeug für die Seele ist, durch das die Seele alle ihre Aktionen ausführt»,[20] würde die Vorstellung eines göttlichen Körpers implizieren, dass Gott seinen Körper bräuchte, um Handlungen durchzuführen, was ebenfalls inakzeptabel wäre.

Eine dritte Argumentationslinie wird im «Führer der Unschlüssigen» dem *Targum Onkelos* (אונקלוס) entnommen, der offiziellen babylonischen Version der aramäischen Übersetzung der Hebräischen Bibel, der in die Zeit des frühen römischen Kaiserreichs datiert werden kann, vielleicht aber auch erst in der Spätantike verfasst wurde.[21] Nach Maimonides setzte diese aramäische Übersetzung unkörperliche Begriffe an die Stelle von körperlichen Bezeichnungen der Hebräischen Bibel.[22] Der jüdische Philosoph konnte die aramäische Übersetzung als Argument nutzen, weil seine Leserinnen und Leser den Targum offensichtlich als autoritative Auslegung der Bibel akzeptierten. Tatsächlich wurde bei der Übersetzung der Bibel im Targum Onkelos versucht, die Anthropomorphismen der Vorlage zu vermeiden oder jedenfalls zu reduzieren. So ergänzen die Übersetzer im Targum den erwähnten biblischen Vers Numeri 12,8 um die Worte «die Ehre», wodurch die Passage im Sinn stark verändert wird: «Und er (Mose) kann das Bild *der Ehre* des Herrn betrachten» (ובדמות יקרא דיוי מסתכל).[23] Das kommt der griechischen Übersetzung der Septuaginta nahe: «und er hat die Herrlichkeit des Herrn gesehen» (καὶ τὴν δόξαν κυρίου εἶδεν).

Zusammenfassend gesagt: Die Vorstellung, Gott habe einen Körper oder sei irgendwie körperlich zu denken, ist nach Maimonides die Konsequenz einer wörtlichen Fehlinterpretation der biblischen Texte. Gleichzeitig ist aber der Glaube an Gottes Körperlichkeit eine schwere Sünde, weil sich der Glaubende auf diese Weise wie jemand verhält, der Bilder anbetet (oder sogar noch Schlimmeres).[24] Der mittelalterliche jüdische Philosoph polemisierte mit solchen Bemerkungen nicht nur gegen eine naive Volksfrömmigkeit ungebildeter Massen, sondern auch gegen eine ganz bestimmte jüdisch-mystische Tradition. Sie entstand, wie noch zu sehen sein wird,[25] auf der Grundlage biblischer und nachbiblischer Texte in frühbyzantinischer Zeit und ergänzte die einfache Rede von der Körperlichkeit Gottes durch ausführliche Spekulationen über die exakten Maße seines Körpers. Man spricht in der Forschung von «Shi'ur Qoma»-Texten (שיעור קומה), wörtlich von Texten über die «Maße der Gestalt [des göttlichen Körpers]».[26]

Die Bedeutung der hier nur knapp zusammengefassten, ebenso umfassenden wie reich mit Beispielen sowie Bibeltexten angefüllten Argumentation des Maimonides für jüdisches Glaubensleben und Denken kann gar nicht hoch genug eingeschätzt werden. Man darf auch seinen Einfluss auf christliche Theologen nicht unterschätzen. Der mittelalterliche Philosoph «war nicht der erste jüdische Denker, der Anthropomorphismus zurückwies, aber keiner seiner Vorgänger hat diese Zurückweisung so klar als einen Glaubensartikel definiert und obligatorisch für alle sozialen Schichten und Bildungsniveaus gemacht» (Sarah Stroumsa).[27] Den bequemen, von platonischen Philosophen ebenso wie jüdischen und christlichen platonisierenden Theologen gern eingeschlagenen Ausweg, einen denkerisch als defizitär empfundenen Anthropomorphismus ungeachtet aller seiner Probleme der ungebildeten Masse zuzubilligen und ihn nur für die gebildete Elite durch metaphorische Auslegung zu überwinden, ist Maimonides nicht gegangen. Er hat damit einer in der voraufgehenden jüdischen Theologie platonisierender wie antiplatonischer Prägung selbstverständlichen Praxis des Umgangs mit den anthropomorphen Aussagen biblischer und anderer religiöser Texte definitiv einen Riegel vorgeschoben – und damit, wie wir nun sehen werden, auch das christliche Denken beeinflusst.

Anselm von Canterbury und Thomas von Aquin

Natürlich war auch die mittelalterliche christliche Theologie bereits, bevor sie die strikte Abweisung anthropomorpher Rede von Gottes Körper durch Maimonides rezipierte, weitestgehend davon überzeugt, dass Gott nicht als ein körperliches Wesen oder in Analogie zu einem solchen gedacht werden dürfe. Dafür hatte schon das Konzil von Chalcedon im Jahre 451 mit seiner Zurückweisung der Vorstellung von einem «himmlischen Fleisch Christi» gesorgt.[28] So kann man bei dem Benediktiner *Anselm von Canterbury* (1033–1109), der rund hundert Jahre vor Maimonides lebte, in dessen *Proslogion* Antworten auf die Frage lesen, «wie er (Gott) empfindet, obgleich er nicht Körper ist».[29] Anselm argumentiert für seine selbstverständliche Ablehnung einer Körperlichkeit Gottes mit der platonischen Hierarchie von besserem und schlechterem Sein, wobei der Körper ohne jede Diskussion dem schlechteren Sein zugewiesen wird: «Höchster Geist» ist «besser als der Körper».[30] Trotzdem billigt er dem höchsten geistigen Wesen eine Empfindung zu, die freilich nicht körperlich ist (*corporeus*), sondern reine Erkenntnis.[31] In der ganzen westlichen oder östlichen christlichen Tradition des Mittelalters wie der frühen Neuzeit gibt es jedoch kein Buch, das dem «Führer der Unschlüssigen» mit seiner ausführlichen Polemik gegen die anthropomorphe Gottesvorstellung vergleichbar wäre. Das zeigt sich bereits an den polemischen Schriften gegen den jüdischen Philosophen. In seiner Widerlegung von «Irrtümern» des Maimonides, die *Aegidius Romanus*, Erzbischof von Bourges (ca. 1243–1316), um 1270 verfasst hat, hat der Autor die ganze Frage nach Gottes Körper, die in der Abhandlung des Maimonides so zentral ist, unberührt gelassen.[32] Offensichtlich gab es zu dieser Zeit keine Kontroverse zwischen gelehrten jüdischen und christlichen Theologen über dieses Thema.[33]

Rund ein Jahrhundert nach Maimonides stellte *Thomas von Aquin* (1225–1274), Lehrer des Aegidius, in seiner *Summa contra Gentiles* sowie in der *Summa Theologiae* einige der Argumente gegen eine körperliche Vorstellung von Gott zusammen. Wie Maimonides benutzte er für seine Argumentation basale Paradigmen der aristotelischen Philosophie[34] – und das, obwohl er den jüdischen Philosophen stark kritisiert:[35]

«[2] Jeder Körper nämlich ist, da er ein stetig Ausgedehntes ist, zusammengesetzt und hat Teile. Gott aber ist nicht zusammengesetzt, wie dargelegt wurde.[36] Also ist er kein Körper.[37]

[3] Außerdem. Jede Größe ist auf irgendeine Weise in Potenz, denn das stetig Ausgedehnte ist der Potenz nach ins unendliche teilbar, die Zahl aber ist ins unendliche vermehrbar. Jeder Körper aber ist durch Größe bestimmt. Also ist jeder Körper in Potenz. Gott aber ist nicht in Potenz, sondern reiner Akt, wie dargelegt wurde. Also ist Gott kein Körper.[38]

[4] Zudem. Wenn Gott Körper wäre, müsste er ein natürlicher Körper sein. Denn ein mathematischer Körper besteht nicht durch sich, wie Aristoteles beweist,[39] weil die Dimensionen Akzidentien sind. Er ist aber kein natürlicher Körper, da er unbewegbar ist, wie dargelegt wurde. Jeder natürliche Körper aber ist bewegbar. Gott ist also kein Körper.[40]

[5] Weiter. Jeder Körper ist endlich, was sowohl vom runden wie vom eckigen Körper von Aristoteles im ersten Buch ‹Über Himmel und Erde› nachgewiesen wird.[41] Über jeden beliebigen endlichen Körper aber können wir mit Verstand und Einbildungskraft hinausgelangen. Wenn Gott nun Körper wäre, könnten also unser Verstand und unsere Einbildungskraft etwas Größeres als Gott denken. So wäre Gott nicht größer als unser Verstand. Das ist aber sinnwidrig. Also ist er kein Körper.[42]

[6] Zudem. Die geistige Erkenntnis ist gewisser als die sinnliche. Es gibt aber etwas in der Wirklichkeit, was den Sinnen als Gegenstand zugrunde liegt. Dasselbe gilt auch für den Verstand. Der Ordnung der Gegenstände aber entspricht die Ordnung der Potenzen, wie auch ihre Unterscheidung. Also gibt es über alles Sinnfällige hinaus in der Wirklichkeit etwas Geistiges. Jeder wirkliche Körper aber ist sinnfällig. Also ist etwas Vorzüglicheres als alle Körper anzunehmen. Wenn Gott nun Körper wäre, so wäre er nicht das erste und höchste Seiende.[43]

[7] Außerdem. Vorzüglicher als jeder unbelebte Körper ist ein lebendes Wesen. Vorzüglicher aber als jeder lebende Körper ist sein Leben, da er dadurch einen Vorzug vor den anderen Körpern hat. Also ist das, im Vergleich zu dem es nichts Vorzüglicheres gibt, kein Körper. Dies aber ist Gott. Also ist er kein Körper.[44]

[8] Ebenso. Es gibt Überlegungen von Philosophen,[45] die, um eben dies zu zeigen, von der Ewigkeit der Bewegung ausgehen, und zwar auf folgende Weise: In jeder immerwährenden Bewegung darf das Erstbewegende nicht bewegt sein, weder an sich noch mitfolgend, wie aus dem oben Gesagten hervorgeht. Der Himmelskörper ist aber in immerwährender Bewegung im Kreise bewegt. Also ist sein erster Beweger weder durch sich noch mitfolgend bewegt. Kein Körper aber verursacht eine Ortsbewegung, es sei denn, er ist bewegt, weil Bewegendes und Bewegtes zusammen sein müssen. Daher muss der bewegende Körper bewegt sein, damit er mit dem bewegten Körper zusammen ist. Auch bewegt keine in einem Körper befindliche Kraft, außer sie ist mitfolgend bewegt, denn wenn der Körper bewegt ist, so ist auch die Kraft des Körpers mitfolgend bewegt. Also ist der erste Beweger des Himmels kein Körper und keine in einem Körper befindliche Kraft. Das aber, worauf die Bewegung des Himmels zuletzt als auf das unbewegte erste Bewegende zurückgeführt wird, ist Gott. Gott ist also kein Körper».[46]

Wie Maimonides zeigte Thomas, indem er absurde Konsequenzen aus seinen Prämissen abwehrte («Gott ist eine zusammengesetzte Entität»), dass Gott nicht zusammengesetzt ist, dass er als reiner Akt (*actus purus*) ohne nicht verwirklichte Möglichkeiten, als unendlich, als unbeweglich gedacht werden muss. Da aber ein Körper per definitionem eine zusammengesetzte Einheit ist, hat er nicht verwirklichte Möglichkeiten, ist endlich, beweglich. Deswegen kann Gott keinen Körper haben und Körperlichkeit Gottes ist ein Widerspruch in sich selbst. Interessanterweise benutzt Thomas wie Anselm eine Art ontologische Hierarchie platonischer Provenienz als Argument: Intellektuelle Entitäten sind «edler» (*nobilius*) als Dinge, die sensitiv fühlen können. Es ist klar, dass auf der Basis einer solchen platonischen Hierarchie keine Idee einer Körperlichkeit Gottes gedacht werden kann.[47] Aber auch auf der Basis des aristotelischen Konzepts von Gott als dem unbewegten Beweger (οὐ κινούμενον κινεῖ)[48] kann göttliche Körperlichkeit nicht ohne ernsthafte Widersprüche gedacht werden.[49]

Philosophische und theologische Kritik am Anthropomorphismus in der Neuzeit

Wegen solcher ebenso offensichtlichen wie fundamentalen Probleme einer Vorstellung von der Körperlichkeit Gottes hat sich seit Jahrhunderten im westlichen philosophischen wie theologischen Denken nur noch eine Minderheit in systematischer Absicht mit der Frage beschäftigt, ob Gott einen Körper hat oder nicht. Zu klar scheint das Gegenteil als ein fundamentaler Grundsatz jeder rationalen Theorie über Gott. Als Vertreter der Minderheit sind bereits Caspar Schwenckfeld, Jakob Böhme und Friedrich Christoph Oetinger genannt worden, vom Mainstream der neuzeitlichen protestantischen Universitätstheologie eher marginalisierte Figuren. Spätestens seit Maimonides ist, wie gezeigt wurde, der allgemeine philosophische wie theologische Diskurs über die Körperlichkeit Gottes mit der Polemik gegenüber anthropomorphen Gottesbildern verbunden, die der Neuzeit zugleich auch immer als Ausweis eines unaufgeklärten Gottesbildes und Denkens gelten. Allenfalls wird anthropomorphe Rede von Gott noch als reine Akkomodation an die Bedürfnisse der Empfängerinnen und Empfänger von Offenbarung zugelassen. Die Vorstellung aber von einem körperlich verfassten, personalen Gott läuft nach Ansicht der allermeisten Menschen dem Wesen Gottes schlechterdings zuwider.

Heftige Polemik gegenüber körperlichen Vorstellungen von Gott findet sich beispielsweise bei der Behandlung anthropomorpher Passagen der biblischen Schriften in der jüdischen wie christlichen Bibelkritik der frühen Neuzeit, die sich zunächst außerhalb der einschlägigen Institutionen von Kirche und Universität beziehungsweise Synagoge und Lehrhaus etablierte. Für *Baruch de Spinoza* (1632–1677) war die Idee, Gott habe eine menschliche Natur angenommen und verfüge also über einen Körper, «gerade so unsinnig, als wenn jemand sagen wolle, der Kreis habe die Natur des Quadrates angenommen»[50] – Eberhard Jüngel hat die Argumentation Spinozas und ihre Bedeutung für die Entstehung einer kritischen Bibelhermeneutik vor einiger Zeit sorgfältig nachgezeichnet.[51] Die Idee eines Körpers Gottes scheint für neuzeitliche westliche Philosophen wie Theologen so absurd zu sein, dass sie oft nicht einmal das Bedürfnis empfinden, diesen Gedanken explizit zu formulieren. Anthropomorphismus ist dabei weit mehr als nur die Rede von einem Körper Gottes. Der barocke Universalgelehrte *Gottfried Wilhelm Leibniz* (1646–1716) bezeichnete in seiner *Causa Dei asserta per justitiam ejus* (1710), einem Anhang seiner «Theodizee», sogar *jeden* Versuch, Gottes Größe zu minimieren, als «Anthropomorphismus»,[52] also nicht nur ein Konzept von der Körperlichkeit Gottes.[53] Der schottische Philosoph, Ökonom und Historiker *David Hume* (1711–1776) versuchte in seinen «Dialogues concerning Natural Religion» (1739/40) zu zeigen, dass jedes Konzept von Gott, das sich auf Erfahrung bezieht oder auf ihr basiert, zu einem absurden Anthropomorphismus führt und das auch aufgrund einer dem Menschen innewohnenden Tendenz zu anthropomorphen Gottesbildern. Andererseits impliziert nach Hume jedes Konzept, das versucht, Anthropomorphismen zu vermeiden, Sätze über Gott, die empirisch leer sind.[54] Der Königsberger Aufklärungsphilosoph *Immanuel Kant* (1724–1804) setzte sich mit Hume auseinander und argumentierte dafür, dass in bestimmter Hinsicht anthropomorphe Gottesrede unvermeidlich ist. Er formulierte in seinen «Prolegomena zu einer jeden künftigen Metaphysik» (1783): «Alsdann eignen wir dem höchsten Wesen keine von den Eigenschaften *an sich selbst* zu, durch die wir uns Gegenstände der Erfahrung denken, und vermeiden dadurch den *dogmatischen* Anthropomorphismus; wir legen sie aber dennoch dem Verhältnisse desselben zur Welt bei und erlauben uns einen *symbolischen* Anthropomorphismus, der in der That nur die Sprache und nicht das Object selbst angeht.»[55] Kant nennt diesen «*symbolischen* Anthropomorphismus» im Anschluss an eine mittelalterliche Redeweise eine «Erkenntniß ... nach der Analogie», wobei er unter «Analogie» im Unterschied zur gewöhnlichen Bedeutung des Begriffs eine «vollkommene Ähnlichkeit zweier Verhältnisse zwischen ganz unähnlichen Dingen» versteht.[56] Selbst wenn sich hier die Möglichkeit einer positiveren philosophischen wie theologischen Beurteilung anthropomorpher Rede von Gott auftut – nach Kant kann diese Rede eben *Wesentliches* über Gott wie seine Ursächlichkeit für alle Dinge aussagen und läuft insofern nicht stracks dem Wesen Gottes zuwider –, finden sich entschiedene Voten zu einer Rehabilitierung einer «wohlbedachten anthropomorphen Rede» nur selten in der philosophischen wie theologischen Diskussion. Der evangelische Theologe *Eberhard Jüngel* (*1934) ist zu nennen,[57] im Blick auf die christologische Diskussion auch schon dessen Lehrer *Karl Barth* (1886–1968) und jüngst der amerikanische katholische Theologe *Stephen H. Webb* (*1961).[58] Natürlich votieren die genannten Autoren nicht für eine Rückkehr zu einer naiven Verwechslung von Gott und Mensch (wenn es solche Naivität je in größerem Umfang in der Geschichte menschlichen Nachdenkens über Gott gegeben haben sollte). Sie plädieren vielmehr dafür, einerseits die Grenzen von Sprache ernst zu nehmen und andererseits eine Bewegung Gottes hin zur Welt – und damit zur Körperlichkeit – sprachlich nachzuvollziehen.

Aus diesen jüngeren und jüngsten Arbeiten wird deutlich, dass beim Nachdenken über Gott im jüdischen wie im christlichen Kontext die Frage seiner Körperlichkeit schon deswegen unabdingbar ist, weil sie die dafür basalen biblischen Texte prägt und die vertraute Abwertung dieser Redeweise als «Anthropomorphismus» zu kurz greift. Der in der Moderne allzu selbstverständliche Verdacht, solche Formulierungen seien ein Ausdruck eines «vormodernen Weltbildes» vermeintlich einfältiger, ungebildeter Menschen, zeugt eher von Vorurteilen als von gründlicher Analyse der einschlägigen Texte. Die Tradition einer körperlichen Vorstellung von Gott ist nicht nur breiter belegt, als wir gewöhnlich denken, sondern wurde auch von hochgelehrten und intellektuell ambitionierten Menschen vertreten. Vor allem aber prägt sie zutiefst die in der jüdischen wie der christlichen Bibel gesammelten Schriften und insofern auch alles nachbiblische Denken wie Schreiben in diesen Religionen. An diesem Punkt unterschieden sich Judentum und Christentum in keiner Weise von den sie umgebenden Religionen des Vorderen Orients und der Antike. In vielen jüdischen wie christlichen biblischen Texten wurde die Rede von einem göttlichen Körper definitiv *nicht* nach den antiken Gesetzen der metaphorischen Rede[59] verstanden, als ob zwischen dem Körper Gottes und dem Körper der Menschen lediglich eine Analogie (gleich welchen Typs) bestehe. Metaphorisch gemeint wären diese Texte, wenn alle Ähnlichkeit immer zugleich von Unähnlichkeit, ja *Fremdheit* begleitet würde. «Metapher ist die Übertragung eines *frem-*

den Namens» (μεταφορὰ δέ ἐστιν ὀνόματος ἀλλοτρίου ἐπιφορά), sagt Aristoteles.[60] Eine solche Unähnlichkeits- oder Fremdheitsrelation zwischen dem göttlichen und dem menschlichen Körper bestreiten aber viele biblische Texte in ihrem Reden über Gottes Körper programmatisch. Darauf hat der amerikanische Bibelwissenschaftler Benjamin D. Sommer vom Jewish Theological Seminary of America jüngst in einem Buch mit dem Titel «The Bodies of God and the World of Ancient Israel» aufmerksam gemacht:

> «Der Gott der Hebräischen Bibel hat einen Körper. Das muss von vornherein festgestellt werden, denn sehr viele Menschen, einschließlich vieler Wissenschaftler, nehmen an, dass es sich anders verhält».[61]

Sommer bezeichnet die Vorstellung, dass Gott einen Körper hat, als «the standard notion of ancient Israelite theology»[62] und kontrastiert in der Einleitung seiner Monographie diese vielstimmige religiöse Überlieferung mit einer Wolke von Zeugen («the formidable authority of childhood teachers and the less robust influence of theologians»), die ihn seit Kindheit davon zu überzeugen versuchte, dass gerade umgekehrt die Vorstellung eines *körperlosen* Gottes zeitgemäßem jüdischem (wie christlichem) Glauben entspräche und damit zugleich auch das nichtreligiöse westliche Denken tief geprägt hätte.[63]

Leitfragen und Gliederung

Eine knappe Übersicht zum Schicksal, das die allgemein verbreitete antike Vorstellung von einem Körper Gottes in nachantiken Zeiten bis hin zu ihrer weitgehenden Marginalisierung durchmachte, führt zu den Leitfragen, die in den folgenden Kapiteln beantwortet werden sollen: Wie einflussreich waren biblische Konzepte vom Körper Gottes tatsächlich im späteren – das heißt: hellenistischen bis spätantiken – jüdischen Denken und in den Reflexionen antiker Christenmenschen? Gibt es charakteristische Unterschiede in der Rezeption unterschiedlicher biblischer Konzepte von Gottes Körper (Sommer hat in seiner Monographie gezeigt, wie unterschiedlich tatsächlich die verschiedenen Konzepte göttlicher Körperlichkeit allein schon in der Hebräischen Bibel angelegt sind[64]) zwischen verschiedenen Strömungen des Judentums und Christentums im frühen römischen Kaiserreich und in der Spätantike? Welche Umstände in der paganen Umwelt begünstigten Konzepte von Gottes Körper? Welche Umstände behinderten die Verbreitung dieser Konzepte und ihre Popularisierung in verschiedenen Gemeinschaften? Existierte nicht nur im jüdischen und christlichen Denken die selbstverständliche Vorstellung von Gottes Körper, sondern stellte man sich auch die paganen Götter mit einem Körper vor? Und eine letzte, eher systematische Frage soll am Schluss nicht ausgespart werden: Gibt es eine intellektuelle Hierarchie zwischen dem Konzept eines nichtkörperlichen Gottes und den Konzepten von Gottes Körper?

Wir nähern uns Antworten auf diese Fragen in sechs Schritten, denen jeweils ein Kapitel gewidmet ist: Das *zweite Kapitel* wird zunächst den Befund der Hebräischen Bibel und ihrer griechischen Übersetzung darstellen, dann die Rezeption einzelner biblischer Konzeptionen sowie deren Transformation in Schriften der sogenannten zwischentestamentlichen Zeit bis hin zu den Anfängen einer christlichen Theologie im zweiten und frühen dritten nachchristlichen Jahrhundert samt deren Kontexten in der jeweiligen zeitgenössischen philosophischen Diskussion. Das *dritte Kapitel* wird mit der Rekonstruktion von Konzepten des Körpers Gottes in der paganen griechisch-römischen Kultur fortfahren und insbesondere die religiöse Alltagspraxis behandeln, soweit das aufgrund der Quellen noch möglich ist. Das *vierte Kapitel* nimmt mit der Frage nach der Körperlichkeit der Seele in spätantiken Diskussionen scheinbar ein Problem in den Blick, das nur am Rande mit der Frage nach Gottes Körper zu tun hat. In Wahrheit ist die Frage, ob die Seele auf die Seite eines unkörperlich gedachten Gottes gehört oder aber Teil einer als *in toto* körperlich gedachten Schöpfung ist, für unser Thema nicht nur als Momentaufnahme von Debatten in der Spätantike einschlägig. Ein *fünftes Kapitel* wird die betreffenden antiken jüdischen Texte in den Blick nehmen. Besonderes Augenmerk gilt dabei einem interessanten Textkorpus der spätantiken und frühmittelalterlichen jüdischen Mystik, genannt «Shiʿur Qoma» (שיעור קומה), Schriften über die «Maße der Gestalt (des göttlichen Körpers)» – eine ebenso mythische wie mysteriöse Annäherung an Gott und seine himmlische Welt. Ein *sechstes Kapitel* wird körperliche Vorstellungen von Gott in der spätantiken christlichen Theologie analysieren, besonders die Konzepte der sogenannten Anthropomorphiten. Das *siebte und letzte Kapitel* wird sich mit der schwierigen Frage beschäftigen, ob es explizite Verbindungen oder aber versteckte Linien zwischen den biblischen wie nachbiblischen Konzepten von Gottes Körper und den bereits erwähnten lebhaften Diskussionen über die göttliche wie menschliche Natur Christi samt ihrer spezifischen Leiblichkeit gibt. Dazu kommen wir nochmals auf biblische Texte zurück, auch auf solche, die später in das Neue Testament aufgenommen wurden. Dabei wird zudem die Frage gestellt werden, ob man das christliche Konzept der Menschwerdung Gottes in der Linie der allgemein verbreiteten antiken, biblischen und nachbiblischen Konzepte von Gottes Körper interpretieren kann oder ob hier im antiken Christentum eine definitiv neue Interpretationslinie eröffnet wurde.

Der Körper in der «Körpergeschichte»

In einer Einleitung zu einer Monographie über Gottes Körper in jüdischer, christlicher und paganer Antike genügt es nicht, nur die Probleme darzustellen, die diese Vorstellung nach dem Ende der Antike philosophischem wie theologischem Nachdenken machte. Mindestens genauso wichtig ist es, das Thema des göttlichen Körpers kurz in der allgemeineren Forschungsdiskussion über «Körpergeschichte» zu verorten (und auf diese Weise zugleich zu erklären, warum ein solches Buch bis jetzt nicht geschrieben wurde). So überraschend es vielleicht sein mag, sich mit der Vorstellung von göttlichen Körpern zu beschäftigen, ist es nicht sonderlich originell, sich mit der allgemeinen Geschichte der Idee des Körpers zu befassen. Es gibt inzwischen eine große Zahl von Veröffentlichungen, die sich dem Thema «Körper» widmen; «Körpergeschichte» etabliert sich gegenwärtig als ein eigener Zweig der Geschichts- und Kulturwissenschaften, besonders in der Geschichte des Mittelalters und der frühen Neuzeit, aber auch in der Anthropologie und zunehmend auch in den Religionswissenschaften.[65]

Die Geschichte der Thematisierung des Körpers zu erforschen, ist, wie der Züricher Historiker *Jakob Tanner* (*1950) einmal formuliert hat, eine ziemlich junge Form der Annäherung an die Vergangenheit: Bis weit in das zwanzigste Jahrhundert hinein war der menschliche Körper kein Thema für die klassische Geschichtswissenschaft,[66] Gleiches gilt für die Religionsgeschichte und die christliche Kirchengeschichte: Der menschliche Körper war kein eigenständiger Gegenstand des Interesses, sondern eher eine nicht eigens thematisierte Implikation der basalen Konzepte menschlicher Subjektivität und menschlichen Handelns in der Geschichte. Erst in den Jahren, in denen vor dem Ersten Weltkrieg in Deutschland und nach dem Großen Krieg in Frankreich die bis dahin eher ideen- und ereignisgeschichtlich arbeitende historische Wissenschaft kulturgeschichtliche Fragestellungen aufgriff, wurde der Körper zu einem eigenständigen Thema, beispielsweise in den Analysen der Geschichte von Geburt, Kindheit, Sterben und Tod. Der Leipziger Historiker *Karl Lamprecht* (1856–1915) beschrieb seine Gegenwart bereits mit körperlichen, genauer psychischen Kategorien («Reizsamkeit» als Kennzeichen der wilhelminischen Epoche),[67] aber erst die französische Schule der *Annales*, die sich nach 1918 an der neuen französischen Universität Strasbourg konstituierte, begann mit regelrechten Untersuchungen zur Körpergeschichte und inaugurierte so im eigentlichen Sinne eine neue Forschungsrichtung: 1924 veröffentlichte der Straßburger Historiker *Marc Bloch* (1886–1944) seine Studie «Les rois thaumaturges», 1957 der nach Princeton emigrierte deutsche Historiker *Ernst Kantorowicz* (1895–1963) «Die zwei Körper des Königs. Eine Studie zur politischen Theologie des Mittelalters», um nur zwei der einflussreichsten Monographien für die Etablierung der neuen Forschungsrichtung zu nennen.[68]

Eine *zweite Phase der Körpergeschichte*, die durch den Einfluss sozialanthropologischer, soziologischer und philosophischer Theorien geprägt war, begann in den sechziger Jahren des zwanzigsten Jahrhunderts und dauerte bis in die siebziger Jahre.[69] *Michel Foucault* (1926–1984), *Norbert Elias* (1897–1990) und *Mary Douglas* (1921–2007) waren in jenen Jahren die Protagonisten des Forschungsfeldes,[70] aber auch der französische Ethnologe wie Soziologe *Marcel Mauss* (1872–1950) und die späte englische Übersetzung seines Vortrages über «Die Techniken des Körpers», den er ursprünglich 1934 vor der Société de Psychologie gehalten hatte, der aber erst nach seinem Tod zur Wirkung kam,[71] müssen erwähnt werden.

In einer *dritten Phase der Körpergeschichte* seit Ende der siebziger Jahre des letzten Jahrhunderts veränderte sich der Blick auf den Körper nochmals deutlich, stark beeinflusst durch die feministische Wissenschaftskritik und die aufkommende Gender-Diskussion: Der vor Aufkommen der körpergeschichtlichen Fragestellungen in der Literatur vorfindliche, nicht thematisierte, ahistorische und implizite Körper wurde aufgrund von Einsichten der anthropologischen und historischen Forschung nun immer weniger als ein Objekt seiner biologischen Evolution wahrgenommen (so beispielsweise noch bei Lamprecht und seiner Idee einer gesteigerten «Reizsamkeit» im wilhelminischen Zeitalter), sondern als Phänomen historischer Entwicklung und bewusster Konstruktion. Vor dem Hintergrund des allgemeinen antiessentialistischen Paradigmas der Kulturwissenschaften trat seit den achtziger Jahren an die Stelle *des* Körpers eine Vielfalt unterschiedlicher Konzepte des Körpers. Entsprechend wurde «der Körper» nun nicht mehr wirklich als ein eigenständiges Subjekt gesehen, sondern als das Konstrukt, das «nahezu alle anderen Subjekte beinhaltet», wie die amerikanische Mediävistin *Caroline Walker Bynum* (*1941) die Situation beschreibt.[72] Bedingt durch die vielfältigen «turns», charakteristische, wechselnden Moden unterworfene Veränderungen der geistes- und sozialwissenschaftlichen Rahmentheorien aufgrund jeweils neuer Paradigmen wie den «cultural», «linguistic» oder «performative turn», markierten, wie Jakob Tanner formuliert, seit den achtziger Jahren «discursive, semiotic, and performative approaches (…) the beginning of a new era in the history of the body, which also lead to a post-structuralist reassessment of key authors of the 1960s, especially of Foucault».[73] Diese Transformationsprozesse führten zu einer weit verbreiteten, aber nicht unproblematischen *antiessentialistischen* Grundprägung des Feldes körpergeschichtlicher Forschung. So verwendet in den Geistes- und Sozialwissenschaften derzeit, wie Frau Bynum weiter bemerkt, eigentlich kaum jemand mehr das Konzept einer *essentiellen Leiblichkeit* oder einer aller Konstruktion vorgängigen *Körperlichkeit*.[74] Gelegentliche Ausnahmen, bei denen Autorinnen und Autoren stärker mit einer biologischen Basis aller Konstruktionen rechnen, bestätigen auch hier die Regel.[75]

Der gleiche Eindruck trifft für die meisten jüngeren und jüngsten körpergeschichtlichen Beiträge im Feld der Erforschung des antiken Christentums zu: So argumentierte zum Beispiel die Konstanzer Latinistin *Barbara Feichtinger* (*1963) in ihrer Einleitung zum ersten von zwei Sammelbänden zu Konzepten des Körpers im antiken Christentum,[76] dass «der Körper» antiker Christenmenschen durch diverse Verhaltensweisen, Techniken und Praktiken genauso wie durch Repräsentationen und Diskurse *konstruiert* wurde. Auch für Feichtinger ist «der Körper» keine diesen Konstruktionen vorgängige, epochendistante Realität.[77] Diese Bemerkungen (und andere auf dem weiten Feld der Religionswissenschaften, die hier nicht eigens behandelt zu werden brauchen)[78] passen perfekt zu der von Caroline Walker Bynum bemerkten antiessentialistischen Tendenz bei der Betrachtung des Körpers in verschiedensten Disziplinen der Geistes-, Kultur- und Sozialwissenschaften. Eine solche antiessentialistische Grundhaltung erleichtert einerseits die Darstellung der Geschichte der Vorstellungen über göttliche Körperlichkeit in der Antike, weil die unterschiedlichen antiken Ansichten darüber, als reine Konstruktionen genommen, leichter auf ihre ideen-, geschlechter- und kulturgeschichtlichen, aber auch sozialen, politischen und religiösen Hintergründe befragt werden können. Andererseits verursacht eine programmatische antiessentialistische Position – selbst wenn es sich immer noch um eine Art Modetrend insbesondere auf dem Feld kulturgeschichtlicher Studien handelt[79] – Probleme, weil der Schwerpunkt auf dem konstruktivistischen Charakter aller scheinbar «reinen» Körperlichkeit zwar sehr plausibel ist, aber gleichzeitig dazu beiträgt, die Tatsache zu verdecken, dass die Konstruktion nicht auf einer *tabula rasa* stattfindet, sondern auf der Grundlage spezifischer natürlicher Dispositionen. Dieser komplizierte Sachverhalt, in dem sich Konstruktionen und die jeweils nur in den Konstruktionen zugängliche biologische Basis aller Konstruktion merkwürdig verschränken, führt schon rein sprachlich betrachtet zu Konfusionen. Besonders in alltäglichen Kommunikationen kann sich «Körper» einerseits auf «die Organe, die der Arzt behandelt», beziehen, die Bezeichnung kann andererseits aber auch für «Behauptungen über Rasse und Gender (Geschlechtlichkeit) benutzt werden, die implizit in einem medizinischen Lehrbuch enthalten sind; ‹Körper› kann die Flugbahn des Begehrens einer Person bezeichnen oder soviel heißen wie: Vererbungsmuster und Familienstrukturen».[80] Vermutlich ist das zeitgenössische, nahezu selbstverständliche antiessentialistische Konzept des Körpers auch für diese «erdrückende Menge verwirrender und widersprüchlicher Verwendungen» der Bezeichnung «Körper» verantwortlich, die Caroline Walker Bynum vor rund zwanzig Jahren in einem Artikel mit dem Titel «Warum das ganze Theater mit dem Körper? Die Sicht einer Mediävistin»[81] dokumentiert hat. Daher muss bei der Analyse von antiken Texten, die die Vorstellung einer göttlichen Körperlichkeit enthalten, sehr genau auf die unterschiedlichen sprachlichen und inhaltlichen Ebenen geachtet werden; die Frage, wie die biologische Basis aller Konstruktionen auf dieselben durchschlägt, darf nicht dispensiert werden, auch wenn sie natürlich nur äußerst schwer beantwortet werden kann.

Caroline Walker Bynum und andere haben gezeigt, dass trotz der großen Zahl von Beiträgen zur Geschichte der Wahrnehmung und Thematisierung des Körpers in den letzten Jahren und Jahrzehnten blinde Flecken der Forschung übrig geblieben sind. Einer dieser blinden Flecken, der in ihrem grundlegenden Artikel nicht erwähnt wird, ist die Geschichte der Vorstellungen von göttlicher Körperlichkeit und Leiblichkeit in der Antike. Es gibt, um lediglich ein einziges Beispiel zu nennen, in der Monographie «The Corporeal Imagination: Signifying the Holy in Late Ancient Christianity», die die amerikanische Patristikerin *Patricia Cox Miller* (*1941) verfasst hat,[82] nur eine kurze Passage, in welcher die Autorin sich mit der heftigen Kritik beschäftigt, die spätantike monastische Kreise an der Behauptung von Gottes Körperlosigkeit übten.[83] Aber das eigentliche Interesse der Autorin richtet sich darauf, welche Konsequenzen Christenmenschen daraus im Blick auf ihren eigenen Körper gezogen haben (ein Thema, das wir später diskutieren werden).[84] Miller erwähnt zwar den menschgewordenen Körper Christi, aber sie fragt nicht nach den versteckten oder gar expliziten Linien zwischen diesem menschgewordenen Körper und der Debatte über Gottes Körperlichkeit.

Fünf Einsichten

Fünf Einsichten sind aus diesem Erkundungsgang festzuhalten: Ein kurzer Blick auf die Geschichte der Körpergeschichte zeigt *zum einen*, dass die Erforschung der Vorstellungen über göttliche Körperlichkeit in der Antike ein dringendes Desiderat ist.

Zum Zweiten wird deutlich, dass eine rein ideengeschichtliche Darstellung im klassischen Sinne schon angesichts der rein sprachlichen Komplexität des Begriffs «Körper» wenig sinnvoll ist. Im Sinne einer «neuen Ideengeschichte»[85] müssen immer auch die geschlechter- und kulturgeschichtlichen, aber auch die sozialen, politischen und religiösen Hintergründe mit in den Blick genommen werden.

Zum Dritten ergibt ein Gang durch die Forschungsgeschichte, dass man angesichts der offensichtlichen inneren Nähe zwischen den Vorstellungen über den menschlichen und den göttlichen Körper (ungeachtet aller Unterschiede) jüdische, christliche und pagane Konzepte vom Körper Gottes aus der Antike nur analysieren kann, wenn man sie permanent mit parallelen Konzepten des menschlichen Körpers in der Antike vergleicht. Natürlich soll hier trotzdem keine Geschichte der göttlichen *und* menschlichen Körperlichkeit im Altertum vorgelegt werden; es reicht, immer wieder auf die exzellenten Arbeiten zur Körpergeschichte der Kaiserzeit und der Spätantike zu verweisen, deren Hauptwerke bereits genannt wurden: Seit Peter Brown 1988 die Monographie «The Body and Society» vorlegte,[86] sind eine Fülle einschlägiger Beiträge erschienen. Die neueren wichtigsten Veröffentlichungen in der langen Linie seit Browns Anstoß sind neben der genannten Untersuchung von Patricia Cox Miller die Arbeit «Subtle Bodies. Representing Angels in Byzantium» des amerikanischen Byzantinisten und Kunsthistorikers *Glenn Peers* aus dem Jahr 2001 sowie die Monographie «Corporal Knowledge. Early Christian Bodies» der amerikanischen Bibelwissenschaftlerin *Jennifer A. Glancy* aus dem Jahr 2010.[87]

Ein *viertes Ergebnis* des Ganges durch die Forschungsgeschichte ist das Bemühen, dualistische Vereinfachungen bei der Darstellung der Materie zu vermeiden. Caroline Walker Bynum hat in ihrem Aufsatz gezeigt, dass gebräuchliche, aber vereinfachende dualistische Konzepte wie «Körper und Seele», «Materie und Geist» oder «menschlicher und sozialer Körper» nicht wirklich hilfreich sind, um Quellen aus der Antike oder dem Mittelalter zu interpretieren: «Um Dualitäten oder Binaritäten ging es selten.»[88] Antike (und auch mittelalterliche) Denker vertraten «hochgradig abstrakte Definitionen des Begriffs Verkörperung (...), die (was immer man davon halten mag) genauso radikal verschieden von einer Auffassung des Körpers als ‹Stoff› oder ‹Materialität› sind wie Judith Butlers Theorien».[89] Auch in der christlichen wie jüdischen Theologie wurde ungeachtet aller basalen Orientierung an Grundparadigmen der platonischen Philosophie über Körperlichkeit vor dem Hintergrund eines aristotelischen Denkschemas diskutiert: Körper war also nie bloße Materie, sondern auch Form, nie nur Akt, sondern immer auch Potenz, mithin im Sinne unserer Differenzierung auch immer *Leib*.[90] So trifft die Kritik des Maimonides, nach der die Idee einer göttlichen Körperlichkeit ein simples anthropomorphes Konzept ist, in dem einfältige, ungebildete Menschen Gott zu seinem Verstand noch einen fleischlichen Körper zuschreiben, auch an diesem Punkt nicht die historische Wirklichkeit: «Körper» war in der Antike im Blick auf Mensch wie Gott keineswegs nur das bloße materielle, fleischliche Substrat des Verstandes, so wie man im Banne eines sehr vereinfachten dualen Konzeptes in loser Anlehnung an *René Descartes* (1596–1650) mindestens im Abendland lange Zeit dachte.[91]

Ein *fünfter und letzter Eindruck* aus dem Blick in die Geschichte der Körpergeschichte ist, dass «Körper» nicht eine festgelegte stabile Entität ist, sondern – auch schon in seiner ganz basalen biologischen Dimension – ein einzelner Moment in verschiedenen Prozessen der *Verkörperung*. Dabei wird der Begriff «Verkörperung» nicht als ein mehr oder weniger beliebiges Synonym für irgendein implizites Wissen oder als eine offene Metapher für eine unspezifizierte Art von Aneignung oder Inbesitznahme von Wissen verstanden.[92] Der Begriff wird hier ganz präzise für die Internalisierung von Glauben und Gedanken in Form von körperlichen Praktiken benutzt. Wenn religiöser Glaube in diesem Sinne durch religiöse Praktiken (welche nach diesem präzisen Verständnis des Begriffs «Verkörperung» bedeuten: *durch körperliche Praktiken angeeignet*)[93] verkörpert wird, dann sollten wir all diejenigen religiösen Praktiken aufmerksam untersuchen, die in der Antike mit Vorstellungen von göttlicher Körperlichkeit verbunden waren.

Nach solchen einleitenden Bemerkungen können wir uns nun der Antike zuwenden. Im Einzelnen soll gezeigt werden, dass Konzepte vom Gotteskörper und von göttlichen Körperlichkeiten von biblischen Zeiten an im Judentum und Christentum, aber auch in der paganen Umwelt weit verbreitet sind. Wir werden zeigen, dass es im antiken Christentum nicht nur eine einzige isolierte Form von «Häresie» unter ägyptischen Mönchen des vierten und fünften Jahrhunderts nach Christus, den sogenannten *Anthropomorphiten*, gab, die Gott einen Körper zuschrieb, sondern dass ein ganzer Strom antiker christlicher Reflexion existierte, der aus verschiedenen Gründen seit dem zweiten Jahrhundert dieser Idee folgte. Das Gleiche gilt für das antike Judentum: Es gab nicht nur eine isolierte Gruppe aus wenigen jüdischen Mystikerinnen und Mystikern, sondern einen ganzen Strom antiker jüdischer Reflexion, der jener Idee von Gottes Körperlichkeit folgte. Um den Ursprung und die Entwicklung dieser Strömungen zu rekonstruieren, werden wir mit der Hebräischen Bibel beginnen, die seit dem zweiten Jahrhundert auch das Alte Testament der Christenheit ist.

ZWEITES KAPITEL

DER KÖRPER GOTTES IN DER JÜDISCH-
CHRISTLICHEN BIBEL UND BEI DEN FRÜHEN
CHRISTLICHEN THEOLOGEN

Warum wurde im kaiserzeitlichen wie spätantiken Judentum und Christentum über den göttlichen Körper nachgedacht? Wohl vor allem deswegen, weil man diese Vorstellung in den *biblischen Texten* so selbstverständlich ausgedrückt fand. Mit der Marginalisierung der Vorstellung von einem göttlichen Körper seit der Antike, deren Verlauf wir im voraufgehenden Kapitel knapp nachgezeichnet haben, sind auch die entsprechenden biblischen Passagen marginalisiert oder als rein metaphorische Passagen gleichsam «wegerklärt» worden. Gegen diese Interpretationstendenzen und blinden Flecken der Forschung hält *Benjamin Sommer* in seinem bereits erwähnten Buch «The Bodies of God and the World of Ancient Israel» fest:

> «Der Gott der Hebräischen Bibel hat einen Körper. Das muss von vornherein festgestellt werden, denn sehr viele Menschen, einschließlich vieler Wissenschaftler, nehmen an, dass es sich anders verhält».[1]

Sommers These klingt auf den ersten Blick paradox, weil eine verbreitete Annahme über den für die jüdische wie christliche Bibel zentralen Monotheismus in der Ansicht besteht, dass das Göttliche komplett transzendent ist. Als zentraler Beleg dafür wird gern das Bilderverbot der Zehn Gebote herangezogen:

> «Du sollst dir kein Bildnis noch irgendein Gleichnis machen, weder von dem, was oben im Himmel, noch von dem, was unten auf Erden, noch von dem, was im Wasser unter der Erde ist: Bete sie nicht an und diene

ihnen nicht! Denn ich, der HERR, dein Gott, bin ein eifernder Gott, der die Missetat der Väter heimsucht bis ins dritte und vierte Glied an den Kindern derer, die mich hassen, aber Barmherzigkeit erweist an vielen tausenden, die mich lieben und meine Gebote halten» (Exodus 20,4–6).[2]

Aber diese Vorstellung ist einseitig, wenn nicht falsch. Das Bilderverbot untersagt zwar, eine Darstellung des Körpers Gottes anzubeten. Der Schluss, Gott *habe* deswegen keinen Körper, ist hingegen voreilig: Zu diesem Thema wird im Bilderverbot gar keine Aussage getroffen.

1. DIE BIBEL

Anthropomorphismus und Körperrhetorik

Sowohl jüdische als auch christliche Gemeinden nutzten im römischen Kaiserreich die ins Griechische übersetzte Hebräische Bibel, eine Sammlung von Schriften, in denen mindestens in einigen Traditionsschichten Gott körperhaft dargestellt wird. Andreas Wagner spricht sogar «von der Unbefangenheit, in der die Texte des A(lten) T(estaments) von der Körpervorstellung, vom Körperbild Gottes, reden».[3] Gott wurde, um wiederum Sommer zu zitieren, mindestens in einigen Schichten der biblischen Texte «a fixed body», ein räumlich wie zeitlich feststehender Körper, zugeschrieben. Das bedeutet: ein Körper, der zu einer bestimmten Zeit an einem bestimmten Ort präsent gedacht wurde, unabhängig von seiner angenommenen Form oder Substanz und unabhängig davon, ob Gott als sichtbar für menschliche Wesen gedacht wurde oder nicht. Gottes Antwort an Mose in Exodus 33,20 («Und er sprach weiter: ‹Mein Angesicht kannst du nicht sehen; denn kein Mensch wird leben, der mich sieht›»[4]) basiert offensichtlich auf der Gewissheit, dass es ein Gesicht Gottes gibt, das freilich nur für die Engel sichtbar sein dürfte, jedenfalls nicht für Menschen.[5] Ich zitiere nochmals Sommer:

> «As one moves forward in Genesis, one quickly arrives at additional verses that reflect the physicality of God – and although some of these verses point toward a nonmaterial anthropomorphism, others reflect a more concrete conception of God's body. We can term this conception *material anthropomorphism*, or the belief, that God's body, at least at times, has the same shape and the same sort of substance as a human body. In Genesis 2.7 God blows life-giving breath into the first human – an action that might suggest that God has a mouth or some organ with which to exhale. Less ambiguously, in Genesis 3.8, Adam hears the sound of God going for a stroll in the Garden of Eden at the breezy time of the day. A being who takes a walk is a being who has a body – more specifically, a body with

something closely resembling legs. … *The divine body portrayed in these texts was located in a particular place at a particular time*».[6]

In der klassischen neuzeitlichen philosophischen wie theologischen Terminologie werden solche Vorstellungen seit der Aufklärungsepoche gewöhnlich als «Anthropomorphismus» bezeichnet:[7] Der Terminus «Anthropomorphismus» beschreibt mit sprachlichem Bezug auf den zugrunde liegenden griechischen Begriff Vorstellungen von Gott «in menschlicher Gestalt» oder umfassender: eine unangemessene «Vermenschlichung Gottes», die eine wie auch immer zu beschreibende Unterscheidung zwischen Gott und Mensch schwierig oder gar unmöglich macht.[8] Der zugrunde liegende griechische Begriff «anthropomorph» (ἀνθρωπόμορφος), «menschengestaltig», wurde vermutlich weder, wie oft zu lesen ist, erstmals von *Epikur* im vierten und dritten vorchristlichen Jahrhundert[9] noch von seinem Zeitgenossen, dem Historiker und Ethnographen *Hecataeus von Abdera*[10] oder von dem stoischen Philosophen *Chrysipp* im dritten Jahrhundert[11] verwendet. Vielmehr ist er erst im späteren Hellenismus, vielleicht zuerst beim stoischen Philosophen, Ethno- und Geographen *Posidonius von Apamea* in Syrien (135–151 v. Chr.), belegt.[12] In die deutschsprachige philosophische und theologische Diskussion haben ihn Leibniz und Kant eingeführt.[13]

Man muss sich allerdings klarmachen, dass für einen antiken Menschen, der sich mit der Formulierung der jüdisch-christlichen Bibel als ein von Gott nach dessen Bild und Gleichnis geschaffenes Wesen begriff,[14] der Begriff «Anthropomorphismus» keinerlei Sinn ergeben hätte. Viel eher wäre er – wie es in Psalm 8 heißt – stolz gewesen, «wenig niedriger als Gott gemacht zu sein»,[15] so dass der Mensch in theomorpher Sprache als «mit Ehre und Herrlichkeit gekrönt» beschrieben werden kann. Wenn die biblischen Passagen, in denen von Gottes Körper gesprochen wird, als «anthropomorph» bezeichnet werden, zeigt sich, dass sich seit der Entstehungszeit der Texte fundamentale Kategorien und die Blickrichtung bei der Interpretation der Schrift verschoben haben: Man bezeichnet nicht die Anthropologie der Texte als «theomorph», sondern ihre Theologie als «anthropomorph». Die Rede von einem «Anthropomorphismus» setzt kategoriale ontologische Differenzierungen zwischen Gott und Mensch voraus, während die Vorstellung von einer Gottesebenbildlichkeit des Menschen eher am ontologischen Zusammenhang von Mensch und Gott interessiert ist.

Eine solche *kategoriale ontologische Differenzierung zwischen Gott und Mensch* ist keine Erfindung der europäischen Neuzeit. Sie findet sich der Sache nach schon in den späteren Schichten des Alten Testaments, beispielsweise in nachexilischen Psalmen. Explizit wurde sie schon in der Antike auf die biblischen Texte angewendet, dann nämlich, wenn die körperliche Begrifflichkeit dieser Texte als *metaphorische Rede* verstanden oder allegorisch interpretiert wurde. Allerdings ist spätestens in der europäischen Neuzeit diese Interpretation der entsprechenden «anthropomorphen» Passagen zum Normalfall geworden, insbesondere im wissenschaftlichen theologischen Umgang mit den biblischen Schriften.¹⁶ Ein kritisches Nachdenken über diese selbstverständliche Praxis wird besonders erschwert, wenn andererseits die kategoriale *Notwendigkeit* eines solchen Umgangs mit historischer Überlieferung behauptet wird – so spricht der Marburger Alttestamentler *Otto Kaiser* (*1924) von *notwendigen Metaphern*, weil es ohne sie unmöglich wäre, Gott in seiner vollständigen Andersartigkeit gegenüber der Welt zu beschreiben.¹⁷ Ein solches Konzept, die «anthropomorphe» Redeweise in der Hebräischen Bibel als ein Netzwerk notwendiger Metaphern zu interpretieren, mag ein mögliches Vorgehen im Rahmen eines gegenwärtigen Verständnisses biblischer Texte in jüdischer wie christlicher Theologie sein. Neu ist es nicht. Wie wir sahen, ist es die letzte Konsequenz eines bereits in der Antike eingeführten Verfahrens der Interpretation heiliger Texte, das sich, bevor es im Judentum und im Christentum übernommen wurde, bei der Exegese der Werke Homers bewährt hatte.¹⁸

In jüngster Zeit mehren sich in der exegetischen Diskussion Einwände dagegen, diesen hermeneutischen Umgang mit der biblischen Rede vom göttlichen Körper als ursprünglich intendiert zu behaupten und damit seine angebliche philosophische oder theologische Notwendigkeit historisch abzusichern. Bereits der Münchener Alttestamentler *Friedhelm Hartenstein* (*1960) hat in seiner Habilitationsschrift «Das Angesicht JHWHs» gezeigt, dass die Rede vom Körper Gottes in der Hebräischen Bibel gewöhnlich nicht so allegorisiert wird wie beispielsweise in der antiken paganen Homer-Allegorese.¹⁹ Das Alte Testament kennt zwar eine *Körperrhetorik*, einen sehr bestimmten Umgang mit der Rede von Gottes Körper, aber keine *Körpermetaphorik*, wie sie für den hellenistischen und kaiserzeitlichen Umgang mit kanonischen Texten der paganen Umwelt charakteristisch ist: In einer paganen Schrift mit Homer-Allegoresen, die einem Grammatiker namens *Pseudo-Heraclitus* zugeschrieben wird und aus dem ersten nachchristlichen Jahrhundert stammen dürfte, werden beispielsweise die Flügel des Hermes erklärt mit der Schnelligkeit der Worte und der Bezeichnung dieser Schnelligkeit bei Homer als «geflügelt» (πτερόεντα).[20] Vergleichbare gelehrte *Körpermetaphorik* fehlt in der Hebräischen Bibel. *Körperrhetorik* ist dagegen in einem durchaus wörtlichen Sinne ein integraler Bestandteil des religiösen Symbolsystems des antiken Israel (um mit Hartenstein eine entsprechende Terminologie des amerikanischen Ethnologen *Clifford Geertz* [1926–2006] zu verwenden).[21] Gezeigt wurde bereits, dass die Rede von einem göttlichen Körper in den biblischen Texten definitiv nicht nach den antiken Gesetzen der metaphorischen Rede verstanden wurde.[22] Die Texte können schon deswegen nicht metaphorisch gemeint sein, weil praktisch nirgendwo programmatisch Unähnlichkeit oder Fremdheit von göttlichem und menschlichem Körper konstatiert wird. Metapher ist aber unter den Bedingungen einer tropischen Metapherntheorie (einer am Wort orientierten Substitutionstheorie) «die Übertragung eines fremden Namens» (μεταφορὰ δέ ἐστιν ὀνόματος ἀλλοτρίου ἐπιφορά).[23] Ein solches programmatisches Konstatieren von Unähnlichkeit ist aber erst notwendig, wenn entweder durch religiöse Erfahrung oder philosophisch-theologische Reflexion Fremdheit empfunden oder eingesehen wird. Solche Erfahrungen von Fremdheit oder entsprechende Reflexionen führen schließlich zu Theorien von einer kategorialen ontologischen Differenz, wie beispielsweise im antiken Platonismus und seinen vielen Transformationen in der Antike ebenso wie nach ihrem Ende. Gleiches gilt für die allegorische Auslegung solcher «anthropomorpher» Passagen, denn antike Rhetoriker verstehen unter Allegorie ja nur eine bestimmte Kombination von Metaphern: «Allegorie» ist nach Ansicht des im ersten Jahrhundert v. Chr. in Italien wirkenden Epikureers *Philodem* ein rhetorischer Tropus, der der Metapher eng benachbart ist;[24] der zeitgenössische alexandrinische Grammatiker *Tryphon* definiert sie als Logos, der auf der Basis einer Ähnlichkeitsrelation etwas anderes sagt als er meint;[25] *Cicero* erklärt sie etwas später mit Bezug auf Philodem als eine Redeform, die aus mehreren Metaphern besteht (*plures translationes*) und im übertragenen Sinn zu verstehen ist.[26] Auch die allegorische Auslegung von Abschnitten der Hebräischen Bibel, die von einem Körper Gottes reden, setzt die Erfahrung von Fremdheit und die theoretische Konzeption ontologischer Differenz voraus. Diese Haltung gegenüber den biblischen Texten ist jedoch von der mutmaßlichen Intention ihrer Autoren noch einmal zu unterscheiden. Der französische Altphilologe *Jean-Pierre Vernant* (1914–2007) hat zudem vor der vorwitzigen Frage gewarnt, *warum* Menschen in der Antike viel unbefangener von Gottes Körper sprechen konnten, und riet, sich lieber damit zu befassen, wie das symbolische System funktionierte und wie in Zusammenhang mit der Vorstellung von Gottes Körper die Beziehung zwischen Menschlichem und Göttlichem gedacht wurde.[27]

Die Bedeutung von «Körper» oder «Leib» und selbstverständlich auch von jedem einzelnen Körperteil unterschied sich *vor* der strengen Erfahrung oder Beschreibung einer kategorialen ontologischen Differenz zwischen Gott und Mensch sowie zwischen Körper und Geist deutlich von den Begriffsdimensionen *nach* Einführung der Kategorialdifferenz. Offensichtlich meinte «Körper» in den bereits genannten biblischen Texten zunächst einmal nicht das neuzeitliche Konzept eines biologischen Körpers, der auf seine physikalischen, physischen und psychischen Dimensionen beschränkt ist, sondern – wie Jean-Pierre Vernant betont hat – ein «field of force of diverse energies and powers»: «'Corporeity' still does not acknowledge a distinction between body and soul, nor does it establish a radical break between the natural and the supernatural. Man's corporeality also includes organic realities, vital forces, psychic activities, divine inspirations or influxes».[28] Andreas Wagner formuliert: «Körperdarstellungen sind Kommunikationsakte»: Im Falle der Rede von «Gottes Kopf» «geht es nicht um den Körperaspekt des Kopfes. (…) Dass Gott einen Kopf hat, macht klar: Gott ist mir ein echtes Gegenüber, der Kopf Gottes dient so als Kommunikationsmöglichkeit zwischen Gott und Mensch».[29]

Interessant für eine exakte Beschreibung der Bilder vom göttlichen Körper in biblischen Texten ist die Frage, welche menschlichen Körperteile *nicht* mit Gott in Verbindung gebracht werden, also eine Differenz zwischen dem göttlichen und menschlichen Körper markieren. Schon der schottische Alttestamentler *James Barr* (1924–2006) warnte in einem Kongressbeitrag 1960[30] vor der Gefahr, die biblischen Passagen, in denen «von Gottes Händen, Füßen, Ohren, seiner Nase, seinem Sprechen, Spazieren im Garten, Lachen, Pfeifen, Treten der Weinpresse, frühen Aufstehen, seinem Erfreut- und Empörtsein, dem Ändern seiner Meinung oder Eifersüchtigsein» die Rede ist, zu überschätzen.[31] Die Theophanie-Szenen des Alten Testamentes zeigten, dass Gott meistens in menschlicher Form erscheine, aber dies offenkundig nicht müsse, sondern ein Bote (מלאך) oder einfach nur seine apersonale «Herrlichkeit» (כבוד) an seiner Stelle handle.[32] Wie auch immer seine körperliche Gestalt beschaffen sein mag – für Menschen ist es tödlich, ihn zu sehen.[33] Ohne Zweifel gibt es Passagen, in denen mehr oder weniger explizit markiert wird, dass Gott nicht einen beliebigen schwachen Menschenkörper besitzt, dessen Fleisch alt und dessen Haut runzelig wird. Immer wieder wurde darauf aufmerksam gemacht, dass nirgends vom «Fleisch Gottes» die Rede ist, mit anderen Worten die Vokabel בשׂר nicht von Gott in der Hebräischen Bibel verwendet wird, wenn man einmal von einer textkritisch unsicheren Ausnahme im Prophetenbuch Hosea (Hosea 9,12) absieht.[34] Gleiches gilt für Knochen, Blut und Inneres, für Zunge und Lippen (mit einer Ausnahme: Jesaja 30,27–30), Bauch, Fett und für eine linke Hand. Dass Gott allerdings einen ganz besonderen Herrlichkeitskörper besitzt und der Mensch nur dessen defizitäres Abbild ist, ist dabei selbstverständlich und sollte nicht als grundsätzliche Polemik der Hebräischen Bibel gegen jede «anthropomorphe» Gottesvorstellung verstanden werden. Denn Statistiken der Ausdrücke, die zur Beschreibung von Gottes Körper verwendet werden, zeigen, dass es auch einen Körperteil gibt, der nur Gott, nicht aber den Menschen zugeschrieben wird: Die geflügelte Gestalt (כְּנָפַיִם) teilt er mit vielen Göttern des Vorderen Orients.[35] Man kann also festhalten, dass der göttliche Körper, auf den viele Passagen der Hebräischen Bibel anspielen, in der Vorstellung der Glaubenden offenbar aus einer leichten Materialität bestand, nicht aus Fleisch, Blut und Knochen. Weiter ist selbstverständlich, dass er keine Defizienzen wie eine im wahrsten Sinne des Wortes linke Hand aufweist,[36] aber mit voller Emotionalität agiert. Gott besitzt nach Ansicht dieser Menschen jedenfalls eine Form von Gesicht, Augen, Wimpern, Ohren, Nase, Nasenlöcher, Mund und Zähne. Allerdings ist nicht nur die Qualität der Körperteile von der menschlichen unterschieden, sondern auch die Größe: Der Saum seines Gewandes füllt den Tempel (Jesaja 6,1) und seine Hand verbirgt eine ganze menschliche Person (Exodus 33,22). Ganz offensichtlich steht eher ein männlicher Körper im Hintergrund der Beschreibungen, auch wenn (ebenso wie im Blick auf Fleisch und Blut, Knochen und Innereien) der Eindruck einer expliziten Geschlechtlichkeit streng vermieden wird. Außerdem fehlen Hinweise auf diejenigen Körperteile, mit denen Individualitäten beschrieben werden können: Man liest so beispielsweise praktisch nie etwas von Länge, Dichte und Farbe der Haare – die berühmte Beschreibung im Buch Daniel bildet eine ebenso charakteristische wie rare Ausnahme: «das Haar auf seinem Haupt wie reine Wolle» (Daniel 7,9).[37]

Körperlichkeit, Verkörperung, Einkörperung

Nun darf man nicht denken, es gäbe in den Schriften der Hebräischen Bibel, die die Christenheit als Altes Testament rezipiert hat, lediglich eine *einzige* Vorstellung von einem räumlich und zeitlich fixierten Körper, die wiederum seit hellenistischer Zeit nicht mehr wörtlich verstanden, sondern allegorisch interpretiert oder als metaphorische Rede genommen worden wäre. In Wahrheit finden sich schon in diesen Texten Spuren einer theologischen Diskussion über die Körperlichkeit Gottes. Benjamin Sommer unterscheidet von einem *ersten Modell* eines in Hinblick auf Raum und Zeit umschriebenen Körpers Gottes ein *zweites Konzept* von Gott in der Hebräischen Bibel und ihrer religiösen Umwelt, welches er «a mysterious fluidity and multiplicity of divine Embodiment and Selfhood» nennt. Man könnte von einem Konzept der *multiplen Einkörperungen oder Verkörperungen Gottes* sprechen. Sommers Beispiele für das zweite Konzept stammen zunächst einmal aus dem Zweistromland und aus Kanaan: In den dort verbreiteten vorderorientalischen Religionen gebe es die Tendenz, Götter in unterschiedlichen lokalen Realisierungsformen zu beschreiben. So existiert Ischtar auch in Gestalt von sieben lokalen Erscheinungsformen. Die mächtige Autorität, die sich in Form des höchsten Gottes Anu manifestiert, realisiert sich auch in Marduk, und folglich war Anus Wort Marduk.[38] Die Betonung von Gottes körperlicher Präsenz auf dem Zion beispielsweise in den Psalmen richte sich explizit gegen die Rezeption eines solchen Modells eines fluiden göttlichen Körpers im antiken Israel.[39] Die biblischen wie außerbiblischen Belege für eine solche multiple Einkörperung und Verkörperung Gottes sind bekannt und oft behandelt worden: Sommer erwähnt zwei bemalte Pithoi, tönerne Vorratsgefäße, und eine Wandinschrift, die 1975/76 bei Ausgrabungen auf der Festung Kuntilet ʿAjrûd im östlichen Sinai gefunden und auf das frühe oder mittlere achte Jahrhundert vor Christus datiert wurden. Darauf sind inschriftlich ein «JHWH von Samaria» und ein «JHWH von Teman» belegt.[40] Zu diesen außerbiblischen Belegen treten biblische: Die Hebräische Bibel spricht von einem «JHWH in Hebron» (2. Samuel 15,7) und einem «JHWH in Zion» (Psalm 99,2)[41]. Im Buch Genesis ist von einer Votiv-Stele (Massebe) in Bethel die Rede, die in gewisser Weise als Sitz eines als Materie in Raum und Zeit gedachten Gottes angesprochen werden kann, also vielleicht als *Verkörperung* (Genesis 31,11–13; vgl. ebd. 48,15–16). Ob man den hebräischen Satz «Ich bin der Gott von Bethel» (Genesis 31,13) auch, wie Sommer erwägt, übersetzen kann: «Ich bin der Gott im Betyl» oder «Ich bin der Gott Bethel»,[42] ist in der Forschung heftig umstritten. Denn schon der phönikische Gelehrte Philo von Byblos unterscheidet präzise zwischen «Bethel» (Βαίτυλος) und «Bethylen» (βαίτυλοι, *baetylia*)[43], die er als «beseelte Steine» beschreibt (λίθους ἐμψύχους).[44] Wahrscheinlich ist einfach der Gott *in* Bethel gemeint, eine sehr viel allgemeinere Verkörperung Gottes wie im Falle des Gottes in Hebron, Samaria, Teman oder eben auf dem Zion. Eine sehr konkrete, lokal streng begrenzte Verkörperung des Gottes als Stein würde uns noch einmal in ganz archaische, anikonische nomadische Formen von Religion zurückführen, wie sie bei beduinisch geprägten Völkern wie beispielsweise den Nabatäern verbreitet waren[45]. Freilich war eine derartige Kultpraxis wie Gottesvorstellung auch in späteren Zeiten noch präsent und wurde beispielsweise durch den *Elagabal* genannten Kaiser *Marcus Aurelius Antoninus* (204–222) in das Herz des römischen Reiches getragen: Verschiedene Quellen berichten, dass der Kaiser auf dem Palatin ein *Heliogabalium* errichtete, dort ein Betyl aus seiner syrischen Heimatstadt Emesa/Homs aufrichtete und eine Priesterinnenschaft installierte.[46] Der Tempel wurde wohl 221 eingeweiht und überlebte seinen Inaugurator nicht;[47] archäologische Überreste sind höchstwahrscheinlich im Bereich der ehemaligen «Vigna Barberini», der östlichen Ecke des Palatins oberhalb des Colosseums, nachzuweisen.[48] Außerdem existieren Darstellungen des Betyls von Emesa auf einigen Münzen, die unter Elagabal geprägt wurden.

Gegen eine solche biblische Rezeption des gleichzeitigen vorderorientalischen Modells einer göttlichen Fluidität und multiplen Einkörperung, wie sie die lokalen Verkörperungen des Gottes in Bethel, Hebron, Samaria, Teman und auf dem Zion zu belegen scheinen (und eben auch die Vorstellungen einer Verkörperung Gottes im Betyl), wenden sich einige Redaktionsschichten der Hebräischen Bibel, vor allem sogenannte priester(schrift)liche Texte und solche aus der deuteronomisch-deuteronomistischen Schule, in scharfem Protest: Es gibt nur

*Abb. 1 Tempel des Elagabal mit Betyl aus Emesa, Münze des Uranius Antonius
(British Museum, Inv.-Nr. 1846, 0910.140)* [49]

einen Ort der Verehrung und nicht *viele* für eine Vielzahl von körperlichen Manifestationen Gottes. Besonders die Texte aus den priesterschriftlichen Schulen sprechen von einem Körper: Gott wird charakterisiert als der, «der auf den Cherubim sitzt» (Psalm 99,1; 2. Samuel 6,2; 1. Könige 6,23–25 und 8,6 f.[50]), der einen Schemel für seine Füße hat und auf der Spitze des Zion in Jerusalem in seinem heiligen Tempel wohnt.[51]

So weit die Wiedergabe der Argumentation von Benjamin Sommer. Eine ausführlichere Diskussion seiner Thesen wäre eigentlich notwendig, denn es müssten allerlei weitere biblische Texte mit Blick auf Sommers neue Perspektive erneut untersucht werden, mehr noch als Sommer selbst in seiner Publikation behandelt hat, zum Beispiel der Visionszyklus im Buch des Propheten Amos 7 bis 9 – der Prophet erblickte, wie «der Herr auf der Mauer [stand], die mit einem Senkblei gerichtet war, und in seiner Hand war ein Senkblei» (Amos 7,7)[52] und er sah «den Herrn am Altar stehen» (Amos 9,1)[53] –, die berühmte Szene von Jesajas Berufung als Prophet im sechsten Kapitel dieses biblischen Buches, wo Gott als «auf einem Thron sitzend, hoch und erhaben; und sein Saum füllte den Tempel» (Jesaja 6,1)[54] beschrieben wird, aber auch die deuteronomistische Ablehnung eines körperlichen Bildes von Gott im ersten Buch der Könige, wo gesagt wird, dass (eine Tagesreise von Beer Sheba entfernt) Gott nicht im Wind war, nicht im Erdbeben, nicht im Feuer, sondern in einem «leisen Wehen» (oder, präziser aus dem Hebräischen übersetzt, «in einem Klang schierer Stille» bzw. mit den Worten von Martin Buber und Franz Rosenzweig «Stimme verschwebenden Schweigens»: 1. Könige 19,12)[55]. Diese Texte können wir hier nicht ausführlich analysieren; dies haben teilweise Aaron Schart und Andreas Wagner getan. Für unsere Zwecke reicht es festzuhalten, dass sowohl die Hebräische Bibel als auch ihre griechische Übersetzung durch eine reiche Verwendung von Körperbegriffen für Gott charakterisiert sind, die ursprünglich nicht allegorisch oder metaphorisch gemeint waren. Deutlich wurde auch, dass es durchaus unterschiedliche Konzepte von Gottes Körper in diesen biblischen Büchern gibt – teilweise wird mit unterschiedlichen Ein- und Verkörperungen des Gottes an unterschiedlichen Stellen gerechnet, teilweise auf einem einzigen Ort seiner Präsenz bestanden. Dabei muss man sich klarmachen, dass die Körperlichkeit Gottes noch einmal von seiner lokalen Präsenz an einem bestimmten Ort unterschieden werden muss; in aller Regel ist die *Körperlichkeit* Gottes aber schon rein logisch betrachtet die Voraussetzung seiner *Verkörperung* an einem bestimmten Ort oder seiner Einkörperung.

Die jüdisch-hellenistische Bibelexegese

Obwohl in den letzten Jahren neue Aufmerksamkeit auf die Passagen der Hebräschen Bibel gelenkt wurde, die den Körper Gottes beschreiben oder voraussetzen, fehlt bislang eine Darstellung, die nach den Linien fragt, die von diesen Textpassagen in die jüdisch-hellenistische und kaiserzeitliche jüdische wie christliche Literatur führen, und diese Traditionen mit paganem Reden von göttlichen Körpern kontrastiert. Denn mindestens ebenso interessant wie die Frage, ob und inwiefern die Vorstellungen vom göttlichen Körper in der Hebräischen Bibel von Vorstellungen der altorientalischen Umwelt Israels beeinflusst waren, ist die Überlegung, wie sich die Begegnung des Judentums mit der hellenistischen Kultur auf den Umgang mit den biblischen Passagen auswirkte. Dieser Begegnung, die vor allem der Tübinger Neutestamentler *Martin Hengel* (1926–2009) portraitiert hat,[56] wollen wir uns jetzt zuwenden.

Auf den ersten Blick scheint es so, als ob die Vorstellung von einem göttlichen Körper mit Gesicht, Augen, Wimpern, Ohren, Nase, Nasenlöchern, Mund und Zähnen, wie sie viele Texte der Hebräischen Bibel prägt, unter den Bedingungen einer globalisierten hellenistischen Zivilisation seit dem Regierungsantritt Alexanders des Großen (336 v. Chr.)[57] den meisten Menschen als äußerst problematisch erscheinen musste. Denn wir weisen gewöhnlich dieser Zivilisation (beispielsweise unter dem einprägsamen Stichwort «vom Mythos zum Logos»)[58] einen Rationalisierungsschub zu, der von einer in diesem Entwicklungsdenken eher als defizitär empfundenen rein narrativen Thematisierung der Götterwelt zu deren rationaler Konzeptionierung fortgeschritten sein soll. Abgesehen von der inhärenten Problematik dieses Duals und der mit ihm verbundenen Wertung, die hier ebenso wenig wie der Mythosbegriff diskutiert werden soll, stellt sich natürlich sofort die Frage, ob eine solche Entwicklung wirklich repräsentativ gesamtgesellschaftliche wie kulturelle Tendenzen beschreibt. In Wahrheit entstanden intellektuelle Probleme mit «anthropomorphen» Gotteskörpern nur für diejenigen, die von ganz bestimmten Grundannahmen hellenistischer Philosophie geprägt und zudem daran interessiert waren, den Gott Abrahams, Isaaks und Jakobs, der sich am Berg Sinai offenbart hatte, mit Gottesvorstellungen der griechischen Philosophen zu identifizieren – wie beispielsweise der jüdisch-hellenistische Bibelexeget *Aristobul* und später *Philo von Alexandrien*.

Aristobul soll nach einem Zeugnis des zweiten Makkabäerbuchs (2. Makkabäer 1,10) zu einer priesterlichen Familie gehört haben sowie in Ägypten als Erzieher eines Königs Ptolemaeus (vermutlich: Ptolemaeus VI. Philometor, 180–145 v. Chr.) gelebt haben, in der späteren Überlieferung wird er «Peripatetiker» genannt; er lebte demnach in der Mitte des zweiten vorchristlichen Jahrhunderts.[59] Der christliche Kirchenhistoriker und Bischof Eusebius von Caesarea überliefert in seiner *Praeparatio Evangelica* zu Beginn des vierten nachchristlichen Jahrhunderts eine Passage, in der Aristobul «über die Körperteile Gottes handelt, von denen in der Heiligen Schrift scheinbar die Rede ist» (so Eusebius in der Einleitung).[60] Dabei scheint – jedenfalls wenn man Aristobul folgt und das nicht für reine literarische Fiktion hält – der ptolemäische König seinem Erzieher die Frage vorgelegt zu haben, wieso in dem (aus der Perspektive des Juden Aristobul) «bei uns geltenden Gesetz Bezeichnungen wie Hände, Arm, Antlitz, Füße und Gang hinsichtlich der göttlichen Macht gebraucht werden».[61] Darauf antwortet der jüdische Tora-Ausleger, indem er zunächst einmal die allgemeinen hermeneutischen Voraussetzungen des Umgangs mit solchen Passagen der jüdischen Bibel klarlegt: die Notwendigkeit, über Gott in «angemessener Weise» zu denken, und Worte, die sich auf den Augenschein (ἐπιφάνεια) zu beziehen scheinen, auf die «großen Sachverhalte» (μεγάλα πράγματα) zu beziehen, mithin als Metaphern allegorisch auszulegen:

> «Ich möchte dich aber darum bitten, die Erläuterungen ihrem eigentlichen Sinne nach aufzufassen und an der angemessenen Vorstellung von Gott festzuhalten und nicht etwa auf eine mythische und anthropomorphe (Vorstellung von der) Seinsweise (Gottes) zu verfallen. Vielfach nämlich, wenn unser Gesetzgeber Moses in Bezug auf das, was er (eigentlich) sagen will, Worte gebraucht, die sich auf andere Dinge – ich meine: auf Dinge des äußeren Augenscheins – beziehen, dann macht er (damit) Aussagen über wesentliche Sachverhalte und über die Beschaffenheit bedeutender Dinge. Die nun, die richtig zu denken in der Lage sind, bewundern die bei ihm (vorhandene) Weisheit und den göttlichen Geist (…). Denen aber, die nicht mit Geisteskraft und Verständnis ausgestattet sind, sondern sich nur an das buchstäblich Geschriebene halten, wird nicht klar, dass er etwas Erhabenes darzulegen hat».[62]

Dann geht Aristobul die einzelnen, ihm vom König offenbar vorgelegten Ausdrücke der Reihe nach durch und bezieht neben den biblischen Beispielen auch die am ptolemäischen Hof übliche politische Rhetorik ein: «Wenn zum Beispiel du (in deiner Eigenschaft) als König (Streit-)Kräfte ausschickst, weil du irgendetwas durchsetzen willst, so sagen wir: ›Der König hat eine gewaltige Hand‹, womit die Hörer (ohne weiteres) auf die Macht, die du besitzest, verwiesen werden».[63] Daraus und aus einigen weiteren Bibelstellen folgt: Es ist offenbar, «dass sich die ›Hände‹ auf Gottes Macht beziehen».[64] Das «Stehen» wird als «Bestand der Welt» erklärt, während das «Herabsteigen» auf den Berg Sinai als wirkliche Epiphanie des eigentlich überall befindlichen Gottes an einem einzelnen Ort interpretiert wird.[65] Bei der Durchsicht des bei Eusebius mitgeteilten Fragmentes fällt allerdings auf, dass aus der Reihe, die der König zur Erklärung vorgegeben haben soll («Hände, Arm, Antlitz, Füße und Gang»), lediglich das erste und das letzte Glied erläutert werden.[66] Erst an deutlich späterer Stelle seines Werkes teilt der christliche Bischof und Gelehrte noch eine Auslegung des Aristobul zum Ausdruck «göttliche Stimme» mit, der zwar zu den «anthropomorphen» Ausdrücken der Hebräischen Bibel gehört, aber in der Frage des Königs, so wie sie der jüdische Tora-Ausleger referiert, fehlt. Unter göttlicher Stimme, so erklärt Aristobul, dürfe man «nicht ein gesprochenes Wort verstehen, sondern die Veranstaltung (göttlicher) Taten, wie denn auch Moses im Gesetz uns die ganze Entstehung der Welt als ‹Worte› Gottes dargestellt hat».⁶⁷ Als Kronzeugen einer solchen Interpretation biblischer Texte ruft Aristobul dann Pythagoras, Sokrates und Platon, Orpheus und den auch in der lukanischen Apostelgeschichte zitierten hellenistischen Lehrdichter Aratus (um 310–245 v. Chr.) auf, wobei er in seinem Zitat aus den «Himmelserscheinungen» (Φαινόμενα) des Aratus die Bezeichnungen für den obersten griechischen Gott (Ζεύς und Δίς) durch das neutrale Wort «Gott» (θεός) ersetzt.⁶⁸

Schon für die jüdisch-hellenistischen Ausleger der Hebräischen Bibel stand also fest, dass «anthropomorphe» Rede über einen göttlichen Körper (Aristobul spricht wörtlich von dem «mythologischen und menschlichen Zustand» der Rede über Gott: τὸ μυθῶδες καὶ ἀνθρώπινον κατάστημα)⁶⁹ nicht dem entsprach, was man in einem gelehrten alexandrinischen Kontext als «angemessene Weise», über Gott zu denken, empfand. Deswegen legte man die biblischen Formulierungen, die den göttlichen Körper beschreiben, «dem erhabenen Sinne nach» (τὸ μεγαλεῖον, wie Aristobul formuliert)⁷⁰ als Metaphern allegorisch aus. Es ist, wie wir sahen, ganz unwahrscheinlich, dass eine solche allegorisierende Umgangsweise mit «anthropomorphen» Passagen biblischer Schriften von Anfang an das jüdische Denken charakterisierte – auch wenn dies in der Universalgeschichte des Historikers *Diodor Siculus* aus dem ersten vorchristlichen Jahrhundert behauptet wird. Dort heißt es, dass Mose keine Kultstandbilder der Götter hergestellt habe, «weil er nicht glaubte, dass der Gott menschengestaltig sei».⁷¹ Der byzantinische Patriarch Photius, der den Abschnitt im neunten nachchristlichen Jahrhundert aus Diodor exzerpierte, schrieb die Zeilen *Hecataeus von Milet* zu, einem Historiker und Geographen des sechsten Jahrhunderts. Wahrscheinlich hat er jenen Hecataeus aber mit dem rund zweihundert Jahre später unter Alexander dem Großen und seinem ägyptischen Nachfolger Ptolemaeus I. lebenden *Hecataeus von Abdera* verwechselt.⁷² Außerdem ist überaus unsicher, ob der betreffende Abschnitt sprachlich wie inhaltlich wirklich zu dem passt, was eindeutig von Hecataeus von Abdera an anderer Stelle bei Diodor überliefert ist. Es ist eher wahrscheinlich, dass die ganze Passage eine anderen Pseudo-Hecataeus-Texten vergleichbare (jüdische?) Kompilation aus hasmonäischer oder gar noch späterer Zeit darstellt, die entsprechende jüdisch-hellenistische Argumentationen und pagane ethnographische Referate über das Judentum voraussetzt.[73] Warum war es in ptolemäischer Zeit schlicht «passend» oder «regelkonform», die wörtliche Bedeutung von biblischen Passagen zum Körper Gottes durch eine «erhabenere Bedeutung» zu substituieren, um ebendie «passende» beziehungsweise «regelkonforme Gottesvorstellung» zu bewahren (τὴν ἁρμόζουσαν ἔννοιαν περὶ θεοῦ κρατεῖν)?[74] Man muss sich klarmachen, dass sich schon in der vorsokratischen Tradition der griechischen Philosophie eine harsche Kritik am «Anthropomorphismus» findet, die in ihrer Radikalität nur in der biblischen Überlieferung eine Parallele hat. Wer in ihren Bahnen dachte, musste in der Vorstellung von einem göttlichen Körper eine mehr oder weniger absurde Idee dummer, einfältiger Menschen sehen.

2. DIE ANTIKE PHILOSOPHIE

Xenophanes

Vor allem der vorsokratische Philosoph *Xenophanes* (ca. 570 bis nach 470 v. Chr.) wendete sich im Rahmen einer philosophischen Theologie, die den vernünftigen Grund aller Dinge mit einem schlechterdings allem Irdischen transzendenten *einen*, aber wohl nicht *einzigen* Gott (εἷς θεός) identifizierte, gegen vermeintlich «naive», «anthropomorphe» Konzepte von Gott: «Doch wähnen die Sterblichen, die Götter würden geboren / und hätten Gewand und Stimme wie sie».[75] «Gewand und Stimme» zu haben (ἔχειν φωνήν τε δέμας τε) steht aber natürlich pars pro toto für den Körper, der bekleidet werden kann wie die Statuen in den Tempeln und der mit einer (wenn auch künstlichen) Stimme wie in manchen Tempeln sprechen kann, steht aber eben auch für die selbstverständliche Vorstellung von einem göttlichen Körper, der in einer engen Ähnlichkeitsrelation zum menschlichen Körper steht. Xenophanes begründete seine Argumentation mit dem netten Gedankenexperiment, dass man sich fragen solle, wie sich Ochsen, Pferde und Löwen wohl göttliche Körper vorstellen würden (σώματ' ἐποίουν):

«Doch wenn die Ochsen und Rosse und Löwen Hände hätten
oder malen könnten mit ihren Händen und Werke bilden wie die Menschen,
so würden die Rosse rossähnliche, die Ochsen ochsenähnliche
Göttergestalten malen und solche Körper bilden,
wie jede Art gerade das Aussehen hätte».[76]

An anderer Stelle des Lehrgedichtes hat Xenophanes die schöne ethnologische Beobachtung vorgetragen, dass «die Äthiopier (…) ihre Götter schwarz und stumpfnasig, die Thraker die ihren blond und blauäugig malen».[77] Sie bildet recht eigentlich die empirische Basis des Gedankenexperimentes, sich theriomorphe Götterbilder der Tiere nach Analogie der anthropomorphen der Menschen vorzustellen. Beides schien Xenophanes gleich absurd und dem Wesen seines obersten Gottes unangemessen. Weil für den vorsokratischen Philosophen der vernünftige Grund aller irdischen Dinge mit keinem dieser irdischen Dinge identifiziert werden konnte, kam es ihm darauf an, die Gottesvorstellung von allen anthropomorphen (und theriomorphen) Vorstellungen zu reinigen.[78] Gott ist ganz anders als die Menschen und daher für sie unvorstellbar.

Nun darf man allerdings nicht denken, Xenophanes habe sich Gott vollständig körperlos gedacht (in dem Sinne, wie der christliche Philosoph Clemens von Alexandrien, der Ende des zweiten Jahrhunderts die eben zitierten Fragmente aus dem Lehrgedicht des Xenophanes in sein Werk «Teppiche» integriert, wie wir gleich sehen werden). Im Anschluss an ältere Naturspekulationen, die sich Erde, Okeanos und den Kosmos in der vollkommenen Gestalt einer Kugel vorstellten, scheint Xenophanes für seinen Gott die körperliche Gestalt einer Kugel angenommen zu haben (καὶ σφαιροειδὲς αὐτό), die «immer am selben Platz» bleibt, «ohne sich zu bewegen». Zumindest wird ihm eine solche Position in der späteren doxographischen Literatur zugeschrieben und diese Zuschreibung lässt sich nicht nur als Kontamination mit späteren Lehrbildungen (z. B. des Parmenides) abtun.[79] Schließlich ist die Kugel schon rein mathematisch ein absolut symmetrischer, also perfekter Körper und eine perfekte Kugel kann sich auch nicht bewegen (es sei denn, sie würde angestoßen); sie bleibt tatsächlich «immer am selben Platz (…), ohne sich zu bewegen». Eine erhebliche Unsicherheit bleibt freilich aufgrund der unklaren Überlieferungslage; wir wissen nicht mehr genau, wie Xenophanes an dieser Stelle wirklich dachte.[80] Wir wissen aber aufgrund der erhaltenen Fragmente, dass Xenophanes von seinem obersten Gott sagte: «Ganz sieht er, denkt er und hört er». Außerdem redete Xenophanes von einer Bewegung seines Verstandes.[81] Gott verfügt also nach Ansicht des vorsokratischen Philosophen offenbar über eine gewisse Gestalt, Materialität und Sensität – mithin über Eigenschaften, die für einen Körper charakteristisch sind.

Xenophanes wendet sich, wie wir sahen, nicht primär gegen die Vorstellung, Gott habe einen Körper. Er stellte sich nur gegen «anthropomorphe» Konzepte von Gott und insofern gegen einen göttlichen Körper, der wie in der Hebräischen Bibel mit deren Rede von Gottes Gesicht, Augen, Wimpern, Ohren, Nase, Nasenlöchern, Mund und

Zähnen nach dem Modell eines menschlichen Körpers beschrieben wird. Der vorsokratische Philosoph formuliert also genau den Gedanken der Fremdheit zwischen Gott und Mensch, zwischen göttlichem und menschlichem Körper, der für eine metaphorische Interpretation oder eine allegorische Auslegung entsprechender Passagen religiöser oder mythologischer Literatur wie der biblischen Texte die Grundvoraussetzung ist.[82] Nur in den Bahnen des traditionellen, aber tief problematischen Modells «vom Mythos zum Logos» kann man wie der Berliner klassische Philologe *Werner Jaeger* (1888–1961) sagen, dass in den Worten des Xenophanes ein erstes Zeichen eines offenen Konfliktes zwischen dem neuen Weg des philosophischen Denkens und dem traditionellen Weg eines mythologischen Weltbildes sichtbar wird.[83]

Die Kritik an Xenophanes bei christlichen Autoren

Schon in der Antike war der exakte Sinn der Worte des Xenophanes ebenso unklar wie umstritten.[84] Die oben zitierten Sätze sind uns nur deswegen überliefert, weil sie (wie bereits angedeutet) ein christlicher Autor zitiert, der die Wendung des vorsokratischen Philosophen gegen «Anthropomorphismus» als Beweis für seine eigene sehr viel grundsätzlichere Wendung gegen jede Vorstellung von einer göttlichen Körperlichkeit nimmt.[85] *Clemens Alexandrinus*, einer der ersten philosophisch recht gut gebildeten christlichen Denker platonischer Prägung an der Wende vom zweiten zum dritten Jahrhundert, zitierte die beiden Versabschnitte des Xenophanes in seinem Miszellanwerk *Stromata* («Teppiche», Στρωματεῖς). Ziel der Argumentation des Clemens ist es, «noch deutlicher darzulegen, wie die griechische Philosophie die barbarische bestohlen hat», das heißt: die Kenntnis der Bücher der ins Griechische übersetzten Hebräischen Bibel durch die großen griechischen Philosophen wie Platon, Aristoteles, die Stoiker oder Epikur nachzuweisen und zwar sowohl im Blick auf Gotteslehre als auch auf Erkenntnistheorie und Ethik.[86] Ein Teil dieser Argumentation wurde rund hundert Jahre nach ihrer Abfassung durch den gelehrten Bischof *Eusebius von Caesarea* in dessen *Praeparatio Evangelica* zitiert.[87] Dabei schärft Clemens auch die Differenz zwischen dem menschlichen Körper und seinem göttlichen Schöpfer ein, die er zum gemeinsamen Erbe biblischer und philosophischer Tradition (freilich aufgrund des «Diebstahls der

Hellenen») zählt: «Aufgrund der Erzählung von der Bildung des Menschen aus Erde nennen die Philosophen den Körper immer wieder ‹irdisch›».[88] Im Rahmen einer ausführlichen Parallelisierung der biblischen Schöpfungsvorstellung und paganer Schöpfungserzählungen (bis hin zur Zahl der Schöpfungstage)[89] wird dann Xenophanes eingeführt: «Trefflich lehrt auch Xenophanes von Kolophon, dass Gott nur ein einziger und dass er körperlos ist».[90] Die beiden bereits zitierten Fragmente leitet Clemens mit einem programmatischen Zitat ein, das den quasi biblischen Monotheismus des Xenophanes belegen soll und damit die «Christlichkeit» des paganen Philosophen sicherstellt: «Einer ist Gott, der Gewaltigste unter den Göttern und Menschen, / Nicht an Gestalt vergleichbar den Menschen noch an Gedanken».[91] Sowohl der erwähnte gelehrte Bischof Eusebius im palästinischen Caesarea als auch rund hundertzwanzig Jahre später Bischof Theodoret im syrischen Cyrrhus (bei Apamea gelegen) haben sich auf diese Passage bezogen.[92] Clemens kommt noch einmal an einer zweiten Stelle seiner «Teppiche» auf Xenophanes zu sprechen. Dort hebt er den vorsokratischen Philosophen von «den Griechen» ab:

> «Aber die Griechen nehmen an, dass die Götter menschliche Gestalt und ebenso auch menschliche Leidenschaften haben; und wie jedes Volk seine Götter in der Gestalt abbildet, die es selbst hat, und daher ‹die Äthiopier›, wie Xenophanes sagt, ‹ihre Götter schwarz und stumpfnasig, die Thraker die ihren blond und blauäugig› malen, so stellen alle Menschen die Götter so dar, dass sie auch ihrem Wesen nach ihnen selbst ähnlich sind; zum Beispiel lassen die Barbaren ihre Götter roh wie Tiere und von wilder Gemütsart sein, die Griechen dagegen die ihren sanfter, aber freilich den Leidenschaften unterworfen».[93]

Platon

In Darstellungen des antiken Gottesglaubens sowie in historischen Abrissen über die Kritik «anthropomorpher» Gottesbilder wird gern eine Linie von dieser vorsokratischen Kritik des Xenophanes im sechsten vorchristlichen Jahrhundert bis hin zu den christlichen Denkern der hohen Kaiserzeit wie Clemens oder Eusebius gezogen. In dieser Entwicklungslinie erhält die *platonische Philosophie*, an die jüdische wie christliche Denker anknüpften, verständlicherweise eine zentrale Stellung: Denn auch Plato «formuliert – angeregt durch Xenophanes – eine vernichtende Kritik am anthropomorphen Polytheismus des Mythos».[94] Selbst wenn in der Antike kontrovers debattiert wurde, wie man die in der Akademie nur mündlich vorgetragene Prinzipienlehre Platos zu interpretieren habe, war doch unumstritten, dass der (oberste) platonische Gott insbesondere durch Einheit, Gutheit, Unveränderlichkeit und Vollkommenheit charakterisiert ist und als reiner Geist (νοῦς) körperlos gedacht werden muss.[95] Im platonischen Dialog «Staat» (*Respublica*) sind diese Grundzüge der «wahren Götterlehre» ausführlicher entfaltet.[96] Sie finden sich aber auch an vielen anderen Stellen in den Dialogen: «Das Göttliche ist schön, weise, gut und alles, was dergleichen ist», heißt es im *Phaedrus*;[97] Gott bleibt «immerdar, einfach in seiner eigenen Gestalt», so in der einschlägigen Passage der *Respublica*.[98]

Diese Grundprämissen einer platonischen Gottesvorstellung galten ganz unabhängig davon, ob man diesen Gott mit der als Geist gedachten Gesamtheit der Ideen identifizierte und (wie *Speusipp*, 410/407–339/338 v. Chr., Platos Neffe, Schüler und Nachfolger in der Leitung der Akademie als Scholarch) von jenem Gott noch einmal das Eine (τὸ ἕν) als oberstes Prinzip abhob,[99] oder beides in welcher Form auch immer identifizierte und jenes so allumfassende «Eine» als obersten Gott dachte. Denn auch das Eine ist nach dem platonischen Dialog *Parmenides* in seiner absoluten Einheit nur negativ zu bestimmen,[100] nicht aufgrund von Ähnlichkeit und Differenz zu anderen Dingen.[101] Ihm fehlen mit Ruhe und Bewegung sowie Zeit und Ewigkeit alle Kategorien einer Körperlichkeit oder Leiblichkeit. Das Eine ist als Unendliches und absolut Einfaches ohne jede Gestalt, es hat weder am Runden noch am Geraden oder am Kreisförmigen teil.[102] Damit distanzierte sich Plato explizit von Theorien über eine Kugelgestalt des obersten Gottes, wie sie möglicherweise schon Xenophanes vertrat, in jedem Falle aber andere vorplatonische Philosophen. Die Platoniker der Akademie und ihr Begründer brachen radikal nicht nur mit allen «anthropomorphen» Bildern einer göttlichen Körperlichkeit, sondern überhaupt mit allen klassischen Annahmen vom göttlichen «Sein»: Indem das Eine «selbst nicht das Sein ist, sondern noch über das Sein an Würde und Kraft hinausragt»,[103] ist es «jenseits des Seins» (ἐπέκεινα τῆς οὐσίας).

Wenn in der kaiserzeitlichen Antike auf diese bis in die Gegenwart oft zitierte Formel «jenseits des Seins» angespielt wurde, musste gar nicht mehr eigens hervorgehoben werden, dass diese Negation natürlich auch die Negation des *körperlichen* Seins impliziert – diese Implikation war für alle, die Plato auch nur oberflächlich kannten, selbstverständlich. Sie ergibt sich bereits aus der allgemeinen Wertung des Körpers und der Körperlichkeit in der platonischen Philosophie. Im platonischen *Sophista* wird ebenso wie an anderen Stellen der Dialoge klar gesagt, dass eine schlichte Identifikation von «Körper» und «Sein» philosophisch inakzeptabel ist. Menschen, «die behaupten, dass allein *sei*, woran man sich stoßen und was man betasten könne, indem sie Körper und Sein für einerlei erklären», «ziehen alles aus dem Himmel und dem Unsichtbaren auf die Erde herab», haben also keinen philosophischen Sinn für das geistige Sein und sind mithin etwas beschränkt.[104] Das höhere Sein nimmt, wie es im *Phaedrus* heißt, allenfalls in Gestalt der Seele «einen erdigen Leib» (σῶμα γήϊνον) an, «ein Starres (...), wo sie nun wohnhaft wird, und dieses Ganze, Seele und Leib zusammengefügt, wird dann ein Tier genannt und bekommt den Beinamen sterblich».[105] Von allen körperlichen Dingen hat diese so eingekörperte Seele noch am meisten teil am Göttlichen.[106] Wenn es aber ein solches höheres, unkörperliches und rein geistiges Sein gibt wie die Seele und die Ideen, kann per definitionem Göttliches nicht auf der Stufe des niedrigeren, körperlichen Seins gedacht werden. Selbst wenn diesem «wahrhaft Seienden» (τὸ παντελῶς ὄν) Leben zugeschrieben werden muss, weil es nicht unbeweglich stehen kann, und damit Bewegung von ihm ausgesagt werden muss, ist selbstverständlich nicht an eine körperliche Bewegung, sondern an geistige Beweglichkeit gedacht.[107] Nur das Körperliche ist, wie im *Phaedrus* formuliert, ein «Starres», an dem man sich stößt und das von höherem, geistigem Sein bewegt werden muss.[108]

Dieses platonische Konzept eines rein geistigen, körperlosen *Gottes*, der – nun meist selbstverständlich mit dem «Einen» (τὸ ἕν) identifiziert – als «jenseits des Seins» (ἐπέκεινα τῆς οὐσίας) zu denken ist und oft konsequent auch jenseits eines geistigen Wesens, also vollkommen bestimmungslos (ἐπέκεινα νοῦ καὶ οὐσίας),[109] hat sowohl jüdisches als auch christliches Denken während der römischen Kaiserzeit tief beeinflusst. Wie auch immer man in den Bahnen einer mehr oder weniger deutlichen Orientierung an Grundprämissen der platonischen Philosophie dachte (ob also «der allmächtige Gott als Geist oder jenseits von Geist und Sein» beschrieben wurde), viele gebildete Anhängerinnen und Anhänger dieser beiden monotheistischen Religionen waren davon überzeugt, dass er «einfach und unsichtbar und unkörperlich» sei[110] – wenn auch längst nicht alle, wie wir bald sehen werden. Jedenfalls schrieb die doxographische Tradition der philosophischen ebenso wie der philosophiegeschichtlichen Lehr- und Handbücher Plato ohne viel Federlesens zu, dass er Gott «körperlos» (ἀσώματος) genannt habe, obwohl der Athener Philosoph dies nachweislich expressis verbis nie explizit getan hat.[111]

Philo von Alexandrien

Ein gutes Beispiel für die vollkommen selbstverständliche Rezeption dieser Grundelemente platonischer Gotteslehre (und ihre partielle Zuspitzung) durch einen jüdisch-hellenistischen Ausleger der griechischen Bibel ist *Philo von Alexandrien*, ein Zeitgenosse des Apostels Paulus, der in der ersten Hälfte des ersten Jahrhunderts in der Bildungsmetropole am Mittelmeer lebte. Als geachtetes Mitglied der jüdischen Gemeinde der Stadt hat er ein umfangreiches Œuvre bibelexegetischer und philosophischer Schriften hinterlassen, die nach dem Ende der Antike allerdings vor allem in christlichen Zusammenhängen überliefert worden sind. Seine Auslegungen biblischer Texte haben später auch viele christliche Theologen wie Origenes im Osten oder Ambrosius im Westen tief beeinflusst.[112] Obwohl aus heutiger Perspektive Spannungen zwischen einem eher philosophischen Gottesbegriff platonischer Provenienz und einem eher biblischen Gottesbild durchaus erkennbar sind und Philo beispielsweise zwischen der eher *philosophisch* konnotierten Terminologie «das Seiende» (τὸ ὄν) beziehungsweise «das wahrhaft Seiende» (τὸ ὄντως ὄν) und der eher *biblisch* klingenden Wendung «der Seiende» (ὁ ὤν, mit Exodus 3,14 LXX) schwankt,[113] besteht seiner Ansicht nach keinerlei Zweifel an der *Körperlosigkeit* Gottes. Sie ist gleichsam ein Grundaxiom seiner Rede von Gott, Implikat seines strikten Beharrens auf der kategorialen Transzendenz Gottes.[114] Da Philo – im Unterschied zu Platon und Aristoteles – Gott für kategorial unerkennbar hält, betont er mit besonderem Nachdruck die Differenzen zwischen Gott und Mensch. Die kategoriale Differenz zwischen beiden ist, dass Menschen einen Körper haben und Gott dagegen keinen. So lesen wir zum Beispiel im Rahmen einer Argumentation über die Gottesebenbildlichkeit des Menschen, die Philo auf den Verstand des Menschen (νοῦς) begrenzt sehen möchte: «Weder hat Gott eine menschliche Form, noch ist der menschliche Körper gottgleich» (οὔτε γὰρ ἀνθρωπόμορφος ὁ θεὸς οὔτε θεοειδὲς τὸ ἀνθρώπειον σῶμα).[115] Philo bezieht sich mit solchen Aussagen gern auf einen biblischen Satz, den er häufig wie einen Fundamentalsatz seiner Gotteslehre zitiert: «Gott ist nicht wie ein Mensch» (Numeri 23,19 LXX).[116] Weil dieser Fundamentalsatz gilt, der hilft, «über allen Anthropomorphismus hinauszukommen», darf man Gott keine menschliche Form zuschreiben. Das wäre nicht nur eine «Torheit des Ausdrucks», sondern auch eine «tatsächliche Gottlosigkeit», denn es würde auch menschliche Emotionen wie Leidenschaften in Gott implizieren. Ebenso darf man Gott aus begreiflichen Gründen nicht «Hände und Füße, ein Hineinkommen und Hinausgehen, Hass, Abneigungen, Entfremdungen und Ärger, Teile und Emotionen, die nicht zum Charakter der Ursache aller Dinge passen», zuschreiben.[117] Gott hat auch kein Angesicht, «da er über die speziellen Merkmale aller geschaffenen Wesen erhaben ist». Er hält sich auch nicht in einem Teil auf, «da er der Umfassende, selbst aber nicht Umfasste ist».[118] In dem Traktat «Über die Unveränderlichkeit Gottes» heißt es in dem dialogorientierten Duktus der Sprache Philos:

«Wenn er organische Teile besäße, hätte er wohl Füße, um zu gehen – wohin aber soll er gehen, da er alles ausfüllt? Und zu wem, da ihm keiner ebenbürtig ist? Und weshalb? Denn er hat ja nicht für seine Gesundheit zu sorgen wie wir –, auch Hände sollte er haben zum Nehmen und zum Geben, nimmt aber von niemandem etwas – denn, abgesehen von seiner Bedürfnislosigkeit, hat er alles zum Besitz –, wohl aber gibt er durch sein Wort, dessen sich als Vermittler der Gaben bedient, durch das er auch die Welt erschuf. Auch der Augen bedarf er nicht, denen ohne wahrnehmbares Licht keine Erkenntnis zuteil wird; das wahrnehmbare Licht aber ist etwas Gewordenes; Gott aber hat schon vor allem Werden gesehen, indem er sich selbst als Licht gebrauchte. Was soll man aber noch über die Organe der Ernährung reden? Denn wenn er diese besäße, müsste er auch Nahrung zu sich nehmen, und, gesättigt, wieder ausleeren, nach der Ausleerung aber wieder Appetit haben; und von anderem Entsprechendem will ich gar nicht reden. Das sind Fabeleien gottloser Menschen, die dem Göttlichen dem Worte nach nur menschliche Gestalt, in der Tat aber auch menschliche Leidenschaften zuschreiben».[119]

Weil Gottes Sein ohne jede Eigenschaft ist (die gewöhnlichen Gottesprädikationen wie beispielsweise «Unermesslichkeit» oder «Unwandelbarkeit» beziehen sich nicht auf sein Sein, sondern qualifizieren seine Werke),[120] kann es natürlich auch keine Körperteile Gottes geben – «Gott braucht nichts, so dass er, wenn er den Nutzen aus Teilen nicht braucht, überhaupt keine Teile haben dürfte».[121] Selbstverständlich nimmt Gott auch keinen abgegrenzten Platz ein, weder innerhalb der Welt (wie die Stoiker denken) noch zwischen den Welten (wie die Epikureer meinen):[122]

«Als Drittes und Folgendes ist aber zu untersuchen, was unter dem Ort zu verstehen ist, dem er begegnet; denn es heißt: ‹Er begegnete einem Ort› (Genesis 28,11). Der Begriff ‹Ort› ist dreifach zu verstehen: einmal als vom Körper erfüllter Raum, auf die zweite Art als der göttliche Logos, den Gott selbst ganz und gar mit unkörperlichen Kräften ausgefüllt hat. Denn ‹sie sahen›, heißt es, ‹den Ort, wo der Gott Israels stand› (Exodus 24,10), an dem allein er auch den Gottesdienst zu verrichten erlaubt hat, nachdem er es an allen anderen Stellen verboten hatte; er hatte nämlich bestimmt, man solle zu dem Orte hinaufsteigen, den Gott der Herr ausgewählt hätte, und dort die Ganzopfer darbringen und die Dankopfer, dorthin die übrigen makellosen Opfertiere hinaufführen (Deuteronomium 12,5–6). Der dritten Bedeutung entsprechend aber wird Gott selbst ‹Ort› genannt, weil er das All umfasst, aber von gar nichts umfasst wird, und weil er selbst die Zuflucht aller ist, und weil er selber der Raum seiner selbst ist, der sich selbst aufgenommen hat und sich allein in sich selbst bewegt. Ich nun bin nicht ein Ort, sondern an einem Orte, und ebenso jedes Ding. Das, was umfasst wird, unterscheidet sich nämlich von dem, was umfasst, Gott aber, der von nichts umfasst wird, ist notwendig selbst sein eigener Ort».[123]

Gott ist ewig, aber nicht im Sinne einer ewigen Dauer bestimmter Zeit an einem bestimmten Ort, sondern als Ewigkeit (αἰών), *Prinzip* der Zeit. Er ist der, der immer ist (ἀεὶ ὄν). Auf diese Weise wird, wie John Whittaker gezeigt hat, von Philo die apersonale Realität der Ideen bei Plato mit einem persönlichen Gott identifiziert, «Ewigkeit» (αἰών) mit «Leben» (βίος) verbunden.[124] Die Seele gelangt daher zu wahrer Gottesschau nur durch Befreiung vom Körper, durch Entkörperlichung.[125]

Wenig verwunderlich ist daher, dass Philo die biblischen Passagen, die vom Körper Gottes handeln, als metaphorische Rede versteht und sie allegorisiert:[126] So wird beispielsweise die biblische Rede von der «Hand Gottes» auf die göttliche Vernunft (λόγος) oder seine Kräfte bezogen.[127] Auch die Offenbarungsstimme, die am Sinai gehört werden konnte, hat keinerlei Ähnlichkeit mit einer menschlichen Stimme, «weil das, was Gott spricht, nicht bloße Worte, sondern Werke sind, über welch letztere die Augen besser entscheiden als die Ohren».[128] Sie kann also nicht gehört, sondern letztlich nur rein intellektuell geschaut werden. Gott wandelt auch nicht in einem körperlichen Sinne im Paradies, weil er (als der unbewegte Beweger) unbewegt ist.[129] Ein direkter Kontakt zwischen einem Menschen und Gott als Person kann auf diese Weise jedenfalls nicht so zustande kommen, wie dies in biblischen Schriften dem ursprünglich intendierten Sinn nach vorgestellt und berichtet wird. Aber Philo gewinnt (im Unterschied zu Plato) trotzdem der Vorstellung Homers etwas ab, dass «die Götter (…) unter jeder Gestalt Länder und Städte durchwandern, dass sie den Frevel der Menschen und ihre Frömmigkeit schauen».[130] Denn die «anthropomorphe» Rede dient hier wie auch sonst der «Erziehung des Menschengeschlechts».[131] Solche Erziehung ist notwendig für die «Freunde des Körpers», die nichtgebildeten Menschen auf der Straße. Solche Menschen stellen sich Gott in menschlicher Gestalt vor und verwechseln auf diese Weise, was nicht verwechselt werden darf: Gott und Mensch.[132] Weil Philo von Alexandrien von bedeutenden christlichen Theologen so gründlich rezipiert wurde, gehört er mit seinem strengen Insistieren auf der Unerkennbarkeit Gottes, aus der seine Unkörperlichkeit folgt, ohne Zweifel zu den Ahnherren der Bewegung, die Gott im Laufe der Jahrhunderte gleichsam um seinen Körper brachte.

Vorstellungen von göttlichen Körpern

Auf den ersten Blick sollte man also denken, dass Werner Jaeger und andere recht hatten mit ihrer Behauptung, es bestehe im Blick auf die Frage nach der Existenz und Beschaffenheit eines göttlichen Körpers ein tiefer Konflikt zwischen einem eher philosophischen Weltbild und einem mythologischen Weltverhältnis,[133] ein paradigmatischer Konflikt zwischen «Mythos» und «Logos», der implizit schon vorhanden gewesen sein soll, bevor er in den zitierten Sätzen von *Xenophanes* im fünften vorchristlichen Jahrhundert zu einem expliziten Ausdruck kam.
Und auf den zweiten Blick? Natürlich gibt es für eine solche Sicht allerlei Belege, von denen hier nur einer genannt sei: Der römische Uni-

versalgelehrte und stoische Philosoph *Seneca*, der im Jahre 65 auf Befehl des Kaisers Nero Selbstmord beging, protestierte in einem bei Augustinus erhaltenen Fragment einer Schrift «Gegen den Aberglauben» (*De superstitione*) gegen «anthropomorphe» ebenso wie «theriomorphe» Vorstellungen göttlicher Körper, die die zu seiner Zeit in den Tempeln befindlichen Götterbilder repräsentierten, und setzt dagegen die Gotteslehre einer philosophischen Theologie stoischer Provenienz:

> «Die Heiligen, Unsterblichen, Unverletzlichen verehrt man in ganz minderwertiger, lebloser Materie; man gibt ihnen die Gestalt von Menschen, von wilden Tieren, von Fischen, mitunter gemischtes Geschlecht, zweierlei Körper; Gottheiten nennt man Gebilde, die man, wenn sie plötzlich Leben annähmen und uns entgegenträten, für Ungeheuer ansehen würde».[134]

Trotzdem liegen hier die Dinge nicht so einfach, wie der erste Blick glauben lässt. Wir sahen bereits, dass Xenophanes mit seiner Polemik gegen «Anthropomorphismen» wahrscheinlich gar nicht die Tatsache bestreiten wollte, dass auch sein oberster Gott einen Körper hat – wie sollte dieser auch sonst «gänzlich» sehend, hörend und verstehend sein?[135] Der vorsokratische Philosoph war nur davon überzeugt, dass jener göttliche Körper einem menschlichen Körper «unähnlich ist aus exakt demselben Grund, aus dem Gottes Denkkraft – mit der die Götter überreichlich ausgestattet sind – von menschlicher Denkkraft verschieden» ist, wie Jean-Pierre Vernant einmal formuliert hat. Körper wie Denkkraft Gottes besitzen nach Xenophanes, wie wir sahen, *in Fülle* (oder eben «*gänzlich*»), was Körper wie Denkkraft der Menschen nur *defizitär* aufweisen, oder, aus der Perspektive antiker Menschen formuliert: Körper wie Denkkraft des Menschen besitzen nur *defizitär*, was Körper wie Denkkraft Gottes *in Fülle* (oder eben «*gänzlich*») charakterisiert.[136] Und selbst mit Blick auf die platonische Philosophie enthält der weiter oben bereits formulierte Satz, dass der (oberste) platonische Gott insbesondere durch Einheit, Gutheit, Unveränderlichkeit und Vollkommenheit charakterisiert ist und als reiner Geist (νοῦς) körperlos gedacht werden muss,[137] ja nur die halbe Wahrheit, denn Plato kann durchaus von einem Körper Gottes reden: In seinem Dialog *Timaeus* wird geschildert, dass die Welt, der Kosmos (κόσμος), vom Demiurgen in Form einer Kugel «als ein vollständiges Ganzes» erschaffen und in Rotation versetzt wurde. Im Zentrum des Kosmos-Körpers und zugleich über ihn ausgebreitet befindet sich eine vernunftbegabte Seele, die den Kosmos selbst zu einem «glückseligen» und «sinnlich wahrnehmbaren Gott» (εὐδαίμων θεός beziehungsweise θεὸς αἰσθητός) macht, die *Weltseele:*[138]

> «Diese ganze Schlussfolge des immer seienden Gottes in bezug auf den sein werdenden Gott ließ ihn denselben glatt und ebenmäßig und vom Mittelpunkte aus nach allen Richtungen gleich, als ein Ganzes und einen vollkommenen, aus vollkommenen Körpern bestehenden Körper gestalten. Indem er aber seiner Mitte die Seele einpflanzte, ließ er diese das Ganze durchdringen und auch noch von außen her den Körper umgeben und bildete den einen, alleinigen, einzigen Himmel, einen im Kreise sich drehenden Kreis, vermögend, durch eigene Kraft sich selbst zu befruchten, und keines anderen bedürftig, sondern sich selbst zur Genüge bekannt und befreundet; so erzeugte er ihn als einen durch dieses alles seligen Gott».[139]
>
> «Und nun, behaupten wir, ist unsere Rede über das All bereits zum Ziel gediehen. Denn indem dieses Weltganze sterbliche und unsterbliche Bewohner erhielt und derart davon erfüllt ward, wurde zu einem sichtbaren, das Sichtbare umfassenden Lebenden, zum Abbild des Denkbaren als ein sinnlich wahrnehmbarer Gott, zum größten und besten, zum schönsten und vollkommensten dieser einzige Himmel, der ein eingeborener ist».[140]

Man kann also sagen, dass nach Plato jedenfalls *ein* Gott unter den verschiedenen von ihm angenommenen Göttern einen kugelförmigen *Körper* besitzt, wenn auch hier wieder wie bei Xenophanes von einem ganz besonderen und vollkommenen Körper die Rede ist. Die Weltseele ist das «Vorzüglichste des Gewordenen»,[141] sie ist dem Göttlichen, Unsterblichen, Intelligiblen, Eingestaltigen, Unauflöslichen und Selbigen, immer mit sich Identischen verwandt, ähnlich und gleich (ὅμοιος).[142]

Der mittelplatonische Philosoph *Plutarch*, der in der zweiten Hälfte des ersten nachchristlichen Jahrhunderts schrieb, bezeichnete den Kosmos als «Gott im Werden».[143] In sogenannten orphischen Texten wird die (ebenfalls kugelförmig gedachte) Welt sogar ganz explizit als «Körper Gottes» verstanden.[144] Analoge Vorstellungen belegen die Zauberpapyri, Mustervorlagen mit Texten für magische Praktiken, mit ihrer Prädikation des Allherrschers, der hier «guter Daimon» (Ἀγαθὸς Δαίμων) genannt wird. Sein Körper umfasst ebenfalls den ganzen Kosmos:

«Und der Himmel dein Haupt, der Äther dein Leib, die Erde deine Füße, das Wasser um dich der Ozean. Du guter Dämon, du bist der Herr, der alles zeugt und nährt und mehrt».[145]

Außerdem ist mit einem Blick auf die *platonische* Philosophie die kaiserzeitliche Philosophie nicht erschöpfend behandelt. Wie Mark Edwards jüngst noch einmal betonte, ist der verbreitete Eindruck von einer Dominanz der platonischen Philosophie in der kaiserzeitlichen und späten Antike möglicherweise als Folge einer eher einseitigen Präferierung dieses Denkens in der christlichen Theologie zu erklären, nicht aber als Abbild der Realität auf dem antiken «Markt der Philosophen»[146]. Andere Schulen der griechischen Philosophie waren von der hellenistischen Zeit an bis in die Spätantike gegenüber Konzepten einer göttlichen Körperlichkeit viel offener eingestellt und vertraten sie dazu in durchaus unterschiedlichen Formen. Das lässt sich an der epikureischen, stoischen und aristotelischen Schule zeigen.

Epikur und die epikureische Schule

So wurde beispielsweise *Epikur* und der *epikureischen Philosophie* die Ansicht zugeschrieben, dass die Götter eine Art von Körpern haben, selbst wenn dieser göttliche Körper sich deutlich von einem menschlichen Körper unterscheidet.[147] Angesichts des strengen Materialismus, der diese philosophische Richtung auszeichnet, ist es nicht sehr verwunderlich, wenn die Götter im Epikureismus *auch* als materielle Existenzen gedacht wurden, selbst wenn schon in der Antike äußerst umstritten war, welche Form der Existenz und welchen Realitätsgehalt man den Göttern in dieser Schule überhaupt zubilligte. Nach einem antiken Scholion zu dem ersten Lehrsatz Epikurs sind die Götter, die in unvergänglichen Zwischenwelten leben, «mit dem Geist als menschengestaltig (ἀνθρωποειδεῖς) erschaubar».[148] Der römische Dichter und epikureische Philosoph *Lucretius*, der wahrscheinlich im ersten vorchristlichen Jahrhundert lebte und möglicherweise ein Schüler des Philodem war, hält es für ein Ideal, «mit ruhigem Geist in die Tempel der Götter» zu treten und dort «die Bilder des göttlichen Leibes, / wenn in den menschlichen Geist sie als Boten der göttlichen Schönheit / Eintritt fordern, (zu) empfangen in ruhigem, friedlichem Herzen».[149] Im Dialog *De natura deorum*, den *Marcus Tullius Cicero* um 45 v. Chr. verfasste, lässt der Autor einen gewissen Gaius Velleius behaupten, dass die Götter nach Epikur «so etwas wie einen Körper» (*tanquam corpus*) und «so etwas wie Blut» (*tanquam sanguis*) hätten.[150] Vermutlich meint die Formulierung, dass die Körper der Götter nicht aus Fleisch und Blut bestehen, sondern nur aus etwas, was Fleisch und Blut ähnlich ist (so versteht Kirk Sanders die Passage).[151] Dieser Körper der Götter besteht nach einem anderen Referat Ciceros in seinem kurz vor *De natura deorum* entstandenen Dialog *De divinatione* aus einem sehr feinen, transparenten (*perlucidus*) Material, das zugleich unvergänglich und insofern immerwährend unendlich ist. Man kann diese Aussagen in beiden Dialogen Ciceros so verbinden, dass die Götter nach der hier wiedergegebenen epikureischen Ansicht zwar einen menschengestaltigen, aber keinen aus Fleisch und Blut bestehenden Körper haben, sondern einen, in dem das sehr feine, transparente Material die Stelle der körperlichen Materie einnimmt. Weiter, so lässt Cicero Gaius Velleius referieren, hätten Götter Körperteile, würden sie aber nicht benutzen.[152]

Wie sich diese Vorstellung von einem unvergänglichen, feinstofflichen Körper der Götter genau zu der bei Epikur selbst belegten erkenntnistheoretischen Position verhält, dass die Götter jene äußerst feinstofflichen Abbilder (εἴδωλα oder *simulacra*) aus dünnen Atomschichten produzieren, die in der Seele der Menschen durch für das Sehen zuständige Seelenatome aufgenommen werden und Gotteserkenntnis ermöglichen, ist schwer zu sagen und in der Forschung umstritten. Aber vermutlich ist daran gedacht, dass diese von den göttlichen Körpern geschickten Abbilder, die menschlicher Erkenntnis zugrunde liegen, von Epikur als Teile gedacht werden, die bei der Aussendung der feinstofflichen Materie des göttlichen Körpers verloren gehen und deren Verlust doch nicht zu einer Beschädigung des Körpers führt.[153] Der Grund für diese besondere Eigenschaft des göttlichen Körpers liegt nach der Ansicht der Epikureer darin, dass das feinstoffliche Atomkonglomerat, aus dem er besteht, im Unterschied zu irdischen Körpern keinerlei Leerräume zwischen den Atomen aufweist und Verluste an Materie beständig durch die erhaltenden Kräfte aus verwandter Materie ergänzt werden.[154]

Während es nicht gelingt, in authentischen Texten von Epikur oder Lukrez wörtliche Belege für die Redewendung von einer «gewissen Körperlichkeit» der Götter zu finden, gibt es im Werk «Über die Götter» (Περὶ θεῶν/*De Diis*) des epikureischen Philosophen und Poeten *Philodem von Gadara* im Ostjordanland, der in der zweiten Hälfte des ersten Jahrhunderts v. Chr. in Herculaneum lebte, solche Formulierungen. Sie legen (neben anderen Argumenten) nahe, dass Cicero sich bei seinen zitierten Ausführungen in *De natura deorum* direkt auf diese Schrift oder aber auf ihre Quellen bezieht:[155] Möglicherweise entspricht dem «so etwas wie einen Körper» und «so etwas wie Blut» bei Cicero im fragmentarisch überlieferten Werk des Philodem die Formulierung, dass im Blick auf die Götter von Körper «entsprechend diesem (sc. menschlichen Körper) analog» geredet werden kann. Mit anderen Worten: Die Götter haben «so etwas wie einen Körper und so etwas wie Blut», weil zwischen göttlichen und menschlichen Körpern eine Analogie besteht: τὸ κατ' ἀναλογίαν.[156] Wenn man einen nur sehr fragmentarisch überlieferten Papyrus aus dem großen Bibliotheksfund der «Villa dei Papiri» bei Herculaneum dem epikureischen Philosophen *Demetrius Lacon* (d. h. vielleicht aus Lakonien), der im zweiten und ersten vorchristlichen Jahrhundert lebte, zuschreiben und den Text als Reste einer (im Papyrus titellosen, gewöhnlich «Über die Gestalt der Götter» überschriebenen) theologischen Schrift identifizieren darf (Pap. Herc. 1055),[157] dann hat Philodem solche Ansichten bereits von seinem akademischen Lehrer übernommen: Denn der Autor jener Schrift «Über die Gestalt der Götter» hat einerseits klar die Menschengestalt Gottes (μορφὴν τὴν ἀνθρώπου) gelehrt und sogar explizit formuliert, dass «Gott menschengestaltig ist» (ἀνθρωπόμορφον [...] εἶναι τὸν θεόν), aber andererseits auch den geistigen Charakter der Götter (als οἱ λόγῳ θεωρητοί) betont.[158] Philodem selbst «scheint die Götter als λεπτομερεῖς zu bezeichnen, d. h. sie haben eine feine Struktur; im selben Abschnitt erfahren wir, Gott sei ein σύγκριμα νοητὸν ἔχον πυκνότητα νοητήν, ‹ein geistig wahrnehmbares Gebilde mit geistig wahrnehmbarer Festigkeit›».[159] Mit anderen Worten: Götter haben also einen Körper in Gestalt eines besonders feinstofflichen Atomkonglomerates, so dass man sie nicht äußerlich berühren kann. Sie sind so fein, dass sie auch nicht zerstört werden können. An anderer Stelle bezeichnet sie der Philosoph als «ewige und unvergängliche Lebewesen».[160] Philodem kann man daher auch zutrauen, dass er – wie Ciceros Dialogpartner Gaius Velleius im Fortgang der Argumentation in *De natura deorum* – auf die seiner Ansicht nach widersprüchlichen Ansichten Platos aufmerksam gemacht hat, und man kann annehmen, dass Cicero auch diese Gedanken von ihm übernommen hat: Plato habe einerseits gelehrt, dass Gott vollständig körperlos sei, aber andererseits würde ein vollständig körperloser Gott jedes sinnlichen Vermögens entbehren, der praktischen Vernunft (*prudentia*) und vieler anderer Dinge, die für die platonische Vorstellung von Gott essentiell sind.[161] Cicero selbst kritisierte solche von ihm referierten Vorstellungen der Epikureer wegen ihrer in seinen Augen fehlenden logischen Präzision: Er könne sich nicht vorstellen, was das «so etwas wie ein Körper» im Blick auf die göttliche Körperlichkeit genau bedeute. Außerdem machte er die Vorstellung von einem feinstofflichen Material göttlicher Körperlichkeit dadurch lächerlich, dass er die Transparenz göttlicher Körper als Winddurchlässigkeit erläuterte (*perlucidus et perflabilis*).[162] In einem neutraleren Referat wäre eher die Beschreibung der göttlichen Körper als durchlässige, schattenhafte Materie angemessen.

Angesichts der massiven Kritik an der epikureischen Philosophie in der Antike, für die Cicero mit seiner Polemik nur ein Beispiel ist, wird man den Einfluss dieser Konzeption einer göttlichen Körperlichkeit auf die allgemeinen Vorstellungen und philosophischen Debatten nicht überschätzen dürfen. Im Gegenteil: Wenn eine philosophische Richtung, der in der Antike gern in äußerster polemischer Zuspitzung «Atheismus» und ein lediglich aus Gründen der Konvention geheuchelter Gottesglaube vorgeworfen wurde, für einen in Analogie zum menschlichen Körper gedachten Gotteskörper eintrat, konnte dies für die allgemeine Plausibilität dieser Idee nicht eben günstig sein. Man darf vermuten, dass Gott in der kaiserzeitlichen Antike mindestens auch deswegen gleichsam um seinen Körper gebracht werden konnte, weil die epikureische Philosophie ein solches Konzept vertrat und – wie man an Philodem sehen kann – durchaus wortreich zu verteidigen wusste.

Die stoische Schule

Bedeutender war dagegen das Gewicht der *stoischen Philosophie*, deren Positionen in vielen Punkten – und so auch in der Gotteslehre – von ihren Vertreterinnen und Vertretern sehr betont gegen die epikureische Philosophie gerichtet wurden.[163] Selbstverständlich gab es auch zwischen diesen feindlichen Brüdern allerlei Gemeinsamkeiten: So wurde in der stoischen Schule ebenfalls ein Konzept einer «gewissen» göttlichen Körperlichkeit vertreten – allerdings mit einer etwas anderen Begründung als in der epikureischen Tradition und in Details stark von dieser unterschieden. Auch die stoische Philosophie ist durch einen basalen Materialismus gekennzeichnet: Nach dieser Lehre besitzt *jedes* existierende Ding eine *materielle*, ja eine *körperliche* Realität. Es existieren also entgegen platonischer Lehre keine rein geistigen und darin körperlosen Entitäten wie die Ideen, die materiellen Realitäten zugrunde liegen und denen ein höheres, stabileres Sein zukommt als jenen. Anders gesagt: Nur Körper existieren in einem wirklichen Sinne. Unkörperliche Dinge wie Zeit, Ort oder Silben «subsistieren» lediglich (ὑφεστός); erst wenn ein Körper in Raum und Zeit existiert, subsistieren Ort und Zeit in Bezug auf ebendiese konkrete materielle, körperliche Existenz.[164] Materialität und Körperlichkeit sind auch für die beiden Prinzipien (ἀρχαί) aller Dinge notwendig, die passive Materie (ὕλη) einerseits und das sie belebende, formende aktive Prinzip andererseits, das auch Geist (πνεῦμα), Vernunft (λόγος), Welt (κόσμος) oder eben Gott genannt wird[165] – diese Prinzipien existieren immer gemeinsam als materielle, körperliche Realität. Insofern müssen aber nach stoischer Lehre auch *die* Götter (als natürliches Implikat ihrer Existenz) einen Körper haben. In den «Leben der Philosophen» des Diogenes Laertius, eines mutmaßlich kaiserzeitlichen Autors, findet sich die Nachricht, dass die fünf prominentesten Stoiker der hellenistischen Zeit darin übereinstimmten, dass die beiden unvergänglichen Prinzipien, die die vergänglichen Elemente (Feuer, Wasser, Erde und Luft) gestalten, Körper sind. Diese Information schien neuzeitlichen, offenkundig eher platonisch geprägten Editoren so merkwürdig, dass sie den Wortlaut dahin änderten, dass die Prinzipien *unkörperlich* sind.[166] Auf diese Weise wird der spätantike «Sieg» der platonischen Ansicht, Gott und die obersten Prinzipien seien unkörperlich, auch noch in diejenigen hellenistischen und kaiserzeitlichen Texte hineingetragen, die für das schlichte Gegenteil argumentieren.

Die Körperlichkeit des als Gott, Kosmos und Vernunft verstandenen aktiven Prinzips gehört zu den Kernelementen stoischer Philosophie. So wird bereits über *Zeno von Citium* auf Zypern, den Begründer der Stoa (um 333–264 v. Chr.), berichtet, er habe die Körperlichkeit des aktiven, göttlichen Prinzips der Vernunft (des Logos: λόγος) gelehrt, mithin also die Körperlichkeit Gottes.[167] Dabei war natürlich dezidiert nicht an eine menschengestaltige oder menschenähnliche Körperlichkeit gedacht: Der bereits mehrfach genannte römische Epikureer Philodem von Gadara überliefert in seiner Schrift «Über die Frömmigkeit» (Περὶ εὐσεβείας, *De pietate*) eine scharfe Polemik des dritten Schulhauptes der Stoa, des *Chrysipp von Soli/Kilikien* (281/276–208/204 v. Chr.), gegen den «Anthropomorphismus» der Götterlehre Epikurs und der epikureischen Schule. Auch wenn der durch den Vesuvausbruch im Jahr 79 dramatisch beschädigte einschlägige Papyrus (Pap. Herc. 1428), in dem Philodem aus dem ersten Buch von Chrysipps Werk «Über die Götter» zitierte, wie die meisten Funde aus seiner Privatbibliothek in der «Villa dei Papiri» bei Herculaneum äußerst schwer lesbar ist,[168] wird doch deutlich, dass Chrysipp es als «kindisch» (παιδαριωδῶς) bezeichnete, «zu sagen und zu malen und sich vorzustellen, dass die Götter menschengestaltig sind wie auch Städte und Flüsse und Orte und Emotionen».[169] Gleiches wird übrigens auch schon von Zeno berichtet, der Gott als «unsterbliches Lebewesen, vernünftig, vollkommen beziehungsweise geistig in Glückseligkeit, nichts Schlechtes in sich aufnehmend, die Welt und das, was in der Welt ist, im Voraus denkend, allerdings nicht menschengestaltig» beschrieb.[170] Im Kontext der bei Philodem überlieferten Polemik finden sich, mutmaßlich als Paraphrase aus Chrysipps Werk «Über die Götter», analoge Kernaussagen der stoischen Theologie:

«Aber auch Chrysipp, der alles auf Zeus zurückführt, sagt im ersten (Buch seines Werkes) ‹Über die Götter›, dass Zeus der alles durchwaltende Logos sei und die Allseele, und dass durch die [Teilhabe] an ihm alles lebe (…), selbst die Steine, weshalb er auch ‹Zeus› genannt werde, ‹Dis› aber, weil er aller Urheber und Herr sei. Die Welt sei beseelt und Gott und das Leitprinzip und die Allseele, und so werde analog auf Zeus und auf die allen gemeinsame Natur geschlossen und auf das Schicksal und auf die Notwendigkeit. Weiter seien identisch Eunomia, Dike, Homonoia, Eirene, Aphrodite und alles Ähnliche. Es gebe keine männlichen und weiblichen Götter, ebenso wenig wie Städte und Tugenden, sondern sie würden lediglich mit männlichen und weiblichen Namen belegt, seien aber ein und derselbe, wie zum Beispiel Mondin und Mond. Ares aber sei dem Krieg zugeordnet und der Front und der Gegenfront, Hephaistos sei das Feuer, Kronos das Fluten des Fließenden, Rhea die Erde, Zeus aber der Äther – einigen zufolge sei es jedoch Apollon –, und Demeter die Erde oder das Pneuma in ihr».[171]

Philodem referiert im Fortgang auch ein Detail der Lehrbildung des wichtigsten stoischen Lehrers nach Chrysipp, von *Diogenes von Babylon* (bzw. *Seleukia*, wo der um 150 v. Chr. gestorbene Philosoph lehrte): Dieser habe es ebenfalls «Kindergeschwätz und logische Unmöglichkeit» genannt, (so wie in der epikureischen Philosophie üblich) «von menschengestaltigen Göttern zu reden». Diogenes habe in der Schrift «Über Athene» ausgeführt, «dass der Kosmos mit Zeus identisch sei beziehungsweise Zeus umschließe wie der Mensch die Seele».[172] Der Epikureer Philodem kommentiert sein Referat der Ansichten zweier wichtiger hellenistischer Stoiker ebenso trocken wie ironisch,

> «dass sie nicht im Geringsten daran denken, solche Götter zu belassen, wie alle sie verehren und wir sie anerkennen; denn an menschengestaltige Götter glauben jene wenigstens nicht, sondern an solche wie Luft, Pneuma und Äther».[173]

In solchen polemischen Zusammenhängen kommt natürlich nicht in den Blick, dass es durchaus Texte stoischer Provenienz gibt, die durch eine tiefe Frömmigkeit und ein personales Gottesbild gekennzeichnet sind, allen voran der bekannte Zeus-Hymnus, den der Nachfolger des Zeno in der Schulleitung, *Cleanthes* aus Assos/Troas, im dritten vorchristlichen Jahrhundert gedichtet haben soll. Hier ist explizit von einer Ähnlichkeit zwischen Gott und Mensch die Rede (θεοῦ μίμημα).[174]

Die Körperlichkeit des aktiven Prinzips, das als Gott bezeichnet werden kann, ist in der stoischen Philosophie noch ein wenig präziser beschrieben worden, nämlich als «ein schöpferisches (oder: künstlerisches) Feuer, das methodisch zur Zeugung fortschreitet».[175] Man wird also nicht fehlgehen, wenn man die Materialität der göttlichen Körperlichkeit des aktiven Prinzips als gleichzeitiges Zusammensein von Kraft, Geistwindhauch (πνεῦμα) und Feuer (πῦρ τεχνικόν) bestimmt und auf diese Weise von einem menschlichen Körper kategorial abhebt. Das «schöpferische» oder «künstlerische Feuer» ist schon dadurch vom gewöhnlichen Feuer kategorial geschieden, dass es kein Öl oder Wachs verbraucht, sondern im Gegenteil Materie vernunftgemäß gestaltet.[176] Auch Plutarch bezeugt die stoische Vorstellung von Gott als einem «unsichtbaren (...) einzigen, großen und zusammenhängenden Feuer».[177] Darüber, wie in der stoischen Philosophie das exakte Verhältnis von «schöpferischem» oder «künstlerischem Feuer» und Geistwindhauch beschrieben wurde, informiert der peripatetische Philosoph *Alexander von Aphrodisias*, der an der Wende vom zweiten zum dritten nachchristlichen Jahrhundert in Kleinasien lebte: Man rechnete mit einer Mischung der beiden Dimensionen des aktiven Prinzips in der Art einer Mischung von Öl und Wasser: Beide Entitäten bleiben in gemeinsamer Existenz bewahrt (Alexander bezeichnet diese besondere Form der Mischung, μίξις, als «Vermischung», κρᾶσις, benutzt also nicht den gelegentlich auch in diesen Zusammenhängen verwendeten und in die christliche Lehrbildung über das Verhältnis der beiden Naturen Jesu Christi übernommenen Ausdruck «unzusammengeschüttete Einheit», ἀσύγχυτος ἕνωσις).[178] Die Beschreibung der Materialität des aktiven göttlichen Prinzips als «Mischung», in der die Eigenart der vermischten Entitäten bewahrt wird, setzt freilich auch noch einmal dessen Körperlichkeit voraus (allerdings in Form einer besonderen, von menschlicher Körperlichkeit kategorial geschiedenen Art und Weise): Unter «Gott» wird, wie der amerikanische Philosophiehistoriker Dirk Baltzly formuliert, in der stoischen Theologie «eine einzelne, lebendige Individualität» verstanden, die als Person mit Körper und Verstand konzipiert wurde.[179] Man wird die Beobachtung nicht unterdrücken können, dass die bei dem Epikureer Philodem erhaltene Polemik der Stoiker Chrysipp und Diogenes gegen den «Anthropomorphismus» der epikureischen Philosophie aus heutiger Perspektive nicht besonders überzeugend wirkt – eine gewisse Analogie zwischen göttlichem und menschlichem Körper charakterisiert das Reden *beider* Schulen über den göttlichen Körper (und so erklärt sich vielleicht auch die Heftigkeit wechselseitiger Polemik).

Die überwiegende Zahl der Belege für die stoische Vorstellung einer Körperlichkeit der Götter stammt allerdings aus der doxographischen Tradition antiker *christlicher* Autoren, also aus einer der Stoa gegenüber überwiegend (wenn auch nicht ausschließlich) *kritisch* eingestellten Überlieferungstradition.[180] Meist wird vor dem Hintergrund einer platonisch motivierten Ablehnung der Körperlichkeit Gottes argumentiert. Kaum zufälligerweise, wie wir weiter unten sehen werden, diskutiert vor allem der erste christliche Universalgelehrte *Origenes* (gestorben 253/254) ausführlich die Ansichten der Stoiker über die Körperlichkeit – ist er doch der erste christliche Theologe, der über sehr gründliche Kenntnisse der platonischen Philosophie auf fachphilosophischem Niveau verfügt und (beispielsweise mit seiner Trinitätstheologie) Beiträge zu Fachdiskursen der zeitgenössischen platonischen Schuldebatten liefert.[181] So referiert Origenes in seinem großen apologetischen Werk gegen den zum

Zeitpunkt der Abfassung bereits verstorbenen mittelplatonischen Philosophen Celsus die *stoische* Theorie vor dem Hintergrund der *platonischen* Prämisse, dass körperliche Existenzen (wie alle irdischen Körper) *vergänglich* seien, was die stoische Philosophie ja gerade kategorial ausgeschlossen hatte. Dadurch führt er die stoische Theologie in den schwer erträglichen Widerspruch zu aller klassischen Theologie, dass sie die Vergänglichkeit des «über allen waltenden Gottes» gelehrt habe:

«Nach der Ansicht der Stoiker nun, welche lehren, dass die Grundursachen körperlich sind, und deshalb alles vergänglich sein lassen und vielleicht sogar den über allen waltenden Gott selbst der Vergänglichkeit unterworfen sein ließen, wenn ihnen das nicht als ganz sinnwidrig erscheinen würde, wäre auch das Wort Gottes, das bis zu den Menschen, auch den geringsten, herabsteigt, nichts anderes als ein körperlicher Geist».[182]

Eine andere Passage macht deutlich, dass Origenes zu der Ansicht, der «über allem waltende Gott» der Stoiker sei ein vergängliches Wesen, aufgrund seiner Interpretation der stoischen Lehre vom Weltenbrand (ἐκπύρωσις) gekommen ist. Allerdings ist diese Interpretation des christlichen Alexandriners historisch betrachtet eher unwahrscheinlich; die erhaltenen Zeugnisse über die Vernichtung und identische Wiederherstellung der Welt erwähnen einen Gott als kontinuierlich handelndes Subjekt dieses Prozesses.[183] Origenes hat aber recht mit der Feststellung, dass im Unterschied zu *dem* einen, obersten Gott *die* vielen Götter des klassischen griechischen Pantheons, insofern sie – wie in dem Referat aus Chrysipp bei Philodem klar gesagt wird[184] – lediglich Personifikationen von Erde, Krieg, Wasser und ähnlichen Dingen sind, die tatsächlich mit der Welt, in der sie existieren, untergehen und sofort mit Beginn der nächsten Welt wiederhergestellt werden. Außerdem wird man Origenes konzedieren müssen, dass angesichts der Identifikation von Gott und Welt in anderen Texten ein nicht geringes logisches Problem entsteht, wenn man mit der Kontinuität Gottes über die Vernichtungen hinweg rechnet:

«Aber auch der Gott der Stoiker hat, da er ein Körper ist, als leitendes Prinzip bald das ganze Sein, wenn die Weltverbrennung eintritt, bald wird er ein Teil desselben, wenn die Einrichtung der Welt stattfindet. Denn diese Philosophen haben in die natürliche Anschauung von Gott als von einem Wesen, das durchaus unvergänglich, einfach, nicht zusammengesetzt und unteilbar ist, nicht eindringen können».[185]

Die Ansicht, dass die stoische Philosophie die Körperlichkeit Gottes lehrt, gehörte aber auch bei anderen christlichen Theologen, die nicht ganz das herausragende Bildungsniveau des Origenes erreichten, zum Grundwissen über diese Denkerschule. So kann man bei dem stadtrömischen Theologen *Hippolyt* zu Anfang des dritten Jahrhunderts lesen, dass «Chrysippus und Zeno, die in ihren Lehren übereinstimmten, annahmen, das Prinzip aller Dinge sei Gott, der der reinste Körper sei; seine Vorsehung walte überall»,[186] und auch spätere Kirchenväter wie *Eusebius von Caesarea* im vierten oder *Theodoret von Cyrrhus* im fünften Jahrhundert bezeugen, dass die Götter eine körperliche Form haben (σωματοειδής), die aus einer Kraft von Feuer besteht.[187] *Clemens von Alexandrien* referiert wenige Jahre vor Hippolyt in seinen «Teppichen» (Στρωματεῖς oder *Stromata*) präzise die Position der Stoiker und kommentiert sie aus christlicher Sicht:

«Die Stoiker nämlich sagen, dass Gott seinem Wesen nach Körper und Geist sei, wie selbstverständlich auch die Seele. All' das kannst du ausdrücklich in der Heiligen Schrift finden (...). Aber jene (die Stoiker) behaupten, dass Gott jeglichen Stoff durchdringe; wir aber nennen ihn nur Schöpfer, und zwar Schöpfer durch sein Wort».[188]

Deutlich positiver gegenüber den Stoikern ist *Quintus Septimius Florens Tertullianus*, kurz Tertullian, eingestellt, der an der Wende vom zweiten zum dritten Jahrhundert in der nordafrikanischen Provinzhauptstadt Karthago lebte. Er referiert die Position, die Gott einen Körper zubilligt, als eine Möglichkeit unter mehreren Optionen philosophischer Gotteslehre:

«Die einen behaupten, er sei unkörperlich, die anderen, er sei körperlich, so einerseits die Platoniker, andererseits die Stoiker; andere, er bestehe aus Atomen, wieder andere, er bestehe aus Zahlen, so einerseits Epikur, andererseits Pythagoras. Ein anderer meinte, er bestehe aus Feuer, so Heraklit».[189]

Die aristotelische Schule

Der Überblick über die für die antiken Vorstellungen vom Körper Gottes einschlägigen philosophischen Theorien ist mit einem Blick auf die platonische, epikureische und stoische Schulphilosophie noch nicht erschöpft. Ein Detail der *aristotelischen* Philosophie ist von Bedeutung für die Diskussion über den göttlichen Körper geworden, die Lehre von einem «ersten Körper» (πρῶτον σῶμα), später auch gern als «fünftes Element» (πέμπτη οὐσία oder *quinta essentia*) bezeichnet.[190] Dabei ist die Frage, ob die Lehrbildung des Stagiriten unter diesem Stichwort eine pythagoreische oder eine platonische Vorgeschichte hat, für unsere Zusammenhänge unerheblich und zudem auch umstritten.

Aristoteles (384–322 v. Chr.) führt jenen «ersten Körper» in seiner Schrift «Über den Himmel» (*De caelo*) als «einen (Körper)» ein, der von jenen, die uns umgeben, «verschieden und abgetrennt ist und dessen Natur umso edler ist, je weiter er von den hiesigen (Körpern) entfernt ist».[191] Damit setzt er eine Reihe von *fünf* Elementen voraus, die sich in der pseudo-platonischen *Epinomis* findet, die vermutlich auf den Plato-Schüler *Philippus von Opus* im mittelgriechischen Lokris zurückgeht und in diesem Dialog mit den sogenannten fünf platonischen Körpern, Polyedern, verbunden wird: «Jene fünf Grundkörper sind nun Feuer, Wasser, Luft, Erde und Äther».[192] Jedem dieser Elemente wird bei Philippus auch ein Lebewesen zugeordnet, dem Feuer beispielsweise die Sterngottheiten, dem Äther bestimmte Dämonen.[193] Aristoteles veränderte diese vermutlich auf Philippus zurückgehende Fünf-Elementen-Lehre noch einmal, weil er annahm, dass die Gestirne und Sterngottheiten im Unterschied zu der eben angespielten Passage aus der *Epinomis* keine feurige Natur haben, sondern aus dem «ersten Körper» bestehen. Unter dem ersten Körper (πρῶτον σῶμα) versteht Aristoteles aber den sich kreisförmig bewegenden Äther. Die himmlischen Körper sind daher unvergänglich und göttlich.

Im vierten vorchristlichen Jahrhundert wurde in Athen in den philosophischen Schulen zudem diskutiert, ob neben himmlischen Körpern wie Gestirnen und Sterngottheiten auch die *Seele* ursprünglich aus dem «ersten Körper» oder «fünften Element» besteht, und es kann nicht ganz ausgeschlossen werden, dass auch der junge Aristoteles diese Ansicht vertrat. Jedenfalls schreibt Cicero sie ihm zu.[194] Sicher gelehrt aber hat sie *Heracleides Ponticus*, ebenfalls Plato-Schüler wie Aristoteles, den er möglicherweise auch als junger Mann in Vorlesungen hörte, und 339/ 338 v. Chr. unterlegener Bewerber um die Leitung der platonischen Akademie. Spätestens mit Heracleides Ponticus kommt die Lehre auf, dass die Seele vor ihrer irdischen Einkörperung nicht nur einen lichtartigen (φωτοειδής), sondern auch einen ätherischen Körper besitzt, der eben aus diesem besonderen feinstofflichen Material besteht. Ob der Philosoph den Ausdruck «ätherischer Körper» (αἰθέριον σῶμα) für die Seele selbst so verwendete, wie ihm das die spätantike doxographische Tradition zuschreibt, ist ebenso unsicher wie die Beziehungen dieser Lehrbildung zum jungen Aristoteles.[195] Belegt ist aber, dass Heracleides als Erster «eine Form der akademischen Theorie vom fünften Element (als Himmelsstoff betrachtet) mit den mythischen Erzählungen Platons über die Herkunft der Seele aus dem Himmel in Verbindung gebracht» hat.[196]

Erst wenn man die Ansichten des *Aristoteles* über den «ersten Körper» (beziehungsweise das «fünfte Element») noch ein wenig näher analysiert, versteht man, warum nach seinem Tode seine eigene Lehrbildung so stark modifiziert wurde, dass in einzelnen Texten der Kaiserzeit schließlich sogar Gott (und nicht nur Himmelskörpern oder der Seele) ein Körper aus dem fünften Element oder von fünfter Natur zugeschrieben werden konnte. Aristoteles argumentiert in seiner Schrift «Über den Himmel» (*De caelo*) für die Existenz eines ersten Körpers, der sich stets kreisförmig um die Mitte bewegt, unzerstörbar ist und erhabener und göttlicher (θειοτέρα) als die anderen vier Elemente.[197] Dieser erste Körper trägt den Namen «Äther» (αἰθήρ), weil nach Aristoteles dieses Wort «der stets Laufende» bedeutet.[198] Der erste Körper ist kugelförmig;[199] er ist weder schwer noch leicht, er wächst nicht und schrumpft nicht.[200] Außerdem besitzt der Äther als Himmelselement (wie auch Wasser und Luft) die Anlage, durchsichtig zu werden: Er wird bei Anwesenheit einer Lichtquelle durchsichtig und vermittelt insofern zwischen dem Objekt des Sehens und dem Gesichtssinn.[201] Freilich bleiben angesichts dieser hier knapp zusammengefassten Passagen in *De caelo* allerlei Fragen offen, die in der Folgezeit zum Weiterdenken am Thema angeregt haben und über die bis heute in der Forschung gestritten wird: Besitzt der himmlische Körper eine Seele? Wie verhält sich diese himmlische Seele zur von Aristoteles abgelehnten Vorstellung einer Weltseele bei Plato? Wie verträgt sich die ewige Eigenbewegung des Elements mit der Vorstellung von einem unbewegten Beweger und wie verhält sich der erste Körper zu einem höchsten Gott?[202] Insbesondere die *theologischen* Konsequenzen der kosmologischen, auf die Bewegungslehre konzentrierten Argumentation des Aristoteles waren nicht deutlich genug und wurden in der Folgezeit sehr unterschiedlich ausgelegt.

Die Debatten über Aristoteles

Nicht zuletzt wegen der Unbestimmtheit der Ansichten des Aristoteles über den ersten Körper wurden seine Ansichten über das fünfte Element im Laufe der Kaiserzeit und Spätantike deutlich transformiert und modifiziert; der Charakter des fünften Elements veränderte sich hin zu einem ganz nahe an der Immaterialität gelegenen, mehr geistigen als materiellen Stoff, gleichsam zu einem unkörperlichen Körper. Man kann angesichts der körperkritischen Züge in der Philosophie Platos und seiner dezidierten Ablehnung der Vorstellung einer Körperlichkeit der höchsten Prinzipien gewissermaßen von einer «Platonisierung» der aristotelischen Lehre von der *quinta essentia* sprechen. So soll der mittelplatonische Philosoph *Plutarch*, der ungefähr von 45 bis 125 meist in seiner Heimatstadt Chaeronea in Böotien gelebt, aber in Athen studiert und in Rom philosophische Vorträge gehalten hat, ein (leider verlorenes) fünfbändiges Werk über das fünfte Element geschrieben haben.[203] Gelegentlich wurde bei mittelplatonischen Philosophen sogar (wie bei dem stark antiaristotelisch ausgerichteten *Atticus*, der möglicherweise im letzten Drittel des zweiten nachchristlichen Jahrhunderts in Athen lehrte) von einem *immateriellen*, unzerstörbaren und leidensunfähigen Körper gesprochen (σῶμ᾽ ἀπαθές),[204] so dass die aristotelische Rede von einem *Körper* und die platonische Vorstellung von einer *Unkörperlichkeit* der obersten Wesen scheinbar verbunden wurden, in Wahrheit aber die aristotelische Sicht zugunsten der platonischen Option marginalisiert wurde.

Paradoxerweise machte aber ebendiese Entkörperlichung des ersten aristotelischen Körpers, verbunden mit der erwähnten, nun Platon selbst zugeschriebenen Identifikation des Äthers mit den Luftdämonen es möglich, dass gelegentlich von christlichen Autoren in der Kaiserzeit wie in der Spätantike die Frage gestellt werden konnte, ob die Engel eine solche überaus leichte oder nahezu immaterielle Materie in der Art der *quinta essentia* besitzen – wir werden auf diese Zusammenhänge im sechsten Kapitel ausführlicher eingehen.[205] Allerdings wurde der so entmaterialisierte erste Körper des Aristoteles nicht nur auf die Seele und die Engel bezogen. Der christliche alexandrinische Universalgelehrte *Origenes* bezeugt in seinem Johanneskommentar, dass es Christenmenschen gab, die *Gott* einen Körper aus dem fünften Element zuschrieben: «Aber ich äußere die folgenden Bemerkungen als einen Exkurs für die, die sagen, es gebe eine fünfte Natur von Körpern zusätzlich zu den (sc. vier) Elementen». In den «folgenden Bemerkungen», auf die der Exeget im zitierten Satz Bezug nimmt, geht es aber um die absurden Konsequenzen, die in Kauf genommen werden müssen, wenn man Gott für einen Körper hält (wir werden auf diese Passagen gleich noch ausführlich eingehen).[206] Eine Spur dieser Verbindung von Gottes Körper und fünftem Element findet sich auch in den *pseudo-klementinischen Recognitionen*, die aus dem vierten Jahrhundert stammen, aber älteres Material bewahren. Dort heißt es: «Aristoteles führte auch ein fünftes Element ein, das er ἀκατονόμαστον, das ist: unnennbar, nannte, ohne Zweifel damit denjenigen anzeigend, der in einer Welt vier Elemente verband», also den Schöpfer der Welt.[207] Für eine solche Position existieren auch pagane Belege; so lässt sich das *Corpus Hermeticum*, eine Reihe von achtzehn philosophischen Traktaten aus Ägypten samt zugehörigen Texten, die im frühen Kaiserreich entstanden sein dürften, als Beispiel für die Ansicht anführen, dass die Substanz von Gottes Körper mit der *quinta essentia* identisch ist: Im lateinischen Traktat *Asclepius* des *Corpus Hermeticum* wird die Vernunft als «fünfter Teil» (*quinta pars*) des Menschen im Unterschied zu seinen übrigen materiellen Bestandteilen, die aus den vier Elementen zusammengesetzt sind, bezeichnet. Diese Vernunft ist immateriell und Gottesgabe an die Menschen, sie begründet seine «wesensverwandte Göttlichkeit».[208] Es könnte sich bei denen, auf die Origenes in der zitierten Passage in seinem Johanneskommentar Bezug nimmt, aber auch um Menschen gehandelt haben, die – wie beispielsweise der Apologet *Athenagoras* – die notorisch unklaren Passagen in der Schrift des Aristoteles «Über den Himmel» mit einer bestimmten doxographischen Tradition so verstanden haben, als seien Planeten und Fixsterne Gottes ätherischer Leib, die von dem Logos, seiner Vernunft, als seiner Seele bewegt würden:

«Auch Aristoteles und seine Schüler betrachten Gott als einen, der jedoch wie ein lebendiges Wesen aus Teilen zusammengesetzt sei; sie lassen ihn aus Leib und Seele zusammengesetzt sein, für seinen ätherischen Leib halten sie die Planeten und die Fixsternsphäre mit ihren kreisförmigen Bewegungen; die Vernunft, welche über die Bewegung dieses Leibes wacht und, ohne selbst bewegt zu werden, dessen Bewegung verursacht, für seine Seele».[209]

Daneben gab es allerdings in der Kaiserzeit und in der Spätantike auch christliche Theologen, die präzise den «fünften Körper», das πέμπτον σῶμα, eher im Sinne dessen, was Aristoteles in *De caelo* höchstwahrscheinlich ursprünglich intendierte, auf die durch eine beständige Kreisbewegung charakterisierte Substanz der Gestirne oder des Himmels bezogen, wie beispielsweise Basilius von Caesarea im letzten Drittel des vierten Jahrhunderts:[210]

«Andere hingegen haben diese Meinung als unwahrscheinlich verworfen und zur Bildung des Himmels willkürlich und eigenmächtig einen fünften Körper ersonnen. Nach ihnen gibt es einen ätherischen Körper, der, wie sie sagen, weder Feuer noch Luft noch Erde noch Wasser ist, noch überhaupt zu den einfachen Dingen zählt, weil die Bewegung der einfachen Dinge in gerader Richtung verläuft, die leichten nach oben, die schweren nach unten sich bewegen. Die Bewegung nach oben und unten ist aber nicht dasselbe wie der Kreislauf, und überhaupt stehe die gerade Linie zur Kreisperipherie im weitesten Abstande».[211]

Zunehmend wurde seit hellenistischer Zeit die *aristotelische Lehre über den ersten Körper* aber auch mit *stoischen Vorstellungen über den feurigen Äther* zu einer gemeinsamen Lehre über das fünfte Element, die *quinta essentia*, synthetisiert, obwohl sich die Vorstellungen der beiden Schulen durchaus nicht nur an einzelnen Punkten berühren, sondern auch deutlich unterscheiden.

Die Stoiker leiteten das Wort Äther (αἰθήρ) – anders als Aristoteles – von αἴθειν bzw. αἰθεῖσθαι ab («brennen» bzw. «angezündet werden») und bezeichneten damit das Element Feuer, insofern es in der himmlischen Sphäre vorhanden ist.[212] Obwohl sie also die traditionelle Terminologie des Aristoteles beibehielten, rechneten sie doch den Äther nicht als fünftes Element, sondern als eine bestimmte Erscheinung eines der gewöhnlichen vier Elemente (Feuer, Luft, Wasser und Erde), nämlich des Feuers. Wie bei Aristoteles werden Äther (αἰθήρ) und Luft (ἀήρ) streng geschieden, wie der «erste Körper» des Aristoteles ist auch der stoische «feurige» Äther bereits für Zeno und Chrysipp das erste oder oberste unter den vier Elementen und bewegt sich kreisförmig. Außerdem wird er nach Cicero schon bei Zeno «höchster Gott» genannt, «durch den alle Dinge gelenkt werden».[213] Allerdings spielt in dieser philosophischen Schule die Annahme des Aristoteles keine Rolle, dass das fünfte Element unvergänglich und von den anderen vier kategorial unterschieden sei; nach stoischer Ansicht durchdringt das ätherische Feuer zwar alles, aber es hat als Materie am Kreislauf der Materie Anteil und ist ihm nicht kategorial entzogen wie beim Stagiriten.[214]

Aristotelische, platonische und stoische Gedanken vermischt und transformiert beispielsweise in charakteristischer Weise *Philo von Alexandrien*. Allerdings findet sich bei ihm keine konsistente Lehrbildung, sondern eher ein situativer Umgang mit den Problemen: Der jüdische Gelehrte unterscheidet an einer Stelle seines reichen Œuvres die Natur des Himmels von den leicht erkennbaren drei irdischen Elementen Erde, Wasser und Luft. Er weiß dort aber nicht zu sagen, ob diese Natur aus erstarrtem, kristallartigem Stoff, reinem Feuer oder einem fünften, sich kreisförmig bewegenden Körper besteht.[215] An einer weiteren Stelle ist er sich dagegen sicher, dass der Himmel aus Äther besteht; dieses fünfte, kreisförmige Element habe an der göttlichen Natur Anteil.[216] Anderswo wird der Lebensraum der Gestirne ebenfalls von den anderen vier Elementen unterschieden.[217] Hier ist dann – im Unterschied zu Aristoteles – auch terminologisch eine Lehre von einem fünften Element (πέμπτη οὐσία beziehungsweise *quinta essentia*) ausgeprägt; Philo glaubt nicht nur, dass Gestirne und Himmel aus diesem besonderen Element bestehen, sondern auch die menschliche Seele.[218] Wenn man sich klarmacht, dass Philo mit den biblischen Texten, die er auslegte, die Seele für einen «Hauch Gottes» hielt,[219] so sind der ätherische Körper, den der Gelehrte freilich körperlos und immateriell denkt, und Gott selbst sehr weit aneinandergerückt – aber paradoxerweise so, dass ein um seine Körperlichkeit gebrachter Körper, der «erste Körper» des «fünften Elementes» oder der «fünften Natur», gleichsam als «Körper» Gottes fungiert. Allerdings sahen wir, dass es Philo im Interesse strikter Transzendenz seines Gottesbegriffes geflissentlich vermeidet, derartige Konsequenzen zu ziehen.

Die Lehre von einem himmlischen Seelenkörper wurde im weiteren Verlauf der Kaiserzeit und in der Spätantike ebenso ausführlich wie kritisch diskutiert;[220] wir werden auf dieses Thema im weiteren Verlauf der Untersuchung zurückkommen, weil der himmlische Seelenkörper unter der Bedingung strikter Transzendenz Gottes gleichsam der Rückzugsort traditioneller Vorstellungen von einem göttlichen Körper ist – jedenfalls dann, wenn die menschliche Seele in ihrem himmlischen Körper wie in der christlichen und jüdischen Theologie dezidiert als Ebenbild und Gleichnis Gottes beschrieben wurde. Demgegenüber muss man insbesondere für die Zeiten, in denen sich eine bestimmte, in Alexandria geprägte Form des christlichen Platonismus in der Spätantike flächendeckend verbreitet hatte, nach Spuren der im Platonismus explizit bestrittenen Ansicht, dass Gott einen (wenn auch besonderen) Körper hat, sehr viel aufmerksamer suchen. Als Hinweis darauf, dass diese Vorstellung nicht verbreitet war oder nur von wenigen geteilt wurde, darf man die deutlichen Zeichen sekundärer Marginalisierung jedoch nicht interpretieren.

Wenn man sich noch einmal klarmacht, dass sowohl in jüdischen nachbiblischen als auch in paganen philosophischen Texten der hellenistischen Zeit zwei Konzepte (wie wir sahen) vollkommen gleichberechtigt nebeneinanderstanden – das Konzept einer *Körperlichkeit* Gottes und gleichzeitig das einer *Körperlosigkeit* Gottes –, dann verwundert es nicht, dass sich diese beiden Denktraditionen über Gott und Götter im Judentum wie Christentum der Kaiserzeit bis in die Spätantike fortsetzten. Beide Konzepte wurden von einflussreichen Gruppen vertreten und haben Spuren in den jeweiligen autoritativen Texten hinterlassen. In der Sekundärliteratur verbreitete Vereinfachungen dieses komplexen Befundes wie die, dass nur einfältige, ungebildete Menschen die Vorstellung einer körperlichen Existenz Gottes oder der Götter für wahr hielten, sind ungeeignet, die historische Realität zu beschreiben. Die epikureische oder stoische Philosophie war definitiv nicht von einfältigeren oder weniger gebildeten Philosophen (und Philosophinnen) geprägt als die platonische Philosophie. Bevor im Verlauf der Kaiserzeit und dann vor allem der Spätantike die eine der beiden Denktraditionen – die vom Körper Gottes – an den Rand gedrängt und marginalisiert wurde, entfaltete sich auch in der neuen christlichen Religion eine umfangreiche Debatte über Recht und Grenze dieser Vorstellung.

3. DIE FRÜHE CHRISTLICHE THEOLOGIE

Angesichts des bisher deutlich gewordenen Bildes zweier gleichberechtigter Denktraditionen überrascht es nicht, dass sich auch unter den ersten Denkern (und Denkerinnen), die seit dem zweiten Jahrhundert die am Rande des römischen Reiches entstandene neue Religion des Christentums in den Metropolen der Antike den Gebildeten zu erläutern versuchten, Beispiele für beide Denktraditionen finden. Denn das Problem der Existenz und Beschaffenheit des göttlichen Körpers wurde im antiken Christentum nicht nur in Hinsicht auf Jesus Christus, sondern auch mit Blick auf Gott, den Vater, heftig diskutiert. Beide Ansichten – die eher auf den biblischen Texten beruhende, Gott besitze einen Körper, und die eher auf der alexandrinischen Bibelallegorese beruhende, derartige Passagen aus den Heiligen Schriften seien lediglich ein Ausdruck metaphorischer Rede – waren auch in den religiösen Debatten der neuen Religion seit dem zweiten Jahrhundert gegenwärtig, dem Jahrhundert, in dem das Christentum die großen Metropolen der Antike wie Rom, Alexandria und Antiochia, aber auch die mittelgroßen Provinzhauptstädte wie Ephesus, Karthago und Lyon, erreichte und dort Wirkung entfaltete.

Zunächst könnte man vermuten, dass es unter den heute «Theologen» genannten gebildeten christlichen Populärphilosophen, die in diesen Metropolen die neue Religion einem neugierigen Publikum entweder in philosophischen Schulen oder im Rahmen öffentlicher Vorträge erklären wollten (vergleichbar denen, die Maximus von Tyrus vor interessierten Kreisen in Rom zu philosophischen Themen gehalten hatte),[221] einen Konsens gegeben habe, dass Gott *keinen* Körper habe und wörtliche Interpretationen sogenannter anthropomorpher Vorstellungen lächerlich seien. Doch weit gefehlt. Über die Frage, ob Gott im wörtlichen Sinne ein Körper zuzuschreiben sei, wurde weiter heftig diskutiert.

Origenes

Solche heftigen Diskussionen bezeugt der erste auf dem Niveau zeitgenössischer Fachphilosophen gebildete christliche «Theologe», der seit den späten dreißiger Jahren des dritten Jahrhunderts eine «christliche Philosophie» in einer privat gegründeten Akademie in Caesarea, der Hauptstadt der Provinz Palaestina, präsentierte – *Origenes von Alexandrien*, gestorben 254.[222] Dieser hochgelehrte Denker war schon aufgrund seines platonischen Denk- und Bildungshintergrundes[223] ein charakteristischer Repräsentant des Konzeptes einer *Körperlosigkeit* Gottes. Allerdings zeigen seine ausführlichen Argumentationen zu diesem Thema in seinen «Büchern über die Grundprinzipien christlicher Lehre» (Περὶ ἀρχῶν/*De principiis*), einem Text, der vermutlich auf seinen Vorlesungen in Alexandria beruht, die er hielt, bevor er die Stadt 231 oder 232 verlassen musste,[224] dass viele, auch gelehrte Menschen offensichtlich anders dachten als er. Das in vierbändiger Gestalt überlieferte Werk beginnt (jedenfalls nach der Übertragung des spätantiken Übersetzers Rufinus von Aquileia aus dem Jahre 397) mit dem pointierten Satz:

«Ich weiß, dass einige versuchen werden, auch aufgrund unserer (heiligen) Schriften zu erklären, Gott sei ein Körper. Denn sie finden bei Mose geschrieben: ‹Unser Gott ist ein verzehrendes Feuer› (Deuteronomium 4,24), und im Evangelium nach Johannes: ‹Gott ist Geist, und die ihn anbeten, müssen ihn im Geist und in der Wahrheit anbeten› (Johannes 4,24). Feuer und Geist gelten ihnen als nichts anderes denn als Körper».[225]

Für den ersten Satz einer Schrift über die Grundprinzipien christlicher Lehre wirkt dieser Beginn des Origenes auf der einen Seite überraschend, weil er mit einem Referat gegnerischer Positionen einsetzt und nicht mit einer eigenen These über die korrekte christliche, trinitarisch verfasste Gotteslehre in der Sicht des Autors, also über *das* grundlegende, dreifaltige «Prinzip» (ἀρχή oder *principium*) christlicher Theologie.[226] Entsprechend war es allerdings in der Vorrede zum Werk angekündigt worden: Es scheint, so hatte Origenes dort formuliert, notwendig, «zuerst in diesen einzelnen Fragen», das heißt in den Fragen «über Gott, über den Herrn Jesus Christus selbst und den heiligen Geist», «eine klare

Linie und deutliche Richtschnur festzulegen».[227] Auf der anderen Seite ist inhaltlich vollkommen verständlich, was die gegnerische Position aussagt, die hier referiert wird: Wir sahen bereits, dass «Feuer» und «Geist» (*ignis vero et spiritus*) beispielsweise für alle, die Gott in stoischer Tradition einen Körper aus ätherischem Feuer zuschrieben und sich dazu in irgendeiner Form auch auf das ursprünglich auf Aristoteles zurückgehende «fünfte Element» eines «ersten Körpers» beriefen, tatsächlich als *körperbildende Elemente* von (wenn auch kategorial besonderer und von aller irdischen Materie distanter) himmlischer Materie galten. Menschen, die eine solche Ansicht über die besondere Materialität göttlicher Körper aus Geist und Feuer vertreten haben, hätten als «Grundprinzipien» (ἀρχαί oder *principia*) also nicht nur (wie Origenes) die Trinität von Vater, Sohn und Heiligem Geist genannt, sondern in platonischer und stoischer Tradition vielleicht auch Gott *und* die *Materie*. Jedenfalls stimmen die zeitgenössischen doxographischen Referate über philosophische Grundprinzipien ungeachtet sehr unterschiedlicher Zahlen von Prinzipien gern im Blick auf diese beiden Prinzipien überein.[228] Origenes formuliert mit seiner «Schrift über die Grundprinzipien» also zugleich auch eine Gegenthese über die «Prinzipien»: Es sind nicht «Gott» und «Materie», aber auch nicht «Gott», «Ideen» und «Materie», sondern es ist zunächst einmal der trinitarisch gefasste christliche Gott, den die Bibel bezeugt und den die Glaubenden zu verstehen suchen.

Daher könnte man glauben, es käme Origenes bei seiner Kritik an der Vorstellung von einem göttlichen Körper zuallererst auf eine prinzipientheoretische Argumentation an. Bemerkenswerterweise lassen aber die eben zitierten einleitenden Sätze der «Schrift über die Grundprinzipien» erkennen, dass es denen, die Origenes im Visier hatte, (jedenfalls nach dem Referat des Origenes bei Rufin) nicht nur um die *philosophische Debatte* über die Körperlichkeit der ersten Prinzipien ging, sondern *auch* um eine Schriftargumentation: Diese Menschen versuchten, «*auch* aufgrund unserer (heiligen) Schriften zu erklären, Gott sei ein Körper».[229] Dieses «auch» kann man so verstehen, dass zur Stützung der Position sowohl biblische als auch philosophische Argumente herangezogen wurden. Origenes berichtet von einer solchen Argumentation nicht nur in seiner «Schrift über die Grundprinzipien»: In einem Fragment, das wahrscheinlich aus dem ebenfalls in Alexandria, allerdings nach der «Schrift über die Grundprinzipien» abgefassten Kommentar zum ersten Buch der Bibel stammt, sagt der gelehrte Bibelexeget etwas ärgerlich, dass «manche Leute nämlich die Gliedmaßen Gottes (sc. in der Bibel) benannt finden», dies in einem wörtlichen Sinne als Aussagen über reale Körperteile Gottes verstehen und «Tausende von Schriftworten beibringen, die Gliedmaßen Gottes benennen».[230] Der Beginn der «Schrift über die Grundprinzipien» wirkt allerdings etwas erratisch und verkürzt, wenn er mit einer solchen gegnerischen Position gleichsam wie mit der Tür ins Haus fällt; diese Tatsache mag, wenn der Eindruck nicht auf den ursprünglich mündlichen Vortrag zurückgeht oder den gelegentlich etwas konfusen Schreibstil des Autors, auch auf die bekannte Neigung seines Übersetzers Rufin von Aquileia zu (stilistisch bedingten) Kürzungen sowie (theologisch motivierten) Auslassungen zurückzuführen sein.[231]

Falls der erste Satz der «Schrift über die Grundprinzipien» (*De principiis*) umgekehrt ebenfalls so zu verstehen ist, dass die von Origenes ins Visier genommenen «gewissen Leute» (*quidam*) neben ihrem Versuch einer biblischen Begründung für die Körperlichkeit Gottes *auch* philosophisch für diese Lehre argumentierten, so ließe sich mit dieser Annahme auch eine Passage in der Vorrede des Werks erklären. Bereits in der *praefatio* hatte Origenes darauf hingewiesen, dass der Begriff «körperlos» (ἀσώματος beziehungsweise *incorporeus*) weder zu den Begriffen der griechischen Alltagssprache gehört noch in der Bibel belegt ist. Offenbar spielte der philosophische Begriff «körperlos», der zuerst bei Plato und in der auf ihn folgenden philosophischen Literatur auftaucht (allerdings zunächst nicht auf Gott bezogen),[232] in der Argumentation der «gewissen Leute» eine bestimmte Rolle und verrät deren philosophisches Bildungsniveau.[233] Es mag verwundern, dass Origenes schon an dieser frühen Stelle im Vorwort ein Argument der Gruppe, die er eigentlich erst in der auf das Vorwort folgenden Schrift zu widerlegen beabsichtigt, vorzieht und damit gewissermaßen die Angabe von Bibelstellen zu Beginn des ersten Hauptteils der «Schrift über die Grundprinzipien» verdoppelt – übrigens wirkt auch jene Passage des Vorworts seltsam unverbunden mit ihrem Kontext (was wieder an der Übersetzung Rufins liegen mag). Origenes setzt sich jedenfalls bereits in seiner Einleitung mit einem angeblichen Herrenwort als einem Beleg seiner Gegner für die *Körperhaftigkeit* Gottes auseinander, nämlich dem Jesus zugeschriebenen Satz «Ich bin kein körperloser Dämon».[234] Dabei weist er dieses in den kanonisch gewordenen Schriften des Neuen Testamentes nicht belegte und daher in der Forschungsdiskussion heute «Agraphon» genannte Wort der «Lehre des Petrus» (*Doctrina Petri*; griechisch wahrscheinlich: Κήρυγμα Πέτρου) zu, obwohl es auch in den Briefen des Bischofs Ignatius von Antiochien zu Beginn des zweiten Jahrhunderts, in der Kirchengeschichte des Eusebius und bei Hieronymus belegt ist und dort dem Hebräerevangelium oder einem anderen judenchristlichen Evangelium zugeschrieben wird.[235] Der ursprüngliche Sinn des Agraphons (mutmaßlich eine außerkanonische Parallelüberlieferung zu Lukas 24,39: «Ein Geist hat nicht Fleisch und Knochen») und sein einstiger Kontext spielen weder für Origenes noch in unserem Zusammenhang eine Rolle. Wichtig ist lediglich, dass es offenbar zu Zeiten des alexandrinischen Gelehrten Christenmenschen gab, die die Stelle als autoritatives Schriftargument für ihre Vorstellung von göttlicher Körperlichkeit nahmen.[236] Der Autor der «Schrift über die Grundprinzipien» bestreitet allerdings, dass man das Agraphon als Argument benutzen darf, weil einerseits «das Buch selbst nicht zu den kirchlichen Büchern gerechnet wird, und (…) diese Schrift weder von Petrus noch von einem anderen ist, der vom Geist Gottes inspiriert wurde».[237] Außerdem lehnt Origenes die Ansicht ab, dass «körperlos» im zusammengesetzten Ausdruck «körperloser Dämon» des Agraphons dasselbe meine wie der Terminus «körperlos» «bei den heidnischen Autoren (…), wenn bei den Philosophen über die körperlose Natur gehandelt wird»: Im Fall des Zitats aus der apokryph gewordenen Schrift bezeichne «körperlos» den Körper der Dämonen; «dieser ist von Natur etwas Feines und Hochzartes und wird darum gewöhnlich als unkörperlich angesehen und bezeichnet». Überhaupt meine «körperlos» im Sprachgebrauch «von einfachen und ungebildeten Leuten» alles, was keinen «festen und tastbaren Körper hat»:[238]

> «So nennt man zum Beispiel die Luft, die wir atmen, ‹körperlos›, weil sie ja kein Körper von der Art ist, dass man sie anfassen und festhalten könnte und dass sie einer kraftvollen Bewegung Widerstand zu leisten vermöchte».[239]

Origenes kündigt im weiteren Verlauf der *praefatio* an, demgegenüber zeigen zu wollen, dass bei griechischen Philosophen ein präziser Gebrauch des Begriffs «körperlos» nachzuweisen ist und sich diese Bedeutung, verbunden mit einem anderen, von ihm in der *praefatio* freilich noch nicht genannten Terminus, auch in der Heiligen Schrift findet –

eine Passage, in der alle diese Ankündigungen explizit eingelöst werden, fehlt jedoch in den uns heute noch erhaltenen Fragmenten und lateinischen Übersetzungen seiner «Schrift über die Grundprinzipien», wie wir gleich noch ausführlicher sehen werden. Außerdem stellt Origenes im erwähnten Vorwort für den Fortgang seiner Untersuchung noch Antworten auf folgende weitere Fragen in Aussicht: ob Gott «körperlich ist und eine bestimmte Gestalt hat oder ob er eine andere Natur hat als die Körper. Denn das wird nämlich in unserer Verkündigung nicht klar ausgesprochen. Dasselbe ist auch bei Christus und dem Heiligen Geist zu untersuchen, und ebenso auch bei jeder Seele und bei jeder vernunftbegabten Natur».[240] Damit wird wieder auf die «Prinzipien» angespielt, die Origenes in seiner entsprechend betitelten Schrift untersuchen möchte und zu denen die Materie – im Unterschied zur Praxis der meisten philosophischen Schulen – wieder nicht gezählt wird.

Kann man aus anderen Texten des Origenes noch ein wenig präziser rekonstruieren, um wen es sich bei den «gewissen Leuten» handelte, die für die Vorstellung einer göttlichen Körperlichkeit sowohl mit kanonisch gewordenen Schriftbelegen aus dem Alten Testament als auch mit apokryph gewordenen Herrenworten argumentierten und dazu über eine gewisse philosophische Bildung verfügten? Sieht man die «Schrift über die Grundprinzipien», aber auch andere Werke des Origenes auf diese Frage hin durch, bekommt man nicht den Eindruck, dass es sich um eine einzelne feststehende Gruppe handelt (wie beispielsweise jene christlichen Zirkel, die wir gern als «judenchristlich» oder «gnostisch» beschreiben), sondern um eine größere Zahl eher unterschiedlich geprägter Menschen. Sicher ist, dass eine solche Vorstellung nicht nur innerhalb der christlichen Gemeinde *Alexandrias* vertreten wurde. Denn in seinen Predigten über das erste Buch der Bibel, die im Unterschied zum Genesis-Kommentar mit Sicherheit in *Caesarea* und eher in der letzten Lebensperiode des Origenes vor seinem Tode im Jahr 254 gehalten wurden,[241] argumentiert der Prediger erneut gegen eine Vorstellung von der göttlichen Körperlichkeit – nun freilich nicht im Modus einer philosophischen Standards folgenden Digression, sondern in demjenigen direkten Stil, den er gelegentlich in seinen Predigten verwendete,[242] in diesem Fall in deutlich polemischer Zuspitzung:

«Da wir an vielen Stellen der göttlichen Schrift lesen, dass Gott zu den Menschen spricht, und die Juden, aber auch einige der Unsrigen deshalb zu der Meinung gekommen sind, man müsse sich Gott gleichsam als Menschen vorstellen, das heißt mit menschlichen Gliedmaßen und Aussehen ausgestattet, die Philosophen jedoch diese Meinung wie etwas Märchenhaftes und nach Art dichterischer Ausgeburten Erfundenes verachten, scheint es mir notwendig, zuerst kurz davon zu handeln, um dann zu dem zu kommen, was vorgelesen wurde».[243]

Der Prediger schiebt also vor die Auslegung des Predigttextes über die Beschneidung Abrahams (Genesis 17), der unmittelbar vor seiner Homilie verlesen wurde, eine grundsätzliche Klärung der Frage, ob man sich Gott gleichsam (*quasi*) wie einen Menschen mit Körper vorstellen dürfe – und weist diesen Gedanken rundweg ab: Origenes bekennt in der erwähnten Predigt vielmehr seiner Gemeinde in einer charakteristischen Zusammenstellung von Epitheta platonischer Gotteslehre ebenso pointiert wie deutlich, «dass Gott körperlos ist und allmächtig und unsichtbar».[244] Eine derartige grundsätzliche Klärung war im Rahmen einer schlichten Gemeindepredigt nur dann notwendig, wenn auch in der Hafenstadt Caesarea, in der Origenes seit den dreißiger Jahren des dritten Jahrhunderts lebte, lehrte und predigte, in den jüdischen und christlichen Gemeinden Menschen lebten, die sich Gott «gleichsam» in einer körperlichen Gestalt dachten – wie rund zwanzig Jahre zuvor in Alexandria. Antijüdisch wird man diese Passage übrigens schon deswegen nicht nennen können, weil Origenes zwar an anderer Stelle, aber vermutlich ungefähr zur selben Zeit zustimmend den mittelplatonischen Philosophen Numenius, der in der zweiten Hälfte des zweiten nachchristlichen Jahrhunderts lebte, zitierte: «In seinem ersten Buch ‹Über das Gute› sprach er (sc. Numenius) über die Völker, die Gott für ein unkörperliches Wesen halten, und zählte auch die Juden dazu».[245] Mithin war Origenes durchaus deutlich, dass in der jüdischen wie in der christlichen Gemeinde *beide* Ansichten vertreten wurden, also für Körperlosigkeit wie Körperlichkeit Gottes votiert wurde.

In der «Schrift über die Grundprinzipien» zählt Origenes die Frage nach der Körperlichkeit Gottes zu den zentralen Punkten seiner Untersuchung über das erste, göttliche Prinzip der Trinität. Diese Frage beschäftigt ihn in allen drei Hauptteilen dieses Werks, explizit oder implizit. Die Schrift schließt mit der Antwort auf eine Frage, die sich aus der strikten Ablehnung der Vorstellung einer Körperlichkeit Gottes ergibt: Wie, so fragt Origenes, kann der als unkörperlich begriffene trinitarische Gott überhaupt erkannt werden, wenn doch Erkenntnis zunächst einmal eine Basis in der Wahrnehmung der menschlichen Sinne hat, diese Sinne aber Körper und Flächen wahrnehmen?[246] Im Vergleich zu der – ungeachtet des erwähnten, leicht chaotischen Eindrucks der erhaltenen lateinischen Übersetzung – recht stringenten Argumentation in *De principiis* fertigt Origenes in der gleichfalls schon erwähnten Predigt «Über die Beschneidung Abrahams» vor einer kleinen Gemeinde in einer Hafenstadt am Mittelmeer die Gegenposition zu seiner eigenen Ansicht ebenso schnell wie deutlich als philosophisch nicht satisfaktionsfähig ab. Auf den ersten Blick könnte verwundern, dass unter dem Stichwort «die Philosophen» in der Predigt in Caesarea nur die platonisch geprägte Ablehnung jeder Vorstellung von einer göttlichen Körperlichkeit erwähnt wird, nicht aber die stoische Gegenposition und die verschiedenen Synthesen unterschiedlicher philosophischer Prägungen. Aber spätestens auf den zweiten Blick verwundert nicht, dass Origenes – tief geprägt von zeitgenössischen platonischen Philosophen, vermutlich Schüler des mittelplatonischen Denkers Ammonius Saccas, der auch den neuplatonischen Philosophen Plotinus unterrichtete, und bekannt mit Porphyrius, dem Meisterschüler des Plotinus[247] – an dieser Stelle aus Gründen homiletischer Vereinfachung im Interesse der Verständlichkeit für eine nicht besonders gebildete Gemeinde die Pluralität zeitgenössischer Philosophie drastisch auf eine einzige Position reduzierte. Man darf allerdings die Energie, mit der er an dieser und verschiedenen anderen Stellen die Vorstellung von der Körperlichkeit Gottes zu widerlegen versucht, nicht allein auf seine platonische Bildung und das strikte Interesse dieser philosophischen Richtung an einer körperlosen, immateriellen Transzendenz Gottes zurückführen. Origenes argumentierte, wie seine oben zitierten einleitenden Bemerkungen in der «Schrift über die Grundprinzipien» zeigen, immer auch aufgrund seiner Einsichten, die er aus der Lektüre der biblischen Texte gewonnen hatte. Zunächst einmal war er (ebenso wie Philo von Alexandrien) davon überzeugt, dass lediglich der «innere Mensch» als Gleichnis und Ebenbild Gottes interpretiert werden dürfe und (im Unterschied beispielsweise zu Irenaeus von Lyon)[248] nicht die vergängliche Kleidung seines Fleisches: «Unter diesem Menschen, von dem die Schrift sagt, er sei nach dem Bilde Gottes erschaffen (Genesis 1,26), verstehen wir gewiss nicht den leiblichen. (...) Der aber, der nach dem Bilde Gottes erschaffen wurde, ist unser innerer Mensch, unsichtbar, unkörperlich, unverderblich, unsterblich».²⁴⁹ Wenn aber der nach dem Bilde Gottes geschaffene Mensch unkörperlich geschaffen wurde, dann gilt das natürlich auch für seinen Schöpfer, also Gott selbst. Er muss ebenfalls körperlos sein:

«Wer aber glaubt, es sei der leibliche Mensch (sc. nach dem Bilde Gottes geschaffen), stellt offensichtlich Gott leiblich und in menschlicher Gestalt dar – eine ganz offenkundig frevelhafte Vorstellung von Gott. Überhaupt mutmaßen diese fleischlichen Menschen, denen jede Einsicht in das göttliche Wesen abgeht, wenn sie irgendwo in der Schrift lesen, ‹der Himmel ist mein Sitz und die Erde der Schemel meiner Füße› (Jesaja 66,1), Gott besitze einen so gewaltigen Leib, dass sie glauben, er throne im Himmel und strecke die Füße zur Erde herab».²⁵⁰

Wenn bereits das Nachdenken über Gottes Schöpfung, die *Protologie*, deutlich macht, dass gerade nicht Leiblichkeit «das Ende der Werke Gottes» ist, sondern Körperlosigkeit, muss das auch Konsequenzen für das haben, was Origenes über die Vollendung aller Dinge lehrt, die *Eschatologie*. Galt doch schließlich, dass sich Protologie und Eschatologie entsprechen sollten, getreu einem apokryph gewordenen Herrenwort: «Siehe: Ich mache die letzten Dinge wie die ersten».²⁵¹ Folglich impliziert die Auferstehung von den Toten bei Origenes (um einen komplizierten und nicht ganz widerspruchsfreien Befund zu vereinfachen²⁵²) auch keine schlichte Wiederherstellung irdischer Körperlichkeit, sondern eine Neuschaffung verwandelter Herrlichkeit: Die Gerechten werden, wie Origenes in einer anderen Predigt formuliert, zu Engeln.²⁵³ Entsprechend gering ist auch das systematische Gewicht, das der Theologe der Inkarnation Jesu Christi als einer göttlichen Einkörperung und Verleiblichung zubilligt.²⁵⁴ Damit stellt sich allerdings als das systematische Grundproblem einer solchen christlichen Glaubenslehre, die sowohl biblischen Einsichten folgt als auch ebendiesen Glauben auf der Basis von zeitgenössischen Rationalitätsstandards zu verstehen sucht, die Frage, wie sich die *Körperlosigkeit* des trinitarisch verfassten Gottes zur *Körperlichkeit* seines vornehmsten Geschöpfs, des Menschen, verhält. Die dynamische Entwicklung dieser Körperlichkeit des Geschöpfs von der Geburt eines Individuums als Seele *in einem Körper* bis hin zu seiner Auferstehung in transzendierter Körperlichkeit und einem möglicherweise sogar körperlosen Endzustand bei der Vollendung aller Dinge ist daher das zentrale Thema der theologischen Darstellung der Heilsgeschichte bei Origenes, aber auch ihr zentrales Problem, wie die bald nach seinem Tode beginnenden Diskussionen über seine Lehrbildungen in der Kaiserzeit und in der Spätantike bis auf den heutigen Tag deutlich machen. Wir sahen, dass Origenes aus sehr prinzipiellen Gründen um eine biblische Fundamentierung seiner Argumentation über die Körperlosigkeit Gottes bemüht ist. Auf der anderen Seite ist nicht zu übersehen, dass sich der Autor der «Schrift über die Grundprinzipien» der christlichen Glaubenslehre bemüht, dieselbe in möglichst großer, auch sprachlicher Konsonanz zur zeitgenössischen mittelplatonischen Gotteslehre zu entfalten und das, wie wir sahen, bis hinein in seine Predigten in einer kleinen Gemeinde in einer Hafenstadt am Mittelmeer fortsetzt, wenn auch in polemischer Verkürzung.

Die grundlegende Übereinstimmung zwischen der Gotteslehre des christlichen Denkers und zeitgenössischer mittelplatonischer Philosophie im Blick auf die Vorstellung eines körperlosen ersten Prinzips wird deutlich, wenn man zum Vergleich neben die Argumentation des Origenes das einzige überlieferte Schulhandbuch der sogenannten «mittelplatonischen» Philosophie aus der Feder eines gewissen, ansonsten unbekannten Autors namens *Alcinous* legt, den *Didascalicus* (Διδασκαλικός), das «Lehrbuch der Grundsätze Platos», das vermutlich im zweiten nachchristlichen Jahrhundert entstanden ist.[255] Alcinous argumentiert zunächst dafür, dass der Gott nichts als Voraussetzung vor sich liegen haben kann, «weil nichts früher ist» als er. Daher kann er nicht Teil von etwas sein, weil das Ganze dem Teil vorausgeht, nicht Körper, weil die (zweidimensionale) Ebene dem (dreidimensionalen) Körper vorausgeht, nicht ein bewegtes Etwas, da ihm dann ein Bewegender vorausgehen müsste.[256] Weiter schreibt Alcinous:

«Aus all dem zeigt sich, dass er (sc. Gott) auch das Unkörperliche ist. Was auch durch das Folgende bewiesen werden wird: Wenn nämlich Gott Körper ist, dürfte er wohl aus Materie und Form bestehen, weil jeder Körper eine Art Verbindung von Materie und der mit ihr einhergehenden Form ist, welche den Ideen ähnlich ist und an ihnen teilhat, auf welche Weise aber, ist schwer zu sagen. Aber es wäre unstatthaft für Gott, aus Materie und Form zu bestehen; denn er würde sonst weder einfach noch ursprünglich sein. Folglich dürfte der Gott wohl unkörperlich sein».[257]

Alcinous ist also davon überzeugt, dass die Einfachheit, Ursprünglichkeit und vollständige Einheit Gottes seine Unkörperlichkeit notwendigerweise implizieren.[258] Wäre Gott Körper, dann wäre er vergänglich, erzeugt und veränderlich.[259]

Die «Apologeten»

Origenes ist nicht der Erste, der diese philosophische Argumentation als Standard zeitgenössischer Gotteslehre bei seinem Versuch, christliche Glaubenslehre den Gebildeten unter ihren Verächtern ebenso wie der eigenen christlichen Klientel verständlich zu machen, übernommen hat, aber seine Vorgänger beschränken sich jeweils auf sehr wenige Sätze zum Thema: Der philosophische Begriff «unkörperlich» (ἀσώματος) ist bereits bei den sogenannten Apologeten belegt, also bei den ersten auf dem Niveau von zeitgenössischen Popularphilosophen das Christentum erklärenden «christlichen Philosophen» des zweiten Jahrhunderts wie Justin, Tatian und Athenagoras. *Justin der Märtyrer*, der Mitte des zweiten Jahrhunderts in Rom lebte, erklärt in seinem «Dialog mit dem Juden Trypho» im Rahmen einer Nachzeichnung seines philosophischen Bildungsgangs, dass ihn am Platonismus besonders «das Denken der unkörperlichen Dinge» fasziniert habe, also die aller sinnlichen Anschauung entzogene Kontemplation der rein geistigen Existenzen.[260] Justins Schüler *Tatian*, ein Syrer, schrieb vor 170 in Rom oder Griechenland eine Apologie «Gegen die (sc. heidnischen) Griechen». In ihr heißt es äußerst verkürzt: «Irgendeiner sagt, Gott sei ein Körper; ich aber sage, dass er unkörperlich ist».[261] Daher fühlte sich ein Scholiast genötigt, am Rand einer hochmittelalterlichen Pariser Handschrift zu bemerken, dass es sich bei der Aussage des «Irgendjemand» um eine Lehrbildung der Stoiker handelt.[262] An einem solchen Text wie Tatians knapper Bemerkung wird aber auch deutlich, dass die höchst polemische Wendung gegen den stoischen Materialismus, die wir bei Origenes in seiner Predigt über das Buch Genesis beobachteten, sich nicht nur einer individuellen Orientierung dieses Gelehrten am zeitgenössischen Platonismus verdankt, sondern eine gemeinsame Tradition verschiedener apologetisch orientierter christlicher Denker des zweiten und dritten Jahrhunderts ist. Der Apologet *Athenagoras*, dessen nähere Lebensumstände im letzten Drittel des zweiten Jahrhunderts im Unklaren bleiben, betont im Zusammenhang einer Diskussion über die Auferstehung der Toten den Vorrang der Unkörperlichkeit vor der Körperlichkeit.²⁶³

Clemens von Alexandrien

Clemens von Alexandrien dagegen, der wohl von den achtziger Jahren des zweiten bis zum Beginn des dritten Jahrhunderts in der antiken Kultur- und Wissensmetropole am Mittelmeer lebte, entfaltet in seinen «Teppichen» (Στρωματεῖς) durchaus schon ausführlicher den Zusammenhang von Gott als einer rein geistigen Wirklichkeit und seiner Körperlosigkeit: rein geistig zu sein (νοητός) impliziert, körperlos zu sein (ἀσώματος).²⁶⁴ Wir hatten weiter oben bei der Darstellung der Polemik des Vorsokratikers Xenophanes, der vor allem bei Clemens überliefert wird, schon gesehen, dass Clemens die Differenz zwischen dem menschlichen Körper und seinem göttlichen Schöpfer energisch einschärft und sie zum gemeinsamen Erbe biblischer und philosophischer Tradition (freilich aufgrund des «Diebstahls der Hellenen») zählt.²⁶⁵ Besonders einschlägig ist, seine Echtheit einmal vorausgesetzt, ein Fragment aus einer Schrift des Clemens «Über die Vorsehung» (Περὶ προνοίας). Dort heißt es, dass die göttliche Substanz «ewig, anfangslos, unkörperlich, unbegrenzt und der Grund der seienden Dinge» sei.²⁶⁶ Selbst wenn dieses Fragment eine spätere Bildung wäre (eine entsprechende Schrift des Clemens ist vorher gar nicht bezeugt), würde sein Inhalt den Ansichten des authentischen Clemens vollkommen entsprechen. Wie für Origenes stellen sich schon für Clemens Fragen zum Ablauf der Heilsgeschichte angesichts der Körperlosigkeit Gottes (und der Körperlichkeit Jesu Christi seit seiner Inkarnation). Er fragt:

> «Wie könnte ohne den Körper der göttliche Heilsplan mit unserer Kirche zur Verwirklichung kommen? Ist doch auch der Herr selbst, das Haupt der Kirche (vgl. Epheser 1,22 u. 5,23), im Fleisch, jedoch ohne Gestalt und Schönheit, gekommen (vgl. Jesaja 53,3), um uns zu lehren, auf das Gestaltlose und Unkörperliche der göttlichen Ursache zu blicken».²⁶⁷

Origenes steht also mit seinem entschiedenen Eintreten für die Körperlosigkeit Gottes auf der einen Seite in einer bereits fast achtzigjährigen christlichen apologetischen Tradition, die durch Clemens Alexandrinus auch in seiner Geburts- und Heimatstadt Alexandria präsent war. Auf der anderen Seite ist er allein durch die Ausführlichkeit seiner Argumentation, aber auch durch sein Interesse an der biblischen Fundamentierung seiner Gedanken eine durchaus eigene Stimme im Konzert kaiserzeitlicher christlicher Stimmen für die Vorstellung einer Körperlosigkeit Gottes.

Origenes und die Körperlosigkeit Gottes

Origenes entwickelt seine im zitierten Vorwort zu den «Büchern über die Grundprinzipien christlicher Lehre» (Περὶ ἀρχῶν/*De principiis*) angekündigte Argumentation zugunsten der Vorstellung einer Körperlosigkeit Gottes in mehreren Schritten, die sich über die drei großen Hauptabschnitte der Bücher verteilen, und schließt sie, wie wir bereits sahen, mit der Behandlung der Konsequenzen für die Frage der Erkennbarkeit Gottes ab.[268] Dabei folgt er Philo von Alexandrien in seiner Betonung der prinzipiellen Unerkennbarkeit Gottes. Wenn Gott eine unbegrenzte geistige Natur und eben kein begrenzter Körper ist, folglich also das menschliche Denken in jeder Hinsicht übersteigt, ist nur eine indirekte Gotteserkenntnis möglich aus der Pracht der Schöpfung, aber keine Aussage darüber, wie Gott an und für sich ist.[269] Vielleicht bedingt durch die Überlieferungslage und die Art, in der Rufinus von Aquileia übersetzt hat, ist die Argumentation weniger stringent und klar, als dies im Vorwort angekündigt worden war. Im ersten Abschnitt über Gott, den Vater, zu Beginn des Werks wird die Körperlosigkeit Gottes zunächst aus der biblischen Lichtmetaphorik geschlussfolgert – es sei nicht denkbar, dass sich solche Passagen auf ein körperliches Licht beziehen könnten[270] – und dann erst wird gezeigt, dass ein wörtliches, also auf den Körper Gottes bezogenes Verständnis der beiden von den «gewissen Leuten» genannten Bibelstellen aus dem Deuteronomium und dem Johannesevangelium ausgeschlossen ist. Auch wenn Origenes es nicht explizit erwähnt, sind seine Gegnerinnen und Gegner, die er in dieser Passage von *De principiis* bekämpft, also offensichtlich Christen: Sie kennen die Schriften beider Testamente ebenso wie ein apokryph gewordenes Herrenwort, können Passagen aus ihnen zitieren und wissen, dass gemäß stoischem Denken der Körper Gottes aus Feuer und Geist besteht. Vielleicht war ihnen auch bekannt, dass sich verschiedene jüdische und christliche Texte der Zeit die leibliche Natur der Engel analog als Körper aus Feuer und Geist vorstellen. Es ist auch nicht ganz ausgeschlossen, dass sich Anhängerinnen und Anhänger Marcions unter dieser Gegnerschaft befanden, die den von ihnen postulierten, angeblich im Alten Testament bezeugten Schöpfergott und Demiurgen für ein körperliches Wesen hielten.[271] In jedem Fall wirkt die Argumentationslinie der Gegner des Origenes ziemlich einfach: Sie suchten vermutlich nur Bibelstellen zusammen, die eine bestimmte, stoisch grundierte oder jedenfalls analog zur Stoa angelegte Gotteslehre stützten. Das Argument, das Origenes ihnen entgegenhält, wirkt ebenfalls vergleichsweise konventionell und entspricht der gewöhnlichen, platonisch grundierten Polemik gegen einen stoisch grundierten Materialismus in der Gottesvorstellung:

«Wenn sie nun Gott als Körper erklären, ergibt sich, dass er aus Materie ist, denn jeder Körper besteht aus Materie. Wenn er nun aus Materie ist, Materie aber selbstverständlich vergänglich ist, so ist also nach ihnen Gott vergänglich».[272]

Das Gegenargument des Origenes wirkt aber nicht nur ziemlich konventionell, sondern scheint auf den ersten Blick die Ansichten der «gewissen Leute», mit denen er sich auseinandersetzen wollte, überhaupt nicht präzise zu treffen: Schließlich wurden Feuer und Geist, wie wir sahen, in aller Regel (und so doch auch vermutlich von den «gewissen Leuten») als spezifische göttliche, transzendente und ewige Materie und streng von der gewöhnlichen normalen, irdischen und vergänglichen Materie unterschieden vorgestellt. Für Origenes ist allerdings, wie er in seiner Abhandlung «Über das Gebet» (Περὶ εὐχῆς) sagt, «jeder Körper teilbar und materiell und vergänglich». Daher kann er auch niemandem «die Behauptung, dass Gott sich an einem körperlichen Orte befände, gestatten», auch und gerade nicht bei der Auslegung der Anrede des Vaterunsers («der du bist im Himmel»: Matthäus 6,9):

«Denn hieraus würde die weitere Annahme, dass Gott ein Körper sei, folgen, womit dann die gottlosesten Lehrsätze verbunden sind: dass er teilbar und materiell und vergänglich sei; denn jeder Körper ist teilbar und materiell und vergänglich».[273]

Eine ganz ähnliche Argumentation zur Qualität von Materie findet sich auch in der «Schrift über die Grundprinzipien».[274] Es liegt also kein bloß rhetorischer Trick vor, wenn Origenes nicht eigens auf die bei seinen Gegnern offenbar zugrunde liegende Vorstellung von einer spezifischen göttlichen, transzendenten und ewigen Materie eingeht, denn für Origenes ist *jede* Form der Körperlichkeit, auch die ätherische Form der Körperlichkeit der Sterne oder die pneumatische Auferstehungsleiblichkeit, eine Art von Belastung der geistigen Existenz, die daher einem Gott grundsätzlich nicht zukommt. Die deutlich negative Wertung des Körpers ist für den christlichen Denker so selbstverständlich, dass er sie gar nicht eigens begründet und offensichtlich auch keinerlei Widerspruch zwischen dieser Einstellung und den biblischen Texten, die er auslegt und als autoritative Passagen seiner Argumentation zugrunde legt, empfindet. Selbst wenn es im Rahmen der eschatologischen Vollendung noch eine Form geistiger Leiblichkeit geben sollte (Origenes ist sich hier unsicher), bleibt auch diese Leiblichkeit defizient.[275] Daher erklärt Origenes konsequent alle biblischen Texte, die vom Körper Gottes sprechen, als bildliche oder metaphorische Rede, wie er in einem ausführlichen Exkurs zum Thema seines großen Kommentars zum Johannesevangelium formuliert, der in Caesarea vor 248 fertiggestellt wurde:

«Über Gott und sein Wesen wird von vielen vielerlei behauptet. Das geht so weit, dass einige sogar gesagt haben, er sei von feiner und ätherischer körperlicher Natur. Andere wiederum meinen, er sei unkörperlich und an Würde und Macht jenseits des Körperlichen, anderen Wesens als dieses. Es ist daher angebracht zu sehen, ob wir in den heiligen Schriften Ausgangspunkte für Aussagen über das Wesen Gottes haben».[276]

Origenes referiert knapp einleitend die Position der stoischen und der platonischen Philosophie (übrigens mit einer schönen Variante des platonischen Gottesprädikates «jenseits des Seins», ἐπέκεινα οὐσίας, als ὑπερέκεινα οὐσίας),[277] um dann fortzufahren mit exakt denselben drei Bibelstellen, die er vor Jahren in der «Schrift über die Grundprinzipien» verwendet hatte:

«Hier (sc. im Johannesevangelium 4,24: ‹Gott ist Geist›) ist nun gesagt, Geist sei gleichsam sein Wesen. ‹Gott ist Geist›, sagt die Stelle. Im Gesetz steht, sein Wesen sei Feuer. Es heißt dort: ‹Unser Gott ist ein verzehrendes Feuer› (Deuteronomium 4,24). Bei Johannes ist es auch Licht. Er sagt: ‹Gott ist Licht und Finsternis ist keine in ihm› (1. Johannes 1,5). Wenn wir das ganz naiv hören wollen, ohne uns über den Wortlaut hinaus Gedanken zu machen, dann müssten wir jetzt also sagen, Gott sei ein Körper. Die große Mehrzahl kann dabei freilich nicht gewahr werden, welche Folgen das nach sich ziehen würde, wenn wir diesen Unsinn sagen würden, denn nur wenige haben über die Natur der Körper Untersuchungen angestellt, und besonders über Körper, die mit Verstand und Vorauswissen geschmückt sind».[278]

Nach Bemerkungen zu einer Definition von Körper[279] und den logischen wie philosophischen Problemen einer Anwendung dieser Definition auf Gott schließt Origenes:

«Es ist so, dass wir uns in diesen Dingen entweder an den Wortlaut klammern und dann solchen blasphemischen Unsinn über Gott hinnehmen müssen, oder wir müssen so vorgehen, wie wir es auch sonst in vielem tun, dass wir herausforschen, was damit geoffenbart sein könnte, wenn gesagt ist, Gott sei Geist oder Feuer oder Licht. Wie von Augen, Lidern, Ohren, Händen, Armen und Füßen Gottes die Rede ist, sogar von Flügeln, und wir diese Stellen allegorisch verstehen, voll Verachtung für die, die Gott so etwas Ähnliches wie Menschengestalt zulegen – und wir tun recht damit –, genau so müssen wir in Folgerichtigkeit mit den genannten Bezeichnungen (Geist, Feuer, Licht) verfahren».[280]

Der erwähnte, deutlich frühere Kommentar zum ersten Buch der Bibel zeigt, dass Origenes auch ein gewisses Vergnügen daran hatte, die Absurdität einer wörtlichen Auslegung biblischer Texte über die Körperlichkeit Gottes zu demonstrieren, und nicht nur mit philosophischen Grundaxiomen über die Prinzipien argumentieren konnte. Nach Ausweis eines Fragmentes dieses Kommentars, der als Ganzes verloren ist, schrieb er in seiner ausführlichen Auslegung des Verses, der die Schöpfung des Menschen als Ebenbild Gottes beschreibt (Genesis 1,26 f.), folgende Polemik gegen diejenigen, die sich Gott mit einem Körper denken und dazu auf biblische Texte berufen:

«Wir werden denen, die nichts kennen als den Buchstaben, Schriftworte entgegenhalten, die sich ihrer übereilten Annahme entgegenstellen. So aus Sacharja: ‹Sieben Augen des Herrn sind es, die die ganze Erde im Blick halten› (Sacharja 4,10); wenn Gott sieben Augen hat, wir jedoch zwei, sind wir nicht ‹nach seinem Bilde› (Genesis 1,26) geschaffen. Wir sind aber auch nicht mit Flügeln geschaffen, von Gott wiederum heißt es im neunzigsten Psalm: ‹Unter seinen Flügeln sollst du Hoffnung schöpfen› (Psalm 90/91,4); wenn jener aber Flügel hat, wir aber ein ungeflügeltes Geschöpf sind, so ist der Mensch nicht ‹nach dem Bilde› Gottes geschaffen! Wie aber kann der Himmel, der kugelförmig und in ständiger Bewegung ist, der ‹Thron›, wie sie annehmen, Gottes sein? Aber auch, wie die ‹Erde› ein ‹Schemel seiner Füße› sein soll (Jesaja 66,1), mögen sie uns verkünden. Denn wenn der Zwischenraum zwischen Himmel und Erde seinen Körper von den Knien bis zu den Fußsohlen umfasst, die Erde aber in der Mitte der ganzen Welt liegt und von ihr umfasst wird, wie sich in geometrischen Beweisen feststellen lässt, sind dann die Fußsohlen Gottes bei uns oder bei den Antipoden? Und füllen sie die ganze von uns bewohnte Erde aus oder nehmen sie ein größeres oder kleineres Stück ein? Werden seine Füße durch die Meere und Flüsse getrennt oder ruhen sie auch auf den Wassern? Wie kann es aber sein, dass er, dessen ‹Thron› der derartig große ‹Himmel› und dessen ‹Fußschemel die Erde› ist, im Paradies wandelnd angetroffen wird (Genesis 3,8–10) oder auf dem Gipfel des Sinai dem Mose erscheint (Exodus 19,20)? Und wie soll jemand, der dies von Gott behauptet, nicht für einen Toren erklärt werden?»[281]

Neben der Polemik gegen eine absurde Interpretation biblischer Körperrhetorik nach dem Literalsinn stehen bei Origenes immer auch Anweisungen für eine Interpretation nach dem höheren Schriftsinn. Dabei deckt sich die entsprechende Deutungslinie im Kommentar zum Johannesevangelium exakt mit der, die sich in der «Schrift über die Grundprinzipien» findet: So beschreiben nach Origenes beispielsweise biblische Passagen, in denen berichtet wird, dass jemand Gottes Gesicht oder die Rückseite von Gott sehen darf, eine *intellektuelle Vision* ohne Beteiligung der körperlichen Sinne. Der Gott, der keinen Körper hat, kann nur von den nichtkörperlichen «Augen der Seele» und anderen nichtkörperlichen, geistigen Erkenntnisorganen gesehen werden:

«Wenn uns nun einer die Frage vorlegt, warum es heißt: ‹Selig sind, die reinen Herzens sind, denn sie werden Gott schauen› (Matthäus 5,8), so wird durch diese Stelle unser Satz meiner Meinung nach nur noch mehr bekräftigt. Denn was bedeutet ‹mit dem Herzen Gott schauen› anderes als ihn (...) mit der Vernunft begreifen und erkennen? Häufig werden nämlich die Bezeichnungen der Sinnesorgane auf die Seele bezogen, und man sagt dann, sie sehe ‹mit den Augen des Herzens› (Epheser 1,18), das heißt: sie erschließt einen geistigen Gegenstand durch die Kraft ihrer Vernunft».[282]

Nach grundsätzlichen Bemerkungen zur Unerkennbarkeit Gottes und den Problemen, die eine derartige Ansicht für die Auslegung biblischer Texte bereitet, schlussfolgert Origenes am Ende seines einleitenden Abschnittes zur Körperlosigkeit Gottes im ersten Hauptteil der «Schrift über die Grundprinzipien der christlichen Glaubenslehre», offenkundig mit Bezug auf eine philosophische Argumentation in der Art, wie wir sie im «Handbuch» des Alcinous kennengelernt haben:

«Gott ist also nicht als ein Körper oder als in einem Körper wohnend (ἐνσώματος) anzusehen, sondern als einfache geistige Natur, die keinerlei Hinzufügung in sich zulässt; sonst müsste man etwas Größeres und Geringeres in ihm annehmen, so aber ist er in jeder Hinsicht eine Einheit und sozusagen eine Einsheit sowie Vernunft und eine Quelle, aus der jegliche geistige Natur, jede Vernunft, ihren Ursprung hat. Vernunft braucht aber, um sich zu bewegen und zu wirken, keinen körperlichen Ort und keine sinnlich wahrnehmbare Ausdehnung, keine körperliche Gestalt oder Farbe oder sonst irgendetwas von den Eigenschaften des Körpers und der Materie».[283]

Da Origenes sich in seiner Argumentation offenkundig beim Diktat solcher Passagen auf Handbücher platonischer Provenienz stützte, konnte er ganz ähnliche Gedanken auch in anderen Texten formulieren, beispielsweise in seiner vor 248 in Caesarea entstandenen Schrift gegen den damals längst verstorbenen, aber immer noch wirksamen mittelplatonischen Philosophen Celsus. Origenes protestiert hier (wie wir bereits sahen: S. 76–78) sehr viel präziser als in der «Schrift über die Grundprinzipien» gegen die «Lehre der Stoiker», «die die Lehre vertreten, dass die ersten Prinzipien materiell sind» und entsprechend die alldurchwaltende Vernunft, den Logos, für einen «körperlichen Geist» halten.[284] Damit würde Gott, das Wort, die zweite Person der Trinität, vor der Inkarnation zu einem körperlichen Wesen – für Origenes ein unerträglicher Gedanke, den er schon in der «Schrift über die Grundprinzipien» zurückgewiesen hat. In der Schrift gegen Celsus bemerkt er ebenfalls kritisch:

«Nach der Lehre von uns Christen aber, die wir nachzuweisen versuchen, dass die vernünftige Seele besser ist als alle körperlichen Dinge und dass sie ein unsichtbares und unkörperliches Wesen ist, kann Gott, das Wort, ‹durch das alles geworden ist› (Johannes 1,3), kein Körper sein, jenes Wort, welches nicht allein bis zu den Menschen, sondern sogar bis zu den am geringsten geschätzten und nur von der Natur regierten Wesen hindurchdringt, damit alles durch das Wort geschieht. Die Stoiker mögen immerhin lehren, dass alle Dinge durch Feuer zerstört werden; wir aber wissen nichts davon, dass ein unkörperliches Wesen durch Feuer zerstört oder dass die Seele des Menschen oder die Substanz der Engel oder ‹der Throne oder der Hoheiten oder der Herrschaften oder der Gewalten› (Kolosser 1,16) in Feuer aufgelöst werden können».[285]

Die Grundüberzeugung des Origenes, dass es keine unkörperliche Körperlichkeit in der Art der platonischen Interpretation des «fünften Elements» gibt, betrifft auch die Frage nach dem Auferstehungsleib der Christen; wir können allerdings auf diese ebenso interessante wie verwickelte Debatte an dieser Stelle nicht eingehen.[286] Insbesondere wenn der Gelehrte tatsächlich, wie ihm die spätere (kritische) Tradition zuschreibt, davon ausging, dass der Auferstehungsleib der Menschen «kugelförmig» (σφαιροειδές) gestaltet sein würde,[287] würde das natürlich eine interessante Parallele zu paganen Vorstellungen von der Körperlichkeit der Götter in der vollkommensten denkbaren Gestalt der Kugel darstellen.[288]

Origenes hatte im Vorwort zu seiner «Schrift über die Grundprinzipien» angekündigt, zeigen zu wollen, dass ein präziser Gebrauch des Begriffs «körperlos» bei den griechischen Philosophen zu beobachten ist und sich diese Bedeutung, verbunden mit einem anderen Terminus, auch in der Heiligen Schrift findet (s. o. S. 90–92). Hat er diesen anderen Begriff im Werk aber explizit benannt und zugleich als biblisch nachgewiesen? Nur bei sehr sorgfältiger Lektüre der Schrift bemerkt man, dass es sich bei diesem Terminus, der den Begriff «körperlos» im Sinne der griechischen Philosophen inhaltlich präzisieren soll, um den Begriff «unsichtbar» (ἀόρατος/invisibilis) handelt. Er findet sich im Unterschied zum Ausdruck «körperlos» (ἀσώματος) tatsächlich in der Bibel – beispielsweise im deuteropaulinischen Kolosserbrief an der Stelle, an der Christus als «Bild des unsichtbaren Gottes» bezeichnet wird (ὅς ἐστιν εἰκὼν τοῦ θεοῦ τοῦ ἀοράτου).[289] Möglicherweise stammt die auf den ersten Blick etwas überraschende Verbindung der Diskussion über die *Körperlichkeit* Gottes mit der Frage nach seiner Sichtbarkeit, die Origenes mehr voraussetzt als ausführt, aus zeitgenössischen Gesprächen mit Anhängerinnen und Anhängern Marcions.[290] Explizit gemacht wird diese Identifikation der Termini «unsichtbar» (ἀόρατος/*invisibilis*) und «körperlos» (ἀσώματος) erst in einer zusammenfassenden Wiederholung im dritten Hauptteil am Ende des vierten Buches der «Schrift über die Grundprinzipien»; Origenes nennt auch nur die eine zitierte Bibelstelle aus dem Kolosserbrief (wenn wir an diesem Punkt der lateinischen Übersetzung des Rufinus von Aquileia trauen dürfen):

> «Dies gilt beispielsweise, wenn gefragt wird, ob es eine Substanz gibt, an der weder Farbe noch Gestalt noch Berührbarkeit noch Größe zu erkennen sind, die nur mit dem Denken erfassbar ist und die jeder so nennt, wie er will. Die Griechen haben sie nämlich ‹unkörperlich› genannt, die göttlichen Schriften haben sie als ‹unsichtbar› bezeichnet; denn der Apostel erklärt, Gott sei ‹unsichtbar›, indem er sagt, Christus sei ‹das Bild des unsichtbaren Gottes› (Kolosser 1,15)».[291]

Sonderlich präzise entfaltet wirkt im erhaltenen Text der «Schrift über die Grundprinzipien» diese im Vorwort angekündigte Überlegung nicht. Es fehlt, wie wir bereits sahen, auch eine ausführliche Darstellung des Zusammenhangs von «Unkörperlichkeit» und «Unsichtbarkeit» in der griechischen Philosophie; sie wird behauptet, aber nicht nachgewiesen. Ähnlich steht es mit den übrigen Antworten, die man nach dem Vorwort für den Fortgang der Untersuchung erwarten darf – Origenes hatte dort Antworten auf die Fragen angekündigt, ob Gott «körperlich ist und eine bestimmte Gestalt hat, oder ob er eine andere Natur hat als die Körper: Denn das wird nämlich in unserer Verkündigung nicht klar ausgesprochen. Dasselbe ist auch bei Christus und dem Heiligen Geist zu untersuchen, und ebenso auch bei jeder Seele und bei jeder vernunftbegabten Natur».[292] Hat er im Verlauf seiner Untersuchung diese Antworten gegeben? Ja und nein. Etwas undeutlich und in mehrfachen Anläufen finden sich die Antworten in der «Schrift über die Grundprinzipien», aber ausführlich sind sie in dem Werk enthalten, das Origenes gegen den mittelplatonischen Philosophen Celsus gerichtet hat, sowie in zahlreichen exegetischen Kommentaren und Predigten.

Die Häufigkeit und Gründlichkeit, mit der Origenes gegen die Position argumentiert, Gott habe einen Körper, macht deutlich, dass offenkundig eine nicht geringe Zahl von Menschen und vor allem nicht nur einfache Glaubende, sondern auch gut ausgebildete Christenmenschen so dachten. Die Polemik des Origenes bezeugt, dass nicht nur ein schlichter sogenannter Anthropomorphismus sich einen vergrößerten Menschenkörper als göttlichen Körper zusammenphantasierte, sondern mit Hilfe philosophischer Konzepte eine besondere Leiblichkeit des göttlichen Körpers angenommen wurde.

Tertullian

Das eindrücklichste Beispiel für eine philosophische Grundierung der Vorstellung eines göttlichen Körpers innerhalb der christlichen Mehrheitskirche findet sich am Ende des zweiten Jahrhunderts bei dem christlichen Rhetoriker und Theologen *Quintus Septimius Florens Tertullianus* aus Nordafrika. Wir haben bereits gesehen, dass Tertullian in seiner Verteidigungsschrift der eigenen Religion, dem *Apologeticum* (entstanden wahrscheinlich 197), sehr präzise über die unterschiedlichen Positionen der philosophischen Schulen mit Blick auf eine mögliche göttliche Körperlichkeit orientiert ist und über sie zu orientieren vermag: «Die einen behaupten, er sei unkörperlich, die anderen, er sei körperlich, so einerseits die Platoniker, andererseits die Stoiker».[293] Welche Position der Autor selbst vertritt, erfährt man an dieser Stelle noch nicht. Erst über zehn Jahre später legte Tertullian sie offen und argumentierte in seiner trinitätstheologischen Streitschrift gegen den ursprünglich wohl aus Kleinasien stammenden stadtrömischen Lehrer *Praxeas*[294] ausführlicher für seine *eigene* Position. Dort stellt er die rhetorische Frage, ob irgendjemand bestreiten wolle, dass Gott Körper ist, wenn er auch Geist ist. Wieder findet sich neben der philosophischen Begründung eine biblische Argumentation: Tertullian verstand die Aussage im paulinischen Philipperbrief, wonach Christus «in der Gestalt Gottes existierte» (*in effigie Dei constitutus:* Philipper 2,6), als Hinweis auf eine *körperliche* «Gestalt Gottes», des Vaters:[295]

«In welcher Gestalt Gottes? Bestimmt in irgendeiner, jedoch nicht in keiner. Denn wer wollte leugnen, dass Gott, obwohl Geist, doch auch Körper sei. Denn der Geist ist Körper in eigener Weise, in seinem Bilde»:[296] ein geistiger Körper eigener Prägung, ein Bild Gottes (*spiritus enim corpus sui generis in sua effigie*).

Bereits vor vielen Jahrzehnten beobachtete Adolf von Harnack, dass Tertullian nur deshalb zu diesem Schluss kommen konnte, weil für ihn ein *körperloses Sein* – ganz entsprechend der Sichtweise der stoischen philosophischen Tradition, die wir ausführlich dargestellt haben[297] – mit der Nichtexistenz eines Dinges identisch war:

«Alles, was existiert, ist körperlich in seiner besonderen Art. Nichts ist unkörperlich, außer was gar nicht existiert».[298]

Dass Gott einen Körper besitzt, steht also für den nordafrikanischen christlichen Denker aus prinzipiellen philosophischen Gründen, die gar nicht eigens expliziert werden, unverrückbar fest. Gleichzeitig aber betont Tertullian (wieder nach Harnack), dass «alles Anthropopathische und Anthropomorphische (...) von ihm (sc. Gott) ausgeschlossen gedacht werden» solle.[299] Es geht also, wie in der stoischen Philosophie, um einen Körper besonderer Materialität, kategorial getrennt von aller irdischen Materialität. Das wird besonders deutlich, wenn Tertullian gegen die Verwässerung dieses kategorialen Unterschiedes polemisiert. So wird in seiner großen Schrift «Gegen Marcion», die wenige Jahre vor der Polemik gegen Praxeas verfasst wurde, noch einmal indirekt deutlich, dass die Anhängerschaft dieses stadtrömischen Lehrers dem Schöpfergott und Demiurgen einen mit irdischen Augen sichtbaren Körper von irdischer Materialität zuschrieb (zumindest in der Darstellung ihrer mehrheitskirchlichen Kritiker Tertullian und Origenes). Wieder wird wie schon aus dem zitierten Text des Origenes erkennbar, dass mindestens in mehrheitskirchlichen Kreisen das Bild herrschte, marcionitische Kreise hätten die einschlägigen Texte des Alten Testamentes so wörtlich interpretiert und entsprechend von einem solcherart irdisch-körperlich gedachten Schöpfergott den körperlosen, unsichtbaren unbekannten Gott und Vater Jesu Christi abgehoben.[300] Ob Marcion tatsächlich die Körperlichkeit des biblischen Schöpfergottes aus irdischer Materialität lehrte (beispielsweise deswegen, weil er auch sonst das Alte Testament sehr wörtlich auslegte), ja ob er überhaupt zwei Götter so streng voneinander schied, wie ihm seine mehrheitskirchlichen Gegner unterstellen, kann und muss hier mangels eindeutiger Quellen offenbleiben.[301] Tertullian jedenfalls stellt dagegen prononciert sein Bekenntnis zur Einheit Gottes: «Denn er war derselbe, der auch im Alten Testament verkündigt hatte: ‹Niemand wird Gott sehen und leben› (Exodus 23,20)».[302]

Man kann vermuten, dass die Verbindung der Vorstellung von der Körperlichkeit Gottes mit dem Ketzernamen Marcion (wie berechtigt auch immer sie gewesen sein mag) für die allgemeine Rezeption dieser Idee im mehrheitskirchlichen Christentum der Antike fatale Folgen gehabt haben dürfte: Marcions Name kontaminierte wahrscheinlich so folgenreich wie tief die bis dahin weit verbreitete Ansicht, dass Gott einen Körper und Leib besitzt, mit dem Verdacht der Häresie. Besonders erfolgreich war diese Kontamination vermutlich, weil in der Lehre Marcions (wieder nach Ansicht der mehrheitskirchlichen Häresiologie) der so als körperlich gedachte Schöpfergott deutlich inferiorer und defizienter als der gute Gott und Vater Jesu Christi gedacht wurde[303] und Christus nach diesen Referaten nur in einem nicht leidensfähigen Geistleib nach Art der Engel erschienen ist – also mithin die ganze Theorie des Doketismus und Modalismus verdächtig war.[304]

Melito von Sardes

Freilich argumentierten im zweiten und frühen dritten Jahrhundert nicht nur solche Christen, die wie Tertullian einen dezidiert stoischen Hintergrund hatten oder vom stadtrömischen Lehrer Marcion geprägt waren, für die These, dass Gott ein Körper zuzuschreiben sei. Origenes erwähnt *Melito von Sardes*, der während des zweiten Jahrhunderts nach Christus in dieser kleinasiatischen Stadt lebte, als Autor einer Schrift «Über den körperlichen Gott»; wir werden uns mit jenem Theologen und diesem Werk im sechsten Kapitel ausführlicher beschäftigen.[305] Melito jedenfalls stand im Unterschied zu Marcion und auch zu Tertullian zeitlebens in der Mitte der kleinasiatischen Mehrheitskirche und war ein auch anderswo überaus geachteter Vertreter seiner Kirche.

«Gnostische» Texte

Schließlich sind an dieser Stelle auch bestimmte Texte zu erwähnen, die gewöhnlich der Bewegung der sogenannten Gnosis zugerechnet werden. Obwohl die Bewegung der «Gnosis» eigentlich eher (wenn man generalisieren will) einer platonisierenden Tendenz zur Charakterisierung ihrer diversen göttlichen Prinzipien durch negative Epitheta wie beispielsweise «unvergänglich», «unaussprechbar» oder «unsichtbar» folgt,[306] steht die Idee einer himmlischen Körperlichkeit Gottes und die Vorstellung von einer Existenz eines göttlichen Leibes mindestens im Hintergrund einzelner «gnostischer» Systementwürfe. Guy Stroumsa hat in diesem Zusammenhang auf die Vorstellung von einer Vielgestaltigkeit Christi hingewiesen, die ein materielles Substrat der sich wandelnden Formen voraussetzt:[307] Die Belege für diese Vorstellung im der sogenannten Gnosis zugerechneten Schrifttum müssen wir hier nicht vollständig entfalten, es reicht in diesem Zusammenhang ein charakteristisches Beispiel (wir werden auf «gnostische» Vorstellungen vom Körper Jesu Christi auch noch einmal ausführlicher im siebten Kapitel zurückkommen):[308] So sagt im «Zweiten Logos des großen Seth», einem vielleicht im dritten Jahrhundert abgefassten Traktat aus dem gnostischen Bibliotheksfund von Nag Hammadi (NHC VII,2), der Erlöser von sich: «Als ich im Herabkommen war, sah mich niemand, denn ich veränderte meine Gestalten, indem ich von einer zur anderen Form wechselte».[309] Solche Polymorphie, die dem Erlöser erlaubt, wie im «Zweiten Logos des großen Seth» die Mächte und die Pforten ihrer Herrschaftsbereiche unerkannt zu passieren, betrifft aber in keinem uns erhaltenen Text, der der sogenannten gnostischen Bewegung zugerechnet wird, den *obersten, schlechthin transzendenten* Gott, sondern nur sekundäre Formen desselben auf verschiedenen Ebenen des Erlösungsgeschehens.[310] Der schlechterdings transzendente Gott hat selbstverständlich keinen Körper und schon gar keinen Leib im materiellen Sinne: Er ist, wie es in der Langfassung der «Geheimschrift nach Johannes» (auch: Johannesapokryphon, NHC II,1/IV,1) heißt, «nämlich nicht körperlich, er ist nicht unkörperlich»[311] – deswegen ist er, wie auch die platonische Philosophie lehrt, eben auch «jenseits des Seins».

So muss man konstatieren, dass auch einzelne Bewegungen, die zur «Gnosis» gerechnet werden, ähnlich wie Marcion (jedenfalls nach seiner mehrheitskirchlichen Wahrnehmung) durch eine bei ihnen übliche Verbindung der Vorstellung göttlicher Körperlichkeit mit scheinbar inferioren Göttergestalten die erstere in der Mehrheitskirche unter Häresieverdacht brachten.

Zusammenfassung

An dieser Stelle können wir unseren Durchgang durch die Entwicklung der christlichen Theologie in der frühen Kaiserzeit unterbrechen; wir werden ihn im sechsten und siebten Kapitel wieder aufnehmen. Denn es wurde nicht nur deutlich, welches Gewicht die Vorstellung von einem göttlichen Körper in verschiedensten antiken Geistesströmungen hat, sondern auch, wie unterschiedlich diese Vorstellungen im Einzelnen angelegt sind, bereits in der Hebräischen Bibel, dem Alten Testament der Christen, aber auch in den unterschiedlichen philosophischen Schulen, die sich seit dem Hellenismus etablierten und die entstehende christliche Theologie beeinflussten. Wir haben gesehen, dass es in der Antike durchaus sehr unterschiedliche Gruppen wie Richtungen gab, die ganz selbstverständlich davon ausgingen, dass Gott nur in körperlicher Gestalt und mit einem Leib angemessen gedacht werde. Da sind auf der einen Seite die religiösen Texte der Schriften der Hebräischen Bibel mit ihren sogenannten anthropomorphen Darstellungen Gottes, da sind aber auf der anderen Seite auch die einflussreichen Schulen der epikureischen und stoischen Philosophie mit ihren Vorstellungen von göttlichen Körpern. So selbstverständlich, wie den einen aus ganz unterschiedlichen Beweggründen ihre Ansicht über die besondere Realität eines Gotteskörpers war, so überzeugt waren die anderen, die von der platonischen Philosophie tiefer geprägt oder lediglich von ihr oberflächlich berührt waren, von ihrer Position und wiesen die Rede von einem Gotteskörper als mehr oder weniger absurde Lehrbildung zurück. Dafür bietet der erste christliche Universalgelehrte Origenes ein gutes Beispiel.

Auch wenn die an den Philosophen *Feuerbach* gemahnende Ansicht, die jeweilige Anthropologie determiniere vollständig die jeweilige Gotteslehre,[312] eher eine Vereinfachung komplexer Begründungs- und Bewahrheitungszusammenhänge darstellt, charakterisiert doch offenkundig folgender Zusammenhang die beiden Grundpositionen, die wir in der Antike seit dem Hellenismus in verschiedensten Milieus beobachtet haben:[313] Je stärker Menschen sich selbst als integrale, synthetische Einheit von Körper *und* Seele wahrgenommen haben,[314] desto deutlicher haben sie auch in ihrem Gottesbild Körper und Seele als integrale, synthetische Einheit gedacht. Und umgekehrt gilt: Je stärker Menschen sich selbst wesentlich als Seele begriffen haben,[315] deren umgebender Körper als defizient und insofern auch transitorisch beschrieben wurde, desto deutlicher haben sie die Vorstellung von göttlicher Körperlichkeit abgelehnt. Natürlich ergab sich die Plausibilität beider Denkrichtungen von Gottes- bzw. Götterlehre nicht ausschließlich aus der Anthropologie, sondern – jedenfalls bei einer philosophischen Thematisierung nach zeitgenössischen Rationalitätsstandards der Argumentation – immer auch aus begleitenden Annahmen über die Struktur und Beschaffenheit der Materie, der Seele und allgemeinen prinzipientheoretischen Überlegungen. Schon aufgrund der Diversität von Personen wie Gruppen, die sich zu der einen oder der anderen Denktradition bekennen, und der deutlichen Unterschiedlichkeit von einschlägigen Texten, die für oder gegen göttliche Körperlichkeit votieren, muss man sich vor schlichten Dualen hüten. So ist die Ansicht, es gebe im antiken Christentum einerseits eine «jüdisch-alttestamentliche Tradition mit einer stark holistischen Auffassung von der Person (‹Ich› bin ein beseelter Körper)», von der andererseits eine Tradition «eines hellenistisch-(neu)platonischen Erbes mit seiner (mehr oder weniger dualistischen) Trennung von Seele und Körper (‹Ich› bin eine Seele, die – temporär – einen Körper hat)» abgehoben werden könne,[316] eine plakative Vereinfachung eines deutlich komplizierteren Befundes. Sie folgt zudem dem traditionsreichen Modell, wonach die Entwicklung der christlichen Theologie als Auseinandersetzung wie Synthese aus biblischen Traditionen und der platonischen Philosophie beschrieben werden könne; der Oxforder Altertumswissenschaftler *Mark Edwards* hat freilich mit Recht darauf hingewiesen, dass der dabei vorausgesetzte, landläufige Eindruck von einer Dominanz der platonischen Philosophie in der Kaiserzeit und in der Spätantike möglicherweise als Folge einer eher einseitigen Präferierung dieses Ansatzes in der christlichen Theologie zu erklären ist, nicht aber als Abbild der Realität auf dem antiken «Markt der Philosophen».[317]

Weder das Judentum noch das Christentum sind im Blick auf die Vorstellung von einem göttlichen Körper so monolithisch, wie es sich ein Origenes in der Antike wünschte, ein Maimonides oder Thomas im Mittelalter normierte und ein Leibniz in der Barockzeit kanonisierte. Hier (wie auch sonst) verlaufen die geistesgeschichtlichen Trennlinien quer zu den scheinbar schroffen Grenzen der religiösen Lebensorientierungen und philosophischen Schulen. Wir werden unseren Erkundungsgang durch die kaiserzeitliche und spätantike Geschichte jüdischer wie christlicher Gotteslehre fortsetzen, freilich erst nach einem Blick in die paganen Tempel und die dort präsenten Vorstellungen über göttliche Körperlichkeit wie Unkörperlichkeit.

DRITTES KAPITEL

DER KÖRPER GOTTES UND DIE ANTIKEN GÖTTERSTATUEN

Gott und Mensch zugleich

Griechische Philosophen wie Xenophanes oder Plato und die Denker, die an diese Philosophen im Judentum wie im Christentum (mehr oder weniger explizit) anknüpften, waren überzeugt, dass die Existenz Gottes keinerlei körperliche Gestalt impliziert, ja überhaupt nichts, das im schlichten Sinne des Wortes eine «Gestalt» genannt werden darf. Sie glaubten, mit solcher Betonung der *Körperlosigkeit* Gott so darzustellen, wie er *ist*: «So wie der Gott ist, muss man ihn auch allezeit darstellen», sagt der platonische Sokrates im «Staat».[1] Wie aber dachten die Menschen, die in der antiken Welt die paganen Tempel besuchten, die darin aufgestellten Götterbilder sahen und nicht von solchen philosophischen Grundoptionen geprägt waren? Hielten sie die meist überaus prächtigen Darstellungen von schöner Körperlichkeit ebenfalls für reine Metaphern? Waren sie davon überzeugt, dass «anthropomorphe» Darstellungen dem Wesen der Götter grundsätzlich nicht angemessen sind?

Die heute verbreiteten Definitionen des Begriffs «anthropomorph»[2] setzen eine *kategoriale Differenz* zwischen einem allem Irdischen transzendenten göttlichen Wesen in reiner Geistigkeit einerseits und einem Menschen in begrenzter, irdischer Leiblichkeit andererseits voraus: Mit sprachlichem Bezug auf den zugrunde liegenden griechischen Begriff «anthropomorph» (ἀνθρωπόμορφος) beschreibt der Terminus «Anthropomorphismus» Vorstellungen von Gott «in menschlicher Gestalt» oder umfassender eine «Vermenschlichung Gottes». Solche «Vermenschlichung» schließt aber eine wie auch immer zu beschreibende kategoriale Unterscheidung zwischen Gott und Mensch praktisch aus,[3] es sei denn, man nimmt die menschlichen Züge der Götterbilder als *reine Metaphern* für kategorial differente Züge göttlichen Wesens. Eine strikte kategoriale Differenzierung zwischen Gott und Mensch gehört aber nicht zu den selbstverständlich vorauszusetzenden Implikaten jeder antiken Religion, sondern ist auch in der griechisch-römischen Religion auf ganz bestimmte Gruppen, Zeiten und Regionen beschränkt. Eine solche kategoriale Differenzierung zwischen Göttern und Menschen entsprach in der kaiserzeitlichen Antike keineswegs der Alltagsfrömmigkeit der meisten Menschen und charakterisierte gewiss auch nicht die meisten der unterschiedlichen paganen antiken Kulte, jedenfalls nicht im selben strikten Sinne wie im Judentum und im Christentum. Die Grenzen zwischen Gott und Mensch waren vielmehr fließend, wie ein Satz des Berliner Gräzisten *Ulrich von Wilamowitz-Moellendorff* (1848–1931) aus seinem Kommentar zur Tragödie «Herakles» des Athener Dichters Euripides deutlich macht. Herakles ist Gott und Mensch zugleich:

> «mensch gewesen, gott geworden; mühen erduldet, himmel erworben. das ist das wesentliche an dem Herakles, den die Hellenen, alle Hellenen, geglaubt haben. weder den menschen noch den gott kann man entbehren, wer auch nur ihren ersten keim recht erfassen will, wer aber so viel begriffen hat, der ist jede deutung los, die nur eine seite des doppelwesens betont».[4]

Auch im Hinblick auf die kaiserzeitliche Form der griechisch-römischen Religion kann man diese fließenden Grenzen stark zugespitzt so beschreiben: «Gottheiten sind unsterbliche Menschen. Menschen sind demnach sterbliche Gottheiten, was sagen will, dass die Grenze zwischen beiden durchaus überschreitbar war. Man dachte sich die Gottheiten als Menschen, wenngleich es philosophisch Gebildete gab, die sich ein Gottwesen ohne körperliche Schranken vorzustellen vermochten; aber dies blieben Ausnahmen».[5] Weil zwischen Gott und Mensch nicht so streng geschieden wurde wie in vielen jüdischen und manchen christlichen Traditionen, wurden die Götter vielfach nicht nur in menschlicher, also körperlicher Gestalt verehrt; man konnte vielmehr ganz unbefangen auch ihre Lebensweise in Analogie zu einer menschlichen beschreiben.[6] Solche fließenden Grenzen erlaubten Aussagen über die enge Zusammengehörigkeit von göttlichem und menschlichem Wesen, die denen der jüdisch-christlichen Tradition überraschend nahe kamen. Der frühkaiserzeitliche Autor *Ovid* (43 v. Chr. – nach 17 n. Chr.) dichtet beispielsweise, dass der «Mensch geformt nach dem Bild der alles lenkenden Götter» sei.⁷ Viele Züge der kaiserzeitlichen Alltagspraxis gelebter paganer Religion erinnern daran, was man aus biblischen Texten über israelitische Frömmigkeit erfahren kann. Auch die rituelle Praxis im Umgang mit Götterstatuen in griechischen Tempeln demonstriert, dass die Menschen, die diese Tempel besuchten, von der hellenistischen Zeit an bis in die Spätantike den Göttern genauso wie Glaubende in Mesopotamien und Kanaan eine gewisse Fluidität zuschrieben, die in ihren Augen eine Präsenz an mehreren Orten zur gleichen Zeit möglich machte. So gab es in Olympia, wie die Altphilologin Margalit Finkelberg aus Tel Aviv in Erinnerung gerufen hat,⁸ nicht nur die berühmte Kultstatue des Phidias im Tempel des Zeus, der während des fünften vorchristlichen Jahrhunderts im Kern der Anlage errichtet wurde, sondern auch einen eigenen Altar des Gottes, zwischen Pelopion und Hera-Tempel gelegen.⁹ Aber der olympische Zeus war nicht nur in Olympia gegenwärtig: Bereits im sechsten Jahrhundert wurde mit dem Bau des berühmten Tempels des olympischen Zeus in Athen begonnen, den Kaiser Hadrian im zweiten nachchristlichen Jahrhundert vollendete.¹⁰ Und daneben existierten viele weitere Kultorte, an denen der olympische Zeus verehrt wurde.¹¹ Ob nun beispielsweise ein einfacher griechischer Bauer, wenn er einen dieser Tempel betrat, dachte, dass der olympische Zeus, den er gerade verehrte, einen ‹lokal umschriebenen Körper› besaß oder nicht, ist schwer zu beantworten. Wahrscheinlich rechnete er implizit, das heißt ohne dies in philosophischer Begrifflichkeit zu thematisieren, mit einer besonderen Körperlichkeit des Gottes, für die die Begrenztheiten irdischer Körper nicht galten, also mit gleichzeitiger Anwesenheit an mehreren Orten. Wie er damit umging, dass es diverse lokale Kultformen dieses Gottes und anderer Göttinnen und Götter gab – neben dem olympischen Zeus beispielsweise den Zeus Panamaros im kleinasiatischen Stratonicaea¹² – und diese lokalen Formen teilweise an denselben Orten auch in ikonographisch durchaus unterschiedlichen Gestalten präsent waren, wissen wir leider kaum zu sagen. Fest steht nur, dass es in der kaiserzeitlichen Antike Göttinnen und Götter in außerordentlich reicher Zahl gab: Der spätantike christliche Dichter *Aurelius Prudentius Clemens* (348 – nach 405) verspottete den wieder zur paganen Religion seiner Väter zurückgekehrten Kaiser Julian Apostata, er sei dadurch ein Liebhaber von dreihunderttausend

Göttern geworden: «kein Mentor wahrhaftigen Glaubens, da seine Liebe dreihunderttausend Göttern gegolten».¹³ Das ist natürlich polemisch formuliert: *Hesiod* nennt die Zahl von dreißigtausend, aus Texten und Inschriften sind heute rund viertausend Göttinnen und Götter bekannt.¹⁴ Natürlich kam es darauf an, an welcher Stelle man die Grenze zwischen göttlicher und nichtgöttlicher Existenz setzte; in seiner Rede «Was Gott ist nach Plato» bemerkt der Rhetor *Maximus von Tyrus* am Ende des zweiten Jahrhunderts:

> «Bist du aber schlichtweg zu schwach zur intellektuellen Schau des ‹Vaters und Demiurgen›, so lass dir daran genügen, seine Werke unter gegenwärtigen Umständen zu sehen und seine Abkömmlinge zu verehren, die viel und zahlreich sind, nicht wie der böotische Dichter sagt – denn es sind nämlich nicht nur dreißigtausend Götter, die des Gottes Kinder und Freunde sind, sondern unbegreiflich viele an Zahl: dies sind die Naturen der Gestirne am Himmel, dies sind aber wiederum auch die Substanzen der Dämonen im Äther».¹⁵

Schon angesichts einer solchen Fülle von Göttinnen- und Göttergestalten ist die Frage nach den Überlegungen frommer Pilgerinnen und Pilger vor ihren Kultbildern nur ansatzweise zu beantworten. Deutlicher ist, was die Fachleute dachten: In einem Lemma aus der Suda, dem umfangreichsten byzantinischen Lexikon, wird einem Neuplatoniker in Alexandria namens *Heraiscus*, Schüler des Proclus und Lehrer Isidors im fünften Jahrhundert,¹⁶ eine besondere Fähigkeit zugeschrieben (der Text dürfte aus der Vita des Philosophen Isidor stammen, die der Neuplatoniker Damascius, Schüler Isidors und letzter Scholarch der Athener Akademie, als Philosophiegeschichte verfasste):¹⁷ Nach diesem Lemma in der Suda wurde Heraiscus durch seine spezifische Natur, die mehr einem Gott als einem Menschen ähnlich gewesen sein soll, befähigt, zwischen *lebenden* und *nicht lebenden* Götterstatuen zu unterscheiden. Beim Anblick einer beseelten Götterstatue «geriet er mit Leib und Seele in eine Entzückung, wie wenn Gott von ihm Besitz ergriffen hätte. Geriet er aber nicht in einen derartigen Erregungszustand, so war das Götterbild nicht beseelt und nicht vom göttlichen Geiste angehaucht».¹⁸ Ein «lebendes» Götterbild wird in der lexikalischen Notiz also als «beseeltes» Götterbild erläutert.¹⁹ Aus dieser biographischen Erzählung über Heraiscus kann man den Eindruck gewinnen, dass für die letzten paganen antiken Neuplatoniker die Materialität und Körperlichkeit einer Götterstatue nichts mit ihrer potenziellen Lebendigkeit zu tun hatte, da ihrer Ansicht nach die Lebendigkeit der Statue allein durch göttliche Beseelung bewirkt wurde. Die auf irdischer Materie beruhende Körperlichkeit von Götterstatuen ist mindestens für Heraiscus nach dem Zeugnis seines Schülers Isidor unerheblich. Allerdings gab es in der neuplatonischen Philosophie auch Versuche, diese körperliche Materialität in Beziehung zum Göttlichen zu setzen: Bei dem Neuplatoniker *Iamblichus* im dritten Jahrhundert wird beispielsweise im Blick auf Götterstatuen festgehalten, dass es nicht verwerflich sei, «ihnen auch Körper zu weihen, die von der Natur verwaltet werden, denn alle Erzeugnisse der Natur dienen ihnen und tragen irgendwie zu ihrer verwaltenden Tätigkeit bei».[20] Damit ist zwar nicht die materielle Körperlichkeit einer Statue in eine direkte Beziehung zu den Göttern gebracht (obwohl Iamblichus natürlich wie alle anderen Platoniker auch körperliche Götter wie die Sterne kennt[21]), aber immerhin in eine indirekte: Man kann auch als Philosoph mit rationalen Argumenten verständlich machen, warum den Göttern in den Tempeln aus Materie bestehende Körper und Opfergaben geweiht werden. In beiden Fällen handelt es sich nicht in jedem Fall um «tote Materie»: «Daher wundere sich niemand, wenn ich auch gewisse Materie rein und göttlich nenne. Denn auch die Materie ist ja vom ‹Vater und Schöpfer des Alls›[22] geschaffen worden und hat auch jene Vollkommenheit erhalten, die für die Aufnahme der Götter hinreichend ist».[23] Bestimmte Materie kann daher zur vollkommenen und reinen Aufnahme eines Gottes dienen.[24]

Entsprach eine solche Differenzierung zwischen «lebenden», «beseelten» Götterbildern und nicht «lebenden» aber den Gedanken frommer (und weniger frommer) Pilgerinnen und Pilger vor ihren Kultbildern? Insbesondere für eine Rekonstruktion der Frömmigkeit einfacherer Bevölkerungsschichten können heute die notwendigen Belege für eine quellenbasierte Antwort kaum mehr zusammengebracht werden. Daher ersetzt im Folgenden der Blick auf die Gottesvorstellungen, die sich in den beiden Epen *Homers* finden, bis zu einem gewissen Grade diese fehlenden Quellen, da die Texte Homers schon aufgrund ihrer Nutzung im kaiserzeitlichen Elementarunterricht weit verbreitet waren und auf diese Weise die Vorstellung der Menschen formten.[25] Außerdem stehen als Quellen Beschreibungen von Götterstandbildern in Tempeln (sogenannte Ekphraseis) zur Verfügung, wie sie sich beispielsweise bei dem kaiserzeitlichen Autor *Pausanias* finden, aber auch vergleichbare Nachrichten bei *Plutarch*, *Dio Chrysostomus* und *Lucian*. Schließlich erlauben einige charakteristische kaiserzeitliche Inschriften Rückschlüsse auf die Bedeutung, die die Vorstellungen göttlicher Körper in der Alltagsreligiosität von Menschen dieser Zeit hatten. Mit gewisser Vorsicht dürfen auch die kaiserzeitlichen Romane ausgewertet werden. Dabei empfiehlt es sich, zunächst mit den archaischen und klassischen Voraussetzungen kaiserzeitlicher Gottesvorstellungen zu beginnen, um dann die Situation in der globalisierten römischen Antike darzustellen.

Das Kultbild des olympischen Zeus von Phidias

In den allermeisten paganen Tempeln der Antike stand im Zentrum der *Cella* ein Kultbild, jedenfalls seit klassischen und nachklassischen Zeiten (die Frage einer möglicherweise anikonischen Frühgeschichte der griechischen und römischen Religion braucht uns hier nicht zu beschäftigen). Einzelne dieser Kultbilder waren weithin berühmt: Die vom Athener Künstler *Phidias* gemeinsam mit einer Werkstatt Mitte des fünften vorchristlichen Jahrhunderts geschaffene Statue des olympischen Zeus im Zeus-Tempel von Olympia («der alpheische Zeus») zählte nach allgemeiner antiker Vorstellung zu den sieben Weltwundern.[26]

In klassischer und hellenistischer Zeit verbreitete sich dieses Kultbild, dessen exaktes Aussehen sich heute mangels größerer archäologischer Überreste nicht mehr präzise rekonstruieren lässt, im kollektiven Bewusstsein antiker Menschen beispielsweise über die sogenannten Tempelmünzen aus Olympia, auf denen teilweise (wenn auch in stark schematisierter Form) das Kultbild dargestellt wurde.[27] Interessanterweise wurde eine entsprechende klassische Vorlage, die vermutlich schematisiert den Kopf des Kultbildes zeigt, noch in hadrianischer Zeit nachgeprägt oder jedenfalls im Münzbild nachgestaltet. Diese Bronzemünze ist allerdings nur in vier Exemplaren erhalten und zeigt auf Vorder- und Rückseite die Köpfe des Kaisers und des Gottes (Abb. auf S. 120).[28]

Am Ende des ersten vorchristlichen Jahrhunderts beschrieb der Geograph *Strabo* das damals schon sehr bekannte Werk (und das berühmte Heben der Augenbraue als Zeichen der weltregierenden Kraft des Zeus) mit einem leicht kritischen Unterton:

«Das größte von allen diesen (Weihegeschenken) stellte das Standbild des Zeus dar, das Phidias, der Sohn des Charmides aus Athen, aus (Gold) und Elfenbein in solcher Riesengröße gebildet hatte, dass der Künstler trotz der Größe des Tempels das Ebenmaß verfehlt zu haben schien: Zeus war sitzend dargestellt und doch berührte er beinahe mit dem Scheitel die Decke, so dass er den Eindruck machte, er werde, wenn er aufstehe, den Tempel abdecken. (...)

Von Phidias aber erzählt man, dass er dem (Maler) Panainus auf die Frage, nach welchem Modell er das Bild des Zeus darstellen wolle, geantwortet habe, nach jenem des Homer, das in folgenden Versen ausgedrückt sei:
‹Sprach's und mit den schwarzen Brauen nickte Kronion,
und die ambrosischen Haare des Herrn wallten nach vorne
von dem unsterblichen Haupt, und erbeben ließ er den großen
Olympos›.

Das scheint wahrhaft schön gesagt: Sowohl durch das Ganze als insbesondere durch die Augenbrauen ruft der Dichter die Vorstellung hervor, dass er ein großgedachtes Urbild aufmale und eine große, des Zeus würdige Macht darstelle».[29]

Wer die Statue betrachtete, war also gezwungen, zu ihr aufzusehen, den Kopf in den Nacken zu legen und ihn dabei deutlich höher zu heben als in jeder vergleichbaren anderen alltäglichen Kommunikationssituation. Schon diese Konditionierung des Blicks machte den großen Abstand zwischen dem Kultbild und jedem anderen Menschen deutlich, zumal niedriger Gestellte ansonsten vor höher Gestellten die Augen niederzuschlagen und das Gesicht zu senken hatten. Gleichzeitig vermittelte die körperliche Gestalt des Gottes aber auch, dass dieser große Abstand *kein* kategorialer Abstand zwischen einem eigentlich körperlosen Gott und den körperlich vor ihm präsenten Menschen war.

Eine sehr ausführliche Beschreibung des Kultbildes (die ausführlichste Ekphrasis eines antiken Kunstwerks überhaupt), von Statue und Thron findet sich in den zehn Büchern «Beschreibung Griechenlands» (Ἑλλάδος περιήγησις), die der kleinasiatische Geograph *Pausanias* im letzten Drittel des zweiten Jahrhunderts für ein römisches Publikum verfasste; der Schriftsteller nennt auch die Materialien und kommentiert die Maßangaben.[30] Vor der Statue drängten sich die Besucherinnen und Besucher mit ihren recht konkreten Anliegen: Aus einem Gespräch, das der Philosoph *Epiktet* im ersten nachchristlichen Jahrhun-

Abb. 2 Sogenannte Tempelmünze aus Elis, 134 n. Chr. Münzkabinett, Staatliche Museen zu Berlin – Preußischer Kulturbesitz[31]

dert konstruiert, wird deutlich, dass Menschen von einer Wallfahrt zu dem Kultbild Hilfe bei «manchem Unerfreulichen und Schlimmen im Leben» erwarteten, obwohl Hitze, «Platzangst vor lauter Gedränge (...) Lärm, Geschrei und all die anderen Dinge» den Besuch im offenkundig vollkommen überlaufenen Heiligtum prägten.[32] Allerdings erfahren wir von Pausanias, dass das Kultbild abgeschrankt war und man daher nicht unter den Thron des Kultbildes treten konnte.[33] Er teilt auch die schöne Geschichte mit, der Künstler Phidias habe, als die Statue fertig gewesen sei, zum Gott gebetet, «er möge ihm ein Zeichen geben, ob ihm das Werk nach Wunsch gelungen sei, und er habe sofort an der Stelle des Bodens einen Blitz geschleudert, wo noch heute die bronzene Hydria darauf steht».[34] Ob man, wie Ulrich von Wilamowitz-Moellendorff in einem Vortrag über den «Zeus von Olympia» vorschlug,[35] das Kultbild des Phidias als Zeichen einer «geistig und sittlich gewordenen Religion» verstehen und den Thronenden auf diese Weise von älteren Darstellungen abheben darf, die einen nackten, Blitze schleudernden Schreitenden zeigen, muss hier nicht interessieren. Klar ist dagegen, dass *alle* diese Darstellungen Zeus ganz selbstverständlich mit einem Körper zeigen. Dafür, dass Künstler wie Wallfahrende überzeugt waren, hier sei «das Körperlose körperlich» dargestellt (so Wilamowitz-Moellendorff), und sich den Gott also eigentlich als körper*los* dachten,[36] spricht nichts. So deutet erst im Jahre 101 oder 105 der Popularphilosoph *Dio von Prusa*,

Abb. 3 Doppeldrachme, Vorderseite, Zeus auf dem Thron sitzend, ca. 450 v. Chr. Kestner-Museum Hannover, Inventar-Nummer 1999.4.26 [37]

genannt *Chrysostomus*, das Kultbild, vor dem er seine «Olympische Rede vom Ursprung der Gottesvorstellung» deklamiert – sofern man die literarische Fiktion einer Tempelrede im Angesicht desselben für die Realität nehmen darf.[38] Dabei stellt der Redner vor dem Hintergrund seines eher stoisch geprägten Gottesbildes die Frage, ob Phidias «das passende Aussehen und die der Natur eines Gottes angemessene Gestalt getroffen» habe, indem er «aus reizvollem Material die Gestalt eines Menschen von überwältigender Schönheit und Größe» schuf.[39] In seiner Antwort lässt Dio den Künstler Phidias sprechen, auf die hergebrachten Konventionen und den Brauch älterer Künstler wie Dichter verweisen und dann auf die Frage Folgendes replizieren:

«Verstand und Denkvermögen an sich kann kein Bildhauer und Maler darstellen, denn jeder ist schlechterdings unfähig, Derartiges zu sehen oder zu erkunden. Da wir aber ein Wesen, in dem sich beides verwirklicht, nicht nur ahnen, sondern kennen, nehmen wir zu ihm unsere Zuflucht und geben dem Gott einen menschlichen Körper als eine Art von Gefäß für Denkvermögen und Vernunft und suchen so aus vollständigem Mangel an einem geeigneten Beispiel, mit dem Sichtbaren, das sich darstellen lässt, das Unsichtbare, das sich nicht darstellen lässt, wiederzugeben. Dabei bedienen wir uns der Möglichkeiten des Sinnbildes, und zwar besser, als man sich von einem Teil der Barbaren erzählt, die das Göttliche in

Tiergestalt darstellen, weil sie von primitiven und abwegigen Vorstellungen ausgehen. (...) Denn niemand wird sagen wollen, es wäre besser gewesen, überhaupt kein Bild oder Gemälde von Göttern unter die Menschen zu bringen».[40]

Zeus ist für Dio – im Unterschied zu den im voraufgehenden Kapitel vorgestellten stoischen Denkern – primär ein *geistiges* Wesen, das die Elemente der «starken und schweren Ursubstanz»[41] sondert. Die in der stoischen Philosophie sonst stärker akzentuierte Materialität Gottes wird in der «Olympischen Rede» nicht als Rechtfertigung seiner künstlerischen Darstellung in materieller Form in Anspruch genommen. Das Gottesbild des Dio ist erkennbar auch durch Grundzüge der platonischen Vorstellung von einer reinen Geistigkeit Gottes geprägt. Allerdings geht es in seinem Text gar nicht um die Frage der Körperlichkeit *Gottes*, sondern um die Frage *menschlicher* Körperlichkeit: Der Künstler verwendete nach Dio einen *menschlichen* Leib (ἀνθρώπινον σῶμα) als «Gefäß» (ἀγγεῖον) für die Darstellung von Denkvermögen und Vernunft; ob der Gott darüber hinaus einen *göttlichen* Körper als Gefäß besitzt, bleibt offen. «Gefäß» ist eine seit Aristoteles durchaus verbreitete Metapher für den Leib; Kaiser Mark Aurel beschreibt das irdische Leben als ein «dem Gefäß dienen» und versteht darunter die unausweichliche Notwendigkeit, auf Erden mit dem Geist nicht nur höheren Zielen, sondern auch dem Leib zu dienen.[42]

Für eine Antwort auf die Frage, wie mehrere Jahrhunderte vor Dio der attische Künstler Phidias und die pilgernden Massen zum Thema dachten, ist die reflektierte Position des kaiserzeitlichen Rhetorikers und Philosophen ohnehin kaum einschlägig. *Plutarch*, ein Zeitgenosse des Dio Chrysostomus, bezeugt in einer polemischen Passage indirekt, dass es in Griechenland Menschen gab, «die nicht gelernt und sich auch nicht daran gewöhnt haben, Statuen aus Erz oder Stein und Gemälde nur Bilder und Ehrungen der Götter zu nennen, nicht aber selbst Götter».[43] Selbst Dio Chrysostomus steht ungeachtet allen Interesses an einer philosophischen Modernisierung der mit der Statue gewöhnlich verbundenen Gottesvorstellung im Banne der klassischen literarischen Traditionen des Ortes: Auch in seiner «Olympischen Rede» wird, wie bei Strabo rund hundert Jahre zuvor, eine Beziehung zwischen dem Kultbild des Phidias und Homer hergestellt. Das geschieht hier, indem Dio den Künstler sagen lässt: «Wenn ihr mir nun die menschliche Gestalt meines Bildes vorwerfen wollt, so müsstet ihr zuvor eigentlich über Homer ungehalten sein»:⁴⁴

«Nicht nur, dass er ein Bild von Zeus entwirft, das der menschlichen Darstellung eines bildenden Künstlers sehr nahekommt, wenn er von den Locken des Gottes spricht oder gleich zu Beginn seines Werkes, als er Thetis den Gott bitten lässt, die Ehre ihres Sohnes wiederherzustellen, das Kinn des Gottes erwähnt. Auch Besuche, Versammlungen und Ansprachen gibt es bei den Göttern, Reisen vom Ida zum Himmel und Olymp, Schlaf und Gelage und Umarmungen. Selbst wenn Homer das alles in einer hohen dichterischen Sprache ausdrückt, bleibt es doch immer in der Nähe von menschlichen Vorstellungen».⁴⁵

Antike Kultbilder wurden konsekriert und man war überzeugt, dass die «beseelten Götter» (οἱ ἔμψυχοι θεοί) «auf diese Weise wirksam werden können» in ihren Abbildern, wie Plato sagt;⁴⁶ die Gottheiten (*numina*) waren in ihren Statuen präsent, wie der kaiserzeitliche lateinische christliche Dichter *Commodian* in seinem Lehrgedicht *Instructiones adversus gentium* bezeugt.⁴⁷ Im *Corpus Hermeticum*, einer Sammlung von hermetischen Traktaten aus der Zeit vom ersten vorchristlichen bis zum vierten nachchristlichen Jahrhundert, heißt es: «Deshalb bete die Kultbilder an (…), weil auch sie Ideen aus der geistigen Welt in sich tragen».⁴⁸

Kultstatuen in Tempeln

Der einheitliche Begriff «Kultbild» (ἄγαλμα, ἀπεικόνισμα oder εἰκών, seltener ἀνδριάς)⁴⁹ verdeckt allerdings, dass es seit klassischer Zeit *zwei* sehr unterschiedliche Typen von Kultstatuen in Tempeln gab, wie Margalit Finkelberg und andere gezeigt haben: *Zum einen* betrachtete man die großen Statuen in den Innenräumen der Tempel als *Opfergaben* (ἀναθήματα; «votive images», «images offered to the god»), ebenso wie die vielen kleinen Opfergaben in Gestalt von figürlichen Götterportraits auf dem Gelände.⁵⁰ *Zum anderen* verstand man sie als regelrechte *Verkörperung* einer göttlichen Person, die also auch selbständig zu handeln schien und deswegen Objekt kultischer Verehrung werden konnte («cult image» oder «image of the God»).⁵¹ Vor allem *Pausanias* bietet viele Belege für diese Vorstellung:⁵² So berichtet er in einer Nebenbemerkung, dass bei Magnesia am Mäander an einem Platz namens Aulai/ Hylai[53] in einer Höhle ein «sehr altes Bild des Apollon» zu sehen sei, «das jedem zu einer Aufgabe Kraft verleiht. Dort springen heilige Männer über schroffe Abhänge und hohe Felsen herab, reißen riesige Bäume mit den Wurzeln heraus und nehmen gemeinsam ihren Weg mit der Last durch ganz enge Wege».[54] Die Anwesenheit eines Kultbildes wurde also als Garant für die Anwesenheit der Kraft empfunden, die der im Bild dargestellten Gottheit eigen war.[55] Am Beispiel der ebenfalls von Phidias geschaffenen Athena Parthenos, einer weithin berühmten *Opfergabe* Athens, und der wesentlich älteren Athena Polias im Erechtheion, einer klassischen *Kultstatue*, kann man sehen, dass es beide Typen von rituellem Umgang mit Statuen an ein und demselben Ort geben konnte, in diesem Fall auf der Athener Akropolis.[56]

Am Ende des zweiten nachchristlichen Jahrhunderts dokumentierte die Volksversammlung der Stadt Stratonicaea im kleinasiatischen Karien (auf dem Gebiet der heutigen Ortschaft Eskihisar) in einem gemeinsamen Beschluss über die Kultpraktiken ihrer Hauptgötter Zeus und Hekate für alle, die es lesen konnten, dass die an ihrem Versammlungsort, dem Bouleuterion, befindlichen Statuen des Zeus Panamaros und der Hekate allgemein sichtbar «Taten der Kraft» getan hätten und deswegen durch das Singen von Hymnen geehrt werden sollten.[57] Auf der Basis einer Statue der Athene im Heiligtum des Gottes Zeus Panamaros, das zum Stadtgebiet von Stratonicaea zählte und mit dem Zentrum durch eine heilige Straße verbunden war, stand zu lesen: «Gegen die Nichtswürdigen ist meine Hand ohne Erbarmen; aber wenn ein frommer Mensch mich ehrt, schwinge ich über ihm (schützend) meinen Speer».[58] Wenn die Statue des Zeus Panamaros besuchsweise durch die Priester mit Pferden von Panamara nach Stratonicaea gebracht und im Bouleuterion aufgestellt wurde, sprach man vom «Besuch des Gottes» (ἐπιδημία τοῦ θεοῦ).[59] Ein in Ephesus inschriftlich überliefertes Orakel des Gottes Apollon aus dem zweiten nachchristlichen Jahrhundert, wahrscheinlich aus dem nahe gelegenen Kultort Klaros, empfiehlt der Einwohnerschaft einer Stadt am Fluss Hermos (vermutlich Sardes), eine goldene Statue der Göttin Artemis aus Ephesus in einem Tempel der Artemis Koloëne aufzustellen. Die in der Statue präsente Kraft der Göttin soll der Stadt bei der Überwindung einer Seuche helfen. Die Praktiken im Umgang mit dem Kultbild werden genau beschrieben:

«Ihre Gestalt, strahlend von Gold, holt aus Ephesus und stellt sie freudigen Sinnes auf in einem Tempel, sie, welche die Schmerzen vertreiben und der Seuche menschenverderbenden Giftzauber auflösen wird, wenn sie mit feuertragenden Fackeln Knetfiguren aus Wachs, der Zauberkunst schreckliche Abbilder, bei nächtlichem Feuerschein dahinschmelzen lässt».[60]

Die bis heute in römisch-katholischen Heiligtümern wie Fátima geübte Praxis, vor dem Kultstandbild Wachsmodelle von Körpern und Körperteilen zu verbrennen, um auf diese Weise von der verehrten Gestalt Heilung zu erlangen, zeigt, wie unbefangen und direkt man in der Alltagsreligiosität an eine Kraft appellierte, die man in den Kultbildern vermutete.[61] Offenbar erwartete man von einer aus besonders kostbarem Material gefertigten Statue besondere Wirkmächtigkeit. Wenn dagegen in einem Tempel die Statue fehlte, galt der Tempel als von der Gottheit verlassen. Pausanias erzählt, dass Sulla erkrankte, nachdem er 87/86 v. Chr. in Alalkomenae (Böotien) frevelhafterweise das aus Elfenbein gefertigte Kultbild der Athene geraubt hatte. Doch das Heiligtum «wurde seitdem vernachlässigt, weil es von der Göttin verlassen war».[62] Ein Götterbild, das den Gott gefesselt zeigte (wie das Bild des Ares Enyalios/Mars Enyalius in Sparta), verhinderte nach Ansicht der Menschen, dass der Gott den Ort verlässt; «die Meinung der Athener im Blick auf die flügellose Nike (sc. im berühmten Tempel der Nike auf der Akropolis) ist, (…) dass die Nike (bzw. der Sieg) immer dort bleiben müsse, da sie keine Flügel habe».[63]

Wie ernst die Körperlichkeit der Kultbilder auch unter gebildeten Menschen in der Kaiserzeit genommen wurde, machen diverse antike Berichte deutlich, in denen Zeichen der quasi körperlichen Belebtheit dieser Bildwerke geschildert werden: Man berichtete, dass sich Gesichtszüge verändert, die Figuren einem oder einer Betenden zugenickt, sie geschwitzt und sich bewegt hätten. So erzählt der Satiriker *Lucianus von Samosata* aus dem syrischen Hierapolis/Mabbug, dem heutigen Membij:[64]

«In ihm (sc. dem Tempel von Hierapolis) sind (…) der Götter würdige Schnitzbilder, in denen die Götter ganz deutlich erscheinen; denn bei ihnen schwitzen die Schnitzbilder, bewegen sich und geben Orakel. Oftmals entstand in dem Tempel, nachdem das Heiligtum geschlossen war, auch ein Geschrei, und viele hörten es».[65]

In den *Acta Hermaisci*, die zu den sogenannten paganen Märtyrerakten (*Acta Alexandrinorum*) gerechnet werden, wird mit deutlicher antirömischer Tendenz berichtet, dass die in den kaiserlichen Räumen auf dem stadtrömischen Palatin befindliche Büste des Sarapis, des *patronus Alexandrinorum*, zu schwitzen beginnt angesichts der angeblich wenig freundlichen Haltung des Kaisers Trajan gegenüber einer alexandrinischen Gesandtschaft und dass sich der Kaiser darüber sehr verwundert.[66] Weil nach *Johannes Lydus* (um 490–560) Schwitzen oder Weinen von Götterbildern zeigt, dass *innere* Unruhen bevorstehen,[67] könnte man dieses körperliche Zeichen am Götterbild des Sarapis als Hinweis auf die militärischen Schwierigkeiten des Kaisers Trajan im Partherkrieg und den Diasporaaufstand der Jahre 115–117 deuten.[68] Neben solchen Zeichen körperlicher Reaktion stehen die verschiedenen menschlichen rituellen Handlungen an den Kultbildern, die Ausdruck von deren Körperlichkeit sind. So wurden viele Götterbilder zu bestimmten religiösen Festtagen mit feierlichen Gewändern bekleidet, nicht nur die hölzerne, angeblich vom Himmel gefallene Statue der Athena Polias im Erechtheion der Akropolis mit einem Peplos, einem jährlich neu gewebten, reichbestickten safranfarbenen Obergewand, während der sommerlichen Panathenäen, sondern beispielsweise auch das hölzerne Kultbild der Hera auf Samos und viele andere Kultbilder.[69]

Das Athener Ritual hat sich in transformierter Gestalt in dem Brauch erhalten, dass insbesondere auf griechischen Inseln Frauen der Maria am Tag ihrer Entschlafung im August (also ungefähr zur selben Zeit wie bei den Panathenäen) gewebte Textilien wie Schals oder Handschuhe stiften.[70] Im kleinasiatischen *Magnesia am Mäander* wurden einmal im Jahr zwölf Götter festlich gekleidet, auf den Markt getragen, auf gepolsterte Liegen gesetzt und symbolisch bewirtet, wie ein inschriftlich überliefertes Gesetz aus dem Jahre 196 v. Chr. bezeugt, das an der Ante des Tempels des Zeus Sosipolis, des «Retters der Stadt», für alle lesbar befestigt war:

> «Der Kranzträger, der den Festzug führt, soll Bildnisse aller zwölf Götter, angetan mit ihren schönsten Gewändern, mittragen lassen, er soll des weiteren auf der Agora vor dem Altar der zwölf Götter eine Tholos errichten lassen sowie drei möglichst schöne Ruhelager aufschlagen lassen. Er soll weiterhin zur musikalischen Untermalung einen Flötenspieler, einen Pfeifer und zwei Kitharaspieler bereitstellen».[71]

Beim Altar wurden also eine hölzerne Hütte in Form einer Tholos und Betten für ein Göttermahl der zwölf olympischen Götter (Δωδεκάθεοι: Zeus mit seinen Geschwistern Demeter, Hera, Hestia und Poseidon und den Kindern Ares mit Hephaistos, Artemis mit Apollon, Athene, Aphrodite sowie Hermes) errichtet.

Der rituelle Umgang mit der Körperlichkeit der Götter, die die Kultbilder repräsentierten, blieb natürlich nicht auf das Überreichen eines neuen Gewandes an bestimmten Festtagen beschränkt, sondern prägte auch den Alltag: In den Isis-Tempeln der Kaiserzeit wurde die Göttin durch Handlungen an ihrer Statue morgens mit Ansage der Uhrzeit zeremoniell geweckt, begrüßt, gewaschen, angezogen, gesalbt, gekämmt, geschmückt und parfümiert.[72] Ähnliches dürfte auch für die indigenen und aus Griechenland übernommenen Kulte in Rom gegolten haben: Seneca vermerkte (wenn auch mit allen Zeichen der Abscheu über so viel Aberglauben) in seiner nur in Fragmenten bewahrten Schrift *De superstitione*, auf dem römischen Kapitol hätte im Tempel des kapitolinischen Jupiter «der eine dem Gott Namen zugeflüstert, ein anderer dem Jupiter die Uhrzeit verkündet». Weiter behauptet er: «Es sitzen gewisse Frauen auf dem Kapitol, die sich einbilden, Geliebte Jupiters zu sein».[73] Besonders Statuen der Aphrodite, insbesondere die berühmte knidische Aphrodite des Praxiteles, sollen erotische Wirkungen ausgelöst, ja sogar autoerotische Handlungen motiviert haben: «Man berichtet, dass einer, der von Liebe ergriffen war, sich nachts verborgen hielt, das Standbild umarmte und als Beweis seiner Begierde einen (Sperma-)Fleck hinterließ».[74] Und ein Götterbild des Jupiter in der Hauptstadt des *Imperium* reagierte angeblich eifersüchtig, wurde es zu selten besucht.[75] Kultbilder bewegten sich teils selbst, teils wurden sie bewegt: Im spätantiken christlichen Dialogroman *De gestis in Perside* (das sogenannte Religionsgespräch am Hof der Sassaniden) heißt es, Götterstandbilder hätten die ganze Nacht getanzt, «die männlichen wie die weiblichen», um der Göttermutter ihre Mitfreude über die Geburt eines Sohnes (in Wahrheit der Geburt Jesu Christi) zu bezeugen.[76] Zum Fest der *Lavatio* wurde alljährlich am 27. März ein Kultbild der Göttin Kybele, der *Magna Mater*, auf einem von Kühen gezogenen Wagen von ihrem auf dem Palatin gelegenen Tempel unter Gesang vor die Stadt gefahren und mitsamt Wagen und Kühen im Fluss Almo nahe der Porta Capena gebadet.[77]

Die Liste solcher alltäglicher Zeichen einer überall verbreiteten antiken Frömmigkeit, die ganz selbstverständlich mit einer körperlichen Gestalt rechnete und diese in Kultbildern kraftvoll repräsentiert fand, könnte fortgesetzt werden;[78] die Belege reichen aber aus, um einen repräsentativen Eindruck eines für die pagane Religiosität charakteristischen Zuges zu vermitteln. Solche Vorstellungen wurden keineswegs nur von ungebildeten, sondern ebenso auch von höchst gebildeten Menschen vertreten: *Apuleius von Madaurus*, ein Zeitgenosse Mark Aurels im zweiten Jahrhundert, spricht in seinen «Metamorphosen» (auch bekannt unter dem Titel «Der goldene Esel») mit Blick auf Kultbilder auch von «atmenden Bildwerken».[79] Das verwundert auf den ersten Blick bei einem mittelplatonischen Philosophen, der in seiner Schrift «Über Platon und seine Lehre» präzise referiert, dass der Athener Philosoph «von Gott aber denkt, dass er unkörperlich sei».[80] Aber solche Widersprüche zwischen der philosophischen Theorie eines Autors und seiner Alltagsreligiosität finden sich beispielsweise auch bei Cicero. Natürlich vertraten nicht alle Gebildeten solche Vorstellungen: *Plutarch* bemüht sich dagegen, anachronistisch formuliert, um Entmythologisierung der entsprechenden Phänomene und repräsentiert damit die aufgeklärte Kritik am alltäglichen religiösen Umgang mit göttlicher Körperlichkeit:

«Man fabelt sogar (…) und will uns damit Dinge einreden, die wohl nie vorkommen und schwer zu glauben sind. Wenn man Götterbilder gesehen hat, welche sich mit Schweiß bedeckten oder Tränen, ja Blutstropfen vergossen, so ist das nicht unmöglich; denn auf Gegenständen von Holz und Stein bildet sich ja oft ein Schimmel, welcher Feuchtigkeit erzeugt. Sie bekommen auch von selber mancherlei Flecken oder nehmen Färbungen aus der Luft, die sie umgibt, an. Und was sollte die Gottheit hindern, auf solche Weise gelegentlich ein Zeichen zu geben? Es ist auch möglich, dass Standbilder Geräusche hören lassen, die einem Ächzen oder Stöhnen ähnlich klingen. Ein Riss kann die Ursache sein oder ein Auseinanderklaffen der inneren Teile. Dass aber artikulierte Laute, klar und deutlich ausgesprochene Worte sich in einem unbeseelten Gegenstand formen können, steht außerhalb jeder Möglichkeit. Ist es doch der Seele, ja selbst der Gottheit versagt, sich vernehmlich zu machen und zu sprechen, da ihnen der lebendige Leib mit seinen Sprechwerkzeugen fehlt».[81]

Wie wenig aber ein solcher intellektueller Protest gegen die Alltagsfrömmigkeit in der römischen Kaiserzeit Menschen beeindruckte, macht die Frage einer Priesterin der Demeter Thesmophorus namens

Alexandra deutlich, die sich irgendwann im zweiten oder dritten nachchristlichen Jahrhundert an das kleinasiatische Apollon-Orakel von Didyma wendete. Besorgt fragte sie den Gott, was es zu bedeuten habe, dass die Götter so wenig in körperlicher Gestalt[82] erscheinen:

«Da die Götter, seitdem sie das Priesterinnenamt übernommen hat, nicht mehr so oft wie früher im Traum erscheinen, weder als Mädchen und Frauen noch als Männer und Kinder, (bittet sie um Auskunft,) was das zu bedeuten hat und ob es damit zum besten steht».

Von der in Hexameter gebrachten Antwort des Gottes Apollon ist in der Inschrift, die auf Büyük Çakmaklık bei Milet gefunden wurde, leider nur noch der Anfang erhalten, der die aufgeregte Priesterin beruhigen soll:

«Die Götter treffen immer wieder mit den Menschen zusammen (…) und geben ihre Meinung bekannt und welche Ehren (man ihnen erweisen soll)».[83]

Anfrage und Orakelantwort machen deutlich, wie sehr Menschen auch der hohen Kaiserzeit an der körperlichen Präsenz ihrer Göttinnen und Götter gelegen war und wie selbstverständlich sie mit göttlicher Körperlichkeit rechneten. Energische Voten für die Differenz zwischen einem körperlichen Abbild und einem körperlosen Urbild, wie sie sich bei Seneca oder Plutarch finden, dürfen nicht zu einer generellen Aussage über pagane Frömmigkeit in der Antike verallgemeinert werden.[84] Es sind in den allermeisten Fällen Philosophen, die die Differenz einschärfen, so – nach Referat des Diogenes Laertius – der Megariker *Stilpon* (gestorben nach 280 v. Chr.), der aus der Tatsache, dass die Athene «nicht von Zeus, sondern von Phidias» sei, schließt: «Also ist sie kein Gott»,[85] oder der pagane neuplatonische Philosoph *Sallustius* im späteren vierten nachchristlichen Jahrhundert, der Kultbilder als unbelebte Nachahmung (μίμησις) von Leben vorstellt.[86] Der Lyriker *Diagoras von Melos* (um 475–410 v. Chr.), gelegentlich auch «der Atheist» genannt, soll sogar ein hölzernes Bild des Herakles ins Feuer geworfen und gesagt haben: «Wohlan, lieber Herakles, mach dich auf, vollbring für uns deine dreizehnte Tat und koch das Frühstück».[87] Alltagsreligiosität ist das alles nicht, viel eher gelehrte Reflexion über gelebte Religion, im letzteren Fall sogar eine in der Antike eigentlich strafbare Handlung von Religionsfrevel.

Epiphanien göttlicher Körper in antiken Romanen

Göttinnen und Götter wurden in der gelebten Religion ἐπήκοος genannt, sie wurden also als «Zuhörende» erlebt, wurden als ἐπιφανής bezeichnet, als «in Erscheinung» tretende Wesen, und daher als ἐναργής, «sichtbar», empfunden.[88] Neben Beschreibungen von Kultbildern der Tempel in der Literatur und in Inschriften sind entsprechende Passagen aus den antiken Romanen einschlägig, die im Medium der Unterhaltungsliteratur Epiphanien göttlicher Körper erzählen. Ein vorzügliches Beispiel dafür ist der Liebesroman «Chaireas und Kallirrhoë» (Τὰ περὶ Χαιρέαν καὶ Καλλιρρόην), der erste erhaltene «historische Roman» (er spielt im fünften/vierten Jahrhundert v. Chr.) und damit einer der frühesten Vertreter des Genres in acht Büchern, verfasst vermutlich von einem gewissen *Chariton* aus Aphrodisias/Karien wohl im späten ersten nachchristlichen Jahrhundert. Papyrusfunde zeigen, dass der Text als Unterhaltungsliteratur in der Kaiserzeit weit verbreitet war.[89] Die Protagonistin Kallirrhoë wird von ihrem Ehemann Chaireas getrennt und als Sklavin nach Milet in das Haus eines gewissen Dionysius, des reichsten Großgrundbesitzers vor Ort, verkauft. Die Gattin von dessen Verwalter, eine Frau namens Plangon, empfiehlt Kallirrhoë in dieser verzweifelten Situation zum Trost das Gebet vor einer Statue der Göttin Aphrodite:

> «‹Geh zur Aphrodite und sprich ein Gebet für dich! Die Göttin ist in diesem Tempel vorzüglich gegenwärtig. Man kommt aus der Nachbarschaft und sogar aus der Stadt hierher, um ihr zu opfern. Ganz besonders hört sie auf den Dionysius, der auch niemals bei ihrem Tempel vorbeigeht›. Darauf erzählten sie ihr von den Erscheinungen der Göttin, und eine von den anwesenden Bauersfrauen sagte: ‹Ich glaube, Gebieterin, wenn du zu Aphrodite gehst, wirst du dein eigenes Bild sehen›. Kallirrhoë hörte dies und zerfloss in Tränen. ‹Weh über mein Schicksal›, dachte sie; ‹auch hier ist die Göttin Aphrodite die Ursache all meinen Unglücks! Doch ich will hingehen, ich will ihr viele Vorwürfe machen»».[90]

*Abb. 4 Der neue Peplos (links), Athene (Mitte) und Hephaistos
Ostfries des Parthenon, 438 v. Chr., London, British Museum*

Im Verlauf der Geschichte versucht Dionysius, Kallirrhoë zu heiraten, und als er sie in einem Schiff von seinem Landgut zu sich nach Milet holen will, meinen die Fischer in der Gestalt der Kallirrhoë die Göttin Aphrodite selbst in ihr Schiff steigen zu sehen, drängen hinzu und fallen vor ihr nieder.[91] Der in seinem Heimatort Syrakus traurig zurückgebliebene ursprüngliche Ehemann Chaireas erfährt die Leidensgeschichte seiner Frau Kallirrhoë, segelt ihr von Sizilien aus nach und betritt auf der Suche nach ihr den erwähnten, bei dem Landgut des Dionysius nahe Milet gelegenen Aphrodite-Tempel. Dort fällt er in Ohnmacht und wird, daraus erwacht, von einer Priesterin angeredet:

> «Nur Mut, mein Kind; die Göttin hat schon manchen in plötzlichen Schrecken gesetzt, denn sie erschien zuweilen in ihrer wahren und eigenen körperlichen Gestalt;[92] aber das ist ein Zeichen für großes Glück».[93]

Die Erscheinung der Göttinnen und Götter in einer der Menschengestalt analogen körperlichen Gestalt barg, wie bereits die fußfällige Verehrung der Fischer im Roman deutlich macht, im Alltag offenbar Verwechslungsgefahren. Als die Protagonistin, zwar noch schwanger von Chaireas, aber im Glauben, ihr erster Gatte sei tot, schließlich dem Werben ihres Herrn Dionysius nachgibt und von ihm in festlicher milesischer Kleidung geschmückt zur Hochzeit geführt wird, ruft die Menge, die sich auf den Gassen und selbst auf den Dächern drängt: «Aphrodite heiratet!» So gleicht die Szene einer göttlichen Epiphanie: «Man legte Purpurdecken auf ihren Weg, streute Rosen und Veilchen, sprengte Salben umher. Kein Kind, kein Greis blieb zu Hause, die Häfen wurden leer».[94]

Aphrodite gilt den handelnden Figuren des Romans «Chaireas und Kallirrhoë» als «Urheberin» der Verwicklungen, die erst am Ende, im achten Buch, glücklich gelöst werden. Ob sie auch dem Autor als solche für das Schicksal verantwortliche Ursache galt, spielt für die Frage nach der Frömmigkeit, die der Roman portraitiert, keine Rolle.[95] Die Liebesgöttin ist im Roman immer wieder als eine göttliche Macht präsent, von der geglaubt wird, dass sie in körperlicher Gestalt handelt. *Erwin Rohde* (1845–1898), Friedrich Nietzsches zeitweiliger Freund und Parteigänger, hat diese Vorstellung «von der Erscheinung der Götter, wo und wann es ihnen beliebt, (…) eher an gewisse Überreste eines, in christlicher Bevölkerung noch weiter spukenden, unheimlich gewordenen Heidentums»[96] erinnert. Man muss aber nur an den Bericht in der Apostelgeschichte des Lukas denken, dass die Einwohner von Lystra Paulus und Barnabas für Hermes und Zeus hielten, um diese These von anachronistischen Resten überkommener Frömmigkeit in Frage zu stellen.[97]

Gleiches lässt sich auch für den lateinischsprachigen Westen des *Imperium* vermuten: In den vom römischen Senator *Titus Petronius Arbiter* verfassten *Satyrica*, dem nur fragmentarisch überlieferten ersten lateinischen Roman aus dem ersten nachchristlichen Jahrhundert, sagt eine Priesterin des Gottes Priapus namens Quartilla: «Besonders unsere Gegend ist so voll von göttlicher Gegenwart (*numina*), dass man leichter einen Gott als einen Menschen finden kann».[98] Auch wenn, dem Inhalt des Romans angemessen, der Satz in einer explizit erotischen Szene fällt, ist doch an seinem Sinn nicht zu zweifeln.

Die von sehr vielen Menschen in der Antike geteilte Vorstellung, dass Göttinnen und Götter gewöhnlich in körperlicher Gestalt präsent waren, muss man allerdings noch einmal davon unterscheiden, dass sie nach allgemeiner Ansicht auch eine ganz *bestimmte* menschliche Gestalt annehmen konnten. Diese in diversen Mythen beispielsweise von Zeus oder Hera ausgedrückte religiöse Auffassung wurde selbstverständlich ebenfalls von Philosophen bestritten: *Plato* zum Beispiel lehnt es in seinem Dialog «Der Staat» ab, dass der Gott eine andere Gestalt annehmen könne als die ihm eigene, da er ja, seiner göttlichen Natur entsprechend, an «keiner Tugend und Schönheit Mangel leidet», also innerlich und äußerlich schön genannt zu werden verdient.[99] «Sollte denn ein Gott lügen wollen, indem er in Wort oder Tat uns ein leeres Schattenbild darstellt?»[100]

Göttergestalten in der Mythologie

Der alltägliche rituelle Umgang mit der körperlichen Präsenz von Göttern in Tempeln, wie er in den Ekphraseis der Kultbilder, den Romanen und Inschriften beschrieben ist, wurde durch eine religiöse Rhetorik der göttlichen Körper in der *Mythologie* ergänzt und gedeutet, die ganz sicher neben der religiösen Kommunikation auch die Alltagssprache wie das Alltagsempfinden bestimmte: Der französische Altphilologe *Jean-Pierre Vernant* (1914–2007) hat in seinem Essay über den «göttlichen Körper» gezeigt, dass es im archaischen Griechenland nicht nur keine strikte Unterscheidung zwischen Körper und Seele, sondern auch keine kategoriale Trennung zwischen natürlichen und übernatürlichen Körpern gab.[101] Vernant hat auf eine Fülle von Begriffen hingewiesen, mit denen schon bei Homer der Körper in seiner Vitalität beschrieben werden konnte und nicht nur bloße Körperteile bezeichnet wurden (στῆθος, die Brust; ἦτορ oder καρδία, das Herz; φρήν oder πραπίδες, das Zwerchfell; θυμός, der Lebensgeist, μένος, die Stärke, sowie νοῦς, der Verstand).[102] Ein Blick auf Homer macht nach Vernant außerdem deutlich, dass hier die Götter einerseits ganz selbstverständlich über einen vollständigen Körper mit allen wesentlichen körperlichen Funktionen verfügen, andererseits aber sich ihr Körper durch ihren Status als Götter deutlich von einem menschlichen Körper unterscheidet. Während der menschliche Körper als defizienter Leib charakterisiert wurde, der zudem flüchtig ist, konnte von den Göttern gesagt werden, dass sie die sind, «die immer sind» (οἱ ἀεὶ ὄντες).[103] Man gewinnt aber trotzdem nicht den Eindruck, dass in diesen Texten mit ihren Beschreibungen von Körperlichkeit ein rein literarisches Mittel oder gar metaphorische Rede vorliegt, wobei die Unterschiede zwischen «Ilias» und «Odyssee» hier ebenso wenig interessieren wie die traditionsgeschichtlichen Schichtungen in den Texten.[104] Götter haben bei Homer, weil sie reale

Körper besitzen, Blut, aber natürlich keines, das vergossen werden und damit ihren Tod verursachen kann, sondern «unsterbliches Blut» (ἄμβροτον αἶμα).[105] Menschen bedürfen der Nahrung, um zu leben, müssen Speise und Trank zu sich nehmen. Die Götter sind keiner Sache bedürftig (seit Plutarch und Philo wird dieser Zusammenhang in philosophischen Texten mit dem Wort ἀπροσδεής umschrieben, «keiner Sache bedürftig»[106]), müssen also auch nicht essen, um den Körper zu erhalten. Daher scheiden sie keine Restprodukte aus, die der Körper für seinen physischen Aufbau nicht brauchen kann. Auch wenn die Götter, wie es bei Homer heißt, «kein Brot essen, keinen funkelnden Wein trinken»[107] müssen, sitzen sie trotzdem immer wieder zusammen zum gemeinsamen Mahl. Sie trinken einen besonderen Trank, Nektar, und essen eine besondere Speise, Ambrosia. Die göttliche Nymphe Kalypso bekommt solchen Nektar und solche Ambrosia; Odysseus, der das Bett mit ihr teilt, dagegen «Speise und Trank, wie sie sterbliche Männer genießen».[108] Einige Götter nehmen auch irdische Speisen zu sich: Dionysus trinkt Wein, Kore, die Tochter der Göttin Demeter, lässt sich von Hades zum Essen eines Granatapfelkerns verführen, die Wirkungen sind jeweils wenig göttlich und eher fatal. Alle Götter genießen den Duft des gebratenen Fleischs, das ihnen die Menschen opfern. In der «Ilias» wird die Vorstellung gemeinsamer Mahlzeiten der Götterfamilie, die doch kein gewöhnliches Essen wie bei den Sterblichen sind, immer wieder evoziert («Die Götter des Homer sind sozusagen eine Adelsgesellschaft, die unsterblich ist»[109]). Eine vergleichbare Ambivalenz kennzeichnet auch an anderen Punkten die Göttervorstellungen bei Homer; sie sind zwar unsterblich, aber doch verletzlich. So wird in der «Ilias» beschrieben, wie im Kampf um Troja, in dem auf beiden Seiten Götter unter Einsatz ihres göttlichen Körpers kämpfen, der sterbliche Held Diomedes, der von Athena geleitet wird, mit dem Speer die zarte Haut der Artemis verletzt und daraufhin ihr Lebenssaft (ἰχώρ) austritt:

> «Da floss das unsterbliche göttliche Blut,
> nämlich der Ichor, wie er ja fließt bei den seligen Göttern:
> Denn sie essen kein Brot und trinken nicht funkelnden Wein,
> Unblutige sind sie daher und heißen Unsterbliche».[110]

Olympische Götter haben Körper, sie zeugen und gebären – jedenfalls ein Teil von ihnen nach Homer und Hesiod. Ihre Körper sind freilich besonders schön, wie es im homerischen Demeter-Hymnus von dieser Göttin heißt:

«Also sprach die Göttin und wechselte Größe und Ansehn,
warf ihr Alter ab und stand umatmet von Schönheit.
Lieblicher Hauch entströmte den dufterfüllten Gewändern,
weithin von der Göttin unsterblichem Leibe erglänzte
leuchtender Schein und blond umblühten die Locken die Schultern,
hell wie der Strahl des Blitzes erfüllte ein Leuchten die Wohnung,
und sie schritt aus dem Haus (...)».[111]

Während menschliche Körper in engen Grenzen existieren, können die göttlichen Kräfte ihre Grenzen gleichsam aufheben und Körper mit Tapferkeit (ἀλκή) oder mit Macht (κράτος), aber natürlich auch mit Furcht (φόβος) oder liebendem Verlangen (ἔρως) so füllen, dass die gewöhnlichen menschlichen, durch den Körper gesetzten Grenzen überschritten werden können.[112] Götter können sich – wie der Trojanische Krieg zeigt – unsichtbar machen: Athena tritt unsichtbar hinter Achill und zieht ihn am Haar, um ihn im Streit mit Agamemnon zurückzuhalten: «ihm allein sich enthüllend und keinem anderen sichtbar».[113] Götter können ihre Gestalt verwandeln:[114] Aphrodite verwandelt sich in eine greise Dienstmagd, um Helena zu retten, aber Helena durchschaut aufgrund der strahlenden Augen und der wunderschönen Brust, wen sie vor sich hat.[115] Das Urteil des Paris und viele andere Geschichten bei Homer zeigen, dass die Götter sich den Menschen gelegentlich auch in ihrer wahren Gestalt präsentieren – und das ist eine körperliche Gestalt, so körperlich, dass Menschen und Götter miteinander schlafen können, um Nachwuchs zu zeugen. Entsprechend unbefangen werden sie auf Vasen und auch sonst in der Kunst dargestellt. Einige Götter lieben menschliche Frauen oder Männer, aus diesen Verbindungen entstehen sterbliche Kinder. Allerdings ist immer auch deutlich, worin sich göttlicher und menschlicher Körper unterscheiden: Göttliche Körper sind größer als menschliche, schöner, glänzender und wohlriechender.[116]

Vernant lehnt die gewöhnlich im Begriff «anthropomorph» transportierte Vorstellung, dass hier der göttliche Körper nach dem Modell des menschlichen portraitiert werde, vehement ab: Es verhalte sich in der Wahrnehmung antiker Menschen genau umgekehrt; der menschliche Körper reflektiere in seiner seelischen wie leiblichen Kraft das göttliche Modell.[117] Das wird schon daran deutlich, dass – wie Hesiod in seiner «Theogonie» schreibt – die Götter als Urbilder der Menschen vor den Menschen existierten. Auch bei *Pindar* werden die Gemeinsamkeiten zwischen Göttern und Menschen betont und zugleich ihre Nähe (um 465 v. Chr.):

«Eins ist der Menschen, eins der Götter Geschlecht, von einer einzigen Mutter her entsprossen atmen wir beide, getrennt durch ganz und gar verschiedene Macht; denn auf der einen Seite ist ein Nichts».[118]

Die Verse wurden in der Antike oft zitiert, auch von christlichen Autoren.[119] Nur philosophisch hochgebildete Menschen sind auf die Idee gekommen, diese gemeinsame Abstammung ausschließlich auf den *Geist* oder gar auf *immaterielle* Zusammenhänge zu beschränken. Jüngst formulierte daher der Münchener klassische Archäologe Bert Kaeser: «Man könnte polemisch gegen die Gott-ist-Geist-Philosophie (die bei den griechischen Philosophen begann …) sagen, dass die Götter der Griechen pure Körper oder besser pure Personen sind, die in einer untrennbaren Einheit von Körper, Geist, Sinn, Gemüt und Wille (oder was sonst noch der Mensch bei sich abspalten zu können meint) existieren».[120] Freilich handelt es sich nicht um einen gewöhnlichen menschlichen Körper, nach dem diese Beschreibungen modelliert sind. Auch bei den Griechen ist die Körperrhetorik in ihren Passagen über Gottes Körper durch das Modell eines «super-body» geprägt.[121] Wissenssoziologische und literaturwissenschaftliche Analysen der Figur eines «super-hero» zeigen allerdings, dass die Beschreibung solcher Figuren in der zeitgenössischen Literatur ebenso wie in der antiken bestimmten Konventionen folgt, die unübersehbar große soziale Gruppen durch einen einheitlichen Bezug auf einen *besonderen* Körper strukturieren wollen, der zugleich immer auch *allgemeine wie alltägliche* Züge aufweist: So werden Besonderheiten der Erscheinung oder des Handelns (in der Antike bestimmte göttliche Attribute oder charakterliche Eigenschaften beispielsweise von Zeus und Jupiter) hervorgehoben, damit sich der betreffende «super-hero» leichter im kollektiven Gedächtnis verankert. Die einschlägigen Figuren agieren und wirken in sehr nahen sozialen Relationen zu den Menschen, die mit ihnen umgehen; Zeus ist zum Beispiel der «Vater der Götter und Menschen».[122]

Gottesdarstellungen in Synagogen

Solchen Konventionen, Götter in körperlicher Gestalt darzustellen, konnte sich trotz des in biblischen Schriften wie theologischen Texten normierten Bilderverbotes weder die jüdische noch die christliche Ikonographie gänzlich entziehen:[123] Ein besonders sprechendes Beispiel sind Darstellungen in kaiserzeitlichen jüdischen Synagogen, die ein unbedarfter Besucher (oder eine entsprechende Besucherin) für eine Darstellung von Gottes körperlicher Gestalt halten konnte. Das betrifft weniger die bekannten Abbildungen der Sonne im Zentrum des Zodiacus, wie sie sich beispielsweise in den spätantiken Synagogen von Na'aran, Beth-Alpha oder Hammat-Tiberias, Isfiya, Khirbet Susiya, Japhia und En Gedi im Heiligen Land finden.[124] Sie entsprechen der gewöhnlichen paganen antiken Ikonographie der Sonne;[125] wer hier eine Darstellung des jüdischen Gottes vermutete, folgte jedenfalls nicht den Normen rechtgläubiger Gottesvorstellungen dieser Religion. Vor allem einschlägig ist vielmehr das zentrale Bildfeld der Wandmalereien der *Synagoge* im syrischen *Dura-Europos* an der heutigen syrisch-irakischen Grenze oberhalb der säulengeschmückten Tora-Nische.[126] Die Synagoge wurde 244/245 auf den Resten eines Vorgängerbaus errichtet. Sie lag, lediglich durch eine Gasse von der westlichen Stadtmauer getrennt, nahe des Palmyrenischen Tores, nur zwei Häuserblöcke von der berühmten christlichen Hauskirche entfernt. Die 1932 entdeckten und heute im Nationalmuseum von Damaskus befindlichen Fresken auf Putz haben sich deswegen so vorzüglich erhalten, weil sie Mitte des dritten Jahrhunderts Teil eines Glacis wurden, das die Stadtmauer vor der Unterminierung durch persische Belagerungstruppen schützen sollte und bis zur Ausgrabung durch die Erdschichten des Glacis bedeckt waren. Die Schutzmaßnahme für die Mauer war allerdings vergeblich, die Stadt fiel 256 in die Hände ihrer Belagerer; sie wurde zerstört und nicht wieder besiedelt.

Im Zentrum des rechteckigen Versammlungsraumes liegen Tora-Schrein und eine sogenannte Mose-Kathedra als hervorgehobener Platz. Die aus der Wand als Ädikula hervortretende Tora-Nische gehört der ersten Phase der Ausmalung des Raumes an. Oberhalb der durch eine weiße Muschel abgeschlossenen Nische ist der Eingang des herodianischen Tempels in Jerusalem sichtbar, der stilisiert in goldener Farbe auf heute verblasstem blauem Grund dargestellt ist. Dazu treten zur Linken der Tempel-Fassade Menora, Lulav und Etrog und die Szene der Opferung Isaaks (Genesis 22,12) auf der rechten Seite. Zu dieser Szene gehört ein steinerner Opferaltar, der nach dem Modell eines gewöhnlichen paganen Altars gestaltet ist, auf ihm liegt Isaak mit ausgestreckten Füßen, darüber sieht man die Hand Gottes, die von oben rechts in die Szene hineinragt.[127] Im Hintergrund steht ein Zelt. «Die Hand ist leicht nach innen gewölbt, die Finger sind wenig geöffnet. Diese Geste der halbgeöffneten, abwärts gerichteten H(and) drückt unnahbare Machtfülle aus, wie sie für das röm(ische) Herrscherbild seit Augustus kennzeichnend ist»;[128] sie findet sich in vier weiteren Szenen der Ausmalung der Synagoge von Dura-Europos und muss als ein darstellerisches Mittel schon seit längerem üblich gewesen sein.[129]

Über der Ädikula befindet sich das zentrale Feld der Westwand. Leider ist im Blick auf das Feld oberhalb der Tora-Nische, das in der Fachliteratur gern mit dem englischen Begriff «Reredos» bezeichnet wird, nur noch schwer nachvollziehbar, was unmittelbar nach der Auffindung dort zu sehen war, weil der Befund durch einen Restaurator vor dem Transport von Dura-Europos nach Damaskus fixiert und wohl auch ansatzweise rekonstruiert wurde.[130] Sicher ist aber, dass das mittlere Feld innerhalb der zehn Jahre, in denen der Raum genutzt wurde, insgesamt zweimal übermalt wurde und (jedenfalls heute, in restaurierter Gestalt) einen eher unansehnlichen Eindruck macht. Die häufigen Übermalungen wirken wenig professionell und haben zu einem merkwürdigen Ergebnis geführt: Zuletzt konnten Besucherinnen und Besucher vermutlich kaum mehr etwas erkennen, sondern sahen eine durchgängig rot gemalte Fläche, auf der sich mehr schemenhaft einzelne Darstellungen abhoben. Damit unterschied sich das mittlere Feld vollkommen von den übrigen Wandmalereien der Synagoge, auf denen klar konturiert zu sehen war (und ist), was von den Malern dargestellt werden sollte. Aus diesem Befund kann man mit aller Vorsicht schließen, dass es den Verantwortlichen in der Gemeinde offensichtlich wichtiger war, dass bestimmte Darstellungen schnell entfernt und andere aufgebracht wurden, als dass ein ästhetisch befriedigendes Ergebnis entstand. Man wird auch nicht ganz ausschließen können, dass die übermalten und nur noch undeutlich erkennbaren Felder über der Ädikula mit dem Tora-Schrein durch eine Mechanik für einen Vorhang oder Ähnliches verdeckt waren und zeitweilig gar nicht mehr sichtbar waren. Vielleicht (auch diese Deutung kann nicht ausgeschlossen werden) sollte aber auch die Dar-

Abb. 5 Dura-Europos, Synagoge (244/245 n. Chr.)
Mittelfeld der Westwand mit Ädikula; Damaskus, Nationalmuseum

stellung im zentralen Bildfeld bewusst undeutlich und unpräzise gehalten werden.

Um den Befund zu verstehen, den man heute in Damaskus sehen kann, muss man versuchen, die mutmaßliche Genese der Bemalung des zentralen Wandfeldes über der Ädikula zu rekonstruieren: Das große Feld über der Nische zeigte wahrscheinlich ursprünglich lediglich einen belaubten Busch in der Art eines Weinstocks (ohne Trauben), der sich über beide, noch nicht durch ein Schmuckband getrennte Register erstreckte. In diesen Busch wurden in einer *zweiten Phase* zwei persisch gewandete Figuren und ein Löwe gemalt.

In den unteren Teil der Szene wurde in einer *zweiten Phase* auf der linken Seite eine in persische Tracht gewandete, Lyra spielende Figur gemalt, die der gewöhnlichen Ikonographie des Orpheus folgte.[131] Im oberen Teil entstand (wahrscheinlich gleichzeitig) eine Figur eines ebenfalls persisch gewandeten Herrschers, dessen Kopf leider schon 1932 verloren war. Vor dem Thron wurden zwei weitere Figuren hinzugefügt, unter dem Thron der erwähnte Löwe. Erst in einer *dritten Phase* wurden die beiden Teile durch ein Schmuckband in zwei Szenen aufgeteilt und im oberen Teil verschwand der Busch weitestgehend, weil die thronende Figur von elf weiteren, ebenfalls persisch gekleideten Gestalten umgeben wurde.

Die Mehrzahl derer, die den Befund seit seiner Ausgrabung interpretiert haben, deuten sowohl die links sitzende Figur mit Lyra als auch die thronende Gestalt als Darstellungen eines davidischen Messias.[132] Die Frage, warum nicht nur wie auf diversen jüdischen Synagogen-Mosaiken (wie beispielsweise in Jerusalem oder Gaza[133]) der die Lyra schlagende David abgebildet ist, sondern auch noch zusätzlich eine weitere, thronende Gestalt desselben Königs, wird dagegen unterschiedlich beantwortet. Kurt Weitzmann und Peter Schäfer haben die zweite, thronende Figur als «Gegenbild zur christlichen Darstellung Jesu als Messiaskönig in den Apsiden christlicher Kirchen» interpretiert.[134] Die beiden Assistenzfiguren deuten sie mit Goldstein als Mose und Elia, die den Thron des erhöhten Messias-Königs flankieren.[135] Demgegenüber entspricht der David, der die Lyra schlägt, der gewöhnlichen messianischen Ikonographie in spätantiken Synagogen.

Diese Interpretation der beiden Gestalten in persischer Gewandung aus der Übermalung der zweiten Phase des Bildes über dem Tora-Schrein als Doppelportrait des davidischen Messias-Königs könnte tat-

Abb. 6 Dura-Europos, Synagoge (244/245 n. Chr.)
Zentrales Feld der Westwand («Reredos»), Zeichnungen der ersten beiden Phasen [136]

Abb. 7 Dura-Europos, Synagoge (244/245 n. Chr.)
Zentrales oberes Feld der Westwand, dritte und letzte Phase [137]

sächlich die einstmals von den Auftraggebenden in der Synagogengemeinde von Dura-Europos intendierte Deutung des zentralen Mittelfeldes über der Tora-Nische gewesen sein. Trotzdem bleiben viele Fragen offen, darunter die naheliegende, warum sich ursprünglich so ein großer Busch über dem Tora-Schrein befand (schließlich sind keine Spuren zu erkennen, dass damit einmal der brennende Dornbusch gemeint war), warum er innerhalb so kurzer Zeit mit einem schon ästhetisch nicht restlos befriedigenden Ergebnis teilweise[138] übermalt wurde und wieso der davidische Messias überhaupt zweimal gemalt werden musste. Außerdem kann man sich die Frage stellen, wie viele von denen, die die Westwand der Synagoge betrachteten, lediglich die Hand im oberen Aufbau der Tora-Nische als körperliche Darstellung des jüdischen Gottes interpretierten. Man wird jedenfalls nicht ausschließen können, dass die thronende Figur – insbesondere, seit sie in einer weiteren Übermalung mit einer Art Thronrat umgeben wurde – gelegentlich als eine körperliche Darstellung des jüdischen Gottes verstanden wurde.

Auch die antike christliche Kunst bildet Gott, den Vater, sehr selten ab.[139] Aber ganz selbstverständlich stellte man, ähnlich wie in der Synagoge von Dura-Europos, körperliche Details wie die Hand Gottes dar.[140] Jüdische Synagogen und christliche Gotteshäuser unterschieden sich charakteristisch von paganen Tempeln, es wurde nicht geopfert und es standen keine Kultbilder in diesen Räumen. Aber das Beispiel der Synagoge von Dura-Europos zeigt, wie die Apsis-Dekorationen vieler antiker christlicher Kirchen, dass im Zentrum der Anlagen durchaus (wie im Tempel des Zeus in Olympia) die Darstellung einer thronenden Person angebracht sein konnte. Dass die feinsinnige Distinktion, dass diese thronende Person nicht den Gott selbst, sondern seinen Messias oder seinen Christus darstellen sollte, tatsächlich so fest im kollektiven Gedächtnis der Besucherinnen und Besucher verankert war, wie gewöhnlich geglaubt wird, kann mit Fug und Recht bezweifelt werden. Schließlich trennten – um beim Beispiel der syrischen Grenzgarnison Dura-Europos zu bleiben – gerade einmal zwei Häuserblocks und rund hundert Meter das christliche und das jüdische Gotteshaus voneinander. Von der Synagoge zum Mithraeum waren auch nur ein paar Meter mehr zu bewältigen; es lag vier Häuserblocks entfernt.[141] Mit anderen Worten: Keines dieser Gebäude stand isoliert für sich; alle waren Teil einer multireligiösen Umwelt und müssen vor diesem Hintergrund interpretiert werden.

VIERTES KAPITEL

DIE KÖRPER DER GÖTTER UND DIE KÖRPER
DER SEELEN IN DER SPÄTANTIKE

Auf den ersten Blick scheint es so, als ob in der *alltäglichen Frömmigkeit* der kaiserzeitlichen Antike göttliche Körper ebenso selbstverständlich verehrt wurden, wie sie in den allermeisten Tempeln präsent waren, während *gelehrte Reflexion* eher die Differenz zwischen den materiellen Körperlichkeiten der Statuen und der Existenzform der Götter betonte oder jedwede Körperlichkeit der Götter rundweg ablehnte.[1] Ein zweiter Blick zeigt allerdings, dass diese nach dem klassischen Dual einer schlichten Alltagsfrömmigkeit der Massen und einer reflektierteren Intellektuellen-Religiosität modellierte Sichtweise die antike Wirklichkeit nur in sehr begrenztem Maße trifft: *Apuleius von Madaurus*, ein Zeitgenosse Mark Aurels im zweiten Jahrhundert, bezeichnete die Kultbilder als «atmende Bildwerke»,[2] obwohl er als mittelplatonischer Philosoph davon überzeugt war, dass Gott unkörperlich zu denken sei.[3] *Lucian von Samosata*, der zur selben Zeit lebte, berichtete ohne jede inhaltliche oder literarische Geste der Distanzierung, dass im syrischen Hierapolis/ Mabbug die Götterbilder ihre Gestalt verändert, einem oder einer Betenden zugenickt, geschwitzt und sich bewegt hätten.[4] Lucian, ebenfalls ein Zeitgenosse, entlarvte in seiner Satire über den «Tod des Peregrinus» und der Schrift «Alexander oder der Lügenprophet» mit großer Leidenschaft religiöse Scharlatane und parodierte zugleich die Rolle des religiösen Aufklärers.[5] Apuleius ist (wie Cicero) ein Beispiel dafür, dass Menschen mit einer streng platonischen oder eben gemäßigt skeptischen Weltsicht[6] trotzdem religiöse Handlungen vollziehen konnten, die in Spannung zu ihren theoretischen Annahmen über eine Körperlichkeit der Götter standen. Lucian zeigt, dass solche Menschen auch bereit waren, Berichten über Dimensionen göttlicher Körperlichkeit Glauben zu schenken, die sie eigentlich, von ihren theoretischen Grundannahmen her betrachtet, als Märchen hätten beurteilen müssen. Ein von schlichten Dualen geprägter Zugang zur antiken Wirklichkeit muss auch im Blick auf die philosophische Reflexion vermieden werden. Hier scheint es auf den ersten Blick so, dass die platonische philosophische Tradition strikt *gegen* die Annahme von göttlichen Körpern optiert, die stoische Tradition eher *dafür*. Aber man kann an der «Olympischen Rede» des Rhetors *Dio Chrysostomus*, der eine Generation vor Apuleius und Lucian an der Wende vom ersten zum zweiten nachchristlichen Jahrhundert lebte und eher von stoischer Philosophie geprägt war, erkennen, dass so geprägte Denker durchaus nicht immer die basale Materialität allen Seins betonen müssen, wenn es (am Beispiel des Kultbildes des Phidias in Olympia) um «das passende Aussehen und die der Natur eines Gottes angemessene Gestalt» geht.[7] Überraschenderweise konnte selbst im Rahmen der platonischen Philosophie von göttlichen Körpern geredet werden. Wie die ganz selbstverständliche alltagsreligiöse Vorstellung einer göttlichen Körperlichkeit in der platonischen Philosophie – und davon angeregt in der christlichen Theologie der Spätantike – immer weiter Platz greift, soll im Folgenden dargestellt werden, zunächst an bestimmten Debatten innerhalb der platonischen, insbesondere neuplatonischen Philosophie, dann an einer scheinbar sehr spezifischen Kontroverse über die Körperlichkeit der Seele in der christlichen Theologie im spätantiken Gallien.

Der Platonismus

Plato dachte seinen obersten Gott körperlos. Und ungeachtet aller Deutungskontroversen über Details der platonischen Prinzipientheorie und Anthropologie stellte niemand in der kaiserzeitlichen Antike in Frage, dass der oberste Gott, das «Eine» (τὸ ἕν), nach Plato durch Einheit, Gutheit, Unveränderlichkeit und Vollkommenheit charakterisiert sei und als reiner Geist (νοῦς) *körperlos* gedacht werden müsse.[8] Die doxographische Tradition der philosophischen und der philosophiegeschichtlichen Lehr- und Handbücher schrieb Plato ohne jede Diskussion die Ansicht zu, dass er Gott «körperlos» (ἀσώματος) genannt habe, obwohl der Athener Philosoph dies – wie oben beschrieben – expressis verbis nicht getan hat, sondern erst sein Schüler Aristoteles.[9] Allerdings gilt die Lehre von einer strikten Körperlosigkeit Gottes, wenn man sich ausführlicher mit der platonischen Gotteslehre beschäftigt, nur für das *oberste* Prinzip, den obersten und ersten Gott. Dem *Timaeus* zufolge gibt es neben diesem obersten Gott ein «himmlisches Geschlecht der Götter», das vom Demiurgen «größtenteils aus Feuer» gebildet wurde (τὴν πλείστην ἰδέαν ἐκ πυρός).[10] Damit verfügen diese nachgeordneten Götter über einen Körper aus derselben leichten, feurigen Materie, wie dies auch in der stoischen Philosophie für die Götter angenommen wurde. Planeten und andere Himmelskörper gehören ebenfalls jener vom Demiurgen geschaffenen Kategorie «lebendiger» himmlischer Wesen an, sind also göttliche Wesen und haben selbstverständlich ebenfalls eine gewisse Körperlichkeit.[11] Daher spricht Plato im *Phaedrus* davon, dass man sich Gott als ein «unsterblich lebendes Wesen, Körper und Seele besitzend», vorzustellen habe.[12] Man könnte etwas zugespitzt zusammenfassen: Der körperlose Gott ist die Ausnahme unter den körperlichen Göttern. Dirk Baltzly formuliert daher: «One striking thing about both the latter gods – i. e. cosmic god and planetary gods – is that they are gods with *bodies*».[13] Die pseudo-platonische *Epinomis*, ein wahrscheinlich von Platos Schüler Philippus von Opus verfasster protreptischer Dialog, führt mit den «Dämonen» (δαίμονες) in einer sehr eigenwilligen Interpretation des *Timaeus* Zwischenwesen ein, deren Körper aus Luft besteht.[14]

Im kaiserzeitlichen Platonismus wurde – wenn man das von einem gewissen Alcinous verfasste «Handbuch des Platonismus» an dieser Stelle für repräsentativ halten darf – zunächst die Körperlosigkeit des obersten Gottes deutlich stärker betont als die Körperlichkeit der geschaffenen Götter. Der Abschnitt über den ersten Gott im Handbuch schließt, wie oben gezeigt (S. 95), mit einer Reihe von Argumenten für den Satz: «Gott ist körperlos».[15] Dagegen wird die aus Feuer bestehende besondere Körperlichkeit der sieben Planeten, die nicht expressis verbis als Götter bezeichnet werden, nur sehr knapp im Zusammenhang mit der Erschaffung der Sphären und Planetenbahnen angedeutet: «Der Gott schuf nun sieben sichtbare Körper, hauptsächlich aus Feuer bestehend».[16] Alcinous folgt an dieser Stelle dem platonischen *Timaeus*; an späterer Stelle behauptet er allerdings, dass die Körper der Planeten-Götter aus Äther bestehen. Dieser Widerspruch lässt sich am besten so auflösen, dass in stoischer Tradition auch hier mit einer ätherischen Feuermaterie gerechnet wird.[17] Die Dämonen bestehen (hier folgt Alcinous derjenigen Interpretation des *Timaeus*, die die pseudo-platonische *Epinomis* begründet hat[18]) ebenfalls aus Äther und bevölkern die Luft. Nach Alcinous ist der oberste «Gott der, der das All erschafft und die Götter und die Dämonen», die auch hier als (körperliche) Zwischenwesen zwischen Göttern und Menschen verstanden werden.[19]

Zu diesen göttlichen, himmlischen Wesen, die einen Körper besitzen, zählt im klassischen ebenso wie im kaiserzeitlichen Platonismus die Seele vor ihrer irdischen Einkörperung noch nicht. Sie gilt als körperlos, ebenso wie die Qualitäten und der oberste Gott. Das ändert sich erst in der zweiten und dritten Generation neuplatonischer Denker im dritten und vierten Jahrhundert. Der Philosoph *Porphyrius*, Plotins Meisterschüler (um 233–305), lehrte beispielsweise, dass auch die Weltseele einen Lichtkörper in derselben Art feiner und einfacher Substanz wie die übrigen Himmelskörper habe.[20] Wie kam es zu dieser fundamentalen Veränderung im Bild der Seele, die gleichsam aus dem Bereich des einen körperlosen Gottes in den Bereich der vielen körperlichen Götter wanderte?

Der Streit um den Seelenkörper in der christlichen Theologie

Die entscheidende Veränderung der platonischen Seelenlehre bei späteren Neuplatonikern lässt sich besser verstehen, wenn man schaut, wie sie unter spätantiken christlichen Theologen rezipiert wurde. Denn die Frage, ob es einen *himmlischen Seelenkörper* gibt, hat einige dieser Theologen intensiv beschäftigt: Mitten in einer politisch äußerst bewegten und unruhigen Zeit gegen Ende des fünften Jahrhunderts, im Süden Galliens, fand, begleitet von den Auseinandersetzungen mit den als *foederati* mehr schlecht als recht ruhiggestellten Westgoten, im Dreieck der drei gallischen Bischofssitze Clermont-Ferrand, Riez und Vienne eine heftige Debatte um die Körperlichkeit der Seele statt. Sie hat lediglich auf den ersten Blick wenig mit der Frage nach der Körperlichkeit Gottes zu tun.

Verwickelt in die Debatte waren *Claudianus Mamertus*, der ein Buch gegen die Vorstellung einer körperlichen Seele schrieb, *Faustus von Riez*, der diese Vorstellung vertreten hatte, und *Sidonius Apollinaris*, dem Claudianus sein Buch widmete. Alle drei Personen, die am Streit beteiligt waren, gehörten zu jener römischen Oberschicht Galliens, die in den politischen Wirren der Zeit um die Bewahrung römischer Ordnung gegen germanische Völkerschaften, insbesondere die Westgoten, kämpfte (und letztlich verlor).[21] Claudianus Mamertus war ein gallischer Philosoph und Presbyter in Vienne im letzten Drittel des fünften Jahrhunderts, der dem weiteren Freundes- und Bekanntenkreis des Sidonius Apollinaris angehörte, der damals als Bischof in Clermont wirkte.[22] Clermont wurde im Friedensvertrag von 475 samt der Auvergne den Westgoten übergeben. Der Bischof Sidonius Apollinaris hatte zunächst versucht, sich aus dem Streit um die Körperlichkeit der Seele herauszuhalten, aber dieser Versuch war nicht sehr erfolgreich – dabei sprach manches für vornehme Zurückhaltung, nicht zuletzt das sehr enge Verhältnis des Sidonius Apollinaris zu beiden Kombattanten: Faustus von Riez hatte ihm die Taufe gespendet, Claudianus Mamertus ihn theologisch ausgebildet.[23]

Von den offenbar zahlreichen rhetorischen, philosophischen, kirchenmusikalischen und theologischen Werken des Claudianus Mamertus ist gerade einmal ein einziger Text erhalten: die Schrift «Über das Wesen der Seele» (*De statu animae*),[24] die in der (revisionsbedürftigen) kritischen Edition aus dem Jahre 1885 knapp zweihundert Seiten umfasst. Dazu kommen zwei eigenhändige Briefe.[25] Sidonius lobte die Schrift «Über die Seele» mehrfach in seinen Briefen, zunächst einmal 471 von Clermont aus, wo der frühere römische Stadtpräfekt kurz zuvor Bischof geworden war. Der frisch inthronisierte Bischof bedankte sich in diesem Brief bei Claudianus Mamertus für die Widmung, die Claudius dem Werk vorangestellt hatte (*praefectorio patricio doctissimo et optimo uiro Sollio Sidonio*[26]). Dies sei ein unschätzbares Geschenk (*munus potissimum*), unschätzbar aufgrund des ganzen Reichtums der sachlichen Kenntnisse und der sprachlichen Diktion des Buches. In diesem Zusammenhang preist Bischof Sidonius den Autor und Briefpartner Claudianus Mamertus überschwänglich:[27]

«Ich kann am Ende nur sagen, dass kein Mensch meines Zeitalters das, was er behaupten will, so kraftvoll zu behaupten vermag (...). Er denkt wie Pythagoras, er nimmt philosophische Distinktionen vor wie Sokrates, er entfaltet einen Gegenstand wie Plato und dringt in ihn ein wie Aristoteles, er hat Charme wie Aeschines und entrüstet sich wie Demosthenes, er ist so frisch und lebendig wie Hortensius, er stürmt voran wie Cethegus, er ist so ungestüm wie Curio, so vorsichtig wie Fabius, er verstellt sich wie Crassus, er verbirgt Dinge wie Caesar, er gibt Rat wie Cato, widerrät wie Appius, überredet wie Cicero. Wenn man zu den hochheiligen Vätern zum Zwecke des Vergleichs kommt, richtet er auf wie Hieronymus, reißt er nieder wie Lactantius, baut er auf wie Augustinus, verlockt er wie Hilarius, lässt sich herab wie Johannes Chrysostomus, wie Basilius tadelt er, wie Gregor von Nazianz tröstet er, wie Orosius formuliert er fließend, knapp wie Rufinus, er hat die Gabe der Erzählung wie Eusebius von Caesarea und die Macht zu erschüttern wie Eucherius von Lyon, er fordert heraus wie Paulinus von Nola und hat Ausdauer wie Ambrosius.»[28]

Einigermaßen delikat ist freilich, dass der so gepriesene Claudianus Mamertus den Bischof Sidonius Apollinaris zuvor (wenn auch höflich) gemahnt hatte, einen Kommentar zu jener ihm immerhin gewidmeten und von ihm wohl auch angeforderten[29] Schrift abzugeben:

«Obwohl ich wenig gesagt habe, gestehe ich, dass es mich etwas verletzt hat, niemals von Ihnen irgendeine Anerkennung für das Buch, das Sie geruht haben mir zu erlauben unter dem Schutz ihres berühmten Namens zu veröffentlichen, empfangen zu haben. Aber vielleicht haben Sie ja nicht einmal ein paar kurze Momente für eine Freundschaft erübrigen können, die so langjährig wie die unsrige ist?»[30]

Als reine Höflichkeit oder pure Entschuldigungsgeste aus aktuellem Anlass kann man die eben zitierte, topisch übersteigerte Reaktion des Sidonius trotzdem nicht abtun, denn ein vergleichbares Lob findet sich auch noch in einem weiteren, allerdings kürzeren Brief aus dem Jahre 471 an einen gewissen Nymphidius.[31] Jill Harries hat die Verzögerung in der Antwort des Sidonius Apollinaris damit erklärt, dass diesem erst allmählich klar geworden sei, dass sich sein verehrter theologischer Lehrer Claudianus Mamertus und sein Taufbischof Faustus von Riez im Streit befanden. Er habe sich deswegen zunächst um Zurückhaltung bemüht.[32] Auffällig ist, dass Sidonius in seinen Briefen tatsächlich nicht theologisch Position bezieht, sondern vor allem den literarischen Stil des Werkes seines Lehrers lobt. Das mag nicht nur mit dem Genre solcher Briefe zusammenhängen, sondern auch mit der von Harries vermuteten Zurückhaltung, sich in der Sache oder jedenfalls für die Position des Claudianus festzulegen. Viel Zeit für eine ausführliche Auseinandersetzung hatten die Protagonisten ohnehin nicht; Claudianus Mamertus starb relativ bald nach der Abfassung seines Traktates und der Korrespondenz mit seinem Schüler. Schon wenig später, nämlich 473, musste Sidonius daher einen Kondolenzbrief an einen gewissen Petreius schreiben und lobte darin dessen Onkel Claudianus Mamertus nochmals:

«Der Mann war ja fürsorglich, klug, gelehrt, beredt, besaß einen energischen und außerordentlich begabten Geist weit mehr als alle anderen Menschen seiner Zeit und seiner Umgebung, unaufhörlich trieb er unbeschadet seines Glaubens Philosophie. Es war nur aufgrund seines Glaubens und aufgrund seiner Haltung, dass er sich von der Kollegenschaft der mit ihm platonisch Philosophierenden unterschied, denn er ließ nie das Haupthaar und den Bart lang wachsen und verspottete bisweilen den Philosophenmantel und die gestreifte Tunika, bisweilen verfluchte er sie auch.»[33]

Sidonius fügte seinem Brief außerdem noch ein *carmen* hinzu, in dem er den Verstorbenen so charakterisierte:

«In drei Bibliotheken, in denen er ein Meister war, strahlte er als Licht: der römischen, der griechischen und der christlichen, sie alle sog er ein, als er in jungen Jahren Mönch war, Redner, Logiker, Dichter, Verfasser von Kommentaren, Mathematiker, Musiker (...)».[34]

Aus dem Brief des Sidonius erfährt man, dass Claudianus in jungen Jahren Mönch wurde und in der von seinem Bruder geleiteten Kirche in Vienne als Seelsorger und Prediger wirkte, zugleich aber auch zu einer Gruppe von platonischen Philosophen gehörte.[35] Zusätzliche Informationen über Claudianus finden sich im Schriftstellerkatalog *De uiris illustribus* seines Zeitgenossen Gennadius von Marseille: *uir ad loquendum artifex et ad disputandum subtilis* nennt Gennadius den Presbyter Claudianus und beschreibt auch die Pointe seiner Argumentation in *De statu animae* präzise: Es werde im Text die Frage behandelt, inwieweit irgendetwas außer Gott selbst unkörperlich sei.[36] Mit anderen Worten: Es geht um die Frage, ob Unkörperlichkeit ein alleiniges Gottesprädikat ist oder auch anderen Dingen zukommt.

Motiviert wurde Claudianus Mamertus zur Abfassung der Schrift «Über das Wesen der Seele» (*De statu animae*) durch einen ausführlichen Brief, der anonym im Umlauf war und gewöhnlich auf das Jahr 468 datiert wird.³⁷ Er findet sich vollständig überliefert nur in einem Sankt Galler Codex des neunten Jahrhunderts mit Briefen des Bischofs Faustus von Riez (überschrieben: *incipit epistula s[an]c[t]i Fausti*), zugleich aber auch mutiliert in der handschriftlichen Überlieferung des Claudianus Mamertus und schließlich in Zitaten in der genannten Schrift des Claudianus.³⁸ Claudianus lag das *opusculum* ohne Angabe eines Autors vor;³⁹ man kann es aber aufgrund der handschriftlichen Überlieferung höchstwahrscheinlich Faustus, Bischof von Riez, zuweisen. Diese Autorschaft wird zudem durch Gennadius bezeugt, der den Brief unter den Werken des Faustus als «kleines Büchlein» (*paruum libellum*) führt und zu Recht als antiarianischen Text interpretiert.⁴⁰ Es handelt sich bei dem Text tatsächlich weniger um einen richtigen Brief als um einen längeren Traktat, der mit den Worten *Quaeris a me, reuerentissime*⁴¹ *sacerdotum* beginnt, also an einen einzelnen Priester gerichtet war.⁴² Der Traktat behandelt drei Fragen, die von «Arianern» gestellt wurden – mit diesem Begriff wurden Anhänger der im südlichen Gallien verbreiteten homöischen Reichstheologie bezeichnet, die Christus im Unterschied zur mehrheitskirchlichen nizänischen und neunizänischen Trinitätstheologie der Reichskonzilien von Nicaea (325) und Konstantinopel (381) Gott, dem Vater, unterordneten;⁴³ es dürfte sich also in Wahrheit um Angehörige westgotischer Stämme gehandelt haben. Die dritte dieser «arianischen» Fragen, die der namenlose Priester offenbar dem Autor Faustus übermittelt hatte, lautet, wie «beim Menschen körperliche und unkörperliche Dinge zu denken» sind.⁴⁴ Diese Frage will Faustus in seinem Traktat beantworten, indem er auf die Ansichten der heiligen Väter verweist. Durch richtige, den Vätern folgende Antworten auf solche Fragen könne man sich gegen «die Arianer» wappnen. Der Bischof von Riez geht ganz selbstverständlich davon aus, dass alles Geschaffene *körperlich* geschaffen ist – und somit auch der ganze Mensch mit Körper *und* Seele. Auf dieser Basis argumentiert er gegen die westgotische homöische Theologie in Form einer *reductio ad absurdum*: Wenn alles Geschaffene körperlich sei, dann müssten, so Faustus, die «Arianer» Christus, den sie für ein (wenn auch vollkommenes)⁴⁵ Geschöpf halten, auch in seiner himmlischen Existenz *vor* der Inkarnation für körperlich halten. Eine solche himmlische Körperlichkeit Jesu Christi vor der Annahme eines irdischen Körpers aus Maria wäre aber ein schwerer logischer Widerspruch und war nicht nur für Faustus selbstverständlich ausgeschlossen. Auf diese Weise widerlegte der Bischof von Riez unter der Voraussetzung, dass alle geschaffenen Dinge körperlich geschaffen wurden, die Bezeichnung Jesu Christi als Geschöpf bei «den Arianern».

Im folgenden Argumentationsgang seines Traktates problematisiert Faustus freilich diese Voraussetzung seines Argumentes und setzt sich mit der Frage auseinander, ob wirklich *alle* geschaffenen Dinge *körperlich* geschaffen wurden oder nicht vielmehr die unsichtbaren geschaffenen Dinge (wie Engel und Seelen) *un*körperliche Wesen sind. Falls nämlich Letzteres gelten würde (und nicht Ersteres), wäre zugleich auch das Argument gegen die «Arianer» widerlegt: Wenn *körperlose* göttliche Geschöpfe existieren, wäre es durchaus möglich sich vorzustellen, dass Jesus Christus als ein ursprünglich im Himmel existierendes, körperloses vollkommenes Geschöpf bei der Inkarnation einen Körper aus Maria annahm. Daher steuert der Bischof von Riez in seinem Traktat auf die grundlegende Frage hin, wie sich Unkörperlichkeit zu Unsichtbarkeit verhält, und zieht, wie angekündigt, für die Antwort Texte von Kirchenvätern heran: Einige der gelehrtesten Väter hätten versichert, es bestünde ein Unterschied zwischen unkörperlichen und unsichtbaren Dingen: «Nicht wenige sehr gelehrte Väter behaupten, dass eines die unsichtbaren Dinge sind, ein anderes aber die unkörperlichen».[46] Namen von Vätern, die exakt das behaupteten, werden allerdings von Faustus nicht genannt. Das wäre auch nicht ganz einfach gewesen. Der alexandrinische christliche Gelehrte Origenes beispielsweise bestritt rund zweihundertfünfzig Jahre zuvor explizit, dass es einen solchen Unterschied zwischen unsichtbaren und unkörperlichen Dingen gäbe: Er hielt vielmehr in Auslegung des Gegensatzpaares von *uisibilia et inuisibilia* aus dem Kolosserbrief fest, dass die Griechen von einer «unkörperlichen» Substanz (ἀσώματος/*incorporeus*), die biblischen Schriften dagegen von einer «unsichtbaren» sprechen würden.[47] «Unsichtbar» und «unkörperlich» sind für ihn also unterschiedliche Bezeichnungen für dieselbe Sache. Die unsichtbaren, geistigen Wesen würden allerdings gelegentlich Körper benutzen,[48] weil keine geschaffene Natur ohne ein materielles Substrat leben könne, und insofern gelte allein von der Trinität, dass sie vollständig unkörperlich sei: *ex toto incorporea est*.[49] Eine solche Differenzierung zwischen körperlicher Existenz und der Benutzung eines Körpers durch unkörperliche Existenzen, wie sie sich beispielsweise bei Origenes findet, lehnt Faustus von Riez allerdings im Interesse seines strengen Monotheismus ab: *Alles* Geschaffene sei Materie und daher sichtbar, es sei körperlich und werde vom Schöpfer umfasst. Auch die Natur der Seelen und der Engel sei daher körperlich, weil sie Anfang und Begrenzung hätten.[50] Erst diese Position einer durchgängigen Körperlichkeit des Geschaffenen belegt Faustus mit einem Väter-Zitat: Hieronymus nenne die Gestirne *corporatos* (…) *spiritus*, «mit einem Körper versehene Geistwesen», und die Engel *caelestia corpora* – zwei Positionen, die übrigens ganz in der Tradition des Origenes stehen.[51] Mit einem weiteren wörtlichen, aber im Text nicht eigens ausgewiesenen Zitat[52] aus den «Unterredungen mit den Vätern» des *Johannes Cassianus* (um 360–435) hält Faustus, der diesen gallischen Mönchstheologen durchaus in seiner Jugend während seines Aufenthaltes auf der Klosterinsel Lerina/Saint-Honorat (vor Cannes) kennengelernt haben könnte, fest, dass Engel, Erzengel und andere Kräfte, dazu auch unsere Seele und die leichte Luft (*subtilis aer*) geistige Naturen (*spiritales naturae*) seien, die in keiner Weise als unkörperlich begriffen werden dürften:

> «Denn sie haben in ihrer Weise einen Körper, in dem sie bestehen, obwohl einen unvergleichlich viel feineren (*tenuis*) als unsere Körper sind, nach dem Ausspruch des Apostels, der da sagt: ‹Und die himmlischen Körper und die irdischen› (1. Korinther 15,40). Daraus ist klar zu schließen, dass es nichts Unkörperliches gibt als Gott allein, und dass daher nur für ihn selbst alle geistigen und intellektuellen Substanzen durchdringlich sein können.»[53]

Unkörperlich ist nach Faustus von Riez *allein* Gott, nicht die Engel, nicht die übrigen Kräfte und eben auch nicht die Seele: «Nichts ist unkörperlich außer Gott allein».[54] Da nach Ansicht des Faustus die «Arianer» (in Wahrheit also die westgotischen Homöer) bestreiten, dass von der Seele Räumlichkeit, Qualität und Quantität auszusagen wäre, will der Bischof ihnen Räumlichkeit und Quantität der Seele nachweisen – diese beiden Argumentationsgänge sind seiner Ansicht nach ausreichend, um die Gegner zum Widerruf zu bewegen.[55]

Wenn aber für Faustus die Quantität der Seele und deren Räumlichkeit in der Vorstellung von ihrer Körperlichkeit so eng zusammenhängen, muss ihm bekannt gewesen sein, dass es eine umfangreiche zeitgenössische philosophische Diskussion über die Zusammenhänge von Körper und Ort gab. Spuren dieser Diskussion finden sich beispielsweise im Kommentar des paganen neuplatonischen Philosophen *Simplicius* (ca. 490–560) zur «Physik» des Aristoteles. Dabei ging es um die Frage, ob der Ort des Körpers immer gemeinsam mit dem Körper subsistiere (die stoische Position) oder einen eigenen ontologischen Status habe (die neuplatonische Ansicht). Simplicius referierte die Kontroverse mit Worten des Neuplatonikers Iamblichus und verwies zugleich auf einen neupythagoreischen Traktat wahrscheinlich des ersten Jahrhunderts, der fälschlicherweise dem Pythagoreer Archytas zugeschrieben wurde:[56]

«Und er (Iamblichus) sagt, dass, wenn, wie die Stoiker sagen, der Ort lediglich mit den Körpern subsistiert (παρυφίσταται), dann bezieht er auch seine Definition von ihnen her und zwar so weit, dass ein Ort vollendet wird durch die Körper (sc. von denen er abhängt). Wenn allerdings der Ort ein Sein (οὐσία) für sich selbst hat und kein Körper überhaupt existieren kann, außer er existiert an einem bestimmten Ort – wie es Archytas scheint ausdrücken zu wollen – dann definiert der Ort die Körper und sie sind in ihm begrenzt.»[57]

Offenkundig folgt Faustus der stoischen Ansicht, dass der Ort lediglich ein Implikat des Körpers ist, wenn für ihn aus der *Quantität* der Seele zugleich auch ihre *Örtlichkeit* folgt. Wie könnte, fragt er, die Seele nicht einen spezifischen Ort haben, wenn sie in Glieder eingefügt ist und «an die Eingeweide angebunden ist» (*et inligata uisceribus*), wenn sie zwar in den Sinnen umherstreift und in den Gedanken ausgebreitet ist, aber durch die «Bedingung ihrer Substanz» (*conditione substantiae*) im Körper eingeschlossen sei?[58] Wer beispielsweise an Petrus und Paulus denkt, dringt nicht automatisch mit seinem Körper zu ihnen ins Paradies durch, also zu dem Ort, an dem sie jetzt leben. Wer tatsächlich mit der Seele Orte wie Alexandria und Jerusalem in einem lokalen Sinne durchdringen könnte, müsste etwas über die Gesichter, Bewegungen und Handlungen der Einwohner erzählen können. Affekte des Herzens wie Gedanken der Seele können nicht die Substanz der Seele ausmachen, da ihr Ausbleiben oder Verschwinden diese Substanz nicht beschädigt. Selbst das Verlassen des Körpers durch die Seele im Tode denkt Faustus lokal: Der Körper ist «Wohnort» (*habitaculum*) der Seele.[59] Auferweckung bedeutet – wie seiner Ansicht nach die Geschichte von der Auferweckung des Lazarus zeigt – die Wiederkehr der Seele an einen bestimmten räumlichen Ort. Auch eine räumliche Trennung von Paradies und Hölle setzt die räumliche Gestalt der Seele voraus. Räumliche Gestalt impliziert aber Quantität, Quantität aber Körper.[60] Das gelte für die Seele wie für die Engel und auch für den Teufel,[61] die vielleicht als eine Mischung von Luft und Feuer zu denken wären. Allein Gott ist ort- und körperlos, weil er alle Substanzen (körperliche wie unkörperliche geistige und intellektuelle) zu durchdringen vermag; die Seele sei ortsgebunden, habe Quantitäten und sei daher körperlich. Wäre sie es nicht, wäre sie eher ein Teil Gottes als ein Geschöpf.[62] Die Anwendung dieser Argumentation auf den Sohn, Jesus Christus, erfolgt am Ende des Traktats merkwürdig knapp: Christus sei als der Sohn dem Vater gleichewig und insofern unkörperlich. Ein weiteres theologisches Problem des Traktates besteht darin, dass Faustus zwar die Körperlichkeit und damit auch die Örtlichkeit der Seele behauptet, aber nirgendwo in seinem Text einen konkreten Ort der Seele angibt.[63]

Wie kam Faustus zu seiner festen Überzeugung, die Seele sei körperlich zu denken? Diese Ansicht wurde sowohl von bestimmten theologischen als auch von philosophischen Kreisen vertreten.

Tertullian: «Über die Seele»

Diese Ansicht vertrat *zum einen* eine ganze Zahl von christlichen Theologen vor Faustus: *Tertullian* war der erste lateinische Theologe, der der Seele Körperlichkeit zusprach und wohl auch den entsprechenden Terminus «Körperlichkeit» (*corporalitas*) prägte.[64] In seiner Schrift «Über die Seele» (*De anima*), die zwischen 210 und 213 datiert wird, fasst der Autor längere Ausführungen über die Seele mit folgender Definition zusammen:

> «Wir definieren die Seele als aus Gottes Hauch geboren, unsterblich, körperlich, gestaltet, der Substanz nach einheitlich, durch eigene Kraft denkend, in verschiedenen Arten sich entwickelnd, dem Willen nach frei, äußeren Einflüssen ausgesetzt, in ihren Anliegen wandelbar, vernünftig, herrschend, zur Vorahnung befähigt und aus einer einzigen Seele hervorströmend».[65]

In der Schrift «Über die Seele» referiert Tertullian ausführlich verschiedene Konzeptionen der Körperlichkeit der Seele, bevor er sich zu der stoischen Konzeption bekennt, die Seele im Blick auf ihre Materialität als *Pneuma* (πνεῦμα bzw. *spiritus*)⁶⁶ zu verstehen. Diese Ansicht war leicht mit biblischer Begrifflichkeit in Verbindung zu bringen: Schließlich heißt es im ersten Buch der Bibel nach der altlateinischen Interpretation, dass Gott dem Menschen «den Geist des Lebens» (*flatum vitae*) einblies, worauf dieser «zu einer lebendigen Seele wurde» (*et factus est homo in animam viventem*).⁶⁷ Schon hier ist deutlich, dass Tertullian unter «Körperlichkeit» keine materielle Körperlichkeit aus Feuer, Wasser, Blut, Atomen oder einem fünften Element (der *quinta essentia* des Aristoteles)⁶⁸ versteht, sondern eine pneumatische Substanz.⁶⁹ An anderer Stelle hält der nordafrikanische Theologe fest, dass die Seele auch dann, wenn sie unsichtbar ist, körperlich sein muss: «Denn sie hat *etwas*, was unsichtbar ist. (...) Hat sie etwas, durch das sie ist, so ist das ihr Körper. Alles, was ist, ist auf seine Art Körper».⁷⁰ Mit anderen Worten: So wie bei jedem Ding die Körperlichkeit auf eine bestimmte, eigene Art (*sui generis*) beschaffen ist, verhält es sich auch bei der Seele. Während menschliche Leiber eine Körperlichkeit auszeichnet, die sichtbar ist, ist die Körperlichkeit der Seele aufgrund der feinstofflichen Materialität nicht sichtbar – außer für Gott. Eine solche Körperlichkeit *sui generis* hält Tertullian im Unterschied zur klassischen stoischen Philosophie auch für Gott fest; wie wir sahen, unterscheidet er zwischen der Körperlichkeit Gottes, der Körperlichkeit der Seele und der Körperlichkeit des Kosmos.⁷¹

In den Bahnen des Tertullian, wenn auch nicht auf der Basis so gründlicher Kenntnisse der philosophischen Diskussion, dachte auch *Hilarius von Poitiers* in seinem Kommentar zum Matthäusevangelium, der um die Mitte des vierten Jahrhunderts entstanden sein dürfte: «Denn auch die einzelnen Gestalten der Seelen, sowohl von denen, die Körper bewohnen als auch von denen, die sich nicht in Körpern befinden, erhalten eine körperliche, jedoch ihrer Natur angemessene Substanz, denn alles, was geschaffen ist, muss in etwas (sc. Körperlichem) sein».⁷² Insofern lassen sich dann auch Gott und die Seele vergleichen, wie Hilarius in seinem Psalmenkommentar schreibt:

> «Nichts ist leer von Gott, nichts ohne ihn. Er ist überall, wie die Seele im Körper, welche in allen Gliedern verbreitet und in allen Teilen zugegen ist. Obschon sie im ganzen Leib gleichsam einen eigenen und königlichen Sitz hat, so durchdringt sie doch auch das Mark, die Finger und Glieder».⁷³

Der aus Nordafrika stammende und zwischen 428/432 und 455 in Rom lebende Mönch *Arnobius der Jüngere* betonte kurz vor dem Konzil von Chalcedon 451 in einem Streitgespräch mit einem Miaphysiten namens Serapion ebenfalls die Körperlichkeit der Seele. Arnobius versucht in diesem Text zu beweisen, dass «Seele und Geist und Engel körperlich sind»[74]: «Was auch immer Umfang und Größe hat, ist Körper (…) umfangslos und unkörperlich ist allein Gott».[75] Zum Beleg dieser Position dient ihm die Tatsache, dass die Seele berührt werden kann und berührt, dazu in einem bestimmten Raum (nämlich dem Körper) enthalten ist, dort wohnt und ihn (im Tode) auch wieder verlassen kann.[76] Solche Ansichten waren auch im zeitgenössischen gallischen Mönchtum offenbar weiter verbreitet; so heißt es im *Liber siue diffinitio ecclesiasticorum dogmatum* des (Pseudo-?)Gennadius von Marseille, das um 470 und damit ungefähr gleichzeitig mit dem Traktat des Faustus von Riez entstanden sein dürfte:

> «Man darf keine körperlose und unsichtbare Natur glauben außer Gott allein, das meint Vater, Sohn und Heiliger Geist, der darum als unkörperlich geglaubt wird, weil er, wo auch immer er ist, sowohl alles erfüllt als auch zusammenhält. Darum ist er für alle Geschöpfe unsichtbar, weil er unkörperlich ist. Alles Geschöpf ist körperlich und alle himmlischen Kräfte bestehen durch Körper, natürlich nicht durch Fleisch. Daher glauben wir aber, dass geistige Naturen körperlich sind, weil sie räumlich abgegrenzt sind, so wie auch die menschliche Seele, die durch Fleisch eingeschlossen wird, und die Dämonen, die aufgrund ihrer Substanz von der Natur der Engel sind».[77]

Es gab also eine Tradition in der lateinischsprachigen christlichen Theologie, aus der Faustus seine Überzeugung gewonnen haben könnte, die Seele sei körperlich zu denken. *Zum anderen* dürfte Faustus zu dieser Ansicht auch gekommen sein, weil er selbst über gewisse philosophische Grundkenntnisse verfügte und diese Position auch von bestimmten philosophischen Kreisen vertreten wurde.

Ernest L. Fortin, ein Bostoner Assumptionistenpater, hat 1959 den Text des Faustus im Rahmen seiner ausführlichen Analyse als eine im Kern *stoische*, allerdings im Vergleich zu Tertullian deutlich weniger subtile, stärker praktische, an der Bibel und an der Alltagserfahrung orientierte Argumentation beschrieben.[78] Martin Schulze hat dagegen 1883 behauptet, die Schrift des Faustus entbehre «fast allen philosophischen Gehalts» und sei «eigentlich nur eine Zusammenstellung von Citaten der Väter, Schriftbeweisen und eigenen Ideen, die aber nicht dem philosophischen Denken, sondern der vulgären Denk- und Anschauungsweise entnommen sind».[79] Die Konsequenz, mit der in dem Text der Satz «allein Gott ist unkörperlich» begründet wird, spricht allerdings schon für eine gewisse intellektuelle Kraft und philosophische Bildung: «Ein einziger, unkörperlicher Gott», *unus deus incorporeus*, lautet der Satz, mit dem Faustus seine Argumentation abschließt.[80] Die Vorstellung einer unkörperlichen Seele hält Faustus sogar für diabolisch, weil sie den kategorialen Unterschied zwischen dem unkörperlichen Gott und dem körperlichen Menschen aufhebt, also in der Christologie wie in der Eschatologie zu fundamental absurden Positionen führt.[81]

Ganz so einfach ist es also mit der Bewertung der von Faustus vorgetragenen Argumentation als angeblich wenig subtile, mehr praktische, an der Bibel und an der Alltagserfahrung orientierte Überlegung nicht. Auch die einlinige Rückführung auf stoisches Gedankengut ist nicht so leicht möglich, wie es sich Fortin noch dachte. Zu diesem Eindruck kommt man, wenn man Neuplatoniker der zweiten und dritten Generation in den Blick nimmt.

Der «astrale Körper» der Seele: die Neuplatoniker

Von diesen (Neu-)Platonikern wurde gelehrt, dass die Seele bei ihrem Abstieg aus der Milchstraße durch die Sphären Partikel aufnehme, die sie schichtenweise mit einem *Körper* umkleiden. Dieser Körper wurde zwar nicht als vollkommen immateriell gedacht, aber es wurde auch nicht angenommen, dass er aus irdischer Materie bestehe – ein besonderer, himmlischer Körper der Seele, unterschieden von dem irdischen, in den sich eine Seele am Ende ihres Abstiegsprozesses gleichsam eingekörpert habe.[82] Nach Ansicht des Porphyrius dunkelt die pneumatische Seele (*anima spiritalis*) beim Abstieg gleichsam nach, wird so materialisiert und sichtbar.[83] Für jenen unsichtbaren, immateriellen himmlischen ersten Körper der Seele verwendete man in neuplatonischen Texten verschiedene Metaphern, beispielsweise «Boot»,[84] «Fahrzeug» oder «Wagen» (ὄχημα), aber auch «seelisches Pneuma» oder «pneumatische Seele».[85] Für unsere Zusammenhänge ist nun interessant, dass bei Neuplatonikern wie Proclus sogar regelrecht von einem himmlischen und insofern «ewigen Körper» der Seele gesprochen wurde (ἀΐδιον σῶμα).[86] Auf den ersten Blick wirkt diese Rede von einem ewigen himmlischen Seelenkörper verwunderlich, denn Plato hat die Seele niemals als «Körper» bezeichnet oder ihr einen Körper zugeschrieben:[87] Viel zu stark waren für ihn die seelische und die körperliche Sphäre voneinander geschieden, sie standen im Grunde sogar in vielfacher Hinsicht zueinander in Opposition. Mittelplatoniker wie Apuleius betonten daher auch, dass die Seele *nicht* körperlich sei.[88] Allerdings muss es Vorstellungen von einem himmlischen Seelenkörper auch schon in der philosophischen Diskussion der Kaiserzeit gegeben haben, wie eine Passage bei Galenus zeigt: Dieser Mediziner und Philosoph war sich offenbar unsicher, ob die Seele einen «glanzartigen und ätherischen Körper» habe (αὐγοειδές τε καὶ αἰθερῶδες σῶμα) oder eine «unkörperliche Substanz» sei (ἀσώματος οὐσία); die erste Position schrieb Galen Aristoteles und den Stoikern zu.[89] Erst im späteren Neuplatonismus wird die Redeweise von einem «himmlischen Körper» der Seele nahezu selbstverständlich und verursacht keine Probleme mehr.

Der Umbruch ist recht präzise zu datieren: *Porphyrius* definiert noch im dritten Jahrhundert die Seele sehr pointiert als körperlos (ἀσώματος οὐσία);[90] der Terminus «körperlos» (ἀσώματος) muss nach Heinrich Dörrie bei Porphyrius als «*der* Ausdruck verstanden werden, welcher das wirksame Transzendente am vollkommensten bezeichnet».[91] *Iamblichus von Chalkis* (um 240/245 – 320/325), der sich auch an diesem Punkt von seinem zeitweiligen Lehrer Porphyrius absetzte, berichtet (in einem Referat über Positionen früherer Platoniker zum Abstieg der Seele in die materielle Welt) dagegen bereits ganz unbefangen von der Ansicht des hellenistischen Denkers *Eratosthenes* (von Kyrene?) und des kaiserzeitlichen Platonikers *Ptolemaeus*, dass sich die Seele «immer in einem Körper befinde». Allerdings unterscheide sich der «feinere Stoff» der himmlischen Körper (λεπτότερα)[92] vom irdischen Leib, in den die Seele herabsteigen würde. Nach Iamblichus besteht dieser Körper nicht aus einer Mischung, sondern wurde vom Äther selbst gemacht (παντὸς τοῦ αἰθέρος).[93] Iamblichus kann auch unbefangen von «göttlichen Körpern» reden (gemeint sind: *himmlische* Körper wie Sonne, Mond und die fünf Planeten), deren Einfluss auf die «Materialisierung» der Seelenkörper beim Abstieg er allerdings streng zu minimieren sucht.[94]

Diesem Sprachgebrauch folgen praktisch alle uns bekannten spätantiken Neuplatoniker, offenbar ohne den klassischen platonischen Dual von Seele und Körper noch als philosophisches oder wenigstens terminologisches Problem zu empfinden. *Macrobius*, ein Zeitgenosse des Augustinus von Hippo, schreibt der Seele einen «astralen Körper» (*sidereum corpus*)[95] bzw. einen «lichtartigen Körper» (*luminosum corpus*) zu.[96] *Proclus* spricht im fünften Jahrhundert ganz selbstverständlich von einem «astralen Körper» der Seele (ἀστροειδὲς σῶμα), dessen Gestalt kugelförmig sei.[97] Nach *Hermias von Alexandrien*, der ebenfalls im fünften Jahrhundert lebte, ist dieser kugelförmige (und damit der Idealform des menschlichen Kopfes entsprechende) Körper allerdings nicht dreidimensional (τριχῇ διαστατόν), sondern zweidimensional (ἐπίπεδον) beschaffen.[98] Nach *Olympiodorus*, der etwa eine Generation später wirkte, besteht der Seelenkörper aus dem fünften Element und ist deswegen ewig und glanzartig.[99]

Natürlich gab es in der philosophischen Diskussion neuplatonischer Provenienz trotz solcher gemeinsamer Grundansichten zur Körperlichkeit der himmlischen Seele verschiedene Debatten, beispielsweise über die Zeitlichkeit dieses Seelenkörpers und bisweilen auch über die mögliche *vollkommene* Körperlosigkeit der Seele[100] oder die Frage, ob man mit unterschiedlichen Typen solcher himmlischen Körper für verschiedene Seelentypen rechnen müsse. Diese Debatten über die spezifische Beschaffenheit der himmlischen Körper, die teilweise in großer Heftigkeit ausgetragen wurden, müssen uns hier nicht beschäftigen. Auffällig ist nämlich, wie einig sich die Platoniker ungeachtet solcher Kontroversen über die *stoffliche* Beschaffenheit dieses himmlischen Seelenkörpers waren. *Galenus* erwog, wie wir sahen, als Stoff Lichtglanz und Äther (αὐγή und αἰθήρ). *Macrobius*, der rund zwei Generationen vor der Abfassung des Textes durch Faustus seinen Kommentar zu Ciceros «Traum des Scipio» (*Somnium Scipionis*) schrieb, sprach von einer «ätherischen Umhüllung» (*aetheria obuolutio*) und unterschied sie von der «muschelartigen Bekleidung» (*indumentum testeum*) des irdischen Körpers.[101] Bei dem neuplatonischen Philosophen und christlichen Bischof *Synesius von Kyrene* (um 370–412) findet sich dazu eine wörtliche Entsprechung («muschelartige Bekleidung»; ὀστρεῶδες περίβλημα),[102] die ihrerseits auf den platonischen Dialog *Phaedrus* zurückgeht. Auch dort bezieht sich der Ausdruck auf den irdischen Körper.

Matthias Baltes hat vermutet, dass die Vorstellung von Schichten, die sich beim Abstieg der Seele durch die Himmelssphären um die Seele legen und den Seelenwagen bzw. den himmlischen Körper bilden, von den «Chaldäischen Orakeln» her in den Platonismus eingedrungen ist.[103] Aber wie dem auch immer sei: Diese Vorstellung hat eine ältere Tendenz zur Betonung der Stofflichkeit der Seele noch einmal deutlich verstärkt und die Selbstverständlichkeit der Rede von einem himmlischen Körper der Seele vorbereitet. Der byzantinische mittelalterliche Theologe *Psellus* (1017/18 – um 1078) spricht in einer Auslegung der «Chaldäischen Orakel», die allerdings älteres Material enthält, ebenso wie Galenus und Proclus von einer Bekleidung der Seele, die «glanzartig, leicht und ohne Tiefe» sei und «Fläche» genannt werde;[104] ähnlich dachte der letzte Scholarch der Akademie, *Damascius*,[105] und zuvor schon, wie wir sahen, *Hermias*.

Der gallische christliche Theologe Faustus von Riez differenziert nicht zwischen irdischen und himmlischen Körpern, er lässt keinerlei Vertrautheit mit der subtilen Differenzierung und entfalteten Metaphorik der Neuplatoniker erkennen. Aber es wird an seinem Traktat deutlich, dass es zu Lebzeiten des Faustus durchaus nicht nur für Stoiker Gründe gab, von einer Körperlichkeit der Seele zu reden. Im Gegenteil: Der schroffe Gegensatz zwischen der platonischen und der stoischen Seelenlehre, der noch die Argumentationen in der Schrift «Über die Seele» des Tertullian geprägt hatte, war im fünften Jahrhundert im Grunde zusammengebrochen, jedenfalls, wenn man die neueren Entwicklungen des Neuplatonismus in den Blick nimmt. Von daher wirkt die Sicherheit, mit der der Mönch und Bischof Faustus von Riez von der Körperlichkeit der Seele ausgeht, nicht als Zeichen seiner mangelnden philosophischen Bildung, sondern eher als Zeichen für den Einfluss griechischer Kultur und Bildung in Gallien, den Pierre Courcelle schon vor vielen Jahren nachzuweisen versuchte.[106]

Claudianus Mamertus

Auf Faustus reagierte, wie bereits dargestellt, *Claudianus Mamertus*. Er begann seine Gegenschrift *De statu animae*, «Über das Wesen der Seele»,[107] mit einer ganz allgemeinen Polemik gegen «anmaßende Unwissenheit und hartnäckiges Festhalten an verkehrten Behauptungen,»[108] die auf Hass gegenüber Gott und dem Nächsten zurückgeführt werden.[109] Menschen würden solche falschen Positionen dadurch absichern, dass sie sich je nach Bedarf auf die Vernunft oder die Autorität der kirchlichen Tradition berufen. Claudianus sieht sich zu solchen Vorbemerkungen durch eine Schrift veranlasst, die er kurz zuvor bei gewissen Leuten gefunden hatte, die eifrig in ihr lasen:

«Der erste Eindruck des Buches ist der, dass der unbekannte Autor umherschweifend darin in oberflächlicher Weise über den ungeborenen und geborenen Gott spricht, dann mit vieler Mühe die Leidensfähigkeit Gottes zu beweisen sucht und schließlich erklärt, dass die Seele des Menschen Körper zu sein scheint. Durch keine Kraft zu argumentieren, durch kein Gesetz befohlen, durch keine Vernunft überzeugt wird die dritte Unterredung in dieser nichtsnutzigen Geschäftigkeit beendet (...) Wenn du guten Gewissens argumentierst, warum verbirgst du deinen Namen? (...) Nun aber macht das, was diese Seite offenbar macht und deren Autor verbirgt, klar, dass der, von dem sie (sc. die Seite) zusammengeschrieben wurde, ein (von der Kirche) Verdammter gewesen ist.»[110]

Im ersten Buch seiner Schrift, die aus insgesamt drei Büchern besteht, argumentiert Claudianus vor allem auf der Basis einer allgemeinen Rationalität und der Empirie mit sehr gelegentlichem Bezug auf biblische Stellen. Der Ausgangspunkt der Schrift ist aber ganz theologisch, nämlich der Nachweis, dass Gott unkörperliche Substanzen (wie eben die Seele) schaffen konnte und daher auch geschaffen hat. Das erste Argument für unkörperliche Substanzen, das Claudianus vorbringt, ist die Güte des Schöpfers: Es würde das Wichtigste zur Fülle der Schöpfung fehlen, wenn es keine unkörperlichen Substanzen gäbe. Wenn Gott dagegen das Geringere, die körperlichen Substanzen, geschaffen, aber die unkörperlichen Substanzen nicht erschaffen hätte, wäre das kein Zeichen seiner Güte. Außerdem sei die Seele das göttliche Ebenbild (*similitudo*); es könne aber das göttliche Ebenbild nicht in einer körperlichen Seele (wie auch im Körper überhaupt) bestehen (*in corpore autem nulla esse potest similitudo diuina*).[111] «Die menschliche Seele ist aber zum Ebenbild Gottes geschaffen, also ist die menschliche Seele unkörperlich.»[112] Die Erschaffung einer körperlosen Substanz führt dabei nicht auf ein Wesen, das Gott gleich (*aequalis*) ist, sondern nur auf eines, das ihm ähnlich ist (*similis*). Das dokumentiert der Wortlaut der einschlägigen Genesis-Stelle, die Claudianus zitiert. Er schließt: «Aber die Seele ist Bild des Unkörperlichen, also ist sie unkörperlich. Denn weil sie geschaffen ist, ist sie nicht Gott, weil sie aber Bild Gottes ist, ist sie kein Körper».[113] Danach kritisiert Claudianus die in seinen Augen schlichte Identifikation von ‹sichtbar› und ‹körperlich› bei Faustus, indem er auf *unsichtbare* körperliche Dinge (wie Töne) aufmerksam macht. Sichtbar wären alle körperlichen Dinge nur dann, wenn man darunter verstehen wollte, dass sie «mit den fünf Sinnen wahrnehmbar» sind. Da aber jeder der fünf Sinne einem Element entspricht (Gesichtssinn dem Feuer; Gehör der feinen Luft bzw. dem Äther; Geruch der dicken Luft bzw. dem Aer; Geschmack dem Wasser und der Tastsinn der Erde),[114] gilt für die Seele: Wenn sie körperlich wäre, müsste sie entweder aus einem oder mehreren Elementen bestehen (was, wie wir sahen, einige Neuplatoniker für den astralen Seelenleib lehrten). Claudianus widerlegt darauf die Ansicht, die Seele sei eine «luftähnliche Substanz»: In diesem Falle stünde sie unter den entwickelten Sinnen der Tiere und würde von der Sonne erleuchtet oder verfinstert.[115] Die Belege, die Faustus aus (Pseudo-)Hieronymus angeführt hatte, hält Claudianus nicht für autoritative Kirchenväterzeugnisse, sondern für reine Missverständnisse von Texten des Hieronymus; in Wahrheit habe dieser Kirchenvater den Engeln keine himmlischen Körper (*caelestia corpora*) zugeschrieben, sondern nur den Sternen. Engel besitzen genau den unkörperlichen Geistleib (*corpora spiritalia*), den die Auferstandenen nach der allgemeinen Auferstehung der Toten erhalten werden.[116] Die Seele übertrifft nach dem Tode weiterhin ihren Körper und ist also kein Geistleib oder irgendeine andere Form von Körper, sondern purer körperloser Geist in einem neuen Geistleib. Der bei Faustus zitierte Satz des gallischen Mönchstheologen Johannes Cassianus – «Die Seelen haben entsprechend ihrer selbst einen Körper, aufgrund dessen sie bestehen, freilich einen außerordentlich und unvergleichlich zarteren als unser Körper ist»[117] – ist nur sinnvoll, wenn die Seele über ihren Geistleib nach der Auferstehung spricht; als Selbstaussage der Seele über ihre angebliche eigene Körperlichkeit ist er sinnlos. Wenn die Seele körperlich gedacht wird, erfüllt sie einen Körper «wie das Wasser einen Schlauch», besteht sie aus Luft, ist sie dazu noch teilbar, und der Verlust eines Körperteiles zieht den Abgang eines Seelenteiles nach sich.[118] Gott ist keiner der Kategorien des Aristoteles unterworfen, die Seele nicht den Kategorien des Raumes und der Quantität (wohl aber der Qualität, dem Haben, der Beziehung, der Lage, der Zeit, dem Tun, dem Leiden und der Substanz): Qualitäten der Seele sind ihre Affekte.[119] Das Auge der Seele ist die Vernunft (*mens*),[120] die Schau der Seele ist eine geistige Schau, wie im Falle geometrischer Körper, die auch ohne sinnliche Anschauung wahrgenommen werden, oder von Zahlen, die nach dem Prinzip der Zahlen gezählt werden müssen, nicht allein nach der Empirie des Zählbaren.[121] An dieser Stelle denkt Claudianus ganz platonisch, wie auch folgender Satz deutlich macht: «Diese Formen, die wir mit dem Geiste schauen, bilden die intelligible, ewige Welt, deren Abbild diese sichtbare, vergängliche Welt ist.»[122] Allerdings argumentiert er auch gern ganz empirisch: Wir können in Gedanken versunken sein und uns ganz von der sinnlichen Anschauung abwenden, dann hat die Seele sich von den Sinnen abgewandt und sich in sich selbst zurückgezogen. Und selbst wenn der Körper schläft, denkt die Seele und ruht nicht wie der Körper aus.[123] Denken ist daher kein Akzidenz der Seele, sondern ihre Substanz, weil sie nie aufhört zu denken.[124]

Das zweite Buch der Schrift des Claudianus Mamertus bietet für die im ersten Buch entfaltete Position, dass die Seele mit ihrer Unkörperlichkeit zwischen dem gleichfalls unkörperlichen Gott und dem körperlich verfassten Menschen steht, Argumente aus der zeitgenössischen philosophischen Diskussion. Franz Bömer, Einar Hårleman und Ernest Fortin haben das beachtliche philosophische Bildungsniveau dieser Passagen bereits ausführlich nachgewiesen. Die Kapitel zeigen nochmals, dass das hohe Lob der Bildung des Claudianus, das sich mehrfach bei Sidonius Apollinaris findet, nicht nur als rein topische Panegyrik interpretiert werden darf.[125] Allerdings darf man auch nichts übertreiben: Pierre Courcelle hat nachgewiesen, dass viele, wenn nicht die meisten Belege des Claudianus der (verlorenen) Schrift *De regressu animae* des Porphyrius entnommen sein dürften, die auch der nordafrikanische Bischof Augustinus in *De ciuitate Dei* exzessiv benutzt hat.[126]

Unter den Zitaten aus der philosophischen Literatur bei Claudianus Mamertus finden sich einerseits so bekannte Stücke wie eine längere Passage zur Seelenlehre aus Platos Dialog *Phaedon*, in der die kategoriale Differenz zwischen Körper und Seele nach klassischer platonischer Dogmatik deutlich wird: Weil sich die Seele selbst bewegt und vor aller Geburt schon die Wahrheit geschaut hat, kann sie nicht körperlich sein.[127] Andererseits werden aber auch mehrfach deutlich weniger bekannte antike Philosophen erwähnt, so zu Beginn des zweiten Buchs zweimal der Pythagoreer Philolaus, ein Zeitgenosse des Sokrates. Claudianus behauptet, aus einem der Seele gewidmeten dritten Buch der von Philolaus verfassten Schrift über «Maße und Gewichte» zu zitieren; auf diese Weise widerlegt er seinen Gegner, der offenbar die Ansicht vertrat, Philolaus habe die «Einkörperung» der Seele in die Materie gelehrt.[128] Dieser habe ganz im Gegenteil, so führt Claudius Mamertus im zweiten Buch seiner Schrift aus, die Ansicht vertreten, die Seele sei zwar dem Körper «durch die Zahl» (durch ihre Fähigkeit, Zahlen zu denken und mit ihnen zu rechnen[129]) und durch eine «unsterbliche und unkörperliche Harmonie» (*conuenientia* bzw. ἁρμονία) eingepflanzt, aber als Zahl und Harmonie selbst unkörperlich. Außerdem führe die reine Seele nach der Trennung vom Körper im Tode ein körperfreies Leben im Kosmos (*mundus* bzw. κόσμος). Das zweite Referat wird durch das Zitat eines (höchstwahrscheinlich nicht authentischen) Fragmentes aus dem Werk des Philolaus belegt.[130]

Allerdings haben diese Autoren nach Claudianus keine selbständige Autorität: So betont er am Beispiel des Pythagoreers Philolaus die Konsonanz von Heiliger Schrift und philosophischer Argumentation:[131] «Maß, Gewicht und Zahl», nach der Gott alles geordnet hat (*Sapientia Salomonis* 11,21),[132] begründen eben nicht die Materialität der Seele, wie Faustus in seinem Traktat aufgrund der Schriftstelle argumentiert hatte (sonst müsste ja ein Gewicht der Seele in Pfunden angegeben werden können), sondern ihren Prinzipiencharakter: Maß, Gewicht und Zahl sind vielmehr, den platonischen Ideen vergleichbar, die ewigen Formen der Welt; «alle drei gleich ewig, immer unteilbar, überall und überall ganz: Sie sind der eine Gott selbst».[133] Die Seele hat ein unkörperliches Maß, vermag Zahlen zu denken und ihr Gewicht besteht in ihrer Liebe, mit der sie anderes liebt.[134]

Zur Stützung dieser Auslegung werden als philosophische Autoritäten drei Pythagoreer mit Zitaten angeführt, nämlich der erwähnte Philolaus, ein Zeitgenosse des Sokrates, Archytas von Tarent, der zur Zeit Platons lebte, sowie Hippon von Metapontus.[135] Dazu kommt eine umfangreiche Liste weiterer Pythagoreer: «Archippus, Epaminondas, Aristeus, Gorgiades, Diodorus und alle späteren Pythagoreer».[136] Es folgen, wie bereits angedeutet, zwei als Zitate aus Plato vorgestellte Textpassagen, eine erste kurze Formulierung, angeblich aus einem Buch «Über die Natur» (Περὶ Φυσικῆς) des Philosophen,[137] eine zweite, längere Passage in Gestalt einer Übersetzung aus dem Dialog *Phaedon*.[138]

Der angeblich platonische Satz («Die Seele aller beseelten Dinge ist nicht körperlich, sie ist immer von sich aus in Bewegung und auch treibende Kraft für die anderen, welche von Natur aus unbeweglich sind») erinnert stark an eine Formulierung aus der Schrift «Über Plato und seine Lehre» des nordafrikanischen (Mittel-)Platonikers Apuleius von Madaura, die in der Mitte des zweiten Jahrhunderts entstand.[139] Zum Abschluss folgt ein weiterer pointierter Satz des Neuplatonikers Porphyrius: «Wenn wir glücklich sein wollen, müssen wir den Körper ganz fliehen», der aus dessen verlorener, vor allem durch Augustinus bezeugter Schrift *De regressu animae* stammt.[140] Bömer hat vermutet, dass Claudianus nicht nur Augustinus, sondern Porphyrius selbst gelesen hat (und zwar in einer lateinischen Übersetzung des Marius Victorinus[141]). Schriften derjenigen Neuplatoniker, die einen himmlischen Körper der Seele lehrten (wie beispielsweise Texte von Jamblich), kannte er offenbar nicht. Man erkennt diese mangelnde Vertrautheit mit der Seelenlehre des späten Neuplatonismus daran, dass er gar nicht auf die neuplatonische Theorie von einem Astralkörper der Seele eingeht und sich mit ihr auseinandersetzt. Er argumentiert vielmehr auf der allgemeinen Basis des Leib-Seele-Dualismus gegen die Vorstellung von einem *irdischen* Seelenleib; höchstwahrscheinlich war ihm die Theorie eines *himmlischen* Astralkörpers der Seele in ihren Details unbekannt.

Abgeschlossen werden diese Belege paganer Philosophen zunächst durch ein wörtliches Zitat, das ohne Differenzierung von Vater und Sohn *Quintus Sextius* zugeschrieben wird.[142] Der Vater Quintus Sextius d. Ä. gründete in republikanischer Zeit die «Schule der Sextier», die stoische wie platonische Gedanken aufnahm, der gleichnamige Sohn gehörte ihr wohl ebenfalls an. Das Zitat hält allerdings gerade *gegen* die stoische Position im ursprünglichen platonischen Sinne fest, dass die Seele unkörperlich existiert, ohne spezifischen Ort, und als eine gewissermaßen unbemerkbare Kraft gedacht werden muss.[143] Abgeschlossen wird der Gang durch die pagane Philosophie wieder mit einer ebenso stolzen wie bunten Reihe von Zeugen: Varro, Cicero, Zoroaster, die Brahmanen, der sagenumwobene Anacharsides (einer der sieben Weisen), Cato und Crispus.[144]

Diese Fortsetzung des Kapitels macht noch einmal deutlich, dass die philosophischen Autoritäten für Claudianus Mamertus nur eine abgeleitete Bedeutung haben; sie gelten, insofern sie den biblischen Befund bezeugen, der durch maßgebliche Kirchenväter belegt wird. Daher schließen sich an die philosophischen Autoritäten Verweise auf die Kirchenväter Gregor von Nazianz,[145] Ambrosius,[146] Augustinus[147] und Eucherius von Lyon[148] (letztere drei mit teils ausführlicheren Zitaten) an. Dabei fällt auf, wie weit an dieser Stelle die Subtilitäten der christologischen und philosophischen Debatten des fünften Jahrhunderts entfernt sind. Während das Konzil von Chalcedon im Jahre 451 «eine Vermengung oder Vermischung» der beiden Naturen Christi ablehnte (σύγχυσιν καὶ κρᾶσιν bzw. *confusionem permixtionemque*),[149] heißt es bei Eucherius von Lyon, der allerdings möglicherweise bereits vor dem Konzil starb,[150] ganz unumwunden: In Christus sind zwei unkörperliche Dinge, die Seele und Gott, verbunden und vermischt mit einem körperlichen, dem Menschen.[151] Auch die stoische und neuplatonische Vorstellung von einer «unvermischten Einheit» (ἀσύγχυτος ἕνωσις) zwischen Seele und Körper, die diese Form einer in sich differenzierten Einheit sorgfältig von einer «Vermischung» (κρᾶσις) abhebt,[152] scheint weder Eucherius noch Claudianus Mamertus bekannt gewesen zu sein. Während Eucherius für seine sorgfältige Differenzierung zwischen der unkörperlichen Seele Christi und seinem körperlichen Leib gelobt wird, kritisiert Claudianus Mamertus Hilarius von Poitiers für seine oben zitierten Sätze über die Körperlichkeit alles Geschaffenen heftig:[153] Mit solchen Behauptungen gefährde er die Erlösung.[154]

Augustinus von Hippo

Es überrascht, wie wenig Claudianus Mamertus für seine eigene Argumentation *Augustinus*, in dessen Schriften sich allerlei Passagen gegen die Körperlichkeit der Seele befinden, heranzog. In späteren Lebensjahren ließ Augustinus nämlich keinen Zweifel daran, dass er Gott, die Engel und die Seele für körperlos hielt. In seiner umfangreichen Auslegung der Genesis nach dem Wortsinn, die vor 417 fertiggestellt wurde, schreibt der Bischof von Hippo:

> «Deshalb soll man nicht auf Leute hören, die von einem ‹fünften Körper› reden, aus dem die Seelen entstanden sein sollen, einem Element, das weder Erde noch Wasser noch Luft sei, weder das heftige irdische noch das lichte reine Feuer des Himmels oder irgendein anderer Körper, für den es keinen gebräuchlichen Namen gebe, der aber trotzdem Körper sei.»[155]

Wenn sie nämlich an das denken, was auch wir ‹Körper› nennen, wäre das irgendein naturhafter Gegenstand, der mit Länge, Breite und Tiefe einen räumlichen Ort einnimmt; und das ist die Seele nicht, und es ist auch nicht zu glauben, dass sie aus einem solchen erschaffen ist».[156]

Wenn man sich fragt, warum Augustinus so entschieden gegen die Vorstellung einer Körperlichkeit Gottes, der Engel und der Seelen Partei nahm, obwohl er sich doch mindestens während seiner Jahre in Mailand 384–391 intensiv mit neuplatonischer Philosophie auseinandergesetzt hatte, dann muss man in jedem Fall zunächst auf seine manichäische Phase ab 373 Bezug nehmen. *Vor* dieser Phase war Augustinus nach eigenen Angaben zeitweilig davon überzeugt, dass nach der Vorstellung der katholischen Mehrheitskirche Geist, Seele und Gott in einer gewissen Weise *körperlich* gedacht werden müssten – zu einem nicht ganz klar zu bestimmenden Zeitpunkt hatte sich der Rhetor in Karthago nämlich der stoischen Vorstellung von einer feinstofflichen Körperlichkeit Gottes zugewendet.[157] Wir erfahren dies aus verschiedenen, mit Blick auf ihre Historizität selbstverständlich nicht unproblematischen Passagen in seinen «Bekenntnissen» (*Confessiones*). Hier heißt es zunächst summarisch in der für das Werk charakteristischen Gebetsanrede des bekehrten Christen Augustinus an Gott:

«Wohl dachte ich dich, mein Gott, nicht in der Gestalt eines menschlichen Körpers, seitdem ich einiges von der Weisheit zu hören begonnen hatte – immer schon hatte ich mich dagegen gesträubt, und ich freute mich, dass ich jene Vorstellung auch im Glauben unserer geistlichen Mutter, deiner allgemeinen Kirche, verworfen fand – aber wie ich dich anders denken sollte, das wollte mir nicht in den Sinn kommen».[158]

In derselben Passage beschreibt Augustinus seine einstige Vorstellung von der körperlichen Gestalt Gottes: «nicht eine Gestalt eines menschlichen Körpers, trotzdem aber irgendetwas Körperhaftes (*corporeum aliquid*) im Raum (…), sei es nun der Welt eingegossen oder außer der Welt ins Unendliche hinausgegossen». Er teilte damals offensichtlich auch die stoische Position, dass nur das reine Nichts körperlos zu denken sei.[159] Allerdings zeigt die Formulierung, das Göttliche sei entweder in die Welt «hineingegossen» (*infusum*) oder ins Unendliche «ausgegossen» (*diffusum*), ein für die Stoa ganz untypisches, aber für den Neuplatonismus charakteristisches metaphorisches Reden von einem «Überfließen» der Gottheit.[160] Dieses Detail dürfte vielleicht der Tatsache geschuldet sein, dass Augustinus viele Jahre nach seiner grundstürzenden Begegnung mit dem Neuplatonismus in Mailand[161] auf die Anfänge seines philosophischen Nachdenkens in Karthago zurückschaut: Mit sprachlichen Mitteln des Neuplatonismus beschreibt er die stoische Vorstellung, dass das göttliche Pneuma alle Dinge dieser Welt durchdringt. Unklar bleibt, ob Augustinus jemals vor seiner ersten philosophischen Lektüre in Karthago die Vorstellung vertrat, Gott hätte «die Gestalt menschlichen Fleisches» und sei «von den körperlichen Umrissen unserer Glieder eingeschlossen».[162] Bereits bald nach seiner sogenannten Mailänder Bekehrung polemisiert Augustinus gegen eine solche Vorstellung, die er als kindisch empfindet und die durch die «katholische Lehre» (*catholica disciplina*) zu glauben verboten sei.[163]

Wir wissen auch nicht ganz genau, wann Augustinus zu jener stoisch grundierten Vorstellung einer feinstofflichen Körperlichkeit Gottes fand, die er vermutlich auch in stoischer Tradition auf die Körperlichkeit des Geistes und der Seele anwendete. In der zitierten Passage aus den «Bekenntnissen» scheint er diese Erkenntnis auf den Anfang der siebziger Jahre des vierten Jahrhunderts zu datieren, als er sich unter dem Einfluss des protreptischen Dialogs *Hortensius* des Cicero für die Philosophie zu begeistern begann und viele Texte las («seitdem ich einiges von der Weisheit zu hören begonnen hatte»).[164] Jedenfalls behauptet er rund siebenundzwanzig Jahre später in den «Bekenntnissen», er sei durch Angehörige manichäischer Gruppen nach 373 in dieser Vorstellung bereits wieder erschüttert worden. Augustinus berichtet, dass diese Menschen im Hinblick auf die mehrheitskirchliche Vorstellung von der Gottebenbildlichkeit polemisch fragten, «ob Gott in körperlicher Gestalt eingeschlossen sei und Haare und Nägel habe».[165] Ähnliches findet sich schon rund zehn Jahre vorher in seiner Genesis-Auslegung gegen die Manichäer, die Augustinus kurz nach seiner Rückkehr nach Nordafrika verfasste.[166] Gleichzeitig ließen die Manichäer keinen Zweifel daran, dass der als «Vater der Größe» bezeichnete oberste Gott schlechterdings transzendent und fern jeder Form von Körperlichkeit zu denken sei, auch wenn in der lateinischen Überlieferung des «Grundlagenbriefes» von Mani, dem Begründer des Manichäismus, von den «Gliedern» und der «Substanz» dieses Gottes die Rede ist.[167] Der Vorwurf Augustins, im Manichäismus denke man sich die göttliche Substanz, die *diuina substantia*, als eine «gleichsam ungeformte Masse» (*uelut informis molis*),[168] mag Polemik eines einstigen Manichäers gewesen oder als Referat von «Vulgärmanichäismus» erklärbar sein – aber eine gewisse terminologische Ambivalenz im Blick auf die Rede von einem göttlichen Körper scheint mindestens für den *nordafrikanischen* Manichäismus charakteristisch gewesen zu sein: Wort und Körper sind in dieser stark christlich geprägten Spielart des Manichäismus einander ebenso wie in anderen Formen dieser gnostischen Universalreligion zwar schlechterdings entgegengesetzt,[169] aber der von der Finsternis geschaffene Mensch fesselt in seinem Körper göttliche Substanz.[170] Man wird also nicht ausschließen können, dass Augustinus auch in seiner manichäischen Phase noch Reste der stoisch grundierten Vorstellung von einer Körperlichkeit Gottes wie der Seele in Gestalt der manichäischen Rede von einer göttlichen «Licht-Substanz» festgehalten hat.

Erst in Mailand wendete sich Augustinus unter dem Einfluss des Neuplatonismus und der Predigten des Ambrosius endgültig von solchen Positionen ab; die Abkehr ist in den Dialogen bereits vollzogen, die Augustinus nach seiner sogenannten Bekehrung ab Herbst 386 im bei Mailand gelegenen Landgut Cassiciacum verfasste:[171]

«Ich merkte nämlich häufig bei den Predigten unseres Bischofs (Ambrosius), manchmal auch bei Gesprächen mit dir (dem Mailänder Gönner Theodorus), dass man sich ganz und gar nichts Körperliches denken darf, denkt man über Gott nach oder über die Seele; denn von allen Dingen ist diese allein Gott ganz nah».[172]

Auf dem Weg nach Nordafrika arbeitete Augustinus sogar eine eigene Schrift aus, mit der er zeigen wollte, dass die Seele «nicht von körperlicher Größe ist und dennoch etwas Großes hat», nämlich die Abhandlung «Über die Größe der Seele» (*De quantitate animae*).[173] Dabei wird die These, dass die Seele unkörperlich ist, begründet durch Verweis auf die Gerechtigkeit, die ebenfalls unkörperlich und doch real ist, die mangelnde physische Größe der Seele und deren Fähigkeit, abstrakte geometrische Elemente in sich aufzunehmen. Auf diese Argumentation folgen in dem umfangreichen Text ausführliche Auseinandersetzungen mit Einwänden. Bemerkenswerterweise weigert sich Augustinus in der Schrift, etwas positiv über die Substanz der Seele auszuführen:

«Aber ihre Substanz kann ich nicht angeben. Denn ich glaube nicht, dass sie aus den üblichen und bekannten Grundstoffen der Natur besteht, die wir mit unseren körperlichen Sinnen erfassen. Denn die Seele besteht nach meiner Meinung weder aus Erde noch aus Wasser noch aus Luft noch aus Feuer noch aus der Verbindung aller oder einiger dieser Elemente. (…) Denn die Seele scheint doch etwas Einfaches zu sein und eine besondere Substanz zu haben».[174]

Obwohl Augustinus also nicht mehr die stoische Ansicht vertritt, dass die Seele körperlich gedacht werden muss, ist er nach wie vor davon überzeugt, dass sie eine Substanz *sui generis* besitzt. Auch wenn er über diese Substanz nichts zu sagen weiß, kann er positiv festhalten, dass die Seele «weder lang noch breit noch fest ist und auch sonst keine Eigenschaften besitzt, mit denen wir Körper zu messen pflegen».[175] Die Seele ist zwar nicht «da, wo Gott ist», aber man muss annehmen, «dass in der gesamten Schöpfung nichts Gott näher ist».[176] In späteren Texten aus nordafrikanischer Zeit wird dagegen jede terminologische Nähe zu einer Rede von göttlichem oder seelischem Körper konsequent vermieden. Augustinus hatte in der zweiten Hälfte seines Lebens überhaupt keinen Zweifel mehr daran, dass die Idee einer Körperlichkeit von Gott und Seele eine unsinnige, ja sogar häretische Position sei. Vielleicht ist es aber ein kleiner Tribut an die verschlungenen eigenen Denkwege, wenn Augustinus in einem Abschnitt seines als Kompendium angelegten antihäretischen Werkes «Über die Häresien», das sich mit einer nach Tertullian genannten Gruppe der «Tertullianisten» beschäftigt, zugesteht, dass man Gott in einem bestimmten Sinne wohl Körper nennen könne.[177] Dieser Text entstand kurz vor seinem Tod und mag die letzte, etwas versöhnlichere Äußerung zum Thema darstellen.[178]

Die unterschiedlichen Stellungnahmen des Augustinus machen auf ihre Weise deutlich, wie eng die Vorstellung von einer Körperlichkeit der Seele und einer Körperlichkeit Gottes miteinander zusammenhingen. Sie zeigen aber auch, dass selbst einer der besten christlichen Kenner des paganen Neuplatonismus im vierten und fünften Jahrhundert nicht wahrnahm, dass die neuplatonische Diskussion die stoische Vorstellung von einem Körper der Seele in verwandelter Form durchaus aufgegriffen hatte – in Gestalt der Rede von einem himmlischen Astralkörper. Augustinus dürfte daher mit dafür verantwortlich sein, dass die klassische Alternative zwischen stoischen und platonischen Vorstellungen im christlichen Raum unverändert lebendig blieb; er dürfte auch seinen Anteil an der weiteren Popularisierung der klassischen platonischen Überlegungen im Christentum gehabt haben.

Claudianus Mamertus: «De statu animae»

Zurück zur gallischen Diskussion am Ende des fünften Jahrhunderts: Ein Verweis auf Augustinus als Kronzeugen gegen die auch im Christentum vertretenen Ansichten über die Körperlichkeit Gottes und der Seele fehlt, wie gesagt, bei Claudianus Mamertus.[179] Offenbar kam es diesem Autor in seinem Traktat gar nicht auf Vollständigkeit bei seinen Belegen paganer philosophischer und christlicher Autoritäten an. Daher schließt auch das zweite Buch seiner Schrift über die Seele wieder mit biblischen Zitaten und darauf basierenden Argumentationsgängen. Vor allem mit dem Apostel Paulus soll gezeigt werden, dass Körper und körperlose, geistige Seele schon nach biblischen Maßstäben voneinander zu unterscheiden sind.[180] Im vorletzten Kapitel des zweiten Buches wird auf der Basis der berühmten Stelle aus dem zweiten paulinischen Korintherbrief (2. Korinther 12,2), in der Paulus eine Himmelsreise andeutet, und weiterer biblischer Belege argumentiert, es gebe mehrere Himmel:[181] Im obersten dritten wohne Gott, und daher müsse es sich um einen intelligiblen Himmel handeln.[182] Der Bericht über die Entrückung des Paulus aber zeige, da er nicht wisse, ob er im Körper oder außerhalb des Körpers gewesen sei, dass im Menschen etwas Unkörperliches sei.[183]

Im dritten Buch wird die Argumentation ebenfalls mit biblischen Texten fortgesetzt; so wird beispielsweise aus der Erscheinung Gabriels vor Maria (Lukas 1,19), die auch Faustus von Riez herangezogen hatte, um die körperliche Existenz der Engel zu belegen,[184] gefolgert, dass Engel gleichsam Mischwesen seien: Sie müssen aus Körper und Geist bestehen, mit jenem erscheinen sie den Menschen, mit diesem sehen sie beständig Gottes Angesicht.[185] Ausdrücke wie «in Abrahams Schoß» (Lukas 16,22–26) und andere räumliche Bezeichnungen der biblischen Texte über Aufenthaltsorte der Seele müssten natürlich auch als Metaphern verstanden werden.[186]

Das Buch schließt, didaktisch sehr geschickt, mit einer *Zusammenfassung* in Gestalt einer kurzen Wiederholung wichtiger Themen des Werkes; in der Edition folgt noch ein – allerdings nur in einer karolingischen Handschrift ohne Überschrift anonym überlieferter – *Brief als Epilog*. Die *Zusammenfassung* stellt in skizzenhafter Form noch einmal kurze Merksätze über die Unkörperlichkeit Gottes, die körperlose Lebendigkeit der Seele und weitere ihrer Funktionen zusammen; jeder der Merksätze endet mit Formulierungen wie «Also ist die Seele unkörperlich» oder «Also ist die Seele kein Körper».[187] Der an einen «verehrungswürdigen Herrn» gerichtete, aber ohne jeden Schluss überlieferte *Brief*, den die kritische Edition als *Epilog* zu der Schrift des Claudianus Mamertus über die Seele bietet, schließt in extremer didaktischer Verkürzung mit einem Schaubild.[188] Die Graphik stellt jeweils drei Sätze über Gott, den Geist und den Körper zusammen. Bemerkenswert ist, dass in diesem Schaubild der Begriff «Geist» (*spiritus*) an der Stelle von «Seele» (*anima*) steht. Das könnte dafür sprechen, dass das Schaubild bereits existierte und am Ende des Buches als Illustration angefügt wurde.

Die Abbildung ist so zu lesen, dass Gott das «höchste Gut *ohne* Qualität», der Geist «das große Gut *mit* Qualität», der Körper aber «gut *mit* Qualität und Quantität» ist, Gott ohne Zeit und Ort bewegt wird, der Geist in der Zeit ohne Ort ist und der Körper räumlich und zeitlich, Gott richtet und nicht gerichtet wird, der Geist richtet und gerichtet wird und der Leib nicht richtet und gerichtet wird. Der «Epilog» kann also durchaus als separater Text gelesen werden, auch wenn er eine Bibelstelle aufgreift, die schon in den Argumentationen des Faustus und des Claudianus Mamertus im Traktat über die Seele eine Rolle spielt.[189] Er zeigt zudem, wie wichtig es Letzterem und seinem Kreis war, dass die richtigen Ansichten über Gott und die Seele sich im spätantiken Gallien verbreiteten.

Blickt man zusammenfassend auf die Argumentation des Claudianus in den drei Büchern seines Werkes *De statu animae*, so kann man feststellen, dass der gallische Autor überraschend viele platonische wie neuplatonische Texte kannte und manche sogar, wie Franz Bömer und Ernest Fortin gezeigt haben, in ihrer griechischen Originalfassung. Eine zentrale Pointe der zeitgenössischen neuplatonischen Diskussion über die Seele, nämlich die Frage, wie genau der himmlische Astralkörper der Seele beschaffen sei und inwiefern er sich von einem irdischen Körper unterscheide, hat Claudianus allerdings entweder gar nicht zur Kenntnis genommen oder er hat sich entschlossen, diese für seine Argumentation nicht unproblematische Diskussion vollkommen auszublenden. Er folgt

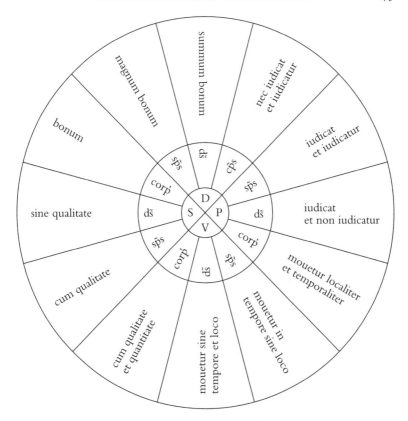

*Abb. 8 Claudianus Mamertus, Abbildung aus dem sogenannten Epilog von
«De statu animae»
Codex Bibliothecae Universitatis Lipsiensis 286, saec. XI/XII, fol. 77* [190]

darin den Ansichten des wahrscheinlich besten christlichen Kenners des Neuplatonismus im lateinischen Sprachraum des fünften Jahrhunderts, Augustinus von Hippo. Weil Claudianus (wie auch Augustinus) nicht klar war, wie sehr sich stoische und neuplatonische Theorien an diesem Punkt bereits angenähert hatten, konnte er im Unterschied zu Faustus die stoische Theorie einer leichten, himmlischen Körperlichkeit von Gott und Seele wie Augustinus energisch zurückweisen. Das Problem, wie der unkörperliche Gott und die unkörperliche Seele präzise voneinander zu unterscheiden seien, wird mit Rückgriff auf die jüdisch-christliche Vorstellung von der Schöpfung gelöst: Die Seele ist geschaffen, Gott ihr Schöpfer. Deswegen sollte man aber nicht bemängeln (wie Martin Schulze dies getan hat), dass es bei Claudianus Mamertus «an einer scharfen Unterscheidung zwischen der Unräumlichkeit Gottes und der Unräumlichkeit der Seele» fehlt, «wodurch die Grenze zwischen Gott und Geschöpf verwischt wird,»[191] weil Gottesprädikate vom Menschen (präziser: von der menschlichen Seele) ausgesagt werden. Die Graphik am Schluss des sogenannten Epilogs macht deutlich, dass Claudianus die zentrale platonische Einsicht übernommen hat, dass die Seele zwischen Gott und Mensch steht. Allerdings bestand exakt dasselbe systematische Problem auch für die, die die Gegenthese vertraten: Wenn Gott wie die Seele eine gewisse Körperlichkeit aufweist, muss ebenfalls erklärt werden, worin sich Gott und Seele präzise unterscheiden – jedenfalls dann, wenn nicht wie in vielen Varianten stoischer Philosophie eine enge Verwandtschaft oder gar partielle Identität beider ausgesagt werden soll, sondern in jüdisch-christlicher Tradition eine kategoriale Trennung.

Zusammenfassung

Der Blick auf die Auseinandersetzungen des vierten und fünften Jahrhunderts in der lateinischsprachigen Theologie zeigt, warum die Frage nach der *Körperlichkeit der Seele*, die systematisch eng mit der Frage nach der Körperlichkeit *Gottes* verbunden ist, seit der Spätantike separat diskutiert werden konnte und auch getrennt verhandelt worden ist: Während unter dem Einfluss der stoischen Philosophie beide Fragen als Teil einer einzigen Debatte wahrgenommen wurden (wie die Schriften des nordafrikanischen Rhetors Tertullian zeigen), entkoppelte der spätere Neuplatonismus beide Fragen: In der spätantiken neuplatonischen Philosophie wurde die Frage nach der spezifischen Körperlichkeit der Seele verhandelt, obwohl man von der Körperlosigkeit des transzendenten ersten Gottes überzeugt war. Wenn man nach Gründen für diese auf den ersten Blick recht überraschende Entwicklung innerhalb der platonischen Schultraditionen fragt, dann spricht viel für die Annahme, dass eine Ursache die argumentative Plausibilität des stoischen Materialismus war: Wer einen Aufstieg der von ihm rein geistig konzipierten Seele vom Körper weg annahm, setzte nicht nur einfach notwendigerweise räumliche und darin auf Materialität bezogene Metaphern voraus (beispielsweise die Metapher «Aufstieg»). Vielmehr provozierte er automatisch auch die Frage nach der Bedeutung von Räumlichkeit und Materialität für diesen Prozess, weil sich die Konzeption einer reinen Geistigkeit ohne einen mindestens konstitutiven antitypischen Bezug auf die Materialität philosophisch nur schwer oder gar nicht durchhalten lässt.

Diese Debatte in der paganen neuplatonischen Philosophie wurde jedoch in der christlichen Theologie nicht rezipiert; die einflussreichsten christlichen Schriften über die Seele folgten weiter dem klassischen platonischen und ursprünglichen neuplatonischen Paradigma, dass Seele und Gott gleichermaßen körperlos zu denken seien.[192] Nicht zuletzt aufgrund der Deutlichkeit, mit der sich Augustinus als *der* Kirchenvater des Abendlandes von einer frühen stoisch grundierten Periode distanzierte, verlor die stoische Konzeption einer Körperlichkeit *sui generis* als materielles Implikat einer jeden Existenz ihre Plausibilität in der christlichen Theologie. Gleiches galt für gallische Mönchstheologen wie Faustus von Riez, der mit seiner stoisch grundierten Vorstellung von einer luftigen Körperlichkeit der Seele gegen den «Arianismus» (also die bei den westgotischen Stämmen verbreitete homöische Reichstheologie) argumentieren wollte. Auch diese Denktradition brach ab.

Von der Körperlichkeit *Gottes* ist in diesen westlichen Diskussionen im Unterschied zu den Debatten über die sogenannten *Anthropomorphiten* im Osten (dazu unten, S. 310–364) nicht mehr explizit die Rede; im Gegenteil, Faustus wie Claudianus Mamertus sind davon überzeugt, dass Gott keinen Körper hat, und debattieren ausschließlich die Frage, ob die Seele auf die Seite des unkörperlichen Gottes oder aber einer als *in toto* körperlich gedachten Schöpfung gehört. Man kann also sagen, dass unter dem Einfluss des Augustinus sowie auch des Johannes Cassianus, der (wie wir sehen werden) kräftig gegen die ägyptischen Anthropomorphiten polemisierte, die Frage nach der Körperlichkeit Gottes innerhalb der christlichen Theologie am Ende des fünften Jahrhunderts im Westen definitiv beantwortet war, nämlich negativ.

FÜNFTES KAPITEL
DER KÖRPER GOTTES UND DIE SPÄTANTIKE JÜDISCHE MYSTIK

1. ZEUGNISSE DER FRÖMMIGKEIT

Die Vorstellung, ein Gott habe einen Körper, wenn auch in einer besonderen Materialität, war in der Antike für sehr viele Menschen vollkommen selbstverständlich. Nicht nur die Götterstatuen paganer Tempel setzten sie implizit voraus und popularisierten sie, sondern auch einzelne philosophische Schulen vertraten und lehrten sie. Daher ist es nicht verwunderlich, dass auch im antiken Christentum Menschen von der Vorstellung der Körperlichkeit Gottes geprägt waren. Schließlich findet sie sich auch in den kanonischen Heiligen Schriften des Alten und Neuen Testamentes, die das liturgische Leben und die theologische Reflexion dieser Religion von Anfang an prägten.[1] Welche Rolle spielte diese Vorstellung aber im spätantiken Judentum?

Wir haben gesehen, dass einerseits jüdische Denker, die wie Aristobul oder Philo von Alexandrien durch die klassische platonische Philosophie geprägt waren, entsprechende biblische Passagen allegorisch interpretierten und die Idee einer Körperlichkeit Gottes vehement ablehnten.[2] Andererseits darf auch im Judentum der Einfluss der platonischen Kritik an der Vorstellung von einer Körperlichkeit des schlechterdings transzendenten Gottes nicht überschätzt werden, wie die Ausmalung der Synagoge von Dura-Europos zeigt:[3] Für das Judentum gilt ebenso wie für das Christentum und die ganze Welt der kaiserzeitlichen Antike, dass nicht alle Menschen explizit oder implizit dem Platonismus anhingen, auch wenn die Forschung insbesondere im neunzehnten und zwanzigsten Jahrhundert das gern glauben machen wollte.

Wenn man das Bild des antiken Judentums an dieser Stelle vertiefen möchte, müssen neben die deutlich von der philosophischen Diskussion in Alexandria geprägten Texte eines Aristobul und Philo sowie einzelne Zeugnisse der Frömmigkeit einer sehr besonderen Synagogengemeinde an der Reichsgrenze auch rabbinische und nichtrabbinische spätantike Werke treten. Dabei ist es ganz wichtig, die besondere, eigenständige Prägung dieser Texte zu berücksichtigen und sie nicht als bloße Parallelen zu christlichen oder paganen Schriften zu behandeln – der amerikanische Judaist Samuel Sandmel (1911–1968) hat für einen solchen Missbrauch jüdischer Texte den sprechenden Ausdruck «Parallelomania» geprägt.[4] Zudem muss man sich klarmachen, dass diese jüdischen Texte im Unterschied zu vielen paganen und christlichen Quellen nur eingeschränkt datierbar sind, weil sie für längere Zeit als lebendiger Strom mündlicher Überlieferung in bestimmten institutionellen Zusammenhängen tradiert wurden und dabei Gestalt wie Umfang veränderten. Nur sehr selten wurden sie von einem einzigen, präzise identifizierbaren Autor verfasst, sind daher schwer datierbar und auch kaum als klar fixierter Textbestand (gleichsam durch den Autor kanonisiert) überliefert. Um die Fluidität dieser Quellen angemessen zum Ausdruck zu bringen, könnte man einen literaturwissenschaftlichen Ausdruck verwenden, der inzwischen gern zur Bezeichnung von liturgischen Texten verwendet wird: «living literature».[5]

Besonders deutlich ist von einem Körper Gottes in den sogenannten «Shiʿur Qoma»-Texten (שיעור קומה) die Rede, wörtlich übersetzt in Texten über das «Maß der Gestalt (des göttlichen Körpers)». Darunter versteht man Passagen aus dem Korpus der sogenannten Hekhalot-Literatur. Präziser formuliert: «Shiʿur Qoma»-Texte stellen eine «Mikroform» im umfangreichen Korpus der Hekhalot-Literatur dar, einer Sammlung von «Makroformen» vorkabbalistischer mittelalterlicher jüdischer mystischer Literatur. Diese terminologische Differenzierung geht auf den Judaisten Peter Schäfer zurück, der die Texte erstmals kritisch ediert, durch Übersetzungen zugänglich gemacht und durch diverse Forschungsbeiträge erschlossen hat.

Es hat sich eingebürgert, diese vorkabbalistische Form jüdischer Mystik als «Merkava-Mystik» zu bezeichnen und das Korpus literarischer Texte als «Hekhalot-Literatur»; diese neuzeitliche Terminologie dürfte auf Gershom Scholem (1897–1982) und seine grundlegenden Veröffentlichungen zur jüdischen Mystik zurückgehen,[6] hat aber Anhalt an originalen Schriftentiteln aus dem Korpus, die die hebräischen Termini «Hekhal» (היכל), «(himmlischer) Palast», und «Merkava» (מרכבה), «Thronwagen (Gottes)», enthalten.[7] Da der hebräische Ausdruck «Hekhal» auch verwendet wird, um den Tempel in Jerusalem zu bezeichnen,[8] oszilliert der Plural des Ausdrucks «Hekhalot» (היכלות) zwischen «himmlische Paläste» und «himmlische Tempel».

Die Vision des Ezechiel und ihre frühe Rezeption

Als chronologisch früheste Beschreibung des göttlichen Thronwagens gilt eine Passage im Buch des Propheten Ezechiel der Hebräischen Bibel;[9] sie gehört in den Kontext der Berufungsvision des Propheten und mag in ihren Grundzügen noch auf das fünfte vorchristliche Jahrhundert zurückgehen. Wenn man den Text in seiner kanonischen Endgestalt liest und nicht nach einem mutmaßlichen literarischen Wachstum fragt, wird aber ein Thronwagen gar nicht explizit beschrieben – vielmehr liest man *eine Vision in drei Abschnitten:* Ezechiel, der sich am Kebarkanal, dem heutigen Šatt-en-nîl bei Nippur, befindet, sieht zunächst eine Gewittererscheinung, aus deren Mitte es «gleich dem Schein von Weißgold» leuchtet (Ezechiel 1,4).[10] Als Zentrum der Erscheinung erweist sich, freilich erst am Schluss der Vision, der göttliche Thron mit Gott selbst, der auf ihm sitzt (1,26).[11] Erzählt wird also eine dreistufige Vision des thronenden Gottes, die einem Propheten im babylonischen Exil widerfährt; der thronende Gott wird wie üblich von unten beginnend beschrieben. Aus dem Leuchten eines weißgoldartigen Scheines heraus konkretisiert sich sodann «die Gestalt» von vier geflügelten «Lebewesen» (חיות),[12] Menschen gleichgestaltet (1,5) mit einem Menschen-, Löwen-, Stier- und Adlergesicht (1,10). Diese Lebewesen unterscheiden sich damit optisch deutlich von den anderwärts in der Bibel beschriebenen Cherubim, auch wenn sie gern mit ihnen identifiziert werden und in der Passage eine solche Identifikation mutmaßlich auch intendiert wurde (wie das spätere zehnte Kapitel zeigt).[13] Die Lebewesen können sich in jede Richtung bewegen, «in vollkommener Harmonie und Einheit, und drehen sich niemals um, da sie immer in die Richtung schauen, in die sie sich bewegen».[14] Aufgabe dieser «Lebewesen» ist offenbar, die in der Visionsschilderung später explizit erwähnte Platte, «an Glanz gleich dem Kristall» (1,22), und den darauf stehenden göttlichen

Thron «wie von Saphirstein» (1,26) zu tragen, auch wenn dies nirgendwo explizit gesagt wird.[15] Auf dem Thron war nach dem Text der Vision etwas zu sehen, «was wie ein Mensch aussah» (1,26) – die Vision enthält zwar keine deutliche und ausführliche anthropomorphe Beschreibung der Gestalt Gottes, wenn man von der zweimaligen Erwähnung von etwas absieht, «was wie seine Hüften aussah» (1,27), aber sie evoziert anthropomorphe Vorstellungen mit dem Begriff «Mensch» (אדם).[16] Neben den Lebewesen befindet sich schließlich jeweils «ein Rad auf der Erde» (also dort, wo der Seher Ezechiel inmitten der exilierten jüdischen Gemeinde steht), «und das Aussehen der Räder und die Art, in der sie gearbeitet waren, war gleich dem Glanz des Chrysoliths» (1,15 f.).[17] Der ganze Abschnitt «betont die Einheit und Harmonie der Lebewesen mit ihren Rädern, die sich immer in dieselbe Richtung bewegen, sowohl auf als auch über dem Boden».[18] Wie man sich genau vorzustellen hat, dass sich neben den Lebewesen Räder befinden und sich gleichzeitig ein Rad im anderen befindet (1,16), wird ebenfalls im Text nicht gesagt; ob wirklich im Hintergrund ursprünglich schon das Bild eines fahrbaren Wagens mit Thron stand, ist schwer zu entscheiden. Zunächst einmal geht es einfach um Räder und nicht um einen Thronwagen: «Neben jedem Wesen steht ein einzelnes Rad» (Zimmerli).[19]

Das biblische Bild aus dem Ezechiel-Buch ist schwer zu visualisieren: Wenn überhaupt das Bild eines Wagens mit Rädern im Hintergrund stand, wurde es im Text gleich wieder dementiert, mindestens dem Genre einer Vision entsprechend verschleiert und insofern transzendiert: «Und wenn die Lebewesen gingen, so gingen auch die Räder neben ihnen her, und wenn sich die Lebewesen von der Erde erhoben, so erhoben sich auch die Räder. (…) Denn der Geist der Lebewesen war in den Rädern» (1,19. 21).[20]

Folglich fällt der Terminus «Merkava» (מרכבה), «Thronwagen», im hebräischen Original des Ezechiel-Buchs auch noch nicht.[21] Der chronologisch früheste technische Gebrauch dieses Ausdrucks für Gottes Thron im irdischen Tempel findet sich in den Chronikbüchern; dort heißt es von David, dass er Salomo den Entwurf des Tempels und damit auch «einen Entwurf des Thronwagens mit den goldenen Cherubim gab, die sich ausbreiteten und oben die Lade des Bundes des Herrn bedeckten» (1. Chronik 28,18).[22] Erst im Buch des Jesus Ben Sirach wird im sogenannten Lob der Väter Ezechiels Vision zum ersten Mal als «Vision der Herrlichkeit» bezeichnet, «die er (sc. Gott) ihm (sc. Ezechiel) gezeigt hat auf einem Wagen der Cherubim» (so die griechische Fassung in Sirach 49,10) bzw. als die «Arten von Thronwagen» (so die hebräische Fassung in 49,8).[23] Daher finden sich Versuche der Visualisierung auch erst in der nachantiken christlichen Kunst; ältere Darstellungen von Throntabernakeln[24] haben nur mittelbar mit dem Visionsbericht des Prophetenbuches zu tun. Aber selbst in hochmittelalterlichen Darstellungen wurden die Räder und die vier Lebewesen nicht immer zu einem Thronwagen mit Rädern und Cherubim zusammengesetzt, auf dem ein göttlicher Thron montiert war. Vielmehr stehen auch hier Räder und Lebewesen teilweise noch so nebeneinander, wie sie im kanonisch gewordenen biblischen Text nebeneinanderstehen (Abb. auf S. 184).[25]

Auch wenn also in der Hebräischen Bibel das Wort «Merkava» (מרכבה) nur selten explizit zur Bezeichnung des himmlischen Thronwagens benutzt wird, spielt dieser Thronwagen und überhaupt die Thronvision des Ezechiel-Buches doch bereits im Judentum der hellenistischen Zeit eine zentrale Rolle für die theologische Spekulation über die Körperlichkeit Gottes und das Design des himmlischen Tempels (bzw. himmlischen Palastes), in dem Gott sich aufhält.[26] Ein möglicher Grund für diese besondere Aufmerksamkeit ist, dass in der Ezechiel-Vision der hebräische Ausdruck «Mensch» (אדם) ganz direkt in Zusammenhang mit Gott verwendet wird, gleichsam in einem direkten Bezug zur Vorstellung von der Gottesebenbildlichkeit in der Schöpfungsgeschichte (Genesis 1,26): «Wenn der ‹Mensch› also nach dem ‹Abbild› Gottes geschaffen ist, dann darf man daraus folgern, dass Gott wie ein ‹Mensch› (אדם) aussieht, und genau dies tut Ezechiel».[27]

Ein fast noch ausgeprägteres Interesse an der physischen Gestalt Gottes verrät eine Vision im Buch des Propheten Daniel, das jetzt in das zweite vorchristliche Jahrhundert datiert wird.[28] Sie setzt in gewissem Sinne die Vision im Ezechiel-Buch voraus, weil offenkundig ein Thron mit Rädern, also ein Thronwagen, geschildert wird, ohne dass der Begriff «Thronwagen» selbst fällt. Der Prophet Daniel schaut auf dem Thron einen «Uralten an Tagen» (עתיק יומין bzw. παλαιὸς ἡμερῶν). Bemerkenswerterweise werden auch noch Details angegeben: Man liest, dass «seine Kleidung wie Schnee weiß war, sein Haupthaar wie Wolle rein, sein Thronsessel sprühte Feuerflammen, dessen Räder brennendes Feuer» (Daniel 7,9).[29] Der Text osziliert also zwischen der Beschreibung eines sehr alten Mannes in wollenen weißen Kleidern und dem Versuch, die Ewigkeit Gottes ohne die sonst üblichen liturgischen

Abb. 9 Initiale zum Ezechiel-Buch aus der Winchester Bible (1180)
Sogenannter Morgan Master, Winchester Cathedral Library, fol. 172ʳ

oder philosophischen Termini zum Ausdruck zu bringen.[30] Zu diesem «Uralten» kommt einer «wie ein Menschensohn» (7,13); von einem gemeinsamen Thronen der beiden Figuren (wie in Psalm 109/110,1: «Setze dich zu meiner Rechten») wird hier nichts berichtet, vielmehr wurde der, der einem Menschensohn ähnelt, vor den göttlichen Thron gebracht.[31] An dieser Stelle bedeutet «Menschensohn» (בר־אנש bzw. υἱὸς ἀνθρώπου) tatsächlich zunächst nicht mehr als «Mensch» im generischen Sinn in etwas gehobener Ausdrucksform.[32]

Die Szene aus dem Daniel-Buch wurde danach gern aufgegriffen; entsprechend heißt es in den «Bilderreden» des *ersten, äthiopischen Henoch-Buches* (Kapitel 37–71), die vielleicht um die Zeitenwende zu datieren sind, vielleicht aber auch erst in das erste nachchristliche Jahrhundert, über den, der auf dem göttlichen Thron sitzt:[33] «Und ich sah dort einen, der ein betagtes Haupt war, wie Wolle so weiß, und bei ihm war ein anderer, dessen Gestalt wie das Aussehen eines Menschen war, und sein Angesicht voller Güte wie das von einem der heiligen Engel».[34]

Ebenfalls zur umfangreichen Menge von Henoch-Literatur gehört das *zweite, slavische Henoch-Buch*. Es stellt eine schwer datierbare Neuerzählung auf der Basis des äthiopischen Buches dar und entstand in griechischer Urfassung vielleicht im ersten nachchristlichen Jahrhundert in Alexandria.³⁵ Dort ist – allerdings in einer redaktionellen Passage zweier frühneuzeitlicher Handschriften der Langfassung, die wahrscheinlich erst im Mittelalter entstanden ist – von einem zehnten Himmel die Rede (den Aravot, ערבות³⁶). In diesem Himmel, von dem im äthiopischen Henoch noch nichts berichtet wird, sieht Henoch «eine Erscheinung des Angesichtes des Herrn» (22,1):

«wie Eisen, das, glühend gemacht und aus dem Feuer genommen, Funken sprüht und brennt. So sah ich das Angesicht des Herrn. Und ich sah den Herrn von Angesicht zu Angesicht und sein Angesicht ist mächtig und überaus herrlich, wunderbar und überaus furchtbar, schrecklich und schauervoll» (22,1).³⁷

Auch hier wird erneut ein Versuch unternommen, die Materialität eines Körpers zu beschreiben, der sich kategorial von jedem menschlichen Körper unterscheidet. Es wird aber nicht mit Hilfe einer philosophischen Terminologie beispielsweise vom «ätherischen Feuer» geredet, aus dem diese Materialität besteht, oder einer *quinta essentia* jenseits aller anderen Materialität, sondern ein alltägliches Bild aus der Schmiedewerkstatt verwendet, freilich im Modus der metaphorischen Distanznahme zu ebendiesem Bild: «wie Eisen, das, glühend gemacht und aus dem Feuer genommen, Funken sprüht und brennt».³⁸ Mit dem Bild wird deutlich gemacht, dass man die spezifische Materialität des göttlichen Angesichtes schlechterdings nicht genauer untersuchen kann, sondern sich nur ebenso verwundert wie erschreckt in sichere Distanz zurückziehen muss. Damit steht die Passage in der Tradition der Schilderung der Begegnung zwischen Mose und Gott am Sinai aus dem Exodus-Buch der Hebräischen Bibel, wo es heißt: «Und Gott redete mit Mose von Angesicht zu Angesicht, wie ein Mann mit seinem Freunde redet» (Exodus 33,11).³⁹

Etwas älter, nämlich aus dem zweiten vorchristlichen Jahrhundert, dürfte die Beschreibung Gottes im Rahmen einer Vision des Mose sein, die sich in den Fragmenten eines Dramas erhalten hat, das «Herausführung» (Ἐξαγωγή) betitelt ist und von einem jüdisch-hellenistischen

Autor namens Ezechiel verfasst wurde. Mose berichtet dort über eine Vision auf dem Berg Sinai:

«Es erschien mir auf dem Gipfel des Sinai ein Thron,
ein gewaltiger, zu stehen, der reichte bis in des Himmels Falten:
auf dem saß ein vornehmer Mann
mit einem Diadem und einem großen Zepter in der Hand,
der viel Glück bedeutenden (linken Hand)» (Zz. 68–72).[40]

Auch hier ist deutlich, wie stark die Vorstellung von einem vornehmen Mann, der auf einem Thron sitzt, von der Vision des Ezechiel im gleichnamigen Propheten-Buch der Hebräischen Bibel beeinflusst ist, ebenso von den Vorstellungen, die hinter der zitierten Passage im Daniel-Buch stehen. Dabei geht es hier nicht um Details der Kleidung oder des Alters, sondern um edle Abkunft und großherzige Gesinnung; Gottes Körper ist nach dem Vorbild eines hellenistischen Adligen modelliert.

Die deutlich an der Körperlichkeit Gottes orientierte Beschreibung der Gestalt des Höchsten im Drama des Tragikers Ezechiel stellte allerdings eher die Ausnahme in den apokalyptischen Texten der sogenannten zwischentestamentlichen Zeit dar. Eine deutlich größere Zahl von Texten bemüht sich, die Unvorstellbarkeit Gottes zu betonen, und lässt seine Form hinter seinem Lichtglanz oder einem Feuer gleichsam verschwinden, jedenfalls unzugänglich werden.

In der ursprünglich wohl in hebräischer Sprache in Palaestina nach der Tempelzerstörung im Jahre 70 verfassten und nur in einer mittelalterlichen kirchenslavischen Übersetzung erhaltenen *Apokalypse Abrahams* sieht Abraham unter dem göttlichen Thron ebenfalls die vier Lebewesen aus Ezechiel und «hinter den Lebewesen einen Wagen mit feurigen Rädern, ein jedes Rad voll Augen ringsherum». Aber wer auf dem Thron sitzt, erfährt man nicht. Der Thron ist «bedeckt mit Feuer (…) und siehe, ein unaussprechliches Licht umstand eine feurige Schar».[41] Von Gott ist also nur die besondere Materialität eines Lichtes zu sehen, das nicht beschreibbar ist, weil es keinem irdischen Licht ähnelt. Die Umrisse von Gottes (körperlicher) Gestalt sind gleichsam hinter dem Glanz des Lichtes verborgen. Wieder ist ein loser Bezug zu der Vorstellung von einer leichten, ätherischen Feuer-Materie erkennbar, der allerdings nicht terminologisch explizit gemacht wird. Man kann also durchaus von einer Korrektur der Tradition sprechen, im Rahmen solcher Visionen wie bei Ezechiel einen göttlichen Körper mit ausführlichen Beschreibungen eines menschlichen Körpers zu charakterisieren: Gott ist, wenn man der Apokalypse Abrahams folgt, unsichtbar und unaussprechlich.[42] Ähnliche Charakterisierungen Gottes, die seine (körperliche) Gestalt mehr oder weniger dementieren, finden sich auch noch an weiteren Stellen der apokalyptischen Literatur: Jesaja schaut nach der «Himmelfahrt des Jesaja» im siebten Himmel einen, «dessen Herrlichkeit alles überragte, und seine Herrlichkeit war groß und wunderbar» (9,27), und dazu noch «einen anderen Herrlichen, der ihm glich» (9,33).[43] In dieser Passage der Schrift, die im Kern aus dem frühen zweiten nachchristlichen Jahrhundert stammt, steht vielleicht bereits eine christliche Vorstellung von einer Gleichheit von Vater und Sohn im Hintergrund, von der unklar bleiben muss, ob und wann sie in die ursprüngliche Apokalypse eingefügt wurde.[44] Man kann die Passage aber auch versuchsweise auf die Vorstellung von einer zweiten göttlichen Figur auf oder neben dem göttlichen Thron zurückführen, die im antiken Judentum ebenfalls vertreten wurde; sie steht im Hintergrund einer bestimmten Auslegungstradition der Rede vom Menschensohn im biblischen Buch Daniel.[45]

Ähnlich wie die Apokalypse Abrahams betont auch ein griechisches Fragment aus der *Sophonias-(bzw. Zephanja-)Apokalypse*, das Clemens von Alexandrien überliefert, dass der höchste Gott *unnennbar* ist; der Prophet sieht lediglich im fünften Himmel Engel, die wie Gott «Herr» (κύριος) genannt werden und durch ihre Kronen an die königliche Gestalt Gottes, wie sie anderswo geschildert wird, angenähert sind:

«Und es nahm mich der Geist in die Höhe und trug mich in den fünften Himmel hinauf, und ich sah Engel, die Herren genannt wurden, und die Krone war ihnen vom Heiligen Geist aufs Haupt gesetzt, und der Thron eines jeden von ihnen leuchtete siebenmal heller als die aufgehende Sonne, und sie wohnten in Tempeln des Heils und priesen den unnennbaren höchsten Gott».[46]

Gott sieht der Prophet – soweit dies aus den Fragmenten der Apokalypse erkennbar ist – nicht. Interessanterweise vergleicht Clemens diese Zurückhaltung bei der Beschreibung Gottes in «dem, was vom Propheten Sophonias/Zephanja gesagt worden ist»,[47] mit einem berühmten Brief Platos, aus dem er den entscheidenden Satz zitiert:

«Mit Recht sagt er (Plato) daher in dem großen Brief: ‹Denn das Göttliche lässt sich nicht mit Worten ausdrücken, wie das bei den übrigen Wissensgegenständen möglich ist, sondern wenn man sich lange Zeit mit dem Gegenstand selbst beschäftigt und mit ihm zusammenlebt, dann entsteht plötzlich, wie von einem aufflammenden Feuerstrahl entzündet, ein Licht in der Seele und nährt sich dann selbst›».[48]

Der Vergleichspunkt, der Clemens erlaubt zu fragen, ob die Passage aus der Sophonias-/Zephanja-Apokalypse nicht Ähnliches (ὅμοια)[49] besagt wie der Satz aus dem Brief Platos, ist der beiden Zitaten gemeinsame griechische Begriff «unnennbar» (bei Plato: ῥητὸν γὰρ [sc. θεόν] οὐδαμῶς ἐστιν; in der Sophonias-/Zephanja-Apokalypse: (…) θεὸν ἄρρητον ὕψιστον). Allerdings macht die Rede vom Licht bei Plato deutlich, dass für die, die sich Gottes Gestalt als Lichtglanz vorstellten, nicht unbedingt die kategoriale Differenz zwischen der platonischen Tradition und den biblisch-apokalyptischen Texten bestehen musste, die wir heute konstatieren: Beide Traditionen brachten Gott mit dem Licht in Verbindung, sei es, dass sie seine jeder materiellen Form transzendente Überwirklichkeit mit Licht verbanden oder seine lichte und luftige Materialität.[50]

Die Tendenz, Gottes Gestalt hinter unzugänglichem Licht gleichsam verschwinden zu lassen, führt dazu, dass einzelne Züge der Beschreibung der Gestalt Gottes aus dem Buch des Propheten Ezechiel auf die Engel übertragen werden. Das eindrücklichste Zeugnis dieser Übertragung sind die sogenannten «Lieder für das Sabbatopfer», ein Zyklus von insgesamt dreizehn Hymnen (*Shirot ʿOlat Ha-Shabbat*, שירות עולת השבת). Sie sind in Handschriften vom Toten Meer in Qumran und Masada überliefert und wurden offenbar in der Gemeinde von Qumran gesungen. Ob sie in dieser Gemeinschaft entstanden sind, ist umstritten, kann hier aber auch offenbleiben.[51] Im zwölften Hymnus wird in enger Anlehnung an Ezechiel der Dienst der Cherubim im himmlischen Tempel beschrieben: Die Cherubim fallen vor Gott nieder

«und sie preisen, wenn sie sich erheben,
ein Schall von Gottes-Stille,
[wird gehört] und Jubelgetöse beim Heben ihrer Flügel,
ein Schall von Gottes-[Sti]lle.

Das Bauwerk eines Merkava-Throns (מרכבה),[52]
preisen sie von oberhalb des Firmamentes der Cherubim
[und die Maje]stät des Firmamentes des Lichts
bejubeln sie unterhalb des Sitzes seiner Herrlichkeit.
Und wenn die Räder sich vorwärts bewegen, kehren die
Heiligkeits-Engel zurück,
kommen heraus zwischen [R]ädern
seiner Herrlichkeit wie der Anblick von Feuer,
die Geister des Allerheiligsten. Ringsherum ist
der Anblick von Feuerströmen
wie Goldsilber,[53]
das sind Gebilde [aus Strahleng]lanz,
durchflochten mit Herrlichkeit von wunderbaren Farben,
polierter reiner Glanz».[54]

Der ganze Abschnitt liest sich, wie Peter Schäfer beobachtet hat, «wie eine Auslegung des Ezechieltextes, aus dem zahlreiche Schlüsselbegriffe übernommen sind»:[55] Wie im Ezechiel-Buch befindet sich über den Köpfen der hier als Cherubim interpretierten «Lebewesen» die Platte des Firmamentes, auf dem sich der Thron Gottes erhebt. Er ist hier als «Bauwerk eines Merkava-Throns» beschrieben, hat also die sich bewegenden Räder (האופנים) aus dem biblischen Text. Allerdings werden die Engel in den Hymnen aus Qumran nun wie Gott selbst beschrieben, sie sind von Feuer umgeben wie er, der von den Hüften aufwärts einen goldsilbrigen Glanz ausstrahlt und von dem unterhalb der Hüften Feuerströme hervorgehen. «Mit anderen Worten, was Ezechiel als eine Schau Gottes widerfuhr», wird im zwölften der Hymnen zum Sabbatopfer «auf die Engel übertragen. Diese treten nun ins Zentrum des Geschehens, Gottes physische Erscheinung tritt in den Hintergrund und wird praktisch gar nicht erwähnt».[56] An die Stelle einer göttlichen Botschaft, die eine göttliche Stimme oder ein besonderer Engel von sich gibt, tritt die Gottes-Stille, also das große Schweigen. Auch wenn der Begriff der «Gottes-Stille» (קול דממת אלוהים) an die abendländische Tradition der Mystik erinnert,[57] geht es im zitierten Text aus dem zwölften Hymnus nicht um eine «mystische» Erfahrung oder gar um eine «mystische» Praxis. Im Interesse, Gottes Göttlichkeit und Transzendenz um jeden Preis zu bewahren, ist die Beschreibung des göttlichen Throns im biblischen Ezechiel-Buch auf die Engel zugespitzt worden. Die Engel aber feiern in den Himmeln ebenfalls einen Gottesdienst und die irdische gottesdienstliche Gemeinde feuert sie bei diesen himmlischen Modellen ihres eigenen Tuns liturgisch mit den Hymnen an.[58] In die Geschichte von Rezeption und Transformation der kanonisch gewordenen Thronvisionen des Ezechiel und Daniel gehört auch die *christliche Apokalypse des Johannes*, in der eine vollkommen entkörperlichte Beschreibung Gottes versucht wird, die trotzdem den Eindruck von Materialität hinterlässt: «Und siehe: Ein Thron stand im Himmel; auf dem Thron saß einer, der wie ein Jaspis und ein Sardion aussah. Und über dem Thron wölbte sich ein Regenbogen, der wie ein Smaragd aussah».[59] Wenn man sich klarmacht, dass die drei Steine Jaspis, Sardion und Smaragd sich auch unter den Steinen auf der Brustplatte des Hohenpriesters finden, wie sie in der Hebräischen Bibel beschrieben wird (Exodus 28,6–21), dann ist erkennbar, dass auch nach der Ansicht des Autors der Offenbarung zwischen dem Allerheiligsten des Jerusalemer Tempels und dem himmlischen Tempel Beziehungen bestehen und der irdische Tempel das Modell des himmlischen Heiligtums abgibt. Ob zugleich auch auf die zwölf Stämme und damit auf das Volk Israel angespielt wird, kann hier offenbleiben.[60]

Zur Definition eines schwierigen Begriffspaares

Inwiefern kann man aber bei diesen Traditionen und insbesondere bei der Hekhalot-Literatur von «jüdischer Mystik» sprechen und sie einer «Merkava-Mystik» zurechnen? Bevor man die nicht unproblematischen Implikationen der üblichen Trennung zwischen dem literarischen Korpus der Hekhalot-Literatur und einer «Merkava-Mystik» näher in den Blick nehmen kann, muss man sich zunächst kurz klarmachen, wie man den allgemein verbreiteten, aber ziemlich vagen Begriff «Mystik» überhaupt verstehen möchte. Peter Schäfer hat in seinem Buch «Die Ursprünge der jüdischen Mystik» gleich zu Beginn darauf hingewiesen, dass es «ein hoffnungsloses Unterfangen» wäre, eine Definition zu suchen, die von allen akzeptiert wird und auf alle mit «Mystik» verbundenen Phänomene wie Texte zutrifft.[61] Die Probleme beginnen mit dem Begriff: Das Substantiv «Mystik» tritt erstmals in der frühen Neuzeit in der französischen Sprache auf («la mystique»), bevor es sich allgemein durchsetzt.[62] Es handelt sich also nicht um einen Terminus antiker Quellensprache. Wenn man für den Anfang von dem etymologisch dem Begriff

«Mystik» zugrunde liegenden griechischen Verb (μύειν) ausgeht, das «schließen» und besonders «die Augen schließen» bedeutet,[63] dann wäre ein «Mystiker», wie Schäfer formuliert, «dementsprechend jemand, der die Augen verschließt, um die Alltagswelt auszusperren und andere Wirklichkeiten zu erfahren».[64] Eine solche etymologisch rekonstruierbare begriffliche Dimension des Verschließens der Sinnesorgane vor der Alltagswelt war in der Spätantike durchaus noch präsent: Die Geburt des bereits erwähnten[65] alexandrinischen Neuplatonikers Heraiscus, eines Schülers des Proclus und Lehrers Isidors, wird in der Suda «geheimnisvoll» (μυστικός) genannt: Der künftige Philosoph sei wie Horos und Helios so aus dem Schoß seiner Mutter hervorgekommen, dass der Schweigen gebietende Zeigefinger mit den Lippen verwachsen war, operativ entfernt werden musste und daher stets eine Narbe an dieses Geburtswunder erinnerte.[66] Schweigen und Geheimnis zeigen an, dass bei Heraiscus in einem *menschlichen* Leben zugleich der Bereich einer *göttlichen* Natur wahrgenommen werden kann: Seine mehr einem Gott als einem Menschen ähnliche Natur befähigte den Philosophen nach dem Referat in der Suda, zwischen lebenden und nicht lebenden Götterstatuen zu unterscheiden; beim Anblick einer beseelten Götterstatue erlebte er eine Inspiration und war so an Körper und Seele betroffen, als sei er von dem Gott selbst ergriffen.[67]

Diese immer wieder, vor allem in der heutigen Alltagssprache, beim Begriff «Mystik» und dem Adjektiv «mystisch» mitschwingende Dimension im Sinne von «Geheimnis» und «geheimnisvoll» geht auf die sprachliche Nähe zur Terminologie der antiken Mysterienkulte zurück, obwohl zwischen dem genannten Verb «schließen» (μύειν) und dem für diese Kulte charakteristischen Vokabular (dem Verb μυέειν, «in Geheimnisse einweihen», oder μυεῖσθαι und den daraus abgeleiteten Substantiven μύστης, «Eingeweihter», und μυστήριον, «Geheimnis») keine nachweisbare etymologische Beziehung besteht.[68] In der neuplatonischen Philosophie der Spätantike konnte man aber auch eine Lehrbildung wie die des Parmenides als «geheimnisvolle Überlieferung» (μυστικὴ παράδοσις) bezeichnen:[69] Diese Bezeichnung hatte ihren Anhalt an der philosophischen Praxis jenes Denkers: Man muss nach Ansicht des Proclus wie der des Parmenides die geheimen Wahrheiten geheim weitergeben und darf unaussprechliche Lehren über die Götter nicht öffentlich machen.[70]

Peter Schäfer hat darauf hingewiesen, dass wegen der antiken Mysterienkulte (wie beispielsweise dem Mithras-Kult) von Beginn an bis heute ein Ton von Heimlichkeit und Privatheit mit dem Begriffsfeld «Mystik» verbunden ist, auch wenn dieser Bezug auf jene spezifischen religiösen Praktiken mit dem Absterben der griechisch-römischen Mysterienkulte endete, das durch die einschlägige antipagane Gesetzgebung der christlichen Herrscher beschleunigt wurde.[71] Der griechische Ausdruck, der dem deutschen Begriff «Mystiker» zugrunde liegt (μυστικός, das Adjektiv zu dem Verb μύειν), bedeutet erst einmal «den Mysterienkulten zugehörig», dann auch «dunkel», «esoterisch» oder «mysteriös» (der sprachlich entgegengesetzte Ausdruck ist φανερός, «offen»).[72]

Der reichlich vage und unklare deutsche Begriff «Mystik» wird heute freilich nicht von diesen antiken Etymologien oder Bedeutungskontexten geprägt, sondern meist von mehr oder weniger präzise zitierten mittelalterlichen Definitionen. Peter Schäfer hat versucht, *zwei* Arten solcher Definitionen zu unterscheiden. Entweder ist die Definition durch die Idee einer «mystischen Einheit» (*unio mystica*) zwischen Gott und Mensch charakterisiert, in der eine präzise Unterscheidung beider Instanzen diffundiert oder verschwindet – wie in der Definition des Kartäusers Dionysius (Dionysius Cartusianus, 1402–1471), auch bekannt als Denys van Leeuwen oder Denis Ryckel, der «mystische Theologie» (*mystica theologia*) ganz in der Tradition des Pseudo-Dionysius als «brennendste Anschauung göttlicher Finsternis» (*ardentissima divinae caliginis intuitio*) erklärt hat.[73] Oder man bezieht sich auf die in der Tradition des Thomas von Aquin und des Bonaventura stehende Definition seines Zeitgenossen Jean Gerson (oder Johannes Gerson, 1363–1429), Kanzler der Sorbonne in Paris, dass «mystische Theologie» eine «auf Erfahrung gegründete Erkenntnis über Gott, vermittelt durch die Umarmung der einigenden Liebe» (*cognitio experimentalis habita de Deo per amoris unitivi complexum*), ist:[74] «Mystik ist eben jene Gestalt von Theologie, die sich auf die inneren Erfahrungen des religiösen Subjekts stützt».[75] So unterschiedlich die beiden Typen von Definitionen auch sein mögen – es ist unübersehbar, dass sowohl die an der *unio mystica* orientierte als auch die auf Erfahrung (*experientia*) abhebende Definition *beide* ihren Hintergrund in der christlichen Theologie des spätantiken *Corpus Dionysiacum* haben, also den Schriften eines wohl syrischen Autors der Spätantike, der sich als der von Paulus bekehrte Dionys vom Areopag (Apostelgeschichte 17,34) vorstellt und daher Pseudo-Dionys genannt wird: In diesem Schrifttum findet sich immer wieder die Rede von der «göttlichen Dunkelheit» (ὁ θεῖος γνόφος oder σκότος). So beginnt die Schrift

«Über die mystische Theologie» mit Erläuterungen zu der Frage, was das «göttliche Dunkel» ist: Die Dreieinigkeit wird angerufen, die die Betenden «hoch über alles Nichtwissen wie über alles Licht hinaus» geleitet; «dort liegen ja der Gotteskunde Mysterien in überlichtem Dunkel geheimnisvoll verhüllten Schweigens verborgen: einfach, absolut und unwandelbar».[76] Ob man derartige Definitionen, die offensichtlich von paganem und christlichem griechischen Denken der Spätantike und selbstverständlich auch von mittelalterlicher christlicher lateinischer Philosophie beeinflusst waren, auf antike und mittelalterliche jüdische Texte anwenden sollte, müssen wir hier nicht diskutieren; sowohl Gershom Scholem als auch Peter Schäfer haben das schon ausführlich getan. Bereits Scholem bezweifelte, dass es so etwas wie «Mystik an sich» gebe: «Es gibt nicht Mystik an sich, sondern Mystik *von* etwas, Mystik einer bestimmten religiösen Form: Mystik des Christentums, Mystik des Islams, Mystik des Judentums und dergleichen».[77] Natürlich ist es bei einer solchen Differenzierung nicht ausgeschlossen, nach Gemeinsamkeiten der verschiedenen «Mystiken von Religionen» zu suchen. Auch Schäfer schlägt vor zu differenzieren und jüdische Mystik der Spätantike und des Frühmittelalters nicht im Sinne der Vorstellung von der *unio mystica* zu definieren, die für bestimmte Texte, die zur «christlichen Mystik» gerechnet werden, angemessen ist. Er zitiert dazu Bestimmungen von Bernard McGinn (★1937), der eine fünfbändige «Geschichte der Mystik im Abendland» vorgelegt hat. Schäfer übernimmt zunächst drei Aspekte des Themas «Mystik» von McGinn: «Mystik als Teil oder Element von Religion; Mystik als Prozeß oder Lebensweg; Mystik als ein Versuch, ein unmittelbares Bewußtsein der Gegenwart Gottes zum Ausdruck zu bringen».[78] McGinn weist selbst darauf hin, dass eine Definition von «Mystik» mittels der «Erfahrung einer Einigung mit Gott (...), und zwar besonders einer Einigung, die auf Verschmelzung oder Identität von Göttlichem und Menschlichem beruht, wobei das individuelle Personsein verloren geht», also die *unio mystica*, auf eine vergleichsweise kleine Gruppe Personen führt, die der Mystik zuzurechnen sind. Nur für wenige Schriften, die gewöhnlich zum Corpus spätantiker und mittelalterlicher christlicher Mystik gerechnet werden, trifft diese Charakteristik zu, so dass man sich bei ihrer Anwendung «fragt, warum Christen das Wort ‹mystisch› so oft verwendeten».[79] McGinn vermeidet das klassische, missverständliche Wort «mystische Erfahrung».[80] Er spricht (in der

Tradition Bernard Lonergans) von «Bewußtsein der Gegenwart Gottes» und versteht «Mystik» für das Christentum daher so: «Das mystische Element im Christentum ist der Teil seiner Glaubensinhalte und Glaubensvollzüge, der das betrifft, was man unmittelbare bzw. direkte Gegenwart Gottes nennen kann, und dies in einem dreifachen Sinn: als Vorbereitung auf sie, als Bewußtsein von ihr und als Reaktion auf sie».[81] Man muss sich bei allen diesen Definitionen außerdem noch klarmachen, dass bei einer entsprechenden Beschreibung zunächst einmal gar nicht gesagt ist, ob dieses Bewusstsein unmittelbarer oder direkter Gegenwart Gottes nur literarisch beschrieben, also fiktional gestaltet wird oder ob hier aus der Erfahrung des Bewusstseins heraus geschrieben wird. Die gern gestellte Frage nach dem «Realitätscharakter» solcher Erfahrungen muss uns nicht ausführlicher beschäftigen, macht aber deutlich, dass man es zunächst einmal mit Literatur und nicht mit Erfahrungen zu tun hat. Scholem war freilich überzeugt, dass es sich beim Korpus der Hekhalot-Literatur nicht nur um rein fiktionale, literarisch generierte Erfahrungen handle: «Sie sind aus echter religiöser Erfahrung gewonnene, originäre Beschreibungen eines ihr (sc. der Erfahrung) unmittelbar gegebenen Inhalts».[82]

Die *Hekhalot-Texte*, mit denen wir uns jetzt beschäftigen werden, sind Teil der *Merkava*-(«Thronwagen Gottes»-)Mystik. Gershom Scholem unterschied drei Phasen der *Merkava*-Mystik, «in den anonymen Konventikeln der alten Apokalyptiker, in der Merkaba-Spekulation der uns mit Namen bekannten Mischna-Lehrer und der Merkaba-Mystik der spät- und nachtalmudischen Zeit, wie sie in der auf uns gekommenen (*Hekhalot-*[83])Literatur ihren Niederschlag gefunden hat».[84] Ein derartiges Modell, in dem die Hekhalot-Texte zu einem Unterfall der literarischen Form oder gar zum Unterfall des Phänomens der Merkava-Mystik werden, birgt die Gefahr in sich, einerseits Entwicklungslinien und Traditionsbezüge zu konstruieren, andererseits aber auch Unterschiede zwischen den genannten Textgruppen nicht aufmerksam genug wahrzunehmen. Peter Schäfer hat beobachtet, dass schon bei Scholem der Beginn der ersten Phase der Merkava-Mystik, die anonymen Konventikel der alten Apokalyptiker, chronologisch betrachtet vergleichsweise unpräzise bleibt und die dritte Phase der Hekhalot-Literatur bis weit ins Mittelalter geführt wird, weil auf diese Phase nach Scholem die Kabbala folgt: Merkava-Mystik ist nach Scholem *vorkabbalistische* jüdische Mystik.[85] Die von Scholem gezeichnete und von Schäfer problematisierte Entwicklungslinie zwischen den apokalyptischen Texten in der Nachfolge der Vision des Propheten Ezechiel und den späten Hekhalot-Texten aus der Zeit des byzantinischen Judentums in Babylonien ist in jüngster Zeit mehrfach verteidigt worden, beispielsweise durch Rachel Elior und Andrei Orlov.[86] *Rachel Elior* versuchte in ihrer Monografie «The Three Temples»[87] die chronologischen Lücken der Argumentation Scholems zu füllen und als entscheidenden Kern der jüdischen Merkava-Mystik die Vorstellung von einem himmlischen Gegenstück zum irdischen, zerstörten oder entweihten Jerusalemer Tempel zu erweisen – die Vorstellung zunächst von einem Thronwagen («Merkava») und dann von einem vollständigen himmlischen Heiligtum («Hekhalot»). Sie rekonstruierte als entscheidende Voraussetzung und Vorgeschichte einer so verstandenen Merkava-Mystik eine Linie biblischen Denkens, die ihrer Ansicht nach von dem Bericht über die Stiftshütte (Leviticus 25,18–27) zu den Vorstellungen vom Tempel führt, in dessen Allerheiligstem der Cherubenthron stand (1. Könige 6,24–27; 1. Chronik 28,18), weiter von den irdischen Modellen himmlischer Cherubim im frühen Heiligtum (Exodus 25,9.17–22.40; 1. Chronik 28,18–19) hin zu einer «mystischen Transformation» dieser himmlischen Cherubim in der Vision des Propheten Ezechiel (Ezechiel 1,10) sowie den besonderen Zyklen von Gebeten und Hymnen des himmlischen Heiligtums, die im irdischen Tempel vorgetragen wurden (Psalm 92,1; 1. Chronik 6,17 und 2. Chronik 7,6):[88] Die Vision des Propheten Ezechiel stellt nicht nur den Endpunkt dar, auf den diese Vorgeschichte zuläuft, sondern zugleich nach ihrer Rekonstruktion die *erste Phase der frühjüdischen Mystik*. Auf sie folgt als *zweite Phase* die mystische Literatur der «abgesetzten Priester» des zweiten Tempels, die in der Gemeinschaft von Qumran in der Wüste Juda Zuflucht genommen haben sollen, und schließlich als *dritte Phase* das Korpus der Hekhalot-Literatur.[89] Besonders die erwähnten «Lieder für das Sabbatopfer» (*Shirot ʿOlat Ha-Shabbat*, שירות עולת השבת), die Carol Newsom aus verschiedenem handschriftlichen Material aus den Funden von Qumran rekonstruiert und erstmals 1985 veröffentlicht hat (drei Jahre nach dem Tod von Scholem),[90] spielen eine wichtige Rolle für die zweite Phase der frühjüdischen Mystik in der Rekonstruktion von Rachel Elior; sie sieht in ihnen einen Beleg für ihre These, dass die «Merkava-Mystik» nicht nur durch eine bloß textlich greifbare Traditionslinie geprägt ist, sondern durch die personale Kontinuität von Schulen sowie Lehrer-Schüler-Beziehungen im frühen römischen Kaiserreich und der Spätantike. Alle drei Phasen der frühjüdischen Mystik sind nach Elior durch das Fehlen eines irdischen Tempels gekennzeichnet, wodurch die Sehnsucht nach Vorstellungen von einem himmlischen Heiligtum massiv gesteigert wurde. Die Idee einer «mystischen» Reise zum himmlischen Heiligtum kann vor dem Hintergrund dieser These als eine Art von Spiritualisierung der Pilgerfahrten zum irdischen Heiligtum in Jerusalem begriffen werden, die nach dem Verlust des Kultortes selbst nicht mehr möglich waren. Geformt wurde die Tradition in allen drei Phasen nach Elior jeweils durch «sezessionistische Priester», zunächst durch die, die wie Ezechiel nach der Zerstörung des ersten Tempels 586 v. Chr. den Ort verlassen mussten und danach im babylonischen Exil ohne Tempel lebten, dann durch die zadokidischen Priester, die im Zuge eines Konfliktes um das Amt des Hohepriesters im zweiten Jahrhundert v. Chr. vom Tempel vertrieben wurden, und schließlich durch die Priester, die nach der Zerstörung des zweiten Tempels im Jahre 70 gleichsam arbeitslos geworden waren.[91] *Andrei Orlov* argumentierte in einer Monographie über die Henoch-Metatron-Tradition nicht nur für eine Kontinuität einer Tradition mystischer Spekulationen über die Auslegung der Ezechiel-Vision in Gestalt einer ununterbrochenen Kette von den Merkava-Mystikern seit den Tagen des zweiten Tempels bis in mittelalterliche Zeiten («Thronwagen-Werk», *Maʿaseh Merkava*, מעשה מרכבה). Er votierte auch für die Existenz von inhaltlichen wie personellen Verbindungslinien zwischen den genannten Texten der frühjüdischen Apokalyptik wie den Passagen aus der Henoch-Literatur, der Apokalypse Abrahams sowie den Sabbat-Hymnen aus Qumran und den späten Texten des Hekhalot-Korpus.[92]

Die von Elior und Orlov entworfenen traditionsgeschichtlichen Linien einer jüdischen Merkava-Mystik, die sich von der Vision des Propheten Ezechiel bis zu den Texten des Hekhalot-Korpus zieht, vermengen allerdings, wie Schäfer und Himmelfarb gezeigt haben, ganz unterschiedliche Texte, die weder traditionsgeschichtlich noch institutionengeschichtlich wirklich in einem klaren Zusammenhang stehen.

Das zeigt sich, wenn man das für diese Debatte herangezogene Material – neben dem Bericht von der Vision des Propheten Ezechiel im gleichnamigen biblischen Buch vor allem die eben genannten frühjüdischen apokalyptischen Texte – mit Blick auf die Vorstellungen von der Körperlichkeit Gottes untersucht: Wir haben gesehen, dass sich die

Texte auch in dieser Hinsicht deutlich voneinander unterscheiden: Während nach der *Vision des Ezechiel* auf dem göttlichen Thron etwas zu sehen war, «was wie ein Mensch aussah» (1,26), aber keine deutliche oder ausführliche anthropomorphe Beschreibung der Gestalt Gottes die allgemeine Andeutung spezifizierte, wenn man von der zweimaligen Erwähnung von etwas absieht, «was wie seine Hüften aussah» (1,27), beschreibt der Prophet *Daniel* schon genauer die Gestalt eines «Uralten an Tagen» (עתיק יומין bzw. παλαιὸς ἡμερῶν) auf dem Thron und gibt dazu noch Details zu Kleidung und Haar (7,9). In den «Bilderreden» des *ersten, äthiopischen Henoch-Buches* wird auch sehr knapp das Bild eines betagten Alten mit weißem Haupthaar entworfen. Dagegen versuchten die, die das ebenfalls zur umfangreichen Henoch-Literatur gehörende *zweite, slavische Henoch-Buch* verfassten, das «Angesicht des Herrn» durch den Vergleich mit einem glühenden, funkensprühenden Eisen zu beschreiben (22,1), aber deuteten damit an, dass die Materialität des göttlichen Körpers sich ihrer Ansicht nach kategorial von jedem menschlichen Körper unterscheidet. Im *Drama des Tragikers Ezechiel* wird wiederum beschrieben, dass auf dem göttlichen Thron «ein vornehmer Mann saß mit einem Diadem und einem großen Zepter in der Hand» (Zz. 68– 72). Neben einer kleineren Zahl von Texten mit solchen knappen Andeutungen einer göttlichen Körperlichkeit in anthropomorphen Bildern steht eine größere Zahl von Passagen, die die Unvorstellbarkeit Gottes betonen und seine Form hinter seinem Lichtglanz oder einem Feuer gleichsam verschwinden lassen, in denen Gottes Gestalt jedenfalls unzugänglich wird. Das gilt für die *Apokalypse Abrahams:* Hier ist von Gott nur ein unaussprechlicher Lichtglanz zu sehen. Dazu kommen Beschreibungen, die durch Verwendung von Superlativen die kategoriale Differenz zwischen göttlicher und menschlicher Gestalt anzeigen: Der Prophet Jesaja schaut nach der Überlieferung der *Himmelfahrt des Jesaja* im siebten Himmel einen, «dessen Herrlichkeit alles überragte, und seine Herrlichkeit war groß und wunderbar» (9,27) und dazu noch «einen anderen Herrlichen, der ihm glich» (9,33). Ähnlich wie die Apokalypse Abrahams betont schließlich auch das Fragment aus der *Sophonias-(bzw. Zephanja-)Apokalypse*, das Clemens von Alexandrien überliefert, dass der höchste Gott *unnennbar* ist; der Prophet sieht lediglich im fünften Himmel Engel, die wie Gott «Herr» (κύριος) genannt werden und durch ihre Kronen an die königliche Gestalt Gottes, wie sie anderswo geschildert wird, angenähert sind. Gleiches gilt für die «Lieder für das Sabbatopfer» aus Qumran. Hier wird nicht Gott beschrieben, sondern die Engel wie Gott selbst.[93] Sie sind von Feuer umgeben wie er, der von den Hüften aufwärts einen goldsilbrigen Glanz ausstrahlt und von dem unterhalb der Hüften Feuerströme hervorgehen. «Mit anderen Worten, was Ezechiel als eine Schau Gottes widerfuhr, wird (...) auf die Engel übertragen».[94]

Weder kann man aus diesen Befunden also eine einheitliche Linie konstruieren, die zu den Texten der «Shiʿur Qoma»-Passagen der Hekhalot-Literatur und ihrer sehr umfänglichen Beschreibung einer göttlichen Gestalt führt, noch sind sich die Texte der frühjüdischen Apokalyptik in irgendeiner Weise einig über eine «kanonische» Beschreibung von Körper wie Gestalt Gottes. Es fällt im Vergleich zu den paganen Beschreibungen der erotisierenden Wirkungen von Statuen weiblicher Gottheiten auf (männliche) Besucher[95] auch auf, dass vergleichsweise selbstverständlich männliche Attribute und Charakteristika verwendet werden, um Gottes Körper zu beschreiben, wenn er denn beschrieben wird. In biblischen Texten anderwärts belegte weibliche Seiten Gottes oder gar die philosophische Kategorie der Geschlechtslosigkeit oder Übergeschlechtlichkeit spielen in den Texten, die den göttlichen Thron und den auf ihm Thronenden näher beschreiben, keinerlei Rolle.

Merkava-Mystik in der hohen Kaiserzeit

Wir verlassen an dieser Stelle die schwierige Debatte, wie genau diese frühen Stufen von Thronvisionen und die Texte der Hekhalot-Mystik in traditionsgeschichtlicher Hinsicht zusammenhängen, weil uns die Frage nach der Körperlichkeit Gottes in den «Shiʿur Qoma»-Passagen interessiert, nicht aber die institutionelle und ideengeschichtliche Entwicklung einer Bewegung der jüdischen Mystik, nämlich der Bewegung der «Merkava-Mystik». Sicher ist, dass seit rabbinischer Zeit, also grob gesagt seit der hohen römischen Kaiserzeit, «viele den Thronwagen ausgelegt haben» (הרבה דרשו במרכבה), also viele Schriftgelehrte den Bibelabschnitt aus dem Ezechiel-Buch in der synagogalen Öffentlichkeit interpretierten, in dem das Wort «Thronwagen» (Merkava) auftritt,[96] «aber zu ihren Lebzeiten haben sie ihn (den Thronwagen) nicht gesehen». So jedenfalls formuliert die Tosefta, in gewisser Weise eine Ergänzung zur Mischna, und weist die Passage einem Rabbi des zweiten nachchristlichen Jahrhunderts zu.⁹⁷ Anders die Mischna selbst, die bestimmt, dass der «Abschnitt vom Thronwagen» nicht als Haftara, also als Prophetenlesung, für den öffentlichen Synagogengottesdienst verwendet werden darf.⁹⁸ Wie verhalten sich Mischna und Tosefta an dieser Stelle zueinander? Es kann hier offenbleiben, ob sich zwischen diesen schwer datierbaren Texten eine Entwicklung hin zu stärkerer Zurückhaltung gegenüber dem biblischen Abschnitt vollzog (so David Halperin) oder ob einfach zu ähnlicher Zeit von unterschiedlichen Autoritäten verschiedene Ansichten über den Umgang mit der Ezechiel-Vision vom Thronwagen Gottes im synagogalen Gottesdienst vertreten wurden (so Peter Schäfer).⁹⁹ Für letztere Sicht spricht die Nachbemerkung der Mischna: «Rabbi Jehuda erlaubte es» (die biblische Passage in der Synagoge als Haftara zu lesen).

In dieser Nachbemerkung wird erkennbar, dass auch nach Ansicht derer, die die Mischna kompilierten, unterschiedliche Positionen zu diesem Thema vertreten wurden. Ähnlich zurückhaltend wird in einer anderen, berühmten Passage der Mischna formuliert, in der verboten wird, bestimmte biblische Abschnitte, die sich mit zentralen theologischen Topoi wie Schöpfung oder Sexualität beschäftigen, in beliebig großen Schulkontexten auszulegen, und in der Regeln für esoterische Unterrichtssituationen aufgestellt werden. Nach Bemerkungen zu biblischen Passagen über verbotene sexuelle Beziehungen und das Werk der göttlichen Schöpfung heißt es dort: «Und der Thronwagen (darf nicht ausgelegt werden) von (oder: vor) einem einzelnen, es sei denn, er wäre ein Weiser (oder: Gelehrter), der aus eigener Erkenntnis versteht».¹⁰⁰

Die zitierten Passagen aus der Mischna und der Tosefta zeigen: Die Spekulation über die Auslegung der Thronwagen-Vision Ezechiels war im kaiserzeitlichen rabbinischen Judentum zu einem ebenso bedeutsamen wie geheimnisvollen Lehrgegenstand geworden, der vor einer unverständigen oder neugierigen Masse geschützt werden musste. Es ist bemerkenswert, dass auch der christliche Universalgelehrte Origenes, der besonders in der zweiten Phase seines Lebens in Caesarea intensive Kontakte zu jüdischen Gelehrten pflegte, ganz Ähnliches in der Einleitung zu seinem in Caesarea entstandenen Kommentar zum Hohelied überliefert:

«Es heißt, dass es Sitte der Juden sei, dass niemand, der nicht ein reifes Alter erreicht hat, dieses Buch (sc. das Hohelied) in den Händen zu halten befugt ist. Und nicht nur dies (...), sie stellen bis zuletzt die folgenden vier (Texte) zurück: den Anfang der Genesis, wo die Schöpfung der Welt beschrieben wird, die Anfänge des Propheten Ezechiel, wo (die Geschichte) über die Cherubim erzählt wird, das Ende (dieses biblischen Buches), das die (Beschreibung) der (Errichtung) des (künftigen) Tempels enthält, und dieses Buch des Hoheliedes».[101]

Peter Schäfer hat gezeigt, dass das Motiv der rabbinischen Texte, die Spekulationen über den Thron und den Thronwagen Gottes zu beschränken oder gar zu untersagen, gewissermaßen der Schutz von Gottes Privatsphäre war:[102] Das Interesse, Spekulationen über die Gestalt zu unterbinden, in der Gott auf seinem himmlischen Thron sitzt, bestand nicht zuallererst in einem philosophischen Vorbehalt gegen die Vorstellung von einer göttlichen Körperlichkeit, sondern in einem «Anstandsgefühl der Rabbinen» für angemessenes Reden über Gott.

Das in solchen Texten wie der Mischna, der Tosefta und den Talmudim greifbare rabbinische Milieu von Synagogen, in denen Schriftabschnitte öffentlich ausgelegt werden, und von Lehrhäusern, in denen ein Lehrer vor seinen Schülern Texte kommentiert, hat allerdings kaum etwas mit jenem «Bewusstsein unmittelbarer bzw. direkter Gegenwart Gottes» zu tun,[103] das McGinn «Mystik» genannt hat. Andeutungen über ein solches Bewusstsein finden sich erstmals in der Tosefta, die in zwei mittelalterlichen Handschriften überliefert ist: Dort ist die bekannte Geschichte von vier Rabbinen überliefert, die einen Garten (hebräisch: «Pardes», פרדס) betreten, dabei Schaden nehmen und sogar in Lebensgefahr geraten.[104] Aber nur «einer stieg sicher hinauf und sicher herab», wie es zu Beginn der Geschichte nach der Wiener Handschrift heißt. Am Schluss ist zugleich präziser und mit anderen Worten formuliert: «Rabbi Aqiba ging sicher hinein und kam sicher wieder heraus».[105] Mit den Worten «aufsteigen» und «herabsteigen» fallen, vermutlich erstmals in der einschlägigen Literatur, die Termini, in denen der Aufstieg des Mystikers zum himmlischen Palast beschrieben wird; diese Menschen werden in den antiken Texten paradoxerweise als «die, die zum Thronwagen absteigen» (*Yorde Merkava,* יורדי מרכבה) bezeichnet, obwohl sie eigentlich «zum Thronwagen Hinaufsteigende» waren.[106] Man gewinnt bei der Lektüre der Geschichte daher den Eindruck, Rabbi Aqiba hätte im Garten einen mystischen Aufstieg zum himmlischen Heiligtum erlebt und auch sicher wieder zur irdischen Realität zurückgefunden. Vermutlich sind die beiden einschlägigen Termini technici «herabsteigen» und «hinaufsteigen» aber sekundär in die Geschichte eingedrungen, denn es ist im Erzählduktus viel wahrscheinlicher, dass – wie am Ende der Geschichte in der Tosefta ja auch überliefert ist – Rabbi Aqiba als einer von vier Rabbinen in den Garten sicher hineinkam und auch wieder hinauskam, also auch zu Beginn ursprünglich zu lesen stand, dass er «sicher hineinging und herauskam» (so Peter Schäfer).[107] Die wahrscheinlich anfangs einmal metaphorisch gemeinte Aussage der Geschichte wurde später als Bericht über einen mystischen Aufstieg in einem Garten verstanden. Im Korpus der Hekhalot-Literatur – das im Folgenden nach Peter Schäfers synoptischer Edition einzelner Handschriften, seiner Ausgabe der Geniza-Fragmente und seiner Übersetzung des Materials zitiert wird[108] – wird der mystische Aufstieg im Garten noch einem weiteren der vier Rabbinen zugeschrieben, die sich im Garten befinden, nämlich einem geradezu sprichwörtlichen Häretiker, der im ersten nachchristlichen Jahrhundert geboren wurde: «Elisha Ben Abuyah sagte: Als ich in den Garten (פרדס) hinaufstieg, sah ich den 'KTRY'L YH, den Gott Israels, den Herrn der Heerscharen, der am Eingang zum Garten sitzt, und 120 Myriaden Dienstengel umgeben ihn».[109] In dem Korpus findet sich allerdings auch zweimal die Geschichte von den vier Rabbinen im Garten mit wenigen Abweichungen zitiert; der Aufstieg in den Garten ist dort wie in der Tosefta Rabbi Aqiba zugeschrieben, einem Zeitgenossen und zeitweiligen Freund des Elisha Ben Abuyah, der in der Überlieferung zu einer Art rechtgläubigem Gegentypus gestaltet wurde.[110] Man kann also von literarischen Spuren einer langsam anwachsenden Tradition von Berichten über mystische Erfahrungen einzelner, berühmter Rabbinen im Laufe der Spätantike sprechen, die zunehmend auch in solche literarische Überlieferungen eindringen, die ursprünglich keinerlei Hinweise auf mystische Erfahrungen enthielten.

2. DAS «SHIʿUR QOMA»-TEXTMATERIAL

Einordnung und Überlieferung

Aus dem umfangreichen Korpus der Hekhalot-Literatur sind, wie gesagt, für unsere Frage nach der Vorstellung von einem Körper Gottes die sogenannten «Shiʿur Qoma»-Passagen von besonderem Interesse. «Shiʿur Qoma» (שיעור קומה) bedeutet, wörtlich übersetzt, «Maß der Gestalt (des göttlichen Körpers)». Die hebräischen Begriffe haben in der Forschungsdiskussion *drei unterschiedliche Bedeutungen*, zwischen denen man differenzieren sollte:

Erstens handelt es sich beim Ausdruck «Shiʿur Qoma» um einen neuzeitlichen Forschungsbegriff für eine – um Peter Schäfers Terminologie zu benutzen – *Mikroform* innerhalb der fünf *Makroformen* der Hekhalot-Literatur. «Makroform» bezeichnet eine übergeordnete, allerdings im handschriftlichen Überlieferungsprozess fluide literarische Einheit, «Mikroform» einen Teil dieses übergeordneten Ganzen. Die Makroformen der Hekhalot-Literatur sind: *Hekhalot Rabbati* («die großen Paläste»), *Hekhalot Zutarti* («die kleinen Paläste»), *Maʿaseh Merkava* («das Werk des Thronwagens»), *Merkava Rabba* («der große Thronwagen») und das sogenannte dritte oder hebräische Henoch-Buch.[111] «Shiʿur Qoma»-Stücke finden sich als *Mikroform* nach dem Zeugnis der meisten Handschriften in der Makroform *Merkava Rabba* (§§ 688–704) eingeschaltet, in *Hekhalot Rabbati* (§ 167) sowie nach dem Befund jeweils einer einzelnen Handschrift in *Hekhalot Zutarti* (nach MS New York 8128: § 367–376[112] und nach MS München 22: §§ 480–484).

Zweitens existieren aber auch längere Textzusammenhänge, die direkt mit dem Titel «Shiʿur Qoma» überschrieben sind (in Schäfers Synopse: §§ 939–978). Darin finden sich zwei Mikroformen «Shiʿur Qoma» (§§ 939 sowie 947–951). Insofern ist Shiʿur Qoma nicht nur eine schlichte Mikroform der fünf Makroformen der Hekhalot-Literatur, sondern bezeichnet auch eine größere Einheit. Vermutlich kann man aber nicht sagen, dass «Shiʿur Qoma» gleichzeitig eine *Mikro- und eine Makroform der Hekhalot-Literatur* bezeichnet: Es ist zweifelhaft, ob «Shi'ur Qoma» jemals als eigenständige Makroform innerhalb des Korpus der Hekhalot-Traditionen angesehen wurde.[113] *Drittens* wird «Shi'ur Qoma» noch in der Hekhalot-Literatur selbst als ein Terminus technicus für anthropomorphe Spekulationen über die Abmessungen des Körpers Gottes, der auf seinem Thron sitzt, verwendet.[114] So wird Rabbi Yishma'el, eigentlich Freund und Zeitgenosse von Rabbi Aqiba, zu Beginn der «Shi'ur Qoma»-Passage in der Makroform *Merkava Rabba* des Hekhalot-Korpus ein Bericht von einem Gespräch mit einem Engel in den Mund gelegt, der als Hüter des Gesetzes, der Tora, angesprochen wird:

> «R. Yishma'el sagte:
> Ich sah den König der Welt
> auf einem hohen und erhabenen Thron sitzen,
> und all seine Heere stehen
> und das ganze himmlische Heer der Höhe
> sich verbeugen (und) Aufstellung nehmen neben ihm,
> zu seiner Rechten und zu seiner Linken.
> Ich sprach zum Fürsten der Tora:
> ‹Rabbi, lehre mich sein Maß›.
> Und er sagte das Maß unseres Bildners
> und sagte das Maß der Gestalt,
> sie sei verherrlicht und gepriesen».[115]

Rabbi Yishma'el erbittet also von diesem besonderen Engel Angaben über «das Maß der Gestalt» Gottes und erhält die Angaben.

Diese Bitte sowie die ausführlichen Beschreibungen vom göttlichen «Maß der Gestalt» fallen in den Texten der Hekhalot-Literatur auf, weil diese Literatur eigentlich sehr zurückhaltend darin ist, Gott zu beschreiben.[116] Wohl wird Gott in der Makroform *Hekhalot Rabbati* als überwältigend schön beschrieben und von seinem lieblichen und geschmückten Angesicht gesprochen:

> «Wer ihn ansieht,
> wird sogleich zerrissen;
> wer seine Schönheit erblickt,
> wird sogleich ausgeschüttet wie ein Krug».[117]

An dieser Stelle dient, auch wenn dies nicht explizit gesagt wird, eine sonst in der Literatur für die Reaktion eines Mannes auf weibliche Schönheit verwendete sprachliche Konvention zur Beschreibung der körperlichen Gestalt Gottes. Neben dem außergewöhnlich schönen Angesicht ist in der Makroform *Hekhalot Rabbati* außerdem vom göttlichen Gewand, dem «Leibrock» (חלוק), die Rede. Dieses Gewand ist von oben bis unten, von «innen und von außen», mit dem unaussprechbaren Tetragramm YHWH bedeckt.[118] Auch deswegen kann man das Gewand selbst als Mystiker, der im Aufsteigen geschult ist, nicht ansehen. In der Makroform *Hekhalot Zutarti* wird von der «Schönheit des Thronwagens» gesprochen: Der Mystiker soll verstehen, was in seinem Herzen ist, und darüber schweigen, damit er «der Schönheit der Merkava würdig» wird.[119] Wenn er dieser Schönheit würdig ist, kann er Gott schauen und wird als einer bezeichnet, «der würdig ist, den König in seiner Schönheit zu sehen».[120]

Zwar wird in biblischen Texten nicht wie hier in *Hekhalot Rabbati* und *Hekhalot Zutarti* direkt das Wort «Schönheit» (יופי) für eine Beschreibung Gottes verwendet,[121] aber es liegt mindestens in der Tendenz biblischer Aussagen über Gott, ihn als außergewöhnlich schön zu charakterisieren. Diese Charakterisierung Gottes berührt sich auch mit einer spätantiken philosophischen Tradition der Rede von Gott – im Gefolge einer Differenzierung Plotins wird das schlechterdings transzendente Eine im Neuplatonismus allerdings nicht mit der «Schönheit» (κάλλος) selbst identifiziert, sondern ist «Quelle und Ursprung der Schönheit».[122] Ähnliches findet sich auch bei späteren Neuplatonikern wie Proclus.[123] Demgegenüber hatte Platon sein oberstes Prinzip direkter und ohne Umschweife mit dem Schönen identifiziert.[124] Nach Plotin kann das Schöne bei der ersten Begegnung ebenfalls «Staunen und Erschütterung und eine Lust, die mit Schmerz gemischt ist», auslösen.[125] In der neuplatonisch grundierten christlichen Mystik des pseudo-dionysischen Korpus wurde der enge Zusammenhang zwischen «Schönheit» und dem schlechterdings transzendenten Einen aus der platonischen Tradition durchaus rezipiert: In diesem Korpus wird «Schönheit» (κάλλος) ganz platonisch als «Teilhabe» an dem «überwesentlich Schönen», also an Gott, beschrieben:

«Schönheit aber nennen wir die Teilnahme an jener Ursache, die alles Schöne eben schön macht. Das überwesentlich Schöne heißt aber Schönheit, weil von ihm jedem Wesen nach seiner Eigenart Schönheit mitgeteilt wird».[126]

Die Hekhalot-Texte stehen dagegen in der biblischen Tradition, wenn in ihnen als Ziel des mystischen Aufstiegs, des «Abstiegs zur Merkava», bezeichnet wird, dieses besonders schöne Angesicht zu sehen – und zugleich nach den Aussagen in der Makroform *Hekhalot Zutarti* gilt, dass es unmöglich ist, dieses Angesicht Gottes zu sehen. In der Tradition biblischer Gewittertheophanien wird mit Begriffen aus der Vision des Propheten Ezechiel die Aussage formuliert, dass die Heiligen Gott sehen «wie den Anblick von Wetterleuchten».[127] Rabbi Aqiba wird folgende Beschreibung Gottes in den Mund gelegt:

«Gleichsam wie wir ist er,
aber er ist größer als alles,
und darin besteht seine Herrlichkeit,
dass er verborgen ist vor uns».[128]

In dieser Aussage sind die Grundzüge der «Shi'ur Qoma»-Passagen bereits enthalten: Gott lässt sich in einer menschenähnlichen Gestalt sehen, allerdings besitzt er eine von aller Menschengestalt kategorial verschiedene ungeheure Größe.[129] Natürlich lässt der Text – wie auch alle biblischen und nachbiblischen Passagen – keinen Zweifel daran, dass von Gott nur «gleichsam» (כביכול) eine menschliche Gestalt ausgesagt werden kann. Die an und für sich spannende Frage, ob Gott «eigentlich» noch einmal ganz anders ist, ob man – in anachronistischen Termini griechischer Philosophie formuliert – zwischen der «Erscheinung» einer riesenhaften Gestalt und einem davon noch einmal unterschiedenen «Wesen» Gottes trennen muss, wäre vermutlich von denen, «die zum Thronwagen absteigen» (*Yorde Merkava*, יורדי מרכבה), schon deswegen als unverständige Anfängerfrage abgewiesen worden, weil sie über das hinaus grübelt, was einzelnen, besonderen Menschen als eine besonders exklusive Offenbarung zuteil wird, über die hinaus nichts Größeres gedacht oder erlebt werden kann.

Shi'ur Qoma: die Überlieferung des Textmaterials

Die handschriftliche Überlieferung der Mikroform der Hekhalot-Literatur, die in der Sekundärliteratur «Shi'ur Qoma» genannt wird, ist verwirrend, weil der Oberbegriff «Hekhalot-Literatur» fluide Bewegungen von mittelalterlichen Traditionsstücken in frühneuzeitlichen Handschriften beschreibt, die nur schwer zu systematisieren sind. Mit der «Synopse zur Hekhalot-Literatur» von Peter Schäfer und einer kritischen Edition von «Shi'ur Qoma»-Texten durch Martin Samuel Cohen liegen zudem zwei Ausgaben des Materials vor, die sich schon im Ansatz grundsätzlich unterscheiden. Bereits das Verhältnis zwischen den Manuskripten, die Schäfer als Grundlage für seine Synopse benutzt,[130] und den Manuskripten, die der Edition von Cohen zugrunde liegen, ist nicht leicht zu beschreiben.[131] Peter Schäfer leitet seinen Versuch, die Überlieferung des Materials möglichst exakt darzustellen, mit folgenden Worten ein:

> «Die literarische Entwicklung der verschiedenen Fassungen des *Shi'ur Qoma* genannten Textes gehört zu den kompliziertesten und rätselhaftesten Phänomenen der spätantiken/frühmittelalterlichen jüdischen Literaturgeschichte».[132]

Während Schäfer angesichts der Überlieferungslage davon absieht, einen «Urtext» zu konstituieren, und unterschiedliche Handschriften synoptisch nebeneinanderstellt, legt Cohen seiner Edition die Hypothese zugrunde, er habe «vielleicht (...) den Urtext» aller erhaltenen Fassungen und Überlieferungen in Gestalt eines Londoner Manuskriptes gefunden, das er in das zehnte Jahrhundert datiert. Allerdings wurde diese Handschrift, wie ihre Wasserzeichen zeigen, in Wahrheit im achtzehnten Jahrhundert geschrieben und repräsentiert auch inhaltlich eher eine spätere Variante der Überlieferung.[133] Der Hauptteil des Textes, den Cohen aufgrund dieser späten Handschrift unter der Überschrift *Merkava Rabba* ediert hat (Zeilen 1–214), ist eine parallele Version zu den von Schäfer auf der Basis von zwei deutlich älteren Manuskripten edierten «Shi'ur Qoma»-Stücken (§§ 939–978). Wie sich dazu die bei Cohen als *Sefer Razi'el* und *Sefer ha-Qoma* («Das Buch der [göttlichen] Gestalt») bezeichneten Rezensionen exakt verhalten,[134] muss hier nicht ausführlich diskutiert werden, da sie mutmaßlich sekundär sind.[135] Im Mittelalter kursierten viele Versionen, die in verschiedene literarische Kontexte und Handschriften integriert wurden; «jeder Versuch, einen angeblichen Urtext von Shiʿur Qoma zu rekonstruieren, erweist sich als aussichtslos».[136] Gershom Scholem meinte, dass (um Schäfers Terminologie zu benutzen) «Shiʿur Qoma» ursprünglich ein genuiner Teil der Makroform *Merkava Rabba* der Hekhalot-Literatur (§§ 688–706) war, aber später als separate Einheit überliefert wurde.[137] In Wahrheit ist aber ganz unsicher, ob die «Shiʿur Qoma»-Texte «jemals selbständige Einheiten im Sinne von ‹fertig redigierten› Schriften gewesen sind»; es handelt sich hier wie auch sonst bei der Hekhalot-Literatur um fluktuierendes (als solches allerdings in einem bestimmten Stadium der redaktionellen Abgrenzung befindliches) Traditionsmaterial, das in verschiedenen redaktionellen Zusammenhängen auftauchen kann.[138]

Wann sind aber die Passagen über das «Maß der Gestalt» des göttlichen Körpers dann entstanden? Für die äußerst schwierige Datierung des Materials gibt es einen interessanten Hinweis: Die «Shiʿur Qoma»-Texte gebrauchen, wie wir sehen werden, ziemlich oft den Ausdruck «Parasangen» (פרסות), um Maße der Gestalt des göttlichen Körpers zu beschreiben. Die «Parasange» (פרסה) ist eigentlich ein persisches Längenmaß, das auch in der griechisch-römischen Welt bekannt war (als παρασάγγης und *parasanga*). Bei Herodot kann man lesen, dass eine Armee am Tag das Äquivalent von fünf Parasangen vorrückt; dort ist die Maßeinheit einer Parasange als Äquivalent von dreißig *stadia* (ungefähr 4,8 Kilometer) angegeben, aber die antiken Versuche, ein Äquivalent zu nennen, differieren.[139] Deutlich anders aber wird «Parasange» in den «Shiʿur Qoma»-Passagen der Hekhalot-Literatur verstanden: Dort findet sich nämlich eine interessante Aussage über die Länge einer Parasange; sie fällt in einem Gespräch zwischen Rabbi Yishmaʿel, dem paradigmatischen Aufsteigenden zum Thronwagen, und «Metatron», dem «großen Fürst des Zeugnisses»:[140]

«Aber er (sc. Metatron) sagte zu mir: ‹Sag, die Berechnung der Parasangen, wie ist ihr Maß? Jede einzelne Parasange: drei Meilen. Und jede einzelne Meile: 10 000 Ellen. Und jede einzelne Elle: Zwei Spannen entsprechend seiner Spanne, und seine Spanne erfüllt die (ganze) Welt, wie es heißt: ‹Wer misst mit seiner hohlen Hand die Wasser und (bestimmt) mit der Spanne (das Maß) des Himmels?›» (Jesaja 40,12).[141]

Eine «Parasange» entspricht nach diesem Text also *nicht* wie gewöhnlich in der Antike einer Strecke von rund vier bis sechs Kilometern, sondern einem zählbar Vielfachen des Durchmessers der ganzen Welt. Auf der literarischen Ebene wird dieser weltumspannende Durchmesser allerdings mit einer Handspanne gleichgesetzt, also eigentlich mit einer Strecke von rund zwanzig Zentimetern. Zwei Spannen entsprachen in der Tat nach der antiken Metrologie ungefähr einer Elle. Allerdings umfasste eine römische Meile normalerweise rund 3000 Ellen, nicht 10 000 Ellen. Ungefähr den Zahlenangaben des klassischen antiken Systems der Längenmaße entspricht in der zitierten Passage aus dem Hekhalot-Korpus die Lesart einer anderen Handschrift mit der Angabe 4000 Ellen, die an dieser Stelle die bessere Textform bieten könnte als die von Schäfer sonst herangezogene Münchener Leithandschrift.[142] Würde man das antike korrekte Verhältnis zwischen Elle und Meile voraussetzen, wäre die Angabe über das Verhältnis von Parasangen und Meilen ebenfalls ungefähr korrekt. Nach Vitruv beispielsweise besteht eine Elle (*cubitus*) aus sechs Handbreiten (*palmi*) oder 24 Fingerbreiten (*digiti*); die ideale Gesamtlänge des Körpers entspricht sechs Fuß oder acht großen Handspannen oder 24 Handbreiten oder 96 Zoll.[143] Aber mit der Einleitung zum Zitat aus dem biblischen Buch des Propheten Jesaja ist in unserem Text (wie Klaus Herrmann, ein Schüler Peter Schäfers, formuliert hat[144]) alle Messbarkeit neutralisiert und von irdischen Maßzahlen auf die kategorial differente Ebene der Welt Gottes gehoben: «entsprechend seiner (also Gottes) Handspanne und seine Handspanne erfüllt die ganze Welt»[145]: Wörtlich übertragen ergibt die Länge der Gestalt des göttlichen Körpers also 450 000 mal die Ausdehnung der ganzen Welt – aber so ist die Rechnung natürlich nicht gemeint. Es werden realistische Verhältnisse zwischen Längenmaßen genommen und diese werden bereits an der Basis der Verhältnisrechnung, der Handspanne, auf eine kategorial differente Ebene himmlischer Maße transformiert, die bei irdischen Rechnungen per Definition niemals auftreten kann, weil diese auf die «Spanne dieser Welt» beschränkt sind. Die Formulierung dieser kategorialen Differenz zwischen irdischen und himmlischen Größen wird nicht, wie in der Tradition griechischer Philosophie, die auch die neuplatonisch grundierte christliche Mystik im *Corpus Dionysiacum* übernimmt, mit einschlägigen neuplatonischen Fachvokabeln wie «überseiend» (ὑπερούσιος) ausgedrückt.[146] Sie wird vielmehr in der biblischen Tradition ungeheuer großer Zahlen zur

Sprache gebracht. Es liegt auch keine Anspielung auf das ursprünglich orphische Konzept vor, wonach der Kosmos den Körper des Gottes bildet.[147] Noch deutlicher ist die «Neutralisierung» in der Makroform *Merkava Rabba* formuliert, in der es (nach einer Fülle von Maßangaben für Glieder des göttlichen Körpers) unumwunden heißt: «Wir haben kein Maß in unseren Händen, doch die Namen sind uns enthüllt».[148] Damit ist deutlich, dass es mindestens denen, die diese Makroform überlieferten, weniger auf die *Größenangaben* als auf die *mystischen Namen* der Körperteile ankam, die in dieser Makroform in aller Ausführlichkeit mitgeteilt werden. Die Grundvorstellung, dass solche scheinbar «fremdsprachigen» (Gottes-)Namen (ὀνόματα βαρβαρικά, *nomina barbara*), die in Wahrheit Kunstbildungen mit theophoren oder angelophoren Silbenbestandteilen sind, ihre Wirksamkeit gerade durch ihre Unübersetzbarkeit haben und also umgekehrt Übersetzung zum Verlust der Wirksamkeit führen würde, war in der Antike weit verbreitet – in den «Chaldäischen Orakeln», einem kaiserzeitlichen Lehrgedicht über Kosmologie und Seelenlehre, heißt es: «Die fremdsprachigen Namen ändere niemals» und der byzantinische Autor Psellus kommentiert das Zitat: «Du sollst nun diese nicht ins Griechische übertragen, wie beispielsweise Seraphim, Cherubim, Michael, Gabriel. Denn wenn sie so nach dem Hebräischen ausgesprochen werden, haben sie eine unsagbare Kraft bei den Initiationsriten. Doch wenn sie in griechische Namen geändert sind, verlieren sie alle Kraft».[149] Ganz ähnlich äußert sich auch Jamblich in einem Abschnitt über die *nomina barbara*: «Die fremdsprachigen Namen enthalten endlich auch viel Nachdruck und Knappheit, viel weniger Zweideutigkeit, Vieldeutigkeit und Fülle (an homonymen Ausdrücken als die griechische Sprache). Durch alles das sind sie auch den höheren Wesen angepasst».[150] «Fremdsprachige Namen» sind «in Wahrheit heilige Namen».[151] Solche Texte stellen philosophische Erklärungen eines Phänomens dar, das eher zum Formenkreis der Magie zu rechnen ist: Wer die «wirklichen» Namen der Götter kennt, mithin einige Worte der «eigentlichen» Sprache der Götter sprechen kann, hat Anteil an der Macht der Götter. Dieses magische Phänomen ist in den «Shi'ur Qoma»-Passagen der Hekhalot-Literatur auf den Körper Gottes übertragen, indem vom Engelfürsten *nomina barbara* für die göttlichen Körperteile offenbart werden. Diese Form der Magie unterscheidet sich natürlich kategorial von der Magie, die beispielsweise durch die antiken Zauberpapyri repräsentiert wird, in denen ebenfalls viele theophore und hebräisch klingende *nomina barbara* zur Authentifizierung des Textes verwendet werden: Es geht in den «Shiʿur Qoma»-Texten nicht um die Nachbarschaft, einen anonymen Dieb oder die Dämonen, die durch die Magie gezwungen werden sollen zu tun, was dem Magier oder denen, die ihn beauftragen, gefällt: erotisch konnotierte Zuneigung, Schadenzauber, Rückgabe gestohlenen Gutes oder Schutz vor bösen Geistern. Die Maßangaben machen für alle deutlich, dass es um den ganz Anderen, um Gott geht.

Ob man aus diesem Befund zum Längenmaß «Parasange» zugleich schließen kann, dass «Parasangen» zur Zeit der Abfassung der Texte bereits nicht mehr als gängiges Längenmaß benutzt wurden,[152] kann hier offenbleiben. Eher wahrscheinlich ist wegen der prominenten Verwendung eines persischen Längenmaßes, dass die «Shiʿur Qoma»-Texte, die in den verschiedenen Makroformen der Hekhalot-Literatur überliefert werden, ursprünglich innerhalb der in Persien lebenden jüdischen Gemeinschaft verfasst wurden. Sie sind vermutlich also ein Zeugnis des babylonischen Judentums. Aber wann genau sind sie zu datieren?

Höchstwahrscheinlich dürfte die Fassung, die wir in denjenigen frühneuzeitlichen Handschriften vorfinden, die in Schäfers Synopse wiedergegeben sind, mindestens auf mittelbyzantinische, vielleicht sogar spätantike Vorfassungen zurückgehen – aber hier bleibt man auf mehr oder weniger begründete Hypothesen angewiesen. Die Datierungen, die sich in der Sekundärliteratur finden, die vor Erscheinen der kritischen Textausgabe von Peter Schäfer publiziert wurde, schwanken extrem: *Heinrich Graetz* (1817–1891) sprach sich für das neunte Jahrhundert aus und nannte die Texte «durch und durch unjüdisch und antijüdisch». *Adolf Jellinek* (1820–1893) und *Moses Gaster* (1856–1939) vertraten eine sehr frühe Datierung in das zweite nachchristliche Jahrhundert wegen vermeintlicher Parallelen zu dem in jener Zeit lebenden christlichen Gnostiker Markus, der der valentinianischen Schule zugerechnet wird; diese Datierung wurde mitsamt dem Hinweis auf die sogenannte christliche Gnosis von *Gershom Scholem* übernommen, der sie in seinen einschlägigen Büchern noch durch weitere Belege vertieft.[153] *Hugo Odeberg* votierte in seiner ausführlichen Forschungsgeschichte im Rahmen der Einleitung zu seiner Edition des sogenannten dritten Henoch-Buches für eine Redaktion des Materials in den jüdischen Gemeinden Babylons während des dritten und vierten Jahrhunderts, einer Zeit, in der die Religion von den sassanidischen Herrschern toleriert wurde; einzelne

Traditionen datierte er noch in neutestamentliche Zeit.¹⁵⁴ Hinweise auf mögliche Parallelen (und damit das Phänomen einer sogenannten jüdischen Gnosis in der frühen römischen Kaiserzeit)¹⁵⁵ werden uns noch ausführlicher beschäftigen, wenn wir diejenigen Passagen aus der «Shiʿur Qoma»-Tradition analysiert haben, denen sie nahe verwandt sein sollen. Für den Augenblick reicht der Hinweis, dass Peter Schäfer aufgrund einer sorgfältigen Analyse dieser angeblichen Parallelen für eine Datierung des Materials in den Beginn der mittelbyzantinischen Zeit des siebten bis neunten Jahrhunderts eintritt, also in die Periode der babylonischen Geonim. Außerdem erwägt Schäfer, dass die ausführliche Beschreibung der «Maße der Gestalt» des göttlichen Körpers eine Reaktion auf christliche Vorstellungen von der riesenhaften körperlichen Gestalt Jesu Christi gewesen sein könnte.¹⁵⁶

Gottes Körper in den «Shiʿur Qoma»-Texten

Nun haben wir die notwendigen Informationen, um einige der Texte der Mikroform «Shiʿur Qoma» aus den Makroformen der Hekhalot-Literatur zu analysieren und zu fragen, welche Vorstellungen von Gottes Körper im Hintergrund dieser Passagen stehen. Es ist bereits deutlich geworden, dass Angaben über den Abstand zwischen den Augen Gottes keinen absurden, ‹durch und durch unjüdischen› oder antijüdischen› Seitenweg mystisch gestimmter Frommer darstellen, sondern eine schlichte Transformation derjenigen biblischen Traditionen einer Körperlichkeit Gottes sind, die in den mittelalterlichen Mehrheitstheologien jüdischer wie christlicher Provenienz zwar an den Rand gedrängt wurden, aber niemals ganz aus dem Gesichtskreis jüdischen wie christlichen Denkens verschwunden sind.

Wir beginnen unsere Analyse mit dem umfangreichsten Komplex von «Shiʿur Qoma»-Traditionen aus zwei Münchener frühneuzeitlichen Handschriften, der, wie wir sahen, gewisse Züge einer Makroform trägt (§§ 939–978), und ziehen drei weitere Passagen in den Makroformen *Hekhalot Rabbati* (§ 167), *Hekhalot Zutarti* (§ 367–376) und *Merkava Rabba* (§§ 688–704) ergänzend heran. Es ist schwierig, diese vier Stücke chronologisch zu arrangieren, vielleicht ist die Passage in *Hekhalot Rabbati* die älteste und die große Passage (§ 939–978) die jüngste. Die längere Passage beginnt mit einer ersten Beschreibung der Maße der Gestalt, die als Offenbarungsrede des obersten Fürsten der Engel namens Metatron[157] an den bereits mehrfach erwähnten Rabbi Yishmaʿel angelegt ist:

«R. Yishmaʿel sagte: ‹Metatron, der große Fürst des Zeugnisses, sagte zu mir: Ich bezeuge durch dieses Zeugnis über den Herrn, den Gott Israels, (…), von der Mitte des Sitzes seiner Würde nach oben: 118 Myriaden Parasangen. (Von der Mitte des Sitzes seiner Würde nach unten: 118 Myriaden. Seine Höhe: 236 Myriaden, Tausende Parasangen.[158]) Von seinem rechten Arm bis zum linken Arm: 77 Myriaden. Vom rechten Augapfel bis zum linken Augapfel: 30 Myriaden. Der Schädel (seines Hauptes): (333 und ein Drittel.) Das Diadem auf seinem Haupt: 60 Myriaden entsprechend den 60 Myriaden Israels. Deshalb wird er der große, heldenhafte und furchtbare Gott genannt.»[159]

Der Engelfürst Metatron – dessen Name eine besondere Nähe zu Gott ausdrückt, sei es, dass er mit einem griechischen Fremdwort als der «mit (Gott) Thronende» (μετάθρονος)[160] oder mit einem lateinischen Fremdwort als der, «der das (göttliche) Maß nimmt» (*metator*), vorgestellt wird[161] – nennt die entscheidenden Maße der Gestalt der Gottheit: Die Abmessung beginnt in der gedachten Mitte des Thrones und damit in der Mitte des göttlichen Körpers: Nach oben wie nach unten misst er 118 Myriaden Parasangen, was 1 180 000 Parasangen entspricht – das Wort «Parasange» müsste dabei in Anführungsstriche gesetzt werden, weil es ja, wie wir sahen, bereits selbst eine unvorstellbare Größe anzeigt.[162] Die Addition der Gesamthöhe Gottes auf 2 360 000 «Parasangen» zeigt, dass Gott einen Körper besitzt, dessen tatsächliche Mitte der Nabel (oder präziser: sein göttliches Äquivalent) darstellt. In der «Shiʿur Qoma»-Passage aus der Makroform *Hekhalot Rabbati* (§ 167) ist in einer Handschrift festgehalten, dass «seine Arme doppelt so lang sind wie seine Schulter breit ist»;[163] dort ist ebenfalls überliefert, dass Gottes Gestalt 2 360 000 Parasangen misst.[164] In *Hekhalot Zutarti* überliefert nur eine Handschrift die korrekte Zahl,[165] in *Merkava Rabba* findet sich, wie wir sahen[166], gar keine Angabe des Gesamtmaßes. Die durch die am Körper anliegenden Arme markierte Breite beträgt rund ein Drittel der Körperlänge, der Abstand zwischen den Augen rund ein Achtel. Auch wenn die Ziffern in der kontaminierten Überlieferung des frühneuzeitlichen Kodex nicht ganz exakt stimmen, entspricht dieser Körper grob den antiken Vorstellungen eines wohlproportionierten und eben darin schönen Körpers.

Symmetrie (συμμετρία) meint in diesem Zusammenhang noch nicht das neuzeitliche Verständnis einer spiegelbildlichen Symmetrie, sondern das harmonisch proportionierte Maßverhältnis zweier oder mehrerer Dinge zueinander.[167] Der kaiserzeitliche Mediziner und Philosoph *Galen* referiert im zweiten nachchristlichen Jahrhundert die ältere stoische Theorie, nach der die Schönheit in den Proportionen der Glieder des Körpers liegt: Schönheit sei nicht in den einzelnen Gliedern vorhanden,

«sondern in der Symmetrie der Teile zueinander, im Verhältnis eines Fingers zum anderen, aller Finger zu Handfläche und Handwurzel, von diesen zum Handgelenk, von diesem zum Unterarm, vom Unterarm zum ganzen Arm, und im (Verhältnis) von allem zu allem, wie es im ‹Kanon des Polyklet› beschrieben ist».[168]

Ein solcher, aus der klassischen Antike stammender Kanon von harmonischen Proportionen als Grund von Schönheit steht auch im Hintergrund der zitierten Passage aus dem Hekhalot-Korpus – bemerkenswerterweise prägt also *nicht* die von einem solchen Kanon harmonischer Proportionen unabhängige Idee einer kategorialen und prinzipiellen Schönheit Gottes, wie sie an anderer Stelle im Korpus von Gott bekannt wird, die Passage.[169] Da die meisten antiken Schriften über Symmetrien und Proportionen ebenso wie der von Galen erwähnte «Kanon» des Polyklet[170] verloren sind und sich das Zitat Galens nicht in eindeutige Maßangaben umsetzen lässt,[171] muss man sich für die detaillierten Angaben über die Proportionen eines harmonisch gebauten Körpers daran halten, wie im ersten vorchristlichen Jahrhundert *Vitruv* in seinen «Zehn Büchern über Architektur» die Proportionen des *homo bene figuratus* beschrieben und Leonardo da Vinci dies später zu visualisieren versucht hat. Vitruv schreibt (möglicherweise auf der Basis der Maßangaben, die sich im «Kanon» des Polyklet fanden):

«Ferner ist natürlicherweise der Mittelpunkt des Körpers der Nabel. Liegt nämlich ein Mensch mit gespreizten Armen und Beinen auf dem Rücken und setzt man die Zirkelspitze an der Stelle des Nabels ein und schlägt einen Kreis, dann werden von dem Kreis die Fingerspitzen beider Hände und die Zehenspitzen berührt. Ebenso, wie sich am Körper ein Kreis ergibt, wird sich auch die Figur eines Quadrats an ihm finden. Wenn man nämlich von den Fußsohlen bis zum Scheitel Maß nimmt und wendet dieses Maß auf die ausgestreckten Hände an, so wird sich die gleiche Breite und Höhe ergeben wie bei Flächen, die nach dem Winkelmaß quadratisch angelegt sind».[172]

Nach Vitruv soll bei einem ideal proportionierten Menschen die Entfernung zwischen den Fingerspitzen der waagerecht ausgebreiteten Arme eines erwachsenen Mannes exakt seiner Körperhöhe entsprechen. Brust und Unterarm messen ein Viertel der Körperhöhe, der Fuß ein Sechstel, der Kopf vom Kinn zum Scheitel ein Achtel, das Gesicht ein Zehntel, ebenso viel die Handfläche von der Handwurzel bis zur Spitze des Mittelfingers.[173] Diese Proportionen Vitruvs haben Leonardo zu seiner bekannten Zeichnung angeregt (s. u. S. 216).[174]

Wenn man sich klarmacht, dass vermutlich schon im «Kanon» des Polyklet zu lesen war, dass eine wohlproportionierte Statue sich aus vielen Zahlen, d. h. aus vielen Maßverhältnissen, zusammensetze («Das Gelingen kommt durch viele Zahlenverhältnisse zustande, wobei Kleinstes den Ausschlag gibt»),[175] dann verwundern die vielen Zahlenangaben in den «Shi'ur Qoma»-Passagen der Hekhalot-Literatur noch weniger. Auch bei Plutarch heißt es, dass «das Schöne gleichsam das Ergebnis vieler Zahlen ist, die infolge einer bestimmten Symmetrie und Harmonie zu einem Kairos (dem idealen Maß) zusammenkommen».[176]

Im Blick auf die «Shi'ur Qoma»-Passagen muss man allerdings zwei Unterschiede zu der Art und Weise, wie nach dem klassischen griechischen Kanon harmonischer Proportionen Maße eines harmonisch gebauten und daher schönen Körpers bestimmt wurden, konstatieren: *Zum einen* hält Galen für die Maßangaben des wohlproportionierten Gegenstandes in einer Paraphrase des Kanons von Polyklet fest, dass sie «auf das Mittlere in der jeweiligen Art» zielen – also nicht auf besondere Länge, Breite oder Größe, sondern auf mittlere Werte.[177] Auf ein mittleres Maß bei den Längenangaben kommt es in den «Shi'ur Qoma»-Passagen dagegen nicht an, sondern auf unvorstellbar riesige Dimensionen. *Zum anderen* bestand im Laufe des Überlieferungsprozesses dieses Materials offensichtlich kein Interesse, die Zahlenangaben mit absoluter Präzision zu kopieren (eine Sorglosigkeit, die die Texte mit bestimmten Schriften der sogenannten christlichen Gnosis vergleichbar macht).[178]

Man sieht das, wenn man die einleitende Passage im längeren Abschnitt nicht nur nach den frühneuzeitlichen Handschriften und Fragmenten zitiert, die Peter Schäfer seiner Synopse zugrunde gelegt hat, sondern auch nach dem späten Manuskript, das Cohen verwendet (aus dem Teil, den der Editor «Siddur Rabba» genannt hat):

> «R. Yishmaʿel sagte: ‹Metatron, der große Fürst, sagte dieses Zeugnis zu mir: Ich bezeuge beim Herrn, dem Gott Israels: die Höhe seines Körpers, wenn er sitzt auf dem Thron der Herrlichkeit, 1 180 500 Parasangen. Die Weite seines rechten Auges 33 000 Parasangen, und so das linke Auge. Von seinem rechten Arm bis zum linken Arm 770 000 Parasangen, (...) der große, heldenhafte und furchtbare Gott».[179]

Der Unterschied ist, wie gesagt, für den argumentativen Duktus der Passage marginal und im Grunde eine unerhebliche, durch den ebenso komplizierten wie langen Prozess der Textüberlieferung verursachte Veränderung: Gottes Höhe wird gleichsam von 1 180 000 um 500 auf 1 180 500 «Parasangen» erhöht, statt der Distanz zwischen den Augen von 300 000 «Parasangen» wird hier die Breite des Auges selbst mit 33 000 «Parasangen» gemessen und die Distanz zwischen linkem und rechtem Arm ist exakt dieselbe. Für eine sekundäre Überlieferung dieser Passage könnte auch sprechen, dass der Text gegenüber der von Schäfer edierten Version aus der Münchener Handschrift deutlich gekürzt ist. In dem Teil, den der Editor Cohen «Sepher ha-Qoma» genannt hat, werden die Maßangaben der Passage ebenfalls leicht verändert überliefert (und als Überlieferung des Rabbi Aqiba, nicht des Rabbi Yishmaʿel eingeführt):

> «Seine Höhe sind 2 300 000 Parasangen. Vom rechten Arm zum linken sind es 770 000 000 Parasangen. Vom rechten Augapfel zum linken sind es 300 000 000 Parasangen. Der Schädel seines Hauptes misst 3 000 003 und ein Drittel Parasangen. Die Krone auf seinem Haupt umfasst 600 000 Parasangen.»[180]

Man könnte diese Auswahl aus der Überlieferung der einleitenden Passage eines zentralen «Shiʿur-Qoma»-Stückes aus der Hekhalot-Literatur so zusammenfassen: Offensichtlich gibt es relativ feststehende Elemente in der Tradition wie die Angaben über die Gesamthöhe der Gestalt des

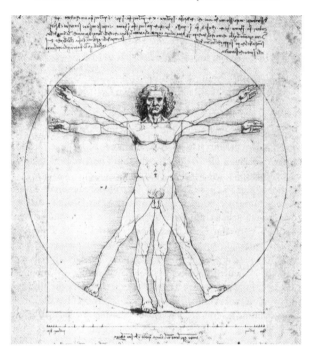

Abb. 10 Leonardo da Vinci, Skizze zu Vitruvs Proportionsfigur (um 1492)
Venedig, Galleria dell'Accademia

göttlichen Körpers sowie ihre beiden Hälften oberhalb und unterhalb des Thrones, aber eben auch viele Abweichungen und vor allem regelrechte Fehler und Sorglosigkeiten: Niemand, der 2 300 000 «Parasangen» an Höhe misst, kann 770 000 000 «Parasangen» vom linken zum rechten Arm messen – entweder fiel dem Abschreiber dieser Zeilen nicht auf, dass (wie in den anderen Manuskripten) 770 000 «Parasangen» dem Ideal harmonischer und darin schöner Proportionen eines *homo bene figuratus* angemessen gewesen wären, oder es war ihm wichtiger, die unermessliche Größe Gottes zu betonen als die Harmonie der Proportionen seiner Gestalt. Wie auch immer: Ähnlich wie in bestimmten Texten, die zur sogenannten christlich-gnostischen Literatur gerechnet werden, bestand offenkundig bei denen, die die Hekhalot-Texte überlieferten, kein Interesse daran, am Ende eine kohärente, mathematisch präzise Argumentation über das Maß der Gestalt von Gottes Körper vorzulegen. Auch bei den vier verschiedenen Visionen des «Johannesapokryphon» aus den Funden von Nag Hammadi und dem Berliner gnostischen Kodex[181] weichen nicht nur die Zahlenangaben in verschiedenen Überlieferungssträngen stark voneinander ab; durch bestimmte Veränderungen von Ziffern ergibt gelegentlich ein ganzer Argumentationsgang keinen Sinn mehr, jedenfalls keinen Sinn nach den Paradigmen einer mathematisch grundierten Theologie, wie sie in der platonischen Akademie gelehrt wurde.[182]

Die Beschreibung der Gestalt von Gottes Körper beschränkt sich in der langen «Shiʿur Qoma»-Passage der Hekhalot-Literatur allerdings nicht nur auf die bisher behandelten grundlegenden Maßangaben, sondern ist überaus detailliert gehalten. Dabei werden die Passagen über die Maße der Körperteile immer wieder durch längere Zitate ihrer magischen Namen und doxologische Abschnitte unterbrochen – im Folgenden sind diese beiden, für das Verständnis der Passagen gleichwohl zentralen Elemente ausgelassen. Wieder ist ausdrücklich vermerkt, dass es sich um eine Offenbarung Metatrons für Rabbi Yishmaʿel handelt:[183]

«Die Höhe seiner Sohlen: 3000 Myriaden Parasangen. (…) Von seiner Fußsohle bis zu seinen Fußgelenken: 1000 Myriaden und 500 Parasangen Höhe, und ebenso auf der linken (Seite).[184] (…) Von seinen Fußgelenken bis zu seinen Knien: 19 000 Myriaden und 5200 Parasangen Höhe, und ebenso auf der linken (Seite). (…) Von seinen Knien bis zu seinen Oberschenkeln: 12 000 Tausende Myriaden Parasangen Höhe, und ebenso auf der linken (Seite). (…) Von seinen Oberschenkeln bis zu seinem Hals: 24 000 Myriaden Parasangen. (…) Sein Hals: 13 000 Myriaden und 800 Parasangen Höhe. (…) Der Umfang seines Hauptes: 300 033 und ein Drittel.[185] (…) Sein Bart: eine Myriade und 1500 Parasangen. (…) Seine Zunge (reicht) von einem Ende der Welt zum anderen. (…) Die Breite seiner Stirn: 13 000 Myriaden Parasangen.»[186]

«(Das Schwarze), das in seinem rechten Auge ist: eine Myriade und 1500 Parasangen, und ebenso auf der linken (Seite). (…) Das (Weiße), das in seinem rechten Auge ist: zwei Myriaden und 2000 Parasangen, und ebenso das linke. (…) Von seiner rechten Schulter bis zu seiner linken Schulter: 16 000 Myriaden Parasangen. (…) Von seinem rechten Arm bis zu seinem linken Arm: zwölf Myriaden Parasangen. Seine Arme sind doppelt (so lang, wie seine Schulter breit ist). (…) Die Finger seiner (rechten) Hand: 15 000 Myriaden Parasangen. 3000 Myriaden Parasangen an jedem einzelnen Finger (gemessen) und ebenso an der linken (Hand). (Seine Hand)fläche: (4000 Myriaden) Parasangen, und ebenso die linke. (...) Die Zehen seiner Füße: (10 000 Myriaden) Parasangen, 2000 Myriaden Parasangen an jedem einzelnen Zeh (gemessen).»[187]

Die Beschreibung beginnt, wie es sich für einen frommen Menschen gehört, der gesenkten Blickes auf die Gottheit schaut, unten bei den Füßen und bewegt sich dann in Richtung des Kopfes, der vergleichsweise detailliert geschildert ist. Im Unterschied zu biblischen Texten ist von der Zunge Gottes die Rede, die eine Handspanne umfasst («von einem Ende der Welt zum anderen»).[188] Dann wandert der Fokus von oben, von den Schultern ausgehend, zu Gottes Fingern und Füßen. Der göttliche Körper wird in der Passage anhand der Maße seiner verschiedenen Glieder charakterisiert: Fußsohle, Knöchel, Knie, Schenkel, Nacken, Kopf, Bart, Stirn, Augen, Schultern, Arme, Finger und Zehen. Es handelt sich ohne Zweifel um die detaillierteste Schilderung der Gestalt des göttlichen Körpers in der jüdischen Literatur.

Wie stark sich die ausführlichen Beschreibungen der «Shi'ur Qoma»-Stücke von den eher zarten Andeutungen über Gottes Körper in den biblischen und postbiblischen Texten unterscheiden, zeigt eine Passage über die Maße von Gottes Nase und anderen Teilen des Körpers:

«R. Natan, der Schüler von R. Yochanan,[189] sagt: ‹Auch von der Nase gab er mir ein Maß, und (zwar) ein (richtiges[190]) Maß, und ebenso (von) der (Lippe) und ebenso (von) den (Wangen). Obwohl er mir das Maß der Stirn gegeben hatte, gab er mir (außerdem) das Maß (der) Elle. Die Breite der Stirn ist wie die Höhe des Halses, und so ist die Schulter (wie) die Länge der Nase, die Länge der Nase ist (wie die Länge) (des) kleinen Fingers. Die Höhe der Wangen ist wie die Hälfte des Kopfumfangs, und ebenso ist das Maß eines jeden Menschen›».[191]

Diese Passage unterscheidet sich von anderen in den «Shi'ur Qoma»-Stücken, weil hier keine absoluten Zahlen mitgeteilt werden, sondern ganz allgemein *Proportionen* zueinander ins Verhältnis gesetzt werden. Offenkundig geht es vor allem, aber nicht nur, um die Nase. Es ist sogar erwogen worden, dass in dem zitierten Passus auch von Gottes Penis und Vagina die Rede sei[192] – aber so weit gehen selbst die sehr direkten Beschreibungen des göttlichen Körpers in der Hekhalot-Literatur nicht.[193]

Schließlich besteht nicht nur aufgrund der Ebenbildlichkeit des Menschen eine, wenn auch nur gewisse Analogie zwischen göttlichem und menschlichem Körper, sondern auch seine einzelnen Glieder befinden sich aufgrund der harmonischen Proportionen des gesamten Körpers in einem harmonischen Verhältnis zueinander, das sich in einer Proportion der Längen und Größen abbildet. In der Makroform *Hekhalot Zutarti* sind diese Zusammenhänge möglicherweise in dem Satz «Seine Enden sind wie seine Gestalt»[194] ausgedrückt: Auch für den göttlichen Körper gilt, dass eine Harmonie zwischen den Mikro- und den Makroproportionen besteht.

Man hat es also in den großen «Shiʿur Qoma»-Abschnitten der Hekhalot-Literatur im Grunde mit *drei Arten* zu tun, in denen die Gestalt von Gottes Körperlichkeit beschrieben wird: *Zum einen* werden scheinbar präzise Zahlen genannt, die allerdings phantastisch hoch ausfallen und auch immer wieder einmal durch «Regiebemerkungen» dementiert oder neutralisiert werden, *zum anderen* werden proportionale Verhältnisse ohne Zahlenangaben angeführt und *schließlich* werden *nomina barbara* für einzelne Körperteile angegeben. Diese drei Weisen, Gottes Körperlichkeit zu beschreiben, stehen in den Texten offensichtlich nebeneinander und sind weder in eine strikte Reihenfolge noch in eine logische Hierarchie gebracht.[195] Man gewinnt auch nicht den Eindruck, dass am Beginn der Entwicklung, die zu den heutigen «Shiʿur Qoma»-Texten führte, ursprünglich nur eine einzige Art und Weise stand, die Gestalt zu beschreiben, und dass die beiden anderen sekundär hinzugetreten sind. Denn in der jetzigen Gestalt dieses Materials geht es offenkundig, wie die szenische Einleitung der Passagen zeigt,[196] um die Mitteilung von «Maßen der Gestalt» des göttlichen Körpers. Zugleich aber zielt diese Beschreibung im Grunde, wie wir sahen, mindestens auch auf die Offenbarung der magischen Namen der Körperteile und nicht nur auf ihre unfassbare Größe; Hunderte von Namen sind in den entsprechenden Passagen, teils in regelrechten Clustern von Namen, mitgeteilt; der Name von Gottes rechtem Oberschenkel ist beispielsweise ŠŠWWST PRNSY, nach einem Oxforder Fragment aus der Kairoer Geniza ŠŠNWST WPRNGSYY.[197] Die Passagen, die ohne Maßangaben Proportionalitäten festhalten, sind demgegenüber eher nachrangig, die Vorstellung von der Mikroproportionalität ist aber schließlich ein Implikat des Konzeptes der Makroproportionalität.

Wie verhalten sich nun die Offenbarung der Namen von göttlichen Körperteilen und die Maße dieser Körperteile zueinander? Zunächst einmal: *Beides*, die Kenntnis der Maße der Gestalt des Körpers Gottes wie auch der geheimen, in menschlicher Sprache unaussprechlichen Namen Gottes, macht das geheime Wissen des Mystikers aus und ist ein Zeichen dafür, dass er Kenntnis von der geheimen Offenbarung hat, die der Engelfürst Metatron Rabbi Yishmaʿel (nach anderer Überlieferung: Rabbi Aqiba) mitteilte. Aber die Art des Wissens ist im Blick auf Maße und Namen doch ganz verschieden. Das Wissen über Maße ist eher ein *negatives Wissen*, wie an einer Stelle auch ganz direkt ausgedrückt wird: «Wir haben in unseren Händen kein Maß (מידה), aber die Namen sind uns enthüllt».[198] Peter Schäfer schließt: Alle Versuche, die Maße «des Schöpfers zu ›ermessen‹ und zu beschreiben, sind vergeblich und dokumentieren das Gegenteil von dem, was sie vordergründig erreichen wollen, nämlich daß die Dimensionen Gottes jedes begreifbare ›Maß‹ übersteigen».[199] Ähnlich hatte es schon Gershom Scholem formuliert:

> «Was es nun mit jenen monströsen Zahlen und Längen dieser Glieder auf sich hat, darüber besitzen wir keine zuverlässige Tradition. Irgendeinen anschaulichen Gehalt haben die enormen Ziffern nicht, und es ist unmöglich, sich den so beschriebenen ›Leib der Schechina‹ wirklich vorzustellen. Eher scheinen sie noch geeignet, jeden Versuch solcher Anschauung vielmehr *ad absurdum* zu führen».[200]

Im Grunde liegt eine sachliche, wenn auch nicht traditionsgeschichtliche Analogie zur sogenannten *Theologia negativa*[201] vor: In den Texten wird durch unvorstellbar große Maßangaben, die immer wieder durch entsprechende «Regie-Bemerkungen» neutralisiert oder gar dementiert werden, das negative Wissen vermittelt, dass Gott größer ist als alles, was man sich überhaupt nur vorstellen kann – und eben das gilt auch für seine körperliche Gestalt. In der klassischen *Theologia negativa* wird dies durch charakteristische Attribute wie «unvorstellbar» ausgedrückt; hier durch unvorstellbare Maßangaben. Man kann also durchaus von einem Paradox sprechen: Scheinbar präzises Wissen erweist sich bei näherer Betrachung als Nichtwissen. Durch solches «Nichtwissen» wird aber in der griechischen wie in der jüdischen Tradition Wissen über die kategoriale Differenz Gottes zu allen irdischen Gegenständen vermittelt. Demgegenüber ist das Wissen über die Namen, das in den «Shiʿur Qoma»-Texten offenbart wird, ein eminent *positives* Wissen. Denn wenn man ernst nimmt, dass die nur dem Mystiker zugänglichen geheimen Namen der göttlichen Körperteile in einer allgemeinen antiken magischen Tradition solcher *nomina barbara* stehen, dann handelt es sich weder um ein negatives noch um ein statisches Wissen: Der Mystiker, der die Hekhalot-Literatur liest, meditiert und sich in der Rolle der dort erwähnten «zur Merkava Herabsteigenden» (*Yorde Merkava*, יורדי מרכבה) sieht,[202] hat nach Peter Schäfer nicht nur ein besonderes Wissen, sondern er *gebraucht* sein Wissen, um sich selbst in eine noch einmal engere Beziehung zu Gott zu bringen (zum Beispiel durch die Beschwörung mit Hilfe der geheimen Namen). Ein solcher Mystiker besitzt durch die Maßangaben *und* Namen ein Stück weit die magische Macht, Gott zu einer engeren Beziehung mit sich selbst zu bewegen.[203] Diesem Zweck, durch geheiligte, nur wenigen Menschen überhaupt zur Verfügung stehende Wendungen aus der göttlichen Sprache Gott selbst nahe zu kommen, dienen auch die ausführlichen liturgischen Passagen in den «Shiʿur Qoma»-Abschnitten, wie beispielsweise in der Einleitung des mutmaßlich ältesten Abschnittes in der Makroform *Hekhalot Rabbati*:

«Seid erhöht, seid erhöht, ihr Erhobenen!
Seid erhaben, seid erhaben, ihr Erhabenen!
Seid mächtig, seid mächtig, ihr Mächtigen!
Seid stolz, seid stolz, ihr Stolzen!»[204]

Peter Schäfer hat die Form von «Mystik», die diese Texte charakterisiert, als «unio liturgica» bezeichnet, als eine primär liturgisch geprägte Vereinigung zwischen dem Mystiker, den Engeln und Gott selbst, und damit von der stärker individuell und stellenweise sogar ontologisch als Verschmelzung konzipierten «unio mystica» einiger mittelalterlicher mystischer Texte christlicher Tradition abgehoben. Ziel ist, den Mystiker in die himmlische Liturgie zu integrieren, indem ihm erlaubt wird, die Hymnen und Doxologien dieser Liturgie zu hören, zu kennen und mitzubeten. Vielleicht könnte man aber mit Blick auf die magischen Elemente auch von einer gleichzeitigen «unio theurgica» sprechen, die neben der «unio liturgica» steht: das in den Texten enthaltene negative wie positive Wissen half dem Mystiker, sich gegenüber den himmlischen Mächten und mit ihnen gemeinsam gegenüber Gott angemessen zu verhalten und zu tun, was verlangt war.[205] Man muss sich außerdem klarmachen, dass Maßangaben und Namen nicht im Zusammenhang einer Vision offenbart werden,[206] sondern im Zusammenhang einer Audition: Metatron teilt dieses Wissen einem privilegierten Offenbarungsempfänger aus der rabbinischen Tradition mit.

Die «Shi‘ur Qoma»-Texte malen also nicht einfach in unreflektierter oder gar naiver Manier ein Bild eines «Makrotheos»,[207] indem sie die Maße eines nach antiken Vorstellungen wohlproportionierten Menschen ins Riesenhafte übersteigern, sondern sie nutzen ein Verfahren, das die klassische abendländische Metaphysik *via eminentiae* genannt hat, um durch Übersteigerung von Zahlen jeden Vergleich zwischen dem göttlichen und dem menschlichen Körper auszuschließen. Die Übersteigerung von Quantität muss als Metapher für eine kategoriale Differenz der Qualität von göttlichem und menschlichem Körper verstanden werden. Mit anderen Worten: Gott besitzt zwar einen Körper, aber seine wohlproportionierte, harmonische Körperlichkeit ist von der menschlichen Körperlichkeit durch einen qualitativen Sprung getrennt, nicht nur durch einen quantitativen Abstand. Diese abstrakten, eher philosophischen Gedanken bringen die «Shi‘ur Qoma»-Texte der Hekhalot-Literatur durch Zahlen und Namen zum Ausdruck und bleiben damit in gewisser Weise in der Tradition biblischen und postbiblischen Denkens. So wird beispielsweise in der Makroform *Dritter Henoch* der «Hand Gottes» eine Emotion, nämlich ein «Trauern der Hand», zugeschrieben, was deutlich macht, dass es sich um schlechterdings übermenschliche, eben kategorial differente göttliche Körperlichkeit handelt: «In jener Stunde weinte die rechte Hand Gottes und fünf Tränenflüsse strömten hervor von ihren fünf Fingern, fielen in das große Meer und ließen die Erde erbeben».[208] Allerdings darf man die Differenz zwischen der logisch kohärenten Argumentation antiker philosophischer Texte und diesen spätantiken oder byzantinischen Texten jüdischer Mystik auch nicht übertreiben. Mindestens einzelne Passagen der «Shi‘ur Qoma»-Texte konnte man auch ganz platonisch lesen:

> «Der Anblick seines Angesichts und der Anblick seiner Wangen ist wie die Erscheinung (des) Geistes und wie die Form (der) Seele. Kein Geschöpf kann ihn erkennen. ‹Sein Leib ist wie ein Tarshish-Edelstein›» (Daniel 10,6).[209]

In diesem schwierig zu interpretierenden Satz konnten platonisch Gebildete durchaus die Vorstellung von einer geistigen Schau Gottes wiederfinden, einer Form von intellektuellem «Sehen», das zur Erfassung geistiger wie seelischer Realitäten nach Ansicht dieser philosophischen Theorie ebenso notwendig war wie zur Erfassung der transzendenten Wirklichkeit Gottes. So gelesen, würde der zitierte Satz Folgendes meinen: Geist und Seele befinden sich bei denen, die «zum Thronwagen herabsteigen», in dem Zustand, für den sie von Gott ursprünglich geschaffen wurden: Diese Mystiker «sehen» Gott, aber da sein Leib nicht aus gewöhnlicher irdischer Materialität besteht, sondern wie ein kostbarer Edelstein glänzt, ist er auch nicht wie irgendein irdisches Ding zu erkennen, sondern nur intellektuell anzuschauen.

«Shi'ur Qoma»-Traditionen bei christlichen Autoren

Diese Beobachtung zur mehrfachen Lesbarkeit eines Satzes aus der Hekhalot-Literatur bringt uns zu der Frage, wie sich die «Shi'ur Qoma»-Traditionen, die auf den ersten Blick sehr besonders und eigen scheinen, zu anderen zeitgenössischen Traditionen, über den Körper Gottes zu reden, verhalten. Sind die «Shi'ur Qoma»-Texte nur ein spätes Produkt einer Entwicklung im nachantiken, mittelalterlichen babylonischen Judentum oder ist es sinnvoll, innerhalb der kaiserzeitlichen religiösen Koine nach Traditionen zu suchen, aus denen sich die besondere Vorstellung von «Maßen der Gestalt» des göttlichen Körpers entwickelt hat?

In der christlichen Literatur der Spätantike finden sich gewisse, wenn auch nicht unproblematische Hinweise darauf, dass die Spekulationen bestimmter jüdischer Gruppen über den Körper Gottes durchaus wahrgenommen wurden. Schon Mitte des zweiten Jahrhunderts polemisierte der stadtrömische Apologet *Justin* in seinem «Dialog mit dem Juden Trypho» gegen eine wörtliche Auslegung biblischer Passagen, in denen seiner Ansicht nach von Christus oder von Engeln die Rede ist, also von göttlichen Wirklichkeiten, die einen menschlichen oder menschenähnlichen Leib annehmen können:

«Und wiederum wenn ich unter den Worten: ‹Ich werde sehen die Himmel, die Werke deiner Finger› (Psalm 8,4), nicht die Werke des Logos

Gottes verstehe, dann werde ich sie nicht verständig hören wie eure Lehrer, die glauben, der Vater des Weltalls, der unerzeugte Gott, habe Hände, Füße, Finger und eine Seele wie ein Lebewesen, das zusammengesetzt ist, und welche deshalb auch lehren, der Vater selbst sei dem Abraham und Jakob erschienen».[210]

Aus dieser Passage wird deutlich, dass es nach Ansicht des Justin, der aus Samaria stammte und mit Rabbinen im Gespräch war, «jüdische Lehrer» gab, die Gott wie einem zusammengesetzten Lebewesen Seele und Körper mit entsprechenden Gliedern zusprachen. Ähnliches bezeugt, wie wir gesehen haben,[211] Origenes für die beiden Städte Alexandria und Caesarea in der Mitte des dritten Jahrhunderts. Allerdings beziehen sich seine Bemerkungen wohl eher auf die Frömmigkeit in den Gemeinden als auf rabbinische oder sonstige jüdische Gelehrte und ganz sicher nicht auf «zum Thronwagen Herabsteigende». Ein Hinweis auf diese Gruppen und ihre Schriften findet sich vielleicht erstmals am Beginn des folgenden Jahrhunderts: So beschuldigt *Arnobius von Sicca*, ein nordafrikanischer Rhetor und Apologet des Christentums angesichts der diokletianischen Christengesetzgebung in den Jahren 303–305, im Rahmen einer vergleichsweise konventionellen Polemik gegen den paganen Anthropomorphismus ganz bestimmte jüdische Kreise einer anthropomorphen Gottesvorstellung:

«Nun kommen wir zu Gestalt und Formen, durch die – wie ihr glaubt – die himmlischen Götter definiert sind und in denen ihr sie ja auch nachbildet und an den erhabensten Plätzen der Tempel aufstellt. Und hier soll uns doch niemand die jüdischen Fabeln und die Geschichten von der Sekte der Saddhuzäer vorhalten, als ob auch wir Gott Formen zuschreiben – denn man glaubt, dies werde in deren Schriften gesagt gleichsam als sichere Tatsache und autoritative Lehre. Diese Fabeln gehen uns aber nichts an, haben an überhaupt keinem Punkt mit uns etwas gemeinsam, wenn sie aber (wie man glaubt), etwas mit uns zu tun haben, so müsst ihr Lehrer von höherer Einsicht aufsuchen und von denen lernen, auf welche Weise man am besten die Wolken entfernen könne, die ihre Schriften verdunkeln».[212]

Auf den ersten Blick wirken die Angaben des Arnobius merkwürdig. Aber auch wenn sich die Vorstellung, ausgerechnet die Saddhuzäer hätten für ein anthropomorphes Gottesbild argumentiert, eher schlecht mit dem verträgt, was man sonst über diese Gruppe zu wissen glaubt (nach der neutestamentlichen Apostelgeschichte leugnen sie die Auferstehung sowie die Existenz von Engeln und Geistern: 23,8[213]), findet sich eine solche Überlieferung ebenfalls in anderen, freilich späten Quellen.[214] Außerdem scheint hier die (wenn auch blasse) Erinnerung daran festgehalten, dass es jüdische Schriften gibt, die die Körperlichkeit Gottes lehren und für einen christlichen Leser ohne zusätzliche interpretatorische Hilfe dunkel wirken. Da die biblische Argumentationsbasis der Sadduzäer ausschließlich die Tora, d. h. die fünf Bücher Mose, bildete und sie als Tempelpriester Hüter eines Raumes waren, der als Wohnung Gottes angesehen wurde, könnte man übrigens auch vermuten, dass ein körperliches Gottesbild für diese Gruppe geradezu nahelag.

Auch in einer gern *Basilius von Caesarea* zugeschriebenen, aber anonym überlieferten spätantiken Homilie «Über die Erschaffung des Menschen» ist nicht nur zu lesen, dass Gott «gestaltlos und einfach» sei, sondern wird das «Zusammenphantasieren» eines göttlichen Körpers «jüdisch» (Ἰουδαϊκῶς) genannt:

«Du sollst über ihn keine Gestalt zusammenphantasieren. Du sollst nicht auf jüdische Weise den schrumpfen, der groß ist. Du sollst Gott nicht mit körperlichen Vorstellungen begreifen, nicht ihn begrenzen nach dem Maß deines Verstandes. (…) Stell' dir keine Gestalt vor – Gott muss von seiner Kraft her gedacht werden – für die Einfachheit seiner Natur, keine Quantität für seine Größe».[215]

Ob diese Polemik allerdings auf die «Shi'ur Qoma»-Traditionen abzielt, ist noch unsicherer als beim Zeugnis des Arnobius einige Jahrzehnte zuvor. Denn die Polemik der Predigt richtet sich gegen «simple, ungebildete, ungelehrte Vorstellungen über Gott» innerhalb der christlichen Gemeinden;[216] die Polemik gegen das Judentum ist allzu schematisch.

Deswegen ist es eher sinnvoll, nach direkten Parallelen zu «Maßen der Gestalt» des göttlichen Körpers in christlichen und paganen Texten zu fragen. Dabei geht es natürlich nicht um die Rahmenhandlung, in der ein in den Himmel entrückter Mensch besondere Offenbarungen über die Gottheit erhält. Richard Reitzenstein hat hierzu auf hellenistische astrologische Fragmente ägyptischer oder pseudoägyptischer Provenienz hingewiesen, wie sie uns beispielsweise aus der Einleitung eines «Handbuchs der Astrologie» eines gewissen *Nechespso* und *Petosiris* in einer Anthologie des zweiten nachchristlichen Jahrhunderts überliefert sind: «Ich beschloss nun, die ganze Nacht hindurch zur Luft (…) und mir ertönte eine Stimme des Himmels, die ein dunkelfarbiges Gewand aus Fleisch umgab und die Dunkel vor sich hielt».[217] Himmelsreisen waren en vogue und stellen auch nicht das gesuchte Spezifikum dar.[218] Wenn man nicht allgemein an die platonische Philosophie denken will, insbesondere an ihre zunächst nur für eingeweihte Angehörige des engeren Schülerkreises zugängliche Prinzipientheorie, dann fällt es schwer, eine direkte pagane Parallele in der Antike zu finden. Zwar werden auch im sogenannten Mittelplatonismus (beispielsweise bei *Eudorus von Alexandria* im ersten vorchristlichen Jahrhundert) solide mathematische Kenntnisse vorausgesetzt und der schlechterdings transzendente Gott in neupythagoreischer Tradition als «das Eine» (τὸ ἕν) beschrieben, bei Eudorus sogar in einer komplizierten Nebeneinanderstellung von zwei Prinzipien, «so dass das Eine als Prinzip gilt, das Eine und die unbegrenzte Zweiheit aber als Elemente. (…) Es ist klar, dass das Prinzip aller Dinge ein anderes Eines ist als das Eine, das der Zweiheit entgegengesetzt ist, welche sie auch Einheit nennen».[219] Aber natürlich finden sich, weil die «Eins» als Prinzip der Zahlen kategorial different ist von allem Zählbaren, keinerlei Versuche, die schlechthinnige Einheit der Eins zu zählen oder zu messen. Gleiches gilt im Grunde auch für die philosophische Theorie der neupythagoreischen Idealzahlen, wie sie sich in einer schwer datierbaren kaiserzeitlichen Einführung, den «Arithmetischen Theologumena» des Pseudo-Jamblich, entfaltet findet.[220] Hier werden zwar neben der «Einsheit» auch «Zweiheit», «Dreiheit», «Vierheit» und so fort in die Prinzipientheorie eingeführt (und einzelne Systembildungen, die zur sogenannten christlichen Gnosis gerechnet werden, übernehmen diese Idealzahlen oder applizieren sie auf Instanzen ihrer Systembildungen). Aber auch hier wird natürlich streng davon abgesehen, die durch Idealzahlen charakterisierten Größen noch durch weitere Maßangaben zu vervollständigen; im Gegenteil: Ein solches Abmessen wäre für die rein geistigen Größen gar nicht möglich: Die Einsheit ist Ursprung der Zahlen und hat als solche keine Ausdehnung im Raum, mithin natürlich auch keine Körperlichkeit.[221]

Das «Buch des Elchasai»

Am ehesten finden sich Parallelen zu der besonderen Kombination aus Zahlentheorie und Namensmagie, die die «Shi'ur Qoma»-Texte prägt, in Schriften von Gruppen *am Rande der sich formierenden christlichen Mehrheitskirche* in der hohen römischen Kaiserzeit. Die eindrücklichste Parallele stammt aus Nachrichten über ein heute bis auf wenige Fragmente verlorenes Buch, das «Buch des Elchasai» oder «Elxai»,[222] das wahrscheinlich zur Zeit des römischen Kaisers Trajan verfasst wurde.[223] Möglicherweise wurde dieses Buch in derselben Gegend wie später die jüdischen mystischen Texte, nämlich in Persien, in aramäischer Sprache verfasst. Wie man aufgrund der Biographie des persischen Gnostikers und Religionsstifters *Mani* (216–276)[224] vermuten kann – er war eine Zeitlang in einer solchen persischen, «elkasitischen» Täufergruppe Mitglied und disputierte später mit anderen Mitgliedern über die Berechtigung seiner neuen Lehren[225] –, dürfte es in Persien auch noch im dritten Jahrhundert in täuferischen Gruppen benutzt worden sein. Ob das «Buch des Elchasai» oder «Elxai» in der unübersichtlichen religiösen Landschaft Persiens als «jüdisch», «christlich», «judenchristlich» oder gar als «synkretistisch-gnostisches Judenchristentum» zu rubrizieren ist oder (nach Analogie des Lehrsystems der manichäischen Gnosis) religiös mehrfach lesbar und nutzbar war, muss uns hier nicht beschäftigen.[226] Deutlich ist aber an der kritischen Diskussion über das Buch bei Theologen der christlichen Mehrheitskirche, dass der Text in der römischen Kaiserzeit auch von christlichen Gruppen benutzt wurde. Nicht ganz einfach zu erklären ist der Name *Elchasai* oder *Elxai* und seine ursprüngliche Funktion im Zusammenhang mit dem Buch. Das Buch trug möglicherweise ursprünglich den aramäischen Titel «Das Buch der verborgenen Kraft» nach der Figur des offenbarenden Engels, die darin als «verborgene Kraft» (חיל כסי) bezeichnet wurde.[227] Eusebius zitiert ein Fragment aus einer (ansonsten verlorenen) Predigt des Origenes in der palästinischen Hafenstadt Caesarea, in dem der Prediger sagt, dass Menschen von der «Häresie der Helkesaiten» (τῆς Ἐλκεσαιτῶν αἵρεσις) behaupteten, dies Buch sei vom Himmel gefallen.[228] Das Buch wurde schon im dritten Jahrhundert mit der mythologischen Figur eines Propheten namens *Elchasai* (Ἠλχασαΐ) oder *Elxai* (Ἠλξαΐ) verbunden oder war sogar schon von Anfang an mit einer historischen Person dieses Namens verbunden, der es vielleicht verfasst hat – das bleibt aber unsicher.[229] Ob *Elchasai* oder *Elxai* in diesem Fall als Beiname einer historischen Person zu deuten ist (wie bei Simon Magus, den seine samaritanischen Anhänger bereits nach dem Zeugnis der neutestamentlichen Apostelgeschichte «große Kraft» nennen und damit mit dem rettenden Gott selbst in Verbindung bringen[230]) oder einen Eigennamen darstellt, ist kaum mehr zu entscheiden.[231] Vergleichsweise sicher ist dagegen, dass man es von Anfang an mit einer Bewegung zu tun hat, die ein Tauchbad zur Vergebung der Sünden anbot und insofern zu den täuferischen Bewegungen diesseits und jenseits der östlichen Grenze des *Imperium Romanum* zählt, ganz unabhängig davon, ob man mit einem ursprünglich christlichen Hintergrund dieses Tauchbades als (zweite) Taufe oder eher mit einer Analogie zu diversen Formen jüdischer Waschungsrituale rechnet.[232]

Das «Buch des Elchasai» oder «Elxai» wurde offenbar von Gruppen in Persien und im Ostjordanland tradiert und genutzt. *Epiphanius von Salamis* berichtet, dass zu Zeiten des Kaisers Konstantin noch Nachkommen des (wie er sagt) Elxai in Gestalt von zwei Schwestern lebten. Einerseits verfügt Epiphanius aufgrund seiner Herkunft über Lokalkenntnisse des Ostjordanlandes, andererseits teilt er ohne viel Umschweife sehr absurde Gerüchte mit, so dass auch hier kaum Sicherheit zu gewinnen ist: Epiphanius behauptet, die beiden Schwestern Marthus und Marthana seien als Götter verehrt und ihr Speichel samt anderer Körperabfälle «von den irrenden Häretikern in jener Gegend» für Heilzwecke verwendet worden, nur deswegen, weil sie Verwandte des Elxai gewesen seien.[233] Die Verwendung von Speichel könnte eine Reminiszenz an das heilende Handeln Jesu sein, der den Blindgeborenen mit Speichel heilte (Markus 8,22–26). Sie könnte aber auch mit der tatsächlich vorhandenen therapeutischen Kraft dieses Körpersekrets zusammenhängen, die sowohl im Judentum wie in der paganen Umwelt geschätzt wurde.[234]

Das «Buch des Elchasai» oder «Elxai» enthielt, wenn man den Referaten der Theologen der christlichen Mehrheitskirche vertrauen darf, *zum einen* Bestimmungen über das christliche Leben in der Form einer Kirchenordnung[235] – beispielsweise über die zweite Taufe, rituelle Waschungen, Gebete in Richtung von Jerusalem, Beschneidung und Einhaltung des Sabbats –, aber *zum anderen* auch Spekulationen über die riesigen Ausmaße göttlicher Körper. Nachrichten darüber sind uns wieder nur bei christlichen Häresiologen des dritten und vierten Jahrhunderts erhalten, also bei Überlieferungsträgern, die mit ihren Referaten über das Buch jeweils polemische Absichten verfolgten. Einschlägig für einen Vergleich mit den «Shi'ur Qoma»-Passagen ist ein Stück, das einerseits der römische Häresiologe Hippolyt in seiner «Widerlegung aller Häresien» im frühen dritten Jahrhundert sowie andererseits in drei davon unabhängigen Parallelversionen auch der Metropolit von Zypern, Epiphanius von Salamis, gegen Ende des vierten Jahrhunderts in seinem «Arzneikästlein gegen die Häresien» überliefert. Bei *Hippolyt* steht zu lesen:

> «Alkibiades, ein gerissener, durch und durch schlechter Mann, in Apamea in Syrien wohnhaft, (...) kam, da er sich für einen noch gewandteren und genialeren Betrüger als Callixtus hielt, mit einem Buch nach Rom, das angeblich Elchasai, ein gerechter Mann, von den Seren in Parthien erhalten und einem gewissen Sobiai weitergegeben habe; das Buch sei von einem Engel inspiriert, dessen Höhe 24 Schoinien, entspricht 96 Meilen,[236] dessen Breite vier Schoinien beträgt und der von Schulter zu Schulter sechs Schoinien misst. Seine Fußlänge betrage 3½ (Schoinien), was 14 Meilen gleichkommt, die Breite 1½ Schoinien, die Höhe ½. Es befinde sich bei ihm auch ein weibliches Wesen, dessen Maße mit den obengenannten übereinstimmten; das männliche Wesen sei Gottes Sohn, das weibliche werde Heiliger Geist genannt».[237]

Hippolyt zeichnet das «Buch des Elchasai» in seine sein ganzes antihäretisches Werk prägende schwere Auseinandersetzung mit dem römischen Bischof Callixtus ein, der zwischen 217/218 und 222/223 in der Hauptstadt des Reiches amtierte; Hippolyt diffamierte ihn nicht nur als Erzketzer, sondern auch als verantwortungslosen Betrüger und gewissenlosen Feigling. Während dieser Zeit soll nach seinem Bericht ein Elchasait namens Alcibiades nach Rom gekommen sein und in der durch Callixtus bereits verwirrten stadtrömischen christlichen Gemeinde für seine Lehre geworben haben; Hippolyt meint auch zu wissen, dass der römische Bischof Callixtus Alcibiades im Blick auf seine Vorstellungen von Taufe und Sündenvergebung beeinflusste. Das Buch war damals vermutlich schon aus dem Aramäischen ins Griechische übersetzt,[238] wie die Umrechnungen der «Schoinien» in römische Meilen zeigen, die die Maßangaben für Kreise lesbar machen wollen, die nicht aus dem aramäischsprachigen Kulturkreis stammen. Man erkennt zudem, dass im Referat des Hippolyt (das vielleicht seinerseits auf dem Referat des Alcibiades über das Buch beruhte) die Maßangaben stark gekürzt wurden:

Wenn einerseits von der Höhe, der Breite von Schultern und Taille, anderseits aber auch von der Länge der Füße die Rede war, gab es im Buch wahrscheinlich auch Angaben über Nase, Augen, Arme und Hände – gerade wie in den «Shiʿur Qoma»-Texten. Hippolyt referiert aber nicht nur, sondern verbindet im Rahmen seines grundlegenden häresiologischen Konzeptes, alle christlichen Häresien mit paganen philosophischen Schulen in Beziehung zu setzen, die Elchasaiten mit dem Pythagoreismus[239] – und wir sahen ja schon, dass eine solche Verbindung jedenfalls für einen antiken Leser naheliegen konnte, weil der Zusammenhang von Gott und Zahl ganz allgemein an den Neupythagoreismus und seine arithmetische Theologie erinnerte.

Die über hundertfünfzig Jahre spätere unabhängige Parallelüberlieferung bei Epiphanius, dem Metropoliten von Salamis auf Zypern, in seinem «Arzneikästlein gegen die Häresien» zeigt, dass ebenso wie zwischen den einzelnen Überlieferungsformen der «Shiʿur Qoma»-Stücke die Angaben der Maße durchaus differieren konnten. Offenbar kam es auch hier nicht auf die Exaktheit der Überlieferung, sondern auf einen Gesamteindruck möglichst großer Zahlen an. Epiphanius zitiert die Passage aus einer griechischen Übersetzung des «Buches des Elxai» und referiert sie nicht nur in der indirekten Rede wie sein Vorgänger, dessen Werk er offenbar gar nicht kennt. Die *erste Parallelüberlieferung* zu Hippolyt findet sich bei Epiphanius in einem Abschnitt über die «Ossäer» (eine nur bei ihm belegte Gruppe, vielleicht ein anderer Name für «Essener»[240]), nach seinen Angaben eine jüdische Gruppe im Ostjordanland, die unterdessen in der mehr christlichen Gruppe der «Sampsäer» aufgegangen sei.[241] «Elxai», ein falscher Prophet, sei ihr später beigetreten. Das Referat konzentriert sich dann auf die Fragen der Ethik wie der Christologie und fährt fort:

> «Dann beschreibt er Christus als eine gewisse Kraft und teilt dann deren Maße mit – 96 Meilen gleich 24 Schoinien die Höhe, und die Breite 24 Meilen gleich 6 Schoinien, und ähnliche Lügen über seine Dicke und die Füße und die anderen Fabeleien. Dann aber auch der Heilige Geist – er selbst ist weiblich – ist dem Christus ähnlich und steht nach Art eines Standbildes unter einer Wolke und in der Mitte zwischen zwei Bergen».[242]

Epiphanius und Hippolyt weichen geringfügig voneinander ab: Hippolyt bietet mehr Maßangaben; Epiphanius kürzt das Referat, insbesondere um die Differenz zwischen Taillenbreite und Schulterbreite sowie die sehr ausführlichen Angaben über die Füße. Entweder fanden sich in der Vorlage, auf die Hippolyt Bezug nahm, mehr Zahlenangaben als in der, auf die Epiphanius zurückgriff, oder der zypriotische Bischof hatte kein Interesse, mehr Zahlen mitzuteilen. Außerdem scheint in der Vorlage des Epiphanius die Christianisierung des Buches deutlich weiter als zu Zeiten des Hippolyt hundertfünfzig Jahre zuvor vorangeschritten zu sein, denn die Maßangaben, die nach Hippolyt zunächst einmal einen einzelnen Offenbarungsengel (mit einem assistierenden zweiten Engel) betrafen, der erst sekundär im Text mit Christus identifiziert wurde, beschreiben nach Epiphanius Christus, der in einer Vision gemeinsam mit dem Heiligen Geist erscheint. Die archaischere Engelchristologie, die nach dem Text des Hippolyt die erste Redaktionsstufe charakterisiert, ist nun vollkommen entfallen, von Engeln ist gar nicht mehr die Rede. Die wahrscheinlich auf die Vision des Propheten Jesaja im gleichnamigen biblischen Buch zurückgehende Vorstellung, dass zwei Engel, Seraphen, vor dem göttlichen Thron stehen und dienen (Jesaja 6,1–3),[243] ist hier mit der standardisierten christlichen Trinitätstheologie der Spätantike verschmolzen.

Das Referat bei Hippolyt könnte aus den anfänglichen Partien des Buches stammen, in denen dessen Inhalt auf einen Offenbarungsengel zurückgeführt und durch eine Vision legitimiert wurde. Interessanterweise überliefert Epiphanius in seinem Referat über die «Ebioniten» eine *zweite, der ersten weitestgehend parallele Version* seiner Inhaltsangabe und nach den Maßangaben eine weitere, wörtlich zitierte Passage, die mit dem bei Hippolyt und Epiphanius über die beiden Engel Berichteten in unmittelbarem Zusammenhang stehen dürfte:

> «Sie glauben daher, dass der Christus eine menschengestaltige Figur ist, unsichtbar für Menschen, 96 Meilen, mit Verlaub 24 Schoinien, die Höhe, die Breite sechs Schoinien, 24 Meilen, die Dicke aber entsprechend anderen Maßen. Ihm gegenüber aber steht auch der Heilige Geist in weiblicher Gestalt unsichtbar und mit denselben Maßen. ‹Und woher›, sagt er, ‹wusste ich (sc. Elchasai/Elxai[244]) diese Maße? – Ich sah›, sagt er, ‹an den Bergen, dass ihre Köpfe heranreichten, und als ich das Maß des Berges erfuhr, erkannte ich auch die Maße Christi und des Heiligen Geistes›».[245]

Ein *drittes Referat* findet sich schließlich im Abschnitt über die Sampsäer:

«Er aber wird Christus genannt und der Heilige Geist ist seine Schwester, die in einer weiblichen Gestalt existiert, 96 Meilen beträgt die Höhe eines jeden von diesen, der Christus und der Heilige Geist, und die Breite sechs, und viele andere läppische Dinge».[246]

Das dritte Referat ist so weit verkürzt, dass man ohne Kenntnis der beiden voraufgehenden annehmen muss, dass die Breite sechs Meilen beträgt (anstelle von Schoinien), was auf eine äußerst verkürzte Schulter oder eine Wespentaille deuten würde.

Peter Schäfer hat in seiner Monographie «Die Ursprünge der jüdischen Mystik» auf die Unterschiede dieser Passage aus dem «Buch des Elchasai» (oder «Elxai») zu den «Shiʿur Qoma»-Traditionen aufmerksam gemacht:[247] Es werden (vom Fuß einmal abgesehen) in den erhaltenen Stücken keine Maßangaben für einzelne Körperteile überliefert, sondern nur sehr allgemeine Körpermaße angegeben. Zudem gehört der Riesenkörper im «Buch des Elchasai» nicht dem «großen und höchsten» Gott,[248] sondern zwei Engeln. Große Engel aber finden sich auch an anderen Stellen der paganen[249] und christlichen Literatur,[250] beispielsweise im apokryph gewordenen Petrusevangelium (als Assistenzfiguren des auferstehenden Christus).[251] Die rabbinische Tradition kennt die Vorstellung, dass ein ursprünglich riesenhaft geschaffener Adam zur Strafe für den Sündenfall verkleinert wird; erst damit wird er eigentlich von einem engelgleichen Wesen zu einem sterblichen Menschen.[252] Vermutlich wurden diese beiden Engel auch erst auf einer sekundären Stufe der textlichen Überlieferung mit dem Gottessohn und dem Heiligen Geist identifiziert, wie ein merkwürdig nachklappender Satz bei Hippolyt zeigt, der an ein Scholion erinnert: «Es befinde sich bei ihm (sc. dem Offenbarungsengel) auch ein weibliches Wesen, dessen Maße mit den obengenannten übereinstimmten; das männliche Wesen sei Gottes Sohn, das weibliche werde Heiliger Geist genannt»[253]. Auf jeden Fall ist diese Einfügung einer bestimmten, eher judenchristlichen Form von christlicher Trinität, die ein sprachliches Bewusstsein für das Geschlecht des hebräischen Wortes «Geist» (*ruach*, רוח) und seiner aramäischen und syrischen Derivate voraussetzt, deutlich sekundär, denn bei Hippolyt bezieht sich die Passage zunächst ja nur auf einen Offenbarungsengel, der – wie Metatron in den «Shiʿur Qoma»-Stücken – die Offenbarung übergibt, wobei in den «Shi'ur Qoma»-Stücken aber eben nicht der Offenbarungsengel, sondern Gott selbst näher beschrieben wird. Außerdem sind die Maße nicht wirklich vergleichbar. Wenn man von den mutmaßlich ursprünglichen «Schoinien» ausgeht,[254] beträgt die Höhe der Engel gerade einmal 252 Kilometer, die Schulterbreite 63 Kilometer, die Taille 42 Kilometer und die Fußlänge etwas mehr als 36 Kilometer. Es steht außerdem offenbar auch nicht die Idee des schönen Körpers mit regelmäßigen Proportionen im Hintergrund: Wenn diese Zahlen die ursprünglichen Werte wiedergeben, haben die Engel deutlich längere Füße, als es dem Idealmaß nach Vitruv (und Polyklet) entspricht. Außerdem sind die Engel für das Idealmaß deutlich zu lang (um rund fünfzig Kilometer), mussten also von Kundigen nach dem uns überlieferten Textbestand als relativ schlecht proportionierte Wesen empfunden werden. Man fragt sich auch, an welche Berge eigentlich bei diesen exorbitanten Höhenangaben gedacht war – schließlich wird die Engelhöhe im «Buch des Elchasai» oder «Elxai» mit der Berghöhe korreliert, um exakte Maßangaben zu gewinnen.[255]

Um das «Buch des Elchasai» richtig verstehen und angemessen zu den «Shi'ur Qoma»-Stücken in Beziehung setzen zu können, müssen wir uns noch klarmachen, dass es sich mit Blick auf das Genre grundsätzlich von den späteren Texten der jüdischen Mystik unterscheidet. Erst F. Stanley Jones hat darauf hingewiesen, dass es sich bei dem Werk nicht unbedingt, wie man gern dachte, um eine «Apokalypse des Elchasai» handeln muss – dieser scheinbar selbstverständlichen gattungsgeschichtlichen Einordnung verdankt es beispielsweise seine Aufnahme in die Sammlung der «Neutestamentlichen Apokryphen», die Edgar Hennecke im Jahre 1904 begründete und die ihm nachfolgend Wilhelm Schneemelcher in weiteren Auflagen herausgab.[256] Jones konnte anhand einer vollständigen Sammlung der Fragmente zeigen, dass es sich ausweislich der überwiegenden Mehrheit der Fragmente vermutlich eher um eine Kirchenordnung handelt, die lediglich zur Autorisierung der in ihr enthaltenen Bestimmungen (die an vielen Punkten erheblich von denen der Mehrheitskirche differieren) in eine Apokalypse eingekleidet ist.[257] Welche historischen Ereignisse im Hintergrund dieser autorisierenden Passage stehen mögen – Wilhelm Brandt vermutete noch Autosuggestion des Elchasai oder Schwindel – wissen wir natürlich nicht, weil eindeutige Quellen fehlen.[258]

Damit wird eine weitere Fundamentaldifferenz zwischen dem Stück aus dem «Buch des Elchasai» und den «Shiʿur Qoma»-Passagen deutlich. Die Maßangaben in diesen Stücken aus jüdisch-mystischer Tradition erfüllen, wie wir sahen, eine ganz bestimmte Funktion: Sie wollen die Kategorialdifferenz zwischen einem Nutzen magischer Namen in der Alltagswelt und der Verwendung magischer Namen in himmlischer Sphäre einschärfen. Die Maßangaben im «Buch des Elchasai» wollen dagegen nur demonstrieren, dass der Offenbarungsengel (oder eben Christus) über eine solche Autorität verfügt, dass abweichende Bestimmungen beispielsweise zur Tauf- und Gebetspraxis sowie zum Umgang mit Astrologie und Feuer in christlichen Sondergruppen im persischen Reich damit begründet werden können. Wenn man die für frühere Forschergenerationen selbstverständliche Verbindung des «Buches des Elchasai» mit dem literarischen Genus einer Apokalypse löst (und das muss man mindestens sehr ernsthaft erwägen), dann erweist sich die gern vorgenommene Parallelisierung zwischen den «Shiʿur Qoma»-Passagen und diesem Buch noch mehr als eine reine «Parallelomania», als dies Peter Schäfer in den entsprechenden Passagen seines Buches «Die Ursprünge der jüdischen Mystik» bereits festgehalten hatte.[259]

Die sogenannte Gnosis

Gern wurden die Texte der «Shiʿur Qoma»-Tradition auch mit der sogenannten christlichen Gnosis verglichen,[260] zunächst einmal mit dem, was über den christlichen Gnostiker *Marcus* in Rom berichtet wird.[261] Marcus wird gewöhnlich der Schule des in Rom wirkenden christlichen Lehrers Valentinus zugerechnet, die aber tatsächlich wahrscheinlich – wie ich an anderer Stelle gezeigt habe – eine Schule des christlichen Lehrers Ptolemaeus war, der Mitte des zweiten Jahrhunderts in Rom lebte.[262] Da Valentinus irgendwann zu Beginn der sechziger Jahre des zweiten Jahrhunderts aus Rom in Richtung Kleinasien aufbrach (ohne dass uns die Gründe noch einigermaßen klar wären),[263] benannte sich der stadtrömische Schülerkreis seines Schülers Ptolemaeus offenbar nach dem verehrten Lehrer Valentin (oder wurde von seinen Kritikern so benannt), ohne dass sich der weit entfernt lebende oder vielleicht sogar schon verstorbene Namensgeber gegen diesen Akt der Usurpation seiner Autorität wehren konnte. Nach Ansicht mehrheitskirchlicher Kritiker wie des erwähnten Bischofs Irenaeus von Lyon gehörte auch der Lehrer Marcus zu diesem Netzwerk der «Schule Valentins»,²⁶⁴ das – wie der berühmte Brief des Ptolemaeus an die römische Matrone Flora zeigt²⁶⁵ – nicht nur des Namens wegen eine gewisse Reputation in intellektuellen Kreisen selbst außerhalb der christlichen Gemeinde der Hauptstadt des Reichs besaß. Allerdings wissen wir leider nicht, an welchem Ort und zu welcher Zeit jener Marcus lehrte. Irenaeus behauptet, dass «einige seiner Schüler wie er durch die Gegend ziehen»²⁶⁶ und «mit solchen Reden und Praktiken auch hierzulande bei uns im Rhônegebiet viele Frauen getäuscht haben».²⁶⁷ Diese Informationen erwecken schon allein deswegen Verdacht, die historische Situation der achtziger Jahre in Lyon nicht ganz zutreffend wiederzugeben, weil sie die bischöfliche Überzeugung erkennen lassen, dass Frauen als besonders leichtgläubige Wesen besonders leicht von Häretikern getäuscht werden können. Außerdem ist damit noch nicht gesagt, dass auch Marcus dort lehrte, wo seine Schüler lehrten und offenkundig erfolgreich missionierten (nämlich im Rhônegebiet), da er selbst auch in Kleinasien tätig war.²⁶⁸

Wenn man die Texte von Marcus, die vor allem im großen häresiologischen Werk des Bischofs Irenäus von Lyon und in ausführlichen Zitaten bei Epiphanius von Salamis bewahrt wurden, mit den «Shiʿur Qoma»-Traditionen vergleicht, finden sich auch hier keine Parallelen zu den «Maßen der Gestalt» des Körpers der Gottheit. Wohl identifizierte Marcus die sogenannten Ewigkeiten («Äonen», αἰῶνες) der valentinianischen Schultradition, eine Art Kontrafaktur der platonischen Ideen, mit biblischen Termini, unter ausdrücklichem Bezug auf das Matthäusevangelium mit den Engeln, die den göttlichen Thron umgeben. Aber von einer «Thronwagen-Mystik» ist das alles sehr weit entfernt: Die sehr spezifische Form einer Buchstaben-Spekulation bei Marcus nimmt wohl Traditionen der jüdischen Apokalyptik und insbesondere der jüdischen Gematrie auf,²⁶⁹ bleibt aber hauptsächlich der Grundidee der sogenannten valentinianischen Gnosis verpflichtet, die biblischen Geschichten von Schöpfung und Erlösung vor dem Hintergrund einer oft gegen ihren Sinn gewendeten mittelplatonischen Philosophie zu interpretieren:²⁷⁰

«‹Dann aber›, sagt er, ‹geschieht auch die ‹Wiederbringung› aller Dinge, wenn alle auf das eine Schriftzeichen zurückgehen und ein und dieselbe Aussprache erklingen lassen›. Er behauptet, dass ein Bild dieser Aussprache das ‹Amen› ist, da wir es gemeinsam sprechen. Die Laute sind es, die der wesenlosen und ungezeugten Ewigkeit Gestalt verleihen; und diese sind die Gestalten, die der Herr ‹Engel› nannte, die fortgesetzt das Angesicht des Vaters schauen (Matthäus 18,10)».²⁷¹

Hier wird vor dem Hintergrund von Gematrie und Buchstaben-Spekulation die allen Systemen der sogenannten valentinianischen Gnosis gemeinsame Grundüberzeugung erläutert, dass die unterschiedlichen Ewigkeiten am Ende einer Geschichte von Fall wie Zerstreuung wieder vereinheitlicht werden und gemeinsam danken, indem sie einen Hymnus singen, der natürlich durch ein ‹Amen› abgeschlossen wird.²⁷² Das Ende der Geschichte wird mit einem Terminus aus der Apostelgeschichte des Neuen Testamentes als «Wiederbringung aller Dinge» (3,21) bezeichnet. Die mythologische Erzählung vom Ende der (Heils-)Geschichte auf der Ebene der Ewigkeiten stellt gleichsam das himmlische Vorbild für die irdische Geschichte von Fall und Erlösung des Menschen dar, das – platonisch gesprochen – das Vorbild der irdischen Realität auf der Ebene der Idee ist, die allerdings (wie meist im antiken Christentum) nicht mit dem platonischen Fachbegriff «Idee» (ἰδέα, «geistige Form») bezeichnet wird.²⁷³ Der in der sogenannten valentinianischen Gnosis systemprägende Gedanke endzeitlicher Vereinigung wird nun bei Marcus vor dem Hintergrund einer Buchstaben-Spekulation so erläutert, dass am Ende – ganz platonisch gedacht – alles auch insofern wieder Eins wird, als dass anstelle der vielen Buchstaben und der ihnen zugeordneten Schriftzeichen und Aussprachen ein einziger Buchstabe steht, ein einziger Ton, die perfekte Harmonie von Einem und Vielem. Die gefallene Welt wird durch eine unendliche Fülle von Buchstaben repräsentiert, die erlöste Welt, in der Gott sein wird «alles in allem» (1. Korinther 15,28), durch einen einzigen.²⁷⁴

Am ehesten vergleichbar mit der Hekhalot-Literatur sind die geheimen Namen göttlicher Instanzen, die übrigens von Irenaeus und den anderen christlichen Kritikern gar nicht genannt, sondern nur allgemein charakterisiert werden: So besteht der letzte Buchstabe eines geheimen Gottesnamens, den Marcus aufgrund einer speziellen Offenbarung kannte und mit Hilfe dessen Gott spricht wie schafft, aus dreißig Schriftzeichen, die jedes weitere Schriftzeichen in sich enthalten; und auch die Christus-Figur ist durch eine «Überfülle» von Schriftzeichen charakterisiert, die die «Fülle» (τὸ πλήρωμα) der Ewigkeiten im System der Schüler des Ptolemaeus und damit eine Kontrafaktur der Ideenwelt repräsentieren:²⁷⁵

«‹Jesus› ist nämlich ein ausgezeichneter Name. Er besteht aus sechs Schriftzeichen[276] und wird von allen Berufenen erkannt. Aber der (Name) bei den Ewigkeiten in der Fülle besteht aus vielen Teilen und hat andere Gestalt und eine andere Form und ist nur jenen bekannt, die ihm verwandt sind und deren Größen immer bei ihm sind».[277]

Marcus differenzierte, wenn der Bericht zutrifft, zwischen unterschiedlichen Namen für göttliche Instanzen – neben «Jesus» vielleicht «Christus» oder der erwähnte geheime Gottesname mit dreißig Buchstaben –, deren Kenntnis verschiedenen Gruppen vorbehalten war; es liegt an dieser Stelle nahe, an die Differenzierung zwischen Angehörigen der mehrheitskirchlichen Gemeinden und solchen zu denken, die sich zusätzlich noch an die betreffende gnostische Gruppe halten – diese Differenzierung wurde gern in paulinischer Tradition mit den Termini «Psychiker» und «Pneumatiker» ausgedrückt.[278]

Die wahrscheinlich nächste Parallele zu den «Shiʿur Qoma»-Passagen findet sich in der Beschreibung einer Ewigkeit aus der valentinianischen Fülle der Ewigkeiten – also der Kontrafaktur einer Idee – namens «die Wahrheit». Sie wird, möglicherweise mit einem Zitat, folgendermaßen erklärt:

«‹Ich will dir die Wahrheit selbst zeigen. Ich brachte sie nämlich aus den oberen Wohnungen herab, damit du sie nackt siehst und ihre Schönheit kennenlernst, aber auch hörst, wie sie redet, und ihren Verstand bewunderst. Sieh also oben an ihrem Kopf das Alpha und Omega, am Hals Beta und Psi, an den Schultern mit den Händen Gamma und Chi, an den Brüsten Delta und Phi, am Zwerchfell Epsilon und Ypsilon, am Magen Zeta und Tau, an den Geschlechtsteilen Eta und Sigma, an den Schenkeln Theta und Rho, an den Knien Jota und Pi, an den Unterschenkeln Kappa und Omikron, an den Knöcheln Lambda und Xi, an den Füßen My und Ny›. So beschreibt der Magier den Körper der Wahrheit, das ist die Gestalt des Buchstabens und der Charakter des Schriftzeichens. Und diesen Buchstaben nennt er ‹Mensch›».[279]

Zwar handelt es sich hier um die Beschreibung einer Gestalt vom Kopf über den Oberkörper und Unterkörper hin zu den Füßen, die ausdrücklich als «Körper» bezeichnet wird, aber der Körper besteht nicht aus Fleisch oder einer anderen, luftigen Materialität, sondern aus Buchstaben des griechischen Alphabets, wobei der erste und letzte Buchstabe

(«Alpha» und «Omega») kombiniert werden und dann in ab- bzw. aufsteigender Reihe die jeweils nächsten, bis sich beide Reihen bei «My» und «Ny» treffen. Vergleichbare Reihen finden sich in der antiken Astrologie, beispielsweise wenn jeweils zwei Buchstaben einem Tierkreiszeichen zugeordnet wurden (wie bei Teucer/Teukros, der höchstwahrscheinlich im ersten nachchristlichen Jahrhundert in Babylon/Alt-Kairo lebte).[280] Gleichzeitig handelt es sich aber auch um ein Verfahren, das in jüdischen Texten zur Entschlüsselung und Verschlüsselung eingesetzt wurde (*Ath-basch*, אתבש) und in den antiken magischen Papyri Verwendung findet.[281] Vieles bleibt an der zitierten Passage aus einer Schrift des Marcus unklar: Ob hier ein Zusammenhang zwischen der himmlischen Idee des Menschen und astrologischen Determinanten des Schicksals irdischer Menschen angedeutet werden sollte, ist angesichts des sehr verknappten Referates bei Irenaeus (und Epiphanius) nicht mehr wirklich zu entscheiden. Es wird nicht einmal klar, ob Marcus den Begriff «Körper» (σῶμα) im metaphorischen Sinne verwendete, weil er sich die «Ewigkeiten» analog zu Ideen im streng platonischen Sinne als körperlose geistige Formen vorstellte und auch die Buchstaben nur als Metaphern für geistige Realitäten nahm, oder ob er eine besondere Materialität beschrieb, die die Buchstaben trägt. Wie auch immer man hier entscheiden will – in den durch Irenaeus überlieferten Fragmenten des Marcus und in den Referaten aus seinen Texten gibt es keine Berechnung der Maße des göttlichen Körpers, weswegen ein Vergleich mit den «Shi'ur Qoma»-Traditionen im Grunde gar nicht möglich ist. Weder wird etwas über eine riesige Gestalt der «Wahrheit» gesagt noch werden im eigentlichen Sinne besondere Namen für einzelne Glieder gegeben und es handelt sich bei der «Wahrheit» auch nicht um Gott selbst. Analogien bestehen allenfalls *allgemein* zwischen der Hekhalot-Literatur und den Überlieferungen von Marcus: In beiden Fällen geht es um die Offenbarung geheimer Namen göttlicher Instanzen, die vermutlich auch im Falle des Marcus in Form von *nomina barbara* angegeben, allerdings von den mehrheitskirchlichen Gegnern nicht mitüberliefert wurden. Insofern gilt zusammenfassend für diesen Zweig der sogenannten christlichen Gnosis im Hinblick auf mögliche Analogien und Parallelen zu den «Shi'ur Qoma»-Texten, wie Peter Schäfer formuliert hat: «Die Parallelen sind wirklich frappierend, die Unterschiede aber auch».[282]

Gershom Scholem hatte selbst auf einige weitere, selbständig überlieferte christlich-gnostische Texte hingewiesen, besonders auf die

Traktate der sogenannten Codices Askewianus und Brucianus, einer Londoner und einer Oxforder Handschrift, nämlich die *Pistis Sophia*, die zwei *Bücher Jeû* und das sogenannte *Unbekannte altgnostische Werk*.[283] Die Handschriften stammen aus dem späten vierten oder fünften Jahrhundert, die koptischen Texte wurden bisher meist ins dritte Jahrhundert datiert, mögen aber deutlich jünger sein. Gewöhnlich werden die Schriften zur sogenannten sethianischen Gnosis gerechnet, wobei umstritten ist, ob es sich bei dieser Kennzeichnung nicht um ein neuzeitliches Forschungskonstrukt handelt.[284] Damit ist natürlich auch die schwierige Frage angeschnitten, ob es – als Voraussetzung der sogenannten christlichen Gnosis oder als ungefähr gleichzeitige Erscheinung – eine «jüdische Gnosis»[285] gegeben hat; die Antwort auf diese Frage wäre in unserem Zusammenhang jedoch nur von Interesse, wenn es eindeutige Parallelen zu «Shiʿur Qoma»-Texten in christlich-gnostischer Literatur geben würde. Aber auch in diesen zudem schwer datierbaren Texten finden sich keine Parallelen zu den Katalogen erstaunlich exakter Maße der Gestalt des göttlichen Körpers. Zwar ist in der *Pistis Sophia* immer wieder von einem «Lichtkleid» die Rede, das Jesus anzieht,[286] aber niemals von der Gestalt des obersten Gottes. Von «Körper» wird nur im Zusammenhang mit inferioren göttlichen Instanzen gesprochen: «Jene Materie (ὕλη) nun der Barbelo ist es, die dir heute Körper (σῶμα) ist». Und diese Materie ist eben das Lichtkleid Jesu.[287] Die zwei *Bücher Jeû* enthalten in der Tat allerlei *nomina barbara* für göttliche Instanzen – allerdings geht es niemals um den obersten Gott, sondern lediglich um nachgeordnete göttliche Mächte; Maßangaben oder Körperbeschreibungen finden sich nirgendwo.[288] Der systematische Grund für diese Zurückhaltung ist in den zwei *Büchern Jeû* derselbe wie der, der im *Unbekannten altgnostischen Werk* angegeben ist:

«Es gibt noch einen anderen Ort, der ‹Tiefe› genannt wird. Es befinden sich in ihm drei Vaterschaften: Der erste (Vater) dort ist der Verhüllte, d. h. der verborgene Gott. Und im zweiten Vater stehen die fünf Bäume, und in ihrer Mitte befindet sich ein Tisch und ein eingeborener Logos. (...) Im dritten (Vater) befinden sich das Schweigen und die Quelle (...).»[289]

Wie auch immer man das Verhältnis dieses Textes zur sogenannten valentinianischen Gnosis bestimmt, in der der oberste Gott gern «Tiefe» (βυθός oder βάθος) genannt wird und «Logos», «Schweigen» und

«Quelle» als Namen für die «Ewigkeiten» gebraucht werden, also für göttliche Instanzen fungieren[290] – sicher ist, dass im *Unbekannten altgnostischen Werk* die Transzendenz des obersten Gottes durch eine besonders ausgefeilte Beschreibung seiner Jenseitigkeit als «Tiefe», «Schweigen» und «Quelle» betont werden soll, deren kommunikatives Element wie auch in der christlichen Mehrheitstheologie der Logos, das Wort Gottes, ist. Diese Form der christlichen Gnosis (ganz unabhängig davon, ob man sie sethianisch nennen möchte) berührt sich an dieser Stelle mit der platonischen Tradition, wie vor allem John D. Turner gezeigt hat.[291]

In sehr vielen Texten, die der christlichen Gnosis zugerechnet werden, wurden die göttlichen Instanzen wegen dieses Interesses an der schlechthinnigen, kategorialen Transzendenz des Göttlichen selbstverständlich körperlos gedacht – schon allein deswegen, weil sich diese Texte mehr oder weniger an Grundprinzipien der (mittel-)platonischen Schulphilosophie orientieren. Das kann man sich zum Beispiel an den *Excerpta ex Theodoto* vergegenwärtigen. Dabei handelt es sich um eine Sammlung von Auszügen aus Schriften der sogenannten valentinianischen Schule und besonders von einem vielleicht in Ägypten im zweiten Drittel des zweiten Jahrhunderts lebenden «Valentinianer» Theodotus. Sie wurde durch Clemens von Alexandrien zu Beginn des dritten Jahrhunderts wohl als eine Art Notizbuch für einen nie fertiggestellten Traktat gegen die «valentinianischen» Gnostiker zusammengestellt.[292] «Körperlosigkeit» ist ein wichtiges Stichwort dieser Sammlung: Selbst die Materie und die Leidenschaften, mit denen die Schöpfung der irdischen Welt beginnt, werden in zwei Gruppen von Exzerpten aus «valentinianischen» Texten ausdrücklich als «unkörperlich» beschrieben,[293] so dass für den obersten Gott und die nachgeordneten göttlichen Instanzen der Ewigkeiten nicht einmal mehr explizit festgehalten werden muss, dass diese ebenfalls unkörperlich und rein geistige Existenzen sind. Hier folgen die «valentinianischen» Texte dem platonischen Impetus, die schlechthinnige Transzendenz Gottes als rein geistiges Wesen zu betonen. Allerdings findet sich in den *Excerpta* überraschenderweise auch eine Passage, die ganz im Gegenteil zu allem, was man dort sonst lesen kann, sehr stark die Materialität der Welt der Engel und des Schöpfers Christus betont. Diese Passage stammt aber vermutlich weder von Clemens noch von Theodot oder einem anderen «valentinianischen» Gnostiker:

«Aber weder die geistlichen noch die vernünftigen Dinge noch die Erzengel und die erst-geschaffenen Dinge noch er selbst (der Schöpfer) ist gestaltlos und formlos und ohne Figur und körperlos; sondern er hat eine eigene Gestalt und einen Leib, der seinem Vorrang über alle geistigen Existenzen entspricht, wie auch die Erst-Geschaffenen Körper haben entsprechend ihrem Vorrang über die Dinge, die ihnen unterstellt sind».[294]

Aber selbst in diesem Zitat, das man verlorenen Vorlesungen des Pantaenus, des Lehrers von Clemens, zugewiesen hat[295] oder aber Clemens selbst (man muss dann eine stärker stoisch orientierte Phase im Leben dieses christlichen Platonikers annehmen),[296] wird den Erzengeln, einer bestimmten Gruppe von sieben ersterschaffenen höheren Geistern und den übrigen geistigen Engelwesen eine (vermutlich in stoischer Tradition gedachte leichte) Materialität zugeschrieben, auch dem Schöpfer, Christus, selbst – aber bemerkenswerterweise nicht Gott selbst, wenn wir Clemens trauen dürfen, der die Passage aus einer unbekannten Quelle exzerpiert oder selbst verfasst hat. Möglicherweise liegen hier Notizen für die Einleitung vor, mit der sich Clemens deutlich von der radikalen Betonung der Körperlosigkeit der göttlichen Prinzipien in der sogenannten valentinianischen Gnosis absetzen wollte – sicher ist das freilich nicht. Man könnte sich auch valentinianische oder jüdische Gruppen vorstellen, in denen so gelehrt wurde. Clemens, einem in der Wolle gefärbten Platoniker, wird man diese Passage aber eher nicht zuweisen können.

Aus diesen Beobachtungen wird deutlich, dass es auch in den Texten, die zur sogenannten christlichen Gnosis gerechnet werden», keine einheitliche Konzeption göttlicher Figuren gibt. Im Grunde gilt für diese Form christlicher Literatur, was auch schon für die nachbiblische jüdische Literatur gilt: Viele, aber eben nicht alle Texte argumentieren streng gegen die Vorstellung einer Körperlichkeit Gottes und kämpfen wie die platonische Schulphilosophie mit scharfen Worten gegen ein unphilosophisches, in ihren Augen absurdes und ungebildetes, aber (wie wir sahen) in Wahrheit biblisches Konzept vom Körper Gottes. Wenn aber von göttlicher Körperlichkeit die Rede ist, dann wird der direkte Realismus vermieden, der die «Shiʿur Qoma»-Texte mit ihrer klaren Zuordnung von Körperteilen und Maßangaben charakterisiert, auch wenn dieser Realismus in den Texten dann mehrfach dementiert wird.

Obwohl es nicht gelingt, eindeutige Parallelen zu den «Shiʿur Qoma»-Passagen der Hekhalot-Literatur in jüdischer wie christlicher antiker und spätantiker Literatur zu finden, darf man doch nicht glauben, dass es sich bei diesen scheinbar so absurden und schon sprachlich schwierigen Passagen der Hekhalot-Literatur um vollkommen isolierte Texte besonders frommer und marginalisierter Randgruppen handelt. Natürlich lebten auch die mystischen Gruppen derer, die «zum Thronwagen hinabsteigen», nicht ohne jeden Kontakt mit ihrer intellektuellen Umwelt, vielmehr gab es – wie Peter Schäfer in vielen Veröffentlichungen gezeigt hat – einen fruchtbaren Dialog und Austausch mit ihr. Selbstverständlich darf man, wenn man die aus byzantinischer Zeit stammenden Versuche dieser Gruppen, die «Maße der Gestalt» des göttlichen Körpers zu beschreiben, kontextualisieren will, nicht mit den Schriften der sogenannten christlichen Gnosis, den Lehren des «Valentinianers» Marcus und dem «Buch des Elchasai» Texte des zweiten Jahrhunderts zum Vergleich wählen. Obwohl schon sehr früh auf solche Verbindungen zwischen diesen christlichen Traditionen und den «Shiʿur Qoma»-Stücken hingewiesen wurde – nämlich bereits von Protagonisten der neuen «Wissenschaft des Judentums» wie Moses Gaster, dem sephardischen Oberrabbiner von England und einem führenden Zionisten dazu – und bis in die Gegenwart immer wieder darauf aufmerksam gemacht wird, zuletzt von Josef M. Baumgarten,[297] ist das Fehlen deutlicher Parallelen auch noch einmal ein Argument gegen eine frühe Datierung der vorliegenden Versionen und Texte der «Shiʿur Qoma»-Traditionen in den Makroformen der Hekhalot-Literatur auf das zweite nachchristliche Jahrhundert – immerhin lässt sich, wie wir sahen, die Lokalisierung letzter Traditionen und Texte in Babylonien oder Süd-Babylonien bei solchen Vergleichen einigermaßen wahrscheinlich machen.[298]

Auch der für viele Passagen der «Merkava-Mystik» einschlägige Vergleich mit entfalteten Christologien der byzantinischen Mehrheitskirche hilft hier nicht weiter,[299] weil sich in der byzantinischen Christologie praktisch keine Versuche finden, exakte Maße der himmlischen Gestalt Jesu Christi zu bieten. Wohl wird schon in der christlichen Literatur der Kaiserzeit gelegentlich kurz das Aussehen Christi mit sehr allgemeinen Charakteristika beschrieben,[300] aber die erste wirklich ausführliche Ekphrasis seiner Gestalt findet sich in den mittelbyzantinischen Bearbeitungen eines Jerusalemer Synodalbriefs des Jahres 836 aus dem zehnten bzw. zwölften Jahrhundert, der in schwieriger Zeit für die Verehrung von Bildern werben möchte – das komplizierte Verhältnis der Bearbeitungen untereinander zum (bis auf ein Fragment verlorenen) Original wurde erst 1994 aufgearbeitet und erhellt.[301] Oft wurde in der Sekundärliteratur eine Textversion des zwölften Jahrhunderts zitiert, die als Brief des *Johannes von Damascus* an den Kaiser Theophilus stilisiert ist. Das aber ist allein schon chronologisch unmöglich: Theophilus amtierte von 829 bis 842, während Johannes bereits 754 im Kloster Mar Saba in der judäischen Wüste bei Bethlehem starb. Freilich enthält der Text so viele Zitate aus dem Werk dieses «letzten Kirchenvaters der Antike» und von diesem darin zitierte frühere Autoren, dass man trotzdem versteht, warum der Autor diesen verehrten Namen für die Verfasserschaft reklamierte.[302] Möglicherweise entstand der Text im Sabas-Kloster, dessen Mönche mit dem Werk des Johannes vertraut gewesen sein dürften.[303] In dem Brief heißt es ziemlich zu Beginn:

> «Ein vernünftiges Lebewesen, sterblich, mit Vernunft und Verstand, drei Ellen lang, in gleicher Weise vom Erscheinungsbild und der Leibesfülle her in der uns entsprechenden sichtbaren Gestalt beschrieben, die Merkmale mütterlicherseits anzeigend und die Gestalt eines aus dem Geschlecht Adams erkennen lassend. Darum wird er dargestellt, wie die altehrwürdigen Geschichtsschreiber sein Aussehen beschreiben: wohlgestaltet, mit zusammengewachsenen Augenbrauen, mit schönen Augen, mit großer Nase, mit welligem Haar, nach vorne gebeugt, von gesunder Gesichtsfarbe, mit einem dunklen Bart, mit weizenfarbener Haut, vom Aussehen her der Erscheinung seiner Mutter ähnlich, mit langgeformten Fingern, mit wohlklingender Stimme, liebevoll redend, äußerst sanftmütig, ruhig, großmütig, geduldig und mit allen Gaben im Umfeld der Tugend ausgestattet».[304]

Zwar wird hier ein Maß für einen Körper gegeben – drei Ellen, knapp unter 1,60 Meter, charakterisierte den durchschnittlich groß gewachsenen Menschen[305] –, aber eigentlich geht es nicht um eine ausgefeilte Beschreibung dieses Körpers, sondern um eine Zusammenstellung der für einen Maler wichtigen Charakteristika der menschlichen, nicht der göttlichen Natur Jesu Christi. Der ganze Text ist streng auf der Basis der Zwei-Naturen-Christologie des Konzils von Chalcedon formuliert und dessen Rede von der «unvermischten Einheit» der beiden Naturen,[306] «gleichbleibend und unverändert» (auch nach der Auferstehung) in seiner menschlichen Natur. Nach seiner göttlichen Natur ist Christus

Abb. 11 Christus Pantokrator (6. / 7. Jahrhundert)
Sinai, Katharinen-Kloster [307]

dagegen «der Anbeginnlose, Immerwährende, Nichtsichtbare, Materielose, Körperlose, Unbeschreibbare, Qualitätslose, Quantitätslose, Gestaltlose, Grenzenlosgroße, Unberührte».[308]

Es sind Darstellungen des Typs, der hier beschrieben ist, erhalten, so beispielsweise die im sechsten oder siebten Jahrhundert entstandene

Ikone des Christus, die sich heute im Katharinen-Kloster am Fuß des Moseberges auf der Sinai-Halbinsel befindet. Sie dürfte – folgt man Kurt Weitzmann – in Konstantinopel gemalt worden sein und ein seinerzeit bekanntes Original wiedergeben, das die byzantinischen Christusdarstellungen in vielfacher Hinsicht geprägt hat.

Die Darstellung auf der Ikone entspricht grob dem, was im Jerusalemer Synodalbrief des Jahres 836 und seinen Bearbeitungen über das Aussehen der Gestalt der menschlichen Natur Jesu Christi gesagt wird. Allerdings sind die Augenbrauen nicht zusammengewachsen, das Haar fällt eher glatt als wellig[309] und das Gesicht zeigt mehr eine elfenbeinerne denn weizenfarbene Haut. Dafür sehen wir aber Christus mit großer Nase, von gesunder Gesichtsfarbe geprägt, mit einem dunklen Bart und mit langgeformten Fingern. Man hat davon gesprochen, dass hier «die Aura eines Götterbildes mit der Aufzeichnung eines menschlichen Portraits, das durch den Habitus eines Philosophenbildes veredelt erscheint», verbunden sei.[310]

Niemals aber finden sich in der antiken christlichen Literatur – wenn wir vom aus heutiger Perspektive eher kleinen und eben zitierten Längenmaß einmal absehen – detaillierte Maßangaben der irdischen oder gar der himmlischen Gestalt des mit dem Vater thronenden Jesus Christus. Im Gegenteil: In einer anderen Bearbeitung des Jerusalemer Synodalbriefs von 835 werden mit Blick auf die göttliche und menschliche Natur Jesu Christi klare Alternativen gegeneinander gesetzt, die ebendas kategorisch ausschließen, darunter: «stofflos und stofflich; unkörperlich und körperlich; (...) quantitätenlos und drei Ellen groß» – woraus deutlich wird, dass die in der Bearbeitung der Mönche aus Mar Saba bezeugten Charakteristika der äußeren Erscheinung Jesu auch im Synodalbrief von 835 belegt gewesen sein dürften.[311]

Wenn sich aber, wie wir sahen, in der christlichen Literatur keine wirklichen Parallelen zu den «Shi'ur Qoma»-Passagen finden, dann ist die wahrscheinlich plausibelste Erklärung für diese Stücke aus der Hekhalot-Literatur vermutlich die einer mehr oder weniger bewussten Konkurrenzbildung zur entfalteten spätantiken und byzantinischen Christologie. Die schroffen Debatten, die im Rahmen der christlichen Kirche und Theologie umfangreiche Literaturmengen produzierten, signalisierten auch Fernstehenden ein hohes Maß an professionellem Wissen über die «Figur auf dem göttlichen Thron neben Gott».[312] Die jüdischen mystischen Gruppen derer, die «zur Merkava hinabsteigen», setzten gegen dieses offenbar professionelle und aus ihrer Sicht gewiss häretische Wissen ein anderes, kategorial unterschiedenes Wissen, zu dem es in der Antike keine rechte Konkurrenz gab. Bewusst oder unbewusst erhöhten sie damit die Attraktivität ihrer eigenen, sehr besonderen Form von Judentum, weil sie auf dem religiösen Markt der globalisierten Antike nun über das verfügten, was man heute «Alleinstellungsmerkmal» nennt. Gleichzeitig aber bieten sie in einer Zeit, in der die Hochschätzung der Mathematik in der platonischen Philosophie zu den allgemein verbreiteten Kenntnissen über hochprofessionelles Wissen gehörte,[313] ebenfalls eine Form von Mathematisierung des Gottesbildes an. Damit konnte man diese spezifische Form der jüdischen Mystik zugleich als vollkommen originell und eigenständig präsentieren, erinnerte aber Gebildete außerdem an Bekanntes und machte für sie die klassische biblische Tradition einer Körperlichkeit Gottes vielleicht sogar glaubwürdiger. Dabei muss man sich klarmachen, dass ja das Wissen über den göttlichen Körper den Angehörigen der mystischen Gruppen erlaubte, ihre eigenen Körper zu transformieren. Denn das magisch konnotierte Wissen versprach Hilfe dabei, errettet zu werden «von den Geistern, Dämonen und Räubern, von allen bösen Tieren, Schlange und Skorpion und von allen Schadensgeistern» (so in *Merkava Rabba*).[314] Das ist bis zu einem gewissen Grade eine deutliche Parallele zu der Form von Vergöttlichung des Körpers, die wir auch in christlichen monastischen Texten beobachten können und im nächsten, dem vorletzten Kapitel dieses Buches noch näher darstellen werden. Im letzten Kapitel wird dann danach gefragt werden, welche Folgen es hat, wenn die Vorstellung einer Körperlichkeit Gottes auf eine Figur angewendet wird, von der geglaubt wird, dass sie Gottes Sohn sei.

SECHSTES KAPITEL
DER KÖRPER GOTTES IN DER SPÄTANTIKEN
CHRISTLICHEN THEOLOGIE

1. «ÜBER DIE SEELE UND DEN KÖRPER»

In den vorangehenden Kapiteln wurde versucht, eine heute weitgehend vernachlässigte Traditionslinie unterschiedlicher jüdischer und christlicher Vorstellungen von Gottes Körperlichkeit zu rekonstruieren. Es ging dabei um entsprechende biblische Passagen, einige philosophische Konzepte vor allem der hellenistischen Zeit und einige kaiserzeitliche christliche Theologen, die sich selbst auch «Philosophen» nannten, präziser «christliche Philosophen».[1] In diesem Kapitel soll nun der Weg christlichen Denkens und, soweit erkennbar, christlicher Frömmigkeit von der hohen Kaiserzeit bis in die Spätantike weiterverfolgt werden. Dabei setzen wir zunächst mit zwei christlichen Theologen ein, von denen der eine am Ende des zweiten Kapitels ausführlicher dargestellt, der andere wenigstens knapp erwähnt wurde, Melito von Sardes und Irenaeus von Lyon.[2] Anschließend geht es um die Frage, wie die Vorstellung von einem göttlichen Körper und einer göttlichen Leiblichkeit vor allem in monastischen Kreisen des ägyptischen Mönchtums überlebte, während sie in der bischöflich geprägten Mehrheitstheologie der Spätantike energisch an den Rand gedrängt wurde. Vor allem wird kritisch zu überprüfen sein, ob die ägyptischen Mönche, die Ende des vierten Jahrhunderts solche Ansichten vertraten, die Texte aus dem zweiten und dritten Jahrhundert kannten und von welchen Traditionen sie ansonsten beeinflusst waren.

Der hochgelehrte christliche Denker Origenes argumentierte, wie wir gesehen haben, vor allem in der «Schrift über die Grundprinzipien christlicher Lehre», die auf Vorlesungen in der antiken Kulturmetropole Alexandria in den zwanziger Jahren des dritten Jahrhunderts zurückgeht, gegen Menschen, die sich Gott mit einem Körper vorstellten und dies sowohl mit biblischen Belegen als auch mit Bezugnahmen auf philosophische Überlegungen vor allem stoischer Provenienz zu begründen wussten. Es zeigte sich an der Grundlagenschrift, aber auch an Predigten und Bibelkommentaren des Origenes aus Alexandria sowie aus Caesarea/Palaestina, dass die, die solche Ansichten vertraten, erkennbar ihre Bibel gut kannten und auch philosophisch nicht ungebildet waren. Man kann sie jedenfalls nicht, wie häufig in der Sekundärliteratur, einfach als Menschen von etwas schlichter geistiger Zurüstung abstempeln, die von Origenes sonst meist als «Einfältige» (*simplices* oder οἱ ἁπλούστεροι) bezeichnet werden.[3] Selbst wenn er die Menschen, die für eine Körperlichkeit Gottes optierten, in verschiedensten Kontexten versucht hat davon zu überzeugen, die biblischen Schriften in einem tieferen, insofern eher gelehrteren Sinne auszulegen, zeigen seine Argumentationen, dass es sich bei diesen Gegnern (und vielleicht auch Gegnerinnen) um *Gebildete* handelte. Trotzdem scheint es so (jedenfalls wenn man die einschlägige Literatur zur Kenntnis nimmt), dass in den folgenden Jahrzehnten des dritten Jahrhunderts und vor allem im vierten und fünften Jahrhundert diese Gebildeten plötzlich verschwanden. Man gewinnt den Eindruck, dass nun in den christlichen Gemeinden nur noch sehr einfältige Menschen, die die Bibel in einem schlichten Sinne lasen und ihren Inhalt wortwörtlich nahmen, sich Gott ungeachtet aller schweren Probleme, die eine solche Vorstellung verursacht, mit einem materiellen Körper vorstellten. Aber möglicherweise verdankt sich ein solches Bild auch wieder nur häresiologischen Motiven, also dem Wunsch, eine als häretisch empfundene Position mit allen Mitteln zu bekämpfen und alle, die ihr anhängen, zu diffamieren und zu verunglimpfen. Dieser Verdacht betrifft besonders eine Gruppe, die im späten vierten wie im fünften Jahrhundert bezeugt ist und von ihren Gegnern mit dem sprechenden Begriff «Anthromorphiten» bezeichnet wurde, weil sie sich angeblich Gott in menschlicher Gestalt vorstellten. Handelt es sich hierbei wirklich um eine Bewegung, die in der Tradition jener bei Origenes bezeugten gebildeten Christenmenschen steht, die auf der Basis einer stoisch grundierten Interpretation biblischer Texte oder in Anlehnung an bestimmte jüdische Bibelauslegungen vor allem in apokalyptischer oder mystischer Tradition Gott einen Körper aus leichter

Materialität zuschrieben? Oder waren es vielmehr intellektuell weniger anspruchsvolle Menschen, die man dann tatsächlich nach antiken Maßstäben mindestens aus der Perspektive gebildeter städtischer Theologen als «Einfältige», als *simpliciores* oder ἁπλούστεροι im Sinne der Begrifflichkeit des Origenes, hätte bezeichnen können? Diese Frage lohnt angesichts neuerer Veröffentlichungen zu den sogenannten Anthropomorphiten[4] trotz einer schwierigen Quellenlage den Versuch einer neuen Antwort.

Melito von Sardes

Um auf diese Frage angemessen zu antworten, müssen wir noch einmal auf einen kaiserzeitlichen Theologen zurückkommen, der wie der Nordafrikaner Tertullian offenbar selbstverständlich davon ausging, dass Gott einen Körper und Leib besitze, und insofern eine dezidierte Gegenposition zu Origenes markierte – auf *Melito*, der im kleinasiatischen Sardes in der zweiten Hälfte des zweiten Jahrhunderts lebte.[5] Bischof der Stadt, wie man oft lesen kann, wird er wohl nicht gewesen sein.[6] Interessanterweise gibt es einen Hinweis darauf, dass Tertullian Melito gelesen hat, wenn auch kritisch.[7] Dass dies auch Anregungen für seine eigene Ansicht über eine göttliche Körperlichkeit geboten hat, kann man nur noch mutmaßen. Origenes erwähnt Melito, wie wir gesehen hatten, als Autor einer Schrift «Darüber, dass Gott körperlich ist» (Περὶ τοῦ ἐνσώματον εἶναι τὸν Θεόν).[8] Auch Eusebius, Bischof der Stadt Caesarea, in der Origenes in der zweiten Hälfte seines Lebens wirkte, und gleichsam dessen Enkelschüler, zählte in einer Liste der Werke Melitos, die er in seiner «Kirchengeschichte» mitteilt, ein Werk mit einem ähnlichen Titel auf (Περὶ ἐνσωμάτου θεοῦ):[9] Das mittlere griechische Wort des Titels (ἐνσώματος) bedeutet (als Gegenbegriff zu ἀσώματος, «unkörperlich») zunächst einmal «körperlich».[10] Daher sollte man diesen sprachlich nicht ganz einfachen griechischen Titel am besten wörtlich «Über den körperlichen Gott» oder vielleicht auch etwas freier mit der deutschen Wendung «Das Buch über Gottes Körperlichkeit» übersetzen (wie auch die antiken Übersetzungen aus dem griechischen Original),[11] aber nicht, wie gelegentlich zu lesen, «Über die Fleischwerdung Gottes», weil das genannte griechische Wort erst deutlich später in diesem technischen Sinn auf Jesus Christus bezogen wird.[12] Für eine solche Interpretation auf die Körperlichkeit Gottes hin spricht auch der Kontext der erwähnten Passage bei Origenes, die wahrscheinlich aus seinem großen Kommentar zum ersten Buch der Bibel stammt, allerdings nur in Form eines Fragmentes in einer byzantinischen Katene, einem Kettenkommentar diverser Autoren, überliefert ist.[13] Origenes beschäftigt sich in diesem Text mit der Exegese der berühmten Passage über die Gottesebenbildlichkeit des Menschen (nach Genesis 1,26: ποιήσωμεν ἄνθρωπον κατ' εἰκόνα ἡμετέραν καὶ καθ' ὁμοίωσιν). Er erwähnt, dass einige Ausleger die biblischen Wörter «nach dem Bilde» (κατ' εἰκόνα) auf den menschlichen Körper, andere auf die Seele beziehen, und fährt fort:

> «Sehen wir zunächst, welche Argumente die verwenden, die sich zuerst darüber äußerten; zu ihnen gehört auch Melito, der Schriften darüber hinterließ, dass Gott einen Körper hat».[14]

Leider ist aus dieser Schrift – oder, wenn man den Plural des Origenes ernst nehmen möchte, von einschlägigen «Schriften» des Melito – nichts überliefert und in dem kleinen Fragment aus dem Kommentar des Origenes zum ersten Buch der Bibel lassen sich auch keine eindeutigen Spuren einer Argumentation finden, die man dem Bischof von Sardes zuschreiben kann. So bleibt vollkommen unsicher, ob Origenes die von ihm erwähnten Schriften Melitos wirklich zur Hand hatte oder nur vom Hörensagen kannte. Genannt werden von ihm in den erhaltenen Fragmenten seiner Kommentierung nur verschiedene Schriftargumente, die jeweils einem Plural von mehreren Personen zugeschrieben werden, die sie nach Ansicht des Origenes vertreten haben, aber leider anonym bleiben. So heißt es beispielsweise in einem anderen Fragment aus dem Kommentar:

> «Wie auch, sagen sie, wurde ‹Gott von Abraham gesehen› (Genesis 12,7 und 17,1), von Mose und den Heiligen, wenn er keine Gestalt hat? Wenn er aber eine Gestalt hat, nach welcher Form soll sie sein wenn nicht nach der menschlichen? Und sie bringen Tausende Schriftworte bei, die Gliedmaßen Gottes benennen».[15]

Vermutlich referiert Origenes auch an dieser Stelle nicht Melito. Eher ist wahrscheinlich, dass wir ein Argument seiner Gegner aus Alexandria (dem Abfassungsort des Kommentars zum ersten Buch der Bibel vor 234) vor uns haben, als dass tatsächlich eine Paraphrase aus Melitos Schrift «Über die Körperlichkeit Gottes» vorliegt. Schließlich benutzt Origenes zweimal in seiner Argumentation den Plural, wenn er Meinungen seiner Gegner einführt – offenbar erinnerte er sich in diesem Moment zwar daran, dass es eine einschlägige Abhandlung oder mehrere Werke des Melito von Sardes gab, aber die Menschen, die er widerlegte, waren die bereits erwähnten Gegner der «Schrift über die Grundprinzipien der christlichen Lehre», die nicht nur eine gewisse philosophische Bildung vorzuweisen hatten, sondern offenbar ihre Bibel recht gut kannten.

Der erwähnte Katalog der Schriften Melitos, den Eusebius wahrscheinlich zitiert, bietet leider keinen weiteren Aufschluss über den Inhalt seiner Schrift «Über den körperlichen Gott».[16] Bemerkenswert ist aber, dass Hieronymus in seinem Schriftstellerkatalog «Berühmte Männer» (*De viris illustribus*) den griechischen Titel im Unterschied zu seinem Vorgehen beim sonstigen Œuvre Melitos unübersetzt bietet,[17] sei es, weil er ihn für sprachlich, sei es, weil er ihn für sachlich problematisch hielt.[18]

Angesichts solcher Unsicherheiten ist eine Antwort auf die Frage, ob man an anderen Stellen des Œuvres von Melito Spuren seines von Origenes erwähnten Konzeptes der Körperlichkeit Gottes findet, von besonderer Bedeutung. *Gregor Wurst* hat mögliche Spuren eines solchen Konzepts in Melitos erhaltenen Werken wie Fragmenten diskutiert, besonders in der sehr komplexen Überlieferung seiner Predigten. Zu nennen ist hier zunächst die berühmte *Passa-Homilie*, nahezu vollständig erhalten in einem heute in Genf aufbewahrten Papyrus-Codex des dritten oder vierten Jahrhunderts (Bodmer XIII) und fragmentarisch bewahrt in einem weiteren, etwas späteren Papyrus-Codex (Chester Beatty XII/Michigan Inv. Nr. 5553), dazu in einer lateinischen Epitome und in Resten einer koptischen Übersetzung im Crosby-Schøyen-Codex.[19] Weiter ist eine Homilie «Über die Seele und den Körper» (*De anima et corpore*) einschlägig.[20] Eine solche von Melito verfasste Homilie «Über die Seele und den Körper» wird im erwähnten Katalog des Eusebius in einer textlich leider sehr korrupten Passage zitiert als «die (Rede) über die Seele und den Leib» und gleich unmittelbar darauf noch einmal mit einem ganz ähnlichen Titel «Über die Seele und den Leib» – vermutlich handelt es sich um exakt dieselbe Schrift, deren Titel aus zwei unterschiedlichen Katalogen exzerpiert wurde oder die in der Bibliothek von Caesarea gleich zweimal vorhanden war; wegen der korrupten Textfassung beim ersten Titel ist das Problem der Doppelung denen, die abschrieben, offenbar gar nicht mehr aufgefallen.[21] Letztere Homilie ist allerdings bis auf zwei syrisch überlieferte Fragmente verloren, die zudem noch im Verdacht stehen, entweder gar nicht von Melito zu stammen oder jedenfalls stark verändert zu sein. Wenn man jedoch eine lange, nur in syrischer Sprache bekannte und in den syrischen, koptischen und georgischen Fassungen (sicher zu Unrecht) dem Athanasius von Alexandrien zugeschriebene Homilie «Über die Seele und den Körper und über das Leiden des Herrn» (*De anima et corpore deque passione domini*) mit der verlorenen Homilie Melitos in Verbindung bringt, kann der Versuch unternommen werden, Melitos Text aus den verschiedenen Überlieferungen des Pseudo-Athanasianums wenigstens dem Inhalt nach zu rekonstruieren – neben drei syrischen Zeugen der pseud-athanasianischen Homilie existiert eine koptische und georgische Fassung[22] und dazu verschiedene kleinere griechische Texte und Fragmente in den christlich-orientalischen Sprachen, die allerdings weder Athanasius noch Melito zugewiesen werden.[23] Den Ausgangspunkt müssen allerdings die beiden erwähnten syrischen Fragmente bilden, die in einem miaphysitischen Florilegium des fünften oder sechsten Jahrhunderts, dem *Florilegium Edessenum anonymum*,[24] explizit Melitos Homilie zugeschrieben werden: «Melito, Bischof von Sardes, aus seiner Schrift ‹Über Seele und Körper›».[25] Eine synoptische Edition aller dieser Materialien mit deutscher Übersetzung und ausführlichem Kommentar hat vor einiger Zeit Gregor Wurst vorgelegt.[26]

Es ist an dieser Stelle nicht notwendig, die komplizierten Debatten über die Rekonstruktion der Überlieferungsgeschichte zu wiederholen,[27] die dem neuen Entwurf durch Wurst voraufgegangen sind, auch nicht die Debatten darüber, welchem antiken Autor die pseud-athanasianische Predigt zuzuschreiben ist (genannt wird neben Athanasius dessen Vorgänger Alexander von Alexandrien).[28] Denn weder in dem syrischen Fragment, das explizit Melito zugeschrieben wird, noch in der mehrfach überlieferten pseud-athanasianischen Homilie finden sich irgendwelche Nachrichten über Gottes Körper. Es geht in diesen Texten vielmehr um den *menschlichen Körper Jesu Christi* und seine Funktion für die Menschen, auch um den Tod, der nach einer in der Antike verbreiteten Vorstellung als Trennung von Leib und Seele beschrieben wird:

«Denn die Seele und der Körper wurden getrennt, und der Tod trennte sie voneinander. Die Seele wurde in der Unterwelt gebunden, das Fleisch löste sich auf in der Erde und es gab einen großen Abstand zwischen ihnen beiden, dem Fleisch und der Seele. Das Fleisch verschwand und zerstreute sich in der Erde, in der es begraben worden war, die Seele aber wurde kraftlos in den Fesseln der Unterwelt».[29]

Da sich in der Passa-Homilie, die Melito mit an Sicherheit grenzender Wahrscheinlichkeit zugeschrieben werden kann, ähnliche Gedanken finden, wird man annehmen dürfen, dass diese Passagen tatsächlich auch in seiner verlorenen Predigt «Über die Seele und den Körper» zu lesen waren und die pseud-athanasianische Predigt an dieser Stelle den ursprünglichen Gedankengang bewahrt hat.[30] Die dualistische Sichtweise auf den Menschen als fragile Verbindung von Seele und Körper prägt nun aber auch den ganzen uns überlieferten Text: In keinem Teil der Homilie wird eigens betont, dass Gott den Menschen von Anfang an als integrale leib-seelische Einheit zu seinem Bilde geschaffen hat;[31] der Körper taucht explizit nur (in ganz biblischer Terminologie) mit dem Begriff «Fleisch» auf – «und es gab einen großen Abstand zwischen ihnen beiden, dem Fleisch und der Seele». Der Körper ist im Tode ohne die Seele «wie ein Schiff geworden, auf dem es keinen Steuermann gibt» – mithin zum Untergang bestimmt.[32] Was das Bild ausdrückt, das wird auch explizit gesagt: Der menschliche Körper geht zugrunde und wird nirgendwo in der pseud-athanasianischen Homilie als genuines Abbild eines göttlichen Körpers thematisiert. Irgendwelche Anklänge an einen stoischen Materialismus zeigen sich an keiner Stelle, vielmehr folgt die Argumentation einem verbreiteten, popular-platonischen Paradigma einer dichotomischen Anthropologie und damit der zum Gemeinplatz gewordenen platonischen Definition vom Tod als «Lösung und Trennung der Seele vom Körper».[33] Nur einmal ist in einer als Lied stilisierten Klage der Seele im Hades davon die Rede, dass die Seele weint und über ihren «guten Körper» klagt: «Wo ist dieser mein Körper, in dem ich zu Gott gebetet habe?»[34] Auch für diese auf den ersten Blick etwas absonderliche Idee, den stinkenden, zerfallenden Körper dieses Zustandes ungeachtet als «schön» zu apostrophieren, findet sich in der Passa-Homilie des Melito eine Parallele.[35] Ansonsten wird der irdische Körper von Geburt an in so pessimistischen Farben beschrieben, dass man sich nicht wirklich vorstellen kann, dass von hier aus auf die göttliche Körperlichkeit geblickt werden kann. Die Freudlosigkeit des körperlichen Daseins beginnt im Mutterleib, setzt sich in der Kindheit fort und dauert bis in das Alter; sie wird Lesenden der Predigt wie Hörenden mit suggestiven Fragen eingehämmert: «Als er aber ein kleines Kind war und auf dem Boden herumkroch, war er froh?»[36] Im Vordergrund des ersten Teils der Homilie steht das Anliegen, «die Todesverfallenheit des Menschen so eindringlich wie nur möglich vor Augen zu führen».[37] Ein zweiter Teil der Predigt beschäftigt sich mit der Inkarnation und dem Heilswerk Jesu Christi. Christus wird auf die Erde gesandt (wie es im Melito zugeschriebenen Fragment heißt)

> «ohne Körper, damit er, nachdem er einen Körper durch den Mutterleib der Jungfrau angenommen hatte und als Mensch geboren wurde, den Menschen lebendig mache und seine Glieder sammle».[38]

Die Vorstellung, die hier entfaltet wird, gehört in die Debatte über die leibliche Auferstehung und wird mit einer deutlichen antignostischen Spitze in Richtung derer formuliert, die eine Auferstehung des Leibes bezweifeln: Christus sammelt – so die koptische und georgische Version – die durch den Tod verstreuten Glieder des Menschen wieder ein und stellt durch seine Auferstehung ein für allemal die Einheit von Körper und Seele wieder her. Nach den verschiedenen syrischen Fassungen ist es dagegen die Annahme eines menschlichen Leibes, also die Inkarnation, die die verlorene Einheit von Seele und Leib paradigmatisch wiederherstellt.[39] Diese letztere Fassung, die sich im strikten Sinne von der ersten nicht trennen lässt (denn schließlich erweist sich erst in der Auferstehung des gekreuzigten Leibes, dass die inkarnatorische Einheit von Seele und Leib eine untrennbare ist), dürfte, historisch betrachtet, die ältere sein. Vermutlich fand sie sich auch schon in der Predigt Melitos, der sie wiederum aus der kleinasiatischen Tradition übernommen haben dürfte, denn sie ist auch bei dem ursprünglich wohl aus Kleinasien stammenden Irenaeus von Lyon belegt.[40]

So wichtig diese Anfänge einer antignostischen «physischen Erlösungslehre» sind, weil hier gegen eine gnostische, körperkritische Spiritualisierung des Heils und seine Beschränkung allein auf die Erlösung der Seele auch der Körper des Menschen als ebenso erlösungsbedürftig wie erlösungsfähig gesehen wird[41] – über den spezifischen *Grund*, warum der Körper des Menschen erlösungsfähig ist, erfährt man in den spätantiken Überlieferungen von Melitos Homilie «Über die Seele und den Körper» nichts. Das Argument, dass der Körper als «Bild und Gleichnis Gottes» zur Rettung vorgesehen war und bleibt, könnte man aus der Nachricht des Origenes über Melito, die wir eingangs zitiert haben, in den Text eintragen, aber zu lesen steht es weder in den Fassungen der pseud-athanasianischen Homilie noch in den beiden syrischen Fragmenten. Leider erfährt man in diesen Überlieferungen auch nichts über eine besondere Materialität des Leibes, den Jesus von der Jungfrau angenommen hat (bzw. durch die Auferstehung erworben hat). Folglich steht dort auch nichts über die Relationen dieses Leibes Jesu Christi zu einem göttlichen Leib zu lesen; lediglich einmal ist in einer einzigen Version der pseud-athanasianischen Homilie vom «unzerstörbaren Körper» die Rede.[42] Offenbar war an dieser Stelle daran gedacht, dass der Mensch (mutmaßlich vor dem Sündenfall) einen unzerstörbaren Körper besaß, der nicht sterblich war und daher auch im Tode noch nicht in seine Teile zerfiel. Auferstehung Jesu Christi von den Toten bedeutet in diesem anderwärts gut belegten Paradigma antiker christlicher Theologie, dass dieser unzerstörbare Körper ein für allemal wiederhergestellt ist und den Menschen nach dem Tode bei der allgemeinen Totenauferweckung wiedergeschenkt wird. Von alldem steht aber in den verschiedenen Fassungen der Homilie – abgesehen von der zitierten Andeutung über einen «eigenen und unzerstörbaren Körper» für den Menschen – nichts. Die Argumentation ist vielmehr ganz auf Christus zugespitzt: Er wird vom Himmel ohne Körper gesendet (es spricht viel dafür, an dieser Stelle mit Rucker ein ursprüngliches griechisches «fleischlos», ἄσαρκος, anzunehmen) und nimmt Fleisch aus der Jungfrau an.[43]

Wer diese Zeilen in dem *Florilegium Edessenum anonymum* las, musste (und sollte) sich an zentrale Formulierungen miaphysitischer Theologen erinnert fühlen, wie sie sich beispielsweise bei *Apolinarius von Laodicaea* (um 315–392), einer Art ideellem Gründervater der miaphysitischen Richtung christlicher Theologie, finden: «Ein wahrer Gott ist der fleischlose (Gott), der im Fleisch sichtbar wurde».[44] Mit anderen Worten: Ganz miaphysitisch wird in dem syrischen Fragment von Melitos Homilie «Über die Seele und den Körper» aus dem miaphysitischen *Florilegium Edessenum anonymum* Christus nicht wie im Konzil von Chalcedon als unvermischte Einheit von göttlicher und menschlicher Natur gedacht, sondern als hypostatische Einheit von Gottheit und menschlichem Fleisch. Die Verbindung von christologischer und anthropologischer Lehrbildung in dem Fragment ist ebenfalls nicht zufällig: Prominente miaphysitische Theologen wie *Severus von Antiochien* (gestorben 538) erläuterten gern das Verhältnis von Menschheit und Gottheit in Jesus Christus mit der Analogie des Verhältnisses zwischen Seele und Körper – so wie der Körper nicht als eine selbständig subsistierende Hypostase zu begreifen sei und nur in Kombination mit der Seele existieren könne, müsse Christus als selbständig subsistierende zusammengesetzte Hypostase begriffen werden, die sich aus einer nicht selbständig subsistierenden Hypostase (dem menschlichen Leib) und einer subsistierenden (Gottheit) zusammensetzt.[45] Die Ähnlichkeiten zwischen dem Fragment und diesen Gedanken aus der nachchalcedonensischen christologischen Debatte sind frappant; sie reichen allerdings im strengen Sinne nicht als schlagendes Argument gegen eine Authentizität des Fragmentes aus.

Wenn man Melito ein weiteres Fragment aus dem spätantiken miaphysitischen *Florilegium Edessenum anonymum* zuschreiben dürfte, dann hätte dieser kleinasiatische Theologe tatsächlich sehr sorgfältig zwischen Gottheit und menschlichem Körper differenziert. Denn in diesem Fragment heißt es von Christus (in der Übertragung von Gregor Wurst):

«Den Körper anziehend, hat er die Einfachheit seiner Göttlichkeit nicht eingeschlossen».[46]

Wenn dieses Fragment tatsächlich authentisch wäre, dann wäre Melito zunächst einmal nur der in der christlichen Kirche wie Theologie seinerzeit durchaus mehrheitsfähigen Ansicht gewesen, dass ein menschlicher Leib nicht geeignet ist, die Gottheit zu fassen. Freilich unterliegt zum einen die Authentizität des Fragmentes erheblichen Bedenken, weil das *Florilegium* in der unmittelbaren Umgebung der zitierten Worte zwei Passagen aufweist, die erkennbar die heftigen Debatten über die Naturen Christi im Umfeld des Konzils von Chalcedon voraussetzen. Auch die Frage, ob der menschliche Körper nun die Gottheit Jesu Christi einschließt oder nicht, setzt eigentlich die Debatten des fünften Jahrhunderts voraus.[47] So bleibt an dieser Stelle eine erhebliche Unsicherheit zu konstatieren: Wenn die in den syrischen Fragmenten des *Florilegium Edessenum anonymum* ausgedrückten Gedanken überhaupt auf Melito und damit auf kleinasiatische christliche Theologie des späten zweiten Jahrhunderts zurückgehen, dann erlauben sie im Grunde *keine* Rekonstruktion von Melitos Ansichten über den *göttlichen* Körper, weil sie erkennbar mit einem christologischen Interesse überliefert werden und über den Körper des Vaters Jesu Christi gar nichts sagen. Man könnte dann nur erkennen, dass für den kleinasiatischen Theologen der Heilsweg Jesu Christi gerade nicht mit einem Körper beginnt, sondern «körperlos» (oder, noch pointierter: «fleischlos»). Uns interessiert aber eigentlich die Frage, ob der kleinasiatische Theologe Melito im zweiten Jahrhundert – wie Origenes behauptet – die Vorstellung eines göttlichen Körpers vertrat, nach dessen «Bild und Gleichnis» der Mensch von Gott geschaffen wurde. Entsprechend ist auch nur im Zusammenhang mit dieser Vorstellung von Interesse, welche Spuren von theologischen Debatten im spätantiken Syrien oder Ägypten sich mehr oder weniger deutlich in den syrischen und koptischen Bearbeitungen der pseud-athanasianischen Homilie finden lassen.[48]

Der Befund, der sich bei der Analyse der Überlieferung zur Homilie «Über die Seele und den Körper» ergibt, passt allerdings nicht wirklich gut zu der Nachricht bei Origenes, dass Melito auch den menschlichen Körper für einen Teil des göttlichen Ebenbildes hielt und also, wenn er denn konsequent dachte, auch Gott einen Körper zugeschrieben haben muss. Lediglich der kurze Hinweis auf einen «unzerstörbaren Körper», den die Menschen durch Jesus Christus (wieder) geschenkt bekommen, könnte, muss aber nicht in diese Richtung gedeutet werden. Dieser ambivalente Befund könnte damit zusammenhängen, dass Melitos Predigt nach dem originalen Wortlaut verloren ist und wir bestenfalls ihre Grundgedanken in Texten des vierten und fünften Jahrhunderts überliefert bekommen, die mehr oder weniger von den damaligen heftigen Auseinandersetzungen um Trinitätstheologie und Christologie überformt sind. Die Vorstellung von einem göttlichen Körper passte, wie wir noch sehen werden, im vierten und fünften Jahrhundert deutlich schlechter in die theologische Landschaft des antiken Christentums als im zweiten und frühen dritten.

Die Zweifel an den Nachrichten, dass Melito die Vorstellung von einem göttlichen Körper vertrat, verstärken sich, wenn man fragt, in welchem Verhältnis der kleinasiatische Theologe eigentlich Gott, den Vater, und Jesus Christus sah. Gemeinhin wird Melito zu den sogenannten monarchianischen Theologen gezählt, die im Interesse des Bekenntnisses zum einen Gott Vater, Sohn und Geist weitestgehend identifizierten: «Insofern er zeugt, ist er Vater / insofern er gezeugt wird, ist er

Sohn», heißt es in der Pascha-Homilie.[49] Die monarchianischen Identifikationstheologen vermieden die strengen Differenzierungen der sogenannten Logos-Theologie, die Christus als Logos und Sohn des Vaters bekannte.[50] Eine solche identifikatorische Theologie führt bei Melito, beispielsweise in der Pascha-Homilie, zu – aus späterer Perspektive – relativ drastischen Aussagen über die Identität von Vater und Sohn im Todesleiden Jesu Christi, die man in der theologiegeschichtlichen Forschung «patripassianisch» nennt. Neben diesen Aussagen stehen solche, in denen Melito zwischen einem leidensfähigen Anteil in Jesus Christus, den er «Mensch», «Fleisch» oder «Körper» nennt, und einem nicht leidensfähigen Anteil unterscheidet; der nicht leidensfähige, göttliche Anteil leidet mit.[51] Als Beleg für «patripassianische» Aussagen könnte man auf die zudem schroff antijüdische Formulierung in der Pascha-Homilie verweisen, wonach am Kreuz Gott getötet worden ist und der König Israels beseitigt wurde von Israels Hand.[52] Auch diese Aussage wurde in ebenso verkürzter wie zugespitzter Form in der miaphysitischen Argumentation gegen das Bekenntnis von Chalcedon verwendet: Der Mönch *Anastasius vom Sinai*, der im siebten Jahrhundert lebte, zitiert ein Fragment, das aus einer Schrift «Über das Leiden» des Melito stammen soll und nach Aussage des Anastasius zustimmend von miaphysitischen Gegnern des Chalcedonense angeführt wurde (wie ja auch das *Florilegium Edessenum anonoymum* aus solchen miaphysitischen Kreisen stammt): «Gott hat gelitten durch eine rechte Hand eines Israeliten».[53] Wenn aber Gott, der Vater, und Christus, sein Sohn, so eng zu identifizieren sind, dann wäre die Aussage im *Florilegium Edessenum anonymum*, dass Christus vor der Inkarnation *keinen* Leib besaß, sondern ihn erst aus der Jungfrau Maria annahm, zugleich eine Aussage über den Vater: Auch ihn hätte Melito dann körperlos gedacht.

Umso wichtiger ist angesichts solcher Unklarheiten in der Überlieferung ein Blick in die einzige mutmaßlich im originalen Wortlaut überlieferte Predigt, die Homilie über das Pascha. Hier ist vom göttlichen Ebenbild die Rede, unmittelbar nach einer Beschreibung des Todes als Auflösung der Einheit von Seele und einem «guten Körper»:[54]

«Es wurde nämlich der Mensch durch den Tod geteilt.
Denn neues Unglück und Gefangenschaft
hatten ihn umzingelt,
und wie ein Kriegsgefangener

wurde er unter dem Schatten des
Todes festgehalten;
so lag vereinsamt
des Vaters Bild.
Aus diesem Grunde also
wurde das Geheimnis des Paschas
am Leibe des Herrn vollbracht».[55]

Es kann – trotz abweichender Interpretationen[56] – kein Zweifel daran bestehen, dass hier mit dem Ausdruck «des Vaters Bild» nicht wie bei vielen anderen antiken christlichen Theologen die Seele gemeint ist. Die Seele wird «unter dem Schatten des Todes» festgehalten, ist, wie es kurz zuvor heißt, «das von Gott Gegebene», das im Hades eingesperrt ist.[57] Daher kann vom Körper gesagt werden, dass er – verlassen von der im Hades gefangenen Seele – vereinsamt in der Erde liegt, die ihm ein Grab bietet.[58] Also bezieht sich der Ausdruck «des Vaters Bild» allein auf den Leib, und Origenes hat in seinem Kommentar die Position des Melito zutreffend referiert.

Wenn Melito aber Gott einen Körper zuschrieb und tatsächlich Vater und Sohn so eng identifizierte, wie dies in der Forschung angenommen wird, dann muss man die im *Florilegium Edessenum anonymum* überlieferten Fragmente entsprechend kritisch interpretieren und darf die miaphysitische Vorstellung von einem «fleischlosen», also körperlosen Logos (λόγος ἄσαρκος) nicht einfach für Melito in Anschlag bringen. Das schließt selbstverständlich nicht aus, dass einzelne Wendungen dieser Fragmente auf Melito zurückgehen, beispielsweise die Formulierung, dass der «nicht Messbare gemessen wird»,[59] weil der Körper, den Jesus Christus aus der Jungfrau empfängt, im Unterschied zum göttlichen Körper messbar ist. Denn das philosophische Gottesprädikat der «Unmessbarkeit» Gottes wurde sowohl von denen, die sich Gott mit Körper dachten, als auch von denen, die ihm einen Körper absprachen, vertreten.[60] Eher schon könnten sich Reste der Gedanken Melitos über den göttlichen Körper in einem Fragment aus einem vatikanischen Codex finden, in dem er das Bad Jesu bei der Taufe im Jordan mit dem Untergang der Sonne im Meer vergleicht, das als «Schwimmbecken der Sonne»[61] bezeichnet ist:

«Wenn die Sonne ihren Tageslauf vollendet hat mit ihrem feurigen Gespann, wird sie durch die wirbelnde Bewegung ihres Laufes feuerfarbig und wie eine angezündete Fackel. Nachdem sie die Hälfte der Himmelsbahn in ihrem Lauf brennend durcheilt hat, scheint sie uns so nahe, als ob sie mit zehn strahlenwerfenden Blitzen die Erde verbrennen wollte, dann steigt sie dem Auge nicht leicht sichtbar in das Meer hinab. Wenn eine kupferne Kugel, die innen voll von Feuer ist und viel Licht ausstrahlt, ins kalte Wasser getaucht wird, so zischt sie gewaltig, wird aber hell gemacht vom Glanz, das Feuer im Inneren wird nicht ausgelöscht, sondern wieder entfacht leuchtet es mächtig. So auch die Sonne, brennend wie der Blitz, erlischt sie nicht, wenn sie ins kalte Wasser taucht, und behält ihr Feuer brennend ohne Unterbrechung».[62]

Hier ist der göttliche Körper in genau der Tradition, die wir bereits mehrfach kennengelernt haben, als ätherisches, lichtstrahlendes Feuer beschrieben und – wie es sich für einen Theologen gehört, der Vater und Sohn identifiziert, wenn auch im Modus des Vergleichs – der Körper Jesu Christi, der in den Jordan steigt, mit dem feurigen Körper Gottes in Verbindung gebracht. Wenn man sich klarmacht, dass nach dem Zeugnis der kanonisch gewordenen Evangelien in der Szene der Taufe Jesu zugleich auch dessen Gottessohnschaft durch die himmlische Stimme deutlich wird,[63] dann würde die Verbindung zwischen dem göttlichen Feuerkörper und Jesu Leib nicht überraschen. Ebenso wenig verwunderlich ist, dass diese Dimension der Theologie des Melito in der spätantiken und insbesondere in der miaphysitischen Überlieferung gekappt wurde.

Es spricht also trotz aller Unsicherheiten im strengen Sinne nichts dagegen, weiterhin zu vermuten, dass Melito in einem uns verlorenen Werk «Über den körperlichen Gott» die Vorstellung von einer Körperlichkeit Gottes vertreten hat und Origenes, wenn er schon diese Schrift nicht kannte, so doch über ihren Inhalt zutreffend informiert war. Da mindestens die Homilie «Über das Pascha» im späten dritten oder frühen vierten Jahrhundert ins Koptische übersetzt wurde und auch die Melito bearbeitende Homilie «Über die Seele und den Körper» auf koptisch vorlag, wird man vermuten können, dass die in Ägypten bezeugte Bewegung der sogenannten *Anthropomorphiten* sich von Melito anregen ließ oder mit ihm argumentierte, auch wenn explizite Bezüge auf den kleinasiatischen Theologen des zweiten Jahrhunderts in den wenigen sicher der Bewegung zuzuweisenden Texten und Fragmenten nicht erhalten sind.⁶⁴ Immerhin ist es auffällig, wie prominent in der koptischen Übersetzungsliteratur, die vor allem für ländliche Gegenden und Mönche bestimmt war, Texte vertreten sind, die in irgendeiner Form mit Melito in Verbindung gebracht werden können. Tito Orlandi hat in einer Übersicht über koptische Übersetzungen griechischer christlicher Texte darauf hingewiesen, dass neben biblischen und apokryph gewordenen, parabiblischen Texten und den bekannten gnostischen Texten vor allem Homilien ins Koptische übersetzt wurden und sich darunter – wenn man annimmt, dass der Verfasser auch im zweiten Falle für die, die übersetzten, noch erkennbar war – zwei Homilien des Melito befanden, seine Pascha-Homilie und die Homilie «Über Seele und Körper».⁶⁵ Außerdem gehören auch die berühmten beiden Codices, die den griechischen Text der Pascha-Homilie bieten, nach Ägypten: Die auf die Chester-Beatty Library in Dublin und die University of Michigan in Ann Arbor verteilten Blätter sollen aus Aphroditopolis (heute Atfih, achtzig Kilometer südlich von Kairo am rechten Nilufer gelegen und damit gegenüber vom Fayyum-Becken) stammen, der von Martin Bodmer 1952 erworbene Codex Bodmer XIII in der gleichnamigen Bibliothek in Cologny-Genève aus einem Ort bei Dishna in Mittelägypten.⁶⁶ Daran, dass man sich in der Spätantike in Ägypten besonders für den längst verstorbenen kleinasiatischen Theologen Melito interessierte, kann eigentlich kein Zweifel bestehen, selbst wenn alle übrigen Details (wie die Herkunft der genannten Codices aus monastischen Kontexten) zweifelhaft sein mögen.

Irenaeus von Lyon

Bei Melito und Tertullian handelt es sich um zwei repräsentative Stimmen der antiken christlichen Mehrheitskirche des späten zweiten und frühen dritten Jahrhunderts, die offenbar relativ selbstverständlich die Vorstellung von einem göttlichen Körper vertraten, auch wenn nur bei Tertullian der stoische Hintergrund dieser Ansicht noch einigermaßen deutlich wird,⁶⁷ während für Melito die Quellenlage leider keine weiteren Aussagen erlaubt. Welche Motive diesen gelehrten Theologen zu seinen Ansichten brachten, bleibt im Dunkel. Nun darf man allerdings nicht meinen, dass nur Theologen, die explizit durch Grundprinzipien der platonischen Theologie geprägt waren, die Vorstellung einer göttlichen Körperlichkeit vehement ablehnten und die biblische Passage von der Schöpfung des Menschen nach dem «Bild und Gleichnis» Gottes im Unterschied zu Melito lediglich auf die Seele bezogen, nicht aber auf den Körper.[68] Man sieht dies an dem bereits mehrfach erwähnten Bischof Irenaeus von Lyon, der in seiner antignostischen Schrift *Adversus haereses*, geschrieben in den achtziger Jahren des zweiten Jahrhunderts und damit ungefähr dreißig bis vierzig Jahre vor den Bemerkungen des Origenes, mehrfach auf die Bibelstelle Bezug nimmt.[69] Gerade weil Irenaeus die Vorstellung von göttlicher Körperlichkeit nicht aufgrund einer philosophischen Rahmentheorie platonischer Provenienz ablehnt, kann er interessante eigene Akzente setzen.

Irenaeus bezieht die aus der Bibel übernommene Vorstellung von einer Erschaffung des Menschen zum «Bild und Gleichnis» offenkundig nicht nur auf die *Seele*. Der Bischof differenziert vielmehr bei der Auslegung der alttestamentlichen Stelle zwischen «Bild» und «Gleichnis» und versteht unter dem ersten Ausdruck die *körperliche Existenz*, wie er in seiner summarischen «Darlegung der apostolischen Verkündigung» schreibt, die seine (chronologisch betrachtet, frühere) antignostische Schrift ergänzt und zusammenfasst:

«Den Menschen aber hat er (sc. Gott) mit seinen Händen gebildet, indem er das Reinste und Feinste und Weichste von der Erde genommen und seine Kraft in bestimmtem Maß mit der Erde zusammengemischt hat; denn er hat dem Geschöpf seine eigenen Formen gegeben, damit auch das Sichtbare in ihm gottförmig sei. Denn als ‹Bild Gottes› wurde der geschaffene Mensch auf die Erde gesetzt».[70]

Man wüsste gern, welche göttlichen «Formen» dafür verantwortlich sind, dass auch das Sichtbare am Menschen – doch wohl der Körper – «gottförmig» ausfallen kann; leider erlaubt das armenische Wort keine eindeutige Übersetzung ins Griechische und somit die Rekonstruktion des Urtextes: Es bedeutet einfach «Umriss».[71] Aber ist wirklich gemeint, dass Gott den Umriss seiner körperlichen Formen dem Menschen als sein Bild gab, wodurch der Mensch gottförmig genannt werden kann? Wenn man versucht, die zugrunde liegende griechische Begrifflichkeit zu rekonstruieren, kommen zwei Termini in die engere Auswahl: σχῆμα und εἶδος. Der erste Begriff bezeichnet «die äußere Form oder Gestalt von empirisch erfahrbaren Dingen» (und kommt damit dem Wort μορφή sehr nahe), der zweite oszilliert zwischen einer reinen Wahrnehmung äußerlicher Gegebenheiten oder gerade im Gegenteil der Wahrnehmung von nicht nur dem sichtbaren Umriss, sondern auch der inneren Struktur und körperlichen Fähigkeiten.[72] Damit ist aber klar, dass im griechischen Original wahrscheinlich nicht die «Umrisse des göttlichen Körpers» in einem schlichten Sinne gemeint waren, sondern die *figura*, die einer konkreten Materialität eingeprägte und von ihr nicht ablösbare konkrete Form eines einzelnen Dinges.[73] Es geht also nicht um einen schlichten Umriss, sondern vielmehr um die innere Struktur und die Fähigkeiten eines göttlichen Körpers, die der Mensch – natürlich reduziert nach dem Maß der irdenen Materialität und der abbildlichen Struktur – von Gott geschenkt bekommen hat. Mit anderen Worten: Es geht immer auch um den vom Geist erfüllten Körper, nicht nur um den bloßen Körper, wenn Irenaeus vom Menschen als «Bild Gottes» (εἰκὼν θεοῦ) spricht.[74] Setzt Irenaeus in dieser Passage also tatsächlich für Gott den Vater einen *Körper* voraus oder handelt er in Wahrheit vom irdischen Körper seines menschgewordenen Sohnes? Die Auslegung der Sätze (und damit die Antwort auf diese Frage) ist umstritten. Wer jede Rede von einem Körper Gottes, die sich nicht auf den menschlichen Körper Jesu bezieht, für einen «krassen, zu der sonstigen geistigen Gottesauffassung in scharfem Widerspruch stehenden Anthropomorphismus» hält,[75] verkennt, dass Irenaeus keinen Zweifel daran lässt, dass das Subjekt in der zitierten Passage der *Vater* ist und nicht dessen Wort, der Logos: «Gott, der Vater von allem», hat durch sein Wort, seinen Sohn, die Welt geschaffen und den Menschen mit seinen Händen gebildet.[76] Irenaeus bezeichnet Gott Vater in derselben Schrift zwar als «ungeworden, unsichtbar», als «Geist»,[77] hat aber gleichzeitig keine Scheu, in einer sehr zurückhaltenden Weise – von einem «krassen (...) Anthropomorphismus» kann wirklich keine Rede sein – von einer Körperlichkeit des Vaters zu sprechen. «Körperlichkeit» meint hier offenbar nicht die kategorial von aller irdischen Materialität differente Materialität göttlicher Körper (beispielsweise aus ätherischem Feuer, wie sie die stoische Philosophie beschreibt), sondern lediglich die (geistigen) Formen eines materiellen Körpers. So gesehen, besitzt Gott nach Irenaeus also keinen im strengen Sinne materiellen Körper, sondern einen Körper nur in Form von geistigen Strukturen einer materiellen Körperlichkeit. Sonderlich klar hat Irenaeus diese Position freilich in seinen erhaltenen Texten nicht gemacht.

Kein Zweifel kann dagegen nach dem armenischen Text der «Darlegung der apostolischen Verkündigung» des Irenaeus daran bestehen, dass der Bischof tatsächlich den menschlichen *Körper* meint, wenn hier von der Gottesebenbildlichkeit des Menschen geredet wird. Denn Irenaeus betont an mehreren anderen Stellen seines erhaltenen Werks, dass Christus, um das im Sündenfall verlorene «Bild und Gleichnis» wiederherzustellen, «sich (…) der Heilsordnung derselben Fleischwerdung» wie der Mensch unterzog:[78] «Ähnlichkeit der Fleischwerdung»,[79] also die Ähnlichkeit zwischen der Erschaffung des Körpers Adams und der Annahme eines menschlichen Leibes bei Jesus, stellt die verlorene Gottesebenbildlichkeit wieder her.[80]

> «Vielmehr nahm er (sc. der präexistente Christus) Fleisch an und wurde Mensch, um die langzeitige Entwicklung des Menschen in sich zusammenzufassen, indem er uns kurz und bündig das Heil gewährte, damit wir das, was wir in Adam verloren hatten, nämlich ‹Bild und Gleichnis› Gottes zu sein, in Christus Jesus zurückerhielten».[81]

Durch die Menschwerdung Jesu Christi wird deutlich, dass der Mensch als das sichtbare «Bild und Gleichnis» des unsichtbaren Gottes angelegt war,[82] so dass kein Zweifel daran bestehen kann, dass sich die Abbildlichkeit des Menschen auch auf seine sichtbaren Teile, also den Körper, und nicht auf die unsichtbare Seele allein bezieht. An anderer Stelle wird auch explizit gesagt, dass sich in der biblischen Aussage über die Gottesebenbildlichkeit des Menschen «Bild» auf den Leib, «Gleichnis» aber auf die Seele bezieht.[83] Das ist natürlich wieder – wie bei Melito – gegen die gnostische These gerichtet, dass nur die geistig-seelischen Anteile des Menschen gerettet werden können und Teil der Abbildlichkeitsbeziehung sind.

Irenaeus von Lyon war davon überzeugt, dass es für Menschen eigentlich prinzipiell unmöglich ist, Gott zu sehen, weil Gott unsichtbar ist, aber – so formuliert er –, wenn Gott will, dass Menschen ihn sehen, «dann wird er für die Menschen sichtbar, wem, wann und wie er will. Denn Gott kann alles». Dabei lässt der Bischof von Lyon keinen Zweifel daran, dass er, wenn er von «Gott» spricht, hier den körperlosen Vater meint:

«Früher ließ er sich durch den Geist mittels der Prophetie sehen, dann aber auch durch den Sohn, mittels der Annahme an Sohnes statt, und künftig im Himmelreich wird er sich mittels der Vaterschaft sehen lassen. Denn der Geist bereitet den Menschen vor für den Sohn Gottes, der Sohn führt ihn hin zum Vater, der Vater aber schenkt ihm die Unvergänglichkeit zum ewigen Leben, das jeder einzelne deswegen gewinnt, weil er Gott schaut».[84]

Die Möglichkeit, dass Menschen ihn sehen können, schafft Gott also selbst mit dem Ziel, Menschen das Leben zu schenken: «Und deswegen macht sich der Ungreifbare und Unfassliche und Unsichtbare sichtbar und fassbar und greifbar für die Glaubenden, damit er denen Leben gibt, die ihn durch den Glauben greifen und sehen».[85] Irenaeus vertritt die bemerkenswerte Theorie einer gleichsam *temporären Sichtbarkeit Gottes*; Gott zeigt sich bisweilen (dann, wenn es ihm gefällt) so, dass er gesehen und erfasst werden kann. Anders formuliert: Aufgrund einer spezifischen göttlichen Handlung in der Geschichte der Erlösung des Menschengeschlechts, der «Ökonomie Gottes» (οἰκονομία),[86] ist Gott für einige auserwählte Glaubende sichtbar. Aber um was für ein «Sehen» und «Erfassen» geht es hier? Hat Irenaeus einen Prozess des *geistigen* Sehens im Auge, den wir im Deutschen «Schau» nennen würden, und ein intellektuelles Begreifen oder geht es ihm tatsächlich um ein Sehen, das nicht nur mit geistigen, sondern auch mit körperlichen Sinnen geschieht? Kann man also von einer *temporären Körperlichkeit Gottes* sprechen? Die göttlichen Eigenschaften und die darauf bezogenen menschlichen Möglichkeiten, die von Irenaeus in der zitierten Passage spiegelbildlich aufgezählt werden – unbegreiflich, unfassbar und unsichtbar einerseits und sichtbar, fassbar und greifbar andererseits[87] –, meinen zwar im Lateinischen eher intellektuelle Vollzüge und nicht das reale Fassen und Greifen von Materie oder einen körperlichen Vorgang des Sehens. Ein Fragment des weitgehend verlorenen griechischen Originals dieses Abschnittes, der uns nur in einer spätantiken lateinischen Übersetzung bewahrt ist, zeigt aber, dass der griechische Ausdruck für «Sehen» auch für körperliche Vorgänge des Sehens verwendet werden kann: «diejenigen, die Gott sehen» (οἱ βλέποντες τὸν Θεόν).[88] Es ist also nicht strikt auszuschließen, dass Gott der Vater nicht nur die geistigen Formen materieller Körperlichkeit besitzt, sondern bisweilen auch eine Form materieller Realisierung dieser geistigen Formen.

Obwohl Irenaeus den menschlichen Körper also für ein «Bild» Gottes hielt, bleibt, wie wir sahen, einigermaßen unsicher, was dieses Bild abbildet. Ein regelrechter materieller Körper Gottes in dem Sinne, wie ihn Tertullian oder Melito lehrten, als Entsprechung menschlicher Körper ist unwahrscheinlich, jedenfalls nicht belegt. Aber sicher ist, dass Irenaeus nicht mit derselben Leidenschaft gegen jede körperliche Vorstellung von Gott kämpfte, mit der Origenes einige Jahrzehnte später agierte. Er formuliert auch nicht so distanziert wie der anonyme Autor einer dem stadtrömischen Theologen Justin (Mitte des zweiten Jahrhunderts) zugeschriebenen, aber vielleicht von seinem Zeitgenossen Athenagoras verfassten Schrift «Über die Auferstehung», in der es heißt, dass «Fleisch bei Gott ein wertvoller Besitz ist», um bei Lesenden den Schluss zu vermeiden, dass Gott selbst Fleisch besitzt, wenn denn gilt, dass die Ebenbildlichkeit sich auch auf das Fleisch bezieht.[89]

Für Irenaeus kann man – wie für Melito – die Frage stellen, ob die sogenannten Anthropomorphiten des vierten und fünften Jahrhunderts in Ägypten von seinen Texten geprägt worden sind. Diese Frage hat vor einiger Zeit Dmitrij Bumazhnov aufgeworfen (und vor ihm schon Georges Florovsky).[90] Für eine solche Interpretation könnte sprechen, dass sowohl in Oxyrhynchus ein Papyrus des späten zweiten oder frühen dritten Jahrhunderts mit einem Passus aus dem dritten Buch der antignostischen Schrift «Gegen die Häresien» gefunden wurde («es handelt sich anscheinend um den Rest eines Buchhändler-Exemplars, nicht um einen Gebrauchstext») als auch in Edfu oder Achmîm ein Stück aus dem fünften Buch in einem Papyrus des späten dritten oder vierten Jahrhunderts («zahlreiche Fehler, vor allem Textauslassungen und Verlesungen der Vorlage»).[91] Das Hauptwerk des Irenaeus war also in griechischsprachigen Kreisen Ägyptens prinzipiell bekannt. Außerdem finden sich in Schriften exakt derselben, in Ägypten prominent vertretenen theologischen Richtung, die auch Fragmente aus dem Werk «Über die Seele und den Körper» des Melito von Sardes in syrischer Sprache überliefert, armenische Fragmente des Irenaeus von Lyon. Sie stammen aus miaphysitischer, antichalcedonensischer Tradition ägyptischer Provenienz: Unter den Schriften des *Timotheus Aelurus* («Wiesel», vielleicht wegen seiner schmächtigen Gestalt), der von 457 bis 477 als Patriarch von Alexandria amtierte,[92] findet sich ein vollständig in armenischer und verkürzt in syrischer Sprache (dazu mit Fragmenten des verlorenen griechischen Originals) überlieferter Traktat «Gegen die,

die zwei Naturen aussagen».[93] Timotheus verfasste diese letzte und umfangreichste Schrift zwischen 460 und 475 während seiner Verbannung nach Chersones auf der Krim. Darin sind drei christologische Fragmente erhalten, die allerdings im Unterschied zu der Melito zugeschriebenen Überlieferung nichts über den Körper Gottes des Vaters enthalten (eines der Fragmente hat im Übrigen sehr enge Parallelen in der Melito-Überlieferung) und von ihrem Herausgeber als (Schluss-) Passagen aus verlorenen Homilien des Irenaeus von Lyon interpretiert werden.[94] Außerdem zitiert der Miaphysit *Severus von Antiochien* die Passage, in der von Irenaeus die Ausdrücke «Bild und Gleichnis» auf Körper *und* Seele bezogen werden,[95] in seiner Polemik gegen den Presbyter und Grammatiker Johannes von Caesarea, der eine Apologie des Konzils von Chalcedon geschrieben hatte.[96] Der Kontext der Kontroverse ist die menschliche Leiblichkeit des inkarnierten Jesus, nicht der göttliche Körper des himmlischen Gottes; beide Probleme haben nur sehr mittelbar miteinander zu tun.[97] Entsprechend gibt es (im Unterschied zur Melito zugeschriebenen Überlieferung) auch in den sonstigen einschlägigen Florilegien und Zusammenstellungen keinerlei Hinweise darauf, dass Texte des Irenaeus eine wichtige Rolle in den spätantiken Auseinandersetzungen über die Körperlichkeit Gottes des Vaters spielten.

Die pseudo-clementinischen Homilien

Ein weiterer, sehr spannender Beleg für die antiken Traditionen über Gottes Körperlichkeit findet sich in einer der sogenannten *pseudoclementinischen Homilien*, genauer in der siebzehnten dieser Homilien. Der Titel will nicht besagen, dass es sich um «Predigten» nach dem Muster der spätantiken kirchlichen «Predigt» handelt, sondern spielt auf die «Lehrvorträge» (ὁμιλίαι) des Petrus an, die einen Text prägen, den man vielleicht am besten mit einer modernen Gattungsbezeichnung als fiktionalen Roman mit starken Redeanteilen charakterisieren könnte, «fingierte Geschichte», wie Eduard Schwartz formuliert.[98] Eine gegenwärtig weit verbreitete Position ist, dass die wahrscheinlich in der ersten Hälfte des vierten Jahrhunderts entstandenen Homilien (wie die weitgehend parallelen *Recognitiones*) auf eine zwischen 220 und 250 in Cöle-Syrien entstandene «Grundschrift» zurückgehen – mit anderen Worten: Solche Passagen der Homilien, für die sich keine Parallelen in der Sekundärüberlieferung der *Recognitiones* finden, können auch nicht auf die Grundschrift zurückgeführt werden.[99] Der Text der pseudo-clementinischen «Grundschrift» gehört nach dieser Ansicht in einer schwer zu spezifizierenden Weise in judenchristliche Traditionen, weshalb sich besonders der Vergleich mit jüdischen Überlieferungen lohnt.[100] Allerdings darf man nicht übersehen, dass alle uns erhaltenen Textfassungen letztlich aus der christlichen Mehrheitskirche der Spätantike stammen (die *Recognitiones* sind zudem vollständig nur in einer lateinischen Übersetzung des Rufin von Aquileia erhalten[101]) und nicht einfach für Rekonstruktionen theologischer Positionen von marginalisierten Gruppen aus der Theologiegeschichte der ersten drei Jahrhunderte (wie eben judenchristlichen Strömungen) verbucht werden dürfen; es handelt sich zunächst erst einmal um *spätantike* Texte.[102] Die syrische Überlieferung einzelner Homilien zeigt zudem, dass der griechische Text der beiden mittelalterlichen Handschriften, die die Homilien überliefern, eine deutlich bearbeitete und korrumpierte späte Überlieferungsstufe darstellt;[103] leider sind für die in unserem Zusammenhang interessanten Passagen keine syrischen Übersetzungen ediert. Zudem erweist sich das klassische stemmatische Modell einer «Grundschrift», die in zwei Bearbeitungen vorliegt, immer stärker als unzulässige Vereinfachung eines komplexen literarischen und traditionsgeschichtlichen Wachstumsprozesses, den man mit Mitteln klassischer Literarkritik nicht zureichend aufhellen kann.[104] Der in unserem Zusammenhang einschlägige Passus aus den Homilien, der sich mit der Gestalt (μορφή) Gottes beschäftigt, hat allerdings keine wirkliche Parallele in den *Recognitiones* und ist daher auch nach dem eingeführten Modell für die Text- wie Traditionsgeschichte des pseudo-clementinischen Schrifttums als «Eigengut» des Homilisten ein separater Traditionsteil. Noch zu diskutieren wird allerdings sein, ob er tatsächlich vom Autor der Homilien gebildet wurde, einfach nur in den *Recognitiones* fehlt oder gar vollkommen unabhängiges Traditionsgut (also in der klassischen Terminologie der Quellenscheidung: einen «Exkurs») repräsentiert; Hans Waitz[105] und Jürgen Wehnert[106] hielten unsere Passage für einen ursprünglichen Bestandteil der Grundschrift. Auf die verwickelte Frage nach Quellen der ihrerseits schon hypothetischen Grundschrift soll hier dagegen nicht eingegangen werden.

Die Passage, in der es um Gottes Gestalt geht, gehört zu einem Streitgespräch zwischen Petrus und Simon Magus in Laodicaea, das im

Duktus der Homilien zur Widerlegung der Lehren des stadtrömischen christlichen Lehrers Marcion von Sinope dient.[107] Der Abschnitt selbst richtet sich gegen die Vorstellung, der gute Gott und Vater Jesu Christi sei immateriell, rein geistig und von einem materiellen «gerechten Gott» zu unterscheiden. Die Frage, ob solche Ansichten tatsächlich in dieser Form von Marcion, der 144 die römische Mehrheitskirche verlassen musste und eine eigene Kirche gründete,[108] vertreten oder ihm nur zugeschrieben wurden, kann hier offenbleiben.[109] Das Gespräch beginnt mit einer engagierten Bestreitung der These, dass Gott eine Gestalt habe: In der Maske des Magiers Simon wirft ein Anhänger Marcions der mehrheitskirchlichen Theologie in Gestalt des Petrus vor, den christlichen Gott fälschlich als einen «äußerst gerechten Gott» zu beschreiben – also die Dimension göttlicher Gerechtigkeit nicht so vom allein gütigen Vater Jesu Christi als eigene göttliche Figur abzuspalten, wie nach der klassischen Häresiologie der antiken christlichen Mehrheitskirche Marcion gelehrt habe. Diese falsche Einheit zweier in Wahrheit unterschiedlicher Götter impliziere aber, Gott in einer Gestalt (μορφή) einzuführen,[110] in einer «fürchterlichen Gestalt», die Furcht und Entsetzen in der Seele verbreitet. Der Text legt Simon folgende aufeinander aufbauenden Gegenargumente, die als dialektischer Fangschluss in Frageform konstruiert sind, in den Mund:

«Aber hat Gott eine Gestalt? Wenn er sie aber hat, befindet er sich in einer Form. Wenn er aber in einer Form ist, wie ist er dann unbegrenzt? Wenn er aber begrenzt ist, befindet er sich in einem Raum. Wenn er sich aber in einem Raum befindet, ist er geringer als der ihn umgebende Raum. Und wenn er aber geringer ist als irgendetwas, wie ist er größer oder besser oder überlegener als alles?»[111]

Man kann sich die Verwendung der beiden Begriffe «Gestalt» (μορφή) und «Form» (σχῆμα), die mindestens umgangssprachlich im Griechischen sehr nahe beieinanderliegen, in diesem Text unter Zuhilfenahme von antiken philosophischen Definitionen vielleicht so erklären: Wenn Gott eine (beispielsweise durch Engel) wahrnehmbare äußere Gestalt hätte, einen Umriss (wenn auch von unendlicher Ausdehnung, wie wir sehen werden) beispielsweise, dann würde das zugleich eine äußere Gestalt eines empirisch erfahrbaren Gegenstandes[112] und damit Existenz in einem Raum (τόπος) implizieren. Das wäre aber widersinnig, denn dann würden dem unermesslich großen Gott Form und Raum Grenzen setzen und wären umfassender als Gott. Ganz offensichtlich wird «Raum» hier im Unterschied beispielsweise zu Aristoteles nicht als etwas verstanden, was mit dem Gegenstand identisch ist; vielmehr ist auch Raum in einem ganz umgangssprachlichen Sinne als das begriffen, worin sich ein Gegenstand befindet.[113]

Petrus, Repräsentant der Mehrheitskirche und Gegner der durch Simon repräsentierten marcionitischen Position, votiert dagegen engagiert für die Vorstellung, dass Gott eine Gestalt (μορφή) habe. Vorbereitet worden war diese Position durch eine Argumentation über die Funktion der Gottesebenbildlichkeit des Menschen für rechte Gotteserkenntnis in der vorangehenden Homilie. Petrus sagt dort zu Simon: «Wir prägen uns die Gestalt des (Gottes) ein, den es wirklich gibt, weil wir an unserer Gestalt sein wahres Erscheinungsbild erkannt haben».[114] Gottesebenbildlichkeit wird hier als Abbildlichkeit von Gestalten radikal ernst genommen: Die Pseudo-Clementinen sind davon überzeugt, dass der Mensch durch den Blick auf die eigene menschliche Gestalt (μορφή) den wahren Gott (mit der wahren Gestalt) von falschen Göttern (mit falscher Gestalt) unterscheiden kann. An einer weiteren Stelle versichert Petrus noch einmal, «dass die Gestalt des Menschen nach seiner (sc. Gottes) Gestalt geprägt ist», also – einem Siegelabdruck vergleichbar[115] – eine symmetrische Abbildung des Vorbildes darstellt, die unsichtbar wird, wenn der Körper durch Tod aufgelöst wird oder durch ethisches Fehlverhalten schwindet.[116]

Im Fortgang der Debatte in der siebzehnten pseudo-clementinischen Homilie antwortet die Mehrheitskirche in Gestalt des Petrus dem Magier Simon auf seine Argumentationskette gegen die Annahme einer Gestalt Gottes mit dem Hinweis darauf, dass Gott in der Tat nach dem Wort Jesu Christi zu fürchten sei, erinnert zur weiteren Begründung an das Szenario, dass vor Gottes Angesicht der himmlische Hofstaat der Engel steht,[117] und fährt wörtlich fort:

> «Denn er (Gott) hat eine Gestalt – wegen seiner ersten und alleinigen Schönheit – und alle Glieder, doch nicht um des Gebrauchs willen. Nicht nämlich hat er deswegen Augen, damit er daraus sieht (er sieht nämlich überall, insofern der Körper in unvergleichlicher Weise strahlender ist als der für die Sicht bestimmte Geist in uns und funkelnder als alles Licht, so wie im Vergleich mit ihm das Licht der Sonne als Finsternis begriffen

würde). Aber er hat auch nicht deswegen Ohren, damit er hört (er hört nämlich überall, denkt, bewegt sich, bewirkt, schafft). Er hat diese schönste Gestalt um des Menschen willen, damit die ‹Reinen im Herzen› (vgl. Matthäus 5,8) ihn sehen können, damit sie sich darüber freuen können, was auch immer sie erduldet haben. Denn mit seiner Gestalt hat er, wie mit dem größten Siegel, den Menschen geprägt, damit er alle Dinge beherrsche und Herr sei und alles ihm diene. Deswegen wird der, der entschieden hat, dass er (Gott) das Ganze ist und sein Bild der Mensch (er selbst ist unsichtbar, aber sein Bild, der Mensch, sichtbar),[118] der ihn verehren will, sein sichtbares Bild ehren, welches der Mensch ist».[119]

Interessanterweise wird hier die Tatsache, dass Gott eine Gestalt (μορφή) und einen Körper (σῶμα) besitzt, aus seiner Schönheit gefolgert – offenbar konnten die, die diese Passage verfassten, Schönheit nicht ohne diejenige Materialität, von der Schönheit ausgesagt wird, und damit ohne eine gewisse Form von Körperlichkeit denken. An späterer Stelle der Homilie wird das auch ausdrücklich so erklärt.[120] Eine solche Ansicht, die Schönheit und Körperlichkeit eng verbindet, liegt durchaus in der Tendenz kanonisch gewordener biblischer Schriften. Zwar wird in diesen Texten (im Unterschied zu späterer jüdischer Literatur wie dem Hekhalot-Korpus[121]) das Wort «Schönheit» (יופי) nicht direkt für eine Beschreibung Gottes verwendet,[122] aber es liegt in der Tendenz biblischer Aussagen über Gott, ihn als außergewöhnlich schön zu charakterisieren. Denn eine ganze Menge gern für Gott gebrauchter Wortfelder, denen man die Begriffe «mächtig» oder «herrlich» (אדיר), «Pracht» oder «Majestät» (הדר), «heiliger Schmuck» (הדרה), «Herrlichkeit» oder «Pracht» (הוד), «Herrlichkeit» oder «Glanz» (כבד), «Zierde» oder «Herrlichkeit» (צבי) sowie «gut» im Bedeutungsaspekt «schön» (טוב) zurechnen kann, steht zumindest in terminologischer Nachbarschaft zu dem, was im Deutschen umgangssprachlich «schön» genannt wird, ohne dass wir die exakte linguistische Relation von hebräischen Wortfeldern und deutschem Begriff hier klären müssten.[123] Für eine solche Sicht spricht schon die Tatsache, dass die Septuaginta einige der genannten und weitere hebräische Begriffe (beispielsweise יופי, כבד und טוב) mit dem einschlägigen griechischen Begriff καλός übersetzen kann, auch wenn sie diesen Begriff nicht explizit auf Gott bezieht.[124] Die Vorstellung, dass sich Gott oder die Götter durch besondere Schönheit auszeichnen, findet sich natürlich auch an vielen Stellen in der *paganen* Frömmigkeit,

Literatur und Philosophie. Dabei unterscheiden sich die jeweiligen Konzeptionen von Gott beträchtlich: Die Götter bei *Homer* haben besonders schöne Körper, wie beispielsweise im homerischen Demeter-Hymnus von dieser Göttin ausgedrückt wird: «Sie stand umatmet von Schönheit».[125] *Plato* lehnt dagegen die Vorstellung von einer Körperlichkeit des obersten göttlichen Prinzips ab, behauptet aber, dass dieser Gott, seiner göttlichen Natur entsprechend, an «keiner Tugend und Schönheit Mangel leidet», also innerlich wie äußerlich schön genannt zu werden verdient.[126] Er identifiziert sogar sein oberstes Prinzip ohne Umschweife direkt mit *dem* wahrhaft Schönen.[127] Christliche Texte lassen sich diesen unterschiedlichen paganen Traditionen mehr oder weniger direkt zuordnen; für die platonische Tradition steht beispielsweise an der Wende vom zweiten ins dritte Jahrhundert *Clemens von Alexandrien*. Für ihn ist alle irdische, körperliche Schönheit nur ein Abbild der Schönheit der von Gott als einer Art von Künstler geschaffenen körperlosen Seele. Diese körperlose Schönheit aber geistig zu betrachten, führt auf das gleichfalls körperlose «wahrhaft Schöne»:

> «Denn wer umgekehrt in reiner Liebe auf die Schönheit hinblickt, der hält nicht das Fleisch, sondern die Seele für schön, wobei er den Körper, meine ich, wie ein Standbild bewundert und durch dessen Schönheit seine Gedanken auf den Künstler und auf das wahrhaft Schöne hinlenken lässt».[128]

Die Passage in den pseudo-clementinischen Homilien gehört nicht in eine solche platonische Denktradition göttlicher Körperlosigkeit und körperloser wahrer Schönheit, sondern verbindet gerade die göttliche und nicht nur die menschliche Schönheit mit einer «Gestalt» (μορφή). Da der Begriff «Körper» (σῶμα) fällt, kann ja «Gestalt» nicht im Sinne eines flächigen Umrisses gemeint sein und muss also Körperlichkeit implizieren. Freilich finden sich in der Passage durchaus auch Einflüsse platonischer Denktraditionen. Das wird paradoxerweise bei der Beschreibung der körperlichen Funktionen der göttlichen Gestalt deutlich: Die Fähigkeit zu sehen soll nicht auf die Augen beschränkt sein (die daher auch nicht den Zweck haben zu sehen, sondern aus Gründen der Schönheit zur Gestalt gehören); Gott sieht mit dem unvergleichlichen Strahlen seines Leibes viel besser als jeder Mensch. Mit der Rede vom unvergleichlichen Strahlen seines Leibes ist offenbar auf die – antik gesprochen – Vorstellung vom Sehen auf der Basis von Sehstrahlen (ῥεῦμα τῆς ὄψεως bzw. *radius oculis profecti*) Bezug genommen, die das Auge aussendet, die die Dinge affizieren und wie ein moderner Scanner abtasten und dann das Abbild des gesehenen Dinges ins Auge zurückwerfen.[129] Diese unter anderem von Plato vertretene und von Aristoteles bestrittene antike Theorie über das Sehen steht im Hintergrund unserer Passage, ohne dass die klassische Formulierung, wonach das im Menschen befindliche «unvermischte Feuer durch die Augen hervorströme»,[130] zitiert wird. Sehstrahlen und körperlicher Glanz sind von derselben Materie. Allerdings macht die Formulierung «der für die Sicht bestimmte Geist in uns» deutlich,[131] dass auch stoische Vorstellungen über einen Pneuma-Strahl, «den das Hegemonikon der Seele durch die Pupille in Richtung auf das zu erkennende Objekt aussendet», mit im Hintergrund standen.[132] Eine solche Verbindung von platonischen und stoischen Gedanken über die Sehstrahlen findet sich beispielsweise bei dem Mediziner Galen im zweiten Jahrhundert.[133]

Der Durchgang durch die den Körper charakterisierenden Sinne und Vermögen wird nach Seh- und Hörsinn abgebrochen, weil die Botschaft bereits deutlich ist: Während bei menschlichen Körpern spezifische Sinne funktional mit einzelnen Organen verbunden sind, charakterisieren bei Gott die Sinne jenseits einer bestimmten Funktionsbeziehung den ganzen Körper – auch an dieser Stelle prägt Totalität und Vollständigkeit den göttlichen Körper im Gegensatz zu den Defizienzen menschlicher Körper. Die strahlende göttliche Körperlichkeit ist aber nicht für alle sichtbar, sondern nur für die Menschen «reinen Herzens». Das ist natürlich einerseits die schlichte Repetition eines biblischen Satzes aus der Bergpredigt, der Psalmensprache aufgreift,[134] aber es deutet zugleich darauf hin, dass die strahlende göttliche Leiblichkeit nur mit den «Augen der Seele», also mit einem entsprechenden Organ des inneren Menschen, wahrgenommen werden kann.[135] Damit sind die besonderen Eigenschaften benannt, die dazu führen, dass der durch den göttlichen Körper geprägte Mensch «alle Dinge beherrsche und Herr sei und alles ihm diene».[136]

Im Fortgang der Argumentation wird der zuvor angeführte dialektische Schluss aus der einleitenden Serie des Magiers Simon abgewiesen, dass aus der «Gestalt» (μορφή) Gottes nicht nur seine «Form» (σχῆμα) folgt, sondern auch ein spezifischer Raum, in dem sich diese Gestalt aufhält (τόπος).[137] Nach einer knappen Bemerkung dazu, dass derartige Gedanken von den biblischen Schriften verboten werden, erklärt der Autor der Homilien «Raum» (τόπος) als das «Nicht-Seiende» (μὴ ὄν), Gott aber als «das Seiende» und betont, dass beides daher gar nicht miteinander verglichen werden könne: Was existiere, existiere in einem Gefäß von Nichts:

> «Der Raum ist das Nichtseiende, Gott aber das Seiende. Das Nichtseiende kann aber mit dem Seienden nicht verglichen werden. Wie kann denn der Raum ein Seiendes sein? Nur wenn es einen zweiten Raum gäbe, ebenso wie Himmel, Erde, Wasser, Luft, und wenn ein anderer Körper existierte, der seine (sc. des Raumes) Leere ausfüllen könnte, die deshalb Leere genannt wird, weil sie nichts ist. Denn dies – das Nichts – ist der für das Leere zutreffendere Name. Was ist denn die sogenannte Leere anderes als ein Gefäß, das nichts enthält. Wenn jedoch dies Gefäß selbst leer ist, ist es selbst kein Raum, sondern in ihm ist die Leere selbst, wenn es überhaupt ein Gefäß ist. Denn es ist absolut notwendig, dass das Seiende in dem nicht Seienden ist. Dieses aber, das, was von einigen ‹Raum› genannt wird, nenne ich das nicht Seiende, weil es nichts ist».[138]

Dass «das Leere nichts ist», formulierte schon der vorsokratische eleatische Philosoph Melissus Mitte des fünften Jahrhunderts;[139] allerdings war diese These in der philosophischen Diskussion über den Raum umstritten.[140] Auch die Rede vom «Nicht-Seienden» geht auf die Eleaten zurück.[141] Neben diese eher philosophisch geprägte Argumentation über den Raum tritt ein weiteres, nicht ganz bruchlos passendes Argument – nicht bruchlos passend, weil es nun plötzlich den Raum als *gefüllte* Substanz voraussetzt und nicht mehr als *Leere*, als reines Nicht-Sein von Substanz, begreift. So wie man das erste Argument gleichsam pantheistisch missverstehen könnte (Gott füllt als Sein den ganzen, ansonsten leeren Raum), wird nun Gott plötzlich doch vom gefüllten Raum unterschieden.[142] Das zweite Argument für eine Gestalt Gottes, die trotz der logischen Probleme, die eine solche Vorstellung bereitet, *innerhalb* eines Raumes existiert, lautet: Das, was etwas umschließt, sei nicht höher als das, was es umschließt; die Sonne erfülle ja die sie umschließende Luft. Daher spreche nichts dagegen, dass Gott Gestalt und Form und Schönheit besitze und (wie im Text ganz platonisch formuliert ist) die Anteilnahme (μετουσία) daran von ihm unendlich ausgebreitet wird.[143]

Die Homilie bietet darauf einen interessanten und ganz eigenständigen Versuch, die Vorstellung von einer göttlichen Gestalt (also von einem göttlichen Körper) mit Hilfe von arithmetischen und geometrischen Zusammenhängen von allzu anthropomorphen Bildern zu befreien:

«Er (sc. Gott) dringt als Substanz unendlich in die Höhe, unbegrenzt in die Tiefe, unermesslich in die Breite, indem er die von ihm ausgehende lebenschaffende und vernunftbegabte Natur in drei Dimensionen bis ins Unendliche ausdehnt. Dieses von ihm aus nach allen Seiten hin ausgedehnte Unendliche muss notwendig zum Herzen denjenigen haben, der alles an Gestalt übertrifft, der, wo er auch immer ist, im Unendlichen die Mitte einnimmt und die Grenze des Alls ist. Von ihm gehen sechs Dimensionen ins Unendliche aus, davon geht die eine, die bei ihm den Ausgang nimmt, nach oben hinauf, die andere nach unten hinab, die (dritte) zur Rechten, die (vierte) zur Linken, die (fünfte) nach vorn und die (sechste) nach hinten; mit Rücksicht auf diese, als eine nach allen Seiten hin gleiche Zahl,[144] vollendet er in sechs zeitlichen Abschnitten die Welt, indem er selbst die Ruhe ist und die zukünftige unendliche Welt als Ebenbild hat, weil er Anfang und Ende ist. Denn in ihm enden die sechs unendlichen Dimensionen, und von ihm gehen sie zugleich in das Unendliche aus. Dies ist das Geheimnis der Siebenzahl, er selbst ist die Ruhe des Alls, weil er denen, die im Kleinen seine Größe nachmachen, sich selbst schenkt zur Ruhe. Er selbst ist einmal fassbar, einmal unfasslich, einmal begrenzt, einmal unbegrenzt, mit den Dimensionen, die von ihm ins Unendliche ausgehen. Denn deshalb ist er fassbar und nicht fassbar, nah und fern, hier und dort gegenwärtig, weil er allein existiert und zugleich an seinem an allen Seiten unbegrenzten Verstand Anteil gibt, den die Seelen aller einatmen und so das Leben haben».[145]

Die Vorstellung, dass Gottes körperliche Gestalt angemessen beschrieben ist als Ausdehnung des Unendlichen[146] in drei unendlichen Dimensionen (Höhe, Breite und Tiefe), ferner in sechs weiteren Dimensionen nach oben und unten, zur Rechten und zur Linken, nach vorn und hinten, und dass Gott selbst in einer siebten Dimension der eschatologischen Sabbat-Ruhe (ἀνάπαυσις) verharrt,[147] ist ohne eine wirkliche Parallele in der zeitgenössischen Literatur. Aber die Bemerkung, dass ebendiese siebenfache Dimensionalität der Gestalt Gottes «das Geheimnis der Siebenheit ist»[148] (und damit wohl auch: des siebten Tages der Schöpfungswoche), deutet letztlich auf die pythagoreische Zahlentheorie als Quelle hin, selbst wenn die Vorstellung auch bei christlichen

Autoren belegt ist und von dort übernommen sein könnte.[149] In einer schwer datierbaren kaiserzeitlichen Einführung in diese Materie, den «Arithmetischen Theologumena» des Pseudo-Jamblich,[150] findet sich ein einschlägiges Zitat aus einer arithmetischen Schrift des Bischofs *Anatolius von Laodicaea* (zweite Hälfte drittes Jahrhundert). Dort heißt es, dass die Siebenheit aus den drei Dimensionen Höhe, Breite und Tiefe und den vier Grenzbereichen Punkt, Linie, Oberfläche und Körper besteht, so wie es sieben Bewegungen gibt: aufwärts, abwärts, vorwärts, rückwärts, rechts, links und im Kreis herum.[151] Außerdem wirkt die Aussage, dass die Zahl «Sechs» eine «nach allen Seiten hin gleiche Zahl» sei und Vollendung wie Ruhe impliziere, wie wir bereits sahen,[152] fast wie ein direktes Zitat aus der erwähnten Schrift des Pseudo-Jamblich. Dort wird ebenfalls die Zahl «Sechs» mit den drei Dimensionen von Höhe, Breite und Tiefe verbunden – jede dieser drei Dimensionen müsse an zwei Seiten begrenzt werden und so würden sich durch die drei Dimensionen sechs Begrenzungen ergeben, die die sechs Dimensionen eines festen Körpers – vorwärts, rückwärts, hinauf, hinab, links und rechts – bilden würden. Mithin steht nach der neupythagoreischen Zahlentheorie die Zahl «Sechs» auch für das «Festwerden», also die irdische Einkörperung, «der Seele».[153]

Die Passage in den pseudo-clementinischen Homilien wirkt also nur dann wie ein Lehrstück, «dessen Argumentation Kopfschütteln verursachen mag»,[154] wenn man den schöpferischen Versuch übersieht, mit Hilfe der neupythagoreischen Zahlentheorie, wie sie bei Pseudo-Jamblich oder Anatolius von Laodicaea entfaltet wird, eine eigene argumentative Rechtfertigung der biblischen Lehre von der göttlichen Körperlichkeit vorzulegen – denn die in den pseudo-clementinischen Homilien entfaltete Lehre von der göttlichen Gestalt ist nichts anderes als ebendies. Wenn schon ein christlicher Bischof des dritten Jahrhunderts wie Anatolius von Laodicaea über solide Kenntnisse neupythagoreischer Zahlentheorie verfügte, muss man nicht auf sogenannte judenchristliche oder gnostische Sondergruppen zurückgreifen, um zu verstehen, warum sich diese Passage in einer christlichen Schrift des vierten Jahrhunderts befindet.[155]

Wenn man sich klarmacht, welche Stellung in einer platonisch grundierten Philosophie und Wissenschaft der Zeit Zahlen und Zahlentheorie einnahmen, dann wirkt die Passage in den Pseudo-Clementinen weniger verwunderlich. Sie enthält vielmehr Aussagen, auf die auch viele andere Formen der christlichen Reflexion biblischer Texte mit

Hilfe von zeitgenössischen philosophischen Standards der Zeit deuten, beispielsweise die, dass Gott, weil er zugleich unendlich ist und doch in seinen Dimensionen greifbar wird, «fassbar und nicht fassbar, nahe und fern, hier und dort» ist.[156] Abschließend hält der Autor fest:

> «Welche liebevolle Zuneigung können wir also auf ihn richten, wenn wir mit dem Verstand seine schöne Gestalt betrachten. Auf andere Weise aber ist es schwierig: Es ist nämlich unmöglich, dass Schönheit ohne Gestalt existiert, und niemand kann von Liebe zu ihm angezogen werden oder meinen, Gott zu sehen, wenn er keine Gestalt hat».[157]

Das meint umgekehrt: Es ist wahrheitswidrig und teuflisch, wie die durch Simon repräsentierte marcionitische Irrlehre den christlichen Gott für gestalt- und formlos zu halten, weil er dann auch nicht gesehen werden kann:

> «Denn der Verstand, der die Gestalt Gottes nicht sieht, ist leer von ihm. Ja, wie kann auch nur jemand beten, wenn er niemanden hat, zu welchem er sich flüchten kann, auf den er sich stützen kann? Denn indem er kein Gegenüber hat, taumelt er ins Leere».[158]

Der Autor führt also keineswegs eine ausschließlich theoretische Diskussion über die umstrittene Frage, ob Gott im Christentum auch körperlich gedacht werden solle; es geht ihm vielmehr darum, darauf hinzuweisen, dass die religionspraktischen Folgen jener falschen Gottesvorstellung, die Gott seine Gestalt und Körperlichkeit abspricht, verheerend sind: Es gibt dann keine Gründe mehr für Gebet und Gottesfurcht.

Ein letztes Mal berührt der Autor in den pseudo-clementinischen Homilien das Thema, als es in dem als Hintergrund vorausgesetzten Streitgespräch zwischen Simon Magus und Petrus um die Frage geht, ob die (beispielsweise in der Apostelgeschichte berichteten) Visionen die Autorität des Petrus beglaubigen können – ob es sich also um von Gott verursachte Visionen oder um reine Einbildungen handelt.[159] Petrus stellt nicht in Frage, dass es wahre, von Gott bewirkte Träume und Visionen gibt. Aber es gibt eben auch vom Teufel verantwortete. Dann formuliert er:

«Ich sage nämlich, dass die Augen Sterblicher die körperliche Form des Vaters oder des Sohnes nicht sehen können, denn sie sind von außerordentlich starkem Licht geblendet. Daher ist nicht der Neid Gottes, sondern seine Barmherzigkeit der Grund, wenn er den ins Fleisch verwandelten Menschen nicht erscheint. Denn wer Gott sieht, kann nicht leben (vgl. Exodus 33,20).[160] Denn die Überfülle des Lichtes löst das Fleisch dessen auf, der es sieht, außer wenn das Fleisch durch die unaussprechliche Kraft Gottes in die Natur des Lichts verwandelt wird, so dass es Licht sehen kann – oder die Substanz des Lichtes wird in Fleisch verwandelt, so dass es vom Fleisch gesehen werden kann. Die Kraft, den Vater zu sehen, ohne irgendeine Veränderung zu erfahren, besitzt nur der Sohn allein. Bei den Gerechten aber verhält es sich nicht in ähnlicher Weise: Bei der Auferstehung der Toten, wenn die Körper verändert sind in Licht und wie die Engel werden, dann sollen sie in der Lage sein, ihn zu sehen. Und schließlich dann, wenn irgendeiner von den Engeln gesendet wird, um einem Menschen sichtbar zu werden, dann wird er in Fleisch verwandelt, damit er von Fleisch gesehen werden kann».[161]

Der Autor der pseudo-clementinischen Homilien war also davon überzeugt, dass Gott Gestalt (μορφή), Form (σχῆμα bzw. ἰδέα) sowie einen Leib (σῶμα) besitzt, dass er, obwohl er unendlich ist, Ausdehnung in bestimmte Richtungen und also auch einen Ort besitzt. Er verfügt über Organe wie Augen und Ohren, obwohl er sie nicht braucht, um zu sehen und zu hören. Andererseits strahlt er so unvergleichlich hell und intensiv, dass ihn kein menschliches Auge sehen kann.[162] Engel sind ebenfalls Lichtwesen, allerdings strahlen sie offensichtlich nicht so intensiv wie der eine Gott; das menschliche Fleisch wird nach der Auferstehung in solches Licht verwandelt,[163] das Licht der Engel in Fleisch, wenn sie Menschen erscheinen sollen.

Die in den pseudo-clementinischen Homilien enthaltene Passage über die körperliche Gestalt Gottes zeigt also, dass – im Gegensatz zu dem, was Origenes seinen Gegnern vorwarf[164] – längst nicht alle, die ein Konzept göttlicher Körperlichkeit vertraten, davon überzeugt waren, dass Gott einen *menschlichen* Körper wie alle anderen Menschen hat. Der Redaktor, der diese Gedanken in den Erzählduktus der Grundschrift für seine Ausgabe des Stoffs in Gestalt der Homilien einfügte, hatte offensichtlich ein Interesse daran zu differenzieren: Gottes Gestalt ist «in unvergleichlicher Weise» von der des Menschen geschieden.[165] Aus diesem Grund sind im zitierten Abschnitt die traditionelle biblische

Vorstellung von einem göttlichen Körper einerseits und basale Standards eines gebräuchlichen Konzepts von göttlicher Souveränität andererseits zusammengebracht: Gott ist selbstverständlich nach allgemeiner antiker Vorstellung als keiner Sache bedürftig (ἀπροσδεής)[166] vorgestellt, also braucht er keine Augen zum Sehen, keine Ohren zum Hören, und gleichzeitig übertreffen die körperlichen Dimensionen seiner intellektuellen Kapazitäten (das heißt zum Beispiel seine Sinne) alle sichtbaren menschlichen intellektuellen Kapazitäten. Der Zweck des Körpers ist nicht bestimmte Nützlichkeit, denn er kann im Fall Gottes nicht Nützlichkeit sein, sondern Gott hat einen Körper allein um der Schönheit willen.[167] Zusätzlich ist Gottes Körper in dritter Dimension unvergleichbar mit einem menschlichen Körper: Gott hat eine Gestalt (μορφή), welche nur das reine Herz sehen kann. Die, die ein solches reines Herz haben, müssen zwei Dimensionen von Gottes Körperlichkeit akzeptieren: Sie müssen akzeptieren, dass Gott einen Körper hat, aber auch akzeptieren, dass dieser Körper vollkommen verschieden von menschlicher Körperlichkeit ist, obwohl Gott seine eigene körperliche Gestalt als Form und als Stempel benutzte, um den menschlichen Körper zu formen.

Woher stammen solche Vorstellungen, wie sind sie in eine Textsammlung gekommen, die der Herausgeber der jüngsten kritischen griechischen Edition als «Homilien» eines Autors bezeichnet, der «als arianischer Theologe zu identifizieren ist» und «zwischen 300 und 320 n. Chr.» geschrieben haben soll (wobei die Jahreszahlen darauf hindeuten, dass nicht ein persönlicher Schüler des alexandrinischen Presbyters Arius gemeint sein dürfte, sondern wahrscheinlich doch ein Anhänger jener subordinierenden Trinitätstheologie origenistischer Prägung, die – wie der Kirchenhistoriker Eusebius von Caesarea – Arius aus grundsätzlichen Erwägungen unterstützte, obwohl sie längst nicht alle seiner radikalen Zuspitzungen teilte)?[168] Shlomo Pines, Alon Goshen Gottstein und David H. Aaron (mit kritischen Bemerkungen zu Gottstein) haben bereits vor einigen Jahren auf Texte hingewiesen, die sie für rabbinische und nichtrabbinische jüdische Parallelen zu den pseudoclementinischen Homilien ansahen.[169] Dabei haben sie sich auf Parallelen zu der Vorstellung eines besonderen Strahlens der göttlichen Gestalt konzentriert. Allerdings handelt es sich um rabbinische Texte, die höchstens *implizit* einen Körper Gottes voraussetzen. Solche Passagen, in denen der erste Mensch, das «Bild und Gleichnis Gottes», als Körper von Licht beschrieben wird, in denen der Körper Adams (vor dem Sündenfall[170]) heller als die Sonne strahlt («Der Fußballen des ersten Menschen verdunkelte die Sonnenkugel, um wieviel mehr die Erscheinung seines Angesichts»)[171] oder Adam und Eva nach dem Sündenfall «Lichtkleider» anstelle der «Fellkleider» erhalten,[172] eignen sich zudem nur bedingt dazu, um ernsthaft in eine traditionsgeschichtliche Beziehung zu den pseudo-clementinischen Homilien gesetzt zu werden. Außerdem werden zur traditionsgeschichtlichen Ableitung der Vorstellungen in den Pseudo-Clementinen eigentlich keine rabbinischen Texte benötigt: Vom Strahlenkleid des Menschen ist beispielsweise immer wieder im sogenannten «Perlenlied» der apokryph gewordenen Apostelakten des Thomas die Rede,[173] und schon das biblische Buch Exodus beschreibt, dass die Haut des Gesichtes Moses, als er vom Berg Sinai herabkam, strahlte, weil Gott mit ihm geredet hatte.[174] Das kann man sich schlecht anders erklären, als dass auf das Angesicht des Mose das Strahlen des göttlichen Antlitzes übergeht, gleichsam abstrahlt. Ob dieses Strahlen von denen, die solche Texte verfassten, metaphorisch gemeint war oder ob mit einem realen Strahlen gerechnet wurde,[175] tut eigentlich wenig zur Sache, da es ja in jedem Falle um ein himmlisches, besonderes Licht geht. In einer Homilie eines anonymen christlichen Autors, der später in den Handschriften teilweise mit dem ägyptischen Mönchsvater Macarius identifiziert wurde und gelegentlich auch mit einem Symeon von Mesopotamien (daher in der Sekundärliteratur gern: Pseudo-Macarius oder Macarius/Symeon),[176] die vermutlich aus dem spätantiken Syrien stammt, werden sogar explizit das Strahlen auf dem Angesicht des Mose und das Strahlen des Adam verbunden.[177] Natürlich kennt die rabbinische Literatur auch die Vorstellung, dass Schönheit «das Gesicht scheinen lässt», und sagt dies von Adam.[178] Aber reicht das wirklich aus, um unsere Texte in eine besonders enge Verbindung zum Judentum zu bringen und somit die These einer judenchristlichen Herkunft der in ihnen enthaltenen Traditionen (was auch immer hier «judenchristlich» bedeuten mag) zu stützen? Der niederländische Religionswissenschaftler *Gilles Quispel* (1916–2006) hat einmal vorgeschlagen, Konzepte wie das der Pseudo-Clementinen «Gestaltmystik» zu nennen und von einer griechischen «Seinsmystik» zu unterscheiden.[179] Aber sind solche dualistischen Modelle, die zwischen jüdischem und griechischem, hebräischem und hellenistischem Denken unterscheiden wollen, nicht hoffnungslos unterkomplex? Offensichtlich übernahm der Autor der pseudo-clementinischen Homilien ja ungeachtet aller «Gestaltmystik» bestimmte Elemente des griechischen «Seinsdenkens» (worunter hier eine spezifische philosophische Ontologie verstanden sei), zum Beispiel die Vorstellung von einer schlechthinnigen Bedürfnislosigkeit Gottes oder der Götter, die neupythagoreische Zahlentheorie und die Argumentation mit einem Zusammenhang zwischen Licht wie Schönheit einerseits und Gestalt, Form und Körper andererseits. Außerdem sind, wie schon Eduard Schwartz bemerkte, die Vorstellungen von Gott in den Homilien deutlich von der spätantiken christlichen Ansicht geprägt, dass Vater und Sohn gleicher Substanz sind[180] – sie wurde bekanntlich mit dem Stichwort ὁμοούσιος auf dem Konzil von Nicaea im Jahre 325 normiert und setzte sich im Laufe eines längeren Diskussionsprozesses in der christlichen Mehrheitskirche während des vierten Jahrhunderts durch. Der Vater verändert körperliche Substanz in jede Gestalt, die er will, und bringt im Rahmen einer solchen Verwandlung die (ihm der Substanz nach gleiche Gestalt) seines Sohnes Jesus Christus hervor, der von sich aus seine Gestalt nicht ohne Zustimmung seines Vaters ändern kann:[181]

> «Von daher verändert vielmehr die Kraft Gottes, wenn er will, die Substanz des Körpers in die (Gestalt), die er will, und durch die stattfindende Veränderung bringt er hervor, was einerseits von gleicher Substanz ist, andererseits aber nicht von gleicher Kraft. Dass aber auch der, der etwas so hervorbringt, es wiederum in eine andere Substanz verändern kann, indem er es auf sich selbst hin verändert, der aber, der hervorgebracht wird, aus jener Veränderung ist und zugleich auch sein Kind, ohne den Willen des Hervorbringenden nicht etwas anderes werden kann, wenn jener es nicht will».[182]

Schwartz folgert: «Es muss Homousianer gegeben haben, die die Inkarnation als eine Verwandlung des Logos in das Fleisch Christi auffassten; Apollinaris und Cyrill protestieren beständig dagegen, dass ihnen diese Lehre zugeschrieben wird».[183] Von dieser Vorstellung einer Verwandlung göttlicher Substanz, die ohnehin als Gestalt konzipiert ist, in Fleisch und der Rückverwandlung in eine fleischlose Gestalt sind die zitierten Passagen der pseudo-clementinischen Homilien durchgehend geprägt; aus diesen, deutlich terminologische und theologische Weichenstellungen des vierten Jahrhunderts voraussetzenden Formulierungen eine Tradition ableiten zu wollen, die man einem frühkaiserzeitlichen «judenchristlichen» Traditionsstrom zuweisen kann, wäre eine gewagte Hypothese. Eher trifft vermutlich Eduard Schwartz an diesem Punkt die Entstehungskontexte, wenn er von der «Religion der gebildeten Schichten der konstantinischen Reichskirche» spricht, die sich weder in die platonisch grundierten Allegoresen der biblischen Texte, die von der Körperlichkeit Gottes handeln, hereinziehen haben lassen noch in die trinitätstheologischen Spekulationen des vierten Jahrhunderts.[184] Sicher wird man es sich nicht so einfach machen können wie Bernhard Rehm, Schüler von Eduard Schwartz und verdienstvoller Editor der Pseudo-Clementinen, der bezweifelte, «dass es je gelingen wird, diese Ansichten, die sich von der Orthodoxie recht weit entfernen, einer bestimmten christlichen Sekte oder Gruppe zuzuweisen. Der Verfasser ist mehr ein theologischer Abenteurer als ein ernstzunehmender Häretiker».[185] Denn die Ansichten über Gottes Körper und die verschiedenen Verwandlungen von Gott, den Engeln und den Menschen sind weniger abenteuerlich als vielmehr Teil einer an vielen Stellen in der Mehrheitskirche verbreiteten Frömmigkeit und Theologie.

Für unseren Zweck genügt es, erneut festzuhalten, dass der Eindruck des Origenes, nur einfältige und ungebildete Christen hätten in der Antike ein Konzept von Gottes Körperlichkeit vertreten, viel zu scharf und zu harsch formuliert ist – Melito von Sardes, Irenaeus von Lyon, Tertullian von Karthago und der anonyme Autor der pseudo-clementinischen Predigten repräsentieren vier recht verschiedene Argumentationsgänge für die Vorstellung eines göttlichen Körpers aus unterschiedlichen chronologischen und geographischen Kontexten des antiken Christentums. Sie lassen sich auch nur schwer systematisieren. Der italienische Patristiker *Manlio Simonetti* hat angesichts dieses Befundes zweier kategorial unterschiedlicher Positionen in der Debatte über die Körperlichkeit Gottes behauptet, diese Konzeptionen seien nicht zufällig in so unterschiedlichen Kontexten aufgetreten, sie seien vielmehr geographisch und kulturell *bedingt*. Beide Annahmen erscheinen freilich problematisch: Ob man tatsächlich eine der Körperlichkeit kritisch gegenüberstehende *alexandrinische* Tradition von einer *kleinasiatischen* Theologie der Körperlichkeit Gottes unterscheiden kann,[186] ist fraglich: Bei Melito von Sardes handelt es sich um einen Christen aus Kleinasien, während sich dies über Tertullian von Karthago mit Sicherheit nicht behaupten lässt: Er wirkte in Nordafrika. Und man muss auch Simonettis Behauptung bezweifeln, dass *kulturelle* Besonderheiten dieser beiden Großregionen des antiken Christentums für den Unterschied der theologischen Vorstellungen verantwortlich zu machen sind. Für stoisch geprägtes Denken brauchte es in der Antike keine besondere kulturelle Prägung eines Ortes oder einer Region; es lässt sich nahezu überall beobachten. Eine vergleichbare dualistische Vereinfachung ist – wie gesagt – auch die Ansicht, dass es ein «jüdisches» oder «hebräisches» Konzept von Körperlichkeit Gottes und ein eher «griechisches» Konzept von Körperlosigkeit Gottes gibt.[187] Wie wir schon mehrfach gesehen haben, sind Konzepte von göttlicher Körperlichkeit zu gleichen Teilen jüdisch und nichtjüdisch.

2. CHRISTLICHE DEBATTEN IM VIERTEN JAHRHUNDERT

Als im vierten Jahrhundert das Christentum allmählich von einer geduldeten zu einer massiv privilegierten und dann zur Staatsreligion des *Imperium* aufstieg, ebbten trotz des steigenden Einflusses platonischer Philosophumena für die christliche Theologie die Debatten über Gottes Körper keineswegs ab. Schon bevor gegen Ende des Jahrhunderts ein heftiger Streit über Recht und Grenze der Vorstellung von einem göttlichen Körper ausbrach, war das Thema von einer ganzen Reihe christlicher Denker im Westen wie im Osten diskutiert worden. Besonders einschlägig sind aus dieser Vor- und Nebengeschichte der Auseinandersetzungen über den sogenannten Anthropomorphismus für unsere Zusammenhänge der in Nikomedien und Trier wirkende Lactantius, der syrische Bischof Eusebius von Emesa/Homs und der nordafrikanische Bischof Augustinus von Hippo.

Lactantius über göttliche Affekte

L. *Caecilius Firmianus*, auch *Lactantius* (oder noch kürzer Laktanz) genannt, verfasste, wie Hieronymus in seinem Schriftstellerkatalog «Berühmte Männer» bemerkte, «die besonders hübsche Schrift ‹Vom Zorn Gottes›, *De ira Dei*».[188] Wenn man sich klarmacht, dass schon der afrikanische Autor Tertullian sich mit der Frage der Körperlichkeit Gottes beschäftigt hatte, dann ist es durchaus bemerkenswert, dass auch Lactantius nach Auskunft des Hieronymus aus Afrika stammte und dort wahrscheinlich um die Mitte des dritten Jahrhunderts herum geboren wurde. Wie Tertullian ist er von stoischem Gedankengut geprägt, auch wenn er unter Kaiser Diocletian nach Nikomedien und also in die östliche Hälfte des *Imperium* berufen worden war. Stoische Einflüsse zeigen sich schon in seinem ersten Text, den er als Christ zu Beginn des vierten Jahrhunderts verfasste, in *De opificio* (einem Werk, das Hieronymus als *De opificio Dei uel formatione hominis* zitiert[189]). Allerdings ist, wie Antonie Wlosok gezeigt hat, der stoische Gottesbegriff schon in diesem Werk immer auch überformt von der römischen Konzeption Gottes als «Vater und Herr» (*pater et dominus*).[190] Die in dieser Prädikation ausgedrückte Verbindung von gütiger Fürsorge und strenger Herrschergewalt entspricht genau einer klassischen, an die Vorstellung vom *Pater familias* angelehnten römischen Gotteskonzeption. Lactantius fasst das bündig so zusammen: «Und wir müssen ihn lieben, weil wir Söhne sind, und fürchten, weil wir Sklaven sind».[191]

Schon in dieser frühen Schrift wird zwar (wie auch sonst in der griechischen Philosophie) ein Detail menschlicher Körperlichkeit in Beziehung zu Gott gesetzt, nämlich der aufrechte Gang und der himmelwärts gerichtete Blick («es zeigt also des Menschen gerade und aufrechte Haltung sowie sein ganz Gott ähnliches Wesen seinen Ursprung und Schöpfer an»),[192] aber daraus keine Konsequenz für eine mögliche Körperlichkeit oder andersartige Materialität Gottes gezogen. In Wahrheit sind allerdings auch beim Menschen körperliche und geistige Bezüge auf den göttlichen Schöpfer nicht gleich bedeutsam; im Gegenteil: Das Verhältnis von Vernunft und Körper wird im Blick auf den Menschen ganz platonisch hierarchisiert beschrieben:

> «Seine fast göttliche Vernunft hat, da er nicht bloß die Herrschaft über die Tiere der Erde, sondern auch über den eigenen Körper bekommen hat, seinen Sitz ganz oben im Kopfe, und wie von einer hohen Burg aus erblickt er alles und erschaut er alles».[193]

Lactantius vertrat also eine platonisch eingehegte stoische Gotteslehre wie Anthropologie und einen (mindestens im Vergleich zu Tertullian) um den Materialismus *gekappten Stoizismus*.

Der Traktat «Über den Zorn Gottes» (*De ira Dei*), der für unsere Zusammenhänge besonders einschlägig ist, stammt offenbar aus der Zeit, in der Lactantius (jedenfalls nach Angaben des Hieronymus) als Lehrer des Kaisersohnes Crispus in Trier tätig war, wahrscheinlich aus den Jahren nach 314/315. Gegenstand des Traktats ist *nicht* der Zorn als *körperliche* Emotion und damit als Gemütsbewegung im Sinne eines Affekts,[194] sondern die Denknotwendigkeit eines *Begriffs*, des Begriffs «Zorn Gottes». Das entspricht exakt dem stoischen Verständnis, Emotionen samt zugehöriger Affekte (πάθη bzw. *affectus*) nicht wie Aristoteles als seelische Phänomene, die von Lust und Unlust begleitet werden, zu verstehen, sondern logisch als ein falsches praktisches Urteil.[195] Allerdings hatten schon Philo von Alexandrien und später Clemens von Alexandrien und Origenes die strikte Emotions- und Affektlosigkeit Gottes betont und insofern die Rede vom Zorn Gottes als uneigentliche Redeweise erklärt.[196] Doch nicht nur die prominenten und gelehrten Vertreter des Christentums beschäftigten sich mit dem Thema: In einem sehr rätselhaften fragmentarischen koptischen Text, dem «Berliner koptischen Buch» (Papyrus Berolinensis 20915), geht es offenbar ebenfalls um den Zorn Gottes, obwohl der stark fragmentierte Zustand des Manuskripts keine wirklich eindeutigen Aussagen über den Inhalt zulässt.[197] Das zeigt erneut, dass die alexandrinische Konzeption eines emotions- und affektlosen Gottes im kaiserzeitlichen antiken Christentum keineswegs die einzige Option für eine christliche Gotteslehre darstellte. Tertullian hatte beispielsweise, ganz im Duktus seiner Ansichten über den göttlichen Körper, durchaus mit göttlichen Emotionen wie Affekten gerechnet, diese allerdings kategorial von den menschlichen Emotionen und Affekten unterschieden.[198] Selbst wenn er durchaus Zorn mit der klassischen Theorie für eine Emotion, also für ein «Erleiden» oder Pathos (πάθος), hielt und überhaupt alles göttliche Handeln an der Welt für ein solches Erleiden und damit eine freiwillige Erniedrigung Gottes, spricht er im Blick auf Gott lieber von *severitas*, «Strenge». Diese Emotion äußert sich im Affekt *ira*, «Zorn», allerdings in für Gott spezifischer Art und Weise.

> «Gut ist also auch die Strenge; denn sie ist gerecht, wenn der Richter gut, das meint gerecht ist. Ebenso sind auch die übrigen Akte gut, worin sich die gute Ausübung der guten Strenge vollzieht, der Zorn, die Abneigung und die Unerbittlichkeit. Denn alles das gehört zur Strenge, so gut wie die Strenge zur Gerechtigkeit».[199]

Strenge gehört allerdings nicht zur ursprünglichen Natur Gottes, sondern ist anlassbezogen auf den Sündenfall des Menschen und seine Folgen gerichtet.[200] So weit der Stoiker Tertullian. Lactantius nennt zwar diesen damals bereits als «Montanisten» diffamierten und als Häretiker angesehenen christlichen Theologen nicht explizit mit Namen, er muss aber seine Ansichten über göttliche Emotionen und Affekte gekannt haben.[201]

Lactantius zeigt in seiner Schrift «Vom Zorn Gottes» zunächst mit Hilfe von logischen Schlüssen und Argumenten, dass Gott Zorn und Gnade in gleicher Weise zuzuschreiben sind.[202] Merkwürdigerweise findet sich übrigens eine Definition von Zorn als Emotion bzw. Affekt erst am Beginn des letzten Drittels der relativ dünnen Schrift. Lactantius formuliert seine eigene Definition in Auseinandersetzung mit einem von ihm überaus geschätzten Stoiker,[203] mit dem römischen Philosophen Seneca. Aus dessen (an entscheidender Stelle fragmentarisch überlieferter) Schrift «Über den Zorn» zitiert er zunächst die Definition, die Seneca in Anlehnung an eine vergleichbare Bestimmung bei Aristoteles entfaltet. Lactantius schreibt:

«Die Philosophen haben aber die vernünftige Bestimmung des Zorns nicht gewusst; das geht aus ihren Definitionen hervor, die Seneca in seinem Werk aufzählt, das er über den Zorn verfasst hat. ‹(…) Die Definition des Aristoteles kommt unserer nahe: Er sagt nämlich, Zorn sei die Begierde, Schmerz zu erwidern›».[204]

Trotz seiner Hochschätzung für den Stoiker Seneca lehnt Lactantius also dessen Definition ab: Zorn nach Senecas Definition bezeichnet Lactantius als inakzeptablen «ungerechten Zorn»; «gerechtem Zorn» beispielsweise gegen Verbrecher ist keine Beleidigung vorausgegangen, Bestrafung ist dann nicht Folge einer Beleidigung, sondern geschieht, «damit Zucht gewahrt wird, die Sitten gebessert werden und die Willkür unterdrückt wird».[205] Das wirkt wie eine Variation von Tertullians Begriff der guten Strenge, aus der der angemessene Zorn entsteht.

Merkwürdigerweise wird die Frage, ob Gott überhaupt zürnen kann, in der Schrift des Lactantius zunächst aber, wie wir sahen, ohne jede Diskussion über den vorausgesetzten Begriff von «Zorn» in Form eines logischen Schlusses geklärt. Im Verlauf dieser anfänglichen Argumentation wird die Epikur zugeschriebene Ansicht abgewiesen, dass Gott in jeder Hinsicht emotions- und affektlos ist, weil er «sich um nichts kümmert und sich weder selber müht noch einem anderen Mühe bereitet».[206] Diese epikureische Ansicht würde auf die Position führen, dass Gott weder durch Gnade noch durch Zorn gekennzeichnet ist. Lactantius setzt dagegen:

«Was ist für Gott so angemessen, so eigentümlich wie die Vorsehung? Wenn er sich aber um nichts kümmert, für nichts sorgt, so hat er alle Gottheit verloren. Wer also alle Einwirkung, alle Substanz von Gott wegnimmt, was sagt der anderes als: Es gibt gar keinen Gott».[207]

Gott hat nach Lactantius Emotionen, und weil er Emotionen hat, besitzt er auch den Affekt des Zorns: «Denn wer nicht zürnt, den bewegt auch keine Gnade, Gegenteil des Zorns; und wenn er nunmehr nicht Zorn noch Gnade hat, so kennt er gewiss auch keine Furcht, Freude, Trauer und Barmherzigkeit».[208] Den Stoikern schreibt Lactantius (fälschlicherweise) die Ansicht zu, «in Gott sei Gnade, aber kein Zorn». Es sei ein hässlicher Wechsel für den Menschen und erst recht für Gott, wenn der Zorn wie ein wilder Sturm große Fluten aufpeitscht, «die Augen glühen, der Mund bebt, die Zunge stammelt, die Zähne klappern, und abwechselnd entstellt bald überströmendes Rot, bald bleiche Blässe das Antlitz».[209] Zu dieser Beschreibung gibt es übrigens eine ungleich ausführlichere Parallele bei Seneca, in der die körperlichen Symptome mit «Anzeichen für die Raserei eines Geisteskranken» verglichen werden:

«Die Augen lodern und blitzen, das gesamte Gesicht ist stark gerötet, (...) die Lippen beben, die Zähne werden zusammengepresst, schaudernd stellen sich die Haare auf, der Atem geht stoßweise und zischend. Da ist ein Knacken der Gelenke, die sich selbst verdrehen, ein Stöhnen und dumpfes Brüllen und ein abgehacktes Stammeln nicht richtig artikulierter Wörter. Die Hände werden wieder und wieder zusammengeschlagen und der Boden mit den Füßen gestampft».[210]

Lactantius argumentiert gegen das, was er für stoische Lehre hält, dass man bei Gegensätzen notwendig entweder in beide Richtungen bewegt werde oder gar nicht:

«Wer also die Guten liebt, der hasst auch die Bösen, und wer die Bösen nicht hasst, der liebt auch die Guten nicht, denn die Liebe zu den Guten kommt aus dem Hass gegen die Bösen, und der Hass gegen die Bösen entwickelt sich aus der Liebe zu den Guten».[211]

Damit hat Lactantius erwiesen, dass ein Satz gilt, den «die Philosophen niemals übernommen noch je verteidigt haben: Da Gott von der Gnade bewegt wird, muss er folglich auch zürnen».[212] Im Verlauf dieser ganzen Argumentation war aber (ganz in stoischer Tradition) nicht vom Körper als dem Sitz der Emotionen und Affekte die Rede. Lactantius argumentiert zwar mit einer indisponiblen Gesamtheit von Emotionen, aus der nicht einzelne Emotionen und Affekte herausgelöst werden können, aber die Frage, wie Emotionen samt Affekten konstituiert werden, wird nur indirekt in der Beschreibung des an diversen Stellen veränderten, ja entstellten Körpers eines erzürnten Menschen angesprochen. Erst nach Abschluss dieser Argumentation wird der Mensch als Gottes Ebenbild in den Blick genommen und (wie bereits in *De opificio Dei*)[213] seine aufrechte Körperhaltung wie das himmelwärts gewandte Gesicht als Zeichen dafür angeführt, «dass dem Menschen etwas Göttliches innewohnt».[214] In nicht geringer Spannung dazu steht allerdings, dass an anderer Stelle der Körper des Menschen quasi in dualistischer Tendenz als Repräsentant von Finsternis, Gebrechlichkeit und Sterblichkeit – kurz als «Verkehrung seiner Natur» und Grund böser Gedanken wie Handlungen – bezeichnet wird.[215] Auf die beiden Anteile des Menschen, sein verkehrtes Streben nach Bösem im Leib und sein Streben nach Gutem in der Seele, reagiert Gott mit Gnade und Zorn.[216] Ebenfalls in starker Spannung zu dem am Anfang der Schrift «Über den Zorn Gottes» geäußerten Argument, dass Emotionen und Affekte eine Gesamtheit bilden, aus der nichts isoliert werden darf, steht die Überlegung am Schluss, dass Furcht, Neid und Habgier bei Gott fehlende Emotionen sind, nicht aber Gnade, Zorn und Erbarmen.[217] Wenn man zum Vergleich auf Aristoteles' Aufzählungen der Emotionen blickt («Unter Emotionen verstehe ich Begierde, Zorn, Furcht, Zuversicht, Neid, Freude, Freundschaftlichkeit, Hass, Sehnsucht, Eifer, Mitleid, überhaupt alles, das Lust und Schmerz zur Folge hat»[218]), wird deutlich, dass Lactantius seine Entscheidung für ein stoisch grundiertes Konzept von Emotionen und Affekten nicht wirklich durchhalten kann. Selbst seine scheinbar strenge Abweisung der Vorstellung von einer göttlichen Körperlichkeit gerät ins Wanken; der Autor hält sie, wie gegen Ende der Schrift deutlich wird, für stoisch, offenkundig, weil seine Rezeption der Stoa um den Materialismus gekappt ist:

«Ich habe nicht vor, von der Gestalt Gottes zu reden, weil die Stoiker leugnen, dass Gott irgendeine Gestalt habe. Ein neuer, ungeheurer Stoff erwüchse, wollte ich sie widerlegen. Ich rede nur vom Geist».[219]

Offenbar wollte Lactantius schon gern die stoische Position widerlegen, dass Gott keine Gestalt habe,[220] schob aber die Fülle des damit zusammenhängenden Stoffes vor, die angeblich bedingte, dass er dies in seiner Schrift «Über den Zorn Gottes» nicht tun konnte. Über die Vorstellung der stoischen Philosophie, dass Gott keine (menschliche) Gestalt habe (wohl aber einen aus Materie bestehenden Körper), hat selbst Seneca in seiner «Verkürbissung» des vergöttlichten Kaisers Claudius gespottet: «Wie kann er, um Varro zu zitieren, ‹kugelförmig sein, ohne Kopf, ohne Penis›? Freilich, etwas ist schon jetzt an ihm (sc. Claudius) von einem stoischen Gott, ich seh' es jetzt: Er hat weder Herz noch Kopf».[221] Aus welchen Gründen auch immer fehlt in der Schrift «Über den Zorn Gottes» des Lactantius eine Passage über die Gestalt Gottes (*figura* bzw. *forma*). Gäbe es sie anderswo in seinem erhaltenen Werk, würde sie zeigen, ob der Autor über den Umweg der Rezeption wie Interpretation biblischer Texte doch wieder bei der Vorstellung einer göttlichen, aus luftiger Materie bestehenden Gestalt anlangte, die schon Tertullian vertrat und die offensichtlich aus Teilen des Stoizismus in den folgenden Jahrhunderten verschwand. Aber auch ohne eine solche Passage ist deutlich, dass die klassische stoische Gotteslehre, nach der Gott wohl einen materiellen, feurigen und kugelförmigen Körper besitzt, aber nicht in menschlicher Gestalt gedacht werden darf, zugunsten der platonischen Vorstellung von einem schlechthin transzendenten, vollkommen materie- und körperlosen Gott weitgehend in den Hintergrund getreten war.

Eusebius von Emesa über Gottes Unkörperlichkeit

Und doch gab es Ausnahmen. Zu ihnen zählt der Bischof *Eusebius im syrischen Emesa/Homs*. Details seines Lebens kennen wir lediglich aus einer verlorenen Lobrede auf Eusebius (ἐγκώμιον), die von seinem Zeitgenossen und Freund Georg, Bischof im nahe gelegenen Laodicaea, verfasst wurde und aus der die beiden Kirchenhistoriker Socrates und Sozomenus im fünften Jahrhundert exzerpiert haben.[222] Diese Lobrede stellte in den heftigen kirchenpolitischen und theologischen Auseinandersetzungen, in die sowohl Georg als auch Eusebius verwickelt waren, eine «parteiliche» Werbeschrift dar,[223] so dass ihre Informationen mit Vorsicht zu genießen sind. Eine unabhängige Gegenüberlieferung existiert freilich nicht. Nach diesen mutmaßlich «parteilichen» Informationen stammte Eusebius aus einer vornehmen Familie aus Edessa/Urfa, dürfte also sowohl mit dem Syrischen wie Griechischen von Geburt an vertraut gewesen sein, lernte bei den Bischöfen Eusebius von Caesarea und Patrophilus von Scythopolis/Beth Shean, gelehrten Auslegern der Bibel in alexandrinischer Tradition, ging dann kurz nach Antiochia und studierte schließlich in Alexandria Philosophie.[224] In Caesarea konnte er vermutlich in der Bibliothek des Origenes arbeiten und die dort aufgestellten Hilfsmittel zum Bibelstudium ebenso nutzen wie die Auslegungen biblischer Texte aus der Feder des Origenes. Bas ter Haar Romeny hat Eusebius von Emesa als einen griechisch gewandeten Syrer, «a Syrian in Greek dress», charakterisiert, obwohl die griechische Prägung in Caesarea und kurz darauf in Antiochia wie Alexandria mehr als nur oberflächlichen Einfluss hatte.[225] Insbesondere auf die Schülerschaft bei dem seinerzeit bereits sehr prominenten Eusebius von Caesarea könnte zurückgehen, dass Eusebius von Emesa offenbar zu einem theologisch profilierten Netzwerk zählte, das man schon in der Spätantike nach den gleichnamigen Metropoliten von Caesarea und Nikopolis «die Eusebianer» nannte und das sich in engerem Anschluss an Kaiser Constantinus und seinen Sohn Constantius bemühte, die heftigen trinitätstheologischen Auseinandersetzungen innerhalb der christlichen Kirche durch einen vermittelnden Kurs zu befrieden.

Eusebius von Emesa dürfte ungefähr um 300 geboren worden sein, sein Studium in Alexandria lässt sich auf 333 datieren.[226] In diesen und den folgenden Jahren kam es zu heftigsten Auseinandersetzungen um die theologische und kirchenpolitische Ausrichtung der christlichen Kirche; Eusebius von Emesa war offenbar in diese Debatten intensiv verwickelt, auch wenn wir nur wenige Details und diese dazu aus einer einseitigen Überlieferung kennen. In den Jahren 338/339 wurde er sogar vom Netzwerk der «Eusebianer» als Nachfolger des mit politischer Unterstützung ins Exil gezwungenen Bischofs Athanasius von Alexandrien, eines einflussreichen und engagierten Gegners der «Eusebianer», vorgesehen. Eusebius von Emesa lehnte jedoch die Weihe zum Bischof von Alexandria ab, nach Auskunft von Socrates und Sozomenus deshalb, weil er befürchtete, in der christlichen Gemeinde der Metropole keine Unterstützung zu finden. Nachdem er diesen herausgehobenen Bischofsstuhl abgelehnt hatte,[227] wurde er stattdessen Bischof im scheinbar weniger umkämpften Emesa. Doch auch dort gab es Konflikte;

Eusebius war gezwungen, zeitweilig seinen syrischen Bischofssitz zu verlassen und sich zu seinem Freund Georg nach Laodicaea zu begeben. Ob tatsächlich der Vorwurf, er beschäftige sich mit Astrologie, für die Konflikte ursächlich war, muss offenbleiben; es ist aber nicht auszuschließen, dass man in der Gemeinde Anstoß an einschlägigen Fachkenntnissen nahm, die er in Alexandria erworben haben könnte.[228] Sicher ist, dass Eusebius zu den Stützen der Kirchenpolitik des Kaisers Constantius gehörte, der eng mit dem Netzwerk der «Eusebianer» zusammenarbeitete und sich wahrscheinlich auch dessen Vertrauen erworben hatte.[229] Angesichts der späteren reichsweiten Normierung eines gegen die theologischen wie kirchenpolitischen Intentionen dieser Gruppe gerichteten Kurses in den Jahren nach dem Tod des Eusebius (wahrscheinlich vor 359)[230] verwundert nicht, dass von einer ursprünglich reicheren Überlieferung seiner literarischen Werke nur Fragmente und Reste geblieben sind, meist auch nur in Übersetzungen und Bearbeitungen der ursprünglichen griechischen Fassungen. Das gilt auch für sein offenbar umfangreiches homiletisches Werk, das recht beliebt gewesen sein muss: Hieronymus bescheinigt ihm in seinem erwähnten Schriftstellerkatalog «Berühmte Männer» in einer durchaus nicht unkritischen Passage, dass er über ein feines rhetorisches Talent verfügte und daher von Männern, «die sich auf öffentliche Reden vorbereiten, gern gelesen» wurde.[231] Für uns einschlägig sind sechs nur in lateinischer Übersetzung erhaltene Predigten «Über die Unkörperlichkeit (sc. Gottes)» (*De incorporali et invisibili deo* sowie *De incorporali liber primus, secundus, tertius, quartus et quintus*), die 1643 der Jesuit Jacques Sirmond (1559–1651) aus einer inzwischen verlorenen Handschrift wahrscheinlich des zwölften Jahrhunderts mit insgesamt vierzehn Homilien publiziert hat.[232] Eligius M. Buytaert konnte in mehreren Studien nachweisen, dass das Latein der Übersetzung auf das spätantike Gallien verweist.[233] Da enge Beziehungen zwischen diesen Texten und einer zweiten Sammlung von Homilien in einer ebenfalls ins zwölfte Jahrhundert datierten Handschrift in der Stadtbibliothek von Troyes bestehen, die in der Handschrift Eusebius von Emesa zugeschrieben sind und aus deren griechischen Vorlagen auch Stücke bei zwei anderen Autoren unter diesem Autorennamen zitiert sind,[234] spricht viel für die Zuweisung auch unserer sechs Predigten an Eusebius von Emesa, obwohl sie in der Handschrift seinem Lehrer Eusebius von Caesarea zugeschrieben waren. Dieser gelehrte Bischof kommt aber sicher als Autor nicht in Frage.

Die Unkörperlichkeit Gottes ist Eusebius von Emesa in den genannten sechs Predigten zu diesem Thema zentral wichtig – so wichtig, wie sie auch Origenes, dem am Studienort in Caesarea hochverehrten Gelehrten und Prediger, gewesen war. Aber Eusebius artikuliert dies in deutlich anderer Weise, als jener das über ein Jahrhundert vorher zu tun pflegte.[235] Gleich zu Beginn der ersten überlieferten Predigt «Über den unkörperlichen und unsichtbaren Gott» hält der Prediger fest, dass er mit mächtiger Stimme ausrufe, dass Gott unkörperlich sei, wie auch die Seelen unkörperlich seien.[236] Bemerkenswerterweise wird die Unkörperlichkeit Gottes nicht aus dem Gottesbegriff gefolgert, sondern aus einem biblischen Vers geschlossen, der festhält, dass der Leib sterblich, die unkörperliche Seele aber unsterblich sei (Matthäus 10,28: «und fürchtet euch nicht vor denen, die den Leib töten, aber die Seele nicht töten können»). Die *Anthropologie* bildet also die Grundlage für die Entfaltung der Gotteslehre: Gott hat den Seelen ihre unkörperliche Natur verliehen, er ist daher ungleich «mehr unkörperlich» als die Seele.[237] Darauf wendet sich Eusebius der Frage zu, ob Gott sichtbar sei, und beantwortet sie auf der Basis des biblischen Zitates, dass die Menschen reinen Herzens Gott schauen werden (Matthäus 5,8), mit der Bemerkung, dass Gott durch das Herz geschaut werde und dass der, der so schaue, nicht mit den (körperlichen) Augen schaue.[238] In ähnlicher Weise wird dann eine weitere Bibelstelle, nämlich ein Dialog aus dem Buch Jesaja (63,1: «Wer ist der, so von Edom kommt, mit rötlichen Kleidern von Bozra?») Vers für Vers als allegorische Rede über unkörperliche Sachverhalte ausgelegt. Im Duktus der zitierten alttestamentlichen Stelle erklärt Gott, diese erfragte Person zu sein: «Ich bin's, der Gerechtigkeit lehrt und ein Meister ist zu helfen» (63,1). Darauf erfolgt die Rückfrage «Warum ist dein Gewand so rotfarben und dein Kleid wie das eines Keltertreters?» (63,2) und schließlich die Antwort «Ich trete die Kelter allein und ist niemand unter den Völkern mit mir» (63,3). Der Prediger macht klar, dass es bei dieser Bibelstelle nicht um eine «unkörperliche Kelter» geht – weist also eine primitive, jedes Wort für sich allegorisierende Auslegung ab, die offenbar in den Gemeinden vertreten wurde –, sondern um die «Befreiung durch Blut», also die Erlösung am Kreuz.[239] Hier scheint nicht mehr die Unkörperlichkeit Gottes umstritten zu sein, vielmehr soll an den biblischen Stellen demonstriert werden, wie man diese Vorstellung bei der Auslegung der Texte nachweisen kann, mit anderen Worten, wie man eine allzu gekünstelte Allegorisierung in den gottesdienstlichen Lesungen vermeidet. Dieser etwas nüchterne und zurückhaltende Umgang mit der allegorischen Methode in der Predigt lässt sich durchaus mit dem Bildungsgang des Predigers in Beziehung setzen, der Aufenthalte in Alexandria *und* Antiochia umfasste, also an Orten, an denen eine eher der Allegorie *freundliche* und eine eher der Allegorie *kritische* Bibelexegese gelehrt wurde.[240] In der Praxis waren die Unterschiede ohnehin nicht sehr groß: Origenes hat die alttestamentliche Stelle in seinem Kommentar zum Johannesevangelium daraufhin ausgelegt, dass Christus nach der Kreuzigung zum Vater aufstieg und vom Vater gereinigt werden musste.[241] Theodoret von Cyrrhus, den man eher einer «antiochenischen» Exegese zurechnet,[242] deutet die Stelle in seinem Kommentar zum Buch des Propheten Jesaja rund hundert Jahre später als Eusebius von Emesa im fünften Jahrhundert ähnlich; die Rede von der Kleidung interpretiert dieser syrische Bischof im Kontext der zeitgenössischen christologischen Debatte als Aussage über die Menschheit Jesu Christi.[243]

Man erkennt aus der Tatsache, dass in der Predigt des Eusebius von Emesa die Polemik gegen eine Vorstellung von einem göttlichen Körper eigentlich nur zu Beginn und gegen Ende eine etwas dominantere Rolle spielt, dass diese Vorstellung mindestens zum Zeitpunkt der Predigt in der Bischofskirche des syrischen Ortes eine Art dogmatisches Gespenst geworden war, der man als Prediger ohne viel Federlesens vollkommene Absurdität unterstellen konnte und die offenbar nicht von vielen Gemeindegliedern und Zuhörenden ernsthaft erwogen wurde. Deswegen sind die Polemiken, die sich gegen Ende der Predigt «Über den unkörperlichen und unsichtbaren Gott» finden, recht allgemein gehalten:

> «Achte darauf, was du sagst! Wenn du ihm (sc. Gott) einen Körper gibst, würdest du ihm einen Ort abtrennen, hättest du ihm eine einfache Natur gebildet, hättest du den leicht zu Besänftigenden zu einem gemacht, der nicht zu besänftigen ist. An einem spezifischen Ort hättest du ihn, der auch von Orten frei ist, erdichtet. Wenn Du ‹Körper› gesagt haben wirst: Du wirst damit Augen zulassen, du wirst damit Ohren in Bezug auf Gott zulassen, sowohl Sprache als auch Gefühl, sowohl Knochen als auch Eingeweide, sowohl Muskeln als auch Adern; und du weißt nicht, wovon du sprichst. Fliehe den Wahnsinn, damit du begreifst, nicht wie groß die Natur ist, sondern wie groß du etwas wissen kannst».[244]

Durch vollkommen absurde Fragen soll denen, die die Predigt des Bischofs vom Emesa hören, noch einmal die Absurdität der Vorstellung von einem göttlichen Körper demonstriert werden: Wer befindet sich, wenn Gott Körper wäre, unter ihm, wer sitzt auf dem Himmel? Wo war Gott, bevor er den Himmel machte? Ist die Erde sein Fußschemel? Wo waren, wenn das so wäre, seine Füße, bevor er die Erde schuf?[245] Eine ernsthafte Auseinandersetzung mit philosophischen Theorien, die auf Modelle der Körperlichkeit des christlichen Gottes führen, findet ebenso wenig statt wie eine ernsthafte Diskussion einschlägiger Frömmigkeitsbilder. Der letzte Abschnitt der Predigt ist denen gewidmet, die immer noch darauf bestehen, dass Gott einen Körper und Fleisch besitzt. Demgegenüber betont Eusebius, dass Gott frei von allen Emotionen ist, «er erfüllt alles, aber nicht in einem körperlichen Sinne», und ist reiner Intellekt, *mens pura*.[246] Damit ist vollkommen deutlich, dass der Prediger ganz in alexandrinischer Tradition (wie beispielsweise Origenes)[247] ein platonisch grundiertes Gottesbild hat, aber es eben nur mit einigen wenigen Stichworten andeutet, nie als Hintergrund seiner Argumentation heranzieht oder gar in Auseinandersetzung mit Beiträgen aus den komplizierten neuplatonischen Debatten über die Prinzipientheorie profiliert.

Vollkommen anders ist der Eindruck, den man bei der Lektüre der fünf Homilien über «Unkörperlichkeit» gewinnt, die sich in der von Sirmond edierten Sammlung an die Predigt «Über den unkörperlichen und unsichtbaren Gott» anschließen und in den Handschriften trotz ihrer liturgischen Schlüsse als «fünf Bücher» eines theologischen Traktats bezeichnet werden. Diese fünf Predigten behandeln das Thema der «Unkörperlichkeit» ganz grundsätzlich; nur die beiden letzten Homilien beschäftigen sich explizit mit der Unkörperlichkeit Gottes.[248] Aber bereits die erste Homilie der fünfteiligen Predigtserie macht deutlich, dass die Fragen, die den Anstoß zum Thema der Reihe gaben, durch die gottesdienstliche biblische Lesung (vermutlich Exodus 19,9–20,22) aufgekommen waren, genauer durch solche Passagen, die wir heute anthropomorphe Abschnitte nennen würden. Offenbar hatte diese Lesung beispielsweise die Frage aufkommen lassen, ob Gott körperlich auf den Sinai herabstieg und inwiefern Gott in der Wolkensäule auf dem Berg anwesend war (Exodus 19,16).[249] Wieder antwortet der Prediger ohne viel Federlesens auf alle solchen Fragen zunächst thetisch: «Gott umgibt nichts, aber es umgibt Gott alles, aber nicht auf körperliche

Weise».[250] Der Text der offenbar so anstößigen Lesung wird zu Beginn der fünften und letzten Predigt wieder aufgegriffen und ausführlich zitiert; ein Argument dafür, dass die fünf Predigten «Über die Unkörperlichkeit» als durchdachte Komposition bereits von Anfang an zusammengehörten.[251] In allen fünf Predigten wird immer wieder betont, wie stark schon die Natur zeigt, dass Gott unkörperlich gedacht werden müsse; hier liegt ein spezifisches theologisches Interesse des Predigers vor. Dabei bereiten die ersten drei Predigten die letzten beiden vor, in denen die Unkörperlichkeit Gottes direkt zum Thema gemacht wird. Die vorletzte, vierte Predigt enthält die interessante Schilderung eines Aufstiegs des Verstandes, in dessen Verlauf alle körperlichen Sinne abgetan werden – aber Ziel des Aufstiegs ist nicht die Kontemplation Gottes beispielsweise als eines reinen Intellektes, sondern das Einschärfen der Hierarchie zwischen Körper und Geist:[252]

> «So wollen wir uns selbst nach oben ausstrecken, vom Meer und dem Erdboden, auf dem wir stehen, fortgehen und die Luft soll von uns erreicht werden, und auch der Himmel von uns zertrennt werden. Das Denken wird nämlich nicht zurückgehalten. Und wir wollen die Schwingen unserer Sehnsucht in einen höheren Himmel richten und den Körper bei denen von gleichem Geschlecht lassen und die Füße auf der Erde, weil sie nicht in den Himmel laufen, und die Hände dort, wo sie auch etwas greifen können, und die Ohren dort, wo sie Stimmen hören, und den Geruchssinn, wo er das hat, was er benötigt, und den Geschmackssinn unter denen, die essen, und der Sehsinn soll mit den sichtbaren Dingen bleiben. Das Denken aber zieht aus sein Kleid, legt ab das Gewicht seines Körpers und bewegt seine Schwingen, und was immer herunterzieht, schneidet es ab, und was andere schwere Dinge sind und was festzuhalten versucht, legt es ab; und es wird sein auf dem Bergkamm des (oberen) Himmels».[253]

Indem die Sinne lediglich als «Kleid» des Denkens bezeichnet werden, sind sie im Vergleich zu vielen anderen philosophischen Theorien lediglich als äußerliche «Werkzeuge» bestimmt (so übrigens auch Nemesius von Emesa, möglicherweise ein hochgelehrter Nachfolger des Eusebius am Ende des vierten Jahrhunderts: «als Werkzeuge des Vorstellungsvermögens dienen die vorderen Gehirnkammern und der Seelenhauch in ihnen»[254]), nicht als integrale Teile der Seele. Wenn man die Metaphorik zu Ende denkt, führt sie zudem noch zu der mutmaßlich nicht intendierten Konsequenz, dass der Mensch, seiner Sinne beraubt, nackt vor Gott steht.

Die Argumentationsgänge der Predigt «Über den unkörperlichen und unsichtbaren Gott» und der fünf Predigten über die Unkörperlichkeit verlaufen ungeachtet aller Unterschiede recht parallel; wieder ist die unkörperliche Seele ein starkes Argument für die Unkörperlichkeit dessen, der sie geschaffen hat.[255] Während die ersten drei Predigten sich vor allem mit Vergleichsbeispielen aus der Natur beschäftigen, um ganz konventionell deutlich zu machen, dass die Seele über dem Körper steht und die Seele unkörperlich ist, widmen sich die beiden letzten Predigten noch einmal der Unkörperlichkeit Gottes. In langen, gelegentlich etwas langatmigen Argumentationsgängen wird wieder und wieder zu zeigen versucht, dass alle körperlichen Zusammenhänge fremdkonstituiert, zeitlich begrenzt und defizient sind, also von Gott nicht ausgesagt werden können. Abermals prägen kurze rhetorische Fragen, die absurde Konsequenzen der Vorstellung göttlicher Körperlichkeit in einem wörtlichen Sinne aufzeigen, einzelne Passagen der beiden Predigten.[256]

Die Ausführlichkeit der Argumentation deutet im Falle der fünf Predigten «Über die Unkörperlichkeit» darauf hin, dass im Gottesdienst Menschen anwesend waren, die sich Gott in körperlichen Formen vorstellten. Vielleicht wurde die Homilie «Über die Unkörperlichkeit und Unsichtbarkeit Gottes», die an dieser Stelle weniger argumentiert, zu einer anderen Zeit und an einem anderen Ort gehalten; hintereinander geordnet wurden die sechs Predigten sicher erst in einem sekundären Überlieferungsstadium. Wie in der ersten Predigt spielen in den fünf Homilien die philosophisch grundierten Theorien keine Rolle, im Blick sind offenbar nur Christenmenschen, die die Bibel naiv lesen: «Glaubst du, dass Gott das Meer ist? Glaubst du, die Erde? Glaubst du, die Luft?»[257] Die eher wissenschaftlichen Theorien stoischer Provenienz über äther- oder feuerförmige Materialität Gottes waren offenbar in der Gemeinde nicht bekannt oder erschienen dem Prediger nicht einschlägig. Da in der vierten Homilie gegen den «schwangestaltigen Gott» polemisiert wird, gegen den Gott, der sich in einen Stier verwandelte, um jungen Mädchen nachzustellen, waren vermutlich frisch bekehrte Christenmenschen oder solche Gottesdienstbesucher im Blick, die sich noch nicht ganz von den paganen Kulten gelöst hatten. Eusebius von Emesa fragt diese Menschen, die er – seien sie nun im Raum anwesend, sei es aus rhetorischen Gründen – direkt anredet: Haben Götter etwa Frauen wie wir?[258] Wenn wir den Befund ernst nehmen, den die Analyse der lateinischen Übersetzung einer spätantiken Sammlung von sechs griechischen Homilien syrischer Provenienz ergeben hat, dann war die lebendige Diskussion unter Gebildeten um die Körperlichkeit Gottes – mutmaßlich sowohl in Emesa als auch im südlichen Gallien – schon abgeebbt. Menschen in den christlichen Gemeinden, die solche Ansichten vertraten, für naive Tölpel zu erklären, war kein rhetorischer Kunstgriff mehr wie noch bei Origenes, sondern ein Stück weit Beschreibung der Realität: Natürlich wissen wir nicht genau, ob trotzdem die Gebildeten in Emesa noch über die Berechtigung eines stoisch grundierten Konzepts vom Körper Gottes stritten, aber es sieht nach dem Zeugnis der Predigten des Eusebius von Emesa jedenfalls nicht so aus.

Augustinus von Hippo

Dass aber die Vorstellung von einem körperlosen Gott in der christlichen Theologie und den christlichen Gemeinden noch keineswegs selbstverständlich geworden war, sieht man an einem prominenten Beispiel, dem nordafrikanischen Theologen *Augustinus* (13. November 354 bis 28. August 430). Ein Blick auf seine Biographie, genauer auf die Geschichte seiner vielfachen Bekehrungen zu verschiedenen Formen des antiken Christentums, die sich aus seiner stark konstruierten Autobiographie unter dem Titel *Confessiones* («Bekenntnisse») einigermaßen rekonstruieren lässt, zeigt, dass Augustinus diese Vorstellung nicht in allen Phasen seines Lebens und Denkens vertreten hat. Wir haben bereits gesehen, dass er ganz offenbar in einer ersten Phase seines Denkens in stoischer und manichäischer Tradition mit der Körperlichkeit Gottes, aber auch der Körperlichkeit des menschlichen Geistes und der Seele gerechnet hat. Aus dieser Zeit, die stark von der Lektüre eines bis auf Fragmente verlorenen protreptischen Dialogs Ciceros mit dem Titel *Hortensius* bestimmt war und während der er zu einer manichäischen, sich selbst als christlich verstehenden Gruppe gehörte, liegen allerdings keine zeitgenössischen Texte vor, sondern nur Rückblicke aus späterer Zeit.[259] Erst nach dem Ende dieser Phase, die vermutlich von 373 bis 382 dauerte, lernte Augustinus, der von der Position eines Rhetorik-Lehrers in Karthago 384 auf die Position des städtischen Rhetors der Kaiserresidenz Mailand gewechselt war, im Sommer 386 bestimmte Elemente der neuplatonischen Philosophie aus einschlägigen Texten (er spricht von «Büchern der Platoniker», *libri Platonicorum*)[260] kennen und wendete sich damit auch der platonischen Vorstellung von einem körperlosen, schlechterdings transzendenten Gott als einer «unkörperlichen Wahrheit» (*incorporea veritas*) zu.[261] Es ist zwar umstritten, welche platonischen Schriften Augustinus damals gelesen hat[262] und wie weit der Einfluss des damaligen Mailänder Bischofs Ambrosius reichte, der ohne Zweifel Plotin kannte und paraphrasierte[263] (während Willy Theiler engagiert für Plotins Schüler Porphyrius votierte, hat Paul Henry für Plotin selbst optiert; Alfred Schindler scheint mit Pierre Courcelle eine Kombination beider Autoren in der lateinischen Übersetzung des Marius Victorinus für wahrscheinlich zu halten[264]). Sicher ist aber, welche Folgen diese Lektüre für das Denken des Augustinus hatte: Der städtische Rhetor in der norditalienischen Kaiserresidenz erkannte aufgrund dieser platonischen Schriften, wie er selbst in den «Bekenntnissen» berichtet, Gott und sein ewiges Wort als unkörperlich, als das Sein selbst, durch den alles Geschaffene – allerdings in abgestufter Weise – sein Sein hat und gut ist. Diese Erkenntnis der grundlegenden Unkörperlichkeit Gottes hat sein weiteres Leben geprägt.

Aber auch nach dieser grundlegenden Neukonfiguration wesentlicher Voraussetzungen seines Denkens bleibt die Frage nach der Körperlichkeit Gottes für Augustinus präsent – und zwar in Gestalt der Frage, ob und wie man Gott sehen könne. Wie wichtig das Thema für Augustinus in den Jahren nach der Mailänder Revision seines Denkens werden sollte, zeigt schon seine Beschreibung der berühmten «Vision von Ostia», die er gemeinsam mit seiner Mutter Monnica in der Hafenstadt am Mittelmeer vor der Abreise nach Nordafrika im Jahre 387 erlebt hat.[265] Mit diesem Text hängt eine Fülle von Fragen wie Problemen zusammen, beispielsweise die Frage nach der Rolle der Mystik[266] oder nach dem exakten Verhältnis von «Christentum» und «Neuplatonismus» bei Augustinus; wir konzentrieren uns im Folgenden strikt darauf, den Zusammenhang dieser «Vision» (der Begriff fällt bei Augustinus nicht) mit seinen abgelegten, stoisch und manichäisch grundierten Vorstellungen über einen Körper Gottes darzustellen.

Was verbirgt sich hinter dem Begriff «Vision von Ostia»? Aus der Retrospektive rund dreizehn Jahre später in den «Bekenntnissen» wird deutlich, dass sich der Autor damals an ein sehr besonderes Gespräch zwischen Mutter und Sohn erinnerte, das die beiden für einen kurzen Moment den irdischen Trubel, ja ihre irdische Existenz überhaupt vollkommen hinter sich lassen und die göttliche Weisheit selbst, «das an und für sich Seiende selbst» (*id ipsum*),[267] «berühren ließ». Augustinus formuliert das, in der für die «Bekenntnisse» charakteristischen Anrede an Gott, folgendermaßen:

«Als unsere Unterhaltung zu dem Ergebnis kam, dass fleischliche Sinnesgenüsse, wie groß sie seien und in welchem körperlichen Glanz auch immer sie erstrahlten, mit der Freude jenes Lebens nicht nur keines Vergleichs würdig erschienen, sondern nicht einmal der Erwähnung wert seien, da richteten wir uns in noch brennenderem Verlangen nach dem an und für sich Seienden selbst auf und durchwanderten dabei alle körperlichen Stufen; auch den Himmel, von dem aus Sonne, Mond und Sterne die Erde beleuchten. Und noch höher stiegen wir, in stillem Betrachten, im Gespräch, beim Bewundern deiner Werke. Und wir kamen zu dem geistigen Vermögen unserer Seelen und überstiegen auch das, um die Gefilde nie erschöpften Überflusses zu berühren, wo du Israel auf ewig weidest mit der Speise der Wahrheit. Das Leben dort, das ist die Weisheit, durch die all' diese Dinge geworden sind, auch alles, was war und was sein wird. Aber sie selbst, die Weisheit, wird nicht, sondern sie ist so, wie sie war, und so wird sie immer sein. Oder besser: Gewesensein und Zukünftigsein gibt es in ihr nicht, sondern nur Sein, weil sie ewig ist; denn was war und was sein wird, ist nicht ewig. Und während wir sprechen und staunend hinaufsehen, berühren wir diese Weisheit ein wenig mit einem vollen Schlag des Herzens. Wir stöhnten und ließen ‹die Erstlinge des Geistes› dort festgebunden zurück. Dann wendeten wir uns wieder dem Geräusch unserer Rede zu, wo ein Wort anfängt und aufhört. Was gliche auch deinem Wort, unserem Herrn, das in sich verbleibt, ohne zu altern, und das doch alles erneuert».[268]

Der Text setzt eine Dreiteilung zwischen einer Welt der Körper (*corporalia*), der geistigen Welt (*in mentes nostras*)[269] und einer Welt jenseits der geistigen Welt, in der Gott als Weisheit lebt, voraus. Einen Herzschlag lang wird sein körperloses, «wesenhaftes» Sein «berührt» – eine solche kategorial vom körperlichen Sehen körperlicher Dinge unterschiedene Schau des unkörperlichen Seins mit den körperlosen «Augen der Seele» kennt auch die neuplatonische Philosophie am Ende eines mehrstufigen

Aufstiegsweges. Freilich schließt die Tatsache, dass man alle derartigen Vorstellungen und zum Teil auch die bei Augustinus verwendeten Begriffe bei Plotin und späteren Neuplatonikern nachweisen kann[270] und dass er die Konzeption eines solchen gestuften Aufstiegs aus der körperlichen Welt vermutlich von Plotins Schüler Porphyrius bezog,[271] weder die Authentizität einer solchen Erfahrung in Ostia aus noch wird dadurch irgendetwas über die «Christlichkeit» der hinter solchen Berichten stehenden Erfahrungen gesagt. Im Blick auf die Authentizität der lange Jahre nach den Ereignissen berichteten Erfahrungen gilt ohnehin, was James O'Donnell knapp so formuliert: «What happened at Ostia? We will never know».[272] Wie Paul Henry gezeigt hat, bemühte sich Augustinus, der seinen späteren Bericht in den «Bekenntnissen» stark mit biblischen Zitaten durchsetzt hat, den Lesenden die Konsistenz seiner einstigen Erfahrungen mit einer auf beiden Testamenten beruhenden christlichen Religion deutlich zu machen. Wie auch immer man diesen späteren Bericht über eine Vision in Ostia interpretiert, sicher ist, dass auch ein Gott, der nicht körperlich gedacht werden kann, «berührt» werden kann (Augustinus verwendet das lateinische Wort *attingere*,[273] von «Sehen» oder «Schauen» ist nicht die Rede). Natürlich stellt sich sofort die Frage, ob das «Berühren» (und natürlich auch das «Sehen» oder «Schauen») eines nichtkörperlichen Seins die zugrunde liegenden, körperlich grundierten Begriffe nur metaphorisch für rein intellektuelle Vollzüge gebraucht oder materielle Implikate in diesen Vorgängen enthalten sind.

In späteren Jahren hat sich Augustinus brieflich ausführlich zu dieser Frage geäußert und überlegt, ob Gott mit den Sinnen durch die körperlichen Augen des irdischen oder des verklärten Leibes oder nicht doch nur durch die «Augen» des reinen Herzens oder der Seele gesehen werden kann. Das Wortfeld «berühren» kommt allerdings in diesem Zusammenhang nicht mehr vor;[274] das mag unterstreichen, dass Augustinus die Erfahrungen aus Ostia für besonders hielt. Der Bischof von Hippo griff zwischen 410 und 413 die genannten Probleme in einem auch unter dem Titel «Können wir Gott sehen?» (*De uidendo Deo*) überlieferten traktatähnlichen Lehrbrief auf, der im Korpus seiner Briefe als Nummer 147 gezählt ist.[275] Ausgelöst wurde der Brief durch die Frage einer (mutmaßlich als Asketin lebenden) Frau namens Paulina, ob Gott gleichzeitig Geist sein könne (wie Johannes 4,24 formuliert[276]) und doch nach dem Zeugnis so vieler biblischer Texte in leiblicher Gestalt gesehen worden sei. Die Frau hatte offenbar Anstoß an einem etwas polemischen Satz genommen, den Augustinus in einem anderen Brief zum Thema formuliert hatte: «Es höre das Fleisch, das mit fleischlichen Gedanken trunken ist: ‹Gott ist Geist, und daher müssen die, die Gott anbeten, ihn im Geist und in der Wahrheit anbeten›».²⁷⁷ Dieser Satz, der Paulina verstörte, stammt aus einem ziemlich temperamentvollen und provokativen Brief an eine verwitwete vornehme Frau namens Italica aus dem Jahre 408/409, in dem Augustinus gleich zu Beginn mit deutlichen Worten darauf hinweist, dass man auch dann etwas kennen kann, wenn man es (beispielsweise ein Gesicht) nicht in einem leiblichen Sinne sehen kann: Der verstorbene Ehemann der Italica kannte sich, so Augustinus, auch wenn er selbst sich gar nicht sah. Auch hier sei es der Geist (des Menschen), der erkennt.²⁷⁸ Das göttliche Licht könne weder jetzt noch nach der Auferstehung durch das leibliche Auge gesehen werden, sondern erst in Zukunft durch den auferweckten menschlichen Geist:

> «In der Tat, jenes Licht ist Gott selbst, ‹denn Gott ist Licht, und keine Finsternis in ihm› (1. Johannes 1,5), aber er ist das Licht für den gereinigten Geist, nicht das Licht für diese Augen des Leibes da. Dann also wird der Geist erst geeignet sein, um jenes Licht zu sehen, jetzt ist er dies noch nicht».²⁷⁹

Ein solches geistiges Sehen Gottes setzt nach Augustinus voraus, Gott ähnlich zu werden, also die Wiederherstellung der im Sündenfall beschädigten Gottesebenbildlichkeit. Wer die Gottesebenbildlichkeit nun aber nicht auf den inneren Menschen bezieht, sondern auf den Körper (und damit das Sehen Gottes auf leibliche Augen), redet «hirnlos».²⁸⁰ Offenbar wurde, wie der Brief zeigt, auch in bestimmten, nicht näher benannten Kreisen die Frage diskutiert, ob Christus mit seinen leiblichen Augen Gott sehen konnte. Augustinus weist diese Frage unwirsch ab: «Man könnte noch vieles vortragen, um diese Verrücktheit zurückzuweisen», und empfiehlt seiner Briefpartnerin, solchen Menschen seinen Brief vorzulesen.²⁸¹ Leider erfährt man nicht, mit welchen Menschen sich Augustinus in seinem Brief an Italica auseinandersetzt. Einen kleinen Fingerzeig gibt der zugehörige, leider nur fragmentarisch überlieferte Brief an den Vater der Briefpartnerin Italica, in dem Augustinus den Vater bittet, seiner Tochter seinen Brief persönlich vorbeizubringen. Dort heißt es über den Brief, den der Vater, ein «Mitpriester» namens Cyprian, übergeben soll:

«In ihm (sc. dem Brief) habe ich etwas gegen die Auffassung jener gesagt, die nichts von Gott hoffen können, außer was sie von Körpern spüren, obwohl sie nicht zu sagen wagen, Gott habe einen Körper. Doch auf andere Weise sagen sie dies durchaus, indem sie behaupten, er könne mit den Augen des Körpers gesehen werden, die er nur geschaffen hat, um Körper zu betrachten. Aber diese scheinen mir nicht zu wissen, was ein Körper ist, noch wie sehr vom Körper unterschieden der Geist Gottes ist».[282]

Offenbar war Augustinus also nicht durch Italica oder gar durch die Tatsache, dass er einer Frau zu antworten hatte, so erregt, dass er in seinem Brief so bewusst provozierend antwortete, sondern aufgrund der Ansichten bestimmter, leider nicht präziser benannter Personen, die der Begleitbrief an den Vater Cyprian etwas näher charakterisiert – wir wissen nicht einmal, ob diese Kreise in Rom wirkten, wo Italica lebte, oder in Nordafrika, wo sie über Besitztum verfügte. Jedenfalls muss jener durch Cyprian der Tochter überbrachte Brief der oben erwähnten Paulina[283] bekannt geworden sein; Augustinus spielt in dem Lehrschreiben an sie mehrfach auf ihn an und bemüht sich um einen weniger schroffen Ton, ohne seine Grundansichten zu ändern.[284] Allerdings gibt es Unterschiede in Details: Im Unterschied zu seinem Exposé im Brief an Italica blendet Augustinus in seinem Lehrschreiben an Paulina die Frage, was denn die Augen des auferstandenen und verklärten Körpers physisch vermögen, wegen ihrer Komplexität aus – man kann aufgrund von Passagen in der Schrift über den Gottesstaat vermuten,[285] dass Augustinus annahm, dass sie auch nach der Auferstehung funktionsfähig sein werden, aber nicht mehr in einem schlichten Sinne für körperliche Vollzüge des Lebens gebraucht werden.[286]

Der erwähnte Lehrbrief des Augustinus an Paulina beginnt mit einer Art erkenntnistheoretischer Vorklärung (Augustinus spricht von *praelocutio*, «Vorrede»[287]), die allerdings nicht konsequent als solche angelegt ist: Hier wie im ganzen Schreiben fehlen erklärte Bezüge auf philosophische Theorien und Zusammenhänge; es wird meist entweder mit biblischen Zitaten oder der allgemeinen Erfahrung argumentiert. Zu Beginn unterscheidet der Bischof von Hippo anhand von Beispielen für Paulina das *körperliche* Sehen mit den Augen (die Sonne sehen) von einem *inneren* Sehen durch geistiges Betrachten (ich weiß, dass ich lebe und etwas will); beide Formen des Sehens ermöglichen es nicht, *Gott* zu sehen.[288] Er ist im Unterschied zu irdischen wie himmlischen Körpern nicht sichtbar, weil beide Typen von Sehen Offensichtlichkeit im Sinne einer abgegrenzten und präsenten Substanzhaftigkeit implizieren (Augustinus trägt dieses Argument freilich erst später nach). Abgegrenzte und präsente Substanzhaftigkeit zeichnet sowohl die Sonne aus als auch die eigene Existenz oder bestimmte eigene Willensvollzüge: Was mit den körperlichen Augen gesehen wird, verfügt über Eigenschaften wie «Farben, Geräusche, Gerüche, Geschmack und Wärme», was mit dem Geist betrachtet wird, ist (jedenfalls im von Augustinus gewählten Beispiel) durch irgendeine Form von aktiver Präsenz charakterisiert wie «Willen, Denken, Erinnern, Einsicht, Wissen, Glauben». Was nicht zu diesen beiden Arten gehört, «die durch den Sinn des Körpers oder der Seele ergriffen werden» können, schließt Augustinus, also nicht gesehen und erkannt werden kann, muss *geglaubt* werden.[289] Natürlich geht diese Differenzierung zweier Formen von Sehen einschließlich der verwendeten Terminologie auf die platonische Philosophie zurück und ebenso ihre Metaphorisierung geistiger oder seelischer Erkenntnisvorgänge mit Hilfe von körperlichen Prozessen – «Erkennen» ist in der klassischen platonischen Terminologie, die christliche Platoniker wie Origenes übernahmen und ausbauten, als ein «Sehen» des inneren Menschen beschrieben.[290] Was wie ein körperliches Gesicht zunächst körperlich gesehen wird, ist in der Erinnerung an etwas Abwesendes im Geiste unkörperlich gesehen; mit anderen Worten: Körperlich Gesehenes wird nur als unkörperlich Gesehenes bewahrt.[291] Bemerkenswerterweise gehört für Augustinus an dieser Stelle Gott ebenso wie vergangene historische Ereignisse (beispielsweise die Gründung der Stadt Konstantinopel durch Konstantin) aber zum Bereich des *Glaublichen* und daher zu Glaubenden, nicht zum Bereich dessen, was gesehen werden kann im doppelten Sinne des Wortes. Weil Christenmenschen der Heiligen Schrift Glauben schenken, in der zu lesen steht «Selig, die reinen Herzens sind, sie werden Gott schauen» (Matthäus 5,8), «zweifeln wir nicht daran, dass es fromme Pflicht ist, es zu glauben», zu glauben, dass Gott existiert und geschaut werden kann.[292] Damit hat der Bischof das Problem benannt, das er in seinem Lehrschreiben an Paulina zu behandeln gedenkt: Ein Sehen Gottes ist wegen der fehlenden Körperlichkeit und Substanzhaftigkeit Gottes nicht möglich, es ist aber nach dem Zeugnis der Schrift zu glauben. Anders formuliert: Gott gehört nicht zu den «offensichtlichen Dingen» (res evidentes), wie es Gegenstände wie die Sonne und die Tatsache meiner eigenen denkenden und wollenden Existenz nun einmal sind.²⁹³ Eine solche Vorstellung von «offensichtlichen Dingen» verweist auf jene skeptischen erkenntnistheoretischen Traditionen, die durch Cicero (auf den auch der lateinische Begriff *evidens* für das griechische ἐνάργεια zurückgeht)²⁹⁴ in den lateinischen Raum vermittelt wurden und in seiner skeptischen Phase daher auch Augustinus bekannt geworden sind. Ein «offensichtliches Ding» steht vor den Sinnen der Seele oder des Leibes, es ist also präsent.²⁹⁵ Von einem lupenreinen Platonismus beim nordafrikanischen Bischof kann man also hier sicher nicht sprechen; an einer entscheidenden Stelle ist gleichsam ein ganzer Block stoischer Erkenntnistheorie stehengeblieben. Er konnte vermutlich so stehenbleiben, weil er sich für Augustinus mit den neuplatonischen Traditionen negativer Theologie berührte.²⁹⁶ Allerdings zeigt ein Vergleich dieser dreifachen erkenntnistheoretischen Differenzierung von körperlicher und geistiger Schau sowie einem Glauben ohne jedes Schauen mit jener platonischen ontologischen Dreiteilung zwischen einer Welt der Körper (*corporalia*), der geistigen Welt (*in mentes nostras*) und einer Welt jenseits der geistigen Welt, in der Gott als Weisheit lebt, die Augustinus, wie wir sahen,²⁹⁷ in den «Bekenntnissen» wieder und wieder voraussetzt, dass beide Dreiteilungen nicht wirklich übereinstimmen. Im Unterschied zur erkenntnistheoretischen dreifachen Unterscheidung kennt die ontologische einen exklusiv für Gott reservierten Bereich; «Glauben» bezieht sich aber beispielsweise auch auf historische Ereignisse und ist kein allein für Gott reservierter Begriff oder Vollzug.

Der Autor des Lehrbriefes an Paulina schließt seine «Vorrede» mit der nochmaligen Bekräftigung, dass sich Glauben kategorial vom Sehen mit dem Körper oder dem Geist unterscheidet, selbst wenn auch das Glauben im Geist geschieht und einzelne Elemente des Glaubens (wie beispielsweise die Hoffnung auf die eigene Auferstehung) von den Sinnen irgendwie bebildert werden.²⁹⁸

Auf die Frage, wie es zusammengeht, dass man Gott nicht sehen kann und doch zugleich durch biblische Texte geglaubt werden kann, dass er sich sehen lässt, antwortet Augustinus Paulina mit einem längeren Zitat aus dem Kommentar des Mailänder Bischofs Ambrosius zum Lukasevangelium.²⁹⁹ Dieses Zitat wird zwar explizit als solches eingeführt, geht vermutlich aber zu weiten Teilen auf Origenes' Predigten über dieses Evangelium zurück. Offenbar kam es dem Bischof von Hippo Regius darauf an, angesichts einer umstrittenen Frage neben seiner eigenen eine weitere, unbestrittene und im Kampf gegen die von Augustinus abgelehnten trinitätstheologischen Positionen bewährte Autorität heranzuziehen.[300] Außerdem war ihm klar, dass man für beide Positionen – die der Sichtbarkeit Gottes wie auch die der prinzipiellen Nichtsichtbarkeit Gottes – jeweils biblische Stellen heranziehen könne; Augustinus tut dies auch in seinem Lehrbrief.[301] Die Pointe der zitierten Argumentation des Ambrosius verlagert das Problem der Sichtbarkeit Gottes aus der theologischen Erkenntnistheorie und damit aus der Anthropologie in die Gotteslehre: Wenn Gott wolle, schreibt Ambrosius, erscheine er in einer ganz bestimmten Gestalt so, wie er dem Abraham erschien oder Jesaja oder Stephanus; wenn er nicht wolle, erscheine er nicht und sei auch nicht zu sehen. Die «Fülle der Gottheit» (Kolosser 2,9) könne man ohnehin als Mensch weder mit körperlichen Augen sehen noch mit dem Geist begreifen:[302]

> «Man kann sicher nicht widerlegen, dass der Vater oder der Sohn oder gewiss doch auch der Heilige Geist, wenn es ein Sehen des Heiligen Geistes gibt, in jener Gestalt gesehen werden, die der Wille erwählte, nicht die Natur formte. (...) Und daher ‹hat niemand Gott je gesehen›, weil niemand diese Fülle der Gottheit erblickt hat, die in Gott wohnt, niemand sie mit dem Geist oder den Augen begriffen hat».[303]

Auf den Brief des Ambrosius nimmt Augustinus im weiteren Verlauf seines Lehrbriefes an Paulina immer wieder Bezug und trägt danach nur noch wenige eigene Gedanken zusätzlich nach. Dazu zählt vor allem die Ansicht, dass die Menschen erst im ewigen Leben Gott schauen werden. Um das zu explizieren, nimmt Augustinus auf eine Passage im ersten Johannesbrief Bezug (3,2: «Meine Lieben, wir sind Gottes Kinder; und es ist noch nicht offenbar, was wir sein werden. Wir wissen aber, wenn es offenbar werden wird, dass wir ihm gleich sein werden; denn wir werden ihn sehen, wie er ist»):

> «Wir werden ihn sehen, nicht wie ihn Menschen gesehen haben, wann er wollte, in der Gestalt, in der er wollte, nicht in der Natur, durch die er in sich, selbst wenn er gesehen wurde, verborgen war, sondern wir werden ihn sehen, ‹wie er ist›. Dies wurde von ihm erbeten, als jener, der mit ihm

‹von Angesicht zu Angesicht sprach›, zu ihm sagte: ‹Zeige mir dich selbst›. Denn keiner begreift je die Fülle Gottes, weder mit den Augen des Leibes noch selbst mit dem Geist».[304]

Mose bat zwar nach Augustinus am Berge Sinai, Gott so zu sehen, «wie er ist», konnte ihn aber nicht sehen;[305] dies ist erst denen vergönnt, die «reinen Herzens», also von irdischer Schuld gereinigt, nach der allgemeinen Auferstehung in ihrem verklärten Körper Gott schauen dürfen. Einstweilen wird er so nur (wie der Bischof von Hippo überraschend vorsichtig formuliert) «vielleicht von einigen Engeln gesehen».[306] Augustinus nutzt in seinem Lehrschreiben an Paulina eine Debatte über die Frage, ob man Gott mit leiblichen Augen sehen kann, um seine Ablehnung der einst von ihm selbst vertretenen Ansicht, Gott besitze einen Körper, noch zu radikalisieren: Unterstützt von der Autorität des Ambrosius von Mailand hält er fest: Keine einzige der Gestalten, in denen Gott sich den körperlichen Augen von Menschen sehen lässt, ist von Gottes Natur und Substanz geformt worden.[307] Rückschlüsse auf Gottes Substanz aufgrund seiner Erscheinungen verbieten sich also vollkommen. An die Stelle einer Spekulation über den Körper Gottes setzt Augustinus Jesus Christus: Im zukünftigen Gericht wird sich erweisen, dass in Wahrheit der hungrige und gequälte Jesus Christus im Sinne der berühmten Formulierung aus dem Philipperbrief des Apostels Paulus Gestalt Gottes (forma Dei; Philipper 2,6) ist.[308] Christus gewährt schon auf Erden den Zugang zum Vater, allerdings nur in den Grenzen, die das irdische Sehen in seiner körperlichen wie geistigen Gestalt diesem Vorgang setzt: Wenn Christus nach dem Zeugnis des Johannesevangeliums Kunde (narratio) bringt, dann ist kein Wort für körperliche Ohren gemeint, sondern dass er sich «als Bild dem Geist bekannt macht, damit hier durch inneres und unaussprechliches Licht aufleuchte, was er dem Philippus sagte, als dieser sah und doch nicht sah: ‹Wer mich gesehen hat, hat den Vater gesehen›».[309] Wer mit einem «über sich hinausschreitenden Geist versteht», dass Gott «überall ganz ist und von keinem Ort umschlossen wird», «sieht Gott, auch wenn man meint, er sei abwesend; wer das aber nicht kann, soll beten und danach trachten, dass er es zu können verdient». Weil Gott in dieser Welt weder körperlich noch geistig gesehen werden kann, helfen nicht Lektüre und Debatten über diese Thematik, sondern nur das Gebet um das rettende, gnadenhafte Eingreifen Gottes, der dem Menschen das Sehen schenken kann, wenn er will.³¹⁰ Durch solche göttliche Gnade wurde es einzelnen herausgehobenen Figuren der in den beiden Testamenten der Bibel berichteten Heilgeschichte wie beispielsweise Mose und Paulus geschenkt, dass sie so aus dem irdischen Leben herausgerückt wurden, dass sie die Substanz Gottes sehen konnten.³¹¹ Diese Substanz wird mit einer Formulierung des Neuen Testaments als Wohnen in einem «unzugänglichen Licht» (1. Timotheus 6,16) beschrieben.³¹² Den anderen, die dieser Gnade nicht gewürdigt werden, bleibt nur das Gebet und der Weg des Glaubens. Im Rahmen einer solchen am Gebet orientierten Pädagogik rechter Gotteserkenntnis spielt natürlich Christus eine zentrale Rolle, insbesondere das Beispiel seines irdischen Lebens als Weg zum Glauben und damit zum trinitarischen Gott selbst.³¹³ Insofern nähert sich derjenige am ehesten dieser künftigen Schau Gottes in Christus nach dem Tode an, der den Spuren Jesu Christi folgt, sein Leben an dessen Kreuz ausrichtet und ihn ähnlich zu lieben versucht, wie Augustinus in einer eindrucksvollen Auslegung eines von Ambrosius bereits zitierten und gedeuteten Abschnittes aus dem Epheserbrief festhält. Natürlich ist es für Augustinus ein Gnadengeschenk, wenn man diesen Lebensweg der Kreuzesnachfolge findet, den er als «Geheimnis des Kreuzes» so beschreibt:

«Dann fügt er (sc. Bischof Ambrosius von Mailand, den Augustinus auslegt) an, von wem Gott in jener Betrachtung gesehen wird, wie er ist: ‹Wer nun aber erkannt hat›, sagt er, ‹was die Breite und Länge, die Höhe und Tiefe ist und die das Wissen übersteigende Liebe Christi (Epheser 3,18 f.), der hat Christus gesehen und hat den Vater gesehen›. Ich (sc. Augustinus) verstehe diese Worte des Apostels Paulus gewöhnlich so: In der Breite die guten Werke der Liebe, in der Länge das Durchhalten bis zum Ende, in der Höhe die Hoffnung auf himmlischen Lohn, in der Tiefe die unerforschlichen Urteile Gottes, aus denen die Gnade den Menschen zukommt. Dieses Verständnis entspricht auch dem Geheimnis des Kreuzes, so dass in der Breite der Querbalken aufgefasst wird, auf dem die Hände ausgestreckt werden, um die Werke zu bezeichnen; in der Länge vom Querbalken bis zur Erde, wo der ganze ans Kreuz genagelte Leib zu stehen scheint, was das Durchhalten bezeichnet, das heißt standhaft zu bleiben; in der Höhe vom Querbalken aufwärts, was zum Haupt hochführt, wegen der Erwartung der künftigen Güter, damit man nicht glaubt, die guten Werke und das Verharren in ihnen solle man wegen irdischer und zeitlicher Wohltaten Gottes vollbringen, sondern vielmehr deswegen, weil darüber hinaus ‹der Glaube, der in der Liebe wirksam ist› (Galater 5,6), Ewiges erhofft, in der Tiefe aber jenen Teil des Holzes, der im Versteck der Erde festgemacht verborgen ist, aber von daher erhebt sich all das, was sichtbar wird, wie aus dem verborgenen Willen Gottes der Mensch gerufen wird zur Teilnahme an einer so großen Gnade, ‹der eine so, der andere so›; die das Wissen übersteigende Liebe Christi aber in der Tat als das, wo jener ‹Friede› ist, ‹der alles Verstehen übertrifft› (Philipper 4,7)».³¹⁴

Es überrascht angesichts der für Augustinus charakteristischen nüchternen, stellenweise sogar recht negativen Sicht des gefallenen Menschen nicht besonders, wenn er dem Menschen keine besondere intellektuelle Fähigkeit zu einem Gottes Sein adäquaten Sehen Gottes zubilligt – Paul van Geest hat davon gesprochen, dass im Lehrbrief an Paulina die negative Anthropologie in einem engen Zusammenhang mit einer negativen Theologie steht.³¹⁵ Allerdings muss man sich klarmachen, dass hier die negative Theologie dazu dient, das Nachdenken über die Gestalt Gottes in ein von einer paulinischen Kreuzestheologie geprägtes christliches Lebensprogramm zu überführen, wie Basil Studer in seiner Interpretation des Lehrbriefes an Paulina gezeigt hat.³¹⁶ Der energische Verweis auf den geschundenen, armen, hungrigen und durstigen Körper Jesu Christi am Kreuz ist wahrscheinlich tatsächlich das wirksamste Heilmittel gegen jede Spekulation über einen göttlichen Körper aus besonderer Materialität. Mit einem solchen Verweis auf den zerschlagenen Körper Jesu Christi versuchte Augustinus Paulina und andere Christenmenschen, die seinen Lehrbrief lasen, gegen Grübeleien über Gottes Körper zu immunisieren. Man versteht die leidenschaftliche Energie seiner Bemühungen viel besser,³¹⁷ wenn man sich klarmacht, welche Auseinandersetzungen über das Thema des Gotteskörpers zu seinen Lebzeiten das benachbarte Ägypten erschütterten.

3. DIE ANTHROPOMORPHITISCHE KONTROVERSE

Diesen Auseinandersetzungen wenden wir uns nun zu und kommen damit zu einem eindeutigen Höhepunkt – und zugleich auch zum chronologischen Schlusspunkt – der vielfältigen Kontroversen im antiken Christentum über die Frage, ob Gott mit einem wie auch immer gearteten Körper vorzustellen sei. Scheinbar ging es bei dieser Kontroverse nur um eine mehr oder weniger kleine Gruppe von Mönchen, die schon mehrfach erwähnt wurde und noch einmal mit Energie und Leidenschaft für die Vorstellung von einem göttlichen Körper eintrat. In Wahrheit hat man es aber mit einer harten, keineswegs auf eine kleine Gruppe von Mönchen beschränkten Auseinandersetzung innerhalb der christlichen Kirchen Ägyptens und des Heiligen Landes am Ende des vierten und Anfang des fünften Jahrhunderts zu tun, deren Mittelpunkt in der Optik der späteren, primär häresiologisch motivierten Kirchengeschichtsschreibung die von ihren Gegnern so genannten *Anthropomorphiten* bilden, also die Menschen, die sich Gott angeblich in «menschlicher Gestalt» vorstellten. Während es auf den ersten Blick so aussieht (und bis in jüngste Zeit auch gern so dargestellt wird[318]), dass lediglich um diese Gruppe herum und durch sie ausgelöst erneut eine heftige Debatte über die Frage der Körperlichkeit Gottes ausbrach, wird man eher sagen müssen, dass damals eine im antiken Christentum stets präsente Frömmigkeits- wie Theologierichtung, die Gott selbstverständlich mit einem Körper dachte, plötzlich noch einmal zum Gegenstand einer schweren Auseinandersetzung wurde. Anders gesagt: Bei den «Anthropomorphiten» handelte es sich nicht um eine mehr oder weniger große Gruppe innerhalb des Mönchtums mit spezifischen Ansichten, sondern um eine immer noch weit verbreitete Form von Frömmigkeit und Theologie, die aus häresiologischen Gründen von ihren Gegnern zu einer kleinen Gruppe ungebildeter Personen marginalisiert wurde. Kaum zufällig ging es in den heftigen Debatten um die Legitimität dieser Form von Theologie und Frömmigkeit zugleich immer auch um Recht und Grenze der Theologie des Origenes, also um die

Ansichten eines christlichen Theologen, der schon im zweiten Drittel des dritten Jahrhunderts die theologische Position und Frömmigkeitspraxis von Christenmenschen, die Gott mit einem Körper dachten und verehrten, heftig angegriffen hatte.[319] Der erneute Ausbruch der schweren Auseinandersetzungen im vierten Jahrhundert ist daher eng verknüpft mit der sogenannten *ersten origenistischen Kontroverse*, einem Disput über die Rechtgläubigkeit des Origenes, in Ägypten, aber auch den drei Provinzen Palaestinas, in Rom und Konstantinopel während der Jahre 393 bis 404.[320] Diese Zusammenhänge können hier natürlich nicht in aller Ausführlichkeit dargestellt werden.

Auch wenn man nicht die bis heute verbreitete und schon in der Spätantike aufgebrachte häresiologische Optik übernehmen will, dass eine Sondergruppe von schlichten, vom Lande stammenden Asketinnen und Asketen mit ihrem besonders naiven, anthropomorphen Gottesbild in der Kontroverse zum Gegenstand einer Auseinandersetzung wurde, sondern präziser nach den spezifischen Gründen für einen erneuten schweren Konflikt zwischen zwei seit langem widerstreitenden unterschiedlichen Traditionslinien christlicher Theologie und Frömmigkeit fragen möchte, bleibt doch der merkwürdige, erstmals im fünften Jahrhundert belegte Begriff der «Anthropomorphiten», der dem Konflikt seinen in der Forschung etablierten Namen als «anthropomorphitische Kontroverse» gegeben hat, zu erklären. Mit ihm muss man sich beschäftigen, bevor man die unter diesem Terminus rubrizierte Auseinandersetzung getrennt nach den einzelnen Quellenüberlieferungen darstellen kann.

Der Begriff «Anthropomorphiten»

Das Wort «Anthropomorphiten» (zu Deutsch etwa: «die, die sich Gott in menschlicher Gestalt vorstellen») geht zurück auf die griechischen (Schimpf-)Wörter ἀνθρωπομορφιανοί beziehungsweise ἀνθρωπομορφῆται, die offenbar erstmals von den Kirchenhistorikern Socrates und Sozomenus im fünften Jahrhundert beziehungsweise von Timotheus von Konstantinopel im sechsten Jahrhundert gebraucht wurden.[321] Wir haben gesehen, dass der zugrunde liegende griechische Begriff «anthropomorph», «menschengestaltig» (ἀνθρωπόμορφος) erstmals im späteren Hellenismus, vielleicht zuerst beim stoischen Philosophen, Ethno- und Geographen *Posidonius von Apamea* in Syrien (135–51 v. Chr.), belegt ist; er wurde dann zunächst neutral in der kaiserzeitlichen und spätantiken Philosophiegeschichtsschreibung verwendet.[322] Im Unterschied zu diesen ursprünglich eher beschreibenden Bezeichnungen ist der polemische Unterton von «Anthropomorphiten» schon am Begriff erkennbar; schließlich ging es ja zumindest bei den Vorstellungen von einem Körper Gottes, die christliche Theologen wie Tertullian von Karthago oder Melito von Sardes vertraten, nie um einen *menschlichen* Körpern analogen oder gar gleichen göttlichen Körper, sondern – wie wir sahen – um einen Körper von besonderer, extrem leichter Materialität, beispielsweise aus Äther und Feuer. Der polemische Kontext der Bezeichnung «Anthropomorphiten» wird noch deutlicher, wenn man sich klarmacht, wer ihn mutmaßlich aufgebracht hat: *Socrates* ist im Konflikt Partei; er schätzt Origenes, den Kritiker aller Vorstellungen von einem göttlichen Körper par excellence, außerordentlich hoch: «Es fällt kein negatives oder auch nur zurückhaltendes Wort über den alexandrinischen Meister. Bei dogmatischen Streitfragen verfährt Socrates ganz nach dem Grundsatz *Origenes locutus, causa finita*».[323] Aber auch *Sozomenus* darf an diesem Punkt nicht als unabhängige Quelle gelten, denn er schreibt Socrates an den einschlägigen Stellen nur aus. Ob die kurze Nachricht bei Timotheus von Konstantinopel, dass die «Anthropomorphiten» sagen, «dass Gott menschengestaltig ist», auf ältere Quellen zurückgeht und irgendeine Spur von Wirklichkeit hat, kann hier offenbleiben.[324] Die beiden genannten Begriffe ἀνθρωπομορφιανοί und ἀνθρωπομορφῆται wurden vorher in der paganen griechischen Sprache nicht verwendet; sie sind Teil einer – um einen von Christine Mohrmann geprägten Begriff zu benutzen – «christlichen Sondersprache», die spezifisch für Angehörige der christlichen Religion war und exklusiv von ihnen geprägt wurde. Bereits dieser Terminus signalisiert unter gebildeten antiken wie modernen Christenmenschen, dass es sich bei denen, die unter die Bezeichnung subsumiert werden, um naive Leute mit absurden Vorstellungen handelt – ob freilich eine solche schlichte Dualität von angeblicher naiver «Volksfrömmigkeit» und reflektierter Intellektuellenreligion die Verhältnisse des späten vierten Jahrhunderts trifft, darf man mit Fug und Recht bezweifeln.[325]

Socrates, der gemeinsam mit Sozomenus die Gruppe auf den bis heute verwendeten Begriff gebracht hat, beginnt den Bericht in seiner «Kirchengeschichte» mit der einleitenden Bemerkung, dass die Frage, «ob der Gott ein Körper ist und die Gestalt eines Menschen hat oder körperlos ist und entfernt von einer menschlichen und irgendeiner körperlichen Gestalt (um allgemein zu sprechen)», die Kirche in große Dispute und Schwierigkeiten gebracht habe.[326] Bei Socrates findet man schon die (bis heute gern verwendete) Erklärung der Auseinandersetzungen durch das angeblich niedrige Bildungsniveau der Anthropomorphiten: Er behauptet, dass «sehr viele der einfacheren Asketen glaubten, dass Gott körperlich ist und menschengestaltig».[327] Auffällig an diesem Referat ist die Nebeneinanderstellung der Adjektive «körperlich» und «menschengestaltig» (σωματικὸν καὶ ἀνθρωπόμορφον), also die Nebeneinanderstellung eines eher neutral beschreibenden und eines häresiologisch disqualifizierenden Begriffs. Auf diese Weise wird schon mit der gewählten Terminologie deutlich gemacht, dass es sich bei der beschriebenen Position um eine häretische Ansicht ziemlich dummer Menschen handelt. Sozomenus, der nahezu gleichzeitig mit Socrates und von diesem abhängig ebenfalls eine «Kirchengeschichte» schrieb, charakterisierte die «Anthropomorphiten» ebenso unfreundlich als einfältige und ungebildete Mönche, gibt aber zu, dass es sich nicht um eine kleine Gruppe, sondern gleichsam um die «Mehrheitstheologie» des ägyptischen Mönchtums handelt:

«Inzwischen war die kurz zuvor aufgebrochene Frage in Ägypten erörtert worden, ob man sich Gott in Menschengestalt vorstellen soll. Diese Meinung vertrat die Mehrheit der dortigen Mönche, die aus ihrem schlichten Wesen die Worte der heiligen Schrift ungeprüft auffasste und daran gewöhnt war, von den Augen Gottes, seinem Antlitz, seinen Händen und dergleichen zu hören».[328]

Unmittelbar zu Beginn seines Berichts über die Kontroverse erwähnt Sozomenus auch, dass diese «anthropomorphitischen» Lehren von «anderen» bestritten wurden. Ob es sich bei diesen Menschen ebenfalls um Mönche handelte, sagt er nicht – offenbar sind Personen gemeint, die sich theologisch an Origenes orientieren und die biblischen Texte allegorisch auslegen:

«Andere, die nach dem in den Worten verborgenen Sinn forschten, verhielten sich entgegengesetzt und warfen den Vertretern des schlichten Denkens geradezu Blasphemie gegenüber der Gottheit vor».[329]

Eine Schlüsselfigur für den Ausbruch der schweren Auseinandersetzungen zwischen der Mehrheit der ägyptischen Mönche und einer zahlenmäßig offenbar kleineren Gruppe «origenistisch» gesinnter Mönche scheint nach dem Zeugnis der beiden Kirchenhistoriker der alexandrinische Patriarch *Theophilus III.* (385–412)[330] gewesen zu sein, dessen Charakterbild «von der Parteien Gunst und Hass verwirrt» in der Geschichte schwankt. Mit seinen theologischen Optionen wie mit seinem (kirchen-)politischen Handeln muss man sich daher ausführlicher beschäftigen, wenn man den Verlauf der Auseinandersetzungen verstehen will.

Patriarch Theophilus III. von Alexandrien und der Beginn der Kontroverse

Eine bekannte Darstellung aus einer spätantiken alexandrinischen Weltchronik zeigt den Patriarchen Theophilus stehend auf dem Dach des Serapeums (unter ihm wird eine Kultstatue des Gottes sichtbar), des in ptolemäischer Zeit begründeten und in der Kaiserzeit nochmals prächtig ausgebauten größten Tempels der Stadt Alexandria. Dieser Tempel wurde – wahrscheinlich irgendwann zwischen Juni 391 und April 392[331] – nach schweren innerstädtischen Auseinandersetzungen geplündert und teilweise zerstört, ein im ganzen *Imperium* beachtetes Fanal.[332] Die Miniatur am Rande des Textes der Chronik stellt den Patriarchen, der durch eine Beischrift ([ὁ] ἅγιος Θ[ε]όφι[λος]) eindeutig identifiziert wird, mit einer Art Scheibe in der rechten und einem Buch in der linken Hand als Triumphator über das Heidentum (so Josef Strzygowski[333]) dar. Sie illustriert mit diesem prominenten Beispiel der «Christianisierung» des Serapeums einen verbreiteten zeitgenössischen Eindruck von Bischof Theophilus, wie er sich am Ende einer anderen Fassung dieses wahrscheinlich aus der Zeit Kaiser Justinians (527–565) stammenden Chronik-Textes findet: «und er jagte die, die gegen die wahre Religion frevelten, fort».[334]

Es kann an dieser Stelle offenbleiben, ob sich die Formulierung «und er jagte die, die gegen die wahre Religion frevelten, fort»,[335] auf Menschen bezieht, die paganen Kulten anhingen, oder auf solche, die devianten christlichen Gruppen zuneigten, oder auf jede Form von Abweichung von der Form des Christentums, der der Patriarch sich zurechnete, denn die betreffenden innerstädtischen Konflikte in der Metro-

Abb. 12 *Theophilus von Alexandrien auf dem Dach des Serapeums in Alexandria (?)*
Papyrus Golenischev Inv. Nr. 310/8, fol. 6^{verso} B (6. Jh.)
Pushkin Museum, Moskau (im Zustand von 1905) [336]

pole, in die Patriarch Theophilus jeweils maßgeblich verwickelt war, hingen ohnehin engstens miteinander zusammen:[337] Im Corpus der Briefe des Hieronymus, der damals in Bethlehem als Asket lebte, findet sich eine lateinische Übersetzung des Briefs des Theophilus an die

Bischöfe der Kirchenprovinzen Palaestinas und Zyperns über eine in Alexandria im Herbst des Jahres 400 veranstaltete Synode.³³⁸ Hier berichtet der alexandrinische Patriarch von einer Visitation von Klöstern in der nitrischen Wüste und behauptet, dass die sogenannten origenistischen Mönche, denen er dort begegnete, gegen ihn «eine Schlachtordnung bilden und gewaltsamen Druck auszuüben versuchen auf mich an meinem Bischofssitz in Alexandria». Zu diesem Druck gehöre, dass sie mit Hilfe einer Frau und ihres Sohnes in einem belebten Viertel der Stadt «die heidnische Bevölkerung gegen uns aufstacheln mit der Art von Dingen, denen Nichtglaubende leicht das Ohr leihen»:³³⁹

> «Unter den Dingen, die sie rufen, wobei sie im Vorübergehen an die Zerstörung des Serapeums und anderer Götzentempel erinnern, ist der Ruf: ‹(Vergleichbare Frevel) gegen die Rechte von (paganen) Tempeln wurden in den nitrischen Klöstern nicht begangen».³⁴⁰

Mit anderen Worten: Die heftigen Auseinandersetzungen zwischen Gruppen, die vehement für das Recht der Vorstellung von einem Gotteskörper eintraten, und solchen, die in der Tradition des Origenes ebenso vehement dagegen agierten, lassen sich also kaum von der allgemeinen, überaus aufgeheizten religiösen und politischen Konfliktlage in der Stadt trennen. Wenn stimmen sollte, was Theophilus hier behauptet, versuchten die Gegner der sogenannten Anthropomorphiten sich für ihren Kampf auch der Unterstützung der paganen Bevölkerung zu versichern.³⁴¹ Wir wissen aus anderen Quellen, dass insbesondere die erwähnte Frau und ihr Sohn durchaus einen Grund gehabt haben könnten, mit allen Mitteln gegen den alexandrinischen Bischof vorzugehen (weil Theophilus den Jungen mittels Bestechung zu einer Falschaussage gegen einen innerkirchlichen Gegner motiviert haben soll³⁴²); in unserem Zusammenhang kann jedoch offenbleiben, was hier genau in Alexandria geschehen ist. Ebenso muss offenbleiben, ob Theophilus tatsächlich eine «Wetterfahne» war, von einer «wahrhaft pharaonischen Bauwut besessen», wie ihm die Quelle vorwirft.³⁴³

Warum war Theophilus aber für eine solche radikale Verschärfung des seit längerem latenten Konfliktes zwischen der Mehrheit der ägyptischen Mönche mit ihrer als «anthropomorph» denunzierten Theologie und einer Minderheit von streng gegen die Vorstellung von Gottes Körper eingestellten «origenistisch» geprägten Mönchen verantwortlich? Da von dem Schrifttum dieses energischen Kirchenführers weitestgehend nur Fragmente, teils in Übersetzungen in alle Sprachen der christlichen Antike, erhalten geblieben sind,[344] muss sein Agieren in den Auseinandersetzungen um die Anthropomorphiten heute auch unter Benutzung von Texten rekonstruiert werden, deren Autoren Theophilus kritisch gegenüberstanden. Die beiden genannten Kirchenhistoriker Socrates und Sozomenus zählen zu diesen Kritikern; sie behaupten, dass Theophilus zu Beginn der Auseinandersetzungen im Prinzip mit der Partei übereinstimmte, die die «Anthropomorphiten» angriff, und daher lehrte, «dass Gott unkörperlich ist».[345] Wenn diese Information zutrifft, würde das bedeuten, dass Theophilus nach seiner Bischofsweihe im Jahre 385 bis ans Ende der neunziger Jahren des vierten Jahrhunderts zunächst mehr oder weniger mit den Origenisten sympathisierte und sich in Übereinstimmung mit den fundamentalen Prinzipien der Gotteslehre des alexandrinischen Universalgelehrten, die wir bereits kennengelernt haben,[346] befand. Allerdings wird diese inhaltliche Übereinstimmung zwischen dem Patriarchen Theophilus und Origenes von den beiden Autoren der Kirchengeschichte nicht eigens festgehalten, sondern gleichsam nur implizit konstatiert.[347]

Als einigermaßen authentische Quellen, an denen man eine solche Orientierung verifizieren könnte, stehen vor allem die Fragmente aus seinen datierten Festbriefen vor dem Ausbruch der Kontroverse zur Verfügung (erhalten sind Fragmente aus den Jahren 386, 388, 390, 391, 395 und 401; dazu s. u. S. 325–327). Die späteren und meist extrem parteilichen Berichte über sein Agieren in den Konflikten um die Theologie des Origenes sind demgegenüber natürlich weniger einschlägig. Auch die knappen Fragmente der Homilien des Theophilus lassen sich kaum verwenden, da ihre exakte Datierung auf einzelne Jahre seines Episkopats kaum möglich ist.[348] Aber die Auswertung der Festbriefe bringt für die präzise Bestimmung einer Nähe oder Ferne der bischöflichen Theologie zu der des Origenes leider ebenfalls vergleichsweise wenig: Ein sehr kurzes Stück aus dem ersten Festbrief des Patriarchen, das ein anonymer Weltreisender des sechsten Jahrhunderts, «Cosmas, der Indienfahrer» (Κοσμᾶς Ἰνδικοπλεύστης) genannt, überliefert, zeigt beispielsweise nur, dass der Metropolit von Alexandria die Passionsgeschichte allegorisch auf die Heilsbedeutung von Ostern zu deuten wusste.[349] Zwei Stücke aus Festbriefen der neunziger Jahre kennen wir unter anderem deswegen, weil der noch prominentere Nachfolger des

Theophilus und Sohn seiner Schwester, Cyrill von Alexandrien, sie auf dem Konzil von Ephesus 431 in ein Florilegium mit Zitaten maßgeblicher Kirchenväter aufnahm, um seine eigene christologische Position zu stützen (die beiden Stücke sind auch mehrfach noch in anderen Florilegien im Zusammenhang des christologischen Streites überliefert):[350] Der fünfte Festbrief aus dem Jahre 390 enthält eine schroffe Formulierung über den menschlichen Körper, der aus «Vergnügen und Schlaf» bestehe (sie stammt allerdings aus der alttestamentlichen Weisheit Salomos: 7,2);[351] der sechste Festbrief aus dem folgenden Jahr 391 lehnt ab, dass Christus einen «himmlischen Körper angenommen habe, (...) aus irgendeinem kostbaren Material», und setzt dagegen, dass er die «Schwachheiten *unserer* Natur annahm».[352] Auch wenn man angesichts der geringen Menge von Text äußerst vorsichtig urteilen muss, passen die zitierten, gegenüber dem menschlichen Körper relativ kritischen Passagen gut zu dem, was im Zusammenhang der großen Kontroversen nach 399 als Position der origenistisch geprägten Gruppen rekonstruierbar ist. Noch vorsichtiger formuliert: Die wenigen erhaltenen Fragmente aus den Jahren des Patriarchen Theophilus *vor* den großen Auseinandersetzungen sprechen nicht gegen die Sichtweise der beiden Kirchenhistoriker Socrates und Sozomenus, dass er seine Karriere als Bischof geprägt von der Theologie des Origenes begann und diese Orientierung für ihn erst später problematisch wurde. Etwas schwieriger wird es schon, mit diesem Bild der Kirchenhistoriker zu verbinden, was wir über sein Agieren in den großen Auseinandersetzungen um Origenes vor 399 wissen: Denn der alexandrinische Bischof scheint in diesen Streitigkeiten, die in den neunziger Jahren in Palaestina zwischen Bischof Epiphanius von Salamis und Hieronymus auf der einen und Bischof Johannes von Jerusalem und Rufinus von Aquileia auf der anderen Seite ausbrachen, mindestens zeitweilig eine Art vermittelnde, wenn nicht neutrale Position eingenommen zu haben. Jedenfalls hat er in diesem Konflikt nicht öffentlich für Origenes und dessen radikale Unterstützer Partei ergriffen. Da diese Ereignisse aber in einen ganz eigenen Kontext gehören (nämlich den des sogenannten ersten origenistischen Streits) und in Wahrheit neben den bisher genannten Akteuren recht umfangreiche Netzwerke von Personen im Westen wie im Osten des *Imperium* involviert waren,[353] sollen die Verwicklungen hier nur kurz und auf Theophilus konzentriert dargestellt werden.

Die ersten Nachrichten über das vermittelnde Engagement des

Theophilus betreffen interessanterweise nicht die latenten Debatten, die über die Theologie des Origenes bereits in *Ägypten* geführt wurden, sondern sein Eingreifen in die entsprechenden Auseinandersetzungen in einer der benachbarten Kirchenprovinzen *Palaestinas*. Der Bischof von Alexandria wurde offenbar von seinem Amtskollegen in Jerusalem, Bischof Johannes, rund zwei Jahre nach dem Ausbruch des Konfliktes in der Nachbarregion, also irgendwann vor Pfingsten 396, um Vermittlung gebeten. Theophilus hatte schon in kirchlichen Konflikten in den Gemeinden von Antiochia und Bostra erfolgreich vermittelt. Auch für diese beiden Orte in Syrien war der alexandrinische Bischof kirchenrechtlich eigentlich gar nicht zuständig; er wurde offenbar von Johannes als prominenter Kirchenfürst an einem bedeutenden Bischofssitz und erfolgreicher Schlichter innerkirchlicher Konflikte angefragt.[354] Als Reaktion auf diese Anfrage schickte Theophilus einen alexandrinischen Presbyter namens Isidor mit Briefen nach Jerusalem, die an Bischof Johannes und seinen prominentesten Gegner Hieronymus gerichtet waren.[355] Freilich sollte dieser Vermittlungsversuch zunächst in besonders dramatischer Weise scheitern und die Auseinandersetzungen ganz gegen die Wünsche beider Bischöfe in Jerusalem und Alexandria eher noch verschärfen. Die Mission misslang einerseits, weil Isidor nach allem, was wir wissen, hinter den Kulissen doch eindeutig für Johannes Partei ergriff und Hieronymus, als er diese Parteilichkeit entdeckte, verständlicherweise sehr missvergnügt und unversöhnlich reagierte. Andererseits aber kann man mit Fug und Recht fragen, ob Theophilus in diesem Konflikt angesichts seiner eigenen theologischen Präferenzen überhaupt als neutral agierender Vermittler tätig werden konnte und wirklich nur sein Gesandter Isidor eigenmächtig Partei ergriff. Möglicherweise verriet Isidor ja nur ungeschickterweise, was sein Bischof im Geheimen ebenfalls dachte. Um in diesem Zusammenhang angemessen urteilen zu können, muss man sich kurz klarmachen, warum und wie der Streit ausgebrochen war, in dem Theophilus vermitteln sollte.

Der Ausbruch des sogenannten ersten origenistischen Streits

Der Konflikt war nach allem, was wir wissen, in Palaestina durch den damaligen Metropoliten von Zypern, *Epiphanius von Salamis*, ausgelöst worden, der ursprünglich aus der Umgebung Jerusalems stammte und dort eine Weile als Mönch gelebt hatte.[356] Leider haben wir von diesen Anfängen nur durch die polemischen Anwürfe Kenntnis, die Hieronymus in seiner Schrift «Gegen Johannes von Jerusalem» aus dem Jahre 396 oder 397[357] an den Ortsbischof der Heiligen Stadt richtete. Man kann allerdings mit aller Vorsicht aus diesen Beschuldigungen, die ein aus Gründen eigener Parteilichkeit leider wenig vertrauenswürdiger Zeuge gegen einen innerkirchlichen Gegner schleudert, eine überaus dramatische Szene rekonstruieren, in der die Bischöfe Epiphanius von Salamis und Johannes von Jerusalem erstmals in aller Öffentlichkeit über die Theologie des Origenes in Streit geraten sind:[358] Epiphanius hatte, wahrscheinlich während eines Besuchs in Jerusalem im Jahre 393 oder 394 (entweder zum Kirchweihfest September 393 oder zu Ostern 394[359]), eine Predigt des Ortsbischofs Johannes in der Grabeskirche gehört, in der dieser offenbar mit positivem Bezug auf Lehrbildungen des Origenes «die Trinität, die Himmelfahrt des Leibes unseres Herrn, das Kreuz, die Hölle, die Natur der Engel, die Natur der Seelen und die Auferstehung des Erlösers und von uns selbst» behandelte.[360] Vermutlich unmittelbar danach begann Epiphanius selbst mit einer Predigt und griff den Ortsbischof während der Festtagsliturgie in seiner Bischofskirche wegen der Bezugnahme auf Origenes scharf an. Einen schwereren Affront gegen die allgemeinen Sitten und Gebräuche konnte man sich vermutlich damals kaum vorstellen. Johannes gab daraufhin einem Archidiakon Anweisung, Epiphanius bei der Predigt unterbrechen zu lassen, und beging damit ebenfalls einen schweren Verstoß gegen die Konventionen. Außerdem schloss der Jerusalemer Ortsbischof in einem Nachmittagsgottesdienst am selben Tage, um sich gegen den Vorwurf der Häresie zu verteidigen, eine (vermutlich improvisierte) Predigt gegen die «Anthropomorphiten» an. Leider erfahren wir über den Inhalt dieser Predigt aus dem ebenso chronologisch sekundären wie inhaltlich polemischen Bericht des Hieronymus praktisch nichts. Nachdem er seinen Leserinnen und Lesern in der Schrift «Gegen Johannes von Jerusalem» zunächst den Begriff «Anthropomorphiten» erläutert hat (nämlich dergestalt, dass Anthropomorphiten in bäuerlicher Einfalt glauben, Gott besitze diejenigen Körperteile tatsächlich, die ihm in den biblischen Texten zugeschrieben werden), bemerkt er noch, dass der Bischof Johannes in seiner improvisierten Gegenpredigt zur Predigt des Epiphanius wütend und unwürdig geredet habe. Außerdem behauptet Hieronymus, dass Johannes durch Augen, Hände und den ganzen Körper eindeutig auf Epiphanius gewiesen habe, um ihn als einen Anhänger dieser Häresie verdächtig zu machen.[361] Der wesentlich ältere Epiphanius soll nach der polemischen Darstellung des Hieronymus auf die Predigt des Johannes geantwortet haben: «Alles, was mein Bruder im Amt und Sohn dem Alter nach gegen die Häresie der Anthropomorphiten gepredigt hat, ist gut und voller Glauben gesagt. (...) Aber in gleichem Maße, wie wir diese Häresie verdammen, sollen wir auch die verkehrten Lehren des Origenes verdammen». Diese gewitzte Äußerung hatte nach Hieronymus Gelächter und Applaus zur Folge,[362] wobei man nicht ausschließen kann, dass Johannes von Jerusalem jenes Gelächter als Verspottung auffasste. Epiphanius verließ dann offenbar nach einem weiteren Wortwechsel die Grabeskirche und reiste nach einem kurzen Aufenthalt bei den Mönchen in Bethlehem (wo auch Hieronymus lebte) noch in der Nacht des Festtages fluchtartig aus dem Heiligen Land in Richtung Zypern ab.[363] Es spricht manches dafür, dass der Bischof von Salamis seit diesen Ereignissen die Kirchengemeinschaft mit Johannes von Jerusalem für erschüttert hielt; insbesondere Mönche in Bethlehem, die von ihrem einstigen Mitbruder Epiphanius geprägt waren, begannen, sich von ihrem Ortsbischof Johannes abzuwenden.[364] So weit lassen sich die Ereignisse, die wahrscheinlich am Beginn der Auseinandersetzungen standen, aus dem polemischen Zeugnis des Hieronymus rekonstruieren. Sie zeigen, dass von Anfang an bestimmte Kreise den «Anthropomorphismus» ebenso wie den «Origenismus» für zwei aufeinander bezogene, gleichermaßen überzogene und darin häretische Positionen hielten.

Der 393 oder 394 ausgebrochene Streit verschärfte sich zu einem offen erklärten Krieg, als Epiphanius einige Zeit, höchstens aber drei Jahre später in seinem alten Kloster bei Eleutheropolis in der Nähe Jerusalems einen lateinischen Mönch zum Priester für ein Kloster in Bethlehem weihte, Johannes sich über diese kirchenrechtlich umstrittene Weihe beschwerte und gegen den vermeintlichen Störenfried aus Zypern die Einheit der Kirche beschwor. Dieser von Epiphanius geweihte Mönch war niemand anderer als der Bruder des Hieronymus, Paulinianus.[365] Offenbar war zwischen den Parteien umstritten, ob in das Heilige Land übergesiedelte und in judäischen Klöstern lebende, aber aus dem Westen stammende Mönche der Jurisdiktions- und Weihegewalt des Jerusalemer Ortsbischofs unterstanden oder der des Bischofs von Eleutheropolis.[366] In Reaktion auf den Protest des Johannes schickte nun Epiphanius seinerseits eine, in der lateinischen Übersetzung des Hieronymus unter dessen Briefen erhaltene, schroffe Anklageschrift an seinen Jerusalemer Kollegen,[367] die in dem Satz gipfelte: «Zieh dich, mein sehr Geliebter, von der Häresie des Origenes zurück und von allen Häresien».[368] Das offenbar beim doppelten Predigtduell in der Grabeskirche noch so wichtige Thema des Anthropomorphismus spielte in diesem Anklageschreiben, das wahrscheinlich in die Jahre 393/394 zu datieren ist, allerdings keine Rolle mehr; Origenes wird vielmehr als «Vater des Arius und Wurzel der anderen Häresien und Vater» bezeichnet und also deutlich vor dem Hintergrund der trinitätstheologischen und christologischen Kontroversen des vierten Jahrhunderts gesehen.[369] Allerdings sind uns auch viele Informationen verloren gegangen und die wenigen erhaltenen Indizien bleiben schwer deutbar: So wissen wir beispielsweise, dass *Rufinus von Aquileia*, der während dieser Zeit in einem Kloster auf dem Ölberg lebte und ein zentraler Protagonist der Auseinandersetzungen auf der Seite des Johannes von Jerusalem war, einer der vor Ort lebenden Asketinnen die Übersetzung der pseudo-clementinischen *Recognitiones* versprochen hatte.[370] Es handelte sich dabei um eine Frau namens Silvia, die um 394 (vielleicht aber auch erst um 400) nach Jerusalem gekommen und möglicherweise zugleich die Schwägerin des früheren *Praefectus pro praetorio* im Osten, Flavius Rufinus, war.[371] An dieser kleinen Notiz wird deutlich, dass man in den monastischen Kreisen der Stadt Jerusalem, also mitten in dem Ort der heftigen Debatten, ein Corpus von Texten diskutierte, in dem es, wie wir sahen,[372] zentral um die Frage der Gestalt Gottes ging. Mehr kann man aus dieser Nachricht aber auch nicht schließen. Ob Rufin als einstiger Student des Didymus von Alexandrien, der in origenistischer Tradition biblische Texte auslegte,[373] mit einer solchen Übersetzung eine eher kritische Absicht verfolgte und entsprechende Passagen des pseudo-clementinischen Corpus demaskieren wollte, kann man schon deswegen nicht sagen, weil er seine Übersetzungsabsicht erst deutlich später verwirklichte und seine griechische Vorlage verloren ist. Natürlich liegt es nahe, aufgrund dieser verstreuten Informationen zu vermuten, dass in den monastischen Kreisen von Jerusalem und Bethlehem die Frage, ob Gott einen Körper besitze und wie beschaffen dieser Körper sei, ausführlich diskutiert wurde und Johannes von Jerusalem aufgrund seiner «origenistischen Prägung» solche Debatten schon lange ein Dorn im Auge waren. Genauso gut könnte der thematische Bezug auf den «Anthropomorphismus» in der zweiten Predigt des Johannes aber auch dadurch zu erklären sein, dass der durch das ungebührliche Verhalten des Epiphanius schwer gekränkte Jerusalemer Ortsbischof unter diesem Stichwort den unverschämten Amtskollegen am besten angreifen und seinerseits einer Irrlehre bezichtigen konnte.[374] Theophilus scheint sich in dieser frühen Phase der Auseinandersetzungen gar nicht in den Konflikt eingeschaltet zu haben, jedenfalls hören wir weder etwas von einer Parteinahme für seinen Amtsbruder, den Jerusalemer Ortsbischof Johannes, noch von einer Äußerung zugunsten des Epiphanius und der von ihm unterstützten Mönche, vor allem Hieronymus, in Bethlehem.[375] Zwei bis zweieinhalb Jahre nach dem für den Streit ursächlichen Predigtwettstreit zwischen Johannes und Epiphanius in der Jerusalemer Grabeskirche, im Juni 396,[376] machte sich, wie bereits erwähnt, der alexandrinische Presbyter Isidor im Auftrag des Theophilus zu seiner Vermittlungsmission nach Jerusalem auf. Neben dem Bischof Johannes und seinem theologischen Ratgeber Rufinus von Aquileia stand besonders Hieronymus im Fokus der Mission, der gleichsam der Statthalter des Epiphanius unter den Mönchen in der Umgebung Jerusalems und mit seinen Übersetzungen zugleich auch dessen eifrigster Propagator war. Allerdings wurde Hieronymus aus Briefen des Isidor, die eigentlich an Bischof Johannes und dessen Ratgeber Rufinus gerichtet gewesen, aber in seine Hände gelangt waren, wahrscheinlich schon vor der Ankunft Isidors deutlich, dass der Gesandte aus Alexandria nicht als neutraler Schlichter gelten konnte.[377] Daraufhin nahm die Vermittlungsmission den bereits erwähnten desaströsen Verlauf: Hieronymus lehnte es ab, mit Isidor zu sprechen, und fühlte sich durch Rufin bei Theophilus verleumdet. Damit war es, wenn man der Rekonstruktion von Pierre Nautin folgt, dem Gesandten des alexandrinischen Bischofs nicht einmal mehr möglich, die zwei gleichlautenden Versöhnungsbriefe *beiden* Adressaten zuzustellen.[378] Johannes gab Isidor eine Apologie gegen die erwähnten brieflichen Vorwürfe des Epiphanius nach Alexandria mit und antwortete zugleich auf einen Brief seines Bischofskollegen Theophilus.[379] Dieser soll über die Ausführungen sehr befriedigt gewesen sein, wie Hieronymus in seiner überaus polemischen Streitschrift gegen Bischof Johannes von Jerusalem erzürnt mitteilt.[380] Wenn jene Informationen des Hieronymus nicht als reine Polemik gegen den Dienstherrn des in seinen Augen so parteilichen Vermittlers Isidor, also gegen Theophilus, zu interpretieren sein sollten, könnten sie darauf hinweisen, dass Isidor mit seiner deutlichen Parteinahme für den «origenistisch» gesinnten Bischof Johannes von Jerusalem sowie Rufinus von Aquileia einerseits und gegen den «antiorigenistisch» orientierten Bischof Epiphanius von Salamis andererseits nicht eigenmächtig gegen die grundsätzlichen kirchenpolitischen und theologischen Intentionen seines Auftraggebers Theophilus handelte. Offensichtlich lag dem alexandrinischen Metropoliten am guten Einvernehmen mit seinem Jerusalemer Kollegen und ebenso offensichtlich hat Theophilus die entschiedene Verteidigung des Origenes durch Johannes nicht von seiner Politik abbringen können.

Die Frage der Körperlichkeit Gottes spielte in der Apologie des Johannes allerdings nur noch eine untergeordnete Rolle; im Grunde geht es um dieses Thema lediglich in einem einzigen Satz des Schreibens, der zu einem knappen trinitätstheologischen «Privatbekenntnis»[381] des Johannes gehört: «Wir anathematisieren die, die etwas groß oder klein oder ungleich oder sichtbar bei der Gottheit der Trinität nennen; vielmehr, so wie wir den Vater unkörperlich und unsichtbar und ewig nennen, so nennen wir auch unkörperlich und unsichtbar <und ewig> den Sohn und den Heiligen Geist».[382] Wie auch die auf dieses «Privatbekenntnis» folgenden Ausführungen in der Apologie des Johannes von Jerusalem für Theophilus von Alexandrien zeigen, ging es in dem heftigen Streit neben der kirchenrechtlichen Frage, ob Epiphanius zu einer Priesterweihe eines aus dem Westen stammenden Mönches berechtigt war, um die Leiblichkeit Jesu Christi und um den Auferstehungsleib der Menschen. Wie sehr diese Fragen allerdings auch mit vorausgesetzten Konzepten über den Körper Gottes zusammenhängen, wurde wenige Jahre später in Ägypten deutlich intensiver als in Palaestina und Jerusalem diskutiert (falls die erhaltenen Quellen uns an dieser Stelle richtig informieren).

Angesichts der Vorgeschichte und des Scheiterns von Isidors Mission überrascht der friedliche und schnelle Ausgang des so verschärften Konfliktes, zu dem es auf Initiative des alexandrinischen Bischofs Theophilus kam, der sich damit ein weiteres Mal als erfahrener Schlichter von kirchlichen Konflikten profilierte: Nachdem Hieronymus seine erwähnte polemische Schrift gegen Bischof Johannes von Jerusalem abgeschlossen hatte (vermutlich 396 oder 397),[383] kam es (nach Nautin unmittelbar darauf, im Winter 396/397, spätestens im Jahre 399)[384] zu einer Korrespondenz zwischen ihm und Bischof Theophilus, die weniger theologische Fragen als Fragen der Kirchendisziplin berührte und mit einem Einlenken des Hieronymus endete. Ob Theophilus tatsächlich nach Jerusalem und Bethlehem kam, um persönlich zu vermitteln, wie er Hieronymus versprach, bleibt unklar.[385] Theophilus hatte jedenfalls mit seiner schriftlichen Aufforderung an Hieronymus, gegenüber seinem Ortsbischof Johannes einzulenken,[386] Erfolg und konnte so nach dem Scheitern des Isidor die Mission, um die ihn sein Amtskollege Johannes von Jerusalem gebeten hatte, doch noch erfolgreich abschließen.

Wenn man die Versöhnung zwischen Johannes und Hieronymus, in die auch Rufinus und Epiphanius einbezogen wurden, erst an das Ende des vierten Jahrhunderts datiert, kann man für diese Entwicklung auch die Vorfälle im Frühjahr 398 in Konstantinopel als Auslöser ansehen: Damals wurde Theophilus von Alexandrien gezwungen, gegen seine ursprünglichen Absichten der Wahl des Johannes Chrysostomus, der als «Origenist»[387] galt, zum Bischof von Konstantinopel zuzustimmen und den neuen Amtsträger zu weihen, weil ihm mit der Veröffentlichung strafrechtsrelevanter Informationen über ihn, einer Anklage und der Verurteilung gedroht wurde.[388] Angesichts einer solchen Drohung musste ihm an einer ruhigen Lage in Alexandria gelegen sein und auch diese Tatsache könnte sein stark verändertes Agieren in der ersten Phase der origenistischen Kontroverse erklären. In jedem Fall dürfte sie ein Motiv für sein Handeln in den Jahren 399/400 gewesen sein, als der Konflikt sich auf Ägypten ausweitete.

Die Motive des Patriarchen

Wie auch immer man mit Blick auf die schwierigen Fragen der Chronologie der heftigen Auseinandersetzungen in Palaestina und die verschiedenen Vermittlungsbemühungen in den neunziger Jahren des vierten Jahrhunderts im Einzelnen denkt – es ist durchaus möglich, dass die Sicht der beiden Kirchenhistoriker Socrates und Sozomenus auf die geänderte Einstellung des Bischofs, der ab 399 heftig gegen Person und Theologie des Origenes zu Felde zog, die tatsächlichen Verhältnisse zutreffend beschreibt: Es spricht viel dafür, dass der alexandrinische Metropolit Theophilus zunächst, wie es der Tradition seiner unmittelbaren Vorgänger (und insbesondere der des Athanasius[389]) entsprach, mild «origenistisch» geprägt war, jedenfalls der Theologie des Origenes nicht in einer fundamentalen Opposition gegenüberstand. Er könnte sich dann aber, weil er ohnehin in Konflikten lieber vermittelte, in der ersten Phase des origenistischen Streits in Palaestina schlechte Erfahrungen mit dem Konfliktpotenzial einer Theologie in der Tradition des Origenes gemacht hatte und von energischen «antiorigenistischen» Mönchen im eigenen Bistum mit angeblichen, schockierenden Details der Lehre des Origenes konfrontiert wurde, von seinen einstigen Ansichten zunehmend abgewendet und sie schließlich bekämpft haben. Die Chronologie dieser Abwendung lässt sich noch gut rekonstruieren: Als Theophilus durch den Konflikt in Jerusalem von Details der Lehren eines Theologen erfuhr, den mehrere seiner Vorgänger äußerst kritisch gesehen hatten, dürfte er selbst misstrauisch geworden sein. Dann nahm er wahr, wie sehr der Konflikt um Origenes eskalierte, und wurde zudem durch die «Anthropomorphiten», Mönche seiner eigenen Kirchenprovinz, weiter über die angeblichen Häresien des Origenes informiert. Einzelne Fragmente seiner Texte und Briefe zeigen, wie er unter diesem Vorzeichen geradezu hasserfüllt in der «Grundlagenschrift» und exegetischen wie homiletischen Schriften des Origenes las. Natürlich fand er dort dann auch die Häresien, die er suchte.[390] Was wir heute als politische und theologische Motive sorgsam trennen, ging hier Hand in Hand. Man kann sich die theologische und kirchenpolitische Entwicklung des Bischofs Theophilus, wie gesagt, so vorstellen. Aber da ihm niemand mehr ins Herz sehen kann, lässt sich natürlich auch nicht kategorisch ausschließen, dass es sich bei seiner veränderten Einstellung zur Theologie des Origenes lediglich um eine rein taktische, in Wahrheit theologisch nicht begründete Maskerade eines Menschen handelte, der tatsächlich wie eine wendische «Wetterfahne» agierte.[391]

Warum sah sich Theophilus von Alexandrien aber, kurz nachdem er den schweren Konflikt in Palaestina überraschenderweise doch noch schlichten konnte, so schweren Kämpfen in seinem eigenen Bistum und in ganz Ägypten ausgesetzt? Die naheliegende Frage, warum die Mönche sowohl in Palaestina als auch in Ägypten während dieser Jahre plötzlich einen so tiefen Argwohn gegenüber Origenes und den Menschen entwickelten, die sie für seine Anhänger hielten, wurde in der Forschung gern mit einem Verweis auf die oben zitierte Sichtweise des Bischofs Epiphanius von Salamis beantwortet, dass im Verlauf der trinitätstheologischen Kontroverse zunehmend als ausgemacht galt, Origenes sei der geistige «Vater des Arius».[392] Das würde dann bedeuten, dass diese Gruppierungen erst dem alexandrinischen Presbyter Arius feindlich gesinnt waren und später den Fokus ihrer Feindschaft auf Origenes ausweiteten, weil sie ihn schon aufgrund der gemeinsamen Herkunft beider aus Alexandria als Stammvater der Häresie des Arius empfanden.[393] Aber offenkundig spielte, wenn man den Rekonstruktionen von Elizabeth Clark und Antoine Guillaumont folgen will,[394] mindestens in Ägypten auch die Person des *Evagrius Ponticus* und seine Theologie eine wichtige Rolle bei der Eskalation eines offenbar schon länger schwelenden Konflikts – genauer die Lehre des Evagrius, dass der Mönch für das reine Gebet «sich über die Kontemplation der Natur der körperlichen Dinge erheben solle» und eben darin dem körperlosen Gott entsprechen könne.[395] Diese Lehre popularisierte eine schon wesentlich ältere Form der Theologie, die gegen die Vorstellung von einem Körper Gottes argumentierte, mit Anweisungen zu einer konkreten Frömmigkeitspraxis, nämlich zum Gebet, das den Mönchsalltag begleitet und strukturiert.

Evagrius Ponticus und seine Polemik

Evagrius war im Umfeld der beiden kappadozischen Theologen Basilius von Caesarea und Gregor von Nazianz ausgebildet worden, die beide stark von Origenes geprägt waren.[396] Gregor vererbte ihm in seinem Testament «als kleines Zeichen der Freundschaft (…) ein Hemd (…), eine Tunika, zwei Mäntel und dreißig Goldstücke».[397] Seit 383 lebte Evagrius zuerst unter Mönchen in der nitrischen Wüste, dann in den weiter westlich gelegenen Kellia, einer großen Mönchssiedlung mit größeren, gehöftartigen Eremitagen («Zellen», τὸ κέλλιον) für die Mönche. 399 starb er dort und entging so den nach diesem Jahr einsetzenden Maßnahmen des Patriarchen Theophilus.[398]

Als Evagrius Ponticus über Jerusalem nach Ägypten reiste, stieß er auf ein von der Theologie des Origenes geprägtes Asketentum, zu dem nach Epiphanius von Salamis «herausragend prominente Personen, die das monastische Leben angenommen zu haben scheinen», zählten.[399] Dessen Zentren waren die *nitrische* und die *sketische Wüste*, die erstere am Rande des Kulturlandes in der Nähe eines Kanals zwischen dem Mareotis-See und dem westlichen Rosetta-Nilarm an einem Natronsee (in der Nähe des heutigen Dorfes Al Barnuji) gelegen, die zweite im heutigen Wadi an-Natrun (Natrontal) etwa hundert Kilometer südöstlich von Alexandria auf halbem Wege nach Giza. Die Kellia entstand, als sich der Gründer der Nitria, *Amun* (um 288–356), ein Schüler des Antonius, nach rund zehn Jahren um 338 fünfzehn Kilometer weiter südlich in die Wüste zurückzog und mit einigen Brüdern eine neue Siedlung gründete, um dort mehr Ruhe zu finden. Sie umfasste zur Zeit ihrer größten Ausdehnung ein hügeliges Gebiet von über hundert Quadratkilometern entlang des Al-Nubanya-Kanals, der den westlichen Nilarm mit dem Mareotis-See bei Alexandria verbindet, ebenfalls weit außerhalb des damaligen Kulturlandes.[400]

Wenn man sich klarmacht, dass zwischen Alexandria und der Nitria, wie das Beispiel des einflussreichen Lehrers und Exegeten *Didymus des Blinden* (311–398) zeigt, ein reger Austausch herrschte und dazu ein florierender asketischer Tourismus immer wieder prominente Besucher wie Hieronymus oder Rufin,[401] aber eben auch Evagrius Ponticus in die genannten drei Siedlungen führte, verwundert es nicht, dass die ursprünglich in der Stadt Alexandria entstandene Theologie des Origenes sechzig bis hundert Kilometer östlich und südöstlich Anhänger unter den Mönchen fand. Vielleicht bezieht sich die Formulierung «herausragend prominente Personen, die das monastische Leben angenommen zu haben scheinen», insbesondere auf Didymus den Blinden, an dessen Orientierung an Origenes weder im Hinblick auf die Methode seiner Bibelexegese noch auf seine Theologie irgendein Zweifel sein kann.[402] Zu diesem sehr prominenten «Origenisten» traten eine ganze Anzahl weiterer von Origenes geprägter Mönche, die wir hier nicht im Einzelnen in den Blick nehmen müssen; übrigens nicht nur in Unter-, sondern auch in Oberägypten.[403] Die Lehre des Evagrius kann (mit Jon F. Dechow) als die Synthese der von diesen Personen vertretenen Ansätze bezeichnet werden, in der aus vereinzelten Bezugnahmen eine eindrucksvolle Transformation von Grundgedanken des Origenes in einen monastischen Kontext stattfand.[404]

In den Schriften des Evagrius wird der gegen den Körper gerichtete Zug in der Theologie des Origenes beträchtlich verschärft und damit die inhaltliche Basis eines scharfen Kampfes gegen die «Anthropomorphiten» eigentlich erst geschaffen. Da es kaum möglich ist, die eigenständige und komplexe Theologie dieses Denkers hier auch nur ansatzweise zu entfalten, konzentrieren wir uns auf einen einzigen seiner verschiedenen Texte, der freilich in viele antike christliche Sprachen

Abb. 13 Heutiger Ruinenzustand von teilweise ergrabenen Eremitagen Kellia, Teilgebiet Qouçoûr/Qusur el-ʿIzeila (vermutlich sechstes bis achtes Jahrhundert) [405]

übersetzt wurde und also in diversen Gegenden innerhalb und außerhalb des *Imperium* ziemlich beliebt gewesen sein muss, auf seinen kleinen Traktat «Über das Gebet» (Περὶ προσευχῆς). Dieser wird in den griechischen Handschriften meist dem Asketen Nilus zugeschrieben, kann aber höchstwahrscheinlich mit der syrischen Tradition Evagrius zugewiesen werden.[406] Eine Datierung ist nur sehr grob in die Jahre 383–399 möglich;[407] es handelt sich um eine Sammlung von Apophthegmen, das heißt Sprüchen, die «Kapitel» (κεφάλαια) überschrieben sind. Man kann durchaus von «Meditationssprüchen» reden, die (ähnlich wie in neuplatonischer Tradition) einer lesenden Gemeinde erlauben sollen, den darin ausgedrückten Inhalt zu memorieren.[408] Evagrius formuliert in diesen Sprüchen eine Art von praktischer Regel für das rechte Gebet, nämlich, sich beim Beten von der Vorstellung jeglicher Körperlichkeit fernzuhalten. Er fordert mit anderen Worten zum «Geistgebet» auf und zieht damit eine radikale Konsequenz aus der traditionellen Definition des Gebets als «Unterhaltung des Geistes mit Gott»:[409]

«Wenn du betest, dann stelle dir die Gottheit nicht als Bild vor. Halte deinen Geist überhaupt frei von jeglicher Form und nähere dich ohne jede Materie dem immateriellen Wesen, denn nur so wirst du es erkennen».[410]

Die Vorstellung von einer körperlichen Form ist unangemessen, weil die Gottheit ohne Quantität und Form ist.[411] Diese Grundüberzeugung ist für den Autor charakteristisch, sie findet sich schon in einem großen theologischen Brief, den Evagrius irgendwann in den Jahren 379 bis 381 abfasste, als er sich bei Gregor von Nazianz aufhielt: Bereits dort schließt er pointiert aus, dass Gott «eins der Zahl nach» ist, weil nur das gezählt werden kann, was körperlich ist, Gott aber keine «materielle und umschriebene Natur» besitzt:

«Die Zahl gehört nämlich der Quantität an, die Quantität ist aber mit der körperlichen Natur verbunden, also gehört die Zahl der körperlichen Natur an. Wir aber glauben, dass unser Herr der Schöpfer der körperlichen Dinge ist. Deshalb bezeichnet jene Zahl auch jene Dinge, denen eine materielle und umschriebene Natur zugefallen ist. Die (Begriffe) ‹Einzigkeit› und ‹Einheit› bezeichnen aber die einfache und unbegreifliche Substanz».[412]

Auch in den *Kephalaia Gnostica*, einem weiteren Werk des Evagrius, wird knapp festgehalten, dass die Zahl eine quantitative Größe darstellt und Quantität mit einer körperlichen Größe verbunden ist.[413] Mit den Begriffen «Einzigkeit und Einheit» greift Evagrius einen aus der platonischen Philosophie übernommenen Doppelausdruck der Gotteslehre des Origenes auf, den er selbständig weiterentwickelt: In der Grundlagenschrift des von ihm namentlich nie genannten Lehrers ist der Doppelausdruck bereits auf die Körperthematik bezogen, wie wir sahen:[414]

«Gott ist also nicht als ein Körper oder als in einem Körper wohnend anzusehen, sondern als einfache geistige Natur, die keinerlei Beifügung in sich zulässt; sonst müsste man etwas Größeres und etwas Geringeres in ihm annehmen, so aber ist er in jeder Hinsicht eine Einheit und sozusagen eine Einsheit».[415]

Evagrius übernimmt ebenfalls die Lehre des Origenes von einer ersten Schöpfung vernünftiger und unkörperlicher Existenzen (λογικά oder *rationabiles creaturae*).⁴¹⁶ Daher ist auch er davon überzeugt, dass Gottes erste Geschöpfe körperlose vernünftige geistige Existenzen, λογικοί, sind, so wie auch Gott als einfache und unbegreifliche Substanz körperlos ist.⁴¹⁷ Freilich wird bei Evagrius diese kosmologisch und protologisch orientierte Lehrbildung ganz konkret auf das Gebet des Mönches bezogen, weil dies die Möglichkeit der Erkenntnis dieses schlechterdings transzendenten, unkörperlichen Gottes eröffnet – jedenfalls dann, wenn es sich um ein «reines Gebet» handelt. In einem solchen Gebet schaut der Mensch seinen «eigenen Lichtschein» (τὸ οἰκεῖον φέγγος),⁴¹⁸ sieht sich als «lichtförmig» (φωτοειδής) und «formlos» (ἀνείδεος), also bar jeder sinnlichen Anschaulichkeit.⁴¹⁹ Damit wird er sich zugleich auch seiner Ebenbildlichkeit zu Gott bewusst, der selbst wesenhaft Licht ist.⁴²⁰ Im Endergebnis wird also der geistliche, körperlose Körper des Menschen Raum der gnadenhaften Gegenwart Gottes,⁴²¹ ein «Ort Gottes».⁴²² Palladius von Helenopolis behauptet in seiner Biographie des Evagrius, dass der Mönchsvater sich nach fünfzehn Jahren harter Askese (also ungefähr im Jahre 396) mit Hilfe des unablässigen Gebets von allen Leidenschaften, Lastern und sonstigen körperlichen Behinderungen solcher intellektueller Schau freigemacht habe, also tatsächlich ein solches reines, heiliges Licht schauen konnte.⁴²³ Am Ende seines Traktates «Über die Gedanken», der eng mit der Schrift «Über das Gebet» zusammengehört,⁴²⁴ gibt Evagrius sehr konkrete Ratschläge aus der monastischen Praxis, wie man sich diesem besonderen Zustand nähern kann, dass der Verstand hell wie ein Stern strahlt, nämlich durch Kontrolle der Emotionen, insbesondere des Zornes, und der Begierden des Körpers, insbesondere des Magens: Man soll den Magen nicht mit Brot füllen, mäßig Wasser trinken, Ärger meiden und die Nacht im Gebet zubringen: «Klopf an die Tür der Schrift mit den Händen der Tugenden».⁴²⁵ In der Schrift «Über das Gebet» wird dagegen weniger vom Licht oder vom «Ort Gottes» gesprochen als vielmehr von Gott selbst. Statt an «Vorstellungen zu hängen», soll man im Gebet in tiefer Stille verharren.⁴²⁶ Ein sinnlich wahrnehmbares Bild ist dämonisch:

«Wenn ein Mensch, ohne abgelenkt zu sein, wirklich betet, dann versuchen ihn die Dämonen nicht länger von der linken, sondern von der rechten Seite, d. h. sie lassen ein sinnlich wahrnehmbares Bild entstehen und geben einem solchen Menschen ein, dass es mit Gott zu tun habe. Sie hegen dabei die Hoffnung, dass ein solcher Mensch sich damit am Ziel seines Betens wähnt».[427]

Körperliche Vorstellungen von Gott sind also nach Evagrius nicht nur, wie bei Origenes, für einen vernünftigen Menschen unmögliche und unsinnige Gedanken, derer man sich schon aus schlichten Gründen der Rationalität seines Denkens enthalten sollte; sie sind dämonische Versuchungen, die einen Christenmenschen vom rechten Weg seines Glaubens, vom Weg zu Gott, ja vom Weg zum Himmel abbringen und in die Hölle aus Unvernunft, Leidenschaft und Unruhe stürzen. Mit anderen Worten: Evagrius hat die schroffe Polemik des Origenes gegen die Vorstellung von einem Körper Gottes massiv theologisch aufgeladen und den ganzen Diskurs über Dämonen, Sünde, Gericht und Hölle mit einer klassischen christlichen Konzeption von Gott verbunden, die viele Christenmenschen glaubten. In der verbreiteten Vorstellung von einem Körper Gottes sah er aber ganz offensichtlich alles das repräsentiert, gegen das ein Mönch mit Gedanken, Worten und Werken kämpfen sollte. Evagrius nahm diese massive theologische Aufladung der mehr philosophisch argumentierenden Polemik des Origenes vermutlich auch, wie wir sahen, aus rein praktischen Gründen vor, um die eher auf den Intellekt bezogene These des Origenes im monastischen Leben gleichsam zu habitualisieren. Der Streit um Origenes ist daher auch nie nur eine Auseinandersetzung um unterschiedliche Formen von Theologie, sondern auch eine Debatte zwischen Frömmigkeitsformen.[428]

Durch die Zuspitzung der Theologie des Origenes bei Evagrius wurde aber, wie die Passagen aus seiner Schrift «Über das Gebet» und anderen seiner Traktate deutlich zeigen, zugleich auch die einstige Stoßrichtung der Argumentation des alexandrinischen Theologen in seiner Grundlagenschrift gegen Menschen, die sich Gott mit einem Körper vorstellen, erneuert. Was Origenes rund einhundertsechzig Jahre vorher in seiner «Grundlagenschrift» als Polemik für die Gebildeten formuliert hatte, wurde durch Evagrius revitalisiert und über die alltägliche Gebetspraxis in einer immer stärker wachsenden Mönchskolonie in Ägypten und Alexandria verbreitet. An die Stelle eines Gebetes zu Gott, das durch eine körperliche Imagination eines körperlich gedachten Gottes befleckt werden kann, trat in den Klöstern der Kellia schließlich das sogenannte Jesus-Gebet, die ununterbrochene Anrufung Jesu durch die

Ausrufung der Worte «Herr Jesus» (Κύριε Ἰησοῦ) oder «Herr Jesus Christus, erbarme dich unser» (Κύριε Ἰησοῦ Χριστέ, ἐλέησον ἡμᾶς). Für eine solche Praxis lassen sich nach Antoine Guillaumont bereits zeitgenössische Belege aus dem fünften Jahrhundert finden (Irénée Hausherr blieb dagegen gegenüber einer solchen frühen Datierung skeptisch).[429] Das Jesus-Gebet war jedoch für Mönche in der Tradition des Origenes nicht selbstverständlich – eine bekannte, freilich spätere und inzwischen auch zerstörte Wandaufschrift in einem Oratorium eines Kellion spiegelt entsprechende spätantike Debatten um die Theologie des Origenes.[430] In der Inschrift wird im Munde eines Dämons ein Einwand gegen das Jesus-Gebet formuliert: «Wenn du beständig rufst: ‹Herr Jesus!›, dann betest du nicht zum Vater oder zum Heiligen Geist». Auf den Einwand erklärt der Inschrift nach der Mönch, dass er, indem er zu Jesus bete, «zum Vater mit ihm und zum Heiligen Geist seines Vaters mit ihm» bete.[431] Der dämonische Einwand klingt wie eine vergröberte Wiederholung einer Kritik des Origenes an der monastischen Praxis, Jesus im Gebet anzurufen. Bekanntlich schreibt Origenes in seiner Schrift über das Gebet:

«Wenn wir nun verstehen, was denn eigentlich ‹Gebet› bedeutet, dann darf man wohl zu keinem der Geschaffenen beten, auch nicht zu Christus selbst, sondern allein zu dem Gott und Vater aller, zu dem auch unser Heiland selbst betete, (...) und zu dem er uns beten lehrt».[432]

Ebendiese Bemerkung des Origenes wurde in der ersten origenistischen Kontroverse von Bischof Theophilus mehrfach als häretisch angegriffen, so unter anderem in einem bereits erwähnten Synodalschreiben aus dem Jahre 400, das uns noch mehrfach beschäftigen wird, in seinem Osterfestbrief aus dem Jahre 401 und in einem weiteren Text.[433] Die Tatsache, dass in der späteren Inschrift die Kritik des Origenes einem Dämon in den Mund gelegt wurde, zeigt, dass die theologische Aufladung der Polemik des Alexandriners, wie wir sie bei Evagrius Ponticus beobachten konnten, nicht folgenlos geblieben ist und im Endergebnis zu einer deutlichen Steigerung auch der Kritik an Origenes geführt hat. Es spricht also viel für die Sichtweise, dass die Radikalisierung von Positionen des Origenes durch Evagrius Ponticus letztlich die schweren Auseinandersetzungen um Origenes in Ägypten ausgelöst hat, mit denen wir uns jetzt beschäftigen werden.

Die Kritik der «Anthropomorphiten» am radikalen Origenismus

Nun erklärt die Tatsache, dass ein radikalisierter Origenismus einen entsprechend scharfen Anti-Origenismus zur Folge hatte, noch nicht, warum es in Ägypten überhaupt noch Mönche gab, die man als «Anthropomorphiten» denunzieren konnte. Durch einen Blick auf Person und Werk des Evagrius Ponticus kann man das Wiederaufleben des Furors für das späte vierte Jahrhundert einigermaßen erklären, mit dem Origenes Menschen bekämpfte, die sich einen Körper Gottes dachten oder gar vorstellten. Dennoch bleibt schwer zu verstehen, wieso es trotz des starken Einflussverlustes des stoischen Materialismus in der christlichen Theologie, den wir beobachtet haben, in Ägypten noch so viele Menschen, insbesondere Asketen, gab, die solchen Vorstellungen anhingen. Das führt zu der Frage, warum es unter den Mönchen in der ägyptischen Wüste nicht nur von der Theologie des Origenes geprägte Asketen, sondern eben auch die «Anthropomorphiten» gab. Diese Frage wird allerdings sehr unterschiedlich beantwortet: Schon in der Antike wurde behauptet, es handle sich um Reste paganer Frömmigkeit, insbesondere ägyptischer Provenienz, in der christlichen Frömmigkeit, die als *survivals* bezeichnet werden.[434] Auf der anderen Seite zeigt die starke Verbreitung übersetzter Texte von solchen kaiserzeitlichen Theologen, die Vorstellungen vom göttlichen Körper vertraten, dass diese Erklärung nicht ausreicht, vielleicht sogar vollkommen falsch ist. Selbstverständlich wird man nicht ausschließen können, dass «survivals» paganer Frömmigkeit es beispielsweise Mönchen erleichterten, bestimmte Formen von Frömmigkeit und Theologie zu rezipieren, aber damit wäre der Einfluss der skizzierten *christlichen* theologischen Traditionen doch unterschätzt. Außerdem zeigt bereits der Blick auf die Texte des Evagrius, dass es sich offenbar auch bei der «anthropomorphitischen Theologie» nicht nur um theologische Lehre, sondern auch um eine Gebetspraxis handelte.

Woher stammten diese Mönche, die sich vermutlich in der Sketis, dem heutigen Wadi Natrun, aufhielten, da die Nitria und Kellia nach allem, was wir wissen, von den Origenisten geprägt waren?[435] Die Frage stellt sich jedenfalls, wenn man nicht (wie beispielsweise Rubenson) die Gruppe der «Anthropomorphiten» für eine reine Erfindung ihrer Gegner hält.[436] Zu einer überzeugenden Antwort auf diese Fragen kommt man nur, wenn man die Quellen kritisch analysiert, die den Ausbruch der origenistischen Auseinandersetzungen in Ägypten schildern. Wir setzen dazu wieder bei den beiden genannten Kirchenhistorikern an. Socrates und ihm folgend Sozomenus erzählen die Geschichte, dass Patriarch Theophilus seine ursprünglich «origenistische» Position revozierte und eine Zeitlang wie die «Anthropomorphiten» lehrte. Dazu soll er durch schlichte Gewalt gedrängt worden sein: Die beiden Kirchenhistoriker berichten, dass Theophilus von einigen «Anthropomorphiten» bestürmt wurde, die ihn töten wollten, sich daher (aus verständlichen Gründen) in Angst um sein Leben befand und versuchte, die aggressiven Mönche zu mäßigen, indem er sagte: «Ich habe euch so erblickt, als ob ich (in eurem Antlitz) das Antlitz Gottes sähe».[437] Damit habe Theophilus, so der Duktus der Abschnitte bei den beiden Kirchenhistorikern, zugegeben, dass auch im *körperlichen* Antlitz eines Menschen ein «Bild und Gleichnis» des göttlichen Antlitzes sichtbar sei und Gott also eine gewisse Form von Körperlichkeit zuzuerkennen sei. Nach einer ultimativen Aufforderung durch die Mönche soll der Patriarch auch kritische Bemerkungen über die Schriften des Origenes gemacht haben (so Socrates)[438] beziehungsweise allgemeiner kritische Bemerkungen über die, die Origenes bewunderten (so Sozomenus).[439] Beide Historiker halten diese angesichts der Lebensgefahr geäußerten Worte des Patriarchen Theophilus für einen unehrlichen Positionswechsel, vielleicht auch deswegen, weil sie sich als origenistisch denkende Theologen gar nicht vorstellen können, dass ein Bischof «anthropomorphitische» Positionen vertritt: «So führte er die Mönche hinters Licht und beendete ihren Aufruhr».[440]

Man muss sich an dieser Stelle zunächst klarmachen, dass der Einsatz von Mönchen für die Interessen bestimmter politischer, kirchenpolitischer und theologiepolitischer Netzwerke am Ende des dritten Jahrhunderts fast schon zum Alltag in Alexandria gehörte: Theophilus soll, wie wir sahen, im Frühjahr 399 durch eine Gruppe von «anthropomorphitisch» geprägten Mönchen zur öffentlichen Revision seiner Ansichten über Origenes gezwungen worden sein. Umgekehrt findet sich im erwähnten Brief einer alexandrinischen Synode aus dem Jahre 400 bei Theophilus selbst der Vorwurf, er sei von einigen «origenistisch» geprägten Mönchen der nitrischen Wüste mit dem Tode bedroht worden.[441] Außerdem wissen wir durch einen im Zusammenhang von monastischen Sentenzensammlungen überlieferten Spruch, dass auch Theophilus (im

Falle des Serapeums) offenbar nicht davor zurückschreckte, Gruppen von Mönchen einzusetzen, wenn er ein bestimmtes Ziel durchsetzen wollte: «Einst kamen, gerufen vom Patriarchen Theophilus, Väter nach Alexandrien, damit man ein Gebet veranstalte und die heidnischen Tempel zerstöre».[442] Ganz offensichtlich spielte Theophilus nicht nur, wie sein großer Vorgänger Athanasius, virtuos auf der politischen Klaviatur der Mobilisierung von Unterstützung durch größere Bevölkerungsgruppen (in diesem Falle Mönche), sondern erprobte unter den Bedingungen der durch Kaiser Theodosius nochmals massiv privilegierten christlichen Reichsreligion eine neue Form von politisch wirksamer «autoritativer geistlicher Leitung» (Edward J. Watts), um die Christianisierung der Metropole zum Abschluss zu bringen.[443] Schon bei Athanasius hatte die enge Verbindung zwischen den Asketen (wie Antonius) zum Profil «geistlicher Leitung» gehört; an diese Tradition knüpfte Theophilus sicher nicht zufällig an.[444] Gewalt, auch in blutiger Form, prägte die Konflikte in der Stadt seit längerem; sie gehörte offenkundig zu den politischen Methoden, die man auch in der christlichen Gemeinde angemessen fand.[445]

Die Sichtweise der beiden Kirchenhistoriker Socrates und Sozomenus, dass der einstmals eher «origenistisch» gesinnte Patriarch Theophilus im Frühjahr 399 zu einer Origenes gegenüber kritisch eingestellten Position wechselte, lässt sich aus den verstreuten Resten der Überlieferung seines eigenen Œuvres gut belegen (jedenfalls deutlich besser als sein «milder Origenismus» *vor* dem Positionswechsel, wie wir sahen). Dafür spricht beispielsweise ein erstes, sehr kritisches und wahrscheinlich von ihm verfasstes Synodalschreiben einer alexandrinischen Synode, das man auf Herbst/Winter des Jahres 399 oder die ersten Monate des Jahres 400 datieren kann.[446] Es besteht aus einem heftigen Angriff auf Person und Positionen des Origenes, insbesondere auf dessen Ansichten zur Präexistenz und irdischen Verkörperung der Seele. Origenes wird als «Verrückter und Gottesfeind» bezeichnet.[447] Ein zweites, wohl ebenfalls von Theophilus verfasstes Schreiben dieser oder einer weiteren Synode vom Herbst 400 an die Bischöfe der Kirchenprovinzen von Palaestina und Syrien ist in lateinischer, wahrscheinlich recht präziser Übersetzung bei Hieronymus überliefert[448] und enthält, wie wir sahen, nicht nur erneute und noch umfangreichere Vorwürfe gegen Origenes, sondern auch Anklagen gegen Mönche aus der nitrischen Wüste, in der sich angeblich die «Häresie des Origenes» ausgebreitet hat. Hier findet

DIE KRITIK DER «ANTHROPOMORPHITEN» 337

sich nicht nur der Vorwurf, dass diese Mönche die Herzen der einfachen Christenmenschen verderben,[449] sondern auch die zitierte Anschuldigung, dass diese Mönche in Alexandria das Ansehen des Patriarchen Theophilus selbst bei der paganen Stadtbevölkerung zu untergraben versuchen. Auf Fragen der Körperlichkeit Gottes wird in dem Schreiben nicht direkt eingegangen, aber den (origenistischen) Gegnern eine so große Obsession gegen den eigenen Körper vorgeworfen, dass sie (so Theophilus) «ihre Hände gegen sich selbst richten und ihre eigenen Glieder mit einem Messer abschneiden»:

«Sie denken törichterweise aus diesem Grund, dass, wenn sie daherschreiten mit verstümmeltem Gesicht und abgetrennten Ohren, sie sich als fromm und demütig zeigen würden. Einer hat sich sogar seine Zunge selbst amputiert, indem er sie sich selbst abgebissen hat».[450]

Zunächst einmal könnte man diese Vorwürfe für reine Polemik halten, da bekanntlich auch Origenes im Zusammenhang der zeitgenössischen Auseinandersetzungen schon im dritten Jahrhundert vorgeworfen wurde, sich ein Glied (nämlich seinen Penis) mit einem Messer abgeschnitten zu haben.[451] Auf der anderen Seite zeigen beispielsweise die sogenannten *Sentenzen des Sextus*, dass es nicht nur Menschen gab, die «sich ihre eigenen Glieder abschnitten und sie wegwarfen, um den übrigen Körper stark (oder: gesund) zu erhalten», sondern dass auch die Empfehlung für Christenmenschen kursierte, «dies um der Enthaltsamkeit willen zu tun».[452] In den Sentenzen ist sogar direkt die Aufforderung formuliert, diejenigen Glieder des Körpers, die einen Menschen daran hindern, maßvoll und enthaltsam zu leben, abzuschneiden: «Es ist nämlich besser, enthaltsam zu leben ohne diesen Körperteil als mit dem Körperteil auf verderbliche Weise».[453] Auch andere zeitgenössische Quellen bestätigen, dass asketisch lebende Christen sich Körperteile abschnitten und auf diese Weise ihre vollkommene Gleichgültigkeit gegenüber dem Körper zu demonstrieren versuchten.[454] In der Vita des palaestinischen Mönchsvaters Sabas, der im Jahre 532 starb und ein energischer Unterstützer der Theologie des Origenes war, wird berichtet, dass ein Einsiedler namens Jacobus sich selbst kastrierte: «Heftig angefochten von den Dämonen der Unzucht (…), sei es aus Unkenntnis der kirchlichen Canones, sei es wegen Vergessens derselben, griff er ein Messer und schnitt sich die Hoden ab». Da der kastrierte Mönch nach dem Bericht der Vita Blutfluss und Schmerz nicht ertrug, musste er durch einen Arzt aus der Laura des Sabas versorgt werden.[455] Für die Selbstamputation der Zunge existierte in der Antike das berühmte Beispiel des vorsokratischen Philosophen Zeno von Elea (um 490–430 v. Chr.), der einen Tyrannen stürzen wollte und sich, um die Menge zu beeindrucken und zum Mittun zu animieren, die Zunge abbiss und dem Tyrannen ins Gesicht spuckte.[456] Eine ähnliche Anekdote wird von dem hellenistischen Philosophen Anaxarchos aus der Schule Demokrits in Abdera/Thrakien (um 360–320 v. Chr.) erzählt, der während seiner überaus brutalen Folter durch den Tyrannen Nicocreon von Zypern, um dem Herausschneiden der Zunge zuvorzukommen, diese selbst abbiss.[457] Diese und andere Geschichten waren in der Antike weit verbreitet; selbst Tertullian verweist (wenn auch anonymisiert) auf eine «attische Prostituierte», die die Zunge dem Tyrannen, der sie foltern will, ins Gesicht spuckt, um keine Mitverschwörer verraten zu müssen.[458] Letztlich wissen wir nicht mehr, ob die alexandrinische Synode und der Patriarch Theophilus ihren Gegnern besonders hässliche Vorwürfe machen wollten oder ob diese Mönche tatsächlich durch eine besonders starke Obsession gegen den Körper und alle Körperlichkeit geprägt waren. Sicher ist, dass der zweite Synodalbrief des Jahres 400 eine Verbindung zwischen einem solchen Verhalten gegenüber dem eigenen Körper und den Lehren des Origenes herstellt. Das Schreiben enthält außerdem eine Art Katalog der Häresien des Origenes, der entsprechende Zusammenstellungen bei Epiphanius von Salamis ausschreibt und erweitert.[459] In diesem Katalog findet sich die Behauptung, Origenes habe gesagt,

> «dass nach dem Ablauf von vielen Jahrhunderten unsere Körper schrittweise zu Nichts verkleinert würden und in dünne Luft aufgelöst werden würden, und für den Fall, dass wir das für eine kleine Sache halten, hinzugefügt: ‹Der auferstehende Körper wird nicht allein vergänglich, sondern sterblich sein›».[460]

Selbstverständlich findet sich dieser Satz nicht in den erhaltenen Werken des Origenes und muss eigentlich als reine, gegen den einstigen alexandrinischen Theologen gerichtete bösartige Polemik interpretiert werden. Das Zitat des Satzes im alexandrinischen Synodalbrief könnte aber ungeachtet solcher Authentizitätsprobleme auf ein mögliches Motiv hinweisen, warum Theophilus sich von den origenistisch geprägten

Netzwerken den «Anthropomorphiten» zuwendete: Vielleicht sah er – insbesondere wenn ihm von tobenden Mönchen solche Sätze als «Zitate» aus der Grundlagenschrift präsentiert wurden, was man nicht ausschließen kann – bei Anhängern des Origenes eine extrem körperfeindliche Einstellung am Werk, die sowohl die physische Existenz des irdischen Körpers als auch die künftige Existenz des himmlischen Auferstehungskörpers in Mitleidenschaft zog oder gar zunichte machte.

Man wird allerdings auch nicht ausschließen können, dass es Theophilus vor allem darauf ankam, möglichst skandalträchtige Sätze zu zitieren, die angeblich Origenes geschrieben hatte und die nun seine Anhänger ebenso vertraten: In einem gegen Origenes gerichteten Florilegium, das ursprünglich in Palaestina zusammengestellt wurde (die Handschrift stammt aus dem zwölften Jahrhundert),[461] ist ein Fragment aus einem Brief des Theophilus von 403 überliefert,[462] in dem der Metropolit von Alexandria nicht nur die eben zitierte Anschuldigung aus dem zweiten Synodalbrief von 400 wiederholt. Er bestreitet außerdem die angebliche Lehre der Origenisten, «dass die auferstandenen Körper keine passende Form besitzen, sondern eine Kugelgestalt haben».[463] Dazu referiert er als angebliches Argument der Origenisten, dass eine Kugelgestalt «die beste Gestalt» sei. Auch wenn nicht ausgeschlossen werden kann, dass von Origenes und Evagrius beeinflusste Mönche in der Diözese des Theophilus solche Vorstellungen vertraten (beispielsweise findet sich die Ansicht von einem ursprünglichen Kugelleib des Menschen auch im platonischen Dialog *Timaeus* anlässlich einer Beschreibung der Kugelgestalt der Welt),[464] eigneten sich derartige Sätze vorzüglich, um Origenes und seine Anhänger zu diffamieren. Von Gott und seinem Körper ist in dem ganzen Fragment des Briefes von Theophilus aus dem Jahre 403 ebenso wenig wie im zweiten Synodalbrief des Jahres 400 die Rede, vielmehr wird ohne Bezug auf die Gottesebenbildlichkeit behauptet, der vorfindliche menschliche Körper sei die beste mögliche Gestalt für den Menschen.

Die Frage nach Beschaffenheit und Beständigkeit des Auferstehungsleibes der Menschen war nicht nur für Bischof Theophilus eng mit der Frage nach der Wirklichkeit der menschlichen Natur Jesu Christi (und damit nach der Realität der Inkarnation) verbunden. Im zweiten Synodalbrief des Jahres 400 steht zu lesen, dass Origenes in der Grundlagenschrift Menschen davon zu überzeugen versuche, «dass das lebendige Wort Gottes keinen menschlichen Körper annahm».[465] Auch diese Behauptung verdankt sich einer äußerst zugespitzten und damit falschen Lesart seiner Grundlagenschrift.[466] Aber sie musste in den Augen derer, die Origenes so lasen, zu der Konsequenz führen, dass nach seiner Ansicht *allein* die Seele Jesu Christi Gestalt und Gleichnis der göttlichen Majestät wiedergebe; diese Position bestritt der Synodalbrief selbstverständlich.[467] Auch wenn wir nur noch Bruchstücke der Synodalerklärungen und bischöflichen Briefe aus den Jahren 399 bis 403 besitzen, kann man sich angesichts dieser Fragmente durchaus theologische und nicht nur kirchenpolitische Motive für den Positionswechsel des alexandrinischen Bischofs vorstellen: Vielleicht hatte sich Theophilus ja tatsächlich vor dem Hintergrund solcher Behauptungen und angeblicher Zitate des Origenes davon überzeugen lassen, dass die Wurzel des theologischen Übels in der falschen Vorstellung von einem körperlosen Gott und der darauf aufbauenden Ansicht einer rein auf den Geist des Menschen beschränkten Gottesebenbildlichkeit liege. Man kann sich einen solchen Argumentationsgang jedenfalls im Munde der «anthropomorphitisch» gesinnten und gegen Origenes eingestellten Mönchskreise, die den Patriarchen seit dem Jahre 399 bedrängten, gut vorstellen.

Der Beginn der Konflikte

Die scheinbar nur farbig erzählten, in Wahrheit deutlich konstruierten Szenen bei Socrates und Sozomenus sind lediglich ein *Teil* der ganzen Geschichte – das gilt auch für den Beginn der Konflikte, den beide Kirchenhistoriker in jedem Fall nicht so erzählen, wie wir ihn aus anderen Quellen rekonstruieren können: Bei Socrates (und bei Sozomenus) steht nichts über diejenige anfängliche Handlung, die offenbar alle Auseinandersetzungen einleitete, den Patriarchen in erhebliche Schwierigkeiten brachte und chronologisch vor den erwähnten Synodalschreiben der Jahre 399/400 und dem Brief des Jahres 403 steht. Über diese anfängliche Handlung berichtet der Asket *Johannes Cassianus*, der sich zu genau jener Zeit in den monastischen Landschaften Ägyptens aufhielt und seine für uns einschlägigen Eindrücke viele Jahre später (vermutlich kurz nach 419) in seinen *Collationes Patrum* («Unterredungen mit den Vätern») verarbeitete.[468] Da er zu einer Gruppe von Mönchen gehörte, die der Theologie des Origenes und ihrer Transformation bei Evagrius Ponticus gegenüber freundlich eingestellt waren, ist er (wie auch alle anderen Zeugen der Kontroverse) Partei. Vermutlich lag es an dieser theologischen Orientierung, dass Johannes Cassianus mit vielen anderen «origenistisch» denkenden Mönchen im Jahr 399/400, als Bischof Theophilus von Alexandrien sich gegen die «Origenisten» wendete, die Mönchssiedlung der Sketis verließ und sich nach Zwischenstationen in Konstantinopel und Rom schließlich in Marseille niederließ;[469] hier sind auch die *Collationes* entstanden (vermutlich für die Brüder der kurz zuvor gegründeten monastischen Siedlungen, einer Art Flüchtlingskloster der nordgallischen Aristokratie, auf der Insel Lerina/Île Saint-Honorat der Îles de Lérins).[470] Wie der Titel bereits anzeigt, werden in den *Collationes Patrum* die ägyptischen Erfahrungen in Form fiktiver Gespräche mit dort lebenden Mönchen präsentiert.[471] Es handelt sich also einerseits um eine Art «Initiationsschrift», die gallische Mönche in die Theologie und Praxis des ägyptischen Mönchtums einführen soll, andererseits um eine Werbeschrift für bestimmte theologische Positionen. Als eine gleichsam absichtslose historische Darstellung der Vergangenheit darf man den Text ganz sicher nicht verstehen.[472]

Vom Ausbruch der Kontroverse um Origenes berichtet Cassianus in der zweiten Unterredung mit einem sketischen Mönch namens Isaak über das immerwährende Gebet. Wahrscheinlich ist jener Asket mit einem origenistisch gesinnten Mönch namens Isaak identisch, der wie Johannes Cassianus nach 399 Zuflucht in Konstantinopel suchte. Möglicherweise gehörte er sogar direkt zur Umgebung des Evagrius Ponticus in der Kellia.[473] In diesem Text heißt es:

«Im Gebiet von Ägypten wird nach alter Überlieferung der Brauch befolgt, dass, wenn der Tag des Epiphanias-Festes vorüber ist, der Bischof von Alexandria ein Schreiben an alle Kirchen Ägyptens richtet, in dem er den Anfang der Quadragesima (also der vorösterlichen Fasten- und Passionszeit) und den Ostertag nicht nur für alle Städte, sondern auch für alle Klöster festlegt. (...) Diesem Brauch entsprechend kam also nur wenige Tage nach der Unterredung mit dem Abt Isaak ein Osterfestbrief von Theophilus, dem Bischof besagter Stadt, in dem er neben der Bestimmung des Termins für das Osterfest eine lange Widerlegung der törichten Irrlehre der Anthropomorphiten vortrug und diese mit ausführlichen Worten verwarf. Das wurde fast von der ganzen Schar der Mönche, die in der Provinz Ägypten lebten, in ihrer Einfalt irrtümlicherweise so verstanden, dass der größte Teil der Altväter entschied, es sei im Gegenteil der erwähnte Bischof selbst von der schlimmsten Irrlehre geradezu verdorben und von der ganzen Körperschaft der Brüder zu verurteilen. Es schien nämlich, als würde er die Lehre der Heiligen Schrift bekämpfen, da er leugnete, dass der allmächtige Gott in Analogie zur menschlichen Gestalt geformt ist, obwohl doch die Heilige Schrift ausdrücklich bezeugt, dass Adam nach dem Bild Gottes erschaffen wurde. Schließlich wurde auch von denen, die in der Wüste Sketis lebten und an Vollkommenheit und Wissenschaft alle Mönche in den ägyptischen Klöstern übertrafen, dieser Brief so verworfen, dass mit Ausnahme des Abtes Paphnutius, des Priesters unserer Gemeinschaft, keiner von den übrigen Priestern, die in dieser Wüste den andern drei Kirchen vorstanden, ihn zur Lesung oder zum Vortrag in ihren Gemeinschaften auch nur irgendwie zuließ».[474]

Gegen die überwältigende Mehrheit von einfältigen wie auch von gelehrten und vollkommenen Mönchen, die alle Theophilus vorwerfen, unbiblisch zu lehren, und ihn deswegen verurteilen, steht nach den Erinnerungen des Johannes Cassianus allein «der Abt Paphnutius, ein Priester unserer Gemeinschaft». Ein Asket dieses Namens taucht in den *Collationes Patrum* häufiger auf; er ist Einsiedler, dient zugleich aber als Priester für eine der Mönchsgruppen in der Sketis und führt die Minderheit der origenistisch gesinnten Mönche dort an. Cassian schätzt ihn also schon deswegen, weil beide dieselbe theologische Orientierung teilen.[475]

Wenn man Cassians Darstellung folgt, die genauso wie die der beiden Kirchenhistoriker von häresiologischen Motiven überlagert ist und Theophilus ebenso wie die «anthropomorphitischen» Mönche in keinem guten Licht erscheinen lässt, stand am Anfang der heftigen Auseinandersetzungen wahrscheinlich ein Osterfestbrief, den Theophilus im Frühling des Jahres 399 n. Chr.[476] schrieb (wie es der Patriarch von Alexandria jedes Jahr zu tun pflegte, um das genaue Datum des Osterfestes zu verkünden und einige theologische Themen von allgemeinem Interesse zu diskutieren).[477] In diesem mutmaßlich vierzehnten Brief in der Reihe seiner Osterfestbriefe kritisierte Theophilus offenbar scharf die Position der «Anthropomorphiten» – obwohl das Schreiben verloren gegangen ist, besitzen wir höchstwahrscheinlich in dem bereits erwähnten, allerdings fragmentarisch überlieferten Brief des Patriarchen aus dem Jahre 403 aus Konstantinopel eine kurze Zusammenfassung seiner Aktionen, die er rund vier Jahre zuvor begonnen hatte:[478]

«Wir haben nicht nur die Häresie des Origenes verdammt, sondern auch eine andere Häresie, die versucht hat, ernsthafte Verwirrung in die Klöster zu bringen. Weil gewisse, vom Lande stammende und schlichte Menschen behaupten, es sei notwendig, Gott in menschlicher Form vorzustellen, blieben wir nicht schweigend, sondern haben auch diese Häresie bekämpft, wobei uns Christus Nüchternheit gab, mit schriftlichen Belegen in offiziellen kirchlichen Briefen».[479]

Theophilus erwähnt seine Aktionen gegen die Anthropomorphiten, denen er als in städtischem Kontext wirkender Theologe unterstellt, schlichte Menschen vom Lande zu sein; allerdings spricht er von Brie*fen* im Plural und nicht von einem einzigen Festbrief. Über den Inhalt seiner Interventionen erfährt man aus dem zitierten Stück seines eigenen Briefes leider praktisch nichts; lediglich Cassian beschreibt in dem oben zitierten Passus mit einem einzigen Satz, dass der Patriarch leugnete, «dass der allmächtige Gott in Analogie zur menschlichen Gestalt geformt ist». Allerdings bereitet der Satz zwei Probleme: *Zum einen* ist der lateinische Begriff, der die Ähnlichkeitsrelation zwischen menschlicher Gestalt und Gott beschreibt, denkbar unpräzise: *compositio* kann sowohl eine schlichte Verbindung von Gliedern im Sinne des griechischen Begriffs der Zusammenstellung (σύνθεσις) bezeichnen als auch einen Vergleich aufgrund einer Ähnlichkeitsbeziehung im Sinne des griechischen Begriffs «Analogie» (ἀναλογία).[480] Gedacht ist wahrscheinlich daran, dass die «Anthropomorphiten» eine bestimmte, freilich hier nicht näher bestimmte Analogie zwischen Gott und menschlicher körperlicher Gestalt behaupten und Theophilus diese Ähnlichkeitsrelation bestritt. *Zum anderen* ist ungewöhnlich, dass die Beschreibung der Ähnlichkeitsrelation im Text des Cassian ihren Ausgang bei *Gott* nimmt und nicht beim Menschen: Darin zeigt sich der polemische Unterton der Beschreibung; Theophilus warf den Anthropomorphiten offenbar den theologische Kardinalfehler vor, Gott vom Menschen her zu denken und nicht den Menschen von Gott her. Dass mit solch heftiger Polemik aber irgendeine Erinnerung an die tatsächliche Lehre der als «Anthropomorphiten» verdammten Mönche erhalten ist, darf man mit Fug und Recht bezweifeln.

Noch einmal anders sind die Zusammenhänge bei *Gennadius von Marseille* in dessen Schriftstellerkatalog aus der zweiten Hälfte des fünften Jahrhunderts überliefert: Gennadius, der wie Johannes Cassianus aus Marseille stammt, spricht in seinem Abschnitt über Theophilus von Alexandrien von einem «umfangreichen Buch», in dem der Patriarch gegen Origenes Stellung genommen habe sowie gegen die «anthropomorphitischen Häretiker, die sagen, dass der Herr aus einer menschlichen Gestalt und Gliedern besteht». Gegen diese Häresie habe Theophilus in ausführlicher Argumentation gezeigt, dass Gott körperlos sei, in keiner Weise durch körperliche Glieder begrenzt und von unzerstörbarer, unwandelbarer und unkörperlicher Natur.[481] Ob man tatsächlich mit einer weiteren Schrift oder jedenfalls mit weiteren Briefen des Theophilus gegen die «Anthropomorphiten» rechnen muss oder Gennadius hier auch nur den bereits erwähnten Festbrief (höchstwahrscheinlich des Jahres 399) beschreibt und dabei etwas übertreibt, bleibt leider unklar.[482] Weil der Festbrief selbst verloren ist, ist es schwierig, ein präziseres Bild der Argumente und Gegenargumente zu erhalten. Graham Gould hat für die Rekonstruktion der ursprünglichen Position des Theophilus diejenigen Informationen bei Gennadius herangezogen, die das angebliche ausführliche Werk betreffen. Danach lehrte Theophilus, dass nur Gott allein unkörperlich, unwandelbar und unzerstörbar sei, der «allein die Unsterblichkeit besitzt» (1. Timotheus 6,16), nicht aber «alle geistigen Existenzen», die «körperliche Naturen sind, alle zerstörbar, alle veränderlich, so dass jener allein der Zerstörung und Veränderlichkeit nicht unterworfen ist, der auch allein die Unsterblichkeit besitzt».[483] Ob Theophilus sich hier auf die geistigen Elemente des Menschen wie Seele und Verstand bezog (so Gould[484]) oder doch eher auf Engel und andere geistige Existenzen, ist im Grunde egal: Seine Position war radikaler formuliert als die des Origenes, weil er allen geistigen Existenzen außer Gott selbst eine ebenso veränderbare wie zerstörbare körperliche Natur zuschrieb.

Wie auch immer man über die Frage denkt, in welchen Formen Patriarch Theophilus gegen die Anthropomorphiten Stellung nahm – die scharfe Kritik, die der Patriarch in seinem Festbrief (mutmaßlich des Jahres 399 n. Chr.) an dieser Position übte, war der Grund, warum er von bestimmten Mönchen ebenso hart wie scharf attackiert und angeklagt wurde (wie Socrates uns überliefert), «eine unfromme Person und ein Feind Gottes» zu sein.[485]

Die Auseinandersetzungen in der Vita des Aphu von Oxyrhynchus/Pemdjé

Glücklicherweise ist uns in der *koptischen Vita eines oberägyptischen Mönchs namens Aphu*, der zunächst in der Nähe der bekannten Stadt Oxyrhynchus/Pemdjé in monastischer Gemeinschaft wie als Einsiedler lebte und dann Bischof dieser Stadt wurde, eine weitere, wenn auch stark literarisch überformte Darstellung einer Szene aus den Anfangstagen der heftigen Auseinandersetzungen erhalten. Die im sahidischen Dialekt des Koptischen abgefasste Lebensbeschreibung ist in einer einzigen Handschrift, einem erstmals 1883 edierten Papyrus mit Fragmenten eines koptischen Menologiums, überliefert.[486] Dieser Papyrus wird in Turin aufbewahrt und wurde von seinen ersten Editoren in die zweite Hälfte des fünften Jahrhunderts datiert. Tito Orlandi votiert dagegen für das siebte Jahrhundert; wann die *Vita* selbst verfasst wurde, muss offenbleiben.[487] Wegen der möglichen Bedeutung des Textes für eine Rekonstruktion von Theologie und Frömmigkeit der Anthropomorphiten gibt es allerlei neuzeitliche Übersetzungen in verschiedene Sprachen und einige wenige Studien dazu.[488]

Der Mönchsvater und spätere Bischof Aphu ist nicht nur aus seiner koptischen *Vita*, sondern auch aus zwei weiteren spätantiken christlichen Quellen bekannt, die jeweils Apophthegmata und kurze Szenen aus seinem Leben überliefern. Freilich ist seine Lebensbeschreibung nicht in die arabischen Menologien übernommen worden, die bis auf den heutigen Tag in der koptischen Kirche verwendet werden.[489] Eher unwahrscheinlich ist, dass Aphu Verbindungen zu einer wahrscheinlich in Kleinasien beheimateten monastischen Gruppe besaß, die bei Epiphanius «Audianer» genannt werden[490] und denen der Metropolit von Zypern «Anthropomorphismus» vorwirft.[491] Eine derartige Gruppe ist in Oberägypten nicht nachzuweisen, sondern – wenn man Epiphanius von Salamis folgen möchte – ursprünglich im Taurus, in Palaestina, der Arabia sowie auf Cypern beheimatet gewesen und später auch in wenigen Klöstern der Chalkidike, um Damaskus herum und in Teilen Mesopotamiens, der Landschaft, aus der der namengebende Häresiarch Audius angeblich stammte.[492]

In der *Vita* des Aphu wird nun berichtet, dass der Einsiedler Aphu einmal im Jahr seine Einsiedelei verließ und zur Osterpredigt «in die Kirche von Pemdje» nach Oxyrhynchus kam.[493] Schon diese einleitende

Angabe zeigt den Grad der hagiographischen Stilisierung des Textes, denn die spätantike Stadt Oxyrhynchus, die seinerzeit drittgrößte Ägyptens, besaß nach antiker Überlieferung mindestens dreißig Kirchen und nicht nur eine einzige.[494] Die *Vita* konzentriert sich auch an dieser Stelle genretypisch auf die Geschehnisse, die für das Verständnis des Helden bedeutsam sind, unterstreicht einige wenige zentrale theologische Gedanken[495] und bietet nur die für den Zweck wichtigsten Details. Einer dieser zentralen Gedanken ist die Sorgfalt, mit der sich Aphu um die Heilige Schrift kümmert und sie vor jeder Vernachlässigung, Verachtung und Verleugnung zu schützen sucht.[496] In diesen Zusammenhang gehört nun auch die genannte Erzählung: Die *Vita* berichtet, dass Aphu einmal in einer solchen Osterpredigt «einen Ausdruck» (λέξις) hörte, «der mit der Erkenntnis des Heiligen Geistes nicht im Einklang war, so dass er sehr verstört wurde wegen des Ausdrucks».[497] Der so arg verstörende Ausdruck wird wörtlich zitiert: «Dieses (Bild), das wir Menschen tragen, ist nicht das Ebenbild Gottes».[498] Es spricht viel dafür, dass es sich hier um ein wörtliches Zitat aus dem mehrfach erwähnten, aber leider verlorenen Osterfestbrief des Bischofs von Alexandria für das Jahr 399 handelt, der im Osterfestgottesdienst in Oxyrhynchus wie auch an anderen Orten verlesen und von Aphu gehört wurde. Dieser Brief wird hier «Predigt» genannt, weil die Mitteilung des Osterfesttermins in den Festbriefen gewöhnlich mit längeren theologischen Ausführungen zu einem aktuellen Thema verbunden wurde und sie sich insofern kaum von Predigten unterschieden. Die Verlesung der Predigt (beziehungsweise des Festbriefs) löst der koptischen *Vita* zufolge erhebliche Unruhe aus: Nicht nur Aphu wurde nach der Verlesung der inkriminierten Passage «sehr verstört wegen des Ausdrucks», sondern «auch jeder, der ihn gehört hatte, wurde ebenfalls betrübt und verstört».[499] Der Fortgang wird in der *Vita* genretypisch stark legendarisch überformt erzählt: Ein Engel weist Aphu an, den inkriminierten Ausdruck zu klären, und sendet ihn zum Bischof ins rund zweihundert Kilometer entfernte Alexandria, dessen Ortsname im koptischen Text natürlich koptisch gegeben wird: «Es ist dir bestimmt von dem Herrn, nach Rakote zu gehen, um diesen Ausdruck zu klären».[500] Dort wartete Aphu zunächst, «in ein zerrissenes Gewand gekleidet», «drei Tage (…) vor der Tür des bischöflichen Palastes und keiner führte ihn zu ihm (sc. dem Bischof Theophilus) hinein, weil man auf ihn so schaute, als ob er ein einfacher (ἰδιώτης) Mann aus dem Volk wäre».[501] Schließlich gelang es Aphu nach dem Bericht der *Vita* dank der Vermittlung eines Klerikers doch noch, Einlass zu finden. Nun beginnt im Text ein Streitgespräch zwischen dem Bischof und Aphu, das zunehmend die Grenzen der für den Mönch Aphu gegenüber dem Kirchenfürsten gebotenen Höflichkeit verlässt. Nach einigen einleitenden Freundlichkeiten steuert Aphu auf den Kern des Problems und auf sein Anliegen zu:

«Aphu antwortete ihm (sc. dem Bischof Theophilus): ‹Mein Herr, der Bischof befehle, dass mir das Original der Predigt vorgelesen werde. Ich habe nämlich darin einen Ausdruck gehört, der mit den Schriften des Geistes Gottes nicht in Einklang stand. Ich aber habe nicht geglaubt, dass er von dir hervorgegangen war, sondern sagte (mir), dass es wohl die Schreiber waren, die beim Schreiben einen Fehler gemacht haben. Daran nehmen viele Fromme Anstoß, so dass sie nicht wenig betrübt sind in (ihren) Herzen›.

Der Erzbischof Theophilus gab (dann) sogleich einen Befehl und man holte das Original der Predigt. Und als man vorzulesen begann, traf man auf jenen Ausdruck.

Und sogleich warf sich Apa Aphu nieder und sagte: ‹Dieser Ausdruck ist nicht in Ordnung; ich dagegen werde (immer) bekennen, dass alle Menschen im Ebenbild Gottes geschaffen worden sind›.

Der Erzbischof erwiderte: ‹Warum erhebst nur du Einspruch gegen diesen Ausdruck und keiner steht dir bei?›.

Apa Aphu sagte: ‹Ich bin voller Zuversicht, dass du (selbst) mir beipflichten und nicht widersprechen wirst›.

Der Erzbischof sagte: ‹Wie wirst du über einen Äthiopier sagen können, dass er ein Ebenbild Gottes ist, oder (über) einen Aussätzigen oder (über) einen Gelähmten oder (über) einen Blinden?›.

Der selige Apa Aphu antwortete: ‹Äußerst du solche (Gedanken), gerätst du in Widerspruch mit dem, der gesagt hat: ‹Lasst uns Menschen machen nach unserem Bild und Gleichnis›.

Der Erzbischof entgegnete: ‹Das sei fern! Ich meine aber dazu, dass nur Adam nach seinem Bild und Gleichnis geschaffen wurde. Aber die Kinder, die er hinterlassen hat, waren ihm unähnlich (…). Ich fürchte mich, (über) den Menschen, der kränklich und leidensfähig ist, zu sagen, dass er das Ebenbild des leidensunfähigen und einfachen Gottes trägt. Wenn er außerhalb sitzt und seine Notdurft verrichtet, wie würdest du über ihn (im Zusammenhang mit dem wahren unerreichten Licht; vgl. 1. Timotheus 6,16) denken?›».[502]

Das Streitgespräch zwischen Apa Aphu und seinem Bischof Theophilus verrät viel darüber, wie der Autor der *Vita* die Theologie der beiden Hauptpersonen wahrgenommen wissen wollte: Theophilus ist als «Origenist» stilisiert. Obwohl der Name des Origenes an dieser Stelle (wie überhaupt in der *Vita* des Aphu) nicht fällt, wurde die angeblich von Theophilus in seinem Gespräch mit Aphu vertretene Position, Adam habe die Gottesebenbildlichkeit als einziger Mensch besessen und als Folge des Sündenfalls verloren, von Zeitgenossen wie Epiphanius von Salamis eindeutig Origenes zugeschrieben.[503] Theophilus wurde also mindestens für einen gelehrten Leser der *Vita* des Aphu eindeutig als Anhänger des Origenes charakterisiert. Apa Aphu reagiert auf die äußerst zugespitzten Einwände des Theophilus nach dem Bericht der *Vita* so, dass er dem Bischof von Alexandria zugibt, dass die Herrlichkeit Gottes «von keinem gesehen werden kann wegen ihres unbegreiflichen Lichtes sowie in Bezug auf die menschliche Schwäche und Geringfügigkeit gemäß der Gebrechlichkeit der Natur».[504] Damit spielt er wörtlich auf Sätze des Theophilus an, mit denen dieser seine längeren, oben zitierten Ausführungen zu Beginn des Streitgesprächs abgeschlossen hatte. Nach dieser versöhnlichen Berufung auf eine beiden Diskutanten gemeinsame Basis widerlegt Aphu sehr sachlich die Ansicht des Theophilus, nur Adam vor seinem Fall dürfe als nach dem Ebenbild Gottes geschaffen bezeichnet werden, mit einer traditionellen Argumentation: Er weist darauf hin, dass Kaiserbilder durchaus nicht aus denselben Materialien gefertigt waren wie die Personen, die sie darstellen sollten, sondern aus deutlich schlichteren, ja schwächeren: «Jedermann ist damit einverstanden, dass es das Bild des Königs ist. Zugleich aber wissen alle, dass es ein Stück Holz mit Farben ist».[505] Wenn Aphu sich Gott körperlich vorstellte, war ihm selbstverständlich klar, dass der Körper des göttlichen Ebenbildes nicht aus derselben Materie gestaltet sein konnte wie der göttliche Körper. Zwischen einer lebendigen Person und einem Stück Holz besteht ein kategorialer Unterschied – wie auch zwischen einem göttlichen und einem menschlichen Körper ein kategorialer Unterschied besteht. Nach diesen Ausführungen heißt es weiter wörtlich:

> «Als aber der selige Erzbischof diese Worte gehört hatte, stand er auf, fiel ihm (sc. Aphu) um den Hals und sagte: ‹Wahrhaftig ist es passend, dass das Lehren bei denen ist, die in Ruhe beten. Denn die Gedanken unseres

Herzens waren so verwirrt, dass wir uns geirrt haben in dieser ganzen Angelegenheit aus Unwissenheit. Und sogleich schrieb er in das ganze Land und sagte sich von jenem fehlerhaften Ausdruck los, (indem er erklärte), dass ‹er fehlerhaft sei und wir ihn unbesonnen ausgesprochen hätten›».[506]

Ein einfacher (wie gesagt mit dem griechischen Wort ἰδιώτης charakterisierter[507]) Mönch, der vor den Toren einer mittelgroßen Stadt lebt, bekehrt also den Metropoliten von Alexandria und ganz Ägypten. Natürlich ist es schwierig, abschließend zu beurteilen, welcher historische Kern in dieser überaus sorgfältig konstruierten und lebendig erzählten Szene liegt.[508] Mindestens bleiben Fragen: Kann man sich wirklich vorstellen, dass es Apa Aphu war, der mit seinen Argumenten den Bischof bekehrte, und dieser gar noch die Dämonen für seinen Irrtum verantwortlich machte? Ist es glaubhaft, dass Theophilus ohne die bei Origenes vorgenommenen Differenzierungen ganz schlicht die Gottesebenbildlichkeit auf Adam, den Protoplasten, beschränkte? Wird der alexandrinische Bischof wirklich die Frage, ob Gottesebenbildlichkeit auch vom menschlichen Körper ausgesagt werden dürfe, mit dem Hinweis auf die Notwendigkeit für ebendiesen Körper, die Häuser für den Toilettengang in öffentliche Latrinen oder in die freie Natur zu verlassen, verneint haben? Wie wir gesehen haben, war schon im zweiten Jahrhundert durch den stadtrömischen Theologen Valentinus darauf hingewiesen worden, dass ein göttlicher Körper, der nichts zu seiner Erhaltung braucht, auch nichts verdaut, nichts ausscheidet und also auch keine Notwendigkeit verspürt, für Toilettenzwecke «außerhalb zu sitzen».[509] Manches spricht dafür, dass hier zum Ruhme des Apa Aphu, des Bischofs von Oxyrhynchus, nach den allgemein üblichen Regeln des hagiographischen Diskurses eine Geschichte konstruiert oder zumindest drastisch ausgeschmückt wurde, die diesem bewunderten Asketen eine schlechterdings zentrale Rolle bei einem auffälligen Positionswechsel des Bischofs Theophilus zuwies.[510] Dabei wurden im Interesse spannender Dialoge die Positionen der historischen Persönlichkeiten stark zugespitzt: Theophilus beschränkt nach dem Bild, das die *Vita* von ihm zeichnet, die Gottesebenbildlichkeit nicht mehr nur auf die Seele, sondern lediglich auf den Protoplasten Adam vor dem Fall, Aphu verrät im Text der *Vita* an keiner Stelle eindeutig, dass er ein «Anthropomorphit» ist – entsprechend ist seine Theologie auch ganz gegensätzlich entweder trotz fehlender eindeutiger Indizien im Text als «anthropomorphitisch» (vor allem Drioton, Florovsky und Golitzin[511]) oder aber als dezidiert *nicht* «anthropomorphitisch» (so jüngst Bumazhnov[512]) gedeutet worden. Freilich muss man sich klarmachen, dass es für Verfasser einer Vita eines ägyptischen Bischofs im fünften Jahrhundert wenig opportun gewesen wäre, eine Bekehrung des alexandrinischen Bischofs zu den Ansichten der Anthropomorphiten explizit zu machen und seinen Gesprächspartner und Hauptprotagonisten ebenfalls dieser Häresie zuzurechnen. Schließlich zeigt der handschriftliche Kontext der *Vita* des Aphu (ein Menologium mit Lesungen für den 18. September), dass die *Vita* zeitweilig im koptischen Gottesdienst am Todestag des Bischofs und Asketen gelesen wurde. Man muss sich also für die Rekonstruktion der Auseinandersetzung an die anderwärts berichtete Nachricht halten, dass sich Theophilus «anthropomorphitischen» Positionen zuwendete und dazu von ähnlich denkenden Mönchen mehr oder weniger energisch gedrängt wurde. In dem Dialog, den die *Vita* des Aphu überliefert, wird man eine literarisch stark überhöhte und theologisch zensierte Erinnerung an solche bedrängenden Gespräche erblicken dürfen, nicht mehr, aber eben auch nicht weniger.

Erwägenswert bleibt allerdings, ob die *Vita* zeigt, dass es in den Auseinandersetzungen um den «Anthropomorphismus» in Theologie wie Frömmigkeit am Ende des vierten Jahrhunderts weniger um den Körper Gottes als vielmehr um das göttliche Ebenbild, die *Imago Dei*, im Menschen ging und insbesondere um das Antlitz Gottes.[513] Für diese Ansicht kann man zwei entscheidende Sätze zur Begründung anführen: Nach den Angaben in der *Vita* des Aphu hatte der alexandrinische Bischof Theophilus im inkriminierten Festbrief von 399 zum Ärger vieler Mönche geschrieben: «Dieses (Bild), das wir Menschen tragen, ist nicht das Ebenbild Gottes».[514] Als er, von ebendiesen verärgerten Mönchen bedrängt, im selben Jahr revoziert, soll er nach dem Zeugnis der Kirchenhistoriker Socrates und Sozomenus zu ihnen gesagt haben: «Ich habe euch so erblickt, als ob ich (in eurem Antlitz) das Antlitz Gottes sähe».[515] Natürlich ist eher unwahrscheinlich, dass der Bischof genau diese Sätze gesagt hat, wenn auch nicht ausgeschlossen; an bedeutsame Sätze erinnerte man sich in der Antike. Klar ist aber, dass der Bischof nach der *Vita* des Aphu bei der Revokation der im Festbrief geäußerten Position den Fokus auf das *Antlitz* legte. Der Grund dafür dürfte ein ganz schlichter gewesen sein: Das Gesicht ist nun einmal der wichtigste Teil des Körpers und der für den menschlichen Körper bei einem ersten

Kontakt häufig auch entscheidende. Wir müssen auf die Frage, wie dieser Befund zu interpretieren ist, noch einmal zurückkommen.[516] Auch die Ansicht von Dmitrij Bumazhnov, dass die *Vita* eher eine mittlere Position zwischen radikalen «Origenisten» und radikalen «Anthropomorphiten» verrät, deren Anhänger die näheren Details der Relation des Ebenbildes zum Urbild für unbegreiflich halten, könnte die Intention derer treffen, die diesen Text einstmals verfassten; wir werden auf diese «mittlere Position» im Streit zwischen «Origenismus» und «Anthropomorphismus» ebenfalls noch einmal zurückkommen.[517]

Die Auseinandersetzungen in den «Collationes Patrum» des Johannes Cassianus

Eine weitere, für die Rekonstruktion der Theologie der «Anthropomorphiten» vermutlich noch wichtigere Szene wird in den bereits erwähnten *Collationes Patrum*, «Unterredungen mit den Vätern», des Johannes Cassianus erzählt: Ein sehr alter ägyptischer Mönch namens Serapion wurde demnach von einem ihn besuchenden Mönch aus Kappadokien namens Photin dazu bewegt, den zentralen biblischen Beleg für die Gottesebenbildlichkeit (Genesis 1,26)[518] «nicht nach dem niedrigen Klang der Buchstaben, sondern geistlich» (*non secundum humilem litterae sonum, sed spiritualiter*) auszulegen. Photin, den Paphnutius, der bereits genannte geistliche Vater und Priester der origenistisch gesinnten Mönche, um Hilfe in der offenbar schwierigen Debatte mit Serapion gebeten hatte, erläuterte diesem Mitbruder,

> «dass auf jene unermessliche, unbegreifliche und unsichtbare Majestät nichts zutreffen kann, was mit einer menschlichen Gestalt oder durch Ähnlichkeit (mit Menschen) beschrieben werden kann, da sie (jene Majestät) ja eine unkörperliche, nicht zusammengesetzte, sondern einfache Natur ist, die weder mit den Augen erfasst noch mit der Vernunft verstanden werden kann».[519]

Interessanterweise fand diese in den Bahnen einer klassischen origenistischen und evagrianischen Theorie gehaltene Argumentation des Photin zwar Zustimmung bei den meisten Mönchen, nicht aber beim greisen Serapion, obwohl sie doch eigentlich für ihn bestimmt war. Für

Serapion war es aber nach dem Bericht bei Johannes Cassianus äußerst schwierig, die neue theoretische Einsicht mit seiner bisherigen persönlichen Frömmigkeitspraxis in Verbindung zu bringen:

«Aber siehe, da wurde der Greis beim Gebet völlig im Geiste verwirrt, weil er fühlte, dass jenes einem Menschen gleichende Bild der Gottheit, das er sich beim Beten gewöhnlich vorgestellt hatte, aus seinem Herzen genommen worden war. Er brach plötzlich in bitterstes Weinen und fortwährendes Schluchzen aus, stürzte zu Boden und schrie laut klagend: ‹Weh mir Unglücklichem! Sie haben mir meinen Gott weggenommen (vgl. Johannes 20,2.13), und nun habe ich keinen mehr, an den ich mich halten kann, und weiß nicht, wen ich anbeten und bitten soll›».[520]

Fast klingt, was der greise Mönch sagt, wie ein kritischer Kommentar zu denjenigen Ansichten, die Evagrius Ponticus über das rechte Gebet formuliert hatte und die wir oben dargestellt haben (der Name des Evagrius fällt allerdings in den *Collationes Patrum* ebenso wenig wie der des Origenes).[521] Ohnehin wirkt die Geschichte recht konstruiert, wie Columba Stewart mit Hinweis auf die verwendeten Personen-Namen bemerkt hat: Während der aus Kappadokien, also aus dem Lebensraum der von Origenes stark geprägten kappadokischen Theologen Basilius von Caesarea, Gregor von Nazianz und Gregor von Nyssa, stammende Vertreter der (in den Augen des Cassianus) rechten Lehre den Namen Photinus (Φωτεινός), «der Licht Strahlende», trägt, hört sein Gesprächspartner auf den Namen des paganen Dämons, von dem sich die christliche Gemeinde der Stadt Alexandria gerade befreit hat: Serapion.[522] Johannes Cassianus, tief geprägt von Evagrius Ponticus, spricht daher mit Blick auf das Gottesbild des Serapion von einem «schwerwiegenden Irrtum», der ihm beinahe den ewigen Tod, also die ewige Höllenstrafe, eingebracht hätte.[523]

Die Reaktion des Mönches Serapion auf die Argumentation Photins deutet übrigens eher nicht darauf hin, dass er (wie Cassian meint) «ein ganz einfacher Mann» war,[524] der «kaum über Substanz und Natur der Gottheit unterrichtet worden war» und sich Gott daher einfach wie irgendeinen Mitmenschen vorstellte. Und schon gar nicht wahrscheinlich ist, dass Serapion «nach der gewohnten Weise jenes (paganen) Irrtums, bei dem man Dämonen in Menschengestalt verehrte, auch jetzt noch jene unbegreifliche und unaussprechliche Majestät der wahren

Gottheit in der Begrenzung irgendeines Bildes glaubte anbeten zu müssen», also gleichsam noch in den Eierschalen des Heidentums steckte.⁵²⁵ Alles das dürfte Polemik des origenistisch und evagrianisch geprägten Theologen Johannes Cassianus sein. Serapion wird sich vielmehr in der Tradition eines Tertullian oder Melito Gott mit einer von menschlicher Körperlichkeit kategorial geschiedenen Körperlichkeit vorgestellt haben – und wurde, falls die Geschichte einen historischen Kern hat, durch die origenistisch geprägten Mönche der Sketis (für die in der Geschichte der Kappadokier Photin steht) gezwungen, sich etwas Geistiges, vollkommen Unkonkretes vorzustellen, mithin (aus seiner eigenen Perspektive) Nichts.⁵²⁶

Das theologische Profil der «Anthropomorphiten»

Es fällt angesichts der Probleme der einschlägigen Quellen schwer, das theologische Profil des «Anthropomorphismus» wirklich klar zu rekonstruieren. Er war aber in jedem Fall nicht das, wozu ihn die mehr oder weniger durch Origenes geprägten Kirchenhistoriker und monastischen Theologen ihn aus häresiologischem Interesse gern gemacht hätten: eine Vorstellung einfältiger Mönche, die wörtlich glaubten, was in der Bibel geschrieben steht, und zu töricht waren, die biblische Rede von einer Hand, einer Stimme oder den Augen Gottes als metaphorische Rede angemessen zu interpretieren. Wir wissen außerdem auch nicht, ob wirklich viele Menschen am Ende des vierten Jahrhunderts noch klassische anthropomorphitische Positionen vertraten, wie sie für die ersten Jahrhunderte christlicher Theologiegeschichte eindeutig nachweisbar sind. Skepsis gegenüber allzu vollmundigen Angaben in den Quellen ist angesagt: «Die Mengen ungebildeter, antiorigenistischer Mönche mit anthropomorphitischen Anschauungen sind einfach nicht zu sehen, bevor sie als Feinde in den Beschreibungen Johannes Cassians und Socrates' auftauchen».⁵²⁷ Die Aussage bei Johannes Cassian, dass der Anthropomorphismus «durch eine Täuschung der Dämonen (…) und eine Unkenntnis aus dem alten heidnischen Glauben» verursacht wurde,⁵²⁸ zeigt, dass in den Kreisen, die von Origenes (und Evagrius) geprägt waren, alle Register der antiken christlichen Häresiologie gezogen wurden, um die Vorstellung einer göttlichen körperlichen Gestalt als naiv, ungebildet, pagan und dämonisch zu verteufeln. Die Idee, dass nur einfältige alte Männer vom Lande, die auf irgendeine Art an sehr traditionelle pagane Gottesbilder gebunden waren, der Häresie des Anthropomorphismus verfielen, ist seit der Antike weit verbreitet, aber irreführend. Denn durch eine solche Bezeichnung wurden und werden zumeist nur die häresiologisch motivierten Bilder der Bewegung in den Blick genommen, nicht aber die reale Theologie einer ägyptischen Mönchsgruppe. Das gilt auch für spätere Polemiken gegen die sogenannten Anthropomorphiten wie beispielsweise die, die der Neffe und Nachfolger des Theophilus im Amt des Patriarchen von Alexandria, Cyrill, verfasste. Dabei handelt es sich eigentlich um eine zusammengehörige Gruppe von *drei* Schriften, die zu einem unbekannten Zeitpunkt im Mittelalter zu einem einzigen Text zusammengefasst worden sind. Dieser unter dem Titel «Gegen die Anthropomorphiten» überlieferte und in der «Patrologia Graeca» von Jacques Paul Migne 1859 reproduzierte Traktat mit einem Einleitungsbrief und achtundzwanzig *Capitula* kompiliert drei selbständige Abhandlungen Cyrills, die «dogmatischen Fragen und Antworten», die «Antworten an Tiberius und seine Gefährten» sowie den «Brief an Colosirius» zusammen mit wenigen Stücken aus einer Predigt des Gregor von Nyssa. Die «Antworten an Tiberius und seine Gefährten» sind vollständig nur in syrischer Übersetzung erhalten; die anderen auch separat in griechischen Handschriften.[529] Da Cyrill eine Zeitlang in Ägypten als Mönch gelebt hatte, war er über die theologischen Konflikte nicht nur durch seinen Verwandten Theophilus vermutlich bestens informiert. Allerdings hat die Legende, dass Cyrill bei Johannes von Jerusalem im christlichen Glauben unterwiesen wurde und insofern aus erster Hand über die Konflikte in der Stadt vor 399 hätte informiert gewesen sein können, keinen Anhalt an der historischen Realität.[530] Über die palästinische Vorgeschichte der Auseinandersetzungen dürfte Cyrill trotzdem bestens orientiert gewesen sein. In den drei von ihm verfassten Texten wird ganz klassisch unter «Anthropomorphiten» eine Gruppe von verrückten und schlichten Geistern verstanden, die nicht verstanden haben, dass Gott unkörperlich gedacht und vorgestellt werden muss. Allerdings bieten sie bei genauer Lektüre doch noch einige Hinweise, um das theologische Profil der Mönche, die ihre Gegner «Anthropomorphiten» nennen, präziser zu beschreiben. Die drei Texte setzen nämlich jeweils eine konkrete historische Situation voraus: Ein gewisser Tiberius, Diakon eines palästinischen Klosters,[531] hatte Fragen gestellt, die durch Personen aufgeworfen worden waren, die (jedenfalls im Falle der zweiten Schrift) teilweise aus Ägypten stammten und vermutlich mit ebenjenen Anthropomorphiten zu identifizieren sind, die im Jahre 399 Bischof Theophilus von Alexandria zu einem Positionswechsel veranlasst hatten. Diese Fragen beantwortet Cyrill in den ersten beiden Texten, die man (mit Lionel R. Wickham) in die Jahre 431 bis 434 datieren kann und die damit im Kontext der heftigen Auseinandersetzungen zwischen den Bischöfen Cyrill und Nestorius über die Form der Einheit zwischen Gott und Mensch in Christus stehen. Allerdings sind auch noch monastische Kreise aus der weiteren nordwestlichen Umgebung von Damaskus, der Abilene, im Blick.[532] Der griechische Begriff «Anthropomorphiten» fällt in diesen Texten nicht; im Visier sind bereits in der ersten Schrift vielmehr die, die glauben, «dass die alles überschreitende göttliche Natur menschlich in Erscheinung oder Form sei».[533]

Wir konzentrieren uns, da sich die Argumente wiederholen, auf die zweite Schrift mit Antworten an Tiberius, die «dogmatischen Antworten». In dieser Schrift hält Cyrill auf die einleitende Frage nach der Bedeutung der Rede von Gottes «Händen, Füßen, Augen, Ohren und Flügeln» in den biblischen Texten[534] zunächst (wie Aphu im Streitgespräch mit Theophilus) fest, dass «Gott in einem unzugänglichen Licht» wohnt (1. Timotheus 6,16) und als so Unzugänglicher «vollständig unkörperlich» (ἀσώματον παντελῶς) gedacht werden müsse.[535] Ein Körper impliziere Form, Quantität, Ort, Teile und Glieder.[536] Das sei im Blick auf Gott vollkommen ausgeschlossen, selbst dann, «wenn jemand über solche Dinge nicht im Sinne von berührbaren und massiven Körpern, sondern im Sinne von feinstofflichen und immateriellen Körpern denken würde, in Übereinstimmung mit Gottes Natur».[537] Mit diesem Nachsatz seiner Argumentation macht Cyrill deutlich, dass er unbeschadet seiner amts- und zeittypischen Polemik gegen intellektuell minderbemittelte Mönchskreise, die sich in ihrer geistigen Schlichtheit Gott mit einem begrenzten menschlichen Körper vorstellten, die tatsächlichen theologischen Zusammenhänge sehr wohl kannte: die Vorstellung einer kategorial von menschlicher Körperlichkeit getrennten, besonderen Materialität des göttlichen Körpers in stoischer Tradition.[538]

Der theologische Ansatzpunkt der Anthropomorphiten des vierten Jahrhunderts dürfte im Unterschied zu den häresiologischen Konstruktionen ihrer Lehren bei Johannes von Jerusalem, Theophilus und Cyrill allerdings nicht mehr der stoische Materialismus gewesen sein und die

Frage, wie er sich mit der christlichen Gotteslehre verbinden lassen könne. Die erhaltenen Texte legen die Vermutung nahe, dass der Ansatzpunkt vielmehr die hochreflektierte Idee gewesen sein dürfte, dass Menschen als Bild Gottes mit Seele *und* Körper nach göttlichem Urbild geschaffen wurden. Damit hätte sich der Ansatzpunkt für den «Anthropomorphismus» gegenüber älteren christlichen Vorstellungen des zweiten und dritten Jahrhunderts vom Körper Gottes gleichsam von der *Gotteslehre* in die *Anthropologie* hinein verschoben. Für eine Theologie, die vor allem von christlichen Asketen (und vielleicht auch Asketinnen) vertreten wurde, ist das nicht verwunderlich: Die enge Beziehung zwischen dem Körper des Mönchs und dem Körper Gottes, die durch die Theologie der Anthropomorphiten behauptet wurde, empfanden solche Kreise wahrscheinlich als ein grundlegendes Fundament (oder vielleicht besser: als *das* grundlegende Fundament) christlichen Lebens, das dem Mönch seinen Weg zur Vervollkommnung überhaupt erst möglich machte: Der Mönch wusste sich als Bild und Gleichnis von Gottes Körper im Grunde schon als vollkommen und war gleichzeitig immer noch auf dem Weg zur Vervollkommnung, um seinen eigenen Körper dem ursprünglichen Modell, zu dessen Ebenbild er geschaffen wurde, näherzubringen. Die Anthropomorphiten waren davon überzeugt, dass Adam niemals das Bild Gottes vollständig verloren hatte, während die Origenisten den Verlust eines erheblichen Teils der Gottesebenbildlichkeit behaupteten.[539] «Anthropomorphiten» und ihre Gegner unterschieden sich also auch darin, wie sie die Konsequenzen des uranfänglichen Sündenfalls der Menschheit im Paradies einschätzten.[540] Man sollte daher die Forderung dieser Mönche, solche Gedanken bescheiden zu äußern und bescheiden zu denken, wie sie beispielsweise die *Vita* des Aphu prägt, nicht missverstehen: Monastische Bescheidenheit darf nicht mit intellektueller Einfachheit verwechselt werden (das entsprechende griechische Wort in der Lebensbeschreibung des Aphu lautet ἁπλοῦς, das man besser mit ‹aufrichtig› als mit ‹einfach› übersetzt):[541] In der *Vita* des Aphu wird der Bischof Theophilus, der sich unter dem Einfluss des Mönchs Aphu vom Origenismus abwendet, zum prominenten Beispiel eines Menschen, der sich vom Hochmut abgewendet und sich «der Reinheit und der Aufrichtigkeit des Kindseins» zugewandt hat.[542] Der Anthropomorphismus bildete, wie wir auch aus der Geschichte über den Mönch Serapion bei Johannes Cassianus lernen können, dem in einem ganz elementaren Sinne sein Gott weggenommen wurde,[543] einen Weg, sich Gott gleichsam als lebendige Person vorzustellen in einer konkret gelebten monastischen Frömmigkeit, ihn nicht nur als transzendentes Prinzip zu denken und zu glauben, weit entfernt von der Welt und dem individuellen Alltag.

Wenn man den «Anthropomorphismus» vor allem als Form einer Frömmigkeit deutet, sich Gott als nah an den menschlichen Bedürfnissen und Problemen vorzustellen, ist den erhaltenen Textzeugnissen vielleicht am besten Rechnung getragen. «Anthropomorphismus» im späten vierten und frühen fünften Jahrhundert lässt sich als eine monastische Transformation der klassischen christlichen Ansichten über den Körper Gottes für die Zwecke von asketischen Gemeinschaften beschreiben und steht trotzdem (wie beispielsweise Cyrill von Alexandrien zeigt) in der Tradition der christlichen Lehrbildungen des zweiten und dritten Jahrhunderts. Das gilt, auch wenn diese Kontinuität in den letzten Jahrzehnten in der Forschung gern bestritten wurde.

Schwieriger ist die Frage zu beantworten, ob der «Anthropomorphismus» mindestens gelegentlich mit der Erfahrung einer körperlichen Vision von Gottes Angesicht verbunden war, das heißt mit einer in gewissem Sinne mystischen Erfahrung, in deren Zentrum irgendeine Form von körperlichem Eindruck des göttlichen Gesichtes in der anthropomorphen Gestalt Jesu Christi stand.[544] In letzter Zeit hat vor allem Alexander Golitzin vorgeschlagen, die erhaltenen Texte und Berichte so zu interpretieren.[545] Er hält den derart gedeuteten «Anthropomorphismus» insofern auch für ein Seitenstück zu den «mystischen Visionen», von denen in jüdischen Texten wie der Hekhalot-Literatur die Rede ist,[546] und begründet seine Ansicht vor allem mit Apophthegmata ägyptischer Mönche, die von Himmelsreisen und Visionen berichten; allerdings ist in diesen Texten nie direkt von einem Körper Gottes die Rede, sondern immer vom göttlichen Lichtglanz oder vom Körper Jesu Christi.[547] Eine Ausnahme bildet ein dem Apa Arsenius zugeschriebenes Apophthegma, bei dem allerdings unsicher bleibt, ob der Satz nicht metaphorisch gemeint ist: «Wiederum sagte er: ‹Wenn wir Gott suchen, wird er sich uns zeigen, und wenn wir ihn festhalten, wird er bei uns bleiben›».[548]

Ein Argument für eine solche auf die «Vision» eines mehr oder weniger körperlich gedachten göttlichen Gesichtes zugespitzte Interpretation der Quellen, das bei Golitzin nicht genannt ist, könnte man aus einem längeren Traktat gewinnen, der anonym in der Abteibibliothek in Monte Cassino in zwei Handschriften des elften und zwölften Jahrhunderts zwischen Werken des Origenes und des Hieronymus überliefert ist; er wird gewöhnlich unter der Überschrift «Traktat gegen Origenes über die Vision Jesajas» zitiert und heute meist dem alexandrinischen Patriarchen Theophilus zugeschrieben.[549] Offenkundig entstand der Text *nach* der Abwendung des Bischofs von seiner ursprünglichen, eher dem Origenes zugewandten oder jedenfalls mehr neutralen Haltung, denn er verrät zwar «einen beachtlichen Grad von Selbständigkeit und (…) spekulative Begabung und gute Schriftkenntnisse», doch als «antiorigenistische Kampfschrift dagegen steht die Arbeit auf einem sehr tiefen Niveau; denn die Kritik der Exegese des Origenes lässt jede Sachlichkeit vermissen».[550] Das aber entspricht genau dem Ton der bereits mehrfach erwähnten beiden alexandrinischen Synodalbriefe aus den Jahren 399/400, die ebenfalls Theophilus zum Autor haben dürften.[551] Vermutlich wurde auch dieser Traktat wie der zweite Synodalbrief durch Hieronymus ins Lateinische übersetzt.[552] Der Autor des Traktates beschäftigt sich mit Fragen der Interpretation der im Buch des Propheten Jesaja berichteten Vision einer Erscheinung Gottes im Jerusalemer Tempel (Jesaja 6,1–13) und formuliert:

> «Es war nämlich nicht, wie jener (sc. Origenes) sich zusammenreimt, das Angesicht Gottes, das die Seraphim, soweit Gott überhaupt gesehen werden kann, mit zwei Flügeln bedeckten, sondern ihr eigenes (Angesicht). Damit wollten sie dem Propheten zeigen, dass Gottes Angesicht entsprechend dem, was Gott ist, von den Augen der Sterblichen nicht gesehen werden kann. Deshalb bekam auch Mose, als er zum Herrn sagte: ‹Zeige dich mir klar und deutlich, damit ich dich sehe› (Exodus 33,18), zur Antwort: ‹Niemand wird mein Angesicht sehen und am Leben bleiben› (Exodus 33,30). (…) Ebenso ruft auch Johannes aus: ‹Gott hat niemand je gesehen – der einzige Sohn, der Gott ist und im Schoß des Vaters weilt, er selbst hat es uns erzählt› (Johannes 1,18). Der Gehalt dieses Satzes besteht darin, dass nicht nur die Menschen, sondern alle vernunftbegabten Geschöpfe und überhaupt alles, was außer Gott existiert, Gott nicht sehen können, insoweit er Gott ist, sondern nur, insoweit er sich seinen Geschöpfen zu zeigen beschließt».[553]

Eine solche Polemik ergibt nur Sinn, wenn es innerhalb christlicher Gemeinden tatsächlich Menschen gab, die damit rechneten, dass die Seraphim ein irgendwie körperlich verfasstes und daher sichtbares Angesicht Gottes verdeckten. Auch wenn Origenes diese Position gerade *nicht* vertreten hat, wurde sie ihm vom Autor des Traktates, mutmaßlich Theophilus von Alexandrien, mindestens implizit unterstellt: «Mag Origenes das auch nicht ausdrücklich sagen, ergibt sich das doch aus seinen Worten».[554] Damit wird polemisch verkürzt, dass Origenes zunächst nur eine *philologische* Streitfrage lösen wollte. In der Bibelstelle bei Jesaja bleibt offen, ob die Seraphim ihr eigenes Gesicht und ihre eigenen Füße bedecken oder Gottes Antlitz und dessen Füße: Schon im hebräischen Original ist der Bezug der entsprechenden Possessivpronomina unklar, wie Origenes (und ihm folgend Hieronymus) in ihren Auslegungen der Passage verdeutlichen.[555] Origenes sprach sich dezidiert dafür aus, die Passage grammatikalisch auf Gott zu beziehen, und Hieronymus folgte ihm dabei.[556] Theophilus meint nun, dass eine derartig interpretierte Aussage, die beschreibt, dass etwas durch etwas anderes verdeckt wird, Räumlichkeit und damit Körperlichkeit mindestens implizit voraussetzt: «Denn wenn die Seraphim sein Gesicht und seine Füße bedecken, dann müssen sie größer sein als Gott, dessen (...) höchste und tiefste Stelle sie bedecken».[557]

Kreise, die solche räumlich und körperlich zugespitzten Ansichten über das Sehen Gottes vertraten, waren nicht auf Ägypten oder den Osten beschränkt, wie wir daran sahen, dass Augustinus erhebliche Mühe auf die Widerlegung dieser Position verwendete (übrigens mit einer ganz ähnlichen Stoßrichtung wie mutmaßlich sein Kollege im Osten im Traktat gegen Origenes: Gott lässt sich in körperlicher Gestalt sehen, wenn er will; er ist aber nicht an und für sich körperlich).[558] Auch gelehrte Ausleger biblischer Schriften wie Hieronymus haben zeitweilig solche Ansichten zumindest implizit vertreten, wenn nicht sogar explizit erwogen.[559] Wie auch Augustinus im Westen plädiert der Autor des ins Lateinische übersetzten östlichen Traktates zur Abwehr solcher seiner Ansicht nach irregeleiteten Vorstellungen für eine negative Theologie:

«Wir wissen nämlich, dass Gott existiert, und wir wissen auch, was er nicht ist. Was aber und wie beschaffen er ist, das können wir nicht wissen. Da wir es ja der zu uns herabsteigenden Güte und Milde verdanken, dass wir überhaupt irgendetwas von ihm zu erkennen vermögen, so sollen uns seine Wohltaten erfahren lassen, dass er existiert. Wie beschaffen er aber ist, kann dagegen aufgrund der dazwischenliegenden Kluft kein Geschöpf

360 SECHSTES KAPITEL: SPÄTANTIKE CHRISTLICHE THEOLOGIE

begreifen. Oder, um es noch etwas präziser zu sagen: Was Gott nicht ist, wissen wir, von dem aber, was er ist, können wir keinerlei Kenntnis haben, und zwar nicht, weil er irgendetwas hat, das er später dann nicht mehr hätte, sondern weil ihm das nicht zukommt, was uns kraft unserer gebrechlichen Natur anhaftet. Er ist beispielsweise nicht wie ein Körper veränderlich, leidet keinen Mangel an irgendetwas und ist auch nicht für das menschliche Sehen wahrnehmbar und was es sonst noch an Dingen gibt, denen die Schöpfung unterworfen ist».[560]

Merkwürdig an dem «Traktat gegen Origenes über die Vision Jesajas» bleibt, dass hier Origenes in letzter Konsequenz eine Position unterstellt wird, die absurderweise nahe an dem steht, was (soweit wir wissen) die «Anthropomorphiten» dachten – und merkwürdig bleibt unter der Voraussetzung, dass der Text vom alexandrinischen Patriarchen Theophilus stammt, dass dieser sich im Jahre 400 von der Position im Interesse einer negativen Theologie distanziert, obwohl er doch nach dem Zeugnis der Kirchenhistoriker Socrates und Sozomenus mindestens zum Schein und für den Augenblick den Positionen der «Anthropomorphiten» im Jahre 399 zugestimmt hatte.[561] Sollte der Vorwurf der beiden Kirchenhistoriker zutreffen, dass der Metropolit sich in Wahrheit niemals wirklich theologisch auf die Anthropomorphiten zubewegt hat? Hatte er unter dem Druck der entsprechend gesinnten Mönche vielleicht nur seine früher eher freundliche, zumindest neutrale Einstellung gegenüber Origenes geändert? Dann wäre für Theophilus die theologische Grundlage einer neuen Koalition mit den «Anthropomorphiten» nicht deren «Anthropomorphismus» gewesen, sondern seine eigene neue kritische Einstellung gegenüber dem innigsten Feind der «Anthropomorphiten» und des «Anthropomorphismus», gegenüber dem seit einhundertfünfzig Jahren verstorbenen «Erzhäretiker» Origenes – nach dem Motto: «Deine Feinde sind meine Feinde». Sich im Kontext der heftigen Auseinandersetzungen, die bereits um Origenes in Palaestina und Ägypten geführt wurden, gegen diesen Theologen zu positionieren, dürfte einem Bischof von Alexandria nicht sonderlich schwergefallen sein; bereits der erste, bei Justinian erhaltene alexandrinische Synodalbrief aus dem Jahre 399/400 nimmt Bezug auf die Auseinandersetzungen zwischen Origenes und dem alexandrinischen Bischof Heraclas in den dreißiger und vierziger Jahren des dritten Jahrhunderts.[562]

Wie auch immer man die intellektuelle Entwicklung des Bischofs

Theophilus von Alexandrien und sein politisches Agieren einschätzt – sicher ist, wie wir sahen, dass er zwar zeitweilig Mönche unterstützte, die von ihren Gegnern als «Anthropomorphiten» bezeichnet wurden, aber selbst wahrscheinlich nie aus Überzeugung Positionen vertrat, in denen die Vorstellung von einem Körper Gottes eine prominente Rolle spielte. Viel spricht dafür, dass die Verbindung zwischen dem alexandrinischen Metropoliten und den Mönchen mehr oder weniger eine Zweckgemeinschaft war, von der wohl der Bischof profitierte (indem Ruhe in seiner notorisch unruhigen Kirchenprovinz herrschte), aber nicht die anthropomorphitischen Mönche. Sicher lag in dieser ungleichen Situation ein weiterer Grund dafür, dass der Einfluss der Vorstellung von einem göttlichen Körper in der christlichen Theologie weiter zurückging. Allerdings verschwanden die «Anthropomorphiten» nicht spurlos von der Bildfläche.

Die Nachgeschichte

Übrig blieb von den einstigen «Anthropomorphiten» für eine längere Zeit offenbar nur eine Gruppe, auf die in den letzten Jahren vor allem Dmitrij Bumazhnov aufmerksam gemacht hat und der er auch (wie wir sahen[563]) diejenigen zurechnet, die die *Vita* des Aphu verfassten. Bumazhnov wies darauf hin, dass es neben einer «anthropomorphitischen» Gruppe von Mönchen, die vehement für die Idee einer Körperlichkeit Gottes votierten, und ihren «origenistisch» geprägten Gegnern, die diese Idee vehement bestritten, auch eine dritte, vermittelnde Gruppe gab. Spuren dieser Gruppe finden sich zum einen neben der *Vita* auch in einer Passage bei Epiphanius von Salamis, zum anderen aber auch in weiteren monastischen Texten.[564] Epiphanius rechnet in dieser Passage damit, dass es den Propheten des alten Bundes möglich war, den Sohn Gottes vor seiner Inkarnation mit körperlichen Augen zu sehen: «Die Propheten sahen also den Herrn und sie sahen ihn nicht; nur soweit es möglich war, sahen sie ihn, aber in Wahrheit. Nicht aber sahen sie ihn, wie er in seiner unendlichen, unbegreiflichen Natur ist».[565] Aber der Bischof von Salamis warnt vor der Vorstellung, daraus abzuleiten, dass jeder Christenmensch Gott selbst mit körperlichen Augen sehen könne und sich Gott körperlich vorstellen dürfe. Noch deutlicher belegt eine Sentenz eines Mönchs aus der ägyptischen Wüste eine solche mittlere

Position, die immerhin noch mit der Möglichkeit rechnet, dass Gottes wahres, unzugängliches Sein körperliche Dimensionen hat:

«Jemand fragte den Altvater Sopater: ‹Gib mir eine Vorschrift und ich werde sie befolgen›. Er aber sprach zu ihm: ‹Lass keine Frau in dein Kellion kommen. Lies auch keine unechten (apokryphen) Bücher. Grüble auch nicht über Gottes Bild im Menschen nach. Das ist zwar keine Ketzerei (darüber nachzugrübeln), aber es gibt Unwissenheit und Streit auf beiden Seiten. Denn es ist für jedes Geschöpf unmöglich, das zu begreifen›».[566]

Abgesehen von solchen Residuen scheint nach den heftigen Debatten am Ende des vierten Jahrhunderts jener allmähliche Niedergang der Vorstellung von einer Körperlichkeit Gottes eingesetzt zu haben, der zu der einseitigen mittelalterlichen und neuzeitlichen Ausgangslage geführt hat, mit der wir begonnen haben.[567] Spuren eines stoisch grundierten Materialismus in der christlichen Gotteslehre, wie wir sie bei Tertullian zu Beginn des dritten Jahrhunderts noch hatten beobachten können, verschwanden offenbar vollständig aus der Diskussion, nachdem sie schon bei den Anthropomorphiten keine zentrale Rolle mehr spielen.

So finden wir beispielsweise in einer *Debatte zwischen einem unbekannten Philosophen namens Phaedo und Bischöfen*, die von einem anonymen Autor lange nach dem Ende des ersten Reichskonzils in Nicaea verfasst wurde und in einer anonym überlieferten Kirchengeschichte aus der Mitte des fünften Jahrhunderts[568] als angebliches Zitat aus den (in Wirklichkeit schon damals verlorenen) Akten des Konzils erhalten ist, keinerlei Spuren irgendeines stoisch gefärbten Arguments in der Debatte über die anthropomorphen Passagen der biblischen Texte. Natürlich ist ganz unwahrscheinlich, dass eine solche Debatte auf dem ersten reichsweiten Konzil stattgefunden hat, aber der beim Anonymus überlieferte Text einer Disputation könnte Erinnerungen an entsprechende Dispute zwischen paganen Philosophen und christlichen Bischöfen bewahren. Der Philosoph hält nach dem Wortlaut des Anonymus den Bischöfen das biblische Wort «Lasst uns Menschen machen zu einem Bild und Gleichnis, das uns ähnlich sei» (Genesis 1,26) vor und bemerkt, man könne, durch diese Bibelstelle irregeführt, «Gott für menschengestaltig erklären»:

««Wir wissen aber doch, dass Gott einfach und ohne Gestalt ist. Sag mir, was diese Bezeichnungen besagen wollen. Ist die Gottheit also etwa menschengestaltig?› Antwort der heiligen Väter durch den Bischof Eustathius von Antiochien: ‹Nicht so, mein lieber Philosoph, sondern wenn Gott sagt, ‹Sie sollen über die ganze Erde herrschen› und ‹Sie sollen Herren sein über sie und über alles, was auf ihr ist› (Genesis 1,26.28), so ist dies der eigentliche Sinn der Erschaffung des Menschen nach dem Bilde Gottes und seiner Herrschaft über die ganze Erde›».[569]

Nochmals kommt der Philosoph mit dem sicher nicht zufällig an Platos Dialog *Phaedo* erinnernden Namen im Verlauf der fiktiven Disputation auf dem Konzil darauf zurück, dass das biblische Zitat ihm «beträchtliche Schwierigkeiten» bereite und darüber gesprochen werden müsse. Da lässt der anonyme Autor dem Philosophen den Hofbischof des Kaisers, Ossius von Cordoba, antworten. Der sagt:

«Das ‹nach dem Bilde›, mein lieber Philosoph, darf nicht im Sinne körperlicher Zusammenstellung verstanden werden, vielmehr ergibt sich aus der Lehre der Wahrheit, dass das Bild im geistigen Bereich geprägt ist. Höre also und verstehe: Gott, der seiner Natur nach gut ist, pflanzte in die geistige Substanz des Menschen, was ‹nach seinem Bilde und ihm ähnlich ist›, beispielsweise die Güte, die Einfalt, die Heiligkeit, die Reinheit, die Selbstlosigkeit, die Herzenswärme, die Glückseligkeit und dem Ähnliches, damit das, was Gott seiner Natur nach ist, nach Gottes Gnade auch der von ihm geschaffene Mensch besitzen kann, das heißt sein geistiger Bereich».[570]

Auch in zwei anderen Texten des fünften und sechsten Jahrhunderts, die sich der Auseinandersetzung mit philosophischen Einwänden gegen die christliche Theologie widmen, spielen die stoischen Argumente für die Annahme, dass Gott einen Körper aus feinstofflicher Materie habe, ebenso wenig noch eine Rolle wie die entsprechende Vorstellung der christlichen Frömmigkeit. *Aeneas von Gaza* behandelt in seinem Dialog «Theophrastus», abgefasst vermutlich zwischen 485 und 490, die Weltentstehung wie das Schicksal der menschlichen Seele und damit auch die Frage nach der Auferstehung und der Körperlichkeit. Dabei wird ohne viel Federlesens festgehalten, dass der Schöpfer körperlos und unbegrenzt ist.[571] Interessant ist nur die Frage, ob irgendwelche der «oberen Körper», also beispielsweise der Mond und die Sterne, ungeschaffen sind.[572] Gleiches gilt auch für *Zacharias Rhetor*, nach 527 zum Bischof von Mytilene auf Lesbos geweiht. Er beschränkt in seinem vermutlich bereits in Studententagen in Berytus/Beirut verfassten Dialog *Ammonius*[573] mit einem gleichnamigen paganen neuplatonischen Philosophen und einem Mediziner namens Gessius bei der Auslegung der Passage Genesis 1,26 f. die Reichweite der Gottesebenbildlichkeit ausschließlich auf die menschliche Seele, so dass die Frage nach der göttlichen Körperlichkeit gar nicht behandelt werden muss.[574] In der Ansicht, dass Gott körperlos ist, stimmen die dissentierenden Dialogpartner überein.[575] Da Zacharias ebenfalls in Alexandria studiert hat,[576] kann man sein Schweigen durchaus als repräsentativ für die Themen nehmen, die in den Ausbildungseinrichtungen der Bildungsmetropole gelehrt wurden[577]. Die Vorstellung von einem Körper Gottes gehörte offenkundig nicht mehr dazu.

Der Körper des Mönchs

Man kann am Ende dieses Abschnittes die interessante, aber schwer zu beantwortende Frage aufwerfen, ob die unterschiedlichen Positionen zur Frage, ob man sich Gott mit einem wie auch immer gearteten Körper denken solle, Folgen für den Umgang antiker Christenmenschen mit ihren eigenen Körpern hatten. Diese Frage lässt sich mangels Quellen eigentlich nur für das Mönchtum wenigstens ansatzweise beantworten, weil wir hier zwischen solchen Kreisen differenzieren können, die an der Vorstellung eines göttlichen Körpers festhielten (die Anthropomorphiten), und solchen, die diese Vorstellung vehement ablehnten. Die Frage lautet dann entsprechend präziser: Gibt es unterschiedliche Einstellungen zum eigenen Körper bei einem Mönch, der von «anthropomorphen» Vorstellungen von Gott geprägt ist, und einem anderen, der strikt gegen jedes «anthropomorphe» Bild von Gott ist, zum Beispiel geprägt von der feindlichen Einstellung gegen die «Anthropomorphiten» in der Tradition des Origenes?

Eine abschließende Antwort auf diese Frage ist, wie gesagt, schwierig. Aber es spricht einiges dafür, dass Mönche, die kritisch gegenüber jeder körperlichen Vorstellung von Gott sind, eher dazu neigen, ihren Körper zu zerstören, weil der Körper den Unterschied zwischen dem

Mönch und seinem Gott ausmacht. Wir sahen dies bereits an der Debatte darüber, ob Mönche in der theologischen Tradition des Origenes und des Evagrius Hand an sich legten und sich beispielsweise kastrierten.[578] Und dann gilt andersherum: Ein Mönch, der dachte, dass Gott einen spezifischen himmlischen Körper hat, versuchte vermutlich, seinen eigenen irdischen Körper in diese spezifische Art eines göttlichen himmlischen Körpers zu verwandeln. In jedem Fall gab es diese beiden Wege des Umgangs mit dem monastischen Körper in der Spätantike; wir werden versuchen, beide Einstellungen mit der spezifischen Position zur Vorstellung eines göttlichen Körpers in Beziehung zu setzen.[579]

Wir beginnen mit der Idee, den Körper als sichtbaren Beweis eines scharfen Unterschieds zwischen Gott und Mensch zu zerstören: Es gibt neben den bereits genannten allerlei weitere interessante Beispiele aus der Zeit der Spätantike für solch eine radikale Zerstörung des Körpers. Der mehrfach erwähnte Asket und Theologe Hieronymus, der in Bethlehem als Mönch lebte, beschreibt das Leben des früheren *Grammaticus* und Einsiedlers *Hilarion von Gaza* schon bald nach Hilarions Tod um das Jahr 371 in seiner *Vita Hilarionis*.[580] Die Ursprünge der Vita werden normalerweise auf das Jahr 386 datiert,[581] die Vita wurde kurze Zeit später aus dem Lateinischen ins Griechische übersetzt. Natürlich geht es auch in dieser Schrift nicht zuerst um eine historiographisch korrekte Schilderung der Biographie eines Asketen als vielmehr um eine Werbeschrift für eine Lebensform.[582] Entsprechend der Beschreibung des Hieronymus trug der Eremit nichts anderes als ein Sackkleid und nur im Fall starker Kälte ein Fell oder einen Mantel nach Art der Bauern.[583] Damit kopierte er (sicher nicht zufällig) die einschlägige Kleidung des Antonius, des «Vaters der Mönche»; Hieronymus ist es hier wie anderswo in seiner Biographie darum zu tun, Hilarion als Gründergestalt des palästinischen Mönchtums zu einem zweiten Antonius zu stilisieren.[584] Darum formuliert Hieronymus, selbst ein *Grammaticus*,[585] wörtlich:

«Die Haare pflegte er sich einmal im Jahr an Ostern zu schneiden; eine Binsenstreu diente ihm bis zu seinem Tode als Lagerstatt. Das Sacktuch, das er zu tragen sich entschlossen hatte, wusch er nie; es sei überflüssig, erklärte er, bei härenen Kleidern auf Sauberkeit bedacht zu sein. Ein neues Unterkleid zog er erst an, wenn das alte völlig zerfetzt war».[586]

Die hier beschriebene Art, mit dem eigenen Körper umzugehen, hatte nichts mit dem unter Christenmenschen allgemein verbreiteten Weg zu tun, sich auf griechische popularphilosophische Einstellungen zu menschlichen Körpern zu beziehen. Hilarion pflegte Bart und Haare nicht etwa auf zurückhaltende Weise (wie zum Beispiel Clemens von Alexandrien zu Beginn des dritten Jahrhunderts rät:[587] «Da man aber das Haarschneiden nicht zur Verschönerung vornehmen soll, sondern weil es nötig ist, [...]»[588]), er pflegte sie überhaupt nicht mehr. Hieronymus' Beschreibung des Eremiten Hilarion ähnelt der Art und Weise, wie die apokryphen Petrusakten den weiblichen, schwarzen, äthiopischen Teufel beschreiben:

> «(...) eine sehr hässliche Frau, von Angesicht eine Äthiopierin und keine Ägypterin, sondern völlig schwarz von Schmutz, in Lumpen gehüllt, am Hals aber ein eisernes Joch und an den Händen und Füßen eine Kette, und sie tanzte».[589]

Die Kleider dieses weiblichen Teufels sind, wie die von Hilarion, schmutzig und in Fetzen gerissen. Also wird der Körper von Hilarion zwar nicht wirklich zerstört, aber auf eine Weise vernachlässigt, die der Zerstörung sehr nahe kommt. Diese Nähe zu einer freiwilligen Zerstörung des eigenen Körpers wird offensichtlich werden, wenn wir die Beschreibung des Hilarion näher verfolgen.

Hieronymus berichtet einige weitere Details über seinen Helden Hilarion, die die zerstörerische Kraft seiner Einstellung gegenüber seinem Körper noch deutlicher machen: Hilarions Zelle, die zu Lebzeiten des Hieronymus noch besucht und besichtigt werden konnte, war kleiner als Hilarion selbst (vier Fuß breit und fünf Fuß hoch[590]). Hieronymus liefert außerdem detaillierte Informationen über die erstaunlich einfache Diät des Hilarion:

> «Von seinem zwanzigsten bis zu seinem siebenundzwanzigsten Jahr fristete er sein Dasein mit wilden Kräutern und den rohen Wurzeln bestimmter Gewächse, vom einunddreißigsten bis zum fünfunddreißigsten Jahr dienten ihm sechs Unzen Gerstenbrot und Gemüse, das leicht und ohne Öl gekocht war, als Nahrung. Wie er nun feststellte, dass seine Sehkraft nachließ und sein ganzer Körper von Schorf und bimssteinartiger Krätze befallen war, da fügte er zur soeben genannten Nahrung etwas Öl dazu,

hielt jedoch dann bis zu seinem dreiundsechzigsten Lebensjahr an dieser Stufe der Enthaltsamkeit fest, ohne außer der Reihe irgendwelches Obst und Gemüse oder sonst etwas zu verzehren. Als er daraufhin bemerkte, dass seine körperlichen Kräfte erschöpft waren und er den Tod sich nahen fühlte, enthielt er sich – vom vierundsechzigsten bis zu seinem achtzigsten Lebensjahre – abermals des Brotes: Dank seiner unglaublichen Willenskraft (*fervor mentis*)[591] fing er jetzt gewissermaßen erst an, dem Herrn zu dienen – zu einer Zeit, da andere im Allgemeinen ein etwas behaglicheres Leben führen. Er bereitete sich damals aus Mehl und zerstampftem Gemüse ein Süppchen, wobei Speise und Trank kaum fünf Unzen Gewicht hatten. So richtete er sich seine Lebensweise (*ordo vitae*) ein, und hierbei brach er das Fasten in keinem Falle vor Sonnenuntergang noch an Feiertagen noch bei schwerer Unpässlichkeit».[592]

Was Hieronymus in diesen Abschnitten der *Vita Hilarionis* beschreibt, mag stark übertrieben sein oder nicht (der Wahrheitsgehalt ist freilich schlecht festzustellen), aber es illustriert sehr gut, wie eine große Gruppe antiker Christenmenschen, die ein asketisches oder monastisches Leben führten, mit ihrem eigenen Körper umgingen. Diese Menschen versuchten mehr oder weniger ihren eigenen Körper zu zerstören – weil man sich diesen Körper als *den* Feind der asketischen Absichten des Mönchs vorstellte und ihn als *das* Hindernis, ein Leben gemäß Gottes Anweisungen zu führen, ansah. Es lassen sich viele weitere Beispiele aus der relevanten monastischen Literatur vor allem Ägyptens für ein solches Leben anführen: einfache oder bewusst vernachlässigte Kleidung und Körperpflege, extrem eingeschränkte Nahrung, die immer weiter reduziert wurde, und schließlich der Versuch, einen aufrechten Gang in eine demütige Haltung zu zwingen, indem man bewusst in einer viel zu kleinen Zelle lebte.[593]

Es gibt zudem auch noch weit radikalere Beispiele als das asketische Verhalten des Hilarion nach der Darstellung des Hieronymus. Ein extremes Beispiel trat vor einigen Jahren in Israel zutage: Man fand bei der Ausgrabung eines Eremiten-Turms an der Hebron-Straße zwischen Jerusalem und Bethlehem nahe des Mar-Elias-Klosters (Khirbet Tabaliya) ein Skelett aus dem sechsten Jahrhundert. Das Skelett gehörte einem Asketen, der durch eine dicke Eisenkette gefesselt war, die mehrfach um den Unterleib gewickelt und auf dem Rücken gekreuzt war.[594] Zum Zeitpunkt seines Todes war der Mann zwischen vierundzwanzig und sechsundzwanzig Jahre alt; die Art und Weise

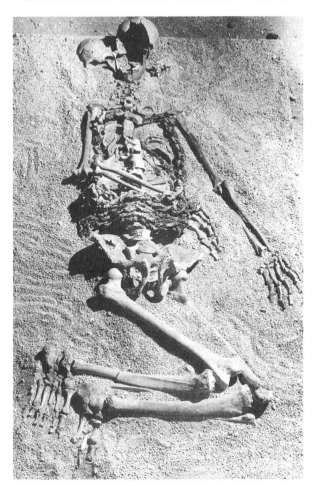

Abb. 14 Mönch in Ketten
Grabfund aus Horvat Tabaliya bei Jerusalem (6. Jh.)
Sammlungen des griechisch-orthodoxen Patriarchates in Jerusalem [595]

seiner Selbstfesselung ist in der Literatur besonders für Syrien belegt.[596]

Auch wenn dieser gefesselte Asket deutlich später datiert wird als die von uns diskutierten Texte vom Ende des vierten und Anfang des fünften Jahrhunderts, repräsentiert er doch in einer Region, die dem Gedankengut des Origenes offen gegenüberstand, einen extremen Ver-

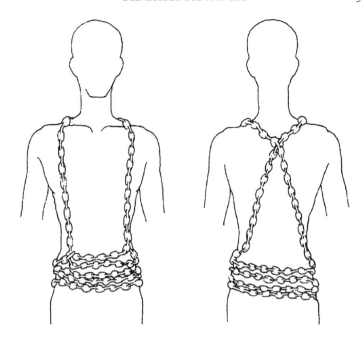

Abb. 15 Rekonstruktionen der Ketten des Mönchs
Grabfund aus Horvat Tabalia bei Jerusalem (6. Jh.)[597]

such, den eigenen Körper zu zerstören und körperliche Bedürfnisse, «fleischliches» Denken und alles, womit der Körper den Asketen am Aufstieg in den Himmel hinderte, gleichsam in Ketten zu legen. Vermutlich wurde aber umgekehrt nicht nur ein Stück weit der eigene Körper des Asketen zerstört, sondern durch derartige Ergebnisse eines öffentlichen Wettkampfs die Attraktivität des Christentums in der Antike bis zu einem gewissen Grad gesteigert, weil sie die Macht der neuen Religion in aller Öffentlichkeit demonstrierten.[598] Einige pagane Zeitgenossen wie zum Beispiel der platonische Philosoph Eunapius bemerkten nicht nur diese extrem radikale und destruktive Einstellung zum Körper, sondern kommentierten sie auch überaus kritisch: «die sogenannten Mönche (...), die zwar wie Menschen aussahen, deren Leben aber das von Schweinen war».[599]

Aber es gibt im asketischen Verhalten antiker Christenmenschen nicht nur den Versuch, den Körper durch Askese zu zerstören, der mit der kritischen Haltung vieler Mönche gegen körperliche Vorstellungen von Gott verbunden werden kann. Es gibt daneben auch offenkundig die leitende Idee, den eigenen Körper zu perfektionieren und seine Eigenschaften in Anlehnung an die Eigenschaften himmlischer Körper oder des göttlichen Körpers selbst zu transformieren. Für dieses freundlichere Verhalten gegenüber dem eigenen Körper waren nicht nur aus den biblischen Schriften entnommene Motive oder Impulse aus der zeitgenössischen Philosophie verantwortlich, sondern auch weitverbreitete Praktiken der Pflege des eigenen Körpers in antiken Gesellschaften: Reinhold Merkelbach wies schon vor Jahren nach,[600] dass für Christenmenschen ebenso wie für nichtchristliche Zeitgenossen in den maßgeblichen Begriffen «Asket» (ἀσκητής) und «Athlet» (ἀγωνιστής) die Konnotation eines «christlichen Sportsmanns» enthalten war, eines guttrainierten Athleten, der (wie übrigens auch die paganen Athleten) einen «unerbittlichen Kampf gegen den eigenen Körper führt»,[601] nicht so sehr mit dem Ziel, seinen Körper zu zerstören, sondern ihn zur Perfektion zu bringen.

Versuche, auf eine solche Weise den eigenen Körper zu perfektionieren und damit zu vergöttlichen, können zwar nicht bei den Anthropomorphiten des späten vierten Jahrhunderts beobachtet werden, sie finden sich aber in vielen anderen Texten aus dem antiken ägyptischen und syrischen Mönchtum. Diese Quellen zeigen, dass der Versuch, einen menschlichen in einen göttlichen Körper zu transformieren, eine verbreitete Einstellung im christlichen Asketentum der Spätantike war. In unserem Zusammenhang genügen einige wenige, charakteristische Beispiele:

Der Körper des großen ägyptischen Abtes *Schenute*, der 466 im Alter von über hundert Jahren in seinem «Weißen Kloster» nahe der mittelägyptischen Stadt Sohag starb, soll durch andauerndes Fasten in «kaum mehr als Knochen, Sehnen und Leder umgewandelt worden sein und dadurch fast unzerstörbar geworden sein».[602] Unzerstörbarkeit ist natürlich ein Gottesattribut; der Körper des Schenute wird in seinem eigenen Kloster zu einem Modell für die Gemeinschaft der Mönche, aus dem konkrete Handlungsanweisungen für das asketische Verhalten in der Gemeinschaft abgeleitet werden.[603] Allerdings darf man aus solchen Sätzen und ihrer Ritualisierung im Kloster des Schenute nicht folgern, dass man dort den Körper als Körper verachtete: In Schenutes Traktat *Contra Origenistas* finden sich explizit gegenteilige Ansichten über den Körper:

«Haben sie nicht gesagt: ‹Dieser Leib ist die Strafe der Seele und ihr Gefängnis›? Ich aber sage: ‹Der Leib des wahrhaft Gerechten ist die Freude und Ruhe der Seele›».[604]

Eine besonders eindrucksvolle Form, den eigenen Körper in Analogie zu Gottes Körper zu bringen, findet sich bei den berühmten syrischen Säulenheiligen. Bischof Theodoret von Cyrrhus in Syrien kommentierte in seiner Biografie des berühmten syrischen Säulenheiligen Simeon Stylites (ca. 390–459), die noch während Simeons Lebzeiten etwa 444 geschrieben wurde, die beständige Erhöhung der Säule, auf der Simeon stand,[605] mit den folgenden Worten: «Er wünscht zum Himmel zu fliegen und sich vom irdischen Getriebe zu lösen».[606] Obwohl die beständige Erhöhung der Säule eigentlich einen durchaus trivialen Grund hatte – Simeon ließ sie wegen der zunehmenden Belästigungen durch Pilger erhöhen, die ihn berühren und Stücke von seinem Fell abschneiden wollten –, empfanden die Zeitgenossen sein Programm der Vergöttlichung des Leibes durch beständiges Stehen und ununterbrochenes Sichverbeugen als ein «neues und wunderliches Schauspiel» (θέαμα καινὸν καὶ παράδοξον).[607] Die Mischung aus Verbeugen und Stehen macht jedenfalls deutlich, dass Simeon sein ganzes Leben so führte, als stünde er unmittelbar vor dem göttlichen Thron, unmittelbar vor Gottes Angesicht. Gott heißt in der jüdisch-hellenistischen wie samaritanischen Tradition übrigens auch «der Stehende».[608] Als nach dem Bericht der Vita einmal ein Mann aus Rabaena[609] den Asketen fragte, ob er ein Mensch oder ein Engel (im Griechischen: «eine unkörperliche Natur», ἀσώματος φύσις) sei,[610] zeigte Simeon eine bösartige Wunde am Fuß, die er sich durch das ununterbrochene Stehen zugezogen hatte und die beständig sehr viel Eiter absonderte.

Selbstverständlich ist in diesen Texten nicht von einer körperlich verstandenen Gleichartigkeit mit Gott die Rede, die gar als Konsequenz der Schöpfung zum Ebenbild Gottes vorgestellt wird. Aber in den Texten werden die Engel als vermittelnde Figuren eingeführt: So heißt es in einem Text, der Schenute zugeschrieben wird und in dem die Mönche zu einem engelgleichen Leben ermahnt werden: «Ihr wandelt in der Weise (βίος) der Engel und ahmt die Propheten und die Apostel und alle Heiligen nach, nicht nur durch eure Tracht und den inhaltslosen Namen (…), sondern durch eure Lasten, die ihr wegen des Namens des Herrn, des Christus Jesus, auf euch nehmt».[611] «Engelgleiches Leben» (ἀγγελικὸς βίος) war gefordert.[612] Derjenige, der seinen Körper remodellieren, transformieren oder wie ein Engel sein wollte, verursachte sicherlich Missverständnisse. Die weitverbreitete platonische Idee einer «Angleichung an Gott so weit als möglich» (ὁμοίωσις τῷ θεῷ κατὰ τὸ δύνατον) und mehr noch die Idee von «Gottwerdung» (θεοποίησις) lösten bereits während der Antike Verwirrung und Diskussion aus.[613] Die Vorstellung von einem engelgleichen Leben konnte helfen, jene Missverständnisse zu vermeiden, auch wenn derjenige, der diese Vorstellung benutzte, sich tatsächlich auf den Körper Gottes bezog.

Zusammenfassung und Ausblick

Wir haben gesehen, dass das biblische Konzept eines göttlichen Körpers tatsächlich von einigen prominenten christlichen Autoren des zweiten und frühen dritten Jahrhunderts wie Melito von Sardes oder Tertullian vertreten und offensichtlich von einer Gruppe christlicher Mönche in Ägypten im vierten Jahrhundert wieder aufgenommen wurde, obwohl eine ganze Anzahl gebildeter Theologen des dritten und vierten Jahrhunderts wie beispielsweise Origenes überaus hart gegen solche Gottesbilder stritten. Es könnte durchaus möglich sein, dass die ganze scharfe Kontroverse über Recht und Grenze der Theologie des Origenes im vierten und fünften Jahrhundert in Ägypten wie im Heiligen Land nicht von den Anthropomorphiten ausgelöst wurde, sondern im Gegenteil durch die scharfen Gegenmaßnahmen des alexandrinischen Patriarchen Theophilus gegen den «Anthropomorphismus» verursacht wurde. Spielte in diesen heftigen Debatten aber die Frage nach dem *menschlichen Körper* Jesu von Nazareth keine Rolle, der doch durch die antike Christenheit bald als göttliche Person oder gar als Gott selbst bekannt wurde? Was lässt sich aus den Debatten über den menschlichen Körper Jesu Christi für die antiken Vorstellungen von göttlichen Körpern lernen? Dieser Frage wollen wir uns im letzten Kapitel dieses Buches widmen.

SIEBTES KAPITEL

DER KÖRPER GOTTES UND DIE ANTIKE CHRISTOLOGIE

Wenn man Vorstellungen vom göttlichen Körper in der Antike näher in den Blick nimmt, wird schnell deutlich, wie nahe sich antikes Judentum und Christentum standen: Auch an diesem scheinbar sehr spezifischen Punkt christlicher Lehrbildung wird deutlich, dass Judentum und Christentum sich in der hohen Kaiserzeit und in der Spätantike nicht als zwei strikt voneinander getrennte Religionen so gegenübertraten, wie sie beispielsweise in dem verbreiteten Forschungskonzept der «Teilung der Wege» («parting of the ways») modelliert sind:[1] Jenes Konzept imaginiert ein allmähliches Auseinandertreten des antiken Judentums in zwei getrennte Religionen, eben *das* Judentum und *das* Christentum, und datiert einen solchen Prozess vor allem in das zweite Jahrhundert. Auch wenn die Rede von geteilten Wegen, die auf Philip Alexander zurückgeht, bereits eine Revision der deutlich schwierigeren Modellbildung nach Verwandtschaftsanalogien darstellte (wonach das Christentum als eine Tochterreligion der jüdischen Mutterreligion begriffen wurde und damit implizit natürlich als moderner und zeitgemäßer als das Judentum), ist in jüngster Zeit deutlich geworden, wie wenig die aufeinander bezogenen gemeinsamen Entwicklungsdynamiken in den Blick treten, wenn eine solche Metaphorik der Weggabelung zugrunde gelegt wird. Daniel Boyarin hat zudem darauf hingewiesen,[2] dass ohnehin strenge Unterscheidungen von zwei oder mehr Entitäten nach dem Modell von Stammbäumen oder Weggabelungen den faktisch vorhandenen vielfachen Mischphänomenen und Hybridbildungen kaum gerecht werden können. Das wird exemplarisch deutlich, wenn man (wie Israel Yuval[3] oder Clemens Leonhard[4]) die Entwicklung des Festkalenders und liturgischer Texte im antiken Judentum und Christentum vergleicht; hier zeigt sich, wie stark Gemeinschaften, die gern als duale Entitäten modelliert wurden, gleichsam wie in einem Netz aufeinander bezogen blieben.

Solche in postmodernen Zeiten attraktive Entgrenzung und Verflüssigung scheinbar stabiler Entitäten scheint eine eindeutige Grenze zu finden, wenn man die unterschiedlichen antiken christlichen Konzepte, über Jesus von Nazareth als den Christus Gottes nachzudenken, betrachtet: Nach wie vor erscheint das christliche Bekenntnis zu dem gekreuzigten Messiasprätendenten Jesus von Nazareth als Realisierungsform des einen einzigen Gottes eine kaum auflösbare Trennungslinie, die Bekenntnisse und Gemeinschaften im römischen *Imperium* eindeutig voneinander scheidet.

Die Inkarnation als Spezifikum?

Wohl finden sich einzelne Elemente der christlichen Rechenschaftslegung über Jesus von Nazareth auch in rabbinischen und nichtrabbinischen jüdischen Texten; so hat Daniel Boyarin gezeigt, dass die Vorstellung einer göttlichen Person neben Gott, die als «Wort Gottes» hypostasiert wird, in der hohen Kaiserzeit nicht auf christliche Lehrbildungen beschränkt bleibt.[5] Unser Blick auf die spätantike und frühbyzantinische jüdische Hekhalot-Literatur hat zudem ergeben, dass es sich bei solchen Konvergenzen jüdischer und christlicher Lehrbildung über die – verkürzt gesagt – pluralen Dimensionen des einen, einzigen Gottes nicht um frühe Phänomene von geistiger Nachbarschaft handelt, die angesichts der späteren Ausdifferenzierung zweier Religionen zunehmend ausgeschlossen sind. Wir sahen vielmehr, dass noch in spätantiker und frühbyzantinischer Zeit im Judentum so gedacht wurde, dass bestimmte Analogien zum Christentum unübersehbar sind (s. o. S. 242–246). Aber in keinem dieser jüdischen Texte verschiedenster Provenienz scheint es so etwas wie eine *Inkarnation*, eine «Fleischwerdung» solcher privilegierter *göttlicher* Vermittlungsfiguren in einer konkreten irdischen Person (wie eben in der des Nazareners Jesus) zu geben.[6] Körperliche Erscheinungen bleiben auf Engel beschränkt. Die Vorstellung einer Inkarnation des ewigen Gottes in der Person Jesu von Nazareth scheint das Christentum eher mit den paganen als mit den jüdischen Glaubensweisen zu verbinden, wobei man natürlich streng zwischen einer *Inkarnation* im *engeren Sinne* (Fleischwerdung in einer konkreten Person von deren Geburt bis zu deren Tod) und im *weiteren Sinne* (temporäre Verkörperung von Göttern) unterscheiden muss: Regelrechte, wenn auch temporäre Erscheinungen göttlicher Figuren in menschlicher Gestalt waren mindestens nach der Mythologie der *paganen* Antike durchaus möglich und sprengten insofern auch nicht vollkommen den Rahmen der damaligen Wirklichkeitsdeutungen.[7] Das dokumentiert beispielsweise eine plastische Szene aus der Apostelgeschichte des Lukas, in der einer Volksmenge im lykaonischen Lystra folgender, ursprünglich angeblich in lykaonischer Volkssprache formulierter, akklamatorischer Satz in den Mund gelegt wird: «Die Götter sind den Menschen ähnlich (oder: gleich) geworden und zu uns herabgekommen» (Apostelgeschichte 14,11).[8] Die in der Apostelgeschichte berichtete Szene, dass in Lystra die christlichen Missionare Barnabas und Paulus aufgrund einer Krankenheilung im Rahmen einer solchen Epiphanie-Frömmigkeit für Zeus und für Hermes gehalten werden, erinnert an eine andere bekannte Erzählung: Jupiter erscheint nach dem Bericht des kaiserzeitlichen Dichters Ovid gemeinsam mit Hermes bei Philemon und Baucis *specie mortali*, «in der Gestalt eines Sterblichen».[9] Etwas Vergleichbares wird auch in der Apostelgeschichte durch die Menschenmenge gesagt: «Die Götter sind in Menschengestalt herabgekommen». Entsprechend heißt es schon bei Homer:

«Von weither kommenden Fremdlingen gleichend und unter vielen Gestalten durchwandeln gar die Götter die Städte und beobachten der Menschen Übermut und Wohlverhalten».[10]

Ob diese göttliche Gestalt nach der Vorstellung des Lukas nun der der Menschen *gleich* oder nur *ähnlich* ist, ist nach dem griechischen Wortlaut nicht präzise zu entscheiden.[11] Diese etwas spitzfindige sprachliche Differenz scheint man auch in der Antike zunächst noch nicht als Problem empfunden zu haben, sie wird, wie wir gleich sehen werden, erst im Laufe des Nachdenkens über solche und andere Stellen der christlichen Bibel in der Antike zum Problem werden.

Auch wenn der lukanische Text recht subtil eine Differenz zwischen der menschlichen (meint: körperlichen) Gestalt von Göttern und dem Körper von Menschen andeutet, sind solche Berichte über temporäre oder längerdauernde Verkörperungen eines Gottes oder von Göttern – wie Hans Ulrich Gumbrecht gezeigt hat – aufgrund der strikten

Transzendentalisierung des Gottesbegriffs nicht nur im spätantiken und mittelalterlichen Mehrheitsjudentum zunehmend als ein Stein des Anstoßes empfunden worden, sondern galten und gelten auch den meisten neuzeitlichen, mehr oder weniger christlich geprägten Intellektuellen als Zeichen eines überwundenen mythologischen Weltbildes. Das verwundert nicht: Die Vorstellung von einer temporären oder lebenszeitlichen Inkarnation transzendenter göttlicher Geistigkeit ist, wie Gumbrecht bemerkt, quasi das Gegenmodell zu der auf René Descartes zurückgehenden Vorstellung, die den menschlichen Körper weitestgehend auf seine Funktion einer schlichten Energieressource menschlicher Geistigkeit reduziert.[12] Erst in den letzten Jahrzehnten mehren sich in gleichsam postkartesianischer Tendenz Stimmen dafür, die Bedeutung des Körpers und der Körperlichkeit deutlich höher zu veranschlagen (s. o. S. 34–40); in diesem Zusammenhang erfährt auch die lange vernachlässigte Vorstellung der «Inkarnation» neue Aufmerksamkeit und Gumbrecht selbst ist ein interessantes Beispiel für diese neuere Tendenz. Schon deswegen muss am Ende unserer Untersuchungen zu Vorstellungen von göttlicher Körperlichkeit in der Antike noch einmal – wenigstens kurz – auf die spezifische christliche Vorstellung eingegangen werden, dass im Falle Jesu der göttliche Körper nicht aus einer besonderen, der Göttlichkeit Gottes angemessenen Materialität besteht, sondern mit einem menschlichen Körper mehr oder weniger identisch ist – jedenfalls für eine gewisse Zeit. Stellt diese Idee vollständiger Identität vielleicht den eigentlich christlichen Beitrag zur Debatte über den göttlichen Körper in der Antike dar? Oder ist sie nur die etwas radikalisierte Form des klassischen jüdischen Gedankens der Ebenbildlichkeit Gottes, der ohne Rücksicht auf zeitgenössische philosophische Diskussionsstandards noch einmal am Beispiel eines einzelnen Menschen durchdacht wird? Oder eignet sich die Idee einer Identität von göttlichem und menschlichem Körper doch nicht zur Abgrenzung des Christentums von den anderen monotheistischen und paganen Religionen der Antike?

Debatten über die Göttlichkeit des Körpers Jesu Christi

Natürlich kann es nicht darum gehen, zur Beantwortung dieser Fragen nun gleichsam noch eine vollständige Geschichte der Entwicklung der christlichen Lehre von der Inkarnation vorzulegen, die zugleich auch möglicherweise konvergente jüdische, muslimische und pagane Vorstellungen in den Blick nimmt. In unserem Zusammenhang müssen einige wenige charakteristische Beispiele reichen und der pauschale Verweis auf die umfassende Darstellung der Entwicklung des christlichen Denkens über Jesus von Nazareth als göttliche Person und die entsprechende Frömmigkeit aus der Feder von *Alois Kardinal Grillmeier* (1910–1998). Diese noch unabgeschlossene Darstellung umfasst inzwischen fünf Bände und führt bis in die weit verzweigten Debatten nach dem Konzil von Chalcedon (451) hinein.[13] Unser Ausgangspunkt ist im Unterschied zum Ansatzpunkt der Darstellung Grillmeiers der Eindruck, dass bereits in den Texten, die später (das heißt: ab dem zweiten Jahrhundert) in das kanonische Neue Testament der Christenheit aufgenommen wurden, die *spezifische Beschaffenheit des menschlichen Körpers* Jesu von Nazareth von hohem Interesse für die meist unbekannten Autoren dieser Texte war, weil sie zugleich davon überzeugt waren, dass man es hier (bewusst unspezifisch formuliert) mit mehr als nur einem menschlichen Körper zu tun hatte. Die Bedeutung dieser zentralen Dimension der Körperlichkeit des (wieder unspezifisch formuliert) Gottmenschen Jesus für die Ausbildung einer auf Jesus von Nazareth bezogenen Lehre vom Christus Gottes – in klassischer Sprache: «Christologie» – wird bei Grillmeier kaum berührt. Dabei spielt diese Frage vor allem in den innerchristlichen Debatten seit dem zweiten nachchristlichen Jahrhundert eine wichtige Rolle, freilich mit durchaus unterschiedlicher Akzentsetzung, wie bereits vor über hundert Jahren Walter Bauer in einem Überblick über die einschlägigen Texte aus der apokryph gewordenen Literatur des antiken Christentums herausgestellt hat.[14] Eine Spitzenaussage im Neuen Testament, die im Blick auf ihren Inhalt analogielos genannt werden kann, markiert dabei gut das Problem: Im Brief an die Gemeinde im kleinasiatischen Kolossae, den die Tradition zu Unrecht Paulus zuschreibt und der wohl noch aus dem ersten Jahrhundert stammt, wird formuliert: In Christus «wohnt die ganze Fülle der Gottheit leibhaftig» (Brief an die Kolosser 2,9).[15] Mit jener Ansicht, dass die gesamte «Fülle der Gottheit»[16] sich in einem Körper (σωματικῶς)[17] niedergelassen habe, stellte sich für die antike Christenheit gleichsam unmittelbar auch die Aufgabe, Konsequenzen dieser Aussage für das Verständnis des Körpers zu beschreiben, von dem dies ausgesagt wurde. Dabei ist für unsere Zusammenhänge gleichgültig, ob dieser Vers ursprünglich vor dem Hintergrund einschlägiger, vor allem stoischer philosophischer Konzepte[18] so gemeint war, dass die gesamte Fülle der Gottheit in der *Welt* (ὁ κόσμος) als dem Körper der Gottheit anwesend sei und also Christus hier ein *kosmischer Leib* zugeschrieben wurde, oder ob der Satz als eine Aussage über den *irdischen* und *menschlichen* Körper Jesu Christi gelesen wurde (immerhin kennt der Kolosserbrief den aus Fleisch bestehenden irdischen Körper Jesu Christi und billigt ihm eine Heilsbedeutung zu):[19] Die Aufgabe, das Verhältnis von Gottheit und Menschheit auch für den Körper Jesu Christi zu klären, stellte sich unabweisbar, und die Lösungen dieser Aufgabe lassen interessante Rückschlüsse auf dabei vertretene Konzepte von Gottes Körper zu.[20] Dabei lassen sich grob *zwei* Grundrichtungen unterscheiden, in denen dieses Verhältnis expliziert wurde: die Abwertung des Körpers zu einem Scheinleib und die Aufwertung zu einem vollkommenen menschlichen Körper.

Wie sehr alle diese Fragen mit dem grundlegenden Problem der Körperlichkeit Gottes des Vaters zusammenhingen, zeigt eine Passage aus einem Bericht über eine angebliche Disputation zwischen einem Christen namens Acacius und einem Beamten des römischen Kaisers Decius namens Marcianus in den *Acta Acacii*. Dort wird über Zeugung wie Geburt Jesu Christi debattiert und Marcianus fragt nach dem Zeugnis des als Gesprächsprotokoll stilisierten Textes: «Also ist Gott körperlich?» Darauf antwortet der als Christ angeklagte Acacius: «Das weiß allein er selbst, wir erkennen in Wahrheit seine unsichtbare Gestalt nicht, sondern wir verehren seine Kraft und Macht».[21] Der Text dürfte im vierten Jahrhundert in Kleinasien entstanden sein und dokumentiert, dass in spätantiken katechetischen Zusammenhängen die Frage, ob Gott einen Körper habe, in bestimmten christlichen Kreisen offen beantwortet wurde und ein enger Zusammenhang mit der Frage nach der körperlichen Existenz Jesu Christi gesehen wurde.[22]

Die Aufwertung des menschlichen Körpers Jesu Christi

Einzelne Autoren und Schulen betonen die *menschliche* Körperlichkeit Jesu Christi besonders stark. So spricht beispielsweise der nordafrikanische christliche Lehrer *Tertullian* in seiner Polemik gegen eine Theologie, die Vater und Sohn identifiziert, im Hinblick auf Christus vom *sermo in carne*, von «Gott, dem Wort, im Fleisch».[23] Dabei setzt sich

Tertullian kritisch mit einer Aussage seiner Gegner auseinander, die Gott und Fleisch ohne jede Differenzierung gleichsetzen: «Fleisch ist daher geboren worden, Fleisch wird daher der Sohn Gottes sein» (*Caro itaque nata est, caro itaque erit filius dei*).[24] Der nordafrikanische Theologe besteht darauf, dass Gott nicht in Fleisch *verwandelt* wurde, weil «das Wort in seiner Gestalt bleibt». Nur insofern ist es «im Fleisch geworden» (Johannes 1,14), was nach Tertullian bedeutet, «dass es im Fleisch zu existieren beginnt und sich mittels des Fleisches offenbart, sehen und berühren lässt»: Jesus ist «eine einzige Substanz aus zwei Dingen, aus Fleisch und Geist, eine gewisse Mischung».[25] Das ist präzise im Sinne des stoischen Konzeptes der «unzusammengeschütteten Einheit» (ἀσύγχυτος ἕνωσις) so zu verstehen, dass in dieser ‹gewissen Mischung› die Identität der beiden Elemente «Wort» und «Fleisch» bewahrt bleibt – im Unterschied zu einer vollständigen Vermischung, die zu einem neuen Körper oder einer neuen Flüssigkeit mit neuen Eigenschaften führt («Zusammenschüttung», σύγχυσις), oder zu einer bloßen Nebeneinanderstellung zweier Elemente wie beispielsweise in einem Haufen Kiesel (παράθεσις).[26] Allerdings fehlt in diesem frühen Stadium der Reflexion – Tertullian ist der erste Autor lateinischer Sprache, der sich so detailliert mit Grundproblemen der Christologie beschäftigt – ein ausführliches Nachdenken über solche Eigenschaften Jesu, die für menschliche Körperlichkeit und für diesen spezifischen Menschen charakteristisch sind und zugleich für einen Gott besonders problematisch. Zu denken wäre an menschliche Bedürfnisse wie Durst, Hunger oder Schlaf, die ein Gott per definitionem nicht haben kann, weil er keiner Sache bedürftig ist (ἀπροσδεής).[27] Wie ernsthaft solche Fragen diskutiert wurden, zeigt sich daran, dass Tertullian eine eigene Schrift «Über das Fleisch Christi» verfasste, in der er dafür zu argumentieren versuchte, dass schon aus biblischen Texten vollkommen ersichtlich sei, dass Jesus Christus einen «menschlichen und von einem Menschen entnommenen Körper» besitze, «also ebenso wenig aus geistiger Substanz wie ein seelischer, kein aus den Sternen entnommener und auch kein *phantasma*» sei.[28] Gleichzeitig gilt aber für den Stoiker Tertullian – wie wir bereits sahen[29] – schon aus philosophischen Gründen, dass Jesus Christus, da er auf Erden existierte, als Körper existierte: «Nichts ist unkörperlich, außer was gar nicht existiert».[30]

Die Abwertung des menschlichen Körpers Jesu Christi zu einem «Scheinleib»

Daneben gibt es auch Hinweise darauf, dass die menschliche Körperlichkeit im Interesse unbeschädigter Gottheit zu einer lediglich *scheinbaren* Körperlichkeit herabgestuft wurde, obwohl für solche, gewöhnlich «Doketismus» genannte Vorstellungen wenig direkte Quellenzeugnisse existieren und die Position mehr aus polemischen Referaten sogenannter antiker christlicher Häresiologen, also ihrer erklärten Gegner, rekonstruiert werden muss.[31] Das Problem der historischen Rekonstruktion solcher Lehren beginnt bei der verwendeten Begrifflichkeit und ihrer Definition: Während der Begriff «Doketismus» eine neuzeitliche Bildung eher unklarer oder gar schwammiger Bedeutung und sehr unterschiedlicher Definitionen darstellt, der freilich eine spätantike Vorgeschichte hat,[32] finden sich schon am Ende des zweiten Jahrhunderts Belege für das zuvor nicht belegte griechische Wort «Anschein-Leute» (Δοκηταί). Deswegen ist vorgeschlagen worden, zwischen diesen historisch belegten «Anschein-Leuten» («Doketen») und ihrer Lehre («Anschein» oder eben «doketische Lehre») einerseits und einem inhaltlich konturierten Sammelbegriff für verschiedenste Gruppen andererseits zu differenzieren, die durch eine einheitliche inhaltliche Ablehnung einer konkreten menschlichen Körperlichkeit für den irdischen Jesus verbunden sind («Doketisten», «doketistisch» und «Doketismus»).[33]

In unserem Zusammenhang sind diese «doketistischen» Positionen weniger interessant – beispielsweise die angebliche Ansicht des in Rom Mitte des zweiten Jahrhunderts wirkenden Lehrers *Cerdo*,[34] wonach Christus nicht «im Fleisch war», sondern «bloß als Abbild dagewesen sei».[35] Das hierbei im Referat verwendete latinisierte griechische Wort *phantasma* (φάντασμα) hat ein breites Bedeutungsspektrum, es kann «Abbild», «Trugbild», «Gespenst» oder einfach «Erscheinung» bedeuten. Wahrscheinlich hat man mit solchen wie den zitierten Aussagen Cerdo, der als Lehrer des «Erzhäretikers» Marcion galt, Positionen untergeschoben, von denen man am Ende des zweiten und am Beginn des dritten Jahrhunderts annahm, dass sie auch *Marcion* selbst vertreten habe.[36] Höchst unsicher bleibt, ob Marcion selbst den menschlichen Körper Jesu Christi als *phantasma* bezeichnet hat: Tertullian wirft Marcion vor, er habe gelehrt, Jesus Christus sei nicht das gewesen, als das er erschienen sei: Fleisch und doch nicht Fleisch, Mensch und doch nicht Mensch.

Allerdings gibt er zu erkennen, dass seiner Kenntnis nach Marcion nicht expressis verbis von einem *phantasma* sprach, sondern diese Vorstellung in den Augen Tertullians nur die logische Konsequenz aus den Ansichten Marcions darstellte.[37] Da mehrfach von Menschen berichtet wird, die meinen, dass der Leib Christi nach der Analogie zu denken ist, die die Engel bei ihren Erscheinungen auf Erden annahmen (wie beispielsweise bei Abraham in Genesis 21,1–5[38]), spricht viel dafür, dass auch Marcion damit rechnete, Jesus Christus habe den Körper eines Engels besessen[39] und damit «ein Abbild der menschlichen Substanz».[40] Schon Harnack hat richtig bemerkt, dass nach allgemeinem zeitgenössischen Verständnis die Engel, «die zu Abraham kamen, nicht Gespenster waren, sondern als leibhaftige und wirkliche Menschen handelten und aßen; so war auch Christus kein Gespenst, sondern der Gott trat in menschlicher Erscheinung auf».[41] Marcion wäre, falls er so dachte, längst nicht der einzige Christ des zweiten Jahrhunderts gewesen, der Jesus Christus in Analogie zu einem Engel begriffen hätte.[42] Leider bleibt ganz unklar, ob die im Folgenden zitierten Sätze, die Tertullian als wörtliches Zitat Marcions bietet, tatsächlich so von diesem als Polemik gegen die kanonisch gewordene Geburtsgeschichte Jesu formuliert worden sind oder ob sie nicht vielmehr eine rhetorische Zuspitzung Tertullians viele Jahre nach dem Tod seines literarischen Gegners darstellten:

> «‹Fort mit den beständigen lästigen Schätzungen des Kaisers›, sind seine (sc. Marcions) Worte, ‹fort mit der überfüllten Herberge, fort mit den schmutzigen Windeln und der harten Krippe! Will die Engelschar ihren Herrn in den Nächten ehren, meinetwegen, die Hirten aber sollten lieber auf ihr Vieh achtgeben und die Magier brauchten sich nicht so weit herzubemühen; ich schenke ihnen ihr Gold! Herodes sollte auch ein besserer Mensch sein, damit Jeremias sich nicht rühme (sc. die Geburt des Erlösers im Voraus geweissagt zu haben). Das Kind braucht sich nicht beschneiden zu lassen, damit es keine Schmerzen habe, und nicht zum Tempel getragen zu werden, damit es seinen Eltern nicht mit den Kosten der Darstellung beschwerlich falle, auch braucht es nicht dem Simeon auf die Arme gegeben zu werden, damit der lebensmüde Greis nicht getröstet werde. Das alte Weib kann den Mund halten und braucht den Knaben nicht zu behexen»».[43]

Sicher ist, dass man seitens mehrheitskirchlicher Kreise schon im zweiten Jahrhundert dem «Erzhäretiker» Marcion unterstellte, er habe Jesus keinen menschlichen Leib zugeschrieben. Aus solchen gegen bestimmte Lehrbildungen gerichteten Interpretationen entstanden dann offenbar schnell Gerüchte und als wahr angenommene Nachrichten, bestimmte «Häretiker» hätten den menschlichen Leib Jesu Christi als *phantasma* bezeichnet.

Für eine solche kritische Betrachtung kaiserzeitlicher Häresie-Vorwürfe könnte auch sprechen, dass in den klassischen häresiologischen Doxographien diese oder vergleichbare Positionen bereits im zweiten Jahrhundert sehr verschiedenen Personen untergeschoben werden und in der Mehrheitskirche gleichsam als ein zentrales Erkenntnismerkmal «gnostischer» Lehre gelten: So wurde dem gewöhnlich als «früher Gnostiker» gezählten syrischen Lehrer *Satornil* nachgesagt, er habe gelehrt, «dass der Erlöser ungeboren, unkörperlich, gestaltlos sei, nur scheinbar als Mensch erschienen».[44] Auch wenn hier der Terminus «scheinbar» im Lateinischen mit *putative* ausgedrückt wird und damit wohl in der Spätantike ein griechisches δοκήσει übersetzt wurde, geht es gerade nicht um einen göttlichen Körper, sondern um die *Unkörperlichkeit* Gottes (*incorporalis* bzw. ἀσώματος). Ähnlich schematisch bleiben die Vorwürfe, die sich im Corpus der Briefe finden, die dem antiochenischen Bischof *Ignatius* zugeschrieben werden und vom Anfang des zweiten Jahrhunderts stammen sollen.[45] Sie sind an Christenmenschen aus Gemeinden verschiedener Städte in Kleinasien gerichtet. In Briefen an die Gemeinden in Smyrna, dem heutigen Izmir, und in Tralles (bei dem heutigen Ort Aydın) werden «Ungläubige» angegriffen, die «sagen, er habe zum Schein gelitten».[46] Diese Position muss man natürlich schon deswegen als besonders brisant empfunden haben, weil auch Ignatius von Antiochien litt und starb – auf diese Idee der mimetischen Konformität des leidenden und sterbenden Märtyrers mit dem leidenden und sterbenden Christus in der Theologie des christlichen Martyriums ist noch an anderer Stelle ausführlicher einzugehen.[47] Außerdem wird «Leiden» (πάθος) in diesen an die Gemeinden von Smyrna und Tralles gerichteten Texten nicht nur als Bezeichnung eines bestimmten Abschnittes im Leben Jesu, sondern pars pro toto als Ausdruck für das «gesamte Christusgeschehen mit all seinen Einzelereignissen» verstanden.[48] Daher ist der Autor dieser Briefe davon überzeugt, dass man bekennen muss, dass Jesus Christus einen Körper aus Fleisch und Blut trug, weil er sonst etwas Lebloses wie einen Leichnam getragen hätte und auf diese Weise auch das am Kreuz gewirkte Heil eine Illusion gewesen wäre.[49] Die

Briefe an die Gemeinden von Smyrna und Tralles existieren handschriftlich in mehreren Versionen unterschiedlicher Länge; es spricht viel für die Ansicht, dass man in der Spätantike die knappen thetischen Aussagen einer früheren Fassung in einer sogenannten Langversion der dem Ignatius zugeschriebenen Briefe fortgesetzt hat. In dieser Langversion findet sich ein ausführliches Bekenntnis zur Wahrheit und Wirklichkeit der Inkarnation Jesu Christi bei der Geburt, das erkennbar die heftigen Auseinandersetzungen des vierten und fünften Jahrhunderts terminologisch voraussetzt und zeigt, wie selbstverständlich nach den verschiedenen Kontroversen das Bekenntnis der antiken Christenheit zur Wirklichkeit des menschlichen Körpers Jesu Christi geworden war:

«Wahrhaft gebar Maria folglich einen Körper, in dem Gott wohnte, und wahrhaft wurde Gott, das Wort, aus dem Körper der Jungfrau geboren, indem er einen uns ähnlich leidensfähigen Leib anzog. Wahrhaft entstand er im Mutterleib, der alle Menschen im Mutterleib geschaffen hat, und machte sich einen Körper aus dem, was die Jungfrau hervorbrachte, und zwar ohne den Umgang mit einem Mann. Und sie war mit ihm schwanger, wie auch wir eine Zeit herumgetragen werden, und er ist wahrhaft in die Welt gebracht worden wie wir und wahrhaft mit Muttermilch gesäugt worden und mit gewöhnlicher Nahrung und mit Trinken versorgt worden wie auch wir. Und als er dreißig Jahre auf Erden zugebracht hatte, ist er wahrhaft von Johannes getauft worden und nicht zum Schein. Und drei Jahre predigte er das Evangelium und tat Zeichen und Wunder vor den falschen Juden und vom Statthalter Pilatus wurde der Richter (der Welt) gerichtet. Er wurde gegeißelt, mit Schlägen geschlagen, angespuckt, er trug eine Dornenkrone und einen purpurnen Mantel, er wurde abgeurteilt, wahrhaft gekreuzigt, nicht zum Schein, nicht als bloße Phantasie, nicht durch Leidenslosigkeit. Er starb wahrhaft und er wurde begraben und er stand von den Toten auf, wie er selbst an einer Stelle (der heiligen Schrift) betet und dabei spricht: ‹Du aber, Herr, wecke mich auf und ich werde es ihnen vergelten›».[50]

Was genau im zweiten Jahrhundert die christlichen Gruppen lehrten, die in der mutmaßlich ältesten Fassung der Ignatius zugeschriebenen Briefe angegriffen wurden, bleibt im Dunkel, wie auch viele Details. Wir wissen weder, wie groß diese Gruppen waren, noch, ob sie in der Heimatstadt des Ignatius, im syrischen Antiochia, oder in den kleinasiatischen Städten Smyrna und Tralles verbreitet waren oder gar an allen drei genannten Orten. Es ist auch nur schwer möglich, Motive dieser Position zu rekonstruieren – die Vorstellung, dass ein Schandtod am Kreuz sich nach der Vorstellung vieler Menschen nicht mit dem Bekenntnis zur Gottheit des so Hingerichteten vertrug,[51] mag ein Grund sein, aber genau ist das durch das Dickicht der heftigen Polemik, mit der hier formuliert wird, nicht mehr zu erkennen.

Das bedeutet aber, dass die verschiedenen, gern unter dem einen Stichwort «Doketismus» verhandelten Positionszuschreibungen, über deren Authentizität trefflich gestritten werden kann, hier nicht in aller Ausführlichkeit dargestellt und kritisch untersucht werden müssen. Bald galt die Rede vom irdischen Leib Jesu Christi als von einem *phantasma* ohne jede Differenzierung als Erkennungszeichen der Lehre «vieler Häretiker», wie man beispielsweise bei dem spanischen Autor *Gregor von Elvira* im vierten Jahrhundert nachlesen kann;[52] solche Stereotypen kann man aber schlecht auswerten und daher die Bewegungen, auf die sie einst gemünzt waren, nicht mehr angemessen darstellen.

Ein für unsere Zusammenhänge interessanterer Ansatzpunkt sind eher die Personen, die bereits in der hohen Kaiserzeit explizit als «Anschein-Leute» bezeichnet worden sind, und deren Positionen, denn sie vertraten eine entfaltete «Anschein-Lehre» und in diesem Zusammenhang Ansichten über den Körper Jesu Christi. Für diese Personen existieren *zwei* einschlägige Quellen bei christlichen Gegnern aus dem späten zweiten und frühen dritten Jahrhundert.[53]

Die Ansichten des Julius Cassianus

Clemens Alexandrinus erwähnt am Ende des zweiten Jahrhunderts den Terminus «Anschein-Leute» (Δοκηταί) für Personen, die nach ihren eigenständigen Lehren benannt sind, führt aber nicht aus, worin die Eigenständigkeit der Lehre besteht: «Was die (häretischen) Gruppen betrifft, so sind sie teils nach den Namen ihrer Gründer benannt (…), andere Gruppen sind nach einem Ort benannt (…), andere nach einem Volk, andere nach eigenartigen Lehren wie die Anschein-Leute (…)».[54] Daneben kennt Clemens an anderer Stelle durchaus eine «Lehre des Anscheins», für deren Verbreitung er besonders einen bestimmten christlichen Lehrer namens *Julius Cassianus* verantwortlich macht.[55] Es liegt nahe, beide Termini zu verbinden: «Anschein-Leute» vertreten eine «Anschein-Lehre». Zunächst einmal erfährt man auch in der zweiten Passage bei Clemens weder explizit, was genau dieser Lehrer über den menschlichen Körper Jesu Christi lehrte (worin also seine «Anschein-Lehre» genau bestand), noch etwas darüber, ob und wie er seine eigene leib- und sexualitätsfeindliche Ethik mit entsprechenden theologischen Ansichten begründete. Allerdings will Clemens denen, die diese Passage lesen, offenkundig die Deutung nahelegen, dass Julius Cassianus sein Votum für vollkommene geschlechtliche Enthaltsamkeit damit erklärte, dass er Sexualität für die nach dem Sündenfall vom Menschen übernommene animalische Praxis der Tierwelt hielt. Außerdem möchte Clemens suggerieren, dass Julius Cassianus Jesus Christus einen «anscheinend» oder «scheinbar» fleischlichen Leib zuschrieb. So hat jedenfalls rund zweihundert Jahre nach Clemens auch Hieronymus Julius Cassianus verstanden.[56] Angesichts seiner Herkunft aus Kreisen der sogenannten valentinianischen Gnosis könnte aber auch noch eine andere Erklärung naheliegen: Möglicherweise nahm er – wie bestimmte Lehrer, die wir dieser sogenannten valentinianischen Gnosis zurechnen,[57] – an, Jesus Christus habe einen «seelischen Leib» (τὸ σῶμα τὸ ψυχικόν) besessen. Damit war (nach einem besonders ausführlichen Referat über die Valentinianer bei Irenaeus von Lyon) gemeint, dass er «mit unsagbarer Kunst so zubereitet war, dass er sichtbar, betastbar und leidensfähig war».[58] Aber diese Qualitäten besitzt Christus nach dem Referat bei Irenaeus nicht deswegen, weil er aus Materie (ὕλη) besteht,[59] sondern weil die eigentlich unsichtbare, untastbare und leidensunfähige Seelensubstanz wunderbarerweise solche Eigenschaften aus freien Stücken annimmt. Es ist durchaus möglich, dass Julius Cassianus an dieser Stelle valentinianischen Lehrbildungen folgte. Wenn man unter dieser Voraussetzung fragt, wie man sich einen solchen «rein seelischen» bzw. nur «anscheinend fleischlichen Leib» konkreter vorzustellen hat, kann man Rückschlüsse aus einem wörtlichen Zitat aus einer Schrift des Julius Cassianus ziehen, die «Über die Enthaltsamkeit oder über das Eunuchentum» überschrieben war und aus der Clemens Alexandrinus folgenden Satz zitiert:

«Und niemand sage, der sexuelle Umgang miteinander sei von Gott gestattet, weil wir solche Körperteile haben, dass die Frau so und der Mann anders gestaltet sind, die Frau zum Empfangen, der Mann zum Befruchten».[60]

Offensichtlich gehörten für Julius Cassianus der männliche Penis samt Hoden und die weibliche Scheide nicht integral zu dem Menschen, den Gott ursprünglich schuf, sondern sie kamen (vermutlich mit einem umgebenden Fleisch) als Folge des Sündenfalls hinzu und die Menschen gingen erst dann in Nachahmung der Tiere sexuell miteinander um und konnten Nachwuchs bekommen. Julius Cassianus las das offenkundig aus der Stelle im Schöpfungsbericht, wo von der Bekleidung mit «Fellkleidern» die Rede ist.[61] Wenn dem aber so ist und Clemens Julius Cassianus eine Lehre vom «Schein» zuschrieb, dann dürfte dieser Asket vermutlich gelehrt haben, dass Jesus von Nazareth nur *anscheinend* (δοκήσει) einen männlichen Penis samt Hoden besaß, in Wahrheit aber als das eigentliche «Ebenbild Gottes» frei von dem Glied war, das seinen Zweck ohnehin nur in der widerlichen Nachahmung tierischer Fortpflanzungs- und Lustpraktiken hatte. Zu einer Mehrheitsposition im kaiserzeitlichen Christentum konnte diese spezifische Lehrbildung des Julius Cassianus freilich schon deswegen nicht werden, weil man gemeinhin an der Vorstellung festhielt, dass das Kind Jesus von Nazareth wie alle jüdischen Jungen an ebendiesem Penis beschnitten worden war.[62] Der spätantike christliche Festkalender enthielt daher in bestimmten Regionen auch ein «Fest der Beschneidung des Herrn» (*Circumcisio Domini*), das acht Tage nach seiner Geburt am 1. Januar gefeiert wurde; einschlägige Reliquien wurden allerdings erst seit dem Frühmittelalter präsentiert.[63]

Valentinus von Rom

Nicht nur die «gnostische» Schulrichtung, die sich auf den stadtrömischen Lehrer *Valentinus* zurückführte, ist für unsere Zusammenhänge mit ihrer Vorstellung eines «seelischen Leibes» einschlägig. Auch schon der Lehrer, auf den man sich in dieser Schule berief, hat offenkundig über das grundsätzliche Problem nachgedacht. Ein Fragment des Valentinus zeigt, dass man im zweiten Jahrhundert die Folgen der Enthaltsamkeit (ἐγκράτεια) Jesu für seinen Körper auch ganz anders beschreiben konnte, als es Julius Cassianus tat – allerdings verrät diese Lösung des Problems, wie man am Körper Jesu dessen Göttlichkeit sichtbar werden lassen konnte, auch, dass das zweite Jahrhundert eine Art Laboratorium der christlichen Theologiegeschichte darstellt, weil hier sehr individuelle und aus der Perspektive späterer Jahrhunderte auch sehr ungewöhnliche «Lösungen» angedacht und entwickelt wurden. Clemens Alexandrinus berichtet im Zusammenhang seines Referates über Positionen, die die Forderung der Enthaltsamkeit (ἐγκράτεια) leben und begründen wollen, über Valentinus Folgendes:

> «Valentinus sagt aber in dem Brief an Agathopus: ‹Wärend er (sc. Jesus) alles ertrug, war er enthaltsam: Jesus verwirklichte seine Gottheit, er aß und trank auf eigentümliche Weise, weil er die Speisen nicht ausschied. So groß war die Kraft seiner Enthaltsamkeit, dass die Nahrung in ihm auch nicht aufgelöst wurde, weil er keine Auflösung hatte›».[64]

Auch hier wird die Besonderheit des menschlichen Körpers Jesu, der offenbar über das übliche Organ verfügt, um Speisen und Getränke nach menschlicher Art aufnehmen zu können (einen Mund), pointiert durch das Fehlen von Charakteristika des menschlichen Körpers beschrieben – interessanterweise aber nicht durch das Fehlen eines Penis mit Hoden, sondern durch das Fehlen von Verdauung und Ausscheidung; man kann entsprechend darüber grübeln, ob Jesus nach der Ansicht des Valentinus Magen, Darm und einen *anus* besaß, nur scheinbar besaß oder diese Organe, obwohl er sie besaß, nicht nutzte. Leider bekommen wir auf diese Fragen keine Antwort im erhaltenen Fragment. Sicher ist nur, dass andere christliche Autoren der Zeit (wie beispielsweise Irenaeus und Clemens Alexandrinus) davon überzeugt waren, dass Jesus von Nazareth ganz normal gegessen und getrunken habe, also auch in der Art und Weise, wie die antike Wissenschaft sich das vorstellte, durch die Verdauung dem Körper bestimmte benötigte Stoffe zuführte und den unverdaulichen Rest ausschied.[65] Offenkundig gab es immer wieder Stimmen, wonach Jesus zwar aß und trank, aber diese alltäglichen Lebensvollzüge nicht existenziell brauchte wie jeder andere Mensch – in einer spätantiken lateinischen Fassung der apokryph gewordenen Akten des Petrus heißt es entsprechend:

> «Weil er selbst im Vater ist und der Vater in ihm (vgl. Johannes 17,21), ist er selbst auch die ganze Fülle der Erhabenheit (vgl. Kolosser 2,9), der uns alle seine Güter gezeigt hat. Er aß und trank unseretwegen, obwohl er selbst weder hungrig noch durstig war, er nahm auch Beschimpfungen auf sich, er litt wegen uns, er ist gestorben und auferstanden um unseretwillen».[66]

Interessanterweise wurde der Satz «er aß und trank auf eigentümliche Weise, weil er die Speisen nicht ausschied» aus dem Brief des Valentinus in einem dem kappadokischen Bischof und Theologen *Basilius von Caesarea* zugeschriebenen Brief im letzten Drittel des vierten Jahrhunderts ohne Hinweis auf den damals bereits als «Gnostiker» verschrienen Autor Valentinus als «orthodoxe» Lehre über Christus zitiert.[67] Dieses vermutlich aus Clemens entnommene Zitat macht deutlich, dass insbesondere in enkratischen und monastischen Kreisen auch im vierten Jahrhundert noch ein starkes Interesse daran bestand, die Besonderheit des menschlichen Körpers Jesu Christi so zum Ausdruck zu bringen, dass Sexualität und Verdauung von ihm nach Möglichkeit ferngehalten wurden. Auf der anderen Seite gab es aber auch schon deutlich früher Stimmen, die an dieser Stelle jede Differenzierung ablehnten. So kann man in einem Fragment des stadtrömischen Apologeten Justin lesen, dass die Rede von einem «geistlichen Körper» Jesu Christi im Grunde gleichbedeutend ist mit der «Phantasie eines Körpers».[68]

Über die Lehren der «Anschein-Leute»

Eine von Clemens Alexandrinus und seinen Bemerkungen über Julius Cassianus vollständig abweichende Überlieferung über die «Anschein-Leute» (Δοκηταί) findet sich etwas später in einem antihäretischen Werk, das dem stadtrömischen Presbyter *Hippolytus* zugeschrieben wird; wie es zu dieser Doppelung der Überlieferungen kommt, ist nicht mehr wirklich aufzuhellen. Wie bei allen vergleichbaren Passagen, die man zum sogenannten gnostischen Sondergut bei Hippolyt rechnet, fehlt eine parallele Überlieferung bei Irenaeus, Clemens oder anderen antignostischen Autoren.[69] Offensichtlich war zu Beginn des dritten Jahrhunderts in christlichen Kreisen Konsens, dass es eine einigermaßen stabile Gruppe von Menschen mit einer bestimmten, von der Mehrheitskirche abweichenden Lehrbildung gab, eben die «Anschein-Leute», Δοκηταί – aber es bestand, wie die Differenzen zwischen Clemens und Hippolyt zeigen, kein Konsens darüber, was man in dieser Gruppe dachte.[70] Bei *Hippolyt* wird ein ausführliches mythologisches System einer Entwicklung göttlicher Prinzipien referiert. In diesem entfalteten mythologischen (man könnte auch sagen: «gnostischen») Rahmen wird erzählt, dass der Erlöser und eingeborene Sohn durch eine Waschung im Jordan «im Wasser das Bild und den Abdruck des aus der Jungfrau geborenen Leibes annahm».[71] Diese Annahme eines Bildes wird durch zwei Vergleiche verständlich gemacht, die nicht ganz präzise mit der Sachebene zur Deckung zu bringen sind: Er schloss sich

«wie ein mächtiger Blitz, in den kleinsten Körper, unsichtbar geworden, ein, ja noch eher wie das Licht, das im Auge von den Lidern eingeschlossen wird, bis zum Himmel gelangt und sich, nachdem es die Sterne dort berührt, nach Belieben wiederum hinter den Lidern des Auges einschließt».[72]

Was hier vom Blitz und vom Licht gesagt wird, entspricht den antiken Vorstellungen. So beginnt die Optik des griechischen Mathematikers Euklid mit dem Eingangspostulat, «dass die vom Auge ausgehenden gradlinigen (Seh-)Strahlen Distanzen von großer Länge durchmessen».[73] Der vermutlich gleichfalls in Ägypten lebende Claudius Ptolemaeus hat im verlorenen ersten Buch seiner «Optik» aus dem zweiten nachchristlichen Jahrhundert Sehstrahlen und Licht als zwei Arten (*species*) ein und derselben Gattung miteinander verbunden und war der Ansicht, dass beide (als visuelles πνεῦμα) aus Äther bestehen, dem feinsten Element.[74] Während der Vergleich erklärt, wie eine schlechterdings transzendente Kraft in einen räumlich begrenzten Körper eingeschlossen werden kann, wird in der Erzählung offenbar vorausgesetzt, dass diese besondere Kraft sich durch die Waschung in einem Schattenbild eines Körpers auf der Wasseroberfläche in ebendieses Schattenbild einkleiden kann.[75] Die Vorstellung, dass erst bei der Taufe die besondere Kombination göttlicher und menschlicher Anteile in Jesus Christus konstituiert wird, muss nicht verwundern (und gar zu Textänderungen im griechischen Original des Berichtes veranlassen); sie ist auch anderwärts belegt. Besonders ist freilich im Vergleich zu anderen Passagen über die Taufe Jesu an dieser Stelle die Betonung der *körperlichen* Dimension, sonst geht es in diesen Interpretationen der Erzählung von der Taufe Jesu eher um die Begabung des Getauften mit dem Geist oder um seine Einsetzung zum Sohn Gottes.[76] Die Verbindung von Taufgeschehen und Lichtmetaphorik erinnert, wie man mit aller Vorsicht ergänzen kann, an Vorstellungen von Lichterscheinungen bei der Taufe im syrischen Raum, die sich im apokryph gewordenen Ebionäer- oder Hebräerevangelium,[77] aber auch in der dort verbreiteten, zeitweilig kanonischen Fassung des Diatessaron von Tatian finden.[78] Leider erfahren wir bei Hippolyt im zitierten Abschnitt nicht, welche besonderen Eigenschaften den aus dem Jordan angenommenen Schatten-Körper auszeichneten und wie es sich mit ihm im Alltag lebte. Nur in der Zusammenfassung des Abschnittes, mit der Hippolyt zwei Bücher später seine antihäretische Schrift abschließt,[79] findet sich noch ein Hinweis darauf, wie sich der durch die lichte Kraft angenommene Schatten von einem normalen Körper unterscheidet:

«Jesus ist mit jener eingeborenen Kraft bekleidet gewesen; deswegen hat er von niemand gesehen werden können wegen des überaus großen Glanzes. Es habe sich aber alles bei ihm so zugetragen, wie es in den Evangelien steht».[80]

Unsichtbar war Christus, wie wir bereits gesehen hatten, auch nach der Beschreibung, die der Bischof Epiphanius von Salamis auf Zypern aus dem «Buch des Elchasai» (oder: «Elxai») bezogen hatte und einer von ihm als «Ebioniten» bezeichneten judenchristlichen Gruppe zuschrieb. In dieser Quelle wurde die Unsichtbarkeit allerdings von einem riesig dimensionierten Christus ausgesagt, dessen exorbitante Größe nun in jedem Falle eine deutliche Differenz zu allen anderen Menschen beschreibt:

«Sie glauben daher, dass der Christus eine menschengestaltige Figur ist, unsichtbar für Menschen, 96 Meilen, mit Verlaub 24 Schoinien, die Höhe, die Breite sechs Schoinien, 24 Meilen, die Dicke aber entsprechend anderen Maßen».[81]

Noch deutlicher ist die Verbindung zwischen dem göttlichen Körper und dem Körper Jesu Christi, wenn davon die Rede ist, dass Christus beim Herabstieg auf die Erde von den Sternen und aus dem Äther sein Fleisch angenommen habe und also – wie Gott selbst – ein «sternen- und ätherhaftes Fleisch» (wie Novatian polemisch formuliert) besessen habe.[82] Bekanntlich bezeugt Origenes, dass es Christenmenschen gab, die Gott einen solchen sternenförmigen Körper aus Äther zuschrieben oder die Sterne als Körper Gottes verstanden, vielleicht aufgrund entsprechender Passagen bei Aristoteles oder anderen Autoren, wie wir bereits gesehen haben.[83] Die Position, auch Jesus Christus habe einen solchen Leib gehabt, wird in einem späteren häresiologischen Text einem Schüler Marcions namens *Apelles* untergeschoben. Es gibt allerdings auch die konkurrierende Überlieferung, Apelles habe Christus einen Leib, zusammengesetzt aus den vier Elementen, zugeschrieben,[84] was dem damaligen Stand naturwissenschaftlicher Reflexion entsprach, wie er sich beispielsweise auch bei Justin findet.[85] Tertullian erwähnt die Lehre vom sternenförmigen Körper in seiner Systematik der Irrlehren, in denen die Realität eines normalen menschlichen Körpers Jesu geleugnet wird, als eigene Lehrbildung, ohne sie selbst einem bestimmten Urheber zuzuschreiben.[86]

Wieder anders versuchen die apokryph gewordenen *Akten des Johannes* die Besonderheit des Körpers Jesu zu erfassen. In einer Passage, die allerdings nur in einer einzigen hochmittelalterlichen Handschrift in schlechtem textlichen Zustand überliefert ist und nicht zur allgemein verbreiteten spätantiken Version dieser Akten gehört, wird diese Besonderheit an dem Detail deutlich gemacht, dass man den Körper Jesu zeitweilig berühren kann. Zeitweilig hinterlässt er dagegen – nach der in diesem Textstück ausgedrückten Ansicht – auch keine Fußspuren und besitzt dann also keinen materiellen Körper. Er wandelt sich von menschlicher Körperhaftigkeit zu göttlicher Körperlosigkeit. Johannes erzählt von dieser radikalen Wandelbarkeit des Körpers Jesu folgendermaßen:

«Brüder: Manchmal, wenn ich ihn anfassen wollte, stieß ich auf einen materiellen, festen Körper, ein andermal, wenn ich ihn berührte, war (die Substanz) immateriell und unkörperlich und so, als sei sie überhaupt nicht existent (...). Ich wollte aber oft, wenn ich mit ihm ging, seine Spur auf der Erde sehen, ob sie sich dort zeigte – sah ich doch, dass er sich von der Erde erhob – und sah sie niemals».[87]

In dieser Passage hat man es also nicht mit einem im strengen Sinne doketistischen Konzept zu tun, sondern zunächst einmal mit der Vorstellung der sogenannten *Polymorphie* Christi – Jesus Christus besitzt nach dieser Konzeption einen so besonderen menschlichen Körper, dass dieser jeweils (mit einem naturwissenschaftlichen Terminus gesprochen) sehr unterschiedliche Aggregatzustände annehmen kann, aus dem festen Aggregatzustand kann sich gleichsam der ganze materielle Körper in einen anderen Aggregatzustand verändern.[88] Der eine, feste Aggregratzustand entspricht dem des gewöhnlichen menschlichen, aus Materie (ὕλη) bestehenden Körpers, der andere entspricht dem gewöhnlichen göttlichen, ist ohne irdische Materie und damit nicht mehr mit Händen zu fassen. Jesus Christus erscheint also einerseits in menschlicher, andererseits in göttlicher Gestalt, mit sichtbarem Körper und ohne sichtbare Körperlichkeit. *Körperlosigkeit* im strengen Sinne wird allerdings nicht behauptet, wie auch verschiedene Aggregatzustände eines Dinges seine bleibende Substantialität voraussetzen. Selbstverständlich gibt es auch in den kanonisch gewordenen Schriften Texte, die in die Vorgeschichte solcher Bilder von einem wandelbaren Körper Jesu gehören, so beispielsweise die Erzählung über seine Verklärung (Matthäus 17,1–8 und Parallelen), den nachösterlichen Gang nach Emmaus (Lukas 24,13–35) oder andere nachösterliche Erscheinungen.[89] Aber die radikale Verwandlung von Körperlichkeit in Körperlosigkeit findet sich dort noch nicht ausgedrückt. In dem erwähnten, nicht in die verbreitetere Version des Textes übernommenen Stück der Akten des Johannes wird die Wandelbarkeit des Körpers Jesu aber nicht nur als radikale Verwandlung von Körperlichkeit in Körperlosigkeit beschrieben, sondern auch noch als Verwandlung von einem festen Aggregatzustand der Körperlichkeit in einen weniger festen, gleichsam als Beginn des Weges zur Auflösung des Körpers und Andeutung seiner potenziellen Körperlosigkeit. Das wird im Abschnitt an verschiedenen Details demonstriert,[90] an den Augen, der Größe des Körpers und der Konsistenz der Brust:

> «Mir freilich zeigte sich damals das (folgende) noch Unbegreiflichere: Ich versuchte nämlich, ihn für sich allein zu sehen, und niemals sah ich seine Augen sich schließen, vielmehr nur geöffnet. Oft aber erschien er mir sowohl als ein kleiner, ungestalter Mensch als auch zur Gänze zum Himmel schauend. Er hatte aber auch (noch etwas) anderes Wunderbares (an sich): Wenn ich zu Tische lag, nahm er mich an seine Brust (vgl. Johannes 13,23–25), und ich schloß (ihn) an mich, und bald fühlte sich seine Brust für mich glatt und weich an, bald hart und wie etwas Felsenähnliches, so dass ich bei mir selbst im Unklaren war und sagte: ‹Was bedeutet (*) das?›».[91]

Es verwundert nicht, dass dieser eher experimentelle Versuch, Jesus Christus gleichzeitig einen (wenn auch sehr besonderen) menschlichen Körper und eine göttliche Körperlosigkeit zuzuschreiben, in Zeiten entfalteter christologischer Reflexion in der Spätantike als unbefriedigend empfunden wurde und – wie die äußerst schmale handschriftliche Bezeugung demonstriert – nicht eben häufig mit dem übrigen Text der Akten des Johannes abgeschrieben wurde. Fast ein wenig unbeholfen wirkt, wie in diesem Abschnitt in mehreren, nicht vollkommen konsistenten Anläufen versucht wird, Jesus Christus gleichzeitig einen besonderen menschlichen Körper zuzuschreiben, der in sich wandlungsfähig ist, und er gleichzeitig unwandelbar göttliche Eigenschaften wie die beständige Aufsicht über die Dinge besitzt, wie es der religiösen Tradition in der antiken Welt entsprach: «Nicht schläft das Auge des Zeus, nahe aber ist es, obwohl es von ferne ist».[92] Die Beschreibungen in der Passage der Akten des Johannes oszillieren zwischen Gradierungen von materieller Festigkeit und dem schlichten Dual von Körperlichkeit und Körperlosigkeit; diese Ambivalenz muss nicht eine Folge des mutmaßlich komplexen literarischen Wachstums der Passage sein, sondern kann der erzählerische Versuch sein, das zum Ausdruck zu bringen, was beispielsweise auf der Basis von stoischen Philosophumena mit philosophischer Terminologie als besondere Körperlichkeit der Götter beschrieben wurde, die zugleich in einem kategorialen Gegensatz zu aller menschlichen Körperlichkeit steht.

Offenbar geht es in solchen Passagen darum, mit der Vorstellung von der Polymorphie Jesu Christi deutlich zu machen, dass der Gottessohn gleichzeitig einen menschlichen und einen göttlichen Körper besaß (oder eben wie ein Gott *keinen* Körper). Erik Peterson hat mit Recht darauf aufmerksam gemacht, dass der Eindruck von Wandelbarkeit auch nur deswegen entsteht, weil das, was in der absoluten Zeitlosigkeit Gottes immer zusammen gilt, in der menschlichen Wahrnehmung in die Zeitstufen von Vergangenheit, Gegenwart und Zukunft auseinanderfällt: Was Menschen als wandelbare Gestalten wahrnehmen, ist also gleichzeitig und als Kennzeichen des Gottmenschen zusammenzudenken.[93] Am deutlichsten wird das in jenen Szenen, in denen Jesus nacheinander als Kind, Erwachsener und Greis erscheint.[94]

Es kann an dieser Stelle, wie gesagt, nicht darum gehen, ein vollständiges Inventar der Vorstellungen zusammenzustellen, die im antiken Christentum vom menschlichen Körper Jesu Christi im Schwange waren oder von gelehrten Christenmenschen vertreten wurden. Aber der Befund lässt, auch wenn er nur so unvollständig entfaltet wurde, etwas Grundsätzliches erkennen: Bis hin zu den schweren Auseinandersetzungen, die seit dem vierten Jahrhundert um das Verhältnis von Gott und

Mensch in der Person Jesu Christi aufbrechen, kann man die meisten der in der hohen Kaiserzeit und Spätantike vertretenen Positionen daraufhin kategorisieren, ob sie eher (wie beispielsweise Tertullian) die vollständige Identität der Körperlichkeit Jesu mit allgemein menschlicher Körperlichkeit betonen oder eher auf Differenzen abheben.

Der Auferstehungsleib Jesu Christi

Zunehmend betraf diese Auseinandersetzung nicht mehr nur die Frage nach der irdischen Leiblichkeit Jesu Christi, sondern auch die nach der Beschaffenheit seines *Auferstehungsleibes*. Auch diese ausführliche Debatte über die Beschaffenheit des menschlichen Körpers nach der Auferstehung können und müssen wir in unserem Zusammenhang nicht ausführlich referieren;[95] sie stellt eher ein Seitenstück zu den Auseinandersetzungen über den menschlichen Körper Jesu auf Erden dar, die wir ansatzweise dokumentiert haben. Aus einer umfangreichen und komplexen Überlieferung seien wieder nur einige wenige charakteristische Beispiele herausgegriffen: Verschiedene Texte antiker christlicher Literatur beziehen sich, wenn sie für die Realität des menschlichen Körpers Jesu Christi nach dessen Auferstehung argumentieren wollen, auf ein apokryph gewordenes Herrenwort, das nicht in die kanonisch gewordenen Evangelien aufgenommen wurde: «Ich bin kein körperloses Geistwesen» (οὐκ εἰμὶ δαιμόνιον ἀσώματον).[96] Das Herrenwort betont das, was der Auferstandene dem Lukasevangelium zufolge in Emmaus sagt: «Denn ein Geist hat nicht Fleisch und Bein, wie ihr seht, dass ich habe» (Lukas 24,39).[97] Der kanonisch gewordene Text wie der apokryph gewordene Ausspruch dokumentieren einen weitverbreiteten Glauben im antiken Christentum:[98] Auch der auferstandene Jesus hat einen Körper; er ist nicht ein körperloses Geistwesen.

Es gab zahlreiche Debatten vom zweiten bis ins fünfte nachchristliche Jahrhundert über die Frage, ob und auf welche Weise dieser Körper des Auferstandenen sich von dem irdischen Körper Jesu unterschied, ob er beispielsweise ein verwandelter geistlicher Körper war.[99] Selbst der alexandrinische Theologe Origenes, den wir als strengen Kritiker einer Vorstellung von Gottes Körper kennengelernt hatten,[100] differenziert und erklärt im Rahmen einer Auslegung dieses apokryph gewordenen Herrenwortes:

«Man muss also vielmehr das Wort Jesu im Sinne des Verfassers dieser Schrift[101] folgendermaßen verstehen: Er habe nicht einen solchen Leib, wie ihn die Dämonen haben – dieser ist nämlich von Natur aus etwas Feines und Hauchzartes und wird darum gewöhnlich als unkörperlich[102] angesehen und bezeichnet –, sondern er habe einen festen und tastbaren Körper».[103]

Offenbar war auch Origenes der Ansicht, dass Christus nach seiner Auferstehung einen festen, materiellen und berührbaren Körper hatte und sogar sein Fleisch (mindestens zunächst) mit in den Himmel nahm.[104] Die meisten christlichen Theologen (mit Ausnahme einzelner Gnostiker, die differenzierter argumentierten) bekannten sich zur Körperlichkeit der Auferstehung Jesu Christi. Wie wir aus den Debatten, die im dritten und vierten Jahrhundert stattfanden, wissen, musste Origenes seine Position gegen alle möglichen Missverständnisse verteidigen, und seine Schüler und deren Schüler mussten das noch mehr.[105] Auf welche quasi materialistische Position diese Kontroversen in der spätantiken christlichen Mehrheitskirche zusteuerten, dokumentiert eine Äußerung des nordafrikanischen Bischofs *Augustinus* gegenüber einem spanischen Bischofskollegen auf den Balearen namens Consentius[106] aus dem Jahre 419 oder 420. So schreibt Augustinus in dieser späten Phase seines Lebens, in der sich sein Denken viel stärker mehrheitskirchlichen Konsensen angenähert hat:

«Du fragst, ob der Leib des Herrn auch jetzt noch Knochen und Blut und die übrigen Bestandteile des Körpers besitze? (…) Ich glaube, dass der Leib des Herrn im Himmel sich so befindet, wie er auf Erden war, als er zum Himmel auffuhr. Er hat aber zu seinen Jüngern gesagt, die über seine Auferstehung zweifelten und das, was sie sahen, nicht für einen Körper, sondern für einen Geist hielten, wie wir im Evangelium (nach Lukas 24,39) lesen: ‹Seht meine Hände und Füße, fühlt und seht, denn ein Geist hat nicht Knochen und Fleisch, wie ihr seht, dass ich es habe›».[107]

Augustinus rechnet zwar – ganz in Übereinstimmung mit entsprechenden Passagen in den Briefen des Paulus – mit einer Verwandlung der irdischen Körper durch die Auferstehung, aber doch mit einer Auferstehung des *Fleisches*, die dieses Fleisch mit Blut und Knochen für die Ewigkeit bewahrt. Es wird verwandelt zu einem «geistlichen Fleisch» (beispielsweise durch eine neue moralische Qualität seiner Handlungen), aber es bleibt körperliches Fleisch mit Knochen und Blut.[108] Auch die geschlechtliche Identität von Mann und Frau bleibt nach Augustinus bewahrt, aber er rechnet mit der endzeitlichen Vervollkommnung des Körpers, wie er rund acht Jahre nach dem erwähnten Brief an Consentius in seinem großen Werk über den Gottesstaat (*De civitate Dei*) ausführt: Bestimmte Defizienzen des Alters, Krankheit oder entstellende Details werden im Rahmen der Auferstehung durch spontane Vervollkommnung des Körpers so korrigiert werden, dass der Zustand eines idealen Alters von etwa dreißig Jahren wiederhergestellt oder bei früherem Tode erstmals hergestellt wird. Natürlich werden auch nicht alle Nägel und Haare wiedererschaffen, die im Laufe des irdischen Lebens abgeschnitten worden sind.[109] Die endzeitliche Vervollkommnung impliziert auch die Unvergänglichkeit, Schwerelosigkeit und Leidensunfähigkeit der Auferstehungskörper. Die Auferstandenen können ihre Glieder und Organe, wie beispielsweise den Magen, benutzen, sie nehmen an himmlischen Banketten teil, obwohl sie eigentlich gar nichts mehr zu essen brauchen. Bis zu einem gewissen, von Augustinus freilich nie ganz präzise formulierten Grad ist die endzeitliche Vervollkommnung an dem Ideal einer antiken Schönheit orientiert, die aufgrund von Proportionalität und Symmetrie besteht.[110] Modell und Maßstab für den Auferstehungskörper der Menschen ist grundsätzlich als «Bild und Gleichnis Gottes» der Körper Jesu Christi. Allerdings ist der fleischliche Auferstehungskörper Christi faktisch nur im Blick auf sein ideales Alter von dreißig Jahren und die grundsätzliche Qualität, gestorben und auferstanden zu sein, für die anderen Leiber maßgeblich, aber nicht in einem wörtlichen Sinn eines Maßstabs für Größe, Gewicht oder andere körperliche Details, der zu identischen Kopien führen müsste:

> «Aber unzweifelhaft ist Christus in derselben Körpergröße auferstanden, in der er starb, und man darf nicht sagen, sein Leib werde zu der Zeit der allgemeinen Auferstehung, um dann den Längsten gleich zu sein, zu einer Größe heranwachsen, die er noch nicht besaß, als er seinen Jüngern in der ihnen bekannten Gestalt erschien. Behaupten wir aber, dass dann alle größeren Leiber auf das Maß des Herrenleibes zurückgeführt werden sollen, müsste von den Leibern vieler ein gut Teil verloren gehen, während er doch verheißen hat, nicht einmal ein Haar werde umkommen (vgl. Matthäus 10,30). So bleibt nur übrig, dass jeder sein Maß wiederbekommt,

das er in seiner Jugendreife hatte, auch wenn er als Greis starb, oder welches er gehabt haben würde, wenn er nicht vorher gestorben wäre».[111]

Offenbar war Augustinus die Tradition vertraut, dass der Körper Jesu von durchschnittlicher Größe war (sie ist, wie wir sahen, schriftlich allerdings erstmals in einer nachantiken byzantinischen, dem Johannes von Damaskus zugeschriebenen Quelle belegt[112]), denn nur so konnte sich für ihn und andere Christenmenschen das Problem stellen, wie sich der Körper besonders großer Menschen nach der Auferstehung zu dem mittelgroßen Auferstehungsleib Jesu Christi verhalten könne.

Eine ganz ähnliche Argumentation mit der körperlichen Realität der Erscheinungen des Auferstandenen findet sich schon in der Schrift *De resurrectione*, deren Zuschreibung an den stadtrömischen Apologeten Justinus Martyr umstritten ist, die aber ziemlich sicher bereits aus dem zweiten Jahrhundert stammt.[113] Hier wird das gemeinschaftliche Essen von Fisch und Honig, zu dem nach dem Bericht des Lukasevangeliums am Ostermontag Jesus mit seinen Jüngern zusammenkam,[114] ebenfalls als Argument dafür genommen, dass der Auferstandene nach der Auferstehung seinen vollständigen menschlichen Körper besitzt und dass dieser auch bei allen anderen Menschen, die auferstehen werden, verbleiben wird:

«Weswegen ist er nun mit dem Fleisch, das gelitten hat, auferstanden, wenn nicht um die fleischliche Auferstehung zu zeigen? Weil er genau dies beglaubigen wollte, während seine Schüler überhaupt nicht glaubten, ob er denn wahrhaftig mit dem Leib auferstanden sei, als sie ihn sahen und zweifelten, sprach er zu ihnen: ‹Habt ihr den Glauben noch nicht?› (Markus 4,40/Lukas 24,39), und sagte: ‹Seht, dass ich es bin!› (Lukas 24,39 f.) Und er gestattete ihnen, ihn zu berühren, und zeigte (ihnen) die Male der Nägel in den Händen vor. Und als sie von überallher wahrnahmen, dass er selbst es ist, und (zwar) im Leib, baten sie ihn, mit ihnen zu essen, damit sie auch dadurch zuverlässig erführen, dass er wahrhaftig leiblich auferstanden sei, und er aß eine Honigwabe und einen Fisch (vgl. Lukas 24,42 f.), womit er ihnen auch so vorzeigte, dass es wahrhaftig eine Auferstehung des Fleisches gibt».[115]

Ein solches bis über die Auferstehung hinausgeführtes Bekenntnis zur Realität des menschlichen Körpers der Person Jesu Christi repräsentiert (insbesondere in der Spätantike) einen breiten mehrheitskirchlichen

Konsens,[116] aber, wie wir sahen, bei weitem nicht die einzige Position, die im antiken Christentum vertreten wurde. Zu den beschriebenen unterschiedlichen Akzentsetzungen im Hinblick auf den menschlichen Körper Jesu Christi konnte es auch deswegen kommen, weil die ohnehin spärliche Quellenüberlieferung, wie sie sich in den kanonisch oder apokryph gewordenen Schriften über Jesus von Nazareth findet, im antiken Christentum verschieden interpretiert wurde. Bereits lange vor den regelrechten «christologischen Streitigkeiten» seit dem vierten Jahrhundert wurden alle Passagen, die in den kanonisch gewordenen Evangelien Jesus von Nazareth als jemanden portraitieren, der – um es einmal ganz allgemein zu formulieren – in gewissem Sinne durch seinen Körper geprägt oder sogar von seiner Körperlichkeit direkt abhängig war, kontrovers debattiert (beispielsweise zwischen sogenannten gnostischen und mehrheitskirchlichen Kreisen). Auch die späteren Auseinandersetzungen zwischen Theologen aus der sogenannten antiochenischen Schule eines Diodor von Tarsus und Theodor von Mopsuestia[117] und ihren Gegnern wie Cyrill von Alexandrien sind an diesem Punkt nur Teil einer längeren Geschichte kontroverser Debatten darüber, ob man dem als Gott bekannten Jesus einen menschlichen Körper einschließlich aller für einen solchen Körper charakteristischen Sinne und Empfindungen zuschreiben dürfe – also auch der Empfindungen von Hunger, Durst oder Verzweiflung. Das bereits erwähnte Bekenntnis des Konzils von Chalcedon im Jahr 451 (s. o. S. 19–21) spricht davon, dass «ein und derselbe» Herr Jesus Christus «vollkommen in der Gottheit und (…) vollkommen in der Menschheit (…) wahrhaft Gott und wahrhaft Mensch aus vernunftbegabter Seele und Körper» gewesen sei, «der Substanz nach einer», in allem den Menschen gleich außer der Sünde.[118]

Die Auseinandersetzungen um die «Unverderblichkeit» des Körpers Jesu Christi

Bekanntlich gelang es nicht, mit dieser konziliaren Kompromissformel die erhitzten Gemüter der Streitenden zu beruhigen. Über die Frage, wie genau sich der menschliche Körper Jesu von Nazareth, dessen vollständige Realität von kaum jemandem mehr bestritten wurde, zu der Gottheit Jesu Christi verhielt, wurde weiter äußerst kontrovers debattiert. Einen gewissen Endpunkt stellt im sechsten Jahrhundert allerdings die mehrheitliche Ablehnung der Vorstellung dar, der irdische Körper Jesu Christi sei vor der Auferstehung «unverderblich» (ἄφθαρτος) gewesen. Solche Vorstellungen einer Unverderblichkeit des Körpers Jesu wurden nach dem Konzil von Chalcedon sowohl von Theologen vertreten, die die Ergebnisse des Konzils befürworteten, als auch von solchen, die sie ablehnten. Die Rede von einem unverderblichen Körper entsprach zunächst einmal genau den Vorstellungen, die sich zuvor Christenmenschen (aber natürlich auch Angehörige anderer Religionen und Geistesströmungen) vom göttlichen Körper gemacht hatten: Zu den geradezu topischen Eigenschaften Gottes (und damit auch zu den klassischen Eigenschaften eines göttlichen Körpers) zählte nun einmal, dass er im Gegensatz zu den Menschen unverderblich war; diese Terminologie prägte keineswegs allein die philosophische Gotteslehre verschiedenster Schulen (Epikur spricht von einer allgemein verbreiteten Gottesvorstellung: ἡ κοινὴ τοῦ θεοῦ νόησις),[119] sondern findet sich auch in den Schriften des kanonisch gewordenen Neuen Testamentes.[120] «Unverderblich» impliziert dabei sowohl die Unmöglichkeit physischer Vernichtung eines Körpers als auch der moralischen Vernichtung desselben; das Wort hat mithin eine ontologische wie ethische Dimension. Insofern lag es durchaus nahe, den für den Auferstehungskörper seit Paulus selbstverständlichen[121] Begriff «unverderblich» (ἄφθαρτος) auch auf den irdischen Körper Jesu von Nazareth anzuwenden, da man diesen Körper ganz eng mit seiner Gottheit in Verbindung brachte. Eher überrascht dagegen, wie spät eine Debatte über die göttlichen Eigenschaften des menschlichen Körpers Jesu in Verbindung mit diesem Stichwort ausbricht: Erst zu Beginn des sechsten Jahrhunderts lassen sich Gruppen nachweisen, die die Bezeichnung «unverderblich» auf den menschlichen Körper Jesu von Nazareth anwenden; erst zu dieser Zeit findet sich für diese Gruppen die aus dem griechischen Begriff «unverderblich» gewonnene polemische Bezeichnung «Aphthartodoketen» (allerdings nur im schwer datierbaren Titel einer Schrift des Grammatikers Johannes von Caesarea[122]), die auch heute noch in der Forschung für diese Richtung verwendet wird. Die Anspielung auf die schon ältere Bezeichnung «Doketen» (Menschen, die Christus nur eine «scheinbare» Inkarnation zuschrieben: s. o. S. 380) war mit diesem Kunstbegriff offenkundig intendiert: Solche Menschen, die Christus einen besonderen, unverderblichen Körper zuschrieben, leugneten (jedenfalls in der Optik ihrer Gegner) ebenso wie die «Doketen» die Wahrheit der Fleischwerdung in einem menschlichen Körper. Eine umfassende Darstellung der Kontexte dieses theologischen Gedankengangs und derjenigen, die ihn im sechsten Jahrhundert vertreten oder bekämpft haben, kann hier nicht gegeben werden.[123] Für unsere Zwecke reicht eine knappe Übersicht über die Positionen im Kontext der damaligen Auseinandersetzungen um das Verhältnis von Gottheit und Menschheit in Jesus Christus: *Zum einen* gab es Theologen, die auf der Basis der Lehrentscheidungen des Konzils von Chalcedon glaubten, den Körper Jesu als «unverderblich» bezeichnen zu müssen. Sie werden greifbar in einer Polemik, die der ursprünglich aus Kreisen sogenannter origenistischer Mönche im Heiligen Land stammende *Leontius von Byzanz* gegen diese Richtung ungefähr in den Jahren 535/536 verfasste.[124] Leontius behauptet, dass die entsprechenden Theologen der Ansicht waren, Christus habe bei der Menschwerdung zwar «etwas Verderbliches» (φθαρτόν) von Maria angenommen, es aber sofort in die «Unverderblichkeit» (ἀφθαρσία) verwandelt.[125] Mit anderen Worten: Der göttliche Logos nahm einen verderblichen Körper an, verwandelte ihn im Moment der Annahme allerdings in einen unverderblichen – und zwar durch den Akt der Annahme in eine Einheit aus Gottheit und Menschheit. Offenkundig leugnete diese Gruppe (im Unterschied zu dem, was man dem klassischen «Doketismus» nachsagte) dabei aber nicht, dass Jesus von Nazareth mit seinem Körper am Kreuz wahrhaft gelitten hat, sondern nahm nur an, dass der göttliche Logos ein solches Leiden am eigentlich unverderblichen Körper erst explizit zulassen musste: «Nicht wegen der Natur (…) sagen wir, dass der Körper leidensfrei und unverderbt ist, sondern wegen der Einigung mit dem Gott-Logos».[126] Mit anderen Worten: Wenn der Logos nicht wollte, wurde dem Körper nichts von dem zuteil, was einem Körper an physischer Veränderung, Verderben und Vernichtung geschehen kann. Wie viele Menschen eine solche Theologie wie die hier beschriebene vertraten, wird aus den Ausführungen des Leontius allerdings nicht erkennbar. Deutlicheres Profil gewinnt *zum anderen* eine zweite Gruppe, die vergleichbare inhaltliche Positionen vertrat, aber sich in kritischer Wendung gegen die Theologie des Konzils von Chalcedon richtete. Sie wird vor allem durch den Bischof *Julian von Halikarnassus* in Kleinasien repräsentiert, der im ersten Viertel des sechsten Jahrhunderts lebte und auf den sich bis ins achte Jahrhundert Menschen beriefen.[127] Seine Ansichten können, da seine Schriften verloren sind, nur aus Fragmenten rekonstruiert werden, die bei dem ehemaligen Patriarchen *Severus von Antiochien* erhalten sind – dieser streitbare Polemiker gegen die Theologie des Konzils von Chalcedon lebte zunächst als Mönch in Gaza, bevor er 512 zum ersten miaphysitischen Patriarchen in der syrischen Metropole ernannt wurde und nach sechs Jahren 518 ins ägyptische Exil ging, wo er zwanzig Jahre später starb.[128] Die Auseinandersetzungen zwischen Julian und Severus deuteten sich bereits 510 an, als sie sich in Konstantinopel trafen, brachen aber erst um 520 in Ägypten aus, wohin sie geflohen waren. Obwohl beide erklärte Gegner der Theologie des Konzils von Chalcedon waren, vermochten sie sich über die Frage der Unverderblichkeit des menschlichen Körpers Jesu vor der Auferstehung nicht zu einigen und ihr Streit spaltete die miaphysitisch orientierte antichalcedonensische Bewegung. Wir müssen hier die Auseinandersetzung, die sich über mehrere Etappen und Schriften vollzog, nicht ausführlich darstellen; auch eine mögliche Vorgeschichte der Position bei Cyrill von Alexandrien und bei Severus selbst (auf den sich Julian beruft) ist für unsere Zusammenhänge nicht einschlägig.[129] Die Position des Julian entspricht nach dem Zeugnis der Fragmente inhaltlich weitgehend der Ansicht der Gegner, die Leontius bekämpfte; Christus ist der Menschheit nach wohl von «einer Substanz» (ὁμοούσιος) mit den übrigen Menschen, aber trotzdem eigentlich aufgrund der hypostatischen Union von Gottheit und Menschheit nicht fähig zu leiden. Er muss für das Leiden seines Körpers erst einmal freiwillig seine Zustimmung geben, damit der von sich aus unverderbliche Körper im Tod am Kreuz (physisch, nicht moralisch) verdorben werden kann. In einer zweiten Auflage eines Lehrschreibens formuliert Julian diese Zusammenhänge so:

> «Wir gebrauchen den Ausdruck ‹einer Substanz mit uns› nicht wegen der Tatsache, dass er (Christus) beschaffen sei wie eine gewöhnliche, notwendig leidensfähige Substanz, sondern wegen der Tatsache, dass er von derselben Substanz ist (wie wir), so dass, auch wenn er leidensunfähig ist, auch wenn er unverderblich ist, er mit uns von einer Substanz ist wegen der Tatsache, dass er aus derselben Natur ist: Nicht nämlich, weil er selbst freiwillig litt, wir aber das ohne willentliche Zustimmung leiden, ist er deswegen schon von anderer Natur (als wir)».[130]

Ein Beweis für die Unverderblichkeit des menschlichen Körpers Jesu ist nach Julian die Tatsache, dass «er freiwillig für die anderen litt».[131] Weil er «Verderblichkeit» des Körpers (also jede Form der physischen Veränderung des Körpers) damit identifiziert, dass ein Körper der Herrschaft der Sünde unterworfen ist und daher auch moralisch korrumpiert wird, gilt im Blick auf seine Gegner: «Sie nehmen an, dass er vor der Auferstehung sterblich war; und sie sollen auch sagen, dass er in Sünde war».[132] «Unverderblichkeit» bedeutet also, dass die aus der Sünde stammende Notwendigkeit, bestimmte nachteilige physische oder psychische Zustände zu erleiden und sich moralisch zugrunde zu richten, für Jesus Christus gleichermaßen nicht zutrifft. In der Betonung der kategorialen Sündlosigkeit Jesu war sich Julian mit allen Kritikern einig, in der Identifikation von Sündlosigkeit und Unverderblichkeit unterschied er sich offenkundig von vielen Zeitgenossen. Energische Kritik des Severus von Antiochien an diesen Äußerungen des Julian von Halicarnassus, die er für eine simple Wiederholung der Position des Konstantinopolitaner Mönches Eutyches[133] im Vorfeld des Konzils von Chalcedon hielt,[134] vermochte allerdings die Attraktivität dieser Position, die, wie gesagt, sowohl von Anhängern wie von Gegnern der Theologie des Konzils von Chalcedon vertreten wurde, innerhalb der notorisch streitenden Christenheit der östlichen Hälfte des *Imperium* offenbar nicht zu beenden. Wie zugkräftig diese Position vielmehr blieb, sieht man an der (hinsichtlich ihrer Historizität umstrittenen) Nachricht, Kaiser Justinian (527–565) habe sich ihr gegen Ende seines Lebens zugewendet: So findet sich in der Kirchengeschichte des Evagrius Scholasticus, des zu Regierungszeiten jenes Kaisers geborenen letzten Griechisch schreibenden Kirchenhistorikers der Spätantike, die Information, Justinian habe sich in seinem letzten Lebensjahr dem «Aphthartodoketismus» zugewandt und dies in einem Edikt bekräftigt. Friedrich Loofs hat diese angebliche Wendung des Kaisers nur in Anführungsstrichen als «Ketzerei» bezeichnet und sah ihn weiter in den «Bahnen cyrillisch-chalcedonensischer Orthodoxie, wie er sie verstand»; Karl Heinz Uthemann charakterisiert das Edikt als ein «ungelöstes Rätsel».[135] Evagrius schreibt über den Kaiser:

> Justinian schrieb, «was die Römer ein ‹Edikt› nennen, in dem er den Körper des Herrn unverweslich nannte und unempfänglich für natürliche und sündlose Affekte und so sagte, dass der Herr vor seinem Leiden ebenso gegessen habe, wie er nach der Auferstehung gegessen habe (sc. zum Schein), und dass sein hochheiliger Körper seit seiner Ausformung

im Mutterleib keine Verwandlung oder Veränderung erfahren habe, weder in den willentlichen und natürlichen Affekten noch nach der Auferstehung».[136]

Auch wenn dieses Edikt in weiteren Quellen erwähnt wird, ist es dem Wortlaut nach verloren.[137] Die durch ein solches Überlieferungsproblem nicht gerade einfache Antwort auf die umstrittene Frage, was der Kaiser wirklich dachte und wahrscheinlich auch mit seinem Edikt für alle Bischöfe des Reiches verordnen wollte, kann für unsere Zusammenhänge offenbleiben, denn ungeachtet einer möglichen kaiserlichen Intervention führte die beschriebene Kontroverse über die «Unverderblichkeit» innerhalb des sechsten Jahrhunderts zu einem wachsenden Konsens darüber, dass der irdische Körper Jesu von Nazareth vor seiner Auferstehung ebenso vergänglich wie jeder andere irdische Körper war. Wenn die uns erhaltenen Informationen zutreffen, wollte Justinian selbst offenbar in seine auch sonst um Konsens bemühte Kirchenpolitik diejenigen Theologen integrieren, die die Besonderheit dieses irdischen Körpers im Unterschied zu den durch die Sünde charakterisierten anderen menschlichen Körpern zur Geltung bringen wollten.[138] Aber selbst entschlossene Gegner des Konzils von Chalcedon sahen in einer solchen Lehre das unaufgebbare Bekenntnis zur wahren Menschheit Jesu von Nazareth nicht mehr bewahrt. Damit verschwand die bereits aus der allgemeinen Gotteslehre verbannte Vorstellung von einem unverderblichen, göttlichen Körper besonderer Materialität allerdings auch aus der christologischen Lehrbildung und damit im Grunde aus der christlichen Theologie überhaupt.

An dieser Stelle können wir daher auch unseren chronologischen Durchgang durch ausgewählte Debatten über den Charakter der Körperlichkeit Jesu beenden, insofern in der durch das Konzil von Chalcedon geprägten Theologie wie auch in der antichalcedonensischen Theologie nunmehr klar festgehalten war, dass unter «Inkarnation» gerade nicht die Annahme eines irgendwie «göttlichen» Körpers zu verstehen ist, sondern die Menschwerdung des an sich körperlosen Gottes in dem anderen seiner selbst, in einem ganz und gar menschlichen Körper.

Aber wie konnte es zu einer derartigen langwierigen, hochkomplexen Debatte über die Realität des menschlichen Körpers eines Menschen kommen, der ja ohne Zweifel wie alle anderen Menschen zu einer bestimmten Zeit an einem bestimmten Ort existiert hatte? Um diese

Frage zu beantworten, muss man die kanonisch gewordenen Schriften der christlichen Bibel zur Hand nehmen, insbesondere die Evangelien.

Die Körperlichkeit Jesu Christi in den kanonisch gewordenen Evangelien

Es reicht für die Rekonstruktion dieser Problemgeschichte in unserem Fall nicht aus, wie Grillmeier in seinem umfassenden Standardwerk zur antiken christlichen Lehrbildung unter der Überschrift «biblische Ansatzpunkte der patristischen Christologie» nur eine kaiserzeitliche Traditionsgeschichte der sogenannten «christologischen Hoheitstitel» und «Formeln und Hymnen» zu bieten,[139] die auf Jesus von Nazareth übertragen oder bezogen wurden, Titel wie «Sohn Davids», «Knecht Gottes», «Jesus, der Prophet», «Menschensohn» und «Messias» (oder in der griechischen Sprache «Christus»). Man muss vielmehr jene Erzählungen in den kanonisch gewordenen Evangelien in den Blick nehmen, in denen der menschliche Körper Jesu in gewisser Weise relevant für den Duktus einer bestimmten Erzählung ist.[140] Dabei lassen sich schon in den kanonisch gewordenen Texten zwei Arten von Relevanz unterscheiden:

Es gibt *einerseits* Erzählungen, in denen der Körper Jesu «mehr» vermag als der Körper seiner Jünger – und diese Differenz zwischen zwei menschlichen Körperlichkeiten wird in der christlichen Bibel meist nicht gleichsam für sich erzählt, sondern dazu benutzt, um Lesenden zu signalisieren, dass Jesus selbst «mehr» ist als seine Jünger. Im Evangelium nach Markus, vermutlich dem ältesten erhaltenen Evangelium, wird die Geschichte einer Bootsfahrt auf dem «Meer von Galiläa», dem See Genezareth, erzählt, ein klassisches Rettungswunder:[141]

«Und es erhob sich ein heftiger Sturmwind und die Wellen schlugen in das Boot, so dass das Boot sich schon füllte. Und er (d. h. Jesus) war hinten im Boot und schlief auf dem Kopfkissen; und sie wecken ihn auf und sprechen zu ihm: ‹Lehrer, kümmert es dich nicht, dass wir umkommen?› Und er wachte auf, bedrohte den Wind und sprach zu dem See: ‹Schweig, verstumme!› Und der Wind legte sich und es entstand eine große Stille. Und er sprach zu ihnen: ‹Warum seid ihr furchtsam? Habt ihr noch keinen Glauben?› Und sie fürchteten sich mit großer Furcht und sprachen zueinander: ‹Wer ist denn dieser, dass auch der Wind und der See ihm gehorchen?›» (Markus 4,37–41)[142]

In dieser Erzählung wird die Beschreibung des schlafenden Körpers Jesu mit einem bestimmten Zweck vorgenommen; sie dient dazu, einen biblischen Vers zu bebildern, der aus den Psalmen stammt: «Umsonst ist es für euch, früh aufzustehen, sich zu erheben nach dem Sitzen, die ihr das Brot des Schmerzes esst, wenn er seinen Geliebten Schlaf gibt» (Psalm 127/126,2).[143] Jesus ist dieser Geliebte, dem in extremer Notsituation im Schlaf gegeben wird, was andere, die früh aufstanden und gewacht haben, nicht bekommen können. Er ist damit «mehr als Jona» (Matthäus 12,41/Lukas 11,32), weil auch Jona, auf dessen Erlebnisse deutlich angespielt wird, im Schiff tief und fest schlief (Jona 1,5). Im Unterschied zu ihm vermag allerdings Jesus den Sturm selbst zu stillen. Jesus demonstriert, wenn man die Szene so von ihrem Ende her liest, sogar schon in dem Moment, in dem die Jünger voller Furcht sind und definitiv nicht in der Lage zu schlafen, nach dem Bericht des ältesten kanonisch gewordenen Evangeliums Souveränität und Macht – indem er schläft. Anders formuliert: Als Schlafender ist er nicht Teil der ängstlichen und machtlosen Gruppe der Jünger in ihrem Boot, sondern der aus der Gruppe herausgehobene Geliebte Gottes, von dem die Psalmen sprechen. Der Fokus des Autors liegt im Grunde also gar nicht zuerst auf dem Körper Jesu, dieser ist vielmehr ein stilistisches Element, um etwas über die ganze Person (und nicht nur über ihren Körper) auszusagen.[144] Zugleich wird aber deutlich, dass sich auch in den körperlichen Vollzügen die Besonderheit Jesu abbildet – er ist so gelassen, dass er auch in schwierigsten Situationen Ruhe findet und schlafen kann.

Natürlich gibt es in den kanonisch gewordenen Evangelien viele weitere Beispiele für die Besonderheit des menschlichen Körpers Jesu, die hier zu besprechen wären – Berichte über Wunder, bei denen nicht nur mit der besonderen Kraft des Fingers Jesu Dämonen ausgetrieben werden, sondern Gottes Herrschaft Realität wird,[145] oder die sogenannten Einsetzungsworte des letzten Abendmahls, nach denen Jesus von Nazareth seinem eigenen Blut und seinem Körper ausdrücklich eine Heilsbedeutung zumisst. Vielleicht am deutlichsten wird der Unterschied zwischen dem menschlichen Körper Jesu von Nazareth und dem Körper anderer Menschen in der Geschichte von der «Verwandlung» Jesu auf einem Berg in Galiläa, die seit der Spätantike auf dem Berg Tabor lokalisiert wird und im deutschen Sprachraum gewöhnlich als «Verklärung» bezeichnet wird. Hier geht es im Unterschied zu der vorher genannten Erzählung tatsächlich um den menschlichen Körper Jesu und seine kategoriale Besonderheit. Der für uns einschlägige Schlüsselsatz zum Verständnis steht gleich zu Beginn der Geschichte, wie sie im Evangelium nach Matthäus überliefert ist:

> «Und er (d. h. Jesus) wurde vor ihnen (d. h. Petrus, Jakobus und Johannes) verklärt. Und sein Angesicht leuchtete wie die Sonne, seine Kleider aber wurden weiß wie das Licht» (Matthäus 17,2).[146]

Während in der parallelen synoptischen Version im Evangelium nach Lukas die Verwandlung des Gesichtes als des bedeutsamsten Teils des menschlichen Körpers erwähnt, aber nicht näher beschrieben wird («Und als er betete, veränderte sich das Aussehen seines Angesichts und sein Gewand wurde weiß, strahlend», Lukas 9,29),[147] illustriert das Evangelium nach Matthäus die Folgen der Verwandlung mit den sechs Wörtern «wie die Sonne» und «wie das Licht» (ὡς ὁ ἥλιος [...] ὡς τὸ φῶς). Damit verwandelt sich das Gesicht Jesu in eine Form, die man in der Antike mit göttlicher Körperlichkeit assoziierte, wie wir bereits an einer Passage aus den Pseudo-Clementinen gesehen hatten. Dort heißt es vom göttlichen Körper, dass er «in unvergleichlicher Weise strahlender ist als der für die Sicht bestimmte Geist in uns und funkelnder als alles Licht, so wie im Vergleich mit ihm das Licht der Sonne als Finsternis begriffen würde».[148] Aber es gab im Judentum der Zeit des zweiten Tempels und der hohen Kaiserzeit auch Traditionen, nach denen Adams Gesicht vor dem Sündenfall oder nach seiner endzeitlichen Wiederherstellung leuchtete wie die Sonne: David A. Aaron hat viele jüdische Texte zusammengetragen, die dokumentieren, wie verbreitet diese Vorstellung war (neben der apokalyptischen Literatur besonders in den Midrashim Leviticus Rabba, Qohelet Rabba und Mischle).[149]

Vor diesem Hintergrund wirken die am Beginn dieses Kapitels erwähnten Vorstellungen aus dem Kolosserbrief wie eine theologische Reflexion über die Erzählung von der Verklärung: Die Veränderung des Gesichtes in eine Form, die zugleich auf den ersten Menschen, wie er ursprünglich gemeint war, und auf Gott selbst anspielt, macht deutlich, dass Christus als Wort Gottes das Bild war, nach dem im ersten Menschen die Menschheit geschaffen wurde: Er, Jesus Christus, ist in verklärter Gestalt noch viel deutlicher als sonst erkennbar als «das Bild des unsichtbaren Gottes» (Kolosser 1,15a).[150] Die übrigen in der Szene anwesenden Menschen sind – wie dies auch Philo von Alexandrien formuliert – nur ein «Bild des Bildes» (εἰκὼν εἰκόνος). Eigentliches Bild ist das Wort Gottes, der Logos (ὁ λόγος), zum Abbild und Gleichnis dieses Bildes wurde der Mensch als «Bild des Bildes» geschaffen:

«Wenn aber schon der Teil (sc. der Welt, der der Mensch ist) Abbild eines Bildes ist, also auch die ganze Gattung, diese ganze sinnlich wahrnehmbare Welt, da sie ja größer ist als das menschliche Abbild, eine Nachahmung des göttlichen Bildes, so ist klar, dass das ursprüngliche Siegel (sc. das Urbild), wie wir die gedachte Welt nennen, die Vernunft Gottes selbst ist».[151]

Es ist oft dargestellt worden, dass in der christlichen Form der sogenannten Logos-Theologie, deren Geschichte im Christentum mit dem Prolog des vierten Evangeliums beginnt, die Identifikation der ursprünglich apersonalen stoischen Weltvernunft mit dem Geist des Gottes der griechischen Bibel im hellenistischen Judentum noch ein Stück weitergetrieben wird, indem auch ein Zimmermannssohn aus Galiläa Teil dieser Identifikationskette wird. Entscheidend ist aber, dass es dann immer auch um die konkrete irdische Körperlichkeit eines Menschen geht: «Und das Wort wurde Fleisch und wohnte unter uns, und wir haben seine Herrlichkeit angeschaut, eine Herrlichkeit als eines Eingeborenen vom Vater, voller Gnade und Wahrheit» (Johannes 1,14).[152] Vor diesem Hintergrund muss aber auch der Satz im Kolosserbrief verstanden werden, wonach Christus «das Bild des unsichtbaren Gottes, der Erstgeborene aller Schöpfung» ist, wie Helmut Merklein gezeigt hat:[153] In einer konkreten historischen Person, die als Mensch mit einem menschlichen Körper lebte, gekreuzigt wurde und von den Toten auferstanden ist, ist nach Ansicht des Autors des Kolosserbriefes der unsichtbare Gott sichtbar. Die Erzählung von der Verklärung Jesu aus den kanonisch gewordenen Evangelien geht sogar noch einen Schritt weiter: In dem verwandelten (oder eben: verklärten) Gesicht des Erlösers kann man das verwandelte Gesicht des unsichtbaren Gottes sehen. Zugleich wird in der Verklärung deutlich, wie die beschädigte Ebenbildlichkeit des ersten Menschen wiederhergestellt werden kann und soll.

Andererseits gibt es in den Evangelien auch Erzählungen, in denen der Körper Jesu definitiv nicht «mehr» ist als die Körper seiner Jünger. In diesen Texten erscheint der Körper dann eher als bloß ornamentales oder beiläufiges Detail für Aussagen über die Relevanz Jesu für die göttliche Heilsgeschichte. Zu nennen sind als Beispiele besonders die sogenannten «Passionserzählungen» der kanonisch gewordenen Evangelien, beispielsweise die Erzählung vom Aufenthalt Jesu in «einem Garten mit Namen Gethsemane» (Markus 14,32).[154] Hier liest man vom Autor des Evangeliums formulierte Sätze, die Verzweiflung und Angst dessen auf bewegende Weise ausdrücken, der in der Gemeinschaft seiner Anhänger nicht die Anteilnahme findet, auf die er hofft: «Und er (sc. Jesus) spricht zu ihnen (sc. seinen Jüngern): Meine Seele ist sehr betrübt, bis zum Tod. Bleibt hier und wacht» (Markus 14,34).[155] In der Verzweiflung betet der angefochtene Jesus zu seinem Vater: «Und er sprach: Abba, Vater, alles ist dir möglich. Nimm diesen Kelch von mir weg! Doch nicht, was ich will, sondern was du willst!» (Markus 14,36).[156] Offensichtlich stand bei der Abfassung dieser Passage der Körper Jesu selbst nicht im besonderen Interesse des Autors: Körperliche Anzeichen der Angst und Verzweiflung werden kaum ausgedrückt, wenn man von der Formulierung absieht, dass er anfing, «zu zittern und zu zagen» (Markus 14,33)[157] – eine Beschreibung, die gleich wieder relativiert wird durch den Satz «Der Geist ist willig; aber das Fleisch ist schwach» (Markus 14,38).[158] Diese Tendenz setzt sich bei der Schilderung der Kreuzigung fort – die vierfache Schilderung einer Kreuzigung in den Evangelien ist die detaillierteste Beschreibung dieser Hinrichtungsart, die wir aus der Antike kennen, aber sie wurde offenkundig ohne irgendein Interesse an den blutigen Details dieser extrem grausamen und erniedrigenden Form der Exekution eines zum Tode Verurteilten erzählt.[159] Das wird an einem Vergleich deutlich: Der jüdische Historiker Flavius Josephus berichtet von einem jüdischen Propheten namens Jesus, Sohn des Ananias.[160] Dieser kündigte kurz vor Ausbruch des jüdischen Krieges wieder und wieder die kommende Zerstörung des Tempels in Jerusalem an. Wegen dieser Drohungen gegen den Tempel, das kultische Zentrum der jüdischen Religion, wurde er (genau wie sein Namensvetter Jesus bar Joseph aus Nazareth) vom Hohen Rat, dem Sanhedrin, eingesperrt, verhört und dem römischen Prokurator Albinus übergeben. Albinus verurteilte den Propheten Jesus zur Auspeitschung und ließ ihn nach der Geißelung frei. Josephus beschrieb die Geißelung weit detaillierter und brutaler als die Autoren der Evangelien: Jesus bar Ananias wurde zu dem römischen Prokurator gebracht,

> «der ihn (Jesus bar Ananias) mit Geißelhieben so lange auspeitschen ließ, bis man auf seine Knochen sehen konnte. Aber er flehte nicht, er weinte

nicht, sondern in dem jämmerlichsten Tone, den er nur seiner Stimme geben konnte, begleitete er jeden Hieb bloß mit den Worten: ‹Wehe, wehe Jerusalem!›»[161]

Auch der einzige bislang nachweisbare archäologische Überrest einer Kreuzigung aus der Antike, ein von einem starken langen Nagel durchschlagener Fersenknochen eines gekreuzigten Mannes, der 1968 von Vasilis Tsaferis im Jerusalemer Viertel Giv'at ha-Mivtar ausgegraben wurde,[162] und eine anatomische Rekonstruktion der Todesumstände an einem Kreuz machen deutlich, dass die kanonisch gewordenen Evangelien eher zurückhaltend waren bei der Beschreibung der unendlichen Qualen des allmählichen Erstickungstodes eines Menschen, durch dessen Gelenke Nägel getrieben wurden. Allenfalls indirekt wird auch hier der Versuch der Autoren deutlich, Souveränität und Macht Jesu erkennbar werden zu lassen und Anzeichen der Verzweiflung («Mein Gott, mein Gott, warum hast du mich verlassen»: Markus 15,34 mit Psalm 22,2)[163] herunterzuspielen.

Aber gerade deswegen, weil der menschliche Körper Jesu sich in den letzten Tagen und Stunden seines Lebens so wenig von anderen leidenden menschlichen Körpern unterscheidet, wird er für das Mehrheitschristentum zum unverzichtbaren Instrument der Heilsgeschichte und auch an diesem Punkt zu einem Bild wirklichen, wahren Menschseins. Das zeigt ein Hymnus aus dem ersten Petrusbrief (1. Petrus 2,21–25):

«Denn hierzu seid ihr berufen worden; denn auch Christus hat für euch gelitten und euch ein Beispiel hinterlassen, damit ihr seinen Fußspuren nachfolgt: Der keine Sünde getan hat, auch ist kein Trug in seinem Mund gefunden worden, der, geschmäht, nicht wieder schmähte, leidend nicht drohte, sondern sich dem übergab, der gerecht richtet; der unsere Sünden an seinem Leib selbst an das Holz hinaufgetragen hat, damit wir, den Sünden abgestorben, der Gerechtigkeit leben; durch dessen Striemen ihr geheilt worden seid. Denn ihr gingt in die Irre wie Schafe, aber ihr seid jetzt zurückgekehrt zu dem Hirten und Aufseher eurer Seelen».[164]

Der Körper Jesu ist, wie hier mit einem wörtlichen Zitat aus einem sogenannten Gottesknechtslied des Propheten Jesaja deutlich gemacht wird («Der unsere Sünden an seinem Leib getragen hat [...] durch dessen Striemen ihr geheilt worden seid»),[165] gerade kein unerhebliches

Detail der Heilsgeschichte Gottes. Oder anders formuliert: Der inkarnierte Körper ist vor allem in seiner Form als ein *geopferter* Körper *das* unabdingbare Instrument von Gottes Heil für die Menschen.

Man kann also durchaus von einem *körperlichen* Heilskonzept in einigen Texten des kanonisch gewordenen Neuen Testaments sprechen, das – vom Standpunkt der kaiserzeitlichen und spätantiken theologischen Reflexion aus betrachtet – einer der Gründe für antike Christenmenschen ist, Jesus von Nazareth zur gleichen Zeit als göttliches und als menschliches Wesen zu bekennen. Ein Beispiel eines solchen körperlichen Heilskonzeptes ist es, wenn bis weit in die Spätantike durchaus in Fortsetzung jüdischer Theologumena auf die erlösende Funktion des Blutes Jesu Christi hingewiesen wird – Karlmann Beyschlag hat vor einiger Zeit auf die Bedeutung dieser in den letzten Jahren gern übersehenen Traditionslinie in der christlichen Theologiegeschichte aufmerksam gemacht.[166] Selbst wenn die Idee einer Inkarnation Gottes in einem beliebigen menschlichen Körper offenkundig für viele Menschen einen Anstoß darstellte, erleichterte die Deutung von Leiden und Sterben Jesu nach dem Modell des freiwilligen stellvertretenden Todes für die Gemeinschaft, wie es im Judentum neben dem zitierten sogenannten Gottesknechtslied bei Jesaja vor allem in der Deutung der sogenannten makkabäischen Märtyrer zu beobachten ist, die Akzeptanz dieser Identifikation mit der Person Jesu von Nazareth[167] – es ist freilich nicht notwendig, diese teilweise oft verhandelten Zusammenhänge hier in aller Ausführlichkeit darzustellen, weil sie mit unserer Frage nach dem göttlichen Körper nur sehr mittelbar zu tun haben.

Das Bekenntnis des Agathonicus von Tarsus

Wir fragten eingangs danach, ob die christliche Idee, nach der im Falle Jesu der göttliche Körper nicht aus einer besonderen, der Göttlichkeit Gottes angemessenen Materialität besteht, sondern mit einem menschlichen Körper mehr oder weniger *vollständig* identisch ist, vielleicht den eigentlich christlichen Beitrag zur Debatte über den göttlichen Körper in der Antike darstellt. Am Ende unseres paradigmatischen Durchgangs durch verschiedene antike christliche Texte, in denen über den Körper Jesu von Nazareth reflektiert wird, fällt eine knappe und eindeutige Antwort auf diese Frage schwer. Denn wir sahen einerseits, dass längst

DAS BEKENNTNIS DES AGATHONICUS VON TARSUS   411

nicht alle Christenmenschen in der Antike damit rechneten, dass Jesus einen solchen wirklichen menschlichen Körper besaß. Und die, die damit rechneten, stellten ihn sich in höchst unterschiedlicher Weise vor, markierten an abweichenden Punkten Differenzen dieses besonderen menschlichen Körpers Jesu Christi zu gewöhnlichen menschlichen Körpern. Rückschlüsse vom Körper Jesu Christi auf den Körper Gottes wurden in der christlichen Antike nicht vorgenommen, obwohl durchaus der Gedanke der Ebenbildlichkeit Gottes in den Texten eine Rolle spielt. In der Kontroverse um die sogenannten Anthropomorphiten, die wir im vergangenen Kapitel eingehender behandelt haben, haben christliche Theologen sogar explizit davor gewarnt, den menschlichen Körper Jesu Christi und seine göttliche Natur in Beziehung zu setzen.

Ein eindrucksvolles Beispiel dafür ist ein angebliches Bekenntnis, das ein ansonsten unbekannter Bischof namens *Agathonicus von Tarsus* auf einer Synode in Ancyra/Ankara irgendwann zu Beginn des fünften Jahrhunderts gegen die sogenannten Anthropomorphiten vorgetragen haben soll; es ist uns zusammen mit anderen angeblichen Schriftstücken des Bischofs in einem sahidischen koptischen Dossier überliefert, außerdem existieren Texte im fayumischen Dialekt und eine weitere sahidische Überlieferung aus dem weißen Kloster bei Sohag.[168] Dieses Dossier mit Schriftstücken des angeblichen Agathonicus findet sich in einem wahrscheinlich aus einer Klosterbibliothek in Theben stammenden Papyrus-Codex, der sich ehemals in der Sammlung von Thomas Philipps befand (Philipps 18833) und nun in der Papyrus-Sammlung Bodmer in Genf aufbewahrt wird.[169] Freilich spricht viel dafür, dass es sich um pseudepigraphe Stücke aus der Feder eines ägyptischen Mönchs handelt, weil nach allem, was wir wissen, in der Spätantike überhaupt kein Bischof Agathonicus von Tarsus existierte – seine Erfindung sollte dazu dienen, im innerägyptischen Kampf eine bestimmte Position auch durch die Autorität eines kleinasiatischen Bischofs zu legitimieren.[170] In dem angeblich von Agathonicus vorgetragenen Synodal-Bekenntnis (*Fides Agathonici*) heißt es:

«Wir glauben an Gott, dass er Schöpfer aller Dinge ist, die unterhalb des Himmels und derer, die oberhalb des Himmels sind, von denen Salomo geredet hat,[171] dass er in einer vollkommenen, unerkennbaren und unaussprechlichen und unvergleichlichen Substanz (οὐσία) bestehe, dass (sc. die Substanz) nicht aus der Materie besteht, aus der er alle Dinge geschaffen hatte. Und wer die Substanz der Gottheit in seinem Herzen vergleicht und in seinem Herzen eine Gestalt aufstellt, indem er sagt: ‹Gott ist in dieser Gestalt›, und (dadurch) die Gottheit verleumdet – der Herrscher der Finsternis ist es, der diese armseligen Substanzen im Herzen der Unwissenden zeichnet, indem er ihnen vorlügt, die Gottheit sei in dieser Gestalt, und sie, ohne es zu ahnen, Götzen dienen. Recht ist es, vom Körper, den Christus trug, mit Lauterkeit zu denken. Die Gottheit aber, die sich mit dem Fleisch vereinigte, unaussprechlich ist sie. Der Körper wird Christus genannt; denn die Erklärung von ‹Christus› ist ‹der, der gesalbt worden ist›. (Auch darfst) du nicht von ihr (sc. der Gottheit) in irgendeiner Gestalt denken, damit du nicht einen Irrtum begehst. Denn wir glauben von dem Sohn, dass er das Wort des Vaters ist, und von dem Heiligen Geist, dass er sein Hauch ist, und wir glauben von der Trinität gleichen Wesens, dass sie körperlos ist, ohne Anfang und ohne Ende».[172]

Auch wenn der christologische Schlüsselbegriff «eine einzige Natur» (μία φύσις) nicht fällt, ist das Bekenntnis doch dem alexandrinischen Modell verpflichtet, Christus nicht als in sich differenzierte Einheit einer jeweils vollständigen göttlichen und menschlichen Person zu denken, sondern in der Tradition des Apolinarius von Laodicaea als enge Einheit zwischen einem menschlichen Körper und einer göttlichen Seele. Trotzdem wird zwischen beidem im Text unterschieden:

«Und das Wort des Vaters verkörperte sich in der Jungfrau, als leidensunfähig. Leidensfähig wurde er aber aus eigenem Willen, nicht durch Machtlosigkeit. Aus eigenem Willen starb er und am dritten Tag stand er von den Toten auf. Das Fleisch nahm er in die Himmel hinauf; kommt auch in ihm, um zu richten, und wird jeden richten. Dieses (Fleisch) ist es, das sich auf dem Tisch mit dem Brot vermengt, wenn man es segnet, so wie Paulus gesagt hat. Und sein Blut ist es auch, das sich mit dem (Wein-)Kelch vermengt, nachdem dieser zu Blut wurde, indem der Priester laut verkündet: ‹Leib und Blut Christi›».[173]

Obwohl der Text wie die offizielle alexandrinische Theologie im Vorfeld des Konzils von Chalcedon (451) um die personale *Einheit* Jesu Christi bemüht ist, werden gleichzeitig bestimmte Elemente aufgenommen, die eher in die Tradition einer *Unterscheidung* von menschlichen und göttlichen Anteilen in Jesus Christus gehören; Alois Grillmeier wird darin recht haben, diese Elemente auf die Tradition des Origenes zurückzuführen und den oder die, die diese Texte fälschten, in Kreisen origenistisch geprägter Mönche zu suchen, die sich gegen ihre «anthropomorphitischen» Glaubensbrüder wendeten.[174] Denn ein so polemisches Bekenntnis zur Trennung zwischen dem menschlichen Körper einerseits und der Gottheit Jesu Christi andererseits, wie es sich im angeblichen Bekenntnis des Bischofs Agathonicus von Tarsus findet, kann man sich eigentlich nur damit erklären, dass es Mönche aus der Gruppe der sogenannten Anthropomorphiten gab, die den verklärten Körper Jesu Christi mit dem Körper der Gottheit identifizierten oder diesen spezifischen Körper Jesu Christi als Teil des Körpers der trinitarischen Gottheit verstanden.[175] Demgegenüber betont der anonyme Autor, dass Gott in seiner schöpferischen Allmacht nach Belieben verschiedene Gestalten annehmen kann:

«Gott nimmt die Ähnlichkeit eines Menschen an; auch verleiht er seiner (des Menschen) Ähnlichkeit jede Gestalt, die er will; das heißt: jede Gestalt, die er annehmen will, die nimmt er an. Denn die Menschen, die in bestimmten Formen geschaffen sind, vermögen diese nicht zu vertauschen; sie haben eben ihre Natur, in der sie geschaffen worden sind, nämlich die Form. Gott dagegen, da er keinen Schöpfer hat, so nimmt er jede Gestalt an, die ihm beliebt. Er zeigte sich Abraham in der Form eines Menschen. Denn es steht geschrieben: ‹Er hob seine Augen auf und sah drei Männer, aus der Ferne kommend›. Er zeigte sich Moses, indem er eine Feuerflamme war. Er zeigte sich Paulus, indem er ein Licht war, mehr strahlend als das Licht der Sonne. (...) Es mögen also diese Beispiele den verständigen Zuhörern genügen, dass sie die Gottheit nicht in eine kleine, schwache Substanz einschränken, auf Art des Menschen, (eine Substanz), die sich aus ihrer Armseligkeit heraus nicht ändert».[176]

An diesem Punkt können wir unseren Gang durch die verschiedenen Arten, über den Körper Jesu Christi nachzudenken, abbrechen – natürlich würde es lohnen, sich noch ausführlicher mit den verschiedenen Traditionen zu beschäftigen, die den menschlichen Körper Jesu Christi besonders eng mit seiner Göttlichkeit verbinden, und neben theologischen Lehrbildungen in Texten beispielsweise auch die bildlichen Darstellungen der *vera icon*, des authentischen Bildes Christi, in den Blick zu nehmen und die antiken Debatten darüber, wie dieses Bild verehrt werden sollte.[177] Aber es ist ohnehin deutlich geworden, wie stark sich die Formen christlicher Reflexion über einen menschlichen Körper Gottes von den jüdischen und paganen Diskursen der Zeit unterschieden, wie viel Unsicherheit auch die Versuche verrieten, diesen Körper zu beschreiben.

Der göttliche Körper Jesu Christi und der menschliche Körper

Gleichsam als Appendix zu unseren Untersuchungen über verschiedene Konzeptionen von göttlichen Körpern in der Antike soll zum Schluss noch einmal ein Blick darauf geworfen werden, wie sehr solche Vorstellungen auch das alltägliche Leben der Christenmenschen, die an eine solche menschliche Einkörperung Gottes glaubten, beeinflusste. Die besondere Bedeutung des menschlichen Körpers Jesu brachte es mit sich, dass das allgemeine Modell einer «Nachfolge», in die Jesus von Nazareth nach dem Zeugnis der kanonisch gewordenen Evangelien rief, zum Modell einer mimetischen Konformität, zum Modell der «Nachahmung Christi» (*imitatio Christi*) konkretisiert und damit zugleich radikalisiert wurde. Eine solche radikale Angleichung des christlichen Körpers an den Körper Jesu Christi bildete mindestens in einzelnen Gruppen und für einzelne Texte das Kernmotiv christlichen Lebens – und demonstriert noch einmal die starke Bedeutung der verschiedenen Vorstellungen vom Körper des Gottmenschen Jesus Christus für das antike Christentum.

Die Radikalität, mit der Christen nach der Maxime lebten, ihren Körper nach dem Modell des menschlichen Körpers Jesu Christi zu verwandeln oder verwandeln zu lassen, könnte schon am Beispiel der kanonisch gewordenen Briefe des Apostels Paulus illustriert werden. Aber ungleich spannender ist die Analyse der Transformation entsprechender Aussagen dieser apostolischen Briefe in der Korrespondenz, deren erste Abfassung dem antiochenischen Bischof *Ignatius* zugeschrieben und gewöhnlich auf die Jahre um 115 datiert wird (freilich existieren, wie wir sahen, auch spätere Bearbeitungen; die Datierung der Grundfassung ist ebenfalls kontrovers).[178] Der Autor nennt seine Leserschaft «Nachahmer» oder «Schauspieler» Gottes (μιμηταὶ ὄντες θεοῦ: Ignatius an die Epheser 1,1).[179] Und er behauptet weiter, dass die mimetische Konformität mit dem leidenden Christus nur in der Form eigenen Martyriums erreicht werden kann; nur so könne das Dasein als Jünger Christi erfüllt werden (ebd. 1,2).[180] In anderen Worten: Der Autor argumentiert, dass nur der Märtyrer, dessen Körper genauso misshandelt wird wie der Körper Christi und der genauso zu Tode gebracht wird wie Christus, der vollkommene Nachahmer und perfekte Schauspieler Christi sein kann.[181] Dem Inhalt des Textes entspricht die historische Situation, die er beschreiben will: Ignatius, der als römischer Bürger auf dem Weg zu seinem Prozess von Antiochia nach Rom ist, will aus Kleinasien eine Notiz an die christlichen Gemeinden nach Rom vorausgeschickt haben, in welcher er verzweifelt darum gebeten hat, ihn bis zum bitteren Ende leiden zu lassen, weil nur dann die Übereinstimmung mit Christus auf der Erde erfüllt werden könne. Augenscheinlich konzipierte der Autor dies in Anlehnung an die paulinische Idee, dass man nur auf dem Weg des Mitleidens Teil des himmlischen Ruhms Christi werden kann: «Erlaubt mir, ein Nachahmer der Leiden meines Gottes zu sein» (Ignatius an die Römer 6,3).[182]

Entsprechend ist der Brief an die stadtrömische Gemeinde angelegt, den Ignatius an die Christengemeinde des Ortes voranschickt, die Bestimmungsziel seiner Reise ist; er ist gleichsam ein Warnschreiben, nichts zu unternehmen, was den Protagonisten am Martyrium hindern könnte. Solche Mahnungen ziehen sich durch den ganzen Brief:

> «Denn weder werde ich jemals eine solche Gelegenheit haben, zu Gott zu gelangen, noch könnt ihr, wenn ihr schweigt, auf ein besseres Werk euren Namen setzen. Denn wenn ihr von mir schweigt, werde ich ein Wort Gottes sein; wenn ihr aber mein Fleisch liebt, werde ich wiederum (nur) ein Laut sein. (...) Ich rufe euch zu: Werdet mir nicht unzeitiges Wohlwollen. Lasst mich ein Fraß für Bestien sein, durch die es möglich ist, zu Gott zu gelangen! Weizen Gottes bin ich und durch die Zähne von Bestien werde ich gemahlen, damit ich als reines Brot Christi erfunden werde. (...) Feuer und Kreuz und Rudel von Bestien, Zerreißen der Knochen, Zerschlagen der Glieder, Zermalmung des ganzen Körpers, des Teufels böse Plagen sollen über mich kommen, nur damit ich zu Jesus Christus gelange».[183]

Der Autor wünscht nicht mehr länger «nach Art der Menschen zu leben» (κατὰ ἀνθρώπους ζῆν),[184] sondern er möchte «dem Christentum gemäß leben» (κατὰ Χριστιανισμὸν ζῆν)[185] lernen – die Formulierung «Christentum» (Χριστιανισμός) erscheint bekanntlich hier zum ersten Mal in antiken Schriften.[186] Für den Autor der Briefe bedeutet «dem Christentum gemäß leben», den irdischen Körper komplett zu beseitigen und sich alle möglichen Arten der Vernichtung seines Körpers in der Arena zu wünschen.

Es gibt eine ebenso ausführliche wie gelehrte Diskussion über die Frage, ob das leidenschaftliche Verlangen des Ignatius nach dem Martyrium eine individuelle Sinnsuche eines Christen ist, der auf dem Weg zu seiner Hinrichtung ist und seinen Tod voraussieht, oder ob eine solche christliche Form der Sehnsucht nach dem Martyrium eine spezifische Form von Suizid ist.[187] Aber dieser Diskurs über das sogenannte freiwillige (oder willentlich provozierte)[188] Martyrium ist in unseren Zusammenhängen nicht von großer Bedeutung, zumal er überhaupt erst im dritten Jahrhundert aufgekommen ist.[189] Ignatius forderte die christlichen Gemeinden in Kleinasien, an die er sich brieflich wendete, nicht auf, nach seinem Vorbild kollektiven Selbstmord zu begehen. Erst spätantike christliche Autoren kritisierten das explizite Verlangen nach dem Martyrium gleichsam als eine getarnte Form des bloßen Selbstmords, der Christenmenschen nach antiker mehrheitskirchlicher Lehre grundsätzlich verboten war.

Abgesehen von Ignatius, unter dessen Namen eine mimetisch konstruierte Identität seines eigenen sterblichen Körpers mit dem sterblichen Körper Christi propagiert wurde, gab es auch andere Wege, eine Konformität zwischen Christus und einem leidenden Märtyrer zu akzentuieren, dessen Niederlage von den christlichen Gemeinden mit großem rhetorischen und theologischen Aufwand in einen Sieg umgedeutet wurde. Von besonderem Interesse ist hier der Bericht der christlichen Gemeinde von Smyrna/Izmir über das Martyrium ihres Bischofs Polykarp. *Polykarp von Smyrna* taucht auch als Korrespondenzpartner im Corpus der Briefe des Ignatius auf, weswegen der Bericht über sein Martyrium, das vermutlich in die Jahre 155/156 datiert werden kann,[190] gern für authentisch genommen wurde, obwohl die meist benutzte Fassung aus liturgischen Quellen des siebten oder achten Jahrhunderts stammt und vermutlich für Zwecke der liturgischen Lesung bearbeitet wurde.[191] Aber auch die älteste greifbare Version des Berichtes ist ein knappes und verkürzendes Zitat in der «Kirchengeschichte» des Bischofs Eusebius von Caesarea zu Beginn des vierten Jahrhunderts: Da auch Eusebius seine Quellen vor der Einfügung in sein Geschichtswerk bearbeitet hat, muss die Grundschrift des Polykarpmartyriums als verloren gelten. Offenbar gehörte zu dieser Grundschrift bereits die Beschreibung der Hinrichtung des greisen Polykarp: Danach wird der

Körper des Bischofs, der sechsundachtzig Jahre alt geworden war und aufgrund von Alter wie Person als Führer der christlichen Gemeinden in Kleinasien gelten konnte, von dem Feuer, das ihn an einen Pfahl gefesselt zu Tode brennen sollte, nicht verschlungen. Ein Wind hält wie durch ein Wunder die Flammen von dem verurteilten Bischof fern.

Diese Erzählung von Polykarps Martyrium darf natürlich nicht einfach als Bericht über historische Ereignisse genommen werden, vielmehr ist sie höchst kunstvoll konstruiert und spielt auf den Bericht von dem Martyrium der drei jungen Männer im Feuerofen in der griechischen Version des Danielbuchs an:[192]

«Denn das Feuer nahm die Form einer Wölbung an, wie ein vom Wind aufgeblähtes Schiffssegel, und umhüllte ringsherum (schützend) den Leib des Märtyrers. Er befand sich mittendrin, nicht wie Fleisch, das brät, sondern wie Brot, das gebacken wird, oder wie Gold und Silber, das im Schmelzofen gereinigt wird. Auch empfanden wir einen solchen Wohlgeruch wie von duftendem Weihrauch oder von irgendeinem anderen der kostbaren Rauchwerke».[193]

Ernst Lohmeyer und andere haben dargelegt, dass Wohlgeruch (εὐωδία und ὀσμή) Symbole göttlicher Präsenz sind,[194] genauso wie auch die Unzerstörbarkeit (ἀφθαρσία) des Körpers ein Gottesattribut ist. Der irdische Körper des Märtyrers wird also Teil einer göttlichen, unsterblichen, besonderen Körperlichkeit, jener Körperlichkeit, die der Mensch einst als Ebenbild Gottes besaß, aber im Paradies verloren hat und nun wiedergewinnen kann. Das Konzept eines göttlichen Körpers und göttlicher Körperlichkeit hatte auch bei antiken Christenmenschen vielfältige Folgen für das alltägliche Leben. Für den Autor der Briefe des Ignatius verwandelt das Martyrium in sehr grausamer Form – der Form der zutiefst grauenhaften Leidensgeschichte Christi – einen menschlichen Körper in einen göttlichen Körper in Anlehnung an Christus, das Bild Gottes. Der Bericht über das Martyrium des Polykarp stellt diese Position einer strikten Nähe zwischen dem Körper des Märtyrers und dem göttlichen Körper Christi in Frage, weil hier der menschliche Körper nicht in der Leidensnachfolge Christi grausam zerstört wird, sondern mitten in allem Leiden bewahrt wird und ihm göttliche Eigenschaften zugesprochen werden.

Zusammenfassung

Wir vernachlässigen normalerweise die Bedeutung dieser Vorstellungen über den menschlichen Körper des Gottmenschen Jesus Christus – weil es, wie wir gesehen haben, von der Antike an große Schwierigkeiten mit jeder anthropomorphen Vorstellung von Gott gab, in paganen philosophischen Traditionen, aber auch in jüdischer und christlicher Literatur seit nachbiblischen Zeiten. Die Vorstellung von einem menschlichen Körper Gottes ist vielleicht die wirkmächtigste Form, in der die antike Vorstellung eines göttlichen Körpers die heftige religiöse und philosophische Kritik an diesem Gottesbild überlebt hat – und vielleicht die radikalste Form, in der die ursprüngliche jüdische Idee, dass der Mensch nach dem Ebenbilde Gottes geschaffen wurde, weitergedacht wurde: Der göttliche Körper ist eben der menschliche Körper – und umgekehrt.

SCHLUSS
ERLEDIGTE VORSTELLUNGEN VON GOTT?

Bei den unterschiedlichen Vorstellungen von einem göttlichen Körper hat man es nicht mit einem heute erledigten Detail des Gottesbildes unaufgeklärter Vorfahren zu tun, sondern mit einem breiten Strom jüdisch-christlicher und paganer Traditionen: Aussagen über die Körperlichkeit Gottes prägen die jüdisch-christliche Bibel nahezu auf jeder Seite und sind daher dem Judentum und dem Christentum bis heute gemeinsames Erbe, auch wenn diese Traditionen seit dem Mittelalter zunehmend verdrängt und als naiv abgetan worden sind.[1] Wir sahen, dass man sie nicht einfach als einfältige anthropomorphe Konzepte interpretieren kann; Leiblichkeit ist nach diesen biblischen Traditionen – wie schon die für das Christentum charakteristische Vorstellung, dass Gott in der Person Jesu von Nazareth Mensch geworden ist, zeigt – in einem sehr bewussten Sinn das Ende der Werke Gottes.[2] Die Einsicht, dass Leiblichkeit nicht nur am Ende der Werke Gottes steht, sondern etwas Grundsätzliches über den Gott aussagt, von dem in der jüdischen und christlichen Tradition die Rede ist, ist jedenfalls dann unausweichlich, wenn man diese biblischen Aussagen ernst nehmen möchte. Anders formuliert: Der in den biblischen Schriften bezeugte Gott kann nicht ohne substanziellen Verlust auf ein körperloses, schlechthin transzendentes Wesen reduziert werden, wie dies in der Tradition einer von platonischer Philosophie geprägten Bibelinterpretation seit der Antike üblich ist.

In den jüdisch-christlichen wie pagan-religiösen Traditionen kann man mit Marco Frenschkowski drei Formen der Rede von der Körperlichkeit Gottes unterscheiden: *Erstens* eine «‹epiphaniale› (Wie können die Götter erscheinen? Dazu gehören auch die Traditionen über die Speise der Götter u. ä.)», *zweitens* eine «kosmische (der Kosmos als Leib der Gottheit), die ja nicht etwa notwendig pantheistisch zu verstehen ist», und *drittens* eine «monarchische Thronsaalmetaphorik, als deren Steigerung die bekannten ‹Shi'ur Qoma›-Texte zu verstehen sind und die natürlich nicht nur jüdisch bezeugt ist und zudem ein Umfeld von anderen Verbildlichungen der Götter ‹an sich› hat».[3] Wir haben vor allem die erste und die dritte Form ausführlicher behandelt; die zweite ist nur andeutungsweise in den Blick gekommen. Aber das Bild ist trotzdem insofern vollständig, als deutlich wurde, dass solche Vorstellungen in der paganen, jüdischen und christlichen Antike – im Gegensatz zu Mittelalter und Neuzeit – vollkommen selbstverständlich und sowohl bei Intellektuellen wie bei einfachen Menschen anzutreffen waren.

Allerdings wird man auch kaum bestreiten können, dass die Vorstellung von der Körperlichkeit Gottes in den biblischen Texten (und nicht nur in diesen) Teil eines *mythischen Weltbildes* ist. Wie auch immer man den schwierigen Forschungsbegriff «Mythos» definiert[4] – für ihn ist charakteristisch, dass alles, natürlich auch die Welt der Götter und diese selbst, als eine Einheit von Materiellem und Geistigem gedacht wird.[5] Mythos ist zudem insofern grundsätzlich grenzüberschreitend, weil er – wie die Maßangaben in den «Shi'ur Qoma»-Texten[6] – alle vorstellbaren Grenzen von Raum und Zeit überschreitet. Wenn nach solchen Konstruktionsprinzipien traditionelle, bedeutsame Göttergeschichten erzählt werden, die als Geschichten über Ursprünge und zentrale Ereignisse wie über Veränderungen die Gegenwart erklären wollen, dann wird bei allen Versuchen, die Grenze zwischen Göttern und Menschen zu betonen, diese Grenze gleichzeitig diffus: Götter agieren wie Menschen und sie agieren mit einem Körper, wie Menschen mit einem Körper agieren.

In den letzten Jahrzehnten ist deutlicher geworden, dass man jedenfalls für das Altertum ein solches mythologisches Weltbild nicht in einem schlichten Dual als klar konturierte Alternative zum rationalen Denken beschreiben darf (beispielsweise mit Stichworten wie «kindlich» oder «vorrational»), werden hier doch auch Ergebnisse rationaler Rechenschaft über Gott, Welt und Mensch niedergelegt, ebenso allerdings wenig reflektiertes Alltagswissen und unmittelbare Alltagserfahrungen.[7] Man muss sich an dieser Stelle nur klarmachen, dass eine solche «Rationalität» des Mythos *zeitgenössischen* Standards von Rationalität entsprach, die in späteren Epochen nur noch partiell akzeptiert wurden. Die neuzeitliche Einsicht, dass in der biblischen Vorstellung einer göttlichen Körperlichkeit zugleich auch Reste eines mythologischen Gottesbildes enthalten sind, hat freilich die Problematik des Hiates zwischen historischen Befunden und zeitgenössischen Vorstellungen von Gott für religiöses Denken noch einmal verschärft: Der Neutestamentler *Rudolf Bultmann* (1884–1976) hat in einem berühmten Vortrag unter besonderen historischen Umständen im April 1941 nicht nur festgehalten, dass das «*Weltbild des Neuen Testamentes* (...) *ein mythisches*» ist (übrigens ohne Hinweis auf die Vorstellung von göttlicher Körperlichkeit),[8] sondern auch darauf hingewiesen, dass es unmöglich sei, «das *mythische* Weltbild zu repristinieren», selbst wenn darin «Wahrheiten wieder neu entdeckt werden, die in einer Zeit der Aufklärung verloren gegangen sind».[9] Dabei fielen scharfe Sätze, die eine heftige Diskussion auslösten: «Kein erwachsener Mensch stellt sich Gott als ein oben im Himmel vorhandenes Wesen vor; ja, den ‹Himmel› im alten Sinne gibt es für uns gar nicht mehr».[10] Wie ein Cantus firmus zieht sich durch den ersten Teil des Vortrags von Bultmann die Vokabel «erledigt».[11] Freilich gehört zu den erledigten Vorstellungen für den Marburger Gelehrten auch die platonisch grundierte Idee von einem rein geistig vorgestellten Gott, der in einer durch «naturhafte Leiblichkeit» geprägten und bedingten Welt agiert: «Der rein biologisch sich verstehende Mensch sieht nicht ein, daß überhaupt in das geschlossene Gefüge der natürlichen Kräfte ein übernatürliches Etwas, das πνεῦμα, eindringen und in ihm wirksam sein könne».[12] Aus dieser Lage (wie aus dem Wesen des Mythos selbst) folgt für Bultmann die Aufgabe der «Entmythologisierung» der theologischen Rede.[13] Bereits 1925 hatte er in einer existentialistisch interpretierten Aufnahme von Gedanken bei Luther und Kierkegaard den Spitzensatz formuliert: «Will man von Gott reden, so muß man offenbar *von sich selbst reden*».[14] Vor einem solchen Hintergrund scheinen natürlich auch Sätze über göttliche Körperlichkeit «erledigt», weil sie neuzeitliche Konsense über denknotwendige Grenzen von Aussagen nicht respektieren. Als Argument für eine solche Sicht könnte zudem angeführt werden, dass die Vorstellungen von der Körperlichkeit Gottes, was die körperlichen Details betrifft, in der Vormoderne stehengeblieben sind, wie *Robert Musil* (1880–1942) in seinem Roman «Der Mann ohne Eigenschaften» (1930/ 1932) präzise formuliert hat:

«Gott ist im tiefsten unmodern: Wir vermögen nicht, ihn uns im Frack, glattrasiert und mit einem Scheitel vorzustellen, sondern tun es nach Patriarchenart».[15]

Allerdings betrifft das Problem, dass in der religiösen Rede von Gott Aussagen formuliert werden, die nur noch partiell *zeitgenössischen* Standards von Rationalität entsprechen, in Wahrheit keineswegs nur die Vorstellung einer göttlichen Körperlichkeit: Das zeigen die heftigen Auseinandersetzungen um die Polemik des Philosophen *Johann Gottlieb Fichte* (1762–1814) gegen Vorstellungen einer Personalität und Substantialität Gottes, die sich an die Publikation eines Aufsatzes im Jahre 1798 anschlossen – man spricht vom sogenannten «Atheismusstreit», der den Jenaer Professor um seine Professur brachte.[16] In diesen Auseinandersetzungen wurde deutlich, dass die seit der Antike vorgebrachten Argumente gegen eine Vorstellung von der *Körperlichkeit* Gottes inzwischen auch gegen die Rede von seiner *Substanz* als einer besonderen, kategorial von aller anderen Substanz differenten Substanz vorgebracht werden können: Fichte argumentierte bereits im ersten Aufsatz, der den Streit auslöste, dafür, dass der Begriff der Substanz die Bindung an Raum, Zeit und Ausdehnung impliziere, so dass die Vorstellung von Gott als einer eigenständigen Substanz als unhaltbar aufzugeben sei.[17] Gott sei eine Art Grenzbegriff für eine moralische Weltordnung, der folglich durch das Prädikat «Substanz» oder andere, darauf bezogene Prädikate nicht angemessen ausgesagt werden könne. Die aufgrund solcher Einwände entwickelte Konzeption eines – wie der Zürcher reformierte Pastor *Johann Caspar Lavater* (1741–1801) in einem privaten Brief bemerkt – Gottes, «der nicht sagen kann: *Ich bin*, ein Gott ohne Persönlichkeit – ohne Existenz, der nichts schafft und nichts gibt»,[18] hat Fichte in seinen Reaktionen auf die Kontroverse auch nicht modifiziert, sondern eher pointiert.[19]

Die Aussage, dass die Vorstellung von einer göttlichen Körperlichkeit unzeitgemäß ist und angesichts von heutiger Rationalitätskultur «erledigt» genannt werden darf, stellt aber ein mehr oder weniger gut begründetes philosophisches Urteil dar und keine religionswissenschaftliche Beschreibung vorhandener Religiosität. Derartige Vorstellungen setzen sich in Wahrheit bis in die Gegenwart fort,[20] wie ein einziges Beispiel dokumentieren soll: So stellt das Konzept von Gottes Körperlichkeit im *Mormonentum* ein theologisches Schlüsselthema dar. Mormonen halten es für eine Sünde der traditionellen christlichen Kirchen, dass in deren gängigen Glaubensvorstellungen und Lehrsystemen die biblische Vorstellung von einer Körperlichkeit Gottes mindestens abgemildert, wenn nicht gar gänzlich abgelehnt wird.[21] *Joseph Smith* (1805–

1844), der nach mormonischem Glauben 1820 durch einen Engel das Buch «Mormon» empfing, erklärte in expliziter Wendung gegen eine allegorische Interpretation einschlägiger biblischer Passagen, dass der «Vater einen Körper aus Fleisch hat und Knochen, so berührbare wie die eines Mannes; ebenso der Sohn. Der Heilige Geist aber hat keinen Körper aus Fleisch und Knochen, sondern ist eine Person des Geistes».[22] Allerdings werden auch von Smith bestimmte Züge der Körperrhetorik der Hebräischen Bibel, beispielsweise solche Passagen, in denen Gott Flügel zugeschrieben werden, als metaphorische Rede interpretiert. Außerdem unterscheidet sich seine Ansicht von der klassischen mehrheitskirchlichen Trinitätstheologie östlicher wie westlicher Prägung dadurch, dass der Sohn dem Vater deutlich untergeordnet wird.[23] Solche Positionen finden inzwischen durchaus auch Beachtung innerhalb der großen christlichen Konfessionen: So hat der amerikanische römisch-katholische systematische Theologe *Stephen H. Webb* jüngst vorgeschlagen, mit Menschen, die diese Position vertreten, in einen theologischen Dialog zu treten, und diesen Dialog sogar für «notwendig» erklärt.[24] Webb kommt zu dieser Einschätzung, weil er die antiken christlichen Versuche, Gott einen Körper zuzuschreiben, für eine auch heute noch mögliche Form christlicher Theologie hält – daher fragt er sich, was geschehen wäre, wenn die spätantiken «Anthropomorphiten» ihren Kampf gewonnen hätten.[25] Möglich ist eine solche «anthropomorphe» Gotteslehre in biblischer Tradition, wie sie der Mormonismus vertritt, für Webb deswegen, weil auf diese Weise bestimmte, in der Epoche vor dem Konzil von Nicaea am Beginn des vierten Jahrhunderts und vor den origenistischen Auseinandersetzungen am Ende dieses Jahrhunderts ganz selbstverständlich vertretene Positionen der christlichen Mehrheitskirche wieder aufgegriffen werden. Das gilt nach Webbs Ansicht auch für die deutliche Subordination des Sohnes unter den Vater, die als eine vornizänische Form christlicher Theologie der in Nicaea konziliar normierten Gleichordnung entgegengesetzt ist, aber ebenfalls zur (wenn auch in der Spätantike abgelegten) theologischen Tradition der heutigen Mehrheitskirche gehört.[26]

Webb bezeichnet die Theologie der Mormonen kurzgefasst als Ergebnis einer «kontrafaktischen postnizänischen Entwicklung vornizänischer Theologumena»,[27] als eine Realisierung einer Gegenentwicklung zum mehrheitskirchlichen Gang der theologischen Lehrbildung. Ein solches Verfahren der Pluralisierung römisch-katholischer Theologie durch

Hinweis auf marginalisierte Traditionen entspricht dem Verfahren, das in der französischen «Nouvelle Théologie» nach 1945 geübt wurde, als gegen die Vorherrschaft der an einer bestimmten neuzeitlichen Lesart des mittelalterlichen Dominikaners Thomas von Aquin orientierten neuscholastischen Theologie bestimmte vornizänische «Kirchenväter» wie Origenes in Position gebracht wurden.[28] Vor dem Hintergrund des für die römisch-katholische Dogmatik charakteristischen Prinzips, stets im Einklang mit der Tradition zu formulieren, ist auch kein anderes Verfahren der Pluralisierung von theologischen Konzepten möglich.

Aber kann man es sich so einfach machen, im Zuge einer gegenwärtig im Nachdenken über jüdische wie christliche Religion weit verbreiteten Kritik am platonischen Denken (samt dessen Transformationen) die vielfältigen, seit der Antike geäußerten Bedenken und die heftige Kritik an der Vorstellung vom Gotteskörper zu ignorieren? Dürfen die, die sich einem solchen Projekt der «Entplatonisierung» der jüdischen und christlichen Theologie verpflichtet fühlen, die Einsichten vollkommen ignorieren, die sich letztlich der «Platonisierung» der Theologien dieser beiden Weltreligionen verdanken? Schließlich ist das – vereinfacht gesprochen – platonische Interesse an einer Kategorialdifferenz zwischen irdischer Körperlichkeit und transzendenter Geistigkeit ja ebenfalls als Aufgreifen biblischer Vorstellungen über den kategorialen Unterschied von Gott und Mensch zu interpretieren, wie sie beispielsweise im ersten Gebot ausgedrückt sind. Eine anthropomorphe Rede von göttlicher Körperlichkeit steht immer in der Gefahr, diesen Unterschied zu verwischen, und wird daher von christlichen Theologen der Neuzeit wie Bultmann als «Sünde» bezeichnet.[29] Fast scheint es, als ob eine entsprechende Kritik an der Platonisierung des Christentums in der Antike, nachdem sie im späten neunzehnten und frühen zwanzigsten Jahrhundert vor allem von Protestanten wie dem Berliner Dogmenhistoriker *Adolf von Harnack* (1851–1930) vertreten wurde,[30] nun auch in der römisch-katholischen Theologie en vogue ist, wie die zitierten Ansichten von Stephen H. Webb zeigen. Aber selbst wenn die klassische platonische Vorstellung von einem göttlichen «Sein», das «jenseits des Seins» und im Neuplatonismus sogar «überseiend» genannt werden kann,[31] in der Gegenwart im Zuge allgemeiner Kritik an der klassischen Metaphysik für problematisch, wenn nicht gar unmöglich gehalten wird, bleibt doch die Frage, ob die klassische Vorstellung von der Körperlichkeit Gottes die Jenseitigkeit Gottes, die nun einmal kategorial zu jedem Gottesbegriff gehört, überhaupt zur Geltung bringen kann.[32]

Bei der hier vorgelegten Monographie handelt es sich nicht um einen systematischen Beitrag zur christlichen (und auch nicht zur jüdischen) Gotteslehre,[33] sondern um eine historische Untersuchung. Deswegen steht an ihrem Ende keine abschließende Antwort auf die Frage, ob die klassische Vorstellung von der Körperlichkeit Gottes die Jenseitigkeit Gottes, die zum Gottesbegriff gehört, überhaupt zur Geltung bringen kann. An vielen Stellen war bei unserer Analyse von Texten wie Bildern erkennbar, dass im Judentum und Christentum, aber auch in paganen philosophischen Konzepten und religiösen Vorstellungen deutliche Spuren von Versuchen erkennbar sind, bei der Vorstellung von göttlichen Körpern auch die – platonisch gesprochen – Jenseitigkeit dieser Körper zur Geltung zu bringen, beispielsweise in der stoischen Annahme einer besonders leichten Materialität oder in der jüdischen Vorstellung exorbitanter und dadurch unvorstellbar großer Größen. Gelegentlich genügt die schlichte, knappe Formulierung «gleich wie», die die Differenz zwischen dem irdischen und dem jenseitigen Körper sprachlich zum Ausdruck bringt. An keiner Stelle ist in einem tatsächlich naiven Sinne in jüdisch-christlichen Texten beispielsweise von Lieblingsspeisen Gottes die Rede, nirgendwo (mit Ausnahme der «Shiʿur Qoma»-Literatur) von Details der Kleidung, auch wird nichts über den Teint der Haut oder die Farbe der Haare mitgeteilt (mit Ausnahme einer späten Beschreibung der menschlichen Natur Christi).[34] Die Rede vom Körper Gottes ist stets eine um Details der Körperlichkeit gekappte Rede, eine Rede, in der die Zurückhaltung bei der Beschreibung ein Stück weit die Grundthese voller Körperlichkeit dementiert. Das gilt auch, wenn man die Frage stellt, welches Geschlecht im Reden von der göttlichen Körperlichkeit eigentlich im Hintergrund steht: Wenn meist das Bild eines thronenden Monarchen ausgemalt wird, ist an eine männliche Figur gedacht. Aber von der krassen Ausnahme einer (zudem nur in einer einzigen Handschrift überlieferten) «Shiʿur Qoma»-Passage einmal abgesehen, die vom göttlichen Geschlechtsorgan redet,[35] steht die Beschreibung spezifischer männlicher Attribute und körperlicher Details auch nicht unbedingt im Vordergrund oder wird forciert. Allerdings findet sich unter unseren Texten kein einziger literarischer Versuch, die bildliche Engführung der Beschreibung auf die Vorstellung eines Mannes zu problematisieren oder zu dementieren. Mindestens muss also gesagt werden: Das Gottesbild hat an dieser Stelle eine Schlagseite.[36] Zudem besteht ein Ergebnis dieser Studie in der Beobachtung, dass Konzepte reiner Geistigkeit *ohne* jede Materialität eine Tendenz dazu haben, um die Vorstellung einer Materialität ergänzt zu werden: In der neuplatonischen Vorstellung von einem himmlischen Seelenkörper für die rein geistige Seele wird deutlich,[37] dass die, die einen Aufstieg der rein geistig gedachten Seele vom Körper annehmen, nicht nur notwendigerweise räumliche und darin auf Materialität bezogene Metaphern voraussetzen (beispielsweise «Aufstieg»). Vielmehr wird an einem prominenten Topos der platonischen Philosophie erkennbar, dass sich die Vorstellung einer reinen Geistigkeit ohne einen mindestens konstitutiven antitypischen Bezug auf die Materialität philosophisch gar nicht durchhalten lässt.

Es gilt also beides: Der Blick auf die Vorstellungen von Gottes Körperlichkeit zeigt «die Wahrheit des Mythos *und* die Notwendigkeit der Entmythologisierung»:[38] *Die Wahrheit des Mythos* wird insofern deutlich, als die Vorstellung davor bewahren kann, schlichte Dualismen von Körper und Geist oder Materie und Geist, von Natur und Übernatur einfach auf Gott zu übertragen und ihn ohne Rücksicht auf die rationalen Kosten dieses Gedankens als rein geistiges Wesen zu denken. Die rationalen Kosten dieser Übertragung bestehen *erstens* darin, dass es unvermeidbar wird, die an und für sich schon problematische Hierarchisierung in diesem Dual – dass nämlich Geistiges von höherem Wert sein soll als Körperliches – durch die Übergipfelung einer solchen Seinspyramide in Gottes reiner Geistigkeit unüberbietbar zu autorisieren. Damit sind alle bekannten negativen Folgen einer solchen Hierarchisierung – beginnend mit Zügen der Körperfeindlichkeit, der Körperverachtung und Körperzerstörung – faktisch zwar noch abwehrbar, aber von der Theorie her bereits sanktioniert und potenziell autorisiert. Wenn man beispielsweise versucht, Gott als «alles bestimmende Wirklichkeit»[39] zu denken oder als «Grund der Möglichkeit aller Möglichkeiten», dann darf in solchen Versuchen, von aller irdischen Relativität kategorial unterschiedene Absolutheit und Totalität auszudrücken, eigentlich keine Partikularität enthalten sein, auch nicht diejenige, in der Körperlichkeit per definitionem von dem in solchen Termini ausgedrückten Gottesbegriff ausgeschlossen ist. Wenn Gott begriffen werden darf als der Grund der Fülle aller denkbaren Möglichkeiten und insofern tatsächlich, wie in der platonischen Tradition formuliert, «jenseits des Seins»[40] existiert als der, der alle Möglichkeit als Grund der Möglichkeit gibt, dann ist die – in ihrer wörtlichen Bedeutung selbstverständlich anachronistische – Rede von seinem Körper ein Hinweis darauf, dass es weder den Grund der Möglichkeit noch Möglichkeiten als rein geistige Strukturen ohne materielles Substrat gibt. Denn eine logische Möglichkeit ist ja noch einmal davon zu unterscheiden, dass sie von einem Menschen als Möglichkeit gedacht wird und sich damit sowohl als Gedanke als auch als das mit diesem Gedanken verbundene materielle Substrat realisiert. Natürlich ist diese Realisierbarkeit von Möglichkeit noch einmal von der faktischen Realität der Möglichkeit zu unterscheiden, aber eben auch von der logischen Möglichkeit an und für sich abzusetzen.[41] In der reinen, logischen Möglichkeit bilden Geist und Materie ebenso eine Einheit (eben als Möglichkeit) wie in der als Möglichkeit gedachten Möglichkeit und dann in der realisierten Möglichkeit. Different sind in den beiden Realisierungsstufen von Möglichkeit nur die Arten der Materialität, in dem einen Fall handelt es sich um die Materialität, die mit jedem Gedanken mitgesetzt ist, im anderen Fall um die einer spezifischen Möglichkeit, beispielsweise bei einem mit Wurst belegten Schwarzbrot um die adäquate Materialität von Schwarzbrot, Butter und Wurst.

Die *Notwendigkeit der Entmythologisierung* wird bei der Vorstellung von Gottes Körper insofern deutlich, als die Vorstellung von einer Körperlichkeit Gottes nicht – wie offenbar im Mormonismus – mit einer Rede von einer schlichten menschlichen Körperlichkeit identifiziert werden darf. Spätestens nach den Einwänden von Feuerbach und Freud[42] kann man einen Gotteskörper nicht mehr einfach in der Art eines menschlichen Körpers denken; die in solchen Vorstellungen zum Ausdruck kommende Verwechslung von Mensch und Gott hat schon die jüdisch-christliche Bibel als die klassische Fehlhaltung des Menschen definiert, als Sünde. Natürlich darf man angesichts der Gefahr von Missverständnissen und der kaum abweisbaren Notwendigkeit für erwachsene Menschen, das einst im Kinderglauben Geglaubte in Form eines altersgemäßen Erwachsenenglaubens zu bedenken wie zu formulieren, keinen Zweifel daran lassen, dass die Vorstellung von einem Körper Gottes ihrer wörtlichen Bedeutung nach selbstverständlich anachronistisch ist – wenn sie je von vielen in solcher schlichten Wörtlichkeit vertreten wurde.

Jene doppelte Einsicht über die Wahrheit des Mythos und die ihm inhärente Notwendigkeit der Entmythologisierung ist in gewisser Weise auch in der klassischen Trinitätstheologie zum Ausdruck gebracht, indem zwischen der Person Jesu Christi, der nach seiner Himmelfahrt mit seinem vergöttlichten Körper eine von drei Personen der Trinität ist, und den Personen des Vaters und des Heiligen Geistes unterschieden wurde, von dem meist prinzipielle Körperlosigkeit behauptet wurde. Die ganz selbstverständliche und meist nicht explizierte Betonung dieser Unterschiede freilich stellt ein erhebliches theologisches Problem dar, weil sie die Unterschiede zwischen zwei der drei Personen der Trinität auf sehr deutliche Weise hervorhebt. Dem monotheistischen Anliegen, einem für jüdische wie christliche Tradition charakteristischen, ja essentiellen Zug, wäre vermutlich besser Rechnung getragen, wenn man eine solche Spannung zwischen Körperlichkeit und Körperlosigkeit für alle drei Personen der Trinität annehmen würde, um die Unterschiede nicht so groß werden zu lassen, dass das grundlegende Bekenntnis zur Einheit der drei Personen nicht mehr überzeugt.

Nochmals: Die hier vorgelegte Monographie stellt keinen systematischen Beitrag zur christlichen (und auch nicht zur jüdischen) Gotteslehre dar, sondern ist als eine historische Untersuchung angelegt. Gleichwohl schließt sie mit der Anregung, ob es nicht auch im Interesse der menschlichen Körper sinnvoll sein könnte, sich mit größerer Aufmerksamkeit mit dem Thema zu befassen, mit dem wir uns beschäftigt haben: «Gottes Körper. Jüdische, christliche und pagane Gottesvorstellungen in der Antike». Ein reflektierter Anthromorphismus des Gottesbildes[43] verhindert, dass die religiöse Rede von Gott die Menschlichkeit Gottes außer Acht lässt. Daran aber, dass Gott gerade darin Gott ist, dass er sich dem Menschen menschlich zuwendet, stimmen jüdisches und christliches Denken ungeachtet aller Unterschiede überein; Gott bleibt Gott in solcher Menschlichkeit schon allein darin, dass er nicht wie der Mensch an die Stelle solcher menschlicher Zuwendung immer wieder Unmenschlichkeit treten lässt und den Menschen zur wahren Menschlichkeit, die erneut in der Person Jesu von Nazareth sichtbar geworden ist, befreit.[44] In diesem Sinne kann man wohl mit Immanuel Kant sagen, dass man sich bei der Rede von Gott «gewisse Anthropomorphismen (…) ungescheut und ungetadelt erlauben» darf.[45] Denn es gilt ja auch, was Lichtenberg in seinem vermutlich letzten, sechs Tage vor seinem Tod an den Bruder Ludwig Christian gesendeten Brief kritisch und selbstironisch gegen einen von allem Anthropomorphismus gereinigten Gottesbegriff einwandte:

«Wir feineren Christen verachten den Bilderdienst, das ist, unser lieber Gott besteht aus Holz und Goldschaum, aber er bleibt immer ein Bild, das nur ein anderes Glied in eben derselben Reihe ist, feiner, aber immer ein Bild. Will sich der Geist von diesem Bilderdienst losreißen, so gerät er endlich auf die Kantische Idee. Aber es ist Vermessenheit zu glauben, daß ein so gemischtes Wesen als der Mensch das alles je so *rein* anerkennen werde».[46]

Man kann durchaus auch fragen, ob eine solche Aufmerksamkeit für die Körperlichkeit Gottes nicht dabei helfen kann, bestimmte Einseitigkeiten in der philosophischen Anthropologie zu vermeiden, die in den klassischen Konzepten durch die Abwertung der Körperlichkeit entstehen: Leib ist, wie Johannes Schelhas formuliert, eben nicht nur Körper, sondern das von Gott nach seinem eigenen Ebenbild geschaffene Medium, in dem sich der Mensch als soziales Wesen realisiert und also sein Menschsein verwirklicht.[47] Mit einer Position, die in diesem Sinne die Leiblichkeit des Menschen ernst nimmt, dürften sich auch bestimmte Sackgassen im Streit mit den Naturwissenschaften über die materielle Basis bestimmter geistiger Vorgänge und Zusammenhänge vermeiden lassen.

Wir haben das reiche Feld, das sich auftut, wenn man nach Vorstellungen vom Körper Gottes in der Antike fragt und dabei das Judentum, das Christentum, aber auch die paganen Kulte in den Blick nimmt, nicht vollständig abgeschritten. Es fehlt vor allem eine Würdigung des Islam und seiner reichen Textüberlieferung: Wenn man sich klarmacht, dass auch der Koran und damit die Entstehung des Islam noch mit gutem Grund zur Spätantike gezählt werden kann,[48] dann gehört mindestens ein Hinweis auf diese dritte Religion an den Schluss dieses Buches. Der Koran kennt zwar die Vorstellung von der Ebenbildlichkeit Gottes nicht und jegliche Form von Anthropomorphismus wird in der islamischen Theologie abgelehnt, obwohl natürlich auch im Koran von Augen und Händen Gottes die Rede ist.[49] Man hat aber mit gutem Grund die christliche Vorstellung einer Verkörperung Gottes im Menschen Jesus von Nazareth neben die Gestaltwerdung Gottes im mündlich rezitierten Koran gestellt; Navid Kermani spricht von der «Inverbation» Gottes in der Koran-Rezitation und parallelisiert sie mit der Inkarnation Gottes in Jesus Christus: «Beispielsweise stand und steht im Mittelpunkt theologischer Diskussionen im Christentum die Frage nach der menschlich-göttlichen Natur Jesu Christi, während islamische Gelehrte sich mit gleicher Inbrunst über die Frage nach der ‹Erschaffung des Koran› (...), ob er zum ewigen Wesen Gottes gehöre, oder von Gott in der Zeit erschaffen sei, stritten».[50] Damit wird die ältere Vorstellung von einer «Inlibration» Gottes im Koran (so der Begriff von Henry A. Wolfson) modifiziert: «Nicht ein Buch steht als Verkörperung des Gotteswortes an der Stelle der Inkarnation, sondern (...) eine sinnlich wahrnehmbare akustisch-sprachliche Manifestation tritt (...) an diese Stelle».[51] Angelika Neuwirth will sogar (inhaltlich freilich stark modifizierte) Spuren der jüdisch-christlichen Theologie vom Wort (λόγος) Gottes im Koran beobachten.[52] Wenn vom Koran gesagt wird, er habe «einen Rang der Schönheit (...), der alle anderen Arten der Rede und selbst die gebundene Rede, welche die beste Form der Rede ist, übersteigt»,[53] dann verkörpert die poetische Schönheit des rezitierten Koran die Schönheit Gottes. «Man muss das als eine Art ästhetischen Gottesbeweis verstehen».[54] Auch wenn in solchen islamischen Texten natürlich nicht über einen Körper des schlechterdings transzendenten Gottes spekuliert wird, ist die Vorstellung einer Körperlichkeit Gottes – wie in bestimmten Spielarten des Juden- und Christentums – in ein bestimmtes Inkarnat migriert.

Diese Migration der Vorstellung von einem göttlichen Körper heraus aus der klassischen Gotteslehre setzt sich übrigens auch in den christlich geprägten neuzeitlichen Gesellschaften fort – und zwar in Gestalt eines Prozesses, den man mit Carl Schmitt als Säkularisierung theologischer Begriffe bezeichnen könnte.[55] An dieser Stelle reicht ein prominentes Beispiel: Englische Juristen der frühen Neuzeit übertrugen, wie Ernst Kantorowicz gezeigt hat, die mittelalterliche Vorstellung von «zwei Körpern des Königs», einem *natürlichen* und einem *politischen*, auf das gesamte Staatswesen. Der politische Körper ist (wie es bei dem elisabethanischen Juristen Edmund Plowden [1518–1585] anlässlich eines Rechtsfalls aus dem Jahre 1562 heißt) «ein Körper, den man nicht sehen oder anfassen kann. (...) Dieser Körper ist völlig frei von Kindheit und Alter, ebenso von den anderen Mängeln und Schwächen, denen der natürliche Körper unterliegt».[56] Noch deutlicher wird die Herkunft solcher Vorstellungen aus dem antiken Konzept von einem göttlichen Körper, wenn behauptet wird, dass dieser politische Körper «niemals stirbt», also ewig lebt und keinerlei Leidenschaften empfindet oder irgendwie verletzt werden kann.[57] Bei Kantorowicz wird zwar nicht wirklich nachgewiesen, welche geistesgeschichtlichen Linien aus dem Mittelalter genau auf die Vorstellung von einem ewigen, unzerstörbaren und aus besonderer Materie bestehenden «politischen Körper» des Königs führen.[58] Allerdings ist doch auch ohne solche Nachweise deutlich, dass von ihm sowohl eine wichtige geistesgeschichtliche Voraussetzung der neuzeitlichen Vorstellung von der Souveränität des Staates als auch der unveräußerlichen Würde eines jeden einzelnen Menschen in den Blick genommen wurde. Selbstverständlich ist mit der Monographie von Kantorowicz das Feld nicht erschöpfend abgeschritten; so führen beispielsweise eine ganze Anzahl geistes- und ideengeschichtlicher Linien zu der Vorstellung einer unveräußerlichen Würde: Hans Joas hat jüngst die «Sakralisierung der Person» seit dem neunzehnten Jahrhundert als eine Wurzel der Vorstellung von allgemeinen Menschenrechten behauptet; damit bezeichnet er die Vorstellung, dass auch unter der Voraussetzung eines programmatischen Atheismus «die menschliche Person selbst zum heiligen Objekt wird».[59] Die vollkommen vom göttlichen wie menschlichen Körper abgelöste Vorstellung, dass der Geist oder die Seele das Ebenbild Gottes im Menschen darstellt, ist – wie Joas zeigt – eine unter mehreren Voraussetzungen dieser Entwicklung hin zum Konzept der Sakralität der Person.[60] Das Konzept der Sakralität der menschlichen Person kommt natürlich auch ohne eine Beziehung auf ein transzendentes Urbild des menschlichen Abbildes aus – mit anderen Worten: Die europäische Neuzeit kennt Konzepte der Begründung unveräußerlicher Würde des Menschen, die nicht nur auf das Konzept eines göttlichen Körpers verzichten, sondern auf die Letztbegründung mit einem Göttlichen überhaupt. So betrachtet, erscheint das allmähliche Verschwinden der Vorstellung eines göttlichen Körpers als der erste große geistesgeschichtliche Säkularisierungsschub für die Gottesidee.

Die Idee eines göttlichen Körpers bleibt, wie wir mehrfach sahen, in verwandelter Gestalt präsent. Diese verschiedenen mittelalterlichen wie neuzeitlichen Transformationen der Idee eines göttlichen Körpers können hier nun nicht mehr ausführlich in den Blick genommen werden. Insofern kann diese Monographie auch als ein Prospekt für zukünftige Forschungen gelesen werden und nicht nur als Rechenschaft über ein mehr oder weniger abgeschlossenes Ergebnis eines längeren Forschungsvorhabens.

ANHANG

ABKÜRZUNGEN

Für Editionsreihen antiker Texte werden bei Stellenangaben folgende Abkürzungen benutzt:

AAA	Acta Apostolorum Apocrypha
ACO	Acta Conciliorum Oecumenicorum
AGLB	Aus der Geschichte der lateinischen Bibel
BHTh	Beiträge zur historischen Theologie
BiPatr	Biblioteca Patristica
BiTeu	Bibliotheca Scriptorum Graecorum et Romanorum Teubneriana
CAG	Commentaria in Aristotelem Graeca
CChr.SG	Corpus Christianorum. Series Graeca
CChr.SL	Corpus Christianorum. Series Latina
CMG	Corpus Medicorum Graecorum
CPL	Clavis Patrum Latinorum
CSCO	Corpus Scriptorum Christianorum Orientalium
CUFr	Collection des Universités de France (Collection Budé)
CSEL	Corpus Scriptorum Ecclesiasticorum Latinorum
DK	Hermann Diels/Walther Kranz, Die Fragmente der Vorsokratiker
FC	Fontes Christiani
FGrH	Felix Jacoby, Die Fragmente der Griechischen Historiker
GCS	Griechische Christliche Schriftsteller
GNO	Gregorii Nysseni Opera
JSHRZ	Jüdische Schriften aus hellenistisch-römischer Zeit
LCL	Loeb Classical Library
NHMS	Nag Hammadi and Manichaean Studies
OECT	Oxford Early Christian Texts
OWD	Origenes Werke mit deutscher Übersetzung
PEG	Poetae Epici Graeci Testimonia et Fragmenta
PGM	Papyri Graecae Magicae
PO	Patrologia Orientalis
PVTG	Pseudepigrapha Veteris Testamenti Graece

SAPERE	Scripta Antiquitatis Posterioris ad Ethicam Religionemque pertinentia
SC	Sources Chrétiennes
SCBO	Scriptorum Classicorum Bibliotheca Oxoniensis
SQAW	Schriften und Quellen der alten Welt
SUC	Schriften des Urchristentums
SVF	Stoicorum Veterum Fragmenta
TuscBü	Tusculum Bücherei
TzF	Texte zur Forschung
VL	Vetus Latina

ANMERKUNGEN

Vorwort

1 Ausführlicher zur Geschichte des Begriffs «Anthropomorphismus» unten, S. 455 mit Anm. 9.
2 Sigmund FREUD, *Das Unbehagen in der Kultur* (1930), Studienausgabe Bd. IX (Frankfurt, Main: S. Fischer, 1974), 206: «Diese Vorsehung kann der gemeine Mann sich nicht anders als in der Person eines großartig erhöhten Vaters vorstellen. Nur ein solcher kann die Bedürfnisse des Menschenkindes kennen, durch seine Bitten erweicht, durch die Zeichen seiner Reue beschwichtigt werden. Das Ganze ist so offenkundig infantil, so wirklichkeitsfremd, daß es einer menschenfreundlichen Gesinnung schmerzlich wird zu denken, die große Mehrheit der Sterblichen werde sich niemals über diese Auffassung des Lebens erheben können. Noch beschämender wirkt es zu erfahren, ein wie großer Anteil der heute Lebenden, die es einsehen müssen, daß diese Religion nicht zu halten ist, doch Stück für Stück von ihr in kläglichen Rückzugsgefechten zu verteidigen sucht. Man möchte sich in die Reihen der Gläubigen mengen, um den Philosophen, die den Gott der Religion zu retten glauben, indem sie ihn durch ein unpersönliches, schattenhaft abstraktes Prinzip ersetzen, die Mahnung vorzuhalten: ‹Du sollst den Namen des Herrn nicht zum Eitlen anrufen!›. Wenn einige der größten Geister vergangener Zeiten das gleiche getan haben, so darf man sich hierin nicht auf sie berufen.»
3 Feuerbach zitiert im Anhang seines Werkes Thomas von Aquin, der *gegen* die Vorstellung eines göttlichen Körpers argumentiert: Thomas de Aquino, *Summa contra gentiles* I 20,7 (Thomas von Aquin, *Summa contra gentiles,* 1. Bd. *Buch I*, hg. und übersetzt von Karl Albert und Paulus Engelhardt unter Mitarbeit von Leo Dümpelmann [Darmstadt: Wissenschaftliche Buchgesellschaft, 1974 = ebd. 2001], 74 [lat. Text]. 75 [deutsche Übersetzung]): *Si igitur Deus est corpus, intellectus et imaginatio nostra aliquid maius Deo cogitare possunt. Et sic Deus non est maior intellectu nostro. Quod est inconveniens. Non est igitur corpus.* Aus dieser Argumentation des Aquinaten schließt Feuerbach: «In dem unendlichen Wesen ist mir nur als Subjekt, *als Wesen* Gegenstand, was ein *Prädikat,* eine *Eigenschaft von mir selbst ist. Das unendliche Wesen ist nichts als die personifizierte*

Unendlichkeit des Menschen, Gott nichts als die personifizierte, als ein Wesen vorgestellte Gottheit oder Göttlichkeit des Menschen» (Ludwig FEUERBACH, *Das Wesen des Christentums*, bearbeitet von Wolfgang Harich und Werner Schuffenhauer, Gesammelte Werke Bd. 5 [Berlin: Akademie-Verlag, 1984], 461).

4 Vgl. den Nachweis in der voraufgehenden Anmerkung.

5 Tilman BORSCHE, s. v. «Leib, Körper», in *Historisches Wörterbuch der Philosophie* (Darmstadt: Wissenschaftliche Buchgesellschaft, 1980), 5: 173–178; Friedrich KAULBACH, s. v. «Leib, Körper. II. Neuzeit», in *Historisches Wörterbuch der Philosophie* (Darmstadt: Wissenschaftliche Buchgesellschaft, 1980), 5: 178–185.

6 Zu denken wäre beispielsweise an die neutestamentliche, insbesondere paulinische Differenzierung zwischen dem durch die Materialität des Fleisches bestimmten Körper (σῶμα) und dem durch seine Beziehungen bestimmten Leib (meist: σάρξ, stellenweise allerdings auch: σῶμα): Karl-Adolf BAUER, *Leiblichkeit, das Ende aller Werke Gottes: die Bedeutung der Leiblichkeit des Menschen bei Paulus*, Studien zum Neuen Testament 4 (Gütersloh: Gütersloher Verlagshaus Mohn, 1971); Robert JEWETT, *Paul's Anthropological terms: a Study of their Use in Conflict Settings*, Arbeiten zur Geschichte des antiken Judentums und des Urchristentums 10 (Leiden: Brill, 1971), 49–166. 201–304; Robert Horton GUNDRY, *Sōma in Biblical Theology: with Emphasis on Pauline Anthropology*, Society for New Testament Studies. Monograph Series 29 (Cambridge/New York: Cambridge University Press, 1976) sowie Udo SCHNELLE, *Paulus. Leben und Denken*, Walter de Gruyter Lehrbuch (Berlin/New York: De Gruyter, 2003), 565–571.

7 Vgl. jetzt auch zur Geschichte der Differenzierung zwischen Leib und Körper Marc RÖLLI, «Philosophische Anthropologie im 19. Jahrhundert – Zwischen Leib und Körper,» in *Leiblichkeit: Geschichte und Aktualität eines Konzepts*, hg. Emmanuel Alloa, Thomas Bedorf, Christian Grüny und Tobias N. Klass, UTB. Mittlere Reihe 3633 (Tübingen: Mohr Siebeck, 2012), 149–161; ausführlich auch Dörte BESTER, *Körperbilder in den Psalmen: Studien zu Psalm 22 und verwandten Texten*, Forschungen zum Alten Testament. 2. Reihe 24 (Tübingen: Mohr Siebeck, 2007), 23–41. – Kritisch zu einem Festhalten am Begriff «Leib» allerdings beispielsweise: Ferdinand FELLMANN, *Orientierung Philosophie: Was sie kann, was sie will*, Rowohlts Enzyklopädie 55601 (Reinbek bei Hamburg: Rowohlts Taschenbuchverlag, 1998), 89.

8 Hartmut ROSENAU, «Gott höchst persönlich: Zur Rehabilitierung der Rede von der Personalität Gottes im Durchgang durch den Pantheismus- und Atheismusstreit,» in *Marburger Jahrbuch Theologie XIX: Personalität Gottes*, hg. Wilfried Härle und Reiner Preul (Leipzig: Evangelische Verlagsanstalt, 2007), 47–76 sowie DERS., *Mit Gott reden – von Gott reden: das Personsein des dreieinigen Gottes: Votum des Theologischen Ausschusses der Union Evangelischer Kirchen (UEK) in der EKD*, hg. Michael Beintker und Martin Heimbucher,

Evangelische Impulse 3 (Neukirchen-Vluyn: Neukirchener, 2011), 28–31. 40–49.

9 Johann Wolfgang VON GOETHE, Zahme Xenien, siebte Abteilung (hier zitiert nach: GOETHE, Berliner Ausgabe: Poetische Werke: Gedichte und Singspiele, Bd. 2 Gedichte: Nachlese und Nachlaß (Berlin u. a.: Aufbau-Verlag, ³1979), 357; in den Erläuterungen aaO. 789 heißt es: «Vermutlich 1829 entstanden. Der Titel ‹Der Pantheist›, den die Weimarer Ausgabe aus der Ausgabe letzter Hand übernahm, ist ein Zusatz der Nachlaßherausgeber».

10 Ich zitiere die klassischen Definitionen des Boethius, die beispielsweise auch Thomas von Aquin übernommen hat: *naturae rationabilis individua substantia* bzw. *Persona est rationalis naturae individua substantia* (Boethius, *Opuscula sacra V Contra Eutychen et Nestorium* 3 [PhB 397, 74 ELSÄSSER = BiTeu 170–172 MORESCHINI] bzw. *De personis et duabus naturis* 3 [PL 64, 1343 C]; vgl. Thomas de Aquino, *Quaestio unica ‹De unione verbi incarnati›* art. 1 ad arg. 17 [28 OBENAUER]); dazu auch Corinna SCHLAPKOHL, *Persona est naturae rationabilis individua substantia: Boethius und die Debatte über den Personbegriff*, Marburger Theologische Studien 56 (Marburg an der Lahn: N. G. Elwert, 1999), 56–71. 199–201.

11 Friedrich Christoph OETINGER, Art. «Leib, Soma,» in DERS., *Biblisches und emblematisches Wörterbuch*, hg. Gerhard Schäfer in Verbindung mit Otto Betz, Reinhard Breymayer, Eberhard Gutekunst, Ursula Hardmeier, Roland Pietsch und Guntram Spindler, 2 Teilbände, Teil 1: Text u. Teil 2: Anmerkungen, Texte zur Geschichte des Pietismus VII/3 (Berlin/New York: De Gruyter, 1999), 223,5 f. = (o. O. [Heilbronn/Neckar]: o. V., 1776), 407: «Leiblichkeit ist das Ende der Werke GOttes, wie aus der Stadt GOttes klar erhellet […].» bzw. DERS., Art. «Offenbaren, Phaneroo,» in DERS., *Biblisches und emblematisches Wörterbuch*, 246,30–248,4 = 456–458. – Zum Thema «Leiblichkeit Gottes» vgl. auch die Kommentierung in der Einleitung aaO. XVII und Oswald BAYER, «Gottes Leiblichkeit. Zum Leben und Werk Friedrich Christoph Oetingers,» in DERS., *Leibliches Wort: Reformation und Neuzeit im Konflikt* (Tübingen: Mohr Siebeck, 1992), 94–104.

12 Pierre DEGHAYE, «Die Natur als Leib Gottes in Jacob Böhmes Theosophie,» in *Gott, Natur und Mensch in der Sicht Jacob Böhmes und seiner Rezeption*, hg. Jan Garewicz und Alois Maria Haas, Wolfenbütteler Arbeiten zur Barockforschung 24 (Wiesbaden: Harrassowitz, 1994), 71–111; vgl. auch allgemein: Eberhard H. Pältz, s. v. «Böhme, Jacob (1575–1624),» in *Theologische Realenzyklopädie* (Berlin/New York: De Gruyter, 1980), 6: 748–754 und jetzt besonders Christian BENDRATH, *Leibhaftigkeit: Jakob Böhmes Inkarnationsmorphologie*, Theologische Bibliothek Töpelmann 97 (Berlin/New York: De Gruyter, 1999), bes. 48 sowie 107–110.

13 William J. WAINWRIGHT, «God's Body,» *Journal of the American Academy of Religion* 42 (1974): 470–481, bes. 470.

14 Peter BROWN, *The Body and Society: Men, Women and Sexual Renunciation in Early Christianity*, Lectures on the History of Religions 13 (New York: Columbia University Press, 1988) bzw. DERS., *Die Keuschheit der Engel: sexuelle Entsagung, Askese und Körperlichkeit am Anfang des Christentums*, aus dem Englischen von Martin Pfeiffer (München/Wien: Hanser, 1991). 2008 erschien: DERS., *The Body and Society*. Twentieth-Anniversary Edition with a New Introduction, Columbia Classics in Religion (New York: Columbia University Press, 2008); vgl. auch Peter BROWN, *A Life of Learning*, Charles Homer Haskins Lecture for 2003, ACLS Occasional Paper 55, 12–15 (im Internet zugänglich unter http://www.acls.org/Publications/OP/Haskins/2003_Peter-Brown.pdf [letzte Abfrage am 09.01.2013]).

15 George Leonard PRESTIGE, *God in Patristic Thought* (London u. a.: Heinemann, 1936 = Eugene, OR: Wipf & Stock, 2008); vgl. auch: *God in Early Christian Thought: Essays in Memory of Lloyd G. Patterson*, Andrew Brian McGowan, Brian E. Daley und Timothy J. Gaden, ed., Supplements to Vigiliae Christianae 94 (Leiden u. a.: Brill, 2009); Franz COURTH, *Trinität: in der Schrift und Patristik*, Handbuch der Dogmengeschichte: Bd. 2. Der trinitarische Gott – Die Schöpfung – Die Sünde, Fasc. 1a (Freiburg im Breisgau: Herder, 1988); Robert M. GRANT, *The Early Christian Doctrine of God* (Charlottesville, VA: University Press of Virginia, 1966); Clemens THOMA, s. v. «Gott III. Judentum,» in *Theologische Realenzyklopädie* (Berlin/New York: De Gruyter, 1980), 6: 626–654; George Christopher STEAD, «Gott V. Alte Kirche,» in *Theologische Realenzyklopädie* (Berlin/New York: De Gruyter, 1980), 6: 652–657.

16 Eberhard JÜNGEL, «Anthropomorphismus als Grundproblem neuzeitlicher Hermeneutik,» in DERS., *Wertlose Wahrheit: Zur Identität und Relevanz des christlichen Glaubens*, Theologische Erörterungen 3, 2., um ein Register erweiterte Auflage (Tübingen: Mohr Siebeck, 2003), 110–131, bes. 123–131.

17 Zuletzt: Aloys WINTERLING, «Wie modern war die Antike? Was soll die Frage?,» in *Geschichte denken. Perspektiven auf die Geschichtsschreibung heute*, hg. Michael Wildt (Göttingen: Vandenhoeck & Ruprecht, 2014), 12–34.

Der Körper Gottes nach dem Ende der Antike

1 Alois Kardinal GRILLMEIER, *Jesus der Christus im Glauben der Kirche*, Bd. 1 *Von der Apostolischen Zeit bis zum Konzil von Chalcedon (451)*, 3., verbesserte u. ergänzte Aufl. (Freiburg/Basel/Wien: Herder, 1990).

2 Ferdinand KATTENBUSCH, *Das apostolische Symbol: Seine Entstehung, sein geschichtlicher Sinn, seine ursprüngliche Stellung im Kultus und in der Theologie der Kirche*, 2. Bd. *Verbreitung und Bedeutung des Taufsymbols* (Leipzig: Hinrichs, 1900), 651–655; John Norman Davidson KELLY, *Altchristliche Glaubensbekenntnisse: Geschichte und Theologie*, aus dem Englischen übersetzt v. Klaus

Dockhorn unter Mitarbeit v. Adolf Martin Ritter (Göttingen: Vandenhoeck & Ruprecht, 1972), 152 f. sowie Christoph MARKSCHIES, «'Sessio ad Dexteram'». Bemerkungen zu einem altchristlichen Bekenntnismotiv in der christologischen Diskussion der altkirchlichen Theologen,» in *Le Trône de Dieu*, édité par Marc Philonenko, Wissenschaftliche Untersuchungen zum Neuen Testament 69 (Tübingen: Mohr Siebeck, 1993), 252–317, bes. 278– 283 = DERS., *Alta Trinità Beata. Gesammelte Studien zur altkirchlichen Trinitätstheologie* (Tübingen: Mohr Siebeck, 2000), 1–69, bes. 32–37.

3 Aus der Definition: ἕνα καὶ τὸν αὐτὸν Χριστὸν υἱὸν κύριον μονογενῆ ἐν δύο φύσεσιν ἀσυγχύτως, ἀτρέπτως, ἀδιαρέτως, ἀχωρίστως (Acta Conciliorum Oecumenicorum 2/I/II, 129,30 f. SCHWARTZ; vgl. zum Text André DE HALLEUX, «La définition christologique à Chalcédoine,» *Revue théologique de Louvain* 7 (1976): 3–23. 155–170, bes. 9 = DERS., *Patrologie et Oecuménisme: Recueil d'Études*, Bibliotheca Ephemeridum Theologicarum Lovaniensium 93 (Leuven: Peeters, 1990), 445–480, bes. 451; deutsche Übersetzung bei GRILLMEIER, *Jesus der Christus*, 1: 54 f.).

4 In der Spätantike ist nur das Wort μονοφυής («von einer Natur») belegt: Geoffrey William Hugo LAMPE, *Patristic Greek Lexicon*, s. v. (884) bzw. ab dem 7. Jh. der Begriff μονοφυσίτης: Evangelinus Apostolides SOPHOCLES, *Greek Lexicon of the Roman and Byzantine periods (from B. C. 146 to A. D. 1100)* (Hildesheim: Olms 1992 = Cambridge, MA/London: Harvard University Press/London: Oxford University Press 1914), s. v. (769).

5 S. u. S. 390–404; vgl. allgemein Hans Joachim SCHOEPS, *Vom himmlischen Fleisch Christi: eine dogmengeschichtliche Untersuchung*, Sammlung gemeinverständlicher Vorträge und Schriften aus dem Gebiet der Theologie und Religionsgeschichte 195/196 (Tübingen: Mohr Siebeck], 1951); Stephen H. WEBB, *Jesus Christ, Eternal God: Heavenly Flesh and the Metaphysics of Matter* (Oxford: Oxford University Press, 2012).

6 Horst WEIGELT, s. v. «Kaspar Schwenckfeld,» in *Theologische Realenzyklopädie* (Berlin/New York: De Gruyter, 1980), 30: 712–719, bes. 715 f.; vgl. auch SCHOEPS, *Vom himmlischen Fleisch Christi: Eine dogmengeschichtliche Untersuchung*, 25–36; Paul L. MAIER, *Caspar Schwenckfeld on the Person and Work of Christ: a Study of Schwenckfeldian Theology at its Core*, Van Gorcum's theologische bibliotheek 33 (Assen: van Gorcum, 1959 = Eugene, OR: Wipf and Stock, 2004) sowie WEBB, *Jesus Christ, Eternal God: Heavenly Flesh and the Metaphysics of Matter*, 153–157. Zur Beziehung zwischen Schwenckfeld und Paracelsus, von dem Schwenckfeld offenbar Anregungen bezog, vgl. Ute GAUSE, *Paracelsus (1493–1541): Genese und Entfaltung seiner frühen Theologie*, Spätmittelalter und Reformation. Neue Reihe 4 (Tübingen: Mohr Siebeck, 1993), 40–47.

7 Freilich versuchte Schleiermacher eine kritische Reformulierung dieses Theologumenons: Friedrich Daniel Ernst SCHLEIERMACHER, *Der christliche*

Glaube nach den Grundsätzen der evangelischen Kirche im Zusammenhange dargestellt, 2. Aufl., Berlin 1830/31, hg. Rolf Schäfer, Kritische Gesamtausgabe I/13, 1. Tlbd. (Berlin/New York: De Gruyter 2003), 173 f.; vgl. auch Kurt Nowak, *Schleiermacher: Leben, Werk und Wirkung* (Göttingen: Vandenhoeck & Ruprecht, 2002), 279–281 sowie Martin Ohst, *Schleiermacher und die Bekenntnisschriften: eine Untersuchung zu seiner Reformations- und Protestantismusdeutung*, Beiträge zur Historischen Theologie 77 (Tübingen: Mohr Siebeck, 1989), 121–129 und Franz Christ, *Menschlich von Gott reden: Das Problem des Anthropomorphismus bei Schleiermacher*, Ökumenische Theologie 10 (Einsiedeln/Zürich/Köln: Benziger u. Gütersloh: Gütersloher Verlagshaus Mohn, 1982), bes. 220–231.
8 Zuletzt: Sarah Stroumsa, *Maimonides in His World. Portrait of a Mediterranean Thinker* (Princeton: Princeton University Press, 2011).
9 Die Seitenzahlen des arabischen Textes werden nach folgender kritischer Edition zitiert: *Le guide des égarés: traité de théologie et de philosophie par Moïse Ben Maimoun dit Maïmonide*, publié pour la première fois dans l'original arabe et accompagné d'une traduction Française et des notes critiques litteraires et explicatives par Salomon Munk, Bd. 1 (Paris: Franck, 1856 = Osnabrück: Zeller, 1964); die deutsche Übersetzung folgt in aller Regel der Übertragung von Adolf Weiß aus dem Jahre 1923: *Mose Ben Maimon, Führer der Unschlüssigen*. Übersetzung und Kommentar von Adolf Weiß, mit einer Einleitung von Johann Meier, Philosophische Bibliothek 184a–c (Hamburg: Meiner, ²1995), zum Vergleich ist herangezogen *The Guide of the Perplexed by Moses Maimonides*, translated with an Introduction and Notes by Shlomo Pines, with an Introductory Essay by Leo Strauss (Chicago: Chicago University Press, 1963).
10 Leo Strauss, «How to Begin to Study The Guide of the Perplexed,» in *The Guide of the Perplexed by Moses Maimonides*, translated by Shlomo Pines, XI–LVII, bes. XXI. – Zum Werk vgl. die Einleitung bei Moses Maimonides, *Wegweiser für die Verwirrten: Eine Textauswahl zur Schöpfungsfrage*, Arabisch/Hebräisch, Deutsch, übersetzt von Wolfgang von Abel, Ilya Levkovich, Frederek Musall, eingel. von Frederek Musall und Yossef Schwartz, Herders Bibliothek der Philosophie des Mittelalters 19 (Freiburg/Basel/Wien: Herder, 2009), 21–27 (zum Titel: S. 23 Anm. 25), zur lateinischen Rezeption im Mittelalter vgl. Görge K. Hasselhoff, *Dicit Rabbi Moyses: Studien zum Bild von Moses Maimonides im lateinischen Westen vom 13. bis 15. Jahrhundert*, 2., um ein Nachwort erweiterte Aufl. (Würzburg: Königshausen & Neumann, 2005), 88–220.
11 Das hebräische יְהוָה אֶחָד ist hier nicht verstanden im Sinne von «ein einziger» (wie in der Septuaginta übersetzt: Κύριος ὁ Θεὸς ἡμῶν Κύριος εἷς ἐστι·), sondern im Sinne von «Einheit». Diese Interpretation hat natürlich auch eine gegen die christliche Lehre von der Trinität Gottes gerichtete Spitze.
12 Maimonides, *Führer der Unschlüssigen* I 5 (16^b–17^a Munk = *Führer der Unschlüssigen*, 40 Weiss = *The Guide of the Perplexed*, 29 Pines).

ERSTES KAPITEL: NACH DEM ENDE DER ANTIKE 443

13 יַבִּיט יְהוָה יְתְמֻנַת וּ; das hebräisches Wort תְּמוּנָה kann im Deutschen übersetzt werden mit «Erscheinung», «Bild», «Form» oder «Gestalt», vgl. dazu ausführlich Christoph DOHMEN, *Das Bilderverbot: seine Entstehung und seine Entwicklung im Alten Testament*, Bonner biblische Beiträge 62, 2., durchges. u. um ein Nachwort erweiterte Aufl. (Frankfurt am Main: Athenäum, 1987), 216–223 («Exkurs 4: תמונה im *AT*») sowie WASCHKE, s. v. «תמונה,» in *Theologisches Wörterbuch zum Alten Testament* (Stuttgart u. a.: Kohlhammer, 1995), 8: 677–680. Damit entspricht das Bedeutungsfeld nicht ganz dem Begriff δόξα, der in der griechischen Übersetzung von Num 12,8 im Unterschied zum sonst üblichen ὁμοίωμα verwendet wird: καὶ τὴν δόξαν κυρίου εἶδεν. Δόξα hebt wesentlich stärker auf den Erscheinungscharakter eines Dinges ab und wird nicht als Äquivalent für Begriffe verwendet, die in der Septuaginta den Körper bezeichnen (vor allem σῶμα und σάρξ); vgl. dafür Otfried HOFIUS, «Der in des Vaters Schoß ist» Joh 1,18,» in DERS./Hans-Christian KAMMLER, *Johannesstudien: Untersuchungen zur Theologie des vierten Evangeliums*, Wissenschaftliche Untersuchungen zum Neuen Testament 88 (Tübingen: Mohr Siebeck, 1996), 24–32, bes. 31 Anm. 52–54 für die Belege aus der rabbinischen Literatur.

14 Maimonides, *Führer der Unschlüssigen*, I 35 (42[b] MUNK = *Führer der Unschlüssigen*, 111 WEISS = *The Guide of the Perplexed*, 81 PINES): «For a body cannot be one, but is composed of matter and form, which by definition are two; it also is divisible, subject to partition ... For there is no profession of unity unless the doctrine of God's corporeality is denied».

15 Maimonides, *Führer der Unschlüssigen* I 51 (58[b] MUNK = *Führer der Unschlüssigen*, 158 WEISS = *The Guide of the Perplexed*, 113 PINES): «For there is no oneness at all except in believing that there is one simple essence in which there is no complexity or multiplication of notions, but one notion only; so that from whatever angle you regard it and from whatever point of view you consider it, you will find that it is one, not divided in any way and by any cause into two notions; and you will not find therein any multiplicity either in the thing as it is outside of the mind or as it is in the mind, as shall be demonstrated in this Treatise». – Maimonides verweist auf I 53.

16 Zu den philosophischen Quellen für den «Führer der Unschlüssigen» vgl. PINES, ebd., lvii – lxiii und auch Harry Austryn WOLFSON, «The Aristotelian Predicables and Maimonides' Division of Attributes,» in DERS., *Studies in the History of Philosophy and Religion*, Isadore Twersky and George H. Williams, ed., (Cambridge, MA: Harvard University Press, 1977), 2: 161–194, ursprünglich veröffentlicht in *Essays and Studies in Memory of Linda R. Miller*, Israel Davidson, ed., (New York: Jewish Theological Seminary of America, 1938), 201–234.

17 WEISS nennt in den Fußnoten seiner Übersetzung die kritischen Glossen (hassagot) von Rabbi Abraham ben David aus Posquières (RABaD III) zu

Maimonides, *Mishne Torah*, Hilkhot Teshuva (Regeln der Umkehr) 3,7 (*Führer der Unschlüssigen*, 160 Anm. 32); hier zitiert nach Gershom SCHOLEM, *Ursprung und Anfänge der Kabbala*, mit einem Geleitwort von Ernst L. Ehrlich und einem Nachwort von Joseph Dan, Studia Judaica 3 (Berlin/New York: De Gruyter, 2. Aufl. 2001 [= 1962]), 186.

18 Maimonides, *Führer der Unschlüssigen* I 51 (59ᵃ MUNK = *Führer der Unschlüssigen*, 160 WEISS = *The Guide of the Perplexed*, 114 PINES): «Now every such essence is necessity endowed with attributes, for we do not ever find an essence of a body that while existing is divested of everything and is without an attribute. This imagination being pursued, it was thought that He, may He be exalted, is similarly composed of various notions, namely, His essence and the notions that superadded to His existence. Several groups of people pursued the likening of God to other beings and believed Him to be a body endowed with attributes. Another group raised themselves above this consequence and denied His being a body, but preserved the attributes. All this was rendered necessary by their keeping to the external sense of the revealed books as I shall make clear in later chapters that will deal with these notions».

19 Maimonides, *Führer der Unschlüssigen* I 52 (60ᵃ/60ᵇ MUNK = *Führer der Unschlüssigen*, 165 f. WEISS = *The Guide of the Perplexed*, 116 f. PINES): eine Gruppe von Attributen, die «is predicated of a thing that has a relation to something other than itself. For instance, it is related to a time or to a place or to another individual ... At first thought it seems that it is permissible to predicate of God, may He be exalted, attributes of this kind. However, when one knows true reality and achieves greater exactness in speculation, the fact that this is impossible becomes clear. There is no relation between God, may He be exalted, and time and place; and this is quite clear. ... Motion, on the other hand, is one of the things attached to bodies, whereas God, may He be exalted, is not a body. Accordingly there is no relation between Him and time, and in the same way there is no relation between Him and place».

20 Maimonides, Maamar Teḥyyat ha-Metim (Traktat über die Auferstehung der Toten), hier zitiert nach: Joshua FINKEL, *Maḵ'āla fi teḥiyat ha-metim: Maimonides' Treatise on Resurrection*, Proceedings of the American Academy for Jewish Research 9 (New York: ha-Aḵademyah ha-ameriḵanit le-mada'e ha-yahadut, 1939), 7 «[the] body as a whole is only the tool for the soul, by which the soul carries out all its acts»; vgl. auch ebd. 16: «The body is only the combination of tools for the acts of the soul». Für eine englische Übersetzung und Kommentar vgl. Sarah STROUMSA, «Twelfth Century Concepts of Soul and Body: The Maimonidean Controversy in Baghdad,» in *Self, Soul, and Body in Religious Experience*, Albert I. Baumgarten, Jan Assmann, and Guy G. Stroumsa, ed., Studies in the History of Religions 78 (Leiden/Boston/Köln: Brill, 1998), 313–334, bes. 324 f.

21 Uwe GLESSMER, *Einleitung in die Targume zum Pentateuch*, Texte und Studien

zum Antiken Judentum 48 (Tübingen: Mohr Siebeck, 1995), 84–94; Peter SCHÄFER, s. v. «Bibelübersetzungen II. Targumim,» in *Theologische Realenzyklopädie* (Berlin/New York: De Gruyter, 1980), 6: 216–228, bes. 220 f.; Israel DRAZIN, «Dating Targum Onkelos by means of the Tannaitic Midrashim,» *Journal of Jewish Studies* 50 (1999): 246–258.

22 Maimonides, *Führer der Unschlüssigen* I 21. 27. 28. 36 (26ª. 30ª. 31ᵇ. 44ᵇ MUNK = *Führer der Unschlüssigen*, 66 f. 76 f. 80 f. 114 f. = *The Guide of the Perplexed*, 49. 57 f. 59 f. 85 PINES; vgl. Siegmund MAYBAUM, *Die Anthropomorphien und Anthropopathien bei Onkelos und den späteren Targumin mit besonderer Berücksichtigung der Ausdrücke Memra, J^ekara und Schechintha* (Breslau: Schletter'sche Buchhandlung, 1870), 3–6. 48–51.

23 *The Bible in Aramaic based on Old Manuscripts and printed Texts*, Alexander Sperber, ed., with a Foreword by Robert P. Gordon, Vol. 1 *The Pentateuch according to Targum Onkelos* (Leiden/New York/Köln: Brill, 1992), 242; *The Aramaic Bible*, Vol. 8 *The Targum Onqelos to Leviticus and The Targum Onqelos to Numbers*, trans., with Apparatus and Notes by Bernard Grossfeld (Collegeville, MN: The Liturgical Press, 1988), 105.

24 Maimonides, *Führer der Unschlüssigen* I 36 (42ᵇ–45ª. 51ᵇ. 54ᵇ MUNK = *Führer der Unschlüssigen*, 112–117 = *The Guide of the Perplexed*, 49. 57 f. 59 f. 85 PINES).

25 S. u. S. 202–223.

26 Details bei Sarah STROUMSA, *Maimonides in His World: Portrait of a Mediterranean Thinker*, 71 f.

27 «Maimonides was not the first Jewish thinker to reject anthropomorphism, but none of his predecessors had defined this so clearly as an article of faith, incumbent on all levels of society» (Sarah STROUMSA, *Maimonides in His World*, 70).

28 S. o. S. 398–404.

29 Anselmus Cantuariensis, *Proslogion* 6: *Quomodo sit sensibilis, cum non sit corpus* (S. *Anselmi Cantuariensis Archepiscopi Opera Omnia*, Vol. 1 *Continens opera quae prior et Abbas Beccensis composuit*, ad fidem codicum recensuit Franciscus Salesius SCHMITT [Edinburgh: Thomas Nelson, 1946], 104,19).

30 Anselmus Cantuariensis, *Proslogion* 6: *Nam si sola corporea sunt sensibilia, quoniam sensus circa corpus est et in corpore sunt, quomodo es sensibilis, cum non sis corpus sed summus spiritus, qui corpore melior est?* (I, 104,23–26 Schmitt).

31 Anselmus Cantuariensis, *Proslogion* 6: *Ergo, Domine, quamvis non sis corpus, vere tamen eo modo summe sensibilis es, quo summe omnia cognoscis, non quo animal corporeo sensu cognoscit* (I, 105,4–6 SCHMITT).

32 Giles of Rome [= Aegidius Romanus], *Errores Philosophorum: Critical Text with Notes and Introduction*, Josef Koch ed., trans. by John O. Riedl (Milwaukee, WI: Marquette University Press, 1944), 56–67. – In § XII,5 wehrt sich Aegidius gegen die Idee, dass die Himmel beseelte, überhimmlische Körper sind (*supercaelestia corpora... animata:* 60,17 KOCH); vgl. auch HASSELHOFF,

Dicit Rabbi Moyses, 370. 399 und besonders Silvia DONATI, «Ägidius von Roms Kritik an Thomas von Aquins Lehre der hylomorphen Zusammensetzung der Himmelskörper,» in *Thomas von Aquin: Werk und Wirkung im Licht neuer Forschungen*, hg. Albert Zimmermann, Miscellanea mediaevalia 19 (Berlin/New York: De Gruyter, 1988), 377–396.

33 So auch HASSELHOFF, *Dicit Rabbi Moyses*, 122–220.

34 Thomas de Aquino, *Summa contra Gentiles* I 20,2–7 (in deutscher Übersetzung und lateinischem Text im Folgenden zitiert); zu dem Argumentationsverlauf und einigen damit verbundenen Problemen siehe auch WAINWRIGHT, «God's Body,» 471 sowie John F. WIPPEL, «Quidditative knowledge of God according to Thomas Aquinas,» in *Graceful Reason: Essays in Ancient and Medieval Philosophy presented to Joseph Owens on the Occasion of his Seventy-Fifth Birthday and the Fiftieth Anniversary of his Ordination*, Lloyd Philip Gerson, ed., Papers in Mediaeval Studies 4 (Toronto: Pontifical Institute of Mediaeval Studies, 1983), 273–299.

35 Jennifer Hart WEED, «Maimonides and Aquinas: A Medieval Misunderstanding?», *Revista Portuguesa de Filosofia* 64 (2008): 379–396; vgl. zur Rezeption auch Moses Maimonides, *Wegweiser für die Verwirrten: Eine Textauswahl zur Schöpfungsfrage*, 35 f.

36 In Thomas de Aquino, *Summa contra Gentiles* I 18: *Quod in Deo nulla est compositio*.

37 Thomas de Aquino, *Summa contra Gentiles* I 20,2: *Omne enim corpus, cum sit continuum, compositum est et partes habens. Deus autem non est compositus, ut ostensum est. Igitur corpus non est* (Thomas von Aquin, *Summa contra gentiles*, 1. Bd. Buch I, hg. und übersetzt von Karl Albert und Paulus Engelhardt unter Mitarbeit von Leo Dümpelmann [Darmstadt: Wissenschaftliche Buchgesellschaft, 1974 = ebd. 2001], 72 [lat. Text]. 73 [deutsche Übersetzung]); zum philosophiegeschichtlichen Hintergrund der Passage vgl. Klaus KREMER, *Die neuplatonische Seinsphilosophie und ihre Wirkung auf Thomas von Aquin*, Studien zur Problemgeschichte der antiken und mittelalterlichen Philosophie 1 (Leiden: Brill, 1966), 424–437.

38 Thomas de Aquino, *Summa contra Gentiles* I 20,3: *Praeterea. Omne quantum est aliquo modo in potentia: nam continuum est potentia divisibile in infinitum; numerus autem in infinitum est augmentabilis. Omne autem corpus est quantum. Ergo omne corpus est in potentia. Deus autem non est in potentia, sed actus purus, ut ostensum est. Ergo Deus non est corpus* (72 f. ALBERT/ENGELHARDT).

39 Aristoteles, *Metaphysica* XIII 1, 1076 a 32–37 sowie XIII 2, 1077 b 12–16.

40 Thomas de Aquino, *Summa contra Gentiles* I 20,4: *Adhuc. Si Deus est corpus, oportet quod sit aliquod corpus naturale: nam corpus mathematicum non est per se existens, ut philosophus probat, eo quod dimensiones accidentia sunt. Non autem est corpus naturale: cum sit immobilis, ut ostensum est; omne autem corpus naturale mobile est. Deus igitur non est corpus* (74 f. ALBERT/ENGELHARDT).

41 Aristoteles, *De caelo* I 5 271 b-273 a; vgl. Edward GRANT, *Planets, Stars, and Orbs: the Medieval Cosmos, 1200–1687* (Cambridge: Cambridge University Press, 1994), 23–33.

42 Thomas de Aquino, *Summa contra Gentiles* I 20,5: *Amplius. Omne corpus finitum est: quod tam de corpore circulari quam de recto probatur in I caeli et mundi. Quodlibet autem corpus finitum intellectu et imaginatione transcendere possumus. Si igitur Deus est corpus, intellectus et imaginatio nostra aliquid maius Deo cogitare possunt. Et sic Deus non est maior intellectu nostro. Quod est inconveniens. Non est igitur corpus* (74 f. ALBERT/ENGELHARDT).

43 Thomas de Aquino, *Summa contra Gentiles* I 20,6: *Adhuc. Cognitio intellectiva certior est quam sensitiva. Invenitur autem aliquid subiectum sensui in rerum natura. Igitur et intellectui. Sed secundum ordinem obiectorum est ordo potentiarum, sicut et distinctio. Ergo super omnia sensibilia est aliquid intelligibile in rerum natura existens. Omne autem corpus in rebus existens est sensibile. Igitur super omnia corpora est aliquid accipere nobilius. Si igitur Deus est corpus, non erit primum et maximum ens* (74 f. ALBERT/ENGELHARDT).

44 Thomas de Aquino, *Summa contra Gentiles* I 20,7: *Praeterea. Quolibet corpore non vivente res vivens est nobilior. Quolibet autem corpore vivente sua vita est nobilior: cum per hoc habeat supra alia corpora nobilitatem. Id igitur quo nihil est nobilius, corpus non est. Hoc autem est Deus. Igitur non est corpus* (74 f. ALBERT/ENGELHARDT).

45 Gemeint ist natürlich vor allem Aristoteles, dazu vgl. unten S. 29 mit Anm. 48.

46 Thomas de Aquino, *Summa contra Gentiles* I 20,8: *Inveniuntur rationes philosophorum ad idem ostendendum procedentes ex aeternitate motus, in hunc modum. In omni motu sempiterno oportet quod primum movens non moveatur neque per se neque per accidens, sicut ex supra dictis patet. Corpus autem caeli movetur circulariter motu sempiterno. Ergo primus motor eius non movetur neque per se neque per accidens. Nullum autem corpus movet localiter nisi moveatur: eo quod oportet movens et motum esse simul; et sic corpus movens moveri oportet, ad hoc quod sit simul cum corpore moto. Nulla etiam virtus in corpore movet nisi per accidens moveatur: quia, moto corpore, movetur per accidens virtus corporis. Ergo primus motor caeli non est corpus neque virtus in corpore. Hoc autem ad quod ultimo reducitur motus caeli sicut ad primum movens immobile, est Deus. Deus igitur non est corpus* (74–76 bzw. 75–77 ALBERT/ENGELHARDT).

47 Wainwright hat völlig recht, wenn er darauf hinweist, dass Gründe für diese ontologischen Hierarchien in dem Argument fehlen. Weil die Argumente «are only sound if materialism is false, they cannot be successfully employed against theists like Tertullian and Pratt» (DERS., «God's Body,» 473). Das gleiche trifft für die Prämisse zu, dass alle Körper unvollkommen sind. Insofern «the argument remains incomplete» (DERS., «God's Body,» 471).

48 Siehe Aristoteles, *Metaphysica* XII 7, bes. 1072 a 25 f. (οὐ κινούμενον κινεῖ, ἀΐδιον καὶ οὐσία καὶ ἐνέργεια οὖσα) und zur Rezeption bei Thomas John

F. WIPPEL, *The Metaphysical Thought of Thomas Aquinas: From Finite Being to Uncreated Being*, Monographs of the Society for Medieval and Renaissance Philosophy 1 (Washington, DC: Catholic University of America Press, 2000), 412–441.

49 Einige der Argumente verwendet er auch in der theologischen Summe, vgl. Thomas de Aquino, *Summa Theologiae* I quaest. 3, art. 1. Hier finden sich auch fünf Argumente für eine Annahme göttlicher Körperlichkeit, nämlich (1) Dreidimensionalität, (2) Gottesebenbildlichkeit des Menschen als Hinweis auf eine göttliche *figura*, (3) in der Schrift erwähnte Körperteile, (4) in der Schrift erwähnte Bewegungen wie Sitzen und (5) in der Schrift erwähnte *a quo* und *ad quem*. In *respondeo decendum* argumentiert Thomas damit, dass gezeigt wurde, dass *Deus est primum movens immobile* und *id quod est nobilissimum in entibus* (*S. Thomae Aquinatis Summa Theologica*, diligenter emendata de Rubeis, Billuart et aliorum, notis selectis ornata, Pars 1ᵃ [Turin: Marietti, 1927], 16 f.

50 Baruch de Spinoza, *Epistula* 73 vom Dezember 1673 (Baruch de Spinoza, *Epistolae, Stelkonstige Reeckening van den Regenboog, Reeckening van Kanssen – (Nachbericht)*, Spinoza Opera, im Auftrag der Heidelberger Akademie der Wissenschaften hg. Carl Gebhardt, [Heidelberg: Winter, 1972 = 1925], 4: 309): *Caeterum quod quaedam Ecclesiae his addunt, quod Deus naturam humanam assumpserit, monui expresse, me, quid dicant, nescire; imo, ut verum fatear, non minus absurde mihi loqui videntur, quam si quis mihi diceret, quod circulus naturam quadrati induerit.*

51 Eberhard JÜNGEL, «Anthropomorphismus als Grundproblem neuzeitlicher Hermeneutik,» in DERS., *Wertlose Wahrheit. Zur Identität und Relevanz des christlichen Glaubens*, Theologische Erörterungen 3, 2., um ein Register erweiterte Aufl. (Tübingen: Mohr Siebeck, 2003), 110–131, bes. 123–131; DERS., *Gott als Geheimnis der Welt. Zur Begründung der Theologie des Gekreuzigten im Streit zwischen Theismus und Atheismus*, 8., erneut durchgesehene Aufl. (Tübingen: Mohr Siebeck, 2010), 352–357 sowie Hans-Walter SCHÜTTE/ Rainer FABIAN, s. v. «Anthropomorphismus II.,» in *Historisches Wörterbuch der Philosophie* (Basel/Stuttgart: Schwabe, 1971), 1: 377 f.

52 Bei Leibniz ist, wie Jüngel richtig bemerkt, der Terminus noch als zeitgenössische Neubildung erkennbar: JÜNGEL, «Anthropomorphismus als Grundproblem neuzeitlicher Hermeneutik,» 126 Anm. 75.

53 Leibniz, *Causa Dei asserta per justitiam ejus* 2.: *Error Magnitudinem Dei infringentium Anthropomorphismus, Bonitatem tollentium Despotismus appellari potest*, hier zitiert nach: Gottfried Wilhelm Leibniz, «Causa Dei asserta per justitiam ejus cum caeteris ejus perfectionibus cunctis actionibus conciliatam,» in DERS., *Opera philosophica quae exstant latina gallica germanica omnia*, instruxit Johann Eduard Erdmann. Faksimiledruck der Ausgabe 1840 durch weitere Textstücke ergänzt und mit einem Vorwort versehen v. Renate Vollbrecht (Aalen:

ERSTES KAPITEL: NACH DEM ENDE DER ANTIKE 449

Scientia, 1959), 653–665, bes. 653 = *Die philosophischen Schriften von Gottfried Wilhelm Leibniz*, hg. Carl Immanuel Gerhardt, Bd. VI (Hildesheim: Olms, 1961), 439–462, bes. 439.

54 David Hume, *Dialogues concerning Natural Religion* Pt. 4: *A Treatise of Human Nature being an Attempt to introduce the experimental Method of Reasoning into Moral Subjects and Dialogues concerning Natural Religion by D. Hume*, ed. with preliminary dissertations and notes by Thomas Hill Green and Thomas Hodge Grose, Vol. 2 (Aalen: Scientia, 1964 [= London, 1886]), 406–409; vgl. Elisabeth HEINRICH, «Religionskritik im Spannungsfeld von logischer und genealogischer Argumentation,» in *Kritik der Religion. Zur Aktualität einer unerledigten philosophischen und theologischen Aufgabe*, hg. Ingolf U. Dalferth und Hans-Peter Großhans, Religion in Philosophy and Theology 23 (Tübingen: Mohr Siebeck, 2006), 95–116, bes. 98–102 und Hans GRAUBNER, «Zum Problem des Anthropomorphismus in der Theologie (Hume, Kant, Hamann),» in *Johann Georg Hamann und England: Hamann und die englischsprachige Aufklärung: Acta des siebten Internationalen Hamann-Kolloquiums zu Marburg/Lahn 1996*, hg. Bernhard Gajek, Regensburger Beiträge zur deutschen Sprach- und Literaturwissenschaft, Reihe B, Untersuchungen 69 (Frankfurt am Main/Berlin/Bern: Lang, 1999), 381–395.

55 Immanuel Kant, *Prolegomena zu einer jeden künftigen Metaphysik, die als Wissenschaft wird auftreten können*, Kants Gesammelte Schriften, hg. von der Königlich Preußischen Akademie der Wissenschaften Bd. 4 (Berlin: De Gruyter, 1903–1911), 357 (Teil III § 57).

56 Kant, *Prolegomena zu einer jeden künftigen Metaphysik*, 357 (§ 58): «Eine solche Erkenntniß ist die nach der Analogie, welche nicht etwa, wie man das Wort gemeiniglich nimmt, eine unvollkommene Ähnlichkeit zweier Dinge, sondern eine vollkommne Ähnlichkeit zweier Verhältnisse zwischen ganz unähnlichen Dingen bedeutet»; vgl. auch JÜNGEL, «Anthropomorphismus als Grundproblem neuzeitlicher Hermeneutik,» 127 f. und DERS., *Gott als Geheimnis der Welt*, 360–363.

57 JÜNGEL, «Anthropomorphismus als Grundproblem neuzeitlicher Hermeneutik,» 110–131 sowie DERS., *Gott als Geheimnis der Welt*, 352–363.

58 Stephen H. WEBB, *Jesus Christ, Eternal God: Heavenly Flesh and the Metaphysics of Matter* (Oxford: Oxford University Press, 2012). Webb behandelt sowohl ausführlich Barth (57–59. 209–242. 287–292) als auch etwas knapper Jüngel (94–96). Vorher votiert schon für ein Ernstnehmen des biblischen «Anthropomorphismus»: Edmond La Beaume CHERBONNIER, «The Logic of Biblical Anthropomorphism,» Harvard Theological Review 55 (1962): 187–206.

59 Aristoteles formuliert: μεταφορὰ δέ ἐστιν ὀνόματος ἀλλοτρίου ἐπιφορὰ ἢ ἀπὸ τοῦ γένους ἐπὶ εἶδος ἢ ἀπὸ τοῦ εἴδους ἐπὶ τὸ γένος ἢ ἀπὸ τοῦ εἴδους ἐπὶ εἶδος ἢ κατὰ τὸ ἀνάλογον. «Eine Metapher ist die Übertragung eines Wortes (das somit in uneigentlicher Bedeutung verwendet wird), und zwar entweder

von der Gattung auf die Art oder von der Art auf die Gattung oder von einer Art auf eine andere, oder nach den Regeln der Analogie» (*Poetica* 21, 1457 b 7–9 in der Übertragung von Manfred Fuhrmann: Aristoteles, *Poetik: Griechisch/Deutsch*, hg. u. übersetzt von Manfred Fuhrmann, Reclams Universal-Bibliothek 7828, bibliographisch ergänzte Ausgabe (Stuttgart: Reclam, 1994 = 2012), 66 f.

60 Vgl. die Belege aus der voraufgehenden Fußnote; zur historischen Kontextualisierung der Metaphern-Definitionen nach Aristoteles im antiken und neuzeitlichen Diskurs vgl. beispielsweise Harald WEINRICH, s. v. «Metapher,» in *Historisches Wörterbuch der Philosophie* (Basel: Schwabe, 1971), 5: 1179–1186.

61 Benjamin D. SOMMER, *The Bodies of God and the World of Ancient Israel* (Cambridge: Cambridge University Press, 2009), 1: «The God of the Hebrew Bible has a body. This must be stated at the outset, because so many people, including many scholars, assume otherwise».

62 SOMMER, *The Bodies of God and the World of Ancient Israel*, 1.

63 SOMMER, *The Bodies of God and the World of Ancient Israel*, 1.

64 Dazu s. u. S. 47–52.

65 Siehe Susan BORDO/Monica UDVARDY, s. v. «Body, the,» in *New Dictionary of the History of Ideas*, Maryanne Cline Horowitz, ed., (Detroit u. a.: Thomson Gale, 2005), 1: 230–238; Seymour FISHER, s. v. «Body Image», in *International Encyclopedia of the Social Sciences*, David L. Sills, ed., (New York: Macmillan, 1968), 2: 113–116 und Jakob TANNER, s. v. «Body, History of», in *International Encyclopedia of the Social & Behavioral Sciences*, Neil J. Smelser and Paul B. Baltes, ed., (Amsterdam u. a.: Elsevier, 2001), 2: 1277–1282 sowie Maren LORENZ, *Leibhaftige Vergangenheit: Einführung in die Körpergeschichte*, Historische Einführungen 4 (Tübingen: edition discord, 2000).

66 So gibt es z. B. nur einen sehr kurzen Artikel «Körper» in dem «Grosse[n] vollständige[n] Universal-Lexicon aller Wissenschaften und Künste» des Verlegers Johann Heinrich ZEDLER: s. v. «Leib, lat. *Corpus*, franz. Corps,» in *Grosses vollständiges Universal-Lexicon* (Graz: Akademische Verlagsanstalt, 1961 = Halle/Leipzig: Johann Heinrich Zedler, 1737), 16: 1504 f.

67 Karl LAMPRECHT, *Deutsche Geschichte, Ergänzungs-Band: Zur jüngsten deutschen Vergangenheit*, Bd. 2/2 *Innere Politik, äußere Politik*, 4. Aufl. (Berlin: Gaertner, 1921), 26: «Die Reizsamkeit ist ein besonderer seelischer Zustand, in dem große Massen von Reizen oder Eindrücken, die in früheren Entwicklungszeitaltern der Völker der europäischen Staatengemeinschaft unter der Schwelle des Bewusstseins blieben, bewusst zu werden beginnen: sie bedeutet also eine Intensivierung der Leistungen des Nervensystems»; zum Autor allgemein vgl. Luise SCHORN-SCHÜTTE, *Karl Lamprecht: Kulturgeschichtsschreibung zwischen Wissenschaft und Politik*, Schriftenreihe der Historischen Kommission bei der Bayerischen Akademie der Wissenschaften 22 (Göttingen: Vandenhoeck & Ruprecht, 1984), bes. 110–137; Roger CHICKERING, *Karl*

Lamprecht: A German Academic Life (1856–1915) (Atlantic Highlands, NJ: Humanities Press, 1993); Matthias MIDDELL, *Weltgeschichtsschreibung im Zeitalter der Verfachlichung und Professionalisierung. Das Leipziger Institut für Kultur- und Universalgeschichte 1890–1990*, 3 Bde. (Leipzig: Akademische Verlagsanstalt, 2004).

68 Marc BLOCH, *Les rois thaumaturges: étude sur le caractère surnaturel attribué à la puissance royale, particulièrement en France et en Angleterre* (Strasbourg: Istra, 1924); Ernst H. KANTOROWICZ, *The King's Two Bodies: A Study in Medieval Political Theology* (Princeton, NJ: Princeton University Press, 1957), in deutscher Übersetzung erst deutlich später veröffentlicht: Marc BLOCH, *Die wundertätigen Könige*, mit einem Vorw. von Jacques LeGoff, aus dem Französischen übersetzt von Claudia Märtl (München: Beck, 1998) sowie Ernst H. KANTOROWICZ, *Die zwei Körper des Königs: eine Studie zur politischen Theologie des Mittelalters*, aus dem Amerikanischen übersetzt von Walter Theimer (Stuttgart: Klett-Cotta, 1992).

69 TANNER, s. v. «Body, History of», 1279.

70 Norbert ELIAS, *Über den Prozess der Zivilisation. Soziogenetische und psychogenetische Untersuchungen.* Bd. 1 *Wandlungen des Verhaltens in den weltlichen Oberschichten des Abendlandes.* Bd. 2 *Wandlungen der Gesellschaft. Entwurf zu einer Theorie der Zivilisation* (Basel: Verlag Haus zum Falken, 1939); englische Übersetzung: *The Civilizing Process, translated by Edmund Jephcott* (New York: Urizen Books, 1978); Mary DOUGLAS, *Purity and Danger: An Analysis of Concepts of Pollution and Taboo*, with a new Preface by the Author (New York/London: Routledge 2002 = New York: Praeger, 1966); DIES., *Natural Symbols: Explorations in Cosmology* (New York: Pantheon Books, 1970), bes. Kapitel 5 «The Two Bodies», 69–87.

71 Marcel MAUSS, «Techniques of the body,» *Economy and Society* 2 (1973): 70–88; zuerst in *Journal de psychologie normale et pathologique* 32 (1935): 271–293.

72 Caroline Walker BYNUM, «Why all the Fuss about the Body? A Medievalist's Perspective,» *Critical Inquiry* 22 (1995): 1–33 = DIES., «Warum das ganze Theater mit dem Körper? Die Sicht einer Mediävistin,» *Historische Anthropologie* 4 (1996): 1–33: «In a sense, of course, ‹the body› is the wrong topic. It is no topic or, perhaps almost all topics» (2). Das klingt wie eine Bezugnahme auf Mary Douglas: «Just as it is true that everything symbolizes the body, so it is equally true that the body symbolizes everything else.» (DIES., *Purity and Danger*, 122).

73 TANNER, s. v. «Body, History of,» 1279.

74 BYNUM, «Warum das ganze Theater mit dem Körper? Die Sicht einer Mediävistin,» 2 = «Why All the Fuss about the Body? A Medievalist's Perspective,» 2. Vgl. auch die Forschungsgeschichte bei Bryan S. TURNER, *The Body and Society: Explorations in Social Theory*, 3rd ed. (London/Los Angeles: SAGE, 2008), 33–61.

75 Vgl. beispielsweise Barbara DUDEN, *Geschichte unter der Haut: Ein Eisenacher Arzt und seine Patientinnen um 1730* (Stuttgart: Klett-Cotta, 1987), 18–21.

76 Barbara FEICHTINGER, «Einleitung,» in *Die Christen und der Körper. Aspekte der Körperlichkeit in der christlichen Literatur der Spätantike*, hg. von Barbara Feichtinger und Helmut Seng, Beiträge zur Altertumskunde 184 (Leipzig/München: Saur, 2004), 9–26; vgl. auch einige Einwände von Peter DINZELBACHER in seiner Besprechung des Sammelbandes in *Plekos* 8 (2006): 73–76 und auch den Nachfolgeband: *Körper und Seele: Aspekte spätantiker Anthropologie*, hg. Barbara Feichtinger, Stephen Lake und Helmut Seng, Beiträge zur Altertumskunde 215 (Leipzig/München: Saur, 2006).

77 FEICHTINGER, «Einleitung,» 11: «Es mag die – mit den Tieren geteilte – ‹Unentrinnbarkeit› des biologischen Körpers als unabdingbare Voraussetzung des menschlichen Lebens sein, die Körperlichkeit zu einem zentralen Phänomen des menschlichen Seins macht, doch es ist der reflektierte ‹Körper›, der diskursiv repräsentierte ‹Körper›, der gleichsam als ‹Text› zu definieren und zu lesen ist, der Körperlichkeit zu einem zentralen Phänomen des Menschseins, zu einem Element menschlicher Kultur, werden lässt». – Ähnlich formuliert Frau Bynum: «the body dissolves into language» (DIES., «Why all the Fuss about the Body? A Medievalist's Perspective,» 2).

78 Maurice BLOCH, «From cognition to ideology,» in *Ritual, History and Power. Selected Papers in Anthropology*, London School of Economics Monographs on Social Anthropology 58 (London/Atlantic Highlands, NJ: Athlone Press, 1989), 106–136; Sarah COAKLEY, «Introduction: Religion and the Body,» in *Religion and the Body*, Sarah Coakley, ed., Cambridge Studies in Religious Traditions 8 (Cambridge/New York: Cambridge University Press, 1997), 1–12, bes. 6 f.; Bryan S. TURNER, «Recent Developments in the Theory of the Body,» in *The Body. Social Process and Cultural Theory*, Mike Featherstone, Mike Hepworth, and Bryan S. Turner, ed., (London/Newbury Park, CA: SAGE, 1991), 1–35 und Richard C. POULSEN, *The Body as Text: In a Perpetual Age of Non-Reason* (New York: Lang, 1996).

79 Dazu Christoph MARKSCHIES, «Der genaue Blick: Welche Moden haben uns wo die Qualität verdorben?,» in *What the Hell is Quality? Qualitätsstandards in den Geisteswissenschaften*, hg. Elisabeth Lack und Christoph Markschies (Frankfurt am Main/New York: Campus, 2008), 134–144.

80 BYNUM, «Warum das ganze Theater mit dem Körper? Die Sicht einer Mediävistin,» 4 f. = «Why All the Fuss about the Body? A Medievalist's Perspective,» 5.

81 BYNUM, «Warum das ganze Theater mit dem Körper? Die Sicht einer Mediävistin,» 2 = «Why All the Fuss about the Body? A Medievalist's Perspective,» 2.

82 Patricia Cox MILLER, *The corporeal Imagination. Signifying the Holy in late ancient Christianity* (Philadelphia: University of Pennsylvania Press, 2009).

ERSTES KAPITEL: NACH DEM ENDE DER ANTIKE 453

83 MILLER, *The corporeal Imagination. Signifying the Holy in late ancient Christianity*, 36–38.
84 MILLER, *The corporeal Imagination. Signifying the Holy in late ancient Christianity*, 122–130.
85 Dazu Christoph MARKSCHIES, «Vergangenheit, Gegenwart und Zukunft der Ideengeschichte. Zum Werk Hans von Campenhausens,» in *Hans Freiherr von Campenhausen. Weg, Werk und Wirkung*, hg. Christoph Markschies, Schriften der Philosophisch-historischen Klasse der Heidelberger Akademie der Wissenschaften 43/2007 (Heidelberg: Universitätsverlag Winter, 2008), 9–27, bes. 21–24; Quentin SKINNER, «Bedeutung und Verstehen in der Ideengeschichte,» in *Die Cambridge School der politischen Ideengeschichte*, hg. Martin Mulsow und Andreas Mahler, suhrkamp taschenbuch wissenschaft 1925 (Berlin: Suhrkamp, 2010), 21–87, bes. 69–80.
86 BROWN, *The Body and Society*; vgl. auch DERS., «Report,» in *Symbolae Osloenses Debate: The World of Late Antiquity Revisited* = *Symbolae Osloenses* 72 (1997): 5–30, bes. 21 f. (über den Einfluss von Mary Douglas auf Peter Brown) und Lawrence E. SULLIVAN, «Knowledge of the Body in the Study of Religion,» *History of Religions* 30 (1990): 86–99.
87 Glenn PEERS, *Subtle Bodies. Representing Angels in Byzantium*, The Transformation of the Classical Heritage 32 (Berkeley/Los Angeles/London: University of California Press, 2001) sowie Jennifer A. GLANCY, *Corporal knowledge: Early Christian Bodies* (New York/Oxford: Oxford University Press, 2010), bes. «What She Knew in Her Body: An Introduction,» 3–23; siehe auch Aline ROUSSELLE, *Porneia: On Desire and the Body in Antiquity* (Oxford: Blackwell, 1988; englische Übersetzung aus dem Französischen: *Porneia. De la maîtrise du corps à la privation sensorielle. IIe–IVe siècles de l'ère chrétienne*, Les chemins de l'Histoire [Paris: Presses Universitaires de France, 1983]); Susan Ashbrook HARVEY, «Locating the Sensing Body: Perception and Religious Identity in Late Antiquity,» in *Religion and the Self in Antiquity*, David Brakke, Michael L. Satlow, and Steven Weitzman, ed., (Bloomington, IN: Indiana University Press, 2005), 140–162, und Kallistos WARE, «'My Helper and my Enemy': The Body in Greek Christianity,» in *Religion and the Body*, Sarah Coakley, ed., (Cambridge: Cambridge University Press, 1997), 90–110 mit Andrew LOUTH, «The Body in Western Catholic Christianity,» in *Religion and the Body*, 111–130.
88 BYNUM, «Warum das ganze Theater mit dem Körper? Die Sicht einer Mediävistin,» 13 = «Why All the Fuss about the Body? A Medievalist's Perspective,» 13; vgl. DIES., «The Female Body and Religious Practice in the Later Middle Ages,» in DIES., *Fragmentation and Redemption: Essays on Gender and the Human Body in Medieval Religion* (New York: Zone Books, 1992), 181–238, bes. 226 f.
89 BYNUM, «Warum das ganze Theater mit dem Körper? Die Sicht einer Me-

diävistin,» 17 = «Why All the Fuss about the Body? A Medievalist's Perspective,» 18; vgl. Judith BUTLER, *Bodies that Matter: On the Discursive Limits of «Sex»* (New York/London: Routledge, 1993) und Thomas LAQUEUR, *Making Sex. Body and Gender from the Greeks to Freud* (Cambridge, MA/London: Harvard University Press, 1990).

90 Philippus VAN DER EIJK, «The matter of mind: Aristotle on the biology of ‹psychic› processes and the bodily aspects of thinking,» in *Aristotelische Biologie. Intentionen, Methoden, Ergebnisse*, hg. Wolfgang Kullmann und Sabine Föllinger, Philosophie der Antike 6 (Stuttgart: Steiner, 1997), 221–258.

91 Rom HARRÉ, s. v. «Mind-Body Dualism,» in *International Encyclopedia of the Social & Behavioral Sciences*, Neil J. Smelser and Paul B. Baltes, ed., (Amsterdam u. a.: Elsevier, 2001), 14: 9885–9889; Alice SOWAAL, «Cartesian Bodies,» *Canadian Journal of Philosophy* 34 (2004): 217–240.

92 Margaret LOCK, «Cultivating the Body: Anthropology and Epistemologies of Bodily Practise and Knowledge,» *Annual Review of Anthropology* 22 (1993): 133–155, bes. 137 f.; *Perspectives on Embodiment: The Intersections of Nature and Culture*, Honi Fern Haber and Gail Weiss, ed., (New York: Routledge, 1999); Almut-Barbara RENGER/Alexandra STELLMACHER, «Der Asketen- als Wissenskörper. Zum verkörperlichten Wissen des Simeon Stylites in ausgewählten Texten der Spätantike,» *Zeitschrift für Religions- und Geistesgeschichte* 62 (2010): 313–338, bes. 315–317.

93 COAKLEY, «Introduction: Religion and the Body,» in *Religion and the Body*, 8.

Der Körper Gottes in der jüdisch-christlichen Bibel und bei den frühen christlichen Theologen

1 SOMMER, *The Bodies of God and the World of Ancient Israel*, 1: «The God of the Hebrew Bible has a body. This must be stated at the outset, because so many people, including many scholars, assume otherwise». Ohne Kenntnis der Monographie Sommers wurde im folgenden Jahr veröffentlicht: Andreas WAGNER, *Gottes Körper: Zur alttestamentlichen Vorstellung der Menschengestaltigkeit Gottes* (Gütersloh: Gütersloher Verlagshaus, 2010), zuvor schon: Aaron SCHART, «Die ‹Gestalt› YHWHs. Ein Beitrag zur Körpermetaphorik alttestamentlicher Rede von Gott,» *Theologische Zeitschrift* 55 (1999): 26–43.

2 לֹא תַעֲשֶׂה־לְךָ פֶסֶל וְכָל־תְּמוּנָה אֲשֶׁר בַּשָּׁמַיִם מִמַּעַל וַאֲשֶׁר בָּאָרֶץ מִתַּחַת וַאֲשֶׁר בַּמַּיִם מִתַּחַת לָאָרֶץ לֹא־תִשְׁתַּחֲוֶה לָהֶם וְלֹא תָעָבְדֵם כִּי אָנֹכִי יְהוָה אֱלֹהֶיךָ אֵל קַנָּא פֹּקֵד עֲוֹן אָבֹת עַל־בָּנִים עַל־שִׁלֵּשִׁים וְעַל־רִבֵּעִים לְשֹׂנְאָי׃ וְעֹשֶׂה חֶסֶד לַאֲלָפִים לְאֹהֲבַי וּלְשֹׁמְרֵי מִצְוֹתָי bzw. σεαυτῷ εἴδωλον οὐδὲ παντὸς ὁμοίωμα ὅσα ἐν τῷ οὐ ποιήσεις οὐρανῷ ἄνω καὶ ὅσα ἐν τῇ γῇ κάτω καὶ ὅσα ἐν τοῖς ὕδασιν ὑποκάτω τῆς γῆς οὐ προσκυνήσεις αὐτοῖς οὐδὲ μὴ λατρεύσῃς αὐτοῖς· ἐγὼ γάρ εἰμι κύριος ὁ θεός σου, θεὸς ζηλωτὴς ἀποδιδοὺς ἁμαρτίας πατέρων

ZWEITES KAPITEL: BIBEL UND FRÜHE CHRISTLICHE THEOLOGEN   455

ἐπὶ τέκνα ἕως τρίτης καὶ τετάρτης γενεᾶς τοῖς μισοῦσίν με καὶ ποιῶν ἔλεος εἰς χιλιάδας τοῖς ἀγαπῶσίν με καὶ τοῖς φυλάσσουσιν τὰ προστάγματά μου; vgl. auch Dtn 5,7–10 und zur Interpretation Christoph DOHMEN, *Das Bilderverbot: seine Entstehung und seine Entwicklung im Alten Testament*, Bonner biblische Beiträge 62, 2., durchges. u. um ein Nachwort erweiterte Aufl. (Frankfurt am Main: Athenäum, 1987), 211–216 und WAGNER, *Gottes Körper*, 25–31 sowie Sven PETRY, *Die Entgrenzung JHWHs: Monolatrie, Bilderverbot und Monotheismus im Deuteronomium, in Deuterojesaja und im Ezechielbuch*, Forschungen zum Alten Testament 2. Reihe 27 (Tübingen: Mohr Siebeck, 2007), 40–43.

3 WAGNER, *Gottes Körper: Zur alttestamentlichen Vorstellung der Menschengestaltigkeit Gottes*, 32 (mit Nachweisen aaO. 32–36).

4 וַיֹּאמֶר לֹא תוּכַל לִרְאֹת אֶת־פָּנָי כִּי לֹא־יִרְאַנִי הָאָדָם וָחָי׃ bzw. καὶ εἶπεν οὐ δυνήσῃ ἰδεῖν μου τὸ πρόσωπον· οὐ γὰρ μὴ ἴδῃ ἄνθρωπος τὸ πρόσωπόν μου καὶ ζήσεται. Vgl. dazu Friedhelm HARTENSTEIN, «Vom Sehen und Schauen Gottes: Überlegungen zu einer theologischen Ästhetik aus der Sicht des Alten Testaments,» Marburger Jahrbuch Theologie XXII (2010) = Marburger Theologische Studien 110 (Leipzig: Evangelische Verlagsanstalt, 2010), 15–37, bes. 18–22.

5 SOMMER, *The Bodies of God and the World of Ancient Israel*, 1.

6 SOMMER, *The Bodies of God and the World of Ancient Israel*, 2.

7 Zur Geschichte des Begriffs vgl. Franz CHRIST, *Menschlich von Gott reden: Das Problem des Anthropomorphismus bei Schleiermacher*, Ökumenische Theologie 10 (Einsiedeln/Zürich/Köln: Benziger u. Gütersloh: Gütersloher Verlagshaus Mohn, 1982), 15–31; zur Geschichte der Sache: Wolfhart PANNENBERG, *Systematische Theologie* Band 1 (Göttingen: Vandenhoeck & Ruprecht, 1988), 401–416.

8 So die Definition bei CHRIST, *Menschlich von Gott reden*, 13 f.

9 Epikur soll «menschengestaltige Götter» (θεοὺς ἀνθρωπομόρφους) als Folge von menschlichen Traumphantasien über die Götter bezeichnet und dabei erstmals das Wort ἀνθρωπόμορφος in der hier einschlägigen Bedeutung verwendet haben: Sextus Empiricus, *Adversus Mathematicos* IX 25 (BiTeu II, 218,9–15 MUTSCHMANN) = *Epicurea*, hg. Hermann Usener (Leipzig: Teubner, 1887), fr. 353, 238,12–16 (fehlt bei Epicuro, *Opere*, Introduzione, testo critico, traduzione e note di Graziano Arrighetti, Classici della Filosofia 4 [Turin: Einaudi, 1960]): Ἐπίκουρος δὲ ἐκ τῶν κατὰ τοὺς ὕπνους φαντασιῶν οἴεται τοὺς ἀνθρώπους ἔννοιαν ἐσπακέναι θεοῦ· μεγάλων γὰρ εἰδώλων, φησί, καὶ ἀνθρωπομόρφων κατὰ τοὺς ὕπνους προσπιπτόντων ὑπέλαβον καὶ ταῖς ἀληθείαις ὑπάρχειν τινὰς τοιούτους θεοὺς ἀνθρωπομόρφους. – Die Verwendung des Begriffs im Blick auf Epikur ist allerdings verbreiteter, wie Pseudo-Galenus, *De historia philosophica* 16 (*Doxographi Graeci* 608,16–609,1 DIELS) zeigt: ἀλλ' ὁ μὲν Πλάτων θεὸν ἀσώματον, Ζήνων δὲ σῶμα, περὶ τῆς

μορφῆς μηδὲν εἰρήκοτες. Ἐπίκουρος δὲ ἀνθρωπόμορφον τοῦτον ὑπέλαβεν (zu epikureischen Vorstellungen vom Körper Gottes s. u. S. 69–72).

10 Dazu vgl. für den einschlägigen Text und Bemerkungen unten S. 55 bzw. 465 f. mit Anm. 71.

11 So jedenfalls das Referat des kaiserzeitlichen Philosophiehistorikers Diogenes Laertius über Chrysipp in seinen *Vitae Philosophorum* VII 147 (SCBO II, 360,11 LONG) = SVF II, 1021 (II, 305,17 VON ARNIM): μὴ εἶναι (sc. Gott) μέντοι ἀνθρωπόμορφον; zu dieser Passage s. unten S. 483 f. mit Anm. 169. Angesichts der übrigen Belege und der Formulierung dürfte es sich aber nur um eine Paraphrase, nicht um ein Zitat aus Chrysipp handeln.

12 Strabo, *Geographica* XVI 2,35 (BiTeu III, 1061,15 f. MEINEKE = IV, 340,33 f. RADT): οἱ Ἕλληνες (sc. οἱ θεοί) ἀνθρωπομόρφους τυποῦντες·; die Passage ist möglicherweise dem Philosophen Posidonius zuzuschreiben: fr. 133, S. 113,3 f. THEILER = *Greek and Latin Authors on Jews and Judaism*, ed. with Introduction, Translations and Commentary by Menahem Stern, Vol. I *From Herodotus to Plutarch*, Publications of the Israel Academy of Sciences and Humanities (Jerusalem: The Academy of Sciences and Humanities, 1974), fr. 115, 294 vgl. (positiv) für die Zuweisung an Posidonius Karl REINHARDT, *Poseidonios über Ursprung und Entartung. Interpretation zweier kulturgeschichtlicher Fragmente*, Orient und Antike 6 (Heidelberg: Winter, 1928), 6–34, bes. 9–14 sowie Martin HENGEL, *Judentum und Hellenismus. Studien zu ihrer Begegnung unter besonderer Berücksichtigung Palästinas bis zur Mitte des 2. Jahrhunderts vor Christus*, Wissenschaftliche Untersuchungen zum Neuen Testament 10, 3., durchg. Aufl. (Tübingen: Mohr Siebeck, 1988), 469–472; anders Eduard NORDEN, «Jahve und Moses in hellenistischer Theologie,» in *Festgabe von Fachgenossen und Freunden A. von Harnack zum siebzigsten Geburtstag dargebracht* [hg. Karl Holl] (Tübingen: Mohr Siebeck, 1921), 292–301, bes. 294–297 und Jörg-Dieter GAUGER, «Eine missverstandene Strabonstelle (zum Judenbericht XVI 2,37),» *Historia* 28 (1979): 211–224 – vgl. auch Strabo, *Geographica* XVII 1,28 (1123,26) und zuletzt René S. BLOCH, *Antike Vorstellungen vom Judentum: Der Judenexkurs des Tacitus im Rahmen der griechisch-römischen Ethnographie*, Historia. Einzelschriften 160 (Stuttgart: Steiner, 2002), 42–53.

13 Details bei CHRIST, *Menschlich von Gott reden*, 16–23.

14 So Gen 1,27: וַיִּבְרָא אֱלֹהִים אֶת־הָאָדָם בְּצַלְמוֹ בְּצֶלֶם אֱלֹהִים bzw. καὶ ἐποίησεν ὁ θεὸς τὸν ἄνθρωπον, κατ' εἰκόνα θεοῦ ἐποίησεν αὐτόν, zur Auslegung dieser Stelle vgl. Walter GROSS, «Die Gottesebenbildlichkeit des Menschen nach Gen 1,26.27 in der Diskussion des letzten Jahrzehnts,» *Biblische Notizen* 68 (1993): 35–48 und ausführlich oben, S. 101 f., 250 f. und 351 f. – Für freundliche Hinweise zum folgenden Abschnitt danke ich meinem Berliner Kollegen Bernd U. Schipper.

15 Psalm 8,6: וַתְּחַסְּרֵהוּ מְּעַט מֵאֱלֹהִים וְכָבוֹד וְהָדָר תְּעַטְּרֵהוּ; in der Septuaginta charakteristisch modifiziert, indem nur die *Engelgleichheit* der Men-

schen im Blick ist: ἠλάττωσας αὐτὸν βραχύ τι παρ᾽ ἀγγέλους, δόξῃ καὶ τιμῇ ἐστεφάνωσας αὐτόν·.

16 Eine knappe Forschungsgeschichte deutscher alttestamentlicher Wissenschaft bei WAGNER, *Gottes Körper: Zur alttestamentlichen Vorstellung der Menschengestaltigkeit Gottes*, 45–51. SCHART, «Die ‹Gestalt› YHWHs. Ein Beitrag zur Körpermetaphorik alttestamentlicher Rede von Gott,» 34 differenziert zwischen einer «naiv anthropomorphen Vorstellung von Gott» und «metaphorische(n) Aussagen». Vgl. jetzt auch Howard SCHWARTZ, «Does God have a Body? The Problem of Metaphor and Literal Language in Biblical Interpretation,» in *Bodies, Embodiment, and Theology in the Hebrew Bible*, S. Tamar Kamionkowski and Wonil Kim, ed., Library of Hebrew Bible 465 (New York/London: T&T Clark, 2010), 201–237.

17 Otto KAISER, *Der Gott des Alten Testaments: Theologie des Alten Testaments Teil 2. Jahwe, der Gott Israels, Schöpfer der Welt und des Menschen*, Uni-Taschenbücher. Wissenschaft 2024 (Göttingen: Vandenhoeck & Ruprecht, 1998), 315 f.

18 Ilaria RAMELLI, s. v. «Allegory. II. Judaism,» in *Encyclopedia of the Bible and its Reception* (Berlin/New York: De Gruyter, 2009), 1: 785–793; Margaret M. MITCHELL, «Allegory. IV. Christianity. A. Greek Patristics and Orthodox Churches. B. Latin Patristics and Early Medieval Times,» ebd., 1: 796–800.

19 Hans-Josef KLAUCK, *Allegorie und Allegorese in synoptischen Gleichnistexten*, Neutestamentliche Abhandlungen. Neue Folge 13 (Münster: Aschendorff, 1978), 35–66; Ilaria RAMELLI/Giulio LUCCHETTA, *Allegoria*, Vol. I *L'età classica*, Introduzione e cura di Roberto Radice, Studi e testi 98 (Mailand: Vita e Pensiero, 2004), 147–204.

20 Ps.-Heraclitus, *Allegoriae* 67,6 f. (CUFr 72 BUFFIÈRE): Διὰ τοῦτ᾽ ὄρνιθι προσωμοιωμένος Ἑρμῆς ἐλήλυθεν ἀπ᾽ Ὀλύμπου· 'πτερόεντα' γὰρ τὰ ἔπη κατὰ τὸν Ὅμηρον καὶ τάχιον οὐδὲν ἐν ἀνθρώποις λόγου; vgl. auch die kommentierte englische Ausgabe: Heraclitus, *Homeric Problems*, Donald Andrew Russell and David Konstan, ed. and transl., Society of Biblical Literature. Writings from the Greco-Roman World 14 (Atlanta, GA: Society of Biblical Literature, 2005), 208 f., vgl. auch Cornutus, *Theologiae Graecae* 16 (BiTeu 22,3–5 LANG = SAPERE 14, 52,362–368 BERDOZZO) und den Kommentar zur Stelle in der italienischen Ausgabe: Anneo Cornuto, *Compendio di teologia greca*, saggio introduttivo e integrativo, traduzione e apparati di Ilaria Ramelli (Mailand: Bompiani, 2003), 336 Anm. 92 sowie jetzt Mark SHERIDAN, *Language for God in Patristic Tradition. Wrestling with Biblical Anthropomorphism* (Downers Grove, IL: IVP Academic, 2015), 50–55.

21 Friedhelm HARTENSTEIN, *Das Angesicht JHWHs. Studien zu seinem höfischen und kultischen Bedeutungshintergrund in den Psalmen und in Exodus 32–34*, Forschungen zum Alten Testament 55 (Tübingen: Mohr Siebeck, 2008), 10–14,

bes. 12 mit Anm. 36 sowie DERS., «JHWHs Wesen im Wandel: Vorüberlegungen zu einer Theologie des Alten Testaments,» *Theologische Literaturzeitung* 137 (2012): 3–20, bes. 12–15.

22 Dazu vgl. oben S. 45 mit Anm. 19.

23 Aristoteles formuliert: μεταφορὰ δέ ἐστιν ὀνόματος ἀλλοτρίου ἐπιφορὰ ἢ ἀπὸ τοῦ γένους ἐπὶ εἶδος ἢ ἀπὸ τοῦ εἴδους ἐπὶ τὸ γένος ἢ ἀπὸ τοῦ εἴδους ἐπὶ εἶδος ἢ κατὰ τὸ ἀνάλογον. «Eine Metapher ist die Übertragung eines Wortes (das somit in uneigentlicher Bedeutung verwendet wird), und zwar entweder von der Gattung auf die Art oder von der Art auf die Gattung, oder von einer Art auf eine andere, oder nach den Regeln der Analogie» (Poetica 21, 1457 b 7–9 in der Übertragung von Manfred Fuhrmann: Aristoteles, *Poetik: Griechisch/Deutsch*, hg. u. übersetzt von Manfred Fuhrmann, Reclams Universal-Bibliothek 7828, bibliographisch ergänzte Ausgabe [Stuttgart: Reclam, 1994 = 2012], 66 f.) – Zur Stelle vgl. Aristoteles, *Poetik*, übersetzt u. erl. von Arbogast Schmitt, 2., durchges. u. erg. Aufl., Aristoteles Werke in deutscher Übersetzung 5 (Berlin: Akademie, 2011), 623 f. und zur Metapherntheorie vgl. die Bemerkungen bei HARTENSTEIN, *Das Angesicht JHWHs. Studien zu seinem höfischen und kultischen Bedeutungshintergrund in den Psalmen und in Exodus 32–34*, 11 f.

24 Philodem, *Rhetorica* III col. 4 (BiTeu I, 164,20–23 SUDHAUS): τρόπον μ[ὲν] οἷ[ον] με[ταφορ]ὰν ἀλληγορίαν [πᾶ]ν τὸ τοιοῦ[το; ebd. IV col. 14 (174,20–23 SUDHAUS): πότε [δεῖ] χρῆσθαι μεταφοραῖς ἢ ἀλληγορίαις, καταγραφούσιν; dazu vgl. auch KLAUCK, *Allegorie und Allegorese in synoptischen Gleichnistexten*, 40 f. und zur Praxis der allegorischen Interpretation bei Philodem RAMELLI, *Allegoria*, Vol. I *L'éta classica*, 260–264.

25 Tryphon, *De tropis* 1 (BiTeu III, 193,9–11 SPENGEL = Martin L. WEST, «Tryphon *De tropis*,» *The Classical Quarterly* 15 [1965]: 230–248, Text 236–248, hier 236): Ἀλληγορία ἐστὶ φράσις ἕτερον μέν τι <κυρίως> δηλοῦσα, ἑτέρου δὲ ἔννοιαν παριστῶσα (Spengel: παριστάνων καθ' ὁμοίωσιν).

26 Cicero, *Orator* 27,94 (SCBO Z. 8–11 WILKINS): *Iam cum fluxerunt continuo plures translationes, alia plane fit oratio; itaque genus hoc Graeci appellant* ἀλληγορίαν: *nomine recte, genere melius ille qui ista omnia translationes vocat* und DERS., *Epistulae ad Atticum* II 20[=40],3 *Si erunt mihi plura ad te scribenda,* ἀλληγορίαις *obscurabo* (Cambridge Classical Text and Commentaries I, 252 SHACKLETON BAILEY mit Kommentar 393). Bei KLAUCK, *Allegorie und Allegorese in synoptischen Gleichnistexten*, 41–62 weitere Belege aus der kaiserzeitlichen Theorie und Praxis der Allegorese.

27 Jean-Pierre VERNANT, «Mortals and Immortals. The Body of the Divine», in DERS., *Mortals and Immortals: Collected Essays*, Froma I. Zeitlin, ed., (Princeton, NJ: Princeton University Press, 1992), 27–49, bes. 31. Hartenstein schlägt vor, von einem «Soziomorphismus» statt einem «Anthropomorphismus» zu sprechen: HARTENSTEIN, *Das Angesicht JHWHs. Studien zu seinem*

höfischen und kultischen Bedeutungshintergrund in den Psalmen und in Exodus 32–34, 22.

28 VERNANT, «Mortals and Immortals. The Body of the Divine», 29 f.; vgl. dazu auch HARTENSTEIN, Das Angesicht JHWHs, 19 f.; WAGNER, Gottes Körper: Zur alttestamentlichen Vorstellung der Menschengestaltigkeit Gottes, 14–17 (mit weiterer Literatur S. 16 f. mit Anm. 6) sowie Dörte BESTER, Körperbilder in den Psalmen: Studien zu Psalm 22 und verwandten Texten, Forschungen zum Alten Testament. 2. Reihe 24 (Tübingen: Mohr Siebeck, 2007), 38–40 und den Sammelband Corps de Dieux, sous la direction de Charles Malamoud et Jean-Pierre Vernant, Collection Folio: histoire 120 (Paris: Gallimard, 2003 = Le temps de la réflexion 7 [Paris: Gallimard, 1986]).

29 WAGNER, Gottes Körper: Zur alttestamentlichen Vorstellung der Menschengestaltigkeit Gottes, 18. 145 f.; vgl. auch DERS., «Das synthetische Bedeutungsspektrum hebräischer Körperbezeichnungen,» Biblische Zeitschrift 51 (2007): 257–265.

30 James BARR, «Theophany and Anthropomorphism in the Old Testament,» in Congress Volume Oxford 1959, Supplements to Vetus Testamentum 7 (Leiden: Brill, 1960), 31–38.

31 BARR, «Theophany and Anthropomorphism in the Old Testament,» 31. Andererseits formuliert der Autor aaO. 38: «The God whom Israel worships appears, if he wills to appear at all, in living human likeness».

32 BARR, «Theophany and Anthropomorphism in the Old Testament,» 33 f.

33 Vgl. neben Ex 33,20 auch Ri 13,22 רָאִינוּ מוֹת נָמוּת כִּי אֱלֹהִים bzw. wörtlich in der LXX: Θανάτῳ ἀποθανούμεθα, ὅτι θεὸν ἑωράκαμεν. Dazu vgl. jetzt HARTENSTEIN, «Vom Sehen und Schauen Gottes: Überlegungen zu einer theologischen Ästhetik aus der Sicht des Alten Testaments,» 31–36.

34 Evangelia G. DAFNI, «ΣΑΡΞ ΜΟΥ ΕΞ ΑΥΤΩΝ (LXX-Hosea IX 12): Zur Theologie der Sprache in der Septuaginta,» Vetus Testamentum 51 (2001): 336–353, bes. 336 f. Die Verfasserin rechnet mit einer von der stoischen Vorstellung vom Gotteskörper beeinflussten Übersetzung (aaO. 352 f.). Zum Fehlen der Körperausdrücke «Fleisch» (בשׂר), «Blut» (דם) und «Knochen» (עצם) auch SCHART, «Die ‹Gestalt› YHWHs. Ein Beitrag zur Körpermetaphorik alttestamentlicher Rede von Gott,» 32–34 und WAGNER, Gottes Körper: Zur alttestamentlichen Vorstellung der Menschengestaltigkeit Gottes, 135–137.

35 SCHART, «Die ‹Gestalt› YHWHs. Ein Beitrag zur Körpermetaphorik alttestamentlicher Rede von Gott,» 28–35. 42 bietet eine solche Übersicht zu den Körperteilen des Menschen und Gottes, ebenso WAGNER, Gottes Körper: Zur alttestamentlichen Vorstellung der Menschengestaltigkeit Gottes, 105–109. 137 f. – Zu den Flügeln Gottes vgl. Ps 17,8; 36,8; 57,2; 61,5; 63,8; 91,4 sowie Ru 2,12 und Bernd JANOWSKI, «Keruben und Zion. Thesen zur Entstehung der Zionstradition,» in DERS., Gottes Gegenwart in Israel, Beiträge zur Theologie des Alten Testaments 1 (Neukirchen-Vluyn: Neukirchener, 1993), 247–280, bes.

264–269 (Flügel am Kerubenthron) sowie Klaus KOENEN, «‹Süsses geht vom Starken aus› (Ri 14,14): Vergleiche zwischen Gott und Tier im Alten Testament,» *Evangelische Theologie* 55 (1995): 174–197, bes. 184 f.

36 SCHART, «Die ‹Gestalt› YHWHs. Ein Beitrag zur Körpermetaphorik alttestamentlicher Rede von Gott,» 30.

37 Zu dieser Beschreibung vgl. ausführlich unten S. 183–185.

38 SOMMER, *The Bodies of God and the World of Ancient Israel*, 36; vgl. dazu Tzvi ABUSCH, s. v. «Ishtar,» in *Dictionary of Deities and Demons in the Bible (DDD)*, Karel van der Toorn, Bob Becking and Pieter W. van der Horst, ed., (Leiden/New York/Köln: Brill, 1995), 847–855, bes. 851 und DERS., s. v. «Marduk,» in *ebd.*, 1014–1026, bes. 1017–1020. Zur Beziehung zwischen Gott und Gottesbild vgl. Manfried DIETRICH, «Das Kultbild in Mesopotamien,» in *«Jahwe und seine Aschera»: Anthropomorphes Kultbild in Mesopotamien, Ugarit und Israel: Das biblische Bilderverbot*, hg. Manfried Dietrich und Oswald Loretz, Ugaritisch-Biblische Literatur 9, (Münster: UGARIT-Verlag, 1992), 7–38.

39 Vgl. zur Entstehung und Entwicklung der Zionstradition Bernd JANOWSKI, «Keruben und Zion. Thesen zur Entstehung der Zionstradition,» 257–269 sowie Corinna KÖRTING, *Zion in den Psalmen*, Forschungen zum Alten Testament 48 (Tübingen: Mohr Siebeck, 2006), 163–219.

40 Pithos A (Inschrift 3.1): ליהוה שמרן ולאשרתה «lyhwh šmrn wl'šrth»; ein «YHWH von Teman» zweimal auch auf Pithos B (Inschrift 3.6; 3.9) sowie in der Wandinschrift 4.1. (in phönizischer Schrift))ל[ן] הוה תימן ולאשרת[ה(«l[y]hwh tymn wl'šrt[h]»; vgl. jetzt den lange erwarteten Ausgrabungsbericht Ze'ev MESHEL, *Kuntillet 'Ajrud (Horvat Teman): An Iron Age II Religious Site on the Judah-Sinai Border* (Jerusalem: Israel Exploration Society, 2012), 87–90. 95–98. 105 und Kommentar aaO. 130 f. sowie Jeremy M. HUTTON, «Southern, Northern and Transjordanian Perspectives,» in *Religious Diversity in Israel and Juda*, Francesca Stavrakopoulou and John Barton, ed., (London/New York: T&T Clark, 2010), 149–174, bes. 152–156 und WAGNER, *Gottes Körper*, 38–40. Eine abweichende Deutung bei Erhard BLUM, «Die Wandinschriften 4.2 und 4.6 sowie die Pithos-Inschrift 3.9 aus Kuntillet 'Aǧrūd,» *Zeitschrift des Deutschen Palästina-Vereins* 129 (2013): (21–54) 44–50.

41 2Sam 15,7: לַיהוָה בְּחֶבְרוֹן bzw. τῷ κυρίῳ, ἐν Χεβρων· sowie Psalm 99,2: יְהוָה בְּצִיּוֹן גָּדוֹל bzw. κύριος ἐν Σιὼν μέγας; vgl. SOMMER, *The Bodies of God and the World of Ancient Israel*, 38 f. und jetzt kritisch Henrik PFEIFFER, «Die Herkunft Jahwes und ihre Zeugen,» *Berliner Theologische Zeitschrift* 30 (2013): (11–43) 36–40.

42 Vgl. dafür die Texte aus Gen 31,13: אָנֹכִי הָאֵל בֵּית־אֵל; die Septuaginta hat den Vers ohne Bezug auf «Bethel» übersetzt: ἐγώ εἰμι ὁ θεὸς ὁ ὀφθείς σοι ἐν τόπῳ θεοῦ. – Möglicherweise markiert die Massebe auch nur den Ort, an

ZWEITES KAPITEL: BIBEL UND FRÜHE CHRISTLICHE THEOLOGEN 461

dem eine besondere Gottesnähe möglich ist (brieflicher Hinweis von Bernd U. Schipper, 2.5.2013).

43 Herennius Philo, *Phoenicica* apud Eusebium, *Praeparatio Evangelica* I 10,16 (GCS Eusebius VIII/1, 47,1 MRAS/DES PLACES) = FGrH, 3. Tl., Geschichte von Städten und Völkern (Horographie und Ethnographie) C Autoren über einzelne Länder Nr. 608a–856 (Zweiter Band: Illyrien-Thrakien Nr. 709– 856) (Leiden: Brill, 1958), Nr. 790, 809,23 = Albert I. BAUMGARTEN, *The Phoenician History of Philo of Byblos: A Commentary*, Études préliminaires aux religions orientales dans l'Empire romain 89 (Leiden: Brill, 1981), 15,23; vgl. dazu den Kommentar bei BAUMGARTEN, *ebd.*, 202 f. und auch Otto EISSFELDT, «Der Gott Bethel,» *Archiv für Religionswissenschaft* 28 (1930): 1–30 = DERS., *Kleine Schriften* 1. Bd., hg. Rudolf Sellheim und Fritz Maas (Tübingen: Mohr Siebeck), 1962), 206–233; J. Philip HYATT, «The Deity Bethel and the Old Testament,» *Journal of the American Oriental Society* 59 (1939): 81–89; Klaus KOENEN, *Bethel: Geschichte, Kult und Theologie*, Orbis Biblicus et Orientalis (Fribourg/Schweiz und Göttingen: Universitätsverlag und Vandenhoeck & Ruprecht, 2003), 81–95. 133 f. sowie Edward R. DALGISH, s. v. «Bethel (Deity),» in *The Anchor Bible Dictionary* (New York u. a.: Doubleday, 1992), 1: 706–710 mit den Einwänden von Günther ZUNTZ, «Baitylos and Bethel,» *Classica et Mediaevalia* 8 (1945): 169–219, bes. 178 f.

44 Herennius Philo, *Phoenicica* apud Eusebium, *Praeparatio Evangelica* I 10,23 (GCS Eusebius VIII/1, 48,10 MRAS/DES PLACES = FGrH Nr. 790, 810,29 JACOBY). Ausführlich zu den βαίτυλοι ZUNTZ, «Baitylos und Bethel,» 180– 185.

45 Robert WENNING, «The Betyls of Petra,» *Bulletin of the American School of Oriental Research* 234 (2001): 79–95; allgemein: Tryggve N. D. METTINGER, *No Graven Image?: Israelite Aniconism in its Ancient Near Eastern Context*, Coniectanea biblica. Old Testament Series 42 (Stockholm: Almqvist & Wiksell International, 1995).

46 *Scriptores Historiae Augustae* XVII. *Aeli Lampridii Antoninus Heliogabalus* 3,4 (BiTeu I, 225,5–11 HOHL); vgl. den ausführlichen Kommentar bei *Histoire Auguste*, Tome III, 1ère partie *Vies de Macrin, Diaduménien, Héliogabale*, texte établi, traduit et commenté par Robert Turcan, Collection des Universités de France, Paris 1993, 162 f. und Theo OPTENDRENK, *Die Religionspolitik des Kaisers Elagabal im Spiegel der Historia Augusta*, Habelts Dissertationsdrucke. Reihe Alte Geschichte. Heft 6 (Bonn: Habelt, 1969), 84–106; Timothy D. BARNES, «Ultimus Antoninorum,» in *Bonner Historia-Augusta-Colloquium 1970*, Antiquitas. Reihe 4. Beiträge zur Historia-Augusta-Forschung, unter Mitwirkung von Johannes Straub hg. Andreas Alföldi, Bd. 10 (Bonn: Habelt, 1972), 53–74, bes. 60–62; Martin FREY, *Untersuchungen zur Religion und Religionspolitik des Kaisers Elagabal*, Historia. Einzelschriften 62 (Stuttgart: Steiner, 1989), 74 mit Anm. 4 und Stephan BERRENS, *Sonnenkult und Kaisertum*

von den Severern bis zu Constantin I. (193–337 n. Chr.), Historia. Einzelschriften 185 (Stuttgart: Steiner, 2004), 51–57; weitere antike Berichte bei Herodianus, *Regnum post Marcum* V 5,8–10 (BiTeu 115,28–116,16 LUCARINI) und (Ps.-)Aurelius Victor, *De Caesaribus* 23,1 [1–3] (BiTeu 102,20–25 PICHLMAYR = CUFr 31 FESTY).

47 *Passio S. Philippi ep. Heracleae et sociorum* (BHL 6834), in *Acta Sanctorum Octobris IX*, 545–548, bes. 546 F und dazu Joseph FÜHRER, «Zur Geschichte des Elagabaliums und der Athena Parthenos des Pheidias,» *Römische Mitteilungen* 7 (1892): 158–165, bes. 158.

48 Zum Tempel und den dortigen Ausgrabungen siehe Henri BROISE/Yvon THÉBERT, «Élagabal et le complexe religieux de la Vigna Barberini: Heliogabalium in Palatino monte iuxta aedes imperatorias consecravit eique templum fecit (HA, Ant. Heliog., III, 4),» *Mélanges de l'École française de Rome. Antiquité* 111 (1999), 729–747; Martijn ICKS, *The Crimes of Elagabalus: The Life and Legacy of Rome's Decadent Boy Emperor* (London: I. B. Tauris, 2011), 27 f. (mit Taf. 11/12) und Filippo COARELLI, s. v. «Heliogabalus, templum; Heliogabalium,» *Lexicon Topographicum Urbis Romae*, a cura di Eva Margareta Steinby (Rom: Edizioni Quasar, 1996), 3: 10 f.

49 Münze aus Emesa, seit 1846 im Britischen Museum, London: Warwick WROTH, *Catalogue of the Greek Coins of Galatia, Cappadocia and Syria*, A Catalogue of the Greek Coins in the British Museum 20 (London: Printed by the Order of the Trustees of the British Museum, 1899), 241 Nr. 24 (Plate XXVIII/2) mit der Aufschrift ΑΥΤΟΚ ΣΟΥΛΠ ΑΝΩΝΕΙΝΟΣ ΣΕ ΕΜΙΣΩ[Ν] ΚΟΛΩΝ aus dem Jahr 565 der seleukidischen Ära (= 253/254 n. Chr.; vgl. auch Richard DELBRÜCK, «Uranius of Emesa,» *The Numismatic Chronicle and Journal of the Royal Numismatic Society* 8 (1948), 11–29; weitere Belege unter der Adresse http://www.wildwinds.com/coins/ric/elagabalus/i.html s. v. «sacred stone» [letzte Abfrage am 31.01.2013]).

50 Hebräisch: יֹשֵׁב֙ הַכְּרֻבִ֔ים bzw. griechisch: ὁ καθήμενος ἐπὶ τῶν Χερουβίν. Vgl. für die Hintergründe dieser Vorstellung Friedhelm HARTENSTEIN, «Wolkendunkel und Himmelsfeste. Zur Genese und Kosmologie der Vorstellung des himmlischen Heiligtums JHWHs,» in *Das biblische Weltbild und seine altorientalischen Kontexte*, hg. Bernd Janowski und Beate Ego in Zusammenarbeit mit Annette Krüger, Forschungen zum Alten Testament 32 (Tübingen: Mohr Siebeck, 2001), 125–179.

51 SOMMER, *The Bodies of God and the World of Ancient Israel*, 58–79.

52 Am 7,7: וְהִנֵּ֣ה אֲדֹנָ֗י נִצָּב֙ עַל־חוֹמַ֣ת אֲנָ֔ךְ וּבְיָד֖וֹ אֲנָֽךְ׃; in der LXX wird Gott zu einem einfachen «Mann», offenbar, um der Stelle den Anstoß zu nehmen: καὶ ἰδοὺ ἀνὴρ ἑστηκὼς ἐπὶ τείχους ἀδαμαντίνου, καὶ ἐν τῇ χειρὶ αὐτοῦ ἀδάμας. Vgl. dazu allgemein Charles Theodore FRITSCH, *The Anti-Anthropomorphisms of the Greek Pentateuch*, Princeton Oriental Texts 10 (Princeton: Princeton University Press, 1943) und zuletzt Staffan OLOFSSON, *God is my*

Rock: a Study of Translation Technique and Theological Exegesis in the Septuagint (Stockholm: Almqvist & Wiksell International, 1990), 17–19 («The Avoidance of Attributing Physical Form to God»).

53 Am 9,1: רָאִיתִי אֶת־אֲדֹנָי נִצָּב עַל־הַמִּזְבֵּחַ; in der LXX abweichend: Εἶδον τὸν κύριον ἐφεστῶτα ἐπὶ τοῦ θυσιαστηρίου, (...).

54 Jes 6,1: וָאֶרְאֶה אֶת־אֲדֹנָי יֹשֵׁב עַל־כִּסֵּא רָם וְנִשָּׂא וְשׁוּלָיו מְלֵאִים אֶת־הַהֵיכָל׃ bzw. εἶδον τὸν κύριον καθήμενον ἐπὶ θρόνου ὑψηλοῦ καὶ ἐπηρμένου, καὶ πλήρης ὁ οἶκος τῆς δόξης αὐτοῦ. – Die LXX reduziert wieder die Körperterminologie, weil sie statt vom Saum des Gewandes, der den Tempel füllt, nur ganz neutral von seiner «Herrlichkeit» spricht, die das Haus des Tempels füllt.

55 1Kön 19,12: וְאַחַר הָאֵשׁ קוֹל דְּמָמָה דַקָּה׃ bzw. in verdeutlichender Fassung die LXX: καὶ μετὰ τὸ πῦρ φωνὴ αὔρας λεπτῆς, κἀκεῖ κύριος.

56 HENGEL, *Judentum und Hellenismus*; vgl. auch DERS., *Juden, Griechen und Barbaren: Aspekte der Hellenisierung des Judentums in vorchristlicher Zeit*, Stuttgarter Bibelstudien 76 (Stuttgart: Verlag Katholisches Bibelwerk, 1976) und DERS. (in Zusammenarbeit mit Christoph MARKSCHIES), *The «Hellenization» of Judaea in the First Century after Christ* (London: SCM Press, 1989). – Eine ausführliche Begriffs- und Forschungsgeschichte zum Thema habe ich jüngst vorgelegt und dabei auch Hengels Beiträge behandelt: Christoph MARKSCHIES, *Hellenisierung des Christentums: Sinn und Unsinn einer historischen Deutungskategorie*, Forum Theologische Literaturzeitung 25 (Leipzig: Evangelische Verlags-Anstalt, 2012), 5 f. 33–36.

57 Vgl. für diese Datierung nur Hans-Joachim GEHRKE, *Geschichte des Hellenismus*, Oldenbourg Grundriss der Geschichte 1B, 4. Auflage (München: Oldenbourg, 2008), 1–4 und MARKSCHIES, *Hellenisierung des Christentums: Sinn und Unsinn einer historischen Deutungskategorie*, 114–116.

58 So Wilhelm NESTLE, *Vom Mythos zum Logos: die Selbstentfaltung des griechischen Denkens von Homer bis auf die Sophistik und Sokrates*, 2. Aufl. (Stuttgart: Kröner, 1975), passim. Kritisch beispielsweise: Glenn W. MOST, «From Logos to Mythos,» in *From Myth to Reason? Studies in the Development of Greek Thought*, Richard Buxton, ed., (Oxford: Oxford University Press, 1999), 25–47, bes. 28.

59 Zur Biographie vor allem Nikolaus WALTER, *Der Thoraausleger Aristobulos: Untersuchungen zu seinen Fragmenten und zu pseudepigraphischen Resten der jüdisch-hellenistischen Literatur*, Texte und Untersuchungen 86 (Berlin: Akademie-Verlag, 1964), 10–26. Walter versucht zu zeigen, dass die Angaben über die philosophische Orientierung oder die Identifikation des Königs eher gelehrte Arbeit der christlichen Tradenten der Textstücke ohne genaue Kenntnis der tatsächlichen Lebensumstände sei. Etwas optimistischer votiert HENGEL, *Judentum und Hellenismus*, 295–298 für die Authentizität der Informationen. Lester L. GRABBE, s. v. «Aristobulus of Alexandria (The Philoso-

pher),» in *Encyclopedia of the Bible and its Reception* (Berlin/New York: De Gruyter, 2009), 2: 724–726 bezeichnet Hengels Ansicht als «widely accepted» (aaO. 724).

60 Eusebius, *Praeparatio Evangelica* VIII 9,38 (GCS Eusebius VIII/1, 451,7 f. MRAS/DES PLACES; deutsche Übersetzung und Kommentierung bei Nikolaus WALTER, «Fragmente jüdisch-hellenistischer Exegeten: Aristobulos, Demetrios, Aristeas,» in *Jüdische Schriften aus hellenistisch-römischer Zeit*, Bd. 3 Lfg. 2 *Unterweisungen in lehrhafter Form* [Gütersloh: Gütersloher Verlagshaus Mohn, 1975], 270): περὶ τῶν ἐν ταῖς ἱεραῖς βίβλοις φερομένων ὡς περὶ θεοῦ μελῶν διῆλθεν ἐπακοῦσαι καιρός; zum Text auch Nikolaus WALTER, *Der Thoraausleger Aristobulos*, 36 f. und jetzt SHERIDAN, *Language for God in Patristic Tradition. Wrestling with Biblical Anthropomorphism*, 63–65.

61 Aristobulus, fr. 2 = Eusebius, *Praeparatio Evangelica* VIII 10,1 (GCS Eusebius VIII/1, 451,13–17 MRAS/DES PLACES; deutsche Übersetzung und Kommentierung bei WALTER, «Fragmente jüdisch-hellenistischer Exegeten: Aristobulos, Demetrios, Aristeas,» 270): Πλὴν ἱκανῶς εἰρημένων πρὸς τὰ προκείμενα ζητήματα ἐπεφώνησας καὶ σύ, βασιλεῦ, διότι σημαίνεται διὰ τοῦ νόμου τοῦ παρ' ἡμῖν καὶ χεῖρες καὶ βραχίων καὶ πρόσωπον καὶ πόδες καὶ περίπατος ἐπὶ τῆς θείας δυνάμεως· ἃ τεύξεται λόγου καθήκοντος καὶ οὐκ ἀντιδοξήσει τοῖς προειρημένοις ὑφ' ἡμῶν οὐδέν.

62 Aristobulus, fr. 2 = Eusebius, *Praeparatio Evangelica* VIII 10,2–5 (GCS Eusebius VIII/1, 451,17–452,7 MRAS/DES PLACES; deutsche Übersetzung und Kommentierung bei WALTER, «Fragmente jüdisch-hellenistischer Exegeten: Aristobulos, Demetrios, Aristeas,» 270 f.): παρακαλέσαι δέ σε βούλομαι πρὸς τὸ φυσικῶς λαμβάνειν τὰς ἐκδοχὰς καὶ τὴν ἁρμόζουσαν ἔννοιαν περὶ θεοῦ κρατεῖν, καὶ μὴ ἐκπίπτειν εἰς τὸ μυθῶδες καὶ ἀνθρώπινον κατάστημα. πολλαχῶς γὰρ ὃ βούλεται λέγειν ὁ νομοθέτης ἡμῶν Μωσῆς ἐφ' ἑτέρων πραγμάτων λόγους ποιούμενος (λέγω δὲ τῶν κατὰ τὴν ἐπιφάνειαν), φυσικὰς διαθέσεις ἀπαγγέλλει καὶ μεγάλων πραγμάτων κατασκευάς. οἷς μὲν οὖν πάρεστι τὸ καλῶς νοεῖν, θαυμάζουσι τὴν περὶ αὐτὸν σοφίαν καὶ τὸ θεῖον πνεῦμα, καθ' ὃ καὶ προφήτης ἀνακεκήρυκται· ὧν εἰσιν οἱ προειρημένοι φιλόσοφοι καὶ πλείονες ἕτεροι καὶ ποιηταὶ παρ' αὐτοῦ μεγάλας ἀφορμὰς εἰληφότες, καθὸ καὶ θαυμάζονται. τοῖς δὲ μὴ μετέχουσι δυνάμεως καὶ συνέσεως, ἀλλὰ τῷ γραπτῷ μόνον προσκειμένοις οὐ φαίνεται μεγαλεῖόν τι διασαφῶν.

63 Aristobulus, fr. 2 = Eusebius, *Praeparatio Evangelica* VIII 10,7 (GCS Eusebius VIII/1, 452,10–14 MRAS/DES PLACES; deutsche Übersetzung und Kommentierung bei WALTER, «Fragmente jüdisch-hellenistischer Exegeten: Aristobulos, Demetrios, Aristeas,» 271): χεῖρες μὲν οὖν νοοῦνται προδήλως καὶ ἐφ' ἡμῶν κοινότερον. ὅταν γὰρ δυνάμεις ἐξαποστέλλῃς σὺ βασιλεὺς ὤν, βουλόμενός τι κατεργάσασθαι, λέγομεν· μεγάλην χεῖρα ἔχει ὁ βασιλεύς, φερομένων τῶν ἀκουόντων ἐπὶ τὴν δύναμιν ἣν ἔχεις.

64 Aristobulus, fr. 2 = Eusebius, *Praeparatio Evangelica* VIII 10,8 (GCS Eusebius VIII/1, 452,18 f. MRAS/DES PLACES; deutsche Übersetzung und Kommentierung bei WALTER, «Fragmente jüdisch-hellenistischer Exegeten: Aristobulos, Demetrios, Aristeas,» 271): (...) ὥστε δηλοῦσθαι τὰς χεῖρας ἐπὶ δυνάμεως εἶναι θεοῦ.

65 Aristobulus, fr. 2 = Eusebius, *Praeparatio Evangelica* VIII 10,9–17 (GCS Eusebius VIII/1, 452,21–454,8 MRAS/DES PLACES; deutsche Übersetzung und Kommentierung bei WALTER, «Fragmente jüdisch-hellenistischer Exegeten: Aristobulos, Demetrios, Aristeas,» 271–273).

66 WALTER, *Der Thoraausleger Aristobulos: Untersuchungen zu seinen Fragmenten und zu pseudepigraphischen Resten der jüdisch-hellenistischen Literatur*, 62: στάσις und κατάβασις könnten «vielleicht als Entsprechungen für πόδες und περίπατος gelten».

67 Aristobulus, fr. 4 = Eusebius, *Praeparatio Evangelica* XIII 12,3–8 (GCS Eusebius VIII/2, 191,9–195,11 MRAS/DES PLACES; deutsche Übersetzung und Kommentierung bei WALTER, «Fragmente jüdisch-hellenistischer Exegeten: Aristobulos, Demetrios, Aristeas,» 274–276) sowie Peter KUHN, *Offenbarungsstimmen im Antiken Judentum: Untersuchungen zur Bat Qol und verwandten Phänomenen*, Texte und Studien zum Antiken Judentum 20 (Tübingen: Mohr Siebeck, 1989), 144–149.

68 Aristobulus, fr. 4 = Eusebius, *Praeparatio Evangelica* XIII 12,7 (GCS Eusebius VIII/2, 195,4–7 MRAS/DES PLACES; deutsche Übersetzung und Kommentierung bei WALTER, «Fragmente jüdisch-hellenistischer Exegeten: Aristobulos, Demetrios, Aristeas,» 275): σαφῶς οἴομαι δεδεῖχθαι διότι διὰ πάντων ἐστὶν ἡ δύναμις τοῦ θεοῦ. καθὼς δὲ δεῖ, σεσημάγκαμεν περιαιροῦντες τὸν διὰ τῶν ποιημάτων Δία καὶ Ζῆνα· τὸ γὰρ τῆς διανοίας αὐτῶν ἐπὶ θεὸν ἀναπέμπεται, διόπερ οὕτως ἡμῖν εἴρηται. οὐκ ἀπεοικότως οὖν τοῖς ἐπεζητημένοις προενηνέγμεθα ταῦτα; vgl. zur Sache auch Ps.-Aristeas, *Epistula ad Philocratem* 16 (SC 89, 110 PELLETIER = BiTeu 6,3–10 MENDELSSOHN/ WENDLAND) und HENGEL, *Judentum und Hellenismus*, 298 f.

69 Vgl. dazu oben S. 464 mit Anm. 62.

70 Aristobulus, fr. 2 = Eusebius, *Praeparatio Evangelica* VIII 10, 5 und 9 (GCS Eusebius VIII/1, 452,6 f. 21 f.); dazu WALTER, *Der Thoraausleger Aristobulos: Untersuchungen zu seinen Fragmenten und zu pseudepigraphischen Resten der jüdisch-hellenistischen Literatur*, 129–141 und schon Edmund STEIN, *Die allegorische Exegese des Philo aus Alexandreia*, Beihefte zur Zeitschrift für die alttestamentliche Wissenschaft 51 (Gießen: Töpelmann, 1929), 6–12.

71 Diodor Siculus, *Bibliotheca historica* XL 3,4 (BiTeu IV, 180,32–181,3 DINDORF) = Photius, *Bibliothecae codex* 244 (CUFr VI, 135,37–40 HENRY) = FGrH 264 F 6 (III A, 14,23–25 JACOBY; Neubearbeitung im Internet zugänglich unter http://referenceworks.brillonline.com/entries/brill-s-new-jacoby/hekataios-264-a264#BNJTEXT264_F_6 [letzte Abfrage am 11.03.2013]) =

Greek and Latin Authors on Jews and Judaism I, fr. 11, 26,20–23 STERN: ἄγαλμα δὲ θεῶν τὸ σύνολον οὐ κατεσκεύασε διὰ τὸ μὴ νομίζειν ἀνθρωπόμορφον εἶναι τὸν θεόν, ἀλλὰ τὸν περιέχοντα τὴν γῆν οὐρανὸν μόνον εἶναι θεὸν καὶ τῶν ὅλων κύριον. – Zum Text vgl. Felix JACOBY, s. v. «Hekataios 4) Hekataios aus Abdera,» *Paulys Realencyclopädie der classischen Altertumswissenschaft* (München: Druckenmüller, 1912), 7/2: 2750–2769, bes. 2765 f.; Werner JAEGER, «Greeks and Jews. The First Greek Records of Jewish Religion and Civilization,» *The Journal of Religion* 18 (1938): 127–143, bes. 139–141 (Jaeger rechnet mit einem wörtlichen Zitat aus Hecataeus bei Diodor: 139 Anm. 37) und HENGEL, *Judentum und Hellenismus*, 465 f. sowie jetzt BLOCH, *Antike Vorstellungen vom Judentum*, 29–41.

72 Photius, *Bibliothecae codex* 244 (CUFr VI, 137,7 f. HENRY): περὶ μὲν τῶν Ἰουδαίων Ἑκαταῖος ὁ Ἀβδηρίτης ταῦτα ἱστόρηκεν. In den Handschriften steht fälschlich Μιλήσιος; nach René Henry handelt es sich dabei um eine «conclusion de Photius» (aaO. 137 Anm. 2).

73 So Daniel R. SCHWARTZ, «Diodorus Siculus 40.3 — Hecataeus or Pseudo Hecataeus?,» in *Jews and Gentiles in the Holy Land in the Days of the Second Temple, the Mishnah, and the Talmud: A Collection of Articles*, Menachem Mor, Aharon Oppenheimer, Jack Pastor, and Daniel R. Schwartz, ed., (Jerusalem: Yad Ben-Zvi Press, 2003), 181–198; noch später datiert Russell E. GMIRKIN: *Berossus and Genesis, Manetho and Exodus: Hellenistic Histories and the Date of the Pentateuch*, Library of Hebrew Bible/Old Testament Studies 433 (New York/London: T&T Clark, 2006), 38–62; kritisch vor allem zu Gmirkin: Bezalel BAR-KOCHVA, *The Image of the Jews in Greek Literature: The Hellenistic Period*, Hellenistic Culture and Society 51 (Berkeley/Los Angeles/London: University of California Press, 2010), 106 f. mit Anm. 48 sowie Lester L. GRABBE, *A History of the Jews and Judaism in the Second Temple Period*, Vol. 2 *The Early Hellenistic Period (335–175 BCE)*, Library of Second Temple Studies 68 (London/New York: T&T Clark, 2008), 113–119.

74 Vgl. dazu oben S. 464 mit Anm. 62.

75 Clemens Alexandrinus, *Stromata* V 109,2 f. (GCS Clemens Alexandrinus II, 399,19 f. STÄHLIN/FRÜCHTEL/TREU) = Hermann DIELS/Walther KRANZ, *Die Fragmente der Vorsokratiker: Griechisch und Deutsch*, unveränderter Nachdruck der 6. Aufl. 1951 (Zürich: Weidmann, 2004), 132,16 f. (DK 21 B 14); griechische Texte modifiziert nach: *Poetarum elegiacorum testimonia et fragmenta*, ediderunt Bruno Gentili et Carolus Prato, Bibliotheca scriptorum Graecorum et Romanorum Teubneriana, 2., verbesserte Aufl. (Leipzig: Teubner, 1988), 175:

ἀλλ' οἱ βροτοὶ δοκέουσι γεννᾶσθαι θεούς,
τὴν σφετέρην δ᾿ ἐσθῆτα ἔχειν φωνήν τε δέμας τε.

Vgl. auch die Edition und knappe Kommentierung bei *The Texts of Early Greek Philosophy. The Complete and Selected Testimonies of the Major Presocratics,*

Part I, Daniel W. Graham, ed. and transl., (Cambridge: Cambridge University Press, 2010), 108 f. (31 [F19]) sowie die ausführlichere Kommentierung bei James H. LESHER, *Xenophanes of Colophon: Fragments: a Text and Translation with a Commentary*, Phoenix. Supplementary Volume 30 = Phoenix Pre-Socratics 4 (Toronto/London: University of Toronto Press, 1992), 24 f. 85–89 sowie 114–119 und Ernst HEITSCH, «Das Wissen des Xenophanes,» *Rheinisches Museum* 109 (1966): 193–235, bes. 216–219.

76 Clemens Alexandrinus, *Stromata* V 109,2 f. (GCS Clemens Alexandrinus II, 400,1–5 STÄHLIN/FRÜCHTEL/TREU), vgl. DK 11 B 15 (I, 60,17–61,2 DIELS/ KRANZ) = 32 [F20], 108–110 GRAHAM:
ἀλλ' εἴ τοι χεῖρας <γ'> εἶχον βόες ἠὲ λέοντες,
ὡς γράψαι χείρεσσι καὶ ἔργα τελεῖν ἅπερ ἄνδρες,
ἵπποι μέν θ' ἵπποισι, βόες δέ τε βουσὶν ὁμοίας
καί <κε> θεῶν ἰδέας ἔγραφον καὶ σώματ' ἐποίουν
τοιαῦθ' οἷόν περ καὶ αὐτοὶ δέμας εἶχον ὁμοῖον
anders 176 GENTILI/PRATO mit Konjekturen von Diels:
ἀλλ' εἰ χεῖρας ἔχον βόες <ἵπποι τ'> ἠὲ λέοντες,
καὶ γράψαι χείρεσσι καὶ ἔργα τελεῖν ἅπερ ἄνδρες,
ἵπποι μέν θ' ἵπποισι, βόες δέ τε βουσὶν ὁμοίας
καί <κε> θεῶν ἰδέας ἔγραφον καὶ σώματ' ἐποίουν
τοιαῦθ', οἷόν περ καὐτοὶ δέμας εἶχον ὁμοῖον
wieder anders 24 LESHER:
ἀλλ' <δὲ>τοι <ἵπποι> ἔχον χεῖρας ἢ βόες ἠὲ λέοντες,
ἢ γράψαι χείρεσσι καὶ ἔργα τελεῖν ἅπερ ἄνδρες,
ἵπποι μέν θ' ἵπποισι, βόες δέ τε βουσὶν ὁμοίας
καί <κε> θεῶν ἰδέας ἔγραφον καὶ σώματ' ἐποίουν
τοιαῦθ' οἷόνπερ καὐτοὶ δέμας εἶχον ἕκαστοι.
Vgl. den ausführlichen Kommentar bei LESHER, *Xenophanes of Colophon: Fragments*, 89–94 und 114–119 sowie zuletzt Wolfgang DRECHSLER/Rainer KATTEL, «Mensch und Gott bei Xenophanes», in *Gott und Mensch im Dialog: Festschrift für Otto Kaiser zum 80. Geburtstag*, hg. Markus Witte, Beihefte zur Zeitschrift für die alttestamentliche Wissenschaft 345, Bd. 1 (Berlin/New York: De Gruyter, 2004), 111–129.

77 So jedenfalls Clemens Alexandrinus, *Stromata* VII 22,1 (GCS Clemens Alexandrinus III, 16,6 STÄHLIN/FRÜCHTEL/TREU) = DK 21 B 16 (I, 133,6 f. DIELS/KRANZ) = 33 [F21], 110 GRAHAM: Αἰθίοπές τε μέλανας σιμούς τε Θρᾷκές τε πυρρούς καὶ γλαυκούς – so der Text bei Clemens, anders DIELS/ KRANZ und ihm folgend 175 GENTILI/PRATO: Αἰθίοπές τε <θεοὺς σφετέρους> σιμούς μέλανάς τε Θρῇκές τε γλαυκούς καὶ πυρρούς <φασι πέλεσθαι>.

78 Otto KAISER, «Der eine Gott und die Götter der Welt,» in DERS., *Zwischen Athen und Jerursalem: Studien zur griechischen und biblischen Theologie, ihrer Ei-

genart und ihrem Verhältnis, Beihefte zur Zeitschrift für die alttestamentliche Wissenschaft 320 (Berlin/New York: De Gruyter, 2003), 135–152, bes. 147–150 und besonders Aryeh FINKELBERG, «Studies in Xenophanes,» *Harvard Studies in Classical Philology* 93 (1990): 103–167.

79 Anders freilich Pseudo-Aristoteles, *De melisso* 7 977 b 19 f. (Barbara CASSIN, *Si Parménide: Le traité anonyme De Melisso Xenophane Gorgia:* Edition critique et commentaire, Cahiers de Philologie 4 [Lille: Presses Universitaires de Lille 1980], 344,1–4 = DK 21 A 28 [I, 118 DIELS/KRANZ]); dazu Jaap MANSFELD, «De Melisso Xenophane Gorgia. Pyrrhonizing Aristotelianism,» *Rheinisches Museum für Philologie* 131 (1988): 239–276, bes. 254.

80 So DK 21 A 31,3–9 (I, 121,28–122,14 DIELS/KRANZ) = Simplicius, *In Aristotelis physicorum libros commentaria* I 2 ad p. 184 b 15 (CAG IX, 22,30–23,20 DIELS [Interpunktion hier nach DK]): τὸ γὰρ ἓν τοῦτο καὶ πᾶν τὸν θεὸν ἔλεγεν ὁ Ξενοφάνης, ὃν ἕνα μὲν δείκνυσιν ἐκ τοῦ πάντων κράτιστον εἶναι. Πλειόνων γάρ, φησίν, ὄντων ὁμοίως ὑπάρχειν ἀνάγκη πᾶσι τὸ κρατεῖν· τὸ δὲ πάντων κράτιστον καὶ ἄριστον θεός. ἀγένητον δὲ ἐδείκνυεν ἐκ τοῦ δεῖν τὸ γινόμενον ἢ ἐξ ὁμοίου ἢ ἐξ ἀνομοίου γίνεσθαι. ἀλλὰ τὸ μὲν ὅμοιον ἀπαθές φησιν ὑπὸ τοῦ ὁμοίου· οὐδὲν γὰρ μᾶλλον γεννᾶν ἢ γεννᾶσθαι προσήκει τὸ ὅμοιον ἐκ τοῦ ὁμοίου· εἰ δὲ ἐξ ἀνομοίου γίνοιτο, ἔσται τὸ ὂν ἐκ τοῦ μὴ ὄντος. καὶ οὕτως ἀγένητον καὶ ἀίδιον ἐδείκνυ. οὔτε δὲ ἄπειρον οὔτε πεπερασμένον εἶναι, διότι ἄπειρον μὲν τὸ μὴ ὂν ὡς οὔτε ἀρχὴν ἔχον οὔτε μέσον οὔτε τέλος, περαίνειν δὲ πρὸς ἄλληλα τὰ πλείω. παραπλησίως δὲ καὶ τὴν κίνησιν ἀφαιρεῖ καὶ τὴν ἠρεμίαν. ἀκίνητον μὲν γὰρ εἶναι τὸ μὴ ὄν· οὔτε γὰρ ἂν εἰς αὐτὸ ἕτερον οὔτε αὐτὸ πρὸς ἄλλο ἐλθεῖν· κινεῖσθαι δὲ τὰ πλείω τοῦ ἑνός· ἕτερον γὰρ εἰς ἕτερον μεταβάλλειν. ὥστε καὶ ὅταν ἐν ταὐτῷ μένειν λέγῃ καὶ μὴ κινεῖσθαι

ἀεὶ δ' ἐν ταὐτῷ μίμνει κινούμενος οὐδέν,

οὐδὲ μετέρχεσθαί μιν ἐπιπρέπει ἄλλοτε ἄλλῃ, (DK 21 B 26 [I, 135,11 f. DIELS/KRANZ])

οὐ κατὰ τὴν ἠρεμίαν τὴν ἀντικειμένην τῇ κινήσει μένειν αὐτό φησιν, ἀλλὰ κατὰ τὴν ἀπὸ κινήσεως καὶ ἠρεμίας ἐξῃρημένην μονήν. Νικόλαος δὲ ὁ Δαμασκηνὸς ὡς ἄπειρον καὶ ἀκίνητον λέγοντος αὐτοῦ τὴν ἀρχὴν ἐν τῇ Περὶ θεῶν ἀπομνημονεύει, Ἀλέξανδρος δὲ ὡς πεπερασμένον αὐτὸ καὶ σφαιροειδές. ἀλλ' ὅτι μὲν οὔτε ἄπειρον οὔτε πεπερασμένον αὐτὸ δείκνυσιν, ἐκ τῶν προειρημένων δῆλον. πεπερασμένον δὲ καὶ σφαιροειδὲς αὐτὸ διὰ τὸ πανταχόθεν ὅμοιον λέγειν. καὶ πάντα νοεῖν δέ φησιν αὐτὸ λέγων

ἀλλ' ἀπάνευθε πόνοιο νόου φρενὶ πάντα κραδαίνει (DK 21 B 25 [I, 135,9 DIELS/KRANZ]).

Vgl. dazu Bruno SNELL, *Die Entdeckung des Geistes: Studien zur Entstehung des europäischen Denkens bei den Griechen*, 9. Aufl. (Göttingen: Vandenhoeck & Ruprecht, 2009), 131 f., mit deutlich anderem Akzent FINKELBERG, «Studies in Xenophanes,» 109–114 sowie 118–127 und 163–165. Eine englische Übersetzung bei LESHER, *Xenophanes of Colophon: Fragments*, 212 f., zur Frage des sphärischen Körpers aaO. 100–102.

81 So DK 21 B 24 (I, 135,7 DIELS/KRANZ) = Sextus Empiricus, *Adversus mathematicos* IX 144 (BiTeu II, 246,23–25 MUTSCHMANN; vgl. Diogenes Laertius IX 19 [SCBO II, 446,12–16 LONG] = DK 21 A 1 [I, 113, 26]) οὖλος ὁρᾶι, οὖλος δὲ νοεῖ, οὖλος δέ τ' ἀκούει sowie DK 21 B 25 (I, 135,9) = Simplicius, *In Aristotelis physicorum libros commentaria* I 2 ad p. 184 b 15 (23,19 DIELS, wie oben) ἀλλ' ἀπάνευθε πόνοιο νόου φρενὶ πάντα κραδαίνει. Ein ausführlicher Kommentar bei LESHER, *Xenophanes of Colophon: Fragments*, 30 (Text). 102–106 und 114–119.

82 Dazu s. o. S. 458 mit Anm. 23.

83 Werner JAEGER, *Die Theologie der frühen griechischen Denker* (Stuttgart u. a.: Kohlhammer, 2009 [= ibd. 1953]), 54.

84 Belege bei DRECHSLER/KATTEL, «Mensch und Gott bei Xenophanes», 112 f. sowie 119–121.

85 Dafür ausführlich: Mark J. EDWARDS, «Xenophanes Christianus?,» *Greek, Roman and Byzantine Studies* 32 (1991): 219–228, bes. 223–228.

86 Clemens Alexandrinus, *Stromata* V 89,1 (GCS Clemens Alexandrinus II, 384,15–17 STÄHLIN/FRÜCHTEL/TREU): τὰ δ' ἑξῆς <προσ>αποδοτέον καὶ τὴν ἐκ τῆς βαρβάρου φιλοσοφίας Ἑλληνικὴν κλοπὴν σαφέστερον ἤδη παραστατέον.

87 Weite Teile des Abschnitts Clemens Alexandrinus, *Stromata* V 98,1–134,1 (GCS Clemens Alexandrinus II, 390,19–417,14 STÄHLIN/FRÜCHTEL/TREU) sind von Eusebius, *Praeparatio Evangelica* XIII 13,1–65 (GCS Eusebius VIII/2, 198,4–228,8 MRAS/DES PLACES) mit kleinen Abweichungen zitiert.

88 Clemens Alexandrinus, *Stromata* V 99,4 (GCS Clemens Alexandrinus II, 392,7 STÄHLIN/FRÜCHTEL/TREU): Ἐπί τε τῆς τοῦ ἀνθρώπου ἐκ χοὸς διαπλάσεως ἱστάμενοι γήϊνον; vgl. Gen 2,7 und *Stromata* V 94,3 (GCS Clemens Alexandrinus II, 388,9–11 STÄHLIN/FRÜCHTEL/TREU) mit Ps.-Plato, *Axiochus* 365 E – 366 A.

89 Clemens Alexandrinus, *Stromata* V 106–108 (GCS Clemens Alexandrinus II, 397,6–399,13 STÄHLIN/FRÜCHTEL/TREU).

90 Clemens Alexandrinus, *Stromata* V 109,1 (GCS Clemens Alexandrinus II, 399,14–17 STÄHLIN/FRÜCHTEL/TREU): Εὖ γοῦν καὶ Ξενοφάνης ὁ Κολοφώνιος, διδάσκων ὅτι εἷς καὶ ἀσώματος ὁ θεός, ἐπιφέρει·
εἷς θεός, ἔν τε θεοῖσι καὶ ἀνθρώποισι μέγιστος,
οὔ τι δέμας θνητοῖσιν ὁμοίιος οὐδὲ νόημα.
(vgl. dazu die Ausgaben in den Fragmentensammlungen: DK 21 B 23 (I, 135,4 f. DIELS/KRANZ) = 35 [F23], p. 108–110 GRAHAM = 178 GENTILI/PRATO und bei LESHER, *Xenophanes of Colophon: Fragments*, 30 mit Kommentar 96–102 sowie 114–119). Wenn man das authentische Versmaß bei Xeno-

phanes für gleichbleibend hält (anders Wilamowitz und Heitsch: LESHER, *Xenophanes of Colophon: Fragments*, 85), muss man festhalten, dass Eusebius von Caesarea hier versucht, den iambischen Trimeter der Vorlage (erfolglos) in *Praeparatio Evangelica* XIII 13,36 (GCS Eusebius VIII/2, 212,8 f. MRAS/ DES PLACES) in einen Hexameter umzugestalten, so beispielsweise Mark Edwards: DERS., «Xenophanes Christianus?,» 221: εἷς θεός ἔν τε θεοῖσι καὶ ἀνθρώποισι μέγιστος,| οὔ τι δέμας θνητοῖσιν ὁμοίιος, οὐδὲ νόημα.| ἀλλ' οἱ βροτοὶ δοκοῦσι γεννᾶσθαι θεοὺς,| τὴν σφετέρην δ' ἐσθῆτα ἔχειν φωνήν τε δέμας τε·.

91 Griechischer Text und Nachweise in der voraufgehenden Fußnote.

92 Eusebius, *Praeparatio Evangelica* XIII 13,36 (GCS Eusebius VIII/2, 212,8 f. MRAS/DES PLACES) sowie Theodoretus Cyrrhensis, *Graecarum Affectionum Curatio* III 72 (BiTeu 88,19–89,1 RAEDER).

93 Clemens Alexandrinus, Stromata VII 22,1 (III, 16,3–9 STÄHLIN/FRÜCHTEL/ TREU): Ἕλληνες δὲ ὥσπερ ἀνθρωπομόρφους οὕτως καὶ ἀνθρωποπαθεῖς τοὺς θεοὺς ὑποτίθενται, καὶ καθάπερ τὰς μορφὰς αὐτῶν ὁμοίας ἑαυτοῖς ἕκαστοι διαζωγραφοῦσιν, ὥς φησιν ὁ Ξενοφάνης, ‚Αἰθίοπές τε μέλανας σιμούς τε Θρᾷκές τε πυρροὺς καὶ γλαυκούς', οὕτως καὶ τὰς ψυχὰς ὁμοίους ἑαυτοῖς αὐτοὺς ἀναπλάττουσιν, αὐτίκα βάρβαροι [οἱ] μὲν θηριώδεις καὶ ἀγρίους τὰ ἤθη, ἡμερωτέρους δὲ Ἕλληνες, πλὴν ἐμπαθεῖς.

94 Jens HALFWASSEN, s. v. «Platonismus II. Religionsphilosophisch,» in *Religion in Geschichte und Gegenwart. Handwörterbuch für Theologie und Religionswissenschaft*, 4. Aufl. (Tübingen: Mohr Siebeck, 2003), 6: 1387–1389, Zitat 1387 sowie Friedrich SOLMSEN, «The Background of Plato's Theology,» *Transactions and Proceedings of the American Philological Association* 67 (1936): 208–218.

95 Dazu jetzt besonders Stephen MENN, *Plato on God as Nous*, Journal of the History of Philosophy Monograph Series (Carbondale, IL: Southern Illinois University Press, 1995 = South Bend, IN: St. Augustine's Press, 2002), 7–15 (gegen Harold Cherniss), sowie DERS., «Aristotle and Plato on God as Nous and as the Good,» *Review of Metaphysics* 45 (1992): 543–573, bes. 555–558.

96 Plato, *Respublica* II 18, 379 B: Οὐκοῦν ἀγαθὸς ὅ γε θεὸς τῷ ὄντι τε καὶ λεκτέον οὕτω; Τί μήν; Ἀλλὰ μὴν οὐδέν γε τῶν ἀγαθῶν βλαβερόν· ἦ γάρ; Οὔ μοι δοκεῖ und ebd. II 19, 381 B: Ἀλλὰ μὴν ὁ θεός γε καὶ τὰ τοῦ θεοῦ πάντῃ ἄριστα ἔχει. Πῶς δ' οὔ; Ταύτῃ μὲν δὴ ἥκιστα ἂν πολλὰς μορφὰς ἴσχοι ὁ θεός. Ἥκιστα δῆτα. – Zu den Göttern des griechischen Pantheons bei Plato vgl. Gustav E. MUELLER, «Plato and the Gods,» *The Philosophical Review* 45 (1936): 457–472, bes. 463–466.

97 Plato, *Phaedrus* 246 D: τὸ δὲ θεῖον καλόν, σοφόν, ἀγαθόν, καὶ πᾶν ὅτι τοιοῦτον·.

98 Plato, *Respublica* II 19, 381 C: Ἀδύνατον ἄρα, ἔφην, καὶ θεῷ ἐθέλειν αὐτὸν

ZWEITES KAPITEL: BIBEL UND FRÜHE CHRISTLICHE THEOLOGEN   471

ἀλλοιοῦν, ἀλλ' ὡς ἔοικε, κάλλιστος καὶ ἄριστος ὢν εἰς τὸ δυνατὸν ἕκαστος αὐτῶν μένει ἀεὶ ἁπλῶς ἐν τῇ αὑτοῦ μορφῇ.

99 So vor allem das doxographisch überlieferte Fragment (fr. 38 LANG = 89 IS-NARDI PARENTE), in der Rekonstruktion der Φυσικαὶ δόξαι des Aëtius (nach Ioannes Stobaeus, *Anthologium* I 1 [I, 35,3 f. WACHSMUTH]) bei Hermann DIELS, *Doxographi Graeci collegit, recensuit prolegominis indicibusque instruxit*, 4. Aufl. (Berlin: De Gruyter, 1965), 303,20–22: Σπεύσιππος τὸν νοῦν οὔτε τῷ ἑνὶ οὔτε τῷ ἀγαθῷ τὸν αὐτόν, ἰδιοφυῆ δέ. Dazu vgl. Hans KRÄMER, «Die ältere Akademie,» in *Die Philosophie der Antike*, Bd. 3 *Ältere Akademie – Aristoteles – Peripatos*, hg. Hellmut Flashar, Grundriss der Geschichte der Philosophie, begründet von Friedrich Ueberweg, völlig neu bearb. Ausg. (Basel/Stuttgart: Schwabe, 1983), 1–174, bes. 22–43 (§ 2. Speusipp), zum Fragment selbst aaO. 37.

100 Plato, *Parmenides* 137 B: τὸ ἓν αὐτό – Ich folge in meiner Interpretation Jens HALFWASSEN, *Der Aufstieg zum Einen. Untersuchungen zu Platon und Plotin*, Beiträge zur Altertumskunde 9 (Stuttgart: Teubner, 1992), 298–307, ohne die grundsätzliche Option für die hier vertretene Plato-Interpretation eigens zu begründen.

101 Vgl. Plato, *Parmenides* 139 E-140 A: Οὐδὲ μὴν ὅμοιόν τινι ἔσται οὐδ' ἀνόμοιον οὔτε αὑτῷ οὔτε ἑτέρῳ. Τί δή; Ὅτι τὸ ταὐτόν που πεπονθὸς ὅμοιον. Ναί. Τοῦ δέ γε ἑνὸς χωρὶς ἐφάνη τὴν φύσιν τὸ ταὐτόν. Ἐφάνη γάρ. Ἀλλὰ μὴν εἴ τι πέπονθε χωρὶς τοῦ ἓν εἶναι τὸ ἕν, πλείω ἂν εἶναι πεπόνθοι ἢ ἕν, τοῦτο δὲ ἀδύνατον. Ναί. Οὐδαμῶς ἔστιν ἄρα ταὐτὸν πεπονθὸς εἶναι τὸ ἓν οὔτε ἄλλῳ οὔτε ἑαυτῷ. Οὐ φαίνεται. Οὐδὲ ὅμοιον ἄρα δυνατὸν αὐτὸ εἶναι οὔτε ἄλλῳ οὔτε ἑαυτῷ. Οὐκ ἔοικεν. Οὐδὲ μὴν ἕτερόν γε πέπονθεν εἶναι τὸ ἕν· καὶ γὰρ οὕτω πλείω ἂν πεπόνθοι εἶναι ἢ ἕν. Πλείω γάρ; zur Interpretation HALFWASSEN, *Der Aufstieg zum Einen. Untersuchungen zu Platon und Plotin*, 336–363.

102 Plato, *Parmenides* 137 D-138 A: Ἄπειρον ἄρα τὸ ἕν, εἰ μήτε ἀρχὴν μήτε τελευτὴν ἔχει. Ἄπειρον. Καὶ ἄνευ σχήματος ἄρα· οὔτε γὰρ στρογγύλου οὔτε εὐθέος μετέχει. Πῶς; Στρογγύλον γέ πού ἐστι τοῦτο οὗ ἂν τὰ ἔσχατα πανταχῇ ἀπὸ τοῦ μέσου ἴσον ἀπέχῃ. Ναί. Καὶ μὴν εὐθύ γε, οὗ ἂν τὸ μέσον ἀμφοῖν τοῖν ἐσχάτοιν ἐπίπροσθεν ᾖ. Οὕτως. Οὐκοῦν μέρη ἂν ἔχοι τὸ ἓν καὶ πολλὰ ἂν εἴη, εἴτε εὐθέος σχήματος εἴτε περιφεροῦς μετέχοι. Πάνυ μὲν οὖν. Οὔτε ἄρα εὐθὺ οὔτε περιφερές ἐστιν, ἐπείπερ οὐδὲ μέρη ἔχει. Ὀρθῶς; zur Interpretation HALFWASSEN, *Der Aufstieg zum Einen. Untersuchungen zu Platon und Plotin*, 312–316.

103 Plato, *Respublica* VI 19, 509 B: οὐκ οὐσίας ὄντος τοῦ ἀγαθοῦ, ἀλλ' ἔτι ἐπέκεινα τῆς οὐσίας πρεσβείᾳ καὶ δυνάμει ὑπερέχοντος; vgl. dazu John WHITTAKER, «Ἐπέκεινα νοῦ καὶ οὐσίας,» *Vigiliae Christianae* 23 (1969), 91–104 = DERS., *Studies in Platonism and Patristic Thought*. Collected Studies Series CS 201 (London: Variorum Reprints, 1984), nr. XIII.

472 ANMERKUNGEN

104 Plato, *Sophista* 246 A/B: Οἱ μὲν εἰς γῆν ἐξ οὐρανοῦ καὶ τοῦ ἀοράτου πάντα ἕλκουσι, ταῖς χερσὶν ἀτεχνῶς πέτρας καὶ δρῦς περιλαμβάνοντες. τῶν γὰρ τοιούτων ἐφαπτόμενοι πάντων διισχυρίζονται τοῦτο εἶναι μόνον ὃ παρέχει προσβολὴν καὶ ἐπαφήν τινα, ταὐτὸν σῶμα καὶ οὐσίαν ὁριζόμενοι, τῶν δὲ ἄλλων εἴ τίς <τι> φήσει μὴ σῶμα ἔχον εἶναι, καταφρονοῦντες τὸ παράπαν καὶ οὐδὲν ἐθέλοντες ἄλλο ἀκούειν.
105 Plato, *Phaedrus* 246 C/D: ἡ δὲ πτερορρυήσασα (sc. ψυχή) φέρεται ἕως ἂν στερεοῦ τινος ἀντιλάβηται, οὗ κατοικισθεῖσα, σῶμα γήϊνον λαβοῦσα, αὐτὸ αὑτὸ δοκοῦν κινεῖν διὰ τὴν ἐκείνης δύναμιν, ζῷον τὸ σύμπαν ἐκλήθη, ψυχὴ καὶ σῶμα παγέν, θνητόν τ' ἔσχεν ἐπωνυμίαν ἀθάνατον δὲ οὐδ' ἐξ ἑνὸς λόγου λελογισμένου, ἀλλὰ πλάττομεν οὔτε ἰδόντες οὔτε ἱκανῶς νοήσαντες θεόν, ἀθάνατόν τι ζῷον, ἔχον μὲν ψυχήν, ἔχον δὲ σῶμα, τὸν ἀεὶ δὲ χρόνον ταῦτα συμπεφυκότα. Ich zitiere hier wie auch bei den folgenden Platon-Zitaten eine bearbeitete Übersetzung von Friedrich Schleiermacher: Platon, *Sämtliche Werke*. Nach der Übersetzung von Friedrich Schleiermacher und Hieronymus Müller mit der Stephanus-Numerierung hg. Walter F. Otto †, Ernesto Grassi und Gert Plamböck, hier *Bd. 4 Phaidros, Parmenides, Theaitetos, Sophistes*. Rowohlts Klassiker der Literatur und der Wissenschaft 39. Griechische Philosophie Bd. 5 (Hamburg: Rowohlt, 1958), 28.
106 Plato, *Phaedrus* 246 D: … κεκοινώνκε δέ πη μάλιστα τῶν περὶ τὸ σῶμα τοῦ θείου [ψυχή].
107 Plato, *Sophista* 248 E/249 A: (Fremder): τί δὲ πρὸς Διός; ὡς ἀληθῶς κίνησιν καὶ ζωὴν καὶ ψυχὴν καὶ φρόνησιν ἦ ῥᾳδίως πεισθησόμεθα τῷ παντελῶς ὄντι μὴ παρεῖναι, μηδὲ ζῆν αὐτὸ μηδὲ φρονεῖν, ἀλλὰ σεμνὸν καὶ ἅγιον, νοῦν οὐκ ἔχον, ἀκίνητον ἑστὸς εἶναι; (Theaetetus) Δεινὸν μεντἄν, ὦ ξένε, λόγον συγχωροῖμεν.
108 Plato, *Phaedrus* 246 C/D: ἡ δὲ πτερορρυήσασα (sc. ψυχή) φέρεται ἕως ἂν στερεοῦ τινος ἀντιλάβηται.
109 Nachweise für diese Formel bei WHITTAKER, «Ἐπέκεινα νοῦ καὶ οὐσίας,» 92–103.
110 So Origenes, *Contra Celsum* VII 38: Νοῦν τοίνυν ἢ ἐπέκεινα νοῦ καὶ οὐσίας λέγοντες εἶναι ἁπλοῦν καὶ ἀόρατον καὶ ἀσώματον τὸν τῶν ὅλων θεόν (GCS Origenes II, 188,11 f. KOETSCHAU).
111 *Doxographi Graeci*, collegit, recensuit, prolegomenis indicibusque instruxit Hermann Diels, Editio iterata (Berlin/Leipzig: De Gruyter, 1929), 537 (Apparat zu Cicero, *De natura deorum* I 12,30 – dazu unten S. 481 f.). Diels nennt folgende Stellen: Alcinous, *Didascalicus* 10,7 καὶ τὸ ἀσώματον αὐτὸν εἶναι (CUFr 25[166],1 WHITTAKER/LOUIS); Apuleius, *De Platone* I 192 (BiTeu 93,8–14 MORESCHINI); Aristocles apud Eusebium, *Praeparatio evangelica* XV 14,1 ἀλλ' οὗτος ἄμφω σώματά φησιν εἶναι, καὶ τὸ ποιοῦν καὶ τὸ πάσχον (sc. das aktive und das passive Prinzip sind nach Zeno Körper), ἐκείνου τὸ πρῶτον ποιοῦν αἴτιον ἀσώματον εἶναι λέγοντος (nach Platon ist das erste,

ZWEITES KAPITEL: BIBEL UND FRÜHE CHRISTLICHE THEOLOGEN 473

aktive Prinzip unkörperlich: GCS Eusebius VIII/2, 378,20–379,2 MRAS/ DES PLACES = *Aristocles of Messene: Testimonia and Fragments*, Maria Lorenza Chiesara, ed. with Translation and Commentary, Oxford Classical Monographs [Oxford: Oxford University Press, 2001], fr. 3, 18 f. mit Kommentar auf S. 81); Diogenes Laertius, *Vitae Philosophorum* III 77 δοκεῖ δ' αὐτῷ τὸν θεὸν ὡς καὶ τὴν ψυχὴν ἀσώματον εἶναι und V 32 (SCBO I, 152,10 f., 213,5 f. LONG); Pseudo-Galenus, *Historia philosophorum* 16: Πλάτων μὲν οὖν καὶ Ζήνων ὁ Στωικὸς περὶ τῆς οὐσίας τοῦ θεοῦ διεληλυθότες οὐχ ὁμοίως περὶ ταύτης διενοήθησαν, ἀλλ' ὁ μὲν Πλάτων θεὸν ἀσώματον (*Doxograpi Graeci* 608,16–18 DIELS); Hippolyt, *Refutatio omnium haeresium* I 19,3 τὸν μὲν θεόν φησιν ἀσώματόν τε καὶ ἀνείδεον καὶ μόνοις σοφοῖς ἀνδράσι καταληπτὸν εἶναι· (GCS Hippolyt III, 19,12 f. WENDLAND = PTS 25, 76,9 f. MARCOVICH) sowie Seneca apud Augustinum, *De civitate Dei* VI 10 (BiTeu I, 267,22–24 DOMBART/KALB); vgl. dazu auch Ps.-Plato, *Epinomis* 981 B οὐ γάρ ἐστιν ἀσώματον ὅτι τ' ἄλλο γίγνοιτ' ἂν καὶ χρῶμα οὐδὲν οὐδαμῶς οὐδέποτ' ἔχον, πλὴν τὸ θειότατον ὄντως ψυχῆς γένος.

112 Michael MACH, s. v. «Philo von Alexandrien,» in *Theologische Realenzyklopädie* (Berlin: De Gruyter, 1996), 26: 523–531.

113 MACH, s. v. «Philo von Alexandrien,» 526: «Zwischen dem persönlichen Gott der Bibel und dem wirkenden Prinzip des sog. philosophischen Monotheismus klafft eine Lücke, die so nie wirklich in Philos Blick kommt. Je geistiger der philonische Gott gedacht wird, desto mehr muß Philo die irdische Stofflichkeit abwerten (worin er weit über die Ansätze Platos hinausgeht)»; vgl. zum Thema auch David T. RUNIA, *Philo of Alexandria and the Timaeus of Plato*, Philosophia Antiqua 44 (Leiden: Brill, 1986), 258–266 sowie 431–438 und Dieter ZELLER, «Gott bei Philo von Alexandrien,» in *Der Gott Israels im Zeugnis des Neuen Testaments*, hg. Ulrich Busse, Quaestiones Disputatae 201 (Freiburg/Basel/Wien: Herder, 2003), 32–57 = DERS., *Studien zu Philo und Paulus*, Bonner Biblische Beiträge 165 (Göttingen: Vandenhoeck & Ruprecht Unipress/Bonn University Press, 2011), 13–36.

114 Vgl. dazu *The transcendence of God in Philo: Some possible sources*, John M. Dillon and Wilhelm H. Wuellner, ed., The Center for Hermeneutical Studies in Hellenistic and Modern Culture, Protocol of the Sixteenth Colloquy, 20 April 1975, Series Colloquy 16 (Berkeley, CA: The Graduate Theological Union & The University of California, Berkeley, CA, 1975) sowie John M. DILLON, «The Nature of God in Philo,» in David WINSTON/John DILLON, *Two Treatises of Philo of Alexandria. A Commentary on De Gigantibus and Quod Deus Sit Immutabilis*, Brown Judaic Studies 25 (Chico, CA: Scholars Press, 1983), 217–227; Gerhard SELLIN, «Gotteserkenntnis und Gotteserfahrung bei Philo von Alexandrien,» in *Monotheismus und Christologie: Zur Gottesfrage im hellenistischen Judentum und im Urchristentum*, hg. Hans-Josef Klauck, Quaestiones Disputatae 138 (Freiburg/Basel/Wien: Herder, 1992), 17–40.

115 Philo, *De opificio mundi* 69: μετὰ δὴ τἆλλα πάντα, καθάπερ ἐλέχθη, τὸν ἄνθρωπόν φησι γεγενῆσθαι 'κατ' εἰκόνα θεοῦ καὶ καθ' ὁμοίωσιν' (Gen 1,26)· πάνυ καλῶς, ἐμφερέστερον γὰρ οὐδὲν γηγενὲς ἀνθρώπου θεῷ. τὴν δ' ἐμφέρειαν μηδεὶς εἰκαζέτω σώματος χαρακτῆρι· οὔτε γὰρ ἀνθρωπόμορφος ὁ θεὸς οὔτε θεοειδὲς τὸ ἀνθρώπειον σῶμα. ἡ δὲ εἰκὼν λέλεκται κατὰ τὸν τῆς ψυχῆς ἡγεμόνα νοῦν (Philonis Alexandrini Opera quae supersunt I, 23,2–7 COHN bzw. Philo von Alexandria, *Die Werke in deutscher Übersetzung*, hg. Leopold Cohn, Isaak Heinemann u. a., Bd. 1 [Berlin: De Gruyter, 2. Aufl. 1962], 50); vgl. dazu auch Philo of Alexandria, *On the Creation of the Cosmos according to Moses*: Introduction, Translation and Commentary by David T. Runia, Philo of Alexandria Commentary Series 1 (Leiden/Boston/Köln: Brill, 2001), 225.

116 Num 23,19 LXX: οὐχ ὡς ἄνθρωπος ὁ θεὸς θιαρτηθῆναι οὐδὲ ὡς υἱὸς ἀνθρώπου ἀπειληθῆναι· αὐτὸς εἴπας οὐχὶ ποιήσει; λαλήσει, καὶ οὐχὶ ἐμμενεῖ; bei Philo vgl. u. a. *Quod Deus sit immutabilis* 53. 62. 69 (Opera II, 68,16. 70,15. 72,7 WENDLAND), *De confusione linguarum* 98 (Opera II, 247,25–248,1 WENDLAND) sowie *De somniis* I 237 (Opera III, 255,13 WENDLAND) und *De decalogo* 32: οὐ γὰρ ὡς ἄνθρωπος ὁ θεός, στόματος καὶ γλώττης καὶ ἀρτηριῶν δεόμενος (Opera IV, 276,1–3 WENDLAND).

117 Philo, *De sacrificiis Abelis et Caini* 94–97: τὸ 'οὐχ ὡς ἄνθρωπος ὁ θεός' (Num 23,19), ἵνα πάντα τὰ ἀνθρωπολογούμενα ὑπερκύψωμεν· ἀλλὰ πλεῖστον μετέχοντες τοῦ θνητοῦ καὶ χωρὶς ἑαυτῶν ἐπινοῆσαι μηδὲν δυνάμενοι μηδὲ ἐκβῆναι τὰς ἰδίους κῆρας ἰσχύοντες, ἀλλ' εἰς τὸ θνητὸν εἰσδυόμενοι καθάπερ οἱ κοχλίαι καὶ περὶ ἑαυτοὺς ὥσπερ οἱ ἐχῖνοι σφαιρηδὸν εἰλούμενοι, καὶ περὶ τοῦ μακαρίου καὶ ἀφθάρτου τὰ αὐτὰ ἃ καὶ περὶ ἑαυτῶν δοξάζομεν τὴν μὲν ἀτοπίαν τοῦ λόγου, ὅτι ἀνθρωπόμορφον τὸ θεῖον, ἀποδιδράσκοντες, τὴν δὲ ἐν τοῖς ἔργος ἀσέβειαν, ὅτι ἀνθρωποπαθές, ἐπαναιρούμενοι. διὰ τοῦτο χεῖρας πόδας εἰσόδους ἐξόδους ἔχθρας ἀποστροφὰς ἀλλοτριώσεις ὀργὰς προσαναπλάττομεν, ἀνοίκεια καὶ μέρη καὶ πάθη τοῦ αἰτίου· ὧν ἐστι καὶ ὁ ὅρκος τῆς ἡμετέρας ἐπίκουρος ἀσθενείας. 'ἐὰν οὖν δῷ σοι ὁ θεός, ἀφελεῖς' (Ex 13,11) λέγει Μωυσῆς ὁριζόμενος· (Opera I, 241,7–242,1 COHN), deutsch in Philo von Alexandria, *Die Werke in deutscher Übersetzung*, hg. Leopold Cohn, Isaak Heinemann und Willy Theiler, Bd. 3 (Berlin: De Gruyter, 2. Aufl. 1962), 251.

118 Philo, *De posteritate Caini* 7: εἰ δὲ μήτε πρόσωπον ἔχει ὁ θεὸς ἄτε τὰς τῶν γεγονότων ἰδιότητας ἁπάντων ἐκβεβηκὼς μήτε ἐν μέρει καταγίνεται ἄτε περιέχων, οὐ περιεχόμενος (Opera II, 2,11–13 WENDLAND); vgl. auch Aristoteles, *Physica* IV 4 212 a 5 und Philo, *De somniis* I 234 f. (Opera III, 254,19–22 WENDLAND).

119 Philo, *Quod Deus sit immutabilis* 57–59 (Opera II, 69,12–70,2 WENDLAND): εἰ κέχρηται τοῖς ὀργανικοῖς μέρεσι, βάσεις μὲν ἔχει τοῦ προέρχεσθαι χάριν – βαδιεῖται δὲ ποῖ πεπληρωκὼς τὰ πάντα; καὶ πρὸς τίνα μηδενὸς ὄντος

ἰσοτίμου; καὶ ἕνεκα τοῦ; οὐ γὰρ ὑγείας φροντίζων ὥσπερ καὶ ἡμεῖς – καὶ χεῖρας μέντοι πρὸς τὸ λαβεῖν τε καὶ δοῦναι· λαμβάνει μὲν δὴ παρ' οὐδενὸς οὐδέν – πρὸς γὰρ τῷ ἀνεπιδεεῖ καὶ τὰ σύμπαντα ἔχει κτήματα –, δίδωσι δὲ λόγῳ χρώμενος ὑπηρέτῃ δωρεῶν, ᾧ καὶ τὸν κόσμον εἰργάζετο. ὀφθαλμῶν γε μὴν οὐκ ἐδεῖτο, οἷς ἄνευ φωτὸς αἰσθητοῦ κατάληψις οὐ γίνεται· τὸ δὲ αἰσθητὸν φῶς γενητόν, ἑώρα δὲ ὁ θεὸς καὶ πρὸ γενέσεως φωτὶ χρώμενος ἑαυτῷ. τί δὲ δεῖ λέγειν περὶ τῶν τῆς τροφῆς ὀργάνων; εἰ γὰρ ταῦτ' ἔχει, καὶ τρέφεται καὶ πληρωθεὶς μὲν ἀποπατεῖ, παυσάμενος δὲ δεῖται πάλιν, καὶ τἆλλα ὅσα τούτοις ἀκόλουθα οὐκ ἂν εἴποιμι· ἀσεβῶν αὗται μυθοποιίαι λόγῳ μὲν ἀνθρωπόμορφον ἔργῳ δὲ ἀνθρωποπαθὲς εἰσαγόντων τὸ θεῖον; deutsche Übersetzung nach: Philo von Alexandria, *Die Werke in deutscher Übersetzung*, hg. Leopold Cohn, Isaak Heinemann, Maximilian Adler und Willy Theiler, Bd. 4 (Berlin: De Gruyter, 2. Aufl. 1962), 85 f.

120 Vgl. dazu Philo, *Legum allegoriae* I 36 (Opera I, 70,10 f. COHN): ἄποιος γὰρ ὁ θεός, οὐ μόνον οὐκ ἀνθρωπόμορφος sowie ebd. III 36 (120,30–121,7) und dazu Anna PASSONI DELL'ACQUA, «Innovazioni lessicali e attributi divini: Una caratteristica del giudaismo alessandrino?,» in *La parola di Dio cresceva (At 12,24): Scritti in onore di Carlo Maria Martini nel suo 70. compleanno*, a cura di Rinaldo Favris, Supplementi alla Rivista Biblica 33 (Bologna: EDB, 1998), 87–108, bes. 87–90.

121 Philo, *De posteritate Caini* 4: τὸ δὲ ὂν οὐδενὸς χρεῖον, ὥστ' εἰ μηδὲ τῆς ἀπὸ τῶν μερῶν ὠφελείας, οὐδ' ἂν ἔχοι μέρη τὸ παράπαν (Opera II, 1,15 f. WENDLAND).

122 Philo, *De somniis* I 184 (Opera III, 244,15–18 WENDLAND): ... ὅτι πᾶν τὸ ὑφεστὼς χώραν τινὰ κατείληφε, καὶ ἄλλων ἄλλην ἀπονεμόντων, ἢ ἐντὸς τοῦ κόσμου ἢ ἐκτὸς αὐτοῦ μετακόσμιόν τινα, τῶν δὲ φασκόντων, ὅτι οὐδενὶ τῶν ἐν γενέσει τὸ ἀγένητον ὅμοιον, ἀλλὰ τοῖς ὅλοις ὑπερβάλλον, ...; zur Interpretation vor dem Hintergrund der zeitgenössischen philosophischen Doxographie vgl. David T. RUNIA, «The Beginnings of the End: Philo of Alexandria and Hellenistic Theology,» in *Traditions of Theology: Studies in Hellenistic Theology, its Background and Aftermath*, Dorothea Frede and André Laks, ed., Philosophia Antiqua 89 (Leiden/Boston/Köln: Brill, 2002), 281–316, bes. 284–286.

123 Philo, *De somniis* I 61–64 (Opera III, 218,9–24 WENDLAND): σκεπτέον δὲ τὸ τρίτον καὶ ἀκόλουθον, τίς ὁ τόπος, ᾧ ὑπαντᾷ· λέγεται γάρ, ὅτι 'ἀπήντησε τόπῳ' (Gen 28,11). τριχῶς δὲ ἐπινοεῖται τόπος, ἅπαξ μὲν χώρα ὑπὸ σώματος πεπληρωμένη, κατὰ δεύτερον δὲ τρόπον ὁ θεῖος λόγος, ὃν ἐκπεπλήρωκεν ὅλον δι' ὅλων ἀσωμάτοις δυνάμεσιν αὐτὸς ὁ θεός. 'εἶδον' γάρ φησι 'τὸν τόπον οὗ εἱστήκει ὁ θεὸς τοῦ Ἰσραήλ' (Ex 24,10), ἐν ᾧ μόνῳ καὶ ἱερουργεῖν ἐφῆκεν ἀλλαχόθι κωλύσας· διείρηται γὰρ ἀναβαίνειν εἰς τὸν τόπον, ὃν ἂν ἐκλέξηται κύριος ὁ θεός, κἀκεῖ θύειν τὰ ὁλοκαυτώματα καὶ τὰ σωτήρια καὶ τὰς ἄλλας ἀμώμους θυσίας ἀνάγειν (Dtn 12,5 f.). κατὰ δὲ τρίτον

σημαινόμενον αὐτὸς ὁ θεὸς καλεῖται τόπος τῷ περιέχειν μὲν τὰ ὅλα, περιέχεσθαι δὲ πρὸς μηδενὸς ἁπλῶς, καὶ τῷ καταφυγὴν τῶν συμπάντων αὐτὸν εἶναι, καὶ ἐπειδήπερ αὐτός ἐστι χώρα ἑαυτοῦ, κεχωρηκὼς ἑαυτὸν καὶ ἐμφερόμενος μόνῳ ἑαυτῷ. ἐγὼ μὲν οὖν οὔκ εἰμι τόπος, ἀλλ' ἐν τόπῳ, καὶ ἕκαστον τῶν ὄντων ὁμοίως· τὸ γὰρ περιεχόμενον διαφέρει τοῦ περιέχοντος, τὸ δὲ θεῖον ὑπ' οὐδενὸς περιεχόμενον ἀναγκαίως ἐστὶν αὐτὸ τόπος ἑαυτοῦ; deutsche Übersetzung nach: Philo von Alexandria, *Die Werke in deutscher Übersetzung*, hg. Leopold Cohn, Isaak Heinemann, Maximilian Adler und Willy Theiler, Bd. 6 (Berlin: De Gruyter, 2. Aufl. 1962), 185 f.

124 John WHITTAKER, «God and Time in Philo of Alexandria,» in DERS., *God – Time – Being. Two Studies in the Transcendental Tradition in Greek Philosophy*, Symbolae Osloenses. Fasc. Supplet. 23 (Oslo: Universitetsforlaget, 1971), 33–57, bes. 37 mit Anm. 16 auf S. 51.

125 MACH, s. v. «Philo von Alexandrien,» 526: «Zwar gilt ihm der menschliche Körper als Gefängnis der Seele, aber eben nicht unbedingt als Gefängnis des jeweiligen menschlichen Logos. Entsprechend ist die Befreiung der Seele keine Rückführung des partiellen Logos in den allgemeinen, sondern im Idealfall eine Entkörperlichung, womit die Möglichkeit gegeben wird, daß die Seele in den rein geistigen Bereich gelangt, hier Gott selbst wirklich wahrnehmen kann und so ihr Ziel erreicht».

126 Edmund STEIN, *Die allegorische Exegese des Philo aus Alexandria*, Beihefte zur Zeitschrift für die alttestamentliche Wissenschaft 51 (Gießen: Töpelmann, 1929), 26–31; vgl. auch Jean PÉPIN, «Remarques sur la théorie de l'exégèse allégorique chez Philon,» in *Philon d'Alexandrie: Lyon, 11–15 Septembre 1966*, Colloques nationaux du Centre National de la Recherche Scientifique (Paris: Éditions du Centre National de la Recherche Scientifique, 1967), 131–167, bes. 161–167.

127 Philo, *Quod deus sit immutabilis* 57 (Zitat s. o. S 474 f. Anm. 119); vgl. dazu Anna Maria SCHWEMER, «Gottes Hand und die Propheten. Zum Wandel der Metapher ‹Hand Gottes› in frühjüdischer Zeit,» in *La Main de Dieu. Die Hand Gottes*, éd. par René Kieffer et Jan Bergman, Wissenschaftliche Untersuchungen zum Neuen Testament 94 (Tübingen: Mohr Siebeck, 1997), 65–85, bes. 70 f.

128 Philo, *De decalogo* 47: ὅτι ὅσα ἂν λέγῃ ὁ θεός, οὐ ῥήματά ἐστιν ἀλλ' ἔργα, ἅπερ ὀφθαλμοὶ πρὸ ὤτων δικάζουσι (Opera IV, 279,14–16 WENDLAND), vgl. dazu SCHWEMER, «Gottes Hand und die Propheten. Zum Wandel der Metapher ‹Hand Gottes› in frühjüdischer Zeit,» 71 sowie KUHN, *Offenbarungsstimmen im Antiken Judentum: Untersuchungen zur Bat Qol und verwandten Phänomenen*, 153–175.

129 Philo, *Quaestiones in Genesim* I 42 (Les Œuvres de Philon d'Alexandrie 34ᴬ, 108 MERCIER = LCL 380, 24 MARCUS).

130 Homer, *Odyssea* XVII 485–487: καί τε θεοὶ ξείνοισιν ἐοικότες ἀλλοδαποῖσι,

παντοῖοι τελέθοντες, ἐπιστρωφῶσι πόληας, ἀνθρώπων ὕβριν τε καὶ εὐνομίην ἐφορῶντες; vgl. dazu Philo, De somniis I 232 f. (III, 254,11–18 WENDLAND) und Plato, Respublica II 380 D–381 D und dazu Howard JACOBSON, «A Philonic Rejection of Plato,» Mnemosyne 57 (2004): 488 f.

131 Philo, De confusione linguarum 135: ταῦτα δὲ ἀνθρωπολογεῖται παρὰ τῷ νομοθέτῃ περὶ τοῦ μὴ ἀνθρωπομόρφου θεοῦ διὰ τὰς τῶν παιδευομένων ἡμῶν, ὡς πολλάκις ἐν ἑτέροις εἶπον, ὠφελείας (Opera II, 254,19–21 WENDLAND).

132 Philo, Quod Deus sit immutabilis 55 (Opera II, 68,21 f. WENDLAND): τῶν γὰρ ἀνθρώπων οἱ μὲν ψυχῆς, οἱ δὲ σώματος γεγόνασι φίλοι; vgl. auch DILLON, «The Nature of God in the ‹Quod Deus›,» 221.

133 JAEGER, Die Theologie der frühen griechischen Denker, 54; s. o. S. 59 sowie 469 mit Anm. 83.

134 Augustinus, De civitate Dei VI 10 (BiTeu I, 267,13–18 DOMBART/KALB) = Lucio Anneo Seneca, I frammenti, a cura di Dionigi Vottero (Bologna: Pàtron Editore, 1998), fr. 65 (= 31 HAASE), 180 f. mit Kommentar auf S. 303 f. und vorher schon Marion LAUSBERG, Untersuchungen zu Senecas Fragmenten, Untersuchungen zur antiken Literatur und Geschichte 7 (Berlin: De Gruyter, 1970), 201–206.

135 So DK 21 B 24 (I, 135,7 DIELS/KRANZ) = Sextus Empiricus, Adversus mathematicos IX 144 (BiTeu II, 246,23–25 MUTSCHMANN); vgl. für den Text oben S. 469 mit Anm. 81.

136 VERNANT, «Mortals and Immortals. The Body of the Divine,» 29: «dissimilar or precisely the same reason that a god's capacity for thought (νόημα) – with which the gods are abundantly endowed – is dissimilar to human thought».

137 So oben, S. 61 sowie 470 mit Anm. 95.

138 Dazu vgl. Wolfram BRINKER, s. v. «Seele,» in Platon-Lexikon: Begriffswörterbuch zu Platon und der platonischen Tradition (Darmstadt: Wissenschaftliche Buchgesellschaft, 2007), 253–258; Christoph MARKSCHIES, «Die Seele als Bild der Welt – gestern, heute, morgen,» Berichte und Abhandlungen der Berlin-Brandenburgischen Akademie der Wissenschaften 14 (2009): 9–24; Gyburg RADKE, Die Theorie der Zahl im Platonismus: Ein systematisches Lehrbuch (Tübingen/Basel: Francke, 2003), 488–496 sowie Johannes ZACHHUBER, s. v. «Weltseele,» in Historisches Wörterbuch der Philosophie (Darmstadt: Wissenschaftliche Buchgesellschaft, 2004), 12: 516–521.

139 Plato, Timaeus 34 A/B: Οὗτος δὴ πᾶς ὄντος ἀεὶ λογισμὸς θεοῦ περὶ τὸν ποτὲ ἐσόμενον θεὸν λογισθεὶς λεῖον καὶ ὁμαλὸν πανταχῇ τε ἐκ μέσου ἴσον καὶ ὅλον καὶ τέλεον ἐκ τελέων σωμάτων σῶμα ἐποίησεν· ψυχὴν δὲ εἰς τὸ μέσον αὐτοῦ θεὶς διὰ παντός τε ἔτεινεν καὶ ἔτι ἔξωθεν τὸ σῶμα αὐτῇ περιεκάλυψεν, καὶ κύκλῳ δὴ κύκλον στρεφόμενον οὐρανὸν ἕνα μόνον ἔρημον κατέστησεν, δι' ἀρετὴν δὲ αὐτὸν αὑτῷ δυνάμενον συγγίγνεσθαι καὶ οὐδενὸς ἑτέρου προσδεόμενον, γνώριμον δὲ καὶ φίλον ἱκανῶς αὐτὸν αὑτῷ. διὰ πάντα δὴ

ταῦτα εὐδαίμονα θεὸν αὐτὸν ἐγεννήσατο (Übersetzung: Platon, *Sämtliche Werke* Bd. 5 *Politikos, Philebos, Timaios, Kritias*. Rowohlts Klassiker der Literatur und der Wissenschaft 47. Griechische Philosophie Bd. 6 [Hamburg: Rowohlt, 1959], 158); vgl. auch Plato, *Leges* 821 A.

140 Plato, *Timaeus* 92 C: Καὶ δὴ καὶ τέλος περὶ τοῦ παντὸς νῦν ἤδη τὸν λόγον ἡμῖν φῶμεν ἔχειν· θνητὰ γὰρ καὶ ἀθάνατα ζῷα λαβὼν καὶ συμπληρωθεὶς ὅδε ὁ κόσμος οὕτω, ζῷον ὁρατὸν τὰ ὁρατὰ περιέχον, εἰκὼν τοῦ νοητοῦ θεὸς αἰσθητός, μέγιστος καὶ ἄριστος κάλλιστός τε καὶ τελεώτατος γέγονεν εἷς οὐρανὸς ὅδε μονογενὴς ὤν. (Übersetzung ebd., 212 f.).

141 Plato, *Timaeus* 36 E–37 A: καὶ τὸ μὲν δὴ σῶμα ὁρατὸν οὐρανοῦ γέγονεν, αὐτὴ δὲ ἀόρατος μέν, λογισμοῦ δὲ μετέχουσα καὶ ἁρμονίας ψυχή, τῶν νοητῶν ἀεί τε ὄντων ὑπὸ τοῦ ἀρίστου ἀρίστη γενομένη τῶν γεννηθέντων; «Und der Leib des Himmels ward ein sichtbarer, die Seele aber unsichtbar, doch des Denkens und des Einklanges teilhaftig, indem der Beste alles Denkbaren und immer Seienden zum Besten alles Gewordenen sie werden ließ» (Übersetzung ebd., 158).

142 Plato, *Phaedo* 78 B–80 B sowie *Timaeus* 47 B-C.

143 Plutarchus, *Moralia* 67. *Platonicae Quaestiones* 8,4, 1007 C/D (BiTeu VI/1, 132,14–16 HUBERT/DREXLER): εἰκόνες δ᾽ εἰσὶν ἄμφω τοῦ θεοῦ, τῆς μὲν οὐσίας ὁ κόσμος τῆς δ᾽ ἀιδιότητος <ὁ> χρόνος, ἐν κινήσει, καθάπερ ἐν γενέσει θεὸς ὁ κόσμος; zur Interpretation vgl. Charlotte KÖCKERT, *Christliche Kosmologie und kaiserzeitliche Philosophie: Die Auslegung des Schöpfungsberichtes bei Origenes, Basilius und Gregor von Nyssa vor dem Hintergrund kaiserzeitlicher Timaeus-Interpretationen*, Studien und Texte zu Antike und Christentum 56 (Tübingen: Mohr Siebeck, 2009), 47–49.

144 Nachweise in *Corpus Hermeticum: Tome I Traités I–XII*, Texte établi par Arthur Darby Nock et traduit par André-Jean Festugière, CUFr, 2. éd. du 7. tirage revu et corrigé (Paris: Société d'Édition «Les Belles Lettres», 1999), 137 f. (Appendice A; vgl. *Corpus Hermeticum* X 11); insbesondere aber Macrobius, *Saturnalia* I 20,16 f.: εἰμὶ θεὸς τοιόσδε μαθεῖν, οἷόν κ᾽ ἐγὼ εἴπω | οὐράνιος κόσμος κεφαλή. γαστὴρ δὲ θάλασσα, | γαῖα δέ μοι πόδες εἰσί. τὰ δ᾽ οὔατ᾽ ἐν αἰθέρι κεῖται, | ὄμμα δὲ τηλαυγὲς λαμπρὸν φάος ἠελίοιο (SCBO 116,14–17 KASTER = PEG II/2 [Orphicorum et Orphicis similium testimonia et fragmenta], fr. 861, 381 BERNABÉ = *Orphicorum fragmenta*, 265 KERN). «Lerne, dass die Natur meiner Gottheit eine solche ist, die ich dir sagen möchte: Das Firmament des Himmels ist mein Kopf, mein Magen das Meer, die Erde meine Füße, meine Augen sind in der Luft, und das strahlende Licht der Sonne ist mein weitstrahlendes Auge», sowie Roelof VAN DEN BROEK, «The Sarapis Oracle in Macrobius, *Sat.* I, 20, 16 f.,» in *Hommages à Maarten J. Vermaseren: Recueil d'études offert par les auteurs de la Série Études préliminaires aux religions orientales dans l'Empire romain à Maarten J. Vermaseren à l'occasion de son soixantième anniversaire le 7 avril 1978*, éd. par Margreet B. de Boer et

ZWEITES KAPITEL: BIBEL UND FRÜHE CHRISTLICHE THEOLOGEN 479

T. A. Edridge, Vol. 1, Études préliminaires aux religions orientales dans l'Empire romain 68 (Leiden: Brill, 1978), 123–141, bes. 138–141.

145 *Papyri Graecae Magicae* XII 242–244 (PGM II, 74,32–34 PREISENDANZ): καὶ οὐρανὸς μὲν κεφαλή, αἰθὴρ δὲ σῶμα, γῆ πόδες, τὸ δὲ περί σε ὕδωρ, ὠκεανός, Ἀγαθὸς Δαίμων; vgl. dazu auch XIII 766–772 (PGM II, 122,19–25) sowie XXI 3–7 (PGM II, 146,1–10) und Jan ASSMANN, «Primat und Transzendenz: Struktur und Genese der ägyptischen Vorstellung eines höchsten Wesens,» in *Aspekte der ägyptischen Religion*, hg. Wolfhart Westendorf, Göttinger Orientforschungen. Reihe 4 Ägypten 9 (Wiesbaden: Harrassowitz, 1979), 7–42, bes. 7–13 sowie Wolfgang FAUTH, *Helios Megistos: Zur synkretistischen Theologie der Spätantike*, Religions in the Graeco-Roman World 125 (Leiden: Brill, 1995), 105.

146 Mark EDWARDS, «Further Reflections on the Platonism of Origen,» *Adamantius* 18 (2012): 317–324, bes. 323.

147 Pseudo-Galenus, *Historia philosophorum* 16: Πλάτων μὲν οὖν καὶ Ζήνων ὁ Στωικὸς περὶ τῆς οὐσίας τοῦ θεοῦ διεληλυθότες οὐχ ὁμοίως περὶ ταύτης διενοήθησαν, ἀλλ᾽ ὁ μὲν Πλάτων θεὸν ἀσώματον, Ζήνων δὲ σῶμα, περὶ τῆς μορφῆς μηδὲν εἰρήκοτες. Ἐπίκουρος δὲ ἀνθρωπόμορφον τοῦτον ὑπέλαβεν (*Doxographi Graeci* 608,16–609,1 DIELS).

148 Scholion zu Epicurus, *Ratae sententiae* 1, überliefert bei Diogenes Laertius, *Vitae philosophorum* X 139 (SCBO II, 559,5 LONG = fr. [5] 139,3–7 S. 121 ARRIGHETTI): δέ φησι τοὺς θεοὺς λόγῳ θεωρητούς, οὓς μὲν κατ᾽ ἀριθμὸν ὑφεστῶτας, οὓς δὲ καθ᾽ ὁμοείδειαν ἐκ τῆς συνεχοῦς ἐπιρρύσεως τῶν ὁμοίων εἰδώλων ἐπὶ τὸ αὐτὸ ἀποτετελεσμένων, ἀνθρωποειδεῖς; «An anderer Stelle sagt er (sc. Epikur), die Götter seien mit dem Geiste erschaubar als menschengestaltig, die einen in ihrer individuellen Existenz, die anderen gemäß ihrer Artgleichheit aufgrund des beständigen Herbeiströmens der artgleichen Bilder, die dasselbe Resultat ergeben»; zur Interpretation wie zur Interpretationsgeschichte der schwierigen Passage Jaap MANSFELD, «Aspects of Epicurean Theology,» *Mnemosyne* 46 (1993): 172–210, bes. 201–208.

149 Lucretius, *De rerum natura* VI 75–78 (SQAW 32, 376 MARTIN): *nec delubra deum placido cum pectore adibis, / nec de corpore quae sancto simulacra feruntur / in mentes hominum divinae nuntia formae, / suscipere haec animi tranquilla pace valebis* (Übersetzung aus: T. Lucretius Carus, De rerum natura: Lateinisch und Deutsch, von Hermann Diels, Bd. 2 Lukrez, Von der Natur, übersetzt von Hermann Diels [Berlin: Weidmann, 1924], 261). Für die «heiligen Körper der Götter» vgl. auch I 1015 (88 MARTIN).

150 Cicero, *De natura deorum* I 25 f.,71 (BiTeu 45, 27,26–28,5 AX): *Idem facit in natura deorum: dum individuorum corporum concretionem fugit, ne interitus et dissipatio consequatur, negat esse corpus deorum, sed tamquam corpus, nec sanguinem, sed tamquam sanguinem. Mirabile videtur quod non rideat haruspex, cum haruspicem viderit; hoc mirabilius, quam vos inter vos risum tenere possitis?* ‹Non est corpus, sed

quasi corpus›: *hoc intellegerem, quale esset, si in cereis fingeretur aut fictilibus figuris; in deo quid sit quasi corpus aut quid sit quasi sanguis, intellegere non possum. Ne tu quidem Vellei, sed non vis fateri.* – Zur Interpretation der Stelle vgl. den ausführlichen Kommentar bei M. *Tulli Ciceronis De Natura Deorum Liber Primus*, Arthur Stanley Pease, ed., (Cambridge, MA: Harvard University Press, 1955), 311–323 und vor allem Robert PHILIPPSON, «Die Quelle der Epikureischen Götterlehre in Ciceros erstem Buche De natura deorum,» *Symbolae Osloenses* 19 (1939): 15–40; Joseph MOREAU, «Épicure et la physique des dieux,» *Revue des Études Anciennes* 70 (1968): 286–294 sowie Kirk R. SANDERS, «Cicero De natura deorum 1.48 f.: Quasi corpus?,» *Mnemosyne* 4 (2004): 215–218.
151 SANDERS, «Cicero De natura deorum 1.48 f.: Quasi corpus?,» 216.
152 Cicero, *De divinatione* II 27,40 (BiTeu 46, 95,20–24 GIOMINI): *deos enim ipsos iocandi causa induxit Epicurus perlucidos et perflabilis et habitantis tamquam inter duos lucos sic inter duos mundos propter metum ruinarum, eosque habere putat eadem membra, quae nos, nec usum ullum habere membrorum.*
153 Vgl. dazu auch oben, S. 479 Anm. 149, das Zitat aus Lucretius, *De rerum natura* VI 75–78 und weiter Daniel BABUT, «Sur les dieux d'Epicure,» *Elenchos* 26 (2005): 79–110; Adam DROZDEK, «Epicurean Gods,» *Classica et Mediaevalia* 56 (2005): 155–166, bes. 156 f.; Dirk OBBINK, «'All Gods are true' in Epicurus,» in *Traditions of Theology: Studies in Hellenistic Theology, its Background and Aftermath*, Dorothea Frede and André Laks, ed., Philosophia antiqua 89 (Leiden: Brill, 2002), 183–222 sowie Jaap MANSFELD, «Aspects of Epicurean Theology,» *Mnemosyne* 46 (1993): 172–210 und Marianne WIFSTRAND SCHIEBE, «Sind die epikureischen Götter ‹thought-constructs›?,» *Mnemosyne* 56 (2003): 703–727; vgl. Cicero, *De natura deorum* I 19,49 (BiTeu 45, 20,14–24 Ax) und Diogenes Laertius, *Vitae philosophorum* X 31 (SCBO II, 509,17–20 LONG = 23,8 ARRIGHETTI).
154 Aëtius, *Placita philosophorum* I 3,18 (*Doxographi Graeci* 285,1–7 DIELS nach Apparat korrigiert): Ἐπίκουρος Νεοκλέους Ἀθηναῖος κατὰ Δημόκριτον φιλοσοφήσας ἔφη τὰς ἀρχὰς τῶν ὄντων σώματα λόγῳ θεωρητά, ἀμέτοχα κενοῦ, ἀγένητα, ἀίδια, ἄφθαρτα, οὔτε θραυσθῆναι δυνάμενα οὔτε διαπλασμὸν ἐκ τῶν μερῶν λαβεῖν οὔτ' ἀλλοιωθῆναι; dazu vgl. Robert PHILIPPSON, «Zur epikureischen Götterlehre,» *Hermes* 51 (1916): 568–608, bes. 590 f. sowie Holger ESSLER, *Glückselig und unsterblich: Epikuräische Theologie bei Cicero und Philodem*, Schwabe Epicurea II (Basel: Schwabe, 2011), 212–234.
155 Philodemus, *De Diis* (Περὶ θεῶν) III fr. 8,6 (p. 45 DIELS): ... μήτε σάρκι]νον εἶνα[ι κα]τ' ἀναλογίαν [ἔχ]ον τι σῶμ' ὅπερ ἡγεῖται [ἄ]ναλογ[.... – Ich zitiere Philodems Werk nach: Hermann DIELS, *Philodemos über die Götter, erstes und drittes Buch, griechischer Text und Erläuterung I–III*, Abhandlungen der Königlich Preussischen Akademie der Wissenschaften, Philosophisch-historische Klasse 7/1915, 4/1916 u. 6/1916 (Berlin: Verlag der Königlichen Akademie der Wissenschaften, in Kommission bei Georg Reimer, 1916/17 = Leip-

ZWEITES KAPITEL: BIBEL UND FRÜHE CHRISTLICHE THEOLOGEN   481

zig: Zentralantiquariat der Deutschen Demokratischen Republik, 1970); dazu ausführlich: PHILIPPSON, «Zur epikureischen Götterlehre,» *Hermes* 51 (1916): 568–608, bes. 577–592 und jetzt OBBINK, «‹All Gods are true› in Epicurus,» 189, der für direkte Abhängigkeit plädiert.

156 Philodemus, *De Diis* III fr. 9,3 (p. 45 DIELS): [τὰ δὲ θεῖα] κατὰ ταύτην [ἀνάλ]ογα καλε[ῖσθαι] in der Rekonstruktion von PHILIPPSON, «Die Quelle der Epikureischen Götterlehre in Ciceros erstem Buche *De natura deorum*,» 35. DIELS rekonstruiert [καὶ συνίστανται] κατὰ ταύτην [τἄλ]ογα καλο[ύμενα]. In jedem Falle ging es im Kontext um «das Fleisch im eigentlichen Sinne»: σαρκὶ τῇ κυρίως (fr. 9,1 ebd.).

157 Dafür Michael ERLER, «§ 18. Demetrios Lakon,» in *Die hellenistische Philosophie*, hg. Hellmut Flashar, Grundriss der Philosophie, begründet von Friedrich Ueberweg, völlig neu bearb. Ausgabe, Die Philosophie der Antike, Bd. 4 (Basel: Schwabe, 1994), 256–267, bes. 264 und Tiziano DORANDI: s. v. *«Démétrios Lacon,»* in *Dictionnaire des philosophes antiques*, publié sous la direction de Richard Goulet (Paris: Éditions du Centre national de la Recherche scientifique, 1994), 2: 637–641.

158 (Ps.–?)Demetrius Lacon, *De forma dei* (Περὶ τῆς θεοῦ μορφῆς) 3 und 5; zitiert nach: Demetrio Lacone, *La Forma del Dio (PHerc. 1055)*, edizione, traduzione e commento a cura di Mariacarolina Santoro, La scuola di Epicuro (Neapel: Bibliopolis, 2000), 91–101, hier col. 14,9–17,1 (96 f.): δῆλον δ' ὡς μ[ορφὴν τ]ὴν | [ἀνθρώ]π[ο]υ συ[νάπ]τ[ω|μεν τῷ θεῷ. ἐπειδὴ γὰρ τὸν λογισμὸν οὐχ εὑρίσκο]|μεν ἐν ἄλληι μορφῆι | δίχα τῆς ἀνθρώπου, φα|νερὸν ὡς καὶ τὸν θεὸν | ἀνθρωπόμορφον χρὴ | καταλείπειν, ἵνα καὶ σὺν | λογ[ι]σμῶι τὴν ὑπόστα|σιν ἔχη<ι>. διόπερ ἀνθρω|πό[μο]ρφον λέγομέν [γ' | εἶ]ν[αι τὸν] θεὸν ὑπ[…|.] εις[..] ἀνάνκης […|.]ν[….] καὶ δῆλο[ν ὡς |— —] σκι[— — — οὐ καταλαμβά]|νει τὸν ἡμέτερον | ἐπισπασμὸν καὶ πρὸς τοῦτ' ἄγοντα. φασὶν | γὰρ ὡς εἰ διὰ τὸ λογισ|μὸν ἔχειν ἀνθρωπόμορ|φός ἐστιν, καὶ τῆς ζωι|ότητος κοινῆς οὔσης, | συνάπτωμεν αὐτῶι | [κ]αὶ πολλὰς ἄ[λλας κ]ο[ι]|νότητας μορ[φῶ]ν, ὥσ|περ κ[αὶ χεῖρας κα]ὶ δα|[κτύλους καὶ ἐν]|| ψυχίαν ἔχει κοινήν und col. 23,9 f.: κ]αὶ ἐν | τοῖς αἰσθητοῖς καὶ ἐν | τοῖς λόγωι θεωρητοῖς, … (100). Eine Neukollation des Papyrus ist notwendig.

159 Philodemus, *De Diis* III col. 11,13 und 19 f. (p. 32 DIELS); WIFSTRAND SCHIEBE, «Sind die epikureischen Götter ‹thought-constructs›?,» 706.

160 Philodemus, *De Diis* I col. 2,7–11 (p. 10 DIELS; fol. 51): … τὸν θεὸν ζῷον ἀΐδιον καὶ ἄφθαρτον (nach DIELS, *Philodemos über die Götter*, 50, wohl eine Paraphrase des Leitsatzes, mit dem Epikurs Brief an Menoeceus beginnt: πρῶτον μὲν τὸν θεὸν ζῷον ἄφθαρτον καὶ μακάριον νομίζων, ὡς ἡ κοινὴ τοῦ θεοῦ νόησις ὑπεγράφη, μηθὲν μήτε τῆς ἀφθαρσίας ἀλλότριον μήτε τῆς μακαριότητος ἀνοίκειον αὐτῷ πρόσαπτε· (fr. [4] 123,2–5 [107 ARRIGHETTI]).

161 Cicero, *De natura deorum* I 12,30 (BiTeu 45, 13,17–22 Ax): *Quod vero sine corpore ullo deum esse intellegi possit (ut Graeci dicunt* ἀσώματον*), id, quale esse possit, intellegi*

non potest: careat enim sensu necesse est, careat etiam prudentia, careat voluptate; quae omnia una cum deorum notione conprehendimus. – Ein Versuch, diese Widersprüche am Beispiel der *ambigua materiae* (...) *qualitas* zu erklären, die nur körperlich «nach ihrer Anlage und ihrem Vermögen» scheint (*vi et ratione* [...] *corpoream*), findet sich bei Apuleius, *De Platone* I 5,192 (BiTeu III, 93,5–18 MORESCHINI; Zitate 93,12 f.17 f.).

162 Vgl. die Texte aus *De natura deorum* I 26,71 und *De divinatione* II 27,40 oben S. 479 f. in Anm. 150 sowie 152.

163 Max POHLENZ, *Die Stoa: Geschichte einer geistigen Bewegung*, 7. Aufl. (Göttingen: Vandenhoeck & Ruprecht, 1992), 93 f.; zuletzt: David SEDLEY, «The Origins of Stoic God,» in *Traditions of Theology: Studies in Hellenistic Theology, its Background and Aftermath*, Dorothea Frede and André Laks, ed., Philosophia antiqua 89 (Leiden: Brill, 2002), 41–84.

164 Plutarchus, *Moralia* 72. *De communibus notitiis adversus Stoicos* 30, 1073 E (BiTeu VI/2, 95,1–3 POHLENZ/WESTMAN bzw. CUFr Plutarque, Œuvres Morales XV/2, 89 CASEVITZ/BABUT mit ausführlichem Kommentar auf S. 257 f.) = SVF II, 525 (II, 167,24–26 VON ARNIM): ὄντα γὰρ μόνα τὰ σώματα καλοῦσιν. ἔπειτα δ' ὄντος τὸ ποιεῖν τι καὶ πάσχειν, τὸ δὲ πᾶν οὐκ ὄν ἐστιν· ὥστ' οὔτε τι ποιήσει οὔτε τι πείσεται τὸ πᾶν bzw. Ioannes Stobaeus, *Anthologium* I 8,42 (I, 106,18–23 WACHSMUTH) = SVF II, 509 (II, 164,26–30 von Arnim): Μόνον δ' ὑπάρχειν φησὶ τὸν ἐνεστῶτα, τὸν δὲ παρῳχημένον καὶ τὸν μέλλοντα ὑφεστάναι μέν, ὑπάρχειν δὲ οὐδαμῶς φησιν (Wachsmuth: οὐδαμῶς, εἰ μὴ; Handschriften εἰσίν, ὡς) ὡς καὶ κατηγορήματα ὑπάρχειν λέγεται μόνα τὰ συμβεβηκότα, οἷον τὸ περιπατεῖν ὑπάρχει μοι ὅτε περιπατῶ, ὅτε δὲ κατακέκλιμαι ἢ κάθημαι οὐχ ὑπάρχει... sowie Galenus, *De methodo medendi* II 7 (*Claudii Galeni opera omnia* X, 155 KÜHN) = SVF II 322 (II, 115,32 f.): εἰρηκὼς οὖν οὐδὲν ἧττον ὅσα χρὴ κἂν τοῖς περὶ τῶν στοιχείων λογισμοῖς, λέγω δὲ μικρολογίαν, ἐν ᾗ διαιροῦνται κατὰ γένη τό τε ὂν καὶ τὸ ὑφεστός sowie Victor GOLDSCHMIDT, «ὑπάρχειν et ὑφεστάναι dans la philosophie stoïcienne,» *Revue des Études Grecques* 85 (1972): 331–444 und Marcelo D. BOERI, «The Stoics on Bodies and Incorporeals,» *Review of Metaphysics* 54 (2001): 723–752, bes. 729–735 (mit kritischer Wendung gegen Panayiotis TZAMALIKOS, «Origen and the Stoic View of Time,» *Journal of the History of Ideas* 52 [1991], 531–561, bes. 540).

165 Dirk BALTZLY, «Stoic Pantheism,» *Sophia*, 34 (2003): 3–33 hat diese Identifikationen einsichtigerweise auf vorhellenistische *medizinische* Traditionen zurückgeführt (aaO. 24; mit Berufung auf Heinrich von STADEN, «Body, Soul, and Nerves: Epicurus, Herophilus, Erasistratus, the Stoics, and Galen,» in *Psyche and Soma: Physicians and Metaphysicians on the Mind-Body Problem from Antiquity to Enlightenment*, John P. Wright and Paul Potter, ed., [Oxford: Clarendon Press, 2000], 79–116, bes. 80–86).

ZWEITES KAPITEL: BIBEL UND FRÜHE CHRISTLICHE THEOLOGEN   483

166 Diogenes Laertius, *Vitae philosophorum* VII 134 (SCBO II, 354,8–18 LONG) = SVF I, 85 (I, 24,5–9 VON ARNIM) bzw. SVF II, 299 (II, 111,4–7 VON ARNIM): Δοκεῖ δ' αὐτοῖς ἀρχὰς εἶναι τῶν ὅλων δύο, τὸ ποιοῦν καὶ τὸ πάσχον. τὸ μὲν οὖν πάσχον εἶναι τὴν ἄποιον οὐσίαν τὴν ὕλην, τὸ δὲ ποιοῦν τὸν ἐν αὐτῇ λόγον τὸν θεόν· τοῦτον γὰρ ἀΐδιον ὄντα διὰ πάσης αὐτῆς δημιουργεῖν ἕκαστα. τίθησι δὲ τὸ δόγμα τοῦτο Ζήνων μὲν ὁ Κιτιεὺς ἐν τῷ Περὶ οὐσίας, Κλεάνθης δ' ἐν τῷ Περὶ τῶν ἀτόμων, Χρύσιππος δ' ἐν τῇ πρώτῃ τῶν Φυσικῶν πρὸς τῷ τέλει, Ἀρχέδημος δ' ἐν τῷ Περὶ στοιχείων καὶ Ποσειδώνιος ἐν τῷ δευτέρῳ τοῦ Φυσικοῦ λόγου. διαφέρειν δέ φασιν ἀρχὰς καὶ στοιχεῖα τὰς μὲν γὰρ εἶναι ἀγενήτους <καὶ> ἀφθάρτους, τὰ δὲ στοιχεῖα κατὰ τὴν ἐκπύρωσιν φθείρεσθαι. ἀλλὰ καὶ σώματα (anders Long z. St.: ἀσωμάτους, ebenso von Arnim; die Mss. lesen σώματα) εἶναι τὰς ἀρχὰς καὶ ἀμόρφους, τὰ δὲ μεμορφῶσθαι. Für die Begründung der Lesart und zur Interpretation vgl. BOERI, «The Stoics on Bodies and Incorporeals,» 725 mit Anm. 5. Die Ausgabe von Miroslav MARCOVICH (*Diogenis Laertii Vitae Philosophorum*, Bi-Teu [Stuttgart/Leipzig: Teubner, 1999], 523,19) liest ebenfalls σώματα.

167 Aristocles apud Eusebium, *Praeparatio evangelica* XV 14,1 ἀλλ' οὗτος ἄμφω σώματά φησιν εἶναι, καὶ τὸ ποιοῦν καὶ τὸ πάσχον (sc. das aktive und das passive Prinzip sind nach Zeno Körper: GCS Eusebius VIII/2, 378,20–379,1 MRAS/DES PLACES = *Aristocles of Messene: Testimonia and Fragments*, Maria Lorenza Chiesara, ed. with Translation and Commentary, Oxford Classical Monographs [Oxford: Oxford University Press, 2001], fr. 3, 18 f.; vgl. auch Diogenes Laertius, *Vitae Philosophorum* VII 134 (SCBO II, 354,8–11 LONG) = SVF I, 85 (I, 24,5–8 VON ARNIM) = SVF I, 493 (I, 110,25–29).

168 Der Text bei Diels (*Doxographi Graeci*) und von Arnim (*Stoicorum Veterum Fragmenta*) folgt: *Philodem über Frömmigkeit*, bearb. und erläutert von Theodor Gomperz. Der Text und photo-lithographische Beilagen, acht und zwanzig Tafeln, Herkulanische Studien 2 (Leipzig: Teubner, 1866), 5–151, bes. 77–79. – Bislang liegt nur der erste Teil des Werks in einer neueren kritischen Textausgabe vor: *Philodemus, On Piety: Part 1, Critical Text with Commentary*, Dirk Obbink, ed., (Oxford: Clarendon Press, 1996); wir folgen dem Text und der Übersetzung von Albert HENRICHS, «Die Kritik der stoischen Theologie im P. Herc. 1428,» *Cronache Ercolanesi* 4 (1974), 5–32, hier 12–25 (ohne Mitteilung aller papyrologischen Details). Überraschenderweise fehlt das Fragment bei Chrysippe, *Œuvre philosophique*, textes traduits et commentés par Richard Dufour, 2 Bde. (Paris: Les Belles Lettres, 2004). Eine Einleitung in das Thema findet sich in Bd. 1, L–LII, eine Auswahl der Fragmente Bd. 2, 485–531.

169 Philodemus, *De pietate* 11 (Pap. Herc. 1428, Col. V,28 – VI,1); *Doxographi Graeci* 546b,28–36 DIELS = SVF II, 1076 (II, 315,17–19 VON ARNIM): κα[ὶ παι]δαριωδῶς λέγεσ[θαι] [κ]α[ὶ] γράφε[σ]θαι κα[ὶ] πλάτ[τ]εσθαι [θε]οὺς ἀνθρω[ποειδεῖς], ὃν τρόπον καὶ π[ό]λεις καὶ ποταμοὺς καὶ τόπους καὶ

πάθ[η. – Für diesen Satz existiert bei Cicero interessanterweise keine Parallele.
170 Diogenes Laertius, *Vitae philosophorum* VII 147 (SCBO II, 360,9–11 Long) = SVF II, 1021 (II, 305,15–17 von Arnim): Θεὸν δ' εἶναι ζῷον ἀθάνατον, λογικόν, τέλειον ἢ νοερὸν ἐν εὐδαιμονίᾳ, κακοῦ παντὸς ἀνεπίδεκτον, προνοητικὸν κόσμου τε καὶ τῶν ἐν κόσμῳ μὴ εἶναι μέντοι ἀνθρωπόμορφον.
171 Philodemus, *De pietate* 11 (Pap. Herc. 1428, Col. IV,12 – V,28; *Doxographi Graeci* 545b,13–546b,28 Diels) = SVF II, 1076 (II, 315,2–17 von Arnim): ἀλ[λὰ μὴν] καὶ Χρύσ[ι]π[πος τὸ π]ᾶν ἐπ[ὶ] Δι' ἀ[νάγων ἐ]ν τῷ πρώ{ι}[τῳ Περὶ θεῶ]ν Δία φη[σὶν εἶ]ναι τὸ]ν ἅπαντ[α διοικοῦ]ντα λόγον [καὶ τὴν] τοῦ ὅλου ψυ[χὴν καὶ] τῇ τούτου [μετοχ]ῇ πάντα [... ζῆν ...]ο[..........([.....] καὶ το[ὺς λί][θους, δ]ιὸ κα[ὶ] Ζ[ῆ]να [καλεῖσθ]αι, Δ[ία] δ' ὅτ[ι] <πάντων αἴτιον καὶ κύριον·> τ[ό]ν [τε] κό[σ]μ[ον] [ἔμψυ]χον ε[ἶναι κ]αὶ [θεόν, κ]αὶ [τ]ὸ ἡγ[εμονι][κὸν κ]αὶ τὴν <τοῦ> ὅ[λου [ψ]υ[χή]ν· καὶ ο[ὕ]τω[ς] [ἀν]ὰ λ<ό>γον σ[υ]νά[γε]σθαι τὸν Δία καὶ τὴν κοινὴ[ν] πάντων φύσιν καὶ εἱμαρμένην καὶ ἀνάγκην· καὶ τὴν αὐτὴν εἶναι καὶ Εὐνομίαν καὶ Δίκην [καὶ] Ὁμόνοιαν [καὶ] Εἰρήνην καὶ Ἀφροδ[εί]την καὶ τὸ παρ[α]πλήσιον πᾶν· καὶ μὴ εἶναι θεοὺς ἄρρενας μηδὲ θηλείας, ὡς μηδὲ πόλεις μηδ' ἀρετάς, [ὁ] νομάζεσθαι δ[ὲ μό]νον ἀρρενικῶς κ[αὶ] θ[η][λ]υκῶς ταὐτὰ ὄν[τ]α, καθάπερ Σελήνην κα[ὶ Μ]ῆνα. καὶ τὸν Ἄρ[η] κ[ατὰ τοῦ] πο[λέ]μο[υ] τ[ετάχθ]αι καὶ τῆς [τάξεως] καὶ ἀντιτά[ξεως. Ἥ]φαιστον δὲ [πῦρ εἶν]αι, καὶ Κρόνον [μὲν τ]ὸν τοῦ ῥ[εύ]ματος ῥ[οῦ]ν, Ῥέαν δὲ τὴν γῆν, Δία δὲ τὸν αἰθέρα – τοὺς δὲ τὸν Ἀπόλλω{ι} κα[ὶ] τὴν Δήμητρα γῆν ἢ τὸ ἐν αὐτῇ πνεῦμα·; bei Diels aaO. synoptisch mit der Paraphrase Philodems oder einer Quelle Philodems aus Cicero, *De natura deorum* I 15,39 (BiTeu 45, 16,23–17,8 Ax), ein Vorabtext der kritischen Edition auch bei Obbink, «‹All Gods are true› in Epicurus,» 199–201.
172 Philodemus, *De pietate* 15 (Pap. Herc. 1428, Col. VIII,14–28); *Doxographi Graeci* 548b,14–549b,28 Diels = SVF III, 33 (II, 217,9–14 von Arnim); Text nach Henrichs, «Die Kritik der stoischen Theologie im P. Herc. 1428,» 19: Δ[ι]ογένης δ' ὁ Βαβυλώνιος ἐν τῷ περὶ τῆς Ἀθηνᾶς τ(ὸ)ν κ(όσ)μον γράφει τῷ Δ[ιὶ τ]ὸν αὐτὸν ὑπάρ[χει]ν ἢ περιέχειν τ[ὸ]ν Δία καθάπ[ε]ρ ἄνθρωπ[ον ψ]υχήν· κα[ὶ] τὸν ἥλ[ι]ον μ[ὲν] Ἀπόλλω, [τ]ὴν δ[ὲ σε]λήνην [Ἄρ]τεμιν· [καὶ] παιδα[ρι]ωδῶς εἶν[αι] θεοὺς ἀ[ν]θρωποε[ι]δεῖς λ[έγει]ν καὶ ἀδύνατον·. Cicero hat die Passage Philodems nur sehr verkürzt übernommen: *de natura deorum* I 15,41 (BiTeu 45, 17,22–25 Ax), synoptisch bei Diels, aaO. und ebenso bei Obbink, «‹All Gods are true› in Epicurus,» 206 f.
173 Philodemus, *De pietate* 16 (Pap. Herc. 1428, Col. X,29–XI,5); Text nach Henrichs, «Die Kritik der stoischen Theologie im P. Herc. 1428,» 21: εἶθ' ὅτι τοιούτ[ου]ς οὐδὲ με<με>λλήκασιν ἀπολείπειν οἵους σ[έ]βοντα[ι] πάντες καὶ ἡμεῖ[ς ὁ]μολογοῦμεν· ἀνθρωπ[ο]ε[ι]δεῖς γὰρ ἐκεῖνοί γε <οὐ> νομίζουσιν ἀλλὰ ἀέρας καὶ πνεύματα καὶ αἰθέρας ... .

174 Cleanthes, *Hymnus* (apud Ioannes Stobaeus, *Anthologium* I 1,12 [I, 25,3–27,4 Wachsmuth]) = SVF I, 537 (I, 121,34–123,5 von Arnim):
Κύδιστ' ἀθανάτων, πολυώνυμε παγκρατὲς αἰεί,
Ζεῦ φύσεως ἀρχηγέ, νόμου μετὰ πάντα κυβερνῶν,
χαῖρε· σὲ γὰρ καὶ πᾶσι θέμις θνητοῖσι προσαυδᾶν.
Ἐκ σοῦ γὰρ γενόμεσθα, θεοῦ μίμημα λαχόντες
Vgl. den ausführlichen Kommentar und die Aufzählung der Vorschläge zur Heilung des notorisch korrupten †ἤχου samt einer ausführlichen Begründung für die Konjektur θεοῦ μίμημα, der wir folgen, bei Johan C. Thom, *Cleanthes' Hymn to Zeus: Text, Translation, and Commentary*, Studien und Texte zu Antike und Christentum 33 (Tübingen: Mohr Siebeck, 2005), 54–66.

175 Aëtius, *Placita philosophorum* I 7,33 (*Doxographi Graeci* 305,15–306,11 Diels) = SVF II, 1027 (II, 306,19–25 von Arnim): οἱ Στωικοὶ νοερὸν θεὸν ἀποφαίνονται, πῦρ τεχνικόν, ὁδῷ βαδίζον ἐπὶ γενέσει κόσμου, ἐμπεριειληφὸς πάντας τοὺς σπερματικοὺς λόγους καθ' οὓς ἅπαντα καθ' εἱμαρμένην γίνεται, καὶ πνεῦμα μὲν ἐνδιῆκον δι' ὅλου τοῦ κόσμου, τὰς δὲ προσηγορίας μεταλαμβάνον διὰ ὅλης τῆς ὕλης, δι' ἧς κεχώρηκε, παραλλάξαν. θεοὺς δὲ καὶ τὸν κόσμον καὶ τοὺς ἀστέρας καὶ τὴν γῆν· ἀνωτάτω δὲ πάντων νοῦν ἐναιθέριον εἶναι θεόν.

176 Baltzly, «Stoic Pantheism,» 6–9.

177 Plutarchus, *Moralia* 60. *De facie in orbe lunae* 12, 926 C/D (BiTeu V/3, 45,20–22 u. 27–46,1 Hubert/Pohlenz/Drexler) = SVF II, 1045 (II, 308,19–28 von Arnim): αὐτὴ δ' ἡ ψυχή, πρὸς Διός' εἶπον 'οὐ παρὰ φύσιν τῷ σώματι συνεῖρκται βραδεῖ ταχεῖα καὶ ψυχρῷ πυρώδης, ὥσπερ ὑμεῖς (sc. Stoiker) φατε, καὶ ἀόρατος αἰσθητῷ (...) ὁ δὲ Ζεὺς ὑμῖν οὗτος οὐ τῇ μὲν αὐτοῦ φύσει χρώμενος ἕν ἐστι μέγα πῦρ καὶ συνεχές, νυνὶ δ' ὑφεῖται καὶ κέκαμπται καὶ διεσχημάτισται, πᾶν χρῶμα γεγονὼς καὶ γινόμενος ἐν ταῖς μεταβολαῖς; (in SVF die wenig wahrscheinliche Konjektur ἡμῖν von Pohlenz, die BiTeu nur im Apparat bietet).

178 Alexander von Aphrodisias, *De mixtione* 3 (CAG. Suppl. II/2, 216,25–217,2 Bruns; hier zitiert nach: *Alexander of Aphrodisias on Stoic Physics: A Study of the De mixtione*, with Preliminary Essays, Text, Translation and Commentary by Robert B. Todd, Philosophia Antiqua 29 (Leiden: Brill, 1976), 116: τὰς δέ τινας γίνεσθαι μίξεις λέγει δι' ὅλων τινῶν οὐσιῶν τε καὶ τῶν τούτων ποιοτήτων ἀντιπαρεκτεινομένων ἀλλήλαις μετὰ τοῦ τὰς ἐξ ἀρχῆς οὐσίας τε καὶ ποιότητας σῴζειν ἐν τῇ μίξει τῇ τοιᾷδε, ἥντινα τῶν μίξεων κρᾶσιν ἰδίως εἶναι λέγει. τὴν γὰρ δύο ἢ καὶ πλειόνων τινῶν σωμάτων ὅλων δι' ὅλων ἀντιπαρέκτασιν ἀλλήλοις οὕτως, ὡς σῴζειν ἕκαστον αὐτῶν ἐν τῇ μίξει τῇ τοιαύτῃ τήν τε οἰκείαν οὐσίαν καὶ τὰς ἐν αὐτῇ ποιότητας, λέγει κρᾶσιν εἶναι μόνην τῶν μίξεων. εἶναι γὰρ ἴδιον τῶν κεκραμένων τὸ δύνασθαι χωρίζεσθαι πάλιν ἀπ' ἀλλήλων, ὃ μόνως γίνεται τῷ σῴζειν ἐν τῇ μίξει τὰ κεκραμένα τὰς

αὐτῶν φύσεις; dazu Baltzly, «Stoic Pantheism,» 7 f. und für den Ausdruck ἀσύγχυτος ἕνωσις vgl. Luise Abramowski, «συνάφεια und ἀσύγχυτος ἕνωσις als Bezeichnungen für trinitarische und christologische Einheit,» in dies., *Drei christologische Untersuchungen*, Beihefte zur Zeitschrift für die neutestamentliche Wissenschaft 45 (Berlin/New York: De Gruyter, 1981), 63–109, bes. 66–70 sowie unten S. 168 bzw. 557 und 379 bzw. 728 mit Anm. 152 bzw. 26.

179 Baltzly, «Stoic Pantheism,» 8. 11. – Zu den Bezügen dieser Theologie zur Debatte in der platonischen Akademie vgl. Sedley, «The Origins of Stoic God,» 60–82.

180 Selbstverständlich gibt es Ausnahmen – den bereits genannten Traktat *De mixtione* des Alexander von Aphrodisias oder den (freilich sehr späten) Aristoteles-Kommentator Sophonias (ein Mönch): Vgl. Sophonias, *In libros Aristotelis De anima paraphrasis* ad *De anima* 5, 411 a 7 (CAG XXIII, 36,11–13 Hayduck) = SVF II, 1046 (II, 308,32–34 von Arnim): εἰς τοῦτο δ' ἄν τις ἕλκοι καὶ τοὺς Στωϊκοὺς σῶμα τὸ θεῖον ὑπολαβόντας καὶ πανταχοῦ παρεῖναι καὶ σωματικῶς, ἀλλ' οὐ μόναις ταῖς ἐνεργείαις.

181 Christoph Markschies, *Kaiserzeitliche christliche Theologie und ihre Institutionen. Prolegomena zu einer Geschichte der antiken christlichen Theologie* (Tübingen: Mohr Siebeck, 2. Aufl. 2009), 73–107 sowie Henning Ziebritzki, *Heiliger Geist und Weltseele: Das Problem der dritten Hypostase bei Origenes, Plotin und ihren Vorläufern*, Beiträge zur Historischen Theologie 84 (Tübingen: Mohr Siebeck, 1994), 260–266.

182 Origenes, *Contra Celsum* VI 71 (GCS Origenes II, 141,15–20 Koetschau) = SVF II, 1051 (II, 310,21–25 von Arnim) = fr. 1061 (p. 524–527 Dufour): Κατὰ μὲν οὖν τοὺς ἀπὸ τῆς Στοᾶς, σωματικὰς λέγοντας εἶναι τὰς ἀρχὰς καὶ διὰ τοῦτο πάντα φθείροντας κινδυνεύοντας δὲ καὶ αὐτὸν φθεῖραι τὸν ἐπὶ πᾶσι θεόν, εἰ μὴ πάνυ ἀπεμφαῖνον τοῦτ' αὐτοῖς ἐδόκει τυγχάνειν, καὶ ὁ λόγος τοῦ θεοῦ ὁ μέχρι ἀνθρώπων καὶ τῶν ἐλαχίστων καταβαίνων οὐδὲν ἄλλο ἐστὶν ἢ πνεῦμα σωματικόν; vgl. dazu auch: Josiah B. Gould, *The Philosophy of Chrysippus*, Philosophia Antiqua 17 (Leiden: Brill, 1970), 155 und unten S. 507 mit Anm. 284.

183 Vgl. zur Theorie von der ἐκπύρωσις in der älteren Stoa: Ricardo Salles, «Ἐκπύρωσις and the Goodness of God in Cleanthes,» *Phronesis* 50 (2005): 56–78; zum Hintergrund der Debatte zwischen Origenes und Celsus nach wie vor Carl Andresen, *Logos und Nomos: Die Polemik des Kelsos wider das Christentum*, Arbeiten zur Kirchengeschichte 30 (Berlin: De Gruyter, 1955), 73–77.

184 S. o. S. 74.

185 Origenes, *Contra Celsum* IV 14 (GCS Origenes I, 284,23–28 Koetschau) = SVF II, 1052 (II, 310,30–34 von Arnim) = fr. 1063 (p. 526 Dufour): Ἀλλὰ καὶ ὁ τῶν Στωϊκῶν θεός, ἅτε σῶμα τυγχάνων, ὁτὲ μὲν ἡγεμονικὸν ἔχει τὴν

ὅλην οὐσίαν, ὅταν ἡ ἐκπύρωσις ᾖ ὁτὲ δὲ ἐπὶ μέρους γίνεται αὐτῆς, ὅταν ᾖ διακόσμησις. Οὐδὲ γὰρ δεδύνηνται οὗτοι τρανῶσαι τὴν φυσικὴν τοῦ θεοῦ ἔννοιαν ὡς πάντη ἀφθάρτου καὶ ἁπλοῦ καὶ ἀσυνθέτου καὶ ἀδιαιρέτου; vgl. dazu auch *Contra Celsum* I 21 (72,15): (...) καὶ ὁ θεὸς τοῖς Στωϊκοῖς ἐστι σῶμα... und im *Dialogus cum Heraclide* § 12 (SC 67, 80 SCHERER = Textes et Documents IX, 146,19 SCHERER) (...) τὸν Θεὸν ἀνθρωπόμορφον (...) sowie oben, S. 92-95.

186 Hippolytus, *Refutatio omnium haeresium* I 21,1 (GCS Hippolyt III, 25,12-16 WENDLAND/PTS 25, 83,1-4 MARCOVICH) = SVF II, 1029 (II, 306,35-39 VON ARNIM = *Doxographi Graeci* 571,7-10 DIELS): Στωϊκοὶ καὶ αὐτοὶ μὲν ἐπὶ τὸ συλλογιστικώτερον τὴν φιλοσοφίαν ηὔξησαν καὶ σχεδὸν ὅροις περιέλαβον, ὁμόδοξοι γενόμενοι ὅ τε Χρύσιππος καὶ Ζήνων, οἳ ὑπέθεντο καὶ αὐτοὶ ἀρχὴν μὲν θεὸν τῶν πάντων, σῶμα ὄντα τὸ καθαρώτατον, διὰ πάντων δὲ διήκειν τὴν πρόνοιαν αὐτοῦ.

187 Theodoretus Cyrrhensis, *Graecarum affectionum curatio* II 113 (BiTeu 66,12-16 RAEDER) = SVF II, 1028 (II, 306,33 f. VON ARNIM): φεύξεται δὲ καὶ τῶν Στωϊκῶν τὴν ἀπρεπῆ περὶ τοῦ θείου δόξαν· σωματοειδῆ γὰρ οὗτοι τὸν θεὸν ἔφασαν εἶναι sowie Eusebius Caesariensis, *Praeparatio Evangelica* III 9,9 (GCS Eusebius VIII/1, 129,6-9 MRAS/DES PLACES) = SVF II, 1032 (II, 307,5-7 VON ARNIM): ἐν οἷς (sc. den Versen 14-19 des orphischen Hymnus Ζεὺς πρῶτος γένετο,... κτλ.; cf. III 9,2 [126,14-19 = 129,2-5 MRAS/DES PLACES] = *Poetae Epici Graeci* II/1, 208,8-209,13 BERNABÉ; vgl. VAN DEN BROEK, «The Sarapis Oracle in Macrobius, Sat. I, 20, 16 f.,» 125-129) ἐπιφέρει τὸν νοῦν τοῦ Διὸς λέγων εἶναι τὸν αἰθέρα καὶ οὐδὲν ἄλλο, κατὰ τοὺς Στωϊκοὺς τὴν πυρώδη καὶ θερμὴν οὐσίαν τὸ ἡγεμονικὸν φάσκοντας εἶναι τοῦ κόσμου καὶ τὸν θεὸν εἶναι σῶμα καὶ τὸν δημιουργὸν αὐτὸν οὐδ' ἕτερον τῆς τοῦ πυρὸς δυνάμεως.

188 Clemens Alexandrinus, *Stromata* V 89,2-4 (GCS Clemens Alexandrinus II, 384,18-385,2 STÄHLIN/FRÜCHTEL/TREU) = SVF II, 1035 (II, 307,15-17 VON ARNIM): Φασὶ γὰρ σῶμα εἶναι τὸν θεὸν οἱ Στωϊκοὶ καὶ πνεῦμα κατ' οὐσίαν, ὥσπερ ἀμέλει καὶ τὴν ψυχήν· πάντα ταῦτα ἄντικρυς εὑρήσεις ἐν ταῖς γραφαῖς. μὴ γάρ μοι τὰς ἀλληγορίας αὐτῶν ἐννοήσῃς τὰ νῦν ὡς ἡ γνωστικὴ παραδίδωσιν ἀλήθεια, εἰ ἄλλο τι δεικνύουσαι, καθάπερ οἱ σοφοὶ παλαισταί, ἄλλο μηνύουσιν. ἀλλ' οἳ μὲν διήκειν διὰ πάσης τῆς οὐσίας τὸν θεόν φασιν, ἡμεῖς δὲ ποιητὴν μόνον αὐτὸν καλοῦμεν καὶ λόγῳ ποιητήν. Vgl. auch *ebd.* I 51,1 (33,12-14) = SVF II, 1040 (II, 307,30 f.): ἀλλὰ καὶ οἱ Στωϊκοί, ὧν καὶ αὐτῶν μέμνηται, σῶμα ὄντα τὸν θεὸν διὰ τῆς ἀτιμοτάτης ὕλης πεφοιτηκέναι λέγουσιν, οὐ καλῶς «Aber auch die Stoiker, die er (sc. der Apostel Paulus) gleichfalls erwähnt, behaupten, dass Gott etwas Körperliches sei und jeden Stoff, auch den verachtetsten, durchdringe, eine Lehre, die ihnen keine Ehre macht».

189 Tertullianus, *Apologeticum* 47,6 (CChr.SL 1, 163,21-23 DEKKERS) = SVF II,

1034 (II, 307,10 f. VON ARNIM): *alii incorporalem (deum scil.) asseuerant, alii corporalem, qua Platonici et Stoici; alii ex atomis, alii ex numeris, qua Epicurus et Pythagoras; alius ex igni, qua Heraclito uisum;* vgl. auch Lactantius, *Divinae Institutiones* VII 3,1–4 (BiTeu IV, 648,19–13 HECK/WLOSOK) = SVF II, 1041 (II, 307,33–44 VON ARNIM). – Zu Tertullians eigener Position s. oben ausführlicher, S. 106–108.

190 Paul MORAUX, s. v. «Quinta Essentia,» in *Paulys Realencyclopädie der classischen Altertumswissenschaft* (Stuttgart: Metzler, 1963), 24: 1171–1263 sowie Henry John EASTERLING, «Quinta natura,» *Museum Helveticum* 21 (1964), 73–85 und Mary Louise GILL, «The Theory of the Elements in De Caelo 3 and 4,» in *New Perspectives on Aristotle's De Caelo*, Alan C. Bowen and Christian Wildberg, ed., Philosophia antiqua 177 (Leiden: Brill, 2009), 139–162; vgl. auch den Exkurs von Alberto JORI, «Geschichte der Lehre vom ersten Körper (Äther),» in *Aristoteles: Über den Himmel*, übersetzt und erläutert von Alberto Jori, Aristoteles Werke in deutscher Übersetzung 12/3 (Berlin: Akademie, 2009), 193–259. Für die christliche Rezeption Jean PÉPIN, *Théologie cosmique et théologie chrétienne (Ambroise, Exam. I 1, 1–4)*, Bibliothèque de philosophie contemporaine. Histoire de la philosophie et philosophie générale (Paris: Presses universitaires de France, 1964), 486–492 mit Bezug auf Ps.-Clemens Romanus, *Recognitiones* VIII 15,4 f. (GCS Pseudoklementinen II, 226,1–9 REHM/STRECKER).

191 Aristoteles, *De caelo* I 2, 269 b 13–17: Διόπερ ἐξ ἁπάντων ἄν τις τούτων συλλογιζόμενος πιστεύσειεν ὡς ἔστι τι παρὰ τὰ σώματα τὰ δεῦρο καὶ περὶ ἡμᾶς ἕτερον κεχωρισμένον, τοσούτῳ τιμιωτέραν ἔχον τὴν φύσιν ὅσῳπερ ἀφέστηκε τῶν ἐνταῦθα πλεῖον.

192 Ps.-Plato, *Epinomis* 981 C: πέντε οὖν ὄντων τῶν σωμάτων, πῦρ χρὴ φάναι καὶ ὕδωρ εἶναι καὶ τρίτον ἀέρα, τέταρτον δὲ γῆν, πέμπτον δὲ αἰθέρα, τούτων δ' ἐν ἡγεμονίαις ἕκαστον ζῷον πολὺ καὶ παντοδαπὸν ἀποτελεῖσθαι; vgl. MORAUX, s. v. «Quinta essentia,» 1187–1192.

193 Ps.-Plato, *Epinomis* 984 D – 985 B; zur Dämonenlehre vgl. Friedrich ANDRES, s. v. «Daimon,» in *Paulys Realencyclopädie der classischen Altertumswissenschaft* (Stuttgart: Metzler, 1918), Supplementband 3: 267–322, bes. 296 sowie Franz CUMONT, *Die orientalischen Religionen im römischen Heidentum*, bearb. von August Burckhardt-Brandenberg, 9., unveränd. Aufl., reprogr. Nachdr. der 3. dt. Aufl. (Stuttgart: Teubner, 1989 = 1931), 309.

194 Cicero, *Tusculanae disputationes* I 10,22 (BiTeu 44, 228,19–229,2 POHLENZ); ausführliche Diskussion bei MORAUX, s. v. «Quinta essentia,» 1213–1231. Die Diskussion betrifft vor allem den verlorenen Frühdialog *De philosophia* des Aristoteles: Aristotele, *Della filosofia*: Introduzione, testo, traduzione e commento esegetico di Mario Untersteiner, Temi e testi 10 (Rom: Edizioni di storia e letteratura, 1963) bzw. (sehr viel knapper) *Aristotelis Opera* Vol. III *Librorum deperditorum fragmenta*, collegit et annotationibus instruxit Olof GIGON

(Berlin/New York: De Gruyter, 1987), 267–270. Die einschlägigen Cicero-Passagen bei Untersteiner als fr. 27 = 30 (aaO. 54–57 und Kommentar 265–280).

195 Ioannes Philoponos, *In Aristotelem De anima* I *prooemium* (CAG XV, 9,4–9 HAYDUCK), vgl. fr. 99 bei *Die Schule des Aristoteles: Texte und Kommentar,* hg. Fritz Wehrli, 2., ergänzte u. verbesserte Aufl. (Basel/Stuttgart: Schwabe, 1969), 34,20–23 und Kommentar S. 93 = *Heraclides of Pontus: Texts and Translation,* Eckart Schütrumpf, ed., Rutgers University Studies in Classical Humanities 14 (New Brunswick, NJ: Transaction Publishers, 2008), fr. 47, 120 f.: Καθόλου δὲ τὴν ψυχὴν οἱ μέν φασιν ἀσώματον εἶναι, οἱ δὲ σῶμα καὶ τῶν σῶμα οἱ μὲν ἁπλοῦν, οἱ δὲ σύνθετον· καὶ τῶν σύνθετον οἱ μὲν ἐκ συνημμένων σωμάτων, οἱ δὲ ἀσυνάπτων. τῶν δὲ ἁπλοῦν σῶμα εἰρηκότων τὴν ψυχὴν εἶναι οἱ μὲν εἰρήκασιν αἰθέριον εἶναι σῶμα, ταὐτὸν δέ ἐστιν εἰπεῖν οὐράνιον, ὥσπερ Ἡρακλείδης ὁ Ποντικός, οἱ δὲ πῦρ, ὡς Ἡράκλειτος, ἐπειδὴ καὶ πῦρ ἔλεγεν εἶναι τὴν ἀρχὴν τῶν ὄντων· οὕτως οὖν καὶ τὴν ψυχὴν πυρίαν εἶναι διὰ τὸ εὐκίνητον. Vgl. dazu auch DIELS, *Doxographi Graeci,* 214, MORAUX, s. v. «Quinta Essentia,» 1193–1196 und Hans B. GOTTSCHALK, *Heraclides of Pontus* (Oxford: Clarendon Press, 1980), 102–127.

196 JORI, «Geschichte der Lehre vom ersten Körper (Äther),» 217 (nahezu wörtlich übernommen aus MORAUX, s. v. «Quinta Essentia,» 1196).

197 Aristoteles, *De caelo* I 2, 269 a 30–34: Ἔκ τε δὴ τούτων φανερὸν ὅτι πέφυκέ τις οὐσία σώματος ἄλλη παρὰ τὰς ἐνταῦθα συστάσεις, θειοτέρα καὶ προτέρα τούτων ἁπάντων, κἂν εἴ τις ἔτι λάβοι πᾶσαν εἶναι κίνησιν ἢ κατὰ φύσιν ἢ παρὰ φύσιν, καὶ τὴν ἄλλῳ παρὰ φύσιν ἑτέρῳ κατὰ φύσιν, οἷον ἡ ἄνω καὶ ἡ κάτω πέπονθεν·; vgl. den Kommentar z. St. bei JORI, *Über den Himmel,*384 f. und bei Christian WILDBERG, *John Philoponus' Criticism of Aristotle's Theory of Aether,* Peripatoi 16 (Berlin/New York: De Gruyter, 1988), 64–68.

198 Aristoteles, *De caelo* I 3, 270 b 20–24: Διόπερ ὡς ἑτέρου τινὸς ὄντος τοῦ πρώτου σώματος παρὰ γῆν καὶ πῦρ καὶ ἀέρα καὶ ὕδωρ, αἰθέρα προσωνόμασαν τὸν ἀνωτάτω τόπον, ἀπὸ τοῦ θεῖν ἀεὶ τὸν ἀΐδιον χρόνον θέμενοι τὴν ἐπωνυμίαν αὐτῷ.

199 Aristoteles, *De caelo* II 4, 286 b 10–287 b 21; vgl. 286 b 10: Σχῆμα δ' ἀνάγκη σφαιροειδὲς ἔχειν τὸν οὐρανόν· τοῦτο γὰρ οἰκειότατόν τε τῇ οὐσίᾳ καὶ τῇ φύσει πρῶτον und den Kommentar z. St. bei JORI, *Über den Himmel,* 436– 439. Der Kreiskörper ist allerdings begrenzt: *De caelo* I 5, 271 b 25–273 a 6.

200 Aristoteles, *De caelo* I 3, 269 b 18–23: Ἐπεὶ δὲ τὰ μὲν ὑπόκειται τὰ δ' ἀποδέδεικται τῶν εἰρημένων, φανερὸν ὅτι οὔτε κουφότητα οὔτε βάρος ἔχει σῶμα ἅπαν, δεῖ δὲ ὑποθέσθαι τί λέγομεν τὸ βαρὺ καὶ τὸ κοῦφον, νῦν μὲν ἱκανῶς ὡς πρὸς τὴν παροῦσαν χρείαν, ἀκριβέστερον δὲ πάλιν, ὅταν ἐπισκοπῶμεν περὶ τῆς οὐσίας αὐτῶν; vgl. ebd. 269 b 29–35: Τὸ δὲ κύκλῳ σῶμα φερόμενον ἀδύνατον ἔχειν βάρος ἢ κουφότητα· οὔτε γὰρ κατὰ φύσιν οὔτε παρὰ φύσιν ἐνδέχεται αὐτῷ κινηθῆναι ἐπὶ τὸ μέσον ἢ ἀπὸ τοῦ μέσου.

Κατὰ φύσιν μὲν γὰρ οὐκ ἔστιν αὐτῷ ἡ ἐπ' εὐθείας φορά· μία γὰρ ἦν ἑκάστου τῶν ἁπλῶν, ὥστ' ἔσται τὸ αὐτὸ τῶν οὕτω τινὶ φερομένων sowie 270 a 12–14: Ὁμοίως δ' εὔλογον ὑπολαβεῖν περὶ αὐτοῦ καὶ ὅτι ἀγένητον καὶ ἄφθαρτον καὶ ἀναυξὲς καὶ ἀναλλοίωτον, …; vgl. dazu auch den Versuch, die traditionellen Hintergründe solcher Konzeptionen sichtbar zu machen, bei Richard Bodéüs, *Aristotle and the Theology of the Living Immortals* (Albany: State University of New York Press, 2000), 40–45.

201 Aristoteles, *De anima* II 7, 418 b 7–9: οὐ γὰρ ᾗ ὕδωρ οὐδ' ᾗ ἀὴρ διαφανές, ἀλλ' ὅτι ἔστι τις φύσις ἐνυπάρχουσα ἡ αὐτὴ ἐν τούτοις ἀμφοτέροις καὶ ἐν τῷ ἀϊδίῳ τῷ ἄνω σώματι. φῶς δέ ἐστιν ἡ τούτου ἐνέργεια, τοῦ διαφανοῦς ᾗ διαφανές. δυνάμει δέ, ἐν ᾧ τοῦτ' ἐστί, καὶ τὸ σκότος. τὸ δὲ φῶς οἷον χρῶμά ἐστι τοῦ διαφανοῦς, ὅταν ᾖ ἐντελεχείᾳ διαφανὲς ὑπὸ πυρὸς ἢ τοιούτου οἷον τὸ ἄνω σῶμα; Jori, «Geschichte der Lehre vom ersten Körper (Äther),» 235.

202 Vgl. dazu auch Jori, «Geschichte der Lehre vom ersten Körper (Äther),» 220. 223–225, vor allem aber Moraux, s. v. «Quinta Essentia,» 1198–1204. Bei Moraux auch eine Darstellung vergleichbarer Lehrbildungen insbesondere in *De generatione animalium* (Lebenspneuma), die wir hier ausblenden: aaO. 1204–1209.

203 Vgl. dazu Nr. 44 in der spätantiken Werkliste, bekannt als «Lamprias-Katalog», dessen Titel mitgeteilt sind bei Konrat Ziegler, *Plutarchos von Chaironeia*, 2., durch Nachtr. erg. Aufl. (Stuttgart: Druckenmüller, 1964), 61–64 (revidierte Fassung von ders., s. v. «Plutarchos (2) von Chaironeia,» in *Paulys Realencyclopädie der classischen Altertumswissenschaft* [München: Druckenmüller, 1951], 21/1: 636–962, bes. 696–702, hier 698) und knapp Jori, *Über den Himmel*, 247: Περὶ τῆς πεμπτῆς οὐσίας βιβλία ε΄.

204 Atticus apud Eusebium, *Praeparatio Evangelica* XV 7 (GCS Eusebius VIII/2, 363,8–365,21 Mras/Des Places) = fr. 5 (CUFr 55–57 Des Places), vgl. bes. 7,6: ὡσαύτως δὲ καὶ Ἀριστοτέλης ἀκούων Πλάτωνος ὅτι ἔστι τις οὐσία νοητὴ καθ' αὑτὴν ἀσώματός τε καὶ ἀχρώματος καὶ ἀναφής, οὔτε γινομένη οὔτε φθειρομένη οὔτε τρεπομένη οὔτε μεταβαλλομένη, ἀεὶ δὲ κατὰ τὰ αὐτὰ καὶ ὡσαύτως ἔχουσα, πάλιν δ' αὖ περὶ τῶν κατ' οὐρανὸν ἀκούων, ὡς ὄντα θεῖα καὶ ἄφθαρτα [ἀπαθῆ] ἐστι σώματα, συνέθηκε καὶ συνεκόλλησεν ἐξ ἀμφοῖν πράγματα μὴ συνᾴδοντα παρ' ὧν μὲν γὰρ τὸ εἶναι σῶμα, παρ' ὧν δὲ τὸ ἀπαθὲς εἶναι λαβὼν σῶμα ἀπαθὲς ἐτεκτήνατο; dazu vgl. Moraux, s. v. «Quinta essentia,» 1173.

205 S. u. S. 268–271 und vgl. dazu vor allem Moraux, s. v. «Quinta essentia,» 1256–1259 und jetzt Glenn Peers, *Subtle Bodies. Representing Angels in Byzantium*, The Transformation of the Classical Heritage 32 (Berkeley/Los Angeles/London: University of California Press, 2001), 67–80.

206 Origenes, *Commentarii in Euangelium Ioannis* XIII 21,125 f. (GCS Origenes IV, 245,1–5 Preuschen): Παρεδέξαντο δὲ τὰ ἀπαντῶντα τῷ λόγῳ αὐτῶν ἄτοπα οἱ θέλοντες εἶναι σῶμα τὸν θεόν, ἅτε μὴ δυνάμενοι ἀντιβλέπειν τοῖς

ἐκ λόγου ἐναργῶς παρισταμένου. Ταῦτα δέ φημι καθ' ὑπεξαίρεσιν τῶν πέμπτην λεγόντων εἶναι φύσιν σωμάτων παρὰ τὰ στοιχεῖα; vgl. zur Übersetzung des καθ' ὑπεξαίρεσιν Origène, *Commentaire sur Saint Jean: Tome III (Livre XIII)*, texte grec, avant propos, traduction et Notes par Cécile Blanc, SC 222 (Paris: Les Éditions du Cerf, 1975), 98 f. mit Anm. 2 sowie Origenes, *De principiis* III 6,6 (GCS Origenes V, 288,21–26 KOETSCHAU = TzF 24, 660 GÖRGEMANNS/KARPP) und *Contra Celsum* IV 56 (GCS Origenes I, 329,11– 16 KOETSCHAU).

207 Pseudo-Clemens, *Recognitiones* VIII 15,4 (GCS Pseudoklementinen II, 226,1–5 REHM/STRECKER): *Aristoteles etiam quantum introducit elementum, quod acatonomaston, id est inconpellabile nominavit, sine dubio illum indicans, qui in unum quattuor elementa coniungens mundum fecerit;* zur Interpretation und zur Traditionsgeschichte MORAUX, s. v. «Quinta essentia,» 1228. – Bemerkenswerterweise findet sich der erste Satz Ἀριστοτέλης καὶ πέμπτον ἀκατονόμαστον auch in den Scholien zu Basilius, *Homiliae in Hexaëmeron* I 2 (226,1 f. REHM/STRECKER), dazu vgl. Giorgio PASQUALI, «Doxographica aus Basiliusscholien,» *Nachrichten der Königlichen Gesellschaft der Wissenschaften zu Göttingen, Philosophisch-Historische Klasse* 1910 (Berlin: Weidmann, 1910), 194– 228, bes. 195 f.

208 *Corpus Hermeticum Asclepius* 6 (CUFr II, 303,5–8 NOCK/FESTUGIÈRE): *Spiritus, quo plena sunt omnia, permixtus cunctis cuncta uiuificat, sensu addito ad hominis intelligentiam, quae quinta pars sola homini concessa est ex aethere* bzw. aaO. *diis cognata diuinitate coniunctus est* (302,6); vgl. dazu den Kommentar bei Walter SCOTT, *Hermetica: The ancient Greek and Latin writings which contain religious or philosophic teachings ascribed to Hermes Trismegistus,* Vol. 3 *Commentary: Latin Asclepius and Stobaei Hermetica* (Oxford: Clarendon Press, 1936), 39–42.

209 Athenagoras, *Supplicatio pro Christianis* 6,4 (PTS 31, 33,25–30 MARCOVICH): ὁ δὲ Ἀριστοτέλης καὶ οἱ ἀπ' αὐτοῦ ἕνα ἄγοντες οἱονεὶ ζῷον σύνθετον, ἐκ ψυχῆς καὶ σώματος συνεστηκότα λέγουσι τὸν θεόν, σῶμα μὲν αὐτοῦ τὸ αἰθέριον νομίζοντες τούς τε πλανωμένους ἀστέρας καὶ τὴν σφαῖραν τῶν ἀπλανῶν κινούμενα κυκλοφορητικῶς, ψυχὴν δὲ τὸν ἐπὶ τῇ κινήσει τοῦ σώματος λόγον, αὐτὸν μὲν οὐ κινούμενον, αἴτιον δὲ τῆς τούτου κινήσεως γινόμενον; dazu auch MORAUX, s. v. «Quinta Essentia,» 1128 und für die Vorstellung, Jesus Christus habe einen solchen Leib besessen, unten S. 273 f.

210 Vgl. dafür Basilius Caesariensis, *Homiliae in Hexaëmeron* I 11 (GCS.NF 2, 18,17–24 AMAND DE MENDIETA/RUDBERG); Ambrosius Mediolanensis, *Homiliae in Hexaëmeron* I 6,23 (CSEL 32, 21,1–22,4 SCHENKL), vgl. auch Jean PÉPIN, *Théologie cosmique et théologie chrétienne (Ambroise, Exam. I 1, 1–4),* Bibliothèque de philosophie contemporaine. Histoire de la philosophie et philosophie générale [Presses universitaires de France, 1964], 226–247) sowie Nemesius Emesenus, *De natura hominis* 5,165 f. (BiTeu 52,20–53,6 MORANI). Deutlich stärker von Aristoteles entfernt ist, was Hermias (*Irrisio gentilium*

philosophorum 11 [SC 388, 108,6–12 Hanson/Joussot = *Doxographi Graeci*, 654,1–3 Diels) zu berichten weiß: κατόπιν δὲ αὐτοῦ μαθητὴς Ἀριστοτέλης· ἔστηκε ζηλοτυπῶν τὸν διδάσκαλον τῆς ἁρματοποιίας. οὗτος ἀρχὰς ἄλλας ὁρίζεται τὸ ποιεῖν καὶ τὸ πάσχειν. καὶ τὸ μὲν ποιοῦν ἀπαθὲς εἶναι τὸν αἰθέρα, τὸ δὲ πάσχον ἔχειν ποιότητας τέσσαρας, ξηρότητα ὑγρότητα θερμότητα ψυχρότητα· τῇ γὰρ τούτων εἰς ἄλληλα μεταβολῇ πάντα γίνεται καὶ φθείρεται.

211 Vgl. dafür Basilius Caesariensis, *Homiliae in Hexaëmeron* I 11 (GCS.NF 2, 18,17–24 Amand de Mendieta/Rudberg) Οἱ δὲ τοῦτον ὡς ἀπίθανον παρωσάμενοι τὸν λόγον, πέμπτην τινὰ σώματος φύσιν εἰς οὐρανοῦ σύστασιν οἴκοθεν καὶ παρ᾽ ἑαυτῶν ἀποσχεδιάσαντες ἐπεισήγαγον. Καὶ ἔστι τι παρ᾽ αὐτοῖς τὸ αἰθέριον σῶμα, ὃ μήτε πῦρ, φησί, μήτε ἀήρ, μήτε γῆ, μήτε ὕδωρ, μήτε ὅλως ὅπερ ἓν τῶν ἁπλῶν· διότι τοῖς μὲν ἁπλοῖς οἰκεία κίνησις ἡ ἐπ᾽ εὐθείας, τῶν μὲν κούφων ἐπὶ τὸ ἄνω φερομένων, τῶν δὲ βαρέων ἐπὶ τὸ κάτω. Οὔτε δὲ τὸ ἄνω καὶ τὸ κάτω τῇ κυκλικῇ περιδινήσει ταυτόν· καὶ ὅλως τὴν εὐθεῖαν πρὸς τὴν ἐν τῷ κύκλῳ περιφορὰν πλείστην ἀπόστασιν ἔχειν; pagane doxographische Referate bei Moraux, s. v. «Quinta Essentia,» 1227, zu den christlichen Referaten vgl. André-Jean Festugière, *L'idéal religieux des Grecs et l'Évangile*, Études bibliques, 2ᵉ éd. (Paris: Librairie Lecoffre/J. Gabalda, 1981), 221–263.

212 Philo, *De confusione linguarum* 156 (II, 259,2 f. Wendland) = SVF II, 664 (II, 197,31–33 von Arnim) sowie Cornutus, *Theologiae Graecae compendium* 1 (BiTeu 2,12–14 Lang = SAPERE 14, 30,14–16 Berdozzo); vgl. dazu Diogenes Laertius, *Vitae Philosophorum* VII 135–137 (SCBO II, 355,3–20 Long) = SVF II, 580 (II, 179,35–180,13 von Arnim), zugeschrieben in 136 (II, 355,10–12 L. = 180,14–16 v. A.) Ζήνων τ᾽ ἐν τῷ Περὶ τοῦ ὅλου καὶ Χρύσιππος ἐν τῇ πρώτῃ τῶν Φυσικῶν καὶ Ἀρχέδημος ἔν τινι Περὶ στοιχείων. Vgl. insbesondere § 137 (355,17–20 L. = 180,10–13 v. A.): ἀνωτάτω μὲν οὖν εἶναι τὸ πῦρ, ὃ δὴ αἰθέρα καλεῖσθαι, ἐν ᾧ πρώτην τὴν τῶν ἀπλανῶν σφαῖραν γεννᾶσθαι, εἶτα τὴν τῶν πλανωμένων· μεθ᾽ ἣν τὸν ἀέρα, εἶτα τὸ ὕδωρ, ὑποστάθμην δὲ πάντων τὴν γῆν, μέσην ἁπάντων οὖσαν und Cicero, *De natura deorum* II 24,64 (von Chrysipp; BiTeu 45, 73,27–74,2 Ax): *caelestem enim altissimam aetheriamque naturam id est igneam, quae per sese omnia gigneret, vacare voluerunt ea parte corporis quae coniunctione alterius egeret ad procreandum*; vgl. den Kommentar bei *M. Tulli Ciceronis De natura Deorum: Libri secundus et tertius*, Arthur Stanley Pease, ed., (Cambridge, MA: Harvard University Press, 1958), 708 f. und Jori, «Geschichte der Lehre vom ersten Körper (Äther),» 242 sowie Moraux, s. v. «Quinta Essentia,» 1232–1235 mit Belegen in Sp. 1233.

213 Cicero, *Academica priora (Lucullus)* II 126 (BiTeu 42, 91,9–11 Plasberg) = SVF I, 154 (I, 41,32–34 von Arnim): *Zenoni et reliquis fere Stoicis aether videtur summus deus, mente praeditus, qua omnia regnantur*.

214 Vgl. dazu Ioannes Stobaeus, *Anthologium* I 10,16c (I, 129,1–11 Wachs-

MUTH) = SVF II, 413 (II, 136,6–14 VON ARNIM): Περὶ δὲ τῶν ἐκ τῆς οὐσίας στοιχείων τοιαῦτά τινα ἀποφαίνεται, τῷ τῆς αἱρέσεως ἡγεμόνι Ζήνωνι κατακολουθῶν, τέτταρα λέγων εἶναι στοιχεῖα <πῦρ, ἀέρα, ὕδωρ, γῆν, ἐξ ὧν συνίστασθαι πάντα καὶ ζῷα> καὶ φυτὰ καὶ τὸν ὅλον κόσμον καὶ τὰ ἐν αὐτῷ περιεχόμενα καὶ εἰς ταῦτα διαλύεσθαι. τὸ δὲ <πῦρ καὶ> κατ' ἐξοχὴν στοιχεῖον λέγεσθαι διὰ τὸ ἐξ αὐτοῦ πρώτου τὰ λοιπὰ συνίστασθαι κατὰ μεταβολὴν καὶ εἰς αὐτὸ ἔσχατον πάντα χεόμενα διαλύεσθαι, τοῦτο δὲ μὴ ἐπιδέχεσθαι τὴν εἰς ἄλλο χύσιν ἢ ἀνάλυσιν· Ebenso auch SVF II, 642 (II, 194,4–8) = Arius Didymus, *Physica* fr. 29,8 (*Doxographi Graeci* 465,8–10 DIELS) und SVF II, 1014 (II, 303,10–14) = Sextus Empiricus, *Adversus Mathematicos* IX 123–126 (BiTeu II, 242 [418,10–419,3]). Zur Kreisbewegung vgl. für Zenon SVF I, 101 (I, 28,11–13) = Aëtius, *Placita* I 14,6 (*Doxographi Graeci* 313b,1 f. DIELS) und für Chrysipp SVF II, 527 (II, 168,28–31) = Ioannes Stobaeus, *Anthologium* I 21,5 (I, 185,1–8 WACHSMUTH): Τὸν μὲν οὖν κατὰ τὴν διακόσμησιν λεγόμενον κόσμον εἰς ταύτας διακεκρίσθαι τὰς φύσεις· τὸ δὲ περιφερόμενον αὐτῷ ἐγκυκλίως αἰθέρα εἶναι, ἐν ᾧ τὰ ἄστρα καθίδρυται, τά τε ἀπλανῆ καὶ τὰ πλανώμενα, θεῖα τὴν φύσιν ὄντα καὶ ἔμψυχα καὶ διοικούμενα κατὰ τὴν πρόνοιαν sowie auch SVF II, 579 (II, 179,32–34) = Plutarchus, *Moralia* 70. *De Stoicorum Repugnantiis* 41, 1053 A (BiTeu VI/2, 48,17 f. POHLENZ/WESTMAN).

215 Vgl. Philo, *De somniis* I 21 (III, 209,8–14 WENDLAND) ὁ δ' οὐρανὸς ἀκατάληπτον ἔχει τὴν φύσιν, οὐδὲν ἑαυτοῦ σαφὲς γνώρισμα πρὸς ἡμᾶς ἀποστείλας. τί γὰρ ἂν εἴποιμεν; ὅτι πεπηγώς ἐστι κρύσταλλος, ὡς ἠξίωσάν τινες; ἢ ὅτι πῦρ τὸ καθαρώτατον; ἢ ὅτι πέμπτον κυκλοφορικὸν σῶμα, μηδενὸς τῶν τεττάρων στοιχείων μετέχον; τί δ'; ἡ ἀπλανὴς καὶ ἐξωτάτω σφαῖρα πρὸς τὸ ἄνω βάθος ἔχει ἢ αὐτὸ μόνον ἐστὶν ἐπιφάνεια βάθους ἐρήμη, τοῖς ἐπιπέδοις σχήμασιν ἐοικυῖα; vgl. dazu Paul WENDLAND, «Eine doxographische Quelle Philo's,» *Sitzungsberichte der königlich preussischen Akademie der Wissenschaften zu Berlin* 23 (1897): 1074–1079 und ausführlich MORAUX, s. v. «Quinta Essentia,» 1235–1237 sowie Wilhelm BOUSSET, *Jüdisch-christlicher Schulbetrieb in Alexandria und Rom: Literarische Untersuchungen zu Philo und Clemens von Alexandrien, Justin und Irenäus*, Forschungen zur Religion und Literatur des Alten und Neuen Testamentes 23 (Göttingen: Vandenhoeck & Ruprecht, 1915), 40–43.

216 Philo, *De plantatione* 3 (II, 133,15–134,2 WENDLAND): τὸν δὲ αἰθέριον ἐν κύκλῳ τόπον ὠχυροῦτο (sc. Gott) τῶν ἐντὸς ὅρον τε καὶ φυλακτήριον αὐτὸν τιθείς, ἀφ' οὗ καὶ οὐρανὸς ὠνομάσθαι δοκεῖ· sowie *Quaestiones in Genesim* III 6 sowie IV 8 (LCL 380, 190 sowie 280 f. MARCUS) und *Quaestiones in Exodum* II 73 (LCL 401, 122 MARCUS); vgl. dazu André-Jean FESTUGIÈRE, *La révélation d'Hermès Trismégiste, Vol. 2 Le dieu cosmique* (Paris: Les Belles Lettres, 1986 = ebd.: Gabalda, 1949), 531.

217 Auch die Gestirne selbst seien Seelen und damit geistige Wesen, für die die

Kreisbewegung die angemessenste Bewegung ist, wie Philo in *De gigantibus* 8 (II, 43,14–17 WENDLAND) ausführt: καὶ γὰρ οὗτοι ψυχαὶ ὅλαι δι' ὅλων ἀκήρατοί τε καὶ θεῖαι, παρὸ καὶ κύκλῳ κινοῦνται τὴν συγγενεστάτην νῷ κίνησιν· νοῦς γὰρ ἕκαστος αὐτῶν ἀκραιφνέστατος. ἔστιν οὖν ἀναγκαῖον καὶ τὸν ἀέρα ζῴων πεπληρῶσθαι· Auffällig ist hier die Synthese einer Ätherlehre aristotelischer Prägung mit den Ansichten Platos über die Kreisbewegung.

218 Philo, *Quis rerum divinarum heres sit* 283 (III, 64,18–22 WENDLAND): πέμπτη γάρ, ὥς ὁ τῶν ἀρχαίων λόγος, ἔστω τις οὐσία κυκλοφορητική, τῶν τεττάρων κατὰ τὸ κρεῖττον διαφέρουσα, ἐξ ἧς οἵ τε ἀστέρες καὶ ὁ σύμπας οὐρανὸς ἔδοξε γεγενῆσθαι, ἧς κατ' ἀκόλουθον θετέον καὶ τὴν ἀνθρωπίνην ψυχὴν ἀπόσπασμα und MORAUX, s. v. «Quinta Essentia,» 1249–1251.

219 Philo, *De plantatione* 18 f. (II, 137,8–13 WENDLAND): ἀλλ' οἱ μὲν ἄλλοι τῆς αἰθερίου φύσεως τὸν ἡμέτερον νοῦν μοῖραν εἰπόντες εἶναι συγγένειαν ἀνθρώπῳ πρὸς αἰθέρα συνῆψαν. ὁ δὲ μέγας Μωυσῆς οὐδενὶ τῶν γεγονότων τῆς λογικῆς ψυχῆς τὸ εἶδος ὡμοίωσεν, ἀλλ' εἶπεν αὐτὴν τοῦ θείου καὶ ἀοράτου πνεύματος ἐκείνου δόκιμον εἶναι νόμισμα σημειωθὲν καὶ τυπωθὲν σφραγῖδι θεοῦ, ἧς ὁ χαρακτήρ ἐστιν ὁ ἀίδιος λόγος· sowie *De opificio mundi* 135 (I, 47,4–11 COHN) und *Legum allegoriarum* III 161 (I, 148,6–4 COHN).

220 Vgl. dazu unten, S. 159–162; zur kritischen Diskussion der Vorstellung, dass die Seele aus der fünften Substanz bestehe, im Hellenismus vgl. jetzt vor allem Andrea FALCON, *Aristotelianism in the First Century BCE: Xenarchus of Seleucia* (Cambridge: Cambridge University Press, 2011), 25–32 (mit folgender Präsentation der einschlägigen Texte, Übersetzung und Kommentar aus Simplicius, *In Aristotelis De caelo* [T2] CAG VII, 13,22–28. 14,13–21 HEIBERG; [T3] 21,33–22,17. 20,10–36; [T4] 23,11–31; [T5] 23,31–24,7; [T6] 24,20–27; [T7] 25,11–28; [T8] 42,6–16; [T9] 50,21–24; [T10] 55,25–31. 56,12–17 sowie [T11] 70,20–29 aaO. auf S. 63–113) und Christian WILDBERG, *John Philoponus' Criticism of Aristotle's Theory of Aether*, Peripatoi 16 (Berlin/New York: De Gruyter, 1988), 103–233. – Die Frage nach *Gottes* Körper spielt in der Argumentation keine Rolle.

221 Javier CAMPOS DAROCA/Juan Luis LÓPEZ CRUCES, s. v. «Maxime de Tyr,» in *Dictionnaire des philosophes antiques*, publié sous la direction de Richard Goulet (Paris: Éditions du Centre national de la Recherche scientifique, 2005), 4: 324–348.

222 Gilles DORIVAL, s. v. «Origène d'Alexandrie,» in *Dictionnaire des philosophes antiques*, publié sous la direction de Richard Goulet (Paris: Éditions du Centre national de la Recherche scientifique, 2005), 4: 807–842, bes. 810–813; Rowan WILLIAMS, s. v. «Origenes/Origenismus,» in *Theologische Realenzyklopädie* (Berlin/New York: De Gruyter, 1995), 25: 397–420. – Zum Thema «Körperlosigkeit» vgl. noch besonders Eugène DE FAYE, *Origène: Sa vie, son Œuvre, sa pensée*, Vol. 3 *La doctrine* (Paris: Leroux, 1928), 27–30; Hal KOCH,

ZWEITES KAPITEL: BIBEL UND FRÜHE CHRISTLICHE THEOLOGEN 495

Pronoia und Paideusis. Studien über Origenes und sein Verhältnis zum Platonismus, Arbeiten zur Kirchengeschichte 22 (Berlin: De Gruyter, 1932), 21 Anm. 1; Monique ALEXANDRE, «Le statut des questions concernant la matière dans le Peri Archôn,» in *Origeniana: Premier colloque international des études origéniennes (Montserrat, 18–21 septembre 1973)*, dirigé par Henri Crouzel, Gennaro Lomiento et Josep Rius-Camps, Quaderni di ‹Vetera Christianorum› 12 (Bari: Istituto di letteratura cristiana antica, Università di Bari, 1975), 63–81; David L. PAULSEN, «Early Christian Belief in a Corporeal Deity: Origen and Augustine as Reluctant Witnesses,» *Harvard Theological Review* 83 (1990): 105–116, bes. 107–114; Lawrence R. HENNESSEY, «A Philosophical Issue in Origen's Eschatology: The Three Senses of Incorporeality,» in *Origeniana Quinta: Historica – Text and Method – Biblica – Philosophica – Theologica – Origenism and Later Developments: Papers of the 5th International Origen Congress Boston College, 14–18 August 1989*, ed. Robert J. Daly, Bibliotheca Ephemeridum Theologicarum Lovaniensium 105 (Leuven: Peeters, 1992), 373–380 sowie SHERIDAN, *Language for God in Patristic Tradition. Wrestling with Biblical Anthropomorphism*, 27–38. 110–114.

223 Freilich hat Mark Edwards darauf aufmerksam gemacht, dass dieser Einfluss auf die Theologie des Origenes auch nicht überschätzt werden darf: DERS., *Origen against Plato*, Ashgate Studies in Philosophy & Theology in Late Antiquity (Aldershot: Ashgate, 2002) sowie jetzt DERS., «Further Reflections on the Platonism of Origen,» *Adamantius* 18 (2012): 317–324.

224 Basilius STEIDLE, «Neue Untersuchungen zu Origenes' Περὶ ἀρχῶν,» *Zeitschrift für die neutestamentliche Wissenschaft und die Kunde der älteren Kirche* 40 (1941): 236–243; Manlio SIMONETTI, «Osservazioni sulla struttura del De principiis di Origene,» *Rivista di filologia e di istruzione classica* 90 (1962): 273–290. 372–393; Paul KÜBEL, «Zum Aufbau von Origenes' DE PRINCIPIIS,» *Vigiliae Christianae* 25 (1971), 31–39; Gilles DORIVAL, «Remarques sur la forme du Peri Archôn,» in *Origeniana: Premier colloque international des études origéniennes (Montserrat, 18–21 septembre 1973)*, dirigé par Henri Crouzel, Gennaro Lomiento et Josep Rius-Camps, Quaderni di ‹Vetera Christianorum› 12 (Bari: Istituto di letteratura cristiana antica, Università di Bari, 1975), 33–45; DERS., «Nouvelles remarques sur la forme du Traité des Principes d'Origène,» *Recherches Augustiniennes* 22 (1987): 67–108. – Kritisch zu Dorival: Charles KANNENGIESSER, «Origen, Systematician in De Principiis,» in *Origeniana Quinta*, 395–405.

225 Origenes, *De principiis* I 1,1 (TzF 24, 98–100 GÖRGEMANNS/KARPP = GCS Origenes V, 16,19–17,4 KOETSCHAU): *Scio quoniam conabuntur quidam etiam secundum scripturas nostras dicere deum corpus esse, quoniam inveniunt scriptum esse apud Moysen quidem: ‹Deus noster ignis consumens est›, in evangelio vero secundum Iohannem: ‹Deus spiritus est, et eos qui adorant eum, in spiritu et veritate oportet adorare›. Ignis vero et spiritus non aliud apud eos quam corpus esse putabitur.* – Die

hier mitgeteilten Übersetzungen folgen in der Regel der Ausgabe von Görgemanns/Karpp, sind aber gelegentlich leicht modifiziert; zum Werk des Origenes Lothar LIES, *Origenes' ‹Peri Archon›: Eine undogmatische Dogmatik: Einführung und Erläuterung*, Werkinterpretationen (Darmstadt: Wissenschaftliche Buchgesellschaft, 1992), bes. 46.

226 So auch ALEXANDRE, «Le statut des questions concernant la matière dans le *Peri Archôn*,» 64: «Ces passages, abruptement situés en des positions-clés du traité ...».

227 Origenes, *De principiis* I 1,1 (TzF 24, 84 GÖRGEMANNS/KARPP = GCS Origenes V, 8,14–20 KOETSCHAU): *Quoniam ergo ex his, qui Christo se credere profitentur, non solum in parvis et minimis discordant, verum etiam in magnis et maximis, id est vel de deo vel de ipso domino Iesu Christo vel de spiritu sancto, non solum autem de his, sed et de aliis creaturis, id est vel de dominationibus vel de virtutibus sanctis: propter hoc necessarium videtur prius de his singulis certam lineam manifestam que regulam ponere, tum deinde etiam de ceteris quaerere.*

228 Vgl. nur das dritte Kapitel der Φυσικαὶ δόξαι (*Placita philosophorum*) des Aëtius, soweit es sich aus den beiden Epitomierungen bei Pseudo-Plutarch und Johannes Stobaeus erschließen lässt (eine neue Ausgabe des Materials wird von Oliver Primavesi, München, vorbereitet; ich zitiere den Text nach der synoptischen Ausgabe von Hermann Diels): γ΄. Περὶ ἀρχῶν τί εἰσιν (*Doxographi Graeci* 276,3 DIELS). Dabei werden für *Plato* drei solcher Grundprinzipien angegeben: Σωκράτης Σωφρονίσκου Ἀθηναῖος καὶ Πλάτων Ἀρίστωνος Ἀθηναῖος ... τρεῖς ἀρχάς, τὸν θεὸν τὴν ὕλην τὴν ἰδέαν (287,17–288,1), für *Aristoteles* zwei und die fünf «Elemente» einschließlich eines «ätherischen Körpers»: Ἀριστοτέλης δὲ Νικομάχου Σταγειρίτης ἀρχὰς μὲν ἐντελέχειαν ἤτοι εἶδος ὕλην στέρησιν· στοιχεῖα δὲ τέτταρα, πέμπτον δέ τι σῶμα αἰθέριον, ἀμετάβλητον (288,7–11). Das Referat schließt mit den zwei Prinzipien des Stoikers *Zenon*: Ζήνων Μνασέου Κιτιεὺς ἀρχὰς μὲν τὸν θεὸν καὶ τὴν ὕλην, ὧν ὁ μέν ἐστι τοῦ ποιεῖν αἴτιος ἡ δὲ τοῦ πάσχειν, στοιχεῖα δὲ τέτταρα. Weitere Referate bei Heinrich DÖRRIE †/Matthias BALTES, *Die philosophische Lehre des Platonismus: Einige grundlegende Axiome/Platonische Physik (im antiken Verständnis) I: Bausteine 101–124: Text, Übersetzung, Kommentar*, Der Platonismus in der Antike. Grundlagen – System – Entfaltung 4 (Stuttgart-Bad Cannstatt: Frommann-Holzboog, 1996), 118–201.

229 Origenes, *De principiis* I 1,1 (TzF 24, 98 GÖRGEMANNS/KARPP = GCS Origenes V, 16,19 f. KOETSCHAU): *Scio quoniam conabuntur quidam etiam secundum scripturas nostras dicere deum corpus esse, ...*

230 Origenes, *Commentarii in Genesim* D 11 = *Collectio Coisliniana*, fr. 73 PETIT (OWD I/1, 158,21–28 METZLER = CChr.SG 15, 73,5–15 PETIT): Μέλη γὰρ Θεοῦ ὀνομαζόμενα εὑρίσκοντες, ὀφθαλμοὺς Θεοῦ ἐπιβλέποντας τὴν οἰκουμένην, καὶ ὦτα αὐτοῦ εἶναι εἰς δέησιν δικαίων ἐπινενευκότα, καὶ ‚Ὠσφράνθη Κύριος ὀσμὴν εὐωδίας‘ (Gen 8,21) καὶ ‚Τὸ στόμα Κυρίου

ZWEITES KAPITEL: BIBEL UND FRÜHE CHRISTLICHE THEOLOGEN   497

ἐλάλησε ταῦτα' (Jes 1,20 u. 24,3), καὶ βραχίονα Θεοῦ, καὶ χεῖρας, καὶ πόδας, καὶ δακτύλους, ἄντικρυς φάσκουσι ταῦτα οὐχ ἕτερόν τι διδάσκειν ἢ τὴν μορφὴν τοῦ Θεοῦ. Πῶς δέ, φασὶ, καὶ ‚ὤφθη ὁ Θεὸς τῷ Ἀβραάμ' (Gen 12,7 u. 17,1), καὶ Μωσῇ, καὶ τοῖς ἁγίοις, μὴ μεμορφωμένος; μεμορφωμένος δέ, κατὰ ποῖον χαρακτῆρα ἢ τὸν ἀνθρώπινον; καὶ συνάγουσι μυρία ῥητὰ μέλη ὀνομάζοντα Θεοῦ.

231 Friedhelm WINKELMANN, «Einige Bemerkungen zu den Aussagen des Rufinus von Aquileia und des Hieronymus über ihre Übersetzungstheorie und -methode,» in *Kyriakon: Festschrift Johannes Quasten in Two Volumes*, Patrick Granfield and Josef A. Jungmann, ed., Vol. II (Münster: Aschendorff, 1970), 532–547, bes. 535–537.

232 Plato, *Phaedo* 85 E (von der ἁρμονία einer Lyra) und Aristoteles, *Physica* IV 1, 209 a 16 (στοιχεῖα νοητά wie geometrische Körper sind ἀσώματα) verwenden ihn nicht auf Gott bezogen; Aristoteles, *De anima* I 2, 404 b 31 charakterisiert mit dem Begriff (erstmals?) die platonische Prinzipientheorie. Zum Begriff ἀσώματος in *kaiserzeitlichen* Referaten der platonischen Prinzipientheorie vgl. unten S. 504 mit Anm. 266; für weitere Belege vgl. LSJ s. v., 267.

233 So Guy STROUMSA, «The Incorporeality of God. Context and Implications of Origen's Position», *Religion* 13 (1983): 345–358, bes. 346 «chrétiens stoïcisants» mit Berufung auf André BECKAERT, «L'évolution de l'intellectualisme grec vers la pensée religieuse et la relève de la philosophie par la pensée chrétienne,» *Revue des études byzantines* 19 (1961), 44–62, bes. 59.

234 Origenes, *De principiis* I praef. 8 (TzF 24, 94 GÖRGEMANNS/KARPP = GCS Origenes V, 14,16–15,5 KOETSCHAU): *Appellatio autem* ἀσωμάτου *(id est incorporei) non solum apud multos alios, verum etiam apud nostras scripturas inusitata est et incognita. Si vero quis velit nobis proferre ex illo libello, qui Petri Doctrina appellatur, ubi salvator videtur ad discipulos dicere:* ‹*Non sum daemonium incorporeum*›, *primo respondendum est ei quoniam liber ipse inter libros ecclesiasticos non habetur, et ostendendum quia neque Petri est ipsa scriptura neque alterius cuiusquam, qui spiritu dei fuerit inspiratus.*

235 Agraphon 72 bei: *Agrapha: Aussercanonische Schriftfragmente,* mit fünf Registern gesammelt und untersucht und in zweiter, völlig neu bearb., durch alttestamentliche Agrapha vermehrter Aufl. (...) hg. Alfred Resch, Texte und Untersuchungen 30/3 f. (Leipzig: Hinrichs, 1906), 96–98, nach der Fassung bei Ignatius, *Epistula ad Smyrneos* 3,2 (SUC I, 206,5 FISCHER): Λάβετε, ψηλαφήσατέ με καὶ ἴδετε, ὅτι οὐκ εἰμὶ δαιμόνιον ἀσώματον (vgl. auch Eusebius, *Historia ecclesiastica* III 36,11 [GCS Eusebius II/1, 278,13–16 SCHWARTZ]). Resch argumentiert (aaO. 97 f.) für eine aramäische Vorlage, anders jetzt mit Hinweisen auf weitere Sekundärliteratur Jörg FREY, «B. V.1.1. Fragmente judenchristlicher Evangelien,» in *Antike christliche Apokryphen in deutscher Übersetzung*, hg. Christoph Markschies und Jens Schröter, 1. Bd.

Evangelien und Verwandtes (Tübingen: Mohr Siebeck, 2012), 560–592, bes. 585 sowie *Le parole dimenticate di Gesù*, a cura di Mauro Pesce, Scritti Greci e Latini (Rom: Fondazione Lorenzo Valla, 2004), 322. 711 und schon Ernst VON DOBSCHÜTZ, *Das Kerygma Petri kritisch untersucht*, Texte und Untersuchungen zur altchristlichen Literatur XI/1 (Leipzig: Hinrichs, 1893), 82–84; vgl. auch das Agraphon 29 (aaO. 246 f.) bei Origenes, loc. cit. sowie Hieronymus, *Commentarii in Isaiam* XVIII *prol.* (CChr.SL 73A, 741,48 f. ADRIAEN): *… iuxta euangelium, quod Hebraeorum lectitant Nazaraei, incorporale daemonium …* und ders., *De viris illustribus* 16,4 (BiPatr 12, 106 Ceresa-GASTALDO = 180 BARTHOLD; von Ignatius von Antiochien): *in qua et de euangelio, quod nuper a me translatum est, super persona Christi ponit testimonium dicens, ‹ego uero et post resurrectionem in carne eum uidi et credo quia sit, et quando uenit ad petrum et ad eos qui cum petro erant›, dixit eis, ‹ecce palpate me et uidete, quia non sum daemonium incorporale›.*

236 Markus VINZENT, «‹Ich bin kein körperloses Geistwesen›. Zum Verhältnis von κήρυγμα Πέτρου, ‹Doctrina Petri› und IgnSm 3,» in Reinhard M. HÜBNER, *Der paradox Eine: Antignostischer Monarchianismus im zweiten Jahrhundert*, mit einem Beitrag von Markus Vinzent, Supplements to Vigiliae Christianae 50 (Leiden/Boston/Köln: Brill, 1999), 241–286.

237 Dazu vgl. den lateinischen Text von *De principiis* I *praef.* 8 (TzF 24, 94 GÖRGEMANNS/KARPP = GCS Origenes V, 15,2–5 KOETSCHAU) oben S. 497 in Anm. 234.

238 Origenes, *De principiis* I *praef.* 8 (TzF 24, 94–96 GÖRGEMANNS/KARPP = GCS Origenes V, 15,5–16 KOETSCHAU): *Quod etiamsi ipsum concederetur, non idem sensus inibi ex isto sermone* ἀσωμάτου *indicatur, qui a graecis vel gentilibus auctoribus ostenditur, cum de incorporea natura a philosophis disputatur (in hoc enim libello ‹incorporeum daemonium› dixit pro eo, quod ipse ille quicumque est habitus vel circumscriptio daemonici corporis non est similis huic nostro crassiori et visibili corpori) sed secundum sensum eius, qui composuit illam scripturam, intellegendum est quod dixit, id est non se habere tale corpus quale habent daemones (quod est naturaliter subtile quoddam et velut aura tenue, et propter hoc vel putatur a multis vel dicitur incorporeum), sed habere se corpus solidum et palpabile. In consuetudine vero hominum omne, quod tale non fuerit, incorporeum a simplicioribus vel imperitioribus nominatur; (…).* – Zur Sache vgl. auch Mark EDWARDS, «Origen no Gnostic; Or, on the Corporeality of Man,» *Journal of Theological Studies* 43 (1992): 23–37, bes. 24 f.

239 Origenes, *De principiis* I *praef.* 8 (TzF 24,96 GÖRGEMANNS/KARPP = GCS Origenes V, 15,17–19 KOETSCHAU): *velut si quis aerem istum quo fruimur incorporeum dicat, quoniam quidem non est tale corpus, ut conprehendi ac teneri possit urgentique resistere.*

240 Origenes, *De principiis* I *praef.* 9 (TzF 24,96 GÖRGEMANNS/KARPP = GCS Origenes V, 15,20–27 KOETSCHAU): *Quaeremus tamen si vel alio nomine res ipsa,*

ZWEITES KAPITEL: BIBEL UND FRÜHE CHRISTLICHE THEOLOGEN 499

quam graeci philosophi ἀσώματον (id est incorporeum) dicunt, in sanctis scripturis invenitur. Deus quoque ipse quomodo intellegi debeat requirendum est, corporeus et secundum aliquem habitum deformatus, an alterius naturae quam corpora sunt, quod utique in praedicatione nostra manifeste non designatur. Eadem quoque etiam de Christo et de sancto spiritu requirenda sunt, sed et de omni anima atque omni rationabili natura nihilominus requirendum est.

241 Antonio GRAPPONE, «Annotazioni sulla cronologia delle omelie di Origene,» Augustinianum 41 (2001): 27–58, bes. 51–58.

242 Christoph MARKSCHIES, «‹... für die Gemeinde im Grossen und Ganzen nicht geeignet ...›? Erwägungen zu Absicht und Wirkung der Predigten des Origenes,» in DERS., Origenes und sein Erbe: Gesammelte Studien, Texte und Untersuchungen 160 (Berlin/New York: De Gruyter, 2007), 35–62, bes. 41–56 sowie Éric JUNOD, «Wodurch unterscheiden sich die Homilien des Origenes von seinen Kommentaren?,» in Predigt in der Alten Kirche, hg. Ekkehard Mühlenberg und Johannes van Oort, Studien der Patristischen Arbeitsgemeinschaft 3 (Kampen: Kok Pharos, 1994), 50–81.

243 Origenes, Homiliae in Genesim 3,1 (GCS Origenes VI, 58,3–8 HABERMEHL): Quoniam in multis divinae scripturae locis Deum legimus ad homines loqui et pro hoc Iudaei quidem, sed et nostrorum nonnulli Deum quasi hominem intellegendum putarunt, id est humanis membris habituque distinctum, philosophi uero uelut fabulosa haec et ad poeticorum similitudinem figmentorum formata despiciunt, uidetur mihi de his primo paucis sermocinandum et tunc ad ea, quae recitata sunt, ueniendum. – Ich zitiere die deutsche Übersetzung aus: Origenes, Die Homilien zum Buch Genesis, eingeleitet und übersetzt von Peter Habermehl, Origenes Werke mit deutscher Übersetzung 1/2 (Berlin/Boston und Freiburg/Basel/Wien: De Gruyter und Herder, 2011), 90.

244 Origenes, Homiliae in Genesim 3,2 (GCS Origenes VI, 59,3–8 HABERMEHL): Nos sicut incorporeum esse Deum et omnipotentem et invisibilem profitemur, ita eum curare mortalia et nihil absque eius providentia geri neque in coelo neque in terris certo et immobili dogmate confitemur. – Allgemein zu den Ansichten des Origenes über Beschneidung vgl. Andrew S. JACOBS, Christ Circumcised. A Study in Early Christian History and Difference (Philadelphia: University of Pennsylvania Press, 2012), 122–125.

245 Origenes, Contra Celsum I 15 (GCS Origenes I, 67,21–25 KOETSCHAU) = Numenius, Περὶ τἀγαθοῦ fr. 1b (CUFr 42 DES PLACES): Πόσῳ δὲ βελτίων Κέλσου καὶ διὰ πολλῶν δείξας εἶναι ἐλλογιμώτατος καὶ πλείονα βασανίσας δόγματα καὶ ἀπὸ πλειόνων συναγαγὼν ἃ ἐφαντάσθη εἶναι ἀληθῆ ὁ πυθαγόρειος Νουμήνιος, ὅστις ἐν τῷ πρώτῳ περὶ τἀγαθοῦ λέγων περὶ τῶν ἐθνῶν, ὅσα περὶ τοῦ θεοῦ ὡς ἀσωμάτου διείληφεν, ἐγκατέταξεν αὐτοῖς καὶ Ἰουδαίους. Zur Stelle vgl. auch Henri CROUZEL, Origène et la philosophie, Théologie 52 (Paris: Aubier, 1962), 45 f.

246 So die treffende Beobachtung von Marguerite HARL, «Structure et cohérence

du Peri Archôn,» in *Origeniana: Premier colloque international des études origéniennes (Montserrat, 18–21 septembre 1973)*, dirigé par Henri Crouzel, Gennaro Lomiento et Josep Rius-Camps, Quaderni di ‹Vetera Christianorum› 12 (Bari: Istituto di letteratura cristiana antica, Università di Bari, 1975), 11–45, bes. 19; Frau Harl bezieht sich auf *De principiis* IV 4,9 f. (TzF 24, 812–820 GÖRGEMANNS/KARPP = GCS Origenes V, 361,14–364,16 KOETSCHAU).

247 Dazu vgl. Thomas BÖHM, «Origenes – Theologe und (Neu-)Platoniker? Oder: Wem soll man mißtrauen – Eusebius oder Porphyrius?,» *Adamantius* 8 (2002): 7–23 sowie MARKSCHIES, *Kaiserzeitliche christliche Theologie und ihre Institutionen. Prolegomena zu einer Geschichte der antiken christlichen Theologie*, 73–107 sowie ZIEBRITZKI, *Heiliger Geist und Weltseele: Das Problem der dritten Hypostase bei Origenes, Plotin und ihren Vorläufern*, 30–43. 260–266.

248 Dazu s. u. S. 261–267.

249 Origenes, *Homiliae in Genesim* I 13 (GCS Origenes VI, 24,1–6 HABERMEHL): *Non enim corporis figmentum Dei imaginem continet, neque factus esse corporalis homo dicitur, sed plasmatus, sicut in consequentibus scriptum est. Ait enim: ‹et plasmavit Deus hominem›, id est finxit ‹de terrae limo›* (Gen 2,7). *Is autem, qui ‹ad imaginem Dei› factus est, interior homo noster est, invisibilis et incorporalis et incorruptus atque immortalis.* Vgl. dazu auch das erwähnte Fragment aus dem Kommentar zur entsprechenden Stelle: Origenes, *Commentarii in Genesim* D 11 = Collectio Coisliniana, fr. 73 PETIT (OWD 1/1, 160,22–28 METZLER = CChr. SG 15, 74,43–51 PETIT) und vor allem Henri CROUZEL, *Théologie de l'image de dieu chez Origène*, Théologie 34 (Paris: Aubier, 1956), 148–153; Christoph MARKSCHIES, s. v. «Innerer Mensch,» in *Reallexikon für Antike und Christentum* (Stuttgart: Hiersemann, 1998), 18: 266–312 (zu Origenes: 289–293) sowie EDWARDS, *Origen against Plato*, 102–107 und DERS., «Further Reflections on the Platonism of Origen,» 320.

250 Origenes, *Homiliae in Genesim* I 13 (GCS Origenes VI, 24,8–25,3 HABERMEHL): *Si qui uero hunc corporeum putet esse, qui ‹ad imaginem et similitudinem Dei› factus est, Deum ipsum corporeum et humanae formae uidetur inducere; quod sentire de Deo manifestissime impium est. Denique carnales isti homines, qui intellectum diuinitatis ignorant, sicubi in Scripturis de Deo legunt quia ‹coelum mihi sedes, terra autem scabellum pedum meorum›, suspicantur Deum tam ingentis esse corporis, ut putent eum sedentem in coelo pedes usque ad terram protendere.*

251 *Epistula Barnabae* 6,13 (SAC 2, 154 WENGST = TU 30/3 f., Agraphon 123, S. 167 RESCH = PESCHE, *Le Parole dimenticate di Gesù*, 152 f. 633 f.): Λέγει δὲ κύριος· ‹Ἰδού, ποιῶ τὰ ἔσχατα ὡς τὰ πρῶτα›.

252 Vgl. dazu Gerald BOSTOCK, «Quality and Corporeity in Origen,» in *Origeniana Secunda: Second colloque international des études origéniennes (Bari, 20–23 septembre 1977)*, textes rassemblés par Henri Crouzel et Antonio Quacquarelli, Quaderni di ‹Vetera Christianorum› 15 (Rom: Edizioni dell'Ateneo, 1980), 323–337; Henry CHADWICK, «Origen, Celsus, and the Resurrection of the

Body», *Harvard Theological Review* 41 (1948): 83–102; Gilles DORIVAL, «Origène et la résurrection de la chair,» in *Origeniana Quarta: Die Referate des 4. Internationalen Origeneskongresses (Innsbruck, 2.–6. September 1985)*, hg. Lothar Lies, Innsbrucker Theologische Studien 19 (Innsbruck/Wien: Tyrolia, 1987), 291–321 (mit weiteren Literaturangaben auf S. 319 in Anm. 1); EDWARDS, «Origen no Gnostic; Or, on the Corporeality of Man,» 28–31; HENNESSEY, «A Philosophical Issue in Origen's Eschatology: The Three Senses of Incorporeality,» 374–376 und zuletzt Panagiōtēs TZAMALIKOS, *Origen: Philosophy of History & Eschatology*, Supplements to Vigiliae Christianae 85 (Leiden/Boston: Brill, 2007), 343.

253 Origenes, *Homiliae in Leviticum* IX 11 (GCS Origenes VI, 439,1–10 BAEHRENS): Quomodo ‹non erit homo› (Lev 16,17)? *Ego sic accipio quod, qui potuerit sequi Christum et penetrare cum eo interius tabernaculum et coelorum excelsa conscendere, iam ‹non erit homo›, sed secundum verbum ipsius erit ‹tamquam angelus Dei›* (Mt 22,30). *Aut forte etiam ille super eum sermo complebitur, quem ipse Dominus dixit: ‹ego dixi, dii estis et filii Excelsi omnes›* (Ps 81/82,6). *Sive ergo spiritalis effectus unus cum Domino spiritus fiat, sive per resurrectionis gloriam in angelorum ordinem transeat, recte iam ‹non erit homo›; sed unusquisque ipse sibi hoc praestat, ut uel excedat hominis appellationem vel intra conditionem huius vocabuli censeatur.* – Bei Methodius, *De resurrectione* III 10,2 (G. Nathanael BONWETSCH, *Methodius von Olympus*, Bd. 1 *Schriften* [Erlangen/Leipzig: Deichert, 1891], 266,4–6 = GCS Methodius 409,14–405,2 BONWETSCH) findet sich eine nur kirchenslavisch erhaltene Beschreibung der geistigen Leiblichkeit im Anschluss an 1Kor 15,35–49 als «nicht schwer noch hart wie dieser irdische ist von Fleisch und Bein, sondern zart und wie von Luft, so ist das Geistige», die Methodius als Zitat aus Origenes' Schrift *De resurrectione* vorstellt (vgl. Pamphilus von Caesarea, *Apologia pro Origene: Apologie für Origenes*, übers. u. eingel. von Georg Röwekamp, Fontes Christiani 80 [Turnhout: Brepols, 2005], 165); BOSTOCK, «Quality and Corporeity in Origen,» 334 f.; Henri CROUZEL, «Les critiques adressées par Méthode et ses contemporains à la doctrine origénienne du corps ressuscité,» *Gregorianum* 53 (1972): 679–716; DERS., «La doctrine origénienne du corps ressuscité,» *Bulletin de littérature ecclésiastique* 81 (1980): 175–200. 241–266 (= DERS., *Les fins dernières selon Origène*, Collected Studies Series CS 320 [Aldershot: Variorum, 1990], nr. VI und VII) sowie Holger STRUTWOLF, *Gnosis als System: Zur Rezeption der valentinianischen Gnosis bei Origenes*, Forschungen zur Kirchen- und Dogmengeschichte 56 [Göttingen: Vandenhoeck & Ruprecht, 1993], 339–356); zur möglichen Kugelgestalt des Auferstehungsleibes vgl. unten S. 508 mit Anm. 287, zu Positionen im origenistischen Streit des vierten Jahrhunderts, vor allem bei Theophilus von Alexandrien, vgl. unten S. 697 mit Anm. 463.

254 So KOCH, *Pronoia und Paideusis*, 62–65; mit etwas anderer Akzentsetzung: Rolf GÖGLER, *Zur Theologie des biblischen Wortes bei Origenes* (Düsseldorf: Pat-

mos, 1963), 307–319; Marguerite HARL, *Origène et la fonction révélatrice du verbe incarné* (Paris: Editions du Seuil, 1958), 113–115. 238 f.; ALEXANDRE, «Le statut des questions concernant la matière dans le *Peri Archôn*,» 71–74; Alois Kardinal GRILLMEIER, *Jesus der Christus im Glauben der Kirche,* Bd. 1 *Von der Apostolischen Zeit bis zum Konzil von Chalcedon (451)*, 3., verb. u. erg. Aufl. (Freiburg/Basel/Wien: Herder, 1990), 266–280, bes. 274–276 sowie Basil STUDER, s. v. «Incarnazione,» in *Origene: Dizionario: La cultura, il pensiero, le opere,* a cura di Adele Monaci Castagno (Rom: Città Nuova Editrice, 2000), 225–229.

255 Tryggve GÖRANSSON, *Albinus, Alcinous, Arius Didymus,* Studia Graeca et Latina Gothoburgensia 61 (Göteborg: Acta Universitatis Gothoburgensis, 1995), 105–136; dazu Matthias BALTES, «Muß die ‹Landkarte des Mittelplatonismus› neu gezeichnet werden?,» in DERS., *ΔIANOHMATA: Kleine Schriften zu Platon und zum Platonismus,* hg. Annette Hüffmeier, Marie-Luise Lakmann und Matthias Vorwerk, Beiträge zur Altertumskunde 123 (Stuttgart/ Leipzig: Teubner, 1999), 327–350 sowie die Einleitung in der kritischen Textausgabe: Alcinoos, *Enseignement des doctrines de Platon,* Introduction, texte établi et commenté par John Whittaker et traduit par Pierre Louis, CUFr (Paris: Les Belles Lettres, 1990), VI–XXXI.

256 Alcinous, *Epitome doctrinae Platonicae sive* Διδασκαλικός 10,7 (CUFr 25 WHITTAKER/LOUIS = 165,34–42 HERMANN): Ἀμερῆ τε διὰ τὸ μὴ εἶναι πρότερόν τι αὐτοῦ· τὸ γὰρ μέρος καὶ τὸ ἐξ οὗ, πρότερον ὑπάρχει τούτου, οὗ μέρος· καὶ γὰρ τὸ ἐπίπεδον πρότερον ἢ τὸ σῶμα, καὶ ἡ γραμμὴ πρότερον ἢ τὸ ἐπίπεδον· μέρη γε μὴν οὐκ ἔχων ἀκίνητος ἂν εἴη κατὰ τόπον καὶ ἀλλοίωσιν. Εἰ γὰρ ἀλλοιωθήσεται, ἢ ὑφ' αὑτοῦ ἢ ὑφ' ἑτέρου· εἰ μὲν οὖν ὑφ' ἑτέρου, ἐκεῖνο αὐτοῦ ἰσχυρότερον ἔσται, εἰ δὲ ὑφ' ἑαυτοῦ, ἤτοι ἐπὶ τὸ χεῖρον ἀλλοιωθείη ἂν ἢ ἐπὶ τὸ βέλτιον· ἄμφω δὲ ἄτοπα·. Eine vergleichbare philosophische Herleitung der Nachgeordnetheit des Körpers (in diesem Fall gegenüber der ὕλη, der Materie): Calcidius, *Commentarius in Platonis Timaeum* 319 (Corpus Platonicum Medii Aevi. Plato Latinus IV, 314,17–315,2 WASZINK).

257 Alcinous, *Epitome doctrinae Platonicae sive* Διδασκαλικός 10,7 (CUFr 25 WHITTAKER/LOUIS = 165,42–166,6 HERMANN): ἐξ ὧν ἁπάντων ἀναφαίνεται καὶ τὸ ἀσώματον αὐτὸ εἶναι. Ὅπερ κἀκ τούτων ἀποδειχθήσεται· εἰ γὰρ σῶμα ὁ θεός, ἐξ ὕλης ἂν εἴη καὶ εἴδους· διὰ τὸ πᾶν σῶμα συνδύασμά τι εἶναι ἔκ τε ὕλης καὶ τοῦ σὺν αὐτῇ εἴδους, ὅπερ ἐξομοιοῦται ταῖς ἰδέαις καὶ μετέχει αὐτῶν δύσφραστον δή τινα τρόπον· ἄτοπον δὲ τὸν θεὸν ἐξ ὕλης εἶναι καὶ εἴδους· οὐ γὰρ ἔσται ἁπλοῦς οὐδὲ ἀρχικός· ὥστε ἀσώματος ἂν εἴη ὁ θεός. Übersetzung nach Alkinoos, *Didaskalikos: Lehrbuch der Grundsätze Platons,* von Orrin F. Summerell und Thomas Zimmer, Sammlung wissenschaftlicher Commentare (Berlin/New York: De Gruyter, 2007), 29.

258 Alcinous demonstriert, «that the simplicity, the perfect unity of God, implies his incorporeality» – so STROUMSA, «The Incorporeality of God. Context

and Implications of Origen's Position», 345; vgl. dazu KOCH, *Pronoia und Paideusis*, 256–258 sowie André-Jean FESTUGIÈRE, *La révélation d'Hermès Trismégiste*, Bd. IV *Le dieu inconnu et la gnose*, Études Bibliques (Paris: Gabalda, 1954), 95–102.

259 Alcinous, *Epitome doctrinae Platonicae sive* Διδασκαλικός 10,8 (CUFr 25 f. WHITTAKER/LOUIS = 166,12–14 HERMANN): καὶ γάρ, εἰ σῶμά ἐστι, καὶ φθαρτὸς ἔστι καὶ γεννητὸς καὶ μεταβλητός.

260 Iustinus Martyr, *Dialogus cum Tryphone* 2,6 (93 GOODSPEED = PTS 47,73,36–43 MARCOVICH): ἐν ἀμηχανίᾳ δέ μου ὄντος ἔδοξέ μοι καὶ τοῖς Πλατωνικοῖς ἐντυχεῖν· πολὺ γὰρ καὶ τούτων ἦν κλέος. καὶ δὴ νεωστὶ ἐπιδημήσαντι τῇ ἡμετέρᾳ πόλει συνετῷ ἀνδρὶ καὶ προὔχοντι ἐν τοῖς Πλατωνικοῖς συνδιέτριβον ὡς τὰ μάλιστα, καὶ προέκοπτον καὶ πλεῖστον ὅσον ἑκάστης ἡμέρας ἐπεδίδουν. καί με ᾕρει σφόδρα ἡ τῶν ἀσωμάτων νόησις, καὶ ἡ θεωρία τῶν ἰδεῶν ἀνεπτέρου μοι τὴν φρόνησιν, ὀλίγου τε ἐντὸς χρόνου ᾤμην σοφὸς γεγονέναι, καὶ ὑπὸ βλακείας ἤλπιζον αὐτίκα κατόψεσθαι τὸν θεόν· τοῦτο γὰρ τέλος τῆς Πλάτωνος φιλοσοφίας; vgl. auch das Zitat des zeitgenössischen Platonikers Atticus bei Eusebius, *Praeparatio evangelica* XV 13,5 (GCS Eusebius VIII/2, 377,14 MRAS/DES PLACES) = fr. 9 (CUFr 69 DES PLACES): τὰ τῶν γενομένων παραδείγματα ἀσώματα καὶ νοητά und bei Iustinus selbst *Apologia* 63,10 (72 GOODSPEED = PTS 38, 122,22 MARCOVICH = SC 507,296,24 MUNIER) ποτὲ δὲ καὶ ἐν εἰκόνι ἀσωμάτῳ oder mit den Handschriften ἀσωμάτων von Erscheinungen Jesu vor der Inkarnation; vgl. ebd. 63,17 (73 GOODSPEED = 123,41 f. MARCOVICH = 298,46 f. MUNIER).

261 Tatianus, *Oratio ad Graecos* 25,3 (TU 4/1, 27,5 f. SCHWARTZ = 291 GOODSPEED = PTS 43, 49,17 f. MARCOVICH = BHTh 165, 150,17 f. TRELENBERG): σῶμά τις εἶναι λέγει τὸν τέλειον θεόν, ἐγὼ δὲ ἀσώματον·.

262 So der Codex Arethae nach Parisinus Graecus 174 τῶν Στωϊκῶν αὕτη ἡ δόξα (TU 4/1, 47 SCHWARTZ).

263 Athenagoras, *Supplicatio pro Christianis* 36 (357 GOODSPEED = TU 4/2, 46,23 f. SCHWARTZ = PTS 31, 112,20 f. MARCOVICH): (...) ὅτι πρεσβύτερα τὰ ἀσώματα τῶν σωμάτων καὶ τὰ νοητὰ προάγει τῶν αἰσθητῶν (...).

264 Vgl. dazu auch Robert P. CASEY, «Clement of Alexandria and the Beginnings of Christian Platonism,» *Harvard Theological Review* 18 (1925): 39–101, bes. 78–80 und Harold W. ATTRIDGE, «The Philosophical Critique of Religion under the Early Empire,» in *Aufstieg und Niedergang der Römischen Welt. Geschichte und Kultur Roms im Spiegel der neueren Forschung*, II *Prinzipat, 16.2 Religion (Heidentum: Römische Religion, Allgemeines [Forts.])*, hg. Wolfgang Haase (Berlin/New York: De Gruyter, 1978), 45–78.

265 Clemens Alexandrinus, *Stromata* V 99,4 (GCS Clemens Alexandrinus II, 392,7 STÄHLIN/FRÜCHTEL/TREU); vgl. auch *Stromata* V 94,3 (GCS Clemens Alexandrinus II, 388,9–11 STÄHLIN/FRÜCHTEL/TREU) sowie Dietmar WYRWA,

Die christliche Platonaneignung in den Stromateis des Clemens von Alexandrien, Arbeiten zur Kirchengeschichte 53 (Berlin/New York: De Gruyter, 1983), 268–282 und oben S. 59 f.
266 Clemens Alexandrinus, De providentia fr. 37 (GCS Clemens Alexandrinus III, 219,17–22 STÄHLIN/FRÜCHTEL/TREU) = Maximus Confessor, Capita de substantia (PG 91, 264): Οὐσία ἐστὶν ἐπὶ θεοῦ θεός. οὐσία θεία ἐστὶν ἀίδιόν τι καὶ ἄναρχον ἀσώματόν τε καὶ ἀπερίγραπτον καὶ τῶν ὄντων αἴτιον; vgl. zur Authentizität die Bemerkungen bei Clavis Patrum Graecorum Vol. I Patres Antenicaeni, cura et studio Maurice Geerard (Turnhout: Brepols, 1983), Nr. 1390, 138 f.
267 Clemens Alexandrinus, Stromata III 103,3 (GCS Clemens Alexandrinus II, 243,32–244,3 STÄHLIN/FRÜCHTEL/TREU): πῶς δ' ἄνευ τοῦ σώματος ἡ κατὰ τὴν ἐκκλησίαν καθ' ἡμᾶς οἰκονομία τέλος ἐλάμβανεν; ὅπου γε καὶ αὐτὸς ἡ κεφαλὴ τῆς ἐκκλησίας ἐν σαρκὶ μέν, ἀειδὴς δὲ ἐλήλυθεν καὶ ἄμορφος, εἰς τὸ ἀειδὲς καὶ ἀσώματον τῆς θείας αἰτίας ἀποβλέπειν ἡμᾶς διδάσκων.
268 S. o. S. 93 bzw. 499 f. mit Anm. 246.
269 Thomas BÖHM, «Unbegreiflichkeit Gottes bei Origenes und Unsagbarkeit des Einen bei Plotin – ein Strukturvergleich,» in Origeniana Octava: Origen and the Alexandrian Tradition: Papers of the 8th International Origen Congress Pisa, 27–31 August 2001, Lorenzo Perrone, ed. in Collaboration with Paolo Bernardini and Diego Marchini, Bibliotheca Ephemeridum Theologicarum Lovaniensium 164 (Leuven: Peeters, 2003), 1: 451–463, bes. 452–455 sowie Basil STUDER, «Zur Frage der dogmatischen Terminologie in der lateinischen Übersetzung von Origenes' De Principiis,» in DERS., Dominus Salvator: Studien zur Christologie und Exegese der Kirchenväter, Studia Anselmiana 107 (Rom: Pontificio Ateneo S. Anselmo, 1992), 67–89, bes. 76–78.
270 Origenes, De principiis I 1,2 (TzF 24, 100–102 GÖRGEMANNS/KARPP = GCS Origenes V, 17,18–21 KOETSCHAU): Si ergo adquiescunt huic assertioni nostrae, quam de natura luminis ipsa ratio demonstravit, et fatentur non posse corpus intellegi deum secundum luminis intellectum, similis quoque ratio etiam de ‹igni consumenti› dabitur. Quid enim consumit Deus secundum hoc quod ‹ignis› est?
271 STROUMSA, «The Incorporeality of God. Context and Implications of Origen's Position,» 348 f. weist darauf hin, dass Origenes an einer Stelle der «Schrift über die Grundlagen» seine Gegnerschaft mit Gnostikerinnen und Gnostikern marcionitischer Prägung identifiziert. In De Principiis II 4,3 wird gegen die Anhängerschaft Marcions, insbesondere gegen ihre angebliche dualistische Aufspaltung des einen Gottes, argumentiert und behauptet, sie würde den im Alten Testament bezeugten Schöpfergott für sichtbar (visibilis) halten und für körperlich (corporeus: TzF 24, 336 GÖRGEMANNS/KARPP = GCS Origenes V, 130,12–20 KOETSCHAU). Selbstverständlich gibt es gnostische Gruppen, die Vorstellungen göttlicher Körperlichkeit vertreten (dazu ausführlicher s. u. S. 390 f.), und möglicherweise hat Origenes sogar einmal die

ZWEITES KAPITEL: BIBEL UND FRÜHE CHRISTLICHE THEOLOGEN   505

Anhängerschaft Marcions polemisch als «Stoiker» bezeichnet: *Commentarii in epistulam ad Romanos* II 9 [13] (AGLB 16, 169,467 f. HAMMOND BAMMEL nach der Sonderlesart der Kopenhagener Handschrift 1338 4°, saec. IX, die sich bei *Opera Omnia* VI, 137 LOMMATZSCH und auch bei FChr 2/1, 288,15 HEITHER findet): *Stoici aiunt* ..., so entsprechend auch Adolf VON HARNACK, *Der kirchengeschichtliche Ertrag der exegetischen Arbeiten des Origenes (II. Teil: Die beiden Testamente mit Ausschluss des Hexateuchs und des Richterbuchs)*, Texte und Untersuchungen 42/4 (Leipzig: Hinrichs, 1919), 68 und ihm folgend CROUZEL, *Origène et la philosophie*, 43.

272 Origenes, *De principiis* II 4,3 (TzF 24, 336 GÖRGEMANNS/KARPP = GCS Origenes V, 130,17–20 KOETSCHAU): *Et si corpus esse pronuntietur deus, quoniam omne corpus ex materia est, invenietur et deus esse ex material; quodsi ex material sit, material autem sine dubio corruptibilis est, erit ergo secundum illos corruptibilis deus.*

273 Origenes, *De oratione* 23,3 (GCS Origenes II, 351,1–7 KOETSCHAU): ταῦτα ἡγοῦμαι συνεξητακέναι τῷ 'πάτερ ἡμῶν ὁ ἐν τοῖς οὐρανοῖς' ὑπὲρ τοῦ ταπεινὴν περὶ θεοῦ ὑπόληψιν τῶν νομιζόντων αὐτὸν εἶναι τοπικῶς 'ἐν οὐρανοῖς' περιελεῖν καὶ μὴ ἐᾶν τινα ἐν σωματικῷ τόπῳ εἶναι τὸν θεὸν (ἐπεὶ τούτῳ ἀκόλουθόν ἐστι καὶ σῶμα αὐτὸν εἶναι) λέγειν, ᾧ ἕπεται δόγματα ἀσεβέστατα, τὸ διαιρετὸν καὶ ὑλικὸν καὶ φθαρτὸν αὐτὸν εἶναι ὑπολαμβάνειν· πᾶν γὰρ σῶμα διαιρετόν ἐστι καὶ ὑλικὸν καὶ φθαρτόν·.

274 Origenes, *De principiis* IV 4,6 (TzF 24, 802 GÖRGEMANNS/KARPP = GCS Origenes V, 357, 16–28 KOETSCHAU): *Neque enim cum materiam subiciunt omni corpori per omnia convertibilem substantiam vel commutabilem vel divisibilem, extra qualitates eam secundum proprietatem suam subicient. Quibus etiam nos adquiescimus, qui omni genere abnuimus ingenitam vel infectam dici debere materiam, secundum haec, quae in prioribus prout potuimus ostendimus, cum etiam ex aqua et terra, aere vel calore per diversa arborum genera diversos proferri ostendimus fructus, vel cum ignem, aerem, aquam terramque mutari in semet ipsa invicem ac resolvi aliud in aliud elementum mutua quadam consanguinitate docuimus, sed et cum de escis vel hominum vel animalium probavimus substantiam carnis existere vel humorem seminis naturalis in carnem solidam ossaque converti. Quae omnia documento sunt quod substantia corporalis permutabilis sit et ex omni in omnem deveniat qualitatem.* Vgl. zur Stelle auch: ALEXANDRE, «Le statut des questions concernant la matière dans le *Peri Archôn*,» 67 f.

275 Origenes, *De principiis* I 7,5 (TzF 24, 242 GÖRGEMANNS/KARPP = GCS Origenes V, 92,9–12 KOETSCHAU): *Et primo ergo videamus quae sit ‹vanitas›, cui ‹creatura subiecta est›* (Röm 8,20). *Ego quidem arbitror non aliam esse vanitatem quam corpora; nam licet aetherium sit corpus astrorum, tamen materiale est.*

276 Origenes, *Commentarii in Euangelium Ioannis* XIII 21,123 (GCS Origenes IV, 244,19–24 PREUSCHEN): Πολλῶν πολλὰ περὶ τοῦ θεοῦ ἀποφηναμένων καὶ τῆς οὐσίας αὐτοῦ, ὥστε τινὰς μὲν εἰρηκέναι καὶ αὐτὸν σωματικῆς φύσεως λεπτομεροῦς καὶ αἰθερώδους, τινὰς δὲ ἀσωμάτου καὶ ἄλλους ὑπερέκεινα

οὐσίας πρεσβείᾳ καὶ δυνάμει, ἄξιον ἡμᾶς ἰδεῖν εἰ ἔχομεν ἀφορμὰς ἀπὸ τῶν θείων γραφῶν πρὸς τὸ εἰπεῖν τι περὶ οὐσίας θεοῦ.

277 Plato, *Respublica* VI 19, 509 B; vgl. zur antistoischen Orientierung des Origenes auch die Passagen aus *Contra Celsum* oben S. 77f. mit Anm. 182 bzw. ebd. mit Anm. 185 sowie Crouzel, *Origène et la philosophie*, 41–45; Bostock, «Quality and Corporeity in Origen,» 324–326; Henry Chadwick, «Origen, Celsus, and the Stoa», *Journal of Theological Studies* 48 (1947): 34–49 und Eleuterio Elorduy, «El influjo estoíco en Orígenes», in *Origeniana: Premier colloque international des études origéniennes (Montserrat, 18–21 septembre 1973)*, dirigé par Henri Crouzel, Gennaro Lomiento et Josep Rius-Camps, Quaderni di ‹Vetera Christianorum› 12 (Bari: Istituto di letteratura cristiana antica, Università di Bari, 1975), 277–288, bes. 279–281.

278 Origenes, *Commentarii in Euangelium Ioannis* XIII 21,124f. (GCS Origenes IV, 244,24–32 Preuschen): Ἐνθάδε μὲν οὖν λέγεται οἱονεὶ οὐσία εἶναι αὐτοῦ τὸ πνεῦμα· 'Πνεῦμα γὰρ ὁ θεός'· φησίν· ἐν δὲ τῷ νόμῳ 'πῦρ'· γέγραπται γὰρ 'Ὁ θεὸς ἡμῶν πῦρ καταναλίσκον'· παρὰ δὲ τῷ Ἰωάννῃ 'φῶς'· 'Ὁ θεός, γάρ φησι, φῶς ἐστιν καὶ σκοτία ἐν αὐτῷ οὐκ ἔστιν οὐδεμία'· Ἐὰν μὲν οὖν ἁπλούστερον τούτων ἀκούσωμεν, μηδὲν πέρα τῆς λέξεως περιεργαζόμενοι, ὥρα ἡμῖν λέγειν σῶμα εἶναι τὸν θεόν· τίνα δὲ ἡμᾶς διαδέχεται ἄτοπα τοῦτο λέγοντας, οὐ τῶν πολλῶν ἐστι εἰδέναι· ὀλίγοι γὰρ διειλήφασιν περὶ τῆς τῶν σωμάτων φύσεως, καὶ μάλιστα τῶν ὑπὸ λόγου καὶ προνοίας κατακοσμουμένων;.

279 Origenes, *Commentarii in Euangelium Ioannis* XIII 21,125 (GCS Origenes IV, 244,32–245,1 Preuschen): καίτοι τὸ προνοοῦν τῆς αὐτῆς οὐσίας λέγοντες εἶναι τοῖς προνοουμένοις γενικῷ λόγῳ, τέλειον ἀλλ' οἷον τὸ προνοούμενον. «Obwohl sie als eine allgemeine Definition äußern, dass der Körper, der vorsorgt, dieselbe Substanz hat wie die, für die vorgesorgt wird. Der Körper, der vorsorgt, ist vollkommen, aber er gleicht dem, was vorgesorgt wurde».

280 Origenes, *Commentarii in Euangelium Ioannis* XIII 21,130–22,131 (GCS Origenes IV, 244,24–32 Preuschen): Ὥρα οὖν ἐν τούτοις ἤτοι τηροῦντας τὰς λέξεις τὰ τοσαῦτα ἄτοπα παραδέξασθαι καὶ δύσφημα περὶ τοῦ θεοῦ, ἢ ἐφοδεῦσαι, ὥσπερ καὶ ἐπὶ ἄλλων πλειόνων ποιοῦμεν, καὶ ἐξετάσαι τί δύναται δηλοῦσθαι ἀπὸ τοῦ λέγεσθαι πνεῦμα ἢ πῦρ ἢ φῶς εἶναι τὸν θεόν. Καὶ πρῶτον λεκτέον, ὅτι ὥσπερ ὀφθαλμοὺς καὶ βλέφαρα καὶ ὦτα, χεῖράς τε καὶ βραχίονας καὶ πόδας εὑρίσκοντες γεγραμμένα τοῦ θεοῦ, ἔτι δὲ καὶ πτέρυγας, μεταλαμβάνομεν εἰς ἀλληγορίαν τὰ γεγραμμένα, καταφρονοῦντες τῶν μορφὴν ἀνθρώπων παραπλήσιον περιτιθέντων τῷ θεῷ καὶ εὐλόγως γε τοῦτο πράττομεν, οὕτως καὶ ἐπὶ τῶν εἰρημένων ὀνομάτων τὸ ἀκόλουθον ἡμῖν ποιητέον·.

281 Origenes, *Commentarii in Genesim* D 11 = *Collectio Coisliniana*, fr. 73 Petit (OWD 1/1, 160,1–20 Metzler = CChr.SG 15, 73,16–74,40 Petit):

ZWEITES KAPITEL: BIBEL UND FRÜHE CHRISTLICHE THEOLOGEN 507

ἀντιπαραβαλοῦμεν δὲ ῥητὰ τοῖς πλέον τοῦ γράμματος μηδὲν ἐπισταμένοις, ἐναντιούμενα αὐτῶν τῇ ὑπολήψει ἐκ μὲν τοῦ Ζαχαρίου, ὅτι ‚Ἑπτὰ ὀφθαλμοὶ Κυρίου οἱ ἐπιβλέποντες ἐπὶ πᾶσαν τὴν γῆν'. Εἰ δὲ ἑπτὰ ἔχει ὀφθαλμοὺς ὁ Θεός, ἡμεῖς δὲ δύο, οὐ ‚κατ' εἰκόνα αὐτοῦ' γεγόναμεν. Ἀλλὰ καὶ ἡμεῖς μὲν οὐκ ἐπτερυγώμεθα, περὶ δὲ Θεοῦ λέγει ἐν ἐννενηκοστῷ ψαλμῷ, ὅτι ‚ὑπὸ τὰς πτέρυγας αὐτοῦ ἐλπιεῖς'. Εἰ δὲ ἐκεῖνος μὲν πτέρυγας ἔχει, ἡμεῖς δέ ἐσμεν ζῶον ἄπτερον, οὐ ‚κατ' εἰκόνα' Θεοῦ γέγονεν ὁ ἄνθρωπος. Πῶς δὲ ὁ σφαιροειδὴς οὐρανὸς καὶ ἀεὶ κινούμενος θρόνος εἶναι δύναται, ὡς ὑπολαμβάνουσι, τοῦ Θεοῦ; Ἀλλὰ καὶ ἡ γῆ πῶς ὑποπόδιον τῶν ποδῶν αὐτοῦ; Ἀπαγγελλέτωσαν ἡμῖν. Ἆρα γὰρ τὸ ἀπὸ γονάτων μέχρι τῶν βάσεων σῶμα τοῦ μεταξὺ οὐρανοῦ καὶ γῆς περιέχοντος, ἐν μέσῳ δὲ οὔσης τῆς γῆς τοῦ παντὸς κόσμου, καὶ περιεχομένης ὑπ' αὐτοῦ, ὡς γραμμικαῖς ἀποδείξεσι παρίσταται, παρ' ἡμῖν εἰσιν αἱ βάσεις τοῦ Θεοῦ ἢ παρὰ τοῖς ἀντίχθοσι; Καὶ ὅλην τὴν οἰκουμένην ἡμῶν πεπληρώκασιν, ἢ καὶ πλέον τι ἐπιλαμβάνουσιν, ἢ ἔλαττόν τι; Διεστήκασιν οἱ πόδες αὐτοῦ διὰ τὰς θαλάσσας καὶ τοὺς ποταμούς, ἢ καὶ τοῖς ὕδασιν ἐπιβαίνουσι; Πῶς δὲ οὗ ὁ τηλικοῦτος οὐρανὸς θρόνος, καὶ ἡ γῆ ὑποπόδιον τῶν ποδῶν, ἐν μόνῳ τῷ παραδείσῳ εὑρίσκεται περιπατῶν, ἢ ἐν τῇ κορυφῇ τοῦ Σινᾶ φαίνεται τῷ Μωσῇ; Καὶ πῶς ταῦτά τις περὶ Θεοῦ δοξάζων οὐ μωρὸς λεχθήσεαι;.

282 Origenes, *De principiis* I 1,9 (TzF 24, 120 GÖRGEMANNS/KARPP = GCS Origenes V, 26,15–27,2 KOETSCHAU): *Quodsi proponat nobis aliquis, quare dictum est: «Beati mundo corde, quoniam ipsi deum videbunt», multo magis etiam ex hoc, ut ego arbitror, assertio nostra firmabitur; nam quid aliud est ‹corde deum videre›, nisi secundum id, quod supra exposuimus, mente eum intellegere atque cognoscere? Frequenter namque sensibilium membrorum nomina ad animam referuntur ita, ut ‹oculis cordis› videre dicatur, id est virtute intellegentiae aliquid intellectuale conicere;* zur Sache vgl. auch ders., *Contra Celsum* VII 43 (GCS Origenes II, 194,7–24 KOETSCHAU) und STROUMSA, «The Incorporeality of God», 351.

283 Origenes, *De principiis* I 1,6 (TzF 24, 110 GÖRGEMANNS/KARPP = GCS Origenes V, 21,10–17 KOETSCHAU): *Non ergo corpus aliquod aut in corpora esse putandus est deus, sed intellectualis natura simplex, nihil omnino in se adiunctionis admittens; uti ne maius aliquid et inferius se habere credatur, sed ut sit ex omni parte* μονάς, *et ut ita dicam* ἑνάς, *et mens et fons, ex quo initium totius intellectualis naturae uel mentis est. Mens vero ut moveatur et operetur, non indiget loco corporeo neque sensibilis magnitudine vel corporali habitu aut colore, neque alio ullo prosus indiget horum, quae corporis vel materiae propria sunt.*

284 Origenes, *Contra Celsum* VI 71 (GCS Origenes II, 141,15–20 KOETSCHAU): Κατὰ μὲν οὖν τοὺς ἀπὸ τῆς Στοᾶς, σωματικὰς λέγοντας εἶναι τὰς ἀρχὰς καὶ διὰ τοῦτο πάντα φθείροντας κινδυνεύοντας δὲ καὶ αὐτὸν φθεῖραι τὸν ἐπὶ πᾶσι θεόν, εἰ μὴ πάνυ ἀπεμφαῖνον τοῦτ' αὐτοῖς ἐδόκει τυγχάνειν, καὶ ὁ λόγος τοῦ θεοῦ ὁ μέχρι ἀνθρώπων καὶ τῶν ἐλαχίστων καταβαίνων οὐδὲν ἄλλο ἐστὶν ἢ πνεῦμα σωματικόν· — Eine exakte Parallele zum Ausdruck

πνεῦμα σωματικόν findet sich in den stoischen Texten, die Hans von Arnim gesammelt hat, nicht (unsere Origenes-Stelle zählt er freilich als SVF II, 1051 [II, 310,16–25]), wohl aber die vergleichbare Rede von einem πνεῦμα φυσικόν: Pseudo-Galenus, *Introductio seu medicus* 9 (*Claudii Galeni opera omnia* XIV, 697,6–8 Kühn) = SVF II, 716 (II, 16–18 von Arnim); vgl. zu stoischen Parallelen und platonischen Hintergründen auch Bostock, «Quality and Corporeity in Origen,» 325–327.

285 Origenes, *Contra Celsum* VI 71 (GCS Origenes II, 141,20–28 Koetschau): κατὰ δὲ ἡμᾶς καὶ τὴν λογικὴν ψυχὴν πειρωμένους ἀποδεικνύναι κρείττονα πάσης σωματικῆς φύσεως καὶ οὐσίαν ἀόρατον καὶ ἀσώματον οὐκ ἂν σῶμα εἴη ὁ θεὸς λόγος, δι' οὗ τὰ πάντ' ἐγένετο, ὁ φθάνων, ἵνα πάντα διὰ λόγου γίνηται, οὐχ ἕως ἀνθρώπων μόνων ἀλλὰ καὶ τῶν ἐλαχίστων εἶναι νομιζομένων καὶ ὑπὸ φύσεως διοικουμένων. Πάντα μὲν οὖν οἱ ἀπὸ τῆς Στοᾶς ἐκπυρούτωσαν, ἡμεῖς δὲ ἀσώματον οὐσίαν οὐκ ἴσμεν ἐκπυρουμένην οὐδ' εἰς πῦρ ἀναλυομένην τὴν ἀνθρώπου ψυχὴν ἢ τὴν ἀγγέλων ἢ θρόνων ἢ κυριοτήτων ἢ ἀρχῶν ἢ ἐξουσιῶν ὑπόστασιν.

286 Vgl. neben der oben S. 501 f. Anm. 252 und 253 genannten Literatur noch zusammenfassend: Caroline Walker Bynum, *The Resurrection of the Body in Western Christianity, 200–1336*, Lectures on the History of Religions. New Series 15 (New York: Columbia University Press, 1995), 59–71.

287 Für Origenes vgl. vor allem die Formulierung der Anathematismen im Edikt des Kaisers Justinian gegen Origenes aus dem Jahre 543 n. Chr.: Iustinianus Imperator, *Edictum contra Origenem* = *Epistula ad Menam* (ACO III, 204,10 f. Schwartz = Legum Iustiniani Imperatoris Vocabularium. Subsidia III, 98,10 f. Amelotti/Zingale): λέγει γὰρ ὅτι ἐν τῆι ἀναστάσει σφαιροειδῆ ἐγείρονται τὰ σώματα τῶν ἀνθρώπων und ebd. Anathematismus 5 (213,25 f. = 116,25 f. = TzF 24, 822 Görgemanns/Karpp): Εἴ τις λέγει ἢ ἔχει ἐν τῆι ἀναστάσει σφαιροειδῆ τὰ τῶν ἀνθρώπων ἐγείρεσθαι σώματα καὶ οὐχ ὁμολογεῖ ὀρθίους ἡμᾶς ἐγείρεσθαι, ἀνάθεμα ἔστω, dazu aus den Anathematismen von 553 n. Chr. Nr. 10 (…) αἰθέρόν τε καὶ σφαιροειδές (…) (ACO IV/1, 249,23 Straub = TzF 24, 828 Görgemanns/Karpp). Origenes war offenkundig davon überzeugt, dass Engel kugelförmige Leiber haben: *De oratione* 31,3 (von den Engeln: GCS Origenes II, 397,5 f. Koetschau). Schon der Stoiker Chrysipp lehrte nach einer Überlieferung in den Homerscholien die Kugelförmigkeit der Seelen: Scholion zu *Ilias* Ψ 66 (*Scholia Graeca in Homeri Iliadem* V, 377,42–44 Erbse) = SVF II, 815 (II, 224,39 von Arnim): Χρύσιππος δὲ μετὰ τὸν χωρισμὸν τοῦ σώματός φησιν αὐτὰς σφαιροειδεῖς γενέσθαι.

288 Kugelförmigkeit ist schon bei Plato die Idealgestalt, die der Demiurg dem Kosmos als dem Lebenden verleiht: *Timaeus* 33 B διὸ καὶ σφαιροειδές, ἐκ μέσου πάντη πρὸς τὰς τελευτὰς ἴσον ἀπέχον, κυκλοτερὲς αὐτὸ ἐτορνεύσατο, πάντων τελεώτατον ὁμοιότατόν τε αὐτὸ ἑαυτῷ σχημάτων, νομίσας μυρίῳ

κάλλιον ὅμοιον ἀνομοίου; vgl. auch die doxographischen Referate zur göttlichen Kugelgestalt bei Xenophanes und Parmenides, oben S. 61.

289 Origenes, *De principiis* I 1,28 (TzF 24, 118 GÖRGEMANNS/KARPP = GCS Origenes V, 26,2 f. KOETSCHAU): *Aliud est uidere, aliud cognoscere: videri et videre corporum res est, cognosci et cognoscere intellectualis naturae est*; für die Bibelstelle vgl. aaO. (116 = 25,3 f.) sowie KANNENGIESSER, «Origen, Systematician in *De Principiis*,» 400 f.

290 Origenes, *De Principiis* II 4,3 (TzF 24, 336 GÖRGEMANNS/KARPP = GCS Origenes V, 130,12–20 KOETSCHAU); dazu ausführlicher oben S. 504 f. mit Anm. 271.

291 Origenes, *De principiis* IV 3,15 (TzF 24, 778 GÖRGEMANNS/KARPP = GCS Origenes V, 347,9–14 KOETSCHAU): *sicut cum requiritur, verbi causa, si sit aliqua substantia, in qua neque color neque habitus neque tactus neque magnitudo intellegenda sit, mente sola conspicabilis, quam prout vult quis ita et nominat; nam Graeci eam* ἀσώματον, *id est incorpoream, dixerunt, divinae vero scripturae ‹invisibilem› nominarunt, quia apostolus ‹deum invisibilem› esse pronuntiat: ‹imaginem› enim ‹invisibilis dei› dicit esse Christum*; vgl. auch schon ebd. IV 4,5 (800 = 356,9 f.): *quippe cum una et incorporea natura sit trinitatis*.

292 Origenes, *De principiis* I praef. 9 (TzF 24, 96 GÖRGEMANNS/KARPP = GCS Origenes V, 15,20–27 KOETSCHAU): *Quaeremus tamen si vel alio nomine res ipsa, quam graeci philosophi* ἀσώματον *(id est incorporeum) dicunt, in sanctis scripturis invenitur. Deus quoque ipse quomodo intellegi debeat requirendum est, corporeus et secundum aliquem habitum deformatus, an alterius naturae quam corpora sunt, quod utique in praedicatione nostra manifeste non designatur. Eadem quoque etiam de Christo et de sancto spiritu requirenda sunt, sed et de omni anima atque omni rationabili natura nihilominus requirendum est*.

293 Tertullianus, *Apologeticum* 47,6 (CChr.SL 1, 163,21 f. DEKKERS) = SVF II, 1034 (II, 307,10 f. VON ARNIM): *alii incorporalem (deum scil.) asseuerant, alii corporalem, qua Platonici et Stoici*; vgl. oben S. 78 bzw. 487 f. mit Anm. 189. – Richard HEINZE, *Tertullians Apologeticum*, Berichte über die Verhandlungen der Königlich Sächsischen Gesellschaft der Wissenschaften. Philologisch-historische Klasse 62. Band, 10. Heft (Leipzig: Teubner, 1910), 474 weist auf ein Exzerpt einer Sammlung von δόξαι περὶ θεοῦ bei Theophilus von Antiochien und Johannes Stobaeus, deren ursprünglicher Verfasser nicht mehr zu identifizieren ist, als mögliche Parallele der Passage hin: Hermann DIELS, «Eine Quelle des Stobäus,» *Rheinisches Museum für Philologie* 30 (1875): 172–181. Allerdings handelt es sich um ein Florilegium mit Dichterzitaten, dazu Nicole ZEEGERS-VANDER VORST, *Les citations des poètes grecs chez les apologistes chrétiens du II*ᵉ *siècle*, Université de Louvain. Recueil de travaux d'histoire et de philologie Sér. 4, 47 (Louvain: Bureau du Recueil, Bibliothèque de l'Université, 1972), 115–123. 123–132. 132–137.

294 Joseph MOINGT, *Théologie trinitaire de Tertullien*, Vol. 1 *Histoire, Doctrine, Mé-*

thodes, Théologie 68 (Paris: Aubier, 1966), 183–224. Moingt hat gezeigt, dass man Praxeas nicht, wie in der älteren deutschen Forschung angenommen, als «modalistischen Monarchianer» bezeichnen darf: «Le monarchianisme n'est pas un modalisme» (aaO. 190). Die Anschauungen des Praxeas könnte man (mit einem Begriff meiner akademischen Lehrerin Luise Abramowski) besser als «Identifikationstheologie» bezeichnen; vgl. dazu auch Christoph MARKSCHIES, «‹… et tamen non tres Dii, sed unus Deus …›. Zum Stand der Erforschung der altkirchlichen Trinitätstheologie,» in DERS., *Alta Trinità Beata. Gesammelte Studien zur altkirchlichen Trinitätstheologie* (Tübingen: Mohr Siebeck, 2000), 286–309, bes. 294.

295 Der lateinische Begriff *effigies* übersetzt hier μορφή: *qui cum in effigie* (in der Vulgata: *forma*) *Dei constitutus* (Vulgata: *esset*) *non rapinam existimavit* (Vulgata: *arbitratus est*) (…); griechisch: ὃς ἐν μορφῇ θεοῦ ὑπάρχων οὐχ ἁρπαγμὸν ἡγήσατο τὸ εἶναι ἴσα θεῷ; für den Befund bei Tertullian vgl. VL 24/2, 109 FREDE und BLAISE, *Dictionnaire Latin-Français des auteurs chrétiens*, s. v. 300.

296 Tertullianus, *Adversus Praxean* 7,8 (FChr 34, 128,11 f. SCARPAT/SIEBEN): *In qua effigie dei? vtique in aliqua, non tamen in nulla. Quis enim negabit deum corpus esse, etsi deus spiritus est? spiritus enim corpus sui generis in sua effigie*; vgl. auch die ausführliche Kommentierung der Passage bei Q. S. F. Tertulliano, *Contro Prassea*, Edizione critica con introduzione, traduzione italiana, note e indici a cura di Giuseppe Scarpat, Corona Patrum 12 (Turin: Società Editrice Internazionale, 1985), 281–283 und für den Kontext SHERIDAN, *Language for God in Patristic Tradition. Wrestling with Biblical Anthropomorphism*, 118–122.

297 S. 72–78.

298 Tertullianus, *De carne Christi* 11,4 (CChr.SL 2, 895,23 f. KROYMANN = SC 216, 258,23 f. MAHÉ): *omne, quod est, corpus est sui generis, nihil est incorporale nisi quod non est*; zur Sache selbst vgl. Gerhard ESSER, *Die Seelenlehre Tertullians* (Paderborn: Schöningh, 1893), 48–52; Eric WEIL, «Remarques sur le matérialisme des Stoïciens,» in *Mélanges Alexandre Koyré*, publiés à l'occasion de son soixante-dixième anniversaire, Vol. 2 *L'aventure de l'esprit*, Histoire de la pensée 13 (Paris: Hermann, 1964), 556–572 sowie Marcia L. COLISH, *The Stoic Tradition from Antiquity to the Early Middle Ages*, Vol. 2 *Stoicism in Christian Latin Thought through the Sixth Century*, Second Impression with Addenda et Corrigenda (Leiden u. a.: Brill, 1990), 9–29, bes. 15.

299 Adolf HARNACK, *Lehrbuch der Dogmengeschichte* 1. Bd. *Die Entstehung des kirchlichen Dogmas*, 4., neu durchgearbeitete u. vermehrte Aufl. (Tübingen: Mohr Siebeck, 1909), 574 Anm. 6; vgl. dazu aber auch Joseph MOINGT, *Théologie trinitaire de Tertullien*, Vol. 2 *Substantialité et individualité*, Théologie 69 (Paris: Aubier, 1966), 333–338 und Michel SPANNEUT, *Le Stoïcisme des pères de l'Église: De Clément de Rome à Clément d'Alexandrie*, Patristica Sorbonensia 1, Nouv. éd., revue et augmentée (Paris: Éditions du Seuil, 1969), 164–167.

300 Vgl. dazu oben S. 504 f. den Hinweis auf Origenes, *De Principiis* II 4,3 (TzF

24, 336 GÖRGEMANNS/KARPP = GCS Origenes V, 130,12–20 KOETSCHAU); für die marcionitische Gotteslehre Winrich LÖHR, «Did Marcion distinguish between a just god and a good god?,» in *Marcion und seine kirchengeschichtliche Wirkung: Marcion and his Impact on Church History*. Vorträge der internationalen Fachkonferenz zu Marcion, gehalten vom 15.–18. August 2001 in Mainz, hg. Gerhard May und Katharina Greschat in Gemeinschaft mit Martin Meiser, Texte und Untersuchungen 150 (Berlin/New York: De Gruyter, 2002), 131–146.

301 Barbara ALAND, «Sünde und Erlösung bei Marcion und die Konsequenz für die sog. beiden Götter Marcions,» in *Marcion und seine kirchengeschichtliche Wirkung: Marcion and his Impact on Church History*, 147–157, bes. 155.

302 Tertullianus, *Adversus Marcionem* II 27,5 (CChr.SL 1, 506,22–25 KROYMANN): *Ipse enim et ueteri testamento pronuntiarat: deum nemo uidebit et uiuet, patrem inuisibilem determinans, in cuius auctoritate et nomine ipse erat deus, qui uidebatur dei filius.*

303 Vgl. dazu die einschlägigen Referate mehrheitskirchlicher Häresiologie bei Adolf VON HARNACK, *Marcion: Das Evangelium vom fremden Gott: Eine Monographie zur Geschichte der Grundlegung der katholischen Kirche*. Neue Studien zu Marcion, Texte und Untersuchungen 45 u. 44/4, 2., verb. u. verm. Aufl. (Leipzig: Hinrichs, 1924 u. 1923 = Darmstadt: Wissenschaftliche Buchgesellschaft, 1960), 274*–276* und 286* (dort den «Antithesen» Marcions zugeschrieben) und (kritisch zu dieser Tendenz Harnacks) Gerhard MAY, «Markions Genesisauslegung und die ‹Antithesen›,» in DERS., *Markion: Gesammelte Aufsätze*, hg. Katharina Greschat und Martin Meiser, Veröffentlichungen des Instituts für Europäische Geschichte Mainz, Abteilung für abendländische Religionsgeschichte. Beiheft 68 (Mainz: Zabern, 2005), 43–50.

304 Tertullianus, *Aduersus Marcionem* III 9,1 (CChr.SL 1, 519,16–24 KROYMANN).

305 Origenes, *Commentarii in Genesim* D 11 = *Collectio Coisliniana*, fr. 73 PETIT (OWD 1/1, 158,19–21 METZLER = CChr.SG 15, 73,3–5 PETIT): Ἴδωμεν δὲ πρότερον οἷς χρῶνται οἱ τὸ πρῶτον λέγοντες· ὧν ἐστι καὶ Μελίτων συγγράμματα καταλελοιπὼς περὶ τοῦ ἐνσώματον εἶναι τὸν Θεόν; dazu vgl. oben S. 249–251.

306 Dazu ausführlich mit Belegen: Christoph MARKSCHIES, «Der religiöse Pluralismus und das antike Christentum – eine neue Deutung der Gnosis,» in DERS., *Gnosis und Christentum* (Berlin: Berlin University Press, 2009), 53–82.

307 Guy G. STROUMSA, «Polymorphie divine et transformations d'un mythologème: L'‹Apocryphon de Jean› et ses sources,» *Vigiliae Christianae* 35 (1981): 412–434; vgl. auch Carola BARTH, *Die Interpretation des Neuen Testaments in der valentinianischen Gnosis*, Texte und Untersuchungen 37/3 (Leipzig: Hinrichs, 1911), 52.

308 S. o. S. 388–394.

309 Zweiter Logos des großen Seth (NHC VII,2 p. 56,20–25 [NHMS 30, 166 RILEY]): ⲉⲓ̈ⲛⲛⲏⲩ ⲅⲁⲣ ⲉ ⲡⲉⲥϩⲧ ⲙ̄ⲡⲉⲗⲁⲁⲩ ⲛⲁⲩ ⲉⲣⲟⲓ̈ ⲛⲉⲉⲓϣⲃⲉ ⲅⲁⲣ

ⲚⲚⲒⲘⲞⲢⲪⲎ Ⲛ̄ ϨⲢⲀⲒ̈ Ⲛ̄ϨⲎⲦ· ⲈⲈⲒⲞⲨⲄⲰ͞ⲦⲂ ⲈⲂⲞⲖ Ⲛ̄ⲞⲨⲈⲒⲆⲈⲀ ⲈⲨⲈⲒⲆⲈⲀ. Dabei scheint in der koptischen Übersetzung noch das griechische Original durch: μορφή und ἰδέα; vgl. auch Irenaeus, *Aduersus haereses* I 30,12 (FChr 8/1, 346,1–18 ROUSSEAU/DOUTRELEAU/BROX); weitere Belege bei STROUMSA, «Polymorphie divine et transformations d'un mythologème: L'‹Apocryphon de Jean› et ses sources,» 415–419.

310 Zum hier vorausgesetzten Bild gnostischer Gotteslehre am Beispiel des sogenannten Valentinianismus vgl. Christoph MARKSCHIES, «Individuality in Some Gnostic Authors. With a Few Remarks on the Interpretation of Ptolemaeus, Epistula ad Floram,» *Zeitschrift für Antikes Christentum* 15 (2011): 411–430.

311 Apokryphon des Johannes (NHC II,1 p. 3,22 f. [NHMS 33,25 WALDSTEIN/ WISSE]): ⲞⲨⲤⲰⲘⲀⲦⲒⲔⲞⲤ ⲀⲚ [ⲠⲈ ⲞⲨⲦⲈ ⲞⲨⲀⲦⲤⲰⲘⲀ ⲀⲚ ⲠⲈ]. Weitere Belege zum Thema bei STROUMSA, «The Incorporeality of God: Context and Implications of Origen's Position,» 348 f.

312 Nachweise oben S. 437 f. mit Anm. 3.

313 So Manlio SIMONETTI, «Modelli culturali nella cristianità orientale del II–III secolo,» in *De Tertullien aux Mozarabes: Mélanges offerts à Jacques Fontaine, membre de l'institut, à l'occasion de son 70ᵉ anniversaire, par ses élèves, amis et collègues*, Institute de Recherche et d'Histoire des Textes, comité Louis Holtz, ed., Vol. I *Antiquité tardive et christianisme ancien (IIIᵉ–VIᵉ siècles)*, Collection des études augustiniennes 132 (Paris: Institute d'Études Augustiniennes, 1992), 381–392 = DERS., *Orthodossia ed eresia tra I e II secolo*, Armarium 5 (Soveria Manelli/Messina: Rubbettino, 1994), 315–331, bes. 327 f. mit Berufung auf Irenaeus, *Adversus haereses* V 6,1 (FChr 8/5, 56,3–10 ROUSSEAU/BROX) und Jean PÉPIN, *Idées grecques sur l'homme et sur Dieu*, Collection d'Études anciennes (Paris: Les Belles-Lettres, 1971), 167 f.

314 Irenaeus, *Adversus haereses* V 6,1 (FChr 8/5, 56,8 f. ROUSSEAU/BROX): *perfectus autem homo commixtio et adunitio est animae assuentis Spiritum Patris et admixtae ei carni quae est plasmata secundum imaginem dei*.

315 (Ps.-?)Plato, *Alcibiades* I 130 C: Ἐπειδὴ δ' οὔτε σῶμα οὔτε τὸ συναμφότερόν ἐστιν ἄνθρωπος, λείπεται οἶμαι ἢ μηδὲν αὔτ' εἶναι, ἢ εἴπερ τί ἐστι, μηδὲν ἄλλο τὸν ἄνθρωπον συμβαίνειν ἢ ψυχήν bzw. «Wenn nun weder der Leib noch das Zusammengefügte der Mensch ist, so bleibt nur übrig, glaube ich, dass er entweder nichts ist, oder wenn etwas, so kann nichts anderes der Mensch sein als die Seele»; vgl. Origenes, *De principiis* IV 2,7 (ἀνθρώπους δὲ νῦν λέγω τὰς χρωμένας ψυχὰς σώμασιν: TzF 24, 722 GÖRGEMANNS/ KARPP = GCS Origenes V, 318,12–319,1 KOETSCHAU); ganz ähnlich *Contra Celsum* VII 38 (GCS Origenes II, 188,24 KOETSCHAU); vgl. zum Thema auch STROUMSA, «The Incorporeality of God: Context and Implications of Origen's Position,» 351.

316 So Barbara FEICHTINGER, «Einleitung,» in *Die Christen und der Körper. Aspekte der Körperlichkeit in der christlichen Literatur der Spätantike*, hg. Barbara

Feichtinger und Helmut Seng, Beiträge zur Altertumskunde 184 (Leipzig/ München: Saur, 2004), 9–26, hier 12.

317 EDWARDS, «Further Reflections on the Platonism of Origen,» 323.

Der Körper Gottes und die antiken Götterstatuen

1 Plato, Respublica II 379a: οἷος τυγχάνει ὁ θεὸς ὤν, ἀεὶ δήπου ἀποδοτέον.
2 S. o. S. 44 f.
3 So die bereits oben, S. 44, paraphrasierte Definition von Franz CHRIST, Menschlich von Gott reden: Das Problem des Anthropomorphismus bei Schleiermacher, Ökumenische Theologie 10 (Einsiedeln/Zürich/Köln: Benziger u. Gütersloh: Gütersloher Verlagshaus Mohn, 1982), 13 f.
4 Ulrich VON WILAMOWITZ-MOELLENDORFF, Euripides Herakles erklärt, 1. Bd., zweite Bearb. (Berlin: Weidmann, 1895), 38.
5 Manfred CLAUSS, Kaiser und Gott. Herrscherkult im römischen Reich (Stuttgart/ Leipzig: Teubner, 1999), 30 f.; der Autor verweist zur Erläuterung seiner These auf DERS., Mithras. Kult und Mysterien (München: Beck, 1990), 19–23.
6 Aristoteles, Politica 1,2, 1253 a 24–27.
7 Publius Ovidius Naso, Metamorphoses I 83 (BiTeu 4 ANDERSON; Übersetzung nach Publius Ovidius Naso, Metamorphosen, in deutsche Hexamter übertragen von Erich Rösch, mit einer Einführung von Niklas Holzberg, TuscBü, 11., überarb. Aufl. [Darmstadt: Wissenschaftliche Buchgesellschaft, 1988], 10): finxit in effigiem moderantum cuncta deorum. – Zur Passage: Wolfgang SPEYER, «Spuren der ‹Genesis› in Ovids Metamorphosen,» in Kontinuität und Wandel. Lateinische Poesie von Naevius bis Baudelaire. Franco Munari zum 65. Geburtstag, hg. Ulrich Justus Stache (Hildesheim: Weidmann, 1986), 90–99.
8 Margalit FINKELBERG, «Two Kinds of Representation in Greek Religious Art,» in Representations in Religion. Studies in Honor of Moshe Barash, Jan Assmann and Albert I. Baumgarten, ed., Studies in the History of Religions 89 (Leiden u. a.: Brill, 2001), 27–41.
9 Pausanias, Graeciae descriptio V 13,8 (BiTeu II, 33,1–3 ROCHA-PEREIRA).
10 Renate TÖLLE-KASTENBEIN, Das Olympieion in Athen, Arbeiten zur Archäologie (Köln/Weimar/Wien: Böhlau, 1994), 136–162. Vgl. auch Stavros VLIZOS, «Das Vorbild des Zeus aus Olympia,» in Römische Götterbilder der mittleren und späten Kaiserzeit, hg. Dietrich Boschung u. Alfred Schäfer, Morphomata 22 (Paderborn: Wilhelm Fink, 2015), 41–69.
11 Vgl. dazu s. v. Ὀλύμπιος bei Hans SCHWABL, s. v. «Zeus Teil II,» in Paulys Realencyclopädie der classischen Altertumswissenschaft (München: Druckenmüller, 1978), Suppl. 15: 994–1411, bes. 1071 f. 1466–1468 (Nachträge).
12 Dazu ausführlich unten S. 123–125 und 521 f. mit Anm. 57 bzw. 59.
13 Prudentius, Apotheosis 453: consultor patriae, sed non consultor habendae / religio-

nis, amans ter centum milia diuum (CUFr II, 19 LAVARENNE); vgl. Elias J. BI-
CKERMAN, «Diva Augusta Marciana», The American Journal of Philology 95
(1974): 362–376, bes. 369 Anm. 31. Bickerman verweist auf Hesiod, Opera et
dies 251–253.

14 Hesiodus, Opera et dies 251–253: ἀλλήλους τρίβουσι θεῶν ὄπιν οὐκ ἀλέγοντες.
| τρὶς γὰρ μύριοί εἰσιν ἐπὶ χθονὶ πουλυβοτείρῃ | ἀθάνατοι Ζηνὸς φύλακες
θνητῶν ἀνθρώπων, (...) sowie CLAUSS, Kaiser und Gott. Herrscherkult im Römischen Reich, 22.

15 Maximus Tyrius, Dissertationes XI 12 (BiTeu 99,274–280 TRAPP = 141,237–
242 KONIARIS): Εἰ δὲ ἐξασθενεῖς πρὸς τὴν τοῦ πατρὸς καὶ δημιουργοῦ θέαν,
ἀρκεῖ σοι τὰ ἔργα ἐν τῷ παρόντι ὁρᾶν καὶ προσκυνεῖν τὰ ἔγγονα, πολλὰ καὶ
παντοδαπὰ ὄντα, οὐχ ὅσα Βοιώτιος ποιητὴς λέγει· οὐ γὰρ τρισμύριοι μόνον
θεοί, θεοῦ παῖδες καὶ φίλοι, ἀλλ' ἄληπτοι ἀριθμῷ· τοῦτο μὲν κατ' οὐρανὸν
αἱ ἀστέρων φύσεις· τοῦτο δ' αὖ κατ' αἰθέρα αἱ δαιμόνων οὐσίαι. Mit dem
Hinweis auf den πατὴρ καὶ δημιουργός spielt Maximus auf den platonischen
Referenzrahmen seiner Philosophie und eine der seinerzeit bekanntesten
Timaeus-Stellen an: Plato, Timaeus 28 C: τὸν μὲν οὖν ποιητὴν καὶ πατέρα
τοῦδε τοῦ παντὸς εὑρεῖν τε ἔργον καὶ εὑρόντα εἰς πάντας ἀδύνατον λέγειν·
und verbatim auf Timaeus 41 A.

16 Michel TARDIEU, s. v. «Heraiskos,» in Der neue Pauly: Enzyklopädie der Antike
(Stuttgart/Weimar: Metzler, 1998), 363 und zum städtischen Kontext Christopher HAAS, Alexandria in Late Antiquity: Topography and Social Conflict (Baltimore: Johns Hopkins University Press, 1997), 129–131.

17 Dazu jetzt: Polymnia ATHANASSIADI, Damascius, The Philosophical History:
Text with Translation and Notes (Athen: Apamea, 1999). – Frau Athanassiadi
schlägt vor, den Text angesichts seines erhaltenen Inhalts nicht wie üblich
Vita Isidori zu nennen, sondern mit der Suda (Suda Δ 39 [II, 3,28–4,2 AD-
LER] = Testimonia I, p. 334 ATHANASSIADI): Φιλόσοφος Ἱστορία bzw. Historia Philosophica (aaO. 58). Dieser Titel geht nach Athanassiadi ebenfalls auf
Damascius zurück. In den folgenden Nachweisen ist dessen ungeachtet der
traditionelle Titel verwendet. Zu den Bearbeitungen der Texte des Damascius in der Suda vgl. Rudolf ASMUS, «Zur Rekonstruktion von Damascius'
Leben des Isidorus,» Byzantinische Zeitschrift 18 (1909): (424–480) 438–440,
zum Titel 443–445.

18 Suda H 450 (II, 579,7–10 ADLER) = Damascius, Vita Isidori fr. 174 (Bibliotheca
Graeca et Latina Suppletoria I, 147,2–5 ZINTZEN) = fr. 76 E (194 ATHANAS-
SIADI): αὐτοφυὴς ἐγένετο διαγνώμων τῶν τε ζώντων καὶ τῶν μὴ ζώντων
ἱερῶν ἀγαλμάτων. εὐθὺς γὰρ ἐμβλέπων ἐτιτρώσκετο τὴν καρδίαν ὑπὸ τοῦ
θειασμοῦ καὶ ἀνεπήδα τό τε σῶμα καὶ τὴν ψυχήν, ὥσπερ ὑπὸ τοῦ θεοῦ
κατάσχετος. – Deutsche Übersetzung nach: Das Leben des Philosophen Isidoros
von Damaskios aus Damaskos, wiederhergestellt, übersetzt und erklärt v. Rudolf Asmus, Philosophische Bibliothek 125 (Leipzig: Meiner, 1911), 64.

19 Suda H 450 (II, 579,10–14 Adler) = Damascius, *Vita Isidori* fr. 174 (Bibliotheca Graeca et Latina Suppletoria I, 147,5–8 Zintzen) = fr. 76 E (194 Athanassiadi): εἰ δὲ μὴ κινοῖτο τοιοῦτον, ἄψυχον ἦν ἐκεῖνο τὸ ἄγαλμα καὶ ἄμοιρον θείας ἐπιπνοίας. οὕτω διέγνω τὸ ἄρρητον ἄγαλμα τοῦ Αἰῶνος ὑπὸ τοῦ θεοῦ κατεχόμενον, ὃν Ἀλεξανδρεῖς ἐτίμησαν, Ὄσιριν ὄντα καὶ Ἄδωνιν ὁμοῦ κατὰ μυστικὴν ὡς ἀληθῶς φάναι θεοκρασίαν.

20 Iamblichus, *De mysteriis* V 19 (CUFr 168,15–21 Saffrey/Segonds/Lecerf): Ὅταν μὲν οὖν θεοὺς θεραπεύωμεν τοὺς βασιλεύοντας ψυχῆς καὶ φύσεως, οὐκ ἀλλότριον τούτοις ἐστὶ καὶ φυσικὰς δυνάμεις προσφέρειν, σώματά τε τὰ διοικούμενα ὑπὸ τῆς φύσεως καθαγίζειν αὐτοῖς οὐκ ἔστιν ἀπόβλητον· ὅλα γὰρ τὰ τῆς φύσεως ἔργα ὑπηρετεῖ τε αὐτοῖς καὶ συντελεῖ τι αὐτῶν εἰς τὴν διακόσμησιν·.

21 Dazu vgl. beispielsweise Iamblichus, *De mysteriis* I 19 (CUFr 45,14–20 Saffrey/Segonds/Lecerf): Ἀπὸ δὲ ταύτης τῆς αἰτίας καὶ τοῖς αἰσθητοῖς θεοῖς σώματα ἔχουσιν οἱ παντελῶς ἀσώματοι θεοὶ συνήνωνται. Οἵ τε γὰρ ἐμφανεῖς θεοὶ σωμάτων εἰσὶν ἔξω, καὶ διὰ τοῦτό εἰσιν ἐν τῷ νοητῷ, καὶ οἱ νοητοὶ διὰ τὴν ἄπειρον αὐτῶν ἕνωσιν περιέχουσιν ἐν ἑαυτοῖς τοὺς ἐμφανεῖς, ἀμφότεροί τε κατὰ κοινὴν ἕνωσιν καὶ μίαν ἐνέργειαν ἵστανται ὡσαύτως und oben S. 79.

22 Plato, *Timaeus* 41 A; vgl. dazu den Kommentar bei *Jamblique, Réponse à Porphyre (De Mysteriis)*, texte établi, traduit et annoté par Henri Dominique Saffrey et Alain-Philippe Segonds † avec la collaboration de Adrien Lecerf, CUFr (Paris: Les Belles Lettres, 2013), 264.

23 Iamblichus, *De mysteriis* V 23 (CUFr 173,12–16 Saffrey/Segonds/Lecerf): Μὴ δή τις θαυμαζέτω ἐὰν καὶ ὕλην τινὰ καθαρὰν καὶ θείαν εἶναι λέγωμεν· ἀπὸ γὰρ τοῦ πατρὸς καὶ δημιουργοῦ τῶν ὅλων καὶ αὕτη γενομένη, τὴν τελειότητα ἑαυτῆς ἐπιτηδείαν κέκτηται πρὸς θεῶν ὑποδοχήν; Übersetzung nach *Über die Geheimlehren von Jamblichus*, aus dem Griechischen übersetzt, eingeleitet und erklärt v. Theodor Hopfner, Quellenschriften der griechischen Mystik 1 (Leipzig: Theosophisches Verlagshaus, 1922), 150 f.

24 Iamblichus, *De mysteriis* V 23 (CUFr 173,19–21 Saffrey/Segonds/Lecerf): …ὥστε ὅση τελεία καὶ καθαρὰ καὶ ἀγαθοειδὴς ὑπάρχει πρὸς θεῶν ὑποδοχήν ἐστιν οὐκ ἀνάρμοστος·. Hopfner, *Über die Geheimlehren von Jamblichus*, 151 übersetzt: «ein vollkommenes und lauteres Immanenzmittel».

25 Robert Lamberton, «Homer in Antiquity,» in *A New Companion to Homer*, Ian Morris and Barry Powell, ed. (Leiden u. a.: Brill, 1996), 33–54, bes. 41–43 und 44–48 sowie Christoph Markschies, *Kaiserzeitliche christliche Theologie und ihre Institutionen. Prolegomena zu einer Geschichte der antiken christlichen Theologie* (Tübingen: Mohr Siebeck, 2007), 48 f. 68 (Belege).

26 *Anthologia Graeca* IX 58 (Antipater von Sidon, 2./1. Jh. v. Chr.): καὶ τὸν ἐπ᾽ Ἀλφειῷ Ζᾶνα κατηυγασάμην (TuscBü III, 42 Beckby); Hyginus, *Fabulae* 223,4 *signum Iouis Olympii, quod fecit Phidias ex ebore et auro sedens, pedes LX*

(BiTeu II, 173,6f. MARSHALL); vgl. auch Kai BRODERSEN, *Die sieben Weltwunder. Legendäre Kunst- und Bauwerke der Antike*, C. H. Beck Wissen in der Beck'schen Reihe 2029, 7. Aufl. (München: Beck, 2007), 10 f.

27 Charles T. SELTMAN, *The Temple Coins of Olympia*. Reprinted from ‹Nomisma› VIII. IX. XI. With a Foreword by William Ridgeway (Cambridge: Bowes & Bowes, 1921). – Ob die Münzen tatsächlich auf dem Gelände des Heiligtums geprägt wurden, wie Seltman meinte, und daher «Tempelmünzen» genannt werden dürfen, ist freilich äußerst unsicher: Johannes NOLLÉ, «Die Münzen von Elis *(Kat.-Nr. 1–50),*» in *Olympia: Geld und Sport in der Antike*, hg. Manfred Gutgesell und Anne Viola Siebert, Museum Kestnerianum 7 (Hannover: Kestner-Museum, 2004), 17–30, bes. 18.

28 Julius FRIEDLÄNDER, «Die unter *Hadrian* in Elis geprägte *Münze* mit der Darstellung der Bildsäule des olympischen Zeus von Phidias,» *Berliner Blätter für Münz-, Siegel- und Wappenkunde* 3 (1866): 21–26; Josef LIEGLE, *Der Zeus des Phidias* (Berlin: Weidmann, 1932), bes. 9. 114–167 mit Tafeln 1 und 6 sowie Christopher P. JONES, «The Olympieion and the Hadrianeion at Ephesos,» *The Journal of Hellenic Studies* 113 (1993): 149–152, der zeigt, dass beispielsweise auch in Ephesus Münzen mit dem Bild des olympischen Zeus geschlagen wurden.

29 Strabo, *Geographica* VIII 3,30 (II, 444,29–446,12 RADT): μέγιστον δὲ τούτων ὑπῆρξε τὸ τοῦ Διὸς ξόανον, ὃ ἐποίει Φειδίας Χαρμίδου Ἀθηναῖος ἐλεφάντινον, τηλικοῦτον τὸ μέγεθος ὡς καίπερ μεγίστου ὄντος τοῦ νεὼ δοκεῖν ἀστοχῆσαι τῆς συμμετρίας τὸν τεχνίτην, καθήμενον ποιήσαντα, ἁπτόμενον δὲ σχεδόν τι τῇ κορυφῇ τῆς ὀροφῆς ὥστ' ἔμφασιν ποιεῖν, ἐὰν ὀρθὸς γένηται διαναστάς, ἀποστεγάσειν τὸν νεών. (...) ἀπομνημονεύουσι δὲ τοῦ Φειδίου, διότι πρὸς τὸν Πάναινον εἶπε πυνθανόμενον πρὸς τί παράδειγμα μέλλοι ποιήσειν τὴν εἰκόνα τοῦ Διός, ὅτι πρὸς τὴν Ὁμήρου δι' ἐπῶν ἐκτεθεῖσαν τούτων

'ἦ καὶ κυανέῃσιν ἐπ' ὀφρύσι νεῦσε Κρονίων·
ἀμβρόσιαι δ' ἄρα χαῖται ἐπερρώσαντο ἄνακτος
κρατὸς ἀπ' ἀθανάτοιο, μέγαν δ' ἐλέλιξεν Ὄλυμπον' (Homerus, *Ilias* I 528–530).

ἄξιοι δὲ μάλιστα τὴν αἰτίαν ἔχειν τῆς περὶ τὸ Ὀλυμπίασιν ἱερὸν μεγαλοπρεπείας τε καὶ τιμῆς Ἠλεῖοι. – Vgl. auch den Kommentar bei *Strabons Geographika*. Bd. 6 *Buch V–VIII: Kommentar*, mit Übersetzung und Kommentar hg. Stefan Radt (Göttingen, Vandenhoeck & Ruprecht, 2007), 420f. – Die Stelle ist paraphrasiert oder eine gemeinsame Quelle exzerpiert bei Valerius Maximus, *Factorum et dictorum memorabilium libri novem* III 7 (*De fiducia sui*) *Externi* 4 (295,14–296,6 KEMPF); vgl. auch Macrobius, V 13,23 (BiTeu I, 296,12–23 WILLIS); Quintilianus, *Institutio oratoria* XII 10,9 (BiTeu II, 403,8–13 RADERMACHER); Plinius, *Naturalis historiae* XXXIV 8,19 (Tusc Bü XXXIV, 24 KÖNIG/BAYER) und Seneca Maior, *Controversiae* VIII 2 sowie

X 5,8 (BiTeu 229,8–31. 318,11–13 HÅKANSON). Vgl. auch *Anthologia Graeca* XVI 81: Ἡ θεὸς ἦλθ' ἐπὶ γῆν ἐξ οὐρανοῦ εἰκόνα δείξων, / Φειδία, ἢ σύ γ' ἔβης τὸν θεὸν ὀψόμενος (TuscBü IV, 346 BECKBY).

30 Pausanias, *Graeciae descriptio* V 11,1–12,2 (BiTeu II, 25,6–29,6 ROCHA-PEREIRA). – Zum Kultbild vgl. LIEGLE, *Der Zeus des Phidias*, 245–288 («Der Zeus des Phidias als Kultbild»); Alfred MALLWITZ, *Olympia und seine Bauten* (München: Prestel, 1972), 228–234; Ulrich SINN, «Olympia – Zeustempel und Wettkampfstätte,» in *Erinnerungsorte der Antike. Die griechische Welt*, hg. Elke Stein-Hölkeskamp/Karl-Joachim Hölkeskamp (München: Beck, 2010) 79–97; Wolfgang SCHIERING, *Die Werkstatt des Pheidias in Olympia*, 2. Tl. *Werkstattfunde*, Olympische Forschungen 18 (Berlin/New York: De Gruyter, 1991); Stavros VLIZOS, *Der thronende Zeus: eine Untersuchung zur statuarischen Ikonographie des Gottes in der spätklassischen und hellenistischen Kunst*, Internationale Archäologie 62 (Rahden, Westfalen: Leidorf, 1999), 5–21; Balbina BÄBLER, «Der Zeus von Olympia,» in Dio Chrysostomus, *Oratio XII De dei cognitione*, mit Übersetzung und Kommentar: Dion von Prusa, *Olympische Rede oder über die erste Erkenntnis Gottes*, eingeleitet, übersetzt und interpretiert von Hans-Josef Klauck, mit einem archäologischen Beitrag von Balbina Bäbler, SAPERE 2 (Darmstadt: Wissenschaftliche Buchgesellschaft, 2000), 216–238 sowie Tanja Susanne SCHEER, *Die Gottheit und ihr Bild. Untersuchungen zur Funktion griechischer Kultbilder in Religion und Politik*, Zetemata 105 (München: Beck, 2000), 55–61. – *Texte* bei *Die antiken Schriftquellen zur Geschichte der bildenden Künste bei den Griechen*, gesammelt von Johannes Overbeck (Leipzig: Engelmann, 1868 = Hildesheim: Olms 1959), Nr. 692–743, S. 125–135; vgl. dazu jetzt Verity PLATT, *Facing the Gods. Epiphany and Representation in Graeco-Roman Art, Literature and Religion*, Greek Culture in the Roman World (Cambridge: Cambridge University Press, 2011), 224–235.

31 *Akzessionsnummer*: 1936/184; *Objektnummer*: 18200646; *Vorderseite*: [AYT]ΟΚΡΑΤΩΡ- [ΑΔΡ]ΙΑΝΟΣ. Drapierte Büste des Hadrianus in der Brustansicht nach rechts, *Rückseite*: ΗΛΙ-[ΕΩΝ]. Kopf des Zeus nach der Statue des Phidias mit Lorbeerkranz nach rechts, *Material*: Bronze; *Gewicht*: 25,64 g; *Durchmesser*: 33 mm. – Vgl. dazu auch die Angaben auf der Seite im «Interaktiven Katalog» des Münzkabinetts (letzte Abfrage am 15.8.2013): http://www.smb.museum/ikmk/object.php?id=18200646.

32 Epictetus, *Dissertationes ab Arriano digestae* I 6, 23 (BiTeu 27,13–17 SCHENKL): Ἀλλὰ γίνεταί τινα ἀηδῆ καὶ χαλεπὰ ἐν τῷ βίῳ. – Ἐν Ὀλυμπίᾳ δ' οὐ γίνεται; οὐ καυματίζεσθε; οὐ στενοχωρεῖσθε; οὐ κακῶς λούεσθε; οὐ καταβρέχεσθε, ὅταν βρέχῃ; θορύβου δὲ καὶ βοῆς καὶ τῶν ἄλλων χαλεπῶν οὐκ ἀπολαύετε;.

33 Pausanias, *Graeciae descriptio* V 11,4–6 (BiTeu II, 26,12–27,2 ROCHA-PEREIRA).

34 Pausanias, *Graeciae descriptio* V 11,9 (BiTeu II, 27,29–28,2 ROCHA-PEREIRA): ὡς γὰρ δὴ ἐκτετελεσμένον ἤδη τὸ ἄγαλμα ἦν, ηὔξατο ὁ Φειδίας ἐπισημῆναι

τὸν θεὸν εἰ τὸ ἔργον ἐστὶν αὐτῷ κατὰ γνώμην· αὐτίκα δ' ἐς τοῦτο τοῦ ἐδάφους κατασκῆψαι κεραυνόν φασιν, ἔνθα ὑδρία καὶ ἐς ἐμὲ ἐπίθημα ἦν ἡ χαλκῆ.

35 Ulrich VON WILAMOWITZ-MOELLENDORFF, «Der Zeus von Olympia,» in DERS., *Reden und Vorträge*, 3., verm. Auflage (Berlin: Weidmann, 1913), 199– 221, hier 209.

36 VON WILAMOWITZ-MOELLENDORFF, «Der Zeus von Olympia,» 218.

37 NOLLÉ, «Die Münzen von Elis *(Kat.-Nr. 1–50)*,» Katalog Nr. 3, S. 23. – *Material*: Bronze; *Gewicht*: 12,05 g; *Durchmesser*: 11 mm; zum Typus vgl. auch SELTMAN, *The Temple Coins of Olympia*, AZ βρ, S. 26 und Stefan RITTER, «Münzbilder im Kontext: Zeus und Olympia auf elischen Stateren des 4. Jahrhunderts v. Chr.,» in *Konstruktionen von Wirklichkeit. Bilder im Griechenland des 5. und 4. Jahrhunderts v. Chr.*, hg. Ralf von den Hoff und Stefan Schmidt (Stuttgart: Steiner, 2001), 89–105.

38 Dio Chrysostomus, *Oratio* XII *De dei cognitione*, mit Übersetzung und Kommentar: Dion von Prusa, *Olympische Rede oder über die erste Erkenntnis Gottes*, eingeleitet, übersetzt und interpretiert von Hans-Josef Klauck, mit einem archäologischen Beitrag von Balbina Bäbler, SAPERE 2 (Darmstadt: Wissenschaftliche Buchgesellschaft, 2000); ausführlich auch behandelt bei FUNKE, s. v. «Götterbild,» 752–755.

39 Dio Chrysostomus, *Oratio* XII 52 (BiTeu I, 216,12–16 DE BUDÉ = SAPERE 2, 84 KLAUCK): κρίνοντα πρὸς ἡδονὴν καὶ τέρψιν ἀνθρωπίνης ὄψεως. εἰ δ' αὖ τὸ πρέπον εἶδος καὶ τὴν ἀξίαν μορφὴν τῆς θεοῦ φύσεως ἐδημιούργησας, ὕλῃ τε ἐπιτερπεῖ χρησάμενος, ἀνδρός τε μορφὴν ὑπερφυᾶ τὸ κάλλος καὶ τὸ μέγεθος δείξας, πλὴν ἀνδρὸς καὶ τἆλλα ποιήσας ὡς ἐποίησας, σκοπῶμεν τὰ νῦν·.

40 Dio Chrysostomus, *Oratio* XII 59 f. (BiTeu I, 219,18–219,5 DE BUDÉ = SAPERE 2, 88–91 KLAUCK): νοῦν γὰρ καὶ φρόνησιν αὐτὴν μὲν καθ' αὑτὴν οὔτε τις πλάστης οὔτε τις γραφεὺς εἰκάσαι δυνατὸς ἔσται· ἀθέατοι γὰρ τῶν τοιούτων καὶ ἀνιστόρητοι παντελῶς πάντες. τὸ δὲ ἐν ᾧ τοῦτο γιγνόμενόν ἐστιν οὐχ ὑπονοοῦντες, ἀλλ' εἰδότες, ἐπ' αὐτὸ καταφεύγομεν, ἀνθρώπινον σῶμα ὡς ἀγγεῖον φρονήσεως καὶ λόγου θεῷ προσάπτοντες, ἐνδείᾳ καὶ ἀπορίᾳ παραδείγματος τῷ φανερῷ τε καὶ εἰκαστῷ τὸ ἀνείκαστον καὶ ἀφανὲς ἐνδείκνυσθαι ζητοῦντες, συμβόλου δυνάμει χρώμενοι, κρεῖττον ἤ φασι τῶν βαρβάρων τινὰς ζῴοις τὸ θεῖον ἀφομοιοῦν *** κατὰ σμικρὰς καὶ ἀτόπους ἀφορμάς. ... οὐδὲ γὰρ ὡς βέλτιον ὑπῆρχε μηδὲν ἴδρυμα μηδὲ εἰκόνα θεῶν ἀποδεδεῖχθαι παρ' ἀνθρώποις φαίη τις ἄν,.... – Vgl. den Kommentar bei KLAUCK, Dion von Prusa, *Olympische Rede*, 142–145 und 205–213 sowie jetzt PLATT, *Facing the Gods. Epiphany and Representation in Graeco-Roman Art*, 227–235.

41 Dio Chrysostomus, *Oratio* XII 81 (BiTeu I, 226,18 DE BUDÉ = SAPERE 2, 104 f. KLAUCK): (...) ἀλλὰ τὴν πᾶσαν ἰσχυρὰν καὶ βαρεῖαν οὐσίαν·(...).

DRITTES KAPITEL: ANTIKE GÖTTERSTATUEN 519

42 Aristoteles, *Historia Animalium* 511 b 17 sowie 521 b 6; Marcus Aurelius, *Ad se ipsum* III 3 (BiTeu 17,1 f. DALFEN): καὶ λατρεύων τοσούτῳ χείρονι τῷ ἀγγείῳ, <ὅσῳ κρεῖττον τὸ κυριεῦον> ἤπερ ἐστὶ τὸ ὑπηρετοῦν. – Vgl. dazu auch Secundus, *Sententiae* 8: Τί ἄνθρωπος; Νοῦς σεσαρκωμένος, πνευματικὸν ἀγγεῖον, αἰσθητικὸν χώρημα, ἐπίπονος ψυχή, οἰκητήριον ὀλιγοχρόνιον, φάντασμα χρόνου, ὡστεωμένον ὄργανον, κατάσκοπος βίου, Τύχης παίγνιον, ἀπαράμονον ἀγαθόν, ζωῆς δαπάνημα, φυγὰς βίου, φωτὸς ἀποστάτης, γῆς ἀπαίτημα, αἰώνιος νεκρός (zitiert nach B. E. PERRY, *Secundus the silent philosopher*, American Philological Association Philological Monographs 22 [Ithaca, NY: American Philological Association, 1964], 78–90, hier 82,8–12 = *Fragmenta Philosophorum Graecorum*, collegit, recensuit, vertit, annotationibus et prolegomenis instruxit Friedrich Wilhelm August Mullach [Paris: Editore Ambrosio Firmin Didot, 1860], 513).

43 So Plutarchus, *Moralia* 23. *De Iside et Osiride* 71, 379 C (BiTeu II, 68,24–69,2 NACHSTÄDT/SIEVEKING/TITCHENER): ὅθεν ἄριστα λέγεται παρὰ τοῖς φιλοσόφοις τὸ τοὺς μὴ μανθάνοντας ὀρθῶς ἀκούειν ὀνομάτων κακῶς χρῆσθαι καὶ τοῖς πράγμασιν· ὥσπερ Ἑλλήνων οἱ τὰ χαλκᾶ καὶ τὰ γραπτὰ καὶ λίθινα μὴ μαθόντες μηδ' ἐθισθέντες ἀγάλματα καὶ τιμὰς θεῶν ἀλλὰ θεοὺς καλεῖν, ... Vgl. dazu Fritz GRAF, «Plutarch und die Götterbilder,» in *Gott und die Götter bei Plutarch: Götterbilder – Gottesbilder – Weltbilder*, hg. Rainer Hirsch-Luipold, Religionsgeschichtliche Versuche und Vorarbeiten 54 (Berlin/New York: De Gruyter, 2005), 251–266.

44 Dio Chrysostomus, *Oratio* XII 62 (BiTeu I, 219,20 f. DE BUDÉ = SAPERE 2, 90 KLAUCK): εἰ δ' ὑμῖν ἐπαίτιός εἰμι τοῦ σχήματος, οὐκ ἂν φθάνοιτε Ὁμήρῳ πρότερον χαλεπῶς ἔχοντες. – Zum Thema auch LIEGLE, *Der Zeus des Phidias*, 250–259.

45 Dio Chrysostomus, *Oratio* XII 62 (BiTeu I, 219,21–220,3 DE BUDÉ = SAPERE 2, 90 KLAUCK): ἐκεῖνος γὰρ οὐ μόνον μορφὴν ἐγγύτατα τῆς δημιουργίας ἐμιμήσατο, χαίτας τε ὀνομάζων τοῦ θεοῦ, ἔτι δὲ ἀνθερεῶνα εὐθὺς ἐν ἀρχῇ τῆς ποιήσεως, ὅτε φησὶν ἱκετεύειν τὴν Θέτιν ὑπὲρ τιμῆς τοῦ παιδός· πρὸς δὲ τούτοις ὁμιλίας τε καὶ βουλεύσεις καὶ δημηγορίας τοῖς θεοῖς, ἔτι δὲ ἐξ Ἴδης ἀφίξεις πρὸς οὐρανὸν καὶ Ὄλυμπον, ὕπνους τε καὶ συμπόσια καὶ μίξεις, μάλα μὲν ὑψηλῶς σύμπαντα κοσμῶν τοῖς ἔπεσιν, ὅμως δὲ ἐχόμενα θνητῆς ὁμοιότητος.

46 Plato, *Leges* XI 931 A: τοὺς μὲν γὰρ τῶν θεῶν ὁρῶντες σαφῶς τιμῶμεν, τῶν δ' εἰκόνας ἀγάλματα ἱδρυσάμενοι, οὓς ἡμῖν ἀγάλλουσι καίπερ ἀψύχους ὄντας, ἐκείνους ἡγούμεθα τοὺς ἐμψύχους θεοὺς πολλὴν διὰ ταῦτ' εὔνοιαν καὶ χάριν ἔχειν. πατὴρ οὖν ὅτῳ καὶ μήτηρ ἢ τούτων πατέρες ἢ μητέρες ἐν οἰκίᾳ κεῖνται κειμήλιοι ἀπειρηκότες γήρᾳ, μηδεὶς διανοηθήτω ποτὲ ἄγαλμα αὑτῷ, τοιοῦτον ἐφέστιον ἵδρυμα ἐν οἰκίᾳ ἔχων, μᾶλλον κύριον ἔσεσθαι, ἐὰν δὴ κατὰ τρόπον γε ὀρθῶς αὐτὸ θεραπεύῃ ὁ κεκτημένος.

47 Commodianus, *Instructiones adversus gentium* I 18,5 (CChr.SL 128, 16 MAR-

TIN) *Mittebant capita sub numine quasi praesenti* sowie 16 f. (17 MARTIN) *Monstra deo ista fincta sunt per uiniuoraces, / Audacia quorum damnabilis numina fingit.* – Vgl. zum Text Franz Joseph DÖLGER, *Sol salutis.* Gebet *und Gesang im christlichen Altertum, mit besonderer Rücksicht auf die Ostung in Gebet und Liturgie,* 3., um Hinweise verm. Aufl., Liturgiewissenschaftliche Quellen und Forschungen 16/17 (Münster: Aschendorff, 1971), 9 Anm. 2.
48 *Corpus Hermeticum* XVII (CUFr II, 243,11 f. NOCK/FESTUGIÈRE): διὸ προσκύνει τὰ ἀγάλματα, ὦ βασιλεῦ, ὡς καὶ αὐτὰ ἰδέας ἔχοντα ἀπὸ τοῦ νοητοῦ (so mit den Hgg., in den meisten Codd. αἰσθητοῦ) κόσμου.
49 Hermann FUNKE, s. v. «Götterbild,» in *Reallexikon für Antike und Christentum* (Stuttgart: Hiersemann, 1981), 11: 659–828 (zur Terminologie: 663–666); Pascale LINANT DE BELLEFONDS u. a., s. v. «Rites et activités relatifs aux images de culte,» in *Purification, Initiation, Heroization, Apotheosis, Banquet, Dance, Music, Cult, Images,* Thesaurus cultus et rituum antiquorum Vol. 2, Jean-Charles Balty, ed. (Los Angeles, CA: Getty, 2004), 418–507; Dietrich BOSCHUNG, «Kultbilder als Vermittler religiöser Vorstellungen,» in *Kult und Kommunikation. Medien in Heiligtümern der Antike,* hg. Christian Frevel und Henner von Hesberg, Schriften des Lehr- und Forschungszentrums für die antiken Kulturen des Mittelmeerraumes 4 (Wiesbaden: Reichert, 2007), 63–87; Burkhard GLADIGOW, «Epiphanie, Statuette, Kultbild. Griechische Gottesvorstellungen im Wechsel von Kontext und Medium,» *Visible Religion* 7 (1990): 98–121 sowie DERS., «Zur Ikonographie und Pragmatik römischer Kultbilder,» in *Iconologia sacra. Mythos, Bildkunst und Dichtung in der Religions- und Sozialgeschichte Alteuropas. Festschrift Karl Hauck zum 75. Geburtstag,* hg. Hagen Keller und Nikolaus Staubach, Arbeiten zur Frühmittelalterforschung 23 (Berlin/New York: De Gruyter, 1994), 9–24; Richard L. GORDON, «The Real and the Imaginary: Production and Religion in the Graeco-Roman World,» *Art History* 2 (1979): 5–34 und PLATT, *Facing the Gods. Epiphany and Representation in Graeco-Roman Art, Literature and Religion,* 86–91.
50 Strabo, *Geographica* VIII 3,30 (II, 444,27–29 RADT): ἐκοσμήθη δ' ἐκ τοῦ πλήθους τῶν ἀναθημάτων, ἄπερ ἐκ πάσης ἀνετίθετο τῆς Ἑλλάδος· ὧν ἦν καὶ ὁ χρυσοῦς σφυρήλατος Ζεύς, ἀνάθημα Κυψέλου τοῦ Κορινθίων τυράννου. μέγιστον δὲ τούτων ὑπῆρξε τὸ τοῦ Διὸς ξόανον, ὃ ἐποίει Φειδίας Χαρμίδου Ἀθηναῖος ἐλεφάντινον, …; dazu FINKELBERG, «Two Kinds of Representation in Greek Religious Art,» 30 und der Kommentar bei *Strabons Geographika. Bd. 6 Buch V–VIII: Kommentar,* 420.
51 FINKELBERG, «Two Kinds of Representation in Greek Religious Art,» 27–41 und Sylvia ESTIENNE, «*Simulacra Deorum* versus *Ornamenta Aedium*. The Status of Divine Images in the Temples of Rome,» in *Divine Images and Human Imaginations in Ancient Greece and Rome,* Joannis Mylonopoulos, ed., Religions in the Graeco-Roman World 170 (Leiden: Brill, 2010), 257–271.
52 So bereits (allerdings stark von christlichen Prämissen bestimmt) Karl Fried-

DRITTES KAPITEL: ANTIKE GÖTTERSTATUEN   521

rich NÄGELSBACH, *Die nachhomerische Theologie des griechischen Volksglaubens bis auf Alexander* (Nürnberg: Geiger, 1857 = Hildesheim u. a.: Olms, 2004), 5 f.

53 Für das handschriftliche Ὕλαι hat Ulrich VON WILAMOWITZ-MOELLENDORFF konjiziert Αὐλαί in seiner Rezension von Otto KERN, *Die Inschriften von Magnesia am Maeander* (Berlin: Spemann, 1900): DERS., *Kleine Schriften.* Bd. V/1 *Geschichte, Epigraphik, Archäologie* (Berlin: Akademie-Verlag, 1971), 343–368, hier 359 Anm. 3.

54 Pausanias, *Graeciae descriptio* X 32,6 (BiTeu III, 167,7–14 ROCHA-PEREIRA): ἔστι δὲ καὶ τοῖς ἐπὶ ποταμῷ Ληθαίῳ Μάγνησιν Αὐλαὶ καλούμενον χωρίον· ἐνταῦθα Ἀπόλλωνι ἀνεῖται σπήλαιον, μεγέθους μὲν εἵνεκα οὐ πολλοῦ θαύματος, τὸ δὲ ἄγαλμα τοῦ Ἀπόλλωνος τὰ μάλιστα ἀρχαῖον καὶ ἰσχὺν ἐπὶ ἔργῳ παρέχεται παντί· καὶ αὐτῷ ἄνδρες ἱεροὶ κατὰ κρημνῶν τε ἀποτόμων καὶ πετρῶν πηδῶσιν ὑψηλῶν καὶ ὑπερμήκη δένδρα ἐριπόντες ἐκ ῥιζῶν κατὰ τὰ στενώτατα τῶν ἀτραπῶν ὁμοῦ τοῖς ἄχθεσιν ὁδεύουσι. – Zur Stelle vgl. *Steinepigramme aus dem griechischen Osten*, hg. Reinhold Merkelbach und Josef Stauber, Bd. 1 *Die Westküste Kleinasiens von Knidos bis Ilion* (Stuttgart/ Leipzig: Teubner, 1998), 190 f. mit Abbildungen solcher Dendrophoroi auf Münzen.

55 Weitere Belege für helfende und schadende Götterbilder bei FUNKE, s. v. «Götterbild,» 720–727.

56 Pausanias, *Graeciae descriptio* I 24,3–5 (BiTeu I, 53,16–54,5 ROCHA-PEREIRA) sowie FINKELBERG, «Two Kinds of Representation in Greek Religious Art,» 33 und zur Skulptur auch Walter-Herwig SCHUCHHARDT, «Athena Parthenos,» in *Antike Plastik. Forschungen zur griechischen und römischen Skulptur* 2 (1963): 31–53.

57 Inschrift auf der Mauer des Bouleuterions: *Corpus Inscriptionum Graecarum* II, nr. 2715, p. 481–484 BOECKH = Franciszek SOKOLOWSKI, *Lois sacrées de l'Asie Mineure*, École française d'Athenes. Trauvaux et mémoires 9 (Paris: De Boccard, 1955), nr. 69, p. 162–165 = Mehmet Çetin ŞAHIN, *Die Inschriften von Stratonikeia*, Teil 2/1 *Lagina, Stratonikeia und Umgebung*, Inschriften griechischer Städte aus Kleinasien 22/1 (Bonn: Habelt, 1982) nr. 1101, p. 155, Z. 5 f.: καθίδρυται δὲ ἀγάλματα ἐν τῶι σεβαστῷ βουλευτηρίῳ τῶν προειρημένω[ν θεῶν ἐπιφαν]εστάτας παρέχοντα τῆς θείας δυνάμεως ἀρετάς· (bei ŞAHIN in Z. 5 ἐναργ]εστάτας) – Zur Inschrift vgl. auch Robin Lane Fox, *Pagans and Christians in the Mediterranean World from the Second Century AD to the Conversion of Constantine* (London: Penguin Books, 1986), 135 und Angelos CHANIOTIS, «Das Bankett des Damas und der Hymnos des Sosandros: Öffentlicher Diskurs über Rituale in den griechischen Städten der Kaiserzeit,» in *Ritualdynamik. Kulturübergreifende Studien zur Theorie und Geschichte ritueller Handelns*, hg. Dietrich Harth und Gerrit Jasper Schenk (Heidelberg: Synchron, 2004), 291–304, bes. 296–300 (mit weiteren Literaturhinweisen).

58 Mehmet Çetin ŞAHIN, *Die Inschriften von Stratonikeia*, Teil 1 *Panamara*, Inschriften griechischer Städte aus Kleinasien 21 (Bonn: Habelt, 1981), nr. 41a, p. 31 = *Steinepigramme aus dem griechischen Osten*, hg. Reinhold Merkelbach und Josef Stauber, Bd. 1, nr. 02/06/01, p. 212: ἦ φαύλος μὲν ἔχω χέρ' ἀμίλιχον· εἰ δέ τις ἀ[γνός] | τιμῴη, κραδάω τοῦδ' ὕπερ αἰγανέην.

59 ŞAHIN, *Die Inschriften von Stratonikeia*, Teil 1 *Panamara*, Inschriften griechischer Städte aus Kleinasien 21 (Bonn: Habelt, 1981), nr. 242 Z. 15–18, p. 120: (...) ἐν τοῖς δυσ[ὶ] | βαλανείοις παντὶ τῷ χρόνῳ τῆς ἐπιδημίας | τοῦ θεοῦ πάσῃ τύχῃ καὶ ἡλικίᾳ τῶν ἐπιδη‖μούντων ἀνθρώπων·; vgl. dazu auch Hans OPPERMANN, *Zeus Panamaros*. Religionsgeschichtliche Versuche und Vorarbeiten 19/3 (Gießen: Töpelmann, 1924), 60 f.

60 *Steinepigramme aus dem griechischen Osten*, hg. Reinhold Merkelbach und Josef Stauber, Bd. 1, nr. 03/02/01, p. 296: ἧς μορφὴν Ἐφέσοιο κομίσσατε χρυσοφάεννον,| κάτθετε δ' ἐν νηῷ πολυγηθέες· ἥ κεν ἀλύξει | πήματα καὶ λοίμοιο βροτοφθόρα φάρμα[κ]α λύσει | λαμπὰσι πυρσοφόροις νυχίᾳ φλογὶ μάγματα κηροῦ | τηΐξασα μάγου κακοτήϊα σύμβολα τέχνης·. – Zur Inschrift Fritz GRAF, «An Oracle against Pestilence from a Western Anatolian Town,» *Zeitschrift für Papyrologie und Epigraphik* 92 (1992): 267–279 sowie Irene HUBER, *Rituale der Seuchen- und Schadensabwehr im Vorderen Orient und Griechenland. Formen kollektiver Krisenbewältigung in der Antike*, Oriens et Occidens 10 (Stuttgart: Steiner, 2005), 136–139.

61 Allerdings werden in Fátima Modelle der erkrankten Körperteile verbrannt, während vor der ephesinischen Artemis-Statue wahrscheinlich Puppen verbrannt werden sollten, die man am Ort zum Zwecke schwarzer Magie benutzt hatte (μάγματα; Defixionspuppen) und deren Nutzung das Orakel für die Seuche verantwortlich macht (so GRAF, «An Oracle against Pestilence from a Western Anatolian Town,» 277 f.).

62 Pausanias, *Graeciae descriptio* IX 33,6 (BiTeu III, 65,13–22 ROCHA-PEREIRA): Σύλλα δὲ ἔστι μὲν καὶ τὰ ἐς Ἀθηναίους ἀνήμερα καὶ ἤθους ἀλλότρια τοῦ Ῥωμαίων, ἐοικότα δὲ τούτοις καὶ τὰ ἐς Θηβαίους τε καὶ Ὀρχομενίους· προσεξειργάσατο δὲ καὶ ἐν ταῖς Ἀλαλκομεναῖς, τῆς Ἀθηνᾶς τὸ ἄγαλμα αὐτὸ συλήσας. τοῦτον μὲν τοιαῦτα ἔς τε Ἑλληνίδας πόλεις καὶ θεοὺς τοὺς Ἑλλήνων ἐκμανέντα ἐπέλαβεν ἀχαριστοτάτη νόσος πασῶν· φθειρῶν γὰρ ἤνθησεν, ἥ τε πρότερον εὐτυχία δοκοῦσα ἐς τοιοῦτο περιῆλθεν αὐτῷ τέλος. τὸ δὲ ἱερὸν <τὸ> ἐν ταῖς Ἀλαλκομεναῖς ἠμελήθη τὸ ἀπὸ τοῦδε ἅτε ἠρημωμένον τῆς θεοῦ.

63 Pausanias, *Graeciae descriptio* III 15,7 (BiTeu I, 238,14–19 ROCHA-PEREIRA): τοῦ ναοῦ δὲ ἀπαντικρὺ πέδας ἐστὶν ἔχων Ἐνυάλιος, ἄγαλμα ἀρχαῖον. γνώμη δὲ Λακεδαιμονίων τε ἐς τοῦτό ἐστιν ἄγαλμα καὶ Ἀθηναίων ἐς τὴν Ἄπτερον καλουμένην Νίκην, τῶν μὲν οὔποτε τὸν Ἐνυάλιον φεύγοντα οἰχήσεσθαί σφισιν ἐνεχόμενον ταῖς πέδαις, Ἀθηναίων δὲ τὴν Νίκην αὐτόθι ἀεὶ μενεῖν οὐκ ὄντων πτερῶν. – Zur Städtekonkurrenz Athen-Sparta vgl. Christa FRA-

DRITTES KAPITEL: ANTIKE GÖTTERSTATUEN 523

TEANTONIO, *Religion und Städtekonkurrenz. Zum politischen und kulturellen Kontext von Pausanias' Periegese*, Millennium-Studien 23 (Berlin/New York: De Gruyter, 2009), 253; zu weiteren Belegen vgl. s. v. «Götterbild,» 716 f.; Christian August LOBECK, *Aglaophamus sive de theologiae mysticae graecorum causis, idemque poetarum orphicorum dispersas reliquias collegit, libri tres scripsit* (Königsberg: Borntraeger, 1829 = Darmstadt: Wissenschaftliche Buchgesellschaft, 1961), 1: 275 f. und das durch Reinhold Merkelbach rekonstruierte Fragment von Karl MEULI, «Die gefesselten Götter,» in DERS., *Gesammelte Schriften*, mit Benutzung des Nachlasses hg. Thomas Gelzer (Basel: Schwabe, 1975), 2: 1035–1081, zusammenfassend auch MERKELBACH, «Gefesselte Götter,» in DERS., *Hestia und Erigone. Gesammelte* Aufsätze, hg. Wolfgang Blümel u. a. (Stuttgart/Leipzig: Teubner, 1996), 17–30.
64 Diese Statuen gingen auf «kleinasiatischen Einfluss» zurück, so Carl CLEMEN, «Tempel und Kult in Hierapolis,» in *Pisciculi. Studien zur Religion und Kultur des Altertums. Franz Josef Dölger zum sechzigsten Geburtstage dargeboten von Freunden, Verehrern und Schülern*, hg. Theodor Klauser und Adolf Rücker (Münster: Aschendorff, 1939), 66–69, hier 69 und Jane L. LIGHTFOOT, *Lucian on the Syrian Goddess, edited with Introduction, Translation and Commentary* (Oxford: Oxford University Press, 2003), 72–83.
65 Lucianus, *De Syria dea* 10 (252,10–12 LIGHTFOOT): ἱδρώει γὰρ δὴ ὧν παρὰ σφίσι τὰ ξόανα καὶ κινέεται καὶ χρησμηγορέει, καὶ βοὴ δὲ πολλάκις ἐγένετο ἐν τῷ νηῷ κλεισθέντος τοῦ ἱροῦ, καὶ πολλοὶ ἤκουσαν. – Wie Jane Lightfoot in ihrem Kommentar zeigt, wird damit auf § 36 vorausgewiesen (aaO. 332 f.). Dort erzählt Lucianus vom Orakel des Apollo/Nebo, das «sich selbst bewegt und die Weissagung vollständig so zustande bringt». Wird es von den Priestern nicht beachtet, schwitzt es (272,7–14 LIGHTFOOT).
66 *Acta Alexandrinorum 8. Acta Hermaisci* (= Pap. Oxy. 1242, col. III, 50–53 [BiTeu 34 MUSURILLO]): λέγοντος Ἑρμαΐσκου ἡ τοῦ Σαράπιδος προτομὴ ἦν ἐβάσταζον οἱ πρέσβεις αἰφνίδιον ἵδρωσεν, θεασάμενος δὲ Τραιανὸς ἀπεθαύμασ[ε]ν. – Zum Text vgl. Andrew HARKER, *Loyalty and Dissidence in Roman Egypt. The Case of the Acta Alexandrinorum* (Cambridge: Cambridge University Press, 2008), 84–95 sowie Andreas HARTMANN, «Judenhass und Martyrium. Zum kulturgeschichtlichen Kontext der *Acta Alexandrinorum*,» in *Zwischen Antike und Moderne. Festschrift für Jürgen Malitz zum 65. Geburtstag, dargebracht von Kollegen, Freunden, Schülern und Weggefährten*, hg. Andreas Hartmann und Gregor Weber (Speyer: Brodersen, 2012), 119–209, bes. 157 f.
67 Ioannes Lydus, *De ostentis prooemium* 8 (BiTeu, 3–5 WACHSMUTH): ὅταν μὲν <γὰρ> ἱδροῦν ἢ δακρύειν δοκῇ ἀγάλματα ἢ εἰκόνες, ἢ ὅταν κάμινος ἢ ἱπνὸς περιπεφρυγμένος ἐκλάμψῃ, στάσεις ἐμφυλίους ἀπειλεῖ.
68 HARTMANN, «Judenhass und Martyrium. Zum kulturgeschichtlichen Kontext der *Acta Alexandrinorum*,» 157 Anm. 192.

69 Pausanias, *Graeciae descriptio* I 26,6 (BiTeu I, 59,21–24 Rocha-Pereira): τὸ δὲ ἁγιώτατον ἐν κοινῷ πολλοῖς πρότερον νομισθὲν ἔτεσιν <ἢ> συνῆλθον ἀπὸ τῶν δήμων ἐστὶν Ἀθηνᾶς ἄγαλμα ἐν τῇ νῦν ἀκροπόλει, τότε δὲ ὀνομαζομένῃ πόλει· φήμη δὲ ἐς αὐτὸ ἔχει πεσεῖν ἐκ τοῦ οὐρανοῦ. – Zum Brauch der Bekleidung in Athen und auf Samos vgl. Ludwig Deubner, *Attische Feste* (Berlin: Keller, 1932 = Berlin: Akademie-Verlag, 1956), 22–35, bes. 29–33; Herbert W. Parke, *Festivals of the Athenians, Aspects of Greek and Roman Life* (London: Thames and Hudson, 1986), 33–50 und Evy Johanne Håland, «Athena's Peplos: Weaving as a Core Female Activity in Ancient and Modern Greece,» *Cosmos* 20 (2004): 155–182 sowie Hans Walter, *Das griechische Heiligtum, dargestellt am Heraion von Samos* (Stuttgart: Urachhaus, 1990), 88 f.

70 Håland, «Athena's Peplos: Weaving as a Core Female Activity in Ancient and Modern Greece,» 172 f.

71 *Die Inschriften von Magnesia am Maeander*, hg. Otto Kern (Berlin: Spemann, 1900), nr. 98, p. 82–84 = Wilhelm Dittenberger, *Sylloge Inscriptionum Graecarum, Volumen alterum*, 3. Aufl. (Leipzig: Hirzel, 1917 = Hildesheim u. a.: Olms, 1982), nr. 589, p. 111–116 = Sokolowski, *Lois sacrées de l'Asie Mineure*, nr. 32, p. 88–92, bes. Zeilen 41–46:
ὁ δὲ στεφανηφόρος ἄγων τὴν πομπὴν φερέτω ξόα-
να πάντων τῶν δώδεκα θεῶν ἐν ἐσθῆσιν ὡς καλλίσ-
ταις καὶ πηγνύτω θόλον ἐν τῆι ἀγορᾶι πρὸς τῶι βωμῶι
τῶν δώδεκα θεῶν, στρωνύτω δὲ καὶ στρωμνὰς τρεῖς ὡς
καλλίστας, παρεχέτω δὲ καὶ ἀκροάματα αὐλητὴν συρι-
στὴν κιθαριστὴν, ...
Vgl. auch Orhan Bingöl, *Magnesia am Mäander. Magnesia ad Maeandrum*, Homer Reihe: Antike Städte 6 (Istanbul: Homer Kitabevi, 2007), 113–115 sowie Martin P. Nilsson, *Griechische Feste von religiöser Bedeutung mit Ausschluss der attischen* (Leipzig: Teubner, 1906), 23–27.

72 Jaime Alvar Ezquerra, *Romanising Oriental Gods. Myth, Salvation, and Ethics in the Cults of Cybele, Isis, and Mithras*, transl. and ed. Richard Gordon, Religions in the Graeco-Roman World 165 (Leiden: Brill, 2008), 305–309 (mit literarischen und epigraphischen Belegen, vgl. vor allem: Porphyrius, *De abstinentia* IV 9 [BiTeu 242,3–10 Nauck] = Reinhold Merkelbach, *Isis Regina – Zeus Sarapis. Die griechisch-ägyptische Religion nach Quellen dargestellt* [Stuttgart/Leipzig: Teubner, 1995], 151; Apuleius, *Metamorphoses* XI 9,3 [SQAW 1, 332,2–6 Helm]); zur Bekleidung auch Gladigow, «Epiphanie, Statuette, Kultbild. Griechische Gottesvorstellungen im Wechsel von Kontext und Medium,» 104 f. mit weiteren Belegen.

73 Seneca, *De superstitione* fr. 36 Haase = fr. 69 Vottero = Augustinus, *De civitate Dei* VI 10 (BiTeu I, 268,24–28. 269,7–10 Dombart/Kalb): *In Capitolium perveni: pudebit publicatae dementiae, quod sibi vanus furor attribuit officii:*

alius nomina deo subicit, alius horas Iovi nunciat, alius lictor est, alius unctor, qui vano motu brachiorum imitatur unguentem. ... *sedent quaedam in Capitolio, quae se a Iove amari putant nec iunonis quidem, si credere poetis velis, iracundissimae, respectu terrentur.* – Zur Passage jetzt Jörg RÜPKE, *Aberglauben oder Individualität? Religiöse Abweichung im römischen Reich* (Tübingen: Mohr Siebeck, 2011), 50–54.

74 Plinius Maior, *Naturalis historiae* XXXVI 4,21 (TuscBü XXXVI, 26 KÖNIG/ HOPP): *ferunt amore captum quendam, cum delituisset noctu, simulacro cohaesisse, eiusque cupiditatis esse indicem maculam*; ausführlicher mit Quellennachweisen Clemens Alexandrinus, *Protrepticus* 57,3 (GCS Clemens Alexandrinus I², 45,1–5 STÄHLIN/FRÜCHTEL/TREU), sehr knapp dagegen Lucianus, *Imagines* 4 (SCBO II, 362,15–18 MACLEOD); vgl. auch FUNKE, s. v. «Götterbild,» 735 f. und PLATT, *Facing the Gods. Epiphany and Representation in Graeco-Roman Art, Literature and Religion*, 183–188.

75 Augustus träumt, der kapitolinische Jupiter nehme ihm Besuche beim *Iupiter Tonans* übel und beklage sich, «dass ihm seine Anhänger entzogen würden» durch das kaiserliche Verhalten: Suetonius, *De vita caesarum 2. Divus Augustus* 91 (BiTeu 99,25–30 IHM).

76 Zitiert nach Eduard BRATKE, *Das sogenannte Religionsgespräch am Hof der Sasaniden*, Texte und Untersuchungen 19/3 (Leipzig: Hinrichs, 1899), 12,2–4: Πᾶσαν γὰρ τὴν νύκτα τὰ ἀγάλματα ἔμειναν χορεύοντα τά τε ἀνδρεῖα τά τε γυναικεῖα, λέγοντα ἀλλήλοις· δεῦτε συγχαρῶμεν τῇ Ἥρᾳ·; deutsche Übersetzung bei Hermann USENER, *Das Weihnachtsfest. Kapitel I–III*, Religionsgeschichtliche Untersuchungen 1. Teil, 2. Aufl. (Bonn: Cohen, 1911), 33 (mit Parallelen aaO. Anm. 17a), Einleitung in den Text bei Katharina HEYDEN, *Die «Erzählung des Aphroditian». Thema und Variation einer Legende im Spannungsfeld von Christentum und Heidentum*, Studien und Texte zu Antike und Christentum 53 (Tübingen: Mohr Siebeck, 2009), 118–170.

77 Ovidius, *Fasti* IV 337–348 (TuscBü 166 GERLACH/HOLZBERG); weitere Belege bei Georg WISSOWA, *Religion und Kultus der Römer*, Handbuch der Altertumswissenschaften IV 5, 2. Aufl., (München: Beck, 1912 = 1971), 319 mit Anm. 7.

78 Viele weitere Belege bei FUNKE, s. v. «Götterbild,» 716–720; vor allem für römische Tempel bei Gerhard BAUCHHENSS, «Wie die Römer die Götter gebildet – Gottesbild und Götterbilder,» in *Götterbilder – Menschenbilder. Religion und Kulte in Carnuntum*, hg. Franz Humer und Gabriele Kremer (Wien: AV + Astoria Druckzentrum, 2011), 30–43, bes. 38–41. Leider nicht wirklich deutbar ist der stark fragmentierte Pap. Vindob. Gr. Inv. 25 942, möglicherweise ein Protokoll, in dem es vielleicht um die Fertigstellung eines Isis-Kultbildes geht: Robert Paul SALOMONS, *Einige Wiener Papyri*, Studia Amstelodamensia ad epigraphicam, ius antiquum et papyrologicam pertinentia 4 (Amsterdam: Hakkert, 1976), 23–35 (Edition und ausführlicher Kommentar).

79 Apuleius, *Metamorphoses* XI 17,1 *simulacra spirantia* (SQAW 1, 338,25 HELM);

zur Interpretation vgl. John Gwyn GRIFFITHS, *Apuleius of Madauros: The Isis-Book (Metamorphoses, Book XI)*, edited with Translation and Commentary, Études preliminaires aux religions orientales dans L'empire romain 39 (Leiden: Brill, 1975), 264 f., der den Ausdruck als Bezeichnung realer Lebendigkeit der Kultbilder interpretiert: «If Apuleius ... is following a traditional manner of expression, yet his meaning is not simply that these images had been made with such artistic skill as to appear lifelike. Egyptian belief held strongly that the gods were present in their images. (...) It follows that *spirantia* here is most apposite».

80 Apuleius, *De Platone et eius dogmate* 5,190 (BiTeu III, 92,8 MORESCHINI = CUFr 64 BEAUJEU): *Sed haec de Deo sentit, quod sit incorporeus.* – Nachweise zu Quellen bzw. Parallelen in der doxographischen Tradition im Kommentar von Beaujeu z. St., aaO. 256.

81 Plutarchus, *Vitae parallelae. Coriolanus* 38,1–3 (BiTeu I/2, 223,21–224,9 ZIEGLER): Ταύτην καὶ δὶς γενέσθαι τὴν φωνὴν μυθολογοῦσιν, ἀγενήτοις ὅμοια καὶ χαλεπὰ πεισθῆναι πείθοντες ἡμᾶς. ἰδίοντα μὲν γὰρ ἀγάλματα φανῆναι καὶ δακρυρροοῦντα καί τινας μεθιέντα νοτίδας αἱματώδεις οὐκ ἀδύνατόν ἐστι· καὶ γὰρ ξύλα καὶ λίθοι πολλάκις μὲν εὐρῶτα συνάγουσι γόνιμον ὑγρότητος, πολλὰς δὲ καὶ χρόας ἀνιᾶσιν ἐξ αὑτῶν, καὶ δέχονται βαφὰς ἐκ τοῦ περιέχοντος, οἷς ἔνια σημαίνειν τὸ δαιμόνιον οὐδὲν ἂν δόξειε κωλύειν. δυνατὸν δὲ καὶ μυγμῷ καὶ στεναγμῷ ψόφον ὅμοιον ἐκβαλεῖν ἄγαλμα κατὰ ῥῆξιν ἢ διάστασιν μορίων βιαιοτέραν ἐν βάθει γενομένην. ἔναρθρον δὲ φωνὴν καὶ διάλεκτον οὕτω σαφῆ καὶ περιττὴν καὶ ἀρτίστομον ἐν ἀψύχῳ γενέσθαι παντάπασιν ἀμήχανον, εἰ μηδὲ τὴν ψυχὴν καὶ τὸν θεὸν ἄνευ σώματος ὀργανικοῦ καὶ διηρμοσμένου μέρεσι λογικοῖς γέγονεν ἠχεῖν καὶ διαλέγεσθαι. – Eine ganz ähnliche, allerdings deutlich kürzere Argumentation zum angeblichen Schwitzen von Götterbildern bei Cicero, *De Divinatione* II 58 (TuscBü 186,26–30 SCHÄUBLIN): *nec enim sanguis nec sudor nisi e corpore* (186,30).

82 Zum religionshistorischen Hintergrund der Abschnitt «Mantik und Orakelwesen: das Erlöschen der Orakel» bei Marco FRENSCHKOWSKI, *Offenbarung und Epiphanie, Bd. 1 Grundlagen des spätantiken und frühchristlichen Offenbarungsglaubens*, Wissenschaftliche Untersuchungen zum Neuen Testament 2. Reihe 79 (Tübingen: Mohr Siebeck, 1995), 41–64.

83 *Didyma. Teil 2 Die Inschriften*, hg. Albert Rehm und Richard Harder (Mainz: Zabern/Berlin: Mann, 1958), nr. 496 A, p. 299 = Joseph FONTENROSE, *Didyma. Apollo's Oracle, Cult, and Companions* (Berkeley/Los Angeles/London: University of California Press, 1988), nr. 22, p. 196 f.: ἐπεὶ ἐξότε τὴν ἱερατείαν ἀνείληφεν, οὐ-| δέποτε οὕτως οἱ θεοὶ ἐνφανεῖς δι' ἐπιστάσεων | γεγένηται· τοῦτο δὲ καὶ διὰ παρθένων καὶ γυ-|ναικῶν, τοῦτο δὲ καὶ δι' ἀρρένων καὶ νηπίων, | τί τὸ τοιοῦτο καὶ εἰ ἐπὶ αἰσίοις. Und als Antwort: θεὸς ἔχρη[σε·] | ἀθάνατοι μερόπεσσιν ἀμ' ἐρχομένοι π.[—] | [γνώ]μην φράζ[ου]σι καὶ ἣν

τειμὴν [—] | [—].νόον εἰθ[. – Vgl. zum Text auch Louis ROBERT, *Hellenica. Recueil d'épigraphie, de numismatique et antiquités grecques*. Vol. 11 (Limoges/Paris: Adrien-Maisonneuve, 1960), 543–546 und *Steinepigramme aus dem griechischen Osten*, hg. Reinhold Merkelbach und Josef Stauber, Bd. 1, nr. 01/19/05, p. 82 sowie Donald F. MCCABE, *Inscriptions of Ionia* (Princeton, NJ: Institute for Advanced Study, 1984). Milet, nr. 481.

84 So auch FUNKE, s. v. «Götterbild,» 714–716 und PLATT, *Facing the Gods. Epiphany and Representation in Graeco-Roman Art, Literature and Religion*, 78 f. mit weiterer Literatur; anders Christoph AUFFARTH, «Götterbilder im römischen Griechenland: Vom Tempel zum Museum,» in *Ritual Dynamics and Religious Change in Roman Empire. Proceedings of the Eighth Workshop of the International Network Impact of Empire (Heidelberg, July 5–7, 2007)*, hg. Olivier Hekster, Sebastian Schmidt-Hofner und Christian Witschel, Impact of Empire 9 (Leiden/Boston: Brill, 2009), 306–325. «Dass den Griechen die Differenz zwischen der Gottheit und ihrem Abbild bewusst war, ist in den Quellen klar zu sehen. Jedenfalls kam es nicht zu der Anbetung eines materiellen Bildes, wie es die intellektuelle (auch christliche) Polemik später darstellte» (313 f.; vgl. auch DERS., «Das angemessene Bild Gottes: Der Olympische Zeus, antike Bildkonvention und die Christologie,» in *Tekmeria. Archäologische Zeugnisse in ihrer kulturhistorischen und politischen Dimension. Beiträge für Werner Gauer*, hg. Natascha Kreutz und Beat Schweizer [Münster: Scriptorium, 2006], 1–23) und ähnlich, aber knapper BOSCHUNG, «Kultbilder als Vermittler religiöser Vorstellungen,» 86.

85 Diogenes Laertius, *Vitae Philosophorum* II 116 (SCBO I, 106,10–14 LONG): τοῦτόν φασιν περὶ τῆς Ἀθηνᾶς τῆς τοῦ Φειδίου τοιοῦτόν τινα λόγον ἐρωτῆσαι· ‚ἆρά γε ἡ τοῦ Διὸς Ἀθηνᾶ θεός ἐστι;‛ φήσαντος δέ, ‚ναί‛, ‚αὕτη δέ γε‛, εἶπεν, ‚οὐκ ἔστι Διός, ἀλλὰ Φειδίου‛ συγχωρουμένου δέ, ‚οὐκ ἄρα‛, εἶπε, ‚θεός ἐστιν‛. – Vgl. Klaus DÖRING, *Die Megariker. Kommentierte Sammlung der Testimonien*, Studien zur antiken Philosophie 2 (Amsterdam: Grüner, 1971), nr. 183, p. 55 f.

86 Sallustius, *De deis et mundo* 15 (28,11–17 NOCK): πᾶσα δὲ ἐπιτηδειότης μιμήσει καὶ ὁμοιότητι γίνεται, διὸ οἱ μὲν ναοὶ τὸν οὐρανόν, οἱ δὲ βωμοὶ μιμοῦνται τὴν γῆν, τὰ δὲ ἀγάλματα τὴν ζωήν – καὶ διὰ τοῦτο ζῴοις ἀπείκασται –, αἱ δὲ εὐχαὶ τὸ νοερόν, οἱ δὲ χαρακτῆρες τὰς ἀρρήτους ἄνω δυνάμεις, βοτάναι δὲ καὶ λίθοι τὴν ὕλην, τὰ δὲ θυόμενα ζῷα τὴν ἐν ἡμῖν ἄλογον ζωήν. – Weitere Stellen bei FUNKE, s. v. «Götterbild,» 714–716.

87 Scholia in Aristophanem, *Nubes* 830 g: Διαγόρας γέγονέ τις βλάσφημος ἐπὶ τὸ θεῖον Μήλιος. καί ποτε, φασίν, ἐν πανδοκείῳ εὑρεθεὶς καὶ μὴ εὑρὼν ξύλα, ἀλλ' ἄγαλμα Ἡρακλέους· ‚ἄγε‛, φησίν, ‚ὦ Ἡράκλεις, τρισκαιδέκατον ἡμῖν ἆθλον ἐπιτέλεσον, καὶ ἔψησον τὴν φακήν‛ (hier zitiert nach: Douwe HOLWERDA, *Prolegomena de Comoedia. Scholia in Acharnenses, Equites, Nubes*, Scholia in Aristophanem I 3/1 [Groningen: Bouma, 1977], 168,1–4). – Vgl.

auch die einschlägigen Testimonia der Geschichte in jeweils leicht abweichender Fassung bei: *Diagorae Melii et Theodori Cyrenaei Religiae,* ed. Marcus Winiarczyk, BiTeu (Leipzig, 1981), Testimonia 27–33, p. 10–12, darunter insbesondere: Athenagoras, *Legatio* 4,1–2 (318 f. GOODSPEED); Clemens Alexandrinus, *Protrepticus* 24,4 (GCS Clemens Alexandrinus I, 18,17–21 STÄHLIN/FRÜCHTEL/TREU) sowie Epiphanius, *Ancoratus* 103,8 (GCS Epiphanius I², 124,12–17 HOLL/BERGERMANN/COLLATZ; dazu Ulrich VON WILAMOWITZ-MOELLENDORFF, «Ein Stück aus dem Ancoratus des Epiphanios,» in *Sitzungsberichte der preußischen Akademie der Wissenschaften, philologisch-historische Klasse* 1911: 759–772) und *Theosophia Graeca Tubingensis* 70 (BiTeu 48,590–597 ERBSE) sowie Bruno KEIL, «Ein neues Bruchstück des Diagoras von Melos,» *Hermes* 55 (1920): 63–67 bzw. Felix JACOBY, *Diagoras ὁ ἄθεος,* Abhandlungen der Deutschen Akademie der Wissenschaften zu Berlin, Klasse für Sprachen, Literatur und Kunst 3/1959 (Berlin: Akademie-Verlag, 1959), 14.
88 Elpidius PAX, s. v. «Epiphanie,» in *Reallexikon für Antike und Christentum* (Stuttgart: Hiersemann, 1962), 5: 832–909, bes. 838–860 sowie FRENSCHKOWSKI, *Offenbarung und Epiphanie,* Bd. 1 *Grundlagen des spätantiken und frühchristlichen Offenbarungsglaubens,* 278 f. – Eine große Zahl von einschlägigen paganen Epiphanie-Texten stellt zusammen: Alfred WIKENHAUSER, «Die Traumgesichte des Neuen Testaments in religionsgeschichtlicher Sicht,» in *Pisciculi. Studien zur Religion und Kultur des Altertums,* 320–333, bes. 329–332.
89 Vgl. dazu die Angaben in den beiden digital verfügbaren Katalogen literarischer Papyri: Zum einen bei Mertens-Pack 3 online Database (Stand: Juni 2006) unter den Nummern 241–244 (im Internet zugänglich unter der Adresse: http://promethee.philo.ulg.ac.be/cedopal/getPackAuteuranglais.asp, letzte Abfrage am 13.8.2013), zum anderen bei der Leuven Database of Ancient Books (http://www.trismegistos.org/ldab/) mit insgesamt vier Einträgen. – Zum Roman allgemein: Consuelo RUIZ MONTERO, «Chariton von Aphrodisias: Ein Überblick,» in *Aufstieg und Niedergang der Römischen Welt. Geschichte und Kultur Roms im Spiegel der neueren Forschung,* II Prinzipat, 34.2 *Sprache und Literatur (einzelne Autoren seit der hadrianischen Zeit und Allgemeines zur Literatur des 2. und 3. Jahrhunderts),* hg. Wolfgang Haase (Berlin/New York: De Gruyter, 1993), 1006–1054; ein energisches Votum für eine frühere Datierung bei Carl Werner MÜLLER, «Chariton von Aphrodisias und die Theorie des Romans in der Antike,» in *Antike und Abendland* 22 (1976): 115–136 = DERS., *Legende – Novelle – Roman. Dreizehn Kapitel zur erzählenden Prosaliteratur der Antike* (Göttingen: Vandenhoeck & Ruprecht, 2006), 445–475. – Die Idee, den Roman als Beispiel zu behandeln, verdanke ich Ulrich VICTOR, «Die Religionen und religiösen Vorstellungen im Römischen Reich im 1. und 2. Jahrhundert n. Chr.,» in *Antike Kultur und Neues Testament. Die wichtigsten Hintergründe und Hilfsmittel zum Verständnis der neutesta-*

mentlichen Schriften, hg. Ulrich Victor, Carsten Peter Thiede und Urs Stingelin (Basel/Gießen: Brunnen, 2003), 87–170, bes. 93 f. und Fox, *Pagans and Christians in the Mediterranean World from the Second Century AD to the Conversion of Constantine*, 138–140.

90 Chariton, *De Callirhoe narrationes amatoriae* II 2,5 f. (BiTeu 26,74–84 Reardon): ἐπεὶ δὲ ἠρίστησαν αἱ γυναῖκες, λέγει ἡ Πλαγγὼν 'ἐλθὲ πρὸς τὴν Ἀφροδίτην καὶ εὖξαι περὶ σαυτῆς· ἐπιφανὴς δέ ἐστιν ἐνθάδε ἡ θεός, καὶ οὐ μόνον οἱ γείτονες, ἀλλὰ καὶ οἱ ἐξ ἄστεος παραγινόμενοι θύουσιν αὐτῇ. μάλιστα δὲ ἐπήκοος Διονυσίῳ· ἐκεῖνος οὐδέποτε παρῆλθεν αὐτήν.' εἶτα διηγοῦντο τῆς θεοῦ τὰς ἐπιφανείας καί τις εἶπε τῶν ἀγροίκων 'δόξεις, ὦ γύναι, θεασαμένη τὴν Ἀφροδίτην εἰκόνα βλέπειν σεαυτῆς', ἀκούσασα δὲ ἡ Καλλιρόη δακρύων ἐπλήσθη καὶ λέγει πρὸς ἑαυτήν 'οἴμοι τῆς συμφορᾶς, καὶ ἐνταῦθά ἐστιν Ἀφροδίτη θεὸς ἥ μοι πάντων τῶν κακῶν αἰτία. πλὴν ἄπειμι, θέλω γὰρ αὐτὴν πολλὰ μέμψασθαι'.

91 Chariton, *De Callirhoe narrationes amatoriae* III 2,14 (BiTeu 45,116–46,119 Reardon): βαδίζουσαν δὲ αὐτὴν ἀπὸ τοῦ τεμένους ἐπὶ τὴν θάλασσαν ἰδόντες οἱ ναῦται δείματι κατεσχέθησαν, ὡς τῆς Ἀφροδίτης αὐτῆς ἐρχομένης ἵνα ἐμβῇ, καὶ ὥρμησαν ἀθρόοι προσκυνῆσαι·.

92 Zu dieser Übersetzung von ἐναργής vgl. Henry George Liddell/Robert Scott, *A Greek-English Lexicon*, revised and augmented by Henry Stuart Jones (Oxford: Oxford University Press, 1983), s. v., p. 556. Bei *Chariton von Aphrodisias, Kallirhoe*, eingeleitet, übersetzt und erläutert von Karl Plepelits, Bibliothek der Griechischen Literatur 6 (Stuttgart: Hiersemann, 1976), 80 ist übersetzt: «Weißt du, hin und wieder erscheint sie hier leibhaftig».

93 Chariton, *De Callirhoe narrationes amatoriae* III 6,4 (BiTeu 55,398–400 Reardon): ,θάρρει, τέκνον· καὶ ἄλλους πολλοὺς ἡ θεὸς ἐξέπληξεν· ἐπιφανὴς γάρ ἐστι καὶ δείκνυσιν ἑαυτὴν ἐναργῶς. ἀλλ' ἀγαθοῦ μεγάλου τοῦτ' ἔστι σημεῖον'.

94 Chariton, *De Callirhoe narrationes amatoriae* III 2,16 f. (BiTeu 46,131–136 Reardon): ἐπεὶ δὲ ἔλαβε Μιλησίαν στολὴν καὶ στέφανον νυμφικόν, ἀπέβλεψεν εἰς τὸ πλῆθος. πάντες οὖν ἀνεβόησαν 'ἡ Ἀφροδίτη γαμεῖ'. πορφυρίδας ὑπεστρώννυον καὶ ῥόδα καὶ ἴα, μύρον ἔρραινον βαδιζούσης. οὐκ ἀπελείφθη ἐν ταῖς οἰκίαις οὐ παιδίον, οὐ γέρων, ἀλλ' οὐδ' ἐν αὐτοῖς τοῖς λιμέσι·.

95 Chariton, *De Callirhoe narrationes amatoriae* VII 5,3. ὀλέθρου μοι γέγονεν αἴτιον und VIII 1,3 διὰ μυρίων παθῶν πλανηθείς (BiTeu 121,232 f. sowie 126,16 Reardon). – Vgl. zum Thema Erwin Rohde, *Der griechische Roman und seine Vorläufer*, 3., durch einen zweiten Anhang verm. Aufl. (Leipzig: Breitkopf und Härtel, 1914), 520–531. Rohde hielt den Autor für einen Christen (aaO. 525), das ist ganz unwahrscheinlich: Isolde Stark, «Religiöse Elemente im antiken Roman,» in *Der antike Roman. Untersuchungen zur literarischen Kommunikation und Gattungsgeschichte*, von einem Autorenkollektiv unter Leitung von Heinrich Kuch (Berlin: Akademie-Verlag 1989), 135–149, bes. 144 f.

96 ROHDE, *Der griechische Roman und seine Vorläufer*, 525.
97 Apg 14,11 f.: οἵ τε ὄχλοι ἰδόντες ὃ ἐποίησεν Παῦλος ἐπῆραν τὴν φωνὴν αὐτῶν Λυκαονιστὶ λέγοντες· ,Οἱ θεοὶ ὁμοιωθέντες ἀνθρώποις κατέβησαν πρὸς ἡμᾶς'. ἐκάλουν τε τὸν Βαρναβᾶν Δία, τὸν δὲ Παῦλον Ἑρμῆν, ἐπειδὴ αὐτὸς ἦν ὁ ἡγούμενος τοῦ λόγου. – Zum historischen Hintergrund der Stelle in einer bestimmten Form der Zeusverehrung in der Umgebung von Lystra vgl. Cilliers BREYTENBACH, *Paulus und Barnabas in der Provinz Galatien. Studien zu Apostelgeschichte 13 f.; 16,6; 18,23 und den Adressaten des Galaterbriefes*, Arbeiten zur Geschichte des antiken Judentums und des Urchristentums 38 (Leiden: Brill, 1996), 68–73.
98 Petronius, *Satyrica* 17,5 (BiTeu 13,3 f. MÜLLER): *Utique nostra regio tam praesentibus plena est numinibus, ut facilius possis deum quam hominem invenire.* – Zum Text allgemein vgl. die Einleitung bei Peter HABERMEHL, *Petronius, Satyrica 79–141. Ein philologisch-literarischer Kommentar*, Bd. 1: *Sat. 79–110*, Texte und Kommentare 27/1 (Berlin/New York: De Gruyter, 2006), XI–XXX; zum religionsgeschichtlichen Kontext Hubert PETERSMANN, «*Religion*, Superstition and parody in *Petronius' Cena Trimalchionis*,» in *Groningen Colloquia on the Novel*, Bd. 6, hg. Heinz Hofmann (Groningen: Forsten, 1996), 75–85.
99 Plato, *Respublica* II 381 C: Ἀδύνατον ἄρα, ἔφην, καὶ θεῷ ἐθέλειν αὐτὸν ἀλλοιοῦν, ἀλλ' ὡς ἔοικε, κάλλιστος καὶ ἄριστος ὢν εἰς τὸ δυνατὸν ἕκαστος αὐτῶν μένει ἀεὶ ἁπλῶς ἐν τῇ αὑτοῦ μορφῇ.
100 Plato, *Respublica* II 382 A: ψεύδεσθαι θεὸς ἐθέλοι ἂν ἢ λόγῳ ἢ ἔργῳ φάντασμα προτείνων;.
101 Jean-Pierre VERNANT, «Mortals and Immortals. The Body of the Divine», in DERS., *Mortals and Immortals: Collected Essays*, Froma I. Zeitlin, ed., (Princeton, NJ: Princeton University Press, 1992), 27–49, bes. 29.
102 VERNANT, «Mortals and Immortals. The Body of the Divine», 30 f.
103 Hesiodus, *Theogonia* 33 bzw. 105 γένος αἰὲν ἐόντων; vgl. Ernst HEITSCH, «Hesiod,» in DERS., *Gesammelte Schriften* Bd. 2 *Zur griechischen Philosophie*, Beiträge zur Altertumskunde 153 (Berlin/New York: De Gruyter, 2002), 17–37, besonders 25–27. Vgl. auch Plato, *Timaeus* 27 D τὸ ὂν ἀεί, γένεσιν δὲ οὐκ ἔχον.
104 Zu den Göttervorstellungen bei Homer vgl. insbesondere: Karl Friedrich VON NÄGELSBACH, *Carl Friedrich von Nägelsbach's Homerische Theologie.* 2. Aufl., nach dem Auftrag des verewigten Verfassers bearbeitet von Georg Autenrieth (Nürnberg: Geiger, 1861), 13–23; Jasper GRIFFIN, *Homer on Life and Death* (Oxford: Oxford University Press, 1980), 144–204; Wolfgang KULLMANN, «Gods and Men in the *Iliad* and *Odyssey*,» in DERS., *Homerische Motive. Beiträge zur Entstehung, Eigenart und Wirkung von Ilias und Odyssee*, hg. Roland J. Müller (Stuttgart: Steiner, 1992), 243–263 = *Harvard Studies in Classical Philology* 89 (1985): 1–23; Hartmut ERBSE, *Untersuchungen zur Funktion der Götter im homerischen Epos*, Untersuchungen zur antiken Literatur und

DRITTES KAPITEL: ANTIKE GÖTTERSTATUEN 531

Geschichte 24 (Berlin/New York: De Gruyter, 1986), 121. 269–273. 286 sowie Emily KEARNS, «The Gods in the Homeric Epics,» in *The Cambridge Companion to Homer*, Robert Fowler, ed. (Cambridge: Cambridge University Press, 2004), 59–73.

105 Homerus, *Ilias* V 339. 870; XVI 381. 670. 680. 867; XVII 194. 202; XX 358; XXII 9; XXIV 460 sowie *Odyssea* V 347; VII 260. 265; VIII 365; X 222; XI 330; XVIII 191 und XXIV 59. 445.

106 Plutarchus, *Vitae Parallelae. Comparatio Aristidis et Catonis* 31[4],2, 354 F (Bi Teu I/1, 328,25–27 ZIEGLER): ἀπροσδεὴς μὲν γὰρ ἁπλῶς ὁ θεός, ἀνθρωπίνης δ' ἀρετῆς, ᾧ συνάγεται πρὸς τοὐλάχιστον ἡ χρεία, τοῦτο τελειότατον καὶ θειότατον sowie Philo Alexandrinus, *Quod deus sit immutabilis* 56 (Opera II, 69,6 WENDLAND); *De agricultura* 54 (Opera II, 106,16 WENDLAND); *De Abrahamo* 30 (Opera IV, 8,2 COHN) und 2Makk 14,35 Σὺ κύριε τῶν ὅλων ἀπροσδεὴς ὑπάρχων ηὐδόκησας ναὸν τῆς σῆς σκηνώσεως ἐν ἡμῖν γενέσθαι; vgl. auch Wolfgang HOFFMANN, Ὁ θεὸς ἀπροσδεής. *Gottes Bedürfnislosigkeit in den Schriften der frühen Väterzeit* (Teildruck einer maschinenschriftlichen Dissertation an der Gregoriana Rom 1965; Bonn: n. n., 1966) und Katharina BRACHT, «God and Methodius. Use of, and Background to, the Term ἀπροσδεής as a Description of God in the Works of Methodius of Olympus,» in *God in Early Christian Thought. Essays in Memory of Lloyd G. Patterson*, Andrew B. McGowan, Brian E. Daley and Timothy J. Gaden, ed., Supplements to Vigiliae Christianae 94 (Leiden: Brill, 2009), 105–122, bes. 110. Vergleichbar: Sallustius, *De deis et mundo* 15 (28,8–10 NOCK): Αὐτὸ μὲν γὰρ τὸ θεῖον ἀνενδεές, αἱ δὲ τιμαὶ τῆς ἡμετέρας ὠφελείας ἕνεκα γίνονται.

107 Homerus, *Ilias* V 341: οὐ γὰρ σῖτον ἔδουσ', οὐ πίνουσ' αἴθοπα οἶνον.

108 Homerus, *Odyssea* V 197–200:
ἔσθειν καὶ πίνειν, οἷα βροτοὶ ἄνδρες ἔδουσιν·
αὐτὴ δ' ἀντίον ἷζεν Ὀδυσσῆος θείοιο,
τῇ δὲ παρ' ἀμβροσίην δμῳαὶ καὶ νέκταρ ἔθηκαν.
οἱ δ' ἐπ' ὀνείαθ' ἑτοῖμα προκείμενα χεῖρας ἴαλλον.

109 Werner JAEGER, *Paideia. Die Formung des griechischen Menschen* (Berlin/Leipzig: De Gruyter, 1934), 1: 32; vgl. auch GRIFFIN, *Homer on Life and Death* (Oxford: Oxford University Press, 1980), 146 f.

110 Homerus, *Ilias* V 339–342:
(…) ῥέε δ' ἄμβροτον αἷμα θεοῖο
ἰχώρ, οἷός πέρ τε ῥέει μακάρεσσι θεοῖσιν·
οὐ γὰρ σῖτον ἔδουσ', οὐ πίνουσ' αἴθοπα οἶνον,
τοὔνεκ' ἀναίμονές εἰσι καὶ ἀθάνατοι καλέονται.

Vgl. zum ἰχώρ auch VON NÄGELSBACH, *Carl Friedrich von Nägelsbach's Homerische Theologie*, 17. – Von Alexander dem Großen erzählt Plutarch mehrfach, er habe bestritten, dass ἰχώρ in seinem Blut fließe: Plutarchus, *Vitae Parallelae.*

Alexander 28, 681 B (BiTeu II/2, 190,9–11 Ziegler); *Regum et imperatorum apophthegmata* = *Moralia* 15. *Regum et imperatorum apophthegmata Alex.* 16, 80 E (BiTeu II/1, 28,1–4 Nachstädt/Sieveking/Titchener) sowie *Moralia* 21b. *De Alexandri Magni fortuna et virtute oratio* II 9, 341 B (BiTeu II/2, 111,19–25 Nachstädt/Sieveking/Titchener).

111 *Hymni Homerici in Cererem* 275–281 (Übersetzung: *Die Homerischen Götterhymnen*. Deutsch von Thassilo von Scheffer, Sammlung Dieterich 97 [Bremen: Schünemann, 1987], 115 f.):

Ὣς εἰποῦσα θεὰ μέγεθος καὶ εἶδος ἄμειψε
γῆρας ἀπωσαμένη, περί τ' ἀμφί τε κάλλος ἄητο
ὀδμὴ δ' ἱμερόεσσα θυηέντων ἀπὸ πέπλων
σκίδνατο, τῆλε δὲ φέγγος ἀπὸ χροὸς ἀθανάτοιο
λάμπε θεᾶς, ξανθαὶ δὲ κόμαι κατενήνοθεν ὤμους,
αὐγῆς δ' ἐπλήσθη πυκινὸς δόμος ἀστεροπῆς ὥς.
βῆ δὲ διὲκ μεγάρων, …

Vgl. dazu *The Homeric ‹Hymn to Demeter›. Translation, Commentary, and interpretative Essays*, Helene P. Foley (Princeton, NJ: Princeton University Press, 1993), 52. 84–97 und Platt, *Facing the Gods. Epiphany and Representation in Graeco-Roman Art, Literature and Religion*, 60–72.

112 Vernant, «Mortals and Immortals. The Body of the Divine,» 37 f.

113 Homerus, *Ilias* I 194–198:

… ἦλθε δ' Ἀθήνη
οὐρανόθεν· πρὸ γὰρ ἧκε θεὰ λευκώλενος Ἥρη
ἄμφω ὁμῶς θυμῷ φιλέουσά τε κηδομένη τε·
στῆ δ' ὄπιθεν, ξανθῆς δὲ κόμης ἕλε Πηλεΐωνα
οἴῳ φαινομένη· τῶν δ' ἄλλων οὔ τις ὁρᾶτο·.

114 Vernant, «Mortals and Immortals. The Body of the Divine,» 30 f.

115 Homerus, *Ilias* III 396–398:

καί ῥ' ὡς οὖν ἐνόησε θεᾶς περικαλλέα δειρὴν
στήθεά θ' ἱμερόεντα καὶ ὄμματα μαρμαίροντα,
θάμβησέν τ' ἄρ' ἔπειτα ἔπος τ' ἔφατ' ἔκ τ' ὀνόμαζε·.

116 Gladigow, «Epiphanie, Statuette, Kultbild. Griechische Gottesvorstellungen im Wechsel von Kontext und Medium,» 98 f. mit Belegen.

117 Vernant, «Mortals and Immortals. The Body of the Divine», 35 f.: «It is rather the reverse: in all its active aspects, in all the components of its physical and psychological dynamism, the human body reflects the divine model as the inexhaustible source of a vital energy when, for an instant, the brilliance of divinity happens to fall on a mortal creature, illuminating him, as in a fleeting glow, with a little of that splendor that always clothes the body of a god».

118 Pindarus, Nemeische Ode VI 1–3 (BiTeu 141,1–3 Snell/Maehler):

Ἓν ἀνδρῶν, ἓν θεῶν γένος· ἐκ μιᾶς δὲ πνέομεν

ματρὸς ἀμφότεροι· διείργει δὲ πᾶσα κεκ'ριμένα
δύναμις, ὡς τὸ μὲν οὐδέν, (...).
Vgl. dazu Peter von KLOCH-KORNITZ, «Zum Anfang von Pindars Nemea
VI,» *Hermes* 89 (1961): 370 f. (seiner Interpretation entspricht folgende Übersetzung: «Eines ist der Menschen Geschlecht, ein anderes das der Götter, doch von einer Mutter her atmen wir beide, getrennt durch ganz und gar verschiedene Macht; denn auf der einen Seite ist ein Nichts»); Douglas E. GERBER, «Pindar, Nemean Six: A Commentary,» *Harvard Studies in Classical Philology* 99 (1999), 33–91, bes. 43–45; Michael THEUNISSEN, *Pindar. Menschenlos und Wende der Zeit*, 2., durchges. Aufl. (München: Beck, 2002), 227–234 sowie Frederico LOURENÇO, «A ‹Cloud of Metaphysics› in Pindar: The opening of Nemean 6,» *Humanitas* 63 (2011): 61–73. – Eduard NORDEN, *Agnostos Theos. Untersuchungen zur Formengeschichte religiöser Rede* (Leipzig: Teubner, 1912 = Darmstadt, Wissenschaftliche Buchgesellschaft, 1956), 353 deutet die Verse als «lyrische Paraphrase» von Hesiod, *Opera et dies* 108 ὡς ὁμόθεν γεγάασι θεοὶ θνητοί τ' ἄνθρωποι.

119 Clemens Alexandrinus, *Stromata* V 102,2 (GCS Clemens Alexandrinus II, 395,1 STÄHLIN/FRÜCHTEL/TREU); Eusebius, *Praeparatio Evangelica* XIII 13,27 (GCS Eusebius VIII/2, 207,6 f. MRAS/DES PLACES); Ioannes Stobaeus, *Anthologium* II 7,13 (II, 121,19 f. WACHSMUTH) sowie Themistius, *Orationes* VI 78a (BiTeu I, 115,13 f. DOWNEY/NORMAN); vgl. dazu auch Jean PÉPIN, *Idées grecques sur l'homme et sur Dieu*, Collection d'Études anciennes (Paris: Les Belles-Lettres, 1971), 36–38.

120 Bert KAESER, «Die Körper der Götter und die Wahrheit der Bilder,» in *Die Unsterblichen: Götter Griechenlands*, hg. von den Staatlichen Antikensammlungen und Glyptothek München (Lindenberg im Allgäu: Fink, 2012), 52–79.

121 VERNANT, «Mortals and Immortals. The Body of the Divine», 41.

122 James CARNEY, Robin DUNBAR, Anna MACHIN, Tamás DÁVID-BARRETT, Mauro SILVA JÚNIOR, «Social Psychology and the Comic-Book Superhero: A Darwinian Approach,» *Philosophy and Literature* 38 (2014): A195–A215.

123 FUNKE, s. v. «Götterbild,» 768–771; vgl. grundsätzlich Pierre PRIGENT, *Le Judaïsme et l'image*, Texte und Studien zum Antiken Judentum 24 (Tübingen: Mohr Siebeck, 1990), passim.

124 Rachel HACHLILI, «The Zodiac in Ancient Jewish Art,» *Bulletin of the American Schools of Oriental Research* 228 (1977): 61–77; Günter STEMBERGER, «Die Bedeutung des Tierkreises auf Mosaikfußböden spätantiker Synagogen,» *Kairos* 17 (1975): 23–56 und PRIGENT, *Le Judaïsme et l'image*, 159–173 (Übersicht über die Befunde an den angegebenen Orten und die verschiedenen Deutungen). – Zum Hintergrund vgl. auch Ludwig WÄCHTER, «Astrologie und Schicksalsglaube im rabbinischen Judentum,» *Kairos* 11 (1969): 181–200, bes. 194–200.

125 Karl LEHMANN, «The Dome of Heaven,» *Art Bulletin* 22 (1945): 1–17 und

Wilhelm ROSCHER, s. v. «Helios,» in *Ausführliches Lexikon der griechischen und römischen Mythologie* (Leipzig: Teubner, 1890), I/2: 1993–2026.

126 Carl H. KRAELING, *The Synagogue*, reprinted, with new Foreword and Indices, The Excavations at Dura-Europos conducted by Yale University and the French Academy of Inscriptions and Letters, Final Report VIII/1 (New York: KTAV Publishing House, 1979 = Yale: Yale University Press, 1956); Lee L. LEVINE, «The Synagogue of Dura-Europos,» in *Ancient Synagogues Revealed* (Jerusalem: The Israel Exploration Society, 1981), 172–177; Hans-Peter STÄHLI, *Antike Synagogenkunst* (Stuttgart: Calwer, 1988), 69–99; Prigent, *Le Judaïsme et l'image*, 179–263; Jonathan GOLDSTEIN, «The Central Composition of the West Wall of the Synagogue in Dura-Europos,» *Journal of the Ancient Near Eastern Society* 16/17 (1984/1985): 99–142, bes. 118–131 und Peter SCHÄFER, *Die Geburt des Judentums aus dem Geist des Christentums*, Tria Corda. Jenaer Vorlesungen zu Judentum, Antike und Christentum 6 (Tübingen: Mohr Siebeck, 2010), 126–128 sowie Lee I. LEVINE, *Visual Judaism in Late Antiquity. Historical Contexts of Jewish Art* (New Haven and London: Yale University Press, 2012), 97–118.

127 Lieselotte KÖTZSCHE, s. v. «Hand II (ikonographisch),» in *Reallexikon für Antike und Christentum* (Stuttgart: Hiersemann, 1986), 13: 402–482, bes. 418–420; PRIGENT, *Le Judaïsme et l'image*, 230 f. 240 f.; Anna Maria SCHWEMER, «Gottes Hand und die Propheten. Zum Wandel der Metapher ‹Gottes Hand› in frühjüdischer Zeit,» in *La Main de Dieu. Die Hand Gottes*, éd. René Kieffer et Jan Bergman, Wissenschaftliche Untersuchungen zum Neuen Testament 94 (Tübingen: Mohr Siebeck, 1997), 65–86, bes. 74 f. – Zum Tempel: Pamela BERGER, «The Temples/Tabernacles in the Dura-Europos Synagogue Paintings,» in *Dura Europos. Crossroads of Antiquity*, Lisa R. Brody and Gail L. Hoffman, eds. (Chestnut Hill, MA: McMullen Museum of Art, Boston College, 2011), 123–140.

128 KÖTZSCHE, s. v. «Hand II (ikonographisch),» 418.

129 KRAELING, *The Synagogue*, 57, zustimmend zitiert bei KÖTZSCHE, s. v. «Hand II (ikonographisch),» 418.

130 KRAELING, *The Synagogue*, 217; Clark HOPKINS, «The Excavation of the Dura Synagogue Paintings,» in *The Dura-Europos Synagogue: A Re-Evaluation (1932–1972)*, Joseph Gutmann, ed. (Chamberburg, PA: American Academy of Religion, 1973), 15 f.; GOLDSTEIN, «The Central Composition of the West Wall of the Synagogue in Dura-Europos,» 100–102 und jetzt Margaret OLIN, «‹Early Christian Synagogues› and ‹Jewish Art Historians›. The Discovery of the Synagogue of Dura-Europos,» *Marburger Jahrbuch für Kunstwissenschaft* 27 (2000): 7–28.

131 GOLDSTEIN, «The Central Composition of the West Wall of the Synagogue in Dura-Europos,» 105 (mit weiterer Literatur); zur christlichen Nachgeschichte Christoph MARKSCHIES, «Odysseus und Orpheus – christlich gele-

sen,» in *Griechische Mythologie und frühes Christentum*, hg. Raban von Haehling (Darmstadt: Wissenschaftliche Buchgesellschaft, 2005), 227–253 (mit weiterer Literatur).

132 Abweichende Deutungen (Josua, Elia, Mose) bei PRIGENT, *Le Judaïsme et l'image*, 190–193; für Jakob votiert Jacob MILGROM, «The Dura Synagogue and Visual Midrash,» in *Scriptures for the Modern World*, Paul R. Cheesman and C. Wilfred Griggs, ed. (Provo, UT: Religious Studies Center, Brigham Young University, 1984), 29–60.

133 GOLDSTEIN, «The Central Composition of the West Wall of the Synagogue in Dura-Europos,» 114 mit Abb. 7.

134 Kurt WEITZMANN/Herbert L. KESSLER, *The Frescoes of the Dura Synagogue and Christian Art*, Dumbarton Oaks Studies 28 (Washington: Dumbarton Oaks Research Library and Collection, 1990), 91–94; GOLDSTEIN, «The Central Composition of the West Wall of the Synagogue in Dura-Europos,» 120–128; ebenso SCHÄFER, *Die Geburt des Judentums aus dem Geist des Christentums*, 127. – In diese Richtung auch schon Georg KRETSCHMAR, «Jüdische und christliche Kunst», in *Abraham unser Vater. Juden und Christen im Gespräch über die Bibel. Festschrift für Otto Michel zum 60. Geburtstag*, hg. Otto Betz, Martin Hengel und Peter Schmidt, Arbeiten zur Geschichte des Spätjudentums und Urchristentums 5 (Leiden/Köln: Brill, 1963), 295–319, bes. 307–313.

135 GOLDSTEIN, «The Central Composition of the West Wall of the Synagogue in Dura-Europos,» 118–131 und SCHÄFER, *Die Geburt des Judentums aus dem Geist des Christentums*, 127 f.

136 Zeichnungen von Henry F. Pearson aus den Jahren 1934/1935, abgedruckt bei Erwin R. GOODENOUGH, *Symbolism in the Dura Synagogue*, Vol. 3 *Illustrations*, Jewish Symbols in the Greco-Roman Period 11 = Bollingen Series 37/11 (New York: Pantheon, 1964), fig. 73–77 = SCHÄFER, *Die Geburt des Judentums aus dem Geist des Christentums*, 181 Abb. 2/3. – Vgl. auch Pearsons Rekonstruktion des Raumes bei Michael ROSTOVTZEFF, *Dura Europos and its Art* (Oxford: Clarendon, 1938), Plate XX nach S. 108 und die Nachzeichnungen von Zeichnungen von Pearson und Herbert J. Gute bei PRIGENT, *Le Judaïsme et l'image*, 183.

137 Eine gute Umzeichnung bei PRIGENT, *Le Judaïsme et l'image*, 189 (als Abb. 44).

138 Teile des Buschs müssen auch in der dritten Phase immer noch sichtbar gewesen sein: GOLDSTEIN, «The Central Composition of the West Wall of the Synagogue in Dura-Europos,» 111 (ebenso wie Kraeling und Goodenough, aaO. die Nachweise). – PRIGENT, *Le Judaïsme et l'image*, 182 erklärt den Busch mit Targum Neofiti zu Gen 3,24 (Tora als Baum des Lebens).

139 Einige wenige und zudem sehr problematische Beispiele nennt Henri LECLERCQ, s. v. «Dieu,» in *Dictionnaire d'Archéologie Chrétienne et de Liturgie* (Paris: Letouzey et Ané, 1920), 4/1: 821–824, bes. 822 f.: (1) *Cotton-Genesis zum dritten Schöpfungstag (Genesis 1,11)* in einer Nachzeichnung einer verlorenen Il-

lustration, Paris, Bibliothèque Nationale, ms. français 9530; vgl. Herbert L. KESSLER, «409 Two copies of minatures from the Cotton Genesis,» in *Age of Spirituality. Late Antique and Christian Art, Third to Seventh Century. Catalogue of the Exhibition at The Metropolitan Museum of Art, November 19, 1977, through February 12, 1978*, Kurt Weitzmann, ed. (Princeton, NJ: Princeton University Press, 1977), 458 (sicher eine Christus-Darstellung) sowie (2) *eine Darstellung eines Kopfes in der Szene, in der Mose das Gesetz empfängt, auf einer Schmalseite der Lipsanothek von Brescia*, aaO. 2/1: 1152 f. Abb. 1627. – Zu möglichen Darstellungen Gottes des Vaters auf spätantiken christlichen Sarkophagen vgl. Christoph MARKSCHIES. «'Sessio ad dexteram'. Bemerkungen zu einem altchristlichen Bekenntnismotiv in der Diskussion der altchristlichen Theologen,» in DERS., *Alta Trinità Beata. Gesammelte Studien zur altkirchlichen Trinitätstheologie* (Tübingen: Mohr Siebeck, 2000), 1–69, bes. 62: (3) *Sarkophag aus Trinquetaille* (Arles, Musée lapidaire d'art chrétien; vgl. Helga KAISER-MINN, *Die Erschaffung des Menschen auf den spätantiken Monumenten des 3. und 4. Jahrhunderts*, Jahrbuch für Antike und Christentum. Ergänzungsbände 6 (Münster: Aschendorff, 1981), 19–28 mit Tafel 9) und (4) der sogenannte dogmatische Sarkophag in den Vatikanischen Museen (Ex-Lateran. 104; Helga KAISER-MINN, *Die Erschaffung des Menschen auf den spätantiken Monumenten des 3. und 4. Jahrhunderts*, Abb. Nr. 140/141 und Josef ENGEMANN, «Zu den Dreifaltigkeitsdarstellungen der frühchristlichen Kunst: Gab es im 4. Jahrhundert anthropomorphe Trinitätsbilder?,» in *Jahrbuch für Antike und Christentum* 19 (1976): 157–172.

140 Pierre PRIGENT, «La main de Dieu dans l'iconographie du paléo-christianisme,» in *La Main de Dieu. Die Hand Gottes*, 141–156; Klaus WESSEL, s. v. «Hand Gottes,» in *Reallexikon zur byzantinischen Kunst* (Stuttgart: Hiersemann, 1971), 2: 950–962.

141 Patricia DELEEUW, «A Peaceful Pluralism: The Durene Mithraeum, Synagogue, and Christian Building,» in *Dura Europos. Crossroads of Antiquity*, 189–199.

*Die Körper der Götter und die Körper
der Seelen in der Spätantike*

1 Die gelehrte antike Polemik gegen Kultbilder ist ausführlich zusammengestellt bei Hermann FUNKE, s. v. «Götterbild,» in *Reallexikon für Antike und Christentum* (Stuttgart: Hiersemann, 1981), 11: 659–828, bes. 745–752.
2 Apuleius, *Metamorphoses* XI 17,1 *simulacra spirantia* (SQAW 1, 338,25 HELM); zur Stelle vgl. oben S. 128 bzw. 526 mit Anm. 79.
3 Apuleius, *De Platone et eius dogmate* 5,190 (BiTeu III, 92,8 MORESCHINI = CUFr 64 BEAUJEU): *Sed haec de Deo sentit* (sc. Plato), *quod sit incorporeus*.

4 Lucianus, *De Syria dea* 10 (252,10–12 LIGHTFOOT): ἱδρώει γὰρ δὴ ὧν παρὰ σφίσι τὰ ξόανα καὶ κινέεται καὶ χρησμηγορέει, καὶ βοὴ δὲ πολλάκις ἐγένετο ἐν τῷ νηῷ κλεισθέντος τοῦ ἱροῦ, καὶ πολλοὶ ἤκουσαν. – Wie Jane Lightfoot in ihrem Kommentar zeigt, wird damit auf § 36 vorausgewiesen (aaO. 332 f.). Dort erzählt Lucianus vom Orakel des Apollo/Nebo, das «sich selbst bewegt und die Weissagung vollständig so zustande bringt». Wird es von den Priestern nicht beachtet, schwitzt es (272,7–14 LIGHTFOOT).

5 Jens GERLACH, «Die Figur des Scharlatans bei Lukian,» in *Lukian, Der Tod des Peregrinos. Ein Scharlatan auf dem Scheiterhaufen*, hg., übersetzt und mit Beiträgen versehen von Peter Pilhofer, Manuel Baumbach, Jens Gerlach und Dirk Uwe Hansen, SAPERE 9 (Darmstadt: Wissenschaftliche Buchgesellschaft, 2005), 150–152. – Zum Unterschied der beiden Texte: *Lukian von Samosata. Alexandros oder der Lügenprophet*, eingeleitet, hg., übersetzt und erklärt von Ulrich Victor, Religions in the Graeco-Roman World 132 (Leiden u. a.: Brill, 1997), 17–26, wobei Victor die Schrift über den «Lügenpropheten» eine Note zu stark als «Tatsachenbericht» stilisiert, vgl. Angelos CHANIOTIS, «Old Wine in a new Skin: Tradition and Innovation in the Cult Foundation of Alexander of Abonouteichos,» *Electrum* 6 (2002), 67–85, bes. 68 mit Anm. 5. Vgl. auch Wolfgang SPICKERMANN, «Lukian und die (Götter)bilder,» in *Römische Götterbilder der mittleren und späten Kaiserzeit*, hg. Dietrich Boschung u. Alfred Schäfer, Morphomata 22 (Paderborn: Wilhelm Fink, 2015), 87–108.

6 So beantwortet die Frage «Hatte Lukian ein philosophisches Credo?» Heinz-Günther NESSELRATH, «Lukian und die antike Philosophie,» in *Lukian, ΦΙΛΟΨΕΥΔΕΙΣ Η ΑΠΙΣΤΩΝ: Die Lügenfreunde oder: der Ungläubige*, eingeleitet, übersetzt und mit interpretierenden Essays versehen von Martin Ebner, Holger Gzella, Heinz-Günther Nesselrath und Ernst Ribbat, SAPERE 3, 2. Aufl. (Darmstadt: Wissenschaftliche Buchgesellschaft, 2002), 135–152, bes. 150–152. – Die Antwort auf die Frage fällt noch skeptischer aus, wenn man (wie Peter VON MÖLLENDORFF in seiner Rezension des Bandes, *Plekos* 4 [2002]: 1–10) noch stärker den literarischen Charakter aller diesbezüglichen Äußerungen Lukians betont und gegenüber Rückschlüssen auf dessen persönliche Einstellungen skeptischer ist als Nesselrath.

7 Dio Chrysostomus, *Oratio* XII 52 (BiTeu I, 216,12–16 DE BUDÉ = SAPERE 2, 84 KLAUCK): κρίνοντα πρὸς ἡδονὴν καὶ τέρψιν ἀνθρωπίνης ὄψεως. εἰ δ' αὖ τὸ πρέπον εἶδος καὶ τὴν ἀξίαν μορφὴν τῆς θεοῦ φύσεως ἐδημιούργησας, ὕλῃ τε ἐπιτερπεῖ χρησάμενος, ἀνδρός τε μορφὴν ὑπερφυᾶ τὸ κάλλος καὶ τὸ μέγεθος δείξας, πλὴν ἀνδρὸς καὶ τἆλλα ποιήσας ὡς ἐποίησας, σκοπῶμεν τὰ νῦν·.

8 Dazu vgl. oben S. 61 bzw. 470 mit Anm. 95 u. 96.

9 Vgl. dazu oben die Belege S. 490 mit Anm. 202 und 472 f. mit Anm. 111.

10 Plato, *Timaeus* 40 A: μία μὲν οὐράνιον θεῶν γένος, ἄλλη δὲ πτηνὸν καὶ

ἀεροπόρον, τρίτη δὲ ἔνυδρον εἶδος, πεζὸν δὲ καὶ χερσαῖον τέταρτον. τοῦ μὲν οὖν θείου τὴν πλείστην ἰδέαν ἐκ πυρὸς ἀπηργάζετο, ὅπως ὅτι λαμπρότατον ἰδεῖν τε κάλλιστον εἴη, τῷ δὲ παντὶ προσεικάζων εὔκυκλον ἐποίει, τίθησίν τε εἰς τὴν τοῦ κρατίστου φρόνησιν ἐκείνῳ συνεπόμενον, νείμας περὶ πάντα κύκλῳ τὸν οὐρανόν, κόσμον ἀληθινὸν αὐτῷ πεποικιλμένον εἶναι καθ' ὅλον. – Vgl. dazu Gerd VAN RIEL, *Plato's Gods*, Ashgate Studies in the History of Philosophical Theology (Surrey/Burlington: Ashgate, 2013), 34–59 sowie John F. FINAMORE, *Iamblichus and the Theory of the Vehicle of the Soul*, American Classical Studies 14 (Chico, CA: Scholars Press, 1985), 66.

11 Vgl. Plato, *Timaeus* 30 C 9 – 31 A 1.

12 Plato, *Phaedrus* 246 D 1: (...) θεόν, ἀθάνατόν τι ζῷον, ἔχον μὲν ψυχήν, ἔχον δὲ σῶμα (...).

13 Dirk BALTZLY, «Is Plato's Timaeus Panentheistic?,» *Sophia* 49 (2010): 193–215, bes. 206 f. und jetzt VAN RIEL, *Plato's Gods*, 45 f.

14 Ps.-Plato, *Epinomis* 984 D 3 – E 1; 985 A 3 – 7; cf. Frederick E. BRENK, «In the Light of the Moon: Demonology in the Early Imperial Period,» in *Aufstieg und Niedergang der Römischen Welt. Geschichte und Kultur Roms im Spiegel der neueren Forschung*, II Prinzipat, 16.3 *Religion (Heidentum: Römische Religion, Allgemeines [Forts.])*, hg. Wolfgang Haase (Berlin/New York: De Gruyter, 1986), 2068–2145, bes. 2085–2091.

15 Alcinous, *Epitome doctrinae Platonicae sive Διδασκαλικός* 10,7 (CUFr 25 WHITTAKER/LOUIS = 165,42–166,6 HERMANN): ἐξ ὧν ἁπάντων ἀναφαίνεται καὶ τὸ ἀσώματον αὐτὸ εἶναι. Ὅπερ κἀκ τούτων ἀποδειχθήσεται· εἰ γὰρ σῶμα ὁ θεός, ἐξ ὕλης ἂν εἴη καὶ εἴδους· διὰ τὸ πᾶν σῶμα συνδυασμά τι εἶναι ἔκ τε ὕλης καὶ τοῦ σὺν αὐτῇ εἴδους, ὅπερ ἐξομοιοῦται ταῖς ἰδέαις καὶ μετέχει αὐτῶν δύσφραστον δή τινα τρόπον· ἄτοπον δὲ τὸν θεὸν ἐξ ὕλης εἶναι καὶ εἴδους· οὐ γὰρ ἔσται ἁπλοῦς οὐδὲ ἀρχικός· ὥστε ἀσώματος ἂν εἴη ὁ θεός.

16 Alcinous, *Epitome doctrinae Platonicae sive Διδασκαλικός* 14,7 (CUFr 34 WHITTAKER/LOUIS = 170,42–171,3 HERMANN): Ἑπτὰ τοίνυν σφαιρῶν οὐσῶν ἐν τῇ πλανωμένῃ σφαίρᾳ, ἑπτὰ σώματα ὁ θεὸς δημιουργήσας ὁρατὰ ἐκ πυρώδους τῆς πλείστης οὐσίας ἐφήρμοσε ταῖς σφαίραις ὑπαρχούσαις ἐκ τοῦ θατέρου κύκλου καὶ πλανωμένου. – Für den Terminus πυρώδης (Plato, *Critias* 226 C) vgl. die Parallelstellen im kaiserzeitlichen Platonismus bei Whittaker, CUFr, 118 Anm. 293 und die oben S. 487 Anm. 187 bereits zitierte Stelle Eusebius Caesariensis, *Praeparatio Evangelica* III 9,9 (GCS Eusebius VIII/1, 129,7 MRAS/DES PLACES) = SVF II, 1032 (II, 307,4 f. VON ARNIM): ... τὴν πυρώδη καὶ θερμὴν οὐσίαν.

17 Alcinous, *Epitome doctrinae Platonicae sive Διδασκαλικός* 15,4 (CUFr 36 WHITTAKER/LOUIS = 171,34 f. HERMANN): Ὁ δὲ αἰθὴρ ἐξωτάτω διῃρημένος εἴς τε τὴν τῶν ἀπλανῶν σφαῖραν καὶ εἰς τὴν τῶν πλανωμένων· μεθ' ἃς ἡ τοῦ ἀέρος ὑπάρχει, καὶ ἐν μέσῳ ἡ γῆ σὺν τῷ ἑαυτῆς ὑγρῷ.

18 Alcinous, *The Handbook of Platonism*, translated with an Introduction and Commentary by John Dillon (Oxford: Clarendon Press, 1993), 132 f. Ausführlich zur Dämonologie im Mittelplatonismus neben der oben Anm. 14 genannten Literatur auch Jean BEAUJEU, *Apulée, Opuscules Philosophiques (Du dieu de Socrate, Platon et sa doctrine, du monde) et fragments*, texte établi, traduit et commenté, CUFr (Paris: Les belles lettres, 1973), 183–201.

19 Alcinous, *Epitome doctrinae Platonicae sive* Διδασκαλικός 15,2 (CUFr 35 WHITTAKER/LOUIS = 171,20–23 HERMANN): Ὁ μὲν γὰρ θεὸς τοῦ τε παντὸς ὑπάρχει ποιητὴς αὐτὸς καὶ τῶν θεῶν τε καὶ δαιμόνων, ὃ δὴ πᾶν λύσιν οὐκ ἔχει κατὰ τὴν ἐκείνου βούλησιν·.

20 Proclus, *In Platonis Rem Publicam commentarii* II 196,24–30. 197,12–16; vgl. auch Werner DEUSE, *Untersuchungen zur mittelplatonischen und neuplatonischen Seelenlehre*, Akademie der Wissenschaften und der Literatur, Abhandlungen der Geistes- und Sozialwissenschaftlichen Klasse, Einzelveröffentlichung 3 (Wiesbaden: Steiner, 1983), 222.

21 Jill HARRIES, *Sidonius Apollinaris and the Fall of Rome AD 407–485* (Oxford: Oxford University Press, 1994), 169–242; Oliver OVERWIEN, «Kampf um Gallien. Die Briefe des Sidonius Apollinaris zwischen Literatur und Politik,» *Hermes* 137 (2009): 93–117; Raymond VAN DAM, *Leadership and Community in Late Antique Gaul*, The Transformation of the Classical Heritage 8 (Berkeley/Los Angeles/London: University of California Press, 1985), 157–178; Karl Friedrich STROHEKER, *Der senatorische Adel im spätantiken Gallien* (Darmstadt: Wissenschaftliche Buchgesellschaft, 1970 = Tübingen: Alma Mater, 1948), 217–219 und natürlich Pierre COURCELLE, *Les lettres grecques en Occident: de Macrobe à Cassiodore*, Bibliothèque des écoles françaises 159 (Paris: Boccard, 1948), 221–246. Knapp orientiert jetzt Peter BROWN, *The Ransom of the Soul: Afterlife and Wealth in Early Western Christianity* (Cambridge, MA/ London: Harvard University Press, 2015), 124–147.

22 Wolfgang SCHMID, s. v. «Claudianus Mamertus,» in *Reallexikon für Antike und Christentum* (Stuttgart: Hiersemann, 1957), 3: 169–179; Martin SCHULZE, *Die Schrift des Claudianus Mamertus, Presbyters zu Vienne, über das Wesen der Seele (De statu animae)*, Diss. phil. Leipzig 1883 (Dresden: Rammingsche Buchdruckerei, 1883); René DE LA BROISE, *Mamerti Claudiani vita ejusque doctrina de anima hominis: Thesim Facultati litterarum Parisiensi proponebat* (Paris: Retaux-Bray, 1890); Franz ZIMMERMANN, «Des Claudianus Mamertus Schrift ‹De statu animae libri tres›,» *Divus Thomas* 1 (1914): 238–256. 332–368. 440–495; Ernest L. FORTIN, *Christianisme et culture philosophique au cinquième siècle: la querelle de l'âme humaine en Occident*, Études Augustiniennes (Paris: Études Augustiniennes, 1959), 15–21 sowie Michele DI MARCO, *La polemica sull'anima tra «Fausto di Riez» e Claudiano Mamerto*, Studia Ephemeridis Augustinianum 51 (Roma: Institutum patristicum Augustinianum, 1995), 7–9.

23 HARRIES, *Sidonius Apollinaris and the Fall of Rome*, 18. 105 – zur Taufe: Sidonius, *Carmen* XVI 84 (CUFr I, 123 LOYEN: *ut sanctae matris sanctum quoque limen adirem*) und André LOYEN, «La Mère de Fauste de Riez (Sidoine Apollinaire C. XVI v. 84),» *Bulletin de la littérature ecclésiastique* 73 (1972): 167–169.

24 CPL 983: *Claudiani Mamerti Opera*, recensuit et commentario critico instruxit Augustus Engelbrecht, CSEL 11 (Wien: Gerold, 1885); Eligius DEKKERS und Emil GAAR nennen von ENGELBRECHT nicht berücksichtigte Handschriften: DIES., *Clavis Patrum Latinorum*, 3rd ed. (Steenbrugge: In Abbatia Sancti Petri/Brepols, 1995), 317.

25 CPL 984: *Epistula ad Sapaudum* (bei CSEL 11, 203–206 ENGELBRECHT) sowie ein Brief an Sidonius, der in dessen Briefcorpus überliefert ist und wahrscheinlich aus den Jahren 470/471 stammt (Claudianus Mamertus, *Epistula apud Sid.*, *Epistulae* IV 2 (CUFr II, 114 f. LOYEN). – Die Authentizität von CPL 1960 (*Epistula Ps. Hieronymi ad Constantium*, PL 30, 487) diskutierte Germain MORIN, «Notes liturgiques,» *Revue Bénédictine* 30 (1913): 226–234, bes. 228–231. Das vierte Buch der Briefe des Sidonius wurde ausführlich kommentiert: David AMHERDT, *Sidoine Apollinaire, le quatrième livre de la correspondance: Introduction et commentaire* (Bern u. a.: Lang, 2001).

26 Claudianus Mamertus, *De statu animae* praef. (CSEL 11, 18,2 f. ENGELBRECHT).

27 Sidonius, *Epistulae* IV 3,2 (CUFr II, 116 f. LOYEN): *Adstipulatur iudicio meo uolumen illud, quod tute super statu animae rerum verborumque scientia diuitissimus propalauisti. In quo dum ad meum nomen prooemiaris, hoc munus potissimum cepi, ut meae fama personae, quam operae pretium non erat librorum suorum titulis inclarescere, tuorum beneficio perpetuaretur. At quod, deus magne, quantumque opus illud est, materia clausum declamatione conspicuum, propositione obstructum, disputatione reseratum, et, quamquam propter hamata syllogismorum puncta tribulosum, uernantis tamen eloquii flore mollitum!*

28 Sidonius, *Epistulae* IV 3,6 f. (CUFr II, 118 LOYEN): *Ad extremum nemo saeculo meo quae uoluit affirmare sic ualuit. Siquidem dum sese aduersus eum, quem contra loquitur, exertat, morum ac studiorum linguae utriusque symbolum iure sibi uindicat. sentit ut Pythagoras, diuidit ut Socrates, explicat ut Plato, implicat ut Aristoteles, ut Aeschines blanditur, ut Demosthenes irascitur, uernat ut Hortensius, aestuat ut Cethegus, incitat ut Curio, moratur ut Fabius, simulat ut Crassus, dissimulat ut Caesar, suadet ut Cato, dissuadet ut Appius, persuadet ut Tullius. iam si ad sacrosanctos patres pro comparatione ueniatur, instruit ut Hieronymus, destruit ut Lactantius, adstruit ut Augustinus, attollitur ut Hilarius, summittitur ut Iohannes, ut Basilius corripit, ut Gregorius consolatur, ut Orosius affluit, ut Rufinus stringitur, ut Eusebius narrat, ut Eucherius sollicitat, ut Paulinus prouocat, ut Ambrosius perseuerat.* – Vgl. dazu auch: COURCELLE, *Les lettres grecques en Occident: de Macrobe à Cassiodore*, 240–244.

29 Claudianus Mamertus, *De statu animae* praef. (CSEL 11, 18,4 f. ENGEL-

VIERTES KAPITEL: DIE KÖRPER DER SEELEN 541

BRECHT): *Editionem libellorum mihi quos de animae statu condidi reticendi cautus et loquendi pensus arbiter imperasti.*

30 Claudianus Mamertus, *Epistula apud Sidonium*, *Epistulae* IV 2,2 (CUFr II, 114 LOYEN): *Porro autem uero, quod saepenumero scriptis uestris alii inpertiuntur, qui id ipsum nec ambiunt quam egomet forsan nec merentur amplius, non arbitror amicitiae legibus inpune committi. Illud etiamnum dolenter faxo tacitum, quod libellos illos, quos tuo nomine nobilitari non abnuis, nullo umquam inpertiuisti rescripto. Sed uacuum forte non suppetit, quod tute modicum magnae admodum impendas amicitiae.*
31 Sidonius, *Epistulae* V 2 (CUFr II, 175 f. LOYEN).
32 HARRIES, *Sidonius Apollinaris and the Fall of Rome*, 110.
33 Sidonius, *Epistulae* IV 11,1 (CUFr II, 135 LOYEN): *Uir siquidem fuit prouidus, prudens, doctus, eloquens, acer et hominum aeui, loci, populi sui ingeniosissimus quique indesinenter salua religione philosopharetur; et licet crinem barbamque non pasceret, pallium et clauam nunc inrideret, nunc etiam execraretur, a collegio tamen conplatonicorum solo habitu ac fide dissociabatur.* – Kommentar bei HARRIES, *Sidonius Apollinaris and the Fall of Rome*, 110 f.
34 Sidonius, *Epistulae* IV 11,6 (CUFr II, 137 LOYEN):
   triplex bybliotheca quo magistro,
   Romana, Attica, Christiana, fulsit;
   quam totam monachus uirente in aeuo
   secreta bibit institutione,
   orator, dialecticus, poeta,
   tractator, geometra, musicusque, ...
   (Kommentar bei HARRIES, *Sidonius Apollinaris and the Fall of Rome*, 110 f. und bei FORTIN, *Christianisme et culture philosophique*, 17 f.).
35 Sidonius, *Epistulae* IV 11,6 (CUFr II, 137 LOYEN: im *Carmen*, Z. 6): *Quam totam monachus uirente in aeuo*; zur Hilfe für den Bischof aaO., *Epistula* IV 11,5 (136 f.): *Episcopum fratrem maiorem natu affectuosissime obseruans, quem diligebat ut filium, cum tamquam patrem ueneraretur. sed et ille suspiciebat hunc granditer, habens in eo consiliarium in iudiciis, uicarium in ecclesiis, procuratorem in negotiis, uilicum in praediis, tabularium in tributis, in lectionibus comitem, in expositionibus interpretem, in itineribus contubernalem. Sic utrique ab alterutro usque ad inuidiam exempli mutua fide germanitatis officia restituebantur.*
36 Gennadius, *De viris illustribus* 84 (TU 14, 90,11–14 RICHARDSON): *Claudianus, Uiennensis ecclesiae presbyter, uir ad loquendum artifex et ad disputandum subtilis, conposuit tres quasi De statu uel substantia animae libros, in quibus agit intentione, quatenus ostendat esse aliquid incorporeum praeter Deum.*
37 Edition und philologischer Kommentar (zu CPL 963[iii]): Arvid G. ELG, *Epistula Fausti Reiensis tertia* (Uppsala: Almquist & Wiksell, 1946); DERS., *In epistulam Fausti Reiensis tertiam adnotationes* (Lund: Ohlsson, 1945). Elg greift Beobachtungen auf von Bernhard REHLING, *De Fausti Reiensis Epistula Tertia. Commentatio Historica*, Diss. phil. Münster 1898 (Münster: Aschendorff, 1898)

und bietet einen photomechanischen Nachdruck der Edition von Engelbrecht mit neuem Variantenapparat.
38 Sangallensis 190 membr. saec. IX p. 92–110 = CSEL 21, 168,5–181,7 ENGELBRECHT; auch in CSEL 11, 3–17 ENGELBRECHT; Neuedition des Apparates bei ELG, *Epistula Fausti Reiensis tertia*, 8–21. – Vgl. zum Thema auch: Marino NERI, *Dio, l'anima e l'uomo. L'epistolario di Fausto di Riez* (Rom: Aracne, 2011), 53–81; Marcia L. COLISH, *The Stoic Tradition from Antiquity to the Early Middle Ages*, Vol. 2 *Stoicism in Christian Latin Thought through the Sixth Century*, Studies in the History of Christian Thought 35, 2nd Impression with Addenda et Corrigenda (Leiden u. a.: Brill, 1990), 128 f. und José MADOZ, «Un caso de materialismo en España en el siglo IV,» *Revista española de teología* 8 (1948): 203–230, bes. 206–210.
39 Claudianus Mamertus, *De statu animae* I praef. (CSEL 11, 19,6 f. ENGELBRECHT): *Sane opusculum illud sine auctore proditum et usquequaque proquiritatum, toto agmine sui in acie eductum et conserta nobis manu congressum uicerit ne cesserit ne, tu, potissime disertorum, ferto sententiam.* – Vgl. auch I 1 (CSEL 11, 24,3–7 ENGELBRECHT) und NERI, *Dio, l'anima e l'uomo. L'epistolario di Fausto di Riez*, 53 f. und DI MARCO, *La polemica sull'anima tra «Fausto di Riez» e Claudiano Mamerto*, 7 f.
40 Gennadius Massiliensis, *De Viris illustribus.* 86 (TU 14, 91,12–16 RICHARDSON): *Legi eius et ‹Aduersum Arianos et Macedonianos› paruum libellum, in quo coessentialem praedicat Trinitatem, et alium ‹Aduersum eos qui dicunt esse in creaturis aliquid incorporeum›, in quo et divinis testimoniis et Patrum confirmat sententiis nihil credendum incorporeum praeter Deum.* – Vgl. dazu auch Manlio SIMONETTI, «Fausto di Riez e i Macedoniani,» *Augustinianum* 17 (1977): 333–354.
41 So (mit den Hss.) in CSEL 21 und p. 8,5 ELG, in CSEL 11 *reuerendissime*.
42 Faustus Rhegiensis, *Epistula* 3 (CSEL 21, 168,5 ENGELBRECHT = 8,5 ELG); vgl. auch REHLING, *De Fausti Reiensis epistula tertia*, 6–11 sowie FORTIN, *Christianisme et culture philosophique*, 43–74. – Zu Faustus vgl. Roger John Howard COLLINS, s. v. «Faustus von Reji,» in *Theologische Realenzyklopädie* (Berlin/New York: De Gruyter, 1983), 11: 63–67.
43 DI MARCO, *La polemica sull'anima tra «Fausto di Riez» e Claudiano Mamerto*, 8–11 sowie NERI, *Dio, l'anima e l'uomo. L'epistolario di Fausto di Riez*, 56 f.
44 Faustus Rhegiensis, *Epistula* 3 (CSEL 21, 173,10 f. ENGELBRECHT = 13,10 f. ELG): *Quae in rebus humanis corporea quaeue incorporea sentienda sint.*
45 So Arius und Mitpresbyter in ihrem Brief an Alexander von Alexandrien (ca. 320; Urkunden zum arianischen Streit 6,2 = Dokumente zum arianischen Streit 1,2): κτίσμα τοῦ θεοῦ τέλειον (Athanasius Werke III/1, 12,9 OPITZ).
46 Faustus Rhegiensis, *Epistula* 3 (CSEL 21, 173,17–19 ENGELBRECHT = 13,17–19 ELG): *Nonnulli eruditissimi patrum alia adserunt esse inuisibilia, alia uero incorporea.* – Ausführlich zu dieser Passage FORTIN, *Christianisme et culture philosophique au cinquième siècle: la querelle de l'âme humaine en Occident*, 48–53.

47 Origenes, *De Principiis* IV 3,15 (347,11 KOETSCHAU), vgl. auch I 7 (86,18) und prol. (14,1) sowie Augustinus, *Epistula* 238,15 (CSEL 57, 544,4 GOLDBACHER): *Omnis incorporea natura spiritus in scripturis appellatur; unde non tantum patri et filio et spiritui sancto sed omni rationali creaturae et animae hoc uocabulum congruit;* vgl. auch FORTIN, *Christianisme et culture philosophique,* 49.

48 Origenes, *De Principiis* IV 3,15 (GCS Origenes V, 347,18 KOETSCHAU = TzF 24, 778 GÖRGEMANNS/KARPP): *utuntur tamen corporibus.*

49 Origenes, *De Principiis* IV 3,15 (GCS Origenes V, 347,21 f. KOETSCHAU = TzF 24, 780 GÖRGEMANNS/KARPP); vgl. auch ebd. II 2,1 (112,4 f. = 296).

50 Faustus Rhegiensis, *Epistula* 3 (CSEL 21, 173,19–22 ENGELBRECHT = 13,19–22 ELG); vgl. auch REHLING, *De Fausti Reiensis epistula tertia,* 45–48.

51 Vgl. dafür Alan B. SCOTT, *Origen and the Life of the Stars: A History of an Idea,* Oxford Early Christian Studies (Oxford: Clarendon Press/New York: Oxford University Press, 1991), 113–149, insbesondere 128–131. 133–143. Von einem *caeleste corpus* im Blick auf Sonne, Mond und Sterne spricht Hieronymus in seiner Schrift *Contra Iohannem* 27 (CChr.SL 79A, 49,19 FEIERTAG).

52 Das könnte dafür sprechen, dass uns nicht mehr der originale Text des Faustus vorliegt: Schließlich war die Argumentation mit Väter-Texten angekündigt und nur die wenigsten Leser dürften in der Lage gewesen sein, das anonyme Zitat Cassianus zuzuweisen.

53 Faustus Rhegiensis, Epistula 3 (CSEL 21, 174,16–23 ENGELBRECHT = 14,16–23 ELG) = Ioannes Cassianus, *Collationes* VII 13,2 (CSEL 13², 192,26–193,7 PETSCHENIG/KREUZ = SC 42bis, 446 PICHERY) mit kleinen Kürzungen: *Habent enim secundum se corpus, quo subsistunt, licet multo et inconparabiliter tenuius, quam nostra sunt corpora, secundum apostoli sententiam dicentis: Et corpora caelestia et corpora terrestria. quibus pro manifesto colligitur nihil esse incorporeum nisi solum deum et idcirco ipsi tantummodo posse penetrabiles omnes <spiritales> atque intellectuales esse substantias.* – Zur Undurchdringlichkeit der Materie für die Materie vgl. auch Faustus Rhegiensis, *De Spiritu sancto.* II 1 (CSEL 21, 131,15–24 ENGELBRECHT).

54 Faustus Rhegiensis, *Epistula* 3 (CSEL 21, 174,21 ENGELBRECHT = 14,21 ELG) = Ioannes Cassianus, *Collationes* VII 13,2 (CSEL 13², 193,5 f. PETSCHENIG/KREUZ = SC 42bis, 446 PICHERY): *nihil esse incorporeum nisi solum deum.*

55 Faustus Rhegiensis, *Epistula* 3 (CSEL 21, 175,3–5 ENGELBRECHT = 15,3–5 ELG).

56 Thomas Alexander SZLEZÁK, *Pseudo-Archytas über die Kategorien. Texte zur griechischen Aristoteles-Exegese,* Peripatoi 4 (Berlin/New York: De Gruyter, 1972), 13–19.

57 Simplicius, *Commentarium* IX *in Aristotelis Categorias* 11 b 11 (CAG VIII, 361,10–15 KALBFLEISCH): καί φησιν ὅτι, εἰ μὲν ὡς οἱ Στωικοὶ λέγουσιν, παρυφίσταται τοῖς σώμασιν ὁ τόπος, καὶ τὸν ὅρον ἀπ' αὐτῶν προσλαμβάνει τὸν μέχρι τοσοῦδε, καθ' ὅσον συμπληροῦται ὑπὸ τῶν σωμάτων· εἰ μέντοι

οὐσίαν ἔχει καθ' αὑτὸν ὁ τόπος καὶ οὐδὲ ὅλως εἶναί τι τῶν σωμάτων δύναται, ἐὰν μὴ ᾖ ἐν τόπῳ, ὥσπερ ἔοικεν Ἀρχύτας βούλεσθαι σημαίνειν, αὐτὸς ὁ τόπος ἀφορίζει τὰ σώματα καὶ ἐν ἑαυτῷ συμπεραίνει. – Englische Übersetzung bei Richard GASKIN, *Simplicius, On Aristotle's «Categories 9–15»* (Ithaca, NY: Cornell University Press, 2000), 95; vgl. auch Max JAMMER, *Concepts of Space: The History of Theories of Space in Physics* (Cambridge, MA: Harvard University Press, 1954), 8 und Richard SORABJI, *Matter, Space and Motion: Theories in Antiquity and their Sequel* (Ithaca, NY: Cornell University Press, 1988), 3–22. 202–215 und Carl A. HUFFMAN, *Archytas of Tarentum. Pythagorean, Philosopher and Mathematician King* (Cambridge: Cambridge University Press, 2005), 595–599.

58 Faustus Rhegiensis, *Epistula* 3 (CSEL 21, 175,2–13 ENGELBRECHT = 15,2–13 ELG): *Nunc uero in hoc tractatus nostri status habita discussione pendebit, ut si nec localis sit nec quantitati subiaceat, esse eam haud dubie incorpoream concedamus. Si uero demonstraro eam quantitate determinari locoue concludi, consequenter eam etiam corpore contineri nec ipse iam dubites. Quomodo non localis est, quae inserta membris et inligata uisceribus solis motibus uaga conditione substantiae tenetur inclusa? Quodsi localem non esse animam ideo adserendum putes, quod per diuersa sensibus euagetur et cogitationibus differatur, primum intellegendum est, quod aliud sit animae status, aliud is, qui de anima nascitur, cogitationis affectus.*

59 Faustus Rhegiensis, *Epistula* 3 (CSEL 21, 177,8–12 ENGELBRECHT = 17,8–12 ELG): *Quamobrem localem esse ipsam ut denuo sufficiens proferamus exemplum, nonne anima Lazari morante uita intra corpus fuit, recedente autem uita de habitaculo corporis exulauit et rursum intra exanimum refusa corpus illo, unde absentauerat, euocata remeauit?* – Man kann diese Formulierung natürlich auch metaphorisch verwenden: Prudentius, *Cathemerinon* X 39 f. (CUFr I, 56 LAVARENNE) und Ps.-Augustinus, *Sermo* 368,1 = Caesarius Arelatensis, *Sermo* 173,1 (CChr.SL 104, 705,8 MORIN). Der parallele griechische Ausdruck ist κατοικητήριον.

60 Faustus Rhegiensis, *Epistula* 3 (CSEL 21, 178,2–12 ENGELBRECHT = 18,2–12 ELG): *Iam illud manifestissimum est, ut quantitate circumscribantur, quae spatiis continentur. Si agnouisti animam localem, concede corpoream. Dic mihi, anne ipsa gloriosi anima redemptoris nostri reliquit mundum, quando conscendit ad caelum? Ego autem ne angelos quidem locales esse dubitauerim, quos certum nunc in caelestibus contineri, nunc per aeris uacuum ferri, nunc ad terrena dimitti, quos sermo diuinus ascendentes et descendentes in patriarchae uisione describit, qui utique, si locales non essent et ubique essent, adesse atque discedere ascensu descensuque non possent.*

61 Faustus Rhegiensis, *Epistula* 3 (CSEL 21, 178,7–179,16 ENGELBRECHT = 18,7–19,16 ELG).

62 Faustus Rhegiensis, *Epistula* 3 (CSEL 21, 179,21–180,1 ENGELBRECHT = 19,21–20,1 ELG): *Ergo anima a materia uniuersae creaturae excepta esse creditur, quae non est corporea nec localis est, si loco non contineatur, ergo ubique diffunditur,*

VIERTES KAPITEL: DIE KÖRPER DER SEELEN 545

omnia intrare, inplere et ubique praesens esse dicitur ac, si creatori suo creatura sociaretur et fragilitas auctori suo, non iam res dei, sed pars dei aestimanda iungitur.

63 So auch COLLINS, s. v. «Faustus von Reiji,» in *Theologische Realenzyklopädie* 11: 65.

64 Zur *corporalitas*: Thesaurus Linguae Latinae IV, 995 s. v.

65 Tertullianus, *De anima* 22,2 (CChr.SL 2, 814,8–13 WASZINK): *Definimus animam dei flatu natam, immortalem, corporalem, effigiatam, substantia simplicem, de suo sapientem, uarie procedentem, liberam arbitrii, accidentis obnoxiam, per ingenia mutabilem, rationalem, dominatricem, diuinatricem, ex una redundantem.* – Ein ausführlicher Kommentar bei Jan Hendrik WASZINK, *Quinti Septimi Florentis Tertulliani De Anima,* Supplements to Vigiliae Christianae 100 (Leiden/Boston: Brill, 2010), 297; vgl. auch allgemein Claudio MORESCHINI, «Tertulliano tra Stoicismo e Platonismo,» in *Kerygma und Logos. Beiträge zu den geistesgeschichtlichen Beziehungen zwischen Antike und Christentum. Festschrift für Carl Andresen zum 70. Geburtstag,* hg. Adolf Martin Ritter (Göttingen: Vandenhoeck & Ruprecht, 1979), 367–379, im Speziellen Petr KITZLER, «*Nihil enim anima si non corpus.* Tertullian und die Körperlichkeit der Seele,» *Wiener Studien* 122 (2009): (145–169) 147 und Heinrich HOPPE, *Beiträge zur Sprache und Kritik Tertullians,* Publications of the New Society of Letters at Lund 14 (Lund: Gleerup, 1932), 134.

66 Jean-Baptiste GOURINAT, *Les stoïciens et l'âme,* Philosophies (Paris: Presses Universitaires de France, 1996), 17–21.

67 Entsprechend übersetzt Tertullian Gen 2,7 καὶ ἔπλασεν ὁ θεὸς τὸν ἄνθρωπον χοῦν ἀπὸ τῆς γῆς καὶ ἐνεφύσησεν εἰς τὸ πρόσωπον αὐτοῦ πνοὴν ζωῆς, καὶ ἐγένετο ὁ ἄνθρωπος εἰς ψυχὴν ζῶσαν; vgl. die Nachweise bei: *Genesis,* hg. Bonifatius Fischer, Vetus Latina 2 (Freiburg: Herder, 1951–1954), 40 f.

68 S. o. S. 106–108.

69 Tertullianus, *De anima* 5,2 (CChr.SL 2, 786,5–13 WASZINK): *Nec illos dico solos qui eam de manifestis corporalibus effingunt, ut Hipparchus et Heraclitus ex igni, ut Hippon et Thales ex aqua, ut Empedocles et Critias ex sanguine, ut Epicurus ex atomis (…), ut Critolaus et peripatetici eius ex quinta nescio qua substantia (si et illa corpus, quia corpora includit), sed etiam Stoicos allego, qui spiritum praedicantes animam paene nobis cum, qua proxima inter se flatus et spiritus, tamen corpus animam facile persuadebunt.* – Nachweise für Hippaeus, Hippon, Thales, Empedocles, Critias, Epicurus und Critolaus bei WASZINK, *Quinti Septimi Florentis Tertulliani De Anima,* 127 f.; zum Argumentationsgang KITZLER, «*Nihil enim anima si non corpus.* Tertullian und die Körperlichkeit der Seele,» 147–165.

70 Tertullianus, *De carne Christi* 11,3–4 (CChr.SL 2, 895,17–24 KROYMANN): *Et tamen, cum inuisibilem dicunt, corporalem constituunt, habentem quod inuisibile sit. Nihil enim habens inuisibile quomodo inuisibilis potest dici? Sed nec esse quidem potest, nihil habens per quod sit. Cum autem sit, habeat necesse est aliquid, per quod*

est. Si habet aliquid, per quod est, hoc erit corpus eius. Omne, quod est, corpus est sui generis. Nihil est incorporale nisi quod non est.

71 S. o. S. 107 f.; dazu KITZLER, «*Nihil enim anima si non corpus*. Tertullian und die Körperlichkeit der Seele,» 149 sowie NERI, *Dio, l'anima e l'uomo. L'epistolario di Fausto di Riez*, 73–79.

72 Hilarius Pictaviensis, *In Matthaeum* V 8 (SC 254, 158,17–20 DOIGNON): *Nam et animarum species siue obtinentium corpora siue corporibus exsulantium corpoream tamen naturae suae substantiam sortiuntur, quia omne quod creatum est in aliquo sit necesse est.* Vgl. auch ders., *De Psalmo* 118,19,8 (CSEL 22, 527,8 ZINGERLE).

73 Hilarius, *De Psalmo* 118 Koph 8 (CSEL 22, 183,11–15 ZINGERLE): *Nihil a Deo uacat, nihil indiget. Vbique est modo animae corporalis, quae in membris omnibus diffusa a singulis quibusque partibus non abest. Etiamsi priuata quaedam ei et regia in toto corpore sedis est, tamen in medullis, digitis, artubus infunditur.*

74 Arnobius Iunior, *Conflictus Arnobii et Serapionis* II 2,5,14 (PL 53, 276 D = Corona Patrum 14, 142,4 f. GORI): *Ergo animae et spiritus et angeli corporei sunt.* – Gegen die Vorstellung einer Körperlichkeit von Engeln und Dämonen argumentiert ausführlich Augustinus in *De civitate Dei* XXI 10 (BiTeu II, 510,16–512,4 DOMBART/KALB) und *Enchiridion* 59 (CChr.SL 46, 81,66–85 EVANS; 81,77: *angeli contrectabilia corpora non habere*).

75 Arnobius Iunior, *Conflictus Arnobii et Serapionis* II 2,5,15 f. (PL 53, 276 D = Corona Patrum 14, 142,6–10 GORI): *Arnobius dixit: Nolo me per anfractus tuos a Deo tollas, et ad angelos et ad animas et spiritus trahas. Tamen ne putes me fugere interrogationem tuam, audi. Quidquid mensuram habet, corpus est non humanis, sed divinis oculis patens. Immensus autem et incorporeus Deus solus est.*

76 Arnobius Iunior, *Conflictus Arnobii et Serapionis* II 2,5,19 f. (PL 53, 277 A = Corona Patrum 14, 142,15–17 GORI): *Quidquid tangit et tangitur et in loco aliquo continetur, corpus esse non dubium est. Cum ergo et intrare animam corpus et habitare in corpore et exire e corpore doceatur, quomodo non corporea esse, dignoscitur?*

77 Gennadius Massiliensis, *Liber sive diffinitio ecclesiasticorum dogmatum* 11 f. (JThS 7, 1905, 91 f. TURNER): *Nihil incorporeum et inuisibile natura credendum nisi solum Deum, id est patrem et filium et spiritum sanctum, qui ideo incorporeus creditur quia ubique est et omnia inplet adque constringit, ideo inuisibilis omnibus creaturis quia incorporeus est. Creatura omnis corporea: angeli et omnes caelestes uirtutes corpore, licet non carne, subsistunt. ex eo autem corporeas esse credimus intellectuales naturas, quod localitate circumscribuntur, sicut et anima humana quae carne clauditur, et demones qui per substantiam angelicae naturae sunt.* – Zum Text vgl. auch José MADOZ, «Un caso di materialismo en España en el siglo VI.,» *Revista Española de Teología* 8 (1948): (203–230) 206 f.

78 FORTIN, *Christianisme et culture philosophique*, 47; so auch schon SCHULZE, *Die Schrift des Claudianus Mamertus*, 10: «Faustus war (…) durchaus keine spekulative Natur, sondern durch und durch Mann der Praxis.»

79 SCHULZE, *Die Schrift des Claudianus Mamertus*, 56 f.

80 Faustus Rhegiensis, *Epistula* 3 (CSEL 21, 180,23 ENGELBRECHT = 20,23 ELG); vgl. auch *Epistula* 5 (188,20 f.): *Quod soli deo conpetit, hoc tantum incorporeum esse cognosce.*

81 Faustus Rhegiensis, *Epistula* 3 (CSEL 21, 180,18–22 ENGELBRECHT = 20,18–22 ELG): *Si bene requiramus, ad quos rerum exitus animum referas, haec uel maxime diabolum credulitas ex illa beatae sedis statione deuoluit et propter hoc angeli perdidit dignitatem, dum se dei praesumit habere naturam.*

82 Eric R. DODDS, ΠΡΟΚΛΟΥ ΔΙΑΔΟΧΟΥ ΣΤΟΙΧΕΙΩΣΙΣ ΘΕΟΛΟΓΙΚΗ. *Proclus, The Elements of Theology. A Revised Text with Translation, Introduction, and Commentary* (Oxford: Oxford University Press, 1963), 304–311. 313–321; FINAMORE, *Iamblichus and the Theory of the Vehicle of the Soul*, 11–32 und Otto GEUDTNER, *Die Seelenlehre der chaldäischen Orakel*, Beiträge zur klassischen Philologie 35 (Meisenheim am Glan: Hain, 1971), 18–24, mit Literatur 18 Anm. 83.

83 Porphyrius, *Fragmenta* 382 SMITH (BiTeu 462,1–466,71 SMITH) = Ioannes Stobaeus, *Anthologiae* I 49,60 (I, 445,14–448,3 WACHSMUTH) sowie Porphyrius, *De Antro Nympharum* 11 (BiTeu 64,10–25 NAUCK).

84 Synesius, *De insomniis* 7 (CUFr II, 157,10 TERZAGHI): ὥσπερ σκάφους ἐπιβᾶσα. – Synesius aber wiederum benutzt in *De insomniis* Porphyrius als Quelle (Werner DEUSE, *Untersuchungen zur mittelplatonischen und neuplatonischen Seelenlehre*, 222 f.).

85 Synesius, *De insomniis* 7 (CUFr II, 156,8 f. TERZAGHI); vgl. Helmut SENG, «Seele und Kosmos bei Macrobius,» in *Körper und Seele. Aspekte spätantiker Anthropologie*, hg. Barbara Feichtinger, Stephen Lake und Helmut Seng, Beiträge zur Altertumskunde 215 (München/Leipzig: Saur, 2006), 115–141, bes. 126 f., und Robert Christian KISSLING, «The ΟΧΗΜΑ – ΠΝΕΥΜΑ of the Neo-Platonists and the De insomniis of Synesius of Cyrene,» *American Journal of Philology* 43 (1922): 318–330.

86 Proclus Atheniensis, *Institutio theologica* 207 (180,35–182,3 DODDS); nach Proclus, *Theologia Platonica*. III 5 (CUFr III, 19,3–9 SAFFREY/WESTERINK: Αἱ μὲν γὰρ οὐράνιαι ψυχαὶ σωμάτων ἄρχουσιν ἁπλῶν καὶ κατὰ τὴν ὑπόστασιν ἀύλων καὶ ἀμεταβόλων· αἱ δὲ τῶν ὅλων ἐπικρατοῦσαι στοιχείων ἅμα μὲν τοὺς αἰθερίους περιβέβληνται χιτῶνας, ἅμα δὲ διὰ τούτων καὶ τοῖς ὅλοις ἐπιβατεύουσι στοιχείοις, ὡς μὲν ὅλοις ἀιδίοις οὖσι καὶ ἁπλοῖς, ὡς δὲ ἐνύλοις φθορὰν καὶ γένεσιν καὶ τὴν ἐκ τῶν ἀνομοίων σύνθεσιν ἐπιδεχομένοις·) ist er immateriell, nach Proclus, *Commentarii in Platonis Timaeum* III ad Platonis *Timaeum* 32 D/33 A (BiTeu II, 60,2–6 DIEHL) nicht leidensfähig. Vgl. ausführlich «Appendix II: The Astral Body in Neoplatonism» bei DODDS, *Proclus, The Elements of Theology*, 313–321.

87 Franz BÖMER, *Der lateinische Neuplatonismus und Neupythagoreismus und Claudianus Mamertus in Sprache und Philosophie*, Klassisch-philologische Studien 7 (Leipzig: Harrassowitz, 1936), 34.

88 Apuleius, *De Platone et eius dogmate*. I 9,199 (BiTeu III, 97, 16–18 Moreschini = CUFr 68 Beaujeu): *Animam uero animantium omnium non esse corpoream nec sane perituram, cum corpore fuerit absoluta, omniumque gignentium esse seniorem*; vgl. auch Deuse, *Untersuchungen*, 100.

89 Galenus, *De placitis Hippocratis et Platonis* VII 7,25 (CMG V 4/1/2, 474,23–26 De Lacy).

90 Heinrich Dörrie, *Porphyrios' «Symmikta zetemata»: Ihre Stellung in System und Geschichte des Neuplatonismus nebst einem Kommentar zu den Fragmenten*, Zetemata 20 (München: Beck, 1959), 9. 43 f. (rekonstruiert aus: Nemesius, *De natura hominis* 3 [ἡ ψυχή] ἀσώματος οὖσα καὶ οὐσιώδης καθ' ἑαυτήν [BiTeu 38,18 Morani] = Porphyrius, Σύμμικτα ζητήματα Frg. 259F [BiTeu 280,19–21 Smith]) sowie 166. 185 f. sowie ders., «Platons Begriff der Seele und dessen weitere Ausgestaltung im Neuplatonismus,» in *Seele: ihre Wirklichkeit, ihr Verhältnis zum Leib und zur menschlichen Person*, hg. Klaus Kremer, Studien zur Problemgeschichte der antiken und mittelalterlichen Philosophie 10 (Leiden/Köln: Brill, 1984), (18–45) 38.

91 Dörrie, *Porphyrios' «Symmikta zetemata»: Ihre Stellung in System und Geschichte des Neuplatonismus nebst einem Kommentar zu den Fragmenten*, 186.

92 Iamblichus Chalcidensis, *De anima* 26: τιθεμένη δὲ τὴν ψυχὴν ἀεὶ εἶναι ἐν σώματι, ὥσπερ ἡ Ἐρατοσθένους καὶ Πτολεμαίου τοῦ Πλατωνικοῦ καὶ ἄλλων, ἀπὸ σωμάτων αὐτὴν λεπτοτέρων εἰς τὰ ὀστρεώδη πάλιν εἰσοικίψει σώματα (John F. Finamore und John M. Dillon, *Iamblichus De Anima: Text, Translation, and Commentary*, Philosophia Antiqua 92 [Leiden/Boston/Köln: Brill, 2002], 54,4–7 [mit Literatur für die genannten Platoniker im Kommentar aaO., 152 f.] = Stobaeus, *Anthologiae* I 49,39 [I, 378,6–9 Wachsmuth] = Heinrich Dörrie, *Die geschichtlichen Wurzeln des Platonismus. Bausteine 1–35: Text, Übersetzung, Kommentar*, aus dem Nachlass hg. Annemarie Dörrie, Der Platonismus in der Antike: Grundlagen – System – Entwicklung (Stuttgart-Bad Cannstatt: Frommann-Holzboog, 1987), 1: Baustein 9, 132 f. (Kommentar auf S. 378 f.) = Heraclides Ponticus, frg. 50, Text und Übersetzung: *Heraclides of Pontus. Texts and Translations*, ed. Eckart Schütrumpf, Rutgers University Studies in Classical Humanities 14 (New Brunswick/London: Transaction Publishers, 2008), 122–125 mit weiterer Literatur für die genannten Platoniker im Kommentar aaO.).

93 Iamblichus, *Fragmentum in Platonis Timaeum* 84 (John Dillon, *Iamblichi Chalcidensis in Platonis dialogos commentariorum fragmenta*, edited with Translation and Commentary, Philosophia Antiqua 23 [Leiden: Brill, 1973], 196,4 f., mit Kommentar aaO., 380); vgl. auch Finamore, *Iamblichus and the Theory*, 11–14 und Text, Übersetzung sowie Kommentar bei Heinrich Dörrie und Matthias Baltes, *Die philosophische Lehre des Platonismus. Von der «Seele» als der Ursache aller sinnvollen Abläufe*, Bausteine 151–168: *Text, Übersetzung, Kommentar*, Der Platonismus in der Antike: Grundlagen – System – Entwicklung

(Stuttgart-Bad Cannstatt: Frommann-Holzboog, 2002), 6/1: Baustein 165, 122–125. Baltes ist der Ansicht, dass der feinstoffliche Körper nur dazu da ist, «der Seele vorübergehend den Aufenthalt im feinstofflicheren Himmelsraum zu ermöglichen,» und nicht mit dem Thema «Seelenwagen» verbunden werden darf (aaO., 382).

94 Iamblichus, *Fragmentum in Platonis Timaeum* 81 (DILLON, *Iamblichi Chalcidensis in Platonis dialogos commentariorum fragmenta*, 194,7) in direkter Kritik an Porphyrius (aaO., 373 und FINAMORE, *Iamblichus and the Theory*, 11 f.). Zu der Lehre des Porphyrius cf. DEUSE, *Untersuchungen*, 218–230 und vorher Heinrich DÖRRIE, «Porphyrius' Lehre von der Seele,» in *Porphyre: Huit exposés suivis de discussions. Vandoeuvres-Genève, 30 août–5 sept. 1965*, hg. Heinrich Dörrie, Entretiens sur l'antiquité classique 12 (Genève: Fondation Hardt, 1966), 165–192 = DERS., *Platonica Minora*, Studia et testimonia antiqua 8 (München: Fink, 1976), 441–453.

95 Macrobius, *Somnium Scipionis* I 11,12 (BiTeu II, 47,21–29 WILLIS).

96 Macrobius, *Somnium Scipionis*. I 12,13 f. (BiTeu II, 50,11–24 WILLIS).

97 Proclus, *Commentarii* I *in Platonis Timaeum ad Platonis Timaeum* 23 F (BiTeu I, 138,26–139,3 DIEHL); III *ad Timaeum* 36 B (II, 236,28–337,1); IV *ad Timaeum* 40 B/C (III, 135,16–23); IV ad Timaeum 40 B/C (III, 136,6–11); V prol. (III, 167,13–20); V *ad Timaeum* 41 A (III, 194,30 f.): ἡλιοειδῆ γὰρ αὐτῶν ἐστι τὰ ὀχήματα καὶ μιμούμενα τὴν νοερὰν αἴγλην; V *ad Timaeum* 41 A (III, 204,8–10: Position des Syrianus); V *ad Timaeum* 41 D/E (III, 268,26–32) und *In Platonis Cratylum commentaria* 73 *ad Platonis Cratylum* 391 D/E (BiTeu 35,20–26 PASQUALI). Vgl. auch Hierocles, *In aureum Pythagoreorum carmen commentarius* 26,1 f. (BiTeu 111,3–16 KÖHLER; vgl. Hermann S. SCHIBLI, «Hierocles of Alexandria and the Vehicle of the Soul,» *Hermes* 121 [1993]: 109–117); Herm., *in Plat. Phdr.* I 64 (69,14–18 COUVREUR); Augustinus, *Epistula* 158,8 (CSEL 44, 494,1–23 GOLDBACHER) und DÖRRIE/BALTES, *Die philosophische Lehre des Platonismus. Von der «Seele»*, 400 f.

98 Hermias, *In Platonis Phaedrum scholia* II 15 (130,25–28 COUVREUR); vgl. zum Verhältnis zu Syrianus, *In Aristotelis metaphysica commentaria ad Aristotelis Metaphysicam* 2 1076 a 38 (CAG VI/1, 85,23–25 und 86,2–7 KROLL): Karl PRAECHTER, s. v. «Syrianos,» in *Realencyclopädie der classischen Altertumswissenschaften* (Stuttgart: Druckenmüller, 1932), IV A 2: 1728–1775, besonders 1759.

99 Olympiodorus, *In Platonis Alcibiadem commentarii* 17 *ad Platonis Alcibiadem* I 103 A / B (14,1–4 WESTERINK); vgl. D. BALTZLY, «What Goes Up: Proclus Against Aristotle on the Fifth Element,» *Australasian Journal of Philosophy* 80 (2002): 261–287.

100 So Damascius, *In Phaedonem* I 551 *ad Platonis Phaedonem* 115 A/118 A (VKNAW, Afd. Letterkunde, Nieuwe Reeks 93, 283,1–5 WESTERINK) und vorher schon Porphyrius, *Fragmentum De regressu animae* 301 a. F. SMITH =

Augustinus, *De civitate Dei* XIII 19,49 (BiTeu 346,8 f. SMITH = BiTeu I, 583,5 f. DOMBART/KALB): (…) ‹resurrectionem incorruptibilium corporum negans› non solum ‹sine terrenis›, sed ‹sine ullis omnino corporibus eas› adseruit ‹in sempiternum esse victuras›.

101 Macrobius, *Somnium Scipionis* I 11,12 (BiTeu II, 47,27 WILLIS); von *testa*, «die Muschelschale».

102 Synesius, *De insomniis* 6 (II, 155,1 TERZAGHI); vgl. SENG, «Seele und Kosmos bei Macrobius,» 128 f.

103 DÖRRIE/BALTES, *Die philosophische Lehre des Platonismus.* Von der «Seele», 388–402.

104 Michael Psellus, *Opuscula philosophica* 38 Τοῦ Ψελλοῦ ἐξήγησις Χαλδαϊκῶν ῥητῶν (BiTeu Philosophica Minora II, 137,22–24 O'MEARA): δύο χιτῶνας ἐπενδύουσι τὴν ψυχὴν οἱ Χαλδαῖοι, καὶ τὸν μὲν πνευματικὸν ὀνομάζουσιν, ἀπὸ τοῦ αἰσθητοῦ κόσμου ἐξυφανθέντα αὐτῇ, τὸν δὲ αὐγοειδῆ, λεπτὸν καὶ ἀβαθῆ, ὅπερ ἐπίπεδον ὀνομάζεται.

105 Damascius, *In Phaedonem* I 168,5–8 *ad Platonis Phaedonem* (I, 47,5–7 WESTERINK/COMBÈS).

106 COURCELLE, *Les Lettres grecques en Occident*, 210–253.

107 Wie SCHULZE, *Die Schrift des Claudianus Mamertus*, 15 richtig bemerkt, steht *status* für *natura* bzw. *essentia*: Belege aaO., Anm. 1.

108 Claudianus Mamertus, *De statu animae* I 1 (CSEL 11, 21,5–7 ENGELBRECHT): *Magnum in genere humano, Solli Sidoni, frater amantissime, multorum uitium est adrogans inperitia et peruicax in defendendis perperam praesumptis opinionibus pertinacia.*

109 Claudianus Mamertus, *De statu animae* I 1 (CSEL 11, 22,11 f. ENGELBRECHT): *Oderunt igitur proximum, oderunt et deum.*

110 Claudianus Mamertus, *De statu animae* I 2 (CSEL 11, 24,10–26,6 ENGELBRECHT): *Prima opusculi facies de genito ingenitoque deo sublimissimae quaestionis uix foribus oberrans non perincatholicam praeferebat etsi longe inpari disputatione sententiam: Ita penes me ratiocinandi leuitatem grauis causa pensauit. Ubi legendi progressu reliquum lectionis accessi, animaduerti quibusdam cirumlocutionibus id inpensius molientem opelli ipsius auctorem, ut diuinitas passibilis crederetur.(…) Nulla igitur argumentandi uirtute, nulla iubente lege, nulla persuadente ratione in hoc nequiquam uidelicet negotio tertius sermo finitur. (…) Enimuero illud, quod ista pagina propalatur eiusdemque auctor occultatur, euidens facit indicium eandem scilicet, a quo sit conposita, fuisse damnatam* (…).

111 Claudianus Mamertus, *De statu animae* I 4 (CSEL 11, 38,9–14 ENGELBRECHT): *Sed ad creatoris forte referatur iniuriam, si incorporeum aliquid ac sibi simile condidisse dicatur, quia simile deo nihil inuenitur in corpore. sed ab ipso deo similitudo dei anima dicitur humana, in corpore autem nulla esse potest similitudo diuina.*

112 Claudianus Mamertus, *De statu animae* I 4 (CSEL 11, 38,14–16 ENGELBRECHT): *Incorporeum ergo erit, quod deo sit simile, humanus uero animus ad similitudinem dei factus est, incorporeus igitur est animus humanus.*

113 Claudianus Mamertus, *De statu animae* I 5 (CSEL 11, 41,1–3 ENGELBRECHT): *Sed incorporei imago est, incorporea igitur est: Nam quia creata est, non est deus, quia imago dei est, non est corpus.*

114 Claudianus Mamertus, *De statu animae* I 7 (CSEL 11, 45,8–46,6 ENGELBRECHT).

115 Claudianus Mamertus, *De statu animae* I 12 (CSEL 11, 52,23–53,12 ENGELBRECHT).

116 Claudianus Mamertus, *De statu animae* I 12 (CSEL 11, 53,16–54,1 ENGELBRECHT): *Angelos enim unius credit esse substantiae, ut melius de sideribus sentiat, quae corporatos spiritus iudicat. Nam quid hic aliud uir doctus Hieronymus dixisse censebitur, nisi angelorum corpora habilitate sui atque potentia humanis longe praestare corporibus? Pariter cum dixit: ‹si angeli›, et adiecit: ‹caelestia etiam corpora›, duo quaedam intellegi uoluit, angelos et caelestia corpora, quia cum angeli spiritus corporati sint, sunt in caelo quaedam quae sola sunt corpora.* – Die Zitate stammen aus dem *Commentarius in Iob* des Presbyters Philippus (CPL 643: PL 26, 727) und wurden offenbar unter dem Namen seines Lehrers Hieronymus überliefert.

117 Claudianus Mamertus, *De statu animae* I 16 (CSEL 11, 61,10–12 ENGELBRECHT): *‹Habent›, inquis, ‹animae secundum se corpus, quo subsistunt, licet multum et inconparabiliter tenuius, quam nostra sunt corpora›*; Faustus Rhegiensis, *Epistula* 3 (CSEL 21, 174,16–18 ENGELBRECHT): *Habent enim secundum se corpus, quo subsistunt, licet multo et inconparabiliter tenuius, quam nostra sunt corpora.* – Das Zitat stammt aus Ioannes Cassianus, *Conlationes* VII 13 (CSEL 13², 192,26–193,4 PETSCHENIG/KREUZ): *Habent enim secundum se corpus quo subsistunt, licet multo tenuius quam nostra sunt corpora, secundum apostoli sententiam ita dicentis: et corpora caelestia, et corpori terrestria, et iterum: seminatur corpus animale, surgit corpus spiritale.*

118 Claudianus Mamertus, *De statu animae* I 17 (CSEL 11, 63,1–11 ENGELBRECHT): *Et ubicumque animam localiter esse credis, illic etiam localiter sapere et localiter cogitare fateberis, et quoniam, si corporea est, eatenus inest corpori, ut, sicut aqua utrem, minore sui parte minores partes eius inpleat et maiore maiores, necessario sequitur, ut maior illi cogitatio in pectore sit et minor in digito. Atque ita quotam partem quisque corporis uiuentis absciderit, totam quoque partem animae uegetantis abscidit, ac per hoc non tanta erit in anima utique debili uel cogitandi uis uel potentia reminiscendi. Aerem namque, ex quo aut cui similem animam esse pronuntias, diuiduum secabilemque nemo dubitat.*

119 Claudianus Mamertus, *De statu animae* I 19–21, vgl. insbesondere I 20 (CSEL 11, 70,14–17 ENGELBRECHT): *Est ergo in anima qualitas, sed quantitas non est, quoniam quod adfectuum mutabilitati subiacet qualitatem recipit, quod uero non habet molem, non habet quantitatem.* – Zu diesem Bezug auf die Kategorien des Aristoteles vgl. BÖMER, *Der lateinische Neuplatonismus,* 87–96 (Marius Victorinus als Quelle, die Claudianus mit Augustinus teilt). Ein lateinischer Lesetext und eine deutsche Übersetzung der Paragraphen bei Jörg-Jochen BERNS, *Ge-*

dächtnislehren und Gedächtniskünste in Antike und Frühmittelalter (5. Jahrhundert v. Chr. bis 9. Jahrhundert n. Chr.): Dokumentensammlung mit Übersetzung, Kommentar und Nachwort, Documenta Mnemonica I/1 (Tübingen: Niemeyer, 2003), 419–425.

120 Claudianus Mamertus, *De statu animae* I 23 (CSEL 11, 82,22–83,13 ENGELBRECHT; Übersetzung bei BERNS, *Gedächtnislehren und Gedächtniskünste in Antike und Frühmittelalter*, 437/439): *Ergo ut corpus inanimum nihil sentit, ita animus sine corpore corporea uniuersa non sentit. Hinc est quod etiam dum corpus administrat atque sentificat, si quando in summa eademque semper adtollitur, ita quodam modo corporeos deserit sensus ab hisdemque inlocaliter abscedit, ut coram posita non uideat, ut iuxta sonantia non audiat, ut percursam legendo paginam non intellegat. Adest anima ut per oculum literarum signa colligat eademque in syllabas sociata coniungat ac per uerba distinguat, et non adest ut quid per haec fecerit sciat. Lego clare aliquid, pronuntiantem me alter intellegit, qui in id mentis oculum figit, ego uero ipse quid legerim nescio, quia in aliud anima inlocaliter intenta discessit. Denique cum ad memet ipsum uel admonitus redeo, ego ipse sum, qui utique redeo, et ego ipse sum, ad quem redeo, et mecum non fui, quia ad me per interuallum non loci, sed temporis redii, et extra me non fui, quia sine me esse non potui.* – Zum Wortfeld *inlocalitas* bzw. *inlocalis*, das sich nur bei Claudianus Mamertus findet (Thesaurus Linguae Latinae VII/1, 386 s. v.), vgl. BÖMER, *Der lateinische Neuplatonismus*, 111–128 und FORTIN, *Christianisme et culture philosophique au cinquième siècle: la querelle de l'âme humaine en Occident*, 87: Es übersetzt eher ἀδιάστατος als ἄτοπος. Anders Ernst BICKEL, «Inlocalitas. Zur neupythagoreischen Metaphysik,» in *Immanuel Kant: Festschrift zur zweiten Jahrhundertfeier seines Geburtstages*, hg. von der Albertus-Universität in Königsberg in Preußen (Leipzig: Dietrich'sche Verlagsbuchhandlung, 1924), (17–26) 22 f. und Willy THEILER, *Die Vorbereitung des Neuplatonismus* (Berlin/Zürich: Weidmann, 1964 = 1934), 157.

121 Claudianus Mamertus, *De statu animae* I 25 (CSEL 11, 92,25–93,4 ENGELBRECHT): *Nam quis non dicam eloqui, sed cogitare digne ualeat, quod numerus, cum ex uno et per unum et in uno sit, principium tamen ac finis illius non sit? Si enim dixerimus unum numeri esse principium, ipsius unius quod dicemus esse principium? Ecce habes principium numeri in principio, ut ex ipso sit numerus.*

122 Claudianus Mamertus, *De statu animae* I 25 (CSEL 11, 91,25–92,1 ENGELBRECHT; Übersetzung bei BERNS, *Gedächtnislehren und Gedächtniskünste in Antike und Frühmittelalter*, 445): *Istas esse sempiternum mundum, cuius hic mundus imago sit, unde diuinitus dictum est: praeterit enim figura huius mundi* (1Kor 7,31).

123 Claudianus Mamertus, *De statu animae* I 24 (CSEL 11, 85,22–86,5 ENGELBRECHT).

124 Claudianus Mamertus, *De statu animae* I 24 (CSEL 11, 86,7 f. ENGELBRECHT; Übersetzung bei BERNS, *Gedächtnislehren und Gedächtniskünste in Antike und Frühmittelalter*, 439): *Quod enim cogitat accidens eius est, substantia uero qua cogitat.*

125 S. o. S. 149–151.

126 COURCELLE, *Les lettres grecques en Occident*, 226–235. – Courcelle bezieht sich kritisch auf BÖMER, *Der lateinische Neuplatonismus*, 2–30. Ebenso ALIMONTI, «Apuleio e l'arcaismo in Claudiano Mamerto,» 191 f. Bömer hatte für eine Quelle votiert, die «vorneuplatonisch, und zwar neupythagoreisch» sei (aaO. 163). Einar HÅRLEMAN, *De Claudiano Mamerto Gallicae Latinitatis Scriptore Quaestiones* (Uppsala: Lundequistska Bokhandeln, 1938), 57–80 rechnet sogar im Unterschied zu Bömer damit, dass Claudianus den griechischen Text von Plato, *Phaedon* 66 B-67 A in *De statu animae* II 7 (CSEL 11, 125,14–127,2 ENGELBRECHT) selbst übersetzt hat.
127 Vgl. Plato, *Phaedon* 67 A (über die Zeit nach dem Tode) τότε γὰρ αὐτὴ καθ' αὑτὴν ἡ ψυχὴ ἔσται χωρὶς τοῦ σώματος, πρότερον δ' οὔ mit *De statu animae* II 7 (CSEL 11, 125,14–127,2 ENGELBRECHT): *Defunctorum enim animus liber est et solutus a corpore*.
128 Claudianus Mamertus, *De statu animae* II 3 (CSEL 11, 105,5–15 ENGELBRECHT): *Pythagorae igitur, quia nihil ipse scriptitauerit, a posteris quaerenda sententia est. In quibus uel potissimum floruisse Philolaum reperio Tarentinum, qui multis uoluminibus de intellegendis rebus et quid quaeque significent oppido obscure dissertans, priusquam de animae substantia decernat, de mensuris ponderibus et numeris iuxta geometricam musicam atque arithmeticam mirifice disputat per haec omne uniuersum exstitisse confirmans, illi uidelicet scripturae consentiens, qua deo dicitur: ‹mensura pondere et numero omnia disposuisti›* (SapSal 11,21), *quam quidem ex diuina lectione sententiam nobis ad aduersario miror obiectam. Dicit enim uerbis his: deus, qui ex nihilo fecit omnia, quae sicut opere instituit, ita materia incorporauit, rebus omnibus, inter quas et anima censetur, sicut distribuit pondus numerum atque mensuram, ita <et> posuit quantitatem*. – Zur Passage vgl. zunächst August BOECKH, *Philolaos des Pythagoreers Lehren nebst den Bruchstücken seines Werkes* (Berlin: Vossische Buchhandlung, 1819), 28–32, dann BÖMER, *Der lateinische Neuplatonismus*, 143–154 (zum Begriff *incorporatio* aaO. 171–172, übersetzt griechisch ἐνσωμάτωσις) und COURCELLE, *Les lettres grecques en Occident*, 232–234.
129 Claudianus Mamertus, *De statu animae* II 5 (CSEL 11, 116,17–117,17 ENGELBRECHT).
130 Claudianus Mamertus, *De statu animae* II 7 (CSEL 11, 120,12–20 ENGELBRECHT): *Nunc ad Philolaum redeo, a quo dudum magno interuallo digressus sum, qui in tertio uoluminum, quae* περὶ ῥυθμῶν καὶ μέτρων *praenotat, de anima humana sic loquitur: Anima inditur corpori per numerum et inmortalem eandemque incorporalem conuenientiam. Item post alia: Diligitur corpus ab anima, quia sine eo non potest uti sensibus. A quo postquam morte deducta est, agit in mundo incorporalem uitam*. – In der Ausgabe der Fragmente des Philolaus ist das Fragment aufgenommen: *Philolaus of Croton: Pythagorean and Presocratic. A Commentary on the Fragments and Testimonia with Interpretive Essays*, ed. and transl. by Carl A. Huffman (Cambridge: Cambridge University Press, 1993), 412.
131 Claudianus Mamertus, *De statu animae* II 3 (CSEL 11, 105,12–14 ENGEL-

BRECHT): (…) *illi uidelicet scripturae consentiens, qua deo dicitur: ‹mensura pondere et numero omnia disposuisti›* (SapSal 11,21), (…).

132 Claudianus Mamertus, *De statu animae* II 3 (CSEL 11, 105,13 f. ENGELBRECHT); Faustus Rhegiensis, *Epistula* 3 (CSEL 21, 179,19–22 ENGELBRECHT): *Iam primum cum auctor uniuersitatis deus omnia in numero et pondere fecisse referatur, ergo anima a materia uniuersae creaturae excepta esse creditur.*

133 Claudianus Mamertus, *De statu animae* II 4 (CSEL 11, 112,6–13 ENGELBRECHT): *Sic et in his principalibus formis ratio par est, quas Plato ideas nominat. Nam secundum eandem quadrandi legem fabricamus et quadratam tabulam et forum quadratum, et cum forum maius quadratum sit, non tamen magis quadratum est. Hinc capias oportet indicium illius non pensi ponderis et inmensurabilis mensurae et innumerabilis numeri, quae tria simul aequiterna semper indiuidua ubique et ubicumque tota unus deus sunt.*

134 Claudianus Mamertus, *De statu animae* II 5 (CSEL 11, 118,5–14 ENGELBRECHT): *Item pondus, hoc est amor animae in id quod diligit et memoriam et consilium secum cogit, quia nihil aliud uel meminisse uel cogitare ualet, nisi illud, cuius amore feruescit. Unde diuinitus homini dicitur: ‹diliges dominum deum tuum ex toto corde tuo et ex tota anima tua›* (Mt 22,37), *uidelicet ut, sicut corpus pondere cogitur in propria, sic anima pondere referatur in patriam. Hoc pondere suo tamen anima non solum aliis iungitur, sed ipsa quoque solidatur, quia consilii ac mentis amore medio et mens consilio et consilium mente diligitur.*

135 Claudianus Mamertus, *De statu animae* II 7 (CSEL 11, 120,15–20. 121,7–9. 121,14–18 ENGELBRECHT); für Philolaus vgl. den Nachweis oben S. 553 mit Anm. 129; für das Fragment des *Archytas* vgl. ebenfalls oben S. 543 mit Anm. 56 sowie BÖMER, *Der lateinische Neuplatonismus*, 137–143 sowie *Archytas of Tarentum. Pythagorean, Philosopher and Mathematician King*, ed. Carl A. Huffman (Cambridge: Cambridge University Press, 2005), 607 und für *Hippon* Hermann DIELS/Walther KRANZ, *Die Fragmente der Vorsokratiker: Griechisch und Deutsch*, unveränderter Nachdruck der 6. Aufl. 1951 (Zürich: Weidmann, 2004), 389,10–14 (DK 38 B 4).

136 Claudianus Mamertus, *De statu animae* II 7 (CSEL 11, 122,2 f. ENGELBRECHT); vgl. COURCELLE, *Les lettres grecques en Occident*, 232 und vor allem BÖMER, *Der lateinische Neuplatonismus*, 128–131.

137 Claudianus Mamertus, *De statu animae* II 7 (CSEL 11, 124,17–20 ENGELBRECHT): *Idem Platon in libro, quem* Περὶ Φυσικῆς *scripsit: ‹anima›, inquit, ‹animantium omnium corporalis non est ipsaque se mouet aliorum quoque agitatrix, quae naturaliter mota sunt›.* – Zur Stelle BÖMER, *Der lateinische Neuplatonismus*, 34–42.

138 Für Claudianus Mamertus, *De statu animae* II 7 (CSEL 11, 125,14–126,4 ENGELBRECHT) = *Phaedon* 66 b-c vgl. FORTIN, *Christianisme et culture philosophique au cinquième siècle: la querelle de l'âme humaine en Occident*, 150–154 und vorher schon BÖMER, *Der lateinische Neuplatonismus und Neupythagoreismus*

und Claudianus Mamertus in Sprache und Philosophie, 1–30 (eine Synopse des griechischen Textes und seiner lateinischen Übersetzung aaO., 3 f.).

139 Apuleius, *De Platone* I 192 (BiTeu 97,16–14 MORESCHINI = 60 BEAUJEU): *Animam vero animantium omnium non esse corpoream nec sane perituram, cum corpore fuerit absoluta, omniumque gignentium esse seniorem; atque ideo et imperitare et regere ea, quorum curam fuerit diligentiam que sortita, ipsamque semper et per se moveri, agitatricem aliorum, quae natura sui immota sunt atque pigra.*

140 Claudianus Mamertus, *De statu animae* II 7 (CSEL 11, 128,13–17 ENGELBRECHT): *Sed nec Porphyrius Platonicus multis post Platonem saeculis a magistro uspiam in hac eadem causa dissensit. Inlustri quippe uoce genus humanum suae dignitatis admonuit: ‹si beati›, inquit, ‹esse uolumus, corpus est omne fugiendum›. Est ergo incorporeum quiddam in nobis, cui aduersa corporis uniuersi contagio est, et quid istud erit, nisi imago dei, et quid imago dei, nisi humanus animus?* – Vgl. Augustinus, *De civitate Dei* X 29 (BiTeu I, 449,25–28 DOMBART/KALB) und Joseph BIDEZ, *Vie de Porphyre. Le philosophe néo-platonicien*, Recueil de travaux publiés par la Faculté de philosophie et lettres, Université de Gand 43 (Gand: van Goethem u. a., 1913 = Hildesheim: Olms, 1964/1980), 38* mit Anm. 4 für weitere Belege und BÖMER, *Der lateinische Neuplatonismus*, 76. Eine Synopse der Passagen auch bei COURCELLE, *Les lettres grecques en Occident*, 229.

141 BÖMER, *Der lateinische Neuplatonismus*, 84; ebenso COURCELLE, *Les lettres grecques en Occident*, 228 f.

142 Ausführlich zum Zitat: BÖMER, *Der lateinische Neuplatonismus*, 132–137. BÖMER, aaO. nimmt das *inquiunt* aus Claudianus Mamertus, *De statu animae* II 8 (CSEL 11, 129,13 ENGELBRECHT) als Hinweis auf eine vorneuplatonische, doxographische Quelle, in der das Zitat als Ansicht beider Sextier angeführt wurde; Claudianus Mamertus hat nach Bömer diese Quelle exzerpiert.

143 Claudianus Mamertus, *De statu animae* II 8 (CSEL 11, 129,6–15 ENGELBRECHT): *Sed ne localiter ueritatem quaesisse uideamur, ut haec eadem ab una tantum uideri gente quiuerit et aliis ignorata sit, cum ueri compos humana substantia non sit regione, sed genere, Romanos etiam eosdemque philosophos testes citemus, apud quos Sextius pater Sextiusque filius propenso in exercitium sapientiae studio adprime philosophati sunt atque hanc super omni anima tulere sententiam: ‹incorporalis›, inquiunt, ‹omnis est anima et inlocalis atque indeprehensa uis quaedam, quae sine spatio capax corpus haurit et continet›.* – Zur Passage vgl. Terenzio ALIMONTI, «Apuleio e l'arcaismo in Claudiano Mamerto,» in *Forma futuri: Studi in onore del Cardinale Michele Pellegrino*, ed. Terenzio Alimonti, Francesco Bolgiani et al. (Turin: Bottega d'Erasmo, 1975), 189–228, bes. 224 sowie COURCELLE, *Les lettres grecques en Occident: de Macrobe à Cassiodore*, 232–234.

144 Claudianus Mamertus, *De statu animae* II 8 (CSEL 11, 130,2–16 ENGELBRECHT): *Marcus Varro, sui saeculi peritissimus et teste Tullio omnium sine dubitatione doctissimus, quid in musicis, quid <in arithmeticis>, quid in geometricis, quid in philosophomenon libris diuina quadam disputatione contendit, nisi ut a uisibilibus ad inui-*

sibilia, a localibus ad inlocalia, a corporeis ad incorporea miris aeternae artis modis abstrahat animum et in corpora, hoc est in aduersa sibi dilapsum sui compotem faciat? Cui si corpus esset, corpus aduersum esse non posset. Quid ego nunc Zoroastri, quid Brachmanum ex India, quid Anacharsidis e Scythia, quid uero Catonum, quid M. Ciceronis, quid Crispi, qui ab ipso paene principio sui operis animo dominandi ius tribuit, corpori legem seruitutis inponit, in defensionem ueri sententias adferam, quid orbis uniuersi de animae statu nobis concrepare iudicium in his dumtaxat qui merito enituere conuincam? – Zur Passage vgl. auch BÖMER, *Der lateinische Neuplatonismus*, 154–160.

145 COURCELLE, *Les lettres Grecques en Occident*, 225 Anm. 2 verweist zur Stelle auf die von Rufin übersetzte erste *Oratio* des Gregor: I 7 (CSEL 46, 11,9 ENGELBRECHT).

146 Claudianus Mamertus, *De statu animae* II 9 (CSEL 11, 131,7–15 ENGELBRECHT): *Atque ut ad ipsos caelestium uoluminum fontes illis fere ducibus, qui ex eisdem largius hausere, ueniamus, Gregorius Nazianzenus in apologetico magnum uidelicet inter animam et corpus clamat esse discrimen atque ut corpus corporalibus pasci, sic animam incorporeis saginari. beatus Ambrosius ad Mediolanensem in ecclesia populum uerbo doctissimo atque eruditissimo: ‹sequestremus nos›, inquit, ‹a corpore, contra quod nobis, si salui esse uolumus, iuge certamen est›.* – Das zitierte Fragment des Ambrosius stammt wie ein weiteres in II 9 (CSEL 11, 132,11–133,8 ENGELBRECHT) möglicherweise aus dessen verlorener Schrift *De sacramento regenerationis siue de philosophia* (CPL 161): Goulven MADEC, *Saint Ambroise et la philosophie* (Paris: Études Augustiniennes, 1974), 260–262.

147 Claudianus Mamertus, *De statu animae* II 9 (CSEL 11, 133,10–19 ENGELBRECHT): *Aurelius Augustinus et acumine ingenii et rerum multitudine et operis mole ueluti quidam Chrysippus argumentandi uirtute aut Zenon sensuum subtilitate aut Varro noster uoluminum magnitudine et qui profecto talis natura adtentione disciplinis exstiterit, ut non inmerito ab istis corporalibus nostri saeculi Epicureis aut Cynicis spiritalis sophista dissenserit, libro ad Hieronymum de origine animae sic pronuntiat: incorpoream esse animam etsi difficile tardioribus persuaderi potest, mihi tamen fateor esse persuasum,* (...). Zitiert wird: Augustinus, *Epistula* 166,4 *De origine animae hominis* (CSEL 44, 550,10–551,4 GOLDBACHER), vermutlich aus dem Jahre 415 n. Chr.: *Incorpoream quoque esse animam etsi difficile tardioribus persuaderi potest, mihi tamen fateor esse persuasum. Sed ne uerbi controuersiam uel superfluo faciam uel merito patiar, quoniam, cum de re constat, non est opus certare de nomine, si corpus est omnis substantia uel essentia uel si quid aptius nuncupatur id, quod aliquo modo est in se ipso, corpus est anima. Item si eam solam incorpoream placet appellare naturam, quae summe incommutabilis et ubique tota est, corpus est anima, quoniam tale aliquid ipsa non est.* – Dazu vgl. Gerard J. P. O'DALY, s. v. «Anima, animus,» in *Augustinus-Lexikon* (Basel: Schwabe, 1986–1994), 1: (315–340) 321 f.; Robert J. O'CONNELL, «Augustine's Rejection of the Fall of the Soul,» *Augustinian Studies* 4 (1973): (1–32) 17–29 sowie DI MARCO, *La polemica sull'anima tra «Fausto di Riez» e Claudiano Mamerto*, 138–142.

148 Claudianus Mamertus, *De statu animae* II 9 (CSEL 11, 135,20–136,10 ENGEL-
BRECHT). – Das Zitat stammt aus einer verlorenen Homilie (CPL 494); möglicherweise kannten sich Claudianus und Eucherius (so erwägt FORTIN, *Christianisme et culture philosophique au cinquième siècle*, 15 f.).
149 Vorspruch zur Definition des Konzils aus *Actio V: Concilium Universale Chalcedonense*, ed. Eduard SCHWARTZ, Vol. I Pars II Actio Secunda. *Epistularum Collectio B, Actiones III–VII*, ACO II/1/2 (Berlin/Leipzig: De Gruyter, 1933), 128,21 (App.: κρᾶσιν ἢ σύγχυσιν) bzw. ACO II/3/2, 136,22 (nach einigen Handschriften: *confusionem permixtionemque*).
150 Lionel R. WICKHAM, s. v. «Eucherius von Lyon,» in *Theologische Realenzyklopädie* (Berlin/New York: De Gruyter, 1982), 10: (522–525) 523.
151 Claudianus Mamertus, *De statu animae* II 9 (CSEL 11, 136,2–10 ENGEL-
BRECHT): *Ergo quo modo corporea res incorporeaque coniungitur et corpori anima miscetur ut homo efficiatur, ita homo coniunctus est deo et factus est Christus: et tamen ut fieret Christus, duo illa incorporea, id est anima et deus facilius coniungi permiscerique potuerint, quam miscetur una incorporea aliaque corporea, id est anima et corpus, ut persona hominis exsistat.*
152 Vgl. dazu Luise ABRAMOWSKI, «συνάφεια und ἀσύγχυτις ἕνωσις als Bezeichnungen für trinitarische und christologische Einheit,» in DIES., *Drei christologische Untersuchungen*, Beihefte zur Zeitschrift für die neutestamentliche Wissenschaft 45 (Berlin/New York: De Gruyter 1981), 63–109; DÖRRIE, *Porphyrios «Symmikta zetemata»*, 36–90; Ernest FORTIN, «Saint Augustin et la doctrine néoplatonicienne de l'âme (Ep. 137,11),» in *Augustinus Magister. Congrès international Augustinien, Paris, 21–23 Septembre 1954*, *Actes* (Paris: Études Augustiniennes, 1954), 3: 371–380 und DERS., *Christianisme et culture philosophique au cinquième siècle*, 111–128 sowie Jean PÉPIN, «Une nouvelle source de saint Augustin: le ζητήματα de Porphyre. Sur l'union de l'âme et du corps,» in *Revue des études anciennes* 66 (1964): 53–107.
153 Für Hilarius vgl. oben S. 157.
154 Claudianus Mamertus, *De statu animae* II 9 (CSEL 11, 134,16–135,7 ENGEL-
BRECHT): *Ne quid tamen segnem me redhibendae uicissitudinis arbitreris, prout locus est moneo consentaneum magis tibi super sententia tua Pictauum Hilarium esse potuisse, qui scilicet inter conplura praecelsarum disputationum suarum quiddam sequius sentiens duo haec ueris aduersa disseruit: unum, quo nihil incorporeum creatum dixit, aliud, quo nihil doloris Christum in passione sensisse, cuius si uera passio non fuit, redemptio quoque nostra uera esse non potuit. sed quoniam beatus Hilarius opinionis huiusce uitium uirtute confessionis aboleuit, sic sustinet reprehensionis stilum, quod non patitur detrimenta meritorum.*
155 Vgl. die mindestens stark überarbeiteten Passagen eines Aristoteles-Referates bei Cicero, *Tusculanae disputationes* I 22; 41; 65 f. (= Aristoteles, *De philosophia* frg. 27 b-d [SCBO 94–96 ROSS]); vgl. auch die Polemik bei Augustinus, *De civitate Dei* XXII 11 (BiTeu II, 585,25–586,7 DOMBART/KALB) und seine

Ausführungen aus dem Jahr 388 n. Chr. in *De quantitate animae* 14,23 (CSEL 89, 158,9–15 HÖRMANN): *itaque illud potius adtende, unde ambigitur nunc, utrum quantitas et quasi, ut ita dicam, locale spatium animo ullum sit. nam profecto, quia corpus non est – neque enim aliter incorporea ulla cernere ualeret, ut superior ratio demonstrabat – procul dubio caret spatio, quo corpora metiuntur: et ob hoc recte credi aut cogitari aut intelligi talis eius quantitas non potest.*

156 Augustinus, *De Genesi ad litteram libri duodecim* VII 21 (CSEL 28/1, 217,13–21 ZYCHA): *quamobrem nec illud audiendum est, quod quidam putauerunt, quintum quoddam esse corpus unde sint animae, quod nec terra nec aqua sit nec aer nec ignis, siue iste turbulentior atque terrenus, siue ille caelestis purus et lucidus, sed nescio quid aliud, quod careat usitato nomine, sed tamen corpus sit. si enim qui hoc sentiunt hoc dicunt corpus, quod et nos, id est naturam quamlibet longitudine, latitudine, altitudine spatium loci occupantem, neque hoc est anima neque inde facta credenda est.* – Zur Stelle und weiteren Passagen des Augustinus vgl. DI MARCO, *La polemica sull'anima tra «Fausto di Riez» e Claudiano Mamerto,* 138 f. und O'DALY, s. v. «Anima, animus,» in *Augustinus Lexikon,* 1: 325.

157 Zum Thema vgl. vor allem David L. PAULSEN, «Early Christian Belief in a Corporeal Deity: Origen and Augustine as Reluctant Witnesses,» *Harvard Theological Review* 83 (1990): 105–116, bes. 107–114 und die folgende Debatte: Kim PAFFENROTH, «Notes and Observations: Paulsen on Augustine: An Incorporeal or Nonanthropomorphic God,» *Harvard Theological Review* 86 (1993): 233–235 und David L. PAULSEN, «Reply to Kim Paffenroth's Comment,» *Harvard Theological Review* 86 (1993): 235–239; KITZLER, «*Nihil enim anima si non corpus*. Tertullian und die Körperlichkeit der Seele,» 166 f. und Carl W. GRIFFIN/David L. PAULSEN, «Augustine and the Corporeality of God,» *Harvard Theological Review* 95 (2002): 97–118.

158 Augustinus, *Confessiones* VII 1 (BiTeu 124,6–10 SKUTELLA): *Non te cogitabam, deus, in figura corporis humani, ex quo audire aliquid de sapientia coepi; semper hoc fugi et gaudebam me hoc repperisse in fide spiritalis matris nostrae, catholicae tuae; sed quid te aliud cogitarem non occurrebat.* Ganz ähnlich die Formulierung in VI 4 (103,28–104,3): Augustinus erfährt, dass die, die aus dem «Schoß der katholischen (Kirche)» im Geist neu gezeugt sind, nicht glauben, dass *te creatorem omnium in spatium loci quamvis summum et amplum, tamen undique terminatum membrorum humanorum figura contruderet.* – Vgl. zur Diskussion über diese Passage auch GRIFFIN und PAULSEN, «Augustine and the Corporeality of God,» 108 und Johannes VAN OORT, «The Young Augustine's Knowledge of Manichaeism: An Analysis of the *Confessions* and Some Other Relevant Texts,» *Vigiliae Christianae* 62 (2008): 441–466.

159 Augustinus, *Confessiones* VII 1 (BiTeu 124,24–125,7 SKUTELLA): *(…) ut quamuis non forma humani corporis, corporeum tamen aliquid cogitare cogerer per spatia locorum siue infusum mundo siue etiam extra mundum per infinita diffusum, etiam ipsum incorruptibile et inuiolabile et incommutabile, quod corruptibili et uiolabili et*

VIERTES KAPITEL: DIE KÖRPER DER SEELEN 559

commutabili praeponebam, quoniam quidquid priuabam spatiis talibus, nihil mihi esse uidebatur, sed prorsus nihil, ne inane quidem, tamquam si corpus auferatur loco et maneat locus omni corpore uacuatus et terreno et humido et aerio et caelesti, sed tamen sit locus inanis tamquam spatiosum nihil. – Ausführlich zur Passage vgl. Charles BAGUETTE, «Une période stoïcienne dans l'évolution de la pensée de saint Augustin,» *Revue des Études Augustiniennes* 16 (1970): 47–77 und James J. O'DONNELL, *Augustine Confessions, Vol. 2 Commentary on Books 1–7* (Oxford: Clarendon Press, 1992), 392–396.

160 So COLISH, *The Stoic Tradition from Antiquity to the Early Middle Ages*, Vol. 2 *Stoicism in Christian Latin Thought through the Sixth Century*, 148. Sie rechnet auch hier mit einer inkonsistenten Rezeption der Stoa durch Augustinus. Anders BAGUETTE, «Une période stoïcienne dans l'évolution de la pensée de saint Augustin,» 55–57, der auf die Einflüsse Plotins hinweist; ebenso Robert J. O'CONNELL, «Ennead VI,4 and 5 in the Works of Saint Augustine,» *Revue des Études Augustiniennes* 9 (1963): (1–39) 10 Anm. 36.

161 PÉPIN, «Une nouvelle source de saint Augustin: le ζητήματα de Porphyre. Sur l'union de l'âme et du corps,» 59–70.

162 Augustinus, *Confessiones* V 19 (BiTeu 92,21–28 SKUTELLA): (…) *multumque mihi turpe uidebatur credere figuram te habere humanae carnis et membrorum nostrorum liniamentis corporalibus terminari. Et quoniam cum de deo meo cogitare uellem, cogitare nisi moles corporum non noueram – neque enim uidebatur mihi esse quidquam, quod tale non esset – ea maxima et prope sola causa erat ineuitabilis erroris mei.*

163 Augustinus, *De moribus ecclesiae catholicae et de moribus Manichaeorum* I 17 (Augustinus Opera XXV, 66,10–16 RUTZENHÖFER): *Et alia multa, quae uos intellegere non potestis, uetat eos credere catholica disciplina, qui non annis, sed studio atque intellectu excedentes quamdam mentis pueritiam in canos sapientiae promouentur; nam et credere deum loco aliquo quamuis infinito, per quantitatis quaecumque spatia contineri, quam sit stultum docetur: Et de loco in locum, uel ipsum, uel aliquam eius partem moueri atque transire, arbitrari nefas habetur.*

164 Augustinus, *Confessiones* VII 1 (BiTeu 124,7 SKUTELLA): (…) *ex quo audire aliquid de sapientia coepi* (…); für die Interpretation dieser Formulierung vgl. BAGUETTE, «Une période stoïcienne dans l'évolution de la pensée de saint Augustin,» 48–51.

165 Augustinus, *Confessiones* III 12 (BiTeu 45,18–24 SKUTELLA): *Nesciebam enim aliud, uere quod est, et quasi acutule mouebar, ut suffragarer stultis deceptoribus, cum a me quaererent, unde malum et utrum forma corporea deus finiretur et haberet capillos et ungues et utrum iusti existimandi essent qui haberent uxores multas simul et occiderent homines et sacrificarent de animalibus.* – Vgl. dazu auch Erich FELDMANN, *Der Einfluss des Hortensius und des Manichäismus auf das Denken des jungen Augustinus*, Diss. Theol. (Münster, 1975), 617–631.

166 *De Genesi contra Manichaeos* 27 (CSEL 91, 94,5–13 WEBER): *Istam maxime*

quaestionem solent Manichaei loquaciter agitare et insultare nobis, quod hominem credamus ‹factum ad imaginem et similitudinem dei›. *Attendunt enim figuram corporis nostri et infeliciter quaerunt, utrum habeat deus nares et dentes et barbam et membra etiam inferiora* (Konjektur Weber fûr *interiora*: DIES., «Textprobleme in Augustinus, De Genesi contra Manichaeos,» *Wiener Studien* 111 [1998]: [211–230] 217 f.) *et caetera quae in nobis sunt necessaria. In deo autem talia ridiculum est, immo impium credere, et ideo negant hominem factum esse ad imaginem et similitudinem dei.* Zur Stelle Dorothea WEBER, «Augustinus, *De Genesi contra Manichaeos.* Zu Augustins Darstellung und Widerlegung der manichäischen Kritik am biblischen Schöpfungsbericht», in *Augustine and Manichaeism in the Latin West. Proceedings of the Fribourg-Utrecht Symposium of the International Association of Manichaean Studies (IAMS)*, ed. Johannes van Oort, Otto Wermelinger and Gregor Wurst, Nag Hammadi and Manichaean Studies 49 (Leiden/Boston/Köln: Brill, 2001), (298–306) 304–306; vgl. auch Augustinus, *De moribus ecclesiae catholicae et de moribus Manichaeorum* II 43 (Augustinus Opera XXV, 200,10–13 RUTZENHÖFER): *Sed si corporalium sensuum testimoniis delectamini, quod necesse est iis qui uim essentiae mente uidere non possunt, quomodo probatis per moram temporis, et per obtritiones quasdam, fugere de corporibus substantiam boni, nisi quia inde discedit deus, ut asseritis, et de loco in locum migrat? Plenum est dementiae*; ebenso *Contra Secundianum liber* 20 (CSEL 25/2, 938,7–11 ZYCHA).

167 *Manichaei epistula fundamenti* frg. 2 (Papyrologica Coloniensia XXVII/2, 22,12–18 STEIN) = Augustinus, *Contra epistulam fundamenti* 13 (CSEL 25/1, 209,11–20 ZYCHA): *Haec quippe, inquit, in exordio fuerunt duae substantiae a se diuisae. Et luminis quidem imperium tenebat deus pater in sua sancta stirpe perpetuus, in uirtute magnificus, natura ipsa uerus, aeternitate propria semper exultans, continens apud se sapientiam et sensus uitales, per quos etiam duodecim membra luminis sui conprehendit, regni uidelicet proprii diuitias adfluentes. In unoquoque autem membrorum eius sunt recondita milia innumerabilium et inmensorum thesaurorum.*

168 Augustinus, *Contra epistulam fundamenti* 43 (CSEL 25/1, 248,11–21 ZYCHA): *Cui aspectui quoniam multum sunt inimica phantasmata, quae de carnali sensu tracta imaginarie cogitatio nostra uersat et continet, detestemur istam haeresim, quae suorum phantasmatum fidem secuta et diuinam substantiam per locorum spatia quamuis infinita uelut informem molem disiecit atque diffudit et eam ex una parte truncauit, ut inueniret locum malo, quod uidere non potuit non esse naturam, sed contra naturam, et ipsum malum tanta specie et formis et pace partium in singulis naturis uigente decorauit, quia sine his bonis nullam poterat cogitare naturam, ut ea mala, quae ibi reprehendit, innumerabilium bonorum copia sepeliantur.* – Als Polemik charakterisiert bei Volker Henning DRECOLL/Mirjam KUDELLA, *Augustin und der Manichäismus* (Tübingen: Mohr Siebeck, 2011), 147; vgl. aber auch François DECRET, *L'Afrique Manichéenne (IVe–Ve siècles). Étude historique et doctrinale* (Paris: Études Augustiniennes, 1978), 1: 306–322 («un *Vulgärmanichäismus*»: aaO. 306).

169 *Manichaei epistula fundamenti* frg. 2 (Papyrologica Coloniensia XXVII/2,

20,1–3 STEIN) = Augustinus, *Contra epistulam fundamenti* 12 (CSEL 25/1, 207,25–208,4 ZYCHA): *De eo igitur, inquit, frater dilectissime Pattici, quod mihi significasti dicens nosse te cupere, cuiusmodi sit natiuitas Adae et Euae, utrum uerbo sint idem prolati. An progeniti ex corpore, respondebitur tibi, ut congruit.* – Kommentar bei Erich FELDMANN, *Die «Epistula Fundamenti» der nordafrikanischen Manichäer. Versuch einer Rekonstruktion* (Altenberge: CIS, 1987), 35 f. und bei Markus STEIN, *Manichaica Latina Bd. 2 Manichaei epistula fundamenti. Text, Übersetzung, Erläuterungen*, Abhandlungen der Nordrhein-Westfälischen Akademie der Wissenschaften. Sonderreihe Papyrologica Coloniensia XXVII/2 (Paderborn/München/Wien/Zürich: Schöningh, 2002), 76 f. (zu den verschiedenen Möglichkeiten, Patticus zu identifizieren). Allgemein: DRECOLL/ KUDELLA, *Augustin und der Manichäismus*, 21–30 sowie Therese FUHRER, «Augustins Modellierung des manichäischen Gottesbildes in den Confessiones,» in *Monotheistische Denkfiguren in der Spätantike*, hg. Alfons Fürst, Luise Ahmend, Christian Gers-Uphaus u. Stefan Klug, Studien zu Antike und Christentum 81 (Tübingen: Mohr Siebeck, 2013), 179–195.

170 Zur fortwährenden Fesselung der göttlichen Substanz durch jede Zeugung vgl. Augustinus, *De haeresibus ad Quoduultdeum* 46,13 (CChr.SL 46, 317,39– 41 VANDER PLAETSE/BEUKERS): *Et si utuntur coniugibus, conceptum tamen generationemque deuitent ne diuina substantia, quae in eos per alimenta ingreditur, uinculis carneis ligetur in prole.*

171 Augustinus, *Soliloquia* II 17,31 (CSEL 89, 88,11–17 HÖRMANN): *(Augustinus) Uiderentur, si aut inane nihil esse certum haberem aut ipsum animum inter corpora numerandum arbitrarer aut etiam deum corpus aliquod esse crederem. Quae omnia, si sunt, ad nullius imitationem falsa et uera esse uideo. (Ratio) In longum nos mittis, sed utar, quantum possum compendio. Certe enim aliud est quod insane appellas, aliud quod veritatem.*

172 Augustinus, *De beata uita* 4 (CChr.SL 29, 67,91–94 GREEN): *Animaduerti enim et saepe in sacerdotis nostri et aliquando in sermonibus tuis, cum de deo cogitaretur, nihil omnino corporis esse cogitandum, neque cum de anima; nam id est unum in rebus proximum deo.*

173 So die Charakterisierung des Inhalts aus *Retractationes* I 8,1 (CChr.SL 57, 21,1–22,9 MUTZENBECHER): *In eadem urbe scripsi dialogum, in quo de anima multa quaeruntur ac disseruntur, id est unde sit, qualis sit, quanta sit, cur corpori fuerit data, cum ad corpus uenerit qualis efficiatur, qualis cum abscesserit. Sed quoniam quanta sit diligentissime ac subtilissime disputatum est, ut eam, si possemus, ostenderemus corporalis quantitatis non esse et tamen magnum aliquid esse, ex hac una inquisitione totus liber nomen accepit, ut appellaretur ‹De animae quantitate›.* – Vgl. zu dem Werk auch Karl-Heinrich LÜTCKE, s. v. «Animae quantitate (De -),» in *Augustinus-Lexikon* (Basel: Schwabe, 1986–1994), 1: 350–356 und Concetta GIUFFRÈ SCIBONA, «The Doctrine of Soul in Manichaeism and Augustine,» in ‹*In search of truth*›: *Augustine, Manichaeism and Other Gnosticism: Stu-*

174 Augustinus, *De quantitate animae* 2 (CSEL 89, 132,11–17. 25–133,27 HÖRMANN): [*Augustinus dixit*]: *Substantiam uero eius nominare non possum: non enim eam puto esse ex his usitatis notisque naturis, quas istis corporis sensibus tangimus. Nam neque ex terra, neque ex aqua, neque ex aere, neque ex igni, neque ex his omnibus, neque ex aliquibus coniunctis horum constare animam puto. Sed quemadmodum si ex me quaereres, arbor ista ex quibus constet, notissima ista elementa quatuor nominarem, ex quibus omnia talia constare credendum est; porro si pergeres quaerere, unde ipsa terra, uel aqua, uel aer, uel ignis constent, nihil iam quod dicerem reperirem.* (…) *de anima uero quaerenti tibi, cum simplex quiddam et propriae substantiae uideatur esse, non aliter haeream ac si quaeras, ut dictum est, unde sit terra.* – Übersetzung nach Karl-Heinrich LÜTCKE, *Augustinus, philosophische Spätdialoge. Die Größe der Seele. Der Lehrer*, Bibliothek der Alten Welt. Antike und Christentum (Zürich/München: Artemis, 1973), (44–245) 47.

175 Augustinus, *De quantitate animae* 4 (CSEL 89, 135,13–16 HÖRMANN): *quamobrem quanta sit anima secundum inquisitionem hanc tibi respondere non possum; sed possum affirmare, neque illam longam esse, nec latam, nec robustam, neque aliquid horum quae in mensuris corporum quaeri solent.*

176 Augustinus, *De quantitate animae* 77 (CSEL 89, 225,19–22 HÖRMANN): *Audisti quanta sit animae uis ac potentia: Quod ut breuiter colligam, quemadmodum fatendum est, animam humanam non esse quod deus est; ita praesumendum, nihil inter omnia quae creauit, deo esse propinquius.*

177 Augustinus, *De haeresibus ad Quoduultdeum* 86 (CChr.SL 46, 338,8–339,16 VANDER PLAETSE/BEUKERS): *Tertullianus ergo, sicut scripta eius indicant, animam dicit immortalem quidem, sed eam corpus esse contendit, neque hanc tantum, sed ipsum etiam deum. Nec tamen hinc haereticus dicitur factus. Posset enim quoquo modo putari ipsam naturam substantiamque diuinam corpus uocare, non tale corpus cuius partes aliae maiores, aliae minores ualeant uel debeant cogitari, qualia sunt omnia quae proprie dicimus corpora, quamuis de anima tale aliquid sentiat.*

178 Madeleine SCOPELLO, s. v. «Haeresibus ad Quoduultdeum (De-),» in *Augustinus-Lexikon* (Basel: Schwabe, 2004), 3: (278–290) 280 f.

179 Obwohl durchaus damit zu rechnen ist, dass Claudianus Texte des Augustinus kannte: FORTIN, *Christianisme et culture philosophique au cinquième siècle*, 90–93. 101–105 und 148 f. sowie ALIMONTI, «Apuleio e l'arcaismo in Claudiano Mamerto,» 216–219.

180 Claudianus Mamertus, *De statu animae* II 11 (CSEL 11, 142,12–19 ENGELBRECHT): *Incorporea ergo est anima, ut sit aliquid in quo extra corpus possit esse peccatum. Itemque ad Corinthios in eum, qui scelere pollutus incesti nouercalem torum pene matris stuprator inluserat, sententiam promulgaturus sic ait: ‹Etsi absens corpore, praesens autem spiritu eum qui hoc opus fecit iam iudicaui›* (1Kor 5,3). *Quid istud, apostole Paule, quid istud est? quo modo absens corpore es, ubi spiritus praesens?*

181 Claudianus Mamertus, *De statu animae* II 12 (CSEL 11, 148,2–8 ENGEL-
BRECHT): *Ecce et raptum fuisse Paulum usque in tertium caelum uerum est et rursum
tres esse caelos corporeos uerum non est. Igitur aut incorporeum quid creatum confite-
bere aut tres caelos infitiabere. Sed quoniam et tres esse caelos et non omnes corporeos
uel indiscussibilis auctoritas docet uel ratio manifesta conuincit, sub unius ope ueritatis
sicut fallentia discussimus, sic uera quaeramus.*

182 Claudianus Mamertus, *De statu animae* II 12 (CSEL 11, 150,4–11 ENGEL-
BRECHT): *Quocirca si in intellectu sunt caeli, quos habitat deus, nec nisi incorporeum
caelum est, quod domino datum est, uidelicet cui terra est omne corporeum liquido cla-
ret omne quod intellegit non esse corporeum. Porro substantialiter humanus animus
intellegit, incorporeus igitur est animus humanus. En tibi terram omnem corpoream
creaturam, en tibi caelum incorpoream intellectualemque substantiam.*

183 Claudianus Mamertus, *De statu animae* II 12 (CSEL 11, 152,9–17 ENGEL-
BRECHT): ‹*Scio*›, *inquit (sc. Paulus),* ‹*hominem raptum, sed siue in corpore siue extra
corpus nescio*›, *quod tale est ac si diceret: raptum me scio, sed cum corpore an sine cor-
pore nescio. Ergo etsi cum corpore raptus es, rapi tamen sine corpore potuisti. Incorporeus igitur es etiam in corpore, si potuisti rapi sine corpore, quippe incorporeum
corpori salua sui substantia uiuificandi eiusdem causa miscetur, ut autem corpus sine
corpore sit, statuta rerum lege non sinitur.*

184 Faustus Rhegiensis, *Epistula* 3 (CSEL 21, 178,12–24 ENGELBRECHT = 18,12–
24 ELG): *Ipse beatissimus Gabriel, qui se ante dominum adstare testatur, cum caelorum dominum Mariae infundendum uisceribus nuntiaret cumque sub dominicae oculis genetricis adsisteret, sine dubio caelo deerat, Maria non superuolabat, uacua atque
diffusa uasti aeris non inplebat, sed illum tantum locum, in quo aderat, occupabat.
Quae cum ita sint, quicquid locum occupat, corpus est et nescio, quomodo locali lege
non teneatur, qui de loco ad locum mittitur et uelut corpus motu accessuque transfertur,
mole descendit, mobilitate discurrit, uadit, redit, absentat, ascendit. Uel ille, credo,
localis est, qui ex eo in caelo non est, ex quo est eiectus e caelo, nec se solum localem
esse prodidit, qui se cum tertiam partem stellarum ex alto proturbatus abstraxit.*

185 Claudianus Mamertus, *De statu animae* III 5 (CSEL 11, 164,15–23 ENGEL-
BRECHT): *Quapropter indissolubili, ut patet, ratione concluditur, quod quia locali
uisu eodemque in Mariae contemplatione defixo angelus deum uidere non potuit et
tamen tunc quoque Gabrieli deum uisum negare non licet, ne iuxta diaboli casum in
miseria scilicet umquam non uidendi deum inmutabilis iam beatitudinis angeli natura
deciderit, sit in eo corporea incorporeaque substantia: Una qua uel uideatur corpori uel
corporaliter uideat, altera qua incorporaliter incorporeum sine fine conspiciat.*

186 Claudianus Mamertus, *De statu animae* III 9 (CSEL 11, 170,4–21 ENGEL-
BRECHT).

187 Claudianus Mamertus, *De statu animae* III 16,3 bzw. 5 (CSEL 11, 186,4. 14 f.
ENGELBRECHT): *Igitur incorporalis est anima* bzw. *Non igitur corpus est animus.* –
Eine deutsche Inhaltsangabe bei ZIMMERMANN, «Des Claudianus Mamertus
Schrift: ‹De statu animae libri tres›,» 470–490.

188 Zu wissenschaftlichen Illustrationen und Schaubildern in der antiken christlichen Literatur allgemein: Christoph Markschies, «Gnostische und andere Bilderbücher in der Antike,» *Zeitschrift für Antikes Christentum* 9 (2005): 100–121 = ders., *Gnosis und Christentum* (Berlin: Berlin University Press, 2009), 113–160.
189 Faustus Rhegiensis, *Epistula* 3 (CSEL 21, 179,20 f. Engelbrecht = 19,20 f. Elg); Claudianus Mamertus, *De statu animae epilogus* (CSEL 11, 193,28–194,1 Engelbrecht): *deum omnia in mensura et pondere disposuisse* (Weisheit 11,21); vgl. *De statu animae* II 3 (105,13 f.) und II 4 (111,5 f.).
190 CSEL 11, 197 Engelbrecht; vgl. auch aaO. p. III; vgl. Rudolf Helssig, *Die lateinischen und deutschen Handschriften der Universitätsbibliothek Leipzig*, Bd. 1, *Die theologischen Handschriften*, Tl. 1 (Ms 1–500) (Wiesbaden: Harrassowitz, 1995), 417 f.
191 Schulze, *Die Schrift des Claudianus Mamertus*, 73.
192 Zum mittelalterlichen Einfluss des Claudianus Mamertus vgl. Fortin, *Christianisme et culture philosophique au cinquième siècle: la querelle de l'âme humaine en Occident*, 23.

Der Körper Gottes und die spätantike jüdische Mystik

1 Christoph Markschies, *Kaiserzeitliche christliche Theologie und ihre Institutionen. Prolegomena zu einer Geschichte der antiken christlichen Theologie*, 2. Aufl. (Tübingen: Mohr Siebeck, 2009), 215–335.
2 S. o. S. 53–56 und 63–66.
3 S. o. S. 137–143.
4 Samuel Sandmel, «Parallelomania,» *Journal of Biblical Literature* 81 (1962): 1–13 = «‹Parallelomania›. The Presidential Address Given Before the Society of Biblical Literature, December 27, 1961,» in *Presidential Voices: The Society of Biblical Literature in the Twentieth Century*, Biblical Scholarship in North America 22, ed. Harold W. Attridge and James C. VanderKam (Leiden/Boston: Brill, 2006), 107–118.
5 Darunter kann man verstehen «material which circulates within a community and forms part of its heritage and tradition but which is constantly subject to revision and rewriting to reflect changing historical and cultural circumstances»: Paul Bradshaw, *The Search for the Origins of Christian Worship: Sources and Methods for the Study of Early Liturgy*, 2nd ed. (London: SPCK/New York: Oxford University Press, 2002), 5; vgl. auch ders., «Liturgy and ‹Living Literature›,» in *Liturgy in Dialogue: Essays in Memory of Ronald Jasper*, ed. Paul Bradshaw and Bryan Spinks (London: SPCK, 1994), 138–153.
6 Gershom Scholem, *Die jüdische Mystik in ihren Hauptströmungen*, suhrkamp taschenbuch wissenschaft 330 (Frankfurt, Main: Suhrkamp, 1980 = Zürich:

Rhein, 1957); vgl. zu der forschungsgeschichtlichen Einordnung des Werks Peter SCHÄFER, *Die Ursprünge der jüdischen Mystik*. Aus dem Amerikanischen von Claus-Jürgen Thornton (Berlin: Verlag der Weltreligionen, 2011), 25–30 sowie Gershom Scholem's *Major Trends in Jewish Mysticism: 50 Years After. Proceedings of the Sixth International Conference on the History of Jewish Mysticism*, ed. Peter Schäfer and Joseph Dan (Tübingen: Mohr Siebeck, 1993). – Die Terminologie findet sich noch nicht bei Philipp BLOCH, «Die Yorede Merkavah, die Mystiker der Gaonenzeit und ihr Einfluss auf die Liturgie», *Monatsschrift für Geschichte und Wissenschaft des Judentums* 37 (1893): 18–25. 69–74. 257–266. 305–311.

7 S. o. S. 202.
8 Vgl. z. B. 1Sam 3,3; 1Kön 6,5.33; 7,50; Jes 6,1; Jer 7,4; Ez 41,1.21; Dan 5,2–3 und Esr 5,14; 6,5 sowie Magnus OTTOSSON, s. v. «היכל,» in *Theologisches Wörterbuch zum Alten Testament* (Stuttgart u. a.: Kohlhammer, 1977), 2: 408–415.
9 Zur Einleitung vgl. Frank-Lothar HOSSFELD, «Das Buch Ezechiel,» in *Einleitung in das Alte Testament*, 8., vollständig überarb. Aufl. hg. Christian Frevel, Kohlhammer Studienbücher Theologie 1/1 (Stuttgart: Kohlhammer, 2012), 592–621.
10 Ez 1,4: כְּעֵין הַחַשְׁמַל מִתּוֹךְ הָאֵשׁ. – Die verwendeten Übersetzungen folgen in der Regel: Walther ZIMMERLI, *Ezechiel. 1. Teilband Ezechiel 1–24*, 2., verb., durch ein neues Vorwort und einen Literaturnachtrag erweiterte Aufl., Biblischer Kommentar Altes Testament XIII/1 (Neukirchen-Vluyn: Neukirchener, 1979), 1–85. Für die Stelle vgl. auch SCHÄFER, *Die Ursprünge der jüdischen Mystik*, 59–82 und Moshe GREENBERG, *Ezechiel 1–20*, mit einem Vorwort von Erich Zenger, aus dem Amerikanischen übers. v. Michael Konkel, Herders Theologischer Kommentar zum Alten Testament (Freiburg im Breisgau: Herder, 2001), 48–75.
11 Ez 1,25 f.: וַיְהִי־קוֹל מֵעַל לָרָקִיעַ אֲשֶׁר עַל־רֹאשָׁם בְּעָמְדָם תְּרַפֶּינָה כַנְפֵיהֶן bzw. ὡς ὅρασις λίθου σαπφείρου ὁμοίωμα θρόνου ἐπ' αὐτοῦ καὶ ἐπὶ τοῦ ὁμοιώματος τοῦ θρόνου ὁμοίωμα ὡς εἶδος ἀνθρώπου ἄνωθεν.
12 Ez 1,5: וּמִתּוֹכָהּ דְּמוּת אַרְבַּע חַיּוֹת וְזֶה מַרְאֵיהֶן דְּמוּת אָדָם לָהֵנָּה bzw. καὶ ἐν τῷ μέσῳ ὡς ὁμοίωμα τεσσάρων ζῴων καὶ αὕτη ἡ ὅρασις αὐτῶν ὁμοίωμα ἀνθρώπου ἐπ' αὐτοῖς.
13 David J. HALPERIN, *The Faces of the Chariot: Early Jewish Responses to Ezekiel's Vision*, Texte und Studien zum Antiken Judentum 16 (Tübingen: Mohr Siebeck, 1988), 41: «Ezekiel's Ḥayyot do not look very much like cherubim».
14 SCHÄFER, *Die Ursprünge der jüdischen Mystik*, 65.
15 ZIMMERLI, *Ezechiel. 1. Teilband Ezechiel 1–24*, 52.
16 Ez 1,26: (...) כְּמַרְאֵה אֶבֶן־סַפִּיר דְּמוּת כִּסֵּא וְעַל דְּמוּת הַכִּסֵּא דְּמוּת כְּמַרְאֵה אָדָם עָלָיו מִלְמָעְלָה bzw. καὶ ἐπὶ τοῦ ὁμοιώματος τοῦ θρόνου ὁμοίωμα ὡς εἶδος ἀνθρώπου ἄνωθεν. Ez 1,27 כְּמַרְאֵה־אֵשׁ, analog in der LXX ἀπὸ ὁράσεως ὀσφύος.
17 Ez 1,15: וְהִנֵּה אוֹפַן אֶחָד בָּאָרֶץ אֵצֶל הַחַיּוֹת לְאַרְבַּעַת פָּנָיו bzw. καὶ ἰδοὺ τροχὸς

εἰς ἐπὶ τῆς γῆς ἐχόμενος τῶν ζῴων τοῖς τέσσαρσιν. Ez 1,16: מַרְאֵה הָאוֹפַנִּים וּמַעֲשֵׂיהֶם כְּעֵין תַּרְשִׁישׁ bzw. καὶ τὸ εἶδος τῶν τροχῶν ὡς εἶδος θάρσις. – Zu den Differenzen zwischen dem hebräischen Text und der Septuaginta: HALPERIN, *The Faces of the Chariot: Early Jewish Responses to Ezekiel's Vision*, 55–60.

18 SCHÄFER, *Die Ursprünge der jüdischen Mystik*, 67.

19 ZIMMERLI, *Ezechiel. 1. Teilband Ezechiel 1–24*, 66. – So auch SCHÄFER, *Die Ursprünge der jüdischen Mystik*, 67: «Denn streng genommen bilden seine Lebewesen und Räder keinen Thronwagen. Die Räder und die Lebewesen sind nicht miteinander verbunden». Zum Thema vgl. auch GREENBERG, *Ezechiel 1–20*, 72.

20 וּבְלֶכֶת הַחַיּוֹת יֵלְכוּ הָאוֹפַנִּים אֶצְלָם וּבְהִנָּשֵׂא הַחַיּוֹת מֵעַל הָאָרֶץ יִנָּשְׂאוּ הָאוֹפַנִּים׃ (Ez 1,19) bzw. καὶ ἐν τῷ πορεύεσθαι τὰ ζῷα ἐπορεύοντο οἱ τροχοὶ ἐχόμενοι αὐτῶν καὶ ἐν τῷ ἐξαίρειν τὰ ζῷα ἀπὸ τῆς γῆς ἐξῄροντο οἱ τροχοί. – Ez 1,21: כִּי רוּחַ הַחַיָּה בָּאוֹפַנִּים׃ bzw. ὅτι πνεῦμα ζωῆς ἦν ἐν τοῖς τροχοῖς.

21 Wohl aber in der griechischen Übersetzung Ez 43,3: καὶ ἡ ὅρασις τοῦ ἅρματος οὗ εἶδον κατὰ τὴν ὅρασιν ἣν εἶδον ἐπὶ τοῦ ποταμοῦ τοῦ Χοβαρ καὶ πίπτω ἐπὶ πρόσωπόν μου. Hier wird also der Thronwagen mit einem Streitwagen verglichen. – «Die Verse 15–21 vermeiden die ausdrückliche Rede vom ‹Wagen›, offenbar ist die Terminologie erst im Werden begriffen» (ZIMMERLI, *Ezechiel. 1. Teilband Ezechiel 1–24*, 66).

22 וּלְתַבְנִית הַמֶּרְכָּבָה הַכְּרֻבִים זָהָב לְפֹרְשִׂים וְסֹכְכִים עַל־אֲרוֹן בְּרִית־יְהוָה׃ 1Chr 28,18: bzw. καὶ τὸ παράδειγμα τοῦ ἅρματος τῶν Χερουβὶν τῶν διαπεπετασμένων ταῖς πτέρυξιν καὶ σκιαζόντων ἐπὶ τῆς κιβωτοῦ διαθήκης κυρίου. – Vgl. Peter WELTEN, «Lade – Tempel – Jerusalem. Zur Theologie der Chronikbücher,» in *Textgemäß. Aufsätze und Beiträge zur Hermeneutik des Alten Testaments*. FS für Ernst Würthwein zum 70. Geburtstag, hg. Antonius H. J. Gunneweg u. Otto Kaiser (Göttingen: Vandenhoeck & Ruprecht, 1979), 169–183.

23 Sir 49,8: יחזקאל ראה מראה ויגד זני מרכבה bzw. Sir 49,10: Ἰεζέκιηλ ὃς εἶδεν ὅρασιν δόξης ἣν ὑπέδειξεν αὐτῷ ἐπὶ ἅρματος Χερουβίν.

24 Andreas ALFÖLDI, «Die Geschichte des Throntabernakels,» *La nouvelle Clio* 1/2 (1949/1950): 537–566. – Die Verbindung der Passage im hebräischen Ezechiel-Buch mit persischen Baldachin-Wagen, wie sie Alföldi versucht, bestreitet ZIMMERLI, *Ezechiel. 1. Teilband Ezechiel 1–24*, 65.

25 Vgl. Larry M. AYRES, «The Work of the Morgan Master at Winchester and English Painting of the Early Gothic Period,» *The Art Bulletin* 56 (1974): 201–223 (Identifikation des Illustrators der Initiale als «Morgan Master» und Datierung); vgl. http://freechristimages.org/biblebooks/Book_of_Ezekiel.htm (letzter Zugriff am 16.03.2014).

26 HALPERIN, *The Faces of the Chariot: Early Jewish Responses to Ezekiel's Vision*, 49–193; – Christopher ROWLAND, «The Visions of God in Apocalyptic Lite-

rature,» *Journal for the Study of Judaism in the Persian, Hellenistic, and Roman Period* 10 (1979): 137–154 sowie SCHÄFER, *Die Ursprünge der jüdischen Mystik*, 83–216.

27 SCHÄFER, *Die Ursprünge der jüdischen Mystik*, 71 f.

28 Herbert NIEHR, «Das Buch Daniel,» in *Einleitung in das Alte Testament*, 8., vollst. überarb. Aufl. hg. Christian Frevel, Kohlhammer Studienbücher Theologie 1/1 (Stuttgart: Kohlhammer, 2012), (610–621) 616.

29 Dan 7,9: חָזֵה הֲוֵית עַד דִּי כָרְסָוָן רְמִיו וְעַתִּיק יוֹמִין יְתִב לְבוּשֵׁהּ כִּתְלַג חִוָּר וּשְׂעַר רֵאשֵׁהּ כַּעֲמַר נְקֵא כָּרְסְיֵהּ שְׁבִיבִין דִּי־נוּר גַּלְגִּלּוֹהִי נוּר דָּלִק׃ bzw. ἐθεώρουν ἕως ὅτε θρόνοι ἐτέθησαν καὶ παλαιὸς ἡμερῶν ἐκάθητο ἔχων περιβολὴν ὡσεὶ χιόνα καὶ τὸ τρίχωμα τῆς κεφαλῆς αὐτοῦ ὡσεὶ ἔριον λευκὸν καθαρόν ὁ θρόνος ὡσεὶ φλὸξ πυρός (so LXX) und ἐθεώρουν ἕως ὅτου θρόνοι ἐτέθησαν καὶ παλαιὸς ἡμερῶν ἐκάθητο καὶ τὸ ἔνδυμα αὐτοῦ ὡσεὶ χιὼν λευκόν καὶ ἡ θρὶξ τῆς κεφαλῆς αὐτοῦ ὡσεὶ ἔριον καθαρόν ὁ θρόνος αὐτοῦ φλὸξ πυρός οἱ τροχοὶ αὐτοῦ πῦρ φλέγον (Theodotion). – Vgl. den Kommentar bei Otto PLÖGER, *Das Buch Daniel*, Kommentar zum Alten Testament 18 (Gütersloh: Gütersloher Verlagshaus Mohn, 1965), 110–115.

30 Hans SCHMOLDT, s. v. «עתק,» in *Theologisches Wörterbuch zum Alten Testament* (Stuttgart u. a.: Kohlhammer, 1989), 6: (487–489) 488; vgl. auch HALPERIN, *The Faces of the Chariot: Early Jewish Responses to Ezekiel's Vision*, 74–78.

31 Dan 7,13: וַאֲרוּ עִם־עֲנָנֵי שְׁמַיָּא כְּבַר אֱנָשׁ אָתֵה הֲוָה וְעַד־עַתִּיק יוֹמַיָּא מְטָה וּקְדָמוֹהִי הַקְרְבוּהִי bzw. ἰδοὺ μετὰ τῶν νεφελῶν τοῦ οὐρανοῦ ὡς υἱὸς ἀνθρώπου ἐρχόμενος ἦν καὶ ἕως τοῦ παλαιοῦ τῶν ἡμερῶν ἔφθασεν καὶ ἐνώπιον αὐτοῦ προσηνέχθη. – Vgl. dazu auch Martin HENGEL, «'Setze dich zu meiner Rechten!': Die Inthronisation Christi zur Rechten Gottes und Psalm 110,1,» in DERS., *Studien zur Christologie: Kleine Schriften IV*, hg. Claus-Jürgen Thornton (Tübingen: Mohr Siebeck, 2006), (281–367) 311–334 = *Le Trône de Dieu*, édité par Marc Philonenko, Wissenschaftliche Untersuchungen zum Neuen Testament 69 (Tübingen: Mohr Siebeck, 1993), (108–194) 158–161. Hengel weist auf die Syrohexapla von Daniel 7,22 (*Codex Syro-Hexaplaris Ambrosianus*, photolithographice editus curante et adnotante Antonio Maria Ceriani, Monumenta Sacra et Profana ex Codicibus praesertim Bibliothecae Ambrosianae 7 [Mailand: Bibliotheca Ambrosiana, 1874], 148ʳ): ܘܩܪܒܘ ܠܩܕܡ ܕܝܢܐ ܘܕܝܢܐ und entsprechende griechische Fassungen (Septuaginta XVI/2, 342 f. ZIEGLER/MUNNICH/FRAENKEL).

32 Die (in Details umstrittene) Entwicklung zu einem Titel muss uns hier nicht beschäftigen, vgl. z. B. Carsten COLPE, s. v. «υἱὸς τοῦ ἀνθρώπου,» in *Theologisches Wörterbuch zum Neuen Testament* (Stuttgart u. a.: Kohlhammer, 1969), 8: 407–481, insbes. 422–425; John J. COLLINS, «The Son of Man in First-Century Judaism,» *New Testament Studies* 38 (1992): (448–466) 450 f.; Gerd THEISSEN/Annette MERZ, *Der historische Jesus. Ein Lehrbuch*, 2., durchges. Aufl. (Göttingen: Vandenhoeck & Ruprecht, 1997), (470–492) 472.

33 John J. COLLINS, *The Apocalyptic Imagination: An Introduction to Jewish Apocalyptic Literature*, The Bible Resource Series, 2nd Ed. (Grand Rapids, MI/ Cambridge: Eerdmans, 1998), 178; vgl. auch SCHÄFER, *Die Ursprünge der jüdischen Mystik*, 77–115.

34 Äthiopischer Henoch 46,1 (äthiopischer Text bei Michael E. KNIBB, *The Ethiopic Book of Enoch: A New Edition in Light of the Aramaic Dead Sea Fragments* [Oxford: Oxford University Press, 1978], 28; deutsche Übersetzung bei Siegbert UHLIG, *Das äthiopische Henochbuch*, Jüdische Schriften aus hellenistisch-römischer Zeit V/6 [Gütersloh: Gütersloher Verlagshaus Mohn, 1984], 461–780). – Vgl. auch James MUILENBURG, «The Son of Man in Daniel and the Ethiopic Apocalypse of Enoch,» *Journal of Biblical Literature* 79 (1960): 197–209; Christfried BÖTTRICH, «Konturen des ‹Menschensohnes› in äth-Hen 37–71,» in *Gottessohn und Menschensohn. Exegetische Studien zu zwei Paradigmen biblischer Intertextualität*, hg. Dieter Sänger, Biblisch-theologische Studien 67 (Neukirchen-Vluyn: Neukirchener, 2004), 53–90; COLLINS, «The Son of Man in First-Century Judaism,» 451–459; COLPE, s. v. «υἱὸς τοῦ ἀνθρώπου,» 425–429; HALPERIN, *The Faces of the Chariot: Early Jewish Responses to Ezekiel's Vision*, 85 f.; HENGEL, «‹Setze dich zu meiner Rechten!›: Die Inthronisation Christi zur Rechten Gottes und Psalm 110,1,» 334–337 = 161–337 sowie SCHÄFER, *Die Ursprünge der jüdischen Mystik*, 93–102 sowie 109–115.

35 So Christfried BÖTTRICH, «Das slavische Henochbuch,» in *Apokalypsen*, Jüdische Schriften aus hellenistisch-römischer Zeit V/7 (Gütersloh: Gütersloher Verlagshaus Mohn, 1995), (783–1040) 807–813.

36 Meint wohl eine besondere Form von «Wolken», dazu SCHÄFER, *Die Ursprünge der jüdischen Mystik*, 509 f. Anm. 102.

37 2Henoch 22,1 (Grant MACASKILL, *The Slavonic Text of 2 Enoch*, Studia Judaeoslavica 6 [Leiden/Boston: Brill, 2013], 101; Übersetzung nach BÖTTRICH, «Das slavische Henochbuch,» 890). Böttrich verweist auf Georg Nathanael BONWETSCH, *Die apokryphe ‹Leiter Jakobs›*, Nachrichten der königlichen Gesellschaft der Wissenschaften zu Göttingen. Philologisch-historische Klasse 7 (Göttingen: Vandenhoeck & Ruprecht, 1900), (76–87), 77 f.: «Und die Spitze der Leiter war ein Angesicht wie eines Menschen, aus Feuer gehauen»; vgl. auch A. ORLOV, «‹Without Measure and Without Analogy›: The Tradition of the Divine Body in *2 (Slavonic) Enoch*,» in DERS., *From Apocalypticism to Merkabah Mysticism: Studies in the Slavonic Pseudepigrapha*, Journal for the Study of Judaism. Supplements, 114 (Leiden: Brill, 2007), 149–174; DERS., «God's Face in the Enochic Tradition,» in *Paradise Now: Essays on Early Jewish and Christian Mysticism*, ed. April D. DeConick, Symposium Series 11 (Atlanta: Society of Biblical Literature/Leiden: Brill, 2006), 179–193 sowie DERS., «The Face as the Heavenly Counterpart of the Visionary in the Slavonic Ladder of Jacob,» in *Of Scribes and Sages: Early Jewish Interpretation and*

FÜNFTES KAPITEL: DIE SPÄTANTIKE JÜDISCHE MYSTIK 569

Transmission of Scripture, ed. by Craig A. Evans, Studies in Scripture in Early Judaism and Christianity 9 (London: T&T Clark, 2004), 2: 59–76 = DERS., *From Apocalypticism to Merkabah Mysticism,* 399–422. – Im Unterschied zu Orlov meint Böttrich freilich, dass in der «Leiter Jakobs» «nicht das Gesicht Gottes, sondern (…) nur das Gesicht/die Repräsentation des letzten Usurpatorkönigs» gemeint sein könne, «der Text ist jedoch nicht ganz eindeutig» (briefliche Mitteilung vom 19.03.2014).

38 SCHÄFER, *Die Ursprünge der jüdischen Mystik,* 120 nennt die Metapher zugleich ein «reichlich prosaisches Bild für den Glanz von Gottes Angesicht», aber hält es auch für «nicht sehr phantasievoll», so zu vergleichen, und schließt: «kein sehr schmeichelhaftes Bild für Gottes Angesicht». – Vgl. auch 2Hen 39,3: «Hört, meine Kinder, nicht von meinem Mund verkündige ich euch heute, sondern vom Mund des Herrn, der mich zu euch gesandt hat. Denn ihr hört meine Worte aus meinem Mund, eines euch gleich gemachten Menschen. Ich aber habe sie gehört von dem feurigen Mund des Herrn, denn der Mund des Herrn ist ein feuriger Ofen».

39 Ex 33,11: וְדִבֶּר יְהוָה אֶל־מֹשֶׁה פָּנִים אֶל־פָּנִים כַּאֲשֶׁר יְדַבֵּר אִישׁ אֶל־רֵעֵהוּ bzw. καὶ ἐλάλησεν κύριος πρὸς Μωυσῆν ἐνώπιος ἐνωπίῳ ὡς εἴ τις λαλήσει πρὸς τὸν ἑαυτοῦ φίλον. – Zur Stelle vgl. auch Andrei ORLOV, «Ex 33 on God's Face: A Lesson from the Enochic Tradition,» in *Seminar Papers 39, Society of Biblical Literature Annual Meeting 2000* (Atlanta: Society of Biblical Literature, 2000), 130–147 = DERS., *From Apocalypticism to Merkabah Mysticism,* 311–326; zur biblischen Rede Friedhelm HARTENSTEIN, *Das Angesicht JHWHs. Studien zu seinem höfischen und kultischen Bedeutungshintergrund in den Psalmen und in Exodus 32–34,* Forschungen zum Alten Testament 55 (Tübingen: Mohr Siebeck, 2008), 265–268 und Joseph REINDL, *Das Angesicht Gottes im Sprachgebrauch des Alten Testaments,* Erfurter Theologische Studien 25 (Leipzig: St. Benno, 1970), 72 f.

40 Ezechiel Tragicus, *Fragmenta* 68–72:
ἔ<δο>ξ' ὄρους κατ' ἄκρα Σιν<αί>ου θρόνον
μέγαν τιν' εἶναι μέχρις οὐρανοῦ πτύχας,
ἐν τῷ καθῆσθαι φῶτα γενναῖόν τινα
διάδημ' ἔχοντα καὶ μέγα σκῆπτρον χερί
εὐωνύμῳ μάλιστα. (…)

Eusebius, *Praeparatio Evangelica* IX 29,5 (aus Alexander Polyhistor, Περὶ Ἰουδαίων: GCS Eusebius VIII/1, 529,5–9 MRAS/DES PLACES = Tragicorum Graecorum Fragmenta I, fr. 128, p. 292,68–72 SNELL); deutsche Übersetzung nach Ernst VOGT, «Tragiker Ezechiel,» in *Poetische Schriften,* JSHRZ IV/3 (Gütersloh: Gütersloher Verlagshaus Mohn, 1983), 124; zur Stelle Howard JACOBSON, *The Exagoge of Ezekiel* (Cambridge: Cambridge University Press, 1983); HENGEL, ««Setze dich zu meiner Rechten!»: Die Inthronisation Christi zur Rechten Gottes und Psalm 110,1,» 338 f. = 165 f.;

Andrei ORLOV, «In the Mirror of the Divine Face: The Enochic Features of the Exagoge of Ezekiel the Tragedian,» in *The Significance of Sinai: Traditions about Sinai and Divine Revelation in Judaism and Christianity*, eds. George J. Brooke, Hindy Najman, Loren Stuckenbruck, Themes in Biblical Narrative 12 (Leiden: Brill, 2008), 183–199; Pieter VAN DER HORST, «Moses' Throne Vision in Ezekiel the Dramatist,» *Journal of Jewish Studies* 34 (1983): 21–29 = DERS., *Essays on the Jewish World of Early Christianity*, Novum Testamentum et Orbis Antiquus 14 (Göttingen: Vandenhoeck & Ruprecht/Fribourg: Universitäts-Verlag, 1986), 63–71 und DERS., «Some Notes on the ‹Exagoge› of Ezekiel,» Mnemosyne 37 (1984): 354–375, bes. 364–368 = DERS., *Essays on the Jewish World of Early Christianity*, 72–93, bes. 82–86.

41 Apokalypse Abrahams 18 (Studien zur Geschichte der Theologie und Kirche I/1, 29,5–30,3 BONWETSCH); deutsche Übersetzung auch bei Belkis PHILONENKO-SAYAR/Marc PHILONENKO, «Die Apokalypse Abrahams», in *Apokalypsen*, JSHRZ V/5 (Gütersloh: Gütersloher Verlagshaus Mohn, 1982); zur Passage ausführlicher: Ithamar GRUENWALD, *Apocalyptic and Merkavah Mysticism*, Arbeiten zur Geschichte des antiken Judentums und des Urchristentums 14 (Leiden: Brill, 1980), 55–57; HALPERIN, *The Faces of the Chariot: Early Jewish Responses to Ezekiel's Vision*, 103–114; Martha HIMMELFARB, *Ascent to Heaven in Jewish and Christian Apocalypses* (New York/Oxford: Oxford University Press, 1993), 61–66; Christopher ROWLAND, *The Open Heaven: A Study of Apocalyptic in Judaism and Early Christianity* (Eugene, OR: Wipf and Stock, 2002 = London: SPCK, 1982), 86–88; SCHÄFER, *Die Ursprünge der jüdischen Mystik*, 128–137.

42 Andrei A. ORLOV, *Heavenly Priesthood in the Apocalypse of Abraham* (Cambridge: Cambridge University Press, 2013), 154–189; Christopher ROWLAND, *The Open Heaven: A Study of Apocalyptic in Judaism and Early Christianity*, 86–88 sowie Phillip B. MUNOA, *Four Powers in Heaven: The Interpretation of Daniel 7 in the Testament of Abraham,* Journal for the Study of the Pseudepigrapha. Supplement 28 (Sheffield: Sheffield Academic Press, 1998), 141–148. Ausführlich zur Polemik gegen Götterbildnisse in der Apokalypse: Alexander KULIK, «The Gods of Nahor: A Note on the Pantheon of the Apocalypse of Abraham,» *Journal of Jewish Studies* 54 (2003): 228–232 und Andrei ORLOV, «‹The Gods of My Father Terah›: Abraham the Iconoclast and the Polemics with the Divine Body Traditions in the *Apocalypse of Abraham*», *Journal for the Study of the Pseudepigrapha* 18 (2008): 33–53 = DERS., *Divine Manifestations in the Slavonic Pseudepigrapha*, Orientalia Judaica Christiana 2 (Piscataway, NY: Gorgias, 2009), 217–235.

43 *Ascensio Isaiae* 9,27 (CChr.SA 7, 105 PERRONE/NORELLI); zum Text vgl. SCHÄFER, *Die Ursprünge der jüdischen Mystik*, 138–145.

44 Enrico NORELLI, *Ascensio Isaiae: Commentarius*, CChr.SA 8 (Turnhout: Brepols, 1995), 487–489. Zur Frage nach der religionsgeschichtlichen Bestim-

mung des Milieus, in dem der Text entstand: HIMMELFARB, *Ascent to Heaven in Jewish and Christian Apocalypses*, 55–58; Robert G. HALL, «Isiah's Ascent to See the Beloved: An Ancient Jewish Source for the Ascension of Isaiah,» *Journal of Biblical Literature* 113 (1994), 463–484 und SCHÄFER, *Die Ursprünge der jüdischen Mystik*, 513 f. (mit einem energischen Votum, nicht fein säuberlich zwischen Judentum und Christentum zu scheiden; ähnlich HALL, aaO. 466: «the terms ‹Jewish›, ‹Christian,› and ‹Gnostic› are notoriously slippery when applied to texts from early in the second century»).

45 HALL, «Isiah's Ascent to See the Beloved: An Ancient Jewish Source for the Ascension of Isaiah,» 468–470.

46 Clemens Alexandrinus, *Stromata* V 77,2 (GCS Clemens Alexandrinus II, 377,20–24 STÄHLIN/FRÜCHTEL/TREU): καὶ ἀνέλαβέν με πνεῦμα καὶ ἀνήνεγκέν με εἰς οὐρανὸν πέμπτον καὶ ἐθεώρουν ἀγγέλους καλουμένους κυρίους, καὶ τὸ διάδημα αὐτῶν ἐπικείμενον ἐν πνεύματι ἁγίῳ καὶ ἦν ἑκάστου αὐτῶν ὁ θρόνος ἑπταπλασίων φωτὸς ἡλίου ἀνατέλλοντος, οἰκοῦντας ἐν ναοῖς σωτηρίας καὶ ὑμνοῦντας θεὸν ἄρρητον ὕψιστον. – Für diese Apokalypse, in deren mutmaßlichen koptischen Fragmenten sich allerdings keine Parallele zum griechisch überlieferten Stück findet, vgl. insgesamt Bernd Jörg DIEBNER, *Zephanjas Apokalypse*, Jüdische Schriften aus hellenistisch-römischer Zeit V/9 (Gütersloh: Gütersloher Verlagshaus Mohn, 2003), (1141–1246) 1200–1230; HIMMELFARB, *Ascent to Heaven in Jewish and Christian Apocalypses*, 51–55 und SCHÄFER, *Die Ursprünge der jüdischen Mystik*, 145–151.

47 Clemens Alexandrinus, *Stromata* V 77,1 (GCS Clemens Alexandrinus II, 377,19 f. STÄHLIN/FRÜCHTEL/TREU): ταῦτα τοῖς ὑπὸ Σοφονία λεχθεῖσι τοῦ προφήτου (…).

48 Clemens Alexandrinus, *Stromata* V 77,1 (GCS Clemens Alexandrinus II, 377,15–19 STÄHLIN/FRÜCHTEL/TREU) = Plato, *Epistula* VII 341 C/D (Bi-Teu 33,22–25 MOORE-BLUNT): εἰκότως οὖν ἐν τῇ μεγάλῃ ἐπιστολῇ 'ῥητὸν γὰρ' φησὶν 'οὐδαμῶς ἐστιν ὡς τὰ ἄλλα μαθήματα, ἀλλ᾽ <ἐκ> πολλῆς ξυνουσίας γιγνομένης περὶ τὸ πρᾶγμα αὐτὸ καὶ τοῦ συζῆν ἐξαίφνης οἷον ἀπὸ πυρὸς πηδήσαντος ἐξαφθὲν φῶς ἐν τῇ ψυχῇ γενόμενον αὐτὸ ἑαυτὸ ἤδη τρέφει'.

49 Clemens Alexandrinus, *Stromata* V 77,2 (GCS Clemens Alexandrinus II, 377,19 f. STÄHLIN/FRÜCHTEL/TREU).

50 Für die Vorstellung, dass das «sonnenhafte Auge» der Seele das (göttliche) Licht erfassen könne (Plato, *Timaeus* 45 B), vgl. Albrecht DIHLE, «Vom sonnenhaften Auge,» in *Platonismus und Christentum*. FS für Heinrich Dörrie, hg. Horst-Dieter Blume u. Friedhelm Mann, Jahrbuch für Antike und Christentum. Ergänzungsband 10 (Münster: Aschendorff, 1983), 84–91.

51 Für eine Entstehung in Qumran votierte in der Erstedition: Carol NEWSOM, *Songs of the Sabbath Sacrifice: A Critical Edition*, Harvard Semitic Studies 27

(Atlanta, GA: Scholars Press, 1985), 4; Einführung in die seitherige Forschungsdiskussion: SCHÄFER, *Die Ursprünge der jüdischen Mystik*, 187 f. – Kritische Textausgabe: Carol NEWSOM, «Shirot ʿOlat Hashabbat,» in Esther ESHEL u. a., *Qumran Cave 4, Vol. 6/1 Poetical and Liturgical Texts* (Oxford: Clarendon Press, 1998), 173–401; deutsche Übersetzung: Johann MAIER, *Die Qumran-Essener: Die Texte vom Toten Meer, Bd. II Die Texte der Höhle 4*, Uni-Taschenbücher 1863 (München: Reinhardt, 1995), 377–417.
52 Wörtlich: «eines Thronwagen-Throns».
53 Das Wort חשמל wird aus Ez 1,27 übernommen, seine Bedeutung ist unklar: Wilhelm GESENIUS, *Hebräisches und Aramäisches Handwörterbuch über das Alte Testament*, begonnen v. Rudolf Meyer, unter zeitweiliger, verantwortlicher Mitarbeit von Udo Rüterswörden u. Johannes Renz bearb. u. hg. von Herbert Donner, 18. Aufl. (Heidelberg u. a.: Springer, 2013), s. v. 408 f. referiert Bedeutungen: «Bernstein», «Elektron» oder «hellgelbe Goldlegierung».
54 4QShirShab nach 4Q405 Frg. 20 Kol. ii u. Frg. 21, Zz. 7–11 (Übersetzung nach MAIER, Die Qumran-Essener: Die Texte vom Toten Meer, 2: 406 f., korrigiert nach SCHÄFER, *Die Ursprünge der jüdischen Mystik*, 195):

... לפנו הנ[כרו]בים ובן[ר]כו בהרומם קול דממת אלוהים
[נשמע] והמון רנה ברום כנפיהם קול [דממ]ת אלוהים תבנית כסא מרכבה מברכים ממעל לרקיע הכרובים
[והו]ד רקיע האור ירננו ממתחת מושב כבודו ובלכת האופנים ישובו מלאכי קודש יצא ומבין
[ג]לגלי כבודו כמראי אש רוחות קודש קדשים סביב מראי אש שבולי אש בדמות חשמל ומעשי
[נ]וגה ברוקמת כבוד צבעי פלא ממולח טוה ...

Eine Interpretation des ganzen zwölften Liedes bei Anna Maria SCHWEMER, «Gott als König und seine Königsherrschaft in den Sabbatliedern aus Qumran,» in *Königsherrschaft Gottes und himmlischer Kult im Judentum, Urchristentum und in der hellenistischen Welt*, hg. Martin Hengel und Anna Maria Schwemer, Wissenschaftliche Untersuchungen zum Neuen Testament 55 (Tübingen: Mohr Siebeck, 1991), (45–119) 107–112.
55 SCHÄFER, *Die Ursprünge der jüdischen Mystik*, 196. Einzelnachweise auch bei NEWSOM, *Songs of the Sabbath Sacrifice: A Critical Edition*, 313 (Zz. 7 f. und Ez 1 bzw. 10,16–17a). 314 (Zz. 8 f. und Ez 1,26). 315 (Zz. 9 f. und Ez 1,12–14). 315 (Zz. 10 und Ez 1,4.27). 316 (Zz. 10–11 und Ez Ez 1,28).
56 SCHÄFER, *Die Ursprünge der jüdischen Mystik*, 196.
57 Vgl. 1Kön 19,12 und Hi 4,16; diverse Parallelen aus der Hekhalot-Literatur bei Laurence H. SCHIFFMAN, «Merkavah Speculation at Qumran: The 4Q Serekh Shirot Olat ha-Shabbat,» in *Mystics, Philosophers, and Politicians*, Essays in Jewish Intellectual History in Honor of Alexander Altmann, eds. Jehuda Reinharz and Daniel Swetschinski with the Collaboration of Kalman P. Bland, Duke Monographs in Medieval and Renaissance Studies 5 (Durham,

NC: Duke University Press, 1982, (15–47) 36 f. und Dale C. ALLISON, «The Silence of the Angels: Reflections on the Songs of the Sabbath Sacrifice,» *Revue de Qumran* 13 (1988): 189–197.

58 So auch die pointierte Interpretation von SCHÄFER, *Die Ursprünge der jüdischen Mystik*, 202–205.

59 Apk 4,2 f.: καὶ ἰδοὺ θρόνος ἔκειτο ἐν τῷ οὐρανῷ, καὶ ἐπὶ τὸν θρόνον καθήμενος, καὶ ὁ καθήμενος ὅμοιος ὁράσει λίθῳ ἰάσπιδι καὶ σαρδίῳ, καὶ ἶρις κυκλόθεν τοῦ θρόνου ὅμοιος ὁράσει σμαραγδίνῳ. – Vgl. GRUENWALD, *Apocalyptic and Merkavah Mysticism*, 62–69; ROWLAND, *The Open Heaven: A Study of Apocalyptic in Judaism and Early Christianity*, 403–441 sowie SCHÄFER, *Die Ursprünge der jüdischen Mystik*, 151–162. In die Tradition einer Merkava-Mystik stellt den Text Christopher ROWLAND, «Things to which Angels Long to Look: Approaching Mysticism from the Perspective of the New Testament and the Jewish Apocalypses,» in Christopher ROWLAND and Christopher R. A. MORRAY-JONES, *The Mystery of God: Early Jewish Mysticism and the New Testament*, Compendia Rerum Iudaicarum ad Novum Testamentum III/12 (Leiden/Boston, 2009), (3–215) 72–90.

60 So SCHÄFER, *Die Ursprünge der jüdischen Mystik*, 154 f. – Das Referat der biblischen Passage bei Epiphanius, *De XII gemmis* 2,7 (hier zitiert nach: Epiphanius von Salamis, De duodecim gemmis rationalis – Über die zwölf Steine im hohepriesterlichen Brustschild, nach dem Codex Vaticanus Borgianus Armenus 31 hg. u. übers. v. Felix Albrecht u. Arthur Manukyan [Piscataway, NJ: Gorgias, 2014], 46 f.) zeigt, dass die drei Steine, die in der Offenbarung erwähnt sind, mehr oder weniger zufällig aus dem Ensemble der zwölf herausgegriffen wurden: «Früher also waren sie in vier Reihen eingesetzt. Denn die Brustplatte teilte sich in vier Teile und war selbst viereckig: eine Handspanne in der Länge und nach dem Maß der Länge die Breite. Und zu Anfang ist Sardion, danach der erste Stein, dann Topazion, danach Smaragd; und in der zweiten Reihe der erste Stein Rubin, dann Saphir, und dann Jaspis; und in der dritten Reihe der erste Stein Ligyrion, dann Achat, und danach Amethyst; und in der vierten Reihe, welche die letzte ist, der erste Stein Chrysolith, danach Beryll, dann Onyx. Und dies sind die zwölf Steine, die auf der von den Schultern herabhängenden Brustplatte platziert waren; dies ist ihre Wahl und Anordnung». – Epiphanius identifiziert den Smaragd mit Levi (12), Jaspis mit Naphtali (28) und Sardion mit Ruben (8).

61 SCHÄFER, *Die Ursprünge der jüdischen Mystik*, 15. – Kurt RUH, *Geschichte der abendländischen Mystik*, Bd. 1 *Die Grundlegung durch die Kirchenväter und die Mönchstheologie des 12. Jahrhunderts* (München: Beck, 1990), 26: «Ich weiß auch mit Flasch, dass ‹Mystik› in geschichtlicher Darstellung wie alle epochalen Benennungen nur ein – freilich notwendiges – historiographisches Schema ist. Was ‹Mystik› *ist*, erweist sich immer erst am konkreten Text». Ruh setzt daher bei einem Korpus für die ‹Mystik› in Anspruch genomme-

ner Texte ein, nicht bei einer Definition. Zur Begründung: DERS., «Vorbemerkungen zu einer neuen Geschichte der abendländischen Mystik im Mittelalter,» in DERS., *Kleine Schriften* Bd. II *Scholastik und Mystik im Mittelalter*, hg. Volker Mertens (Berlin/New York: De Gruyter, 1984), 337–363: «Es verhält sich auch nicht so, daß es zuerst einer Begriffsbestimmung bedürfte, um die Schriften zusammenzustellen, die Gegenstand einer Geschichte der Mystik sein sollen. Da gibt es schon längst so etwas wie einen Kanon» (aaO. 342 f.).

62 Volker LEPPIN, *Die christliche Mystik*, C. H. Beck Wissen in der Beck'schen Reihe 2415 (München: Beck, 2007), 7; vgl. dazu Louis BOUYER, «Mysticism: An Essay on the History of the Word,» in *Understanding Mysticism*, ed. Richard Woods (London: Athlone Press, 1980), 42–55 und Michel DE CERTEAU, «‹Mystique› au XVIIe siecle. Le probleme du langage ‹mystique›,» in *L'Homme devant Dieu. Mélanges Henri de Lubac* (Paris: Aubier, 1964) 2: 267–291.

63 Pierre CHANTRAINE, *Interférences de vocabulaire entre le grec et les langues européennes*, Studii clasice 2 (Bukarest: Ed. academiei republicii populare romîne, 1960), 69 f.; Peter HEIDRICH, s. v. «Mystik, mystisch,» in *Historisches Wörterbuch der Philosophie* (Darmstadt: Wissenschaftliche Buchgesellschaft, 1984), 6: (268–273) 268 f. sowie den Eintrag s. v. μύειν in *A Greek-English Lexicon*, compiled by Henry George Liddell and Robert Scott, revised and augmented by Henry Stuart Jones with the assistance of Roderick McKenzie (Oxford: Clarendon Press, 1983), 1157.

64 SCHÄFER, *Die Ursprünge der jüdischen Mystik*, 15 f.

65 S. o. S. 116.

66 *Suda* H 450 (II, 579,24–29 ADLER) = Damascius, *Vita Isidori* fr. 174 (Bibliotheca Graeca et Latina Suppletoria I, 148,1–6 ZINTZEN) = fr. 76 E (196 ATHANASSIADI): ἦν δὲ αὐτοῦ καὶ ἡ πρώτη γένεσις τῷ ὄντι μυστική. λέγεται γὰρ κατελθεῖν ἀπὸ τῆς μητρὸς ἐπὶ τοῖς χείλεσιν ἔχων τὸν κατασιγάζοντα δάκτυλον, οἷον Αἰγύπτιοι μυθολογοῦσι γενέσθαι τὸν Ὧρον καὶ πρὸ τοῦ Ὥρου τὸν Ἥλιον. τοιγαροῦν ἐπεί οἱ συνεπεφύκει τοῖς χείλεσιν ὁ δάκτυλος, ἐδεήθη τομῆς, καὶ διέμεινεν ἀεὶ τὸ χεῖλος ὑποτετμημένον ἰδεῖν ἅπασι φανερὸν τὸ σημεῖον τῆς ἀπορρήτου γενέσεως. – Parallelen zum Zeigefinger auf den Lippen, der Schweigen gebietet, bei Zintzen im App. zur Stelle; vgl. auch Clemens ZINTZEN, «Mystik und Magie in der neuplatonischen Philosophie,» *Rheinisches Museum* 108 (1965): 71–100 = DERS., *Athen – Rom – Florenz. Ausgewählte Kleine Schriften*, hg. Dorothee Gall u. Peter Riemer (Hildesheim: Olms, 2000), 53–96.

67 *Suda* H 450 (II, 579,7–10 ADLER) = Damascius, *Vita Isidori* fr. 174 (Bibliotheca Graeca et Latina Suppletoria I, 147,2–5 ZINTZEN) = fr. 76 E (194 ATHANASSIADI): αὐτοφυὴς ἐγένετο διαγνώμων τῶν τε ζώντων καὶ τῶν μὴ ζώντων ἱερῶν ἀγαλμάτων. εὐθὺς γὰρ ἐμβλέπων ἐτιτρώσκετο τὴν καρδίαν

FÜNFTES KAPITEL: DIE SPÄTANTIKE JÜDISCHE MYSTIK 575

ὑπὸ τοῦ θειασμοῦ καὶ ἀνεπήδα τό τε σῶμα καὶ τὴν ψυχήν, ὥσπερ ὑπὸ τοῦ θεοῦ κατάσχετος. – Deutsche Übersetzung nach: *Das Leben des Philosophen Isidoros von Damaskios aus Damaskos*, wiederhergestellt, übersetzt und erklärt v. Rudolf Asmus, Philosophische Bibliothek 125 (Leipzig: Meiner, 1911), 64, zur Passage ausführlich oben S. 116 bzw. 514.

68 Zur Begrifflichkeit vgl. auch: Christoph RIEDWEG, *Mysterienterminologie bei Platon, Philon und Klemens von Alexandrien*, Untersuchungen zur antiken Literatur und ihrer Geschichte 26 (Berlin/New York: De Gruyter, 1987), 158–161.

69 Proclus, *In Platonis Timaeum Commentaria* IV ad *Platonis Timaeum* 37 D (BiTeu III, 12,27–30 DIEHL): πόσαι δὲ αὗται καὶ οἷαι, θείως μὲν οἱ θεοὶ γιγνώσκουσιν, ἀνθρωπίνως δὲ καὶ φιλοσόφως ἡ τοῦ Παρμενίδου διδάσκει μυστικὴ παράδοσις, εἰς ἣν καὶ ἡμεῖς τὴν ἀκριβῆ περὶ τούτων ἐξεργασίαν ἀναβαλλόμεθα. – Vgl. auch ebd. ad *Platonis Timaeum* 39 E (BiTeu III, 99,9–11 DIEHL): καὶ δηλοῦσιν οἱ θεολόγοι ταῦτα μυστικοῖς ὀνόμασιν, ὅπου μὲν ‚κρύψιν‘, ὅπου δὲ ‚κατάποσιν‘ λέγοντες, ὅπου δὲ ‚τὴν ἐν τῷ μηρῷ τροφήν‘ und HEIDRICH, s. v. «Mystik, mystisch,» 268.

70 Proclus, *In Platonis Parmenidem Commentaria* IV ad *Platonis Parmenidem* 133 B (928,8 f. COUSIN): δεῖ γὰρ τὰ μυστικὰ μυστικῶς παραδιδόναι, καὶ μὴ δημοσιεύειν τὰς ἀπορρήτους περὶ τῶν θεῶν ἐννοίας.

71 Reinhold MERKELBACH, *Mithras* (Königstein/Taunus: Hain, 1984), 245–250; Karl Leo NOETHLICHS, «Kaisertum und Heidentum im 5. Jahrhundert,» in *Heiden und Christen im 5. Jahrhundert*, hg. Johannes van Oort u. Dietmar Wyrwa, Studien der Patristischen Arbeitsgemeinschaft 5 (Leuven: Peeters, 1998), 1–31 sowie DERS., s. v. «Heidenverfolgung,» in *Reallexikon für Antike und Christentum* (Stuttgart: Hiersemann, 1986), 13: 1149–1190.

72 HEIDRICH, s. v. «Mystik, mystisch,» 268. – Zu der Wortbedeutung bei antiken christlichen Autoren BOUYER, «Mysticism: An Essay on the History of the Word,» 46–53.

73 Dionysius Cartusianus, *Sermo Septimus in Festo Johannis Apostolae et Evangelistae*, hier zitiert nach *Sermones de Sanctis*, Pars Prima, Dionysii Cartusiani Opera omnia 31 (Tournai: Typis Cartusiae S. M. de Pratis, 1906), 206[b] A: *Haec quoque contemplatio per abnegatio universorum a deo, est mystica theologia: quae est secretissima, ardentissima et lucidissima mentis humanae cum Deo locutio, ejusque intuitio, et appellatur intuitio caliginis, id est divinae et increatae supersplendidissimae lucis, quae propter claritatis suae infinitum, invisibilem incomprehensibilemque excessum nuncupatur caligo.* – Zum Autor: Peter DINZELBACHER, *Christliche Mystik im Abendland: Ihre Geschichte von den Anfängen bis zum Ende des Mittelalters* (Paderborn u. a.: Schöningh, 1994), 386 f.

74 Jean Gerson, *De theologia mystica lectiones sex* IV 28 und VI 43 (Œuvres Complètes III, 273 f. 289 GLORIEUX); zu den Parallelen bei Thomas und Bonaventura DINZELBACHER, *Christliche Mystik im Abendland: Ihre Geschichte von*

576   ANMERKUNGEN

den Anfängen bis zum Ende des Mittelalters, 9 f. Anm. 3; zur Interpretation vgl. Walter DRESS, Die Theologie Gersons (Gütersloh: Bertelsmann, 1931), 51 f. 91–107; Ulrich KÖPF, s. v. «Erfahrung III. Theologiegeschichtlich 1. Mittelalter und Reformation», in Theologische Realenzyklopädie (Berlin/New York: De Gruyter, 1982), 10: 109–116, bes. 113; Peter DINZELBACHER, Christliche Mystik im Abendland: Ihre Geschichte von den Anfängen bis zum Ende des Mittelalters (Paderborn u. a.: Schöningh, 1994), 380–384 und Christoph BURGER, Aedificatio, fructus, utilitas: Johannes Gerson als Professor der Theologie und Kanzler der Universität Paris, Beiträge zur Historischen Theologie 70 (Tübingen: Mohr Siebeck, 1986), 125–143.
75 KÖPF, s. v. «Erfahrung III. Theologiegeschichtlich 1. Mittelalter und Reformation», 113 mit Berufung auf Jean Gerson, De theologia mystica lectiones sex IV 28 (Œuvres Complètes III, 273 f. GLORIEUX).
76 Ps.-Dionysius Areopagita, De mystica theologia 1,1 (PTS 67², 141,3–142,4 RITTER): Τριὰς ὑπερούσιε καὶ ὑπέρθεε καὶ ὑπεράγαθε, τῆς Χριστιανῶν ἔφορε θεοσοφίας, ἴθυνον ἡμᾶς ἐπὶ τὴν τῶν μυστικῶν λογίων ὑπεράγνωστον καὶ ὑπερφαῆ καὶ ἀκροτάτην κορυφήν· ἔνθα τὰ ἁπλᾶ καὶ ἀπόλυτα καὶ ἄτρεπτα τῆς θεολογίας μυστήρια κατὰ τὸν ὑπέρφωτον ἐγκεκάλυπται τῆς κρυφιομύστου σιγῆς γνόφον, ἐν τῷ σκοτεινοτάτῳ τὸ ὑπερφανέστατον ὑπερλάμποντα καὶ ἐν τῷ πάμπαν ἀναφεῖ καὶ ἀοράτῳ τῶν ὑπερκάλων ἀγλαϊῶν ὑπερπληροῦντα τοὺς ἀνομμάτους νόας. – Zu Geschichte und Verwendung dieser Ausdrücke vgl. die Nachweise bei Adolf Martin RITTER im (in zweiter Auflage erweiterten) Apparat, in Pseudo-Dionysius Areopagita, Über die Mystische Theologie und Briefe, eingeleitet, übersetzt und erklärt von Adolf Martin Ritter, Bibliothek der Griechischen Literatur 40 (Stuttgart: Hiersemann, 1994), 74 (Übersetzung) sowie 81 f. (Kommentar); Christoph MARKSCHIES, Gibt es eine «Theologie der gotischen Kathedrale»? Nochmals: Suger von Saint-Denis und Sankt Dionys vom Areopag, Abhandlungen der Heidelberger Akademie der Wissenschaften. Philosophisch-historische Klasse 1/1995 (Heidelberg: Winter, 1995), 61 Anm. 224 und RUH, Geschichte der abendländischen Mystik, Bd. 1 Die Grundlegung durch die Kirchenväter und die Mönchstheologie des 12. Jahrhunderts, 59–71.
77 SCHOLEM, Die jüdische Mystik in ihren Hauptströmungen, 6; zitiert bei SCHÄFER, Die Ursprünge der jüdischen Mystik, 21.
78 Bernhard MCGINN, Die Mystik im Abendland, Bd. 1 Ursprünge, aus dem Englischen übers. v. Clemens Maaß (Freiburg u. a.: Herder, 1994), 14 (= DERS., The Foundations of Mysticism, Vol. 1 The Presence of God. A History of Western Christian Mysticism [London: SCM Press, 1992], XI f.); zitiert bei SCHÄFER, Die Ursprünge der jüdischen Mystik, 22 f.
79 MCGINN, Die Mystik im Abendland, Bd. 1 Ursprünge, 14; zustimmend zitiert bei SCHÄFER, Die Ursprünge der jüdischen Mystik, 22 f.
80 MCGINN, Die Mystik im Abendland, Bd. 1 Ursprünge, 17: «Der Ausdruck ‹mys-

tische Erfahrung» läßt viele – bewußt oder unbewußt – an besondere Phänomene denken, an Visionen, herausgehobene Redeweisen, Verzückungen und dergleichen. Diese Dinge haben zugegebenermaßen eine große Rolle in der Mystik gespielt; viele Mystiker haben jedoch Wert darauf gelegt, daß dies gerade nicht das Wesen der Begegnung mit Gott ausmacht»; zustimmend zitiert bei SCHÄFER, *Die Ursprünge der jüdischen Mystik*, 23 f.

81 MCGINN, *Die Mystik im Abendland*, Bd. 1 *Ursprünge*, 16. – Für den Wechsel von «Erfahrung» zu «Bewusstsein» beruft sich McGinn aaO. 17 Anm. 13 auf den kanadischen Theologen und Religionsphilosophen *Bernard Lonergan* (1904–1984); Nachweise aaO. 407.

82 SCHOLEM, *Die jüdische Mystik in ihren Hauptströmungen*, 49.

83 Einfügung nach dem englischen Original in die deutsche Übersetzung: Gershom SCHOLEM, *Major Trends in Jewish Mysticism* (New York: Schocken, 3. Aufl. 1961), 43 und SCHÄFER, *The Origins of Jewish Mysticism*, 11.

84 SCHOLEM, *Die jüdische Mystik in ihren Hauptströmungen*, 46 f.

85 SCHOLEM, *Die jüdische Mystik in ihren Hauptströmungen*, 43: «Die erste Epoche der jüdischen Mystik vor ihrer Kristallisation in der mittelalterlichen Kabbala ist zugleich auch ihre längste. Ihre literarischen Denkmäler und wichtigsten Überreste erstrecken sich über fast ein Jahrtausend, vom ersten christlichen Jahrhundert bis ins zehnte hinein»; vgl. zur Kritik SCHÄFER, *Die Ursprünge der jüdischen Mystik*, 25–28.

86 Einwände bei SCHÄFER, *Die Ursprünge der jüdischen Mystik*, 28–39; vgl. auch Martha HIMMELFARB, «Merkavah Mysticism since Scholem: Rachel Elior's *The Three Temples*,» in *Wege mystischer Gotteserfahrung. Judentum, Christentum und Islam. Mystical Approaches to God. Judaism, Christianity, and Islam*, hg. Peter Schäfer unter Mitarbeit von Elisabeth Müller-Luckner, Schriften des Historischen Kollegs. Kolloquien 65 (München: Oldenbourg Verlag, 2006), 19–36; vgl. auch DIES., «Heavenly Ascent and the Relationship of the Apocalypses and the *Hekhalot* Literature,» *Hebrew Union College Annual* 59 (1988): 73–100.

87 Rachel ELIOR, «From Earthly Temple to Heavenly Shrines: Prayer and Sacred Song in the Hekhalot Literature and its Relation to Temple Traditions,» *Jewish Studies Quarterly* 4 (1997): 217–267; DIES., *The Three Temples: On the Emergence of Jewish Mysticism*, The Littman Library of Jewish Civilization (Oxford/Portland, OR: Littman Library of Jewish Civilization, 2004).

88 Rachel ELIOR, «The Foundations of Early Jewish Mysticism: The Lost Calendar and the Transformed Heavenly Chariot», in *Wege mystischer Gotteserfahrung. Judentum, Christentum und Islam. Mystical Approaches to God. Judaism, Christianity, and Islam*, (1–18) 11: «and to the cycles of divine worship and sacred song that were performed in the Temple»; vgl. auch DIES., *The Three Temples: On the Emergence of Jewish Mysticism*, 63–81.

89 ELIOR, *The Three Temples: On the Emergence of Jewish Mysticism*, 165–265; vgl.

auch HIMMELFARB, «Merkavah Mysticism since Scholem: Rachel Elior's *The Three Temples*,» 29–34 und SCHÄFER, *Die Ursprünge der jüdischen Mystik*, 31 f. – Wir blenden hier sowohl die Argumentation für die Parallelität zwischen irdischem und himmlischem Heiligtum auf der Basis von Kalendern aus als auch die Kritik an dieser Interpretation von zeitgenössischen Kalendern beispielsweise aus Qumran; vgl. dazu Sacha STERN, «Rachel Elior on Ancient Jewish Calendars: A Critique,» *Aleph* 5 (2005): 287–292.

90 Carol A. NEWSOM, *Songs of the Sabbath Sacrifice: A Critical Edition*, Harvard Semitic Studies 27 (Atlanta, GA: Scholar's Press, 1985); *Angelic Liturgy: Songs of the Sabbath Sacrifice*, James H. Charlesworth und Carol A. Newsom, ed., The Dead Sea Scrolls 4B, (Tübingen: Mohr Siebeck, 1999); Joseph M. BAUMGARTEN, «The Qumran Sabbath Shirot and Rabbinic Merkabah Traditions,» *Révue de Qumran* 13 (1988): 199–213 sowie Elisabeth HAMACHER, «Die Sabbatopferlieder im Streit um Ursprung und Anfänge der jüdischen Mystik,» *Journal for the Study of Judaism* 27 (1996): 119–154.

91 ELIOR, *The Three Temples: On the Emergence of Jewish Mysticism*, 31–33. Referat und Kritik bei HIMMELFARB, «Merkavah Mysticism since Scholem: Rachel Elior's *The Three Temples*,» 23.

92 Andrei A. ORLOV, *The Enoch-Metatron Tradition*, Texte und Studien zum Antiken Judentum 107 (Tübingen: Mohr Siebeck, 2005), 3–6; dazu auch SCHÄFER, *Die Ursprünge der jüdischen Mystik*, 28–30.

93 Das entspricht einer Tendenz der Angelologie: Johann MICHL, s. v. «Engel II (jüdisch),» in *Reallexikon für Antike und Christentum* (Stuttgart: Hiersemann, 1962), 5: (60–97) 69–72.

94 SCHÄFER, *Die Ursprünge der jüdischen Mystik*, 196.

95 Vgl. o. S. 127.

96 SCHÄFER, *Die Ursprünge der jüdischen Mystik*, 248.

97 Tosefta Megilla 4,6: שמע אמרו לו הרבה דרשו במרכבה ולא ראו אותה מימיהם (228,1 ZUCKERMANDEL nach Ms. Erfurt, Wien hat מעולם); deutsch nach: *Die Tosefta, Bd. II/4 Seder Moëd: Taanijjot – Megilla*, übersetzt und erklärt von Günter Mayer u. Carola Krieg, Rabbinische Texte, 1. Reihe: Die Tosefta (Stuttgart u. a.: Kohlhammer, 2002), 135; ausführliche Kommentierung der Passage auch bei SCHÄFER, *Die Ursprünge der jüdischen Mystik*, 248–250 und HALPERIN, *The Faces of the Chariot: Early Jewish Responses to Ezekiel's Vision*, 12 f.

98 Mischna Megilla: 4,10 אין מפטירים במרכבה : ר'רבי יהודה מתיר; hier zitiert nach: *Megilla. Rolle*, bearbeitet von Michael Krupp, Die Mischna. Textkritische Ausgabe mit deutscher Übersetzung und Kommentar (Jerusalem: Lee Achim Sefarim, 2002), 25; zur Passage ausführlich HALPERIN, *The Faces of the Chariot: Early Jewish Responses to Ezekiel's Vision*, 20–23.

99 David J. HALPERIN, *The Merkabah in Rabbinic Literature*, American Oriental Studies 62 (New Haven, CO: American Oriental Society, 1980), 39–63 und dazu kritisch SCHÄFER, *Die Ursprünge der jüdischen Mystik*, 250–252.

100 Mischna Chagiga 2,1: ולא במרכבה ביחיד אלא אם כן היה חכם; zur Interpretation zuletzt SCHÄFER, *Die Ursprünge der jüdischen Mystik*, 252–256 und vorher schon HALPERIN, *The Merkabah in Rabbinic Literature*, 19–27 sowie DERS., *The Faces of the Chariot: Early Jewish Responses to Ezekiel's Vision*, 23–25. – Ich habe für den folgenden Abschnitt zum Teil auf Beobachtungen zurückgegriffen, die in einem Tübinger Oberseminar im Wintersemester 1987/1988 gemeinsam unter Leitung von Martin Hengel (1926–2009) entwickelt wurden und in den eingangs (S. 15) genannten Oberseminaren mit Peter Schäfer in Berlin und Princeton vertieft wurden.

101 Origenes/Rufinus, *Commentarium in Cantica Canticorum Prologus* 1,7 (GCS Origenes VIII, 62,22–30 BAEHRENS = SC 375, 84–86 BRÉSARD/CROUZEL/BORRET): *Aiunt enim observari etiam apud Hebraeos quod, nisi quis ad aetatem perfectam maturamque pervenerit, libellum hunc nec in manibus quidem tenere permittatur. Sed et illud ab iis accepimus custodiri, quoniamquidem moris est apud eos omnes scripturas a doctoribus et sapientibus tradi pueris, simul et eas, quas* δευτερώσεις *appellant, ad ultimum quattuor ista reservari, id est principium Genesis, in quo mundi creatura describitur, et Ezechiel prophetae principia, in quibus de Cherubin refertur, et finem, in quo templi aedificatio continetur, et hunc Cantici Canticorum librum.* – Übersetzung nach SCHÄFER, *Die Ursprünge der jüdischen Mystik*, 256; zur Passage vgl. auch Nicholas R. M. DE LANGE, *Origen and the Jews. Studies in Jewish-Christian Relations in Third-Century Palestine*, University of Cambridge Oriental Publications 25 (Cambridge u. a.: Cambridge University Press, 1976), 34 f. (zu δευτερώσεις) sowie 60 f. (zur Passage allgemein).

102 SCHÄFER, *Die Ursprünge der jüdischen Mystik*, 256–258.

103 MCGINN, *Die Mystik im Abendland*, Bd. 1 *Ursprünge*, 16.

104 Tosefta Chagiga 2,3: ארבעה נכנסו לפרדס. בן עזאי ובן זומא אחר ור׳ עקיבא (234,7 f. ZUCKERMANDEL); zur Interpretation dieser mehrfach in Varianten (Talmud Yerushalmi Chagiga 2,1 [fol. 77b 8–12]; Talmud Bavli Chagiga 14–15b) überlieferten Geschichte (die Details können wir hier ausblenden) vgl. SCHOLEM, *Die jüdische Mystik in ihren Hauptströmungen*, 56 f.; Peter SCHÄFER, «New Testament and Hekhalot Literature: The Journey into Heaven in Paul and Merkavah Mysticism,» in DERS., *Hekhalot-Studien*, Texte und Studien zum Antiken Judentum 19 (Tübingen: Mohr Siebeck, 1988), 234–249, bes. 238–246; DERS., *Die Ursprünge der jüdischen Mystik*, 273–281 sowie HALPERIN, *The Merkabah in Rabbinic Literature*, 86–92. 107-109 sowie DERS., *The Faces of the Chariot: Early Jewish Responses to Ezekiel's Vision*, 31–37. – Der «andere» (אחר) der vier Rabbinen ist der meist nur anonym bezeichnete Rabbi Elisha Ben Abuyah, ein als Häretiker verrufener Tannait der zweiten Generation.

105 Tosefta Chagiga 2,3: אחד עלה בשלום וירד בשלום (234,8 f. ZUCKERMANDEL), der Satz ist nur in der Wiener Handschrift überliefert; vgl. ebd. 2,4: ר׳ עקיבא נכנס בשלום ויצא בשלום (234,11).

106 Zu dieser paradoxen Terminologie und ihrer unbekannten Geschichte: Peter

Schäfer, *Der verborgene und der offenbare Gott. Hauptthemen der frühen jüdischen Mystik* (Tübingen: Mohr Siebeck, 1991), 2 Anm. 5 sowie vorher schon Scholem, *Die jüdische Mystik in ihren Hauptströmungen*, 50.

107 Peter Schäfer, *Die Ursprünge der jüdischen Mystik*, 274 f. Vgl. dazu Talmud Yerushalmi Chagiga 2,1 [fol. 77b 8–12]: אחד נכנס בשלוֹ ויצ׳ בשלוֹ «einer trat in Frieden ein und ging in Frieden hinaus» (*Hagiga: Festopfer*, übersetzt von Gerd A. Wewers, Übersetzung des Talmud Yerushalmi II/1 [Tübingen: Mohr Siebeck, 1983], 37).

108 *Synopse zur Hekhalot-Literatur*, hg. Peter Schäfer, Margarete Schlüter und Hans Georg von Mutius, Texte und Studien zum Antiken Judentum 2 (Tübingen: Mohr Siebeck, 1981); Peter Schäfer, *Geniza-Fragmente zur Hekhalot-Literatur*, Texte und Studien zum Antiken Judentum 6 (Tübingen: Mohr Siebeck, 1984). – Zusätzlich herangezogen wurde Martin S. Cohen, *The Shi'ur Qomah: Texts and Recensions*, Texte und Studien zum Antiken Judentum 9 (Tübingen: Mohr Siebeck, 1985). – Vgl. die Übersicht über die Forschungsgeschichte bei Ra'anan S. Boustan, «The Study of Heikhalot Literature: Between Mystical Experience and Textual Artifact,» *Currents in Biblical Research* 6 (2007): 130–160. Zentral ist ein Satz aus der Einleitung zur Synopse: «Vorgelegt werden nicht bestimmte Texte der *Hekhalot*-Literatur, d. h. festumrissene und endredigierte *Schriften*, die zur ‹Gattung› *Hekhalot*-Literatur zählen, sondern *Handschriften*» (aaO. V).

109 Synopse zur Hekhalot-Literatur § 597 nach N8128: אמ׳ אלישע בן אבויה כשהייתי עולה בפרדס ראיתי את אכתריאל יה אלהי ישראל יהוה צבאות שהוא יושב על פתח פרדס ומאה ועשרין ריבוא של מלאכי השרת מוקפין לי (230,47–49 Schäfer); deutsch nach: *Übersetzung der Hekhalot-Literatur*, Vol. V, §§ 335–597, in Zusammenarbeit mit Klaus Herrmann, Lucie Renner, Claudia Rohrbacker-Sticker und Stefan Siebers hg. Peter Schäfer, Texte und Studien zum Antiken Judentum 22 (Tübingen: Mohr Siebeck, 1989), 338. – N8128 bezeichnet die Handschrift 8128 der Kabbalah des Jewish Theological Seminary.

110 Synopse zur Hekhalot-Literatur § 338 (Hekhalot Zutarti, N8128): א׳ ר׳ עקיבא ארבעה היינו שנכנסו לפרדס וגו (144,12 Schäfer; nur mit Einleitungsformel zitiert); voller Wortlaut in § 344 als Aussage Rabbi Aqibas in der ersten Person: א׳ ר׳ עקיבא ארבעה היינו שנכנסנו לפרדס ... ואני נכנסתי לשלום ויצאתי בשלום (146,6–9 Schäfer), auch, wörtlich, in der Makroform *Merkava Rabba* in § 672 überliefert: ר׳ עקיב׳ עלה בשלום וירד בשלום (246,57 f. Schäfer).

111 Zur Einleitung vgl. Peter Schäfer, *Die Ursprünge der jüdischen Mystik*, 336 f.; ders., *Der verborgene und der offenbare Gott. Hauptthemen der frühen jüdischen Mystik*, 5–8. – Das dritte Henochbuch wurde vor Erscheinen der Synopse gern nach einer verbreiteten, aber aufgrund ihrer handschriftlichen Basis nicht unproblematischen Edition zitiert: *3 Henoch or The Hebrew Book of Henoch*, ed. and transl. for the first time with Introduction, Commentary, and

Critical Notes by Hugo Odeberg (Cambridge: Cambridge University Press, 1928).
112 Dazu vgl. Klaus HERRMANN, «Text und Fiktionen. Zur Textüberlieferung des Shi'ur Qoma,» *Frankfurter Judaistische Beiträge* 16 (1988): 89–142.
113 Peter SCHÄFER, *Die Ursprünge der jüdischen Mystik*, 416. – Schäfer weist aaO. 583 (Anm. 280) darauf hin, dass er in der Einleitung zur Synopse und in der *Übersetzung der Hekhalot-Literatur*, Vol. IV, §§ 598–985, in Zusammenarbeit mit Klaus Herrmann, Lucie Renner, Claudia Rohrbacker-Sticker und Stefan Siebers, hg. Peter Schäfer, Texte und Studien zum Antiken Judentum 29 (Tübingen: Mohr Siebeck, 1991), XXXIf. diese Abschnitte noch «als eine eigene Makroform ‹Shi'ur Qoma› behandelt» habe.
114 *Synopse zur Hekhalot-Literatur* §§ 688, 692 und 948 (253,33 f.; 252,60 [nur in N8128] und 294,17); vgl. auch *Übersetzung der Hekhalot-Literatur*, XXXII.
115 *Synopse zur Hekhalot-Literatur* § 688 nach O1531 (252,30–33 SCHÄFER):

א׳ ר׳ ישמע׳
אני ראיתי מלכו של עולם
יושב על כסא רם ונישא
וכל חיילותיו עומדין
וכל צבא מרום שבשמים
משתחוים נצבים עליו
מימינו ומשמאלו:
אמרתי לו לשר התורה
ר׳ למדיני שיעורו:
ואמ׳ שיעורו של יוצרנו:
ואמ׳ שיעור{ו} קומה
תתהדר תתברך

O1531 bezeichnet die Handschrift Oxford, Bodleian Library Michael 9 = Neubauer 1531, saec. XIV.
116 SCHÄFER, *Der verborgene und der offenbare Gott. Hauptthemen der frühen jüdischen Mystik*, 15.
117 *Synopse zur Hekhalot-Literatur* § 159 nach O1531 (70,8–10 SCHÄFER):

המסתכל בו מיד נקראע והמציץ ביופיו מיד נשתפך כקיתון.

118 *Synopse zur Hekhalot-Literatur* § 102 nach O1531 (48,39 f. SCHÄFER):

וחקוק ומלא כולו מבפנים ומן החיצון yyy yyy

«Über und über, von innen und von außen, ist (in das Gewand) YYY YYY eingraviert», zitiert nach *Übersetzung der Hekhalot-Literatur*, Vol. II, §§ 81–334, in Zusammenarbeit mit Hans-Jürgen Becker, Klaus Herrmann, Claudia Rohrbacker-Sticker und Stefan Siebers, hg. Peter Schäfer, Texte und Studien zum Antiken Judentum 17 (Tübingen: Mohr Siebeck, 1987), 22. Zum Thema vgl. auch Raphael LOEWE, «The Divine Garment and Shi'ur Qomah,» *Harvard Theological Review* 58 (1965): 153–160.
119 *Synopse zur Hekhalot-Literatur* § 335 nach O1531 (142,41–43 SCHÄFER):

582 ANMERKUNGEN

מה ש(ב)ליבך תבין ותדום כדי שתזכה ליופיות המרכבה; «Was in deinem Herzen ist, sollst du zu verstehen suchen und darüber schweigen, damit du der Schönheit der Merkava würdig wirst» (nach: *Übersetzung der Hekhalot-Literatur*, Vol. III, §§ 335–597, in Zusammenarbeit mit Klaus Herrmann, Lucie Renner, Claudia Rohrbacher-Sticker und Stefan Siebers, hg. Peter Schäfer, Texte und Studien zum Antiken Judentum 22 [Tübingen: Mohr Siebeck, 1989], 1).

120 *Synopse zur Hekhalot-Literatur* § 407 nach O1531 (172,2–5 SCHÄFER): וארא (...) ובורר מיורדי מרכבה בין מי שהוא ראוי לראות המלך (...) ביופיו ובין שאינו ראוי לראות מלך ביופיו «Und ich (Rabbi Yishmaʿel) sah (einen), (...) der (...) von den zum Thronwagen Hinabsteigenden auswählt zwischen dem, der würdig ist, den König in seiner Schönheit zu sehen, und dem, der nicht würdig ist, den König in seiner Schönheit zu sehen». – Die Wendung לראות מלך ביופיו («den König in seiner Schönheit zu sehen») geht auf Jes 33,17 zurück, kommt in *Hekhalot Zutarti* immer wieder vor (§ 407. 408. 409. 411 usf.); dazu noch in § 248 (110,21 SCHÄFER) und im Geniza-Fragment G 8, fol. 2b, 18 f. 23 (*Geniza-Fragmente zur Hekhalot-Literatur*, 105). Zur Interpretation vgl. SCHÄFER, *Der verborgene und der offenbare Gott. Hauptthemen der frühen jüdischen Mystik*, 56–58.

121 Helmer RINGGREN, s. v. «יפה,» s. v. «תמונה,» in *Theologisches Wörterbuch zum Alten Testament* (Stuttgart u. a.: Kohlhammer, 1982), 3: (787–790) 789; vgl. auch: Alexandra GRUND, ««Aus der Schönheit Vollendung strahlt Gott auf» (Ps 50,2): Bemerkungen zur Wahrnehmung des Schönen in den Psalmen,» in *«Wie schön sind deine Zelte, Jakob!» Beiträge zur Ästhetik des Alten Testaments*, hg. Alexandra Grund u. a., Biblisch-Theologische Studien 60 (Neukirchen-Vluyn: Neukirchener, 2003), 100–129 sowie Silvia SCHROER/Thomas STAUBLI, *Die Körpersymbolik der Bibel* (Darmstadt: Wissenschaftliche Buchgesellschaft, 1998), 24–29.

122 Plotinus, *Enneades* I 6 (Περὶ τοῦ καλοῦ) 9,44 (PhB 211a, 24,40–45 HARDER): διαιρῶν δὲ τὰ νοητὰ τὸ μὲν νοητὸν καλὸν τὸν τῶν εἰδῶν φήσει τόπον, τὸ δ᾿ ἀγαθὸν τὸ ἐπέκεινα καὶ πηγὴν καὶ ἀρχὴν τοῦ καλοῦ. Ἢ ἐν τῷ αὐτῷ τἀγαθὸν καὶ καλὸν πρῶτον θήσεται· πλὴν ἐκεῖ τὸ καλόν. – Vgl. auch *Enneades* VI 2 18,134 f. (PhB 214a, 218,1–8 HARDER) sowie VI 2 18,134 f. (PhB 214a, 218,1–8 HARDER) sowie VI 7 33,255 (PhB 213a, 332,21 f. HARDER): Ἀνείδεον ἄρα τὸ πρώτως καὶ πρῶτον καὶ ἡ καλλονὴ ἐκεῖνο ἡ τοῦ ἀγαθοῦ φύσις sowie A. Hilary ARMSTRONG, «Beauty and the Discovery of Divinity in the Thought of Plotinus,» in *Kephalaion: Studies in Greek Philosophy and Its Continuation offered to Cornelia Johanna de Vogel*, eds. Jaap Mansfeld and Lambertus Marie de Rijk, Philosophical Texts and Studies 23 (Assen: Van Gorcum, 1975), 155–163 = DERS., *Plotinian and Christian Studies*, Variorum Collected Studies Series 102 (Farnham: Ashgate, 1979), nr. XIX; Glenn W. MOST, s. v. «Schöne (das)», in *Historisches Wörterbuch der Philosophie* (Darmstadt: Wissen-

schaftliche Buchgesellschaft, 1992), 8: 1343–1351 und Mark J. EDWARDS, «Middle Platonism on the Beautiful and the Good,» *Mnemosyne* 44 (1991): 161–167.

123 Proclus, *Theologia Platonis* I 24 (CUFr I, 106,6–10 SAFFREY/WESTERINK): Λέγεται μὲν οὖν ἀγαθοειδὲς εἶναι κάλλος, καὶ νοητὸν κάλλος, καὶ πρεσβύτερον τῆς νοερᾶς καλλονῆς, καὶ αὐτοκαλλονή, καὶ τῶν ὄντων ἁπάντων αἰτία καλλοποιός, καὶ πάντα τὰ τοιαῦτα, καὶ ὀρθῶς λέγεται und ebd. III 11 (CUFr III, 44,14–17 SAFFREY/WESTERINK): Ἐνταῦθα τοίνυν καὶ τὸ πρῶτον κάλλος, καὶ διὰ τοῦτο τὸ ἓν οὐ μόνον τῶν ἀγαθῶν αἴτιον ἀλλὰ καὶ τῶν καλῶν, ὥς φησι Πλάτων ἐν Ἐπιστολαῖς (sc. *Epistula* 2, 312 E). – Vgl. dazu auch Christos TEREZIS/Kalomoira POLYCHRONOPOULOU, «The sense of Beauty (κάλλος) in Proclus the Neoplatonist,» in *Neoplatonism and Western Aesthetics*, eds. Aphrodite Alexandrakis and Nicholas J. Moutafakis, Studies in Neoplatonism, Ancient and Modern 12 (Albany, NY: State University of New York Press, 2002), 53–60 sowie Sergei MARIEV, «Proklos and Plethon on Beauty,» in *Aesthetics and Theurgy in Byzantium*, eds. Sergei Mariev and Wiebke-Marie Stock, Byzantinisches Archiv 25 (Berlin/Boston: De Gruyter, 2013), (57–74) 62–65.

124 (Ps.-?)Plato, *Hippias maior* 296 E: Σωκράτης· Τοῦ ἀγαθοῦ ἄρα αἴτιόν ἐστιν τὸ καλόν. Ἱππίας· Ἔστι γάρ.

125 Plotinus, *Enneades* V 5 12,81 (PhB 213a, 98,34–37 HARDER): τὸ δὲ θάμβος ἔχει καὶ ἔκπληξιν καὶ συμμιγῆ τῷ ἀλγύνοντι τὴν ἡδονήν.

126 Ps.-Dionysius Areopagita, *De divinis nominibus* 4,7 (PTS 33, 151,2–7 SUCHLA): Τὸ δὲ καλὸν καὶ κάλλος οὐ διαιρετὸν ἐπὶ τῆς ἐν ἑνὶ τὰ ὅλα συνειληφυίας αἰτίας. Ταῦτα γὰρ ἐπὶ μὲν τῶν ὄντων ἁπάντων εἰς μετοχὰς καὶ μετέχοντα διαιροῦντες καλὸν μὲν εἶναι λέγομεν τὸ κάλλους μετέχον, κάλλος δὲ τὴν μετοχὴν τῆς καλλοποιοῦ τῶν ὅλων καλῶν αἰτίας. Τὸ δὲ ὑπερούσιον καλὸν κάλλος μὲν λέγεται διὰ τὴν ἀπ' αὐτοῦ πᾶσι τοῖς οὖσι μεταδιδομένην οἰκείως ἑκάστῳ καλλονὴν (...) – Vgl. auch Dimitrios N. KOUTRAS, «The Beautiful According to Dionysius,» in *Neoplatonism and Western Aesthetics*, eds. Aphrodite Alexandrakis and Nicholas J. Moutafakis, Studies in Neoplatonism, Ancient and Modern 12 (Albany, NY: State University of New York Press, 2002), 31–40 und Jens HALFWASSEN, «Schönheit und Bild im Neuplatonismus,» in *Neuplatonismus und Ästhetik. Zur Transformationsgeschichte des Schönen*, hg. Verena Olejniczak Lobsien u. Claudia Olk, Transformationen der Antike 2 (Berlin/New York: De Gruyter, 2007), (43–57) 45–47.

127 *Synopse zur Hekhalot-Literatur* § 352 nach O1531 (148,19 SCHÄFER): קדישי וְהַחֲיוֹת רָצוֹא וָשׁוֹב כְּמַרְאֵה הַבָּזָק: עליוניו אומ' כמראה בזק, vgl. dazu Ez 1,14.

128 *Synopse zur Hekhalot-Literatur* § 352 nach O1531 (148,22 f. SCHÄFER): א' ר' כביכול כמותנו הוא והוא גדול מכל וזה הוא כבודו{.} שנסתר מפנינו ;vgl. SCHÄFER, *Der verborgene und der offenbare Gott. Hauptthemen der frühen jüdischen Mystik*, 57 und DERS., *Die Ursprünge der jüdischen Mystik*, 396–398.

129 *Synopse zur Hekhalot-Literatur* § 356 nach O1531 (150,24 f. SCHÄFER): וג)ו(וייתו כתרשיש מלא כל העולם שאין קרובין רחוקין מסתכלין «‹und sein Körper ist wie Tarshish› (Dan 10,6) und erfüllt die ganze Welt, so dass die Nahen und die Fernen (ihn) nicht betrachten können» (nach *Übersetzung der Hekhalot-Literatur*, Vol. III, 34).

130 Vgl. *Übersetzung der Hekhalot-Literatur*, Vol. IV, XXXII: München, Bayerische Staatsbibliothek Cod. Hebr. 40, saec. XV; München, Bayerische Staatsbibliothek Cod. Hebr. 22, saec. XVI; Ms Cambridge Taylor-Schechter Cairo Genizah Collection K. 21.95.C (= G8), saec. XI; Ms Oxford Hebr. C. 65.6 (= G9); saec. XI; Ms Cambridge Taylor-Schechter K. 21.95.I (G4), saec. XII; Ms Cambridge Taylor-Schechter K. 21.95.H (G10), saec. XI; Ms Cambridge Taylor-Schechter K. 21.95.J (G11), spät.

131 Martin Samuel COHEN, *The Shiʻur Qomah: Text and Recensions*, Texts and Studies in Ancient Judaism 9 (Tübingen: Mohr Siebeck, 1985). – Cohen hat auch seine 1983 am Jewish Theological Seminary in New York angefertigte Dissertation veröffentlicht: DERS., *The Shiʻur Qomah. Liturgy and Theurgy in Pre-Kabbalistic Jewish Mysticism* (Lanham/London: The University Press of America, 1983).

132 Peter SCHÄFER, «Shiʻur Qoma: Rezensionen und Urtext», in DERS., *Hekhalot-Studien*, Texte und Studien zum Antiken Judentum 19 (Tübingen: Mohr Siebeck, 1988), (75–83) 75.

133 COHEN, *The Shiʻur Qomah: Text and Recensions*, 1–5 (Zitat S. 5): London British Library Or. 10675 = Gaster Ms 187; zur Kritik vgl. SCHÄFER, «Shiʻur Qoma: Rezensionen und Urtext», 75 f. Schäfer ediert auf der Basis von MS 40 = München, Bayerische Staatsbibliothek, Cod. Hebr. 40, saec. XV.

134 COHEN, *The Shiʻur Qomah: Texts and Recensions*, 77–124 bzw. 125–128.

135 Vgl. die Kurzfassung der Kritik in der Einleitung zur *Übersetzung der Hekhalot-Literatur*, Vol. IV, XXXIII; ausführlicher SCHÄFER, «Shiʻur Qoma: Rezensionen und Urtext», 81–83 und *Massekhet Hekhalot*. מסכת היכלות *Traktat von den himmlischen Palästen. Edition, Übersetzung und Kommentar*, hg. Klaus Herrmann, Texte und Studien zum Antiken Judentum 39 (Tübingen: Mohr Siebeck, 1994), 76–91.

136 SCHÄFER, *Die Ursprünge der jüdischen Mystik*, 416.

137 Gershom SCHOLEM, *Jewish Gnosticism, Merkabah Mysticism, and Talmudic Tradition: Based on the Israel Goldstein Lectures, delivered at the Jewish Theological Seminary of America, New York* (New York: Jewish Theological Seminary of America, 1965), 6 f.

138 *Synopse zur Hekhalot-Literatur*, VII.

139 Herodotus, *Historiae* II 6,3 (BiTeu I, 142,11–13 ROSÉN): (…) Δύναται δὲ ὁ μὲν παρασάγγης τριήκοντα στάδια, ὁ δὲ σχοῖνος ἕκαστος (μέτρον ἐὼν Αἰγύπτιον) ἑξήκοντα στάδια (…) und V 53,1 (BiTeu II, 32,589 ROSÉN): (…) καὶ ὁ παρασάγγης δύναται τριήκοντα στάδια· (…); vgl. auch *Suda* Π 427

(IV, 40,25 ADLER): Παρασάγγης· εἶδος μέτρου Περσικοῦ, ὅ ἐστι λ΄ στάδια; Hesychius Π 659 (Sammlung griechischer und lateinischer Grammatiker 11/3, 32 HANSEN) παρασάγγας· μέτρον ὁδοῦ, τριάκοντα σταδίους ἔχων Περσικοῦ und Xenophon, *Expeditio Cyri* II 2,6 (BiTeu 53,13 f. HUDE/PETERS). Der im 6. Jh. n. Chr. lebende byzantinische Historiker Agathias bemerkt in *Historiae* II 21 (Corpus Fontium Historiae Byzantinae II, 68,22–24 KEYDELL) allerdings – indem er sich von Herodot und Xenophon absetzt – dass in seiner Zeit die Perser unter einer Parasange nur 21 *stadia* zählten: ἔστι γὰρ ὁ παρασάγγης, ὡς μὲν Ἡροδότῳ δοκεῖ καὶ Ξενοφῶντι, τριάκοντα στάδια, ὡς δὲ νῦν Ἴβηρες καὶ Πέρσαι φασίν, ἐν ἑνὶ μόνῳ τῶν εἴκοσι πλείονα. Strabo (XI 11,5 [BiTeu II, 728,9–11 MEINEKE]) referiert, dass einige die Parasange mit 60, andere mit 40 oder 30 *stadia* gleichsetzen: τὸν δὲ παρασάγγην τὸν περσικὸν οἱ μὲν ἑξήκοντα σταδίων φασίν, οἱ δὲ τριάκοντα ἢ τετταράκοντα.

140 *Synopse zur Hekhalot-Literatur* § 939 nach M40 (293,30 SCHÄFER):
אמר ר׳ ישמעאל א׳ ל מטטרון שרא רבא דסהדותא – Rabbi Yishma'el ist der Hauptprotagonist von Hekhalot Rabbati und Merkava Rabba, in Hekhalot Zutarti ist es Rabbi Aqiba; zu Figur und Namen des Metatron s. u. S. 587.

141 *Synopse zur Hekhalot-Literatur* § 950 nach M40 (294,50–53 SCHÄFER):
אמר לי אמו׳ חשבו׳ פרסאות כמה הוי שיעורם כל פרסה ופרסה שלשת מילין וכל מיל ומיל עשרת אלפי׳ אמה וכל אמה; ואמה שתי זרתות כזרת שלו וזרת שלו מלא עולם שנ׳ מי מדד בשעלו מים ושמים בזרת תיקו
Übersetzung nach *Übersetzung der Hekhalot-Literatur* Vol. IV, 164 f.

142 M22: 4000, allerdings hat M22 «acht» für die Meilen in der Parasange (295,53–55 SCHÄFER). Die Handschrift M22 bietet also nicht grundsätzlich die besseren Zahlen, sondern ist ein Zeichen dafür, dass die Zahlen im Überlieferungsprozess in M22 wie M40 in Unordnung geraten sind.

143 Vitruvius, *De architectura* III 1,7 (CUFr III, 10 GROS): *cubitumque animadverterunt ex sex palmis constare digitisque XXIIII. ex eo etiam videntur civitates Graecorum fecisse et quemadmodum cubitus est sex palmorum*; vgl. auch ebd. III 1,3 (CUFr III, 7 GROS), s. u. S. 590 mit Anm. 172.

144 *Massekhet Hekhalot*. מסכת היכלות *Traktat von den himmlischen Palästen. Edition, Übersetzung und Kommentar*, hg. Klaus Herrmann, 222–225. – Herrmann zitiert und vergleicht vier parallele Versionen dieses Satzes, die Version *Synopse zur Hekhalot-Literatur* § 950 hält er ebenfalls für «möglicherweise die älteste Form dieser (...) Tradition».

145 *Synopse zur Hekhalot-Literatur* § 950 (294,52 SCHÄFER): שתי זרתות כזרת שלו. וזרת שלו מלא עולם.

146 Johannes ZACHHUBER, s. v. «Überseiend; überwesentlich,» in *Historisches Wörterbuch der Philosophie* (Darmstadt: Wissenschaftliche Buchgesellschaft, 2001), 11: 58–63.

147 Vgl. dazu Macrobius, *Saturnalia* I 20,16 f.: εἰμὶ θεὸς τοιός δὲ μαθεῖν, οἷόν κ'

ἐγὼ εἴπω·| οὐράνιος κόσμος κεφαλή, γαστὴρ δὲ θάλασσα,| γαῖα δέ μοι πόδες εἰσί, τὰ δ᾽ οὔατ᾽ ἐν αἰθέρι κεῖται,| ὄμμα δὲ τηλαυγὲς λαμπρὸν φάος ἠελίοιο (SCBO 116,14–17 Kaster = PEG II/2 [Orphicorum et Orphicis similium testimonia et fragmenta], fr. 861, 381 Bernabé = Orphicorum fragmenta, 265 Kern) und oben S. 478 mit Anm. 144.

148 *Synopse zur Hekhalot-Literatur* § 699 nach O1531 (256,32 f. Schäfer): אין בידינו מידה. אבל השמות מגולים לנו.

149 *Oracula Chaldaica* frg. 150 (CUFr 103 Des Places) = Psellus, Ἐξήγησις τῶν Χαλδαϊκῶν ῥητῶν (PG 122, 1132 c 1) ὀνόματα βάρβαρα μήποτ᾽ ἀλλάξῃς – aus dem Kommentar von Psellus: ‹Μὴ᾽ οὖν μετ ,ἀλλάξῃς᾽ αὐτὰ εἰς τὴν ἑλληνικὴν διάλεκτον· οἷον τὸ Σεραφεὶμ καὶ τὸ Χερουβεὶμ καὶ τὸ Μιχαὴλ καὶ τὸ Γαβριήλ. Οὕτω μὲν γὰρ λεγόμενα κατὰ τὴν ἑβραϊκὴν διάλεκτον, ἐνέργειαν ἐν ταῖς τελεταῖς ἔχει ἄρρητον· ἀμειφθέντα δὲ ἐν τοῖς ἑλληνικοῖς ὀνόμασιν, ἐξασθενεῖ und zur Sache Fritz Graf, *Gottesnähe und Schadenzauber: Die Magie in der griechisch-römischen Antike* (München: Beck, 1996), 195–198 und für die jüdische Literatur Peter Schäfer, «Jewish Liturgy and Magic,» in *Geschichte – Tradition – Reflexion. Festschrift für Martin Hengel zum 70. Geburtstag*, Vol. 1: *Judentum*, ed. Peter Schäfer (Tübingen: Mohr Siebeck, 1996), 541–555 sowie Hans-Jürgen Becker, «The Magic of the Name and Palestinian Rabbinic Literature,» in *The Talmud Yerushalmi and Graeco-Roman Culture*, ed. Peter Schäfer, Texte und Studien zum Antiken Judentum 93 (Tübingen: Mohr Siebeck, 2002), 391–407. Zur Sache auch: Naomi Janowitz, «God's Body: Theological and Ritual Roles of *Shi'ur Komah*,» in *People of the Body: Jews and Judaism from an Embodied Perspective*, ed. Howard Eilberg-Schwartz, (Albany, NY: State University of New York Press, 1992), 183–201.

150 Iamblichus, *De mysteriis* VII 5 (CUFr 168,15–21 Saffrey/Segonds/Lecerf): ἔχει δὲ καὶ τὰ βάρβαρα ὀνόματα πολλὴν μὲν ἔμφασιν πολλὴν δὲ συντομίαν, ἀμφιβολίας τε ἐλάττονος μετέσχηκε καὶ ποικιλίας καὶ τοῦ πλήθους τῶν λέξεων· διὰ πάντα δὴ οὖν ταῦτα συναρμόζει τοῖς κρείττοσιν.

151 Iamblichus, *De mysteriis* VII 5 (CUFr 193,5–7 Saffrey/Segonds/Lecerf): Τοιαῦτα καὶ περὶ τῶν ὀνομάτων τῶν τε ἀφθέγκτων καὶ τῶν βαρβάρων μὲν καλουμένων ἱεροπρεπῶν δὲ ὄντων πρὸς σὲ ἀποκρινόμεθα.

152 *Massekhet Hekhalot*. מסכת היכלות. *Traktat von den himmlischen Palästen. Edition, Übersetzung und Kommentar*, 223 f.

153 Heinrich Graetz, «Die mystische Literatur in der gaonäischen Epoche,» *Monatsschrift für Geschichte und Wissenschaft des Judentums* 8 (1859): 67–78. 103–118. 140–153 (Zitat ebd., 115); Adolf Jellinek, *Beth ha-Midrasch: Sammlung kleiner Midraschim und vermischter Abhandlungen aus der ältern jüdischen Literatur*, nach Handschriften und Druckwerken gesammelt und nebst Einleitungen hg., 6. Teil (Jerusalem: Bamberger & Wahrmann, 1938 = Leipzig/Wien: Wahrmann, 1877), XXXXIIf.; Moses Gaster, «Das Schiur Komah,» *Monats-

schrift für Geschichte und Wissenschaft des Judentums 37 (1893): 179–185. 213–230 = DERS., Studies and Texts, Vol. II (New York: Ktav Publishing House, 1971), 1330–1353 und Gershom SCHOLEM, Ursprung und Anfänge der Kabbala, mit einem Geleitwort v. Ernst Ludwig Ehrlich u. einem Nachwort v. Joseph Dan, Studia Judaica 3, 2. Aufl. (Berlin/New York, 2001), 17; DERS., Jewish Gnosticism, Merkabah Mysticism, and Talmudic Tradition, 36–42 sowie DERS., Die jüdische Mystik, 69–72. Zur Forschungsgeschichte vgl. auch SCHÄFER, Übersetzung der Hekhalot-Literatur Vol. IV, XXXVII.

154 ODEBERG, 3 Enoch or The Hebrew Book of Enoch, 38: «This points to a place and time of composition (i. e. redaction) such as the Jewish colonies in Babylonia during the third and fourth centuries». – SCHOLEM war kein Freund dieser Edition, wie seine äußerst scharfe Rezension zeigt: Orientalische Literaturzeitung 33 (1930): 193–197; SCHÄFER urteilt freundlicher: Übersetzung der Hekhalot-Literatur Vol. I, XLIV–XLIX.

155 Begründer der Forschungsrichtung ist Moritz FRIEDLÄNDER (1842–1919, seit 1874 Sekretär der «Israelitischen Allianz zu Wien»: Der vorchristliche jüdische Gnosticismus (Göttingen: Vandenhoeck & Ruprecht, 1898); vgl. zum Thema auch Joseph DAN, «Jewish Gnosticism?,» in Jewish Studies Quarterly 2 (1995): 309–328 und Klaus HERRMANN, «Jüdische Gnosis? Dualismus und ‹gnostische› Motive in der frühen jüdischen Mystik,» in Zugänge zur Gnosis: Akten zur Tagung der Patristischen Arbeitsgemeinschaft vom 02.–05.01.2011 in Berlin-Spandau, hg. Christoph Markschies u. Johannes van Oort, Studien der Patristischen Arbeitsgemeinschaft 12 (Leuven/Walpole, MA: Peeters, 2013), 43–90 (zu Scholem aaO. 44–48).

156 SCHÄFER, Die Ursprünge der jüdischen Mystik, 424–427.

157 Zu Metatron und verschiedenen Erklärungen seines Namens vgl. Friedrich AVEMARIE, «Rivalität zwischen Gott und seinen Paladinen. Beobachtungen zum Monotheismus in der rabbinischen Literatur,» in Gott – Götter – Götzen. XIV. Europäischer Kongress für Theologie (11.–15. September 2011 in Zürich), hg. Christoph Schwöbel, Veröffentlichungen der wissenschaftlichen Gesellschaft für Theologie 38 (Leipzig: Evangelische Verlagsanstalt, 2013), 353–366, bes. 357–363 und vorher schon ODEBERG, 3 Henoch or The Hebrew Book of Henoch, 79–146 sowie ORLOV, The Enoch-Metatron Tradition, 92–96.

158 Klammerbemerkung nach dem Geniza-Fragment T.-S. K 21.95.C (= G8): Geniza-Fragmente zur Hekhalot-Literatur, 106 SCHÄFER (Text mitgeteilt in der folgenden Anmerkung).

159 Synopse zur Hekhalot-Literatur § 939 nach M40 (293,30–36 SCHÄFER):

אמר ר' ישמעאל א' ל מטטרון שרא רבא דסהדותא מעיד אני בעדות
זו בה אלהי ישראל (...)
מאה ושמונה עשרה רבבות פרסאות
(+) מזרועו של ימין עד זרועו של/ש שמאל שבעי' ושבע רבבות: רומיה מאתי'
ושלשים וששה רבבות /פ פרסאות מגלגל

עין של ימין ועד גלגל עין של שמאל של שלש רבבות /גו גולגולותיה שכתייה
שלשי ושלש מאות ושליש עטרת
שבראשו ששים רבבות אלפי כלפי ששי רבבות אלפי ישראל לפיכך נקרא
האל הגדול הגבור והנורא:
Deutsch nach: *Übersetzung der Hekhalot-Literatur*, Vol. IV, 136 f. An der mit (+) markierten Stelle ist in der deutschen Übersetzung eingefügt aus dem Geniza-Fragment G8:
ושמונה עשרה רבבות רומיה מאתים ושן [ים וששה רבבור אלפים פרסאות רבבות ומבית מותב יקריה ולמטה מאה
Für kleine Änderungen vgl. aaO. 137, statt des korrupten גולגולותיה שכתייה ist zu lesen גולגלתא דיבראשיה.

160 Der Engelname מטטרון oder מיטטרון wurde von ODEBERG erklärt als ὁ μετὰ θρόνον, «der neben dem göttlichen Thron sitzende» Engel (*3 Henoch or The Hebrew Book of Henoch*, 136–142). SCHOLEM, *Die jüdische Mystik in ihren Hauptströmungen*, 74 f. hat dagegen eingewandt, dass ein griechisches Äquivalent wie *μετάθρονος fehlt und θρòνος als Fremdwort im Hebräischen nicht belegt ist: «Es ist also durchaus möglich, daß Metatron ein nach irgendwelchen für uns undurchschaubaren Erwägungen gebildeter Geheimname war, wie deren in den Hechaloth-Texten (nicht anders wie in den gnostischen Büchern und magischen Papyri) noch unendlich viele vorkommen». ORLOV, *The Enoch-Metatron Tradition*, 93–96 nennt noch als weitere Erklärung: Koine-Variante zu griechisch σύνθρονος, «Throngefährte» (Saul LIEBERMAN bei GRUENWALD, *Apocalyptic and Merkavah Mysticism*, 235–241, ebenso SCHÄFER, *Der verborgene und der offenbare Gott*, 28 f. Anm. 70).

161 Eine solche Ableitung findet sich erstmals bei Samuel KRAUSS, *Griechische und lateinische Lehnwörter im Talmud, Midrasch und Targum*, mit Bemerkungen von Immanuel Löw (Berlin: Calvary, 1899 = Hildesheim: Olms, 1987), 1: 250–252, dann bei Adolph JELLINEK, *Beiträge zur Geschichte der Kabbala* (Leipzig: Fritzsche, 1852), 2: 4 f., der auch auf den Begriff μέτρον verweist. Ähnlich votiert Guy G. STROUMSA, «Form(s) of God: Some Notes on Metatron and Christ,» *Harvard Theological Review* 76 (1983): (269–288) 287. Von lateinisch *metator*, Vermesser, erklärt מטטרון oder מיטטרון auch AVEMARIE, «Rivalität zwischen Gott und seinen Paladinen. Beobachtungen zum Monotheismus in der rabbinischen Literatur,» 357 Anm. 17 mit Verweis auf Midrasch Bereshit Rabba 5,5 (34,6 THEODOR/ALBECK). Dazu ausführlich SCHÄFER, *Die Geburt des Judentums aus dem Geist des Christentums*, Tria Corda. Jenaer Vorlesungen zu Judentum, Antike und Christentum 6 (Tübingen: Mohr Siebeck, 2010), 107–132.

162 Im Hebräischen entspricht רבבות dem griechischen μυριάς, also 10 000.

163 *Synopse zur Hekhalot-Literatur* § 167 nach B238 (Budapest, Rabbinerseminar, Kaufmann 238, saec. XV; hier zitiert nach 75,39 f. SCHÄFER):

וזרעותיו כפולין על שכמו.

164 *Synopse zur Hekhalot-Literatur* § 167 nach N8128 und V228 (New York, Jewish Theological Seminary 8128 saec. XV/XVI und Biblioteca Apostolica Vaticana, Vat. Ebr. 228; hier zitiert nach 75,22–24/74,24–26 SCHÄFER).

165 *Synopse zur Hekhalot-Literatur* § 376: 2 360 000 mit M40 (als § 728), dagegen in N8128 «230 Myriaden Parasangen» (158,21 f. SCHÄFER); vgl. *Übersetzung der Hekhalot-Literatur*, Vol. III, 73 Anm. 21.

166 S. o. S. 209.

167 Hildebrecht HOMMEL, *Symmetrie im Spiegel der Antike*, Sitzungsberichte der Heidelberger Akademie der Wissenschaften. Philosophisch-Historische Klasse 5/1986 (Heidelberg: Winter, 1987), 21–23 (mit Belegen).

168 Galenus, *De placitis Hippocratis et Platonis* V 3,15 (CMG V 4/1/2, 308,17–21 DE LACY) τὸ δὲ κάλλος οὐκ ἐν τῇ τῶν στοιχείων ἀλλ' ἐν τῇ τῶν μορίων συμμετρίᾳ συνίστασθαι νομίζει, δακτύλου πρὸς δάκτυλον δηλονότι καὶ συμπάντων αὐτῶν πρός τε μετακάρπιον καὶ καρπὸν καὶ τούτων πρὸς πῆχυν καὶ πήχεως πρὸς βραχίονα καὶ πάντων πρὸς πάντα, καθάπερ ἐν τῷ Πολυκλείτου κανόνι γέγραπται. Den ersten Teil des Zitates hat Hans von Arnim Chrysipp zugeschrieben; aus dem ersten Buch von dessen Werk *De affectionibus* zitiert Galen nach eigenen Angaben: ebd. V 3,12 (308,4): SVF III, 472 (III, 122,23 f. VON ARNIM); vgl. auch Arbogast SCHMITT, «Symmetrie und Schönheit. Plotins Kritik an hellenistischen Proportionslehren und ihre unterschiedliche Wirkungsgeschichte in Mittelalter und früher Neuzeit,» in *Neuplatonismus und Ästhetik. Zur Transformationsgeschichte des Schönen*, hg. Verena Olejniczak Lobsien u. Claudia Olk, Transformationen der Antike 2 (Berlin/New York: De Gruyter, 2007), (59–84) 60 f. sowie Hans Jürgen HORN, «Stoische Symmetrie und Theorie des Schönen in der Kaiserzeit,» in *Aufstieg und Niedergang der Römischen Welt. Geschichte und Kultur Roms im Spiegel der neueren Forschung*, II *Prinzipat*, 36/3, *Philosophie, Wissenschaften, Technik: Philosophie (Stoizismus)*, hg. Wolfgang Haase (Berlin/New York: De Gruyter, 1989), 1454–1472, bes. 1458–1462.

169 S. o. S. 203 f. – Natürlich geht es hier auch nicht, wie offenbar bei Polyklet selbst, um die harmonische Bewegung eines harmonisch proportionierten Körpers.

170 Hanna PHILIPP, «Zu Polyklets Schrift ‹Kanon›,» in *Polyklet. Der Bildhauer der griechischen Klassik: Ausstellung im Liebieghaus Museum alter Plastik Frankfurt am Main*, hg. Herbert Beck, Peter C. Bol u. Maraike Bückling (Mainz: Zabern, 1990), 135–155.

171 PHILIPP, «Zu Polyklets Schrift ‹Kanon›,» 139.

172 Vitruvius, *De architectura* III 1,3 (138 FENSTERBUSCH): *Item corporis centrum medium naturaliter est umbilicus. Namque si homo conlocatus fuerit supinus manibus et pedibus pansis circinique conlocatum centrum in umbilico eius, circumagendo rotundationem utrarumque manuum et pedum digiti linea tangentur. Non minus quemadmodum schema rotundationis in corpore efficitur, item quadrata designatio in eo inve-*

nietur. Nam si a pedibus imis ad summum caput mensum erit eaque mensura relata fuerit ad manus pansas, invenietur eadem latitudo uti altitudo, quemadmodum areae, quae ad normam sunt quadratae – zur Passage vgl. Frank ZÖLLNER, *Vitruvs Proportionsfigur: Quellenkritische Studien zur Kunstliteratur im 15. und 16. Jahrhundert,* Manuskripte für Kunstwissenschaft in der Wernerschen Verlagsgesellschaft (Worms: Werner, 1987), 1–10.

173 Vitruvius, *De architectura* III 1,2 (136/138 FENSTERBUSCH): *corpus enim hominis ita natura composuit uti os capitis a mento ad frontem summam et radices imas capilli esset decimae partis, item manus pansa ab articulo ad extremum medium digitum tantundem, caput a mento ad summum verticem octavae, cum cervicibus imis ab summo pectore ad imas radices capillorum sextae, <a medio pectore> ad summum verticem quartae. Ipsius autem oris altitudinis tertia est pars ab imo mento ad imas nares, nasum ab imis naribus ad finem medium superciliorum tantundem, ab ea fine ad imas radices capilli frons efficitur item tertiae partis. Pes vero altitudinis corporis sextae, cubitum quartae, pectus item quartae. Reliqua quoque membra suas habent commensus proportiones, quibus etiam antiqui pictores et statuarii nobiles usi magnas et infinitas laudes sunt adsecuti*; zur Textstelle vgl. Nikolaus SPEICH, *Die Proportionslehre des menschlichen Körpers: Antike, Mittelalter, Renaissance* (Andelfingen: Akeret, 1957), 57–70 und allgemein zur antiken Metrologie vgl. Friedrich HULTSCH, *Griechische und römische Metrologie,* 2. Aufl. (Berlin: Weidmann, 1882), 30–74.

174 Vgl. Frank ZÖLLNER, *Vitruvs Proportionsfigur: Quellenkritische Studien zur Kunstliteratur im 15. und 16. Jahrhundert,* 77-82.

175 So PHILIPP, «Zu Polyklets Schrift ‹Kanon›,» 137 mit Bezug auf ein Zitat bei Philo Mechanicus, *Mechanicae Syntaxis* IV 1 p. 50,7–9 = DK 40 B 2 (I, 393,5 DIELS/KRANZ): τὸ γὰρ εὖ παρὰ μικρὸν διὰ πολλῶν ἀριθμῶν ἔφη γίνεσθαι.

176 Plutarchus, *Moralia 3. De Audiendo* 13, 45 C/D (BiTeu I, 91,4–6 PATON/WEGEHAUPT/POHLENZ): (…) ὡς ἐν ἔργῳ γε παντὶ τὸ μὲν καλὸν ἐκ πολλῶν οἷον ἀριθμῶν εἰς ἕνα καιρὸν ἡκόντων ὑπὸ συμμετρίας τινὸς καὶ ἁρμονίας ἐπιτελεῖται, (…). Es handelt sich vermutlich um eine Anspielung auf einen Grundgedanken des «Kanon» von Polyklet oder sogar um ein wörtliches Zitat, so jedenfalls Dietrich SCHULZ, «Zum Kanon Polyklets,» *Hermes* 83 (1955): 200–220, bes. 201 f.

177 Galenus, *De temperamentis* I 9 (BiTeu 36,15 f. HELMREICH) = DK 40 A 3 (I, 391,22 DIELS/KRANZ): τὸ μέσον ἐν ἐκείωι τῶι γένει σκοποῦντες; zur Passage PHILIPP, «Zu Polyklets Schrift ‹Kanon›,» 139.

178 Schon GASTER, «Das Schiur Komah,» 183 = 1334 spricht im Blick auf die Schriften von «der Willkürlichkeit, mit der sie von den Abschreibern und Compilatoren behandelt werden».

179 Siddur Rabba Zz. 1–6 nach COHEN, *The Shi'ur Qomah: Texts and Recensions,* 38:

אמר רבי
ישמעאל אמר לי מטטרו' ן שמשא רבא עדות זו

אני מעדיד בה̇ אלהי ישראל...
יושב על כסא כבודו פאה ושמונה עשרת רבבות פרסאות רחב עיו
ימינו שלש רבבות ושלשת אלפים פרסאות וכן לעין שמאלו מזרוע ימינו
ועד זרוע שמאלו ע̇ וז̇ רבבות פרסאות ולכך נאמר האל הגדול הגבור והנורא

180 Sefer ha-Qoma Zz. 12–21 nach COHEN, The Shi'ur Qomah: Texts and Recensions, 127 f.:

אמר ר עקיבא מעיד אני בעידותי דאמר לי מטטרו̇ן שרא
... רומיה מאתים ושלשים אלפים רבבות פרסאות מזרוע של ימין ועד
זרוע של שמאל שבעים ושבעה אלפים רבבות פרסאות
ומגלגל עין של ימין עד גלגל עין של שמאל שלשים אלפים רבבות
פסאות גלגלתיה ובראשיה שלש מאות אלפים רבבו̇ פרסאו̇
ושלש ושליש עטרה שבראשו שישם רבבות

181 S. o. S. 109 bzw. 512 Anm. 311.

182 Vgl. nur Alcinous, Didascalicus 7,4 Ἔστι γὰρ ἡ τῶν μαθημάτων ἐπίσκεψις ὡς ἂν προοίμιόν τι πρὸς τὴν τῶν ὄντων θεωρίαν· (CUFr 18,[162],2 f. WHITTAKER/LOUIS).

183 Synopse zur Hekhalot-Literatur § 948 f. nach M40 (294,2 SCHÄFER): אר̇ י אגיד
לך כמה שיעור קומתו של הב̇ ה

184 G11 (= Taylor-Schechter K 21.95.J) «Von seiner Fußsohle bis zu seinen Fußgelenken: sechs Myriaden und 2.000 Parasangen»: vgl. Geniza-Fragmente zur Hekhalot-Literatur, 132, 1b,3–5 SCHÄFER; Übersetzung der Hekhalot-Literatur, Vol. IV, 149.

185 Das bedeutet wahrscheinlich: Der Kopf gleicht einem Drittel der Größe des ganzen Körpers.

186 Synopse zur Hekhalot-Literatur § 948 f. nach M40 (294,2–34 SCHÄFER); deutsch nach: Übersetzung der Hekhalot-Literatur, Vol. IV, 148–158.

187 Synopse zur Hekhalot-Literatur § 950 nach M40 (294,37–53 SCHÄFER); deutsch nach: Übersetzung der Hekhalot-Literatur, Vol. IV, 158–163.

188 Dazu oben S. 48 und 217.

189 So nur M40; die übrigen Textzeugen haben: R. Yishma'el.

190 Lies מיומן statt מיומין.

191 Synopse zur Hekhalot-Literatur § 951 nach M40 (294,58–61 SCHÄFER); deutsch nach: Übersetzung der Hekhalot-Literatur, Vol. IV, 165:

ר̇ נתן תלמידו של ר̇ יוחנן אומר אף מתותם נתן לי מדה ומדה מיומין
וכן השעה וכן הלסתות א̇ ע̇ פ̇ שנתן
לי מדת המצח נתן לי מדת של אמה של עדייה רוחב המצח כגובה הצואר.
וכן השכם באורך החוטם: אורך
החטם אצבע קטנה גובה הלסתות כחצי עגול הראש וכן מדת כל אדם

192 Cohen erwägt in seiner Dissertation, anstelle von אמה של עדייה (294,59 f. SCHÄFER) zu lesen: אמה של עריה (The Shi'ur Qomah. Liturgy and Theurgy in Pre-Kabbalistic Jewish Mysticism, 217 Anm. 6). אמה übersetzt er nicht mit «Arm», sondern mit «Penis» und anstelle des schwierigen עדייה («sexuelle In-

timität»: Marcus JASTROW, *A Dictionary of the Targumim, the Talmud Babli and Yerushalmi, and the Midrashic Literature* [London: Luzac, 1903/1905 = Peabody, MA: Hendrickson, 2005], 1117 u. 360) liest er עריה. Die englische Übersetzung «amah of the pudendum» verbirgt freilich schamvoll folgendes Paradox: «Penis der Vagina». Das wäre, wenn die Rekonstruktion zutrifft, ein ziemlich gewagter Versuch, im Sinne des platonischen Kugelmenschen eine Mann-Weiblichkeit für Gott auszusagen.

193 COHEN, *The Shi'ur Qomah. Liturgy and Theurgy in Pre-Kabbalistic Jewish Mysticism*, 217 Anm. 6 verweist auf aaO. 210 Anm. 47 und 225 f. Anm. 1–3; dort finden sich aber keinerlei Hinweise auf göttliche Geschlechtsorgane. Ähnliches ergibt eine Durchsicht von Howard EILBERG-SCHWARTZ, *God's Phallus and other Problems for Men and Monotheism* (Boston, MA: Beacon Press, 1994). Hier ist freilich nur mit einem Satz auf die «Shi'ur Qoma»-Traditionen der Hekhalot-Literatur eingegangen (aaO. 180).

194 *Synopse zur Hekhalot-Literatur* § 367 nach N8128 (154,46 SCHÄFER); deutsch nach: *Übersetzung der Hekhalot-Literatur*, Vol. III, 61: קציתיו בקומתו. Schäfer schlägt allerdings vor, mit der Parallele in § 953 (296,34 SCHÄFER) קווצתיו, «seine Locken» zu lesen (aaO. 61 Anm. 11). Damit hätten wir erneut eine Proportions-Analogie: «Seine Locken sind wie seine Gestalt» (schön, beispielsweise).

195 Anders GRUENWALD, *Apocalyptic and Merkavah Mysticism*, 213–217; kritische Bemerkungen dazu bei COHEN, *The Shi'ur Qomah. Liturgy and Theurgy in Pre-Kabbalistic Jewish Mysticism*, 29 f.

196 S. o. S. 203 f.

197 *Synopse zur Hekhalot-Literatur* § 948 nach M40 (294,11 f. SCHÄFER; deutsch nach: *Übersetzung der Hekhalot-Literatur*, Vol. IV, 15): ירך של ימין ששוסת פרנסי שמו. Anders nach G9 (= Hebr. C.65.6: *Geniza-Fragmente zur Hekhalot-Literatur*, 115, 6a,9): ירך של ימין ששנוסת ופרנגסיי שמו.

198 *Synopse zur Hekhalot-Literatur* § 699 nach O1531 (256,32 f. SCHÄFER; deutsch nach: *Übersetzung der Hekhalot-Literatur*, Vol. IV, 114): אין בידינו מידה. אבל השמות מגולים לנו

199 SCHÄFER, *Der verborgene und der offenbare Gott*, 97.

200 SCHOLEM, *Die jüdische Mystik in ihren Hauptströmungen*, 69.

201 Thomas RENTSCH, s. v. «Theologie, negative,» in *Historisches Wörterbuch der Philosophie* (Darmstadt: Wissenschaftliche Buchgesellschaft, 1998), 10: 1102–1105.

202 Man erfährt leider nicht, ob auch Mystikerinnen die liturgischen Formulare der «Shi'ur Qoma»-Passagen nutzten; angesichts der Beschränkung des rabbinischen Lehrbetriebs und des Fehlens von Nachrichten liegt eine solche Annahme nicht unbedingt nahe.

203 Für die Namen und die Benennung vgl. SCHÄFER, *Der verborgene und der offenbare Gott*, 102–116 sowie HALPERIN, *The Faces of the Chariot*, 405–407 und

FÜNFTES KAPITEL: DIE SPÄTANTIKE JÜDISCHE MYSTIK 593

COHEN, *The Shi'ur Qomah. Liturgy and Theurgy in Pre-Kabbalistic Jewish Mysticism*, 99–109.
204 *Synopse zur Hekhalot-Literatur* § 167 nach O1531 (74,14–17 SCHÄFER); deutsch nach *Übersetzung der Hekhalot-Literatur*, Vol. II, 101.

התגבהו התגבהו בעלי רוממה
התנשאו התנשאו בעלי זיהיון
התגברו התגברו בעלי גבורה
התגאו התגאו בעלי גאוה

205 SCHÄFER, *Der verborgene und der offenbare Gott*, 161 und DERS., *Die Ursprünge der jüdischen Mystik*, 461–465.
206 Nach Schäfer handelt es sich «in gewisser Weise um das Phänomen der ‹inhaltslosen Vision›» (*Die Ursprünge der jüdischen Mystik*, 463).
207 Das Wort existiert nicht in der klassischen Antike.
208 *Synopse zur Hekhalot-Literatur* § 68 nach V228 (35,14–16 SCHÄFER); deutsch nach *Übersetzung der Hekhalot-Literatur*, Vol. I, 151 f.:

באותה שעה היתה בוכה
ימינו של מקום ומושכות
ויוצאות חמשה נהרות של דמעות מחמש אצבעותיה ונופלו׳ לתוך הים הגדול
ומרעישות את העולם כולו כענין

Vgl. zur Passage Beate EGO, «Trauer und Erlösung. Zum Motiv der Hand Gottes in 3Hen §§ 68–70,» in *La Main de Dieu. Die Hand Gottes*, éd. René Kieffer et Jan Bergman, Wissenschaftliche Untersuchungen zum Neuen Testament 94 (Tübingen: Mohr Siebeck, 1997), 171–188, insbesondere 176–182.
209 *Synopse zur Hekhalot-Literatur* § 949 nach M40 (294,25 f. SCHÄFER); deutsch nach *Übersetzung der Hekhalot-Literatur*, Vol. IV, 156:

ומראה הפני׳ ומראה הלסתות כדמות רוח וכצורת נשמה. אין כל בריה
יכולה להכירו. גוויתו כתרשיש.

Parallel vgl. § 699 nach O1531 (256,30 f. SCHÄFER):

מראה פניו ומראה לסתות כמידת הרוח וביצירת נשמה וזיו מבהיק ונורא
מתוך חשך.

Vgl. auch SCHOLEM, *Die jüdische Mystik in ihren Hauptströmungen*, 69 f.
210 Iustinus, *Dialogus cum Tryphone* 114,3 (231 GOODSPEED/PTS 47, 14–19 MARCOVICH): καὶ πάλιν ὅταν λέγῃ· ‚Ὄψομαι τοὺς οὐρανούς, ἔργα τῶν δακτύλων σου‘, ἐὰν μὴ ἀκούω τοῦ λόγου αὐτοῦ τὴν ἐργασίαν, οὐ συνετῶς ἀκούσομαι, ὥσπερ ὑμῶν οἱ διδάσκαλοι ἀξιοῦσιν, οἰόμενοι χεῖρας καὶ πόδας καὶ δακτύλους καὶ ψυχὴν ἔχειν ὡς σύνθετον ζῷον τὸν πατέρα τῶν ὅλων καὶ ἀγέννητον θεόν, οἵτινες καὶ διὰ τοῦτο ὤφθαι τῷ Ἀβραὰμ καὶ τῷ Ἰακὼβ αὐτὸν τὸν πατέρα διδάσκουσι.
211 S. o. S. 87–94.
212 Arnobius MAIOR, *Adversus nationes* III 12 (Corpus Scriptorum Latinorum Paravianum 170,1–13 MARCHESI): *Nunc ad speciem veniamus et formas, quibus esse descriptos deos superos creditis, quibus immo formatis et templorum amplissimis conlocatis in sedibus. Neque quisquam Iudaeicas in hoc loco nobis opponat et Sad-*

ducaei generis fabulas, tamquam formas tribuamus et nos deo: hoc enim putatur in eorum litteris dici et velut re certa atque auctoritate firmari: quae aut nihil ad nos attinent nec ex aliqua portione quicquam habent commune nobis cum, aut si sunt <ut> creditur sociae, quaerendi sunt vobis altioris intellegentiae doctores, per quos possitis addiscere, quibus modis conveniat litterarum illarum nubes atque involucra relaxare. − Vgl. auch Guy STROUMSA, «Le couple de l'ange et de l'esprit: Traditions Juives et Chrétiennes,» *Revue Biblique* 88 (1981): (42−61) 51 f.

213 Letztere beide Ansichten sind sonst nicht zu belegen: [Hermann L. STRACK]/ Paul BILLERBECK, *Kommentar zum Neuen Testament aus Talmud und Midrasch*, 4. Bd. *Exkurse zu einzelnen Stellen des Neuen Testaments: Abhandlungen zur neutestamentlichen Theologie und Archäologie* 1. Tl. (München: Beck, 1928), 344.

214 STROUMSA, «Le couple de l'ange et de l'esprit: Traditions Juives et Chrétiennes,» 49 verweist auf den karaitischen jüdischen Theologen *Jacob Qirqisani* (hebräisch: *Ya'akov ben Ephraim ha-Tzerqesi* bzw. arabisch *Ya'qūb al-Qirqisānī*) aus der ersten Hälfte des zehnten Jahrhunderts. In seinem *Kitab al-Anwar* I 7 (p. 42,5−7 NEMOY) behauptet *Ya'akov/Ya'qūb* im Zuge eines Referates über die Gruppe der «Maġārīya», dass «Da'ūd ibn Marwān (ein jüdischer Autor des neunten Jahrhunderts) in einem seiner Bücher geschrieben hat, dass die Sadūkīya sagen, dass der herrliche Schöpfer einen Körper hat, und dem Wortsinne nach auslegen die Abschnitte der Schrift, die belegen, dass er ihn besitzt»; vgl. zu Referat und Zusammenhang auch Norman GOLB, «Who Were the Maġārīya?,» *Journal of the American Oriental Society* 80 (1960): (347− 359) 348 mit Anm. 348 und die englische Übersetzung bei Bruno CHIESA/ Wilfrid LOCKWOOD, *Ya'qūb al-Qirqisānī on Jewish Sects and Christianity. A Translation of ‹Kitāb al-anwār›, Book I with Two Introductory Essays*, Judentum und Umwelt 10 (Frankfurt, Main u. a.: Lang, 1984), 134.

215 Pseudo-(?)Basilius Caesariensis, *Homilia de creatione hominis* I 5 (SC 160, 176,11−178,19 SMETS/VAN ESBROECK = GNO. Supplementum 9,5−10,1 HÖRNER): ἀσχημάτιστος ὁ θεός, ἁπλοῦς· μὴ φαντασθῇς μορφὴν περὶ αὐτόν. μὴ σμικρύνῃς Ἰουδαϊκῶς τὸν μέγαν, μὴ περιλάβῃς τὸν θεὸν σωματικαῖς ἐννοίαις, μὴ περιγράψῃς αὐτὸν τῷ σῷ νῷ. ἀπερίληπτός ἐστι τῷ μεγέθει. κατανόησον τὸν μέγαν καὶ τῷ μεγάλῳ πρόσθες πλεῖον τοῦ νενοημένου καὶ τῷ πλείονι τὸ πλεῖον καὶ τὸν σεαυτοῦ λογισμὸν πεῖσον, ὅτι τῶν ἀπεράντων οὐκ ἐφίξεται. σχῆμα μὴ νοήσῃς, ἀπὸ δυνάμεως θεὸς νοεῖται, ἁπλότητα φύσεως μέγεθος ποσόν. − Für den letzten Halbsatz folge ich den Handschriften und übernehme nicht die Konjektur von Hadwiga Hörner: ἁπλότητι φύσεως μέγεθος πόσον; Frau Hörner hält die Homilie für bearbeitete Exzerpte des Basilius (aaO. VIIIf.).

216 Pseudo-(?)Basilius Caesariensis, *Homilia de creatione hominis* I 5 (SC 160, 176,4−10 SMETS/VAN ESBROECK = GNO. Supplementum 8,12−9,4 HÖRNER): ‚Κατ᾽ εἰκόνα' θεοῦ γεγόναμεν. πῶς οὖν κατ᾽ εἰκόνα θεοῦ; ἀποκαθάρωμεν καρδίαν ἰδιωτικήν, πρόληψιν ἀπαίδευτον, ἀμαθεῖς περὶ

θεοῦ ὑπολήψεις. εἰ κατ' εἰκόνα θεοῦ γεγόναμεν, φησί, σύμμορφος ἡμῖν ἐστιν ὁ θεός; ὀφθαλμοὶ περὶ θεὸν καὶ ὦτα, κεφαλή, χεῖρες, ἰσχίον ἐφ' οὗ ἵδρυται λέγεται γὰρ ἐν τῇ γραφῇ θεὸς καθέζεσθαι, πόδες δι' ὧν περιπατεῖ; οὐκοῦν τοιοῦτος ὁ θεός; ἀποσκεύασον τῆς καρδίας φαντάσματα ἀπρεπῆ.

217 Fragment 1 bei *Nechepsonis et Petosiridis fragmenta*, ed. Ernst RIESS, Philologus. Supplement-Band VI/1 (Göttingen: Dieterich, 1891; Digitalisat im Internet unter http://www.hellenisticastrology.com/editions/Riess-Nechepso-Petosiris.pdf; Zugriff am 10.04.2014), 333 = Vettius Valens, *Anthologiae* VI prooemium 9 (BiTeu 231,8–15 PINGREE):
καὶ ὁ Νεχεψὼ ἐμαρτύρησε λέγων·
ἔδοξε δέ μοι πάννυχον πρὸς ἀέρα
<..................>
καὶ μοί τις ἐξήχησεν οὐρανοῦ βοή,
τῇ σάρκας [μὲν] ἀμφέκειτο πέπλος κυάνεος
κνέφας προτείνων,
καὶ τὰ ἑξῆς.
Zur Passage vgl. Richard REITZENSTEIN, *Poimandres. Studien zur griechisch-ägyptischen und frühchristlichen Literatur* (Leipzig: Teubner, 1904), 5: «Die Lücke nach dem ersten Verse ist dem Sinne nach zu ergänzen: die ganze Nacht hat Nechepso betend zum Himmel emporgeblickt, da fühlt er sich dem Körper entrückt, und eine Stimme tönt zu ihm aus dem Himmel, deren Leib ein dunkles Gewand umhüllt» und DERS., *Die hellenistischen Mysterienreligionen nach ihren Grundgedanken und Wirkungen*, 3. Aufl. (Leipzig: Teubner, 1927), 189–191.

218 Eine Fülle von Material und Literatur bei Martin HENGEL, *Judentum und Hellenismus: Studien zu ihrer Begegnung unter Berücksichtigung Palästinas bis zur Mitte des 2. Jh.s v. Chr.*, Wissenschaftliche Untersuchungen zum Neuen Testament 10, 3., durchges. Aufl. (Tübingen: Mohr Siebeck, 1988), 381–394 und bei Alan F. SEGAL, «Heavenly Ascent in Hellenistic Judaism, Early Christianity and their Environment,» in *Aufstieg und Niedergang der Römischen Welt. Geschichte und Kultur Roms im Spiegel der neueren Forschung*, II *Prinzipat*, 23.2 *Religion (Vorkonstantinisches Christentum: Verhältnis zu römischem Staat und heidnischer Religion)*, hg. Wolfgang Haase (Berlin/New York: De Gruyter, 1980), 1333–1394.

219 Eudorus Alexandrinus apud Simplicium, *In Aristotelis physicorum libros commentaria* I 5 ad p. 188ᵃ 19 (CAG IX, 181,27–30 DIELS): ὥστε ὡς μὲν ἀρχὴ τὸ ἕν, ὡς δὲ στοιχεῖα τὸ ἓν καὶ ἡ ἀόριστος δυάς, ἀρχαὶ ἄμφω ἓν ὄντα πάλιν. καὶ δῆλον ὅτι ἄλλο μέν ἐστιν ἓν ἡ ἀρχὴ τῶν πάντων, ἄλλο δὲ ἓν τὸ τῇ δυάδι ἀντικείμενον, ὃ καὶ μονάδα καλοῦσιν. – Zur Passage vgl. Heinrich DÖRRIE †/Matthias BALTES, *Die philosophische Lehre des Platonismus: Einige grundlegende Axiome/Platonische Physik (im antiken Verständnis) I: Bausteine 101–124: Text, Übersetzung, Kommentar*, Der Platonismus in der Antike. Grundlagen –

System – Entfaltung 4 (Stuttgart-Bad Cannstatt: Frommann-Holzboog, 1996), 176 f. (Text) sowie 473–477 (Kommentar); Mauro BONAZZI, «Eudorus of Alexandria and the ‹Pythagorean› pseudepigrapha,» in *On Pythagoreanism*, eds. Gabriele Cornelli, Richard McKirahan and Constantinos Macris, Studia Praesocratica 5 (Berlin: De Gruyter 2013), 385–404 sowie Heinrich DÖRRIE, «Der Platoniker Eudoros von Alexandreia,» *Hermes* 79 (1944): 25–38 = DERS., *Platonica minora*, Studia et testimonia antiqua VIII (München: Fink, 1976), 297–309.

220 Die beste Einführung in die Schrift findet sich in der Rezension der kritischen Ausgabe (*[Iamblichi] Theologoumena arithmeticae*, ed. Victorius de Falco, BiTeu [Leipzig: Teubner, 1922]) durch Hans OPPERMANN, *Gnomon* 5 (1929): 545–558.

221 Ps.-Jamblichus, *Theologumena Arithmeticae* 1 (BiTeu 1,4 f. DE FALCO): Μονάς ἐστιν ἀρχὴ ἀριθμοῦ, θέσιν μὴ ἔχουσα.

222 Wilhelm BRANDT, *Elchasai, ein Religionsstifter und sein Werk. Beiträge zur jüdischen, christlichen und allgemeinen Religionsgeschichte in späthellenistischer Zeit, mit Berücksichtigung der Sekten der syrischen Sampsäer und der arabischen Mughtasila* (Leipzig: Hinrichs, 1912 = Amsterdam, Philo Press, 1971) mit Rez. Adolf VON HARNACK, *Theologische Literaturzeitung* 37 (1912): 683 f.; Georg STRECKER, s. v. «Elkesai,» in *Reallexikon für Antike und Christentum* (Stuttgart: Hiersemann, 1959), 4: 1171–1186; Kurt RUDOLPH, *Antike Baptisten. Zu den Überlieferungen über frühjüdische und -christliche Taufsekten*, Sitzungsberichte der Sächsischen Akademie der Wissenschaften zu Leipzig, Philologisch-Historische Klasse 4/121 (Berlin: Akademie, 1981), 13–17 = DERS., *Gnosis und spätantike Religionsgeschichte. Gesammelte Aufsätze*, Nag Hammadi and Manichaean Studies 42 (Leiden u. a.: Brill, 1996), 569–603; Luigi CIRILLO, *Elchasai e gli elchasaiti: un contributo alla storia delle comunità giudeo-cristiane* (Cosenza: Marra, 1984); Gerard P. LUTTIKHUIZEN, *The Revelation of Elchasai. Investigations into the Evidence for a Mesopotamian Jewish Apocalypse of the Second Century and its Reception by Judeo-Christian Propagandists,* Texte und Studien zum Antiken Judentum 8 (Tübingen: Mohr Siebeck, 1985) mit der ausführlichen Rezension von F. Stanley JONES, *Jahrbuch für Antike und Christentum* 30 (1987): 200–209 = DERS., *Pseudoclementina Elchasaiticaque inter Judaeochristiana. Collected Studies*, Orientalia Lovaniensia Analecta 203 (Leuven/Paris/Walpole, MA: Peeters, 2012), 417–431 und DERS., «The *Book of Elchasai* in its Relevance for Manichaean Instruction with a Supplement: *Book of Elchasai* Reconstructed and Translated*,*» in DERS., *Pseudoclementina Elchasaiticaque inter Judaeochristiana. Collected Studies*, 359–397 sowie Simon Claude MIMOUNI, *Early Judaeo-Christianity. Historical Essays*, Translation Robyn Fréchet, Interdisciplinary Studies in Ancient Culture and Religion 13 (Leuven/Walpole, MA: Peeters, 2012), 248–276.

223 So jedenfalls Epiphanius, *Panarion haereses* 19,1,4 (GCS Epiphanius I², 218,2 f.

FÜNFTES KAPITEL: DIE SPÄTANTIKE JÜDISCHE MYSTIK 597

HOLL/BERGERMANN/COLLATZ): ὁ καλούμενος Ἠλξαΐ ἐν χρόνοις βασιλέως Τραιανοῦ μετὰ τὴν τοῦ σωτῆρος παρουσίαν (...), vgl. auch Hippolytus, *Refutatio omnium haeresium* IX 16,4 (GCS Hippolyt IV, 255,1–5 WENDLAND/ PTS 25, 362,16–20 MARCOVICH) sowie STRECKER, s. v. «Elkesai,» 1172 f. und Johannes VAN OORT, s. v. «Elkesaiten,» in *Religion in Geschichte und Gegenwart*, 4. Aufl. (Tübingen: Mohr Siebeck, 2000), 2: 1227 f. – Die hier gebotene Analyse des «Buches des Elchasai» wurde von mir erstmals als Teil eines Festvortrages zum Abschluss der Konferenz «Judaism in Transition: Crossing Boundaries in Time and Space: From the Hellenistic-Roman World to Babylonia, from the Orient to Medieval Europe» aus Anlass des 70. Geburtstages von Peter Schäfer am 3. Juli 2013 in der Berlin-Brandenburgischen Akademie der Wissenschaften vorgetragen.
224 Codex Manichaicus Coloniensis p. 94,9 f. (Papyrologica Coloniensia XIV, 66 KOENEN/RÖMER): δείκνυσι γὰρ Ἀλχασαῖος ὁ ἀρχηγὸς τοῦ νόμου ὑμῶν (es folgen vier Anekdoten und Lehrsprüche Elchasais, die z. T. von Mani überliefert werden); «Elchasaios» ist, freilich praktisch ohne Kontext, auch belegt in dem Berliner Turfanfragment M 1344: Werner SUNDERMANN, *Mitteliranische manichäische Texte kirchengeschichtlichen Inhalts*, mit einem Appendix von Nicholas Sims-Williams, Schriften zur Geschichte und Kultur des Alten Orients. Berliner Turfantexte XI (Berlin: Akademie-Verlag, 1981), Nr. 2.1 Z. 26 S. 19.
225 Ausführlicher Kommentar in der Erstedition: Albert HENRICHS/Ludwig KOENEN, «Der Kölner Mani-Kodex (P. Colon. inv. Nr. 4780) ΠΕΡΙ ΤΗΣ ΓΕΝΝΗΣ ΤΟΥ ΣΩΜΑΤΟΣ ΑΥΤΟΥ. Edition der Seiten 72,8–99,9,» *Zeitschrift für Papyrologie und Epigraphik* 32 (1978): (87–199) 179–195; kritisch: LUTTIKHUIZEN, *The Revelation of Elchasai*, 25–30. 156–164 (Text, Übersetzung und Kommentar); dagegen: F. Stanley JONES, «The *Book of Elchasai* in its Relevance for Manichaean Instruction,» 360 f.
226 Zuletzt zu dieser Debatte: Annette Yoshiko REED/F. Stanley JONES/Claude MIMOUNI, «Two Books on Jewish-Christianity,» *Annali di Storia dell'Esegesi* 30 (2013): 93–101. Die zitierte Charakterisierung als «synkretistisch-gnostisches Judenchristentum» vertritt STRECKER, s. v. «Elkesai,» 1186.
227 So Epiphanius, *Panarion haereses* 19,2,1 (GCS Epiphanius I², 219,8–10 HOLL/ BERGERMANN/COLLATZ): φαντάζονται δὲ δῆθεν καλεῖν τοῦ τον δύναμιν ἀποκαλυμμένην, διὰ τὸ ἤλ καλεῖσθαι δύναμιν, ξαΐ δὲ κεκαλυμμένον. – Zur Erklärung des Namens vgl. BRANDT, *Elchasai, ein Religionsstifter und sein Werk*, 5–8 und LUTTIKHUIZEN, *The Revelation of Elchasai*, 182–188. Nicht wahrscheinlich ist angesichts des strikten Monotheismus der Gruppe, dass in ihr einem Menschen der Name אל כסי, «verborgener Gott», verliehen wurde.
228 Origenes, Frg. ex *Homilia in Psalmum* 82 apud Eusebium, *Historia ecclesiastica* VI 38 (GCS Eusebius II/2, 592,24–594,2 SCHWARTZ): καὶ βίβλον τινὰ φέρουσιν, ἥν λέγουσιν ἐξ οὐρανοῦ πεπτωκέναι καὶ τὸν ἀκηκοότα ἐκείνης

598 ANMERKUNGEN

καὶ πιστεύοντα ἄφεσιν λήψεσθαι τῶν ἁμαρτημάτων, ἄλλην ἄφεσιν παρ' ἣν Χριστὸς Ἰησοῦς ἀφῆκεν. – Zur Passage vgl. LUTTIKHUIZEN, *The Revelation of Elchasai*, 89–91.

229 Hippolytus, *Refutatio omnium haeresium* IX 13,1 (GCS Hippolyt IV, 251,12 f. WENDLAND/PTS 25, 357,5 f. MARCOVICH): (…) βίβλον τινά, φάσκων ταύτην ἀπὸ Σηρῶν τῆς Παρθίας παρειληφέναι τινὰ ἄνδρα δίκαιον <ὀνόματι> Ἠλχασαΐ· (…) sowie Epiphanius, *Panarion haereses* 19,1,4 (GCS Epiphanius I², 221,6–13 HOLL/BERGERMANN/COLLATZ): συνεγράψατο δὲ οὗτος (sc. Ἠλξαΐ) βιβλίον δῆθεν κατὰ προφητείαν ἢ ὡς κατὰ ἔνθεον σοφίαν·.

230 Apg 8,10: Οὗτός ἐστιν ἡ δύναμις τοῦ θεοῦ ἡ καλουμένη μεγάλη. – Zu möglichen samaritanischen Hintergründen dieses Titels (חילה רבה) vgl. Hans G. KIPPENBERG, *Garizim und Synagoge: Traditionsgeschichtliche Untersuchungen zur samaritanischen Religion der aramäischen Periode*, Religionsgeschichtliche Versuche und Vorarbeiten 30 (Berlin: De Gruyter, 1971), 328–349, bes. 345 zur Bedeutung des Ausdrucks ἡ δύναμις τοῦ θεοῦ.

231 So schon Hans WAITZ, «Das Buch des Elchasai, das heilige Buch der judenchristlichen Sekte der Sobiai,» in *Harnack-Ehrung. Beiträge zur Kirchengeschichte, ihrem Lehrer Adolf von Harnack zu seinem siebzigsten Geburtstage (7. Mai 1921) dargebracht von einer Reihe seiner Schüler* (Leipzig: Hinrichs, 1921), (87–104) 88 f.

232 Forschungsüberblick bei LUTTIKHUIZEN, *The Revelation of Elchasai*, 4–25.

233 Epiphanius, *Panarion haereses* 19,2,3 f. (GCS Epiphanius I², 219,13–22 HOLL/ BERGERMANN/COLLATZ): ἕως μὲν γὰρ Κωνσταντίου ἐκ τοῦ γένους αὐτοῦ τοῦ Ἠλξαΐ Μαρθοῦς τις καὶ Μαρθάνα δύο ἀδελφαὶ ἐν τῇ αὐτῶν χώρᾳ ἀντὶ θεῶν προσεκυνοῦντο, ὅτι δῆθεν ἐκ τοῦ σπέρματος τοῦ προειρημένου Ἠλξαΐ ὑπῆρχον. τέθνηκεν δὲ ἡ Μαρθοῦς πρὸ ὀλίγου τοῦ χρόνου, Μαρθάνα δὲ εἰς ἔτι δεῦρο ὑπῆρχεν. ὧν καὶ τὰ πτύσματα καὶ τὰ ἄλλα τοῦ σώματος ῥύπη ἀπεφέροντο οἱ πεπλανημένοι αἱρετικοὶ ἐν ἐκείνῃ τῇ χώρᾳ, δῆθεν πρὸς ἀλέξησιν νοσημάτων. οὐ μὴν ἐνήργουν· ἀλλὰ τὸ πεπλανημένον σοβαρὸν ἀεὶ καὶ πρὸς ἀπάτην ἕτοιμον· τυφλὸν γὰρ ἡ κακία καὶ ἀσύνετον ἡ πλάνη (vgl. auch ebd. 53,1,2 [GCS Epiphanius II², 315,4–7 HOLL/DUMMER]).

234 [Hermann L. STRACK]/Paul BILLERBECK, *Das Evangelium nach Markus, Lukas und Johannes und die Apostelgeschichte, erklärt aus Talmud und Midrasch*, Kommentar zum Neuen Testament aus Talmud und Midrasch 2, 9. Aufl. (München: Beck, 1989), 15–17; Rudolf HERZOG, *Die Wunderheilungen von Epidauros. Ein Beitrag zur Geschichte der Medizin und der Religion*, Philologus. Supplement 22/3 (Leipzig: Dieterich, 1931), 15–17 sowie Ludwig DEUBNER, s. v. «Speichel,» in *Handwörterbuch des deutschen Aberglaubens* (Augsburg: Weltbild, 2000 = Berlin: De Gruyter, 1937), 149–155.

235 Dazu s. S. 233 bzw. 602 mit Anm. 257.

236 Ein Schoinos (σχοῖνος) ist nach Herodot, *Historiae* II 6,3 (BiTeu 142,12 f. ROSÉN: ὁ δὲ σχοῖνος ἕκαστος, μέτρον ἐὸν αἰγύπτιον, ἑξήκοντα στάδια) ein

FÜNFTES KAPITEL: DIE SPÄTANTIKE JÜDISCHE MYSTIK 599

ägyptisches Längenmaß, das 60 Stadien entspricht, also rund 10–12 Kilometern. «*Seren*» sind ein mythologischer Volksstamm, der geographisch nicht genau fixiert werden kann (BRANDT, *Elchasai, ein Religionsstifter und sein Werk*, 11; STRECKER, s. v. «Elkesai,» 1173 und vor allem Gerrit Jan REININK, «‹Das Land Seiris› (Sir) und das Volk der Serer in jüdischen und christlichen Traditionen,» *Journal for the Study of Judaism in the Persian, Hellenistic and Roman Period* 6 [1975]: 72–85). – LUTTIKHUIZEN, *The Revelation of Elchasai*, 60 erwägt eine Textverderbnis Σηρ (...) und den Namen einer persischen Region, ohne einen Namen zu spezifizieren. Simon Claude MIMOUNI, *Early Judaeo-Christianity. Historical Essays*, Interdisciplinary Studies in Ancient Culture and Religion 13 (Leuven/Walpole, MA: Peeters, 2012), 256 Anm. 32 leitet von צבע, «eintauchen» oder «waschen», ab und erklärt es als Verlesung der anderwärts belegten Täufergruppe der Μασβώθεοι.
237 Hippolytus, *Refutatio omnium haeresium* IX 13,1–3 (GCS Hippolyt IV, 251,8–20 WENDLAND/PTS 25, 357,1–358,14 MARCOVICH): Τούτου <οὖν> κατὰ πάντα τὸν κόσμον διηχθείσης τῆς διδασκαλίας, ἐνιδὼν τὴν πραγματείαν ἀνὴρ δόλιος καὶ ἀπονοίας γέμων, Ἀλκιβιάδης τις καλούμενος, οἰκῶν ἐν Ἀπαμείᾳ τῆς Συρίας, γοργότερον ἑαυτὸν καὶ εὐφυέστερον ἐν κυβείαις κρίνας τοῦ Καλλίστου, ἐπῆλθε τῇ Ῥώμῃ φέρων βίβλον τινά, φάσκων ταύτην ἀπὸ Σηρῶν τῆς Παρθίας παρειληφέναι τινὰ ἄνδρα δίκαιον <ὀνόματι> Ἠλχασαΐ· ἣν παρέδωκέν τινι λεγομένῳ Σοβιαΐ, χρηματισθεῖσαν ὑπὸ ἀγγέλου. οὗ τὸ <μὲν> ὕψος σχοίνων κδ´ – γίνεται μίλια ϙϛ´ –, τὸ δὲ πλάτος αὐτοῦ σχοίνων δ´, καὶ ἀπὸ ὤμου εἰς ὦμον σχοίνων ϛ´ <- ὃ γίνεται μίλια εἰκοσιτέσσαρα –>. τὰ δὲ ἴχνη τῶν ποδῶν αὐτοῦ ἐπὶ μῆκος <μὲν> σχοίνων γ´ ἡμίσους – ὃ γίνεται μίλια δεκατέσσαρα –, τὸ δὲ πλάτος σχοίνου ἑνὸς ἡμίσους, τὸ δὲ ὕψος ἡμισχοίνου. εἶναι δὲ σὺν αὐτῷ καὶ θήλειαν, ἧς τὰ μέτρα κατὰ τὰ προειρημένα εἶναι λέγει· καὶ τὸν μὲν ἄρσενα υἱὸν εἶναι τοῦ θεοῦ, τὴν δὲ θήλειαν καλεῖσθαι ἅγιον πνεῦμα.
238 Die Annahme einer aramäischen Urfassung hält für überflüssig: STRECKER, s. v. «Elkesai,» 1183.
239 Hippolytus, *Refutatio omnium haeresium* IX 14,1 (GCS Hippolyt IV, 252,24 f. WENDLAND/PTS 25, 359,8 MARCOVICH): (...) (sc. Alkibiades) ἐκείνῳ τῷ Πυθαγορείῳ δόγματι χρώμενος.
240 Alfred SCHMIDTKE, *Neue Fragmente und Untersuchungen zu den judenchristlichen Evangelien. Ein Beitrag zur Literatur und Geschichte der Judenchristen*, Texte und Untersuchungen 37/1 (Leipzig: Hinrichs, 1911), 191 u. 228–230; Sakari HÄKKINEN, s. v. «Ebionites,» in *A Companion to Second-Century Christian «Heretics»*, ed. Antti Marjanen und Petri Luomanen, Supplements to Vigiliae Christianae 76 (Leiden u. a.: Brill, 2005), (247–278) 261–265 und ausführlich LUTTIKHUIZEN, *The Revelation of Elchasai*, 114–116.
241 Epiphanius, *Panarion haereses* 19,1,1 sowie 2,1 (GCS Epiphanius I², 217,18 f. 219,5–8 HOLL/BERGERMANN/COLLATZ): Οὗτος μὲν οὖν ὡς ἄνω εἴρηται

600 ANMERKUNGEN

συνῆπται τῇ προειρημένῃ αἱρέσει τῇ τῶν Ὀσσαίων καλουμένῃ, ἧς ἔτι λείψανα καὶ δεῦρο ὑπάρχει ἐν τῇ αὐτῇ Ναβατίτιδι γῇ τῇ καὶ Περαίᾳ πρὸς τῇ Μωαβίτιδι· ὅπερ γένος νυνὶ Σαμψαίων καλεῖται. – Vgl. Brandt, *Elchasai, ein Religionsstifter und sein Werk*, 100–133. Rudolph, *Antike Baptisten*, 16 = 590 hält «Sampsäer» Σαμψαῖοι für eine «Verballhornung für Σαβαῖοι» (ebd. 34 Anm. 55 = 590 Anm. 55). Strecker zeigt, dass Epiphanius «bestrebt war, den Bereich der elkesaitischen Wirkungen auszuweiten» (s. v. «Elkesai,» 1175).

242 Epiphanius, *Panarion haereses* 19,4,1–2 (GCS Epiphanius I², 221,6–13 Holl/ Bergermann/Collatz): Εἶτα δὲ διαγράφει Χριστὸν τινὰ εἶναι δύναμιν, οὗ καὶ τὰ μέτρα σημαίνει, εἰκοσιτεσσάρων μὲν σχοίνων τὸ μῆκος ὡς μιλίων ἐνενηκονταέξ τὸ δὲ πλάτος σχοίνων ἓξ μιλίων εἰκοσιτεσσάρων, καὶ τὸ πάχος ὁμοίως τερατευόμενος καὶ τοὺς πόδας καὶ τὰ ἄλλα μυθολογήματα. εἶναι δὲ καὶ τὸ ἅγιον πνεῦμα καὶ αὐτὸ θήλειαν, ὅμοιον τῷ Χριστῷ, ἀνδριάντος δίκην ὑπὲρ νεφέλην καὶ ἀνὰ μέσον δύο ὀρέων ἑστός. καὶ τὰ ἄλλα σιωπήσω, ἵνα μὴ εἰς μυθολογίαν φαντασιάσω τὴν ἀκοὴν τῶν ἐντυγχανόντων.

243 Zu diesem Thema: Georg Kretschmar, *Studien zur frühchristlichen Trinitätstheologie*, Beiträge zur historischen Theologie 21 (Tübingen: Mohr Siebeck, 1956), 62–124, zum «Buch des Elchasai» ebd. 98 f. und die Rez. von Joseph Barbel, «Zur ‹Engels-Trinitätslehre› im Urchristentum,» *Theologische Revue* 54 (1958): 50–58; ders., *Christos Angelos. Die Anschauung von Christus als Bote und Engel in der gelehrten und volkstümlichen Literatur des christlichen Altertums, zugleich ein Beitrag zur Geschichte des Ursprungs und der Fortdauer des Arianismus*, Theophaneia 3 (Bonn: Hanstein, 1941), 277 f.; Carl Andresen, «Zur Dogmengeschichte der Alten Kirche,» *Theologische Literaturzeitung* 84 (1959): 81–88 = ders., *Theologie und Kirche im Horizont der Antike. Gesammelte Aufsätze zur Geschichte der Alten Kirche*, hg. Peter Gemeinhardt, Arbeiten zur Kirchengeschichte 112 (Berlin/New York: De Gruyter, 2009), 37–45 sowie Stroumsa, «Le couple de l'ange et de l'esprit: Traditions Juives et Chrétiennes,» 44–47. Einen neueren kritischen Überblick zur Diskussion bietet Samuel Vollenweider, «Zwischen Monotheismus und Engelchristologie. Überlegungen zur Frühgeschichte des Christusglaubens,» *Zeitschrift für Theologie und Kirche* 99 (2002): 21–44. 28–31 und 34–38.

244 Nach der grammatischen und sachlichen Logik des Abschnittes bei Epiphanius muss es sich allerdings um Ebion handeln, den (konstruierten) Stammvater der «Ebioniten».

245 Epiphanius, *Panarion haereses* 30,17,6 f. (GCS Epiphanius I², 356,18–357,7 Holl/Bergermann/Collatz): (…) ὥστε νομίζειν μὲν τὸν Χριστὸν εἶναί τι ἀνδροείκελον ἐκτύπωμα ἀόρατον ἀνθρώποις, μιλίων ἐνενήκοντα ἓξ τὸ μῆκος, δῆθεν σχοίνων εἴκοσι τεσσάρων, τὸ δὲ πλάτος σχοίνων ἕξ, μιλίων εἴκοσι τεσσάρων, τὸ πάχος δὲ κατὰ μέτρησιν ἄλλην τινά. ἀντικρὺ δὲ αὐτοῦ

ἑστάναι καὶ τὸ ἅγιον πνεῦμα ἐν εἴδει θηλείας ἀοράτως, καὶ [τὸ] αὐτὸ τοῦ αὐτοῦ μέτρου. „Καὶ πόθεν", φησίν, „ἔγνων τὰ μέτρα; ἐπειδή", φησίν, „εἶδον ἀπὸ τῶν ὀρέων ὅτι αἱ κεφαλαὶ ἔφθανον αὐτῶν, καὶ τὸ μέτρον τοῦ ὄρους καταμαθὼν ἔγνων Χριστοῦ τε καὶ τοῦ ἁγίου πνεύματος τὰ μέτρα".

246 Epiphanius, *Panarion haereses* 53,1,9 (GCS Epiphanius II², 316,3–7 HOLL/ DUMMER): (...) καλεῖσθαι δὲ αὐτὸν Χριστὸν καὶ εἶναι τὸ ἅγιον πνεῦμα ἀδελφὴν αὐτοῦ θηλυκῷ σχήματι ὑπάρχουσαν, ἐνενήκοντα ἓξ μιλίων τὸ ὕψος ἕκαστον αὐτῶν ἔχον, τόν τε Χριστὸν καὶ τὸ πνεῦμα τὸ ἅγιον, καὶ τὸ πλάτος εἰκοσιτεσσάρων, καὶ πολλὰ ληρώδη ἕτερα.

247 SCHÄFER, *Die Ursprünge der jüdischen Mystik*, 424 f.; anders STROUMSA, «Le couple de l'ange et de l'esprit: Traditions Juives et Chrétiennes,» 42–61 und Joseph M. BAUMGARTEN, «The Book of Elkesai and Merkabah Mysticism,» *Journal for the Study of Judaism* 17 (1986): 212–223. 257–259, hier bes. 220–222.

248 Hippolytus, *Refutatio omnium haeresium* IX 15,1.3 (GCS Hippolyt IV, 253,13– 16.26 WENDLAND/PTS 25, 360,5–7.-360,17–361,19 MARCOVICH): βαπτισάσθω ἐκ δευτέρου ἐν ὀνόματι τοῦ μεγάλου καὶ ὑψίστου θεοῦ καὶ ἐν ὀνόματι <τοῦ> υἱοῦ αὐτοῦ, <τοῦ> μεγάλου βασιλέως, (...) ἀφ' οὗ ἂν ἀκούσητε τῆς βίβλου ταύτης, [καὶ] βαπτίσθητε ἐκ δευτέρου σὺν τοῖς ἐνδύμασιν <ὑμῶν ἐν ὀνόματι τοῦ μεγάλου καὶ ὑψίστου θεοῦ>. – Ausführlich: BRANDT, *Elchasai, ein Religionsstifter und sein Werk*, 33–37.

249 *Corpus Hermeticum* I 1 (CUFr I, 7,5–7 NOCK/FESTUGIÈRE): ἔδοξά τινα ὑπερμεγέθη μέτρῳ ἀπεριορίστῳ τυγχάνοντα καλεῖν μου τὸ ὄνομα καὶ λέγοντά μοι, (...).

250 *Pastor Hermae* 83,1 = *Similitudines* IX 6,1 (GCS Apostolische Väter I, 80,30– 81,1 WHITTAKER): εἰς τὸ μέσον ἀνήρ τις (Christus?) ὑψηλὸς τῷ μεγέθει, ὥστε τὸν πύργον ὑπερέχειν; *Acta Ioannis* 90,3 (Acta Apostolorum Apocrypha II/1, 195,9–11 BONNET = CChr.SA 1, 195,10–15 JUNOD/KAESTLI); 5Esra 2,43 *et in medio eorum erat iuvenis statura celsus eminentior omnibus illis et singulis eorum capitibus inponebat coronas et magis exaltabatur ego autem miraculo tenebar* («junger Mann von außerordentlich erhabener Gestalt, der sie alle überragte»: Michael WOLTER, «5. Esra-Buch. 6. Esra-Buch,» in *Unterweisungen in lehrhafter Form*, Jüdische Schriften aus hellenistisch-römischer Zeit III/7 [Gütersloh: Gütersloher Verlagshaus Mohn, 2001], 818) und *Passio SS. Perpetuae et Felicitatis* 10,8 (SC 417, 138,18 f. 21 f. AMAT): *uir quidam mirae magnitudinis* bzw. τις ἀνὴρ θαυμαστοῦ μεγέθους und Alois Kardinal GRILLMEIER, *Jesus der Christus im Glauben der Kirche*, Bd. 1 *Von der Apostolischen Zeit bis zum Konzil von Chalcedon (451)*, 3., verb. u. erg. Aufl. (Freiburg/Basel/ Wien: Herder, 1990), 150–157 sowie DÖLGER, *ΙΧΘΥΣ. Der heilige Fisch in den antiken Religionen und im Christentum* (Rom: Spithöver/Münster: Aschendorff, 1922), 2: 559 Anm. 4.

251 *Evangelium Petri* 10,39 f. (GCS Neutestamentliche Apokryphen I, 42,8–14 KRAUS/NICKLAS = SC 201, 58,4–9 MARA): καὶ ἐξηγουμένων αὐτῶν ἃ

εἶδον, πάλιν ὁρῶσιν ἐξελθόν τας ἀπὸ τοῦ τάφου τρεῖς ἄνδρας (ἀνήρ für ἄγγελος) καὶ τοὺς δύο τὸν ἕνα ὑπορθοῦντας καὶ σταυρὸν ἀκολουθοῦντα αὐτοῖς, καὶ τῶν μὲν δύο τὴν κεφαλὴν χωροῦσαν μέχρι τοῦ οὐρανοῦ, τοῦ δὲ χειραγωγουμένου ὑπ᾽ αὐτῶν ὑπερβαίνουσαν τοὺς οὐρανούς·.

252 Vgl. beispielsweise im Midrasch Bereschit Rabba 8,1 (55,6 f. Theodor/Albeck): ר׳ תנחומ׳ בשם ר׳ בניה ור׳ ברכיה בשם ר׳ אלעזר אמר בשעה שברא ה קב׳׳ה את אדם הראשון גולם בראו והיה מוטל מסיף העולם ועד סופו ה׳׳ה גולמי ראו עיניך «(…) als Gott den ersten Menschen erschuf, war derselbe ein bloßer Kloß und er reichte von einem Ende der Welt bis zum anderen» (vgl. Ps 139,16); weitere Stellen bei Schäfer, *Die Ursprünge der jüdischen Mystik*, 586 Anm. 325 und Alan F. Segal, *Two Powers in Heaven. Early Rabbinic Reports about Christianity and Gnosticism*, Studies in Judaism in Late Antiquity 25 (Leiden u. a.: Brill, 1977), 110–115; zum Kontext im Midrasch Segal, 112–120.

253 Hippolytus, *Refutatio omnium haeresium* IX 13,1–3 (GCS Hippolyt IV, 251,18–20 Wendland/PTS 25, 358,12–14 Marcovich): εἶναι δὲ σὺν αὐτῷ καὶ θήλειαν, ἧς τὰ μέτρα κατὰ τὰ προειρημένα εἶναι λέγει· καὶ τὸν μὲν ἄρσενα υἱὸν εἶναι τοῦ θεοῦ, τὴν δὲ θήλειαν καλεῖσθαι ἅγιον πνεῦμα.

254 Dazu s. o. S. 599 mit Anm. 236.

255 S. 600 mit Anm. 242.

256 Hans Waitz, «Das Buch des Elchasai,» in *Neutestamentliche Apokryphen in deutscher Übersetzung*, in Verbindung mit Fachgelehrten in deutscher Übersetzung und mit Einleitungen hg. Edgar Hennecke, 2., völlig umgearb. und verm. Aufl. (Tübingen: Mohr Siebeck, 1924), 422–425; Johannes Irmscher, «Das Buch des Elchasai,» in *Neutestamentliche Apokryphen in deutscher Übersetzung*, hg. Wilhelm Schneemelcher, 5. Aufl. der von Edgar Hennecke begründeten Sammlung, 2. Bd. *Apostolisches, Apokalypsen und Verwandtes* (Tübingen: Mohr Siebeck, 1989), 619–623.

257 Jones, «The *Book of Elchasai* in its Relevance for Manichaean Instruction with a Supplement: *Book of Elchasai* Reconstructed and Translated,» 362–364. 391–395 und ders., «The Genre of the *Book of Elchasai*: A Primitive Church Order, not an Apocalypse,» in ders., *Pseudoclementina. Elchasaiticaque inter Judaeochristiana. Collected Studies*, 398–416 – Kritisch: Mimouni, *Early Judaeo-Christianity. Historical Essays*, 265 f.

258 Brandt, *Elchasai, ein Religionsstifter und sein Werk*, 60: «Vielleicht – es soll wenigstens nicht glatt unmöglich heißen – läßt sich der Inhalt dieses Blattes des Elchasai auch so erklären, daß die Hauptsache darin als Erzeugnis einer Autosuggestion in Schutz genommen werden darf. Wie aber dann die Sache zurechtgelegt und mit dem Schein einer nachmeßbaren Realität ausgestattet ist, kann das Ganze doch nur als ein Schwindel bezeichnet werden».

259 S. o. S. 232 und S. 601 mit Anm. 247.

260 So bereits Gaster, «Das Schiur Komah,» 1343: «Am vollkommsten ent-

spricht nun *Valentin's* Gnosis allen diesen Voraussetzungen. Der Stifter derselben wird sogar als Judenchrist bezeichnet. ‹Nach seiner hellenistischen Ausdrucksweise und den aramäischen Namen, welche in seinem jüdischen Systeme vorkommen, zu schliessen, stammte er von *jüdischer* Abkunft her›, sagt NEANDER von ihm. Noch näher läge vielleicht das System des Jüngers des Valentin, Markus, des Hauptes der Markusier». In der Fußnote verweist Gaster auf August NEANDER, Allgemeine Geschichte der christlichen Religion und Kirche: 2. Band, welcher die Geschichte der christlichen Lehre in den drei ersten Jahrhunderten enthält (Gotha: Perthes: 1864), 105.

261 Niclas FÖRSTER, *Marcus Magus. Kult, Lehre und Gemeindeleben einer valentinianischen Gnostikergruppe. Sammlung der Quellen und Kommentar*, Wissenschaftliche Untersuchungen zum Neuen Testament 114 (Tübingen: Mohr Siebeck, 1999), 1–5 (kurze Forschungsgeschichte und Literaturübersicht).

262 Christoph MARKSCHIES, «Valentinian Gnosticism: Toward the Anatomy of a School,» in *The Nag Hammadi Library after Fifty Years. Proceedings of the 1995 Society of Biblical Literature Commemoration*, ed. John D. Turner and Anne Marie McGuire, Nag Hammadi Studies 44 (Leiden: Brill, 1997), 401–438; DERS., «New Research on Ptolemaeus Gnosticus,» *Zeitschrift für Antikes Christentum* 4 (2000): 225–254 sowie DERS., «Nochmals: Valentinus und die Gnostikoi. Beobachtungen zu Irenaeus, haer. I 30,15 und Tertullian, Val. 4,2,» *Vigiliae Christianae* 51 (1997): 179–187.

263 Epiphanius, *Panarion Haereses* 31,7,2 (GCS Epiphanius I², 396,1–6 HOLL/ BERGERMANN/COLLATZ); Text, Übersetzung und Kommentar bei Christoph MARKSCHIES, *Valentinus Gnosticus? Untersuchungen zur valentinianischen Gnosis mit einem Kommentar zu den Fragmenten Valentins*, Wissenschaftliche Untersuchungen zum Neuen Testament 65 (Tübingen: Mohr Siebeck, 1992), 331–334.

264 Irenaeus, *Aduersus haereses* I 13,1 (SC 264, 188,1–4 ROUSSEAU/DOUTRELEAU): *Alius uero quidam ex his qui sunt apud eos* (sc. den Valentinianern), *magistri emendatorem se esse glorians, Marcus autem illi nomen, magicae imposturae peritissimus, per quam et uiros multos et non paucas feminas seducens.* – Zitiert ist die spätantike lateinische Übersetzung des ursprünglich griechischen Werks, falls Hippolyt oder Epiphanius das griechische Original zitieren (bzw. behaupten zu zitieren), wird dieser Text ergänzend angeführt. Hippolyt identifizierte den anonymen Lehrer, den Marcus verbessern wollte, mit Valentinus selbst: *Refutatio omnium haeresium* VI 42,2 (GCS Hippolytus III, 173,19–21 WENDLAND/PTS 25, 259,10–12 MARCOVICH): Ὁ δὲ Μάρκος μιμούμενος τὸν διδάσκαλον καὶ αὐτὸς ἀναπλάσσει ὅραμα, νομίζων οὕτως δοξασθήσεσθαι· καὶ γὰρ Οὐαλεντῖνος φάσκει ἑαυτὸν ἑωρακέναι παῖδα νήπιον ἀρτιγέννητον· – Vgl. dazu FÖRSTER, *Marcus Magus. Kult, Lehre und Gemeindeleben einer valentinianischen Gnostikergruppe*, 56 f.

265 Epiphanius, *Panarion Haereses* 33,3,1–7,10 (GCS Epiphanius I², 450,16–457,22

HOLL/BERGERMANN/COLLATZ); vgl. auch die kommentierte Edition bei: *Ptolémée, Lettre à Flora, Analyse, texte critique, traduction, commentaire et index grec de Gilles Quispel, Sources Chrétiennes* 24bis (Paris: Cerf, 1966).

266 Irenaeus, *Aduersus haereses* I 13,6 (SC 264, 201,102–202,105 ROUSSEAU/DOUTRELEAU): *Et discipuli autem eius quidam circumobuersati in eisdem, seducentes mulierculas multas corruperunt, perfectos semetipsos uocantes, quasi nemo possit exaequari magnitudini agnitionis ipsorum* bzw. Epiphanius, *Panarion Haereses* 34,3,4 (GCS Epiphanius II², 9,4–6 HOLL/DUMMER): Καὶ μαθηταὶ δὲ αὐτοῦ τινες περιπολίζοντες ἐν τοῖς αὐτοῖς, ἐξαπατῶντες γυναικάρια πολλὰ διέφθειραν, τελείους ἑαυτοὺς ἀναγορεύοντες, ὡς μηδενὸς δυναμένου ἐξισωθῆναι τῷ μεγέθει τῆς γνώσεως αὐτῶν (...) – Vgl. auch FÖRSTER, *Marcus Magus. Kult, Lehre und Gemeindeleben einer valentinianischen Gnostikergruppe*, 389 f.

267 Irenaeus, *Aduersus haereses* I 13,7 (SC 264, 204,127–129 ROUSSEAU/DOUTRELEAU): *Talia autem dicentes et operantes et in his quoque quae sunt secundum nos regiones Rodanenses multas seduxerunt mulieres, quae cauteriatas conscientias habentes* (...) bzw. Epiphanius, *Panarion Haereses* 34,3,4 (GCS Epiphanius II², 9,24–26 HOLL/DUMMER): Τοιαῦτα δὴ λέγοντες καὶ πράττοντες καὶ ἐν τοῖς καθ' ἡμᾶς κλίμασι τῆς Ῥοδανουσίας πολλὰς ἐξηπατήκασι γυναῖκας, αἵτινες κεκαυτηριασμέναι τὴν συνείδησιν (...). Erst Hieronymus behauptet, Marcus selbst habe «die Gegenden, durch die Rhône und Garonne fließen, mit seiner Lehre beschmutzt» (*Epistula* 75,3 [CSEL 55², 32,17 f. HILBERG]), aber diese Nachricht erklärt sich besser als oberflächliche Lektüre des Irenaeus durch Hieronymus denn als authentische Erinnerung aus der Gegend: So auch FÖRSTER, *Marcus Magus. Kult, Lehre und Gemeindeleben einer valentinianischen Gnostikergruppe*, 41 f.

268 Irenaeus, *Aduersus haereses* I 13,5 (SC 264, 200,94 ROUSSEAU/DOUTRELEAU): *in Asia nostri*. – Eine Übersicht zur Debatte über die Angemessenheit des Bildes von einem «gnostischen Casanova» (Giovanni Filoramo) mit Forschungsgeschichte bei FÖRSTER, *Marcus Magus. Kult, Lehre und Gemeindeleben einer valentinianischen Gnostikergruppe*, 123–126, zu den Wirkungsorten des Marcus ebd., 159 f.

269 Shmuel SAMBURSKY, «On the Origin and Significance of the Term Gemaṭria,» *Journal of Jewish Studies* 29 (1978): 35–38; zu den jüdischen und paganen Hintergründen der «Namensspekulation» bei Marcus FÖRSTER, *Marcus Magus. Kult, Lehre und Gemeindeleben einer valentinianischen Gnostikergruppe*, 192–206.

270 Barbara ALAND, «Die frühe Gnosis zwischen platonischem und christlichem Glauben: Kosmosfrömmigkeit versus Erlösungstheologie,» in *Die Weltlichkeit des Glaubens in der Alten Kirche. Festschrift für Ulrich Wickert zum siebzigsten Geburtstag*, hg. Dietmar Wyrwa, Beihefte zur Zeitschrift für die neutestamentliche Wissenschaft und die Kunde der älteren Kirche 85 (Berlin/New York: De Gruyter, 1997), 1–24 = DIES., *Was ist Gnosis? Studien zum frühen Christen-*

tum, zu Marcion und zur kaiserzeitlichen Philosophie, Wissenschaftliche Untersuchungen zum Neuen Testament 239 (Tübingen: Mohr Siebeck, 2009), 103–124; Christoph MARKSCHIES, «Welche Funktion hat der Mythos in gnostischen Systemen? Oder: ein gescheiterter Denkversuch zum Thema ‹Heil und Geschichte›,» in Heil und Geschichte. Die Geschichtsbezogenheit des Heils und das Problem der Heilsgeschichte in der biblischen Tradition und in der theologischen Deutung, hg. Jörg Frey, Stefan Krauter u. Hermann Lichtenberger, Wissenschaftliche Untersuchungen zum Neuen Testament 248 (Tübingen: Mohr Siebeck, 2009), 513–534 = DERS., Gnosis und Christentum (Berlin: Berlin University Press, 2009), 83–112.

271 Irenaeus, Aduersus haereses I 14, 1 (SC 264, 210,34–41 ROUSSEAU/DOUTRELEAU): Tunc autem et redintegrationem uniuersorum dicit futuram, quando omnia deuenientia in unam litteram unam et eandem consonationem sonent, cuius exclamationis imaginem [esse] Amen simul dicentibus nobis tradidit esse. Sonos autem esse eos qui formant insubstantiuum et ingenitum aeona, et esse hos formas quas Dominus angelos dixit, quae sine intermissione uident faciem Patris bzw. Epiphanius, Panarion Haereses 34,4,7 (GCS Epiphanius II², 11,9–14 HOLL/DUMMER): τότε δὲ καὶ τὴν ἀποκατάστασιν τῶν ὅλων ἔφη γενέσθαι, ὅταν τὰ πάντα κατελθόντα εἰς τὸ ἓν γράμμα μίαν καὶ τὴν αὐτὴν ἐκφώνησιν ἠχήσῃ· ἧς ἐκφωνήσεως εἰκόνα τὸ ἀμὴν ὁμοῦ λεγόντων ἡμῶν ὑπέθετο εἶναι. τοὺς δὲ φθόγγους ὑπάρχειν τοὺς μορφοῦντας τὸν ἀνούσιον καὶ ἀγέννητον Αἰῶνα· καὶ εἶναι τούτους μορφάς, ἃς ὁ κύριος ἀγγέλους εἴρηκε, τὰς διηνεκῶς βλεπούσας τὸ πρόσωπον τοῦ πατρός. – Vgl. den Kommentar bei FÖRSTER, Marcus Magus. Kult, Lehre und Gemeindeleben einer valentinianischen Gnostikergruppe, 389 f.

272 Vgl. aus der sogenannten großen Notiz, dem Systemreferat über die Lehren der «Schüler des Ptolemaeus» bei Irenaeus, Aduersus haereses I 2,6 (SC 264, 46,86–88 ROUSSEAU/DOUTRELEAU): Spiritus uero sanctus adaequatos eos (sc. die Ewigkeiten bzw. Äonen) omnes gratias agere docuit et ueram requiem induxit. Et sic forma et sententia similes factos Aeonas dicunt, ... bzw. Epiphanius, Panarion Haereses 31,13,4, (GCS Epiphanius I², 405,12–14 HOLL/BERGERMANN/COLLATZ): Τὸ δὲ [ἓν] Πνεῦμα τὸ ἅγιον ἐξισωθέντας αὐτοὺς πάντας εὐχαριστεῖν ἐδίδαξεν καὶ τὴν ἀληθινὴν ἀνάπαυσιν εἰσηγήσατο. οὕτως τε μορφῇ καὶ γνώμῃ ἴσους κατασταθῆναι τοὺς Αἰῶνας λέγουσι, (...).

273 Matthias BALTES, s. v. «Idee (Ideenlehre),» in Reallexikon für Antike und Christentum (Stuttgart: Hiersemann, 1996), 17: (213–246) 245.

274 1Kor 15,28: ὅταν δὲ ὑποταγῇ αὐτῷ τὰ πάντα, τότε [καὶ] αὐτὸς ὁ υἱὸς ὑποταγήσεται τῷ ὑποτάξαντι αὐτῷ τὰ πάντα, ἵνα ᾖ ὁ θεὸς [τὰ] πάντα ἐν πᾶσιν.

275 Irenaeus, Aduersus haereses I 14,2 (SC 264, 212,54–214,63 ROUSSEAU/DOUTRELEAU): Elementum autem ipsum, ex quo littera cum enuntiatione sua descendit deorsum, litterarum esse ait XXX, et unamquamque ex his XXX litteris in semetipso habere alias litteras, per quas nomen litterae nominatur (...). Sic autem planius disces

quod dicitur: delta elementum litteras habet in se quinque, et ipsum Δ et E et Λ et T et A, et hae rursus litterae per alias scribuntur litteras, et aliae per alias bzw. Epiphanius, *Panarion Haereses* 34,4,11 und 5,1 (GCS Epiphanius II², 12,2–5. 9–11 HOLL/DUMMER): τὸ δὲ στοιχεῖον αὐτό, ἀφ᾽ οὗ τὸ γράμμα σὺν τῇ ἐκφωνήσει τῇ ἑαυτοῦ συγκατῆλθε κάτω, [ὃ] γραμμάτων εἶναί φησι τριάκοντα καὶ ἓν ἕκαστον τῶν τριάκοντα γραμμάτων ἐν ἑαυτῷ ἔχειν ἕτερα γράμματα, δι᾽ ὧν τὸ ὄνομα τοῦ γράμματος ὀνομάζεται· (...) Τὸ δέλτα στοιχεῖον γράμματα ἐν ἑαυτῷ ἔχει πέντε, αὐτό τε τὸ δέλτα καὶ τὸ ε καὶ τὸ λάμβδα καὶ τὸ ταῦ καὶ τὸ ἄλφα, καὶ ταῦτα πάλιν τὰ γράμματα δι᾽ ἄλλων γράφεται γραμμάτων καὶ τὰ ἄλλα δι᾽ ἄλλων. – Vgl. Franz DORNSEIFF, *Das Alphabet in Mystik und Magie*, Stoicheia: Studien zur Geschichte des antiken Weltbildes und der griechischen Wissenschaft 7, 2. Aufl. (Leipzig: Teubner, 1925 = ebd.: Reprint-Verlag, 1994), 126–133.

276 Im Unterschied zur lateinischen Schreibweise besteht das griechische Ἰησοῦς tatsächlich aus sechs Buchstaben.

277 Irenaeus, *Aduersus haereses* I 14,4 (SC 264, 218,99–105 ROUSSEAU/DOUTRELEAU): *Iesus enim est insigne nomen, VI habens litteras ab omnibus qui sunt uocationis cognitum; illud autem quod est apud aeonas pleromatis, cum sit multifarium exsistens, alterius est formae et alterius typi, quod intellegitur ab ipsis qui sunt cognati eius, quorum magnitudines apud eum sunt semper* bzw. Epiphanius, *Panarion Haereses* 34,6,4 (GCS Epiphanius II², 13,18–14,2 HOLL/DUMMER): Ἰησοῦς μὲν γάρ ἐστιν ἐπίσημον ὄνομα ἓξ ἔχον γράμματα, ὑπὸ πάντων τῶν τῆς κλήσεως γινωσκόμενον· τὸ δὲ παρὰ τοῖς αἰῶσι τοῦ πληρώματος, πολυμερὲς τυγχάνον, ἄλλης ἐστὶν μορφῆς καὶ ἑτέρου τύπου, γινωσκόμενον ὑπ᾽ ἐκείνων τῶν συγγενῶν, ὧν τὰ μεγέθη παρ᾽ αὐτῷ ἐστι διὰ παντός. – Die Übersetzung folgt FChr 8/1, 232,21–24 BROX.

278 So die Vermutungen bei FÖRSTER, *Marcus Magus. Kult, Lehre und Gemeindeleben einer valentinianischen Gnostikergruppe*, 231–233 (mit Nachweisen). Zu einem Vergleich mit «Shi'ur Qoma»-Traditionen bei STROUMSA, «Form(s) of God: Some Notes on Metatron and Christ,» 281 kritisch Christopher R. A. MORRAY-JONES, «The Body of the Glory: Approaching the New Testament from the Perspective of Shiur Koma Traditions,» in *The Mystery of God. Early Jewish Mysticism and the New Testament*, (501–610) 570 Anm. 142.

279 Irenaeus, *Aduersus haereses* I 14,3 (SC 264, 214,73–216,84 ROUSSEAU/DOUTRELEAU): *Haec itaque exponentem ei Quaternationem dixisse: Uolo autem tibi et ipsam ostendere ueritatem: deposui enim illam de superioribus aedificiis, uti circumspicias eam nudam et intuearis formositatem eius, sed et audias eam loquentem et admireris sapientiam eius. Uide quid igitur in caput eius sursum primum* A *et* Ω, *collum autem* B *et* Ψ, *umeros cum manibus* Γ *et* X, *pectus* Δ *et* Φ, *cinctum* E *et* Y, *uentrem* Z *et* T, *uerenda* H *et* Σ, *femora* Θ *et* P, *genua* I *et* Π, *tibias* K *et* O, *crura* Λ *et* Ξ, *pedes* M *et* N. *Hoc est corpus eius quae est secundum magum Veritatis, haec figura elementi, hic character litterae. Et uocat elementum hoc Hominem* bzw. Epiphanius,

Panarion Haereses 34,5,5–7 (GCS Epiphanius II², 12,20–13,6 HOLL/DUM-
MER): θέλω δή σοι καὶ αὐτὴν ἐπιδεῖξαι τὴν ἀλήθειαν. κατήγαγον γὰρ αὐτὴν
ἐκ τῶν ὕπερθεν δωμάτων, ἵν' ἐσίδῃς αὐτὴν γυμνὴν καὶ καταμάθῃς τὸ
κάλλος αὐτῆς, ἀλλὰ καὶ ἀκούσῃς αὐτῆς λαλούσης καὶ θαυμάσῃς τὸ
φρόνιμον αὐτῆς. ὅρα οὖν κεφαλὴν ἄνω, τὸ α καὶ τὸ ω, τράχηλον δὲ β καὶ ψ,
ὤμους ἅμα χερσὶν γ καὶ χ, στήθη δ καὶ φ, διάφραγμα ε καὶ υ, κοιλίαν ζ καὶ
τ, αἰδοῖα η καὶ ς, μηροὺς θ καὶ ρ, γόνατα ι καὶ π, κνήμας κ καὶ ο, σφυρὰ λ
καὶ ξ, πόδας μ καὶ ν. τοῦτό ἐστι τὸ σῶμα τῆς κατὰ τὸν μάγον ἀληθείας,
τοῦτο τὸ σχῆμα τοῦ στοιχείου, οὗτος ὁ χαρακτὴρ τοῦ γράμματος, καὶ καλεῖ
τὸ στοιχεῖον τοῦτο ἄνθρωπον· – vgl. dazu den Kommentar bei FÖRSTER,
*Marcus Magus. Kult, Lehre und Gemeindeleben einer valentinianischen Gnostiker-
gruppe*, 221–228.

280 Vgl. für den Widder (*Aries* oder Κριός) Teucer, *De duodecim signis* (nach einem Exzerpt des Rhetorius, Catalogus Codicum Astrologorum Graecorum
VII, 194,15 sowie 195,19–24 BOLL): καὶ πρῶτον μὲν αὐτοῦ τμῆμα ὅ καὶ
ζῳδιόν ἐστι Κριός· (…) κυριεύει δὲ τοῦ σώματος κεφαλῆς καὶ προσώπου
καὶ πάντων τῶν κατὰ τῆς κεφαλῆς γινομένων αἰτίων καὶ συμπτωμάτων,
τουτέστιν αἰσθητηρίων, κεφαλαλγιῶν, ἐπισκιασμῶν, ἀποπληξίας,
δυσηκοΐας, ἀμαυρώσεως, λέπρας, λειχήνων, μαδαρώσεως, φαλακρώσεως,
ἀναισθησίας, τραυμάτων, καὶ ὅσα περὶ τὰς ἀκοὰς καὶ τοὺς ὀδόντας εἰώθασι
γίνεσθαι. κυριεύει δὲ καὶ στοιχείων τοῦ α καὶ τοῦ ν. – Zur Passage vgl. Franz
BOLL, *Sphaera: Neue griechische Texte und Untersuchungen zur Geschichte der
Sternbilder* (Leipzig: Teubner, 1903 = Hildesheim: Olms, 1967), 5–21; Richard
REITZENSTEIN, *Poimandres. Studien zur griechisch-ägyptischen und frühchristlichen
Literatur* (Leipzig: Teubner, 1904), 286 f.; DORNSEIFF, *Das Alphabet in Mystik
und Magie*, 132 f.; 286 f.; Wilhelm GUNDEL, *Dekane und Dekansternbilder. Ein
Beitrag zur Geschichte der Sternbilder der Kulturvölker*, mit einer Untersuchung
über die ägyptischen Sternbilder und Gottheiten der Dekanae von Siegfried
Schott, Studien der Bibliothek Warburg 19 (Glückstadt/Hamburg: Augustin,
1936), 115–119 und FÖRSTER, *Marcus Magus. Kult, Lehre und Gemeindeleben einer valentinianischen Gnostikergruppe*, 221–228. Zu Teucer/Teukros vgl. Wilhelm GUNDEL, s. v. «Teukros 5),» in *Paulys Realencyclopädie der classischen Altertumswissenschaft* (München: Druckenmüller, 1934), V A 1: 1132–1134.

281 DORNSEIFF, *Das Alphabet in Mystik und Magie*, 26, zitiert einen Beleg aus dem
babylonischen Talmud: *Schabbath* 104b; zu den magischen Papyri *ebd.*, 42 f.

282 SCHÄFER, *Die Ursprünge der jüdischen Mystik*, 423; kritische Bemerkungen zu
Scholems Idee, Marcus und «Shi'ur Qoma»-Texte zu vergleichen, bereits bei
COHEN, *The Shi'ur Qomah. Liturgy and Theurgy in Pre-Kabbalistic Jewish Mysti-
cism*, 24–26.

283 SCHOLEM, *Jewish Gnosticism*, 36 f.; zur Datierung vgl. die Bemerkungen von
Hans-Martin SCHENKE, «Vorwort,» in *Koptisch-Gnostische Schriften 1. Bd. Die
Pistis Sophia, die beiden Bücher des Jeû, unbekanntes altgnostisches Werk*, hg. Carl

Schmidt, 4., um das Vorwort erw. Aufl. hg. Hans-Martin Schenke [mit den Nachträgen der 2. Aufl. von Walter C. Till, 1954], GCS (Berlin: Akademie-Verlag, 1984), XVI–XXXIV und Carsten COLPE, Einleitung in die Schriften aus Nag Hammadi, Jerusalemer Theologisches Forum 16 (Münster: Aschendorff, 2011), 60–64. 277–311. 318–323.

284 Vgl. Hans-Martin SCHENKE, «The Phenomenon and Significance of Gnostic Sethianism,» in The Rediscovery of Gnosticism. Proceedings of the International Conference on Gnosticism at Yale, New Haven, Connecticut, March 28–31, 1978, ed. Bentley Layton, Vol. II Sethian Gnosticism, Studies in the History of Religion 41/2 (Leiden: Brill, 1981), 588–616 und kritisch dagegen Frederik WISSE, «Stalking those Elusive Sethians,» in The Rediscovery of Gnosticism, Vol. II Sethian Gnosticism, 563–576. – Über die gegenwärtigen Debatten orientiert z. B. Johanna BRANKAER, Die Gnosis. Texte und Kommentar (Wiesbaden: Marix, 2010), 78–84 oder John D. TURNER, Sethian Gnosticism and the Platonic Tradition, Bibliothèque Copte de Nag Hammadi. Section «Études» 6 (Québec: Les Presses de l'Université Laval bzw. Louvain/Paris: Peeters, 2001), 57–92 und 747–759.

285 S. o. S. 587 mit Anm. 155. FRIEDLÄNDER, Der vorchristliche jüdische Gnosticismus, behandelt die Texte der Codices Askewianus und Brucianus nicht, ebenso nicht DAN, «Jewish Gnosticism?», 309–328. Ausführlicher behandelt HERRMANN, «Jüdische Gnosis? Dualismus und ‹gnostische› Motive in der frühen jüdischen Mystik,» 62–73 die Rede von einem «kleinen YHWH» (יוי הקטן) im dritten Henoch-Buch und vom «kleinen Jao» (ⲘⲠⲔⲞⲨⲒ ⲚⲒⲀⲰ) in der Pistis Sophia (vgl. Synopse zur Hekhalot-Literatur § 15 nach V228 [9,52 SCHÄFER] bzw. Pistis Sophia 7 [NHS 9, 12,22 SCHMIDT]).

286 Pistis Sophia I 6 (NHC 9, 8,14 SCHMIDT): ⲦⲞⲦⲈ ⲒⲤ̅ ⲀϤⲤⲰⲔ ⲈⲢⲞϤ ⲘⲠⲈⲞⲞⲨ ⲘⲠⲈϤⲞⲨⲞⲈⲒⲚ; deutsche Übersetzung bei GCS Koptisch-gnostische Schriften I, 5,24 SCHMIDT/SCHENKE, dort auch weitere Stellen im Register s. v. «Lichtkleid» (aaO. 409).

287 Pistis Sophia II 63 (NHC 9, 128,4–7 SCHMIDT): ⲀϤⲚⲞⲨⲬⲤ̅ ⲈϨⲞⲨⲚ ⲈⲐⲨⲀⲎ ⲚⲦⲂⲀⲢⲂⲎⲖⲰ ⲀⲨⲰ ⲀϤⲔⲎⲢⲨⲤⲤⲈ ϨⲀ ⲠⲦⲞⲠⲞⲤ ⲚⲦⲘⲈ ⲚⲦⲈ ⲦⲀⲖⲎⲐⲒⲀ ϨⲢⲀⲒ̈ ϨⲚ̅ ⲚⲦⲞⲠⲞⲤ ⲦⲎⲢⲞⲨ ⲚⲦⲈ ⲚⲀϨⲂⲞⲨⲢ· ⲐⲨⲀⲎ ⲆⲈ ⲈⲦⲘ̅ⲘⲀⲨ ⲚⲦⲈ ⲦⲂⲀⲢⲂⲎⲖⲰ ⲚⲦⲞⲤ ⲦⲈⲦϢⲞⲞⲠ ⲚⲀⲔ ⲚⲤⲰⲘⲀ ⲘⲠⲞⲞⲨ·; deutsche Übersetzung bei GCS Koptisch-gnostische Schriften I, 82,22–26 SCHMIDT/SCHENKE, dort auch weitere Stellen im Register s. v. «Lichtkleid» (aaO. 409).

288 Als vollständiger Name des Jeû, einer Hervorbringung des obersten Gottes (NHS 13, 260,23 f. SCHMIDT), wird beispielsweise mehrfach (260,28; 261,3.5 und 262,13 SCHMIDT) ein nomen barbarum mit 16 Buchstaben angegeben (Details bei COLPE, Einleitung in die Schriften aus Nag Hammadi, 280 f.; zu den Illustrationen der Handschrift vgl. Christoph MARKSCHIES, «Gnostische und andere Bilderbücher in der Antike,» Zeitschrift für Antikes Christentum 9 (2005): 100–121 = DERS., Gnosis und Christentum, (113–159) 146–154.

289 *Anonymum Brucianum* 4 (NHS 13, 231,24–232,1. 7f. Schmidt): ογν-κε-
τοπος ον εγμογτε ερος χε-βαθος ογν-ϣομντ μμντεκωτ
ν2ητϥ. πϣορπ ερε-πκαλγπτος μμαγ. ετε-ντοϥ πε πνογτε
εθηπ. αγω πμε2σναγ νεκωτ ερε-πϯογ νϣην α2ερατογ
ν2ητϥ αγω ογν-ογτραπεζα 2ν-τεγμητε εγν-ογλογος μμο-
νογενης α2ερατϥ 2ιχν-τετραπεζα. ... πμε2ϣομντ ερε-τςιγη
ν2ητϥ μν-τπηγη ερε-μντςνοογς νχς 6ωϣτ ερος.

290 Die in der Forschung für lange Zeit kanonische Reihenfolge, wonach der
Sethianismus dem Valentinianismus historisch voraufgegangen sei, bestritt
beispielsweise Simone Pétrement, *A Separate God. The Christian Origins of
Gnosticism* (= *Le Dieu séparé: les origines du Gnosticisme* [Paris: Les Editions du
Cerf, 1984], translated by Carol Harrison) (London: Darton, Longman and
Todd, 1991), 17. 135.

291 Turner, *Sethian Gnosticism and the Platonic Tradition*, 502–512. 707–709.

292 Vgl. die Einleitung bei François Sagnard, *Clément d'Alexandrie, Extraits de
Théodote*. Texte Grec, Introduction, Traduction et Notes, Sources Chrétiennes 23 (Paris: Éditions du Cerf, 1970), 5–8.

293 Clemens Alexandrinus, *Excerpta ex Theodoto* 45,3–46,2 (GCS Clemens Alexandrinus III, 121,13–16 Stählin/Früchtel/Treu): Πρῶτον οὖν ἐξ
ἀσωμάτου πάθους καὶ συμβεβηκότος εἰς ἀσώματον ἔτι τὴν ὕλην αὐτὰ
μετήντλησεν καὶ μετέβαλεν· εἶθ' οὕτως εἰς συγκρίματα καὶ σώματα ἀθρόως
γὰρ οὐσίαν ποιῆσαι τὰ πάθη οὐκ ἐνῆν· καὶ τοῖς σώμασι κατὰ φύσιν
ἐπιτηδειότητα ἐνεποίησεν. – Eng verwandt ist Irenaeus, *Aduersus haereses* I
4,5 (SC 264, 74,103–105 Rousseau/Doutreleau) bzw. Epiphanius, *Panarion Haereses* 31,17,12 (GCS Epiphanius I², 412,13 f. Holl/Bergermann/
Collatz): καὶ ἐξ ἀσωμάτου πάθους εἰς ἀσώματον [τὴν] ὕλην μεταβαλεῖν
αὐτά·. Zur Unkörperlichkeit der Materie vgl. auch ebd. 47,4 (122,5–8):
Ἀσώματον δὲ καὶ ταύτην ἐν ἀρχῇ αἰνίσσεται τῷ φάσκειν ,ἀόρατον'· οὔτε
γὰρ ἀνθρώπῳ τῷ μηδέπω ὄντι ἀόρατος ἦν, οὔτε τῷ Θεῷ· ἐδημιούργει γάρ·
ἀλλὰ τὸ ἄμορφον καὶ ἀνείδεον καὶ ἀσχημάτιστον αὐτῆς ὧδέ πως
ἐξεφώνησεν und ebd. 50,3 (123,14) sowie 55,1 (125,8).

294 Clemens Alexandrinus, *Excerpta ex Theodoto* 10,1 (GCS Clemens Alexandrinus III, 109,16–20 Stählin/Früchtel/Treu): Ἀλλ' οὐδὲ τὰ πνευματικὰ
καὶ νοερά, οὐδὲ οἱ Ἀρχάγγελοι, οὐδὲ οἱ Πρωτόκτιστοι, οὐδὲ μὴν οὐδ'
αὐτός, ἄμορφος καὶ ἀνείδεος καὶ ἀσχημάτιστος καὶ ἀσώματός ἐστιν, ἀλλὰ
καὶ μορφὴν ἔχει ἰδίαν καὶ σῶμα ἀνὰ λόγον τῆς ὑπεροχῆς τῶν πνευματικῶν
ἁπάντων· ὡς δὲ καὶ οἱ Πρωτόκτιστοι ἀνὰ λόγον τῆς ὑπεροχῆς τῶν ὑπ'
αὐτοὺς οὐσιῶν.

295 So erstmals Wilhelm Bousset, *Jüdisch-christlicher Schulbetrieb in Alexandria und
Rom. Literarische Untersuchungen zu Philo und Clemens von Alexandria, Justin
und Irenäus*, Forschungen zur Religion und Literatur des Alten und Neuen
Testaments 23 (Göttingen: Vandenhoeck & Ruprecht, 1914), 191–195. –

Nach Eusebius, *Historia ecclesiastica* V 10,1 (GCS Eusebius II/1, 450,18 f. SCHWARTZ) war Pantaenus aus der stoischen Schule hervorgegangen; das problematisiert Alain LE BOULLUEC, «Die ‹Schule› von Alexandrien,» in *Die Zeit des Anfangs (bis 250)*, hg. Luce Pietri, Die Geschichte des Christentums: Religion – Politik – Kultur 1 (Freiburg u. a.: Herder, 2003), (576–621) 576–579.

296 SAGNARD, *Clément d'Alexandrie, Extraits de Théodote*, 12–15 und Robert Pierce CASEY, *The Excerpta ex Theodoto of Clement of Alexandria*, ed. with Translation, Introduction, and Notes, Studies and Documents 1 (London: Christophers, 1934), 105 f. und aus der Einleitung aaO. 8–16.

297 GASTER, «Das Schiur Komah,» 218–223 = 1341–1346; SCHOLEM, *Jewish Gnosticism, Merkabah Mysticism, and Talmudic Tradition*, 37 f. sowie Joseph M. BAUMGARTEN, «The Book of Elkesai and Merkabah Mysticism,» *Journal for the Study of Judaism* 17 (1986): 212–223. 257–259, insbesondere 220–222.

298 So COHEN, *The Shi'ur Qomah. Liturgy and Theurgy in Pre-Kabbalistic Jewish Mysticism*, 13–31 und Anmerkungen 31–41; SCHÄFER, *Übersetzung der Hekhalot-Literatur*, Vol. IV, 38 f.

299 SCHÄFER, *Die Ursprünge der jüdischen Mystik*, 424–446 (Schäfer neigt dazu, «den Metatron des 3. Henoch (...) im kulturellen Kontext des (späten) babylonischen Judentums anzusiedeln und ihn als eine Reaktion auf die neutestamentliche Botschaft von Jesus Christus zu betrachten») und HERRMANN, «Jüdische Gnosis? Dualismus und ‹gnostische› Motive in der frühen jüdischen Mystik,» 79–90.

300 Knapp sind diese frühen Charakterisierungen zusammengestellt bei Nikolaus MÜLLER, s. v. «Christusbilder,» in *Realenzyklopädie für protestantische Theologie und Kirche*, 3. Aufl. (Leipzig: Hinrichs, 1898), 4: (63–82) 63–65; ausführlicher bei VON DOBSCHÜTZ, *Christusbilder. Untersuchungen zur christlichen Legende*, Beilagen, 294**–297**.

301 Heinz GAUER, *Texte zum byzantinischen Bilderstreit. Der Synodalbrief der drei Patriarchen des Ostens von 836 und seine Verwandlung in sieben Jahrhunderten*, Studien und Texte zur Byzantinistik 1 (Frankfurt, Main: Lang, 1994), L-LX; vorher schon Ernst VON DOBSCHÜTZ, *Christusbilder. Untersuchungen zur christlichen Legende*, Beilagen, Texte und Untersuchungen 18/3-4 (Leipzig: Hinrichs, 1899), 207**–211**. Auf S. 297** nennt Dobschütz einige Paralleltexte zu Ps.-Johannes von Damaskus; S. 300 f. gibt er eine Synopse der Ekphraseis dieser Texte.

302 GAUER, *Texte zum byzantinischen Bilderstreit. Der Synodalbrief der drei Patriarchen des Ostens von 836 und seine Verwandlung in sieben Jahrhunderten*, LVI-LVIII mit Nachweisen auf S. LVII in Anm. 1; zum historischen Hintergrund des Synodalbriefs: Alexander Alexandrovic VASILIEV, «The Life of Saint Theodore of Edessa,» *Byzantion* 16 (1942/1943), 165–225.

303 GAUER, *Texte zum byzantinischen Bilderstreit. Der Synodalbrief der drei Patriarchen des Ostens von 836 und seine Verwandlung in sieben Jahrhunderten*, LXII.

304 *Epistula ad Theophilum imperatorem de sanctis et venerandis* (PG 95, 349,26–42 = 80,12–81,9 GAUER): ζῷον λογικὸν, θνητόν, νοῦ καὶ ἐπιστήμης, δεκτικὸν, τρίπηχυν ἴσως περιγραφῆς καὶ σαρκὸς παχύτητι περιγραφόμενος τῇ καθ᾽ ἡμᾶς ὁρωμένῃ μορφῇ, τῆς μητρῷας ἐμφερείας τὰ ἰδιώματα χαρακτηρίζων, καὶ τὴν τοῦ ἀδαμιαίου μόρφωσιν ἐμφαίνων. Τοῦ χάριν χαρακτηριζόμενος, καθὼς οἱ ἀρχαιοῖ ἱστορικοὶ <γένους> μόρφωσιν ἐμφαίνων.

Τοῦ χάριν χαρακτηριζόμενος, καθὼς οἱ ἀρχαῖοι ἱστορικοὶ διαγράφουσιν αὐτοῦ τὴν ἐκτύπωσιν, εὐήλικια, σύνοφρυν, εὐόφθαλμον, ἐπίρρινον, οὐλόθριξιν, ἐπίκυφον, εὔχροιον, γενειάδα μέλανα ἔχοντα, σιτόχρουν, τῷ εἴδει κατὰ τὴν μητρῴαν ἐμφάνειαν, μακροδάκτυλον, εὐήφωνον, ἡδύλογον, πραότατον, ἥσυχον, μακρόθυμον, ἀνεξίκακον, καὶ τὰ παραπλήσια τῆς ἀρετῆς πλεονεκτήματα περιφέροντα.

Ἐν οἴσπερ ἰδιώμασιν ὁ θεανδρικὸς αὐτοῦ χαρακτηρίζεται λόγος, ἵνα μὴ τροπῆς ἀποσκίασμα, ἢ παραλλαγῆς ἀλλοίωσις ἐν τῇ θείᾳ τοῦ Λόγου ἐνανθρωπήσει φωραθείη, κατὰ τοὺς τῶν Μανιχαίων λήρους. – GAUER, *Texte zum byzantinischen Bilderstreit. Der Synodalbrief der drei Patriarchen des Ostens von 836 und seine Verwandlung in sieben Jahrhunderten*, 74–128.

305 Beilagen, 297★★ Anm. 1 (Exkurs: «Zur Prosopographie Christi»); vgl. aber Epiphanius Monachus, *Vita Mariae* (302★★,5 Dobschütz): ἐξ ποδῶν τῶν τελείων, (...).

306 *Epistula ad Theophilum imperatorem de sanctis et venerandis* (PG 95, 349,23–26 = 80,9–11 GAUER): ἄνθρωπος ἐκ τῆς ἁγίας παρθένου καὶ θεοτόκου Μαρίας ἀτρέπτως καὶ ἀναλλοιώτως χρηματίσας, κεκοινώνηκε σαρκὸς καὶ αἵματος, καθὸ ἄνθρωπος γέγονε·.

307 Vgl. dazu Manolis CHATZIDAKIS/Gerry WALTERS, «An Encaustic Icon of Christ at Sinai,» *Art Bulletin* 49 (1967), 197–208; Kurt WEITZMANN, *The Monastery of Saint Catherine at Mount Sinai: The Icons*, Vol. I From the Sixth to the Tenth Century (Princeton, NJ: Princeton University Press, 1976), 13–15 (Nr. B 1 mit Taf. I–II, XXXIX–XLI) sowie Hans BELTING, *Bild und Kult. Eine Geschichte des Bildes vor dem Zeitalter der Kunst*, 2. Aufl. (München: Beck, 1993 = 1991), 152 f.

308 *Epistula ad Theophilum imperatorem de sanctis et venerandis* (PG 95, 349,17–22 = 78,28–80,2 GAUER): ὁ ἄναρχος, ὁ ἀΐδιος, ὁ ἄϋλος, ὁ ἀσώματος, ὁ ἄποσος, ὁ ἄποιος, ὁ ἀπειρομεγέθης, ὁ ἀνέπαφος, ὁ πάντα ἐκ τοῦ μὴ ὄντος εἰς τὸ εἶναι παραγαγών, ὁ τὰς ἀγγελικὰς καὶ οὐρανίους ἀσωμάτους Δυνάμεις τῷ λόγῳ συστησάμενος· ὁ τὸν οὐρανὸν σπιθαμῇ μετρήσας, τῇ δὲ γῇ κατέχων δρακὶ, καὶ τῇ χειρὶ τὸ ὕδωρ μετρήσας·.

309 Eine parallele Ekphrasis bei Epiphanius Monachus, *Vita Mariae* nennt (blondes) Haar, nicht sehr dick und leicht gewellt: ἐξ ποδῶν τῶν τελείων, ἐπίξανθον ἔχων τήν τρίχα καὶ οὐ πάνυ δασεῖαν, μᾶλλον μὲν οὖν πρὸς τὸ οὖλον ἀποκλίνουσαν, τὰς δὲ ὀφρῦς μελαίναξ καὶ οὐ πάνυ ἐπικαμπεῖς (302★★,5–8 DOBSCHÜTZ). – Für krause Haare verweist Ernst VON DOB-

SCHÜTZ, *Christusbilder. Untersuchungen zur christlichen Legende*, Texte und Untersuchungen 18/1–2 (Leipzig: Hinrichs, 1899), 167 Anm. auf Münzen Justinians II. Abbildung bei CHATZIDAKIS/WALTERS, «An Encaustic Icon of Christ at Sinai,» Abb. 10 nach S. 200. Zum Thema vgl. auch Klaus WESSEL, s. v. «Christusbild,» in *Reallexikon zur byzantinischen Kunst* (Stuttgart: Hiersemann, 1966), 1: (966–1047) 970–978.

310 BELTING, *Bild und Kult. Eine Geschichte des Bildes vor dem Zeitalter der Kunst*, 153. – Belting bildet aaO. 155 Abb. 79 ein Votivbild aus der Ponzian-Katakombe in Rom ab, das belegt, dass der Typus, den die Sinai-Ikone repräsentiert, bereits im 6. Jh. über das ganze *Imperium* verbreitet war (vgl. auch aaO. 153).

311 *Epistula synodica patriarchatum orientalium ad Theophilum Imperatorem* (28,1–5 GAUER): ἀόρατος καὶ ὁρατός, ἄϋλος καὶ ἔνυλος, ἀσώματος καὶ μετὰ σώματος, ἀπερίγραπτος καί τύπῳ, ἄποσος καὶ τριπηχυίῳ μέτρῳ, ἄποιος καὶ ἐν ποιότητος διαφορᾷ τῶν ἰδιωμάτων, ἀνείδεος καὶ εἶδος ἀνθρωπίνης μορφῆς ἐμφαίνων (...). – Kritisch zum Versuch, einen älteren Text aus den Überlieferungen zu rekonstruieren, äußert sich Paul SPECK, *Ich bin's nicht, Kaiser Konstantin ist es gewesen*, ΠΟΙΚΙΛΑ ΒΥΖΑΝΤΙΝΑ 10 (Bonn: Habelt, 1990), 449–534.

312 Christoph MARKSCHIES, «‹*Sessio ad Dexteram*›. Bemerkungen zu einem altchristlichen Bekenntnismotiv in der christologischen Diskussion der altkirchlichen Theologen,» in *Le Trône de Dieu*, édité Marc Philonenko, Wissenschaftliche Untersuchungen zum Neuen Testament 69 (Tübingen: Mohr Siebeck, 1993), 252–317 = DERS., *Alta Trinità Beata. Gesammelte Studien zur altkirchlichen Trinitätstheologie*, Tübingen 2000, 1–69.

313 S. o. S. 226.

314 *Synopse zur Hekhalot-Literatur* § 705 nach O1531 (258,41 f. SCHÄFER): יצר הרע אינו שולט בו וניצול מן הרוחות ושדין ולסטין ומכל /ה החיות רעות מזיקין ומכל ועקרב ומנחש (הרעות) vgl. *Übersetzung der Hekhalot-Literatur*, Vol. IV, 125 und *Merkavah Rabba* 182 f. nach COHEN, *The Shi'ur Qomah: Texts and Recensions*, 73 sowie DERS., *The Shi'ur Qomah. Liturgy and Theurgy in Pre-Kabbalistic Jewish Mysticism*, 53 und Naomi JANOWITZ, «God's Body: Theological and Ritual Roles of *Shi'ur Komah*,» in *People of the Body. Jews and Judaism from an embodied perspective*, Howard Eilberg-Schwartz, ed. (Albany, NY: University of the State of New York Press, 1992), 183–202.

Der Körper Gottes in der spätantiken christlichen Theologie

1 Winrich A. LÖHR, «Christianity as Philosophy: Problems and Perspectives of an Ancient Intellectual Project,» in *Vigiliae Christianae* 64 (2010): 160–188.

2 S. o. S. 93. 108.

3 So schon Adele Monaci CASTAGNO, «Origene ed ‹i molti›: due religiosità a contrasto,» *Augustinianum* 21 (1981): 99–117; anders: Gunnar af HÄLLSTRÖM, *Fides simpliciorum according to Origen of Alexandria*, Societas Scientiarum Fennica. Commentationes Humanarum Litterarum 76 (Helsinki: Finnish Society of Science and Letters, 1984), 64–69; vgl. auch Martin HIRSCHBERG, *Studien zur Geschichte der «simplices» in der Alten Kirche. Ein Beitrag zum Problem der Schichtungen in der menschlichen Erkenntnis* (Berlin: [s. n.], 1944), 89–91. – Ausführlicher zu diesem Problem beispielsweise Norbert BROX, «Der einfache Glaube und die Theologie. Zur altkirchlichen Geschichte eines Dauerproblems,» *Kairos* 14 (1972): 161–187 = DERS., *Das Frühchristentum. Schriften zur Historischen Theologie*, hg. Franz Dünzl, Alfons Fürst, Ferdinand R. Prostmeier (Freiburg u. a.: Herder, 2000), 305–336, eine Bilanz des älteren Forschungsstandes bei Heinrich BACHT, s. v. «Einfalt,» in *Reallexikon für Antike und Christentum* (Stuttgart: Hiersemann, 1959), 4: 821–840.

4 Vgl. Dmitrij BUMAZHNOV, *Der Mensch als Gottes Bild im christlichen Ägypten: Studien zu Gen 1,26 in zwei koptischen Quellen des 4.–5. Jahrhunderts*, Studien und Texte zu Antike und Christentum 34 (Tübingen: Mohr Siebeck, 2006), 1–24.

5 Adolf HARNACK, *Die Überlieferung der griechischen Apologeten des 2. Jahrhunderts in der alten Kirche und im Mittelalter*, Texte und Untersuchungen I/1–2 (Leipzig: Hinrichs, 1882 = Berlin: Akademie-Verlag, 1991), 243. 248; Hubertus R. DROBNER, «15 Jahre Forschung zu Melito von Sardes (1965–1980). Eine kritische Bibliographie,» *Vigiliae Christianae* 36 (1982): 313–333 sowie BUMAZHNOV, *Der Mensch als Gottes Bild im christlichen Ägypten: Studien zu Gen 1,26 in zwei koptischen Quellen des 4.–5. Jahrhunderts*, 16 f.

6 So mit Bezug auf Eusebius, *Historia ecclesiastica* V 24,5 (GCS Eusebius II/1, 492,3–6 SCHWARTZ): (…) καὶ Μελίτωνα τὸν εὐνοῦχον, τὸν ἐν ἁγίῳ πνεύματι πάντα πολιτευσάμενον, ὃς κεῖται ἐν Σάρδεσιν περιμένων τὴν ἀπὸ τῶν οὐρανῶν ἐπισκοπὴν ἐν ᾗ ἐκ νεκρῶν ἀναστήσεται (…) Gregor WURST, *Die Homilie De anima et corpore, ein Werk des Meliton von Sardes?*, 2: 10: «Meliton war definitv kein ἐπίσκοπος». Anders *Méliton de Sardes, Sur la pâque et fragments*. Introduction, texte critique, traduction et notes, SC 123 (Paris: Les Éditions du Cerf, 1966), 8–10. Eusebius war davon überzeugt, dass Melito Bischof von Sardes war: IV 13,8 (330,20 f.) und 26,1 (380,21), so auch ganz selbstverständlich HARNACK, *Die Überlieferung der griechischen Apologeten des 2. Jahrhunderts in der alten Kirche und im Mittelalter*, 240 f.; HALL lässt die Frage in seiner Edition offen (aaO. XI–XIII). Übersicht zur weiteren Diskussion bei WURST, aaO. 7–11.

7 So Hieronymus, *De viris illustribus* 24,3 (BiPatr 12, 120 CERESA-GASTALDO = 190 BARTHOLD): *Huius elegans et declamatorium ingenium Tertullianus in septem libris, quos scripsit aduersus ecclesiam pro Montano* (gemeint ist: *De extasi*), *cavillatur dicens eum a plerisque nostrorum prophetam putari*); dazu HARNACK, *Die Über-*

lieferung der griechischen Apologeten des 2. Jahrhunderts in der alten Kirche und im Mittelalter, 241. 250–252. Vgl. auch Gennadius, Liber ecclesiasticorum dogmatum 4 (PL 58, 982 B = Cuthbert Hamilton TURNER, «The Liber Ecclesiasticorum Dogmatum attributed to Gennadius,» Journal of Theological Studies 7 [1906]: 89–99, hier 90): Nihil corporeum (sc. in trinitate credamus), ut Melito et Tertullianus.

8 Origenes, Commentarii in Genesim D 11 = Collectio Coisliniana, fr. 73 PETIT (OWD 1/1, 158,19–21 METZLER = CChr.SG 15, 73,3–5 PETIT): Ἴδωμεν δὲ πρότερον οἷς χρῶνται οἱ τὸ πρῶτον λέγοντες· ὧν ἐστι καὶ Μελίτων συγγράμματα καταλελοιπὼς περὶ τοῦ ἐνσώματον εἶναι τὸν Θεόν.

9 Eusebius, Historia ecclesiastica IV 26,2 (GCS Eusebius II/1, 382,7 SCHWARTZ). – Zur Interpretation und den Quellen der Liste vgl. zuletzt Gregor WURST, Die Homilie De anima et corpore, ein Werk des Meliton von Sardes? Einleitung, synoptische Edition, Übersetzung und Kommentar, Bd. 2 Einleitung, Kommentar (Habil. Masch.) (Freiburg, Schweiz, 2000), 14–24.

10 So auch George W. H. LAMPE, A Patristic Greek Lexicon (Oxford: Clarendon Press, 1987 = 1961), s. v. 482.

11 Ausführlich zur Frage der Übersetzung HARNACK, Die Überlieferung der griechischen Apologeten des 2. Jahrhunderts in der alten Kirche und im Mittelalter, 248 Anm. 351. Harnack teilt zuerst die lateinische Übersetzung Rufins mit (De deo corpore induto: GCS Eusebius II/1, 383,5 f. MOMMSEN), dem der Syrer entspricht: ܡܩܒܠܐ ܐܠܗܐ ܕܐܝܟ ܕܐܪܝܟ (The Ecclesiastical History of Eusebius, ed. from the Manuscripts by the late William Wright and Norman McLean, with a Collation of the Ancient Armenian Version by Adalbert Merx [Cambridge: University Press, 1898], 237,13 f.; vgl. Eberhard NESTLE, Die Kirchengeschichte des Eusebius aus dem Syrischen übersetzt, Texte und Untersuchungen 21/2 [Leipzig: Hinrichs, 1901], 159).

12 Die Übertragung «die Körperlichkeit Gottes» in der deutschen Übersetzung von Philipp Haeuser und Hans Armin Gärtner: Eusebius von Caesarea, Kirchengeschichte, hg. Heinrich Kraft (Darmstadt: Wissenschaftliche Buchgesellschaft, 3. Aufl. 1989), 225 Anm. 100; anders: Eusebius, The Ecclesiastical History in Two Volumes, with an English Translation by John E. Oulton and Kirsopp Lake, Vol. I, Loeb Classical Library 265 (Cambridge, MA/London: Harvard University Press and William Heinemann, 1925), 387: «On God incarnate».

13 Der Text wurde gern auch Theodoret von Cyrrhus zugeschrieben, obwohl dessen Quaesiones nur eine Quelle der Sammlung im Codex Coislin 113 sind, die Françoise Petit ediert hat, vgl. das Stemma in Catenae Graecae in Genesim et in Exodum, Vol. II Collectio Coisliniana in Genesim, CChr.SG 15 (Turnhout: Brepols/Leuven: University Press, 1986), XIX.

14 Origenes, Commentarii in Genesim D 11 = Collectio Coisliniana, fr. 73 PETIT (OWD 1/1, 158,19–21 METZLER = CChr.SG 15, 73,3–5 PETIT); Text oben wie S. 511 Anm. 305.

15 Origenes, *Commentarii in Genesim* D 11 = *Collectio Coisliniana*, fr. 73 PETIT (OWD 1/1, 158,26–28 METZLER = CChr.SG 15, 73,3–5 PETIT): Πῶς δὲ, φασί, καὶ ‚ὤφθη ὁ Θεὸς τῷ Ἀβραὰμ' καὶ Μωσῇ καὶ τοῖς ἁγίοις, μὴ μεμορφωμένος; μεμορφωμένος δέ, κατὰ ποῖον χαρακτῆρα ἢ τὸν ἀνθρώπινον; καὶ συνάγουσι μυρία ῥητὰ μέλη ὀνομάζοντα Θεοῦ.

16 So auch: *Melito of Sardes, On Pascha and Fragments*. Texts and Translations ed. Stuart George Hall, OECT (Oxford: Oxford University Press, 1979), XIII und WURST, *Die Homilie De anima et corpore, ein Werk des Meliton von Sardes?*, 2: 16. – Nach Pierre NAUTIN, *Origène: Sa vie et son Œuvre*, Christianisme antique 1 (Paris: Beauchesne, 1977), 226 f. könnte die Liste ein Eigenzitat darstellen, weil das dritte Buch der verlorenen *Vita Pamphili* des Eusebius *numera indices* von Büchern aus dem Besitz des Protagonisten enthielt, wie Hieronymus (*Apologia contra Rufinum* II 22 [SC 303,32–35 LARDET]; Kommentar bei Pierre LARDET, *L'apologie de Jérôme contre Rufin. Un commentaire*, Supplements to Vigiliae Christianae 15 [Leiden u. a.: Brill, 1993], 208 f.) überliefert.

17 Hieronymus zitiert den Titel aus Eusebius griechisch: *De viris illustribus* 24,2 (BiPatr 12, 120 CERESA-GASTALDO = *Hieronymus, De viris illustribus. Berühmte Männer*, mit umfassender Werkstudie hg., übers. u. kommentiert von Claudia Barthold [Mülheim, Mosel: Carthusianus, 2010], 190. 310): Περὶ ἐνσωμάτου θεοῦ.

18 Vgl. dazu Stanislaus VON SYCHOWSKI, *Hieronymus als Litterarhistoriker. Eine quellenkritische Untersuchung der Schrift des Heiligen Hieronymus «De viris illustribus»*, Kirchengeschichtliche Studien 2/2 (Münster: Schöningh, 1894), 116 Anm. 11 und Carl Albrecht BERNOULLI, *Der Schriftstellerkatalog des Hieronymus. Ein Beitrag zur Geschichte der altchristlichen Litteratur* (Freiburg im Breisgau: Mohr, 1895), 230 d und 84–86.

19 Henry CHADWICK, «The Latin Epitome of Melito's Homily on the Pascha,» *Journal of Theological Studies* 11 (1960): 76–82; sowie: *The Crosby Schøyen Codex Ms 193 in the Schøyen Collection*, ed. James E. Goehring, CSCO. Subsidia 85 (Leuven: Peeters, 1990) – für die Lesungen der fragmentierten Handschrift hat Gregor Wurst Verbesserungen vorgeschlagen, aber den entsprechenden Aufsatz noch nicht publiziert.

20 Gregor WURST, *Die Homilie De anima et corpore, ein Werk des Meliton von Sardes?*, 2: 30–44 (*De Pascha*). 18. 57–66 (*De anima et corpore*). – Zur Beschreibung der Papyri vgl. *Repertorium der griechischen christlichen Papyri* Vol. II *Kirchenväter-Papyri*, Tl. 1 *Beschreibungen*, im Namen der Patristischen Arbeitsstelle Münster hg. Kurt Aland † u. Hans-Udo Rosenbaum, Patristische Texte und Studien 42 (Berlin/New York: De Gruyter, 1995), KV 54, S. 359–365 und KV 55, S. 366–382.

21 Eusebius, *Historia ecclesiastica* IV 26,2 (GCS Eusebius II/1, 382,3.5 SCHWARTZ): ὁ περὶ ψυχῆς καὶ σώματος †ηνενοις (...) καὶ περὶ ψυχῆς καὶ σώματος. Rufin übersetzt in seiner Übertragung der Kirchengeschichte Eusebs *de anima et*

corpore et mente sowie *item de anima et corpore* (383,2.4 MOMMSEN); *De viris illustribus* 24,2 (BiPatr 12, 120 CERESA-GASTALDO = 190 BARTHOLD): *De anima et corpore librum unum*. Rufin hat offenbar gelesen Περὶ ψυχῆς καὶ σώματος ἢ νοός, was einzelne Handschriften bieten, ebenso ἦν ἐν οἷς. Wieder andere, wie beispielsweise die der syrischen Übersetzung (237,9.11 WRIGHT/MCLEAN), belegen die Crux gar nicht. Die Textfassung seiner Edition erklärt Schwartz im App. zur Stelle so: «ηνενοις scheint aus ἢ ἑνὸς, das in ἢ νοὸς corrigirt werden sollte, entstanden zu sein». WURST, *Die Homilie De anima et corpore, ein Werk des Meliton von Sardes?* 2: 18 Anm. 109 weist auf eine Konjektur bei *Hermiae philosophi Irrisio Gentilium Philosophorum, Apologetarum Quadrati, Aristidis, Aristonis, Miltiadis, Melitonis, Apollinaris reliquiae*, illam ad optimos libros MSS. nunc primum aut denuo collatos recensuit prolegomenis, adnotatione versione instruxit has undique collegit praemissis dissertationibus edidit commentariis illustravit Joannes Carl Theodor Eques de Otto, Corpus apologetarum christianorum saeculi secundi IX (Jena: Mauke [Dufft], 1872), 376 Anm. 8. Otto hatte vermutet, es sei eine Randglosse ἤ, ἐν ἐνίοις (in nonnullis codicibus legitur) καί in den Text geraten. HARNACK, *Die Überlieferung der griechischen Apologeten des 2. Jahrhunderts in der alten Kirche und im Mittelalter*, 247 Anm. 346 hätte dann ἢ ἐν ἐνίοις καὶ νοός erwartet; das νοός hätte dann schlecht ausfallen können. Er hält – wie BERNOULLI, *Der Schriftstellerkatalog des Hieronymus. Ein Beitrag zur Geschichte der altchristlichen Litteratur*, 196 D – ἢ νοός für einen Zusatz des vierten Jahrhunderts. WURST rechnet aaO. mit einer ursprünglichen Verschreibung, die den folgenden Werktitel integrierte: ὁ Περὶ ψυχῆς καὶ σώματος ἢ περὶ λουτροῦ, die Glossierung ἐν ἐνίοις καὶ ὁ, die dann in den Text rutschte ὁ Περὶ ψυχῆς καὶ σώματος ἢ ἐν ἐνίοις καὶ ὁ περὶ λουτροῦ. Das – und hier stimmt Wurst mit Bernoulli und Harnack überein – wurde dann im vierten Jahrhundert unter Einfluss trichotomischer Anthropologie korrigiert zu Περὶ ψυχῆς καὶ σώματος ἢ νοός καὶ ὁ περὶ λουτροῦ.

22 Michel VAN ESBROECK, «Les Œuvres de Méliton de Sardes en Géorgien,» *Bedi Kartlisa. Revue de kartvélologie* 31 (1973): (48–63) 50; DERS., «Nouveaux fragments de Méliton de Sardes dans une homélie grégorienne sur la croix,» *Analecta Bollandiana* 90 (1972): 63–99.

23 Übersicht über die Handschriften und Editionen bei WURST, *Die Homilie De anima et corpore, ein Werk des Meliton von Sardes?*, 2: 57–66. – Neben die syrischen, koptischen und georgischen Fassungen tritt eine Homilie eines Ps.-Epiphanius, *De resurrectione*, erstmals ediert bei Pierre NAUTIN, *Le dossier d'Hippolyte et de Méliton dans les florilèges dogmatiques et chez historiens modernes*, Patristica 1 (Paris: Les Éditions du Cerf, 1953), 154–159, und weitere Zeugen bzw. kleinere Fragmente.

24 Zu dieser Sammlung vgl. die Einleitung zur Edition: *Florilegium Edessenum anonymum (syriace ante 562)*, von Ignaz Rucker, Sitzungsberichte der Baye-

rischen Akademie der Wissenschaften. Philosophisch-historische Abteilung 5/1933 (München: Beck, 1933), III–XXI und Gregor WURST, *Die Homilie De anima et corpore, ein Werk des Meliton von Sardes?*, 2: 63 f.

25 Melito, Fragment XIII (Otto), syrisch überliefert in British Library Syr. 729 Additional 12156, ediert bei: *Florilegium Edessenum anonymum (syriace ante 562)*, Nr. 7^{1-2} Fragmente 16/17, S. 12–14 RUCKER, das Lemma eingeleitet ܟܝܢܐ ܕܐܦ ܠܚܕ ܡܢ ܗܢܘܢ ܕܐܬܝܕܥܘ ܡܢ ܩܕܡܝܢ ܐܡܝܪܐ.ܗ (aaO. 12), lateinische Übersetzung bei OTTO, aaO. IX. 419; griechische Retroversionen bei RUCKER, aaO.; englische Übersetzung bei HALL, aaO. 80 f.; französische bei PERLER, aaO. 236–239, ausführliche Einleitung bei WURST, *Die Homilie De anima et corpore, ein Werk des Meliton von Sardes?*, 2: 63 f.

26 Gregor WURST, *Die Homilie De anima et corpore, ein Werk des Meliton von Sardes? Einleitung. Synoptische Edition. Übersetzung. Kommentar*, Bd. 1 Synoptische Edition. Übersetzung (Habil. masch.) (Freiburg, Schweiz: 2000). Eine deutsche Übersetzung des koptischen Textes auch bei BUMAZHNOV, *Der Mensch als Gottes Bild im christlichen Ägypten: Studien zu Gen 1,26 in zwei koptischen Quellen des 4.–5. Jahrhunderts*, 110–124.

27 Vor allem: NAUTIN, *Le dossier d'Hippolyte et de Méliton dans les florilèges dogmatiques et chez historiens modernes*, 43–73; Wilhelm SCHNEEMELCHER, «Der Sermo ‹De anima et corpore›. Ein Werk Alexander von Alexandriens?,» in *Festschrift für Günther Dehn*, zum 75. Geburtstag am 18. April 1957 dargebracht von der Evangelisch-Theologischen Fakultät der Rheinischen Friedrich-Wilhelms-Universität zu Bonn, hg. Wilhelm Schneemelcher (Neukirchen-Vluyn: Erziehungsverein, 1957), 119–143 und Othmar PERLER, «Recherches sur le Peri Pascha de Méliton,» *Recherches de science religieuse* 51 (1963): 407–421 = DERS., *Sapientia et caritas. Gesammelte Aufsätze zum 90. Geburtstag hg. Dirk van Damme, Otto Wermelinger u. a.*, Paradosis 29 (Freiburg, Schweiz: Universitätsverlag, 1990), 315–329.

28 Nach WURST, *Die Homilie De anima et corpore, ein Werk des Meliton von Sardes?*, 2: 78–92 steht am Beginn das nur wenig überarbeitete und Melito explizit zugeschriebene Fragment XIII; darauf folgend die syrischen und koptischen Versionen der pseud-athanasianischen Homilie als Textrezension α; den Befund referiert auch BUMAZHNOV, *Der Mensch als Gottes Bild im christlichen Ägypten: Studien zu Gen 1,26 in zwei koptischen Quellen des 4.–5. Jahrhunderts*, 25–34.

29 Ps.-Athanasius, *De anima et corpore* 64–70 (1: 5 WURST): ⲧⲉⲯⲩⲭⲏ ⲅⲁⲣ ⲙⲛ̄ ⲡⲥⲱⲙⲁ ⲁⲩⲡⲱϣ. ⲁⲩⲱ ⲁⲡⲙⲟⲩ ⲡⲟⲣϫⲟⲩ ⲉⲛⲉⲩⲉⲣⲏⲩ·ⲧⲉⲯⲩⲭⲏ ⲙⲉⲛ ⲁⲩⲙⲟⲣⲥ̄ ϩⲛ̄ ⲁⲙⲛ̄ⲧⲉ. *ⲧⲥⲁⲣⲝ̄ ⲇⲉ ϩⲱⲱⲥ ⲁⲥⲃⲱⲗ ⲉⲃⲟⲗ ϩⲙ̄ ⲡⲕⲁϩ. ⲁⲩⲱ ⲛⲉⲩⲛ̄ ⲟⲩⲛⲟϭ ⲛ̄ⲟⲩⲉ ⲟⲩⲧⲱⲟⲩ ⲙⲛ̄ ⲛⲉⲩⲉⲣⲏⲩ. †ⲥⲁⲣⲝ ⲙⲛ̄ ⲧⲉⲯⲩⲭⲏ. †ⲥⲁⲣⲝ̄ ⲙⲉⲛ ⲁⲥⲱⲭⲛ̄ ⲁⲩⲱ ⲁⲥϫⲱⲣ ⲉⲃⲟⲗ ϩⲙ̄ ⲡⲕⲁϩ. ⲉⲛⲧⲁⲩⲧⲟⲙⲥ̄ ⲛ̄ϩⲏⲧϥ̄. ⲧⲉⲯⲩⲭⲏ ⲇⲉ ϩⲱⲱⲥ ⲁⲥⲡ̄ ⲁⲧϭⲟⲙ ϩⲛ̄ ⲙ̄ⲙⲣ̄ⲣⲉ ⲛⲁⲙⲛ̄ⲧⲉ. Auf die Mitteilung der syrischen Version wird verzichtet.

30 Wurst belegt in seinem Kommentar z. St. nicht nur, dass es sich hier «um einen häufig rezipierten philosophischen Allgemeinplatz» handelt, sondern weist auch nach, dass ein entsprechender Gedanke sich in der Passa-Homilie findet (*De Pascha* 55,390–56,392 [SC 123, 90,405–407 PERLER/OECT 30,390–392 HALL]):
καὶ λύσις ἐγίνετο τῆς καλῆς ἁρμογῆς,
καὶ διεχωρίζετο τὸ καλὸν σῶμα.
ᵀHν γὰρ ὁ ἄνθρωπος ὑπὸ τοῦ θανάτου μεριζόμενος.
WURST, *Die Homilie De anima et corpore, ein Werk des Meliton von Sardes?*, 2: 126.

31 Anders BUMAZHNOV, *Der Mensch als Gottes Bild im christlichen Ägypten: Studien zu Gen 1,26 in zwei koptischen Quellen des 4.–5. Jahrhunderts*, 51 über den «Kompositionsrahmen» Zz. 47–52 (1: 4 WURST). Die Rede vom Geschöpf (ⲡⲗⲁⲥⲙⲁ) deutet eine solche leib-seelische Einheit höchstens sehr indirekt an.

32 Ps.-Athanasius, *De anima et corpore* 83 (1: 6 WURST; keine Parallele im Syrischen): ⲉⲁⲡⲥⲱⲙⲁ ϣⲱⲡⲉ ⲛ̄ⲑⲉ ⲛⲟⲩⲭⲁⲓ̈ ⲉⲙⲛ̄ ⲣⲉϥⲣ̄ϩ̄ⲙ̄ⲙⲉ ϩⲓⲱⲱϥ. – Vgl. den Kommentar bei WURST, *Die Homilie De anima et corpore, ein Werk des Meliton von Sardes?*, 2: 132.

33 Plato, *Phaedo* 67 D: Οὐκοῦν τοῦτό γε θάνατος ὀνομάζεται, λύσις καὶ χωρισμὸς ψυχῆς ἀπὸ σώματος; – Zeitgenössische jüdische und christliche Bezüge auf diese Formel bei WURST, *Die Homilie De anima et corpore, ein Werk des Meliton von Sardes?*, 2: 126.

34 Ps.-Athanasius, *De anima et corpore* 133 (1: 10 WURST; keine Parallele im Syrischen): ⲁⲩⲱ ⲥⲁϣⲁϩⲟⲙ ⲉϫⲙ̄ ⲡⲉⲥⲥⲱⲙⲁ ⲉⲧⲛⲁⲛⲟⲩϥ. ⲉⲥϫⲱ ⲙ̄ⲙⲟⲥ ϫⲉ – Dem Koptischen ⲛⲁⲛⲟⲩ- entspricht das griechische καλός mit seinen beiden Grundbedeutungen von «gut» und «schön»: Vgl. Walter Ewing CRUM, *A Coptic Dictionary*, compiled with the help of many scholars (Oxford: Clarendon Press, 1979 = 1939), s. v. (227). Parallelen aus der monastischen Literatur des spätantiken Ägypten bei BUMAZHNOV, *Der Mensch als Gottes Bild im christlichen Ägypten: Studien zu Gen 1,26 in zwei koptischen Quellen des 4.–5. Jahrhunderts*, 81–99.

35 *De Pascha* 55,391 (SC 123, 90,406 PERLER/30,391 HALL): καὶ διεχωρίζετο τὸ καλὸν σῶμα. – Weitere Parallelen aus der zeitgenössischen Literatur bei WURST, *Die Homilie De anima et corpore, ein Werk des Meliton von Sardes?*, 2: 132.

36 Ps.-Athanasius, *De anima et corpore* 270 (1: 16 WURST; keine Parallele im Syrischen): ⲁⲗⲗⲁ ⲉϥⲟ̄ ⲛ̄ϣⲏⲣⲉ ⲕⲟⲩⲓ̈ ⲁⲩⲱ ⲉϥⲥⲅⲣⲁ̄ ϩⲙ̄ ⲡⲕⲁϩ ⲁϥⲉⲅⲫⲣⲁⲛⲉ. Der Text ist auch in einer hagiographischen Parallelüberlieferung bezeugt (1: 17 WURST).

37 SCHNEEMELCHER, «Der Sermo ‹De anima et corpore›. Ein Werk Alexander von Alexandriens?,» 128; die Formulierung verwendet auch Wurst in seinem

Kommentar: WURST, *Die Homilie De anima et corpore, ein Werk des Meliton von Sardes?*, 2: 146–155.

38 Melito, Fragment XIII A Zz. 334–343 (12 RUCKER = 1: 25 WURST; Zz. 336 sowie 341 f. der Synopse fehlen in dieser Fassung):

.ܐܠܐ ܢܘܟܬܐ.
ܐܢܝܡ .ܗܙ ܢܝܙܪܬܕ ܐܢܝܙ.
ܕܩܘܡܬܐ.
ܘܐܝܬܝܗ. ܐܢܡܝܕ.
ܐܝܕ ܐܢܝܡܕ,
ܘܐܘܬܗ.ܢܡܗ,
ܐܢܫ .ܗܕ ܗ ܠܦܗ ܐܢܡܝܕ܀
.ܐܢܫܢ ܐܢܪܒ. ܗܒ ܢܗܐܡ

Zum Verhältnis der Versionen vgl. Wurst in seinem Kommentar: WURST, *Die Homilie De anima et corpore, ein Werk des Meliton von Sardes?*, 2: 157–169.

39 Ps.-Athanasius, *De anima et corpore* 334–347 (1: 24 f. WURST); für den bei Wurst fehlenden georgischen Text vgl. Michel VAN ESBROECK, «Nouveaux fragments de Méliton de Sardes,» *Analecta Bollandiana* 90 (1972): (63–99) 74 f. – Auch wenn die theologischen Konzepte über die Wieder-Versammlung der leib-seelischen Einheit in den koptischen, georgischen und syrischen Fassungen vermutlich in eine chronologische Reihe zu bringen sind, die sprachlichen Fassungen der Homilie sind es nicht: In der theologiegeschichtlich betrachtet weitgehend sekundären koptischen Version Z. 336 wird von Christus gesagt: «weil er heiliger Geist war» (ⲉⲃⲟⲗ ϫⲉ ⲟⲩⲡⲛ̅ⲁ̅ ⲡⲉ ⲉϥⲟⲩⲁⲁⲃ). Diese Prädikation ist für die Identifikations-Theologie des Melito (s. o. S. 258) charakteristisch und wirkt angesichts der trinitätstheologischen Differenzierungen des vierten Jahrhunderts archaisch: WURST, *Die Homilie De anima et corpore, ein Werk des Meliton von Sardes?*, 2: 158. Zur Auferstehungsvorstellung der koptischen Fassung ausführlich BUMAZHNOV, *Der Mensch als Gottes Bild im christlichen Ägypten: Studien zu Gen 1,26 in zwei koptischen Quellen des 4.–5. Jahrhunderts*, 42–48.

40 Reinhard M. HÜBNER, *Die Einheit des Leibes bei Gregor von Nyssa. Untersuchungen zum Ursprung der ‹physischen› Erlösungslehre*, Philosophia Patrum 2 (Leiden: Brill, 1974), 302–305.

41 Hübner hat gezeigt, dass man mit dieser Vorstellung, die auf die Parabel vom verlorenen Schaf (Matthäus 18,12–14 bzw. Lukas 15,4–7) anspielt, die geistesgeschichtlichen Wurzeln der sogenannten physischen Erlösungslehre der christlichen Theologen des vierten Jahrhunderts in den Blick nimmt, dieses antignostische Argument auf Irenaeus zurückgeführt und bei Hippolyt, Ps.-Hippolyt, Marcell von Ancyra sowie eben Melito nachzuweisen versucht: DERS., *Die Einheit des Leibes bei Gregor von Nyssa. Untersuchungen zum Ursprung der ‹physischen› Erlösungslehre*, 305 f.: «Denn physisch ist die Erlösungsauffassung der Gnostiker, weil hier Identisches (die geistigen Spermen) zu Identischem (Gott) zurückgeführt wird. Und in der Identität ist auch die

Universalität begründet: alles Identische, nämlich Geistige, wird geeint. ‹Physisch› muß aber auch eine Gegeninterpretation dieser Soteriologie ausfallen, wenn die Identität zwischen Erlöser und Erlöstem vom Geistigen ins Körperliche verlegt wird, denn auch hier bleibt die Identität Grund der Universalität: alle sind *ein* Leib, und da der Leib des Herrn erlöst ist, sind alle Leiber in dem einen Leib erlöst». – Eine Diskussion der seither erhobenen kritischen Einwände gegen Hübner findet sich bei Wurst, *Die Homilie De anima et corpore, ein Werk des Meliton von Sardes?*, 2: 160–162.

42 Ps.-Athanasius, *De anima et corpore* 360 (1: 26 Wurst; keine Parallele im Syrischen): (...) ⲠⲞⲨⲤⲰⲘⲀ Ⲛ̄ⲢⲒⲆⲒⲞⲚ ⲀⲨⲰ ⲚⲀⲦⲂⲰⲖ ⲈⲂⲞⲖ (...) Wurst, *Die Homilie De anima et corpore, ein Werk des Meliton von Sardes?*, 2: 168 deutet die Passage auf den Auferstehungsleib: «psalliere deinem Gott, weil du (nun) deinen eigenen und unzerstörbaren Körper hast».

43 Rucker, *Florilegium Edessenum anonymum*, 12 schlägt folgende griechische Retroversion vor: διὰ τοῦτο ὁ πατὴρ ἀπέστειλε τὸν υἱόν αὐτοῦ ἐκ τοῦ οὐρανοῦ ἄσαρκον, ἵνα καθὼς ἐσαρκώθη διὰ τῆς μήτρας τῆς παρθένου καὶ ἐγενήθη ἄνθρωπος, ζωοποιήσῃ τὸν ἄνθρωπον καὶ συναγάγῃ αὐτοῦ τὰ μέλη (oder: μέρη), ἃ διεσκόρπισεν ὁ θάνατος μερίζων (oder: διαιρῶν oder διελὼν) τὸν ἄνθρωπον.

44 *Fides secundum partem* 31 (bei Hans Lietzmann, *Apollinaris von Laodicea und seine Schule. Texte und Untersuchungen* [Hildesheim/New York: Olms, 1970 = Tübingen: Mohr Siebeck, 1904], 178,17–179,3): καὶ ἔστι θεὸς ἀληθινὸς ὁ ἄσαρκος ἐν σαρκὶ φανερωθείς, τέλειος τῇ ἀληθινῇ καὶ θείᾳ τελειότητι, οὐ δύο πρόσωπα οὐδὲ δύο φύσεις. – Entsprechend signalisiert das *Florilegium Edessenum anonymum* schon im Titel, dass es Nachweise dafür bringt, dass Jesus Christus θεὸς ἀληθινός ist, in der Edition Rucker, 1 mit Kommentar auf S. Xf.

45 So beispielsweise in Severus Antiochenus, *Epistula* 2 ad Oecumenium (PO XII/2, 189 f. Brooks); vgl. dazu Roberta C. Chesnut, *Three Monophysite Christologies. Severus of Antioch, Philoxenus of Mabbug, and Jacob of Sarug*, Oxford Theological Monographs (Oxford: Oxford University Press, 1976), 9–11.

46 Melito, Fragment XIV (14 Rucker = OECT 81 Hall = SC 123, 240 Perler):

ܪܒܘ ܕܠܐ ܡܬܚܡܠܐ ܕܗܠܝܢ ܐܠܗܝܬܐ ܐܠܒܫ ܪܒܗ ܗܘ bzw. in griechischer Rückübertragung von Rucker aaO.: σῶμα (σάρκα?) περιβληθείς καὶ τὴν ἁπλότητα τῆς αὐτοῦ θε(ι)ότητος οὐκ ἐγκλείσας. – Ausführlicher Kommentar bei Wurst, *Die Homilie De anima et corpore, ein Werk des Meliton von Sardes?*, 2: 29 f.

47 Deswegen hält Nautin, *Le dossier d'Hippolyte et de Méliton dans les florilèges dogmatiques et chez historiens modernes*, 73 das Fragment auch nicht für authentisch.

48 Dazu ausführlich BUMAZHNOV, *Der Mensch als Gottes Bild im christlichen Ägypten: Studien zu Gen 1,26 in zwei koptischen Quellen des 4.–5. Jahrhunderts*, 35 f. (B. verwendet die synoptische Edition von Wurst, hat aber eigene Übersetzungen erstellt).

49 *De Pascha* 9,58 f. (SC 123, 64,63 f. PERLER/7,58 f. HALL):
καθ' ὃ γεννᾷ πατήρ,
καθ' ὃ γεννᾶται υἱός.
Zur Identifikation von Sohn und Geist vgl. unten S. 623 mit Anm. 62.

50 Reinhard M. HÜBNER, «Melito von Sardes und Noët von Smyrna,» in *Oecumenica et Patristica. Festschrift für Wilhelm Schneemelcher zum 75. Geburtstag*, hg. Damaskinos Papandreou, Wolfgang A. Bienert u. Knut Schäferdiek (Stuttgart/Berlin/Köln: Kohlhammer, 1989), 219–240 = DERS., *Der paradox Eine. Antignostischer Monarchianismus im zweiten Jahrhundert*, mit einem Beitrag von Markus Vinzent, Supplements to Vigiliae Christianae 50 (Leiden u. a.: Brill, 1999), 1–37 (mit Nachträgen und Ergänzungen zur Erstveröffentlichung) und Alois Kardinal GRILLMEIER, *Jesus der Christus im Glauben der Kirche*, Bd. 1 *Von der Apostolischen Zeit bis zum Konzil von Chalcedon (451)*, 3., verb. u. erg. Aufl. (Freiburg/Basel/Wien: Herder, 1990), 207–212.

51 So HÜBNER, «Melito von Sardes und Noët von Smyrna,» 26 f. in seiner Auslegung von Melito, *De Pascha* 46 f.,306–310 (SC 123, 84,328–331 PERLER/ OECT 22,306–24,310 HALL).

52 Melito, *De Pascha* 96,715 f. (SC 123, 116–118,735–737 PERLER/OECT 54,715 f. HALL): Ὁ θεὸς πεφόνευται. Ὁ βασιλεὺς τοῦ Ἰσραὴλ ἀνῄρεται ὑπὸ δεξιᾶς Ἰσραηλίτι. – HÜBNER, «Melito von Sardes und Noët von Smyrna,» 228 = 23 zeigt, dass so scharf nur mit Blick auf das (in Kleinasien traditionell starke) Judentum geredet wird, vgl. auch Ingeborg ANGERSTORFER, *Melito und das Judentum* (Diss. theol., masch., Regensburg, 1985), 116–136. 221–227.

53 Anastasius Sinaita, *Viae Dux* XII 2,18 (CChr.SG 8, 203,197 f. UTHEMANN): **Μελίτωνος ἐπισκόπου Σάρδεων ἐκ τοῦ λόγου Εἰς τὸ πάθος Ὁ Θεὸς πέπονθεν ὑπὸ δεξιᾶς ἰσραηλίτιδος.**

54 Melito, *De Pascha* 55,390–56,392 (SC 123, 90,405–407 PERLER/OECT 30,390–392 HALL), oben zitiert S. 618 in Anm. 30.

55 Melito, *De Pascha* 56,392–397 (SC 123, 90,407–412 PERLER/OECT 30,392– 397 HALL): Ἦν γὰρ ὁ ἄνθρωπος ὑπὸ τοῦ θανάτου μεριζόμενος. Καινὴ γὰρ συμφορὰ καὶ ἅλωσις περιεῖχεν αὐτόν. Εἵλκετο αἰχμάλωτος ὑπὸ τὰς τοῦ θανάτου σκιάς, ἔκειτο δὲ ἔρημος ἡ τοῦ πατρὸς εἰκών. Διὰ ταύτην γοῦν τὴν αἰτίαν τὸ τοῦ πάσχα μυστήριον τετέλεσται ἐν τῷ τοῦ κυρίου σώματι.

56 Othmar PERLER, «Méliton ‹Peri Pascha› 56 et la traduction géorgienne,» in *Forma futuri: Studi in onore del Cardinale Michele Pellegrino*, ed. Terenzio Alimonti, Francesco Bolgiani et al. (Turin: Bottega d'Erasmo, 1975), 334–349 = PERLER, «Recherches sur le Peri Pascha de Méliton,» *Recherches de science religieuse* 51 (1963): 407–421 = DERS., *Sapientia et caritas. Gesammelte Aufsätze*

zum 90. Geburtstag hg. Dirk van Damme, Otto Wermelinger u. a., Parado-
sis 29 (Freiburg, Schweiz: Universitätsverlag, 1990), 349–364 – Perler hat
56,395 ἡ τοῦ πατρὸς εἰκών auf die Seele ausgelegt. Ebenso BUMAZHNOV, Der
Mensch als Gottes Bild im christlichen Ägypten, 68 f. mit Georges FLOROVSKY,
«The Anthropomorphites in the Egyptian Desert. Part I,» in Akten des XI. In-
ternationalen Byzantinistenkongresses München 1958, hg. Franz Dölger u.
Hans-Georg Beck (München: Beck, 1960), 154–159 = DERS., Collected Works,
Vol. IV Aspects of Church History, ed. Richard S. Haugh (Belmont, MA:
Nordland Publishing, 1975), (89–96) 94.

57 Melito, De Pascha 55,389–391 (SC 123, 90,404–406 PERLER/OECT 30,392–
397 HALL): καὶ τὸ δωρηθὲν ἐκ θεοῦ εἰς τὸν ᾅδην κατεκλείετο, καὶ λύσις
ἐγίνετο τῆς καλῆς ἁρμογῆς, καὶ διεχωρίζετο τὸ καλὸν σῶμα.

58 So deutet auch WURST, Die Homilie De anima et corpore, ein Werk des Meliton
von Sardes?, 2: 127–129 die Passage und das ἔκειτο aus 55,395 direkt aaO. 129
als Euphemismus für «begraben». Seiner Deutung stimmt BUMAZHNOV, Der
Mensch als Gottes Bild im christlichen Ägypten: Studien zu Gen 1,26 in zwei koptischen Quellen des 4.–5. Jahrhunderts, 66 f. zu.

59 Melito, Fragment XIII B Zz. 578 (13 RUCKER = 1: 59 WURST): Rucker
aaO. hatte noch rückübersetzt ܟܪܣܛܝܢܐ ܕܠܐ ܡܬܛܒܐ ܘܠܐ ܡܬܕܪܟ ܐܠ;
καὶ ὁ ἄχριστος (ἄχρηστος?) ἐχρίσθη. Marcel RICHARD, «Témoins Grecs des
fragments XIII et XV de Méliton de Sardes,» Le Muséon 85 (1972): 309–
336 = DERS., Opera minora Vol. I (Turnhout: Brepols/Leuven: Peeters, 1976),
Nr. 7 hat auf einen parallelen Abschnitt in einer Epiphanius zugeschriebenen
Homilie De resurrectione hingewiesen (ediert bei NAUTIN, Le dossier d'Hippolyte et de Méliton dans les florilèges dogmatiques et chez historiens modernes, 154–
159), der lautet: Ὁ ἀμέτρητος μετρεῖται καὶ οὐκ ἀντιτάσσεται (157,14 f.
NAUTIN = 316,10 RICHARD = 1: 58,578 WURST).

60 Parallelen aus der christlichen Literatur notiert HÜBNER, «Melito von Sardes
und Noët von Smyrna,» 226 f. = 17 f.; in seinen Nachträgen überliefert er
eine Deutung von Hermann Josef Vogt auf die Annagelung an das Kreuz
(aaO. 35). Eine etwas andere, antignostische Deutung bei WURST, Die Homilie De anima et corpore, ein Werk des Meliton von Sardes?, 2: 196–208.

61 Melito, Fragment VIIIb (Adolf VON HARNACK, Marcion: Das Evangelium vom
fremden Gott: Eine Monographie zur Geschichte der Grundlegung der katholischen
Kirche. Neue Studien zu Marcion, Texte und Untersuchungen 45 u. 44/4, 2.,
verb. u. verm. Aufl. [Leipzig: Hinrichs, 1924 u. 1923 = Darmstadt: Wissenschaftliche Buchgesellschaft, 1960], 422*f. = SC 123,17 f. PERLER = OECT
72,16 f, HALL): τὸ τοῦ ἡλίου βαπτιστήριον. – Hall aaO. XXXII hält das
Stück mit Grant für «doubtfully authentic». Das Stück stammt aus einer
Handschrift des 12./13. Jahrhunderts vor allen mit hagiographischen Texten
(Albert EHRHARD, Überlieferung und Bestand der hagiographischen und homiletischen Literatur der griechischen Kirche von den Anfängen bis zum Ende des 16. Jahr-

hunderts, Texte und Untersuchungen 52/2 [Berlin: Akademie-Verlag, 1952], 923): Cod. Vat. Graec. 2022, fol. 238 s.

62 Melito, Fragment VIIIb (HARNACK, *Marcion: Das Evangelium vom fremden Gott*, 423* = SC 123, 228,1–232,4521–30 PERLER = OECT 72,20–30 HALL): Ἥλιος μὲν, διανύσας (Perler: διανοίξας) τὸν τῆς ἡμέρας δρόμον πυρίνοις ἱππεύμασι, τῇ περιδινήσει τοῦ δρόμου πυροειδὴς γενόμενος καὶ ὡς λαμπὰς ἐξαφθείς, διακαύσας δὲ τὴν μέσην τοῦ δρόμου ζώνην, ὡς, ἂν πλησίον ὀφθῇ, δέκα ἀκτινοβόλοις ἀστραπαῖς καταφλέξαι τὴν γῆν, δυσωπούμενος κάτεισιν εἰς τὸν ὠκεανόν. καθάπερ σφαῖρα χαλκῇ, πυρὸς ἔνδοθεν γέμουσα, πολὺ φῶς ἀπαστράπτουσα, λούεται ἐν ὕδατι ψυχρῷ, μέγα ἠχοῦσα, λαμπρυνομένη δὲ ἀπ᾽ αὐγῆς· (so Pitra, die Handschriften lesen ein unverständliches απαιγει bzw. ἐπ᾽ αὐγῇ·) τὸ δὲ πῦρ ἔνδοθεν οὐ σβέννυται, ἀλλὰ πάλιν ἀπαστράπτει ἀνακαυθέν· οὕτω δὴ καὶ ὁ ἥλιος, πεπυρωμένος ὡς ἀστραπή, ὅλως οὐ τελευτῶν λούεται ἐν ὕδατι ψυχρῷ, ἀκοίμητον ἔχων τὸ πῦρ·. – Zum Hintergrund des Fragmentes, das vermutlich gegen Marcion gerichtet ist, Franz Joseph DÖLGER, *Sol salutis. Gebet und Gesang im christlichen Altertum. Mit besonderer Rücksicht auf die Ostung in Gebet und Liturgie*, 3., um Hinweise verm. Aufl., Liturgiewissenschaftliche Quellen und Forschungen 16/17 (Münster: Aschendorff, 1971), 264–271 (unsere Übersetzung folgt DÖLGER, aaO. 265) und Markus VINZENT, *Christ's Resurrection in Early Christianity and the Making of the New Testament* (Farnham, Surrey: Ashgate, 2011), 17 f.

63 Mt 3,17 par.: καὶ ἰδοὺ φωνὴ ἐκ τῶν οὐρανῶν λέγουσα, Οὗτός ἐστιν ὁ υἱός μου ὁ ἀγαπητός, ἐν ᾧ εὐδόκησα.

64 So auch BUMAZHNOV, *Der Mensch als Gottes Bild im christlichen Ägypten*, 69, der ja (vgl. oben S. 252 bzw. 617 mit Anm. 28) eine entsprechende Interpretation Melitos ablehnt. Trotzdem schließt er seinen entsprechenden Abschnitt: «Treffen die hier vorgelegten Überlegungen zur Gottebenbildlichkeit des Menschen bei Ps.-Ath. und der Pascha-Homilie zu, dann spricht dies eher gegen eine Identifizierung des asiatischen Theologen mit den Anthropomorphiten. Gleichzeitig kann man kaum bestreiten, dass die Ausdrucksweise des hl. Melito einen Anlass für entsprechende Beschuldigungen gegeben haben könnte, was auch die erwähnte Textpassage bei Origenes indirekt bezeugt».

65 Tito ORLANDI, «Coptic Literature,» in *The Roots of Egyptian Christianity*, ed. Birger A. Pearson and James E. Goehring, Studies in Antiquity and Christianity (Philadelphia: Fortress Press, 1992 = 1986), (51–81) 58 f. und DERS., «La tradizione di Melitone in Egitto e l'omelia *De anima et corpore*,» *Augustinianum* 37 (1997): 37–50; ausführlich entfaltet bei BUMAZHNOV, *Der Mensch als Gottes Bild im christlichen Ägypten: Studien zu Gen 1,26 in zwei koptischen Quellen des 4.–5. Jahrhunderts*, 31 f.

66 Zur Beschreibung der Papyri KV 54/55 (P. Chester Beatty XII und P. Michigan Inv. 5553a-d sowie P. Bodmer XIII) vgl. *Repertorium der griechischen*

christlichen Papyri Vol. II *Kirchenväter-Papyri*, Tl. 1 *Beschreibungen*, KV 54, S. 359–365 und KV 55, S. 366–382. – Jüngst haben Nicola DENZEY LEWIS und Justine ARIEL BLOUNT auf die Probleme der jeweiligen Fundgeschichten hingewiesen und gezeigt, dass die unterschiedlichen Herkunftsangaben möglicherweise auf Versuche von Antiquitätenhändlern und Findern zurückgehen, die wirklichen Fundplätze zu verschleiern oder zu imaginieren: DIES., «Rethinking the Origins of the Nag Hammadi Codices,» *Journal of Biblical Literature* 133 (2014): (399–419) 407–410 mit kritischen Bemerkungen zu James M. ROBINSON, *The Pachomian Monastic Library at the Chester Beatty Library and the Bibliothèque Bodmer*, Occasional Papers of the Institute for Antiquity and Christianity 19 (Claremont: Institute for Antiquity and Christianity, 1990); siehe jetzt auch DERS., *The Story of the Bodmer Papyri. From the First Monastery's Library in Upper Egypt to Geneva and Dublin* (Eugene: Cascade, 2011), 88–93.

67 S. o. S. 78 bzw. 487 f. mit Anm. 189.

68 Vgl. für die Vorgeschichte der Auslegung von Gen 1,26 im hellenistischen Judentum Alexandrias und bei Philo Stefanie LORENZEN, *Das paulinische Eikon-Konzept*, Wissenschaftliche Untersuchungen zum Neuen Testament 2. R. 250 (Tübingen: Mohr Siebeck, 2008), 69–138 und Robert R. McL. WILSON, «The Early History of the Exegesis of Gen. 1,26,» in *Papers presented to the Second International Conference on Patristic Studies held at Christ Church Oxford*, ed. Kurt Aland and Frank L. Cross, Studia Patristica 1 = Texte und Untersuchungen 63 (Berlin: Akademie-Verlag, 1957), 420–437.

69 Vgl. Gustaf WINGREN, *Man and the Incarnation. A Study in the Biblical Theology of Irenaeus*, transl. by Ross Mackenzie (Edinburgh/London: Oliver and Boyd, 1959), 90–100; Peter SCHWANZ, *Imago Dei als christologisch-anthropologisches Problem in der Geschichte der Alten Kirche von Paulus bis Clemens von Alexandrien*, Arbeiten zur Kirchengeschichte und Religionswissenschaft 2 (Halle: Niemeyer, 1969), 117–143; Antonio ORBE, *Antropología de San Ireneo*, Biblioteca de Autores Cristianos 286 (Madrid: La Editorial Catolica, 1969), 96–100; Jacques FANTINO, *L'homme, image de Dieu, chez saint Irénée de Lyon* (Paris: Les Éditions du Cerf, 1985), 45–181; Anders-Christian JACOBSEN, «The Constitution of Man according to Irenaeus and Origen,» in *Körper und Seele: Aspekte spätantiker Anthropologie*, hg. Barbara Feichtinger, Stephen Lake und Helmut Seng, Beiträge zur Altertumskunde 215 (München/Leipzig: Saur, 2006), 67–94, bes. 67–78 und DERS., «The Importance of Genesis 1–3 in the Theology of Irenaeus,» *Zeitschrift für Antikes Christentum* 8 (2005): 299–316.

70 Irenaeus, *Demonstratio* 11 (PO XII/5, 667,13–16 Ter Měkěrttschian): Իսկ զմարդն խորհրդեան ձեռաւբ՝ զմարպազոյն եւ զմանրազոյն յերկրէ առեալ, չափով ի միաբն խառնեալ զիւր զաւրութիւն ընդ երկիր, եւ քանզի ստեղծուածին զիւրն պարադրեաց ձեւս, զի եւ որ տեսանիցին ստուածաձեւ իցէ։ Քանզի կերպարան Աստուծոյ ի վերայ

երկիր եղաւ ստեղծեալ Մարդն: – dazu JACOBSEN, «The Importance of Genesis 1–3 in the Theology of Irenaeus,» 304 f. Die Übersetzung folgt *Des Heiligen Irenäus Schrift zum Erweise der apostolischen Verkündigung ΕΙΣ ΕΠΙΔΕΙΞΙΝ ΤΟΥ ΑΠΟΣΤΟΛΙΚΟΥ ΚΗΡΥΓΜΑΤΟΣ in armenischer Version entdeckt u. ins Deutsche übersetzt v.* Karapet Ter-Měkěrttschian u. Erwand Ter-Minassiantz, mit einem Nachwort u. Anmerkungen v. Adolf Harnack, Texte und Untersuchungen 31/1 (Leipzig: Hinrichs, 1907), 7. Weitere Passagen aus *Aduersus haereses* bei SCHWANZ, *Imago Dei als christologisch-anthropologisches Problem in der Geschichte der Alten Kirche von Paulus bis Clemens von Alexandrien*, 119 f.

71 Für պարագրեայ vgl. Bruno REYNDERS, *Vocabulaire de la «Demonstration» et des fragments de Saint Irénée* (Louvain: Éditions de Chevetogne, 1958), 47 sowie Matthias BEDROSIAN, *New Dictionary Armenian-English* (Venedig: S. Lazarus Armenian Academy, 1875–1879), 606.

72 Bruno REYNDERS, *Lexique comparé du texte Grec et des versions Latine, Arménienne et Syriaque de l'«Adversus Haereses» de Saint Irénée*, Vol. 2 *Index des mots Latins*, CSCO 142 Subsidia 6 (Louvain: Durbecq, 1954), 128; vgl. auch Ulrich NORTMANN, s. v. «schêma/Figur, Form,» in *Aristoteles-Lexikon*, hg. Otfried Höffe, Kröners Taschenausgabe 459 (Stuttgart: Kröner, 2005), (520 f.) 520; Christof RAPP/Tim WAGNER, s. v. «eidos/Gestalt, Art, Form,» in *Aristoteles-Lexikon*, (147–158) 151 bzw. 157.

73 Kritisch zu einer möglichen Ableitung aus der platonischen Philosophie, wie sie bei Gerhard MAY, *Schöpfung aus dem Nichts. Die Entstehung der Lehre von der creatio ex nihilo*, Arbeiten zur Kirchengeschichte 48 (Berlin/New York: De Gruyter, 1978), 174 mit Anm. 128, vorgenommen wird, äußert sich Dietmar WYRWA, «Kosmos und Heilsgeschichte bei Irenäus von Lyon,» in *Die Weltlichkeit des Glaubens in der Alten Kirche. Festschrift für Ulrich Wickert zum siebzigsten Geburtstag*, in Verbindung mit Barbara Aland u. Christoph Schäublin hg. Dietmar Wyrwa, Beihefte zur Zeitschrift für die neutestamentliche Wissenschaft 85 (Berlin/New York: De Gruyter, 1997), (443–480) 459.

74 Irenaeus, *Adversus haereses* V 6,1 (FChr 8/5, 58,5–10 BROX = SC 153, 72,5–9 ROUSSEAU/DOUTRELEAU/MERCIER): *Cum autem Spiritus hic commixtus animae unitur plasmati, propter effusionem Spiritus spiritalis et perfectus homo factus est: et hic est qui ‹secundum imaginem et similitudinem› factus est Dei. Si autem defuerit animae Spiritus, animalis est vere qui est talis et carnalis derelictus imperfectus erit, ‹imaginem› quidem habens in plasmate, ‹similitudinem› vero non assumens per Spiritum.* – Zur Passage: SCHWANZ, *Imago Dei als christologisch-anthropologisches Problem in der Geschichte der Alten Kirche von Paulus bis Clemens von Alexandrien*, 120.

75 SCHWANZ, *Imago Dei als christologisch-anthropologisches Problem in der Geschichte der Alten Kirche von Paulus bis Clemens von Alexandrien*, 140; vorher schon Arnold STRUKER, *Die Gottebenbildlichkeit des Menschen in der christlichen Literatur*

der ersten zwei Jahrhunderte. Ein Beitrag zur Geschichte der Exegese von Genesis 1,26 (Münster: Aschendorff, 1913), (76–128) 98.

76 Irenaeus, *Demonstratio* 10 (PO XII/5, 667,5–12 TER MĚKĚRTTSCHIAN).

77 Irenaeus, *Demonstratio* 5 (PO XII/5, 663,3–6 TER MĚKĚRTTSCHIAN); zum Gottesbild des Irenaeus auch Eric OSBORN, *Irenaeus of Lyon* (Cambridge: Cambridge University Press, 2001), 36–41.

78 Irenaeus, *Demonstratio* 32 (PO XII/5, 684,8–11 TER MĚKĚRTTSCHIAN).

79 Irenaeus, *Demonstratio* 32 (PO XII/5, 684,8–11 TER MĚKĚRTTSCHIAN); deutsche Übersetzung nach *Des Heiligen Irenäus Schrift zum Erweise der apostolischen Verkündigung,* 19; zur Passage vgl. auch FANTINO, *L'homme, image de Dieu, chez saint Irénée de Lyon,* 156–160.

80 Dazu ausführlicher: Barbara ALAND, «Fides und Subiectio. Zur Anthropologie des Irenäus,» in *Kerygma und Logos. Beiträge zu den geistesgeschichtlichen Beziehungen zwischen Antike und Christentum. Festschrift für Carl Andresen zum 70. Geburtstag,* hg. Adolf Martin Ritter (Göttingen: Vandenhoeck & Ruprecht, 1979), (9–28) 19 f.

81 Irenaeus, *Adversus haereses* III 18,1 (FChr 8/3, 220,2–7 BROX = SC 211, 342,7–344,13 ROUSSEAU/DOUTRELEAU): *Ostendimus enim quia non tunc coepit Filius Dei, exsistens semper apud Patrem; sed quando incarnatus et homo factus, longam hominum expositionem in seipso recapitulauit, in compendio nobis salutem praestans, ut quod perdideramus in Adam, id est secundum imaginem et similitudinem esse Dei, hoc in Christo Iesu reciperemus.* – Zur Passage vgl. Alfred BENGSCH, *Heilsgeschichte und Heilswissen. Eine Untersuchung zur Struktur und Entfaltung des theologischen Denkens im Werk «Adversus haereses» des hl. Irenäus von Lyon,* Erfurter Theologische Studien 3 (Leipzig: St. Benno, 1957), 120–136, FANTINO, *L'homme, image de Dieu, chez saint Irénée de Lyon,* 162 f. und SCHWANZ, *Imago Dei als christologisch-anthropologisches Problem in der Geschichte der Alten Kirche von Paulus bis Clemens von Alexandrien,* 122–130.

82 Irenaeus, *Adversus haereses* V 16,2 (FChr 8/5, 136,1–5 BROX = SC 153, 216,29–32 ROUSSEAU/DOUTRELEAU/MERCIER): *Quando autem caro Verbum Dei factum est, utraque confirmavit: et imaginem enim ostendit veram, ipse hoc fiens quod erat imago ejus, et similitudinem firmans restituit, consimilem faciens hominem invisibili Patri per visibile Verbum* bzw. Johannes Damascenus, *Sacra Parallela* Nr. 167 (TU 20/2, 77,4–9 HOLL) Ὁπότε δὲ σὰρξ ἐγένετο ὁ Λόγος τοῦ Θεοῦ, τὰ ἀμφότερα ἐπεκύρωσε· καὶ γὰρ ἦν εἰκὼν αὐτοῦ, καὶ τὴν ὁμοίωσιν βεβαίως κατέστησε συνεξομοιώσας τὸν ἄνθρωπον τῷ ἀοράτῳ Πατρὶ διὰ τοῦ βλεπομένου λόγου.

83 Irenaeus, *Adversus haereses* V 6,1 (FChr 8/5, 56,6–10 BROX = SC 153, 72,5–9 ROUSSEAU/DOUTRELEAU/MERCIER): *Anima autem et Spiritus pars hominis esse possunt, homo autem nequaquam: perfectus autem homo commixtio et adunitio est animae assumentis Spiritum Patris et admixtae ei carni quae est plasmata secundum imaginem Dei* – zur Passage vgl. Robert R. McL. WILSON, «The Early His-

tory of the Exegesis of Gen. 1,26,» 432 (mit Hinweisen auf Parallelen aaO. in Anm. 5); FANTINO, *L'homme, image de Dieu, chez saint Irénée de Lyon*, 120 f. und JACOBSEN, «The Importance of Genesis 1–3 in the Theology of Irenaeus,» 305 f.

84 Irenaeus, *Adversus haereses* IV 20,5 (FChr 8/4, 162,5–13 BROX = SC 100, 638, 108–640,117 ROUSSEAU/HEMMERDINGER/DOUTRELEAU/MERCIER): *Homo etenim a se non videbit Deum; ille autem volens videbitur hominibus, quibus vult et quando vult et quemadmodum vult: potens est enim in omnibus Deus, visus autem per Filium adoptiue, videbitur autem et in regno caelorum paternaliter, Spiritu quidem praeparante hominem in Filium Dei, Filio autem adducente ad Patrem, Patre autem incorruptelam donante in aeternam vitam, quae unicuique evenit ex eo quod videat Deum.* – Zur Passage vgl. auch BUMAZHNOV, *Der Mensch als Gottes Bild im christlichen Ägypten*, 18.

85 Irenaeus, *Adversus haereses* IV 20,5 (FChr 8/4, 162,17–20 BROX = SC 100, 640,122–125 ROUSSEAU/HEMMERDINGER/DOUTRELEAU/MERCIER): *Et propter hoc incapabilis et incomprehensibilis <et invisibilis> visibilem se et comprehensibilem et capacem hominibus praestat, ut vivificet percipientes et videntes se.*

86 Gerhard RICHTER, *Oikonomia. Der Gebrauch des Wortes Oikonomia im Neuen Testament, bei den Kirchenvätern und in der theologischen Literatur bis ins 20. Jahrhundert*, Arbeiten zur Kirchengeschichte 90 (Berlin/New York: De Gruyter, 2005), 116–141 und jetzt Katharina GRESCHAT, «Selbstentfaltung Gottes in der Geschichte bei Irenäus von Lyon? Zur Kritik an einer weitverbreiteten Auffassung,» in *Gott in der Geschichte. Zum Ringen um das Verständnis von Heil und Unheil in der Geschichte des Christentums*, hg. Mariano Delgado u. Volker Leppin, Studien zur christlichen Religions- und Kulturgeschichte 18 (Fribourg: Academic Press/Stuttgart: Kohlhammer, 2013), (71–84) 79–81.

87 Vgl. zu den Attributen, die Gott zugeschrieben werden, OSBORN, *Irenaeus of Lyon*, 28–32.

88 Irenaeus, *Adversus haereses* IV 20,5 nach Johannes Damascenus, *Sacra Parallela* Nr. 148 (TU 20/2, 62,1–4 HOLL = SC 100, 640,122–125 ROUSSEAU/HEMMERDINGER/DOUTRELEAU/MERCIER): Ὥσπερ οἱ βλέποντες τὸ φῶς, ἐντός εἰσι τοῦ φωτός, καὶ τῆς λαμπρότητος αὐτοῦ μετέχουσιν, οὕτως οἱ βλέποντες τὸν Θεόν ἐτός εἰσι τοῦ Θεοῦ, μετέχοντες αὐτοῦ τῆς λαμπρότητος.

89 Pseudo-Iustinus Martyr, *De resurrectione* 7 = Fragment 107 aus Johannes Damascenus (TU 20/2, 44,246–249 HOLL, bessere Edition: PTS 54, 118,11–13 HEIMGARTNER): Ὅτι δὲ τίμιον κτῆμα ἡ σὰρξ παρὰ θεῷ δῆλον πρῶτον μὲν ἐκ τοῦ πρὸς αὐτοῦ πεπλάσθαι, εἴ γε καὶ εἰκὼν τῷ πλάστῃ καὶ ζωγράφῳ τιμία γινομένη˙; vgl. den Kommentar bei Martin HEIMGARTNER, *Pseudojustin – Über die Auferstehung. Text und Studie*, Patristische Texte und Studien 54 (Berlin/New York: De Gruyter, 2001), 171 f. und bei Alberto D'ANNA, *Pseudo-Giustino, Sulla Resurrezione. Discorso cristiano del II secolo*, Letteratura Cristiana Antica (Brescia: Morcelliana, 2001), 68–85.

90 BUMAZHNOV, *Der Mensch als Gottes Bild im christlichen Ägypten*, 17 f. und vorher schon FLOROVSKY, «The Anthropomorphites in the Egyptian Desert. Part I,» 93–95.
91 P. Oxy. III 405: ALAND/ROSENBAUM, *Repertorium der griechischen christlichen Papyri* Vol. II *Kirchenväter-Papyri*, Tl. 1 *Beschreibungen*, KV 46, S. 317–320 und P. Jenensis Irenaeus: ALAND/ROSENBAUM, *Repertorium der griechischen christlichen Papyri* Vol. II *Kirchenväter-Papyri*, Tl. 1 *Beschreibungen*, KV 47, S. 321–327.
92 Zu Timotheus Aelurus: Alois Kardinal GRILLMEIER, *Jesus der Christus im Glauben der Kirche*, Bd. 2/4 *Die Kirche von Alexandrien mit Nubien und Äthiopien nach 451*, unter Mitarbeit von Theresia Hainthaler (Freiburg u. a.: Herder, 1990), 7–35.
93 *Timotheus Älurus' des Patriarchen von Alexandrien Widerlegung der auf der Synode zu Chalcedon festgesetzten Lehre*. Armenischer Text mit deutschem und armenischem Vorwort, zwei Tafeln und dreifachem Register hg. Karapet Ter-Měkěrttschian u. Erwand Ter-Minassiantz (Leipzig: Hinrichs, 1908), 256, 25–257,31 (Fragment 2 JORDAN) sowie 257,33–258,25 (Fragment 3 JORDAN) sowie 258,26–259,23 (Fragment 4 JORDAN). – Zu diesem Werk vgl. GRILLMEIER, *Jesus der Christus im Glauben der Kirche*, 2/4: 12 f.; Eduard SCHWARTZ, *Codex Vaticanus Gr. 1431, eine antichalkedonische Sammlung aus der Zeit Kaiser Zenos*, Abhandlungen der Bayerischen Akademie der Wissenschaften, philosophisch-historische Abteilung 32/6 (München: Oldenbourg, 1927), 98–117 (Zitate in der armenischen Überlieferung) sowie (für die syrische Überlieferung) R. Y. EBIED/Lionel R. WICKHAM, «Timothy Aelurus: Against the Definition of the Council of Chalcedon,» in *After Chalcedon. Studies in Theology and Church History*, offered to Albert van Roey for his Seventieth Birthday, ed. Carl Laga, Orientalia Lovaniensia Analecta 18 (Leuven: Peeters, 1985), 115–166.
94 Ediert bei Hermann JORDAN, *Armenische Irenaeusfragmente*, mit deutscher Übersetzung nach Dr. W[illy] Lüdtke, zum Teil erstmalig herausgegeben und untersucht, Texte und Untersuchungen 36/3 (Leipzig: Hinrichs, 1913), 3–5. 56–60 (Fragment 2; Text bzw. Übersetzung; vgl. zum Problem, ob das Fragment von Melito stammt, JORDAN, aaO. 84–99); 5–7. 60–62 (Fragment 3) sowie 7 f. 62–64 (Fragment 4) sowie Untersuchung aaO. 64–99.
95 Irenaeus, *Adversus haereses* III 18,1 (FChr 8/3, 220,2–7 BROX = SC 211, 342,7–344,13 ROUSSEAU/DOUTRELEAU), oben zitiert S. 626 Anm. 81.
96 Dazu Alois Kardinal GRILLMEIER, *Jesus der Christus im Glauben der Kirche*, Bd. 2/2 *Die Kirche von Konstantinopel im 6. Jahrhundert*, unter Mitarbeit von Theresia Hainthaler, (Freiburg/Basel/Wien: Herder, 1989), 54–74. Offenbar war eine Texttradition über den (irdischen) Körper Christi, die man Irenaeus zuschrieb, schon Teil der Argumentation des Johannes: Vgl. Iohannes Caesariensis, *Apologia Concilii Chalcedonensis (Excerpta syriaca latine versa)* 118 (CChr. SG 1, 46,1152–1161 RICHARD/AUBINEAU) und zur Stelle G. JOUSSARD, «Une

citation et un ouvrage de saint Hippolyte sous le nom de saint Irénée?,» *Revue des sciences religieuses* 17 (1937): 290–305.

97 Überliefert ist Irenaeus, *Adversus haereses* III 18,1 = Frgm. 11 (II, 440 f. HARVEY) = Severus Antiochenus, *Contra impium Grammaticum* III 17 (CSCO 101, 285, 1–15 LEBON).

98 Eduard SCHWARTZ, «Unzeitgemäße Beobachtungen zu den Clementinen,» *Zeitschrift für die neutestamentliche Wissenschaft* 31 (1932): (151–198) 185. – Zur Frage der Gattung zuletzt ausführlich mit einer Forschungsgeschichte zu den gattungstheoretischen Voraussetzungen: Meinolf VIELBERG, *Klemens in den pseudoklementinischen Recognitionen. Studien zur literarischen Form des spätantiken Romans*, Texte und Untersuchungen 145 (Berlin: Akademie-Verlag, 2000), 111–169, vorher Mark J. EDWARDS, «The *Clementina*: A Christian Response to the Pagan Novel,» *Classical Quarterly* 42 (1992): 459–474.

99 In Auswahl: Adolf HILGENFELD, *Die clementinischen Recognitionen und Homilien, nach ihrem Ursprung und Inhalt* (Jena: Schreiber, 1848), 19–25. 245–280; Hans WAITZ, *Die Pseudoklementinen. Homilien und Rekognitionen. Eine quellenkritische Untersuchung*, Texte und Untersuchungen 25/4 (Leipzig: Hinrichs, 1904), 16–77; Georg STRECKER, *Das Judenchristentum in den Pseudoklementinen*, Texte und Untersuchungen 70², 2., bearb. und erw. Aufl. (Berlin: Akademie-Verlag, 1981), 35–96 sowie Jürgen WEHNERT, «Literarkritik und Sprachanalyse. Kritische Anmerkungen zum gegenwärtigen Stand der Pseudoklementinen-Forschung,» *Zeitschrift für die neutestamentliche Wissenschaft* 74 (1983): 268–301 sowie DERS., «Abriss der Entstehungsgeschichte des pseudoklementinischen Romans,» *Apocrypha* 3 (1992): 211–236 und jetzt seine Einführung in DERS., *Pseudoklementinische Homilien. Einführung und Übersetzung*, Kommentar zur apokryphen Literatur 1/1 (Göttingen: Vandenhoeck & Ruprecht, 2010), 29–46. Eine Forschungsgeschichte findet sich auch bei VIELBERG, *Klemens in den pseudoklementinischen Recognitionen. Studien zur literarischen Form des spätantiken Romans*, 11–23, bei STRECKER, *Das Judenchristentum in den Pseudoklementinen*, 1–34, bei F. Stanley JONES, «The Pseudo-Clementines: A History of Research,» in DERS., *Pseudoclementina. Elchasaiticaque inter Judaeochristiana. Collected Studies*, Orientalia Lovaniensia Analecta 203 (Leuven/Paris/Walpole, MA: Peeters, 2012), 50–113 und jetzt bei Frédéric AMSLER, «État de la recherche récente sur le roman Pseudo-Clémentin,» in *Nouvelles intrigues pseudo-clémentines. Plots in the Pseudo-Clementine Romance. Actes du deuxième colloque international sur la littérature apocryphe Chrétienne*, Lausanne – Genève, 30 août – 2 septembre 2006, édités par Frédéric Amsler, Albert Frey, Charlotte Touati, Renée Girardet, Publications de l'Institut Romand des Sciences Bibliques 6 (Prahins: Éditions du Zèbrer, 2008), 25–45.

100 Shlomo PINES, «Points of Similarity between the Exposition of the Doctrine of the Sefirot in the Sefer Yezira and a Text of the Pseudo-Clementine Ho-

milies: The Implications of this Resemblance,» *Proceedings of the Israel Academy of Sciences and Humanities* 7 (1989): (63–141) 64.

101 SCHWARTZ («Unzeitgemäße Beobachtungen zu den Clementinen,» 152) hat darauf hingewiesen, dass vollkommen unsicher sei, «wieweit die lateinische Übertragung als ein zuverlässiger, einigermaßen ausreichender Ersatz für das verlorene griechische Original angesehen werden kann. Die Proben von mangelhafter Kenntnis des Griechischen und gewissenloser Flüchtigkeit, die Rufin bei der Übersetzung der Kirchengeschichte des Eusebius in reichlicher Fülle liefert, sind geeignet, ein Mißtrauen zu erwecken». An anderer Stelle schreibt Schwartz über die Übersetzung: «Sie ist ein liederliches, unzuverlässiges Machwerk» (aaO., 154). Gänzlich anders charakterisiert Vielberg die Qualitäten des Übersetzers Rufin: DERS., *Klemens in den pseudoklementinischen Recognitionen. Studien zur literarischen Form des spätantiken Romans*, 184–187.

102 So vollkommen zutreffend: Nicole KELLEY, *Knowledge and Religious Authority in the Pseudo-Clementines. Situating the Recognitions in Fourth Century Syria*, Wissenschaftliche Untersuchungen zum Neuen Testament 2. Reihe 213 (Tübingen: Mohr Siebeck, 2006), 27–35. Schon SCHWARTZ, «Unzeitgemäße Beobachtungen zu den Clementinen,» 162–164 wies darauf hin, dass Origenes und Eusebius offenbar verschiedene «Clementinen» und nicht ein und dieselbe «Grundschrift» kannten, die auch nach seiner Ansicht den beiden Fassungen vorausgeht, und hielt daher die Annahme einer Grundschrift und in dieser Grundschrift inkorporierter Quellen für überflüssig. Hans WAITZ verteidigte sich gegen diese Sichtweise vor allem mit zwei Beiträgen: «Neues zur Text- und Literarkritik der Pseudoklementinen?,» *Zeitschrift für Kirchengeschichte* 52 (1933): 305–318 und DERS., «Die Lösung des pseudoclementinischen Problems,» *Zeitschrift für Kirchengeschichte* 59 (1940): 304–341.

103 Wilhelm FRANKENBERG, *Die syrischen Clementinen mit griechischem Paralleltext. Eine Vorarbeit zu dem literargeschichtlichen Problem der Sammlung*, Texte und Untersuchungen 48/3 (Leipzig: Hinrichs, 1937), IX–XXI. Bernhard REHM verwendet die syrische Überlieferung dagegen nicht zur Textkonstitution für die parallelen Stücke *Homiliae I–XIV*: GCS Pseudoklementinen I, XVI–XX.

104 VIELBERG, *Klemens in den pseudoklementinischen Recognitionen. Studien zur literarischen Form des spätantiken Romans*, 18–20.

105 WAITZ, *Die Pseudoklementinen. Homilien und Rekognitionen. Eine quellenkritische Untersuchung*, 27, erwägt gleichwohl, ob *Homiliae* XVII 12–20 zur Grundschrift gehören, weil sie «in gleicher Weise» wie eine Passage aus den *Recognitiones* Exodus 33,20 zitieren (!): Vgl. *Homiliae* XVII 16,4 (GCS Pseudoklementinen I, 238,12 REHM/STRECKER) und *Recognitiones* III 29,5 (GCS Pseudoklementinen II, 118,3 f. REHM/STRECKER). Allerdings zeigt der Vergleich mit der Passage der *Recognitiones*, dass deutliche Unterschiede in der Auslegung der Stelle bestehen. In den *Recognitiones* heißt es III 30,1–3 (118,4–

8): *Petrus respondit: His qui legem non ex traditione Moysei legunt, contrarius videtur sermo meus, sed audi quomodo non sit contrarius. Deus videtur mente non corpore, spiritu non carne. Unde et angeli qui sunt spiritus, vident deum, et homines ergo donec homines sunt, deum videre non possunt. Ex resurrectione autem mortuorum, cum facti fuerint sicut angeli, videre poterunt deum.* – Die Pointe in den Homilien, dass Engel in Fleisch verwandelt werden, um für Menschen sichtbar zu werden, und Menschen in Engel (s. u. S. 639 f. mit Anm. 161), fehlt vollkommen. Man könnte also höchstens sagen, dass in der Grundschrift allgemein zwischen Petrus und Simon über die Berechtigung von Visionen disputiert wurde. Ausführlicher begründet WAITZ aaO. 99 f. seine Zuweisung an die «Grundschrift» und eine Quelle dieser Grundschrift.

106 Jürgen WEHNERT, «'Das Geheimnis der Siebenzahl'. Spekulationen über die unendliche Gestalt Gottes in den pseudoklementinischen Homilien, Buch 16 und 17,» in *Nouvelles intrigues pseudo-clémentines. Plots in the Pseudo-Clementine Romance*. Actes du deuxième colloque international sur la littérature apocryphe Chrétienne, Lausanne – Genève, 30 août – 2 septembre 2006, édités par Frédéric Amsler, Albert Frey, Charlotte Touati, Renée Girardet, Publications de l'Institut Romand des Sciences Bibliques 6 (Prahins: Éditions du Zèbrer, 2008), (461–467) 461 verweist auf angebliche wörtliche Parallelen zwischen *Homiliae* XVII 7,3. 8,8 (GCS Pseudoklementinen I, 232,17–22. 233,23–29 REHM/STRECKER) und *Recognitiones* II 61,6 (GCS Pseudoklementinen II, 88,22–25). Die Tatsache, dass in allen drei Textabschnitten von Gott als Licht die Rede ist und das Licht der Sonne gegenüber diesem Licht als Finsternis bezeichnet wird (232,18–20; 88,24 f.), trägt als Argument die sehr generelle These, «dass diese Lehre (sc. das Lehrstück über die Gestalt Gottes, C. M.) schon in der ältesten Literarschicht enthalten war» und es sich «um ein Produkt judenchristlicher Theologie des 2. Jh. s. n. Chr.» handele, nicht.

107 F. Stanley JONES, «Marcionism in the *Pseudo-Clementines*,» in DERS., *Pseudoclementina. Elchasaiticaque inter Judaeochristiana. Collected Studies*, (152–171), 163 f. Zu der literarischen Geschlossenheit der Erzählung über das Gespräch SCHWARTZ, «Unzeitgemäße Beobachtungen zu den Clementinen,» 167–169.

108 Tertullian, *De praescriptione haereticorum* 30,1–2 (I Talenti 10, 204,1–11 REFOULÉ/CARPIN) und ders., *Aduersus Marcionem* IV 4,3 (SC 456, 78,20–24 MORESCHINI) und Adolf VON HARNACK, *Marcion: Das Evangelium vom fremden Gott: Eine Monographie zur Geschichte der Grundlegung der katholischen Kirche. Neue Studien zu Marcion*, Texte und Untersuchungen 45 u. 44/4, 2., verb. u. verm. Aufl. (Leipzig: Hinrichs, 1924 u. 1923 = Darmstadt: Wissenschaftliche Buchgesellschaft, 1960), 16*–23* (zum Jahr 144 n. Chr.).

109 Diese Frage stellt vor allem Barbara ALAND, s. v. «Marcion und die Marcioniten,» in *Theologische Realenzyklopädie* (Berlin/New York: De Gruyter, 1992), 22: (89–101) 94–96 = DIES., *Was ist Gnosis? Studien zum frühen Christentum, zu Marcion und zur kaiserzeitlichen Philosophie*, Wissenschaftliche Un-

tersuchungen zum Neuen Testament 239 (Tübingen: Mohr Siebeck, 2009), (318–340) 327–330.

110 Ps.-Clemens Romanus, *Homiliae* XVII 3,3 (GCS Pseudoklementinen I, 230,6 f. REHM/STRECKER): (...) θεὸν ἐν μορφῇ εἰσηγούμενος καὶ ταῦτα ἄκρως δίκαιον (...).

111 Ps.-Clemens Romanus, *Homiliae* XVII 3,5–7 (GCS Pseudoklementinen I, 230,12–16 REHM/STRECKER): μορφὴν δὲ ἔχει θεός; εἰ δὲ ἔχει, ἐν σχήματί ἐστιν. ἐν σχήματι δὲ ὢν πῶς οὐ περιόριστός ἐστιν; περιόριστος δὲ ὢν ἐν τόπῳ ἐστίν. ἐν τόπῳ δὲ ὢν ἥττων ἐστὶν τοῦ περιέχοντος αὐτὸν τόπου. ἥττων δέ τινος ὢν πῶς πάντων ἐστὶν ἢ μείζων ἢ κρείττων ἢ ἀνώτατος; καὶ ταῦτα μὲν οὕτως. – Für die hier gebotenen Übersetzungen wurde durchgängig verglichen: Jürgen WEHNERT, *Pseudoklementinische Homilien. Einführung und Übersetzung*, passim (hier: S. 223).

112 Aristoteles, *Metaphysica* VII 3, 1029 a 2–7: τοιοῦτον δὲ τρόπον μέν τινα ἡ ὕλη λέγεται, ἄλλον δὲ τρόπον ἡ μορφή, τρίτον δὲ τὸ ἐκ τούτων λέγω δὲ τὴν μὲν ὕλην οἷον τὸν χαλκόν, τὴν δὲ μορφὴν τὸ σχῆμα τῆς ἰδέας, τὸ δ᾽ ἐκ τούτων τὸν ἀνδριάντα τὸ σύνολον, ὥστε εἰ τὸ εἶδος τῆς ὕλης πρότερον καὶ μᾶλλον ὄν, καὶ τοῦ ἐξ ἀμφοῖν πρότερον ἔσται διὰ τὸν αὐτὸν λόγον. – Zur Interpretation Ulrich NORTMANN, s. v. «schêma/Figur, Form,» in *Aristoteles-Lexikon*, hg. Otfried Höffe, Kröners Taschenausgabe 459 (Stuttgart: Kröner, 2005), 520 f.

113 Aristoteles, *Physica* IV 4: «Die unmittelbare, unbewegliche Grenze des Umfassenden – das ist der Ort» (212 a 20 f.): ὥστε τὸ τοῦ περιέχοντος πέρας ἀκίνητον πρῶτον, τοῦτ᾽ ἔστιν ὁ τόπος. – Vgl. dazu auch Anton Friedrich KOCH, s. v. «topos (1)/Raum,» in *Aristoteles-Lexikon*, 603–605.

114 Ps.-Clemens Romanus, *Homiliae* XVI 10,4 (GCS Pseudoklementinen I, 223,8–11 REHM/STRECKER): ἐπεὶ οὖν ὅτι ἂν βούληταί τις περὶ θεοῦ φρονεῖν, ἐν αὐταῖς (sc. in den Heiligen Schriften) εὑρίσκει, τούτου χάριν ὁ μὲν πολλῶν θεῶν ἰδέας ἀπομάσσεται ἀπ᾽ αὐτῶν, καὶ ἡμεῖς τὴν τοῦ ὄντως ὄντος ἀπεμαξάμεθα ἰδέαν, ἐκ τῆς ἡμετέρας μορφῆς τὸν ἀληθῆ ἐπιγνόντες τύπον.

115 Gemeint ist natürlich kein vorderorientalisches Rollsiegel (so WEHNERT, «Das Geheimnis der Siebenzahl›,» 462), sondern ein klassische metaphorische Explikation der Gottesebenbildlichkeit, wie sie vielfach bei antik-christlichen Autoren belegt ist, vgl. Gregorius Nazianzenus, *Orationes theologicae* XXIX (*De filio*) 17 (SC 250, 11–14 GALLAY/JOURJON): ‹Χριστὸς θεοῦ δύναμις, καὶ θεοῦ σοφία‘ (1Kor 1,24), ἀπαύγασμα, χαρακτήρ, εἰκών, σφραγίς· ‚Ὃς ὢν ἀπαύγασμα τῆς δόξης καὶ χαρακτὴρ τῆς ὑποστάσεως αὐτοῦ·‘ (Hebr 1,3) καί, ‚Εἰκὼν τῆς ἀγαθότητος·‘ (SapSal 7,26) καί, ‚Τοῦτον γὰρ ὁ πατὴρ ἐσφράγισεν ὁ θεός‘ (Joh 6,27).

116 Ps.-Clemens Romanus, *Homiliae* XVI 19,1–3 (GCS Pseudoklementinen I, 226,22–227,1 REHM/STRECKER): καὶ ὁ Σίμων ἔφη· Ἤθελον εἰδέναι, Πέτρε, εἰ ἀληθῶς πιστεύεις ὅτι ἡ ἀνθρώπου μορφὴ πρὸς τὴν ἐκείνου μορφὴν

διατετύπωται. καὶ ὁ Πέτρος· Ἀληθῶς, ὦ Σίμων, οὕτως ἔχειν πεπληροφόρημαι. καὶ ὁ Σίμων· Πῶς θάνατος τὸ σῶμα λύειν δύναται, σφραγῖδι μεγίστῃ διατετυπωμένον; καὶ ὁ Πέτρος· Θεοῦ δικαίου ἐστὶν μορφή. ἐπὰν οὖν ἀδικεῖν ἄρξηται, ἡ ἐν αὐτῷ ἰδέα φεύγει, καὶ οὕτως τὸ σῶμα λύεται, ἵνα ἡ μορφὴ ἀφανὴς γένηται, ὅπως μὴ δικαίου θεοῦ μορφὴν ἄδικον ἔχῃ σῶμα.

117 Ps.-Clemens Romanus, *Homiliae* XVII 7,2 (GCS Pseudoklementinen I, 232,13–15 Rehm/Strecker): θεὸν δὲ φοβεῖσθαι ἐκεῖνον εἶπεν, οὗ οἱ ἄγγελοι οἱ τῶν ἐν ἡμῖν ἐλαχίστων πιστῶν ἐν τῷ οὐρανῷ ἑστήκασιν θεωροῦντες τὸ πρόσωπον τοῦ πατρὸς διαπαντός·.

118 Pines, «Points of Similarity between the Exposition of the Doctrine of the Sefirot in the Sefer Yezira and a Text of the Pseudo-Clementine Homilies: The Implications of this Resemblance,» 103 betrachtet diesen Satz als eine spätere Randbemerkung.

119 Ps.-Clemens Romanus, *Homiliae* XVII 7,2–6 (GCS Pseudoklementinen I, 232,16–233,1 Rehm/Strecker): μορφὴν γὰρ ἔχει – διὰ πρῶτον καὶ μόνον κάλλος – καὶ πάντα μέλη, οὐ διὰ χρῆσιν· οὐ γὰρ διὰ τοῦτο ὀφθαλμοὺς ἔχει, ἵνα ἐκεῖθεν βλέπῃ (πανταχόθεν γὰρ ὁρᾷ, τοῦ ἐν ἡμῖν βλεπτικοῦ πνεύματος ἀπαραβλήτως λαμπρότερος ὢν τὸ σῶμα καὶ παντὸς φωτὸς στιλπνότερος, ὡς πρὸς σύγκρισιν αὐτοῦ τὸ ἡλίου φῶς λογισθῆναι σκότος), ἀλλ' οὐδὲ διὰ τοῦτο ὦτα ἔχει, ἵνα ἀκούῃ (πανταχόθεν γὰρ ἀκούει, νοεῖ, κινεῖ, ἐνεργεῖ, ποιεῖ). τὴν δὲ καλλίστην μορφὴν ἔχει δι' ἄνθρωπον, ἵνα οἱ καθαροὶ τῇ καρδίᾳ αὐτὸν ἰδεῖν δυνηθῶσιν, ἵνα χαρῶσιν δι' ἄτινα ταῦτα ὑπέμειναν. τῇ γὰρ αὐτοῦ μορφῇ ὡς ἐν μεγίστῃ σφραγῖδι τὸν ἄνθρωπον διετυπώσατο, ὅπως ἁπάντων ἄρχῃ καὶ κυριεύῃ καὶ πάντα αὐτῷ δουλεύῃ. διὸ κρίνας εἶναι τὸ πᾶν αὐτὸν καὶ τὴν αὐτοῦ εἰκόνα τὸν ἄνθρωπον (αὐτὸς ἀόρατος, ἡ δὲ αὐτοῦ εἰκὼν ὁ ἄνθρωπος ὁρατός) ὁ αὐτὸν σέβειν θέλων τὴν ὁρατὴν αὐτοῦ τιμᾷ εἰκόνα, ὅπερ ἐστὶν ἄνθρωπος. – XVII 7,4 f. (232,23–25) ist auch bei Johannes Damascenus, *Sacra Parallela* Nr. 21 (TU 20/2, 11,5–9 Holl) zitiert.

120 Ps.-Clemens Romanus, *Homiliae* XVII 10,5 (GCS Pseudoklementinen I, 235,7–9 Rehm/Strecker): ἀδύνατον γὰρ κάλλος ἄνευ μορφῆς εἶναι καὶ πρὸς τὸν αὐτοῦ ἔρωτα ἐπισπᾶσθαί τινα ἢ καὶ δοκεῖν θεὸν ὁρᾶν εἶδος οὐκ ἔχοντα.

121 S. o. S. 204.

122 Vgl. aber Sach 9,17 und Helmer Ringgren, s. v. «יפי,» s. v. «תמונה,» in *Theologisches Wörterbuch zum Alten Testament* (Stuttgart u. a.: Kohlhammer, 1982),3: (787–790) 789. – Vgl. dazu auch Reinhold Gestrich, *Schönheit Gottes. Anstösse zu einer neuen Wahrnehmung*, Ästhetik – Theologie – Liturgik 47 (Berlin u. a.: LIT, 2007), 92–104.

123 Einen Forschungsüberblick zu entsprechenden Versuchen in der deutschsprachigen exegetischen Literatur seit 1950 gibt Alexandra Grund, «'Aus der Schönheit Vollendung strahlt Gott auf› (Ps 50,2): Bemerkungen zur Wahr-

nehmung des Schönen in den Psalmen,» in «*Wie schön sind deine Zelte, Jakob!*» *Beiträge zur Ästhetik des Alten Testaments*, hg. Alexandra Grund u. a., Biblisch-Theologische Studien 60 (Neukirchen-Vluyn: Neukirchener, 2003), (100–129) 101–106.

124 Edwin HATCH/Henry A. REDPATH, *A Concordance to the Septuagint and other Greek versions of the Old Testament (including the Apocryphal books)* (Graz: Akademische Druck- und Verlagsanstalt, 1954 = Oxford: Clarendon Press, 1897), s. v. 715 f.; Walter GRUNDMANN, s. v. «καλός,» in *Theologisches Wörterbuch zum Neuen Testament* (Stuttgart: Kohlhammer, 1938), 3: (539–553) 546.

125 *Hymni Homerici in Cererem* 275 f. (Übersetzung: *Die Homerischen Götterhymnen*. Deutsch von Thassilo von Scheffer, Sammlung Dieterich 97 [Bremen: Schünemann, 1987], 115 f.):

Ὣς εἰποῦσα θεὰ μέγεθος καὶ εἶδος ἄμειψε
γῆρας ἀπωσαμένη, περί τ᾽ ἀμφί τε κάλλος ἄητο (...)

Vgl. dazu auch oben S. 135 bzw. 532 mit Anm. 111.

126 Plato, *Respublica* II 381 C: Ἀδύνατον ἄρα, ἔφην, καὶ θεῷ ἐθέλειν αὐτὸν ἀλλοιοῦν, ἀλλ᾽ ὡς ἔοικε, κάλλιστος καὶ ἄριστος ὢν εἰς τὸ δυνατὸν ἕκαστος αὐτῶν μένει ἀεὶ ἁπλῶς ἐν τῇ αὑτοῦ μορφῇ. – Dazu vgl. oben S. 133 bzw. 530 mit Anm. 99.

127 (Ps.-?)Plato, *Hippias maior* 296 E: Σωκράτης· Τοῦ ἀγαθοῦ ἄρα αἴτιόν ἐστιν τὸ καλόν. Ἱππίας· Ἔστι γάρ.

128 Clemens Alexandrinus, *Stromata* IV 116,2 (GCS Clemens Alexandrinus II, 299,14–17 STÄHLIN/FRÜCHTEL/TREU): ἔμπαλιν γὰρ ὁ δι᾽ ἀγάπην τὴν ἁγνὴν προσβλέπων τὸ κάλλος οὐ τὴν σάρκα ἡγεῖται, ἀλλὰ τὴν ψυχὴν καλήν, τὸ σῶμα, οἶμαι, ὡς ἀνδριάντα θαυμάσας, δι᾽ οὗ κάλλους ἐπὶ τὸν τεχνίτην καὶ τὸ ὄντως καλὸν αὐτὸς αὐτὸν παραπέμπει.

129 Ein knappes einigermaßen zeitgenössisches Referat zur Theorie der Sehstrahlen bei Apuleius, *Apologia pro se de magia* 15,6 (SQAW 36, 40,5–7 HELM = SAPERE 5, 84 HAMMERSTAEDT = DK 47 A 25 [I, 431,14–16 DIELS/KRANZ]), vgl. auch Gérard SIMON, *Der Blick, das Sein und die Erscheinung in der antiken Optik. Anhang: Die Wissenschaft vom Sehen und die Darstellung des Sichtbaren*, aus dem Französischen von Heinz Jatho (München: Fink, 1992), 30–66 und Albrecht DIHLE, «Vom sonnenhaften Auge,» in *Platonismus und Christentum. Festschrift für Heinrich Dörrie*, hg. Horst-Dieter Blume u. Friedhelm Mann, Jahrbuch für Antike und Christentum. Ergänzungsband 10 (Münster: Aschendorff, 1983), (84–91) 84–88.

130 Plato, *Timaeus* 45 B/C: τὸ γὰρ ἐντὸς ἡμῶν ἀδελφὸν ὂν τούτου πῦρ εἰλικρινὲς ἐποίησαν διὰ τῶν ὀμμάτων ῥεῖν λεῖον καὶ πυκνὸν ὅλον μέν, μάλιστα δὲ τὸ μέσον συμπιλήσαντες τῶν ὀμμάτων, ὥστε τὸ μὲν ἄλλο ὅσον παχύτερον στέγειν πᾶν, τὸ τοιοῦτον δὲ μόνον αὐτὸ καθαρὸν διηθεῖν. – Zum philosophiegeschichtlichen Hintergrund vgl. Gérard SIMON, *Der Blick, das Sein und die Erscheinung in der antiken Optik*, 38–41 sowie Wolfgang KULL-

MANN, *Aristoteles und die moderne Wissenschaft*, Philosophie der Antike 5 (Stuttgart: Steiner, 1998), 246–248.
131 Ps.-Clemens Romanus, *Homiliae* XVII 7,3 (GCS Pseudoklementinen I, 232,16–233,1 REHM/STRECKER): (...) τοῦ ἐν ἡμῖν βλεπτικοῦ πνεύματος (...).
132 So DIHLE, «Vom sonnenhaften Auge,» 85 mit Bezug auf ein doxographisches Referat über Chrysipp bei Aëtius, *Placita philosophorum* IV 15,3 (*Doxographi Graeci* 406,4–14 DIELS), dort allerdings aaO. 406,6 f. Aëtius, *Placita philosophorum* I 3,18 (*Doxographi Graeci* 285,1–7 DIELS): (...) ὑπὸ τοῦ ὁρατικοῦ πνεύματος (...) als Bezeichnung.
133 Galenus, *De placitis Hippocratis et Platonis* VII 5,31–41 (CMG V 4/1/2, 460,1–33 DE LACY); vgl. dazu die partielle Übersetzung und den Kommentar bei SIMON, *Der Blick, das Sein und die Erscheinung in der antiken Optik*, 44 f.
134 Mt 5,8: μακάριοι οἱ καθαροὶ τῇ καρδίᾳ, ὅτι αὐτοὶ τὸν θεὸν ὄψονται. – Zum Hintergrund der Psalmensprache Ulrich LUZ, *Das Evangelium nach Matthäus, 1. Teilband Mt 1–7*, 2., durchges. Aufl., Evangelisch-Katholischer Kommentar zum Neuen Testament I/1 (Zürich: Benziger/Neukirchen-Vluyn: Neukirchener, 1989), 211.
135 Origenes, *Contra Celsum* VII 33 (GCS Origenes II, 184,2–9 KOETSCHAU = SVigChr 54, 487,2–9 MARCOVICH): Τὸ γὰρ γινῶσκον θεὸν οὐκ ὀφθαλμός ἐστι σώματος ἀλλὰ νοῦς, ὁρῶν τὸ ‚κατ' εἰκόνα' τοῦ κτίσαντος καὶ τὸ δυνάμενον γινώσκειν θεὸν προνοίᾳ θεοῦ ἀνειληφώς. Καὶ τὸ ὁρῶν δὲ θεὸν καθαρά ἐστι καρδία, (...) δι' ἃ λέγεται· ‚Μακάριοι οἱ καθαροὶ τῇ καρδίᾳ, ὅτι αὐτοὶ τὸν θεὸν ὄψονται'. – Vgl. auch Karlmann BEYSCHLAG, «Zur Geschichte der Bergpredigt in der Alten Kirche,» *Zeitschrift für Theologie und Kirche* 74 (1977): (291–322) 302 f.
136 Ps.-Clemens Romanus, *Homiliae* XVII 7,4 (GCS Pseudoklementinen I, 232,24 f. REHM/STRECKER): ὅπως ἁπάντων ἄρχῃ καὶ κυριεύῃ καὶ πάντα αὐτῷ δουλεύῃ.
137 Ps.-Clemens Romanus, *Homiliae* XVII 8,1 (GCS Pseudoklementinen I, 233,4–7 REHM/STRECKer): ἀλλ' ἐρεῖ τις· Εἰ μορφὴν ἔχει, καὶ σχῆμα ἔχει καὶ ἐν τόπῳ ἐστίν· ἐν τόπῳ δὲ ὢν καὶ ὑπ' αὐτοῦ περιεχόμενος ὡς ἥττων, πῶς ὑπὲρ πάντας ἐστὶ μέγας; πῶς δὲ καὶ πανταχῇ εἶναι δύναται ἐν σχήματι ὤν;.
138 Ps.-Clemens Romanus, *Homiliae* XVII 8,3–5 (GCS Pseudoklementinen I, 233,4–19 REHM/STRECKER): τόπος ἐστὶν τὸ μὴ ὄν, θεὸς δὲ τὸ ὄν· τὸ δὲ μὴ ὂν τῷ ὄντι οὐ συγκρίνεται. πῶς γὰρ τόπος ὢν εἶναι δύναται; ἐκτὸς εἰ μὴ δευτέρα χώρα εἴη, οἷον οὐρανός, γῆ, ὕδωρ, ἀὴρ καὶ εἰ ἄλλο τί ἐστιν σῶμα, ὃ ἂν καὶ αὐτοῦ πληροῖ τὸ κενόν, ὃ διὰ τοῦτο κενὸν λέγεται, ὅτι οὐδέν ἐστιν. τοῦτο γὰρ αὐτῷ τὸ οὐδέν οἰκειότερον ὄνομα· τὸ γὰρ λεγόμενον κενὸν τί ποτε ὡς σκεῦός ἐστιν οὐδὲν ἔχον· πλὴν αὐτὸ τὸ σκεῦος κενὸν ἐκεῖνο οὐκ αὐτό ἐστι τόπος, ἀλλ' ἐν ᾧ ἐστιν αὐτὸ τὸ κενόν, εἴπερ σκεῦός ἐστιν. ἀνάγκη γὰρ πᾶσα τὸ ὂν ἐν τῷ μηδὲν ὄντι εἶναι. τοῦτο δὲ τὸ μὴ ὂν λέγω ὃ ὑπό τινων τόπος λέγεται οὐδὲν ὄν.

139 Melissus bei Simplicius, *In Aristotelis physicorum libros commentaria* I 2 ad p. 185 a 20 b 5 (CAG IX, 40,12 f. Diels = DK 30 B 7 [I, 80,17 f. Diels/Kranz) οὐδὲ κενεόν ἐστιν οὐδέν· τὸ γὰρ κενεὸν οὐδέν ἐστιν· οὐκ ἂν οὖν εἴη τό γε μηδέν. – Vgl. dazu Hans-Joachim Newiger, Untersuchungen zu Gorgias' Schrift über das Nichtseiende (Berlin: De Gruyter, 1973), 94–97.

140 Hans Günter Zekl, s. v. «Raum I. Griechische Antike,» in *Historisches Wörterbuch der Philosophie* (Darmstadt: Wissenschaftliche Buchgesellschaft, 1992), 8: (67–82) 70 f.

141 Theo Kobusch, «Nichts, Nichtseiendes,» in *Historisches Wörterbuch der Philosophie* (Darmstadt: Wissenschaftliche Buchgesellschaft, 1984), 6: (805–836) 806 f.

142 So zutreffend in seiner Nacherzählung des Inhaltes der Argumentation Wehnert, «‹Das Geheimnis der Siebenzahl›,» 463.

143 Ps.-Clemens Romanus, *Homiliae* XVII 8,9 (GCS Pseudoklementinen I, 233,29–234,3 Rehm/Strecker): τί οὖν ἔτι κωλύει τὸν θεὸν ὡς τούτου καὶ πάντων δημιουργὸν καὶ δεσπότην ὄντα, αὐτὸν μὲν ἐν σχήματι καὶ μορφῇ καὶ κάλλει ὄντα, τὴν ἀπ' αὐτοῦ μετουσίαν ἀπείρως ἐκτεταμένην ἔχειν;.

144 So im Referat über pythagoreisch-orphische Zahlentheorie auch Ps.-Iamblichus, *Theologumena Arithmeticae* 6 (BiTeu 48,6–10 De Falco): ὅτι τὴν ἑξάδα ὁλομέλειαν προσηγόρευον οἱ Πυθαγορικοὶ κατακολουθοῦντες Ὀρφεῖ, ἤτοι παρόσον ὅλη τοῖς μέρεσιν ἢ μέλεσιν ἴση ἐστὶ μόνη τῶν ἐντὸς δεκάδος, ἢ ἐπειδὴ ὅλον καὶ τὸ πᾶν κατ' αὐτὴν διαμεμέρισται καὶ ἐμμελὲς ὑπάρχει· – Der mathematische Sachverhalt, auf den sich sowohl Pseudo-Clemens wie Pseudo-Jamblich beziehen, ist folgender: ‹Sechs› ist eine von allen Seiten her gleiche Zahl, eine sogenannte Dreieckszahl (Triangularzahl), die entsteht, wenn man die ersten drei natürlichen Zahlen 1, 2, 3 aufsummiert. Die Einheiten lassen sich in Form eines «gleichseitigen» Dreiecks anordnen (daher spricht man auch von figurierten Zahlen):

.
. .
. . .

Der im zitierten griechischen Satz «Deswegen nannten die Pythagoreer die Sechs ὁλομέλεια (…), entweder insofern als sie als ganze den Teilen oder Gliedern gleich ist als einzige der Zahlen unterhalb 10 (…)» beschriebene mathematische Sachverhalt kann so erklärt werden: ‹Sechs› ist gleich der Summe ihrer echten Teiler 1, 2, 3, denn 1 + 2 + 3 = 6: Eine solche Zahl nennen die Mathematiker seit der Antike «vollkommen», die nächste vollkommene Zahl ist 28. Nach antiker Vorstellung spiegeln sie die Harmonie der Welt wider, wie auch im Text deutlich wird: ἐμμελές. Man muss also nicht, wie Wehnert, «‹Das Geheimnis der Siebenzahl›,» 465, auf das gleichseitige Dreieck Bezug nehmen, bei dem sich die Zahlen 1 bis 6 «auf den End- und Mittelpunkten der Dreiecksseiten so verteilen» lassen, «dass die Seitensummen identisch sind».– Für guten Rat danke ich sehr herzlich meinem Berliner Kollegen Eberhard Knobloch.

145 Ps.-Clemens Romanus, *Homiliae* XVII 9,1–10,3 (GCS Pseudoklementinen I, 234,7–235,2 REHM/STRECKER): (...) διικνεῖται οὐσία ἄπειρος εἰς ὕψος, ἀπέραντος εἰς βάθος, ἀμέτρητος εἰς πλάτος, τρὶς ἐπ' ἄπειρον τὴν ἀπ' αὐτοῦ ζωοποιὸν καὶ φρόνιμον ἐκτείνουσα φύσιν. τοῦτο οὖν τὸ ἐξ αὐτοῦ πανταχόθεν ἄπειρον ἀνάγκη εἶναι, καρδίαν ἔχον τὸν ὄντα ὑπὲρ πάντα ἐν σχήματι, ὅς, ὅπου πότ' ἂν ᾖ, ὡς ἐν ἀπείρῳ μέσος ἐστίν, τοῦ παντὸς ὑπάρχων ὅρος. ἀπ' αὐτοῦ οὖν ἀρχόμεναι αἱ ἐκτάσεις ἓξ ἀπεράντων ἔχουσιν τὴν φύσιν. ὧν ὁ μὲν ἀπ' αὐτοῦ λαβὼν τὴν ἀρχὴν διικνεῖται εἰς ὕψος ἄνω, ὁ δὲ εἰς βάθος κάτω, ὁ δὲ ἐπὶ δεξιάν, ὁ δὲ ἐπὶ λαιάν, ὁ δὲ ἔμπροσθεν, ὁ δὲ ὄπισθεν, εἰς οὓς αὐτὸς ἀποβλέπων ὡς εἰς ἀριθμὸν πανταχόθεν ἴσον χρονικοῖς ἐξ διαστήμασιν συντελεῖ τὸν κόσμον, αὐτὸς ἀνάπαυσις ὢν καὶ τὸν ἐσόμενον ἄπειρον αἰῶνα εἰκόνα ἔχων, ἀρχὴ ὢν καὶ τελευτή. εἰς αὐτὸν γὰρ τὰ ἐξ ἄπειρα τελευτᾷ καὶ ἀπ' αὐτοῦ τὴν εἰς ἄπειρον ἔκτασιν λαμβάνει. τοῦ τό ἐστιν ἑβδομάδος μυστήριον. αὐτὸς γάρ ἐστιν ἡ τῶν ὅλων ἀνάπαυσις, ὡς τοῖς ἐν μικρῷ μιμουμένοις αὐτοῦ τὸ μέγα αὐτὸν χαρίζεται εἰς ἀνάπαυσιν. αὐτός ἐστιν μόνος πῇ μὲν καταληπτός, πῇ δὲ ἀκατάληπτος, <πῇ μὲν περαντός,> πῇ δὲ ἀπέραντος, τὰς ἀπ' αὐτοῦ ἐκτάσεις ἔχων εἰς ἄπειρον. οὕτως γὰρ καταληπτός ἐστιν καὶ ἀκατάληπτος, ἐγγὺς καὶ μακράν, ὧδε ὢν κἀκεῖ, ὡς μόνος ὑπάρχων καὶ τοῦ πανταχόθεν ἀπείρου νοὸς τὴν μετουσίαν διδούς, ἣν πάντων ἀναπνέουσαι αἱ ψυχαὶ τὸ ζῆν ἔχουσιν·.

146 Zu den philosophiegeschichtlichen Hintergründen in der älteren Stoa vgl. PINES, «Points of Similarity between the Exposition of the Doctrine of the Sefirot in the Sefer Yezira and a Text of the Pseudo-Clementine Homilies: The Implications of this Resemblance,» 74–76; für die Positionen bei Platon wie Aristoteles Ekkehard MÜHLENBERG, *Die Unendlichkeit Gottes bei Gregor von Nyssa. Gregors Kritik am Gottesbegriff der klassischen Metaphysik*, Forschungen zur Kirchen- und Dogmengeschichte 16 (Göttingen 1966), 29–58.

147 Zum Kontext vgl. Jan HELDERMAN, *Die Anapausis im Evangelium Veritatis. Eine vergleichende Untersuchung des valentinianisch-gnostischen Heilsgutes der Ruhe im Evangelium Veritatis und in anderen Schriften der Nag-Hammadi-Bibliothek*, Nag Hammadi Studies 18 (Leiden: Brill, 1984), 47–84.

148 Ps.-Clemens Romanus, *Homiliae* XVII 10,1 (GCS Pseudoklementinen I, 235,5–9 REHM/STRECKER): τοῦτό ἐστιν ἑβδομάδος μυστήριον.

149 Clemens Alexandrinus, *Stromata* IV 109,2 (GCS Clemens Alexandrinus II, 296,12 f. STÄHLIN/FRÜCHTEL/TREU): εἶτα ἑβδομάδος καὶ ὀγδοάδος μυστήριον γνωστικὸν ἐπιφέρει· (von Christus, zu Ps 33,14 f. spricht) sowie Pseudo-(?)Basilius Caesariensis, *Homilia de creatione hominis* II 5 (SC 160, 250,17 SMETS/VAN ESBROECK = GNO Supplementum 55,13 HÖRNER): οἶδε τὸ μυστήριον τῆς ἑβδομάδος Πέτρος·.

150 Dazu vgl. oben S. 226 bzw. 596 mit Anm. 220.
151 Ps.-Iamblichus, *Theologumena Arithmeticae* 7 (BiTeu 55,1–4. 10 f. DE FALCO): ἔτι ἑβδομὰς ἐκ τῶν τριῶν διαστάσεων, μήκους πλάτους βάθους, καὶ τῶν τεσσάρων περάτων, σημείου γραμμῆς ἐπιφανείας πάχους, σῶμα δείκνυσιν. bzw. κινήσεις ἑπτά, ἄνω κάτω πρόσω ὀπίσω δεξιὰ ἀριστερὰ [μέσον] ἐν κύκλῳ. – Zum Autor Anatolius, der vermutlich Lehrer des Iamblichus war, vgl. auch John DILLON, «Iamblichus of Chalcis (c. 240–325 A. D.),» in *Aufstieg und Niedergang der Römischen Welt. Geschichte und Kultur Roms im Spiegel der neueren Forschung*, II Prinzipat, 36.2 *Philosophie, Wissenschaften, Technik: Philosophie*, hg. Wolfgang Haase, (Berlin/New York: De Gruyter, 1987), (862–909) 866–870.
152 Dazu vgl. oben S. 636 f. mit Anm. 144.
153 Ps.-Iamblichus, *Theologumena Arithmeticae* 6 (BiTeu 43,17–44,1 DE FALCO): ἔτι δὲ διαστάσεις σωμάτων ἕξ bzw. ebd. (47,13–20) εἰ δὲ καὶ φυσικωτέρᾳ ἐφόδῳ συντάττομεν τὴν τῆς ψυχῆς σύστασιν, πρὸς μὲν διχῇ διαστατόν, ἕκαστον δὲ διάστημα πεπερασμένον ἑκατέρωθεν ἡγούμενοι δεῖν εἶναι, δύο καθ' ἕκαστον ἐπινοήσομεν πέρατα, τριῶν δὲ ὄντων ἓξ ἀποτελεσθήσονται, δι' ἣν αἰτίαν καὶ αἱ λεγόμεναι σώματι καὶ περιστάσεις τοσαῦται γίνονται καθ' ἕκαστον διάστημα δύο θεωρούμεναι, ὥστε καθ' ἑξάδα καὶ οὗτος ὁ τῆς ψυχῆς κυβισμός.
154 WEHNERT, «Das Geheimnis der Siebenzahl›,» 464. Wehnert weist aaO. nach, wie stark der Abschnitt sowohl von biblischer wie philosophischer Terminologie geprägt ist.
155 So wird für die Rede von den Gegensatzpaaren, die Gott schuf, gern auf die Gegensatzpaare in der Prinzipientheorie der sogenannten valentinianischen Gnosis verwiesen; die Parallelen beschränken sich freilich in Wahrheit auf den griechischen Begriff συζυγία, der zudem in den Pseudo-Clementinen gar nicht so zentral für die Lehre von den Gegensatzpaaren ist: Ps.-Clemens Romanus, *Homiliae* II 15,1 f. (GCS Pseudoklementinen I, 40,25–41,6 REHM/STRECKER): ἔνθεν γοῦν ὁ θεὸς διδάσκων τοὺς ἀνθρώπους, πρὸς τὴν τῶν ὄντων ἀλήθειαν, εἷς ὢν αὐτός, διχῶς καὶ ἐναντίως διεῖλε πάντα τὰ τῶν ἄκρων, ἀπ' ἀρχῆς αὐτὸς εἷς ὢν καὶ μόνος θεός, ποιήσας οὐρανὸν καὶ γῆν, ἡμέραν καὶ νύκτα, φῶς καὶ πῦρ, ἥλιον καὶ σελήνην, ζωὴν καὶ θάνατον. μόνον δὲ ἐν τούτοις αὐτεξούσιον τὸν ἄνθρωπον ἐποίησεν, ἐπιτηδειότητα ἔχοντα δίκαιον ἢ ἄδικον γενέσθαι. ᾧ καὶ τὰς τῶν συζυγιῶν ἐνήλλαξεν εἰκόνας, μικρὰ τὰ πρῶτα παραθέμενος αὐτῷ, μεγάλα δὲ τὰ δεύτερα, οἷον κόσμον, αἰῶνα· ἀλλ' ὁ μὲν παρὼν κόσμος πρόσκαιρος, ὁ δὲ ἐσόμενος ἀίδιος. Für συζυγία die Belege s. v. in *Die Pseudoklementinen III Konkordanz zu den Pseudoklementinen*, 2 Tl. *Griechisches Wortregister, Syrisches Wortregister, Index nominum, Stellenregister* von Georg Strecker, Die Griechischen Christlichen Schriftsteller (Berlin: Akademie-Verlag, 1989), 347.

156 Ps.-Clemens Romanus, *Homiliae* XVII 10,2 (GCS Pseudoklementinen I, 234,21–235,2 REHM/STRECKER): αὐτός ἐστιν μόνος πῇ μὲν καταληπτός, πῇ δὲ ἀκατάληπτος, πῇ μὲν περαντός, πῇ δὲ ἀπέραντος, τὰς ἀπ' αὐτοῦ ἐκτάσεις ἔχων εἰς ἄπειρον. οὕτως γὰρ καταληπτός ἐστιν καὶ ἀκατάληπτος, ἐγγὺς καὶ μακράν, ὧδε ὢν κἀκεῖ, ὡς μόνος ὑπάρχων καὶ τοῦ πανταχόθεν ἀπείρου νοὸς τὴν μετουσίαν διδούς, ἣν πάντων ἀναπνέουσαι αἱ ψυχαὶ τὸ ζῆν ἔχουσιν·.

157 Ps.-Clemens Romanus, *Homiliae* XVII 10,5 (GCS Pseudoklementinen I, 235,5–9 REHM/STRECKER): οἵαν οὖν στοργὴν συλλαβεῖν δυνάμεθα, ἐὰν τὴν εὐμορφίαν αὐτοῦ τῷ νῷ κατοπτεύσωμεν. ἄλλως δὲ ἀμήχανον· ἀδύνατον γὰρ κάλλος ἄνευ μορφῆς εἶναι καὶ πρὸς τὸν αὐτοῦ ἔρωτα ἐπισπᾶσθαί τινα ἢ καὶ δοκεῖν θεὸν ὁρᾶν εἶδος οὐκ ἔχοντα.

158 Ps.-Clemens Romanus, *Homiliae* XVII 11,2 (GCS Pseudoklementinen I, 235,11–14 REHM/STRECKER): νοῦς γὰρ εἶδος οὐχ ὁρῶν θεοῦ κενός ἐστιν αὐτοῦ. πῶς δὲ καὶ εὔχεταί τις, οὐκ ἔχων πρὸς τίνα καταφύγῃ, εἰς τίνα ἐρείσῃ; ἀντιτυπίαν γὰρ οὐκ ἔχων εἰς κενὸν ἐκβαθρεύεται.

159 Zu dieser Passage ausführlich: Jürgen WEHNERT, «Petrus *versus* Paulus in den pseudoklementinischen Homilien 17,» in *Christians as a Religious Minority in a Multicultural City: Modes of Interaction and Identity Formation in Early Imperial Rome*, Studies on the Basis of a Seminar at the Second Conference of the European Association for Biblical Studies (EABS) from July 8–12, 2001, in Rome, ed. Jürgen Zangenberg and Michael Labahn, Journal for the Study of the New Testament. Supplement Series 243 (London/New York: T&T Clark, 1980), 175–185. Wehnert deutet die Passage als eine verkappte antipaulinische Polemik (179 f.); HILGENFELD, *Die clementinischen Recognitionen und Homilien, nach ihrem Ursprung und Inhalt dargestellt*, 265 f. 269 hatte auch hier antimarcionitische Polemik beobachtet, Paulus sei schließlich *der* von Marcion geschätzte Apostel.

160 Vgl. die Verwendung der nämlichen Bibelstelle in *Recognitiones* III 29,5 (GCS Pseudoklementinen II, 118,3 f. REHM/STRECKER), vgl. oben S. 631 in Anm. 105.

161 Ps.-Clemens Romanus, *Homiliae* XVII 16,2–6 (GCS Pseudoklementinen I, 238,9–16 REHM/STRECKER): τὴν γὰρ ἄσαρκον ἰδέαν οὐ λέγω δύνασθαι πατρὸς ἢ υἱοῦ ἰδεῖν διὰ τὸ μεγίστῳ φωτὶ καταυγάζεσθαι τοὺς θνητῶν ὀφθαλμούς. ὅθεν τὸ μὴ ὁραθῆναι τῷ εἰς σάρκα τετραμμένῳ ἀνθρώπῳ οὐ φθονοῦντός ἐστιν θεοῦ, ἀλλ' ἐλεῶντος. ὁ γὰρ ἰδὼν ζῆν οὐ δύναται. ἡ γὰρ ὑπερβολὴ τοῦ φωτὸς τὴν τοῦ ὁρῶντος ἐκλύει σάρκα, ἐκτὸς εἰ μὴ θεοῦ ἀπορρήτῳ δυνάμει ἡ σὰρξ εἰς φύσιν τραπῇ φωτός, ἵνα φῶς ἰδεῖν δυνηθῇ – ἢ ἡ τοῦ φωτὸς οὐσία εἰς σάρκα τραπῇ, ἵνα ὑπὸ σαρκὸς ὁραθῆναι δυνηθῇ· τὸ γὰρ ἀτρέπτως πατέρα ἰδεῖν υἱοῦ μόνου ἐστίν. δίκαιοι δὲ οὐχ ὁμοίως· ἐν γὰρ τῇ ἀναστάσει τῶν νεκρῶν, ὅταν τραπέντες εἰς φῶς τὰ σώματα ἰσάγγελοι γένωνται, τότε ἰδεῖν δυνήσονται. πέρας γοῦν κἂν ἀγγέλων τις ἀνθρώπῳ

ὀφθῆναι πεμφθῇ, τρέπεται εἰς σάρκα, ἵνα ὑπὸ σαρκὸς ὀφθῆναι δυνηθῇ. ἄσαρκον γὰρ δύναμιν οὐ μόνον υἱοῦ ἀλλ᾽ οὐδὲ ἀγγέλου ἰδεῖν τις δύναται. – Zur Passage vgl. STRECKER, *Das Judenchristentum in den Pseudoklementinen*, 191–194 (nach Strecker ursprünglich gegen Paulus und nicht gegen Simon gerichtet).

162 Eine entfernte Parallele ist die Diskussion zwischen Petrus und Simon über die quasi markionitische These, dass neben Gott eine weitere unermessliche Lichtkraft existiert, vgl. *Recognitiones* II 49,3–50,1 (GCS Pseudoklementinen II, 80,27–81,7 REHM/STRECKER): (Simon:) *Puto esse aliquam virtutem inmensae et ineffabilis lucis, cuius magnitudo inconprehensibilis habeatur, quam virtutem etiam mundi conditor ignoret et legislator Moyses et magister uester Iesus. Tum Petrus: Non tibi videtur amentiae res esse, adserere velle quempiam, quod sit alius deus quam deus omnium, et dicere: Puto esse virtutem quandam, et priusquam ipsi certum sit quod loquitur, hoc velle aliis confirmare? Est ne aliquis ita praeceps, qui verbis tuis credat, in quibus te ipsum videat dubitantem, et admittat esse aliquam virtutem incognitam creatori deo et Moysi et prophetis et legi et Iesu etiam magistro nostro?*

163 Vgl. auch *Recognitiones* III 30,5 (GCS Pseudoklementinen II, 118,11–13 REHM/STRECKER): *futurum enim tempus ostendit, in quo ex hominibus angeli fient, qui in spiritu mentis deum videbunt* und STRECKER, *Das Judenchristentum in den Pseudoklementinen*, 216.

164 S. o. S. 87–92.

165 Ps.-Clemens Romanus, *Homiliae* XVII 7,3 (GCS Pseudoklementinen I, 232,18 REHM/STRECKER): ἀπαραβλήτως.

166 Ps.-Clemens Romanus, *Homiliae* II 44,2 (GCS Pseudoklementinen I, 53,12 f. REHM/STRECKER): καὶ τίς ἀπροσδεὴς καὶ τίς ἅγιος καὶ τίς καθαρὸς καὶ τίς τέλειος; – Zum Adjektiv ἀπροσδεής vgl. oben S. 134 bzw. 531 mit Anm. 106.

167 Ladislaus MADYDA, *De pulchritudine imaginum deorum quid auctores Graeci saec. 2 p. Chr. n. iudicaverint*, Polska Akademia umiejętności. Archiwum filologiczne 16 (Warschau/Krakau: Gebethner et Wolff, 1939): 34–56.

168 Bernhard REHM, *Die Pseudoklementinen*, Bd. I *Homilien*, hg. Bernhard Rehm †, 3., verbesserte Aufl. v. Georg Strecker, GCS Pseudoklementinen I (Berlin: Akademie-Verlag, 1992), VII. Anders DERS., «Zur Entstehung der pseudoclementinischen Schriften,» *Zeitschrift für die neutestamentliche Wissenschaft* 37 (1938): (77–184) 158–160; hier rechnet Rehm mit einer Abfassung zwischen Nicaenum 325 und Constantinopolitanum 381 n. Chr.

169 PINES, «Points of Similarity between the Exposition of the Doctrine of the Sefirot in the Sefer Yezira and a Text of the Pseudo-Clementine Homilies: The Implications of this Resemblance,» 80–114 (dazu kritisch: Annette Yoshiko REED, «Rethinking (Jewish-)Christian Evidence for Jewish Mysticism,» in *Hekhalot Literature in Context. Between Byzantium and Babylonia*, ed. Ra'anan Boustan, Martha Himmelfarb and Peter Schäfer, Texte und Studien zum Antiken Judentum 153 [Tübingen: Mohr Siebeck, 2013], [349–377]

359–376); Alon G. GOTTSTEIN, «The Body as Image of God in Rabbinic Literature,» *Harvard Theological Revue* 87 (1994): (171–195) 173; aber vgl. auch David H. AARON, «Shedding Light on God's Body in Rabbinic Midrashim: Reflections on the Theory of a Luminous Adam,» *Harvard Theological Revue* 90 (1997): 299–314.

170 Adam werden nach dem Midrasch Bereschit Rabba 12,6 zu Gen 2,4 (102,2 f. THEODOR/ALBECK) nach dem Sündenfall seine exorbitante Größe (s. o. S. 602 Anm. 252) und sein Lichtglanz genommen, zur Stelle AARON, «Shedding Light on God's Body in Rabbinic Midrashim: Reflections on the Theory of a Luminous Adam,» 308.

171 Midrasch Wajiqra Rabbah 20,1 zu Lev 16,1 (131 WÜNSCHE/KRUPP, vgl. die digital zugängliche Kollation der wichtigsten Manuskripte: http://www.biu.ac.il/JS/midrash/VR/editionData.htm, letzte Abfrage am 18.08.2014): ריש לקיש בשם ר' שמעון בן מנסיא אמר תפוח עקיבו של אדם הראשון היה מכהה גלגל חמה קלסתר פניו. Vgl. dazu GOTTSTEIN, «The Body as Image of God in Rabbinic Literature,» 179 und die Kritik an der Übersetzung und Benutzung der Stelle bei AARON, «Shedding Light on God's Body in Rabbinic Midrashim: Reflections on the Theory of a Luminous Adam,» 303–305; zur Übersetzung von קלסתר פניו (vgl. das griechische κρύσταλλος) vgl. aaO. 305, ebenso zu paralleler Überlieferung in der rabbinischen Literatur aaO. 305 Anm. 19.

172 Midrasch Bereschit Rabba 20,12 zu Gen 5,21 (196,4 f. THEODOR/ALBECK): «In der Pentateuchrolle des Rabbi Meir (eines Tannaiten der dritten Generation im zweiten Jahrhundert) stand geschrieben: ‹Lichtgewänder›» (anstelle von «Hautgewändern»: בתורתו של ר''מ מצאו אור כתנות אכתנות עור; vgl. Nissan RUBIN/Admiel KOSMAN, «The Clothing of the Primordial Adam as a Symbol of Apocalyptic Time in the Midrashic Sources,» *Harvard Theological Review* 90 (1997): 155–174; GOTTSTEIN, «The Body as Image of God in Rabbinic Literature,» 179 f. sowie Andrei A. ORLOV, *Heavenly Priesthood in the Apocalypse of Abraham* (Cambridge: Cambridge University Press, 2013), 121–124; die Zusammenhänge für die christliche Theologiegeschichte sind knapp entfaltet bei Erik PETERSON, «Theologie des Kleides,» *Benediktinische Monatsschrift* 16 (1934): 347–356 = DERS., *Marginalien zur Theologie und andere Schriften*, mit einer Einführung von Barbara Nichtweiß, Erik PETERSON: Ausgewählte Schriften 2 (Würzburg: Echter, 1995), 10–19 sowie DERS., «Theologie der Kleidung,» *Wort und Wahrheit* 2 (1947): 193–199 = DERS., *Marginalien zur Theologie und andere Schriften*, 20–27 und Sebastian BROCK, «Clothing Metaphors as a Means of Theological Expression in Syriac Tradition,» in *Typus, Symbol, Allegorie bei den östlichen Vätern und ihre Parallelen im Mittelalter*, hg. Margot Schmidt in Zusammenarbeit mit Carl Friedrich Geyer, Eichstätter Beiträge 4 (Regensburg: Pustet, 1982), 11–40 und DERS., «Jewish Traditions in Syriac Sources,» *Journal of Jewish Studies* 30 (1979): (212–232) 216 f.

642 ANMERKUNGEN

173 Sogenanntes Perlenlied (*Acta Thomae* 108–113), hier Zz. 9. 14. 72. 76. 82 (Erwin Preuschen, *Zwei gnostische Hymnen* [Gießen: Töpelmann, 1904], 19.
 24 f. = Paul-Hubert Poirier, *L'Hymne de la Perle des Actes de Thomas. Introduction, texte – traduction, commentaire*, Homo religiosus 8 [Louvain-La-Neuve: Université Catholique de Louvain, 1981], 329 f. 334): ܐܝܩܪܐ und ܐܘܢ, zu den unterschiedlichen griechischen und syrischen Vokabeln Poirier, aaO. 414 f.

174 Ex 34,29 f.: ὡς δὲ κατέβαινεν Μωυσῆς ἐκ τοῦ ὄρους καὶ αἱ δύο πλάκες ἐπὶ τῶν χειρῶν Μωυσῆ καταβαίνοντος δὲ αὐτοῦ ἐκ τοῦ ὄρους Μωυσῆς οὐκ ᾔδει ὅτι δεδόξασται ἡ ὄψις τοῦ χρώματος τοῦ προσώπου αὐτοῦ ἐν τῷ λαλεῖν αὐτὸν αὐτῷ. καὶ εἶδεν Ἀαρὼν καὶ πάντες οἱ πρεσβύτεροι Ἰσραὴλ τὸν Μωυσῆν καὶ ἦν δεδοξασμένη ἡ ὄψις τοῦ χρώματος τοῦ προσώπου αὐτοῦ καὶ ἐφοβήθησαν ἐγγίσαι αὐτοῦ.

175 Für eine rein metaphorische Bedeutung votiert engagiert Aaron, «Shedding Light on God's Body in Rabbinic Midrashim: Reflections on the Theory of a Luminous Adam,» 307–309 gegen Gottstein, «The Body as Image of God in Rabbinic Literature,» 179.

176 Zuletzt zur Einleitung in das Corpus und die Frage nach seiner Autorschaft: Klaus Fitschen, *Pseudo-Makarios. Reden und Briefe*, eingeleitet, übersetzt und mit Anmerkungen versehen, Bibliothek der griechischen Literatur 52 (Stuttgart: Hiersemann, 2000), 1–21.

177 Ps.-Macarius/Symeon, *Homiliae* (nach Typ III oder C) XX 1 (TU 72, 103,5–12 Klostermann/Berthold = SC 275, 236,31–238,40 Desprez): καὶ γὰρ καὶ σίγνον ἦν εἰς τὸ πρόσωπον Μωϋσέως τῆς δόξης τοῦ φωτὸς τοῦ θεϊκοῦ, ὅπερ σίγνον ὁ Ἀδὰμ πρὸ τῆς παραβάσεως ἦν περιβεβλημένος, δόξαν γὰρ θεοῦ καὶ ἔνδυμα θεϊκὸν ἦν ἠμφιεσμένος αὐτὸς ὁ Ἀδάμ. ἕως οὖν Μωϋσέως οὐδεὶς ἔσχε τοῦτο τὸ σημεῖον εἰς τὸ πρόσωπον εἰ μὴ μόνον Μωϋσῆς. ἐξεπλάγη οὖν ὁ θάνατος θεασάμενος τὸ σημεῖον, ὅτι ἀπὸ τοῦ Ἀδὰμ ἕως ἄρτι οὐδεὶς ἔσχε τὸ σημεῖον τοῦτο, καὶ περὶ ἑαυτοῦ προεφήτευσεν, ὅτι μέλλει βασιλεύεσθαι καὶ ὑποτάσσεσθαι τῷ γένει τῶν ἀνθρώπων, ὃ καὶ οὕτω γέγονεν.

178 Vgl. dazu o. S. 641 mit Anm. 170 und die Parallele bei Kohelet Rabbah 8,2; Gottstein, «The Body as Image of God in Rabbinic Literature,» 181; Aaron, «Shedding Light on God's Body in Rabbinic Midrashim: Reflections on the Theory of a Luminous Adam,» 310 (mit englischer Übersetzung der Parallelstelle) sowie Hector M. Patmore, *Adam, Satan, and the King of Tyre: The Interpretation of Ezekiel 28:11–19 in Late Antiquity*, Jewish and Christian Perspectives 20 (Leiden u. a.: Brill, 2012), 18–21.

179 Gilles Quispel, «Sein und Gestalt,» in ders., *Gnostic Studies* Vol. 2, Uitgaven van het Nederlands Historisch-Archeologisch Instituut te Istanbul 34/2 (İstanbul: Nederlands Historisch-Archaeologisch Instituut in het Nabije Oosten, 1975), (142–145): «Wir stellen dann fest, dass die christliche Mystik

SECHSTES KAPITEL: SPÄTANTIKE CHRISTLICHE THEOLOGIE 643

verschiedene Wurzeln hat und sich deshalb auch in einer fortwährenden Spannung bewegt. Es gibt, kurz gesagt, eine Seinsmystik und eine Gestaltmystik; die erste ist hellenischen, die andere jüdischen Ursprungs»; vgl. dazu ausführlicher DERS., *Makarius, das Thomasevangelium und das Lied von der Perle*, Supplements to Novum Testamentum 15 (Leiden: Brill, 1967), passim, insbesondere 116–118 und DERS., «Ezekiel 1:26 in Jewish Mysticism and Gnosis,» *Vigiliae Christianae* 34 (1980): (1–13) 12 f.; kritisch Dmitrij BUMAZHNOV, *Visio mystica im Spannungsfeld frühchristlicher Überlieferungen. Die Lehre der sogenannten Antoniusbriefe von der Gottes- und Engelschau und das Problem unterschiedlicher spiritueller Traditionen im frühen ägyptischen Mönchtum*, Studien und Texte zu Antike und Christentum 52 (Tübingen: Mohr Siebeck, 2009), 251 f. mit Anm. 338; zustimmend Guy STROUMSA, «The Incorporeality of God. Context and Implications of Origen's Position», *Religion* 13 (1983): (345–358) 353 mit Anm. 68.
180 SCHWARTZ, «Unzeitgemäße Beobachtungen zu den Clementinen,» 172.
181 Christoph MARKSCHIES, «Theologische Diskussionen zur Zeit Konstantins. Arius, der ‹arianische› Streit und das Konzil von Nicaea, die nachnizänischen Auseinandersetzungen bis 337,» in DERS., *Alta Trinità Beata. Gesammelte Studien zur altkirchlichen Trinitätstheologie* (Tübingen: Mohr Siebeck, 2000), 99–105.
182 Ps.-Clemens Romanus, *Homiliae* XX 7,6 f. (GCS Pseudoklementinen I, 272,21–26 REHM/STRECKER): ὅθεν πολὺ μᾶλλον ἡ τοῦ θεοῦ δύναμις ὅτε θέλει τοῦ σώματος τὴν οὐσίαν εἰς ὃ θέλει μετατρέπει, καὶ ὁμοούσιον τῇ παρούσῃ τροπῇ προβάλλει, ἰσοδύναμον δὲ οὔ. ὅτι ὁ μὲν προβάλλων καὶ εἰς ἑτέραν πάλιν οὐσίαν †ἐφ' ἑαυτοῦ τραπέντος† δύναται, ὁ δὲ προβληθεὶς τῆς ἐξ ἐκείνου τροπῆς τε καὶ τέκνον ὑπάρχων ἄνευ τοῦ προβαλόντος βουλῆς ἄλλο τι γενέσθαι οὐ δύναται, εἰ μὴ ἐκεῖνος θέλει. Für †ἐφ' ἑαυτοῦ τραπέντος† schlägt STRECKER aaO. 285 vor: καὶ εἰς ἑτέραν οὐσίαν τραπέντα ἐφ' ἑαυτὸν τρέπειν δύναται. Von einer Interpretation, die das ὁμοούσιος «stark entwertet» und dann gar noch «im Sinn eines entschiedenen Arianismus», würde ich nicht sprechen (so aber REHM, «Zur Entstehung der pseudoclementinischen Schriften,» 160). Logische Subordination (beispielsweise im theologisch-heilsgeschichtlichen oder liturgisch-frömmigkeitspraktischen Interesse beim Gebet) kennt selbstverständlich auch eine «orthodoxe» nizänische Theologie.
183 SCHWARTZ, «Unzeitgemäße Beobachtungen zu den Clementinen,» 173 mit ausführlichen Belegen.
184 SCHWARTZ, «Unzeitgemäße Beobachtungen zu den Clementinen,» 197. Carl SCHMIDT, *Studien zu den Pseudo-Clementinen, nebst einem Anhange: Die älteste römische Bischofsliste und die Pseudo-Clementinen*, Texte und Untersuchungen 46/1 (Leipzig: Hinrichs, 1929), 240, verbindet das Milieu der «Grundschrift» mit dem der (vollständig syrisch erhaltenen) *Didascalia*, einer um-

fangreichen Kirchenordnung, die man mit Bruno STEIMER, *Vertex Traditionis. Die Gattung der altchristlichen Kirchenordnungen*, Beihefte zur Zeitschrift für die neutestamentliche Wissenschaft 63 (Berlin/New York, 1992), 49–52 nach Syrien lokalisieren und ins dritte nachchristliche Jahrhundert datieren kann.

185 REHM, «Zur Entstehung der pseudoclementinischen Schriften,» 159.

186 So Manlio SIMONETTI, «Modelli culturali nella Cristianità orientale del II–III secolo,» zuerst in *De Tertullien aux Mozarabes. Mélanges offerts à Jacques Fontaine* (…) *à l'occasion de son 70. anniversaire*, Vol. I *Antiquité tardive et christianisme ancien (IIIe–VIe siècles)*, éd. par Louis Holtz, Collection des études augustiniennes. Série Antiquités (Paris: Institut d'Études Augustiniennes, 1992), 381–392, jetzt in DERS., *Ortodossia ed Eresia tra I e II secolo*, Armarium 5 (Messina: Soveria Manelli, 1994), (315–331) 327 f.; weitere Literaturnachweise und Diskussion bei BUMAZHNOV, *Der Mensch als Gottes Bild im christlichen Ägypten*, 11–15.

187 Carl W. GRIFFIN/David L. PAULSEN, «Augustine and the Corporeality of God,» *Harvard Theological Review* 95 (2002): (97–118) 98: «(…) one would expect that Jewish conceptions of God would be perpetuated within Christianity».

188 Hieronymus, *De viris illustribus* 80,1–3 (BiPatr 12, 186 f. CERESA-GASTALDO = 232 BARTHOLD): *Firmianus, qui et Lactantius, Arnobii discipulus, sub Diocletiano principe accitus cum Flauio grammatico, cuius ‹De medicinalibus› uersu conpositi extant libri, Nicomediae rhetoricam docuit ac penuria discipulorum ob Graecam uidelicet ciuitatem ad scribendum se contulit. Habemus eius ‹Symposium›, quod adulescentulus scripsit Africae, et* Ὁδοιπορικόν *de Africa usque Nicomediam, hexametris scriptum uersibus, et alium librum, qui inscribitur ‹Grammaticus›, et pulcherrimum ‹De ira Dei›, et ‹Institutionum diuinarum aduersum gentes› libros septem, et* Ἐπιτομήν *eiusdem operis, in libro uno* Ἀκεφάλῳ, *et ad Asclepiadem libros duos, ‹De persecutione› librum unum, ad Probum epistularum libros quattuor, ad Seuerum epistularum libros duos, ad Demetrianum, auditorem suum, epistularum libros duos et ad eundem ‹De opificio Dei uel formatione hominis› librum unum. Hic in extrema senectute magister caesaris Crispi, filii Constantini, in Gallia fuit, qui postea a patre interfectus est.* – Der Passus findet sich auch übersetzt und kommentiert bei *L. Caecilii Firmiani Lactantii De ira Dei liber*, quem ediderunt, transtulerunt, praefatione atque notis instruxit Henricus Kraft et Antonia Wlosok/*Laktanz, Vom Zorne Gottes*, eingeleitet, hg., übertragen und erläutert v. Heinrich Kraft u. Antonie Wlosok, TzF 4 (Darmstadt: Wissenschaftliche Buchgesellschaft, 1983), VIIf.; weitere Belege dafür, dass Hieronymus das Werk schätzte, im Kommentar z. St. bei Hieronymus, *De viris illustribus. Berühmte Männer*, mit umfassender Werkstudie hg., übers. u. kommentiert von Claudia Barthold (Mülheim, Mosel: Carthusianus, 2010), 361.

189 Für Hieronymus vgl. die voraufgehende Anmerkung; zur Datierung der Schrift Antonie WLOSOK, «§ 570. L. Caecilius Firmianus Lactantius,» in *Res-*

tauration und Erneuerung. Die lateinische Literatur von 284 bis 374 n. Chr., hg. Reinhart Herzog, Handbuch der lateinischen Literatur der Antike Bd. 5 = Handbuch der Altertumswissenschaft VIII/5 (München: Beck, 1989), 383–385.

190 Stellennachweise für die Formel bei Antonie WLOSOK, *Laktanz und die philosophische Gnosis: Untersuchungen zu Geschichte und Terminologie der gnostischen Erlösungsvorstellung*, Abhandlungen der Heidelberger Akademie der Wissenschaften. Philosophisch-historische Klasse 2/1960 (Heidelberg: Winter, 1960), (232–246) («Die Gottesprädikation *Pater et Dominus* bei Laktanz in Analogie zum römischen *Pater Familias*») 232 Anm. 1, Untersuchungen aaO. 241–246.

191 Lactantius, *Divinae Institutiones* IV 4,2 (BiTeu II, 320,10 HECK/WLOSOK): *Deus autem, qui unus est, quoniam utramque personam sustinet et patris et domini, et amare eum debemus, quia filii sumus, et timere, quia serui.* – Vgl. dazu auch WLOSOK, *Laktanz und die philosophische Gnosis: Untersuchungen zu Geschichte und Terminologie der gnostischen Erlösungsvorstellung*, 242–246; DIES., «Römischer Religions- und Gottesbegriff in heidnischer und christlicher Zeit,» *Antike und Abendland* 16 (1970): 39–53 = *Res humanae – res divinae. Kleine Schriften*, hg. Eberhard Heck und Ernst August Schmidt, Bibliothek der klassischen Altertumswissenschaften 2. Reihe 84 (Heidelberg: Winter, 1990), 15–34 sowie DIES., «Vater und *Vatervorstellungen* in der römischen Kultur,» in *Das Vaterbild im Abendland*, Bd. 1 *Rom, frühes Christentum, Mittelalter, Neuzeit, Gegenwart*, hg. Hubertus Tellenbach (Stuttgart u. a.: Kohlhammer, 1978), 18–54 = DIES., *Res humanae – res divinae. Kleine Schriften*, 35–83.

192 Vgl. die folgende Anmerkung.

193 Lactantius, *De opificio Dei* 8,3 (CSEL 27/1, 27,18–28,4 BRANDT = SC 213, 150,10–16 PERRIN): *Hominis itaque solius recta ratio et sublimis status et uultus deo patri communis ac proximus originem suam fictoremque testatur. Eius prope diuina mens quia non tantum animantium quae sunt in terra, sed etiam sui corporis est sortita dominatum, in summo capite conlocata tamquam in arce sublimi speculatur omnia et contuetur.* Weitere Belege dieser Vorstellung bei Lactantius notiert WLOSOK, *Laktanz und die philosophische Gnosis: Untersuchungen zu Geschichte und Terminologie der gnostischen Erlösungsvorstellung*, 221 f., zur Geschichte ausführlich aaO. 8–47 und Lactance, *L'ouvrage du Dieu créateur*, tome 2, commentaire et index, par Michel Perrin, SC 214 (Paris: Les Éditions du Cerf, 1974), 305–307.

194 Vgl. den Definitionsversuch von Kurt SOKOLOWSKI, «Emotion,» in *Allgemeine Psychologie*, hg. Jochen Müsseler u. Wolfgang Prinz, Spektrum Lehrbuch (Heidelberg: Spektrum, 2002), (337–384) 342: «Im englischen Sprachraum wird nicht so deutlich zwischen *affect*, *emotion* und *mood* unterschieden wie im deutschen Sprachraum zwischen **Affekt**, **Emotion** und **Stimmung**. So werden *affect*, *emotion* und *mood* häufig synonym verwandt, wobei *affect*

zudem häufig als Obergriff eingesetzt wird, während im Deutschen Affekte kurze und intensive Emotionszustände bezeichnen, die starke Verhaltenstendenzen besitzen. Emotionen sind bewertende Stellungnahmen zu Umweltereignissen, die verschiedene physische und psychische Teilsysteme (Komponenten) zum Zwecke einer möglichst optimalen Reaktion koordinieren. Stimmungen unterscheiden sich von Emotionen durch geringere Intensität und längere Dauer – häufig wird Stimmungen auch eine fehlende Objektbezogenheit im Gegensatz zu Emotionen, die immer auf etwas gerichtet sind, zugesprochen». – Im Anschluss an die hier mitgeteilte Definition wird auch die klassische griechische und lateinische Terminologie übersetzt, die meist nicht zwischen «Emotion» und «Affekt» im Sinne unserer heutigen Differenzierung unterscheidet.

195 SVF III, 459 (III, 111,32–38 VON ARNIM, durch den Herausgeber Chrysipps Schrift über die Affekte zugeordnet) = Plutarchus, Moralia 28. De Virtute morali 7, 447 A (BiTeu III, 143,13–20 POHLENZ/SIEVEKING): καὶ γὰρ ἐπιθυμίαν καὶ ὀργὴν καὶ φόβον καὶ τὰ τοιαῦτα πάντα δόξας εἶναι καὶ κρίσεις πονηράς, οὐ περὶ ἕν τι γινομένας τῆς ψυχῆς μέρος, ἀλλ' ὅλου τοῦ ἡγεμονικοῦ ῥοπὰς καὶ εἴξεις καὶ συγκαταθέσεις καὶ ὁρμὰς καὶ ὅλως ἐνεργείας τινὰς οὔσας ἐν ὀλίγῳ μεταπτωτάς, ὥσπερ αἱ τῶν παίδων ἐπιδρομαὶ τὸ ῥαγδαῖον καὶ τὸ σφοδρὸν ἐπισφαλὲς ὑπ' ἀσθενείας καὶ ἀβέβαιον ἔχουσι. – Vgl. zur Sache Maximilian FORSCHNER, «Die pervertierte Vernunft. Zur stoischen Theorie der Affekte,» *Philosophisches Jahrbuch* 87 (1983): 258–280 und vorher schon Jürgen HENGELBROCK, s. v. «Affekt,» in *Historisches Wörterbuch der Philosophie* (Darmstadt: Wissenschaftliche Buchgesellschaft, 1971), I: (89–93) 90 f.

196 Das Material ist übersichtlich ausgebreitet bei Herbert FROHNHOFEN, *ΑΠΑΘΕΙΑ ΤΟΥ ΘΕΟΥ. Über die Affektlosigkeit Gottes in der griechischen Antike und bei den griechischsprachigen Kirchenvätern bis zu Gregorios Thaumaturgos*, Europäische Hochschulschriften. Reihe 23: Theologie 318 (Frankfurt, Main u. a.: Lang, 1987), 108–115 (Philo). 179–212 (Clemens und Origenes) und vorher allgemein bei Christiane INGREMEAU, *La colère de dieu. Introduction, texte critique, traduction, commentaire et notes*, Sources Chrétiennes 289 (Paris: Les Éditions du Cerf, 1982), 13–24 («Le theme de la colère divine»); für Clemens schon bei Theodor RÜTHER, *Die sittliche Forderung der Apatheia in den ersten beiden christlichen Jahrhunderten und bei Klemens von Alexandrien. Ein Beitrag zur Geschichte des christlichen Vollkommenheitsbegriffes*, Freiburger Theologische Studien 63 (Freiburg: Herder, 1949) und für Origenes bei Adolf PRIMMER, *Ἀπάθεια und Ἔλεος im Gottesbegriff des Origenes* (Wien: Diss. phil. masch., 1956) sowie bei Michel SPANNEUT, «*Apatheia* ancienne, *Apatheia* chrétienne. Ière partie: L'*apatheia* ancienne,» in *Aufstieg und Niedergang der Römischen Welt. Geschichte und Kultur Roms im Spiegel der neueren Forschung*, II Prinzipat, 36.7 *Philosophie, Wissenschaften, Technik: Systematische Themen; Indirekte Überlieferungen; Allgemeines; Nachträge*, hg. Wolfgang Haase, (Berlin/

New York: De Gruyter, 1978), 4641–4717 (zu Philon: aaO. 4701–4704) und DERS., «L' ‹apatheia› chrétienne aux quatre premiers siècles,» *Proche-Orient chrétien* 52 (2002): 165–302.
197 Vgl. beispielsweise Nr. 27,5 ⲦⲞⲢⲄⲎ, hier zitiert nach: *Das Berliner «koptische Buch» (P 20915). Eine wiederhergestellte frühchristlich-theologische Abhandlung*, bearbeitet von Gesine Schenke Robinson unter Mitarbeit von Hans-Martin Schenke † und Uwe-Karsten Plisch, CSCO 610. SC 49 (Leuven: Peeters, 2004), 55; zum Thema auch Annewies VAN DEN HOEK, «*Papyrus Berolinensis 20915* in the Context of other Early Christian Writings from Egypt,» in *Origeniana Octava: Origen and the Alexandrian Tradition: Papers of the 8th International Origen Congress Pisa, 27–31 August 2001*, Lorenzo Perrone, ed. in Collaboration with Paolo Bernardini and Diego Marchini, Bibliotheca Ephemeridum Theologicarum Lovaniensium 164 (Leuven: Peeters, 2003), (75–92) 83 f.
198 Tertullianus, *Adversus Marcionem* II 27,1 (CChr.SL 1, 505,23–28 KROYMANN): *(...) deum non potuisse humanos congressus inire, nisi humanos et sensus et adfectus suscepisset, per quos uim maiestatis suae, intolerabilem utique humanae mediocritati, humilitate temperaret, sibi quidem indigna, homini autem necessaria, et ita iam deo digna, quia nihil tam dignum deo quam salus hominis.* – Vgl. dazu u. a. FROHNHOFEN, *ΑΠΑΘΕΙΑ ΤΟΥ ΘΕΟΥ. Über die Affektlosigkeit Gottes in der griechischen Antike und bei den griechischsprachigen Kirchenvätern bis zu Gregorios Thaumaturgos*, 221–231.
199 Tertullianus, *Adversus Marcionem* II 16,1 (CChr.SL 1, 492,1–5 KROYMANN): *Bona igitur et seueritas quia iusta, si bonus iudex, id est iustus. Item cetera bona, per quae opus bonum currit bonae seueritatis, siue ira siue aemulatio siue saeuitia. Debita enim omnia haec sunt seueritatis, sicut seueritas debitum est iustitiae.*
200 Tertullianus, *Adversus Marcionem* II 11,2 (CChr.SL 1, 488,22–26 KROYMANN): *Ita prior bonitas dei secundum naturam, seueritas posterior secundum causam. Illa ingenita, haec accidens; illa propria, haec accommodata; illa edita, haec adhibita. Nec natura enim inoperatam debuit continuisse bonitatem nec causa dissimulatam euasisse seueritatem.*
201 So KRAFT/WLOSOK in *Laktanz, Vom Zorne Gottes*, TzF 4, XXIII.
202 Lactantius, *De ira Dei* 2,9 f. (TzF 4, 6 KRAFT/WLOSOK = SC 289, 96,45–52 INGREMEAU): *Sed ut ad propositam materiam per ordinem descendat oratio, huiusmodi facienda nobis est sequenda partitio est: cum diuersa et repugnantia sint ira et gratia, aut ira tribuenda est deo et gratia detrahenda, aut utrumque pariter detrahendum, aut ira demenda est et gratia tribuenda, aut utrumque tribuendum. Aliud amplius praeter haec nihil potest capere natura, ut necesse sit in uno istorum aliquo uerum quod quaeritur inueniri.*
203 Lactantius, *Diuinae Institutiones* I 5,26 (BiTeu I, 20,13–15 HECK/WLOSOK): *Annaeus quoque Seneca, qui ex Romanis uel acerrimus Stoicus fuit, quam saepe summum deum merita laude prosequitur!* Vgl. dazu Jochen WALTER, *Pagane Texte und*

Wertvorstellungen bei Lactanz, Hypomnemata 165 (Göttingen: Vandenhoeck & Ruprecht, 2006), 144–148 (zu Seneca, aaO. 146: Es sei unwahrscheinlich, dass Lactantius «in den Texten Senecas eigenständig normsetzende Faktoren erblickte»).

204 Lactantius, *De ira Dei* 17,13 (TzF 4, 58 KRAFT/WLOSOK = SC 289, 178,69–77 INGREMEAU): *Nescisse autem philosophos quae ratio esset irae apparet ex finitionibus eorum, quas Seneca enumerauit in libris quos de ira conposuit: «Ira est», inquit, «cupiditas ulciscendae iniuriae aut, ut ait Posidonius, cupiditas puniendi eius a quo te inique putes laesum. Quidam ita finierunt: ira est incitatio animi ad nocendum ei qui aut nocuit aut nocere uoluit. Aristotelis definitio non multum a nostra abest. Ait enim iram esse cupiditatem doloris reponendi».* – Vgl. für diese Definition Seneca, *Dialogi* III 3,3 = *De ira* I 3,3 (L. Annaeus Seneca, *De ira. Über die Wut*, Lateinisch/Deutsch, übers. u. hg. Jula Wildberger, Reclams Universal-Bibliothek 18456 [Stuttgart: Reclam, 2007], 12; der erste Teil stand vermutlich in einer Lücke der Textüberlieferung von ungefähr einem Drittel des Gesamtvolumens, die nach I 2,3 auftritt): *Aristotelis finitio non multum a nostra abest; ait enim iram esse cupiditatem doloris reponendi* und Aristoteles, *De anima* I 1 403 a 30 (hier freilich nur eine aus mehreren Definitionen, die Aristoteles referiert): οἷον ὀργὴ τί ἐστιν· ὁ μὲν γὰρ ὄρεξιν ἀντιλυπήσεως ἤ τι τοιοῦτον, ὁ δὲ ζέσιν τοῦ περὶ καρδίαν αἵματος καὶ θερμοῦ und ders., *Rhetorica* II 2 1378 a 30–32: Ἔστω δὴ ὀργὴ ὄρεξις μετὰ λύπης τιμωρίας [φαινομένης] διὰ φαινομένην ὀλιγωρίαν εἰς αὐτὸν ἤ τι τῶν αὐτοῦ, τοῦ ὀλιγωρεῖν μὴ προσήκοντος. Knapper formuliert (Ps.-)Andronicus Rhodius, *De passionibus* 4 (zitiert nach: *Pseudo-Andronicus de Rhodes, Περὶ παθῶν*. Édition critique du texte grec et de la traduction latine medievale par Anne Glibert-Thirry, Corpus Latinum commentariorum in Aristotelem Graecorum. Supplementum 2 [Leiden: Brill, 1977], 231,81): Ὀργὴ μὲν οὖν ἐστιν ἐπιθυμία τιμωρίας τοῦ ἠδικηκέναι δοκοῦντος·. Ausführlich auch Janine FILLION-LAHILLE, *Le De ira de Sénèque et la philosophie stoïcienne des passions*, Études et commentaires (Paris: Klincksieck, 1984), 170–179.

205 Lactantius, *De ira Dei* 17,17 (TzF 4, 58 KRAFT/WLOSOK = SC 289, 180,93–97 INGREMEAU): *Necesse est enim bono ac iusto displicere quae praua sunt, et cui malum displicet mouetur cum id fieri uidet. Ergo surgimus ad uindictam, non quia laesi sumus, sed ut disciplina seruetur, mores corrigantur, licentia conprimatur.*

206 Lactantius, *De ira Dei* 4,2 (TzF 4, 8 KRAFT/WLOSOK = SC 289, 98,6–9 INGREMEAU): *Itaque ne illi uitium concederet* (sc. Epicurus), *etiam uirtutis fecit expertem: ex hoc, inquit, beatus est et incorruptus, quia nihil curat neque ipse habet negotium neque alteri exhibet.* – Vgl. dazu *Epicurea*, hg. Hermann Usener (Leipzig: Teubner, 1887), fr. 365, 244,4–6 (fehlt bei *Epicuro, Opere*, Introduzione, testo critico, traduzione e note di Graziano Arrighetti, Classici della Filosofia 4 [Turin: Einaudi, 1960]); weitere Belege im Kommentar von Frau INGREMEAU zur Stelle (SC 289, 232 f.).

SECHSTES KAPITEL: SPÄTANTIKE CHRISTLICHE THEOLOGIE 649

207 Lactantius, *De ira Dei* 4,6 (TzF 4, 8 KRAFT/WLOSOK = SC 190,21–24 INGREMEAU): *Sed si nihil curat, nihil prouidet, amisit omnem diuinitatem. Qui ergo totam uim, totam substantiam deo tollit, quid aliud dicit nisi deum omnino non esse?*

208 Lactantius, *De ira Dei* 4,11 (TzF 4, 10 KRAFT/WLOSOK = SC 289, 102,43–45 INGREMEAU): *Ita qui non irascitur, utique nec gratia mouetur, quod est irae contrarium; iam si nec ira in eo nec gratia est, utique nec metus nec laetitia nec maeror nec misericordia.*

209 Lactantius, *De ira Dei* 5,1–3 (TzF 4, 10–12 KRAFT/WLOSOK = SC 289, 104,1–16 INGREMEAU): *Existimantur Stoici et alii nonnulli aliquanto melius de diuinitate sensisse, qui aiunt gratiam in deo esse, iram non esse. Fauorabilis admodum ac popularis oratio non cadere in deum hanc animi pusillitatem ut ab ullo se laesum putet, qui laedi non potest, ut quieta illa et sancta maiestas concitetur perturbetur insaniat, quod est terrenae fragilitatis; iram enim commotionem mentis esse ac perturbationem, quae sit a deo aliena. Quod si hominem quoque, qui modo sit sapiens et grauis, ira non deceat, siquidem cum in animum cuiusque incidit, uelut saeua tempestas tantos excitet fluctus ut statum mentis inmutet, ardescant oculi, tremat os, lingua titubet, dentes concrepent, alternis uultum maculet nunc suffusus rubor nunc pallor albescens, quanto magis deum non deceat tam foeda mutatio!*

210 Seneca, *De ira* I 1,3 f. (6–8 WILDBERGER): *Nam ut furentium certa indicia sunt audax et minax vultus, tristis frons, torva facies, citatus gradus, inquietae manus, color versus, crebra et vehementius acta suspiria, ita irascentium eadem signa sunt: flagrant ac micant oculi, multus ore toto rubor exaestuante ab imis praecordiis sanguine, labra quatiuntur, dentes comprimuntur, horrent ac surriguntur capilli, spiritus coactus ac stridens, articulorum se ipsos torquentium sonus, gemitus mugitusque et parum explanatis vocibus sermo praeruptus et conplosae saepius manus et pulsata humus pedibus et totum concitum corpus magnasque irae minas agens, foeda visu et horrenda facies depravantium se atque intumescentium – nescias utrum magis detestabile vitium sit an deforme.*

211 Lactantius, *De ira Dei* 5,9 f. (TzF 4, 12 KRAFT/WLOSOK = SC 289, 106,41–48 INGREMEAU): *In rebus enim diuersis aut in utramque partem moueri necesse est aut in neutram. Ita qui bonos diligit, et malos odit, et qui malos non odit, nec bonos diligit, quia et diligere bonos ex odio malorum uenit et malos odisse ex bonorum caritate descendit.*

212 Lactantius, *De ira Dei* 6,1 (TzF 4, 14 KRAFT/WLOSOK = SC 289, 119,2–7 INGREMEAU): *Quod si haec quae dicta sunt falsa esse deprehendimus, unum illud extremum superest in quo solo possit ueritas inueniri, quod a philosophis nec susceptum est umquam nec aliquando defensum, consequens esse ut irascatur deus, quoniam gratia commouetur.*

213 S. o. S. 285.

214 Lactantius, *De ira Dei* 7,3–5 (TzF 4, 16 KRAFT/WLOSOK = SC 289, 110,14–112,23 INGREMEAU): *Quis enim tam indoctus ut nesciat, quis tam inprudens ut non sentiat inesse aliquid in homine diuini? Nondum uenio ad uirtutes animi et ingenii*

quibus homini cum deo manifesta cognatio est: Nonne ipsius corporis status et oris figura declarat non esse nos cum mutis pecudibus aequales? Illarum natura in humum pabulumque prostrata est, nec habet quicquam commune cum caelo quod non intuetur. Homo autem, recto statu, ore sublimi ad contemplationem mundi excitatus, confert cum deo uultum, et rationem ratio cognoscit. – Vgl. dazu Michel PERRIN, *L'homme antique et chrétien. L'anthropologie de Lactance 250–325*, Théologie historique 59 (Paris: Beauchesne, 1981), 68–85. In der jüngsten Edition *Lactance, La colère de dieu*, 41–44 wird mit einer Überarbeitung gerechnet; dagegen in seiner Rezension der Ausgabe Eberhard HECK, *Gnomon* 57 (1985): (145–148) 147.

215 Lactantius, *De ira Dei* 15,3 f. (TzF 4, 50 KRAFT/WLOSOK = SC 289, 164,15–166,23 INGREMEAU): *Sic et nos ex duobus aeque repugnantibus conpacti sumus, anima et corpore, quorum alterum caelo ascribitur quia tenue est et intractabile, alterum terrae quia conprehensibile est; alterum solidum et aeternum est, alterum fragile atque mortale. Ergo alteri bonum adhaeret, alteri malum, alteri lux uita iustitia, alteri tenebrae mors iniustitia. Hinc extitit in hominibus naturae suae deprauatio, ut esset necesse constitui legem qua possent et uitia prohiberi et uirtutis officia inperari.* – Vgl. dazu auch *De ira Dei* 19,1 (TzF 4, 64 KRAFT/WLOSOK = SC 289, 186,1–6 INGREMEAU): *Sed quoniam conpactus est* (sc. homo), *ut diximus, e duobus, animo et corpore, in altero uirtutes, in altero uitia continentur et inpugnant inuicem. Animi enim bona, quae sunt in continendis libidinibus, contraria sunt corpori et corporis bona, quae sunt in omni genere uoluptatum, inimica sunt animo* und PERRIN, *L'homme antique et chrétien. L'anthropologie de Lactance 250–325*, 277–280.

216 Lactantius, *De ira Dei* 15,5 (TzF 4, 50 KRAFT/WLOSOK = SC 289, 166,23–27 INGREMEAU): *Cum igitur sint in rebus humanis bona et mala, quorum rationem declaraui, necesse est in utramque partem moueri deum, et ad gratiam cum iusta fieri uidet, et ad iram cum cernit iniusta.*

217 Lactantius, *De ira Dei* 15,10–12 (TzF 4, 52 KRAFT/WLOSOK = SC 289, 168,48–57 INGREMEAU): *Haec autem libido* (sc. timoris adfectus) *in deo locum non habet, quia et fragilitas et interitus ab eo alienus est, nec ulla est apud eum femina cuius possit copulatione gaudere, nec successione indiget qui semper futurus est. Eadem de inuidia et cupiditate dici possunt, quae certis manifestisque de causis in hominem cadunt, in deum nullo modo. At uero et gratia et ira et miseratio habent in deo materiam recteque illis utitur summa illa et singularis potestas ad rerum conseruationem.*

218 Aristoteles, *Ethica Nicomachea* II 4, 1105 b 21–23: λέγω δὲ πάθη μὲν ἐπιθυμίαν ὀργὴν φόβον θάρσος φθόνον χαρὰν φιλίαν μῖσος πόθον ζῆλον ἔλεον, ὅλως οἷς ἕπεται ἡδονὴ ἢ λύπη· – Zur Interpretation vgl. Christoph RAPP, *Aristoteles Rhetorik*, übers. u. erläutert, 2. Halbbd., Aristoteles Werke in deutscher Übersetzung 4/2 (Berlin: Akademie-Verlag, 2002), 545–552 und DERS., s. v. «pathos/Widerfahrnis, Affekt,» in *Aristoteles-Lexikon*, hg. Otfried Höffe, Kröners Taschenausgabe 459 (Stuttgart: Kröner, 2005), 427–436.

219 Lactantius, *De ira Dei* 18,13 f. (TzF 4, 62 KRAFT/WLOSOK = SC 289, 186,66–72 INGREMEAU = SVF II, 1057 [II, 311,34 f. VON ARNIM]): *Omitto de figura dei*

dicere, quia Stoici negent habere ullam formam deum, et ingens alia materia nascetur si eos coarguere uelim; de animo tantum loquor. Si deo subiacet cogitare sapere intellegere prouidere praestare, ex omnibus autem animalibus homo solus haec habet, ergo ad dei similitudinem factus est.

220 Vgl. dazu Aëtius, *Placita philosophorum* I 6,1 (*Doxographi Graeci* 292,22 f. Diels): Ὁρίζονται δὲ τὴν τοῦ θείου οὐσίαν οἱ Στωικοὶ οὕτως· πνεῦμα νοερὸν καὶ πυρῶδες οὐκ ἔχον μὲν μορφήν, μεταβάλλον δ᾽ εἰς ἃ βούλεται καὶ συνεξομοιούμενον πᾶσιν sowie SVF II, 1060 (II, 312,9–13 von Arnim) = [Metrodorus]/Philodemus, περὶ αἰσθήσεως, Pap. Herc. 19/698, col. XVI u. XVIII 484 (verglichen mit Annick Monet, «[Philodème, *Sur les sensations*], *PHerc.* 19/698,» *Cronache Ercolanesi* 26 [1996]: [27–126] 104 f.): κόσμου θεὸν οὐδ᾽ ‚ἢ|έλιον τ᾽ ἀκάμαντα σε|λήνην τε πλήθουσαν‘ bzw. Στωϊκῷ δὲ καὶ Περι|πατητικῷ τοῦτ᾽ ἔξεσ|τιν λέγειν (...) πῶς (γ)ὰρ ἰδί|αν ἔχει μορφὴν τὸ σφαι|ροειδές; ἄλλως θ᾽ οἱ τοῦ|το λέγοντες οὐ βλέπου|σιν, διότι τῆς φύσεως |... διον των ον. – Vgl. Heinrich Karpp, *Probleme altchristlicher Anthropologie. Biblische Anthropologie und philosophische Psychologie bei den Kirchenvätern des dritten Jahrhunderts*, Beiträge zur Förderung christlicher Theologie 44/3 (Gütersloh: Bertelsmann, 1950), 149 Anm. 2.

221 L. Annaeus Seneca, *Diui Claudii apocolocyntosis* 8,1 (TuscBü 24 Binder) = SVF II, 1059 (II, 312,3–7 von Arnim): *Modo dic nobis qualem deum istum fieri velis*. Ἐπικούρειος θεὸς *non potest esse: οὔτε αὐτὸς πρᾶγμα ἔχει οὔτε ἄλλοις παρέχει. Stoicus? quomodo potest ‹rotundus› esse, ut ait Varro, ‹sine capite, sine praeputio›? Est aliquid in illo Stoici dei, iam video: nec cor nec caput habet*.

222 Socrates, *Historia Ecclesiastica* II 9,1–3 (GCS.NF 1, 98,9–16 Hansen): Τίς δὲ οὗτος ἦν διδάσκει Γεώργιος ὁ Λαοδικείας, ὃς τότε παρῆν ἐν τῇ συνόδῳ (sc. der sogenannten Enkainen-Synode in Antiochia, 341 n. Chr.). Φησὶ γὰρ ἐν τῷ εἰς αὐτὸν πεπονημένῳ βιβλίῳ, ὡς εἴη Εὐσέβιος ἐκ τῶν εὐπατριδῶν τῆς ἐν Μεσοποταμίᾳ Ἐδέσης καταγόμενος· ἐκ νέας τε ἡλικίας τὰ ἱερὰ μαθὼν γράμματα. Εἶτα τὰ Ἑλλήνων παιδευθεὶς παρὰ τῷ τηνικαῦτα τῇ Ἐδέσῃ ἐπιδημήσαντι παιδευτῇ, τέλος ὑπὸ Πατροφίλου καὶ Εὐσεβίου τὰ ἱερὰ ἡρμηνεύθη βιβλία· ὧν ὁ μὲν τῶν ἐν Καισαρείᾳ, ὁ δὲ τῆς ἐν Σκυθοπόλει προΐστατο ἐκκλησίας. – Sozomenus sagt zwar nicht direkt, dass er Georg von Laodicaea als Quelle verwendet, aber seine Formulierungen gehen im entsprechenden Abschnitt stark parallel, vgl. *Historia ecclesiastica* III 6,1 f. (FChr 73/2, 348,1–8 Hansen): Σὺν αὐτοῖς δὲ καὶ Εὐσέβιος ὁ ἐπίκλην Ἐμεσηνός· ὃς τὸ μὲν γένος ἐξ Ἐδέσσης τῆς Ὀσροηνῶν εὐπατρίδης ὑπῆρχεν, ἐκ νέου δὲ κατὰ πάτριον ἔθος τοὺς ἱεροὺς ἐκμαθὼν λόγους μετὰ ταῦτα καὶ τὰ παρ᾽ Ἕλλησιν ἐξεδιδάχθη παιδεύματα, διδασκάλοις τοῖς ἐνθάδε τότε οὖσι φοιτήσας, ὕστερον δὲ ἐξηγηταῖς Εὐσεβίῳ τῷ Παμφίλου καὶ Πατροφίλῳ τῷ προϊσταμένῳ Σκυθοπόλεως τὰς θείας βίβλους ἠκρίβωσε. Knappe Nacherzählung der Biographie bei Robert E. Winn, *Eusebius of Emesa. Church and Theology in the Mid-Fourth Century* (Washington, D. C.: The Catholic Uni-

versity of America Press, 2011), 1–5, ausführlicher bei Eligius Maria BUY-
TAERT, *L'héritage littéraire d'Eusèbe d'Émèse. Étude critique et historique, textes*,
Bibliothèque du Muséon 24 (Louvain: Bureaux du Muséon, 1949), 61–96
und bei Henning J. LEHMANN, *Per piscatores. Orsardaukh: Studies in the Armenian Version of a Collection of Homilies by Eusebius of Emesa and Severian of Gabala* (Aarhus: Eget, 1975), 23–36.

223 Das Stichwort «parteilich» ist hier in Anführungsstriche gesetzt, weil die auf Netzwerken basierenden kirchenpolitischen Aktionsbündnisse im vierten Jahrhundert häufig ad hoc (beispielsweise auf Synoden) geschlossen wurden und insofern nicht neuzeitlichen politischen Parteien vergleichbar sind, wie der in der deutschen Forschung beliebte Ausdruck «Kirchenparteien» suggerieren könnte.

224 Socrates, *Historia Ecclesiastica* II 9,41 f. (GCS.NF 1, 98,16–21 HANSEN): Μετὰ ταῦτα δὲ ἐπιδημήσαντος αὐτοῦ τῇ Ἀντιοχείᾳ, συνέβη Εὐστάθιον ὑπὸ Κύρου κατηγορηθέντα τοῦ Βεροιέως καθαιρεθῆναι ὡς Σαβελλίζοντα. Εἶτα αὖθις τὸν Εὐσέβιον συνεῖναι Εὐφρονίῳ τῷ διαδεξαμένῳ Εὐστάθιον, φεύγοντά τε τὴν ἱερωσύνην καταλαβεῖν τὴν Ἀλεξάνδρειαν, κἀκεῖ μαθεῖν τὰ φιλόσοφα·. Etwas ausführlicher bei Sozomenus, *Historia ecclesiastica* III 6,2 (FChr 73/2, 348,10–13 HANSEN): φεύγων δὲ ἱερᾶσθαι ἀφίκετο εἰς Ἀλεξάνδρειαν, φιλοσόφοις <τε> τοῖς τῇδε φοιτήσας καὶ τὰ ἐκείνων ἀσκηθεὶς μαθήματα (...). Das schließt nach BUYTAERT, *L'héritage littéraire d'Eusèbe d'Émèse. Étude critique et historique, textes*, 72 f. die übrigen Wissenschaften und auch die Astrologie (s. o., S. 292) ein.

225 Robert Barend ter HAAR ROMENY, *A Syrian in Greek Dress: The Use of Greek, Hebrew and Syriac Biblical Texts in Eusebius of Emesa's Commentary on Genesis*, Traditio Exegetica Graeca 6 (Leuven: Peeters, 1997), 7–12. 140–146.

226 BUYTAERT, *L'héritage littéraire d'Eusèbe d'Émèse. Étude critique et historique, textes*, 70 f.

227 BUYTAERT, *L'héritage littéraire d'Eusèbe d'Émèse. Étude critique et historique, textes*, 74–79 datiert mit Socrates und Sozomenus auf 341 n. Chr.; das ist unzutreffend, wie Eduard SCHWARTZ, «Von Konstantins Tod bis Sardika 342,» *Nachrichten von der Königlichen Gesellschaft der Wissenschaften zu Göttingen. Philologisch-historische Klasse* 1911 (Göttingen: Vandenhoeck & Ruprecht, 1911), (469–522) 486–488 = DERS., *Zur Geschichte des Athanasius*, Gesammelte Schriften 3. Bd. (Berlin: De Gruyter, 1959), (265–334) 286–289 bereits festgestellt hat. Ihm folgten seither beispielsweise Wilhelm SCHNEEMELCHER, «Die Kirchweihsynode von Antiochien 341,» in *Bonner Festgabe Johannes Straub zum 65. Geburtstag am 18. Oktober 1977*, dargebracht von Kollegen und Schülern, hg. Adolf Lippold, Bonner Jahrbücher, Beihefte 39 (Bonn: Habelt, 1977), (319–346) 334–337 = DERS., *Reden und Aufsätze. Beiträge zur Kirchengeschichte und zum ökumenischen Gespräch* (Tübingen: Mohr Siebeck, 1991), (94–125) 111–114; Timothy BARNES, *Athanasius and Constantius. Theology and Po-

SECHSTES KAPITEL: SPÄTANTIKE CHRISTLICHE THEOLOGIE   653

litics in the Constantinian Empire (Cambridge, MA/London: Harvard University Press, 1993), 45 f. sowie 205 und Annick MARTIN, Athanase d'Alexandrie et l'Église d'Égypte au IVe Siècle (328–373), Collection de l'École Française de Rome 216 (Rom: École Française, 1996), 403–420.

228 Socrates, Historia Ecclesiastica II 9,1 f. (GCS.NF 1, 98,21–99,5 HANSEN): ἐπανελθόντα τε εἰς τὴν Ἀντιόχειαν Πλακίτῳ τῷ μετὰ Εὐφρόνιον συνεῖναι, ὑπό τε Εὐσεβίου τοῦ Κωνσταντινουπόλεως ἐπισκόπου προβληθῆναι εἰς τὴν Ἀλεξανδρείας ἐπισκοπήν· ἀλλ᾽ ἐκεῖ μὲν μηκέτι ὁρμῆσαι, διὰ τὸ σφόδρα ὑπὸ τοῦ Ἀλεξανδρέων λαοῦ ἀγαπᾶσθαι Ἀθανάσιον, πεμφθῆναι δὲ εἰς τὴν Ἐμισηνῶν πόλιν. Διαστασιασάντων δὲ τῶν Ἐμισηνῶν ἐπὶ τῇ χειροτονίᾳ αὐτοῦ (ἐλοιδορεῖτο γὰρ ὡς μαθηματικὴν ἀσκούμενος) φυγῇ χρῆται, καὶ ἄπεισιν εἰς Λαοδίκειαν πρὸς τὸν περὶ αὐτοῦ πολλὰ εἰπόντα Γεώργιον.

229 Hier ist Socrates, Historia Ecclesiastica II 9,1 f. (GCS.NF 1, 98,21–99,5 HANSEN) knapper: Οὗτος δὲ αὐτὸν εἰς τὴν Ἀντιόχειαν καταστήσας, παρεσκεύασεν αὖθις ὑπὸ Πλακίτου καὶ Ναρκίσσου καταχθῆναι εἰς τὴν Ἔμισαν· πάλιν τε μέμψιν ὑπομεῖναι ὡς τὰ Σαβελλίου φρονοῦντα αὐτόν. Καὶ τὰ μὲν περὶ τῆς καταστάσεως αὐτοῦ πλατύτερον διεξῆλθεν ὁ Γεώργιος· τελευταῖον δὲ ἐπάγει, ὅτι καὶ ὁ βασιλεὺς αὐτὸν ἐπὶ τοὺς βαρβάρους ἀπιὼν ἀπῆγε, καὶ ὅτι τεράστια ἐν ταῖς χερσὶν αὐτοῦ ἐγένετο. Τὰ μὲν δὴ Γεωργίῳ εἰρημένα περὶ τοῦ Ἐμισηνοῦ Εὐσεβίου ἐπὶ τοσοῦτον λελέχθω μοι. Etwas ausführlicher bei Sozomenus, Historia ecclesiastica III 6,6 f. (FChr 73/2, 350,6–12 HANSEN): ἐγένετο δὲ Κωνσταντίῳ τῷ βασιλεῖ κεχαρισμένος· ἀμέλει τοι, ἡνίκα Πέρσαις ἐπιστρατεύειν ἔμελλεν, αὐτὸν ἐπήγετο·λέγεται γὰρ πολλὰ δι᾽ αὐτοῦ θαυματουργῆσαι τὸ θεῖον, ὡς μαρτυρεῖ Γεώργιος ὁ Λαοδικεύς, ταῦτα καὶ ἕτερα περὶ αὐτοῦ διεξελθών. ἀλλ᾽ ὁ μὲν καίπερ τοιοῦτος ὢν οὐ διέφυγε τὸν φθόνον τῶν ἀνιᾶσθαι πεφυκότων ἐπὶ ταῖς ἄλλων ἀρεταῖς. ὑπέμεινε δὲ καὶ αὐτὸς μέμψιν ὡς τὰ Σαβελλίου φρονῶν. ἐν δὲ τῷ νῦν τὰ αὐτὰ τοῖς ἐν Ἀντιοχείᾳ συνελθοῦσιν ἐψηφίσατο. – Zur Sache selbst BUYTAERT, L'héritage littéraire d'Eusèbe d'Émèse. Étude critique et historique, textes, 92–94. Unwahrscheinlich ist eine Identifikation mit einem bei Ammianus Marcellinus, Rerum gestarum libri XIV 7,18 und 9,4–6 (SQAW21/1, 82,13–18. 90,25–92,8 SEYFARTH) genannten, brutal gefolterten und hingerichteten Rhetor Eusebius mit Beinamen Pittacus aus Emesa, anders David WOODS, «Ammianus Marcellinus and Bishop Eusebius of Emesa,» Journal of Theological Studies 54 (2003): 585–591. Allerdings existieren auch Traditionen über einen Märtyrer Eusebius aus Emesa (Belege bei BUYTAERT, L'héritage littéraire d'Eusèbe d'Émèse. Étude critique et historique, textes, 94 f. mit Anm. 236 u. 237); die Frage kann und muss hier nicht weiter geklärt werden.

230 BUYTAERT, L'héritage littéraire d'Eusèbe d'Émèse. Étude critique et historique, textes, 94 f.

231 Hieronymus, De viris illustribus 91,1–3 (BiPatr 12, 196 f. CERESA-GASTALDO 238 BARTHOLD): Eusebius Emisenus, elegantis et rhetorici ingenii innumerabiles et

qui ad plausum populi pertineant confecit libros, magisque historiam secutus ab his qui declamare uolunt, studiosissime legitur, e quibus uel praecipui sunt ‹Aduersum Iudaeos› et ‹Gentes› et ‹Nouatianos›, et ‹Ad Galatas› libri decem et ‹In Euangelia homiliae› breues, sed plurimae. Floruit temporibus Constantii imperatoris, sub quo et mortuus, Antiochiae sepultus est.

232 In kritischer Edition zugänglich bei Eligius M. BUYTAERT, *Eusèbe d'Émèse. Discours conservés en Latin. Textes en partie inédits*, Tome second: La collection de Sirmond (Discours XVIII à XXIX), Spicilegium Sacrum Lovaniense. Études et Documents 27 (Louvain: Spicilegium Sacrum Lovaniense, 1957); zur Editionsgeschichte neben BUYTAERT, *L'héritage littéraire d'Eusèbe d'Émèse. Étude critique et historique, textes*, 103–116; vgl. auch die knappen Bemerkungen von WINN, *Eusebius of Emesa. Church and Theology in the Mid-Fourth Century*, 5–10. Äußerst kritische Worte zur Tendenz von BUYTAERT, den handschriftlichen Befund nach grammatikalischen und orthographischen Regeln zu normalisieren, findet Vinzenz BULHART in seiner Rezension *Gnomon* 30 (1958): 537–540; die Rezension schließt mit dem Satz: «Aber eigentlich müßte die Ausgabe, kaum daß sie erschienen ist, schon neu gemacht werden» (aaO. 540).

233 Eligius M. BUYTAERT, «*L'authenticité* des dix-sept opuscules contenus dans le Ms. T. 523 sous le nom d'Eusèbe d'Emèse,» *Revue d'histoire ecclésiastique* 43 (1948): (5–89) 25–28.

234 BUYTAERT, *L'héritage littéraire d'Eusèbe d'Émèse. Étude critique et historique, textes*, 103–115.

235 Dazu s. o. S. 87–96.

236 Eusebius Emesenus, *Sermo* 20,1 (79,2–9 BUYTAERT): *Incorporalem esse Deum voce magna clamemus, et in corpore constituti et a corporibus recedentes. Vivent enim animae incorporaliter, et post mortem, propter incorporalem; et necdum quae a Deo creata sunt tantam habent dignitatem. Ipse autem qui pura et perspicua operatus est, incorporalia putas operietur mente insipientium corpore? Consignemus igitur nostros cogitatus a divinis Scripturis, quia enim unde moventur quaestiones, inde veniant et solutiones.*

237 Eusebius Emesenus, *Sermo* 20,2 (79,10–20 BUYTAERT): *Anima immortalis est, et passiones corporis veniunt ad eam. Per eum enim per quem omnia facta sunt, et animae creatae sunt. Ipse hoc pronuntiavit Dominus et dixit: ‹Nolite timere eos qui occidunt corpus, animam autem non possunt occidere›. Non dixit quia nolunt occidere, sed quia ‹non possunt›, inquit, ‹occidere›. Naturae enim animae potentiam posuit et non propositum decipientium. Si igitur nostrae animae, quae in corporibus et circa corpora habentur, corporum passiones non admittunt, etiam dum adsunt in corporibus, quanto magis is qui honoravit animas incorporali natura, ipse magis est incorporalis et non ita incorporalis ut animae?*

238 Eusebius Emesenus, *Sermo* 20,4 (80,20–27 BUYTAERT): *Quemadmodum ergo (sc. Deus) agnoscibilis? Qui autem solus novit eum qui se genuit, dicit: ‹Beati mundo*

corde, quoniam ipsi Deum videbunt⟩. *Si enim dixisset: beati qui acuti sunt oculis, diceremus quia oculis mancipavit visum. Si autem sicut oculus purus videt quae oculis sunt naturalia, ita et anima munda videt quae sunt supra animam. Qui corde videtur, oculis non videtur. Quae autem oculis videntur, subiacent motionibus mentis.* – Die stark verkürzte Bibelstelle wird auch zitiert in *Sermo* 25,5 (160,11 BUYTAERT).
239 Eusebius Emesenus, *Sermo* 20,8 (83,15–27 BUYTAERT): *Dicit:* ⟨*Torcular calcavi solus*⟩. *Sic quantum ad dictum spectat, quia sermones nobis proferunt inimici. Incorporalis torcular, inquit, calcavi, et sicut torcularia sparsa sunt vestimenta eius; et rubedo quaedam, non tamen fucatio, erat vestimentorum naturalis, neque illa quae ex artificio fieri consuevit. Sed quid erant? Aspersiones utique, ut a torculari fieri solet nonnumquam vino iactatum. Quid ergo in Edom habet Deus torcular? Si quis autem calcaverit torcular, iustitiam loquitur? Si autem considerantes invenerimus quae erat ista gens et qua damnatione debitrix habebatur, et quam vindictam de eadem fecit Deus, et quo interficiuntur iudicio, agnoscemus quia torcular non est torcular, sed vindicta per sanguinem.*
240 Der klassische Forschungsstand beispielsweise bei Heinrich KIHN, *Theodor von Mopsuestia und Junilius Africanus als Exegeten, nebst einer kritischen Textausgabe von des letzteren Instituta regularia divinae legis* (Freiburg: Herder, 1880), 9–18 oder bei Christoph SCHÄUBLIN: *Untersuchungen zur Methode und Herkunft der antiochenischen Exegese*, Theophaneia 23 (Köln/Bonn: Hanstein, 1974), 11–42.
241 Origenes, *Commentarii in Euangelium Ioannis* VI 55,287 (GCS Origenes IV, 245,1–5 PREUSCHEN): Ἀνελὼν δὲ διὰ τοῦ πάθους τοὺς πολεμίους ὁ ἐν πολέμῳ δυνατὸς καὶ κραταιὸς κύριος καθαρσίου δεόμενος τοῦ ἀπὸ μόνου τοῦ πατρὸς αὐτῷ δοθῆναι ἐπὶ τοῖς ἀνδραγαθήμασιν δυναμένου, κωλύει αὐτοῦ ἅψασθαι τὴν Μαρίαν λέγων· ‚Μή μου ἅπτου, οὔπω γὰρ ἀναβέβηκα πρὸς τὸν πατέρα· ἀλλὰ πορεύου καὶ εἰπὲ τοῖς ἀδελφοῖς μου· Πορεύομαι πρὸς τὸν πατέρα μου καὶ πατέρα ὑμῶν καὶ θεόν μου καὶ θεὸν ὑμῶν' (Joh 20,17). Ὅτε δὲ πορεύεται νικηφόρος καὶ τροπαιοφόρος μετὰ τοῦ ἐκ νεκρῶν ἀναστάντος σώματος (πῶς γὰρ ἄλλως δεῖ νοεῖν τὸ ‚οὔπω ἀναβέβηκα πρὸς τὸν πατέρα μου' καὶ τὸ ‚Πορεύομαι δὲ πρὸς τὸν πατέρα μου';) τότε αἱ μέν τινες λέγουσιν δυνάμεις· ‚Τίς οὗτος ὁ παραγενόμενος ἐξ Ἐδώμ, ἐρύθημα ἱματίων ἐκ Βοσόρ, οὕτως ὡραῖος;' (Jes 63,1) ... ἔτι δὲ πυνθάνονται οἱονεί, εἰ δεῖ οὕτως εἰπεῖν, ἠμαγμένην αὐτοῦ βλέποντες τὴν δεξιὰν καὶ ὅλον πεπληρωμένον τῶν ἀπὸ τῆς ἀριστείας ἔργων· ‚Διὰ τί σου ἐρυθρὰ τὰ ἱμάτια, καὶ τὰ ἐνδύματά σου ὡς ἀποπάτημα ληνοῦ πλήρους καταπεπατημένης;' ὅτε καὶ ἀποκρίνεται· ‚Κατέθλασα αὐτούς' (Jes 63,2 f. u. Gen 49,11).
242 Silke-Petra BERGJAN, «Die dogmatische Funktionalisierung der Exegese nach Theodoret von Cyrus,» in *Christliche Exegese zwischen Nicaea und Chalcedon*, hg. von Johannes van Oort und Ulrich Wickert (Kampen: Kok Pharos, 1992), 32–48 sowie Jean-Noël GUINOT, *L'exégèse de Théodoret de Cyr*, Théologie historique 100 (Paris: Beauchesne, 1995), 222–230.

243 Theodoretus Cyrrhensis, *Commentaria in Isaiam* XIX 63,2 (SC 315,586–288,594 Guinot): Εἶτα πάλιν [ἐρωτῶσιν]· ἵνα τί σου ἐρυθρὰ τὰ ἱμάτια καὶ τὰ ἐνδύματά σου ὡς πάτημα τοῦ ληνοῦ; Πλήρης κατα(πεπ)ατημένης. Στολὴν αὐτοῦ καὶ ἱμάτιον τὴν ἀνθρωπότητα προσαγορεύει· ἀπὸ δὲ τῆς πλευρᾶς αὐτοῦ ,ἐξῆλθεν αἷμα καὶ ὕδωρ' κατὰ τὴν τοῦ εὐαγγελιστοῦ μαρτυρίαν. Ληνὸν δὲ ὀνομάζει τὴν τῶν πολεμίων κατάλυσιν· καθάπερ γὰρ ἐν ταῖς ληνοῖς ἅπαντες οἱ βότρυες ἀποθλίβονται, οὕτω καὶ τὸν διάβολον καὶ πᾶσαν αὐτοῦ τὴν φάλαγγα παντελῶς ὁ δεσπότης κατέλυσεν.

244 Eusebius Emesenus, *Sermo* 20,24 (94,18–25 Buytaert): *Aestima quid dicis. Si dederis ei corpus, separasti ei locum, composuisti simplicem naturam, placabilem fecisti implacabilem. In loco eum qui et a locis liber est constituisti. Si dixeris corpus dabis oculos, dabis aures circa Deum, et linguam et sensum, et ossa et viscera, et nervos et venas; et ignoras de quo loqueris. Fuge dementiam, ut comprehendas non quantus est natura sed quantum tibi possibile est nosse.*

245 Eusebius Emesenus, *Sermo* 20,25 (94,26–95,2 Buytaert): *Si corpus est Deus, quis est qui supportat, qui subbaiulat caelum? Antequam ergo caelum fieret, ubi erat Deus? Terra ei scabellum est? Antequam crearetur terra, ubi erant pedes? Sed quando dictum est hoc:* ‹Caelum mihi sedes, terra autem scabellum pedum meorum?› (Jes 66,1).

246 Eusebius Emesenus, *Sermo* 20,39f. (102,3–16 Buytaert): *Si autem contenditis esse corpora et carnes Deo: non apponamus ei qui suscipit; sed sit separatus ut est, sit purus, sit liber corporali affectu ab omni loco, ab omni regione, ab omni natura. Solus enim est in semetipso, solus apud semetipsum, solus reparatus ad se. Et cum sit reparatus ad se, complet omnia, sed non corporaliter. Tuba opus est, vox maxima necessaria est; magis autem nec vox, nec tuba, sed mens pura, ut videatur qui non videtur, ut audiatur qui auditur, ut intelligatur qui interpretatur, et dicatur qui dicitur, ut agnoscatur qui non comprehenditur! Et sit isti tali Deo, per eum qui talem nobis annuntiat et interpretatur Deum,* ‹gloria, honor, imperium, maiestas›, *in Spiritu Sancto, et* ‹nunc et semper et per omnia saecula saeculorum, amen› (vgl. Jud 25).

247 Origenes, *De principiis* I 1,6 (GCS Origenes V, 21,10–14 Koetschau = TzF 24, 110 Görgemanns/Karpp): *Non ergo corpus aliquod aut in corpore esse putandus est deus, sed intellectualis natura simplex, nihil omnino in se adiunctionis admittens; uti ne maius aliquid et inferius in se habere credatur, sed ut sit ex omni parte* μονάς, *et ut ita dicam* ἑνάς, *et mens ac fons, ex quo initium totius intellectualis naturae vel mentis est.* – Zum neuplatonischen Hintergrund-vgl. beispielsweise Henning Ziebritzki, *Heiliger Geist und Weltseele: Das Problem der dritten Hypostase bei Origenes, Plotin und ihren Vorläufern*, Beiträge zur Historischen Theologie 84 (Tübingen: Mohr Siebeck, 1994), 137f.; zur Transformation bei Evagrius Ponticus im vierten Jahrhundert s. o. S. 330f.

248 Eusebius Emesenus, *Sermo* 21 *De incorporali liber primus*; *Sermo* 22 *De incorporali liber secundus (De incorporali anima)*; *Sermo* 23 *De incorporali tertius*; *Sermo* 24 *De incorporali liber quartus (De eo quod Deus incorporalis est)*; *Sermo* 25

SECHSTES KAPITEL: SPÄTANTIKE CHRISTLICHE THEOLOGIE 657

De incorporali liber quintus (Item de eo quod Deus pater incorporalis est), vgl. 103,1. 115,1. 132,1. 136,1 und 158,1 BUYTAERT. Die fünfte und letzte Predigt ist fragmentarisch überliefert und bricht vor dem liturgischen Schluss ab (174, 5-7).

249 Eusebius Emesenus, *Sermo* 21,1 (102,2-15 BUYTAERT): *Multitudo quaestionum in his quae lecta sunt haec continentur; et forte cum ieiunio poteritis audire et quae suntque quaeruntur, et quae eorum interpretatio habeatur. Quaeritur enim in his quae lecta sunt: si Deus in montem descendit Sina, et si circumdatur in monte aut loco. Quaeritur etiam quae erat tuba, quae ore proferebatur Dei. Quaeritur cur appropinquantes ad montem, in quo erat Deus, interficiebantur, et prohibebatur populus appropinquare? Quid sibi vult columna nubis ubi est Deus? Quid etiam mons fumans? Addatur autem his: cur si quis vidisset Deum moriebatur, et non magis vivebat? Has omnes quaestiones ambit locus qui lectus est. Orantes igitur ipsum Deum, qui solus potest sua edicere, ita ad solutiones istiusmodi veniemus.*

250 Eusebius Emesenus, *Sermo* 21,2 (102,16 f. BUYTAERT): *Deum quidem circumdat nihil, circumdat autem Deus omnia non corporaliter.*

251 Eusebius Emesenus, *Sermo* 25,6 (161,17-29 BUYTAERT).

252 Robert WINN, «The Natural World in the Sermons of Eusebius of Emesa,» *Vigiliae Christianae* 59 (2005): 31-53 und DERS., *Eusebius of Emesa. Church and Theology in the Mid-Fourth Century*, 126-133.

253 Eusebius Emesenus, *Sermo* 24,19 (145,7-21 BUYTAERT): *Erigamus igitur nosmetipsos, exsiliamus e mari et a terra in qua stamus; et incidatur a nobis aer, et scindatur nobis et caelum. Cogitatus enim non detinetur. Et pennis desiderii caelo superius accedamus, corpus istic ad congeneres relinquentes, et pedes in terra, quia ad caelum non currunt; et manus istic ubi possunt et tangere; et aures hic audiant voces, et odoratio ubi habet necessitatem, et gustus apud eos qui pascuntur, et visio cum visibili maneat. Cogitatus autem veste se spolians, corporis istius pondus deponat et suas pennas moveat, et quaecumque deducuntur abscidat, et quae sunt gravia et detinere tentant deponat; et sit in dorsibus caeli. Et illic factus cum angelis et angelorum decies milibus et archangelorum milibus, in alia vita et constitutione et conversatione positus, obliviscatur omnia quae dimisit nec alienetur illic.* – Zur Passage vgl. auch Robert WINN, *Eusebius of Emesa. Church and Theology in the Mid-Fourth Century*, 127 f.

254 Nemesius Emesenus, *De natura hominis* 6,173 f. (BiTeu 56,2-6 MORANI): ὄργανα δὲ αὐτοῦ αἱ πρόσθιοι τοῦ ἐγκεφάλου κοιλίαι καὶ τὸ ἐν αὐταῖς ψυχικὸν πνεῦμα καὶ τὰ ἐξ αὐτῶν νεῦρα τὰ διάβροχα τῷ ψυχικῷ πνεύματι καὶ ἡ κατασκευὴ τῶν αἰσθητηρίων. ἔστι δὲ αἰσθητήρια μὲν πέντε· αἴσθησις δὲ μία ἡ ψυχική, ἡ γνωρίζουσα διὰ τῶν αἰσθητηρίων τὰ ἐν αὐτοῖς γινόμενα πάθη· – vgl. auch Eckart SCHERER, s. v. «Sinne, die,» in *Historisches Wörterbuch der Philosophie* (Darmstadt: Wissenschaftliche Buchgesellschaft, 1995), 9: (824-869) 831-834.

255 Eusebius Emesenus, *Sermo* 21,2 (104,3-12 BUYTAERT): *Neque pars quidem eius adest, pars autem abest; neque hic quidem pars alia, alia autem pars alibi. Ista enim*

omnia corporum sunt vitia, et passiones et divisiones et partitiones. Illa autem natura libera est a corporibus, non solum ut non sit corpus, sed ut non habeat corpus. Nec enim, ut anima incorporalis quidem est, circa corpus quodammodo est, aut corpus circa ipsam, aut quomodo quis voluerit dicere. Neque hoc accipiendum de Deo est, quia neque corpus est Deus, neque corpus circa ipsum, neque in corpore est ipse.

256 Vgl. beispielsweise Eusebius Emesenus, *Sermo* 24,28 (150,4–7 BUYTAERT).

257 Eusebius Emesenus, *Sermo* 24,25 (147,25–148,11 BUYTAERT): *Cum autem advenerit lumen, efficitur oculus. Ita et cogitatus sine operatione Spiritus Sancti palpat, contingit, promovet, crescit; putat quia iste lapis forte Deus est, istud aurum forte Deus, et hoc lignum. Dicit enim apud se: putas mare Deus est? Putas terra? Putas aer? Unde et creaturae transtulerunt nomina, ut non his quae in consuetudine sunt appellantes, sed ea quae colebant nominantes convincerentur, quia vim faciebant opificiis. Qui autem valde putaverunt se ascendere, sursum pervenientes usque ad stellas, occurrerunt lunae et viderunt solem; forte autem et caelum, et permanserunt illic et passi sunt vitium sceleratum: sicut qui ad regem festinat, ad regia palatii accedens magna et clara et regi digna conspiciat; et cum debeat magis desiderium suum ad eum qui quaeritur propalare, stupens valvas regias et putans nihil amplius esse regem a suis, resideat ad ea quae prima occurrerant: fraudatur regis visione et natura.*

258 Eusebius Emesenus, *Sermo* 24,25 (152,4–12 BUYTAERT): *Cygnus deus est, qui adversum virginem calet. Confundantur qui aliquoties quidem taurum adorant, aliquoties autem in tauro deum transfiguratum fingunt. Sed dicite nobis: cur immutatus est ut virginem videret? Non enim habebat feminas deas secundum vos? Nonne sororem cooperatricem habuit, ut aliorum connubia fuaretur? Non isti sermones sunt nostri, sed vestrae fabulae, scriptae in libris, in simulacris, in parietibus, in saltationibus theatrorum!* – Eusebius spielt ohne direkte Namensnennung auf Jupiter, Leda und Europa an sowie auf Hera bzw. Juno.

259 Dazu vgl. unten, S. 301 bzw. 661 mit Anm. 272.

260 Augustinus, *Confessiones* VII 9,13 (BiTeu 137,7–18 SKUTELLA): *Et primo uolens ostendere mihi, quam ‹resistas superbis, humilibus autem› des ‹gratiam› et quanta misericordia tua demonstrata sit hominibus uia humilitatis, quod ‹uerbum tuum caro factum est et habitauit› inter homines, procurasti mihi per quendam hominem immanissimo typho turgidum quosdam Platonicorum libros ex graeca lingua in latinam uersos, et ibi legi non quidem his uerbis, sed hoc idem omnino multis et multiplicibus suaderi rationibus, quod ‹in principio erat uerbum et uerbum erat apud deum et deus erat uerbum (…)›.* Zu den verschiedenen Versuchen, die hinter *per quendam hominem* stehende Person zu identifizieren: James J. O'DONNELL, *Augustine. Confessions*, Vol. 2 *Commentary on Books 1–7* (Oxford: Clarendon Press, 1992), 419f.

261 Augustinus, *Confessiones* VII 20,26 (BiTeu 149,1–11 SKUTELLA): *Sed tunc lectis Platonicorum illis libris posteaquam inde admonitus quaerere incorpoream ueritatem ‹inuisibilia› tua ‹per ea quae facta sunt intellecta› (Rm 1,20) conspexi et repulsus sensi, quid per tenebras animae meae contemplari non sinerer, certus esse te et infinitum esse nec tamen per locos finitos infinitosue diffundi et uere te esse, qui semper*

‹idem ipse› (Ps 101,28/Hebr 1,12) esses, ex nulla parte nulloque motu alter aut aliter, cetera uero ex te esse omnia, hoc solo firmissimo documento, quia sunt, certus quidem in istis eram, nimis tamen infirmus ad fruendum te.

262 Vgl. neben den in den voraufgehenden Anmerkungen zitierten Stellen aus den «Bekenntnissen» auch *Confessiones* VIII 2,3 (BiTeu 154,16–23 SKUTELLA): (...) *Ubi autem commemoraui legisse me quosdam libros Platonicorum, quos Uictorinus quondam, rhetor urbis Romae, quem Christianum defunctum esse audieram, in latinam linguam transtulisset, gratulatus est mihi, quod non in aliorum philosophorum scripta incidissem plena fallaciarum et deceptionum ‹secundum elementa huius mundi›* (Kol 2,8), *in istis autem omnibus modis insinuari deum et eius uerbum.* – Für die Frage, ob Marius Victorinus solche Übersetzungen verfasste und Augustinus sie tatsächlich las, vgl. James J. O'DONNELL, *Augustine. Confessions,* Vol. 3 *Commentary on Books 8–13. Indexes* (Oxford: Clarendon Press, 1992), 13–15 und Pierre HADOT, *Marius Victorinus. Recherches sur sa vie et ses œuvres* (Paris: Institut des Études Augustiniennes, 1971), 179–190.

263 Ambrosius, *De Isaac uel anima* 78 f. (FChr 48, 148,15–154,15 DASSMANN) paraphrasiert Plotin, so Pierre COURCELLE, *Recherches sur les Confessions de Saint Augustin,* nouvelle édition augmentée et illustrée (Paris: De Boccard, 1968), 106–117, vgl. auch 93–106 u. 117–138. Die gesamte einschlägige Passage COURCELLE, *Recherches sur les Confessions de Saint Augustin,* 93–138 ist übersetzt abgedruckt bei: *Zum Augustin-Gespräch der Gegenwart, mit Bibliographie,* hg. Carl Andresen, Wege der Forschung 5 (Darmstadt: Wissenschaftliche Buchgesellschaft, 1962), 125–181. Wichtige Ergänzungen und kritische Bemerkungen finden sich bei Willy THEILER, «Rezension Courcelle,» *Gnomon* 25 (1953): (113–122) 114 f.

264 Alfred SCHINDLER, s. v. «Augustin, Augustinismus I,» in *Theologische Realenzyklopädie* (Berlin/New York: De Gruyter, 1979), 4: (646–698) 649 sowie 659–661; Paul HENRY, *Plotin et l'Occident. Firmicus Maternus, Marius Victorinus, Saint Augustin et Macrobe,* Spicilegium Sacrum Lovaniense 15 (Louvain: Spicilegium Sacrum Lovaniense, 1934), 82–89 und weiter COURCELLE, *Recherches sur les Confessions de Saint Augustin,* 153–174 (160–164 eine Synopse einschlägiger weiterer Passagen aus den *Confessiones*). 281–284 und 601 f. und die Rezension von THEILER, 117 f. – In jüngerer Zeit haben über die Frage u. a. noch gehandelt: Pier Franco BEATRICE, «Quosdam Platonicorum Libros. The Platonic Readings of Augustine in Milan,» *Vigiliae Christianae* 43 (1989): 248–281; O'DONNELL, *Augustine. Confessions,* Vol. 2, 421–424 (mit weiterer Literatur); Wilhelm GEERLINGS, «*Libri Platonicorum*. Die philosophische Bildung Augustins,» in *Platon in der abendländischen Geistesgeschichte. Neue Forschungen zum Platonismus,* hg. Theo Kobusch u. Burkhard Mojsisch (Darmstadt: Wissenschaftliche Buchgesellschaft, 1997), 60–70 sowie Thomas O'LOUGHLIN, «The ‹Libri Platonicorum› and Augustine's conversions,» in *The Relationship between Neoplatonism and Christianity. Proceedings of the First*

Patristic Conference at Maynooth, ed. Thomas Finan and Vincent Twomey (Dublin: Four Courts Press, 1992), 101–125.
265 Augustinus, *Confessiones* IX 10,23–25 (BiTeu 199,3–201,21 SKUTELLA).
266 Zur Definition des Begriffs vgl. oben S. 190–194 bzw. 576 mit Anm. 78.
267 Die altlateinische Übersetzung von Ps 4,9 hatte diesen neuplatonisch klingenden Titel in die christliche Diskussion eingeführt: *in pace, in idipsum obdormiam et somnum capiam*, vgl. O'DONNELL, *Augustine. Confessions*, Vol. 3, 99 f. sowie Paul HENRY, *La Vision d'Ostie. Sa place dans la Vie et l'Œuvre de saint Augustin*, (Paris: Vrin, 1938), 15–103 = «Die Vision zu Ostia,» in *Zum Augustin-Gespräch der Gegenwart*, hg. Carl Andresen, Wege der Forschung 5 (Darmstadt: Wissenschaftliche Buchgesellschaft, 1962), (201–270) 220 f.
268 Augustinus, *Confessiones* IX 10,24 (BiTeu 199,20–200,13 SKUTELLA): *Cumque ad eum finem sermo perduceretur, ut carnalium sensuum delectatio quantalibet in quantalibet luce corporea prae illius uitae iucunditate non comparatione, sed ne commemoratione quidem digna uideretur, erigentes nos ardentiore affectu in id ipsum perambulauimus gradatim cuncta corporalia et ipsum caelum, unde sol et luna et stellae lucent super terram. et adhuc ascendebamus interius cogitando et loquendo et mirando opera tua et uenimus in mentes nostras et transcendimus eas, ut attingeremus regionem ubertatis indeficientis, ubi pascis israhel in aeternum ueritate pabulo, et ibi uita sapientia est, per quam fiunt omnia ista, et quae fuerunt et quae futura sunt, et ipsa non fit, sed sic est, ut fuit, et sic erit semper. Quin potius fuisse et futurum esse non est in ea, sed esse solum, quoniam aeterna est: nam fuisse et futurum esse non est aeternum. Et dum loquimur et inhiamus illi, attingimus eam modice toto ictu cordis; et suspirauimus et reliquimus ibi religatas ‹primitias spiritus›* (Rm 8,23) *et remeauimus ad strepitum oris nostri, ubi uerbum et incipitur et finitur. Et quid simile uerbo tuo, domino nostro, in se permanenti sine uetustate atque innouanti omnia?* – Die Übersetzung verwendet Formulierungen von Kurt Flasch und Burkhard Mojsisch (Aurelius Augustinus, *Confessiones. Bekenntnisse*, übers., hg. u. kommentiert Kurt Flasch u. Burkhard Mojsisch, Reclams Universal Bibliothek 18676 [Stuttgart: Reclam, 2009], 443) sowie von Joseph Bernhart (Augustinus, *Bekenntnisse, lateinisch und deutsch*, eingel., übers. Joseph Bernhart, mit einem Vorwort von Ernst Ludwig Grasmück, Insel Taschenbuch 1002 [Frankfurt, Main: Insel, 1987], 463–465).
269 O'DONNELL, *Augustine. Confessions*, Vol. 3, 129 und schon COURCELLE, *Recherches sur les Confessions de Saint Augustin*, 129 f. weisen darauf hin, dass der Plural *mentes* sich eher Augustinus als Plotin oder Porphyrius verdankt.
270 Ausführliche Nachweise bei HENRY, *La Vision d'Ostie. Sa place dans la Vie et l'Œuvre de saint Augustin*, 15–103 = «Die Vision zu Ostia,» 201–270. Kritische Bemerkungen zu der ausschließlichen Verbindung des Textes mit Plotin bei THEILER, «Rez. Courcelle,» 117 f. – Vgl. aber auch Pierre COURCELLE, «La première expérience augustinienne de l'extase,» sowie André MANDOUZE, ««L'extase d'Ostie›. Possibilités et limites de la méthode des parallèles textu-

els,» in *Augustinus Magister. Congrès International Augustinien, Paris, 21–24 Septembre 1954, Actes.* Vol. I *Communications* (Paris: Études Augustiniennes, 1954), 53–57 bzw. 67–84; John A. MOURANT, «Ostia Reexamined: A Study in the Concept of Mystical Experience,» *Philosophy of Religion* 1 (1970): 34–45; O'DONNELL, *Augustine. Confessions,* Vol. 3, 122–137.
271 THEILER, «Rez. Courcelle,» 117 f. verweist auf Proclus, *Theologia Platonica.* II 11 (CUFr II, 64,10–65,26 SAFFREY/WESTERINK); Ilsetraut HADOT, «Erziehung und Bildung bei Augustin,» in *Internationales Symposion über den Stand der Augustinus-Forschung, vom 12. bis 16. April 1987 im Schloss Rauischholzhausen der Justus-Liebig-Universität Gießen,* hg. Cornelius Mayer u. Karl Heinz Chelius, Cassiciacum 39/1 = Res et Signa 1 (Würzburg: Augustinus-Verlag, 1989), (99–130) 127–130 auf die bis auf wenige Fragmente bei Augustinus verlorene Schrift *De regressu animae* des Porphyrius. Nach John J. O'MEARA, *Porphyry's Philosophy from Oracles in Augustine* (Paris: Études Augustiniennes, 1959) und DERS., «Porphyry's Philosophy from Oracles in Eusebius' *Praeparatio Evangelica* and Augustine's Dialogues of Cassiciacum,» *Recherches Augustiniennes* 6 (1969): 103–138 sind diese Fragmente *De regressu animae* ein Teil der Schrift *De philosophia ex oraculis haurienda;* vgl. aber auch: Richard GOULET, «Augustin et le *De regressu animae* de Porphyre,» in *Augustin philosophe et prédicateur. Hommage à Goulven Madec,* éd. Isabelle Bochet, Collection des Études Augustiniennes, Série Antiquité 195 (Paris: Institut des Études Augustiniennes, 2012), 67–110.
272 O'DONNELL, *Augustine. Confessions,* Vol. 3, 127.
273 Augustinus, *Confessiones* IX 10,24 (BiTeu 200,7 f. SKUTELLA): *Et dum loquimur et inhiamus illi, attingimus eam modice toto ictu cordis.*
274 Eine Ausnahme bildet Augustinus, *Epistula* 147,26 (CSEL 44, 300,15 GOLDBACHER = 150 NAAB): *nec tactu tenetur* (vgl. Gen 32,24–30).
275 Die relevanten Texte mit Übersetzung und Kommentar: *Augustinus, Über Schau und Gegenwart des unsichtbaren Gottes.* Texte mit Einführung und Übersetzung von Erich Naab, Mystik in Geschichte und Gegenwart. Texte und Untersuchungen I/14 (Stuttgart-Bad Cannstatt: Frommann-Holzboog, 1998), 118–191 (*Epistula* 147 nach CSEL 44, 274,10–331,11 GOLDBACHER ohne kritischen Apparat mit deutscher Übersetzung). 192–213 (*Epistula* 148 nach CSEL 44, 332,1–347,23 GOLDBACHER ebenso). 214–259 (*Epistula* 187 nach CSEL 57, 81,1–119,5 GOLDBACHER ebenso). (*Epistula* 92 und 92A nach CSEL 34/2, 436,1–444,3 bzw. 444,4–445,3 GOLDBACHER ebenso).
276 Joh 4,24: πνεῦμα ὁ θεός, καὶ τοὺς προσκυνοῦντας αὐτὸν ἐν πνεύματι καὶ ἀληθείᾳ δεῖ προσκυνεῖν.
277 Augustinus, *Epistula* 92,5 (CSEL 34/2, 441,10–12 GOLDBACHER = 260 NAAB): *Audiat caro carnalibus cogitationibus ebria: spiritus est deus et ideo, qui adorant deum, in spiritu et ueritate oportet adorare;* zitiert in *Epistula* 147,42 (CSEL 44, 316,14–21 GOLDBACHER = 170/172 NAAB): *Sed forte difficile est; inruit*

enim de consuetudine carnalis uitae in ipsos quoque interiores oculos turba phantasmatum in similitudinibus corporum, cui resistere conatus saltem auctoritate diuina exclamaui dolens in illa breui epistula et dixi: ‹audiat caro carnalibus cogitationibus ebria: spiritus est deus›. Neque enim cuiusquam magis quam etiam ipsam meam mentem ab huius modi uanitate illa increpatione compescui. – Zum historischen Kontext des Briefes und der Korrespondenzpartnerin des Augustinus vgl. NAAB, *Augustinus, Über Schau und Gegenwart des unsichtbaren Gottes*, 2–6.

278 Augustinus, *Epistula* 92,2 (CSEL 34/2, 437,7–12 GOLDBACHER): *Hic autem etsi tuus coniux, cuius abscessu uidua diceris, tibi notissimus erat, notior tamen erat sibi quam tibi. Et unde hoc, cum tu eius corporalem faciem uideres, quam ipse utique non uidebat, nisi quia notitia nostri certior intus est, ubi nemo scit, quae sunt hominis, nisi spiritus hominis, qui in ipso est?*

279 Augustinus, *Epistula* 92,2 (CSEL 34/2, 437,19–438,2 GOLDBACHER): *Profecto lux illa ipse deus est, quoniam deus lux est et tenebrae in eo non sunt ullae, sed lux mentium purgatarum, non istorum corporis oculorum. Erit ergo tunc mens idonea, quae illam lucem uideat, quod nunc nondum est.*

280 Augustinus, *Epistula* 92,3 (CSEL 34/2, 439,1–5 GOLDBACHER = 262 NAAB): *Quis autem dementissimus dixerit corpore nos uel esse uel futuros esse similes deo? In interiore igitur homine ista similitudo est, qui renouatur in agnitione dei secundum imaginem eius, qui creauit eum.* – Für die Vorstellung vom «inneren Menschen» bei Augustinus vgl. Christoph MARKSCHIES, s. v. «Innerer Mensch», in *Reallexikon für Antike und Christentum* (Stuttgart: Hiersemann, 1997), 18: (266–312) 305–308.

281 Augustinus, *Epistula* 92,6 (CSEL 34/2, 443,8–10 GOLDBACHER = 268 NAAB): *Multa proferri possunt ad istam dementiam refutandam. Sed si aliquando inruerint auribus tuis, haec eis interim lege et, quid respondeant, non te pigeat rescribere, ut potes.*

282 Augustinus, *Epistula* 92A (CSEL 34/2, 444,7–14 GOLDBACHER = 268 NAAB): *Benedictae filiae nostrae Italicae litteras misi, quas ad eam peto ipse perferre digneris, in quibus aliquid dixi contra eorum opinionem, qui nihil de deo sperare possunt, nisi quod de corporibus sentiunt, quam<quam> esse corpus deo non audeant dicere. Alio tamen modo prorsus hoc dicunt, cum adserunt uideri posse oculis corporis, quos non creauit nisi ad corpora contuenda. Uerum isti nec quid sit corpus mihi uidentur scire nec quantum a corpore spiritus est deus.* – Zu Cyprian vgl. André MANDOUZE, *Prosopographie de l'Afrique Chrétienne (303–533)*, d'après la documentation élaborée par Anne-Marie La Bonnardière, Prosopographie chrétienne du Bas-Empire 1 (Paris: Éditions du Centre National de la Recherche Scientifique, 1982), 258 (s. v. Cyprianus 5). Zu seiner Tochter Italica NAAB, *Augustinus, Über Schau und Gegenwart des unsichtbaren Gottes*, 6 sowie Charles PIETRI † und Luce PIETRI, *Prosopographie de l'Italie Chrétienne (313–604)*, Vol. 1 A – K, Prosopographie chrétienne du Bas-Empire 2/1 (Rom: École Française de Rome, 1999), 1162.

283 MANDOUZE, *Prosopographie de l'Afrique Chrétienne (303–533)*, 837 (s. v. Paulina).
284 NAAB, *Augustinus, Über Schau und Gegenwart des unsichtbaren Gottes*, 4–9 sowie 14–25.
285 Dazu s. u. S. 301 f. bzw. 662 f. mit Anm. 282 f.
286 Augustinus, *Epistula* 147,51 (CSEL 44, 326,20–327,4 GOLDBACHER = 184 NAAB): *Quapropter donec diligenti inquisitione, si dominus adiuuerit, reperiatur, quid secundum scripturas de spiritali corpore, quod in resurrectione promittitur, probabilius sentiendum sit, interim nobis sufficiat, quod unigenitus filius idemque ‹mediator dei et hominum homo Christus Iesus›* (1Tim 2,5) *ita uidet patrem, sicut uidetur a patre.*
287 Augustinus, *Epistula* 147,5 (CSEL 44, 279,14 GOLDBACHER = 122 NAAB).
288 Augustinus, *Epistula* 147,3 (CSEL 44, 276,12–18 GOLDBACHER = 120 NAAB): *Exempli gratia dicam aliquid, quo ad haec certius praestruaris, et inde potissimum, unde nobis in hoc ipso opere propositus est disputandi labor. Credimus uideri deum nunc; num quia uidimus uel per oculos corporis, sicut uidemus hunc solem, uel mentis obtutu, sicut se quisque interius uidet uiuentem, uidet uolentem, uidet quaerentem, uidet scientem, uidet nescientem?*. Gott braucht zum Sehen selbst keinen Leib: 147,50 (325,15–19 = 182).
289 Augustinus, *Epistula* 147,4 (CSEL 44, 278,1–14 GOLDBACHER = 122 NAAB): *Hanc itaque distinctionem tene, ut, si quid te admonuero disserendo, quod ita uideas oculis carnis uel ullo alio sensu eius sentias seu te sensisse recolas, sicut sentiuntur colores, fragores, odores, sapores, feruores et si quid aliud per corpus cernendo, audiendo, olfaciendo, gustando, tangendo sentimus, aut ita uideas mentis intuitu, ut uides uitam, uoluntatem, cogitationem, memoriam, intellegentiam, scientiam, fidem tuam et quicquid aliud mente conspicis atque ita esse non tantum credendo sed plane uidendo non dubitas, hoc me iudices ostendisse. Quod autem non sic ostendero, ut aut corporis aut animi sensu uisum perceptumque teneatur, et tamen dixero aliquid, quod aut uerum quidem aut falsum esse necesse sit, sed nullo illorum duorum genere uideatur, restat, ut tantum modo credatur uel non credatur.* – Zum vorausgesetzten Begriff von *credere* vgl. Eugene TESELLE, s. v. «Credere,» in *Augustinus-Lexikon* (Basel: Schwabe, 1986–1994), 1: (119–131) 123 f.
290 MARKSCHIES, s. v. «Innerer Mensch», in *Reallexikon für Antike und Christentum*, 18: 267–275 bzw. 289–293.
291 Augustinus, *Epistula* 147,38 (CSEL 44, 313,4–9 GOLDBACHER = 166 NAAB): *Et cum ualet, etiam duo ista discernit, quid in specie corporali foris reliquerit, quid eius simile intus aspiciat, et illud absens, hoc praesens esse dinoscit, sicut me absente faciem mei corporis cogitas et illa tibi est imago praesens, absens autem facies, cuius imago est; et haec corpus, illa uero incorporea corporis similitudo est.* – Zum Thema vgl. Johann KREUZER, «Der Abgrund des Bewusstseins. Erinnerung und Selbsterkenntnis im zehnten Buch,» in *Die Confessiones des Augustinus von Hippo. Einführung und Interpretation zu den dreizehn Büchern*, hg. Norbert Fischer und Cornelius Mayer, Forschungen zur europäischen Geistesgeschichte 1 (Freiburg u. a.: Herder, 1998), 445–487; James J. O'DONNELL, s. v. «Memoria,» in

Augustinus-Lexikon (Basel: Schwabe, 2004–2010), 3: 1249–1257; Christopher G. STEAD, «Augustine, the *Meno* and the Subconscious Mind,» in *Die Weltlichkeit des Glaubens in der Alten Kirche. Festschrift für Ulrich Wickert zum siebzigsten Geburtstag*, hg. Dietmar Wyrwa in Verbindung mit Barbara Aland und Christoph Schäublin, Beihefte zur Zeitschrift für die neutestamentliche Wissenschaft 85 (Berlin/New York: De Gruyter, 1997), 339–345 sowie Willy THEILER, s. v. «Erinnerung,» in *Reallexikon für Antike und Christentum* (Stuttgart: Hiersemann, 1966) 6: 43–54.

292 Augustinus, *Epistula* 147,3 (CSEL 44, 277,14–23 GOLDBACHER = 120 NAAB): *Cum igitur nec corporis oculis sicut corpora siue caelestia siue terrestria nec mentis aspectu, sicut ea sunt, quorum nonnulla commemoraui, quae apud temet ipsam certissime intueris, nunc uideamus deum, cur credimus eum uideri, nisi quia scripturae accommodamus fidem, ubi legitur: ‹beati mundo corde, quoniam ipsi deum uidebunt›, et si qua alia in hanc sententiam eadem diuina auctoritate conscripta sunt, cui non credere nefas ducimus, credere autem pietatis esse minime dubitamus?* – Zum Konzept der göttlichen Autorität, das hier vorausgesetzt wird, vgl. auch ebd. 147,40 (314,12–315,9 = 168/170) und Karl-Heinrich LÜTCKE, *‹Auctoritas› bei Augustin. Mit einer Einleitung zur römischen Vorgeschichte des Begriffs*, Tübinger Beiträge zur Altertumswissenschaft 44 (Stuttgart u. a.: Kohlhammer, 1968), 119–148.

293 Augustinus, *Epistula* 147,6 (CSEL 44, 280,7 GOLDBACHER = 122 NAAB).

294 Cicero, *Academica priora (Lucullus)* II 17 (BiTeu 42, 35,20–26 PLASBERG): ‹(…) *propterea quod nihil esset clarius* ἐναργείᾳ – *ut Graeci, perspicuitatem aut evidentiam nos si placet nominemus fabricemurque si opus erit verba, nec hic sibi*› (*me appellabat iocans*) ‹*hoc licere soli putet – sed tamen orationem nullam putabant inlustriorem ipsa evidentia reperiri posse, nec ea quae tam clara essent definienda censebant*›. – Vgl. für den griechischen Hintergrund das Epikur-Zitat bei Sextus Empiricus, *Adversus Mathematicos* VII 203 (BiTeu II, 48 [235,13–27] MUTSCHMANN = Frg. 247 USENER [p. 179,18–180,1] = Epicuro, *Opere*, Introduzione, testo critico, traduzione e note di Graziano Arrighetti, Classici della Filosofia 4 [Turin: Einaudi, 1960], 457 f.) sowie *Adversus Mathematicos* VIII 63–5 (BiTeu II, 116 [300,20–301,4] MUTSCHMANN = Frg. 253 USENER [p. 187,5–17], nicht bei Arrighetti) und Wilhelm HALBFASS, s. v. «Evidenz,» in *Historisches Wörterbuch der Philosophie* (Basel: Schwabe, 1972), 2: (829–832) 829 f.

295 Augustinus, *Epistula* 147,7 (CSEL 44, 280,23–281,2 GOLDBACHER = 120 NAAB): *Plane forsitan satis est, si praesentia illa hoc loco intellegamus dicta, quae praesto sunt sensibus siue animi siue corporis, unde etiam ducto uocabulo praesentia nominantur.*

296 So implizit auch Paul VAN GEEST, *The Incomprehensibility of God. Augustine as a Negative Theologian*, Late Antique History and Religion 4 = The Mystagogy of the Church Fathers 1 (Leuven: Peeters, 2011), (109–127) 113, zum philosophischen Hintergrund aaO. 24–41.

297 O'DONNELL, *Augustine. Confessions*, Vol. 3, 129 und schon COURCELLE, *Recherches sur les Confessions de Saint Augustin*, 129 f. weisen darauf hin, dass der Plural *mentes* sich eher Augustinus als Plotin oder Porphyrius verdankt.

298 Augustinus, *Epistula* 147,9 f. (CSEL 44, 283,9–15 GOLDBACHER = 128 NAAB): *Sed, ut puto, distinguis, quo modo uideat fidem suam, qua credit, et quo modo uideat illam resurrectionis imaginem in animo suo factam, quam, si hoc audit, uidet, etiam qui non credit. Haec ergo omnia uidet partim corpore partim mente. Uoluntatem uero eius, a quo audit, ut credat, et ipsam Christi resurrectionem non uidet, sed credit* sowie ebd. 147,11 (284,10–16 = 130): *Sed iam satis, ut puto, ista mea praelocutione recognouisti, quid sit uidere uel mente uel corpore et quid ab eis distet credere. Quod quidem fit mente et uidetur mente, quoniam menti nostrae fides nostra conspicua est. Sed tamen, quod eadem fide creditur, abest et ab aspectu corporis nostri, sicut abest corpus, in quo Christus resurrexit, et ab aspectu mentis alterius, sicut abest ab aspectu mentis meae fides tua.* – Für das Stichwort *praelocutio* vgl. oben S. 663 mit Anm. 287 mit Hinweis auf Augustinus, *Epistula* 147,5 (279,14 = 122).

299 Dazu vgl. Basil STUDER, *Zur Theophanie-Exegese Augustins. Untersuchung zu einem Ambrosius-Zitat in der Schrift «De videndo Deo» (ep. 147)*, Studia Anselmiana 59 (Rom: Herder/Rom: Editrice Anselmiana, 1971), 5–52 und DERS., *Gratia Christi – Gratia Dei bei Augustinus von Hippo. Christozentrismus oder Theozentrismus?*, Studia Ephemeridis ‹Augustinianum› 40 (Rom: Institutum Patristicum ‹Augustinianum›, 1993), 227–235. – Nicht zugänglich war mir Michel ALBARIC, *Les sources bibliques du De videndo deo de Saint Augustin* (Paris: Le Saulchoir, 1970).

300 Ambrosius, *Expositio evangelii secundum Lucam* I 24–27 (CChr.SL 14, 18,370–20,430 ADRIAEN) = Augustinus, *Epistula* 147,18 (CSEL 44, 289,7–292,5 GOLDBACHER = 136–140 NAAB). Die Aussage des Ambrosius ist «nicht schon aufgrund seiner Autorität, sondern aufgrund der Wahrheit gesichert»: 147,52 (328,11–13 = 186). Für die Beziehungen zwischen Augustinus und Ambrosius vgl. Ernst DASSMANN, s. v. «Ambrosius,» in *Augustinus-Lexikon* (Basel: Schwabe, 1986–1994), I: (270–285) 277–281; für die Bezüge auf Origenes die Nachweise bei NAAB, *Augustinus, Über Schau und Gegenwart des unsichtbaren Gottes*, 39–41; für Ambrosius in den trinitätstheologischen Auseinandersetzungen des vierten Jahrhunderts Christoph MARKSCHIES, *Ambrosius von Mailand und die Trinitätstheologie. Kirchen- und theologiegeschichtliche Studien zu Antiarianismus und Neunizänismus bei Ambrosius und im lateinischen Westen (364–381)*, Beiträge zur Historischen Theologie 90 (Tübingen: Mohr Siebeck, 1995), 84–216.

301 Augustinus, *Epistula* 147,12–17 (CSEL 44, 285,4–289,6 GOLDBACHER = 130–136 NAAB): Mt 5,8; 1Joh 3,2; Gen 32,30; Ex 33,11; Jes 6,11; Joh 14,9; Mt 18,10; Hebr 12,14; Bar 3,38 (für *scimus posse Deum uideri*); Joh 1,18; 1Joh 4,12; 1Tim 6,16 (für *Deum nemo uidit umquam*).

302 Ambrosius, *Expositio evangelii secundum Lucam* I 24 (CChr.SL 14, 18,377–

19,385 ADRIAEN) = Augustinus, *Epistula* 147,18 (CSEL 44, 289,15–290,3 GOLDBACHER = 136 NAAB): *Non enim similiter sensibilia uidentur et is, cuius in uoluntate situm est uideri et cuius naturae est non uideri, uoluntatis uideri. Nam si non uult, non uidetur; si uult, uidetur. Apparuit enim Deus Abrahae, quia uoluit* (Gen 18,1); *alii, quia noluit, non apparuit. Uisum est etiam Stephano, cum lapidaretur a populo, aperiri caelum, uisus est etiam Iesus stans ad dexteram dei et non est uisus a populo* (Apg 7,55); *uidit Esaias Dominum Sabaoth, sed alius uidere non potuit, quia, cui placuit, apparuit* (Jes 6,1). Ähnlich argumentiert Augustinus auch in der Zusammenfassung des Briefes 147,47 (322,18–323,7 = 178/180).

303 Ambrosius, *Expositio evangelii secundum Lucam* I 25 (CChr.SL 14, 19,93–99 ADRIAEN) = Augustinus, *Epistula* 147,18 (CSEL 44, 290,8–18 GOLDBACHER = 138 NAAB): *Aut adquiescatur igitur necesse est, si Deum patrem nemo uidit umquam, filium uisum esse in Ueteri Testamento et desinant haeretici ex uirgine ei principium dare, qui antequam nasceretur ex uirgine, uidebatur, aut certe refelli non potest uel patrem uel filium uel certe spiritum sanctum, si tamen est sancti spiritus uisio, ea specie uideri, quam uoluntas elegerit, non natura formauerit, quoniam spiritum quoque uisum accepimus in columba. Et ideo ‹Deum nemo uidit umquam›* (Joh 1,18), *quia eam, quae in deo habitat, plenitudinem diuinitatis nemo conspexit, nemo mente aut oculis comprehendit; uidit enim ad utrumque referendum est.*

304 Augustinus, *Epistula* 147,20 (CSEL 44, 294,11–22 GOLDBACHER = 142 NAAB): *Nam multi uiderunt, sed quod uoluntas elegit, non quod natura formauit, et illud, quod Iohannes ait, si recte intellegitur: ‹dilectissimi, filii dei sumus et nondum apparuit, quid erimus; scimus, quia, cum apparuerit, similes ei erimus, quoniam uidebimus eum, sicuti est›, non sicut eum homines uiderunt, quando uoluit, in specie, qua uoluit, non in natura, qua in semet ipso, etiam cum uideretur, latuit, sed ‹sicut est›, quod ab eo petebatur, cum ei diceretur: ‹ostende mihi temet ipsum ab eo, qui cum illo facie ad faciem loquebatur›, non quia dei plenitudinem quisquam non solum oculis corporis sed uel ipsa mente aliquando comprehendit.* – Für weitere Bezüge auf diese Bibelstelle im Œuvre des Augustinus vgl. Walter THIELE, VL 26/1 (Freiburg: Herder, 1956–1969), 298–300.

305 Hier hat Augustin im Laufe seines Lebens seine Position geändert: Vgl. Kari KLOOS, «Seeing the Invisible God. Augustine's Reconfiguration of Theophany Narrative Exegesis,» *Augustinian Studies* 36 (2005): 397–420 sowie VAN GEEST, *The Incomprehensibility of God. Augustine as a Negative Theologian*, 115 f.

306 Augustinus, *Epistula* 147,22 (CSEL 44, 296,24–297,2 GOLDBACHER = 146 NAAB): *Eo autem modo, quo uidetur, sicuti est, nunc fortasse uidetur a quibusdam angelis, a nobis autem tunc ita uidebitur, cum eis facti fuerimus aequales.* – Zu diesem Thema vgl. jetzt Ellen MUEHLBERGER, *Angels in Late Ancient Christianity* (Oxford: Oxford University Press, 2013), 43–57.

307 Augustinus, *Epistula* 147,19 (CSEL 44, 292,6–13 GOLDBACHER = 140 NAAB): *Si haec uerba intellegis, quid restat, quod a me amplius requiratur, cum iam illa, quae*

difficilis uidebatur, soluta sit quaestio? Discretum est quippe, quo modo dictum sit: deum nemo uidit umquam, et quo modo deum iusti antiqui uiderint, si illud propterea dictum est, quoniam deus natura est inuisibilis, illi autem ideo uiderunt, quicumque deum uiderunt, quia, cui uoluerit, sicut uoluerit, apparet ea specie, quam uoluntas elegerit, etiam latente natura. – Vgl. auch VAN GEEST, *The Incomprehensibility of God. Augustine as a Negative Theologian*, 116 f.

308 Augustinus, *Epistula* 147,28 (CSEL 44, 302,10–21 GOLDBACHER = 152–154 NAAB): *Et in iudicio enim futuro, quo sic uenturus est, quo modo uisus est iens in caelum, hoc est in eadem forma filii hominis, eandem formam uidebunt, quibus dicturus est: ‹esuriui et non dedistis mihi manducare›, quia et Iudaei ‹uidebunt, in quem pupugerunt›, non illam Dei formam, ‹in qua non rapinam arbitratus est esse aequalem Deo›. In illa dei forma tunc uidebunt eum, qui uidebunt, sicuti est. Nec ideo uidebunt, quia pauperes spiritu in hac uita fuerunt, quia mites, quia lugentes, quia esurientes et sitientes iustitiam, quia misericordes, quia pacifici, quia persecutionem passi propter iustitiam, quamuis et haec omnia idem ipsi sint, sed quia mundo sunt corde.*

309 Augustinus, *Epistula* 147,29 (CSEL 44, 303,10–19 GOLDBACHER = 154 NAAB): *Sed rursus, ne desiderium nostrum a corporis sensu ad alium corporis sensum migraret, hoc est ad aures ab oculis, ideo, cum dixisset: ‹nec corporalibus oculis deus quaeritur nec circumscribitur uisu nec tactu tenetur›, addidit etiam: ‹nec auditur affatu›* (Zitat aus der längeren Ambrosiuspassage *Expositio evangelii secundum Lucam* I 27 [CChr.SL 14, 20,418–427 ADRIAEN] = Augustinus, *Epistula* 147,18 [291,14–16 GOLDBACHER = 138 NAAB]), *ut, si possumus, unigenitum filium, ‹qui est in sinu patris›* (Joh 1,18), *sic intellegamus narrantem, quo modo et uerbum est non sonus auribus instrepens sed imago mentibus innotescens, ut illic interna et ineffabili luce clarescat, quod dictum est: ‹qui me uidit, uidit et patrem›* (Joh 14,9), *quod hic Philippo dicebatur, quando uidebat et non uidebat.* – Zu dieser Stelle vgl. STUDER, *Gratia Christi – Gratia Dei bei Augustinus von Hippo. Christozentrismus oder Theozentrismus?*, 229 f.

310 Augustinus, *Epistula* 147,29 (CSEL 44, 303,22–304,7 GOLDBACHER = 154/156 NAAB): *Non dixit* (sc. Ambrosius) *‹cum absens est› sed ‹cum absens putatur›; nusquam enim est absens, qui caelum et terram implet nec spatiis includitur paruis magnisue diffunditur, sed ubique totus est et nullo continetur loco. Hoc qui excedente mente intellegit, uidet deum, et cum absens putatur; qui autem hoc non potest, oret et agat, ut posse mereatur, nec ad hominem disputatorem pulset, ut, quod non legit, legat, sed ad deum saluatorem, ut, quod non ualet, ualeat.*

311 Augustinus, *Epistula* 147,31 (CSEL 44, 305,3–8 GOLDBACHER = 156 NAAB): *Deinde potest mouere, quo modo iam ipsa dei substantia uideri potuerit a quibusdam in hac uita positis, propter illud, quod dictum est ad Moysen: ‹nemo potest faciem meam uidere et uiuere›* (Ex 33,20), *nisi quia potest humana mens diuinitus rapi ex hac uita ad angelicam uitam, antequam per istam communem mortem carne soluatur.* Mose wird freilich nur eine gewissermaßen eingeschränkte Sicht geschenkt: 32 (306,3–307,4 = 158).

312 Augustinus, *Epistula* 147,44 (CSEL 44, 318,22–319,10 GOLDBACHER = 174 NAAB).

313 STUDER, *Gratia Christi – Gratia Dei bei Augustinus von Hippo. Christozentrismus oder Theozentrismus?*, 17–119, bes. 84–96 sowie Goulven MADEC, s. v. «Christus,» in *Augustinus-Lexikon* (Basel: Schwabe, 1986–1994), 1: (845–908) 869 f. 879–882.

314 Augustinus, *Epistula* 147,33 f. (CSEL 44, 307,10–308,13 GOLDBACHER = 160 NAAB): *Deinde subiungens, a qualibus deus uideatur illa contemplatione, sicuti est: ‹qui enim cognouit›, inquit, ‹quae sit latitudo et longitudo et altitudo et profundum, et supereminentem scientiae caritatem Christi›, uidit et Christum, uidit et Patrem* (*Expositio evangelii secundum Lucam* I 27 [CChr.SL 14, 20,424–427 ADRIAEN] = Augustinus, *Epistula* 147,18 [291,20–292,1 GOLDBACHER = 140 NAAB]). *Ego haec uerba apostoli Pauli sic intellegere soleo: in latitudine bona opera caritatis, in longitudine perseuerantiam usque in finem, in altitudine spem caelestium praemiorum, in profundo inscrutabilia iudicia dei, unde ista gratia in homines uenit, et hunc intellectum coaptare etiam sacramento crucis, ut in latitudine accipiatur transuersum lignum, quo extenduntur manus, propter operum significationem; in longitudine ab ipso usque in terram, ubi totum corpus crucifixum stare uidetur, quod significat persistere, hoc est longanimiter permanere; in altitudine ab ipso transuerso ligno sursum uersus, quod ad caput eminet, propter expectationem supernorum, ne illa opera bona atque in eis perseuerantia propter beneficia dei terrena ac temporalia facienda credantur sed potius propter illud, quod desuper sempiternum sperat fides, quae per dilectionem operatur; in profundo autem pars illa ligni, quae in terrae abdito defixa latet, sed inde consurgit omne illud, quod eminet, sicut ex occulta dei uoluntate uocatur homo ad participationem tantae gratiae alius sic alius autem sic; supereminentem uero scientiae caritatem christi eam profecto, ubi pax illa est, quae praecellit omnem intellectum.*

315 VAN GEEST, *The Incomprehensibility of God. Augustine as a Negative Theologian*, 125–127.

316 STUDER, *Gratia Christi – Gratia Dei bei Augustinus von Hippo. Christozentrismus oder Theozentrismus?*, 227 f.

317 Diese leidenschaftliche Bemühung wird beispielsweise daran deutlich, dass Augustinus noch einmal in einer Art Rekapitulation sicherzustellen versucht, dass Paulina verstanden hat, was er ausführen wollte: Augustinus, *Epistula* 147,37 (CSEL 44, 310,4–312,2 GOLDBACHER = 162–166 NAAB).

318 In der letzten Zeit sind zur sogenannten anthropomorphitischen Kontroverse vermehrt Beiträge erschienen: BUMAZHNOV, *Der Mensch als Gottes Bild im christlichen Ägypten*, 2–24; DERS., *Visio mystica im Spannungsfeld frühchristlicher Überlieferungen*, 1–18; Alexander GOLITZIN, «The Form of God and Vision of the Glory: Some Thoughts on the Anthropomorphite Controversy of 399 AD,» http://www.marquette.edu/maqom/morphe.html (letzter Zugriff: 04.06.2014); rumänische Übersetzung in *Mistagogia: Experiența lui Dumnezeu în Ortodoxie. Studii de teologie mistică*, Colecția Mistica (Sibiu: Deisis, 1998),

184–267; Graham GOULD, «The Image of God and the Anthropomorphite Controversy in Fourth Century Monasticism,» in *Origeniana Quinta. Historica – Text and Method – Biblica. Philosophica – Theologica – Origenism and Later Developments. Papers of the 5th International Origen Congress, Boston College, 14– 18 August 1989*, ed. Robert J. Daley, Bibliotheca Ephemeridum Theologicarum Lovaniensium 105, (Leuven: University Press/Uitgeverij Peeters, 1992), 549–557; Paul A. PATTERSON, *Visions of Christ: The Anthropomorphite Controversy of 399 CE*, Studien zu Antike und Christentum 68 (Tübingen: Mohr Siebeck, 2012), 2–25 (Forschungsgeschichte).
319 Dazu s. o. S. 87–94.
320 Zur Einführung in den gegenwärtigen Forschungsstand: Elizabeth A. CLARK, *The Origenist Controversy. The Cultural Construction of an Early Christian Debate* (Princeton: Princeton University Press, 1992); Jon F. DECHOW, *Dogma and Mysticism in Early Christianity. Epiphanius of Cyprus and the Legacy of Origen*, North American Patristic Society. Patristic Monograph Series 13 (Macon: Scholar's Press, 1988). Vgl. aber auch: Fred LEDEGANG, «Anthropomorphites and Origenists in Egypt at the End of the Fourth Century,» in *Origeniana septima. Origenes in den Auseinandersetzungen des vierten Jahrhunderts* [7. Internationales Origeneskolloquium, vom 25. bis zum 29. August 1997, Hofgeismar], hg. Wolfgang A. Bienert, Bibliotheca Ephemeridum Theologicarum Lovaniensium 137 (Leuven: University Press/Uitgeverij Peeters, 1999), 375–781 sowie (klassisch) Karl HOLL, «Die Zeitfolge des ersten origenistischen Streits,» in DERS., *Gesammelte Aufsätze zur Kirchengeschichte*, Bd. II *Der Osten* (Tübingen: Mohr Siebeck, 1928), 310–335 und Adolf JÜLICHER, «Bemerkungen zu der Abh. des Hrn. Holl ‹Die Zeitfolge des ersten origenistischen Streits›,» ebd., 335–350.
321 Für Ἀνθρωπομορφιανοί vgl. Socrates, *Historia ecclesiastica* VI 7,27 (GCS Sokrates, 324,19 HANSEN) sowie Sozomenus, *Historia ecclesiastica* VIII 12,12 (GCS Sozomenus, 366,12 BIDEZ/HANSEN); für Ἀνθρωπομορφῆται vgl. Timotheus Presbyter Constantinopolitanus, *De receptione haereticorum* (PG 86, 45 A = *Syntagma XIV Titulorum sine scholiis secundum versionem palaeo-slovenicam adjecto textu graeco e vetustissimis codicibus manuscriptis exarato*, Tomus primus, Vorwort von Jürgen Dummer, Subsidia Byzantina lucis ope iterata IIb [Sankt Petersburg: Kaiserliche Akademie der Wissenschaften, 1906 = Leipzig: Zentralantiquariat, 1974], 732,2 f. BENEŠEVIČ): Ἀνθρωπομορφῆται, οἵτινες λέγουσιν ἀνθρωπόμορφον εἶναι τὸ θεῖον.
322 S. o. S. 456 mit Anm. 12.
323 Martin WALLRAFF, *Der Kirchenhistoriker Sokrates. Untersuchungen zu Geschichtsdarstellung, Methode und Person*, Forschungen zur Kirchen- und Dogmengeschichte 68 (Göttingen: Vandenhoeck & Ruprecht, 1997), 227–230, Zitat aaO. 227; vgl. auch Glenn F. CHESNUT, *The First Christian Histories: Eusebius, Socrates, Sozomen, Theodoret, and Evagrius*, Second Edition, Revised and En-

larged (Macon, GA: Mercer University Press/Leuven: Peeters, 1986), 177–179.
324 CHESNUT, *The First Christian Histories: Eusebius, Socrates, Sozomen, Theodoret, and Evagrius*, 210.
325 Zu diesem höchst problematischen Paradigma zuletzt Peter GEMEINHARDT, «Volksfrömmigkeit in der spätantiken Hagiographie. Potential und Grenzen eines umstrittenen Konzepts,» *Zeitschrift für Theologie und Kirche* 110 (2013): 410–438 oder auch Christoph MARKSCHIES, «Hohe Theologie und schlichte Frömmigkeit? Einige Beobachtungen zum Verhältnis von Theologie und Frömmigkeit in der Antike», in: *Volksglaube im antiken Christentum*, hg. Heike Grieser u. Andreas Merkt (Darmstadt: Wissenschaftliche Buchgesellschaft, 2009), 456–471.
326 Socrates, *Historia ecclesiastica* VI 7,1: Ἦν μικρὸν ἔμπροσθεν ζήτησις κινηθεῖσα, πότερον ὁ Θεὸς σῶμα ἐστὶ καὶ ἀνθρώπου ἔχει σχῆμα, ἢ ἀσώματός ἐστιν καὶ ἀπήλλακται ἀνθρωπίνου τε καὶ παντός, ἁπλῶς εἰπεῖν, σωματικοῦ σχήματος (GCS Sokrates 322,7–9 HANSEN).
327 Socrates, *Historia ecclesiastica* VI 7,3: Καὶ μάλιστα μὲν πολλοὶ τῶν ἁπλοϊκῶν ἀσκητῶν σωματικὸν καὶ ἀνθρωπόμορφον τὸν Θεὸν εἶναι ἐβούλοντο· πλεῖστοι δὲ τούτων καταγινώσκοντες ἀσώματον εἶναι τὸν Θεὸν ἔλεγον, καὶ πάσης ἐκτὸς εἶναι σωματικῆς μορφῆς ἀπεφήναντο (GCS Sokrates 322,11–15 HANSEN).
328 Sozomenus, *Historia ecclesiastica* VIII 11,1 Ἐν τούτῳ δὲ οὐ πολλῷ πρότερον ἀρξαμένη ζήτησις κατὰ τὴν Αἴγυπτον κεκίνητο, εἰ τὸν θεὸν ἀνθρωπόμορφον δοξάζειν δεῖ. ταύτης δὲ τῆς γνώμης οἱ πλείους τῶν τῇδε μοναχῶν ἦσαν, ὑπὸ ἁπλότητος ἀβασανίστως τοὺς ἱεροὺς ἐκλαμβάνοντες λόγους καὶ ὀφθαλμοὺς θεοῦ καὶ πρόσωπον καὶ χεῖρας καὶ ὅσα τοιαῦτα προσετιθέντες ἀκούειν (GCS Sozomenus, 363,26–364,3 BIDEZ/HANSEN).
329 Sozomenus, *Historia ecclesiastica* VIII 11,2 οἱ δὲ τὴν ἐν τοῖς ὀνόμασι κεκρυμμένην διάνοιαν σκοποῦντες ἐναντίως εἶχον, καὶ τοὺς τοιάδε λέγοντας ἄντικρυς βλασφημεῖν εἰς τὸ θεῖον ἔλεγον (GCS Sozomemus, 364,3–5 BIDEZ/HANSEN).
330 Winrich A. LÖHR, s. v. «Theophilus von Alexandrien,» in *Theologische Realenzyklopädie* (Berlin/New York: De Gruyter, 2002), 33: 364–368 sowie Norman RUSSELL, *Theophilus of Alexandria*, The Early Church Fathers (London/New York: Routledge, 2007), 3–41; früher schon Hans-Georg OPITZ, s. v. «Theophilus von Alexandrien,» *Paulys Realencyclopädie der classischen Altertumswissenschaft* (München: Druckenmüller, 1934), V A 2: 2149–2165; Massey Hamilton SHEPHERD, Jr., «The Anthropomorphic Controversy in the Time of Theophilus of Alexandria,» *Church History* 7 (1938): 263–273; Agostino FAVALE, *Teofilo d'Alessandria (345 c. – 412). Scritti, vita e dottrina*, Biblioteca del Salesianum 41 (Torino: Società Editrice Internazionale, 1958), 43–178; Christopher HAAS, *Alexandria in Late Antiquity: Topo-*

graphy and Social Conflict (Baltimore, MD: Johns Hopkins University Press, 1997), 180–295; Tito ORLANDI, «Theophilus of Alexandria in Coptic Literature,» in *Monastica et ascetica, orientalia, e Saeculo Secundo, Origen, Athanasius, Cappadocian Fathers, Chrysostom, Augustine*. Papers presented to the Seventh International Conference on Patristic Studies held in Oxford 1975, hg. Elizabeth A. Livingstone, *Studia Patristica* 16/2 = Texte und Untersuchungen 129 (Berlin: Akademie-Verlag, 1985): 100–104; Claudia RAPP, *Holy Bishops in Late Antiquity. The Nature of Christian Leadership in a Time of Transition*, The Transformation of the Classical Heritage 37 (Berkeley u. a.: California University Press, 2005), 128 f. 147 f.; Norman RUSSELL, «Theophilus and Cyril of Alexandria on the Divine Image,» in *Origeniana Octava: Origen and the Alexandrian Tradition: Papers of the 8th International Origen Congress Pisa, 27–31 August 2001*, Lorenzo Perrone, ed. in Collaboration with Paolo Bernardini and Diego Marchini, Bibliotheca Ephemeridum Theologicarum Lovaniensium 164 (Leuven: Peeters, 2003), 2: 939–946; Duncan H. RYNOR, «The Faith of the Simpliciores: A Patriarch's Dilemma,» in *Cappadocian Fathers, Chrysostom and His Greek Contemporaries, Augustine, Donatism and Pelagianism*, ed. Elizabeth A. Livingstone, Studia Patristica 22 (Leuven: Peeters, 1989), 165–169 sowie Edward J. WATTS, *Riot in Alexandria: Tradition and Group Dynamics in Late Antique Pagan and Christian Communities*, Transformation of the Classical Heritage 46 (Berkeley u. a.: University of California Press, 2010), 190–207.

331 Johannes HAHN, «‹Vetus error extinctus est› – Wann wurde das Sarapeion von Alexandria zerstört?,» *Historia* 55 (2006): 368–383; ganz anders als Hahn rekonstruiert die Ereignisse und die Chronologie LÖHR, s. v. «Theophilus von Alexandrien,» 364 f.

332 Vgl. vor allem Rufinus, *Historia ecclesiastica* XI 22 f. 29–30 (GCS Eusebius II/2, 1025,7–1030,15. 1035,27–1036,2 MOMMSEN) und Eunapius, *Vitae sophistarum* VI 11 (38,10–40,19 GIANGRANDE = 472 f. BOISSONADE) sowie Johannes HAHN, «The Conversion of the Cult Statues: The Destruction of the Serapeion 392 A.D. and the Transformation of Alexandria into the ‹Christ-Loving City›,» in *From Temple to Church: Destruction and Renewal of Local Cultic Topography in Late Antiquity*, ed. Johannes Hahn, Stephen Emmel u. Ulrich Gotter, Religions in the Graeco-Roman World 163 (Leiden u. a.: Brill, 2008), 335–366; DERS., *Gewalt und religiöser Konflikt. Studien zu den Auseinandersetzungen zwischen Christen, Heiden und Juden im Osten des Römischen Reiches (von Konstantin bis Theodosius II.)*, Klio. Beihefte, Neue Folge 8 (Berlin: Akademie-Verlag, 2004), 78–101; Ramsay MACMULLEN, *Christianizing the Roman Empire A.D. 100–400* (New Haven/London: Yale University Press, 1984), 90–101; Richard W. BURGESS/Jitse H. F. DIJKSTRA, «The ‹Alexandrian World Chronicle›, its *Consularia* and the Date of the Destruction of the Serapeum (with an Appendix on the *Praefecti Augustales*),» *Millennium* 10

(2013): (39–113) 96 sowie allgemein zum Tempelbezirk Judith S. McKenzie, Sheila Gibson, Andres T. Reyes (with an Appendix by Günter Grimm and Judith S. McKenzie), «Reconstructing the Serapeum in Alexandria from the Archaeological Evidence», *Journal of Roman Studies* 94 (2004): (73–121) 107–110.

333 Vgl. dazu Joseph Wilpert, «Beiträge zur christlichen Archäologie XIII. Das Bild des Patriarchen Theophilos in einer alexandrinischen Weltchronik,» *Römische Quartalschrift* 24 (1910): 3–29 (aaO. 15–17 kritisch zu der Idee, Theophilus sei mit einem Nimbus versehen); Josef Strzygowski, «Wilperts Kritik meiner alexandrinischen Weltchronik,» *ebd.* 172–175 (aaO. 173: der «zweifellos vorhandene Nimbus») und Burgess/Dijkstra, «The ‹Alexandrian World Chronicle›, its *Consularia* and the Date of the Destruction of the Serapeum,» 88 f.

334 Hier zitiert nach: *Excerpta latina barbari* ad annum 384 (Chronica minora I, 370,3–5 Frick = 310 Garstad): *Eo anno Timotheus episcopus Alexandrinus obit, Epifi XXVI, et sedit pro eo Theofilus archidiaconus annos XXVIII et illos sacrilegos exterminavit.* In den griechischen Chronikfragmenten des Papyrus Golenischev hat die Passage keine Parallele: Burgess/Dijkstra, «The ‹Alexandrian World Chronicle›, its *Consularia* and the Date of the Destruction of the Serapeum,» 50.

335 S. o. S. 314 bzw. 672 mit Anm. 334.

336 Sogenannte «Alexandrinische Weltchronik» (Papyrus Golenischev Inv. Nr. 310, fol. 6[verso]: *Repertorium der griechischen christlichen Papyri* Vol. II *Kirchenväter-Papyri*, Tl. 1 *Beschreibungen*, im Namen der Patristischen Arbeitsstelle Münster hg. Kurt Aland † u. Hans-Udo Rosenbaum, Patristische Texte und Studien 42 (Berlin/New York: De Gruyter, 1995), KV 1, S. 1–10; vgl. Adolf Bauer u. Josef Strzygowski, *Eine alexandrinische Weltchronik, Text und Miniaturen eines griechischen Papyrus der Sammlung W. Goleniščev herausgegeben und erklärt*, Denkschriften der Kaiserlichen Akademie der Wissenschaften in Wien. Philosophisch-historische Klasse 51/2 (Wien: Gerold, 1905), 152 f. sowie Henri Leclercq, s. v. «Chronique alexandrine,» in *Dictionnaire d'archéologie chrétienne et de liturgie* (Paris: Letouzey et Ané, 1911), 3/1: 1546–1553. – Der Text jetzt in: *Apocalypse of Pseudo-Methodius. An Alexandrian World Chronicle*, ed. and transl. Benjamin Garstad, Dumbarton Oaks Medieval Library (Cambridge, MA/London: Harvard University Press, 2012), XVIII–XXXVI. XXXVIII–XXXIX (Einleitung) und 141–311 (Text) 347–387 (Anmerkungen); zur Datierung Otto Kurz, «The Date of the Alexandrian World Chronicle,» in *Kunsthistorische Forschungen. Otto Pächt zu seinem 70. Geburtstag*, hg. Artur Rosenauer (Salzburg: Residenz, 1972), 17–22.

337 Diesen Zusammenhang betont immer wieder Clark, *The Origenist Controversy. The Cultural Construction of an Early Christian Debate*, 8: «A second historical dimension of the Origenist controversy I have highlighted (sc. neben

der zentralen Rolle von Frauen in der Debatte, C. M.) is the role that pagan-Christian conflict played in it».

338 Hieronymus, *Epistula* 92 (CSEL 55², 147,1–155,2 HILBERG) = CPG II, 2596; zum Kontext der Synode vgl. CLARK, *The Origenist Controversy. The Cultural Construction of an Early Christian Debate*, 105–111 sowie RUSSELL, *Theophilus of Alexandria*, 14–24. 89–91.

339 Hieronymus, *Epistula* 92,3 (CSEL 55², 150,11–20 HILBERG): *Haec et huiusce modi sub nomine monachorum quidam sentientes et docentes in monasteriis uersabantur, cumque indigne ferrent auctorem tanti mali cum suo errore damnari, quosdam inopes et seruos spe gulae sollicitatos suo iunxere comitatui et facto cuneo sedenti mihi Alexandriae uim facere conati sunt uolentes causam Isidori, quam nos propter uerecundiam et ecclesiae disciplinam episcoporum iudicio seruabamus, proferre in medium et auribus ethnicorum dictu pudenda ingerere, ut seditio et turbae contra ecclesiam miscerentur; quorum consilia destruxit deus sicut Achitofel* (vgl. für Ahitofel 2Sam 16,23: Sein Rat galt als so zutreffend, dass man ihn mit dem Rat Gottes verglich) – Zum alexandrinischen Presbyter Isidor und seiner Verwicklung in die Auseinandersetzungen vgl. unten S. 319 bzw. 675 mit Anm. 355 sowie RUSSELL, *Theophilus of Alexandria*, 14–24) und DECHOW, *Dogma and Mysticism in Early Christianity. Epiphanius of Cyprus and the Legacy of Origen*, 161–164.

340 Hieronymus, *Epistula* 92,3 (CSEL 55², 150,22–151,4 HILBERG): *Interim mulier et filius eius adolescens ab his producitur in medium et in loco urbis celeberrimo, quem, ni fallor, Genium uocant, conlocantur. Clamitant, quicquid in nostram inuidiam esse credebant, gentilium contra nos populo contionantes ea, quae aures infidelium libenter audirent. Inter quae etiam destructionis Sarapii et aliorum idolorum eos quasi in fugam admonentes uociferantur: ‹non sunt in iura templorum in nitriae monasteriis›. Haec autem uniuersa faciebant putantes sibi turbas iungi infidelium et Isidorum episcoporum iudicio eripi, ne cum matre audiretur et puero et <ut> nobis inuidiam concitarent, qui uolebamus eum praesentibus clericis et fideli populo in ecclesia patienter audiri et seruari in persona eius cum omni timore dei et mansuetudine ecclesiasticam regulam.* – Der handschriftlich belegte Satz ‹non sunt in iura tepulorum in nitriae monasteriis› scheint mir nicht, wie Isidor Hilberg dachte, eine crux interpretum (p. 150,28 f. mit App.), sondern die verkürzte mündliche Rede; freilich muss (wie schon in den frühen Editionen) das sinnlose *tepulorum* in *templorum* korrigiert werden.

341 HAHN, *Gewalt und religiöser Konflikt*, 91.

342 Palladius Helenopolitanus, *Dialogus de vita Sancti Chrysostomi* 6 (SC 341, 130,46–140,139 MALINGREY); für die Affäre vgl. u. a. CLARK, *The Origenist Controversy. The Cultural Construction of an Early Christian Debate*, 47–51 und FAVALE, *Teofilo d'Alessandria (345 c. – 412). Scritti, vita e dottrina*, 96 f.

343 Palladius Helenopolitanus, *Dialogus de vita Sancti Chrysostomi* 6 (SC 341, 128,23 f. MALINGREY): Θεοφίλου, καλουμένου Ἀμφαλλάξ; zur Übersetzung vgl. Anne-Marie MALINGREY, aaO. 128 f. Anm. 2 sowie 6 (132,62 f.):

λιθομανία γάρ τις αὐτὸν Φαραώνιος ἔχει εἰς οἰκοδομήματα, ὧν οὐδαμῶς χρῄζει ἡ ἐκκλησία.

344 *Clavis Patrum Graecorum* Vol. II *Ab Athanasio ad Chrysostomum*, cura et studio Maurice Geerard (Turnhout: Brepols, 1974), Nr. 2580–2623, S. 112–123 mit *Clavis Patrum Graecorum*. *Supplementum*, cura et studio Maurice Geerard et Jacques Noret, adjuvantibus François Glorie et J. Desmet (Turnhout: Brepols, 1998), Nr. 2585–2681, S. 90–95; RUSSELL, *Theophilus of Alexandria*, 45–49.

345 Socrates, *Historia ecclesiastica* VI 7,4 (GCS Sokrates, 322,15–17 HANSEN): Οἷς καὶ Θεόφιλος συνεφώνει ὁ τῆς Ἀλεξανδρείας ἐπίσκοπος, ὡς καὶ ἐπὶ τῆς ἐκκλησίας ἐπὶ τοῦ λαοῦ καταδραμεῖν μὲν τῶν ἀνθρωπόμορφον λεγόντων τὸ Θεῖον, ἀσώματον δὲ αὐτὸν δογματίσαι τὸν Θεόν.

346 S. o. S. 87–94.

347 Vgl. oben S. 670 mit Anm. 329.

348 Eine Ausnahme bildet die einzige vollständig überlieferte Predigt *De mystica cena* (CPG II, 2617 = PG 77, 1016 C – 1029 B; englische Übersetzung bei RUSSELL, *Theophilus of Alexandria*, 52–60). Obwohl sie in den Handschriften Cyrill von Alexandrien zugeschrieben ist, hat Marcel RICHARD nachweisen können, dass Theophilus sie während der Auseinandersetzungen der Jahre 399 bis 401 n. Chr. in Alexandria gehalten hat, vielleicht am Gründonnerstag, 29.03.400 (DERS., «Une homélie de Théophile d'Alexandrie sur l'institution de l'Eucharistie,» *Revue d'histoire ecclesiastique* 33 [1937]: 46–54 = DERS., *Opera minora*, Vol. II [Turnhout: Brepols/Leuven: Peeters, 1976], Nr. 37).

349 Theophilus Alexandrinus, *Epistula festalis prima (ad annum 386)* bei Cosmas Indicopleustes, *Topographia Christiana* X 17 (SC 197, 257,1–4 WOLSKA-CONUS = CPG II, 2580): Θεοφίλου, ἐκ τῆς α΄ ἑορταστικῆς· Ἵνα τῶν γηΐνων ἄνω γενόμενοι πράξεων εἰς τὸν ὑψηλὸν τῆς ἀρετῆς οἶκον, καθάπερ οἱ μαθηταί, φάγωμεν ἐν τῷ ἀναγαίῳ τὸ πάσχα, ἔχοντες μεθ᾽ ἑαυτῶν τὸν ὑπὲρ ἡμῶν τυθέντα Χριστόν, ὅλον αὐτὸν ὡς ζωὴν ἐσθίοντες.

350 Nachweise sowohl für pro- wie antichalcedonensische Traditionen in *Clavis Patrum Graecorum* Vol. II *Ab Athanasio ad Chrysostomum*, 112 f.

351 Theophilus Alexandrinus, *Epistula festalis quinta (ad annum 390)* bei *Gesta Ephesina* 54 [VIIII] (Collectio Vaticana: ACO I/1/2, 41,18 f. SCHWARTZ = CPG II, 2582): (...) ἵνα μὴ ἐξ ἡδονῆς καὶ ὕπνου, καθάπερ ἐπὶ τῶν ἄλλων ἀνθρώπων ἔχει, δέξηται σῶμα. – Die Bibelstelle formuliert etwas abweichend ἐκ σπέρματος ἀνδρὸς καὶ ἡδονῆς ὕπνῳ συνελθούσης.

352 Theophilus Alexandrinus, *Epistula festalis sexta (ad annum 391)* bei *Gesta Ephesina* 54 [VIIII] (Collectio Vaticana: ACO I/1/2, 41,28. 42,4 f. SCHWARTZ = CPG II, 2583): (...) οὐχ οἷά τινος τιμίας ὕλης, οὐρανίου λαβόμενος σώματος, πρὸς ἡμᾶς ἀφῖκται, (...) τῆς φύσεως ἡμῶν τὴν ἀσθένειαν ἐκδεχόμενος διὰ τὰς προλαβούσας αἰτίας.

353 Die Bedeutung der verschiedenen Netzwerke und ihrer unterschiedlichen

SECHSTES KAPITEL: SPÄTANTIKE CHRISTLICHE THEOLOGIE 675

Dichte arbeitet besonders heraus CLARK, *The Origenist Controversy. The Cultural Construction of an Early Christian Debate*, 11–42, insb. 17–19 zur vorausgesetzten Theorie und aaO. 38–40 zur mathematischen Kalkulation der Dichte solcher Eliten-Netzwerke.

354 Zu diesen Vermittlungsmissionen ausführlich RUSSELL, *Theophilus of Alexandria*, 13–15; für die Konflikte in Antiochia, das sogenannte melitianische Schisma, vgl. klassisch Ferdinand CAVALLERA, *Le schisme d'Antioche (IVe–Ve siècle)*, (Paris: Picard, 1905), 71–298 und FAVALE, *Teofilo d'Alessandria (345c. – 412)*, 72–77; für Bostra DERS., aaO., 79.

355 Zitat aus Ioannes Hierosolymitanus, *Apologia ad Theophilum* bei Hieronymus, *Contra Ioannem Hierosolymitanum* 37 (CChr.SL 79A, 73,32–35 FEIERTAG): *Misisti religiosissimum hominem Dei Isidorum presbyterum, uirum potentem tam ex ipsa incessu et habitus dignitate quam diuinae intellegentiae curare etiam eos qui animo vehementer aegrotant, si tamen sensum sui languoris habebant.* – Vgl. für die folgenden Auseinandersetzungen die unterschiedlichen Chronologien von HOLL, «Die Zeitfolge des ersten origenistischen Streits,» 311–323; JÜLICHER (bei HOLL, aaO. 335–350) und Pierre NAUTIN, «La lettre de Théophile d'Alexandrie à l'Église de Jérusalem et la réponse de Jean de Jérusalem (Juin-Juillet 396),» *Revue d'Histoire Ecclésiastique* 69 (1974): 365–394 sowie DERS., «Études de chronologie hiéronymienne (393–397),» *Revue des Études Augustiniennes* 18 (1972): 209–218 sowie 19 (1973): 69–86. 213–239 und 20 (1974): 251–284. OPITZ, s. v. «Theophilos 18),» 2135 folgt HOLL. Rowan WILLIAMS, s. v. «Origenes/Origenismus,» in *Theologische Realenzyklopädie* (Berlin/New York: De Gruyter, 1995), 25: (397–420) 415–417, LÖHR, s. v. «Theophilus von Alexandrien,» 365 und RUSSELL, *Theophilus of Alexandria*, 15–17 folgen der Chronologie von Nautin. Die Differenzen zwischen Holl und Jülicher (und Nautin) werden meist gar nicht ausführlich diskutiert, auch nicht bei CLARK, *The Origenist Controversy. The Cultural Construction of an Early Christian Debate*, die eher Holl zu folgen scheint: aaO. 11 Anm. 1.

356 Christoph MARKSCHIES, s. v. «Epiphanios von Salamis,» in *Der Neue Pauly. Enzyklopädie der Antike* (Stuttgart/Weimar: Metzler, 1997), 3: 1152 f.; zur frühen monastischen Biographie jetzt ausführlich Oliver KÖSTERS, *Die Trinitätslehre des Epiphanius von Salamis. Ein Kommentar zum «Ancoratus»*, Forschungen zur Kirchen- und Dogmengeschichte 86 (Göttingen: Vandenhoeck & Ruprecht, 2003), 17–76 und vorher schon CLARK, *The Origenist Controvery. The Cultural Construction of an Early Christian Debate*, 85–95 sowie DECHOW, *Dogma and Mysticism in Early Christianity*, 31–43. Die kirchenpolitischen Hintergründe beleuchtet Federico FATTI, «*Pontifex tantus*. Giovanni, Epifanio e le origini della prima controversia origenista,» *Adamantius* 19 (2013): 30–49, die rhetorischen Dimensionen Krastu BANEV, *Theophilus of Alexandria and the First Origenist Controversy. Rhetoric and Power*, Oxford Early Christian Studies (Oxford: Oxford University Press, 2015), 107–149.

357 Die unterschiedlichen Ansätze zur Datierung sind übersichtlich dargestellt bei CLARK, *The Origenist Controversy. The Cultural Construction of an Early Christian Debate*, 132 Anm. 362. Frau Clark optiert m. E. sinnvollerweise wegen der kritischen Haltung gegenüber dem alexandrinischen Presbyter Isidor in Kapitel 37 (CChr.SL 79A, 73,37–50 FEIERTAG) eher für 397 n. Chr. als für die beiden voraufgehenden Jahre. HOLL und JÜLICHER («Die Zeitfolge des ersten origenistischen Streits», 319) beziehen sich auf Kapitel 42 *ante paucos menses, circa dies Pentecostes, cum obscurato sole omnis mundus iamiamque uenturum iudicem formidaret* (79,5–7) und entscheiden sich für die Sonnenfinsternis vom 6. April 395 n. Chr. NAUTIN, «Études de chronologie hiéronymienne (393–397),» *Revue des Études Augustiniennes* 18 (1972): 210–215 votiert dagegen für 397 n. Chr. – Zur Argumentation in der Schrift vgl. Ilona OPELT, *Hieronymus' Streitschriften* (Heidelberg: Winter, 1973), 64–82.

358 Hieronymus, *Contra Ioannem Hierosolymitanum* 10 f. (CChr.SL 79A, 18,13–20,33 FEIERTAG); eine farbige Nacherzählung der Szene auch bei John Norman Davidson KELLY, *Jerome. His Life, Writings, and Controversies* (London: Duckworth, 1975), 195–209.

359 Die Ansetzung dieses Datums hängt von grundlegenden Weichenstellungen bei der Datierung des ersten origenistischen Streites ab: HOLL votiert («Die Zeitfolge des ersten origenistischen Streits,» 323) wegen der Angabe *post triennium* in Hieronymus, *Contra Ioannem Hierosolymitanum* 1 (CChr.SL 79A, 5,11–6,15 FEIERTAG: *Nosti, Pammachi, nosti me ad hoc opus non inimicitiis, non gloriae cupiditate descendere, sed prouocatum litteris tuis ex ardore fidei, ac uelle, si fieri posset, omnes id ipsum sapere, nec impatientiae ac temeritatis posse reprehendi, qui post triennium loquor*) für Ostern 390 n. Chr. als Datum der Predigt und Sommer 393 n. Chr. als Datum des Briefes von Epiphanius gegen Johannes; JÜLICHER (bei HOLL, aaO. 336 f.) bezieht das Triennium (m. E. zutreffend) auf die Zeit vom Ausbruch des Streits bis zur Abfassung der Schrift *Contra Ioannem Hierosolymitanum* und datiert das Predigtduell auf die Kirchweihfesttage 392 n. Chr. Dagegen datiert NAUTIN den Brief des Epiphanius auf 394 n. Chr. («La lettre de Théophile d'Alexandrie à l'Église de Jérusalem et la réponse de Jean de Jérusalem (Juin-Juillet 396),» 24 f.) und das Predigtduell auf Kirchweih 393 n. Chr. («Études de chronologie hiéronymienne (393–397),» *Revue des Études Augustiniennes* 19 [1973]: 69–73), weil Epiphanius sich wegen seiner Verpflichtungen zu Ostern nicht aus Salamis und von Zypern habe wegbegeben können.

360 Hieronymus, *Contra Ioannem Hierosolymitanum* 10 (CChr.SL 79A, 18,13–22 FEIERTAG): *Si enim nulla de dogmatibus quaestio uersabatur, si stomachum senis non moueras, si tibi ille nihil responderat, quid necesse erat ut in uno ecclesiae tractatu de cunctis dogmatibus, homo non satis eloquens, disputares, et de Trinitate, de adsumptione dominici corporis, de cruce, de inferis, de angelorum natura, de animarum statu, de resurrectione saluatoris et nostra, et, inter cetera, quae forsitan oblitus es scribere*

praesentibus populis et tali ac tanto uiro intrepidus diceres, et omnia una saliua continuares?

361 Hieronymus, *Contra Ioannem Hierosolymitanum* 11 (CChr.SL 79A, 20,14–22 FEIERTAG): *Recordare, quaeso, illius diei, quando ad horam septimam inuitatus populus spe sola, qua postea audituri essent Epiphanium, detinebatur, quid tunc contionatus sis. Nempe contra Anthropomorphitas, qui simplicitate rustica deum habere membra, quae in diuinis libris scripta sunt, arbitrantur, furens et indignans loquebaris, oculosque et manus et totius corporis truncum in senem dirigebas, uolens illum suspectum facere stultissimae haereseos.*

362 Hieronymus, *Contra Ioannem Hierosolymitanum* 11 (CChr.SL 79A, 20,22–33 FEIERTAG): *Postquam lassus, ore arido resupina que ceruice ac trementibus labiis conticuisti, et tandem totius populi uota completa sunt, quid tibi fecit delirus et fatuus senex? Surrexit, ut se indicaret pauca dicturum esse, salutatque et manu et uoce ecclesiam. ‹Cuncta›, inquit, ‹quae locutus est collegio frater, aetate filius meus, contra Anthropomorphitarum haeresim, bene et fideliter est locutus. Quae mea quoque damnatur uoce. Sed aequum est ut quomodo hanc haeresim condemnamus, etiam Origenis peruersa dogmata condemnemus›. Qui risus omnium, quae acclamatio consecuta sit, puto quod retineas.*

363 Hieronymus, *Contra Ioannem Hierosolymitanum* 14 (CChr.SL 79A, 24,19–32 FEIERTAG): *Quia uero interdum solent homines laudare quos non probant, et alienam stultitiam cassis nutrire praeconiis, non solum tua dicta laudauit, sed laudauit atque miratus est, et ne miraculum quoque parum esset, catholicae esse fidei omni populo declarauit. Haec quam uere dixeris, et nos testes sumus, qui audiuimus, ad quos tuis uocibus perturbatus uenit exanimis, temere communicasse se dicens, rogatusque ab omni monasterio ut ad te de Bethleem reuerteretur, tantorum preces non ferens, sic reuersus est uespere, ut medio noctis aufugeret, et litterae ad papam Siricium probant. Quas si legeris, peruidebis quomodo tua dicta miratus sit et catholica declarauerit. Uerum nugas terimus, et aniles et superfluas cantilenas longo sermone conuincimus.*

364 HOLL, «Die Zeitfolge des ersten origenistischen Streits», 312 f. bezieht sich für beide Zusammenhänge auf *Contra Ioannem Hierosolymitanum* 14 (CChr.SL 79A, 24,26 FEIERTAG) *temere communicasse se dicens* und auf *Epistula* 51,1 (CSEL 54², 396,5–7 HILBERG) *et propter nostram paruitatem et litteras, quas ad eos crebro direximus, communionis quoque tuae coeperunt habere discordiam.* Anders JÜLICHER (bei HOLL, «Die Zeitfolge des ersten origenistischen Streits», 336), der auf eine gemeinsame Reise des Epiphanius und des Johannes von Jerusalem nach Bethel hinweist, die in der von Hieronymus übersetzten Anklageschrift des Epiphanius (Hieronymus, *Epistula* 51,9 [411,3–11]; zu diesem Text vgl. die übernächste Anmerkung) berichtet wird. Deswegen rechnet Jülicher damit, dass die dramatischen Szenen in der Jerusalemer Grabeskirche zunächst keine weiteren Folgen hatten und der Konflikt erst wegen der Weihe richtig ausbrach; ähnlich KELLY, *Jerome. His Life, Writings, and Controversies*, 199. Ich halte für eher unwahrscheinlich, dass das öffentliche Predigtduell so

folgenlos geblieben sein sollte (immer vorausgesetzt, dass Hieronymus bei seiner Beschreibung der Szene nicht vollkommen übertrieben hat). Falls die Reise wirklich in die Zeit zwischen Predigtduell und Ordination gefallen sein sollte (was unsicher ist), mag sie zum Zweck einer Versöhnung unternommen worden sein.

365 Vgl. Epiphanius bei Hieronymus, *Epistula* 51,1 (CSEL 54², 396,18–397,24 HILBERG); ders., *Epistula* 82,4. 8 (CSEL 55², 111,15–18. 114,14–115,2 HILBERG) und *Contra Ioannem Hierosolymitanum* 40 f. (CChr.SL 79A, 77,1–79,36 FEIERTAG); zu den Ereignissen HOLL, «Die Zeitfolge des ersten origenistischen Streits», 313 f. und JÜLICHER bei HOLL aaO., 337 f., NAUTIN, «Études de chronologie hiéronymienne (393–397),» *Revue des Études Augustiniennes* 19 (1973): 76–78 (April/Mai 394 n. Chr.) sowie KELLY, *Jerome. His Life, Writings, and Controversies*, 200 f. Vgl. auch Young Richard KIM, «Epiphanius of Cyprus vs. John of Jerusalem: An Improper Ordination and the Escalation of the Origenist Controversy,» in *Episcopal Elections in Late Antiquity*, ed. Johan Leemans, Peter van Nuffelen, Shawn W. J. Keough and Carla Nicolaye, Arbeiten zur Kirchengeschichte 119 (Berlin/Boston: De Gruyter, 2011), (411–422) 416–421.

366 So Hieronymus, *Epistula* 82,8 (CSEL 55², 114,21–115,2 HILBERG).

367 Der Brief (CPG II, 3754) ist wieder vollständig nur in einer Übersetzung des Hieronymus erhalten: Hieronymus, *Epistula* 51 (CSEL 54², 395,5–412,5 HILBERG), griechische Fragmente bei Paul MAAS, «Die ikonoklastische Episode in dem Brief des Epiphanios an Johannes,» *Byzantinische Zeitschrift* 30 (1929/1930): 279–286 = DERS., *Kleine Schriften*, hg. Wolfgang Buchwald (München: Beck, 1973), 437–445 und bei Wolfgang LACKNER, «Zum Zusatz zu Epiphanios' von Salamis Panarion, Kap. 64,» in *Vigiliae Christianae* 27 (1973): 56–58.

368 Hieronymus, *Epistula* 51,3 (CSEL 54², 400,4–7 HILBERG): *Quapropter obsecro te, dilectissime, et aduolutus pedibus tuis precor: praesta mihi et tibi, ut salueris, sicuti scriptum est, a generatione peruersa; et recede ab heresi Origenis et a cunctis heresibus, dilectissime.*

369 Hieronymus, *Epistula* 51,3 (CSEL 54², 400,7–10 HILBERG): *Uideo enim, quod propter hanc causam omnis uestra indignatio concitata sit, quod dixerim uobis: ‹Arrii patrem et aliarum hereseon radicem et parentem laudare non debetis›.* – Vgl. Epiphanius, *Panarion haereses* 64,42 (GCS Epiphanius II, 410,5–7 HOLL/DUMMER [mit den Nachweisen im App. auf weitere Passagen]); zur Genese des Anti-Origenismus bei Epiphanius jetzt KÖSTERS, *Die Trinitätslehre des Epiphanius von Salamis. Ein Kommentar zum «Ancoratus»*, 22 f.

370 Rufinus, *Prologus in Clementis Recognitionis* 2 (CChr.SL 20, 281,5–13 SIMONETTI = GCS Pseudoklementinen II, 3,5–12 REHM/STRECKER).

371 Palladius Helenopolitanus, *Historia Lausiaca* 55 (Texts and Studies VI/2, 148,15 f. BUTLER); vgl. für Silvia/Silviana (so Palladius) und Verwandtschaft

Arnold Hugh Martin JONES, John Robert MARTINDALE und John MORRIS, *The Prosopography of the Later Roman Empire*, Vol. I *A. D. 260–395* (Cambridge: Cambridge University Press, 1971), s. v. Silvia p. 842 und Martin HEINZELMANN, «Gallische Prosopographie 260–527,» *Francia* 10 (1982): (531–718), s. v. Silvia 1, S. 695. Kritisch zur Identifikation Charles PIETRI † und Luce PIETRI, *Prosopographie de l'Italie Chrétienne (313–604)*, Vol. 2 L – Z, Prosopographie chrétienne du Bas-Empire 2/2 (Rom: École Française de Rome, 2000), 2072. Zum Thema auch Stefan REBENICH, *Hieronymus und sein Kreis. Prosopographische und sozialgeschichtliche Untersuchungen*, Historia. Einzelschriften 72 (Stuttgart: Steiner, 1992), 258 f. sowie Edward D. HUNT, «St. Silvia of Aquitaine. The Role of a Theodosian Pilgrim in the Society of East and West,» *Journal of Theological Studies* 23 (1972): 351–373 mit DERS., *Holy Land Pilgrimage in the Later Roman Empire AD 312–460* (Oxford: Clarendon Press, 1998), 159 f. 190 Anm. 55 und 199 und Paul DEVOS, «Silvie la sainte pèlerine,» *Analecta Bollandiana* (1973): 105–121; «Silvie la sainte pèlerine. II. En Occident,» *Analecta Bollandiana* 92 (1974): 321–343.

372 S. o. S. 267–283.

373 Rufinus, *Apologia contra Hieronymum* II 15 (CChr.SL 20, 94,14–95,25 SIMONETTI): *Ego, qui sex annis dei causa demoratus sum, et iterum, post interuallum aliquod, aliis duobus, ubi erat Didymus, de quo tu solo te iactas, et ubi alii nihilominus illo non inferiores, quos tu ne facie quidem tenus nosti, Serapion et Amenites, uiri natura et moribus et eruditione germani, ubi Paulus senex, Petri martyris discipulus; et ut ad eremi magistros ueniam, quibus et adtentius et frequentius uacabamus, ubi Macharius, Antonii discipulus, et alter Macharius et Isidorus et Pambus, omnes amici Dei, qui nos haec docebant, quae ipsi a deo discebant: quantam ego, si hoc ita deceret aut expediret, de his omnibus habere iactantiae materiam possem?*

374 So scheint CLARK, *The Origenist Controversy. The Cultural Construction of an Early Christian Debate*, 45 Anm. 7 die Zusammenhänge zu erklären, sie verweist auf Hieronymus, *Contra Ioannem Hierosolymitanum* 5 (CChr.SL 79A, 11,1–18 FEIERTAG) und die Ansichten Rufins, die Hieronymus mitteilt: *Apologia contra Rufinum* II 21 (SC 303, 160,1–29 LARDET).

375 So auch HOLL, «Die Zeitfolge des ersten origenistischen Streits,» 314.

376 NAUTIN, «Études de chronologie hiéronymienne (393–397),» *Revue des Études Augustiniennes* 19 (1973): 79–81.

377 Hieronymus, *Contra Ioannem Hierosolymitanum* 37 (CChr.SL 79A, 73,42–73,54 FEIERTAG): *Alioquin et litterae manu eius scriptae, quae ante tres menses legationis ad uos directae erant, errorem portantes, Vincentio presbytero redditae sunt, quae usque hodie ab eo tenentur; quibus cohortatur ducem exercitus tui, ut super petram fidei stabili persistat gradu, nec nostris neniis terreatur. Pollicetur se antequam legationis esset ulla suspicio, uenturum Hierosolymam et ad aduentum suum ilico aduersariorum cuneos proterendos. Et inter cetera his etiam uerbis utitur:* ‹*Quomodo fumus in aere dissoluitur, et cera ad uiciniam ignis liquescit, ita dissipabuntur qui semper eccle-*

siasticae fidei resistentes, nunc per homines simplices eandem fidem inquietare conantur›.

378 NAUTIN, «La lettre de Théophile d'Alexandrie à l'Église de Jérusalem et la réponse de Jean de Jérusalem (Juin-Juillet 396),» 368 f.; allgemein zu den Ereignissen FAVALE, *Teofilo d'Alessandria (345 c. – 412),* 88–93. 96–102; KELLY, *Jerome. His Life, Writings, and Controversies,* 204–207.

379 Die Rekonstruktion dieses Schreibens findet sich bei NAUTIN, «La lettre de Théophile d'Alexandrie à l'Église de Jérusalem et la réponse de Jean de Jérusalem (Juin-Juillet 396),» 370–380 (kritische Edition des lateinischen Textes, französische Übersetzung und Kommentar). Vorher hatte sich an der Aufgabe schon versucht: Carl Paul CASPARI, «Ein Glaubensbekenntniss des Bischofs Johannes von Jerusalem (386–417) in syrischer Übersetzung aus einer nitrischen Handschrift, sammt Allem, was uns sonst von Johannes übrig geblieben,» in DERS., *Ungedruckte, unbeachtete und wenig beachtete Quellen zur Geschichte des Taufsymbols und des Glaubenssymbols,* Teil 1 (Christiania: Malling, 1866 = Brüssel: Culture et Civilisation, 1964), (161–212) 166–172.

380 Hieronymus, *Contra Ioannem Hierosolymitanum* 5 (CChr.SL 79A, 11,1–7 FEIERTAG): *Sed dicis: ‹Epistulam meam probauit Alexandrinus episcopus›. Quid probauit? Contra Arium, contra Photinum, contra Manichaeum bene locutum? Quis enim te hoc tempore arguit Arianum? Quis tibi nunc Photini, Manichaei crimen impingit? Olim ista emendata sunt atque concussa. Non eras tam stultus, ut aperte defenderes haeresim, quam sciebas ecclesiae displicere.*

381 Zu Geschichte und Problematik dieses Terminus' vgl. Christoph MARKSCHIES, «On Classifying Creeds the Classical German Way: ‹Privat-Bekenntnisse› (‹Private Creeds›),» in: *Biblica, Philosophica, Theologica, Ethica.* Papers presented at the Sixteenth International Conference on Patristic Studies held in Oxford 2011, Vol. 11, ed. Markus Vinzent, Studia Patristica 63 (Leuven/ Paris/Walpole, MA: Peeters, 2013), 259–271.

382 Johannes Hierosolymitanus, *Epistula ad Theophilum* (nach NAUTIN, «La lettre de Théophile d'Alexandrie à l'Église de Jérusalem et la réponse de Jean de Jérusalem (Juin-Juillet 396),» 375,6–11; rekonstruiert aus Hieronymus, *Contra Ioannem Hierosolymitanum* 8 (CChr.SL 79A, 15,16–22 FEIERTAG): *Sanctam et adorandam trinitatem unius* (Nautin: *eiusdem*) *substantiae et coaeternam et eiusdem gloriae et diuinitatis credimus, anathematizantes eos, qui grande aut paruum, aut inaequale aut uisibile in deitate trinitatis loquuntur. Sed sicut incorporalem et inuisibilem et aeternum dicimus Patrem, sic incorporalem et inuisibilem <et aeternum> dicimus Filium et Spiritum Sanctum.* Das lateinische *unius substantiae* übersetzt ὁμοούσιος, dazu vgl. OPELT, *Hieronymus' Streitschriften,* 68 und vorher schon Pierre NAUTIN, «Ὁμοούσιος *unius esse* (Jérôme, ep. XCIII),» *Vigiliae Christianae* 15 (1961): 40–45.

383 S. o., S. 675 mit Anm. 355.

384 NAUTIN, «La lettre de Théophile d'Alexandrie à l'Église de Jérusalem et la

réponse de Jean de Jérusalem (Juin-Juillet 396),» 384 f. und DERS., «Études de chronologie hiéronymienne (393–397),» *Revue des Études Augustiniennes* 20 (1974): 273–275; vgl. für die spätere Datierung Ferdinand CAVALLERA, *Saint Jérôme, sa vie et son oeuvre*, Spicilegium Sacrum Lovaniense 1 u. 2 (Louvain: Spicilegium Sacrum Lovaniense, 1922), 1/1: 270–280 sowie 1/2: 38–43. Wie Nautin nimmt auch HOLL einen sehr kurzen zeitlichen Abstand an: DERS., «Die Zeitfolge des ersten origenistischen Streits,» 318–322. JÜLICHER (bei HOLL, aaO., 341 f.) datiert ebenfalls alle Ereignisse und Schriften eng nacheinander, nämlich auf das Jahr 395 n. Chr.

385 Hieronymus, *Epistula* 82,5 (CSEL 55², 112,8–10 HILBERG) nach der Interpretation von OPITZ, s. v. «Theophilos 18),» 2153.

386 Hieronymus, *Epistula* 82,1 (CSEL 55², 107,19–108,10 HILBERG): *Epistula tua hereditatis dominicae te indicans possessorem, qui pergens ad patrem apostolis loquebatur: ‹pacem meam do uobis, pacem meam relinquo uobis›* (Joh 14,27), *illius quoque felicitatis conpotem esse testata est, in qua ‹beati pacifici›* (Mt 5,9) *nuncupantur. Blandiris ut pater, erudis ut magister, instituis ut pontifex. Uenis ad nos non in austeritate uirgae, sed in spiritu lenitatis et mansuetudinis, ut humilitatem christi primo statim sermone resonares, qui mortalium genus non fulminans et tonans, sed in praesepe uagiens et iacens saluauit in cruce. Legeras enim in typo illius ante praedictum: ‹memento, domine, Dauid et omnis mansuetudinis eius›* (Ps 131,1) *et in ipso postea praesentatum: ‹discite a me, quia mitis sum et humilis corde›* (Mt 11,29). – Der Brief des Theophilus, auf den Hieronymus antwortet, ist nicht erhalten.

387 Dazu knapp CLARK, *The Origenist Controversy. The Cultural Construction of an Early Christian Debate*, 22 f. 46–49; ausführlich Jean-Marie LERAUX, «Jean Chrysostome et la querelle origéniste,» in *Epektasis. Mélanges patristiques offerts au Cardinal Jean Daniélou*, éd. Jacques Fontaine et Charles Kannengiesser (Paris: Beauchesne, 1972), 335–341 und Matthieu-Georges DE DURAND, «Evagre le Pontique et le ‹Dialogue sur la vie de saint Jean Chrysostome›,» *Bulletin de littérature ecclésiastique* 3 (1976): 191–206. Allgemein zum biographischen Kontext vgl. Rudolf BRÄNDLE, *Johannes Chrysostomus. Bischof – Reformer – Märtyrer* (Stuttgart u. a.: Kohlhammer, 1999), 54–69 und John Norman Davidson KELLY, *Golden Mouth. The Story of John Chrysostom – Ascetic, Preacher, Bishop* (London: Duckworth, 1995), 104–111.

388 Socrates, *Historia ecclesiastica* VI 2,1–12 (GCS Sokrates, 312,4–313,20 HANSEN); vgl. Sozomenus, *Historia ecclesiastica* VIII 2,1–19 (FChr 73/4, 954,1–960,22 HANSEN) und Theodoretus, *Historia ecclesiastica* V 27,1–4 (GCS Theodoret, 328,11–329,7 PARMENTIER/HANSEN); zur Interpretation Susanna ELM, «The Dog That Did Not Bark. Doctrine and Patriarchal Authority in the Conflict between Theophilus of Alexandria and John Chrysostom of Constantinople,» in *Christian Origins. Theology, Rhetoric and Community*, ed. Lewis Ayres and Gareth Jones (London/New York: Routledge, 1998), (68–93) 69 f. 78–81 und RUSSELL, *Theophilus of Alexandria*, 17 f. sowie jetzt kri-

tisch Wendy MAYER, «John Chrysostom as Bishop: the View from Antioch,» *Journal of Ecclesiastical History* 55 (2004): 455–466.

389 Wolfgang A. BIENERT, «Athanasius von Alexandrien und Origenes,» in *Liturgica, Second Century, Alexandria before Nicaea, Athanasius and the Arian Controversy*. Papers presented at the Eleventh International Conference on Patristic Studies held in Oxford 1991, ed. Elizabeth A. Livingstone, Studia Patristica 26 (Leuven: Peeters, 1993), 360–364 sowie Charles KANNENGIESSER, «Das Vermächtnis des ‹fleißigen› Origenes. Zur Theologie des Athanasius,» in *Origeniana septima. Origenes in den Auseinandersetzungen des vierten Jahrhunderts* [7. Internationales Origeneskolloquium, vom 25. bis zum 29. August 1997, Hofgeismar], hg. Wolfgang A. Bienert, Bibliotheca Ephemeridum Theologicarum Lovaniensium 137 (Leuven: University Press/Uitgeverij Peeters, 1999), 173–186 (Athanasius bezieht sich bei seiner Rede von Christus als «Bild Gottes» auf Origenes: *De decretis Nicaenae synodis* 27,1–3 [Athanasius Werke II/1, 23,17–24,3 OPITZ]).

390 Vgl. dazu FÜRST, «Hieronymus gegen Origenes. Die Vision Jesajas im ersten Origenismusstreit,» 211–224 = 252–266.

391 S. o. S. 316 bzw. 674 mit Anm. 343.

392 Hieronymus, *Epistula* 51,3 (CSEL 54², 400,7–10 HILBERG); s. o. S. 322.

393 BUMAZHNOV, *Der Mensch als Gottes Bild im christlichen Ägypten*, 3 und DECHOW, *Dogma and Mysticism in Early Christianity. Epiphanius of Cyprus and the Legacy of Origen*, 93–107.

394 Antoine GUILLAUMONT, *Les «Kephalaia Gnostica» d'Évagre le Pontique et l'histoire de l'Origénisme chez les Grecs et les Syriens*, Patristica Sorbonensia 5 (Paris: Éditions du Seuil, 1962), 59–61 und ausführlich CLARK, *The Origenist Controversy. The Cultural Construction of an Early Christian Debate*, 60–84.

395 Evagrius Ponticus, *De oratione* 57 (PG 79, 1180 A): Κἂν ὑπὲρ τὴν θεωρίαν τῆς σωματικῆς φύσεως ὁ νοῦς γένηται, οὔπω τέλεον τὸν τοῦ Θεοῦ τόπον ἐθεάσατο· δύναται γὰρ ἐν τῇ τῶν νοητῶν εἶναι γνώσει, καὶ ποικίλλεσθαι πρὸς αὐτήν. – Vgl. Doris SPERBER-HARTMANN, *Das Gebet als Aufstieg zu Gott: Untersuchungen zur Schrift De oratione des Evagrius Ponticus*, Early Christianity in the Context of Antiquity 10 (Frankfurt, Main u. a.: Lang, 2011), 17–24 sowie Antoine GUILLAUMONT, *Un philosophe au désert: Évagre le Pontique*, Textes et Traditions 8 (Paris: Vrin, 2004), 298–306.

396 Antoine GUILLAUMONT, *Un philosophe au désert: Évagre le Pontique*, 31–39; vgl. aber jetzt Ilaria L. E. RAMELLI, «Evagrius and Gregory: Nazianzen or Nyssen? Cappadocian (and Origenian) Influence on Evagrius,» *Greek, Roman, and Byzantine Studies* 53 (2013): 117–137 zur Beziehung mit Gregor von Nyssa.

397 Vgl. dafür Gregorius Nazianzenus, *Testamentum* (158,4–7 PITRA = PG 37, 393 B) Εὐαγρίῳ τῷ διακόνῳ, πολλά μοι συγκαμόντι καὶ συνεκφροντίσαντι, διὰ πλειόνων τε τὴν εὔνοιαν παραστήσαντι, χάριν ὁμολογῶ καὶ ἐπὶ Θεοῦ καὶ ἐπ᾽ ἀνθρώπων, καὶ τοῖς μείζοσι μὲν αὐτὸν ὁ Θεὸς ἀμείψεται· ἵνα δὲ μηδὲ τὰ

μικρὰ τῆς φιλίας σύμβολα παρ' ἡμῶν ἐλλείπῃ, βούλομαι αὐτῷ δοθῆναι κάμασον ἕν, στιχάριον ἕν, πάλλια δύο, χρυσᾶ νομίσματα λ. – Weitere Belege und Literatur bei CLARK, *The Origenist Controversy. The Cultural Construction of an Early Christian Debate*, 61 mit Anm. 100.

398 Antoine GUILLAUMONT, s. v. «Evagrius Ponticus,» in *Theologische Realenzyklopädie* (Berlin: De Gruyter, 1977), 10: 565–570; DERS., «Histoire des moines aux Kellia,» *Orientalia Lovaniensia Periodica* 8 (1977): 187–203; DERS., *Un philosophe au désert: Évagre le Pontique*, 13–95. – Weitere Literatur findet sich bibliographiert auf einer einschlägigen Plattform «Guide to Evagrius Ponticus, edited by Joel Kalvesmaki» unter folgender Adresse (letzte Abfrage: 2.09.2014) http://evagriusponticus.net.

399 Epiphanius, *Panarion haereses* 64,4,1 (GCS Epiphanius II, 409,19–410,1 HOLL/DUMMER): Ἡ δὲ ἐξ αὐτοῦ φῦσα αἵρεσις πρῶτον μὲν ἐν τῇ τῶν Αἰγυπτίων χώρᾳ ὑπάρχουσα, τὰ νῦν δὲ παρ' αὐτοῖς τοῖς ἐξοχωτάτοις καὶ δοκοῦσι τὸν μονήρη βίον ἀναδεδέχθαι εὑρίσκεται, παρὰ τοῖς φύσει κατὰ τὰς ἐρημίας ἀναχωροῦσί τε καὶ τὴν ἀκτημοσύνην ἑλομένοις'. Zu dieser Formulierung und der dahinterstehenden Gruppe vgl. DECHOW, *Dogma and Mysticism in Early Christianity. Epiphanius of Cyprus and the Legacy of Origen*, 145 f.

400 Hugh G. EVELYN WHITE, *The Monasteries of the Wâdi 'n Natrûn. Part 2: The History of the Monasteries of Nitria and of Scetis*, Publications of the Metropolitan Museum of Art Egyptian Expedition, ed. Walter Hauser (New York: Metropolitan Museum, 1932 = ebd.: Arno Press, 1973), 17–144; Joachim WILLEITNER, *Die ägyptischen Oasen. Städte, Tempel und Gräber in der libyschen Wüste*, Zaberns Bildbände zur Archäologie (Mainz: Zabern, 2003), 104–113 sowie Rodolphe KASSER, «Sortir du monde. Réflexions sur la situation et le développement des établissements monastiques aux Kellia,» *Revue de théologie et de philosophie* 109 (1976): 111–124.

401 Bärbel KRAMER, s. v. «Didymus von Alexandrien (311–398),» in *Theologische Realenzyklopädie* (Berlin/New York: De Gruyter, 1981), 8: 741–746 sowie DECHOW, *Dogma and Mysticism in Early Christianity. Epiphanius of Cyprus and the Legacy of Origen*, 146–150 und klassisch Derwas J. CHITTY, *The Desert a City. An Introduction to the Study of Egyptian and Palestinian Monasticism under the Christian Empire* (Oxford: Blackwell, 1966 = Crestwood, NY: St Vladimir's Seminary Press, 1995), 20–45 sowie 46–64. Für Evagrius GUILLAUMONT, *Un philosophe au désert: Évagre le Pontique*, 53–64.

402 Wolfgang A. BIENERT, «Allegoria» und «Anagoge» bei Didymos dem Blinden von Alexandria, Patristische Texte und Studien 13 (Berlin/New York: De Gruyter, 1972), 3 f. und 43–49 sowie 69–153; dazu DECHOW, *Dogma and Mysticism in Early Christianity. Epiphanius of Cyprus and the Legacy of Origen*, 159–161.

403 Ausführliche Analysen bei DECHOW, *Dogma and Mysticism in Early Christia-*

nity. Epiphanius of Cyprus and the Legacy of Origen, 164–177 (Unterägypten: Nitria und Kellia). 183–218.

404 DECHOW, *Dogma and Mysticism in Early Christianity. Epiphanius of Cyprus and the Legacy of Origen,* 177–181 («Evagrius as Synthesizer») sowie GUILLAUMONT, *Les «Kephalaia Gnostica» d'Évagre le Pontique et l'histoire de l'Origènisme chez les Grecs et les Syriens* (Paris: Editions du Seuil, 1962), 40–43 («Le problem de l'origénisme d'Evagre»), Gabriel BUNGE, «Origenismus – Gnostizismus: Zum geistesgeschichtlichen Standort des Evagrios Pontikos,» *Vigiliae Christianae* 40 (1986): 24–54 = DERS., *«Die Lehren der heiligen Väter» (RB 73, 2): Aufsätze zu Evagrios Pontikos aus drei Jahrzehnten,* hg. Jakobus Kaffanke, Weisungen der Väter 11 (Beuron: Beuroner Kunstverlag, 2011), 121–154 und Samuel RUBENSON, «Evagrios Pontikos und die Theologie der Wüste,» in *Logos.* Festschrift für Luise Abramowski zum 8. Juli 1993, hg. Hanns Christof Brennecke, Ernst Ludwig Grasmück u. Christoph Markschies, Beihefte zur Zeitschrift für die neutestamentliche Wissenschaft 67 (Berlin/New York: De Gruyter, 1993), 384–401.

405 Rodolphe KASSER, «Le monachisme copte,» in *Les Kellia, eremitages coptes en Basse-Egypte,* Musée d'art et d'histoire Genève, 12 octobre 1989 – 7 janvier 1990 (Genève: Editions du Tricorne, 1989), (9–20) 17 Fig. 1.

406 CPG II, 2452; der nach heutigen Standards eher mittelmäßig edierte griechische Text in PG stammt aus dem Jahre 1673 und wurde verglichen mit Φιλοκαλία τῶν νηπτικῶν συνερανισθεῖσα παρὰ τῶν ἁγίων καὶ θεοφόρων πατέρων ἡμῶν ἐν ᾗ διὰ τῆς κατὰ τὴν Πρᾶξιν καὶ Θεωρίαν Ἠθικῆς Φιλοσοφίας ὁ νοῦς καθαίρεται, φωτίζεται, καὶ τελετοῦται (Athen: Ἀστήρ, 1957), 176–189; vgl. für die Autorschaft Irénée HAUSHERR, «Le *traité de l'oraison* d'Évagre le Pontique (Pseudo-Nil),» *Revue d'Ascétique et de Mystique* 15 (1934): 34–93. 113–70; für die *syrische* Überlieferung DERS., «Le De Oratione d'Évagre le Pontique en Syriaque et en Arabe,» *Orientalia Christiana Periodica* 5 (1939): 7–71 sowie Joseph MUYLDERMANS, *Evagriana syriaca. Textes inédits du British Museum et de la Vaticane,* édités et traduits, Bibliothèque du Muséon 31 (Louvain: Publications universitaires, 1952), 39–46 (41 f. kritische Ausgabe des griechischen Prolog-Textes); für den *griechischen* Text Karl HEUSSI, *Untersuchungen zu Nilus dem Asketen* Texte und Untersuchungen 42/2 (Leipzig: Hinrichs, 1917), 119 f. (mit wichtigen Hinweisen zu textlichen Differenzen in der handschriftlichen Überlieferung in Anm. 6) sowie Michael KOHLBACHER, «Unpublizierte Fragmente des Markianos von Bethlehem (nunc CPG 3898 a-d),» in *Horizonte der Christenheit. Festschrift für Friedrich Heyer zu seinem 85. Geburtstag,* hg. v. Michael KOHLBACHER u. Markus Lesinski, Oikonomia 34 (Erlangen: Lehrstuhl für Geschichte und Theologie des christlichen Ostens, 1994), (137–167) 155 (§§ 6b, 7, 9, 20, 28, 31, 42, 49, 59, 105 und 107) und allgemein SPERBER-HARTMANN, *Das Gebet als Aufstieg zu Gott: Untersuchungen zur Schrift De oratione des Evagrius Ponticus,* 3–15 sowie

Gabriel BUNGE, «*In Geist und Wahrheit*». *Studien zu den 153 Kapiteln ‹Über das Gebet› des Evagrios Pontikos*, übers. v. Hagia Witzenrath, Hereditas 27 (Bonn: Borengässer, 2010), 48–76.

407 GUILLAUMONT, *Un philosophe au désert: Évagre le Pontique*, 165–170; SPERBER-HARTMANN, *Das Gebet als Aufstieg zu Gott: Untersuchungen zur Schrift De oratione des Evagrius Ponticus*, 13–15 (kritisch zu John Eudes BAMBERGER, Evagrius Ponticus, *The Praktikos. Chapters on Prayer*, translated, with an Introduction and Notes, Cistercian Studies Series 4 [Kalamazoo, MI: Cistercian Publications, 1981, 51: «between 390 and 395»).

408 Wilhelm BOUSSET, *Apophthegmata. Studien zur Geschichte des ältesten Mönchtums* (Tübingen: Mohr Siebeck, 1923), 75: «Euagrius hat fast seiner ganzen Hinterlassenschaft (...) die Form der Apophthegmen-Literatur aufgeprägt». Ebenso charakteristisch sind für sein Œuvre die verknappten Sätze, Centurien: Endre VON IVANKA, «ΚΕΦΑΛΑΙΑ: Eine byzantinische Literaturform und ihre antiken Wurzeln,» *Byzantinische Zeitschrift* 47 (1954): 285–291.

409 Evagrius Ponticus, *De oratione* 3 (PG 79, 1168 C): Ἡ προσευχὴ, ὁμιλία ἐστὶ νοῦ πρὸς Θεόν· – vgl. dazu Clemens Alexandrinus, *Stromata* VII 39,6 (GCS Clemens Alexandrinus III, 30,15 f. STÄHLIN/FRÜCHTEL/TREU): ἔστιν οὖν, ὡς εἰπεῖν τολμηρότερον, ὁμιλία πρὸς τὸν θεὸν ἡ εὐχή· sowie Lorenzo PERRONE, *La preghiera secondo Origene. L'impossibilità donata*, Letteratura Cristiana Antica 24 (Brescia: Morcelliana, 2011), 539–543; GUILLAUMONT, *Un philosophe au désert: Évagre le Pontique*, 298–301; SPERBER-HARTMANN, *Das Gebet als Aufstieg zu Gott: Untersuchungen zur Schrift De oratione des Evagrius Ponticus*, 83–102.

410 Evagrius Ponticus, *De oratione* 57 (PG 79, 1181 A): Μὴ σχηματίζῃς τὸ Θεῖον ἐν ἑαυτῷ προσευχόμενος, μηδὲ πρὸς μορφήν τινα συγχωρήσῃς τυπωθῆναί σου τὸν νοῦν· ἀλλ᾽ ἄϋλος τῷ ἀΰλῳ πρόσιθι, καὶ συνίσεις. – Zum Terminus «Geistgebet» vgl. Gabriel BUNGE, *Das Geistgebet: Studien zum Traktat De oratione des Evagrios Pontikos*, Schriftenreihe des Zentrums patristischer Spiritualität Koinonia im Erzbistum Köln 25 (Köln: Luthe, 1987), 62–73 und 78–80.

411 Evagrius Ponticus, *De oratione* 67 (PG 79, 1181 C): Φυλάττου τὰς παγίδας τῶν ἐναντίων. Γίνεται γὰρ ἐν τῷ προσεύχεσθαί σε καθαρῶς, καὶ ἀταράχως, ἀθρόως ἐπιστῆναί σοι μορφὴν ξένην, καὶ ἀλλόφυλον, πρὸς τὸ εἰς οἴησιν ἀπαγαγεῖν σε τοπάζοντα τὸ Θεῖον ἐκεῖ. ἵνα τὸ ἀθρόως ἐκκαλυφθέν σοι, ποσὸν τὸ θεῖον εἶναι πείσῃ· ἄποσον δὲ τὸ Θεῖον, καὶ ἀσχημάτιστον.

412 Ps.-Basilius, *Epistula* 8,2 = Evagrius Ponticus, *Epistula fidei* 2,7 (CUFr I, 24,36–25,42 COURTONNE = Corona Patrum I, 88,34–38 FORLIN PATRUCCO): Ὁ γὰρ ἀριθμός ἐστι τοῦ ποσοῦ, τὸ δὲ ποσὸν τῇ σωματικῇ φύσει συνέζευκται· ὁ γὰρ ἀριθμὸς τῆς σωματικῆς φύσεως. Σωμάτων δὲ δημιουργὸν τὸν Κύριον ἡμῶν εἶναι πεπιστεύκαμεν. Διὸ καὶ πᾶς ἀριθμὸς ἐκεῖνα σημαίνει τὰ ἔνυλον καὶ περιγραπτὴν ἔχειν λαχόντα τὴν φύσιν, ἡ δὲ μονὰς καὶ ἑνὰς τῆς ἁπλῆς καὶ ἀπεριλήπτου οὐσίας ἐστὶ σημαντική. Zur Einleitung in die im Corpus

der Briefe des Basilius überlieferte, aber handschriftlich ebenfalls Nilus zugewiesene *Epistula fidei* vgl. BOUSSET, *Apophthegmata. Studien zur Geschichte des ältesten Mönchtums*, 335–341; Robert MELCHER, *Der 8. Brief des hl. Basilius, ein Werk des Evagrius Pontikus*, Münsterische Beiträge zur Theologie 1 (Münster: Aschendorff, 1923), 72–102; Evagrios Pontikos, *Briefe aus der Wüste*, eingeleitet, übersetzt u. kommentiert v. Gabriel Bunge, Sophia 24 (Trier: Paulinus, 1986), 190–193. Zu den Schlüsselbegriffen μονὰς καὶ ἑνάς vgl. Gabriel BUNGE, «Hénade ou Monade? Au sujet de deux notions centrales de la terminologie évagrienne,» *Le Muséon* 102 (1989): 69–91.

413 *Capita Gnostica* IV 19 (hier zitiert nach der griechischen Retroversion der sogenannten ersten, gekürzten syrischen Version bei Wilhelm FRANKENBERG, *Euagrius Ponticus*, Abhandlungen der Gesellschaft der Wissenschaften zu Göttingen, philologisch-historische Klasse Neue Folge 13/2 [Berlin: Weidmann, 1912], 273; vgl. die gekürzte und ungekürzte syrische Übersetzung bei *Les six centuries des «Kephalaia gnostica» d'Évagre le Pontique. Édition critique de la version syriaque commune et édition d'une nouvelle version syriaque, intégrale, avec une double traduction française* par Antoine Guillaumont, Patrologia Orientalis 28/1 [Paris: Firmin-Didot, 1958], 142/143): ἐν τῷ ἀριθμῷ τὸ πόσον κατηγορεῖ ἁρμόζει δὲ πρὸς τὴν σωματικὴν φύσιν· ὁ ἀριθμὸς ἄρα τῆς φυσικῆς θεωρίας τῆς δευτέρας ἐστίν. – Vgl. dazu CLARK, *The Origenist Controversy. The Cultural Construction of an Early Christian Debate*, 62 f.

414 Vg. oben S. 93 bzw. 656 mit Anm. 247.

415 Origenes, *De principiis* I 1,6 (GCS Origenes V, 21,10–14 KOETSCHAU = TzF 24, 110 GÖRGEMANNS/KARPP): *Non ergo corpus aliquod aut in corpore esse putandus est deus, sed intellectualis natura simplex, nihil omnino in se adiunctionis admittens; uti ne maius aliquid et inferius in se habere credatur, sed ut sit ex omni parte* μονάς, *et ut ita dicam* ἑνάς, *et mens ac fons, ex quo initium totius intellectualis naturae vel mentis est.*

416 Hieronymus, *Epistula* 124,9 (CSEL 56/1², 110,4–12 HILBERG): ‹*omnis creatura liberabitur a seruitute corruptionis in libertatem gloriae filiorum Dei*› (Rm 8,21), *sic intellegimus, ut primam creaturam rationabilium et incorporalium esse dicamus, quae nunc seruiat corruptioni, eo quod sit uestita corporibus et, ubicumque corpora fuerint, statim corruptio subsequatur; postea autem ‹liberabitur de seruitute corruptionis›, quando receperit gloriam filii dei et ‹deus fuerit omnia in omnibus›* (1Kor 15,28). – Die Passage ist vermutlich eine Übersetzung aus *De principiis* III 6,1 (GCS Origenes V, 281,1–6 KOETSCHAU = TzF 24, 646 GÖRGEMANNS/KARPP); vgl. dazu beispielsweise Holger STRUTWOLF, *Gnosis als System. Zur Rezeption der valentinianischen Gnosis bei Origenes*, Forschungen zur Kirchen- und Dogmengeschichte 56 (Göttingen: Vandenhoeck & Ruprecht, 1993), 237–241.

417 *Epistula ad (Ps.-) Melaniam* 29 (British Library Add. 17.192, fol. 62b = Add. 14.578, fol. 191αβ [619,20–30 FRANKENBERG]); vgl. GUILLAUMONT, *Un phi-*

losophe au désert: Évagre le Pontique, 343–345 sowie Gabriel BUNGE, «Mysterium Unitatis: Der Gedanke der Einheit von Schöpfer und Geschöpf in der evagrianischen Mystik,» *Freiburger Zeitschrift für Philosophie und Theologie* 36 (1989): 449–469 = DERS., *«Die Lehren der heiligen Väter» (RB 73, 2): Aufsätze zu Evagrios Pontikos aus drei Jahrzehnten*, 98–120 und DERS., *Evagrios Pontikos, Briefe aus der Wüste*, 396 Anm. 50. Bunge votiert für den Begriff σύμμιξις im griechischen Original, es wäre zu erwägen, ob nicht (wie bei den Kappadoziern, bei denen Evagrius gelernt hat), die Vorstellung einer ἀσύγχυτος ἕνωσις im Hintergrund stand (s. o. S. 557 mit Anm. 152) und nicht an eine ununterscheidbare All-Einheit von μονὰς καὶ ἑνάς einerseits und λογικοί andererseits gedacht war. Diese Frage bedürfte (auch angesichts der schwierigen textlichen Überlieferungslage des Briefes) einer ausführlichen Untersuchung.

418 Evagrius Ponticus, *Practicus* 64 (SC 171, 648,1–3 GUILLAUMONT/GUILLAUMONT): Ἀπαθείας τεκμήριον, νοῦς ἀρξάμενος τὸ οἰκεῖον φέγγος ὁρᾶν, καὶ πρὸς τὰ καθ' ὕπνον φάσματα διαμένων ἥσυχος, καὶ λεῖος βλέπων τὰ πράγματα. – Vgl. den Kommentar bei Evagrios Pontikos, *Der Praktikos (der Mönch). Hundert Kapitel über das geistliche Leben*, eingeleitet u. kommentiert v. Gabriel Bunge, Weisungen der Väter 6, 2., verb. u. verm. Aufl. (Beuron: Beuroner Kunstverlag, 2008), 226 sowie Evagrius Ponticus, *Gnosticus* 45 (SC 356, 178,5–8 GUILLAUMONT) = Socrates, *Historia Ecclesiastica* IV 23,67 (GCS Sokrates, 255,17–19 HANSEN): τῆς δὲ δευτέρας (sc. γνώσεως: die eine Erkenntnis kommt von den Menschen, die zweite von Gott; cf. ebd. 20 [121 G./G.]) οἱ ἀπαθεῖς μόνοι εἰσὶ δεκτικοί· οἱ καὶ παρὰ τὸν καιρὸν τῆς προσευχῆς τὸ οἰκεῖον φέγγος τοῦ νοῦ περιλάμπον αὐτοὺς θεωροῦσιν; vgl. auch Antoine GUILLAUMONT, «La vision de l'intellect par lui-même dans la mystique Évagrienne,» *Mélanges de l'Université Saint-Joseph* 50 (1984): 255–262 = DERS., *Études sur la spiritualité de l'Orient chrétien*, Spiritualité orientale. Série Monachisme primitif 66 (Bégrolles en Mauges: Abbaye de Bellefontaine, 1996), 143–150.

419 Evagrius Ponticus, *De malignis cogitationibus* 43 (SC 438, 298,1–7 GÉHIN/ GUILLAUMONT/GUILLAUMONT): Ἐπιθυμῶν καθαρᾶς προσευχῆς διατήρησον θυμὸν καὶ ἀγαπῶν σωφροσύνην κράτησον γαστρός· μὴ δῷς ἄρτον σῇ κοιλίᾳ εἰς κόρον καὶ ἐν ὕδατι ἔκθλιβε αὐτήν· ἀγρύπνει ἐν προσευχῇ καὶ μνησικακίαν μακρὰν ποίησον ἀπὸ σοῦ λόγοι πνεύματος ἁγίου μὴ ἐκλειπέτωσάν σε καὶ θύραν γραφῆς κροῦε χερσὶν ἀρετῶν· τότε ἀνατελεῖ σοι καρδίας ἀπάθεια καὶ νοῦν ἀστεροειδῆ ὄψει ἐν προσευχῇ sowie *Fragmenta Graeca* zu den *Capita Gnostica* 28 (Joseph MUYLDERMANS, «Euagriana,» *Le Muséon* 44 (1931): [37–68] 52 [Nr. 12]: τόπος τοίνυν ἐστὶ Θεοῦ, ψυχὴ λογική· κατοικητήριον δὲ νοῦς φωτοειδὴς τὰς κοσμικὰς ἐπιθυμίας ἀρνησάμενος, τοὺς τῆς γῆς λόγους ἀποσκοπεύειν δεδιδαγμένος.

420 *Capita Gnostica* I 35 (79 FRANKENBERG; vgl. PO 28/1, 33/34 GUILLAUMONT): Ὥσπερ τὸ φῶς πάντα ἡμῖν ἀποδέκνυον ἄλλου φωτὸς οὐ δεῖται πρὸς τὸ

θεαθῆναι ἐν αὐτῷ οὕτως οὐδὲ ὁ θεὸς ἀποδείκνυων ἡμῖν πᾶν τι φωτὸς δεῖται εἰς τὸ γνωσθῆναι ἐν αὐτῷ. αὐτὸς γὰρ τῇ οὐσίαι φῶς ἔστι.– Vgl. Hans-Veit BEYER, «Die Lichtlehre der Mönche des vierzehnten und des vierten Jahrhunderts, erörtert am Beispiel des Gregorios Sinaïtes, des Euagrios Pontikos und des Ps.-Makarios/Symeon,» *Jahrbuch der Österreichischen Byzantinistik* 31 (1981): (473–512) 475–491.

421 *Capita Gnostica* III 25 (205 FRANKENBERG = PO 28/1, 106 GUILLAUMONT) in der korrigierten Version der ersten syrischen Fassung, die darum bemüht ist, Evagrius von den antiorigenistischen Vorwürfen zu entlasten: Τὸ πνευματικὸν σῶμα, ὃ ἐνδύσουσιν οἱ μέσοι λογικοὶ ἐν τῇ ἐσχάτῃ ἡμέραι οὐκ ἄλλό ἐστι παρὰ τοῦτο ὃ ἐκδοῦσιν ἄφθαρτον ὄρθιον καὶ εὐλογοῦν (vgl. 1Sam 28,14). Dagegen ebd. (PO 28/1, 107 GUILLAUMONT) in der ungekürzten, zweiten Version: ܡܢ ܐܚܪ̈ܢܐ.ܡܢ ܐܚܪ̈ܢܐ ܐܚܪ̈ܢܝܐ ܐܘ ܡܢ ܗܕܡܝ̈ܢ ܕܡܪܟܒ̈ܝܢ ܗܢܐ. ܒܢ̈ܝܐ «der geistliche Körper und sein Gegenteil werden nicht geformt werden aus unseren Gliedern oder Teilen, sondern aus einem Körper»; vgl. dazu GUILLAUMONT, *Les «Kephalaia Gnostica» d'Évagre le Pontique et l'histoire de l'Origènisme chez les Grecs et les Syriens*, 240 mit Anm. 140. Eine neue Verhältnisbestimmung der beiden Fassungen der *Kephalaia Gnostica* versucht Augustine CASIDAY, *Reconstructing the Theology of Evagrius Ponticus: Beyond Heresy* (Cambridge: Cambridge University Press, 2013), 46–71. Für unsere Zusammenhänge ist diese Frage nicht zentral.

422 Für die Vorstellung vom «Ort Gottes» vgl. Evagrius Ponticus, *Capita cognoscitiua* 20 (zitiert nach MUYLDERMANS, «Euagriana,» 60): *Mens quae in actione versatur, est in mundi huius notitiis, quae autem in cognitione diversatur, in contemplatione, cum vero orationi dat operam, est sine forma* (in margine: ἀνείδεος) *(quod vocatur locus Dei); ipse igitur videt eam, quae in corporibus est coessentiam, et eam, quae in contemplationibus, et illam, quae est in Deo; quod vero de Deo est, ex impossibilius manifeste, cum sit incerta essentialis cognitio, nullamque habeat differentiam ad cognitionem essentialem*; englische Übersetzung bei Evagrius of Pontus, *The Greek Ascetic Corpus*, translated with Introduction and Commentary by Robert E. Sinkewicz, Oxford Early Christian Studies (Oxford: Oxford University Press, 2003), (210–216) 213.

423 Palladius Helenopolitanus, *Historia Lausiaca* 38 (Texts and Studies VI/2, 122,15 f. BUTLER): Ἀφηγεῖτο οὖν ἡμῖν περὶ τὸν θάνατον ὅτι Τρίτον ἔτος ἔχω μὴ ὀχλούμενος ὑπὸ ἐπιθυμίας σαρκικῆς, μετὰ τοσοῦτον βίον καὶ κόπον καὶ πόνον καὶ προσευχὴν ἀδιάλειπτον.

424 STEWART, «Imageless Prayer and the Theological Vision of Evagrius Ponticus,» 182–184; eher kritisch zu dieser These SPERBER-HARTMANN, *Das Gebet als Aufstieg zu Gott: Untersuchungen zur Schrift De oratione des Evagrius Ponticus*, 62 Anm. 297.

425 Evagrius Ponticus, *De malignis cogitationibus* 43 (298,1–7 GÉHIN/GUILLAUMONT/GUILLAUMONT), Text zitiert oben b S. 687 in Anm. 419; vgl. zur Einlei-

tung in den fälschlich *De malignis cogitationibus* betitelten und Nilus von Ancyra zugeschriebenen Text beispielsweise GUILLAUMONT, *Un philosophe au désert: Évagre le Pontique*, 115–118 und *Évagre le Pontique. Sur les pensées*, Édition du texte grec, introd., trad., notes et index par Paul Géhin, Antoine Guillaumont, and Claire Guillaumont, Sources chrétiennes 438 (Paris: Éditions du Cerf, 1998), 28–33.

426 Evagrius Ponticus, *De oratione* 69 (PG 79, 1181 D): Στῆθι ἐπὶ τῆς φυλακῆς σου φυλάττων τὸν νοῦν σου ἀπὸ νοημάτων κατὰ τὸν καιρὸν τῆς προσευχῆς, στῆναι ἐπὶ τῇ οἰκείᾳ ἠρεμίᾳ, ἵνα ὁ συμπάσχων τοῖς ἀγνοοῦσι, καὶ σοὶ ἐπιφοιτήσῃ, καὶ τότε λήψῃ δῶρον προσευχῆς εὐκλεέστατον. – Vgl. auch Columba STEWART, «Imageless Prayer and the Theological Vision of Evagrius Ponticus,» *Journal of Early Christian Studies* 9 (2001): (173–204) 194 sowie Gabriel BUNGE, «Aktive und kontemplative Weise des Betens im Traktat *De oratione* des Evagrios Pontikos,» *Studia Monastica* 41 (1999): 211–227 = DERS., «*Die Lehren der heiligen Väter» (RB 73, 2): Aufsätze zu Evagrios Pontikos aus drei Jahrzehnten*, hg. Jakobus Kaffanke, Weisungen der Väter 11 (Beuron: Beuroner Kunstverlag, 2011), 23–40.

427 Evagrius Ponticus, *De oratione* 72 (PG 79, 1181 D): Ἐπὰν καθαρῶς λοιπὸν, ἀπλανῶς καὶ ἀληθῶς προσεύχηται ὁ νοῦς τὸ τηνικαῦτα. οὐκ ἔτι ἐκ τῶν ἀριστερῶν ὑπέρχονται οἱ δαίμονες, ἀλλ' ἐκ τῶν δεξιῶν· ὑποτίθενται γὰρ αὐτῷ δόξαν Θεοῦ, καὶ σχηματισμόν τινα τῶν τῇ αἰσθήσει φίλων, ὡς δοκεῖν τελείως τετεῦχθαι αὐτὸν τοῦ περὶ προσευχῆς σκοποῦ. Τοῦτο δὲ, ἔφρασε θαυμαστὸς καὶ γνωστικὸς ἀνήρ, ὑπὸ τοῦ τῆς κενοδοξίας πάθους γίνεσθαι, καὶ ὑπὸ τοῦ δαίμονος τοῦ ἁπτομένου, τοῦ κατὰ τὸν ἐγκέφαλον τόπου, καὶ φλεψὶ πάλλοντος. – Für die Vorstellung von «Dämonen» bei Evagrius vgl. David BRAKKE, *Demons and the Making of the Monk. Spiritual Combat in Early Christianity* (Cambridge, MA/London: Harvard University Press, 2006), 48–77 sowie die Einleitung zu dessen Übersetzung des Antirrheticus: *Evagrius of Pontus, Talking Back. A Monastic Handbook Combating Demons*, translated with an Introduction by David Brakke, Cistercian Studies Series 229 (Collegeville, MN: Liturgical Press, 2009), (1–40) 30–35; für die Vorstellung von Dämonen in *De oratione* vgl. SPERBER-HARTMANN, *Das Gebet als Aufstieg zu Gott: Untersuchungen zur Schrift De oratione des Evagrius Ponticus*, 24–28. 70–78. 102–125.

428 Irénée HAUSHERR, «Les grands courants de la spiritualité orientale,» *Orientalia Christiana Periodica* 1 (1935): (114–138) 130, zustimmend zitiert bei DECHOW, *Dogma and Mysticism in Early Christianity*, 105.

429 Antoine GUILLAUMONT, «Das Jesusgebet bei den Mönchen Ägyptens,» in DERS., *An den Wurzeln des christlichen Mönchtums. Aufsätze*, ins Deutsche übertragen v. Hagia Witzenrath, Weisungen der Väter 4 (Beuron: Beuroner Kunstverlag, 2007), 120–129; dagegen Irénée HAUSHERR, *Noms du Christ et voies d'oraison*, Orientalia Christiana Analecta 157 (Rom: Pontificium Institu-

tum orientalium studiorum, 1960), 202–210. Guillaumonts Sicht unterstützt Alois Kardinal GRILLMEIER, «Das ‹Gebet zu Jesus› und das ‹Jesus-Gebet›. Eine neue Quelle zum ‹Jesus-Gebet› aus dem Weißen Kloster,» in *After Chalcedon. Studies in Theology and Church History*, offered to Albert van Roey for his Seventieth Birthday, ed. Carl Laga, Orientalia Lovaniensia Analecta 18 (Leuven: Peeters, 1985), 187–202 und DERS., *Jesus der Christus im Glauben der Kirche*, Bd. 2/4 *Die Kirche von Alexandrien mit Nubien und Äthiopien*, 191 f.

430 Für die Inschrift Nr. 1 aus Qusur al-Rubaiyat/Qouçoûr er-Roubâ'îyât, Haus 219 (Raum 12; ca. zwischen 650 und 750 n. Chr.) vgl. *Kellia I, Kom 219, fouilles, exécutées en 1964 et 1965*, sous la direction de François Daumas et Antoine Guillaumont, (Le Caire: Institut français d'archéologie orientale, 1969), 99 (koptischer Text und Übersetzung), vgl. aber auch «Une inscription *copte* sur la ‹prière de Jésus›,» *Orientalia Christiana Periodica* 34 (1968): 310–325 = DERS., *Aux origines du monachisme chrétien. Pour une phénoménologie du monachisme*, Spiritualité orientale 30 (Bégrolles en Mauges: Abbaye de Bellefontaine, 1979), 168–183 (Text und Übersetzung der Inschrift: 174 f.); Rodolphe KASSER, «La ‹prière de Jésus› Kelliote réexaminée en quelques points,» *Orientalia Christiana Periodica* 62 (1996): 407–410 und für den Fundkontext Pierre CORBOUD, «L'oratoire et les niches-oratoires: les lieux de la prière,» in *Le site monastique copte des Kellia. Sources historiques et explorations archéologiques*. Actes du Colloque de Genève 13 au 15 août 1984, éd. Philippe Bridel (Carouge: Mission Suisse d'Archéologie Copte de l'Université de Genève, 1986), 85–92. Allgemein auch CLARK, *The Origenist Controvery. The Cultural Construction of an Early Christian Debate*, 69 f. mit Anm. 162 sowie Emmanuel LANNE, «La ‹Prière de Jésus› dans la tradition égyptienne. Témoignage des psalies et des inscriptions,» *Irénikon* 50 (1977): 163–203.

431 Zz. 2–8 ϪⲈ ⲈϢⲰⲠ ⲀⲢⲈϢⲀⲚ Ⲛ| ⲀⲈⲘⲰⲚ ⲤⲒ† ⲈⲢⲞⲚ| ⲈⲨϪⲰ ⲘⲘⲞⲤ ϪⲈ Ⲉ| ϢⲰⲠ ⲀⲔϢⲀⲚⲰϢ ⲈⲂⲞⲖ| ⲈϤⲘⲎⲚ ϪⲈ Ⲟ͞Ⲥ Ⲓ͞Ⲏ͞Ⲥ ⲈⲔ| ⲦⲰⲂϨ ⲘⲪⲒⲰⲦ ⲀⲚ: ⲞⲨ< ⲀⲈ ⲠⲒⲠ͞Ⲛ͞Ⲁ ⲈⲐⲞⲨⲀⲂ sowie Zz. 16–19 ⲀⲈ ⲦⲈⲚⲈⲘⲒ ϪⲈ ⲀⲚ|ϢⲀⲚ| ⲦⲰⲂϨ Ⲛ̅Ⲓ̅Ⲏ̅Ⲥ̅ ⲀⲚⲦⲰⲂϨ Ⲙ|Ⲫ|Ⲓ| ⲰⲦ ⲚⲈⲘⲀϤ ⲚⲈⲘ ⲠⲒⲠ͞Ⲛ͞Ⲁ ⲈⲐ|ⲞⲨⲀⲂ ⲚⲈ-ⲘⲀϤ ⲚⲦⲈ ⲪⲒⲰⲦ ⲢⲰ.

432 Origenes, *De oratione* 15,1 (GCS Origenes II, 333,26–334,1 KOETSCHAU) Ἐὰν δὲ ἀκούωμεν ὅτι ποτέ ἐστι προσευχή, μή ποτε οὐδενὶ τῶν γεννητῶν προσευκτέον ἐστὶν οὐδὲ αὐτῷ τῷ Χριστῷ ἀλλὰ μόνῳ τῷ θεῷ τῶν ὅλων καὶ πατρί, ᾧ καὶ αὐτὸς ὁ σωτὴρ ἡμῶν προσηύχετο, ὡς προπαρεθέμεθα, καὶ διδάσκει ἡμᾶς προσεύχεσθαι. – Zur Passage Lorenzo PERRONE, *La preghiera secondo Origene. L'impossibilità donata*, 260 f. und ausführlich Alois Kardinal GRILLMEIER, *Jesus der Christus im Glauben der Kirche*, Bd.2/4 *Die Kirche von Alexandrien mit Nubien und Äthiopien* (Freiburg u. a.: Herder, 1990), 188–190.

433 Hieronymus, *Epistula* 92,2 = Theophilus Alexandrinus, *Synodica Epistula ad Palestinos et ad Cyprios episcopos missa* 2 (CSEL 55, 149,6–9 HILBERG): *et in alio*

libro, qui ‹de oratione› scribitur: ‹non debemus orare filium, sed solum patrem, nec patrem cum filio»; ders., *Fragmenta* 12 RICHARD: Τί γὰρ ἐγένετο ὅτι οὐκ ἄξιος Ὠριγένης ἐνομίσθη ἀναθεματισμοῦ, τολμήσας ἐν τῷ Περὶ εὐχῆς λόγῳ εἰπεῖν· Οὐ δεῖ προσεύχεσθαι τῷ Χριστῷ, οὐδὲ τῷ πατρὶ μετὰ τοῦ Χριστοῦ; und Hieronymus, *Epistula* 96,14 = Theophilus Alexandrinus, *Epistula Paschalis* 14 (CSEL 55, 173,4–10 HILBERG): (…) *Origene maximo sui fruitur amatore, qui inter cetera ausus est dicere non esse orandum filium neque cum filio patrem ac post multa saecula Pharaonis instaurauit blasphemiam dicentis: ‹quis est, ut audiam uocem eius? Nescio dominum et Israhel non dimittam›* (Ex 4,2). *Est aliud dicere ‹nescio dominum› quam hoc, quod dicit Origenis: ‹non est orandus filius›*. – Vgl. zum Thema Thomas GRAUMANN, «Reading *De oratione*: Aspects of Religious Practice in the Condemnation of Origen,» in *Origeniana nona. Origen and the Religious Practice of his Time*. Papers of the 9th International Origen Congress, Pécs, Hungary, 29 August – 2 September 2005, ed. György Heidl and Robert Somos, Bibliotheca Ephemeridum Theologicarum Lovaniensium 228 (Leuven: Peeters, 2009), 159–177 sowie DECHOW, *Dogma and Mysticism in Early Christianity. Epiphanius of Cyprus and the Legacy of Origen*, 440 f. und jetzt Roberto ALCIATI, «Origene, gli antropomorfiti e Cassiano: le ragioni di una relazione istituita,» *Adamantius* 19 (2013): (96–110) 101 f. zur Frage, ob auch ein Traktat des Bischofs gegen Origenes bzw. die Anthropomorphiten existierte.

434 So schon Johannes Cassianus, *Collationes* X 5,1 (CSEL 13, 289,9–12 PETSCHENIG = SC 54bis, 146 PICHERY): *Isaac: Non est mirandum hominem simplicissimum et de substantia ac natura diuinitatis numquam penitus eruditum rusticitatis uitio et consuetudine erroris antiqui usque nunc detineri uel decipi potuisse* (…) (zum Text ausführlich oben, S. 351–353); CLARK, *The Origenist Controversy. The Cultural Construction of an Early Christian Debate*, 52 Anm. 55 referiert mit Blick auf die Formulierung *consuetudo erroris antiqui*, die sich offenkundig auf das Heidentum bezieht, die Ansicht ihrer kunsthistorischen Kollegin Annabel Wharton, es habe einen Streit zwischen pagan und christlich glaubenden Menschen darüber gegeben, «whose image should be revered». Eine Übersicht über die Zeugnisse fortbestehender paganer Frömmigkeit, auch in der Nähe von Klöstern, stellt zusammen: Markus VINZENT, «Das ‹heidnische› Ägypten im 5. Jahrhundert,» in *Heiden und Christen im 5. Jahrhundert*, hg. Johannes van Oort u. Dietmar Wyrwa, Studien der Patristischen Arbeitsgemeinschaft 5 (Leuven: Peeters, 1998), (32–65) 56–63.

435 EVELYN WHITE, *The Monasteries of the Wâdi 'n Natrûn. Part 2: The History of the Monasteries of Nitria and of Scetis*, 133 f.

436 RUBENSON, «Evagrios Pontikos und die Theologie der Wüste,» 388 f. und ausführlicher in DERS., «Origen in the Egyptian Monastic Tradition of the Fourth Century,» in *Origeniana septima. Origenes in den Auseinandersetzungen des vierten Jahrhunderts* [7. Internationales Origeneskolloquium, vom 25. bis zum 29. August 1997, Hofgeismar], hg. Wolfgang A. Bienert, Bibliotheca

692 ANMERKUNGEN

Ephemeridum Theologicarum Lovaniensium 137 (Leuven: University Press/ Uitgeverij Peeters, 1999), (319–337) 329–336.

437 Das Zitat des Theophilus lautet bei beiden Kirchenhistorikern gleich: 'οὕτως ὑμᾶς εἶδον ὡς θεοῦ πρόσωπον.' Vgl. dazu auch CLARK, *The Origenist Controversy*. *The Cultural Construction of an Early Christian Debate*, 45–47.

438 Socrates, *Historia ecclesiastica* VI 7,7 f. (322,22–28 HANSEN): Καὶ ὀφθεὶς αὐτοῖς κολακείᾳ μετῆλθε τοὺς ἄνδρας, οὕτως εἰπὼν πρὸς αὐτούς· 'Οὕτως ὑμᾶς εἶδον, ὡς Θεοῦ πρόσωπον'. Τοῦτο λεχθὲν ἐχαύνωσε τοὺς μοναχοὺς τῆς ὁρμῆς. 'Ἀλλ' εἰ ἀληθεύεις,' ἔφασαν, 'ὅτι τὸ τοῦ Θεοῦ πρόσωπόν ἐστιν ὡς καὶ τὸ ἡμέτερον, ἀναθεμάτισον τὰ Ὠριγένους βιβλία· ἐξ αὐτῶν γάρ τινες διαλεγόμενοι ἐναντιοῦνται τῇ δόξῃ ἡμῶν· εἰ δὲ μὴ τοῦτο ποιήσεις, τὰ τῶν ἀσεβούντων καὶ θεομάχων ἐκδέχου παρ' ἡμῶν.'

439 Sozomenus, *Historia ecclesiastica* VIII 11,3–4 (364,9–16 BIDEZ/HANSEN): καὶ εἰς ἓν ἀθροισθέντες ἐστασίαζον καὶ ὡς ἀσεβοῦντα τὸν Θεόφιλον ἀνελεῖν ἐβουλεύοντο. ὁ δὲ παραυτίκα φανεὶς ἔτι στασιάζουσιν 'οὕτως ὑμᾶς', ἔφη, 'εἶδον ὡς θεοῦ πρόσωπον.' τὸ δὲ ῥηθὲν ἱκανῶς ἐμάλαξε τοὺς ἄνδρας, καὶ τῆς ὀργῆς καθυφέντες 'οὐκοῦν', φασίν, 'εἰ τάδε ἀληθῶς δοξάζεις, καὶ τὰς Ὠριγένους ἀποκήρυξον βίβλους, ὡς τῶν ἀσκουμένων ταύτας οὕτω φρονεῖν εἰσηγουμένων.' 'ἀλλ' ἐμοί', ἔφη, 'τοῦτο πάλαι δεδογμένον ἦν, καὶ ποιήσω ὡς ὑμῖν δοκεῖ· μέμφομαι γὰρ οὐχ ἧττον κἀγὼ τοῖς τὰ Ὠριγένους θαυμάζουσι'.

440 Sozomenus, *Historia ecclesiastica* VIII 11,5 (364,9–16 BIDEZ/HANSEN): καὶ ὁ μὲν οὕτως βουκολήσας τοὺς μοναχοὺς διέλυσε τὴν στάσιν.

441 Hieronymus, *Epistula* 92,6 (CSEL 55², 154,3–12 HILBERG): *Cetera praetermitto, quomodo nobis necem inferre temptauerint. Et quibus insidiis hoc machinati sunt, quando etiam ecclesiam, quae est in monasterio Nitriae, postquam damnati sunt, occupauerunt, ut et nos et plurimos nobiscum episcopos ac monachorum patres et uita et aetate uenerabiles ingressu eius prohiberent conductis libertinis et seruis, qui propter gulam et uentrem ad omne facinus armati sunt! Cumque oportuniora ecclesiae quasi in obsidione urbis tenerent loca, palmarum ramis fustes et baculos protegebant, ut sub pacis insignibus paratos ad caedem animos dissimularent.*

442 *Apophthegmata Patrum* 306 (Theophilus 3), PG 65, 200 A: ⁷Ἡλθόν ποτε Πατέρες εἰς Ἀλεξάνδρειαν, κληθέντες ὑπὸ Θεοφίλου τοῦ ἀρχιεπισκόπου, ἵνα ποιήσῃ εὐχὴν καὶ καθέλῃ τὰ ἱερά. – Im Folgenden wird von den Asketen der Luxus des Patriarchen bei Tisch kritisiert, dazu Edward J. WATTS, *Riot in Alexandria: Tradition and Group Dynamics in Late Antique Pagan and Christian Communities*, 198 f. Zum Bild des Theophilus in dieser Quelle BANEV, *Theophilus of Alexandria and the First Origenist Controversy. Rhetoric and Power*, 182–191.

443 WATTS, *Riot in Alexandria: Tradition and Group Dynamics in Late Antique Pagan and Christian Communities*, 190 f.; HAHN, *Gewalt und religiöser Konflikt. Studien zu den Auseinandersetzungen zwischen Christen, Heiden und Juden im Osten des Römischen Reiches*, 97–101.

444 David BRAKKE, *Athanasius and the Politics of Asceticism,* Oxford Early Christian Studies (Oxford: Clarendon Press/New York: Oxford University Press, 1995), 83–110. 266–272. Zu den Bezügen des Theophilus auf Athanasius vgl. auch WATTS, *Riot in Alexandria: Tradition and Group Dynamics in Late Antique Pagan and Christian Communities,* 200–203.

445 Carlos R. GALVAO-SOBRINHO, «Embodied Theologies: Christian Identity and Violence in Alexandria in the Early Arian Controversy,» in *Violence in Late Antiquity. Perceptions and Practices,* ed. Harold Allen Drake (Aldershot, Burlington, VT: Ashgate, 2006), 321–331; HAHN, *Gewalt und religiöser Konflikt. Studien zu den Auseinandersetzungen zwischen Christen, Heiden und Juden im Osten des Römischen Reiches,* 51–120 sowie Thomas SIZGORICH, *Violence and Belief in Late Antiquity: Militant Devotion in Christianity and Islam,* Divinations. Rereading Late Ancient Religion (Philadelphia: University of Pennsylvania Press, 2009), 81–107 sowie 108–143.

446 Iustinianus Imperator, *Tractatus aduersus impium Origenem* (ACO III, 202,18–203,10 SCHWARTZ = *Scritti teologici ed ecclesiastici di Giustiniano,* a cura di Mario Amelotti e Livia Migliardi Zingale, Legum Iustiniani Imperatoris Vocabularium. Subsidia III [Mailand: Giuffrè, 1977], 94,18–96,10) = CPG II, 2595; vgl. jetzt auch José DECLERCK, «Théophile d'Alexandrie contre Origène. Nouveaux Fragments de l'Epistula Synodalis Prima (CPG 2595),» *Byzantion* 54 (1984): 495–507. Zur Datierung: HOLL, «Die Zeitfolge des ersten origenistischen Streites,» 254; DECHOW, *Dogma and Mysticism in Early Christianity,* 405 f. sowie CLARK, *The Origenist Controversy. The Cultural Construction of an Early Christian Debate,* 105 f. mit Anm. 158. Eine rhetorische Analyse bei BANEV, *Theophilus of Alexandria and the First Origenist Controversy. Rhetoric and Power,* 125–130.

447 So wörtlich im Zitat des Synodalbriefs bei Iustinianus Imperator, *Tractatus aduersus impium Origenem* (ACO III, 203,4 SCHWARTZ = 96,4 AMELOTTI/ ZINGALE): Ὠριγένης ὁ μανιώδης καὶ θεομάχος.

448 Hieronymus, *Epistula* 92 (CSEL 55², 147,1–155,2 HILBERG) = CPG II, 2596, s. o. S. 316. – Natürlich kann man noch einmal fragen, ob Hieronymus die theologischen Hintergründe der Debatte in der Theologie des Evagrius Ponticus, wie sie Elizabeth Clark rekonstruiert hat, wirklich verstand und ob Theophilus sie ihm überhaupt zugänglich machen wollte – die negative Antwort auf diese Fragen (bei CLARK, *The Origenist Controversy. The Cultural Construction of an Early Christian Debate,* 7) überrascht nicht. Zur Interpretation des Briefes selbst vgl. auch ebd. 106–111. Hieronymus selbst schrieb Theophilus anlässlich der Übersetzung des [17.] Osterfestbriefs des alexandrinischen Bischofs für das Jahr 402 n. Chr., dass ihm die Übersetzung viel Mühe bereitet habe, *ut omnes sententias pari uenustate transferrem et graecae eloquentiae latinum aliqua ex parte responderet eloquium* «wenn ich alle Gedanken in gleicher Schönheit wiedergeben und den griechischen Feinheiten im Lateini-

schen nur in etwa gerecht werden wollte» (Hieronymus, *Epistula ad Theophilum* 99,1 [CSEL 55², 212,8 f. HILBERG]). Das mag mehr sein als die topische Bescheidenheit eines Griechisch übersetzenden Lateiners, der zudem noch im kirchlichen Rang deutlich unter dem übersetzten Autor steht (vgl. auch ders., *Epistula ad Theophilum* 114,3 [395,14–23 HILBERG]; für die Chronologie der Briefe vgl. Ferdinand CAVALLERA, *Saint Jérôme, sa vie et son oeuvre*, Spicilegium Sacrum Lovaniense 1 u. 2 [Louvain: Spicilegium Sacrum Lovaniense, 1922], 1/1: 270–280 sowie 1/2: 38–43).

449 Hieronymus, *Epistula* 92,1 (CSEL 55², 147,18–24 HILBERG): *Arbitror, quod ante nostras litteras uelox ad uos fama pertulerit temptasse quosdam in monasteriis Nitriae Origenis heresim serere et monachorum purissimum coetum in potione turbida propinare. Quam ob rem conpulsi sumus ad ipsa loca pertimescentes sanctorum precibus et maxime patrum et presbyterorum, qui praesunt monasteriis, ne, dum nos ire cessamus, hi, qui prurientibus blandiuntur auribus, simplicum corda peruerterent.*

450 Hieronymus, *Epistula* 92,1 (CSEL 55², 147,25–148,9 HILBERG): *Quorum nobilitas in scelere est et tam rabidus furor ad omne facinus, quod inperitia superbiaque suggesserit, ut praecipites ruant nec intellegant mensuram suam, sed apud semet ipsos sapientes, qui fons erroris est, maximos putant esse <se>, quod non sunt, denique in tantam prorumpentes dementiam, ut in se uerterent manus et propria ferro membra truncarent putantes stultae cogitationis arbitrio hinc religiosos et humiles se probari, si mutilata fronte et sectis auribus incederent. E quibus etiam unus linguae partem mordicus amputauit, ut ignorantibus quoque ostenderet, quam timide dei iura seruaret et ex ipsa debilitate praepediti monstraret eloquii, quanto furore pectoris aestuaret.*

451 Eusebius, *Historia ecclesiastica* VI 8,1–3 (GCS Eusebius II/2, 534,15–336,6 SCHWARTZ); vgl. auch Epiphanius, Panarion 64,3,13 (GCS Epiphanius II, 409,16–18 HOLL/DUMMER) und Christoph MARKSCHIES, «Kastration und Magenprobleme? Einige neue Blicke auf das asketische Leben des Origenes,» in *Origeniana nona. Origen and the Religious Practice of his Time. Papers of the 9ᵗʰ International Origen Congress, Pécs, Hungary, 29 August – 2 September 2005*, ed. György Heidl and Róbert Somos in Collaboration with Csaba Németh, Bibliotheca Ephemeridum Theologicarum Lovaniensium 228 (Leuven: Peeters, 2009), 255–271 = DERS., *Origenes und sein Erbe. Gesammelte Studien*, Texte und Untersuchungen zur Geschichte der altchristlichen Literatur 160 (Berlin/New York: De Gruyter, 2007), 15–34.

452 *Sententii Sexti* 273 (42 CHADWICK): ἀνθρώπους ἴδοις ἂν ὑπὲρ τοῦ τὸ λοιπὸν τοῦ σώματος ἔχειν ἐρρωμένον ἀποκόπτοντας ἑαυτῶν καὶ ῥίπτοντας μέλη· πόσῳ βέλτιον ὑπὲρ τοῦ σωφρονεῖν; – Vgl. auch den Kommentar bei Walter T. WILSON, *The Sentences of Sextus*, Society of Biblical Literature. Wisdom Literature from the Ancient World 1 (Atlanta, GA: Society of Biblical Literature, 2012), 51–54.

453 *Sententii Sexti* 13 (12 CHADWICK): πᾶν μέλος τοῦ σώματος ἀναπεῖθόν σε μὴ σωφρονεῖν ῥῖψον· ἄμεινον γὰρ χωρὶς τοῦ μέλους ζῆν σωφρόνως ἢ μετὰ τοῦ

μέλους ὀλεθρίως. Der Spruch nimmt deutlich Bezug auf Mt 5,29 f. sowie 19,12 und ist nach Henry CHADWICK, *The Sentences of Sextus. A Contribution to the History of Early Christian Ethics*, Texts and Studies. New Series 5 (Cambridge: Cambridge University Press, 1959), 109–112 ein Beleg dafür, dass asketisch lebende Christenmenschen diese Bibelstelle wörtlich nahmen. Gegen eine solche wörtliche Interpretation polemisiert übrigens auch Origenes in seinem Kommentar zu dieser Stelle: Origenes, *Commentaria in Evangelium Matthaei* XV 3 (GCS Origenes X, 354,1–357,10 KLOSTERMANN/BENZ). Der Kommentar gipfelt in dem Satz: «Ihnen darf man aber nicht glauben, weil sie in dieser Frage den Sinn der heiligen Schriften nicht erfasst haben» (Ἀλλ᾽ οὐ πιστευτέον αὐτοῖς μὴ τὸ βούλημα τῶν ἱερῶν γραμμάτων περὶ τούτων ἐξειληφόσιν ebd. [355,7–9 KLOSTERMANN/BENZ]).

454 Epiphanius, *De fide* 13,5 (GCS Epiphanius III, 513,20 f. HOLL/DUMMER): ἕτεροι δὲ καὶ οὐκ ὀλίγοι εὐνουχίζειν ἑαυτοὺς παρὰ τὰ προστεταγμένα δῆθεν νεανιεύματος χάριν ἐτόλμησαν. – Vgl. Richard REITZENSTEIN, *«Historia Monachorum» und «Historia Lausiaca». Eine Studie zur Geschichte des Mönchtums und der frühchristlichen Begriffe Gnostiker und Pneumatiker*, Forschungen zur Religion und Literatur des Alten und Neuen Testaments 24 (Göttingen: Vandenhoeck & Ruprecht, 1916), 189–209.

455 Cyrillus Scythopolitanus, *Vita S. Sabae* 41 (TU 49/2, 131,19–27 SCHWARTZ): Οὗτος αὐτὸς ὁ Ἰάκωβος εἰς τὸ ἑαυτοῦ κελλίον ἡσυχάζων ἐπειράσθη δεινῶς ὑπὸ τοῦ δαίμονος τῆς πορνείας καὶ ἐπὶ ἱκανὸν χρόνον ἀγωνισάμενος καὶ πρὸς τὸν ἀγῶνα ἀκηδιάσας τῆς ἐκ τοῦ δαίμονος πυρώσεως ἐπὶ πλεῖον ἐκταθείσης εἴτε ἄγνοιαν ἔχων εἴτε λήθην λαβὼν τῶν εἰρημένων τοῖς θείοις καὶ ἐκκλησιαστικοῖς κανόσι μάχαιραν λαβὼν ἐξέτεμεν ἀφειδῶς τοὺς ἑαυτοῦ διδύμους. καὶ μὴ ἐνέγκας τήν τε τοῦ αἵματος ῥύσιν καὶ τὰς ἀληδόνας ἔβαλεν προσκαλεῖσθαι τοὺς γείτονας. οἵτινες συνελθόντες τό τε πάθος θεασάμενοι καὶ ἰατρόν τινα τῆς λαύρας προσκαλεσάμενοι ἐπεμελοῦντο αὐτοῦ.

456 Diogenes Laertius, *Vitae Philosophorum* IX 27 (SCBO II, 451,9 f. LONG) = DK 29 A 1 (I, 247,27–29 DIELS/KRANZ): καὶ τέλος ἀποτραγόντα τὴν γλῶτταν προσπτύσαι αὐτῷ· τοὺς δὲ πολίτας παρορμηθέντας αὐτίκα τὸν τύραννον καταλεῦσαι. Die Geschichte wurde in der Antike immer wieder angeführt, beispielsweise von Plutarch in einer Schrift gegen Geschwätzigkeit: Plutarchus, *Moralia* 35. *De Garrulitate* 8, 505 D (BiTeu III, 288,4–7 POHLENZ/SIEVEKING) oder bei Valerius Maximus, *Facta et dicta memorabilia* III 3,3 *Externi* 2–4 (BiTeu I, 182,59–184,105 BRISCOE).

457 Diogenes Laertius, *Vitae Philosophorum* IX 59 (SCBO II, 468,14–21 LONG) = DK 72 A 1 (II, 235,14–20 DIELS/KRANZ): ὁ δὲ μνησικακήσας μετὰ τὴν τελευτὴν τοῦ βασιλέως ὅτε πλέων ἀκουσίως προσηνέχθη τῇ Κύπρῳ ὁ Ἀνάξαρχος, συλλαβὼν αὐτὸν καὶ εἰς ὅλμον βαλὼν ἐκέλευσε τύπτεσθαι σιδηροῖς ὑπέροις. τὸν δ᾽ οὐ φροντίσαντα τῆς τιμωρίας εἰπεῖν ἐκεῖνο δὴ τὸ

περιφερόμενον, ‚πτίσσε τὸν Ἀναξάρχου θύλακον, Ἀνάξαρχον δὲ οὐ πτίσσεις'. κελεύσαντος δὲ τοῦ Νικοκρέοντος καὶ τὴν γλῶτταν αὐτοῦ ἐκτμηθῆναι, λόγος ἀποτραγόντα προσπτύσαι αὐτῷ.

458 Tertullianus, *Apologeticum* 50,7 f. (CUFr 107 WALTZING/SEVERYNS = CChr. SL I, 170,31–36 DEKKERS): *Ecce enim et tormentorum certamina coronantur a uobis! Attica quaedam meretrix carnifice iam fatigato postremo linguam suam comesam in faciem tyranni saeuientis exspuit, ut expelleret et uocem, ne coniuratis confiteri posset, etiam si uicta uoluisset.* – Für die weitere Überlieferung zu dieser Athener Frau namens Leaena (von Λέαινα, «die Löwin») vgl. Plinius, *Naturalis historiae* VII 23,87 und XXXIV 19,72 (TuscBü VII, 66–68 KÖNIG/WINKLER und XXXIV, 56 KÖNIG/WINKLER) oder Plutarchus, *Moralia* 35. *De Garrulitate* 8, 505 E (BiTeu III, 288,7–19 POHLENZ/SIEVEKING).

459 DECHOW, *Dogma and Mysticism in Early Christianity*, 436–448 (mit ausführlichen Quellennachweisen).

460 Hieronymus, *Epistula* 92,2 (CSEL 55², 149,11–19 HILBERG): *Quid loquar de resurrectione mortuorum, in qua perspicue blasfemat et dicit, quod post multos saeculorum recursus corpora nostra paulatim redigantur in nihilum et in auram tenuem dissoluantur, ac, ne paruum hoc putaremus, adiecit: ‹Resurgens corpus non solum corruptibile sed mortale erit›, ut scilicet dominus atque saluator frustra destruxerit zabulum, qui mortis habebat imperium, siquidem et post resurrectionem corruptio et mortalitas in nihilum resolutis corporibus dominatur humanis?* Vgl. für das im Œuvre des Origenes nicht nachgewiesene Zitat: *De principiis* II 10,1–3 (TzF 24, 418–426 GÖRGEMANNS/KARPP = GCS Origenes V, 172,28–176,20 KOETSCHAU); Theophilus paraphrasiert den Satz auch in seinem Brief aus Konstantinopel (403 n. Chr.; CPG II, 2612; vgl. unten S. 696 mit Anm. 462 – hier Frg. 5, 62,3 f. RICHARD) Περὶ γὰρ τοῦ ἐγειρομένου σώματος ἐκ νεκρῶν, αὐτὸς Ὠριγένης γράφει ὅτι πρὸς τῷ φθαρτῷ καὶ θνητὸν ἔσται. Für mögliche Quellen für diese Anschuldigung bei Origenes vgl. DECHOW, *Dogma and Mysticism in Early Christianity*, 447, vgl. auch 349–390.

461 Marcel RICHARD, «Nouveaux Fragments de Théophile d'Alexandrie,» *Nachrichten der Akademie der Wissenschaften zu Göttingen* 2/1975 (Göttingen: Vandenhoeck & Ruprecht, 1975), (57–65) 57 f. = DERS., *Opera Minora*, Vol. II (Turnhout/Leuven: Peeters, 1977), Nr. 39, 57 f.

462 Fragment Nr. 8 eines Briefes aus Konstantinopel 403 n. Chr. (CPG II, 2612) nach Codex Athous Vatopedi 236, fol. 123ʳ–125ʳ: RICHARD, «Nouveaux Fragments de Théophile d'Alexandrie,» 63 = DERS., *Opera Minora*, Vol. II, Nr. 39, 63; englische Übersetzung bei Norman RUSSELL, *Theophilus of Alexandria*, The Early Church Fathers (London and New York: Routledge, 2007), 142.

463 Theophilus Alexandrinus, *Epistulae* frgm. 8 (63,34 f. RICHARD): Καὶ μετ' ὀλίγα· Πῶς δέ, λεγόντων τῶν Ὠριγενιαστῶν τὰ ἐγειρόμενα σώματα μὴ πρόσφοραν εἶδος ἔχειν, ἀλλὰ σφαιροειδὲς σχῆματα, ἐνῆν ἡμᾶς σιωπᾶν;

SECHSTES KAPITEL: SPÄTANTIKE CHRISTLICHE THEOLOGIE 697

dazu vgl. vor allem Gilles DORIVAL, «Origène et la résurrection de la chair,» in Origeniana Quarta: Die Referate des 4. Internationalen Origeneskongresses (Innsbruck, 2.–6. September 1985), hg. Lothar Lies, Innsbrucker Theologische Studien 19 (Innsbruck/Wien: Tyrolia, 1987), (291–321) 315–317 sowie Emanuela PRINZIVALLI, «Aspetti esegetico-dottrinali del dibattito nel IV secolo sulle tesi origeniane in materia escatologica,» Annali di storia dell'esegesi 11 (1994): 433–460.

464 Theophilus Alexandrinus, Epistulae frgm. 8 (64,1–3 RICHARD): Ἀπατῶντες γὰρ τοιαύτας ῥάττουσι προφάσεις· τὸ ἀριστεῦον πάντων τῶν σχημάτων σφαιροειδές ἐστι, τὸ δὲ ἄριστον τῶν σχημάτων τοῖς ἐγειρομένοις πρέπει σώμασι, σφαιροειδῆ ἄρα ἔσται τὰ ἐκ νεκρῶν ἐγειρόμενα σώματα. – Vgl. dazu Plato, Timaeus 32 D-34 A und Proclus Atheniensis, Institutio theologica 210 (184,1–10 DODDS).

465 Hieronymus, Epistula 92,4 (CSEL 55², 152,15–20 HILBERG): Praeterea in libris περὶ ἀρχῶν etiam hoc persuadere conatur, quod uiuens dei sermo non adsumpserit corpus humanum, et contra apostoli uadens sententiam scripsit, quod, ‹qui in forma dei aequalis erat deo› (Phil 2,6), non fuerit uerbum dei, sed anima de caelesti regione descendens et se de forma aeterna maiestatis euacuans humanum corpus adsumpserit.

466 Zur Christologie des Origenes: GRILLMEIER, Jesus der Christus im Glauben der Kirche, Bd. 1 Von der apostolischen Zeit bis zum Konzil von Chalcedon (451), 266–280.

467 Hieronymus, Epistula 92,4 (CSEL 55², 152,20–23 HILBERG): Quae dicens Iohanni apertissime contradicit scribenti: ‹et uerbum caro factum est› (Joh 1,14). Nec potest anima credi saluatoris et non deus uerbum et formam et aequalitatem paternae maiestatis habuisse.

468 Zur Biographie des Cassianus vgl. allgemein Owen CHADWICK, John Cassian. A Study in Primitive Monasticism (Cambridge: Cambridge University Press, 1950 = 2008), 1–36. 49 f.; Adalbert de VOGÜÉ, Histoire littéraire du mouvement monastique dans l'antiquité, Vol. 6 Les derniers écrits de Jérôme et l'œuvre de Jean Cassien, Patrimoines christianisme (Paris: Les editions du Cerf, 2002), 173–273; Columba STEWART, Cassian the Monk, Oxford Studies in Historical Theology (New York/Oxford: Oxford University Press, 1998), insbes. 7–12 (zur Datierung S. 16 mit Anm. 134 auf S. 151); Christopher J. KELLY, Cassian's Conferences: Scriptural Interpretation and the Monastic Ideal, Ashgate New Critical Thinking in Religion, Theology and Biblical Studies Series (Farnham/Burlington, VT: Ashgate, 2012), 1–16 sowie Richard J. GOODRICH, Contextualizing Cassian. Aristocrats, Asceticism, and Reformation in Fifth-Century Gaul, Oxford Early Christian Studies (Oxford: Oxford University Press, 2007), 8–31 sowie 211 f.

469 Palladius Helenopolitanus, Dialogus de vita Sancti Chrysostomi 3 (SC 341, 76,83 f. MALINGREY); CLARK, The Origenist Controversy. The Cultural Construction of an Early Christian Debate, 22 f. 50–58; Salvatore MARSILI, Giovanni

Cassiano ed Evagrio Pontico. Dottrina sulla carità e contemplazione, Studia Anselmiana 5 (Rom: Herder, 1936), 77–86 sowie STEWART, Cassian the Monk, 12.

470 Friedrich PRINZ, Frühes Mönchtum im Frankenreich. Kultur und Gesellschaft in Gallien, den Rheinlanden und Bayern am Beispiel der monastischen Entwicklung (4. bis 8. Jahrhundert) (München: Oldenbourg, 1965), 47–59 und Mireille LABROUSSE, «Les origines du monastère (Ve-VIIIe siècle),» in Histoire de l'abbaye de Lérins (Bégrolles-en-Mauges: Abbaye de Bellefontaine, 2005), 23–124 sowie Martine DULAEY, «Les relations entre Lérins et Marseille: Eucher et Cassien,» in Lérins, une île sainte de l'antiquité au moyen âge, ed. Yann Codou et Michel Lauwers, Collection d'études médiévales de Nice 9 (Turnhout: Brepols, 2009), 63–82; vgl. zuletzt auch: Hilarius von Arles, Leben des heiligen Honoratus. Eine Textstudie zum Mönchtum und Bischofswesen im spätantiken Gallien, hg. Franz Jung (Fohren-Linden: Carthusianus, 2013), 98 f.

471 Karl Suso FRANK, «Fiktive Mündlichkeit als Grundstruktur der monastischen Literatur,» in Biblica et apocrypha, orientalia, ascetica. Papers presented at the Eleventh International Conference on Patristic Studies held in Oxford 1991, Vol. 2, ed. Elizabeth A. Livingstone, Studia Patristica 25 (Leuven: Peeters, 1993), 356–375; STEWART, Cassian the Monk, 28 f. sowie Adalbert de VOGÜÉ, «Pour comprendre Cassien. Un survol des Conférences,» Collectanea Cisterciensia 39 (1979): (250–272) 252–254 = DERS., De Saint Pachôme à Jean Cassien. Études littéraires et doctrinales sur le monachisme égyptien à ses débuts, Studia Anselmiana 120 (Rom: Pontificio ateneo S. Anselmo, 1996), (303–330) 305–307.

472 Dazu allgemein: Marie-Anne VANNIER, «Jean Cassien, historiographe du monachisme égyptien?,» in L'historiographie de l'église des premiers siècles, éd. Bernard Pouderon et Yves-Marie Duval, Théologie historique 114 (Paris: Beauchesne, 2001), 149–158 und Richard J. GOODRICH, Contextualizing Cassian. Aristocrats, Asceticism, and Reformation in Fifth-Century Gaul, Oxford Early Christian Studies (Oxford: Oxford University Press, 2007), 8–31. 211 f.

473 STEWART, Cassian the Monk, 136 f. beruft sich für diese Identifikationen auf Palladius Helenopolitanus, Dialogus de vita Sancti Chrysostomi 17 (SC 341, 340,101–107 MALINGREY) sowie Apophthegmata Patrum 372*–383* (Isaak 1–12: Περὶ τοῦ ἀββᾶ Ἰσαὰκ τοῦ πρεσβυτέρου τῶν Κελλίων) PG 65, 224 B – 228 A. Zum Thema vgl. auch VOGÜÉ, Histoire littéraire du mouvement monastique dans l'antiquité, Vol. 6 Les derniers écrits de Jérôme et l'œuvre de Jean Cassien, 245–273.

474 Johannes Cassianus, Collationes X 2,1–3 (CSEL 13, 287,3–24 PETSCHENIG = SC 54bis, 140/142 PICHERY): Intra Aegypti regionem mos iste antiqua traditione seruatur, ut peracto Epiphaniorum die, quem prouinciae illius sacerdotes uel dominici baptismi uel secundum carnem natiuitatis esse definiunt et idcirco utriusque sacramenti sollemnitatem non bifarie ut in occiduis prouinciis, sed sub una diei huius festiuitate concelebrant, epistulae pontificis Alexandrini per uniuersas Aegypti ecclesias dirigantur, quibus et initium Quadragesimae et dies Paschae non solum per ciuitates omnes,

SECHSTES KAPITEL: SPÄTANTIKE CHRISTLICHE THEOLOGIE 699

sed etiam per uniuersa monasteria designetur. Secundum hunc igitur morem post dies admodum paucos quam superior cum abbate Isaac fuerat agitata conlatio Theophili praedictae urbis episcopi sollemnes epistulae conmearunt, quibus cum denuntiatione paschali contra ineptam quoque Anthropomorphitarum haeresim longa disputatione disseruit eamque copioso sermone destruxit. Quod tanta est amaritudine ab uniuerso propemodum genere monachorum, qui per totam prouinciam Aegypti morabantur, pro simplicitatis errore susceptum, ut e contrario memoratum pontificem uelut haeresi grauissima deprauatum pars maxima seniorum ab uniuerso fraternitatis corpore decerneret detestandum, quod scilicet inpugnare scripturae sanctae sententiam uideretur, negans omnipotentem deum humanae figurae conpositione formatum, cum ad eius imaginem creatum Adam scriptura manifestissime testaretur. Denique et ab his, qui erant in heremo Scitii conmorantes quique perfectione ac scientia omnibus qui erant in Aegypti monasteriis praeminebant, ita est haec epistula refutata, ut praeter abbatem Pafnutium nostrae congregationis presbyterum nullus eam ceterorum presbyterorum, qui in eadem heremo aliis tribus ecclesiis praesidebant, ne legi quidem aut recitari in suis conuentibus prorsus admitteret. − Übersetzung teilweise nach Johannes Cassianus, *Unterredungen mit den Vätern. Collationes Patrum. Teil 1. Collationes 1 bis 10,* übersetzt u. erläutert v. Gabriele Ziegler, mit einer Einleitung und farbigen Abbildungen v. Georges Descœudres, Quellen der Spiritualität 5 (Münsterschwarzach: Vier-Türme, 2011), 301 f. Zu den Hintergründen der Übersetzung im «Cassian-Projekt Münsterschwarzach» vgl. dessen Homepage: www.cassian-projekt.de (letzte Abfrage: 18.09.2014).

475 STEWART, *Cassian the Monk,* 10 f. verweist auf *Apophthegmata Patrum* 786−790 (Paphnutius 1−5: Περὶ τοῦ ἀββᾶ Παφνουτίου) PG 65, 377 C − 380 D; vgl. auch *Collectio systematica* IX 14 (SC 387, 448,1−10 GUY) und XVII 15 (SC 498, 19,1−20,15 GUY); möglicherweise ist jener Paphnutius Βούβαλος («die Wüstenantilope») mit der bei Palladius Helenopolitanus, *Historia Lausiaca* 47 (Texts and Studies 6, 137,2−142,10 BUTLER) gleichnamigen Person Paphnutius Kephalas identisch, so jedenfalls BUTLER, *The Lausiac History of Palladius,* Vol. 2 *The Greek Text edited with Introduction and Notes,* Texts and Studies 6 (Cambridge: Cambridge University Press, 1904), 224 f. und EVELYN WHITE, *The Monasteries of the Wâdi 'n Natrûn. Part 2: The History of the Monasteries of Nitria and of Scetis,* 120−122. Vgl. auch KELLY, *Cassian's Conferences: Scriptural Interpretation and the Monastic Ideal,* 63−65 sowie DECHOW, *Dogma and Mysticism in Early Christianity,* 172−176.

476 Dieser Festbrief ist verloren, wird aber allgemein auf das Jahr 399 n. Chr. datiert (CLARK, *The Origenist Controversy. The Cultural Construction of an Early Christian Debate,* 45−57), lediglich Alois Kardinal GRILLMEIER, *Jesus der Christus im Glauben der Kirche,* Bd. 2/4 *Die Kirche von Alexandrien mit Nubien und Äthiopien nach 451,* unter Mitarbeit von Theresia Hainthaler (Freiburg u. a.: Herder, 1990, 229) bevorzugt die Jahre «um 395».

477 Andreas KÜLZER, «Die Festbriefe (ΕΠΙΣΤΟΛΑΙ ΕΟΡΤΑΣΤΙΚΑΙ). Eine we-

nig beachtete Untergattung der byzantinischen Briefliteratur», *Byzantinische Zeitschrift* 91 (1998): (379–390) 386.
478 Fragment Nr. 7 des Briefes aus Konstantinopel 403 n. Chr. (CPG II, 2612) RICHARD, «Nouveaux Fragments de Théophile d'Alexandrie,» 63 = DERS., *Opera Minora*, Vol. II, Nr. 39, 63; englische Übersetzung bei RUSSELL, *Theophilus of Alexandria*, 142.
479 Theophilus Alexandrinus, *Epistula Constantinopoli scripta* (= CPG II, 2612) frgm. 7 (63,29–33 RICHARD): Καὶ μετ' ὀλίγα· Οὐ μόνας τὰς Ὠριγένους αἱρέσεις ἀναθεματίσαμεν, ἀλλὰ καὶ ἑτέραν ταράττειν ἐπιχειρήσασαν τὰ μοναστήρια μάλιστα. Ἐπείπερ ἀγροικότεροί τινες καὶ ἰδιῶται ἀνθρωπόμορφον τὸν θεὸν φρονεῖν ἐθρυλοῦντο ἀναγκαῖον, οὐκ ἀπεσιωπήσαμεν, ἀλλὰ καὶ ταύτην τὴν αἵρεσιν, Χριστοῦ δεδωκότος νῆψιν, γραφικαῖς ἀποδείξεσιν ἐν ἐκκλησιαστικαῖς ἐπιστολαῖς ἀνετρέψαμεν.
480 *Der neue Georges. Ausführliches Lateinisch-Deutsches Handwörterbuch, aus den Quellen zusammengetragen und mit besonderer Bezugnahme auf Synonymik und Antiquitäten unter Berücksichtigung der besten Hilfsmittel ausgearbeitet* v. Karl-Ernst Georges, hg. Thomas Baier, bearb. v. Tobias Dänzer (Darmstadt: Wissenschaftliche Buchgesellschaft, 2013): 1: 1032 sowie *Mittellateinisches Wörterbuch* (München: Beck, 1999), 2: 1099–1103.
481 Gennadius Massiliensis, *De viris illustribus* 34 (TU 14/1, 73,23–74,12 RICHARDSON): *THEOPHILUS, Alexandrinae civitatis episcopus, scripsit Adversus Origenem unum et grande volumen, in quo omnia paene eius dicta et ipsum pariter damnat, simul docens non a se eum primum, sed ab antiquis patribus et maxime Heracla fuisse et presbyterio deiectum et ecclesia pulsum et de civitate fugatum; sed et Adversum Anthropomorphitas haereticos, qui dicunt Deum humana figura et membris constare, disputatione longissima confutans et Divinarum Scripturarum testimoniis arguens et convincens ostendit Deum et incorporeum iuxta Patrum fidem credendum neque ullis omnino membrorum lineamentis conpositum, et ob id nihil ei in creaturis simile per substantiam, nec cuiquam incorruptibilitatem vel inmutabilitatem aut incorporalitatem suae dedisse naturae; sed esse omnes intellectuales naturas corporeas, omnes corruptibiles, omnes mutabiles, ut ille solus corruptibilitati et mutabilitati non subiaceat qui solus habet inmortalitatem.*
482 Bruno CZAPLA, *Gennadius als Litterarhistoriker. Eine quellenkritische Untersuchung der Schrift des Gennadius von Marseille «De viris illustribus»*, Kirchengeschichtliche Studien IV/1 (Münster: Schöningh, 1898), 74, meint, die Passage sei vollständig aus Cassianus (s. o. S. 351 f.) ausgeschrieben, eine eigenständige Textkenntnis des Autors liege nicht vor. – Zum Thema auch Hans Joachim CRISTEA, *Schenute von Atripe, Contra Origenistas. Edition des koptischen Textes mit annotierter Übersetzung und Indizes einschließlich einer Übersetzung des 16. Osterfestbriefs des Theophilus in der Fassung des Hieronymus (ep. 96)*, Studien zu Antike und Christentum 60 (Tübingen: Mohr Siebeck, 2012), 99 f.
483 Gennadius Massiliensis, *De viris illustribus* 34 (TU 14/1, 74,9–12 RICHARD-

SON): (…) *sed esse omnes intellectuales naturas corporeas, omnes corruptibiles, omnes mutabiles, ut ille solus corruptibilitati et mutabilitati non subiaceat qui solus habet inmortalitatem.*

484 GOULD, «The Image of God and the Anthropomorphite Controversy in Fourth Century Monasticism,» 553.

485 Socrates, *Historia ecclesiastica* VI 7,8 (322,27 f. HANSEN): 'Ἀλλ' εἰ ἀληθεύεις,' ἔφασαν, 'ὅτι τὸ τοῦ Θεοῦ πρόσωπόν ἐστιν ὡς καὶ τὸ ἡμέτερον, ἀναθεμάτισον τὰ Ὠριγένους βιβλία· ἐξ αὐτῶν γάρ τινες διαλεγόμενοι ἐναντιοῦνται τῇ δόξῃ ἡμῶν· εἰ δὲ μὴ τοῦτο ποιήσεις, τὰ τῶν ἀσεβούντων καὶ θεομάχων ἐκδέχου παρ' ἡμῶν'.

486 CPG 2, 2684, erstmals (sehr fehlerhaft) ediert bei Eugène REVILLOUT, «La vie du bienheureux Aphou, évêque de Pemdjé (Oxyrinque),» *Revue Égyptologique* 3 (1883): 27–33 und dann (sehr viel besser) von Francesco ROSSI, *Trascrizione di tre manoscritti copti del Museo egizio di Torino,* con tradizione Italiana, Memorie del Reale Accademia delle Scienze di Torino, Serie II 37 (Turin: Accademia delle Scienze di Torino, 1886), 5–22 = 67–84 mit wichtigen Korrekturen bei Oscar VON LEMM, «Koptische Miscellen. XLIV Zur Vita des h. Aphu,» *Bulletin de l'Académie impériale des sciences de Saint-Pétersbourg* 6/2 (1908): 596–598 = DERS., *Koptische Miscellen I–CXLVIII. Unveränderter Nachdruck der 1907–1915 im «Bulletin de l'Académie impériale des sciences de St.-Pétersbourg» erschienenen Stücke,* hg. Peter Nagel unter Mitarbeit von Kurt Kümmel, Subsidia Byzantina 11 (Leipzig: Zentralantiquariat der DDR, 1972), 72–74.

487 Tito ORLANDI, «Egyptian Monasticism and the Beginnings of the Coptic Literature,» in *Carl-Schmidt-Kolloquium an der Martin-Luther-Universität 1988,* hg. Peter Nagel, Martin-Luther-Universität Halle-Wittenberg, Wissenschaftliche Beiträge 23/1990 (K 9) (Halle: Martin-Luther-Universität Halle-Wittenberg, 1990), (129–142) 137 sowie BUMAZHNOV, *Der Mensch als Gottes Bild im christlichen Ägypten,* 138 f. Anders Georges FLOROVSKY, «Theophilus of Alexandria and Apa Aphu of Pemdje. The Anthropomorphites in the Egyptian Desert. Part II,» in *Harry Austryn Wolfson Jubilee Volume on the Occasion of his Seventy-Fifth Birthday. Sefer ha-yovel li-khevod Tsevi Yolfson,* Vol. I English Section (Jerusalem: American Academy for Jewish Research, 1965), (275–310) 279 = DERS., *Collected Works,* Vol. IV *Aspects of Church History,* ed. Richard S. Haugh (Belmont, MA: Nordland Publishing, 1975), (97–129. 290–296) 101: «The ‹Life› seems to have been written in a day when the turbulent events of the times of Theophilus had been forgotten in monastic circles. Some time must have elapsed before the ‹Life› could be included in a *Menologion.* Thus, it seems most probable that the whole collection was completed in the later part of the fifth century».

488 Étienne DRIOTON, «La discussion d'un moine anthropomorphite Audien avec le patriarche Théophile d'Alexandrie en l'année 399,» *Revue de l'orient chré-*

tien 20 [= 2. Sér. 10] (1915–1917): (92–100. 113–128) 94–115 (Text von ROSSI und VON LEMM mit französischer Übersetzung). Eine italienische Übersetzung bietet Tito ORLANDI, «La Cristologia nei testi catechetici Copti,» in *Cristologia e catechesi patristica*. Vol. 1. *Convegno di studio e aggiornamento Pontificium Institutum Altioris Latinitatis (Facoltà di Lettere cristiane e classiche) Roma, 17–19 febbraio 1979*, hg. Sergio Felici, Biblioteca di scienze religiose 31 (Rom: LAS, 1980), (213–229) 219–221 («Estratto dalla ‹Vita di Aphu›»). Der Text wird ausführlich diskutiert vor allem bei BUMAZHNOV, *Der Mensch als Gottes Bild im christlichen Ägypten*, 138–218 (mit einer deutschen Übersetzung auf S. 219–228 und einer Forschungsgeschichte auf S. 144–150), aber auch bei FLOROVSKY, «Theophilus of Alexandria and Apa Aphu of Pemdje. The Anthropomorphites in the Egyptian Desert. Part II,» 275–310 = 97–129. 290–296; CLARK, *The Origenist Controversy. The Cultural Construction of an Early Christian Debate*, 51 f. 59 f. 64 f. 74 f. sowie GOULD, «The Image of God and the Anthropomorphite Controversy in Fourth Century Monasticism,» 550–554.

489 Texte, Übersetzung und Interpretation bei BUMAZHNOV, *Der Mensch als Gottes Bild im christlichen Ägypten*, 140–142. Zu den arabischen Menologien vgl. FLOROVSKY, «Theophilus of Alexandria and Apa Aphu of Pemdje. The Anthropomorphites in the Egyptian Desert. Part II,» 278 = 100 mit Nachweisen in Anm. 14.

490 So aber DRIOTON, «La discussion d'un moine anthropomorphite Audien avec le patriarche Théophile d'Alexandrie en l'année 399,» 116 f.; dagegen kritisch FLOROVSKY, «Theophilus of Alexandria and Apa Aphu of Pemdje. The Anthropomorphites in the Egyptian Desert. Part II,» 289 f. = 111 f.; GUILLAUMONT, *Les «Kephalaia Gnostica» d'Évagre le Pontique et l'histoire de l'Origénisme chez les Grecs et les Syriens*, 61 Anm. 62 und zuletzt BUMAZHNOV, *Der Mensch als Gottes Bild im christlichen Ägypten*, 145 f. – Zum «Anthropomorphismus» bei den Audianern vgl. Epiphanius, *Panarion haereses* 70,2,4 f. (GCS Epiphanius III, 234,8–15 HOLL/DUMMER) sowie Jacques YARRY, «Une semi hérésie syro-egyptienne: l'audianisme,» *Bulletin de l'Institut Français d'Archéologie Orientale* 63 (1965): (169–195) 173–175 und Guy G. STROUMSA, «Jewish and Gnostic Traditions among the Audians,» in *Sharing the Sacred. Religious Contacts and Conflicts in the Holy Land. First – Fifteenth Centuries CE*, ed. Arieh Kofsky and Guy G. Stroumsa (Jerusalem: Yad Izhak Ben-Zvi, 1998), (97–108) 101 f. = DERS., *Barbarian Philosophy. The Religious Revolution of Early Christianity*, Wissenschaftliche Untersuchungen zum Neuen Testament 112 (Tübingen: Mohr Siebeck, 1999), (258–267) 261 f.

491 Epiphanius, *Panarion haereses* 70,2,4 f. (GCS Epiphanius III, 234,8–15 HOLL/DUMMER): τὸ γὰρ κατ' εἰκόνα οὗτος καὶ οἱ μετ' αὐτοῦ, ὅπερ ὁ θεὸς δεδώρηται τῷ Ἀδάμ, ἀποκρότως βούλεται ὁρίζειν, εἶναι τοῦτο πληρούμενον κατὰ τὸ σῶμα, ἀπὸ τοῦ δῆθεν λεγομένου ῥητοῦ τοῦ ‚ποιήσωμεν ἄνθρωπον κατ' εἰκόνα ἡμετέραν καὶ καθ' ὁμοίωσιν'. καὶ εἶτα ἐπιφέρει λέγων ὁ θεῖος

λόγος ὅτι ‚καὶ ἐποίησεν ὁ θεὸς τὸν ἄνθρωπον χοῦν λαβὼν ἀπὸ τῆς γῆς'.
ἐπειδή, φησίν, εἶπεν <ὅτι ἐποίησεν> ἄνθρωπον ἀπὸ τῆς γῆς, ὅρα ὅτι
ἀληθέστατα ὅλον τὸ χοϊκὸν εἶπεν ἄνθρωπον· ἄρα γε αὐτὸ τὸ χοϊκὸν
προέλεγεν ἔσεσθαι κατ' εἰκόνα θεοῦ. Vgl. auch ebd. 70,6,1 f. (GCS Epiphanius III, 237,27–238,4 HOLL/DUMMER).

492 Epiphanius, *Panarion haereses* 70,15,5 (GCS Epiphanius III, 248,31–249,2
HOLL/DUMMER): ἤδη γάρ εἰσι πεπλατυσμένοι, λοιπὸν δὲ ὀλίγοι καὶ ὀλίγα
μοναστήρια, τάχα δὲ καὶ ἐν δυσὶ κώμαις ἐν τοῖς προειρημένοις μέρεσι κατὰ
τὸ ἐξώτερον μέρος τῆς Χαλκίδος καὶ ἐπέκεινα Δαμασκοῦ καὶ τῶν μερῶν
τῆς Μεσοποταμίας ἐστὶν ἄχρι δεῦρο τὸ τάγμα, εἰς ὀλίγον περιστάν, ὡς
ἔφην.

493 *Vita Aphunis* 2,7 (ed. ROSSI 6a/68a, 17–27): ⲁⲩⲱ ⲛⲉϥϫⲁⲅⲉⲓ ⲉⲃⲟⲗ ⲉⲣⲉ
ⲟⲩϣⲑⲏⲛ ⲙ̅ⲡⲁⲅⲁⲛⲟⲥ ⲧⲟ ϩⲓⲱⲱϥ ⲛ̅ϥ ⲥⲱⲧⲙ̅ ⲉⲡⲧⲁ ϣⲉⲟⲉⲓϣ ⲙ̅ⲡⲡⲁ-
ⲥⲭⲁ ϩ̅ⲛ̅ ⲧⲉⲕⲕⲗⲏⲥⲓⲁ ⲙ̅ⲡⲉⲙϫⲉ. – Die Übersetzungen folgen in der Regel
BUMAZHNOV, *Der Mensch als Gottes Bild im christlichen Ägypten*, 219–228, hier
219.

494 Eldon Jay EPP, «The New Testament Papyri at Oxyrhynchus in Their Social
and Intellectual Context,» in *Sayings of Jesus: Canonical and Non-Canonical.
Essays in Honour of Tjitze Baarda*, ed. William L. Petersen/Johan S. Vos/Henk
J. de Jonge, Supplements to Novum Testamentum 89 (Leiden: Brill, 1997),
(47–68) 54 = DERS., *Perspectives on New Testament Textual Criticism*. Collected
Essays, 1962 – 2004, Supplements to Novum Testamentum 116 (Leiden:
Brill, 2005), (497–520) 504; Julian KRÜGER, *Oxyrhynchos in der Kaiserzeit:
Studien zur Topographie und Literaturrezeption*, Europäische Hochschulschriften 3. Reihe Geschichte und ihre Hilfswissenschaften 441 (Frankfurt, Main
und New York: Lang, 1990), 69–109 sowie AnneMarie LUIJENDIJK, *Greetings in the Lord: Early Christians and the Oxyrhynchus Papyri*, Harvard Theological Studies 60 (Cambridge/MA: Harvard University Press, 2008), 19–21.
189–231.

495 BUMAZHNOV, *Der Mensch als Gottes Bild im christlichen Ägypten*, 152–191.

496 Belege bei BUMAZHNOV, *Der Mensch als Gottes Bild im christlichen Ägypten*,
155–161.

497 *Vita Aphunis* 5,1 f. (ed. ROSSI 7c/69c,5–28): ⲁⲥϣⲱⲡⲉ ⲇⲉ ⲉⲧⲓ ⲉϥϣⲟⲟⲡ
ⲙ̅ⲛ̅ ⲛⲉⲑⲏⲣⲓⲟⲛ ⲉⲧⲣⲉϥⲉⲓ ⲉⲃⲟⲗ ⲉⲡⲧⲁ ϣⲉⲟⲓϣ ⲙ̅ⲡⲡⲁⲥⲭⲁ ⲉⲧⲟⲩⲁⲁⲃ.
ⲁϥⲥⲱⲧⲙ̅ ⲇⲉ ⲉⲩⲗⲉⲝⲓⲥ ⲛ̅ⲥⲥⲩⲙⲫⲱⲛⲉⲓ ⲁⲛ ⲙ̅ⲛ̅ ⲡⲥⲟⲟⲩⲛ ⲙ̅ⲡⲉⲡ̅ⲛ̅ⲁ
ⲉⲧⲟⲩⲁⲁⲃ ϩⲱⲥⲧⲉ ⲛ̅ϥϣⲧⲟⲣⲧⲣ̅ ⲉⲙⲁⲧⲉ ⲉⲭⲙ̅ ⲡϣⲁϫⲉ. ⲕⲁⲓ ⲅⲁⲣ ⲟⲩⲟⲛ
ⲛⲓⲙ ⲛ̅ⲧⲁⲩⲥⲟⲧⲙⲉϥ ⲁⲩⲗⲩⲡⲏ ⲁⲩⲱ ⲁⲩϣⲧⲟⲣⲧⲣ̅ ϩⲱⲟⲩ.

498 *Vita Aphunis* 5,4 (ed. ROSSI 8a/70a,26–31): (...) ⲛ̅ⲧⲁⲓ̈ ⲁⲛ ⲧⲉ ⲑⲓⲕⲱⲛ ⲙ̅
ⲡⲡⲛⲟⲩⲧⲉ ⲧⲁⲓ̈ ⲁⲛⲟⲛ ⲉⲧⲛ̅ⲫⲟⲣⲉⲓ ⲙ̅ⲙⲟⲥ ⲁⲛⲟⲛ ⲡ̅ⲣⲱⲙⲉ. – Vgl. dazu
auch BUMAZHNOV, *Der Mensch als Gottes Bild im christlichen Ägypten*, 212–218
und CLARK, *The Origenist Controversy. The Cultural Construction of an Early
Christian Debate*, 74 f.

499 Vgl. dafür das Zitat aus *Vita Aphunis* 5,2 (ed. Rossi 7c/69c,22–28) oben S. 703 mit Anm. 497.
500 *Vita Aphunis* 5,3 (ed. Rossi 7c/69c,28–8a/70a,12): ⲡⲁⲅⲅⲉⲗⲟⲥ ⲙ̄ ⲡⲭⲟⲉⲓⲥ ⲁϥⲟⲩⲉϩⲥⲁϩⲛⲉ ⲙ̄ ⲡⲙⲁⲕⲁⲣⲓⲟⲥ ⲁⲫⲟⲩ ⲉⲧⲙ̄ⲧⲣⲉϥⲁⲙⲉⲗⲉⲓ̈ ⲉⲛϣⲁϫⲉ ⲉϥϫⲱ ⲙ̄ⲙⲟⲥ ⲛⲁϥ ϫⲉ ⲁⲩⲧⲟⲟⲩⲕ ⲉⲃⲟⲗ ϩⲓⲧⲙ̄ ⲡⲭⲟⲉⲓⲥ ⲉⲧⲣⲉⲕⲃⲱⲕ ϣⲁ ⲣⲁⲕⲟⲧⲉ.
501 *Vita Aphunis* 6,1 f. (ed. Rossi 8b/70b,8–27): ⲁⲩⲱ ⲁϥⲡⲟⲗⲏⲙⲉⲓ̈ ⲉⲧⲡⲟⲗⲓⲥ ⲣⲁⲕⲟⲧⲉ ⲉϥⲫⲟⲣⲉⲓ̈ ⲛ̄ⲟⲩϣⲧⲏⲛ (ⲙ̄)ⲡ̄ⲗ̄ⲃⲉ. ⲁϥⲁϩⲉ ⲇⲉ ⲉⲣⲁⲧϥ̄ ⲛ̄ϭⲓ ⲡⲙⲁⲕⲁⲣⲓⲟⲥ ⲁⲡⲁ ⲁⲫⲟⲩ ϩⲓⲣⲙ̄ ⲡⲣⲟ ⲙ̄ⲡⲉⲡⲓⲥⲕⲟⲡⲓⲟⲛ ⲛ̄ϣⲟⲙⲧ̄ ⲛ̄ϩⲟⲟⲩ. ⲁⲩⲱ ⲙ̄ⲡⲉ ⲗⲁⲁⲩ ϫⲓⲧϥ̄ ⲛⲁϥ ⲉϩⲟⲩⲛ ⲉⲩⲛⲁⲩ ⲉⲡⲣⲱⲙⲉ ⲉϣϫⲉ ⲟⲩϩⲓⲇⲓⲱⲧⲏⲥ ⲡⲉ. – Vgl. dazu Bumazhnov, *Der Mensch als Gottes Bild im christlichen Ägypten*, 187 f.
502 *Vita Aphunis* 7,8–8,11 (ed. Rossi 9b/71b,21–11a/73,24): ⲁⲫⲟⲩⲱⲱⲃ ⲛ̄ϭⲓ ⲁⲫⲟⲩ ϫⲉ ⲙⲁⲣⲉ ⲡⲁⲭⲟⲉⲓⲥ ⲡⲉⲡⲓⲥⲕⲟⲡⲟⲥ ⲕⲉⲗⲉⲩⲉ ⲛ̄ⲥⲉⲱϣ ⲉⲣⲟⲓ̈ ⲙ̄ⲡⲉⲓⲙⲁ ⲙ̄ⲡϩⲓⲥⲟⲛ ⲙ̄ⲛ̄ⲧⲁϥϣⲉ ⲟⲉⲓϣ ⲉⲡⲉⲓⲇⲏ ⲁⲓ̈ⲥⲱⲧⲙ̄ ⲉⲩⲗⲉⲝⲓⲥ ⲛ̄ϩⲏⲧϥ̄ ⲛ̄ⲥⲥⲩⲙⲫⲱⲛⲉⲓ̈ ⲁⲛ ⲙ̄ⲛ̄ ⲛⲉⲅⲣⲁⲫⲏ ⲛ̄ⲛⲓϥⲉ ⲛ̄ⲧⲉ ⲡⲛⲟⲩⲧⲉ. ⲁⲛⲟⲕ ⲇⲉ ⲙ̄ⲡⲓⲡⲓⲥⲧⲉⲩⲉ ϫⲉ ⲛ̄ⲧⲁⲥⲉⲓ̈ ⲉⲃⲟⲗϩⲓⲧⲟⲟⲧⲕ̄ ⲁⲗⲗⲁ ⲛ̄ⲧⲁⲓ̈ⲭⲟⲟⲥ ϫⲉ-ⲙⲏⲡⲟⲧⲉ ⲛ̄ⲧⲁ ⲡ̄ⲥⲩⲛⲅⲣⲁⲫⲉⲩⲥ ϣⲱϥⲧ̄ ⲉⲩϩϩⲁⲓ̈. ⲧⲁⲓ̈ ⲛ̄ⲧⲁ ϩⲁϩ ϩ̄ⲛ̄ ⲛ̄ⲉⲩⲥⲉⲃⲏⲥ ϫⲓ ⲭⲣⲟⲡ ⲉⲧⲃⲏⲏⲧⲥ̄ ϩⲱⲥⲧⲉ ⲛ̄ⲥⲉⲙⲕⲁϩ ⲛ̄ϩⲏⲧ ⲉⲙⲁⲧⲉ. ⲁϥⲕⲉⲗⲉⲩⲉ ⲛ̄ⲧⲉⲩⲛⲟⲩ ⲛ̄ϭⲓ ⲁⲡⲁ ⲑⲉⲟⲫⲓⲗⲟⲥ ⲡⲁⲣⲭⲓⲉⲡⲓⲥⲕⲟⲡⲟⲥ ⲁⲩⲉⲓⲛⲉ ⲙ̄ⲡϩⲓⲥⲟⲛ ⲙ̄ⲛ̄ⲧⲁϣⲉⲟⲉⲓϣ. ⲛ̄ⲧⲉⲣⲟⲩⲁⲣⲭⲉⲓ ⲇⲉ ⲛ̄ⲱϣ ⲁⲩⲛⲱϩ ⲉⲧⲗⲉⲝⲓⲥ ⲉⲧⲙⲙⲁⲩ. ⲛ̄ⲧⲉⲩⲛⲟⲩ ⲁϥⲛⲁϩⲧϥ̄ ⲛ̄ϭⲓ ⲁⲡⲁ ⲁⲫⲟⲩ ⲉϥϫⲱ ⲙ̄ⲙⲟⲥ ϫⲉ †ⲗⲉⲝⲓⲥ ⲛ̄ⲧⲉⲓ̈ⲙⲓⲛⲉ ⲥⲙⲟⲛⲧ ⲁⲛ ⲁⲗⲗⲁ ⲁⲛⲟⲕ †ⲛⲁϩⲟⲙⲟⲗⲟⲅⲉⲓ ϫⲉ ⲛ̄ⲧⲁⲩⲧⲁⲙⲓⲉ ⲛ̄ⲣⲱⲙⲉ ⲧⲏⲣⲟⲩ ϩ̄ⲛ̄ ⲑⲉⲓⲕⲱⲛ ⲙ̄ⲡⲛⲟⲩⲧⲉ. ⲁϥⲟⲩⲱϣⲃ ⲛ̄ϭⲓ ⲡⲁⲣⲭⲓⲉⲡⲓⲥⲕⲟⲡⲟⲥ ϫⲉ-ⲡⲱⲥ ⲛ̄ⲧⲟⲕ ⲙⲁⲩⲁⲁⲕ ⲁⲕϣⲁϫⲉ ⲉⲧⲃⲉ ⲧⲉⲓ̈ⲗⲉⲝⲓⲥ ⲁⲩⲱ ⲙ̄ⲡⲉ-ⲕⲉⲗⲁⲁⲩ ϣⲁϫⲉ ⲉϥ† ⲛ̄ⲧⲟⲟⲧϥ̄ ⲛ̄ⲙ̄ⲙⲁⲕ. ⲡⲉϫⲉ ⲁⲡⲁ ⲁⲫⲟⲩ ϫⲉ ⲁⲛⲟⲕ ⲇⲉ †ⲑⲁⲣⲉⲓ̈ ϫⲉ-ⲕⲛⲁⲧⲟⲟⲧⲕ ⲛ̄ⲧⲟⲕ ⲛ̄ⲙ̄ⲙⲁⲓ̈ ⲁⲩⲱ ⲛ̄ⲅ̄ⲛⲁ† ⲁⲛ ⲉϩⲟⲩⲛ ⲉϩⲣⲁⲓ̈. ⲡⲉϫⲉ ⲡⲁⲣⲭⲓⲉⲡⲓⲥⲕⲟⲡⲟⲥ ϫⲉ-ⲛⲁϣ ⲛ̄ϩⲉ ⲉⲕⲛⲁϣϫⲟⲟⲥ ⲉⲧⲃⲉ ⲟⲩⲉⲃⲱϣ ϫⲉ ⲑⲉⲓⲕⲱⲛ ⲧⲉ ⲙ̄ⲡⲛⲟⲩⲧⲉ ⲏ̄ ⲟⲩⲁ ⲉϥⲥⲟⲃϩ̄ ⲏ̄ ⲟⲩⲃⲁⲗⲉ ⲏ̄ ⲟⲩⲃ̄ⲗ̄ⲗⲉ. ⲁϥⲟⲩⲱϣⲃ ⲛ̄ϭⲓ ⲡⲙⲁⲕⲁⲣⲓⲟⲥ ⲁⲡⲁ ⲁⲫⲟⲩ ϫⲉ ⲉⲕϣⲁⲛⲧⲁⲩⲉ ⲛⲁⲓ̈ ⲛ̄ⲧⲉⲓⲙⲓⲛⲉ ⲉⲕⲛⲁϣⲱⲡⲉ ⲉⲕ†ⲧⲱⲛ ⲙ̄ⲛ̄ ⲡⲉⲛⲧⲁϥϫⲟⲟⲥ ϫⲉ ⲙⲁⲣ̄ⲛ̄ⲧⲁⲙⲓⲟⲛ (lies: ⲙⲁⲣ̄ⲛ̄ⲧⲁⲙⲓⲟ) ⲛ̄ⲟⲩⲣⲱⲙⲉ ⲕⲁⲧⲁ ⲡⲉⲛⲉⲓⲛⲉ ⲙ̄ⲛ̄ⲧⲉⲛϩⲓⲕⲱⲛ. ⲁϥⲟⲩⲱϣⲃ ⲛ̄ϭⲓ-ⲡⲁⲣⲭⲓⲉⲡⲓⲥⲕⲟⲡⲟⲥ ϫⲉⲙⲉ ⲅⲉⲛⲟⲓⲧⲟ (lies: μὴ γένοιτο) ⲁⲗⲗⲁ ⲉⲓ̈ⲙⲉⲉⲩⲉ ⲉⲡⲁⲓ̈ ϫⲉ-ⲁⲇⲁⲙ ⲙⲁⲩⲁⲁϥ ⲡⲉⲛⲧⲁⲩⲧⲁⲙⲓⲟϥ ⲕⲁⲧⲁ ⲡⲉϥⲉⲓⲛⲉ ⲙ̄ⲛ̄ ⲧⲉϥϩⲓⲕⲱⲛ ⲡ̄ϣⲏⲣⲉ ⲇⲉ ⲛ̄ⲧⲁϥⲭⲛⲟⲟⲩ ⲙ̄ⲡⲛⲥⲱϥ ⲛ̄ⲥⲉⲉⲓⲛⲉ ⲙ̄ⲙⲟϥ ⲁⲛ. ... ⲡⲉϫⲉ ⲡⲁⲣⲭⲓⲉⲡⲓⲥⲕⲟⲡⲟⲥ ϫⲉ †ⲣ̄ϩⲟⲧⲉ ⲉϫⲟⲟⲥ ⲉⲩⲣⲱⲙⲉ ⲛ̄ⲣⲉϥϣⲱⲛⲉ ⲛ̄ⲣⲉϥϣ̄ⲡ(ϩⲓⲥⲉ) ϫⲉ ⲉϥⲫⲟⲣⲉⲓ ⲛ̄ⲑⲉⲓⲕⲱⲛ ⲙ̄ⲡⲛⲟⲩⲧⲉ ⲛ̄ⲁⲡⲁⲑⲏⲥ ⲛ̄ⲉⲩⲧⲏⲗⲉⲥ. ⲉϣⲁϥϩⲙⲙⲟⲥ ϩⲓⲃⲟⲗ ⲛ̄ϥⲡⲁⲣⲁⲥⲕⲉⲩⲁϩⲉ ⲛ̄ⲁϣ ⲛ̄ϩⲉ ⲕⲛⲁⲙⲉⲉⲩⲉ ⲉⲣⲟϥ ⲙ̄ⲛ̄ ⲡⲟⲩⲟⲉⲓⲛ ⲙ̄ⲙⲉ ⲉⲧⲉ ⲙⲉⲣⲉ ⲗⲁⲁⲩ ϫⲟⲟⲃⲉϥ.
503 Epiphanius, *Epistula ad Iohannem Hierosolymitanum* apud Hieronymum, *Epistula* 51,6 f. (CSEL 54², 406,24–407,3. 407,9–19 Hilberg): *Si enim propter*

unum uerbum aut duo, quae contraria fidei sunt, multae hereses abiectae sunt ab ecclesia, quanto magis hic inter hereticos habebitur, qui tantas peruersitates et tam mala dogmata contra fidem adinuenit, dei et ecclesiae hostis extitit! Inter multa enim mala etiam illud ausus est dicere, perdidisse imaginem Dei Adam, cum hoc in nullo penitus loco scriptura significet. ... Coniungens autem atque consocians scriptura diuina gratiam benedictionis, quam adam donauerat, et generationibus, quae ex eo erant, ne qui forsitan maligna interpretatione auderent dicere uni datam gratiam dei et illum solum factum esse ‹ad imaginem Dei›, qui plasmatus esset ex humo, et uxorem eius, eos uero, qui conciperentur in utero et non ita nascerentur ut Adam, Dei non habere imaginem, statim per ordinem iungit et dicit: ‹Et uixit Adam annos ccxxx et cognouit Euam, uxorem suam, et peperit ei filium iuxta speciem et iuxta imaginem eius et uocauit nomen eius Seth› (Gen 5,3 u. 4,1). Zu dieser Passage und den Bezügen auf Origenes vgl. DECHOW, *Dogma and Mysticism in Early Christianity*, 302–315; zum Zusammenhang in der *Vita Aphunis* vor allem FLOROVSKY, «Theophilus of Alexandria and Apa Aphu of Pemdje. The Anthropomorphites in the Egyptian Desert. Part II,» 299 f. = 121 f.

504 *Vita Aphunis* 10,1 (ed. ROSSI 12a/74a,22–12b/74b,1): ⲡⲉⲟⲟⲩ ⲇⲉ ⲙ̄ⲡⲙⲉⲣⲉⲑⲟⲥ ⲛ̄ⲛⲟⲩⲧⲉ ⲛⲁⲓ̈ ⲉ[ⲧⲉ ⲙ̄ⲛ̄] ϣⲃⲟⲙ ⲉⲧⲣⲉ ⲗⲁⲁⲩ ⲛ[ⲁⲩ ⲉ]ⲣⲟϥ ⲉⲧ[ⲃⲉ] ⲡⲉϥⲟⲩ[ⲟⲉⲓ̈ⲛ] ⲛ̄ⲁⲧ[ⲧⲁϩⲟϥ]. Vgl. dafür BUMAZHNOV, *Der Mensch als Gottes Bild im christlichen Ägypten*, 201–203.

505 *Vita Aphunis* 10,2–9 (ed. ROSSI 12b/74b,16–13b/75b,12), dazu ausführlich BUMAZHNOV, *Der Mensch als Gottes Bild im christlichen Ägypten*, 202–210. Vgl. besonders 10,2 f. (12b/74b,17–25): ⲁⲩⲱ ⲟⲛ ϣⲁⲣⲉ ⲟⲩⲟⲛ ⲛⲓⲙ ϩⲟⲙⲟⲗⲟⲅⲉⲓ̈ ⲙ̄ⲙⲟⲥ ϫⲉ ⲑⲓⲕⲱⲛ ⲙ̄ⲡⲣⲣⲟ ⲧⲉ. ϩⲁⲙⲁ ⲇⲉ ⲟⲛ ⲥⲉⲥⲟⲟⲩⲛ ⲧⲏⲣⲟⲩ ϫⲉ ⲟⲩϣⲉ ⲧⲉ ⲙ̄ⲛ ϩⲉⲛⲡⲁϩⲣⲉ.

506 *Vita Aphunis* 11,1–3 (ed. ROSSI 13b/75b,12–13c/75c,19): ⲛ̄ⲧⲉⲣⲉϥⲥⲱⲧⲙ̄ ⲇⲉ ⲛⲉⲓ̈ϣⲁϫⲉ ⲛ̄ϭⲓ ⲡⲙⲁⲕⲁⲣⲓⲟⲥ ⲛ̄ⲁⲣⲭⲓⲉⲡⲓⲥⲕⲟⲡⲟⲥ ⲁϥⲱⲟⲩⲛ ⲁϥⲛⲁϩⲧϥ̄ ⲉϩⲣⲁⲓ̈ ⲉϫⲙ̄-ⲡⲉϥⲙⲁⲕϩ̄ ⲉϥϫⲱ ⲙ̄ⲙⲟⲥ ϫⲉ-ⲟⲛⲧⲱⲥ ⲥⲡⲣⲉⲡⲉⲓ̈ ⲉⲧⲣⲉ-ⲧⲙⲛ̄ⲧⲣⲉϥϯ-ⲥⲃⲱ ϣⲱⲡⲉ ⲛ̄ⲧⲟⲟⲩⲟⲩ ⲛ̄ⲛⲉⲧⲥⲩⲭⲁⲍⲉ ⲙⲁⲩⲁⲁⲩ ⲁⲛⲟⲛ ⲅⲁⲣ ⲡⲗⲟⲅⲓⲥⲙⲟⲥ ⲙ̄ⲡⲉⲛϩⲏⲧ ⲧⲏϩ ⲉⲣⲟⲛ ϩⲱⲥⲧⲉ ⲉⲧⲣⲉⲛϣⲱϥⲧ̄ ⲛ̄ⲧⲉⲓ̈ϩⲉ ⲧⲏⲣⲥ̄ ϩⲛ̄ ⲟⲩⲙⲛ̄ⲧ-ⲁⲩⲥⲟⲟⲛ. ⲁⲩⲱ ⲛ̄ⲧⲉⲩⲛⲟⲩ ⲁϥⲥϩⲁⲓ̈ ⲉⲃⲟⲗ ϩⲛ̄ ⲧⲉⲭⲱⲣⲁ ⲧⲏⲣⲥ̄ ⲉϥⲁⲡⲟⲕⲩⲣⲏⲥⲥⲉ ⲛ̄ⲧⲁⲉϫⲓⲥ ⲉⲧⲙ̄ⲙⲁⲩ ϫⲉ-ⲉⲥϣⲟϥⲧ̄ ⲁⲩⲱ ϩⲛ̄ ⲟⲩⲙⲛ̄ⲧⲁⲛⲟⲏⲧⲟⲥ ⲛ̄ⲧⲁⲙⲉⲉⲩⲉ ⲉⲣⲟⲥ.

507 S. o. S. 346 bzw. 704 mit Anm. 501.

508 FLOROVSKY, «Theophilus of Alexandria and Apa Aphu of Pemdje. The Anthropomorphites in the Egyptian Desert. Part II,» 279 = 101 meint, dass «the writer was unaware of that complex and controversial situation in which the dispute had taken place and therefore had no incentive to be tendentious: he had a ‹blind accuracy› – *une exactitude aveugle*, as Drioton puts it» (vgl. dazu DRIOTON, «La discussion d'un moine anthropomorphite Audien avec le patriarche Théophile d'Alexandrie en l'année 399,» 93 f.). BUMAZHNOV, *Der Mensch als Gottes Bild im christlichen Ägypten*, 192, formuliert dagegen: «Die

Vita scheint eine historisch relativ lang zurückliegende Begebenheit für ihre eigene, durch die aktuellen Zwecke bedingte Situation zu bearbeiten».
509 Vgl. dafür oben, S. 387 bzw. 735 f. mit Anm. 64.
510 Anders BUMAZHNOV, *Der Mensch als Gottes Bild im christlichen Ägypten*, 213–215. Vgl. bes. aaO. 214: «Im Zentrum des Interesses des Verfassers liegt somit weder die Diskussion der Gottebenbildlichkeit des Menschen an und für sich noch ihre historischen Begleitumstände, sondern das Problem der Rolle des Mönchtums in der Kirche».
511 FLOROVSKY, «Theophilus of Alexandria and Apa Aphu of Pemdje. The Anthropomorphites in the Egyptian Desert. Part II,» 290. 301–305 = 112. 123–127; weitere Belege bei BUMAZHNOV, *Der Mensch als Gottes Bild im christlichen Ägypten*, 210 f.
512 BUMAZHNOV, *Der Mensch als Bild Gottes im christlichen Ägypten*, 192–218.
513 Zu dieser Forschungsposition ausführlicher oben, S. 350–351. Vgl. dazu auch Frances M. YOUNG, «God's Image: The ‹Elephant in the Room› in the Fourth Century?,» in *Studia patristica*. Including Papers presented at the National Conference on Patristic Studies held at Cambridge in the Faculty of Divinity under Allen Brent, Thomas Graumann and Judith Lieu in 2009, ed. Allen Brent and Markus Vinzent, Studia Patristica 50 (Leuven/Paris/Walpole, MA: Peeters, 2011), 57–72.
514 *Vita Aphunis* 5,4 (ed. ROSSI 8a/70a,26–31): (…) ⲛⲁⲓ̈ ⲁⲛ ⲧⲉ ⲑⲓⲕⲱⲛ ⲙ̄ ⲡⲡ̄ⲛⲟⲩⲧⲉ ⲧⲁⲓ̈ ⲁⲛⲟⲛ ⲉⲧⲛ̄ⲫⲟⲣⲉⲓ̈ ⲙ̄ⲙⲟⲥ ⲁⲛⲟⲛ ⲡⲛⲟⲩⲧⲉ ⲡ̄ⲣⲱⲙⲉ.
515 Das Zitat des Theophilus lautet bei beiden Kirchenhistorikern gleich: 'οὕτως ὑμᾶς εἶδον ὡς θεοῦ πρόσωπον.' Vgl. dazu auch CLARK, *The Origenist Controversy. The Cultural Construction of an Early Christian Debate*, 45–47.
516 S. u. S. 357 f.
517 S. u. S. 361 f.
518 Johannes Cassianus, *Collationes* X 3,1 f. (CSEL 13, 288,22–25 PETSCHENIG = SC 54bis, 142 PICHERY): *Inter hos ergo qui hoc detinebantur errore fuit antiquissimae districtionis atque in actuali disciplina per omnia consummatus nomine Sarapion, cuius inperitia super praedicti dogmatis opinione tantum praeiudicabat cunctis ueram tenentibus fidem, quantum ipsae uel uitae merito uel antiquitate temporis omnes fere monachos anteibat. Cumque hic sancti presbyteri Pafnutii multis adhortationibus ad tramitem rectae fidei non posset adduci, eo quod nouella ei haec persuasio nec ab anterioribus aliquando conperta uel tradita uideretur, accidit ut quidam diaconus summae scientiae uir nomine Photinus desiderio uidendi fratres, qui in eadem heremo conmanebant, de Cappadociae partibus adueniret. Quem beatus Pafnutius summa gratulatione suscipiens ad confirmationem fidei, quae fuerat praedicti pontificis litteris conprehensa, producens in medium coram cunctis fratribus sciscitatur, quemadmodum illud quod in Genesi dicitur: ‹faciamus hominem ad imaginem et similitudinem nostram›, catholicae totius Orientis interpretarentur ecclesiae.* – Vgl. dazu die ausführlichen Analysen bei STEWART, *Cassian the Monk*, 86–99; BUNGE, «*In Geist und Wahr-*

heit». *Studien zu den 153 Kapiteln ‹Über das Gebet› des Evagrios Pontikos*, 63–65 und BUMAZHNOV, *Der Mensch als Gottes Bild im christlichen Ägypten*, 176–179.

519 Johannes Cassianus, *Collationes* X 3,3 (CSEL 13, 288,22–25 PETSCHENIG = SC 54bis, 142/144 PICHERY): *Cumque ille non secundum humilem litterae sonum, sed spiritaliter imaginem dei ac similitudinem tradi ab uniuersis ecclesiarum principibus explanaret idque copioso sermone ac plurimis scripturarum testimoniis adprobasset, nec posse in illam inmensam et inconprehensibilem atque inuisibilem maiestatem aliquid huiusmodi cadere quod humana conpositione ualeat ac similitudine circumscribi, quippe quae incorporea et inconposita simplexque natura sit quaeque sicut oculis deprehendi, ita mente non ualeat aestimari, tandem senex multis ac ualidissimis doctissimi uiri adsertionibus motus ad fidem catholicae traditionis adtractus est.*

520 Johannes Cassianus, *Collationes* X 3,4 (CSEL 13, 289,7–14 PETSCHENIG = SC 54bis, 144 PICHERY): *Cumque super hoc eius adsensu infinita uel abbatem Pafnutium uel nos omnes laetitia repleuisset, quod scilicet uirum tantae antiquitatis tantisque uirtutibus consummatum, inperitia sola et simplicitate rusticitatis errantem, nequaquam usque ad finem deuiare dominus a tramite rectae fidei permisisset, et pro gratiarum actione surgentes preces domino pariter funderemus, ita est in oratione senex mente confusus, eo quod illam anthropomorphon imaginem deitatis, quam proponere sibi in oratione consueuerat, aboleri de suo corde sentiret, ut in amarissimos fletus crebrosque singultus repente prorumpens in terramque prostratus cum heiulatu ualidissimo proclamaret: heu me miserum! Tulerunt a me deum meum, et quem nunc teneam non habeo uel quem adorem aut interpellem iam nescio. Super qua re ualde permoti nec non etiam praeteritae conlationis uirtute adhuc in nostris cordibus insidente ad abbatem Isaac rediuimus, quem comminus intuentes his sermonibus adorsi sumus.* – STEWART, *Cassian the Monk*, 192 Anm. 10 (zu S. 87) macht darauf aufmerksam, dass Cassianus Joh 20,2. 13 sonst nicht zitiert. Seiner Ansicht nach wird auch an diesem Detail deutlich, dass eigentlich die Gottheit Jesu Christi im Vordergrund der Argumentation steht (aaO. 88).

521 S. o. S. 327–333; für die indirekten Bezugnahmen auf Origenes und Evagrius bei Johannes Cassianus vgl. STEWART, *Cassian the Monk*, 11 f. 87. 124 und DERS., «John Cassian's Schema of Eight Principal Faults and his Debt to Origen and Evagrius,» in *Jean Cassien entre l'orient et l'occident. Actes du colloque international organisé par le New Europe College en collaboration avec la Ludwig Boltzmann Gesellschaft, Bucarest, 27–28 septembre 2001*, éd. Cristian Bădiliță et Attila Jakab (Paris: Beauchesne/Iași: Polirom, 2003), 205–220.

522 Vgl. STEWART, *Cassian the Monk*, 87, ihm stimmt PATTERSON, *Visions of Christ: The Anthropomorphite Controversy of 399 CE*, 17–19, ausdrücklich zu. Für einen von Origenes beeinflussten Mönch namens «Serapion» vgl. DECHOW, *Dogma and Mysticism in Early Christianity*, 155 f. BUNGE, «*In Geist und Wahrheit*». *Studien zu den 153 Kapiteln ‹Über das Gebet› des Evagrios Pontikos*, 65–69 schlägt (wie zuvor schon Adalbert de VOGÜÉ, *Histoire littéraire du mouvement*

monastique dans l'antiquité, Vol. 3 *Jérôme, Augustin et Rufin au tournant du siècle (391–405)* [Paris: Les éditions du Cerf, 1996] 88 Anm. 468) vor, jenen Photinus mit Evagrius Ponticus zu identifizieren, und weist Parallelen zu den Sätzen Cassians bei Evagrius nach.

523 Johannes Cassianus, *Collationes* X 4,1 (CSEL 13, 289,18–290,1 PETSCHENIG = SC 54bis, 144/146 PICHERY): *Licet nos etiam citra eius rei quae nuper oborta est nouitatem praeteritae conlationis, quae super orationis statu digesta est, desiderium recurrere ad tuam beatitudinem postpositis omnibus inuitaret, adiecit tamen aliquid huic cupiditati etiam abbatis Sarapionis tam grauis error, nequissimorum ut arbitramur daemonum calliditate conceptus. Non enim parua desperatione deicimur considerantes eum labores tantos, quos per quinquaginta annos in hac heremo tam laudabiliter exegit, ignorantiae huius uitio non solum penitus perdidisse, sed etiam perpetuae mortis incurrisse discrimen.*

524 BUMAZHNOV, *Der Mensch als Gottes Bild im christlichen Ägypten*, 177–179, stellt diese polemische Charakterisierung in einen Zusammenhang mit dem vielfach und natürlich auch in Ägypten belegten monastischen Ideal, «einfältig» zu sein oder zu werden, um Hochmut und Stolz zu vermeiden (aaO. 161–172).

525 Johannes Cassianus, *Collationes* X 5,1 (CSEL 13, 290,9–22 PETSCHENIG = SC 54bis, 146 PICHERY): *Isaac: Non est mirandum hominem simplicissimum et de substantia ac natura diuinitatis numquam penitus eruditum rusticitatis uitio et consuetudine erroris antiqui usque nunc detineri uel decipi potuisse et ut uerius dicam in errore pristino perdurare, qui non recenti sicut putatis daemonum inlusione, sed ignorantia pristinae gentilitatis infertur, dum secundum consuetudinem erroris illius, quo daemonas hominum figura conpositos excolebant, nunc quoque illam inconprehensibilem atque ineffabilem ueri numinis maiestatem sub circumscriptione alicuius imaginis existimant adorandam, nihil se tenere uel habere credentes, si propositam non habuerint imaginem quandam, quam in supplicatione positi iugiter interpellent eamque circumferant mente ac prae oculis teneant semper adfixam.* – Für STEWART, *Cassian the Monk*, 88 ist der Zusammenhang zwischen der Position des Serapion und paganer Idololatrie «marginal».

526 Zur Vorstellung des Johannes Cassianus, dass man beim Gebet Gott im verherrlichten Christus schauen kann, vgl. *De incarnatione Domini contra Nestorium* III 6,3 (CSEL 17, 267,23–29 PETSCHENIG): *Uideo ineffabilem inluminationem, uideo inexplicabilem claritatem, uideo splendorem humanae fragilitati intolerabilem et supra id quod ferre mortales oculi queunt inaestimabili maiestatem dei luce fulgentem. Quae hic diuisio, quae discretio est? In uoce Iesum audimus, in maiestate deum cernimus: Quid est aliud nisi ut in una eademque substantia deum et Iesum esse credamus?* Vgl. auch STEWART, *Cassian the Monk*, 95–99.

527 RUBENSON, «Origen in the Egyptian Monastic Tradition of the Fourth Century,» 333: «The bulk of illiterate, anti-Origenist monks with anthropomorphite views are simply not visible before they appear as the foes in the de-

scriptions by John Cassian and Socrates». Anders LEDEGANG, «Anthropomorphites and Origenists in Egypt,» 379: «Summarizing, it can be said that the conflict at the end of the fourth century in Egypt was originally a sociological controversy between simple and learned monks and a theological one with regard to the biblical anthropomorphisms and to prayer. Finally, however, it became a merely political conflict. Origen's theological views only played a minor part in this».

528 Johannes Cassianus, *Collationes* X 5,1 (CSEL 13, 290,9–11 PETSCHENIG = SC 54bis, 146 PICHERY); zitiert in Anmerkung 525.

529 Die Edition bei Migne (Cyrillus Alexandrinus, *Adversus Anthropomorphitas*, PG 76, 1065–1132) ersetzt für die drei Schriften jetzt *Cyril of Alexandria, Select Letters*, translated by Lionel R. Wickham, Oxford Early Christian Texts (Oxford: Clarendon Press, 2007 = 1983), zum handschriftlichen Befund und zur Editionsgeschichte aaO. XXVIII–XXXI. XLVII–XLIX. Für den syrischen Text: Rifaat Y. EBIED/Lionel R. WICKHAM, «The Letter of Cyril of Alexandria to Tiberius the Deacon,» *Le Muséon* 83 (1970): 433–482. Zu den Texten vgl. auch Eginhard P. MEIJERING, «Some Reflections on Cyril of Alexandria's Rejection of Anthropomorphism,» *Nieuw Theologisch Tijdschrift* 28 (1974): 295–301 sowie Alexander GOLITZIN, «The Form of God and Vision of the Glory: Some Thoughts on the Anthropomorphite Controversy of 399 AD,» 22–24 und PATTERSON, *Visions of Christ: The Anthropomorphite Controversy of 399 CE*, 61–77.

530 Nach dem Brevier der Karmeliter, so *Acta Sanctorum* (…), *Januarius* Tom. II, die 28 (Paris: Victor Palmé, 1863), p. 844 = PG 68, 11 f.: *Cyrillus Episcopus Alexandrinus claris parentibus ortus, [Alexandrinusne fuerit,] Theophili item Episcopi Alexandrini ex fratre nepos, a quo adolescens Athenas studiorum caussa missus, cum plurimum profecisset, ad Ioannem Episcopum Hierosolymitanum, vt Christianæ vitæ perfectione imbueretur, se contulit*. Kritisch zu dieser Legende: Félix Marie ABEL, «Saint Cyrille d'Alexandrie dans ses rapports avec la Palestine,» in *Kyrilliana. Spicilegia Sancti Cyrilli Alexandrini XV recurrente saeculo. Études variées à l'occasion du XVe centenaire de Saint Cyrille d'Alexandrie (444–1944)*, éd. Seminarium Franciscale Orientale Ghizae (Kairo: Editions du Scribe Egyptien, 1947), (205–230) 207–213.

531 WICKHAM, *Selected Letters*, XXVIIIf. sowie PATTERSON, *Visions of Christ: The Anthropomorphite Controversy of 399 CE*, 62 f.; zu den Beziehungen Cyrills zur Kirche der drei Provinzen Palaestina vgl. ABEL, «Saint Cyrille d'Alexandrie dans ses rapports avec la Palestine,» 221–226.

532 PATTERSON, *Visions of Christ. The Anthropomorphite Controversy of 399 CE*, 63 (mit Bezug auf Cyrillus Alexandrinus, *De dogmatum solutione* [547,19–28 PUSEY = 180,19–28 WICKHAM]): ἀλλ' οἱ τῆς Ἀβηλινῆς χώρας κακῶς πρὸς ἀλλήλους διατεινόμενοι δογματικῶν ἕνεκά τινων ζητημάτων εἰς τοσοῦτον μανίας ἤλασαν ὡς καὶ καθαιρέσεις καὶ ἀναθεματισμοὺς κατ' ἀλλήλων

ὁρίζειν καὶ διωγμοὺς πρὸς ἀλλήλους φέρειν καὶ διαρπαγὰς ὑπομένειν καὶ μητ' ἐπισκόποις μήτε πατράσιν εἴκειν τοῖς αὐτόθι, μήτε μὴν τοῖς παρ' ἡμῖν, μητ' ἄλλοις τισὶν ἁγίων παραχωρεῖν, τὸ μείζονος μέτρου γνώσεως ἠξιῶσθαι, οὕτω κατακράτος ἡ σατανικὴ ἀκαταστασία πόρρω τῆς θείας εἰρήνης αὐτοὺς ἐξῃχμαλώτισε. πρὸς τούτοις αὖθις καὶ τῶν Αἰγυπτίων τινὲς οὐκ ὀρθῶς φρονεῖν περὶ Θεοῦ δεδιδαγμένοι, τὴν αὐτὴν ἐκείνοις νοσοῦντες μανίαν, (...) Zu den Landschaften vgl. PATTERSON, *Visions of Christ: The Anthropomorphite Controversy of 399 CE*, 72 f.

533 Cyrillus Alexandrinus, *Solutiones ad Tiberium* 1 (137 WICKHAM = 448 EBIED/ WICKHAM): ܟ̈ܬܒܐ ܟܬܝܒ ܐܝܟܢܐ ܓܝܪ ܐܝܬܘܗܝ ܟܝܢܐ ܐܠܗܝܐ܀ ܕܐܝܟ ܗܠܝܢ ܢܗܘܐ܀ ܕܕܐܝܟ ܗܢܐ ܢܗܘܐ ܒܗ ܒܟܝܢܗ.

534 Cyrillus Alexandrinus, *De dogmatum solutione Quaestio* 1 (549,3–8 PUSEY = 184,3–7 WICKHAM) Εἰ ὁ ἐπὶ πάντων Θεὸς χεῖρας, πόδας, ὀφθαλμούς, ὦτά τε καὶ πτέρυγας ἔχειν ὑπὸ τῆς θείας γραφῆς ὀνομαζόμενος, οὕτω παρ' ἡμῶν ὀφείλει νοεῖσθαι, οὐκ ἀνθρωποειδῶς ὡς ἐπὶ σώματος τῶν μελῶν λαμβανομένων· ἀσώματος γάρ· ἀλλὰ καθώς ἐστιν οὐσία, οὕτω καὶ τὰ λεχθέντα τῆς οὐσίας ὄντα, μέλη θεῖα καὶ αὐτὰ κατὰ τὴν οὐσίαν ὑπάρχει.

535 Cyrillus Alexandrinus, *De dogmatum solutione Responsio* 1 (549,9–17 PUSEY = 184,9–18 WICKHAM): Οἱ φρενὸς ὄντες ἐν καλῷ, καὶ τοῖς περὶ τῆς ἀρρήτου θεότητος λόγοις ἰσχνὸν ἐνιέντες τῆς ἑαυτῶν διανοίας τὸν ὀφθαλμόν, ὁρῶσιν αὐτὴν παντὸς μὲν ὑπάρχουσαν ἐπέκεινα γενητοῦ, ὑπερανίσχουσαν δὲ καὶ παντὸς ὀξύτητα νοῦ καὶ φαντασίας σωματικῆς πέρα τε οὖσαν παντελῶς, καὶ καθά φησιν ὁ πάνσοφος Παῦλος ‚φῶς οἰκοῦσαν ἀπρόσιτον'. εἰ δὲ ἀπρόσιτόν ἐστι τὸ περὶ αὐτὴν φῶς, πῶς ἂν αὐτὴν καταθρήσειέ τις; βλέπομεν γὰρ ‚ἐν ἐσόπτρῳ καὶ αἰνίγματι, καὶ γινώσκομεν ἐκ μέρους'. ἔστι τοίνυν ἀσώματον παντελῶς τὸ θεῖον, ἄποσον τε καὶ ἀμέγεθες, καὶ οὐκ ἐν εἴδει περιγράπτῳ.

536 Cyrillus Alexandrinus, *De dogmatum solutione Responsio* 1 (550,1–6 PUSEY = 184,18–23 WICKHAM): τὸ δὲ οὕτως ἔχον ἐν ἰδίᾳ φύσει, πῶς ἂν ἐκ μορίων νοοῖτο καὶ μελῶν; εἰ γάρ τις δοίη τοῦτο ὑπάρχειν ἀληθές, ἀσώματον οὐκ ἔτι νοεῖται. τὸ γὰρ ὅλως ἐν σχήματι, πάντως που καὶ ἐν ποσῷ, τὸ δὲ ἐν ποσῷ καὶ ἐν τόπῳ· καὶ τὸ ἐν τόπῳ νοούμενον, οὐκ ἔξω περιγραφῆς. ταῦτα δὲ σωμάτων μὲν ἴδια, τῆς δὲ ἀσωμάτου φύσεως ἀλλότρια παντελῶς.

537 Cyrillus Alexandrinus, *De dogmatum solutione Responsio* 1 (550,6–10 PUSEY = 184,23–186,3 WICKHAM): οὔτε τοίνυν ὀφθαλμοὺς ἢ ὦτα, οὔτε μὴν χεῖράς τε καὶ πόδας ἢ πτέρυγας ἐπὶ Θεοῦ νοητέον, κἂν εἰ μή τις ἕλοιτο τυχὸν ὡς ἐν ἁπτοῖς καὶ παχέσι σώμασι τὰ τοιάδε νοεῖν, ἀλλ' ὡς ἐν ἰσχνῷ καὶ ἀΰλῳ, καὶ κατά γε τὴν τοῦ Θεοῦ φύσιν·

538 Natürlich bleibt noch einmal zu diskutieren, ob die monastischen Kreise, die die entsprechenden Fragen über Tiberius an Cyrill stellten, tatsächlich diese Position vertraten, dies bleibt unsicher. PATTERSON, *Visions of Christ. The Anthropomorphite Controversy of 399 CE*, 73 erwägt es freilich nicht einmal.

539 Dechow, *Dogma and Mysticism in Early Christianity*, 308–311 verweist auf Texte von Ps.-Macarius und Evagrius.
540 Gould, «The Image of God and the Anthropomorphite Controversy in Fourth Century Monasticism,» 550 f.
541 Bumazhnov, *Der Mensch als Gottes Bild im christlichen Ägypten*, 157–159.
542 *Vita Aphunis* 12,11 (ed. Rossi 14c/76c,21–29): N̅TOK ΔE ΔKOYON2̅K̅ EBOΛ NΔME ϪE ΔKKTOK THP̅K̅ EBOΛ2̅M̅ ΠϪOCE N̅2HT E2OYN EΠT̅BBO MN̅ TMN̅T2ΔΠΛOYC NTE TMN̅TKOYÏ.
543 S. o. S. 351–353.
544 Stroumsa, «Jewish and Gnostic Traditions among the Audians,» 101 = 261 unterscheidet zwischen ‹concrete mysticism›, in dem Gott körperlichen Augen sichtbar wird, und ‹metaphorical mysticism›, bei dem Gott nur den (platonisch gesprochen) Augen des Verstandes sichtbar wird; vgl. Patterson, *Visions of Christ: The Anthropomorphite Controversy of 399 CE*, 19 f.
545 Alexander Golitzin, «The Form of God and Vision of the Glory: Some Thoughts on the Anthropomorphite Controversy of 399 AD,» passim sowie ders., «‹The Demons suggest an Illusion of God's Glory in a Form›. Controversy over the Divine Body and Vision of Glory in Some Late Fourth, Early Fifth Monastic Literature,» *Studia Monastica* 44 (2002): 13–43. – Kritische Bemerkungen bei Bumazhnov, *Der Mensch als Gottes Bild im christlichen Ägypten*, 148–150, weitgehend zustimmend Patterson, *Visions of Christ: The Anthropomorphite Controversy of 399 CE*, 20–24, kritischer 70.
546 Golitzin, «The Form of God and Vision of the Glory: Some Thoughts on the Anthropomorphite Controversy of 399 AD,» 29–36.
547 Golitzin, «The Form of God and Vision of the Glory: Some Thoughts on the Anthropomorphite Controversy of 399 AD,» 1–29. Ein Teil der Belege, die Golitzin behandelt, wird ausführlich besprochen bei Bumazhnov, *Visio mystica im Spannungsfeld frühchristlicher Erfahrungen*, 170–252.
548 *Apophthegmata Patrum* 48 (Arsenius 10), PG 65, 89 C: Εἶπε πάλιν· Ἐὰν τὸν Θεὸν ζητήσωμεν, φανήσεται ἡμῖν· καὶ ἐὰν αὐτὸν κατάσχωμεν, παραμενεῖ ἡμῖν. – Zu diesem Spruch vgl. Dmitrij Bumazhnov, «Kann man Gott festhalten? Eine frühchristliche Diskussion und deren Hintergründe,» in: *Christianity in Egypt: Literary Production and Intellectual Trends. Studies in Honor of Tito Orlandi*, hg. Paola Buzi und Alberto Camplani, Studia Ephemeridis Augustinianum 125 (Rom: Institutum Patristicum Augustinianum, 2011), (165–176) 166 f.
549 Zur Einleitung in den Text (CPG 2, 2683: Origenes, *Die Homilien zum Buch Jesaja. Im Anhang: Fragmente und Zeugnisse des Jesajakommentars und: Theophilus von Alexandria, Traktat gegen Origenes über die Vision Jesajas*, eingel. u. übers. v. Alfons Fürst u. Christian Hengstermann, OWD 10 (Berlin/New York: De Gruyter bzw. Freiburg u. a.: Herder, 2009), 180 f. und vorher schon Berthold Altaner, «Wer ist der Verfasser des *Tractatus in Isaiam* VI 1–7 (ed.

G. Morin, Anecdota Maredsolana III 3, Maredsous 1903, 103–122)? Ein Forschungsbericht,» *Theologische Revue* 42 (1943): 147–151 = DERS., *Kleine Patristische Schriften*, hg. Günter Glockmann, Texte und Untersuchungen 83 (Berlin: Akademie, 1967), 483–488.

550 ALTANER, «Wer ist der Verfasser des *Tractatus in Isaiam* VI 1–7,» 147 f. = 483 f.
551 S. o. S. 336 f. 342 f.
552 So FÜRST/HENGSTERMANN in Origenes, *Die Homilien zum Buch Jesaja*, OWD 10, 180–182.
553 Theophilus Alexandrinus, *Tractatus contra Originem de visione Esaie* 2 (OWD 10, 338,1–11 FÜRST/HENGSTERMANN): *Neque enim Dei faciem, iuxta quod Deus videri potest. Duabus alis operiebant Seraphin, ut ille confixit, sed suam, ut prophetae ostenderent Dei faciem iuxta id, quod Deus est, mortalium oculis non videri. Unde et Moyses, cum loqueretur ad Dominum: ‹Ostende te mihi manifeste, ut videam te›, audit ab eo: ‹Nemo videbit faciem meam et vivet›. Quibus dictis docetur cupiditati suae modum ponere et fragilitatis propriae nosse mensuram. Sed et Iohannes clamat: ‹Deum nemo vidit umquam; unigenitus Deus, qui est in sinu Patris, ipse narravit›. Cuius sententiae definitio non homines tantum, sed omnes rationabiles creaturas et quicquid extra Deum est, docet Deum videre non posse iuxta id, quod Deus, sed iuxta id, quod se creaturis suis dignanter ostendit.*
554 Theophilus Alexandrinus, *Tractatus contra Originem de visione Esaie* 2 (OWD 10, 338,22–24 FÜRST/HENGSTERMANN): *Quod nequaquam ita accipiendum est, ne Seraphin Deo maiora credamus; quod Origenes, licet sermone taceat, consequentibus loquitur.*
555 Hieronymus, *Commentaria in Esaiam* III 4 in Esaiam 6,2 (AGLB 23, 312,10–15 GRYSON): *Rursum ubi nos diximus quod unus de seraphim uelaret faciem et pedes eius, per quod intellegitur dei, in hebraeo scriptum habetur phanau et reglau* (פניו bzw. רגליו *Jesaja* 6,2) *quod potest interpretari et eius et suam, ut Seraphim iuxta hebraei sermonis ambiguitatem et faciem pedesque Dei, et suam faciem ac pedes operire dicantur.* – Vgl. zur Sache auch CRISTEA, *Schenute von Atripe: Contra Origenistas*, 62–65.
556 Origenes, *Homilia in Esaiam* 1,2 (GCS Origenes VIII, 244,15–18 BAEHRENS/ OWD 10, 198,9–11 FÜRST/HENGSTERMANN): *Deinde dispositio alarum. ‹Et duabus quidem alis uelabant faciem›* – *non propriam, sed Dei* – *‹duabus autem alis uelabant pedes›* – *non proprios, sed Dei* – *‹duabus autem alis uolabant›*.
557 Theophilus Alexandrinus, *Tractatus contra Originem de visione Esaie* 2 (OWD 10, 338,21 f. FÜRST/HENGSTERMANN): *Si enim faciem illius et pedes Seraphim operiunt, maiora erunt Deo, cuius, ut ita dicam, summum et ultimumque operiunt.*
558 S. o. S. 298–309.
559 Vgl. Hieronymus, *Epistula* 18A, 7 (CSEL 54², 82,17–85,2 HILBERG) mit *Commentaria in Esaiam* III 4 in Esaiam 6,2 (AGLB 23, 312,1–315,73 GRYSON) und *Commentaria in Abacuc* 113,2 (CChr.SL 76A, 620,60–621,114 ADRIAEN); die Entwicklung der Exegese der Stelle bei Hieronymus und die internen In-

kohärenzen analysiert Alfons FÜRST, «Hieronymus gegen Origenes. Die Vision Jesajas im ersten Origenismusstreit,» *Revue d'Études Augustiniennes* 53 (2007): 199–233 = DERS., *Von Origenes und Hieronymus zu Augustinus. Studien zur antiken Theologiegeschichte*, Arbeiten zur Kirchengeschichte 115 (Berlin/ New York: De Gruyter, 2011), (239–274) 244–252.

560 Theophilus Alexandrinus, *Tractatus contra Originem de visione Esaie* 2 (OWD 10, 342,15–23 FÜRST/HENGSTERMANN): *Scimus enim esse Deum scimusque, quid non sit; quid autem et qualis sit, scire non possumus. Quoniam bonitatis est atque clementiae descendentis ad nos, ut aliqua de eo aestimare valeamus, esse eum sentiamus beneficiis; qualis autem sit, propter profundum interiacens nulla potest intellegere creatura; et, ut pressius aliquid loquar, quid non sit Deus, novimus, quid autem sit, scire non possumus, non quo aliquid habens postea habere desierit, sed quo id, quod nobis iunctum est per naturae fragilitatem, ille non habeat, verbi gratia aut mutabilis ut corpus, ut aliquo indigeat, ut humanis pateat aspectibus et si qua sunt alia, quibus creatura subiecta est.*

561 Auch im Traktat *Contra Origenistas* 7 (§§ 331/332 [p. 147 CRISTEA]) des ägyptischen Mönchsvaters Schenute wird gegen die trinitarische Ausdeutung der Cherubim in Jes 6 protestiert: CRISTEA, *Schenute von Atripe, Contra Origenistas*, 59–65.

562 Iustinianus Imperator, *Tractatus aduersus impium Origenem* (ACO III, 202,23– 23 SCHWARTZ = 94,23–26 AMELOTTI/ZINGALE): ἀρξαμένου γὰρ αὐτοῦ βλασφήμους ὁμιλίας ὁμιλεῖν ὁ κατ' ἐκεῖνο καιροῦ μακαρίτης Ἡρακλᾶς ἐπίσκοπος ὡς ἀροτὴρ καὶ ἀμπελουργὸς φιλαλήθης τοῦ τῆς ἐκκλησίας χωρίου τυγχάνων ἐκ μέσου τοῦ καλοῦ σίτου τοῦτον ἐξέτιλεν ὡς τοῦ πονηροῦ ζιζανίου ὄντα ἀληθῶς. – Zu den Ereignissen, die zum Weggang des Origenes aus Caesarea führten, vgl. WILLIAMS, s. v. «Origenes/Origenismus,» 397–420. Auffälligerweise verwechselt der alexandrinische (!) Synodalbrief freilich die alexandrinischen Bischöfe: Unter Heraclas' Vorgänger Demetrius verließ Origenes Alexandria, dessen Nachfolger Heraclas unternahm allerdings auch keinerlei Anstalten, den einstigen Kollegen zurückzuholen. «Herausgeworfen» (metaphorisch: «ausgelesen», ἐξέτιλεν) hat höchstens Demetrius Origenes, vgl. aaO. 202,27–30 = 94,27–30: ἐκπεσὼν οὖν οὗτος ἐπὶ τὴν γῆν οὐρανόθεν ὡς ἀστραπή, καθάπερ ὁ τούτου πατὴρ ὁ διάβολος, θυμοῦ πνέων πολλοῦ καὶ δεινοῦ κατὰ τῆς ἀληθείας ἐπὶ τὴν καλουμένην Παλαιστίνην χώραν ἔπλευσε καὶ καθίσας ἐν τῆι Καισαρέων μητροπόλει κἀκεῖσε τὸ πρόσωπον ἀποκαλύψας ὅλον ἐξ ὅλου τοῦ καλύμματος.

563 S. o. S. 351.

564 BUMAZHNOV, *Der Mensch als Gottes Bild im christlichen Ägypten*, 217: «Die Übereinstimmung zwischen den Zeugnissen (...) läßt die Frage aufstellen, ob die Ansichten des hl. Epiphanius, der bekanntlich in seinen jüngeren Jahren ‹engen Kontakt zu monastischen Zirkeln› in Ägypten hatte, eine ‹dritte› ägyptische Tradition widerspiegeln können, die die Unbegreiflichkeit der

Gottebenbildlichkeit des Menschen herausstellte und zwischen den ‹Origenisten› und den ‹Anthropomorphiten› in gewisser Weise vermittelte» sowie DERS., «Einige Aspekte der Nachwirkung des Ankoratus und des Panarion des hl. Epiphanius von Salamis in der früheren monastischen Tradition,» *Adamantius* 11 (2005): 158–178.

565 Epiphanius, *Ancoratus* 54,1 (GCS Epiphanius I², 63,7–10 HOLL/BERGERMANN/COLLATZ) καὶ οὐκ εἶπεν, εἶδον τῇ διανοίᾳ, ἀλλὰ ,τοῖς ὀφθαλμοῖς μου᾽ εἶδον οὖν καὶ οὐκ εἶδον, ἀλλ᾽ ὡς ἠδύνατο, ἐν ἀληθείᾳ δὲ εἶδον, οὐκ εἶδον δὲ ὡς ἔχει τὸ ἄπειρον τῆς ἀκαταληψίας. – Vgl. auch Epiphanius, *Panarion haereses* 70,2,7 (GCS Epiphanius III, 234,22–25 HOLL/DUMMER): διὸ οὐ χρὴ πάντως ὁρίζειν ἢ διισχυρίζεσθαι ἐν ποίῳ μέρει τὸ κατ᾽ εἰκόνα πληροῦται, ἀλλ᾽ ὁμολογεῖν μὲν τὸ κατ᾽ εἰκόνα εἶναι ἐν τῷ ἀνθρώπῳ, ἵνα μὴ τὴν χάριν τοῦ θεοῦ ἀθετήσωμεν καὶ ἀπιστήσωμεν θεῷ. – Synoptische Darbietung dieser Passagen mit deutscher Übersetzung bei BUMAZHNOV, *Der Mensch als Gottes Bild im christlichen Ägypten*, 216 f.

566 *Apophthegmata Patrum* 870 (Sopater 1), PG 65, 413 A = *Collectio systematica* XIV 16, SC 474, 264,1–7 GUY: Ἠρώτησέ τις τὸν ἀββᾶν Σώπατρον, λέγων· ,Δός μοι ἐντολήν, ἀββᾶ, καὶ φυλάξω αὐτήν‘. Ὁ δὲ εἶπεν αὐτῷ· ,Μὴ εἰσέλθῃ γυνὴ εἰς τὸ κελλίον σου, καὶ μὴ ἀναγνώσῃς ἀπόκρυφα· καὶ μὴ ἐκζητήσῃς περὶ τῆς εἰκόνος· τοῦτο γὰρ οὐκ ἔστιν αἵρεσις, ἀλλ᾽ ἰδιωτεία καὶ φιλονεικία ἀμφοτέρων τῶν μερῶν· ἀδύνατον γὰρ καταληφθῆναι τὸ πρᾶγμα τοῦτο ὑπὸ πάσης τῆς κτίσεως. Vgl. dazu auch 189 (Daniel 7), PG 65, 157 B = *Collectio systematica* XVIII 4, SC 498, 42,17–21 GUY (zur Frage, ob ὁ ἄρτος ὃν μεταλαμβάνομεν, οὐκ ἔστι φύσει σῶμα Χριστοῦ, ἀλλ᾽ ἀντίτυπόν ἐστι): Ἀλλ᾽ ὥσπερ ἐν ἀρχῇ χοῦν λαβὼν ἀπὸ τῆς γῆς ἔπλασε τὸν ἄνθρωπον κατ᾽ εἰκόνα αὐτοῦ, καὶ οὐδεὶς δύναται εἰπεῖν ὅτι οὐκ ἔστιν εἰκὼν Θεοῦ, εἰ καὶ ἀκατάληπτος· οὕτως ὁ ἄρτος ὃν εἶπον ὅτι Σῶμά μού ἐστιν, οὕτως πιστεύομεν ὅτι κατὰ ἀλήθειαν σῶμά ἐστι Χριστοῦ.

567 S. o. S. 19–40.

568 Dem sogenannten *Anonymus Cyzicenus* (weil der anonyme Schreiber von der Insel Cyzicus stammte), früher gern auch als «Gelasius von Cyzicus» bezeichnet: Anonymus von Cyzicus, Historia Ecclesiastica. Kirchengeschichte, übers. u. eingel. v. Günther Christian Hansen, FChr 49/1 (Turnhout: Brepols, 2008), 7–49. Hansen erwog, dass Philippus von Side, ein christlicher Universalhistoriker der Zeit (aaO. 27–29), den ganzen Dialog gleichsam nach dem Muster einer rhetorischen Übung («Was hätte x in dieser Situation wohl gesagt?») erfunden habe: aaO. 40–44.

569 Anonymus Cyzicenus, *Historia ecclesiastica* II 14,1–2 (GCS.NF 9, 50,6–19 HANSEN = FChr 49/1, 194,7–24 HANSEN): **Ἀντίρρησις ἑτέρου φιλοσόφου τοὔνομα Φαίδωνος ποιουμένου καὶ αὐτοῦ τοὺς λόγους ὑπὲρ τοῦ θεομάχου Ἀρείου καὶ τῆς ἐφευρεθείσης ὑπ᾽ αὐτοῦ βλασφημίας. Πρότασις τοῦ φιλοσόφου πρὸς τὴν ἁγίαν σύνοδον εἰς τὸ ,ποιήσωμεν**

ἄνθρωπον'· ,καὶ εἶπεν ὁ θεός·ποιήσωμεν ἄνθρωπον κατ' εἰκόνα ἡμετέραν καὶ καθ' ὁμοίωσιν'. εἰ οὖν, ὡς ἡ φωνὴ δηλοῖ, ᾗ καὶ ὁ νοῦς ἐξαπαχθείς, ἀνθρωπόμορφον ἄν τις λέξοι τὸν θεόν. τὸν δὲ θεὸν ἴσμεν ἁπλοῦν καὶ ἀσχημάτιστον. τί οὖν βούλονται αἱ σημασίαι τῶν προσηγοριῶν τούτων; φατέ, μὴ ἄρα ἀνθρωπόμορφον τὸ θεῖον; **ἀπόκρισις τῶν ἁγίων πατέρων διὰ Εὐσταθίου ἐπισκόπου Ἀντιοχείας**· οὐχ οὕτως, ὦ φιλόσοφε, ἀλλ' ἢ τὸ εἰπεῖν τὸν θεόν· ,ἀρχέτωσαν πάσης τῆς γῆς' καὶ τὸ ,κατακυριευσάτωσαν αὐτῆς καὶ πάντων τῶν ἐν αὐτῇ' τοῦτο τὸ κύριόν ἐστι τοῦ ποιῆσαι τὸν ἄνθρωπον κατ' εἰκόνα θεοῦ καὶ ἄρχειν αὐτὸν πάσης τῆς γῆς.

570 Anonymus Cyzicenus, *Historia ecclesiastica* II 15,6–8 (GCS.NF 9, 52,12–24 Hansen = FChr 49/1, 200,1–19 Hansen): **ἀντίρρησις τοῦ φιλοσόφου**· καὶ ἤδη ἐν ταῖς προτέραις ἐπερωτήσεσιν ἔφαμεν μὴ εἶναι τὸν θεὸν ἀνθρωπόμορφον· τίνα οὖν ἔχει τὴν σημασίαν ἡ ῥῆσις αὕτη, τὸ ,κατ' εἰκόνα ἡμετέραν καὶ καθ' ὁμοίωσιν', φατὲ ἡμῖν. οὐ γὰρ μικρὸν ἡμῖν ἡ λέξις παρέχει ἀγῶνα· τέως τοῦτο λεκτέον. **ἀπόκρισις τῆς ἁγίας συνόδου διὰ τοῦ αὐτοῦ ἐπισκόπου Ὁσίου πόλεως Κουρδούβης**· τὸ ,κατ' εἰκόνα', ὦ φιλόσοφε, νοητέον οὐ κατὰ τὴν τῶν σωμάτων σύνθεσιν, ἀλλὰ κατὰ τὸ νοερὸν ἐντετυπῶσθαι ὁ τῆς ἀληθείας παρίστησι λόγος. ἄκουε τοίνυν καὶ σύνες ἀγαθὸς ὢν ὁ θεὸς τῇ φύσει ἐνέπηξε τῇ νοερᾷ τοῦ ἀνθρώπου οὐσίᾳ τὸ ,κατ' εἰκόνα αὐτοῦ καὶ ὁμοίωσιν' οἷον τὴν ἀγαθότητα τὴν ἁπλότητα τὴν ἁγιότητα τὴν καθαρότητα τὴν ἀφθονίαν τὴν χρηστότητα τὴν μακαριότητα καὶ τὰ τούτοις ὅμοια, ἵν' ἅπερ ἐστὶν ὁ θεὸς τῇ φύσει, ταῦτα κατὰ τὴν αὐτοῦ χάριν ἔχειν δυνηθῇ καὶ ὁ ὑπ' αὐτοῦ κτισθεὶς ἄνθρωπος, τοῦτ' ἔστι τὸ νοερὸν αὐτοῦ.

571 Aeneas, *Theophrastus sive De animarum immortalitate et corporum resurrectione dialogus* (46,5 f. Colonna): (Euxitheus, ein syrischer Neuplatoniker) Ὁ δὲ Δημιουργὸς ἀσώματος, ἀόριστος, αὐτὸ τὸ φῶς ὑπάρχων. Umgekehrt gilt ebd. (46,20 f.): ὁρατὸν γὰρ ὄντα καὶ ἁπτὸν καὶ πάντη σωματοειδῆ, ἀμήχανον ἦν ἀγένητον εἶναι·. – Vgl. zum Gottesbegriff des Aeneas auch: Manfred Wacht, *Aeneas von Gaza als Apologet. Seine Kosmologie im Verhältnis zum Platonismus*, Theophaneia 21 (Bonn: Hanstein, 1969), 38-50.

572 Das glaubt nicht einmal der neuplatonische Gesprächspartner (38,12 f. Colonna): (...) ὡς ἂν μηδὲν τῶν ἄνω σωμάτων ἀγένητον ὑπονοήσαντες. Dabei wird in neuplatonischer Art durchaus zwischen unterschiedlichen Arten von Körpern differenziert, wie Theophrastus, ein Athener, formuliert (52,5 f. Colonna): Ποίου δὲ σώματος; Τοῦ αὐγοειδοῦς ἢ τοῦ ἀερώδους ἢ τοῦ ὀστρεώδους;.

573 Zur Datierung vgl. in der kritischen Ausgabe: *Zacaria Scholastico, Ammonio*. Introduzione, testo critico, traduzione, commento a cura di Maria Minniti Colonna (Neapel: Antrice, 1973), 38: Frau Minniti Colonna votiert für ca. 486/487 n. Chr. – Sie bezieht sich dabei auf die einleitende ὑπόθεσις des Dialogs (Zacharias Rhetor Mitylenaeus, *Ammonius sive De mundi opificio dis-*

putatio 1–8 [93 Minniti Colonna]): Φοιτητής τις Ἀμμωνίου, τοῦ δῆθεν φιλοσόφου, γενόμενος καὶ ἠρέμα πρὸς Ἑλληνισμὸν ἀποκλίνας, παραγέγονε κατὰ τὴν Βηρυτίων νόμους ἀναγνωσόμενος. οὗτος ἤρξατό τισι τῶν ἑταίρων τὰς Ἑλληνικὰς τοῦ διδασκάλου περὶ τοῦ κόσμου προτείνειν ἀντιθέσεις· οἱ δὲ ταύτας μοι διαπορθμεύσαντες καὶ τῶν λύσεων ἀκούσαντες – ἔτυχον γὰρ ἐν Ἀλεξανδρείᾳ πρὸς Ἀμμώνιον καὶ Γέσιον τὸν ἰατροσοφιστὴν πολλὰς περὶ τούτων διαλέξεις ποιησάμενος –, ᾔτησαν γραφῇ ταύτας παραδοθῆναι.

574 Zacharias Rhetor Mitylenaeus, *Ammonius sive De mundi opificio disputatio* 1233–1241 (134 f. Minniti Colonna): ὁ γοῦν ἀγαθὸς ποιητής, τὸν ἄνθρωπον δημιουργῶν, καὶ νοερὰν ψυχήν, ἣν δὴ εἰκόνα αὐτοῦ οἶδεν ὁ λόγος, αἰσθητῷ σώματι συγκρίνων τε καὶ συνδέων, καὶ ἀνέκαθεν τὰ τῆς ἀθανασίας σπέρματα διὰ τῆς ἀθανάτου ψυχῆς τοῖς σώμασιν ἐγκατασπείρων, ὅπως ἂν τῆς εὐεργεσίας τἀγαθοῦ καὶ τῆς θεωρίας αἰσθάνοιτο καὶ τὰ ἀναίσθητα, καὶ διὰ τῆς μίξεως τῆς νοερᾶς οὐσίας καὶ συνανακράσεως τούτου, μετέχοι, αὐτεξούσιον ἐποίει καὶ ἀνάγκης ἐλεύθερον ἄφετόν τε καὶ αὐτόνομον – τοῦτο γὰρ γνώρισμα καὶ σύνθημα λογικῆς μάλιστα φύσεως, καὶ εἰκὼν καὶ μίμησις τῆς ἄνω βασιλείας.

575 Zacharias Rhetor Mitylenaeus, *Ammonius sive De mundi opificio disputatio* 248–260 (103 Minniti Colonna): Christ: Τὸν θεὸν νοερόν τι χρῆμα καὶ ἀσώματον οἴει; Ammonius: Ναί. Christ: Ἔτι δ᾽ αὖ ἀνώλεθρόν τε καὶ ἀθάνατον καὶ ἀεὶ ὡσαύτως ἔχον καὶ περιγραφῆς πάσης ἐλεύθερον; Ammonius: Πάνυ γε. Christ: Πρὸς δὲ καὶ ἁπλοῦν καὶ ἀσύνθετον καὶ σώμασιν ἀμιγὲς καὶ ἀλλότριον παντὸς δεσμοῦ, ὡς μακάριον καὶ ἀπήμαντον καὶ ἀλώβητον αὔταρκές τε καὶ τέλειον καὶ ἀγένητον, καὶ πάντων διαφέρον τῶν ὑπὸ γένεσίν τε καὶ φθοράν; Ammonius: Κινδυνεύεις ἀληθῆ λέγειν. Christ: Ναὶ μὴν ἀόρατον καὶ ἀσχημάτιστον ἀναφές τε καὶ ἀμερὲς καὶ παντὸς ὄγκου καὶ ποιοτήτων καὶ ποσοῦ κεχωρισμένον, ὡς ἀσώματον; – vgl. ebd. 277–281 (104 Minniti Colonna), 709–711 (118) und 840–842 (122): δὲ θεὸς ἀσώματόν τι χρῆμα καὶ νοερόν. οὐκ ἄρα ἅμα θεὸς ἅμα κόσμος, ἐπεὶ μήτε σῶμα ὁ θεὸς ᾧ τὰ πρός τι συνέζευκται, μόνος δὲ ἀγένητος καὶ ἀΐδιος, ὡς ἓν καὶ θεός.

576 Dafür ist insbesondere einschlägig: *The Life of Severus by Zachariah of Mytilene*, translated with Introduction by Lena Ambjörn, Texts from Christian Late Antiquity 9 (Piscataway, NJ: Gorgias Press, 2008).

577 Geoffrey Greatrex, «Introduction», in *The Chronicle of Pseudo-Zachariah Rhetor. Church and War in Late Antiquity*, ed. Geoffrey Greatrex, translated Robert R. Phenix and Cornelia B. Horn, with Contributions by Sebastian P. Brock and Witold Witakowski, Translated Texts for Historians 55 (Liverpool: Liverpool University Press, 2011), 3–31, bes. 14 f.

578 S. o. S. 337 f. bzw. 695 mit Anm. 455.

579 In den folgenden Abschnitten habe ich stellenweise auf einen Vortrag zurückgegriffen, den ich am 9. November 2001 auf einer Tagung des Projektes

«*Imitatio* Christi als *Körperkonzept*. *Der leidende Körper als kulturelles Symbol und Kommunikationsmedium bei der Integration des Christentums in die spätantike Gesellschaft*» im Rahmen des Sonderforschungsbereichs 485 «Norm und Symbol. Die kulturelle Dimension sozialer und politischer Integration» gehalten habe; der Vortrag erschien in einem Sammelband einer Tagung des Projektes: Christoph MARKSCHIES, «Körper und Körperlichkeit im antiken Mönchtum,» in *Die Christen und der Körper. Aspekte der Körperlichkeit in der christlichen Literatur der Spätantike*, hg. Barbara Feichtinger u. Helmut Seng, Beiträge zur Altertumskunde 170 (München: Saur, 2004), 189–212.

580 Georg GRÜTZMACHER, s. v. «Hilarion», in *Realencyclopädie für protestantische Theologie und Kirche* (Leipzig: Hinrichs, 1900), 8: (54–56) 54. Andere Datierungen bei Derwas J. CHITTY, *The Desert a City. An Introduction to the Study of Egyptian and Palestinian Monasticism under the Christian Empire* (Crestwood, NY: St Vladimir's Seminary Press, 1995 = Oxford: Blackwell, 1966), 13 f.: Geboren um 293 n. Chr. Zur Vita vgl. auch W. ISRAEL, Die «Vita S. Hilarionis des Hieronymus als Quelle für die Anfänge des Mönchtums kritisch untersucht,» *Zeitschrift für wissenschaftliche Theologie* 23 (1880): 129–165; Theodor ZÖCKLER, «Hilarion von Gaza. Eine Rettung,» *Neue Jahrbücher für deutsche Theologie* 3 (1894): 146–178; zur Vita auch ausführlicher Stephan SCHIWIETZ, *Das morgenländische Mönchtum*, 2. Bd. *Das Mönchtum auf Sinai und in Palästina im vierten Jahrhundert* (Mainz: Kirchheim 1913), 103–119.

581 Ilona OPELT, «Des Hieronymus' Heiligenbiographien,» *Römische Quartalschrift* 74 (1979): 145–177, votiert für 389–392 n. Chr.

582 Philip ROUSSEAU, *Ascetics, Authority, and the Church in the Age of Jerome and Cassian*, 2nd Edition (Notre Dame, IN: University of Notre Dame Press, 2010, 134–139; Adalbert de VOGÜÉ, *Histoire littéraire du mouvement monastique dans l'antiquité, Premier Partie: Le monachisme latin* Vol. 2 *De l'Itinéraire d'Égérie à l'éloge funèbre de Népotien (384–396)*, Patrimoines christianisme (Paris: Les editions du Cerf, 1993), 163–236. Vgl. auch Manfred FUHRMANN, «Die Mönchsgeschichten des Hieronymus: Formexperimente in erzählender Literatur,» in *Christianisme et formes littéraires de l'antiquité tardive en Occident. Huit exposés suivis de discussions*, avec la participation de Helena Junod-Ammerbauer et François Paschoud. Entretiens préparés et présidés par Manfred Fuhrmann, Vandoeuvres-Genève, 23–28 août 1976, Entretiens sur l'antiquité classique 23 (Genève: Fondation Hardt, 1977), 41–89.

583 Hieronymus, *Vita Hilarionis* 3,1 (SC 508, 218,1–220,6 MORALES): *Igitur sacco tantum membra coopertus et pelliceum habens ependyten, quem illi beatus Antonius proficiscenti dederat, sagumque rusticum, inter mare et paludem uasta et terribili solitudine fruebatur, quindecim tantum caricas post solis occasum comedens; et quia regio latrociniis infamis erat, numquam in eodem loco mansitans.*

584 Vgl. dafür die lateinische Übersetzung der *Vita* durch einen Freund des Hieronymus: Evagrius Antiochenus, *Vita Antonii* (zitiert nach: Pascal BER-

TRAND, *Die Evagriusübersetzung der Vita Antonii: Rezeption – Überlieferung – Edition, unter besonderer Berücksichtigung der Vitas Patrum-Tradition* (Diss. phil. masch., Utrecht 2006; zugänglich unter: http://dspace.library.uu.nl/bitstream/handle/1874/7821/full.pdf?sequence=16 [letzte Abfrage: 29.09.2014]), zur Übersetzung Peter GEMEINHARDT, *Antonius. Der erste Mönch. Leben – Lehre – Legende* (München: Beck, 2013), 143 f. sowie VOGÜÉ, *Histoire littéraire du mouvement monastique dans l'antiquité, Premier Partie: Le monachisme latin* Vol. 2, 179 mit Nachweisen in Anm. 68–70, zuvor schon Julius PLESCH, *Die Originalität und literarische Form der Mönchsbiographien des hl. Hieronymus*, Beilage zum Programm des Wittelsbacher-Gymnasiums München 1910 (München: Wolf, 1910), 40–55; FUHRMANN, «Die Mönchsgeschichten des Hieronymus: Formexperimente in erzählender Literatur,» 41–58; sowie Przemyslaw NEHRING, «Jerome's Vita Hilarionis. A Rhetorical Analysis of its Structure,» *Augustinianum* 43 (2003): (417–434) 420.

585 Auf diesen Punkt macht John BINNS, *Ascetics and Ambassadors of Christ. The Monasteries of Palestine 314–631*, Oxford Early Christian Studies (Oxford: Oxford University Press, 1994), 75, aufmerksam.

586 Hieronymus, *Vita Hilarionis* 4,2 (SC 508, 226,8–13 MORALES): *Capillum semel in anno paschae die totondit; super nudam humum stratumque iunceum usque ad mortem cubitauit, saccum quo semel fuerat indutus numquam lauans et superfluum esse dicens munditias in cilicio quaerere. Nec mutauit alteram tunicam, nisi cum prior penitus scissa esset.* – Vgl. dazu Evagrius Antiochenus, *Vita Antonii* 47 (176,688–690 BERTRAND): *Vestimento intrinsecus cilicino, desuper pellicio utebatur, numquam corpus lauans, numquam e pedibus sordes abluens, nisi cum per aquam transpire necessitas compulisset* und ders., *Vita Antonii* 91 (191,1340–1343 BERTRAND): *Melotem et pallium tritum, cui superiaceo, Athanasio episcopo date, quod mihi nouum ipse detulerat. Serapion episcopus aliam accipiat melotem. Vos cilicinum habetote uestimentum, et ualete, uiscera mea.* – Vgl. zum Thema auch: Philippus OPPENHEIM, *Das Mönchskleid im christlichen Altertum*, Römische Quartalschrift, 28. Supplementheft (Freiburg: Herder, 1931), 21–56.

587 Clemens Alexandrinus, *Paedagogus* III 60,2 f. (GCS Clemens Alexandrinus I, 270,17–23 STÄHLIN/FRÜCHTEL/TREU): Τριχῶν δὲ πέρι ταύτῃ δοκεῖ· ψιλὴ μὲν ἡ τῶν ἀνδρῶν κεφαλή, πλὴν εἰ μὴ οὔλας ἔχοι τὰς τρίχας, λάσιον δὲ τὸ γένειον, αἱ δὲ συνεστραμμέναι τῶν τριχῶν ἀπὸ τῆς κεφαλῆς μὴ καθικέσθωσαν ἄγαν εἰς πλοκάμους κατολισθαίνουσαι γυναικείους· ἀπόχρη γὰρ τὸ ἡὐγένειον τοῖς ἀνδράσιν. Εἰ δέ τις καὶ κείραιτό τι τοῦ γενείου, οὐ μέντοι παντελῶς ψιλωτέον αὐτό· αἰσχρὸν γὰρ τὸ θέαμα καὶ κατέγνωσται ἡ τοῦ γενείου ἐν χρῷ κουρὰ παρατίλσει καὶ λειότητι γειτνιῶσα. – Dafür vgl. Martin PUJIULA, *Körper und christliche Lebensweise: Clemens von Alexandreia und sein Paidagogos*, Millennium-Studien zur Kultur und Geschichte des ersten Jahrtausends n. Chr. 9 (Berlin/New York: De Gruyter, 2006), 244–257.

588 Clemens Alexandrinus, *Paedagogus* III 61,1 (GCS Clemens Alexandrinus I,

270,27–31 STÄHLIN/FRÜCHTEL/TREU): Ἐπεὶ δὲ οὐχ ὡραϊσμοῦ χάριν ἡ κουρὰ παραληπτέα, διὰ περίστασιν δέ, τὰς μὲν τῆς κεφαλῆς τρίχας ὡς μὴ αὐξόμεναι ταῖς ὄψεσιν ἐμποδίζοιεν καταβαίνουσαι, καὶ ἴσως τὰς ἐπὶ τῷ μύστακι μολυνομένας κατὰ τὴν τροφὴν περικαρτέον, οὐ ξυρῷ ἀγεννὲς γάρ, ἀλλὰ ταῖς δυοῖν μαχαίραις ταῖς κουρικαῖς, τὰς δὲ τοῦ γενείου μηδέν τι παραλυπούσας οὐκ ἐνοχλητέον, σεμνότητα μὲν τοῦ προσώπου [καὶ] καταπλήξεως γεννητικὴν ἐμποιούσας·.

589 *Actus Petri cum Simone* 22 (I, 70,8–10 LIPSIUS): (…) *mulierem quendam turpissimam, in aspectu Ethiopissimam, neque Aegyptiam, sed totam nigram sordibus, pannis inuolutam, in collo autem torquem ferream et in manibus et in pedibus catenam, saltantem.* – Vgl. Franz Josef DÖLGER, *Die Sonne der Gerechtigkeit und der Schwarze: eine religionsgeschichtliche Studie zum Taufgelöbnis*, 2., um hinterlassene Nachträge des Verfassers verm. Aufl., Liturgiewissenschaftliche Quellen und Forschungen 14 (Münster: Aschendorff, 1971), 49–64 und Peter HABERMEHL, *Perpetua und der Ägypter oder die Bilder des Bösen im frühen afrikanischen Christentum. Ein Versuch zur Passio sanctarum Perpetua[e] et Felicitatis*, Texte und Untersuchungen 140 (Berlin/New York: De Gruyter, 2004), 161–177 («Exkurs 4: Der Schwarze»).

590 Hieronymus, *Vita Hilarionis* 4,1 (SC 508, 224,1–226,8 MORALES): *Igitur a sextodecimo usque ad uicesimum aetatis suae annum aestus et pluuias breui tuguriunculo declinauit, quod iunco et carice texerat, exstructa deinceps breui cellula, quae usque hodie permanet, latitudine pedum quattuor, altitudine pedum quinque, hoc est, statura sua humiliore, porro longitudine paulo ampliore quam eius corpusculum patiebatur, ut sepulcrum potius quam domum crederes.* Vgl. VOGÜÉ, *Histoire littéraire du mouvement monastique dans l'antiquité, Premier Partie: Le monachisme latin* Vol. 2, 185–188.

591 Wie die Lexika zeigen, handelt es sich um ein durchaus eher negativ konnotiertes Wort, das mit «Eifer» usf. wiedergegeben werden kann: *Der neue Georges. Ausführliches Lateinisch-Deutsches Handwörterbuch, aus den Quellen zusammengetragen und mit besonderer Bezugnahme auf Synonymik und Antiquitäten unter Berücksichtigung der besten Hilfsmittel ausgearbeitet* v. Karl-Ernst Georges, hg. Thomas Baier, bearb. v. Tobias Dänzer (Darmstadt: Wissenschaftliche Buchgesellschaft, 2013): 2: 2110 sowie *Mittellateinisches Wörterbuch* (München: Beck, 2009), 4: 178 f.

592 Hieronymus, *Vita Hilarionis* 5,1–7 (SC 508, 226,1–228,23 MORALES): *A uicesimo primo anno usque ad uicesimum septimum, tribus annis, dimidium lentis sextarium madefactum aqua frigida comedit, et aliis tribus panem aridum cum sale et aqua. Porro a uicesimo septimo usque ad tricesimum primum herbis agrestibus et uirgultorum quorumdam radicibus crudis sustentatus est. A tricesimo autem primo usque ad tricesimum quintum sex uncias hordeacei panis et coctum modice olus absque oleo in cibo habuit. Sentiens autem caligare oculos suos et totum corpus impetigine et pumicea quadam scabredine contrahi, ad superiorem uictum adiecit oleum, et*

usque ad sexagesimum tertium uitae suae annum hoc continentiae cucurrit gradu, nihil omnino extrinsecus aut pomorum aut leguminis aut cuiuslibet rei gustans. Inde, cum se uideret corpore defatigatum et propinquam putaret imminere mortem, a sexagesimo quarto rursus anno usque ad octogesimum pane abstinuit incredibili feruore mentis, ut eo tempore quasi nouus accederet ad seruitutem domini, quo ceteri solent remissius uiuere. Fiebat autem ei de farina et comminuto olere sorbitiuncula, cibo et potu uix quinque uncias appendentibus. Sicque complens ordinem uitae numquam ante solis occasum, nec diebus festis, nec in grauissima ualetudine, soluit ieiunium. – Für andere zeitgenössische Berichte über Ernährungsgewohnheiten von asketisch lebenden Christenmenschen vgl. FUHRMANN, «Die Mönchsgeschichten des Hieronymus: Formexperimente in erzählender Literatur,» 49 mit Anm. 4–6.

593 Nachweise bei MARKSCHIES, «Körper und Körperlichkeit im antiken Mönchtum,» 193–200; vgl. Hannah HUNT, *Clothed in the Body. Asceticism, the Body and the Spiritual in the Late Antique Era*, Ashgate Studies in Philosophy & Theology in Late Antiquity (Farnham, Surrey/Burlington, VT, Ashgate 2012), 47–61.

594 *Cradle of Christianity*, 184 f.

595 Elena KOGAN-ZEHAVI, «The Tomb and Memorial of a Chain-wearing Anchorite at Khirbet Tabaliya, near Jerusalem,» *Atiqot* 35 (1998); 135–148, eine Abbildung auch in *Cradle of Christianity* [Exhibition at the Israel Museum Jerusalem, Weisbord Exhibition Pavillon, Spring 2000 – Winter 2001], hg. Ya'el Israeli und David Mevorah (Jerusalem: Israel Museum, 2000), 184 f.

596 KOGAN-ZEHAVI, «The Tomb and Memorial of a Chain-wearing Anchorite,» 146 f. sowie Ignacio PEÑA, Pascal CASTELLANA, Romuald FERNÁNDEZ, *Les reclus syriens: Recherches sur les anciennes formes de vie solitaire en Syrie*, Publications of the Studium biblicum franciscanum. Collectio minor 23 (Mailand: Centro Propaganda e Stampa, 1980), 103 f.

597 *Cradle of Christianity*, 184 f.

598 Peter BROWN, *Die Keuschheit der Engel. Sexuelle Entsagung, Askese und Körperlichkeit am Anfang des Christentums*, aus dem Englischen von Martin Pfeiffer (München/Wien: Hanser, 1991), 254–295 und 373–394 sowie Christoph MARKSCHIES, *Das antike Christentum. Frömmigkeit, Lebensformen, Institutionen*, Beck'sche Reihe 1692, 2., durchges. und erw. Aufl. (München: Beck, 2012), 242–250.

599 Eunapius, *Vitae Sophistarum* VI 11,6 (39,6 f. GIANGRANDE = 472 BOISSONADE): Εἶτα ἐπεισῆγον τοῖς ἱεροῖς τόποις τοὺς καλουμένους μοναχούς, ἀνθρώπους μὲν κατὰ τὸ εἶδος, ὁ δὲ βίος αὐτοῖς συώδης, καὶ ἐς τὸ ἐμφανὲς ἔπασχόν τε καὶ ἐποίουν μυρία κακὰ καὶ ἄφραστα. ἀλλ' ὅμως τοῦτο μὲν εὐσεβὲς ἐδόκει, τὸ καταφρονεῖν τοῦ θείου᾿. – Vgl. Reinhold MERKELBACH, *Isis Regina – Zeus Sarapis. Die griechisch-ägyptische Religion nach den Quellen dargestellt*, 2. Aufl. (München/Leipzig: Teubner, 2001), 329.

600 Reinhold MERKELBACH, «Der griechische Wortschatz und die Christen,» *Zeitschrift für Papyrologie und Epigraphik* 18 (1995): 101–148.
601 MERKELBACH, «Der griechische Wortschatz und die Christen,» 108. – Allerdings beschäftigt sich Merkelbach vor allem mit Märtyrern, weniger mit den monastischen Asketen. Insofern könnte der Aufsatz ergänzt werden.
602 Besa, *Vita Sinuthii* (bohairisch, auf der Basis von V-VA Copt. 66 ff. 19ʳ–82ʳ) § 10 (CSCO.Co. II/2, 12,24–27 LEIPOLDT/CRUM): ⲃⲉⲛⲛⲁⲓ ⲁⲡⲉϥⲥⲱⲙⲁ ϣⲱⲟⲩⲓ ⲟⲩⲟϩ ⲁⲡⲉϥϣⲁⲣ ⲧⲱⲙⲓ ⲉⲛⲉϥⲕⲁⲥ ⲉⲁϥϣⲱⲙⲁ ⲉⲙⲁϣⲱ ⲟⲩⲟϩ ⲡⲉϥⲃⲓⲟⲥ ⲧⲏⲣϥ ⲛⲉⲙⲡⲉϥⲥⲕⲟⲡⲟⲥ ⲛⲁϥⲧⲉⲛⲑⲱⲛⲧ ⲉⲛⲏⲗⲓⲁⲥ ⲡⲓⲑⲉⲥⲃⲩⲧⲏⲥ ⲡⲓⲉⲛⲓⲱⲭⲟⲥ ⲛ̄ⲧⲉⲡⲓⲥⲗ̄. – Zur Vita und der Lebensführung des Protagonisten vgl. Nina LUBOMIERSKI, *Die Vita Sinuthii. Form- und Überlieferungsgeschichte der hagiographischen Texte über Schenute den Archimandriten*, Studien und Texte zu Antike und Christentum 45 (Tübingen: Mohr Siebeck, 2007), 22–27 und 171–173, vorher schon Johannes LEIPOLDT, *Schenute von Atripe und die Entstehung des national ägyptischen Christentums*, Texte und Untersuchungen 25/1 (Leipzig: Hinrichs, 1903), 62–69 sowie jetzt Caroline T. SCHROEDER, *Monastic Bodies. Discipline and Salvation in Shenoute of Atripe*, Divinations: Rereading Late Ancient Religion (Philadelphia: University of Pennsylvania Press, 2007), 54–157.
603 SCHROEDER, *Monastic Bodies. Discipline and Salvation in Shenoute of Atripe*, 54–59.
604 Sinuthi, *Contra Origenistas* 19 (§§ 409 [p. 172 CRISTEA]): ⲙⲏ ⲛ̄ⲧⲁⲩϫⲟⲟⲥ ⲁⲛ ϫⲉ ⲧⲕⲟⲗⲁⲥⲓⲥ ⲛ̄ⲧⲉ ⲯⲩⲭⲏ ⲡⲉ ⲡⲥⲱⲙⲁ ⲁⲩⲱ ⲡⲉⲥϣⲧⲉⲕⲟ ⲁⲛⲟⲕ ϩⲱⲱⲧ † ϫⲱ ⲙⲙⲟⲥ· ϫⲉ ⲡⲟⲩⲛⲟϥ ⲁⲩⲱ ⲡⲉⲙⲧⲟⲛ ⲛ̄ⲧⲉⲯⲩⲭⲏ ⲡⲉ ⲡⲥⲱⲙⲁ ⲙ̄ⲡⲓⲇⲓⲕⲁⲓⲟⲥ ⲛⲁⲙⲉ. – Vgl. GRILLMEIER, *Jesus der Christus im Glauben der Kirche*, Bd. 2/4 *Die Kirche von Alexandrien mit Nubien und Äthiopien*, 205.
605 Sie misst zunächst 6, dann 12, 22 und schließlich 36 bzw. 40 Ellen (Belege aus den verschiedenen Viten: SCHIWIETZ, *Das morgenländische Mönchtum*, 3. Bd. *Das Mönchtum in Syrien und Mesopotamien und das Aszetentum in Persien*, 329 f.). – Vgl. dazu Hanns Christof BRENNECKE, «Die Styliten als Römer,» in *Leitbilder aus Kunst und Literatur*, hg. Jürgen Dummer und Meinolf Vielberg, Altertumswissenschaftliches Kolloquium 5 (Stuttgart: Steiner, 2002), 9–30 sowie DERS., «Wie man einen Heiligen politisch instrumentalisiert. Der Heilige Simeon Stylites und die Synode von Chalkedon», in *Theologie und Kultur. Geschichten einer Wechselbeziehung. Festschrift zum einhundertfünfzigjährigen Bestehen des Lehrstuhls für Christliche Archäologie und Kirchliche Kunst an der Humboldt-Universität zu Berlin*, hg. Gerlinde Strohmaier-Wiederanders (Halle: Gursky, 1999), 237–260 und Stephan SCHIWIETZ, *Das morgenländische Mönchtum*. 3. Bd. *Das Mönchtum in Syrien und Mesopotamien und das Aszetentum in Persien* (Mödling bei Wien: Missionsdruckerei St. Gabriel, 1938), 315–347.
606 Theodoretus, *Historia monachorum* 26,12 (SC 257, 184,1–9 CANIVET/LE-

ROY-MOLINGHEN): Ἐπειδὴ τοίνυν ἀριθμοῦ κρείττους οἱ ἀφικνούμενοι προσψαύειν δὲ ἅπαντες ἐπεχείρουν καί τινα εὐλογίαν ἀπὸ τῶν δερματίνων ἐκείνων ἱματίων τρυγᾶν, πρῶτον μὲν τῆς τιμῆς τὸ ὑπερβάλλον ἄτοπον εἶναι νομίζων, ἔπειτα καὶ τοῦ πράγματος τὸ ἐπίπονον δυσχεραίνων τὴν ἐπὶ τοῦ κίονος ἐμηχανήσατο στάσιν, πρῶτον μὲν ἐξ πήχεων τμηθῆναι κελεύσας, εἶτα δύο καὶ δέκα, μετὰ δὲ ταῦτα δύο καὶ εἴκοσι, νῦν δὲ ἐξ καὶ τριάκοντα· ἀναπτῆναι γὰρ εἰς οὐρανὸν ἐφίεται καὶ τῆς ἐπιγείου ταύτης ἀπαλλαγῆναι διατριβῆς.

607 Theodoretus, *Historia monachorum* 26,22 (SC 257, 204,3–7 CANIVET/LE-ROY-MOLINGHEN): τὰς θύρας γὰρ ἀφελὼν καὶ τοῦ περιβόλου μέρος οὐκ ἐλάχιστον καταλύσας, πρόκειται πᾶσι θέαμα καινὸν καὶ παράδοξον, νῦν μὲν ἑστὼς μέχρι πολλοῦ, νῦν δὲ θαμὰ κατακαμπτόμενος καὶ τῷ θεῷ προσφέρων προσκύνησιν.

608 Ἑστώς bzw. קעים: Jarl FOSSUM, «Sects and Movements,» in *The Samaritans*, ed. Alan D. Crown (Tübingen: Mohr Siebeck, 1989), (293–396) 379–389 sowie Hans G. KIPPENBERG, *Garizim und Synagoge: Traditionsgeschichtliche Untersuchungen zur samaritanischen Religion der aramäischen Periode*, Religionsgeschichtliche Versuche und Vorarbeiten 30, (Berlin: De Gruyter, 1971), 347–349 mit Anm. 136.

609 Ravenna, so Bernhard KÖTTING, *Peregrinatio Religiosa. Wallfahrten in der Antike und das Pilgerwesen in der alten Kirche*, Forschungen zur Volkskunde 33–35, 2. Aufl. (Münster: Stenderhoff, 1980 = ebd.: Regensberg 1950), 122; andere Identifikation bei Théodoret de Cyr, *Histoire des moines de Syrie. ‹Histoire Philothée› XIV–XXX. Traité sur la charité (XXXI)*, texte critique, traduction, notes et index par Pierre Canivet et Alice Leroy-Molinghen, SC 257 (Paris: Les Éditions du Cerf, 1979), 207 Anm. 2.

610 Theodoretus, *Historia monachorum* 26,23 (SC 257, 206,8–208,26 CANIVET/LEROY-MOLINGHEN): Ἀφίκετό τις ἀπὸ Ῥαβαίνης, ἀνὴρ σπουδαῖος καὶ τῇ τοῦ Χριστοῦ διακονίᾳ τετιμημένος. Οὗτος τὴν κορυφὴν ἐκείνην καταλαβών· ‚Εἰπέ μοι‘, ἔφη, ‚πρὸς τῆς ἀληθείας αὐτῆς τῆς τὸ τῶν ἀνθρώπων πρὸς ἑαυτὴν ἐπιστρεψάσης γένος, ἄνθρωπος εἶ ἢ ἀσώματος φύσις;‘ Δυσχερανάντων δὲ πρὸς τὴν ἐρώτησιν τῶν παρόντων σιγὴν μὲν ἄγειν ἐκέλευσεν ἅπαντας, πρὸς ἐκεῖνον δὲ ἔφη· ‚Τί δήποτε ταύτην τὴν πεῦσιν προσήνεγκας;‘. Τοῦ δὲ εἰρηκότος ὡς ‚πάντων θρυλούντων ἀκούω ὡς οὔτε ἐσθίεις οὔτε καθεύδεις, ἀνθρώπων δὲ ἑκάτερον ἴδιον· οὐ γὰρ ἄν τις ταύτην ἔχων τὴν φύσιν τροφῆς δίχα καὶ ὕπνου διαβιώσειεν‘, ἐπιτεθῆναι μὲν τῷ κίονι κλίμακα προσέταξεν, ἀναβῆναι δὲ ἐκεῖνον ἐκέλευσε καὶ πρῶτον μὲν τὰς χεῖρας καταμαθεῖν, εἶτα εἴσω τοῦ δερματίνου περιβολαίου τὴν χεῖρα βαλεῖν καὶ ἰδεῖν μὴ τοὺς πόδας μόνον, ἀλλὰ καὶ τὸ χαλεπώτατον ἕλκος. Ἰδὼν δὲ καὶ θαυμάσας ὁ ἄνθρωπος τὴν τοῦ ἕλκους ὑπερβολὴν καὶ παρ' αὐτοῦ μαθὼν ὡς ἀπολαύει τροφῆς, κατελήλυθεν ἐκεῖθεν, πρὸς ἐμὲ δὲ ἀφικόμενος διηγήσατο ἅπαντα.

611 Sinuthi, *opus sine titulo* A22 aus *Canon* III (bei LEIPOLDT: *De vita monachorum*) nach FR-BN copte 130² f. 50 = MONB.YB (transkribiert und kollationiert durch Stephen Emmel, Paris, Oktober 2014): ⲈⲦⲈⲦⲚⲘⲞⲞϢⲈ ϨⲘⲠⲂⲒⲞⲤ ⲚⲚⲀⲄⲄⲈⲖⲞⲤ ⲘⲠⲚⲞⲨⲦⲈ ⲀⲨⲰ ⲈⲦⲈⲦⲚⲦⲞⲚⲦⲚ ⲘⲘⲰⲦⲚ ⲈⲚⲈⲠⲢⲞⲪⲎⲦⲎⲤ ⲘⲚⲀⲠⲞⲤⲦⲞⲖⲞⲤ ⲘⲚⲚⲈⲦⲞⲨⲀⲀⲂ ⲦⲎⲢⲞⲨ ϨⲘⲠⲈⲦⲚⲤⲬⲎⲘⲀ ⲀⲚ ⲘⲘⲀⲦⲈ ⲘⲚⲠⲢⲀⲚⲈⲦϢⲞⲨⲈⲒⲦ ⲚⲐⲈ ⲚϨⲀϨ ⲈⲨϪⲒ ⲘⲠϨⲢⲂ ⲚⲦⲘⲚⲦⲢⲈϤϢⲘϢⲈⲚⲞⲨⲦⲈ ⲈⲨⲀⲢⲚⲀ ⲆⲈ ⲚⲦⲈⲤϬⲞⲘ ⲀⲖⲖⲀ ϨⲚⲚⲈⲦⲚϨⲒⲤⲈ ⲦⲎⲢⲞⲨ ⲈⲦⲈϨⲦⲚϢⲰⲠ ⲘⲘⲞⲞⲨ ⲈⲦⲂⲈⲠⲢⲀⲚ ⲘⲠⲬⲞⲈⲒⲤ ⲠⲈⲬⲤ ⲒⲤ - Übersetzung bei LEIPOLDT, *Schenute von Atripe*, 62; zum Fragment selbst vgl. Stephen EMMEL, *Shenoute's Literary Corpus*, Vol. 2, Corpus scriptorum Christianorum orientalium. Subsidia 112 (Leuven: Peeters, 2004), 572 f.; zum Thema MUEHLBERGER, *Angels in Late Ancient Christianity*, 157–159.

612 Karl S. FRANK, ἀγγελικὸς βίος. *Begriffsanalytische und begriffsgeschichtliche Untersuchung zum «engelgleichen Leben» im frühen Mönchtum*, Beiträge zur Geschichte des alten Mönchtums und des Benediktinerordens 26 (Münster: Aschendorff, 1964). Dort auch zur Geschichte des Begriffs, der zunächst auf das Martyrium und das enthaltsame Leben von Jungfrauen bezogen wurde: 177–201. Zu Belegen der Vorstellung in der monastischen Literatur vgl. auch MUEHLBERGER, *Angels in Late Ancient Christianity*, 148–175 sowie Emmanouela GRYPEOU, «Höllenreisen und engelgleiches Leben: Die Rezeption von apokalyptischen Traditionen in der koptisch-monastischen Literatur,» in *Christliches Ägypten in der spätantiken Zeit. Akten der zweiten Tübinger Tagung zum Christlichen Orient (7.–8. Dezember 2007)*, hg. Dmitrij Bumazhnov, Studien und Texte zu Antike und Christentum 79 (Tübingen: Mohr Siebeck, 2013), 43–54 sowie Dimitrios MOSCHOS, *Eschatologie im ägyptischen Mönchtum. Die Rolle christlicher eschatologischer Denkvarianten in der Geschichte des frühen ägyptischen Mönchtums und seiner sozialen Funktion*, Studien zu Antike und Christentum 59 (Tübingen: Mohr Siebeck, 2010), 153–158.

613 Hubert MERKI, ὁμοίωσις θεῷ. *Von der platonischen Angleichung an Gott zur Gottähnlichkeit bei Gregor von Nyssa*, Paradosis 7 (Freiburg, Schweiz: Paulusdruckerei, 1952), passim.

Der Körper Gottes und die antike Christologie

1 James D. G. DUNN, *The Parting of the Ways Between Christianity and Judaism and Their Significance for the Character of Christianity* (London: SCM Press, 1991); Judith LIEU, «'The Parting of the Ways': Theological Construct or Historical Reality?», *Journal for the Study of the New Testament* 17 (1995): 101–119 sowie Annette Yoshiko REED/Adam H. BECKER, «Traditional Models and New Directions,» in *The Ways that Never Parted: Jews and Christians in Late Antiquity and the Early Middle Ages,* ed. Adam H. Becker and Annette Yoshiko

Reed, Texts and Studies in Ancient Judaism 95 (Tübingen: Mohr Siebeck 2003), 1–34.

2 Daniel BOYARIN, *Dying for God. Martyrdom and the Making of Christianity and Judaism* (Stanford: Stanford University Press, 1999), 1–21.

3 Israel J. YUVAL, «Passover in the Middle Ages,» in *Passover and Easter. Origin and History to Modern Time*, ed. Paul F. Bradshaw and Lawrence A. Hoffman, Two Liturgical Traditions 5 (Notre Dame, IN: University of Notre Dame Press, 1999), 127–160; DERS., «Christianity in the Talmud: Parallelomania or Palallelophobia?,» in *Transforming Relations. Essays on Jews and Christians Throughout History in Honor of Michael A. Signer* (Notre Dame, IN: University of Notre Dame Press, 2010), 50–74.

4 Clemens LEONHARD, *The Jewish Pesach and the Origins of the Christian Easter: Open Questions in Current Research*, Studia Judaica 35 (Berlin/New York: De Gruyter, 2006); vgl. auch: *Jewish and Christian Liturgy and Worship: New Insights into its History and Interaction*, ed. Albert Gerhards and Clemens Leonhard, Jewish and Christian Perspectives Series 15 (Leiden/Boston: Brill, 2007).

5 Daniel BOYARIN, *Abgrenzungen. Die Aufspaltung des Judäo-Christentums*, Arbeiten zur neutestamentlichen Theologie und Zeitgeschichte 10 (Berlin/Dortmund: Lehrhaus, 2009), (= DERS., *Border Lines. The Partition of Judaeo-Christianity* [Philadelphia: University of Pennsylvania Press, 2004], übers. v. Gesine Palmer), 130–218.

6 Jacob NEUSNER, «Is the God of Judaism Incarnate?,» *Religious Studies* 24 (1988): 213–238.

7 Dazu (mit vielen Belegen): Dieter ZELLER, «Die Menschwerdung des Sohnes Gottes im Neuen Testament und die antike Religionsgeschichte,» in *Menschwerdung Gottes – Vergöttlichung von Menschen*, hg. Dieter Zeller, Novum Testamentum et Orbis Antiquus 7 (Fribourg: Universitätsverlag/Göttingen: Vandenhoeck & Ruprecht, 1988), 141–176.

8 Οἱ θεοὶ ὁμοιωθέντες ἀνθρώποις κατέβησαν πρὸς ἡμᾶς; vgl. für den Satz Colin J. HEMER, *The Book of Acts in the Settings of Hellenistic History*, ed. Conrad H. Gempf, Wissenschaftliche Untersuchungen zum Neuen Testament 49 (Tübingen: Mohr Siebeck, 1989), 110. 178; ZELLER, «Die Menschwerdung des Sohnes Gottes im Neuen Testament und die antike Religionsgeschichte,» 160–162 sowie ausführlich Marco FRENSCHKOWSKI, *Offenbarung und Epiphanie*, Bd. 2 *Die verborgene Epiphanie in Spätantike und frühem Christentum*, Wissenschaftliche Untersuchungen zum Neuen Testament 2. Reihe 80 (Tübingen: Mohr Siebeck, 1997), 125–140 und Cilliers BREYTENBACH, *Paulus und Barnabas in der Provinz Galatien. Studien zu Apostelgeschichte 13 f.; 16,6; 18,23 und den Adressaten des Galaterbriefes*, Arbeiten zur Geschichte des antiken Judentums und des Urchristentums 38 (Leiden: Brill, 1996), 31–38 (zum religionsgeschichtlichen Lokalkolorit).

9 P. Ovidius Naso, *Metamorphoses* VIII 626 f.: *Iuppiter huc specie mortali cumque parente/ venit Atlantiades positis caducifer alis* (BiTeu 195 ANDERSON = TuscBü 306 RÖSCH); vgl. zur Stelle auch Marco FRENSCHKOWSKI, *Offenbarung und Epiphanie*, Bd. 2, 11–14. 138 f.; zum allgemeinen Kontext auch Friedrich PFISTER, s. v. «Epiphanie,» in *Paulys Realencyclopädie der classischen Altertumswissenschaft* (München: Druckenmüller, 1924), Supplementband 4: (277–323) 286 f.; Bernard C. DIETRICH, «Divine epiphanies in Homer,» *Numen* 30 (1983): 53–79 sowie Hendrik Simon VERSNEL, «What Did Ancient Man See When He *Saw a God*? Some Reflections on Greco-Roman Epiphany,» in *Effigies Dei. Essays on the History of Religions*, ed. Dirk van der Plas, Studies in the History of Religions 51 (Leiden: Brill, 1987), 42–55.

10 Homerus, *Odyssea* XVII 485–487: καί τε θεοὶ ξείνοισιν ἐοικότες ἀλλοδαποῖσι, παντοῖοι τελέθοντες, ἐπιστρωφῶσι πόληας, ἀνθρώπων ὕβριν τε καὶ εὐνομίην ἐφορῶντες. – Vgl. dazu ZELLER, «Die Menschwerdung des Sohnes Gottes im Neuen Testament und die antike Religionsgeschichte,» 160 f.

11 Walter BAUER, *Griechisch-deutsches Wörterbuch zu den Schriften des Neuen Testaments und der frühchristlichen Literatur*, 6., völlig neu bearb. Aufl. im Institut für neutestamentliche Textforschung Münster unter besonderer Mitwirkung von Viktor Reichmann hg. Kurt u. Barbara Aland (Berlin/New York: De Gruyter, 1988), s. v. ὁμοίω, Sp. 1150.

12 Hans U. GUMBRECHT, «Incarnation, now. Five Brief Thoughts and a Non-Conclusive Ending,» *Communication and Critical/Cultural Studies* 8 (2011): 207–213: Gumbrecht spricht von einer Reduktion «to a mere energy base for our minds, struggling to find pleasures and a dignity of their own» (S. 210). – Ich danke Hans Ulrich Gumbrecht für den Hinweis auf diesen Artikel und die ausführlichen Diskussionen über diese Zusammenhänge im Herbst 2010 in Berlin.

13 Für den Publikationsstand des Werks und seine Rezensionen vgl. die detaillierten Angaben auf der Homepage http://www.sankt-georgen.de/lehrende/grillmeier.html (letzte Abfrage am 03.08.2014).

14 Walter BAUER, *Das Leben Jesu im Zeitalter der neutestamentlichen Apokryphen* (Darmstadt: Wissenschaftliche Buchgesellschaft, 1967 = Tübingen: Mohr Siebeck, 1909), 29–58.

15 Kol 2,9 ὅτι ἐν αὐτῷ κατοικεῖ πᾶν τὸ πλήρωμα τῆς θεότητος σωματικῶς. – Zum Verständnis der Passage vgl. vor allem George H. VAN KOOTEN, *Cosmic Christology in Paul and the Pauline School: Colossians and Ephesians in the Context of Graeco-Roman Cosmology, with a New Synopsis of the Greek Texts*, Wissenschaftliche Untersuchungen zum Neuen Testament 2. Reihe 171 (Tübingen: Mohr Siebeck, 2003), 11–16.

16 θεότης ist ein Hapax legomenon in der griechischen Bibel und wird nicht gerade oft in jüdischen Texten verwendet, vgl. aber beispielsweise *Apocalypsis*

Sedrach 2,4; 7,8; 14,8; 15,1 (PVTG 4, 39. 41. 45 WAHL). Das seltene Wort meint «Gottheit» und nicht, wie das üblichere (auch inschriftlich belegte) θειότης «Göttlichkeit» – vgl. *Aristeae ad Philocratem epistula* 7,95 (SC 89, 150 PELLETIER) und die ausführlichen Nachweise zu beiden Begriffen im Kommentar bei Christoph MARKSCHIES, *Valentinus Gnosticus? Untersuchungen zur valentinianischen Gnosis mit einem Kommentar zu den Fragmenten Valentins*, Wissenschaftliche Untersuchungen zum Neuen Testament 65 (Tübingen: Mohr Siebeck, 1992), 94–96 (mit Belegen und Literatur).

17 Zum Adverb σωματικῶς cf. Ceslas SPICQ, *Lexique théologique du Nouveau Testament*, 2. Éd. (Fribourg: Universitätsverlag, 1991) s. v. (p. 1496). Unter den von Spicq gebotenen Belegen ist besonders interessant eine Bitte, die Abraham gegenüber dem Erzengel Michael äußert nach einer handschriftlichen Version des *Testamentum Abrahae* 7,19 (Kurzrezension nach der hagiographischen Sammelhandschrift Paris, Bibliothèque Nationale, Fonds grec 1613, saec. XV): Παρακαλῶ σε, κύριε, ἐὰν ἐξέρχωμαι ἐκ τοῦ σώματός μου, σωματικῶς ἤθελον ἀναληφθῆναι, ἵνα θεάσωμαι τὰ κτίσματα ἃ ἐκτίσατο κύριος ὁ θεός μου ἐν οὐρανῷ καὶ ἐπὶ γῆς (zitiert nach Francis SCHMIDT, *Le testament Grec d'Abraham. Introduction, édition critique des deux recensions grecques, traduit par F. S.*, Texts and Studies in Ancient Judaism 11 [Tübingen: Mohr Siebeck, 1986], 62).

18 Dazu vgl. VAN KOOTEN, *Cosmic Christology in Paul and the Pauline School: Colossians and Ephesians in the Context of Graeco-Roman Cosmology*, 17–21. Dort auch ein kurzer Überblick über die kritische Diskussion dieser These: aaO. 24–27 und insbesondere 53–57.

19 Vgl. Kol 1,22: νυνὶ δὲ ἀποκατήλλαξεν ἐν τῷ σώματι τῆς σαρκὸς αὐτοῦ διὰ τοῦ θανάτου.

20 Offenkundig wurde das σωματικῶς der Bibelstelle Kol 2,9 erst in den christologischen Debatten des dritten und vierten Jahrhunderts wichtig: Bei Clemens Alexandrinus, *Excerpta ex Theodoto* 31,1 (GCS Clemens Alexandrinus III, 117,4 STÄHLIN/FRÜCHTEL/TREU) ist eine interessante verkürzte Fassung bezeugt, die (falls sie nicht Clemens selbst gebildet hat) vielleicht in Kreisen der sogenannten valentinianischen Gnosis in Gebrauch gewesen sein mag: ἐν αὐτῷ γὰρ πᾶν τὸ πλήρωμα ἦν. Noch Theognost, ein Schüler des Origenes in Alexandria, zitiert die Bibelstelle in seinen «Hypotyposen» (Frg. 4 nach Adolf HARNACK, *Die Hypotyposen des Theognost*, Texte und Untersuchungen 24/3 [Leipzig: Hinrichs, 1903], 77,11–78,2) ohne das σωματικῶς so: Καὶ ἐν αὐτῷ οἰκεῖν φασι τὸ πλήρωμα τῆς θεότητος πάσης, οὐχ ὡς ἑτέρου μὲν ὄντος αὐτοῦ, ἑτέρας δὲ ἐπεισιούσης ἐν αὐτῷ τῆς θεότητος, ἀλλ' †αὐτῷ δὴ τούτῳ† τῆς οὐσίας αὐτοῦ συμπεπληρωμένης τῆς θεότητος – zu dieser Stelle vgl. Kardinal GRILLMEIER, *Jesus der Christus im Glauben der Kirche*, Bd. 1 *Von der apostolischen Zeit bis zum Konzil von Chalcedon (451)*, 2., verb. und erg. Aufl. (Freiburg/Basel/Wien: Herder, 1982), 290–294. Vgl. demgegenüber

den angeblichen Brief des Hymenaeus von Jerusalem und seiner sechs Kollegen an Paul von Samosata bei Gustave BARDY, *Paul de Samosate. Étude historique.* Nouvelle édition entièrement refondue, Spicilegium sacrum Lovaniense 4 (Louvain: Spicilegium Sacrum Lovaniense, 1929), (13–19) 18 = Eduard SCHWARTZ, *Eine fingierte Korrespondenz mit Paulus dem Samosatener*, Sitzungsberichte der Bayerischen Akademie der Wissenschaften, philosophisch-philologische und historische Klasse 3/1927 (München: Bayerische Akademie der Wissenschaften, 1927), 329,1–3: διόπερ καί τὸ ἐκ τῆς παρθένου σῶμα χωρῆσαν πᾶν τὸ πλήρωμα τῆς θεότητος σωματικῶς τῇ θεότητι ἀτρέπτως ἥνωται καὶ τεθεοποίηται·. Auch die pointierte Hervorhebung des σωματικῶς spricht dagegen, den Brief für echt zu halten, vgl. Henri DE RIEDMATTEN, *Les actes du procès de Paul de Samosate. Étude sur la Christologie du IIIe au IVe siècle*, Paradosis 6 (Fribourg: Éditions St-Paul, 1952), 121–134, so übrigens auch schon SCHWARTZ, *Eine fingierte Korrespondenz mit Paulus dem Samosatener*, 49: Hier ist «eine unverkennbare Spur der Debatten stehen geblieben, die durch die apollinaristische Christologie hervorgerufen waren».

21 *Acta Acacii* 4,6 (SQS.NF 3, 59,25–28 KNOPF/KRÜGER/RUHBACH): *Marcianus ait: ‹Corporalis igitur Deus est?›. Acacius dixit: ‹Ipse solus agnoscit, nos uero non cognoscimus inuisibilem formam, sed uirtutem potentiamque ueneramur›.*

22 Zu Datierung und Genre der *Acta Acacii* künftig die Einleitung in der Edition, Übersetzung und Kommentierung der Märtyrerliteratur von Hans Reinhard SEELIGER und Wolfgang WISCHMEYER (erscheint demnächst in der Reihe ‹Texte und Untersuchungen›, Berlin/Boston: De Gruyter).

23 Tertullianus, *Adversus Praxean* 27,6 (FChr 34, 234,24–236,4 SIEBEN): *Quis deus in ea* (sc. *caro*) *natus? sermo et spiritus qui cum sermone de patris uoluntate natus est. Igitur sermo in carne; dum de hoc quaerendum quomodo sermo caro sit factus, utrumne quasi transfiguratus in carne an indutus carnem.* – Zur dieser Passage vgl. Joseph MOINGT, *Théologie Trinitaire de Tertullien*, Vol. 2 *Substantialité et individualité*, Théologie 69 (Paris: Aubier, 1966), 524 f.; zur Bezeichnung der Gegner des Tertullian als «Identifikationstheologen» DERS., *Théologie Trinitaire de Tertullien*, Vol. 1 *Histoire, Doctrine, Méthodes*, Théologie 68 (Paris: Aubier, 1966), 190 und Christoph MARKSCHIES, «‹... et tamen non tres Dii, sed unus Deus...›. Zum Stand der Erforschung der altkirchlichen Trinitätstheologie,» in DERS., *Alta Trinità Beata. Gesammelte Studien zur altkirchlichen Trinitätstheologie* (Tübingen: Mohr Siebeck, 2000), (286–309) 293–295: «Le monarchianisme n'est pas un modalisme».

24 Tertullianus, *Adversus Praxean* 27,4 (FChr 34, 234,13 f. SIEBEN); vgl. zum gesamten Zusammenhang Kardinal GRILLMEIER, *Jesus der Christus im Glauben der Kirche*, Bd. 1 *Von der apostolischen Zeit bis zum Konzil von Chalcedon (451)*, 245–249 sowie MOINGT, *Théologie Trinitaire de Tertullien*, Vol. 2 *Substantialité et individualité*, 326–331.

25 Tertullianus, *Adversus Praxean* 27,7 f. (FChr 34, 236,10–19 SIEBEN): *Quem si*

non capit transfigurari, consequens est ut sic caro factus intellegatur dum fit in carne et manifestatur et uidetur et contrectatur per carnem, quia et cetera sic accipi exigunt. Si enim sermo ex transfiguratione et demutatione substantiae caro factus est, una iam erit substantia Iesus ex duabus, ex carne et spiritu, mixtura quaedam, ut electrum ex auro et argento, et incipit nec aurum esse, id est spiritus, neque argentum, id est caro, cum alterum altero mutatur et tertium quid efficitur. – Vgl. dazu MOINGT, *Théologie Trinitaire de Tertullien*, Vol. 2 *Substantialité et individualité*, 351 f. sowie René BRAUN: *Deus Christianorum. Recherches sur le vocabulaire doctrinal de Tertullien*, 2. éd. revue et augmentée, Études Augustiniennes (Paris: Études Augustiniennes, 1977), 298–317.

26 Vgl. dazu Heinrich DÖRRIE, *Porphyrios' «Symmikta zetemata»: Ihre Stellung in System und Geschichte des Neuplatonismus nebst einem Kommentar zu den Fragmenten*, Zetemata 20 (München: Beck, 1959), 26 f. sowie Luise ABRAMOWSKI, «συνάφεια und ἀσύγχυτος ἕνωσις als Bezeichnungen für trinitarische und christologische Einheit,» in DIES., *Drei christologische Untersuchungen*, Beihefte zur Zeitschrift für die neutestamentliche Wissenschaft 45 (Berlin/New York 1981), 63–109 und oben S. 76 bzw. 486 und 168 bzw. 557 mit Anm. 152 und 178.

27 Vgl. für ἀπροσδεής oben S. 134 bzw. 531 mit Anm. 106.

28 Tertullianus, *De carne Christi* 15,2 (SC 216, 272,14–274,18 MAHÉ): *Haec sola sufficere uice praescriptionis debuerunt ad testimonium carnis humanae et ex homine sumptae, et non spiritalis, sicut nec animalis nec sidereae nec imaginariae, si sine studio et artificio contentionis haereses esse potuissent.* – Zur Schrift vgl. Willamien OTTEN, «Christ's Birth of a Virgin Who Became a Wife: Flesh and Speech in Tertullian's *De carne Christi*,» *Vigiliae Christianae* 51 (1997): 247–260 und Geoffrey D. DUNN, «Mary's Virginity *in partu* and Tertullian's Anti-Docetism in *De carne Christi* reconsidered,» *Journal of Theological Studies* 58 (2007): 467–484. BAUER, *Das Leben Jesu im Zeitalter der neutestamentlichen Apokryphen*, 40–47 nimmt die Passage bei Tertullian als Raster, um entsprechende Positionen vor allem aus der häresiologischen Literatur zusammenzustellen.

29 S. o. S. 107 bzw. 510 mit Anm. 297.

30 Tertullianus, *De carne Christi* 11,4 (SC 216, 258,23 f. MAHÉ): *omne, quod est, corpus est sui generis, nihil est incorporale nisi quod non est.*

31 Nobert BROX, «'Doketismus' – eine Problemanzeige,» *Zeitschrift für Kirchengeschichte* 95 (1984): 301–314; Winrich A. LÖHR hat folgende klare Definition vorgeschlagen: «Doketismus (…) kann man als jegliche Art von Christologie bestimmen, die a) die wahre Menschheit des Gottessohnes Jesus Christus durch die Annahme eines Leibes von bes(onderer) Qualität beschränkt, oder die b) Leiden und Tod Jesu Christi als bloß scheinbar lehrt, oder die c) die Menschheit Christi als nicht zum transzendenten Personenkern gehöriges Akzidenz charakterisiert und somit Erdenwandel, Leiden und Tod so bestimmt, dass sie den Erlöser nicht wirklich betreffen» (DERS., s. v. «Doketis-

mus,» in *Religion in Geschichte und Gegenwart*, 4. Aufl. [Tübingen: Mohr Siebeck, 2000], 2: [925–927] 925). Vgl. ausführlich auch DERS., «Deutungen der Passion bei Heiden und Christen im zweiten und dritten Jahrhundert,» in *Deutungen des Todes Jesu im Neuen Testament*, hg. Jörg Frey u. Jens Schröter, 2., durchges. u. mit einer neuen Einleitung versehene Aufl., Universitätstaschenbücher 2953 (Tübingen: Mohr Siebeck, 2012), (545–574) 552–574.

32 Theodoretus Cyrrhensis, *Epistula* 82 post collectionem Sirmondianam (PG 83, 1264 = IV/2, 1142 SCHULZE): Οἱ γὰρ τὴν Μαρκίωνος καὶ Βαλεντίνου καὶ Μάνητος καὶ τῶν ἄλλων δοκητῶν αἵρεσιν ἐπὶ τοῦ παρόντος ἀνανεούμενοι, (…).

33 BROX, «'Doketismus' – eine Problemanzeige,» 305 mit Karl Wolfgang TRÖGER, «Doketistische Christologie in Nag-Hammadi-Texten. Ein Beitrag zum Doketismus in frühchristlicher Zeit,» *Kairos* 19 (1977): (45–52) 46. Um eine sorgfältige, wenn auch terminologisch noch nicht explizierte Differenzierung bemüht sich auch Gustav KRÜGER, s. v. «Doketen,» in *Realencyklopädie für protestantische Theologie und Kirche*, 3. Aufl. (Leipzig: Hinrichs, 1898), 4: 764 f. und Peter WEIGANDT, *Der Doketismus im Urchristentum und in der theologischen Entwicklung des zweiten Jahrhunderts* (Diss. theol. masch., Heidelberg, 1961), 1–6; die Texte sammelte Adolf HILGENFELD, *Ketzergeschichte des Urchristenthums urkundlich dargestellt* (Leipzig: Fues, 1884 = Darmstadt: Wissenschaftliche Buchgesellschaft, 1963), 546–550.

34 Für Cerdo vgl. Adolf VON HARNACK, *Marcion: Das Evangelium vom fremden Gott: Eine Monographie zur Geschichte der Grundlegung der katholischen Kirche. Neue Studien zu Marcion*, Texte und Untersuchungen 45 u. 44/4, 2., verb. u. verm. Aufl. (Leipzig: Hinrichs, 1924 u. 1923 = Darmstadt: Wissenschaftliche Buchgesellschaft, 1960), 31*–39*; Gerhard MAY, «Markion und der Gnostiker Kerdon,» in DERS., *Markion: Gesammelte Aufsätze*, hg. Katharina Greschat und Martin Meiser, Veröffentlichungen des Instituts für Europäische Geschichte Mainz, Abteilung für abendländische Religionsgeschichte. Beiheft 68 (Mainz: Philipp von Zabern, 2005), 63–73 sowie David W. DEAKLE, «Harnack & Cerdo. A Reexamination of the Patristic Evidence for Marcion's Mentor,» in *Marcion und seine kirchengeschichtliche Wirkung. Marcion and His Impact on Church History. Vorträge der Internationalen Fachkonferenz zu Marcion, gehalten vom 15.–18. August 2001 in Mainz*, hg. Gerhard May u. Katharina Greschat in Gemeinschaft mit Martin Meiser, Texte und Untersuchungen 150 (Berlin/New York: De Gruyter, 2002), 177–191.

35 Pseudo-Tertullianus, *Adversus omnes haereses* 6,1 (CChr.SL 2, 1408,18–25 KROYMANN): *Accedit his (Marcus et Colarbasus: 5,1 [1407,4]) Cerdon quidam. Hic introducit initia duo, id est duos deos, unum bonum et alterum saeuum, bonum superiorem, saeuum hunc mundi creatorem. Hic prophetias et legem repudiat, deo creatori renuntiat, superioris dei filium christum uenisse tractat, hunc in substantia carnis*

negat, in phantasmate solo fuisse pronuntiat, nec omnino passum, sed quasi passum, nec ex uirgine natum, sed omnino nec natum.

36 So auch MAY, «Markion und der Gnostiker Kerdon,» 69 f. (er rechnet mit stadtrömischen, mündlichen Traditionen) sowie David W. DEAKLE, «Harnack & Cerdo. A Reexamination of the Patristic Evidence for Marcion's Mentor,» 182.

37 Tertullianus, *Adversus Marcionem* III 8,2 f. (CChr.SL 1, 518,3–8 KROYMANN = SC 399, 94,14–96,20 BRAUN): *Et ideo Christus eius, ne mentiretur, ne falleret et hoc modo creatoris forsitan deputaretur, non erat quod uidebatur, et quod erat mentiebatur: caro nec caro, homo nec homo. Proinde deus Christus nec deus: Cur enim non etiam dei phantasma portauerit? An credam ei de interiore substantia, qui sit de exteriore frustratus?.* Der Vorwurf, Marcions Lehre führe auf ein *phantasma* bzw. *phantasma carnis*, auch in *Adversus Marcionem* IV 8,2 (CChr.SL 1, 557,10 KROYMANN = SC 456, 106,19 MORESCHINI/BRAUN), 9,5 (559,16 = 118,39), 18,9 (591,16 = 236,87 f.), 20,13 (597,21 = 262,109); 40,3 (656,27 = 498,29), 43,6 (662,11 = 524,47); V 7,5 (683,23 = SC 483, 166,41 MORESCHINI/ BRAUN), 8,3 (686,23 = 182,25) bzw. IV 42,7 (CChr.SL 1, 660,5 KROYMANN = SC 456, 516,64 MORESCHINI/BRAUN) und V 20,3 (724,23 = SC 483, 364,27 f. MORESCHINI/BRAUN), vgl. auch ebd. IV 9,5 (118,38 f.): *qui corpus non habebat* und V 5,9 (677,5 = SC 483, 142,80 MORESCHINI/BRAUN): *Quid ‹infirmum Dei fortius homine›* (1Kor 1,23), *nisi natiuitas et caro Dei?*.

38 Zu antiken jüdischen wie christlichen Antworten auf die Frage, ob die Engel tatsächlich gegessen haben, vgl. MARKSCHIES, *Valentinus Gnosticus? Untersuchungen zur valentinianischen Gnosis mit einem Kommentar zu den Fragmenten Valentins*, 100–104.

39 Tertullianus, *Adversus Marcionem* III 9,1 (CChr.SL 1, 519,17–21 KROYMANN = SC 399, 100,1–6 BRAUN): *In ista quaestione qui putaueris opponendos esse nobis angelos creatoris, quasi et illi in phantasmate, putatiuae utique carnis, egerint apud Abraham et Loth, et tamen uere sint et congressi et pasti et operati quod mandatum eis fuerat, primo non admitteris ad eius dei exempla, quem destruis.* – Weitere Belege dieser Vorstellung vom Engelleib bei HARNACK, *Marcion: Das Evangelium vom fremden Gott,* 286*f.; ausführliche Diskussion bei Markus VINZENT, «‹Ich bin kein körperloses Geistwesen›.. Zum Verhältnis von κήρυγμα Πέτρου, ‹Doctrina Petri›, διδασκαλία Πέτρου und IgnSm 3,» in Reinhard M. HÜBNER, *Der paradox Eine. Antignostischer Monarchianismus im zweiten Jahrhundert, mit einem Beitrag von Markus Vinzent*, Supplements to Vigiliae Christianae 50 (Leiden/Boston/Köln: Brill, 1999), (241–286) 260–264.

40 Als Zitat Marcions bei Tertullianus, *Adversus Marcionem* III 10,2 (CChr.SL 1, 521,16 f. KROYMANN = SC 399, 108,8 f. BRAUN): *Sed quomodo inter homines conuersaretur, nisi per imaginem substantiae humanae?.*

41 HARNACK, *Marcion: Das Evangelium vom fremden Gott,* 125.

42 Für ein anderes Beispiel einer sogenannten Engelchristologie vgl. oben S. 231

bzw. 600 mit Literatur in Anm. 243. Die Frage wird übrigens auch für Tertullian diskutiert: Edgar G. FOSTER, *Angelomorphic Christology and the Exegesis of Psalm 8:5 in Tertullian's Adversus Praxean. An examination of Tertullian's Reluctance to Attribute Angelic Properties to the Son of God* (Lanham, MD u. a.: University Press of America, 2005), 1–18.

43 Tertullianus, *De carne Christi* 2,1 f. (SC 216, 212,4–214,14 MAHÉ): ‹*Aufer hinc*›, inquit, ‹*molestos semper Caesaris census et diuersoria angusta et sordidos pannos et dura praesepia. Viderit angelica multitudo deum suum noctibus honorans. Servent potius pecora pastores et magi ne fatigentur de longinquo: dono illis aurum suum. Melior sit et Herodes ne Ieremias glorietur. Sed nec circumcidatur infans, ne doleat, nec ad templum deferatur, ne parentes suos oneret sumptu oblationis, nec in manus tradatur Simeoni, ne senem moriturum exinde contristet. Taceat et anus illa, ne fascinet puerum.* – Für die Vorstellungen vom Körper Christi bei Marcion vgl. auch HARNACK, *Marcion: Das Evangelium vom fremden Gott*, 124–126 und Jean-Pierre MAHÉ, *Tertullien, La Chair du Christ*, Tome 1 *Introduction, texte critique, traduction et notes*, Sources Chrétiennes 216 (Paris: Les Éditions du Cerf, 2008), 74–78.

44 Irenaeus, *Adversus Haereses* I 24,2 (SC 264, 322,21–23 ROUSSEAU/DOUTRELEAU = FChr 8/1, 296,14 f. BROX): *Saluatorem autem innatum demonstrauit et incorporalem et sine figura, putatiue autem uisum hominem* bzw. Hippolyt, *Refutatio omnium haeresium* VII 28,4 (GCS Hippolyt III, 209,4 f. WENDLAND = PTS 25, 303,16 f. MARCOVICH): Τὸν δὲ σωτῆρα ἀγέ<ν>νητον ὑπέθετο καὶ ἀσώματον καὶ ἀνείδεον, δοκήσει δ' ἐπιπεφηνέναι ἄνθρωπον. – für Satornil vgl. HILGENFELD, *Ketzergeschichte des Urchristenthums urkundlich dargestellt*, 190–195.

45 Die umfangreiche Diskussion über die Datierung der verschiedenen Ignatius zugeschriebenen Briefe im Corpus Ignatianum kann hier weder dokumentiert werden noch kann eine begründete eigene Position entfaltet werden, vgl. aber beispielsweise aus jüngerer Zeit Reinhard M. HÜBNER, «Thesen zur Echtheit und Datierung der sieben Briefe des Ignatius von Antiochien,» *Zeitschrift für Antikes Christentum* 1 (1997): 44–72; Mark J. EDWARDS, «Ignatius and the Second Century: An Answer to R. Hübner,» *ebd.* 2 (1998): 214–226; Andreas LINDEMANN, «Antwort auf die ‹Thesen zur Echtheit und Datierung der sieben Briefe des Ignatius von Antiochien,›» *ebd.* 1 (1997): 185–194; Georg SCHÖLLGEN, «Die Ignatianen als pseudepigraphisches Briefcorpus. Anmerkungen zu den Thesen von Reinhard M. Hübner,» *ebd.* 2 (1998): 16–25 sowie Hermann Josef VOGT, «Bemerkungen zur Echtheit der Ignatiusbriefe,» *ebd.* 3 (1999): 50–63. Die ältere Debatte bilanzierte beispielsweise bereits Lothar WEHR, *Arznei der Unsterblichkeit. Die Eucharistie bei Ignatius von Antiochien und im Johannesevangelium*, Neutestamentliche Abhandlungen 18 (Münster: Aschendorff, 1987), 24–30 oder Thomas LECHNER, *Ignatius adversus Valentinianos? Chronologische und theologiegeschichtliche Studien zu den Briefen des Ignatius*

von Antiochien, Supplements to Vigiliae Christianae 47 (Leiden u. a.: Brill, 1999), XV–XXVI, die jüngere beispielsweise bei Wolfram UEBELE, «*Viele Verführer sind in die Welt hinausgegangen*». *Die Gegner in den Briefen des Ignatius von Antiochien und in den Johannesbriefen*, Beiträge zur Wissenschaft vom Alten und Neuen Testament 151 (Stuttgart u. a.: Kohlhammer, 2001), 20–27.

46 Ignatius Antiochenus, *Epistula ad Smyrnaeos* 2 (SAC I, 204,19–206,1 FISCHER): καὶ ἀληθῶς ἔπαθεν, ὡς καὶ ἀληθῶς ἀνέστησεν ἑαυτόν, οὐχ ὥσπερ ἄπιστοί τινες λέγουσιν, τὸ δοκεῖν αὐτὸν πεπονθέναι, αὐτοὶ τὸ δοκεῖν ὄντες˙. Ähnliche Vorwürfe auch in ebd. 4,1–2, eine nahezu wörtliche Parallele dagegen in *Epistula ad Trallianos* 10,2: Εἰ δέ, ὥσπερ τινὸς ἄθεοι ὄντες, τουτέστιν ἄπιστοι, λέγουσιν, τὸ δοκεῖν πεπονθέναι αὐτόν, αὐτοὶ ὄντες τὸ δοκεῖν, ἐγὼ τί δέδεμαι, τί δὲ καὶ εὔχομαι θηριομαχῆσαι;.

47 S. u. S. 414 f.; vgl. auch Candida R. MOSS, *The Other Christs. Imitating Jesus in Ancient Christian Ideologies of Martyrdom* (Oxford: Oxford University Press, 2010), 41–44. 83 f.

48 Karin BOMMES, *Weizen Gottes. Untersuchungen zur Theologie des Martyriums bei Ignatius von Antiochien*, Theophaneia 27 (Köln/Bonn: Hanstein, 1976), 54, ebenso auch UEBELE, «*Viele Verführer sind in die Welt hinausgegangen*». *Die Gegner in den Briefen des Ignatius von Antiochien und in den Johannesbriefen*, 71.

49 Ignatius Antiochenus, *Epistula ad Smyrnaeos* 5,2 (SAC I, 208,2–5 FISCHER): Τί γάρ με ὠφελεῖ τις, εἰ ἐμὲ ἐπαινεῖ, τὸν δὲ κύριόν μου βλασφημεῖ, μὴ ὁμολογῶν αὐτὸν σαρκοφόρον; ὁ δὲ τοῦτο μὴ λέγων τελείως αὐτὸν ἀπήρνηται, ὢν νεκροφόρος. – Für das Insistieren auf der Realität von Fleisch und Blut Jesu vgl. auch William R. SCHOEDEL, *Die Briefe des Ignatius von Antiochien. Ein Kommentar*, aus dem Amerikanischen übersetzt v. Gisela Koester, Hermeneia-Kommentare (München: Kaiser, 1990), 247–249. 255–259; zu den Gegnern des Autors Jerry L. SUMNEY, «Those who ‹Ignorantly deny him›: The Opponents of Ignatius of Antioch,» *Journal of Early Christian Studies* 1 (1993): 345–365; Michael D. GOULDER, «Ignatius' ‹Docetists›,» *Vigiliae Christianae* 53 (1999): 16–30 sowie UEBELE, «*Viele Verführer sind in die Welt hinausgegangen*». *Die Gegner in den Briefen des Ignatius von Antiochien und in den Johannesbriefen*, 70–73 und 84–92. Uebele verbindet diese Gegnerschaft aaO. 161 f. mit dem, was von Satornil berichtet wird (s. o. S. 731 mit Anm. 44).

50 Ps.-Ignatius Antiochenus, *Epistula ad Trallianos* 10,4–6 (II, 106,14–108,6 DIEKAMP): ἀληθῶς τοίνυν ἐγέννησεν Μαρία σῶμα θεὸν ἔνοικον ἔχον καὶ ἀληθῶς ἐγεννήθη ὁ θεὸς λόγος ἐκ τῆς παρθένου σῶμα ὁμοιοπαθὲς ἡμῖν ἠμφιεσμένος˙ ἀληθῶς γέγονεν ἐν μήτρᾳ ὁ πάντας ἀνθρώπους ἐν μήτρᾳ διαπλάττων, καὶ ἐποίησεν ἑαυτῷ σῶμα ἐκ τῶν τῆς παρθένου σπερμάτων, πλὴν ὅσον ἄνευ ὁμιλίας ἀνδρός. ἐκυοφορήθη ὡς καὶ ἡμεῖς χρόνων περιόδοις, καὶ ἀληθῶς ἐτέχθη ὡς καὶ ἡμεῖς, καὶ ἀληθῶς ἐγαλακτοτροφήθη καὶ τροφῆς κοινῆς καὶ ποτοῦ μετέσχεν ὡς καὶ ἡμεῖς. καὶ τρεῖς δεκάδας ἐτῶν πολιτευσάμενος ἐβαπτίσθη ὑπὸ Ἰωάννου ἀληθῶς καὶ οὐ δοκήσει˙ καὶ τρεῖς

ἐνιαυτοὺς κηρύξας τὸ εὐαγγέλιον καὶ ποιήσας σημεῖα καὶ τέρατα ὑπὸ τῶν Ψευδοϊουδαίων καὶ Πιλάτου τοῦ ἡγεμόνος ὁ κριτὴς ἐκρίθη, ἐμαστιγώθη, ἐπὶ κόρρης ἐραπίσθη, ἐνεπτύσθη, ἀκάνθινον στέφανον καὶ πορφυροῦν ἱμάτιον ἐφόρησεν, κατεκρίθη, ἐσταυρώθη ἀληθῶς, οὐ δοκήσει, οὐ φαντασίᾳ, οὐκ ἀπάτῃ. ἀπέθανεν ἀληθῶς καὶ ἐτάφη καὶ ἠγέρθη ἐκ τῶν νεκρῶν, καθώς που προσηύχετο λέγων· ‚Σὺ δὲ κύριε ἀνάστησόν με, καὶ ἀνταποδώσω αὐτοῖς' (Ps 40,11). Ein knapper Kommentar bei Joseph B. LIGHTFOOT, *The Apostolic Fathers, Part II S. Ignatius. S. Polycarp*, Revised Texts with Introductions, Notes, Dissertations, and Translations, Vol. 3, 2nd Ed. (London/New York: Macmillan, 1889), 159 f.

51 Dazu S. 408 bzw. 754 mit Anm. 159.

52 Gregorius Illiberitanus, *Tractatus Origenis* XIV 8 (CChr.SL 69, 108,57–59 BULHART = 154 BATTIFOL/WILMART): *Et nihilominus multi sunt eretici qui eum carnem hominus induisse negant, sed fantasma fuisse dicunt.*

53 Bischof Serapion von Antiochien behauptete, dass das «Evangelium nach Petrus» von Δοκηταί verfasst worden sei: *Epistula* apud Eusebium Caesariensem, *Historia Ecclesiastica* VI 12,6 (GCS Eusebius II/2, 546,2–7 SCHWARTZ): ἐδυνήθημεν γὰρ παρ' ἄλλων τῶν ἀσκησάντων αὐτὸ τοῦτο τὸ εὐαγγέλιον, τοῦτ' ἐστὶν παρὰ τῶν διαδόχων τῶν καταρξαμένων αὐτοῦ, οὓς Δοκητὰς καλοῦμεν· τὰ γὰρ πλείονα φρονήματα ἐκείνων ἐστὶ τῆς διδασκαλίας, χρησάμενοι παρ' αὐτῶν διελθεῖν καὶ εὑρεῖν τὰ μὲν πλείονα τοῦ ὀρθοῦ λόγου τοῦ σωτῆρος, τινὰ δὲ προσδιεσταλμένα, ἃ καὶ ὑπετάξαμεν ὑμῖν. – Zur umfangreichen Debatte über das Verhältnis dieses apokryph gewordenen Evangeliums zum sogenannten Doketismus (das wir hier nicht näher in den Blick nehmen können) vgl. zuletzt Matti MYLLYKOSKI, «Die Kraft des Herrn. Erwägungen zur Christologie des Petrusevangeliums,» in *Das Evangelium des Petrus. Texte, Kontexte, Intertexte*, hg. Thomas J. Kraus u. Tobias Nicklas, Texte und Untersuchungen 158 (Berlin/New York: De Gruyter, 2007), (301–326) 307–311 sowie 313–325.

54 Clemens Alexandrinus, *Stromata* VII 108,1 f. (GCS Clemens Alexandrinus III, 76,20–26 STÄHLIN/FRÜCHTEL/TREU): τῶν δ' αἱρέσεων αἳ μὲν ἀπὸ ὀνόματος προσαγορεύονται, ὡς ἡ ἀπὸ Οὐαλεντίνου καὶ Μαρκίωνος καὶ Βασιλείδου, κἂν τὴν Ματθίου αὐχῶσι προσάγεσθαι δόξαν· μία γὰρ ἡ πάντων γέγονε τῶν ἀποστόλων ὥσπερ διδασκαλία, οὕτως δὲ καὶ ἡ παράδοσις· αἳ δὲ ἀπὸ τόπου, ὡς οἱ Περατικοί, αἳ δὲ ἀπὸ ἔθνους, ὡς ἡ τῶν Φρυγῶν, αἳ δὲ ἀπὸ ἐνεργείας, ὡς ἡ τῶν Ἐγκρατητῶν, αἳ δὲ ἀπὸ δογμάτων ἰδιαζόντων, ὡς ἡ τῶν Δοκητῶν (...).

55 Clemens Alexandrinus, *Stromata* III 91,1 (GCS Clemens Alexandrinus II, 238,9 STÄHLIN/FRÜCHTEL/TREU): ὁ τῆς δοκήσεως ἐξάρχων Ἰούλιος Κασσιανός; vgl. auch ebd. III 102,3 (243,11–14): διὰ ταῦτα ἡ δόκησις Κασσιανῷ, διὰ ταῦτα καὶ Μαρκίωνι, ναὶ μὴν καὶ Οὐαλεντίνῳ τὸ σῶμα τὸ ψυχικόν, ὅτι φασίν· ‚ὁ ἄνθρωπος παρωμοιώθη τοῖς κτήνεσιν' εἰς

συνδυασμὸν ἀφικνούμενος·. – Für Julius Cassian vgl. Alain LE BOULLUEC, *La notion d'hérésie dans la littérature grecque IIe–IIIe siècles*, Tome II *Clément d'Alexandrie et Origène*, Études Augustiniennes (Paris: Études Augustiniennes, 1985), 348–350. Le Boulluec zeigt, dass ἐξάρχων nicht so übersetzt werden darf, als ob Julius Cassianus diese Lehre *begründet* habe: S. 349 Anm. 221. Vgl. auch Giulia SFAMENI GASPARO, «Protologia ed encratismo. Esempi di esegesi encratita di Gen 1–3,» *Augustinianum* 22 (1982): 75–89.

56 Hieronymus, *Commentarii in epistulam Pauli apostoli ad Galatas* III ad 6,8 (CChr.SL 77A, 214, RASPANTI): *Cassianus, qui putatiuam Christi carnem introducens, omnem coniunctionem masculi ad feminam immundam arbitratur, encratitarum uel acerrimus haeresiarches, tali aduersum nos sub occasione praesentis testimonii usus est argumento*: (…) – allerdings muss man sich klarmachen, dass der Vorwurf, *putatiuam Christi carnem* einzuführen, von Hieronymus auch vielen anderen Häresien oder Häresiarchen gemacht wird: Ebion, Mani, Marcion und Photin in I ad 1,1 (12,75–13,82); Marcion und übrige Häresien in II ad 4,4 f. (108,5 f.). Skeptisch auch KRÜGER, s. v. «Doketen,» 764.

57 Nach Clemens Alexandrinus stammte Julius Cassianus (oder Tatian? Der Satz ist grammatisch nicht eindeutig zu beziehen) aus der sogenannten valentinianischen, d. h. nach dem stadtrömischen Lehrer Valentinus benannten Schule, so *Stromata* III 92,1 (GCS Clemens Alexandrinus II, 238,22 STÄHLIN/FRÜCHTEL/TREU): ὁ δ' ἐκ τῆς Οὐαλεντίνου ἐξεφοίτησε σχολῆς. – Zu ägyptischen Lehrern der valentinianischen Schule vgl. Christoph MARKSCHIES, «Valentinianische Gnosis in Alexandrien und Ägypten,» in *Origeniana Octava. Origen and the Alexandrine Tradition. Origene e la tradizione Alessandrina. Papers of the 8th International Origen Congress Pisa, 27–31 August 2001*, ed. Lorenzo Perrone, Bibliotheca Ephemeridum Theologicarum Lovaniensium 164 (Leuven: Peeters, 2004), 331–346.

58 Irenaeus, *Adversus Haereses* I 6,1 (SC 264, 92,602–605 ROUSSEAU/DOUTRELEAU = FChr 8/1, 162,22–24 BROX) = Epiphanius, *Panarion Haereses* 31,20,4 (GCS Epiphanius I², 416,24–26 HOLL/BERGERMANN/COLLATZ): (…) περιτεθεῖσθαι σῶμα ψυχικὴν ἔχον οὐσίαν, κατεσκευασμένον δὲ ἀρρήτῳ τέχνῃ, πρὸς τὸ καὶ ὁρατὸν καὶ ψηλάφητον καὶ παθητὸν γεγενῆσθαι·. – Eine ausführliche Sammlung und Interpretation von sogenannten valentinianischen Texten zum «psychischen Christus» findet sich bei Einar THOMASSEN, *The Spiritual Seed. The Church of the ‹Valentinians›*, Nag Hammadi and Manichaean Studies 60 (Leiden/Boston: Brill, 2006), 30. 40–45.

59 Irenaeus, *Adversus Haereses* I 6,1 (SC 264, 92,605 f. ROUSSEAU/DOUTRELEAU = FChr 8/1, 162,24 f. BROX) = Epiphanius, *Panarion Haereses* 31,20,4 (GCS Epiphanius I, 416,26–417,2 HOLL/BERGERMANN/COLLATZ): καὶ ὑλικὸν δὲ οὐδ' ὁτιοῦν εἰληφέναι λέγουσιν αὐτόν· μὴ γὰρ εἶναι τὴν ὕλην δεκτικὴν σωτηρίας.

60 Clemens Alexandrinus, *Stromata* III 91,1 (GCS Clemens Alexandrinus II,

238,9–14 STÄHLIN/FRÜCHTEL/TREU): Τοιούτοις ἐπιχειρεῖ καὶ ὁ τῆς δοκήσεως ἐξάρχων Ἰούλιος Κασσιανός. ἐν γοῦν τῷ ‚Περὶ ἐγκρατείας ἢ περὶ εὐνουχίας' κατὰ λέξιν φησίν· ‚καὶ μηδεὶς λεγέτω ὅτι, ἐπειδὴ τοιαῦτα μόρια ἔσχομεν ὡς τὴν μὲν θήλειαν οὕτως ἐσχηματίσθαι, τὸν δὲ ἄρρενα οὕτως, τὴν μὲν πρὸς τὸ δέχεσθαι, τὸν δὲ πρὸς τὸ ἐνσπείρειν, συγκεχώρηται τὸ τῆς ὁμιλίας παρὰ θεοῦ.'

61 Clemens Alexandrinus, *Stromata* III 95,2 (GCS Clemens Alexandrinus II, 239,26 STÄHLIN/FRÜCHTEL/TREU): 'χιτῶνας δὲ δερματίνους' (Gen 3,21) ἡγεῖται ὁ Κασσιανὸς τὰ σώματα.

62 Iustinus Martyr, *Dialogus cum Tryphone* 67,5 f. (PTS 47, 185,24–26 MARCOVICH): Καὶ ὁ Τρύφων· Σὺ γὰρ ὡμολόγησας ἡμῖν, ἔφη, ὅτι καὶ περιετμήθη καὶ τὰ ἄλλα τὰ νόμιμα τὰ διὰ Μωσέως διαταχθέντα ἐφύλαξε. Κἀγὼ ἀπεκρινάμην· Ὡμολόγησά τε καὶ ὁμολογῶ·. Zum Hintergrund der Passage jetzt ausführlich Andrew S. JACOBS, *Christ Circumcised. A Study in Early Christian History and Difference* (Philadelphia: University of Pennsylvania Press, 2012), 46–50.

63 Vgl. z. B. *Missale Gothicum (Vat. Reg. lat. 317)*, hg. Leo Cunibert Mohlberg, Rerum Ecclesiasticarum Documenta. Series Maior. Fontes 5 (Rom: Herder, 1961), 16–23 und Theodor KLAUSER, «Der Festkalender der Alten Kirche im Spannungsfeld jüdischer Traditionen, christlicher Glaubensvorstellungen und missionarischen Anpassungswillens,» in *Kirchengeschichte als Missionsgeschichte*, Bd. 1 *Die alte Kirche*, hg. Heinzgünther Frohnes u. Uwe W. Knorr (München: Kaiser, 1974), (377–388) 384; Karl Adam Heinrich KELLNER, *Heortologie oder die geschichtliche Entwicklung des Kirchenjahres und der Heiligenfeste: von den ältesten Zeiten bis zur Gegenwart*, 3. Aufl. (Freiburg: Herder, 1911), 109; JACOBS, *Christ Circumcised. A Study in Early Christian History and Difference*, 146–177; Otto CLEMEN, «Eine seltsame Christusreliquie», *Archiv für Kulturgeschichte* 7 (1909): 137–144 = DERS., *Kleine Schriften zur Reformationsgeschichte (1897–1944)*, Bd. 3 1907–1911, hg. Ernst Koch (Leipzig: Zentralantiquariat, 1983), 193–200.

64 Valentinus, Fragment 3 (MARKSCHIES) = Clemens Alexandrinus, *Stromata* III 59,3 (GCS Clemens Alexandrinus II, 223,12–16 STÄHLIN/FRÜCHTEL/TREU): Οὐαλεντῖνος δὲ ἐν τῇ πρὸς Ἀγαθόποδα ἐπιστολῇ ‚πάντα' φησὶν ‚ὑπομείνας ἐγκρατὴς ἦν· θεότητα Ἰησοῦς εἰργάζετο, ἤσθιεν καὶ ἔπινεν ἰδίως οὐκ ἀποδιδοὺς τὰ βρώματα. τοσαύτη ἦν αὐτῷ ἐγκρατείας δύναμις, ὥστε καὶ μὴ φθαρῆναι τὴν τροφὴν ἐν αὐτῷ, ἐπεὶ τὸ φθείρεσθαι αὐτὸς οὐκ εἶχεν'. – Ausführlicher Kommentar bei Christoph MARKSCHIES, *Valentinus Gnosticus? Untersuchungen zur valentinianischen Gnosis mit einem Kommentar zu den Fragmenten Valentins*, 83–117, zur Übersetzung von θεότητα Ἰησοῦς εἰργάζετο vgl. aaO. 92–96.

65 Irenaeus, *Adversus haereses* III 22,2 (435,30–437,34 ROUSSEAU/DOUTRELEAU); Clemens Alexandrinus, *Stromata* VI 71,2 (GCS Clemens Alexandrinus II,

467,9–13 STÄHLIN/FRÜCHTEL/TREU); zu diesen und weiteren Stellen ausführlich Christoph MARKSCHIES, *Valentinus Gnosticus?*, 98 f.

66 *Acta Petri/Actus Vercellenses* 20 (I, 67,24–28 LIPSIUS = 344,1–7 VOUAUX): *Quoniam ipse est in patre et pater in eo, hic ipse est et plenitudo omnis maiestatis, qui nobis sua omnia monstrauit bona. Manducauit et bibit propter nos, ipse neque esuriens neque sitiens, baiulauit et inproperia, passus est propter nos, mortuus est et resurrexit nostri causa.* – Ich zitiere die Übersetzung von Marietheres DÖHLER, *Acta Petri. Text, Übersetzung und Kommentar zu den Actus Vercellenses* (Diss. theol. masch., Berlin, 2015), 142; zum Inhalt vgl. Matthew C. BALDWIN, *Whose Acts of Peter? Text and Historical Context of the Actus Vercellensis*, Wissenschaftliche Untersuchungen zum Neuen Testament 2. Reihe 196 (Tübingen: Mohr Siebeck, 2005), 216 f.

67 Basilius Caesariensis, *Epistula* 366 (Basilius an den Mönch Urbicus, über die Enthaltsamkeit; CUFr III, 229,31–35 COURTONNE): θεότητα ὁ Ἰησοῦς εἰργάζετο, οὐ θνητότητα. ἤσθιεν καὶ ἔπινεν ἰδίως οὐκ ἀποδιδοὺς τὰ βρώματα· τοσαύτη ἐν αὐτῷ ἡ ἐγκράτεια δύναμις ἦν ὥστε μὴ φθαρῆναι τὴν τροφὴν ἐν αὐτῷ, ἐπεὶ τὸ φθείρεσθαι αὐτὸς οὐκ εἶχεν. – Für die Parallele vgl. MARKSCHIES, *Valentinus Gnosticus?*, 84–86 und vorher schon Walter VÖLKER, «Basilius, Ep. 366 und Clemens Alexandrinus,» *Vigiliae Christianae* 7 (1953), 23–26.

68 Pseudo-Iustinus Martyr, *De resurrectione* 2 apud Johannem Damascenum, *Sacra Parallela* Nr. 107 (TU 20/2, 38,60–63 HOLL = PTS 54, 106,17–19 HEIMGARTNER) Εἰσὶ δέ τινες, οἳ λέγουσι καὶ αὐτὸν τὸν Ἰησοῦν πνευματικὸν μόνον παρεῖναι, μηκέτι δὲ ἐν σαρκί, φαντασίαν δὲ σαρκὸς παρεσχηκέναι, πειρώμενοι καὶ αὐτοὶ ἀποστερεῖν τῆς ἐπαγγελίας τὴν σάρκα.

69 Ein Versuch zu diesem Thema bei Luise ABRAMOWSKI, «Ein gnostischer Logostheologe. Umfang und Redaktor des gnostischen Sonderguts in Hippolyts ‹Widerlegung aller Häresien›,» in DIES., *Drei christologische Untersuchungen*, Beihefte zur Zeitschrift für die neutestamentliche Wissenschaft 45 (Berlin/New York: De Gruyter, 1981), 18–62 (mit einer Aufzählung der zugehörigen Stücke S. 18 Anm. 1).

70 Das mag daran liegen, dass es im verlorenen «Syntagma gegen alle Häresien» des stadtrömischen Autors Justin offenkundig noch keinen eigenständigen Abschnitt gegen «Anschein-Leute» (Δοκηταί) gab, vgl. nur HILGENFELD, *Ketzergeschichte des Urchristenthums urkundlich dargestellt*, 21–30 und jetzt Geoffrey SMITH, *Guilt by Association. Heresy Catalogues in Early Christianity*, Oxford Early Christian Studies (Oxford: Oxford University Press, 2014), 55–86. – Zur Passage bei Hippolyt vgl. Hans STAEHELIN, *Die gnostischen Quellen Hippolyts in seiner Hauptschrift «Gegen die Häretiker»*, Texte und Untersuchungen 6/3 (Leipzig: Hinrichs, 1890), 32–37 (zur allgemeinen Verwandtschaft des Referates mit anderen im Sondergut; die Ansichten über den Körper Jesu sind allerdings Eigengut ausschließlich des ‹Doketen›-Referates) sowie 68 f. mit 71 f. und 94 f.

71 Hippolyt, *Refutatio omnium haeresium* VIII 10,7 (GCS Hippolyt III, 229,25–230,2 WENDLAND = PTS 25, 328,39–329,43 MARCOVICH): γεννηθὲν δ' ἐνεδύσατο [αὐ]τὸ ἄνωθεν ἐλθόν, καὶ πάντα ἐποίησεν οὕτως ὡς ἐν τοῖς εὐαγγελίοις γέγραπται· ἐλούσατο <δὴ> εἰς τὸν Ἰορδάνην [ἐλούσατο δὲ], τύπον καὶ σφράγισμα <σώματος> λαβὸν ἐν τῷ ὕδατι <ἀντὶ> τοῦ γεγεν<ν>ημένου σώματος ὑπὸ τῆς παρθένου· – einige, ohne Basis in der Handschrift vorgenommene Hinzufügungen in spitzen Klammern des Herausgebers Marcovich verändern den Sinn der Passage beträchtlich: «im Wasser das Bild und den Abdruck eines (sc. neuen) Leibes anstelle des aus der Jungfrau geborenen Leibes annahm». Unsere Übersetzung im Haupttext folgt dem *unbearbeiteten* Text der GCS-Ausgabe von Wendland.

72 Hippolyt, *Refutatio omnium haeresium* VIII 10,3 (GCS Hippolyt III, 229,25–230,2 WENDLAND = PTS 25, 327,20–328,25 MARCOVICH): (…) ἀλλὰ καταπλαγέντες ὡς φθαρτοὶ φθορὰν ὑπομενοῦσι, μεγέθει καὶ δόξῃ <τῆς αὐτοῦ> δυνάμεως κατειλημμένοι, συστείλας ἑαυτὸν ὡς <ἂν> ἀστραπὴν μεγίστην ἐν ἐλαχίστῳ σώματι <ἀφανὴς ἐγένετο>. μᾶλλον δὲ ὡς <τὸ> φῶς <τῆς> ὄψεως, <τὸ> ὑπὸ τοῖς βλεφάροις συνεσταλμένον, ἐξικνεῖται μέχρις οὐρανοῦ καὶ τῶν ἀστέρων ἐπιψαῦσαν τῶν ἐκεῖ πάλιν ἑαυτὸ συστέλλει ὑπὸ τοῖς βλεφάροις τῆς ὄ(ψε)ως, ὅτε βούλεται· (Hinzufügungen in spitzen Klammern vom Herausgeber Marcovich). Bei Richard REITZENSTEIN, *Poimandres. Studien zur griechisch-ägyptischen und frühchristlichen Literatur* (Leipzig: Teubner, 1904), 145 wird auf ägyptische Formeln hingewiesen, wonach Amon prädiziert wird als «der sich verborgen hält in seinem Auge». Der Sinn unserer Passage ist aber trivialer, gedacht ist an eine Erläuterung der an sich unvorstellbaren Tatsache der Inkarnation durch ein sprechendes Bild aus der Alltagserfahrung.

73 Euclides, *Optica definitiones* 1 (BiTeu VII, 2,2 f. HEIBERG): Ὑποκείσθω τὰς ἀπὸ τοῦ ὄμματος ἐξαγομένας εὐθείας γραμμὰς φέρεσθαι διάστημα μεγεθῶν μεγάλων.

74 Claudius Ptolemaeus, *Optica* II 1 (hier zitiert nach: Albert LEJEUNE, *L'Optique de Claude Ptolémée dans la version latine d'après l'arabe de l'émir Eugène de Sicile. Édition critique et exégétique*, augmentée d'une traduction française et de compléments, Collection des travaux de l'Académie Internationale d'Histoire des Sciences 31 [Leiden: Brill, 1989], 11,6–11); vgl. dazu auch DERS., *Euclide et Ptolémée. Deux stades de l'optique géométrique grecque*, Recueil de travaux d'histoire et de philologie 3. Sér. 31 (Louvain: Bibliothèque de l'Université, 1948), 65 f. sowie Gérard SIMON, *Der Blick, das Sein und die Erscheinung in der antiken Optik. Anhang: Die Wissenschaft vom Sehen und die Darstellung des Sichtbaren*, aus dem Französischen von Heinz Jatho (München: Fink, 1992), 93–141 und für die Vorstellung eines fünften Elementes oben S. 79 bzw. 488 mit Anm. 190.

75 So auch die Interpretation bei BAUER, *Das Leben Jesu im Zeitalter der neutestamentlichen Apokryphen*, 130 f.

76 BAUER, *Das Leben Jesu im Zeitalter der neutestamentlichen Apokryphen*, 114–141.
77 Dazu zuletzt Jörg FREY, «B. V.1.3. Die Fragmente des Ebionäerevangeliums,» in *Antike christliche Apokryphen in deutscher Übersetzung*, hg. Christoph Markschies u. Jens Schröter in Verbindung mit Andreas Heiser, 7. Aufl. der v. Edgar Hennecke begründeten u. v. Wilhelm Schneemelcher fortgeführten Sammlung, 1. Bd. *Evangelien und Verwandtes*, Tlbd. 1 (Tübingen: Mohr Siebeck, 2012), (607–622) 618 f.
78 Ebionäer-Evangelium Frg. 4 FREY = Epiphanius, *Panarion Haereses* 30,14,3 (GCS Epiphanius I², 350,17–351,1 HOLL/BERGERMANN/COLLATZ): εὐθὺς περιέλαμψε τὸν τόπον φῶς μέγα. – Weitere Belege bei BAUER, *Das Leben Jesu im Zeitalter der neutestamentlichen Apokryphen*, 135 f. und vor allem bei Gabriele WINKLER, «Die Licht-Erscheinung bei der Taufe Jesu und der Ursprung des Epiphaniefestes. Eine Untersuchung griechischer, syrischer, armenischer und lateinischer Quellen,» *Oriens christianus* 78 (1994), (177–229) 190–202 (mit den Belegen für die Rekonstruktion des Diatessarons).
79 Da auch an anderen Stellen das abschließende zehnte Buch zusätzliche oder veränderte Informationen enthält, muss man mindestens annehmen, dass Hippolyt für die Abschnitte nochmals seine Quellen zur Hand nahm, so auch Josef FRICKEL, *Das Dunkel um Hippolyt von Rom. Ein Lösungsversuch: Die Schriften Elenchos und Contra Noëtum*, Grazer Theologische Studien 13 (Graz: Institut für ökumenische Theologie und Patrologie, 1988), 132–134 sowie DERS., *Die «Apophasis Megale» in Hippolyt's Refutatio (VI 9–18): Eine Paraphrase zur Apophasis Simons*, Orientalia Christiana Analecta 182 (Rom: Pontificium Institutum Orientalium Studiorum, 1968), 56–74.
80 Hippolyt, *Refutatio omnium haeresium* X 16,6 (GCS Hippolyt III, 278,12–15 WENDLAND = PTS 25, 396,28–32 MARCOVICH): ἐνδεδύσθαι δέ <φασι> τὸν Ἰησοῦν τὴν δύναμιν ἐκείνην τὴν μονογενῆ· διὸ μὴ δύνασθαι θεαθῆναι ὑπό τινος <τῶν αἰώνων>, μεταλλ<αξ>ομένων διὰ τὸ μέγεθος τῆς δόξης <αὐτοῦ>. πάντα δὲ συμβεβηκέναι αὐτῷ φασι καθὰ ἐν τοῖς εὐαγγελίοις γέγραπται. Die Hinzufügung von <τῶν αἰώνων> durch Marcovich ist überflüssig.
81 Epiphanius, *Panarion haereses* 30,17,6 (GCS Epiphanius I², 356,18–357,3 HOLL/BERGERMANN/COLLATZ): (...) ὥστε νομίζειν μὲν τὸν Χριστὸν εἶναί τι ἀνδροείκελον ἐκτύπωμα ἀόρατον ἀνθρώποις, μιλίων ἐνενήκοντα ἓξ τὸ μῆκος, δῆθεν σχοίνων εἴκοσι τεσσάρων, τὸ δὲ πλάτος σχοίνων ἕξ, μιλίων εἴκοσι τεσσάρων, τὸ πάχος δὲ κατὰ μέτρησιν ἄλλην τινά. – Zur Passage vgl. JACOBS, *Christ Circumcised. A Study in Early Christian History and Difference*, 103–118.
82 Pseudo-Tertullianus, *Adversus omnes haereses* 6,5 (CChr.SL 2, 1409,20–27 KROYMANN): *Christum neque in phantasmate dicit fuisse, sicut Marcion, neque in substantia ueri corporis, ut euangelium docet, sed in eo, quo de superioribus partibus descenderit, ipso descensu sideream sibi carnem et aeream contexuisse. Hunc in resur-*

rectione singulis quibusque elementis quae in descensu suo mutuatus fuisset in ascensu reddidisse, et sic dispersis quibusque corporis sui partibus in caelum spiritum tantum reddidisse. Ein schwacher Reflex, entweder der präzisen Information über Apelles oder der allgemeinen, wie man sie bei Tertullian findet (s. o. S. 728 mit Anm. 28 und unten Anm. 86), findet sich bei Novatianus, *De Trinitate* 10,53 (CChr.SL 4, 27,32–42 DIERCKS): *Neque igitur eum haereticorum agnoscimus Christum, qui in imagine, ut dicitur, fuit et non in ueritate, <ne> nihil uerum eorum quae gessit fecerit, si ipse phantasma et non ueritas fuit, neque eum qui nihil in se nostri corporis gessit, dum ex Maria nihil accepit, ne non nobis uenerit, dum non in nostra substantia uisus apparuit, neque illum qui aetheream siue sideream, ut alii uoluerunt haeretici, induit carnem, ne nullam in illo nostram intellegamus salutem, si non etiam nostri corporis cognoscamus soliditatem, nec ullum omnino alterum, qui quoduis aliud ex figmento haereticorum gesserit corpus fabularum,* ganz ähnlich auch bei Origenes/Hieronymus, *Homiliae in Lucam* XIV 4 (GCS Origenes IX², 86,13–17 RAUER = FChr 4/1, 168,4–7 SIEBEN): *Si enim de caelestibus et, ut illi falso assuerunt, de sideribus et alia quadam sublimiori spiritalique natura corpus eius* (sc. *Domini*) *fuit, respondeant, qui potuerit spiritale corpus esse sordidum* (...).

83 Vgl. oben S. 154 bzw. 543 mit Anm. 51.

84 Hippolyt in *Refutatio omnium haeresium* VII 38,3 (GCS Hippolyt III, 224,10–15 WENDLAND/PTS 25, 321,10–16 MARCOVICH) und Epiphanius in *Panarion haereses* 42,3–5 (GCS Epiphanius II, 192,3–6 u. 10–14 HOLL/DUMMER) bieten eine abweichende Lehrbildung, in der die vier Elemente und keine Sternensubstanz den Körper Christi bilden. Hippolyt zählt ausdrücklich die Charakteristika der Elemente auf (224,12–15/321,13–15): (...) ἀλλ' ἐκ τῆς τοῦ παντὸς οὐσίας μεταλαβόντα μερῶν σῶμα πεποιηκέναι τουτέστι θερμοῦ καὶ ψυχροῦ, καὶ ὑγροῦ καὶ ξηροῦ, καὶ ἐν τούτῳ τῷ σώματι λαθόντα τὰς κοσμικὰς ἐξουσίας βεβιωκέναι ὃν ἐβίωσε χρόνον ἐν τῷ κόσμῳ, ebenso Epiphanius: ἀλλὰ ἀληθινὴν μὲν ἐσχηκέναι τὴν σάρκα καὶ σῶμα, οὔτε δὲ ἀπὸ σπέρματος ἀνδρὸς οὔτε ἀπὸ γυναικὸς παρθένου. ἀλλὰ ἔσχεν μὲν σάρκα ἀληθινήν, τούτῳ δὲ τῷ τρόπῳ· καί, φησίν, ἐν τῷ ἔρχεσθαι ἀπὸ τῶν ἐπουρανίων ἦλθεν εἰς τὴν γῆν καὶ συνήγαγεν ἑαυτῷ ἀπὸ τῶν τεσσάρων στοιχείων σῶμα. (...) ἀπὸ γὰρ τοῦ ξηροῦ τὸ ξηρὸν καὶ ἀπὸ τοῦ θερμοῦ τὸ θερμὸν καὶ ἀπὸ τοῦ ὑγροῦ τὸ ὑγρὸν καὶ ἀπὸ τοῦ ψυχροῦ τὸ ψυχρὸν λαβὼν καὶ οὕτως πλάσας ἑαυτῷ σῶμα ἀληθινῶς πέφηνεν ἐν κόσμῳ καὶ ἐδίδαξεν ἡμᾶς τὴν ἄνω γνῶσιν, (...).

85 Für die Vorstellung, dass sich der Körper aus den vier στοιχεῖα zusammensetzt, vgl. die entsprechenden stoischen Belege in SVF II, 412–438 (II, 136–144 ARNIM), besonders Fragment 414 aus dem Zusammenhang von Pseudo-Iustinus Martyr, *De resurrectione* 6 (TU 20/2, 43,201–206 HOLL): Ἀλλὰ μὴν κατὰ τοὺς Στωϊκούς, ἐκ τῆς τῶν τεσσάρων στοιχείων κράσεως γινομένου τοῦ σώματος, καί, διαλυομένου τούτου εἰς τὰ τέσσαρα,

παραμενόντων τούτων ἀφθάρτων, δυνατόν ἐστι πάλιν τὰ τέσσαρα στοιχεῖα, τὴν αὐτὴν μῖξιν καὶ κρᾶσιν λαβόντα ἀπὸ τοῦ δι' αὐτῶν διήκοντος θεοῦ, ποιῆσαι ὃ πρότερον πεποιήκει σῶμα·.

86 Tertullianus, *De carne Christi* 15,2 (SC 216, 272,14–274,18 MAHÉ); s. o. S. 379. Für die christologische Lehrbildung des Apelles vgl. beispielsweise ausführlich HARNACK, *Marcion: Das Evangelium vom fremden Gott: Eine Monographie zur Geschichte der Grundlegung der katholischen Kirche. Neue Studien zu Marcion*, 177–196. 404*–420* (Harnack harmonisiert aaO. 189 beide Traditionen) und knapper BAUER, *Das Leben Jesu im Zeitalter der neutestamentlichen Apokryphen*, 44 f. (ebenso), zuletzt Katharina GRESCHAT, *Apelles und Hermogenes: zwei theologische Lehrer des zweiten Jahrhunderts*, Supplements to Vigiliae Christianae 48 (Leiden u. a.: Brill, 2000), 99–109.

87 *Acta Iohannis* 93 (CChr.SA 1, 197,1–4. 10–13 JUNOD/KAESTLI): Ἑτέραν δὲ ὑμῖν δόξαν ὁρῶ ἀδελφοί· ποτὲ βουλόμενος αὐτὸν κρατῆσαι ἐν ὑλώδει καὶ παχεῖ σώματι προσέβαλλον· ἄλλοτε δέ ποτε πάλιν ψηλαφῶντός μου αὐτὸν ἄυλον ἦν καὶ ἀσώματον τὸ ὑποκείμενον καὶ ὡς μηδὲ ὅλως ὄν. (…) ἐβουλόμην δὲ πολλάκις σὺν αὐτῷ βαδίζων ἴχνος αὐτοῦ ἐπὶ τῆς γῆς ἰδεῖν εἰ φαίνεται· ἑώρων γὰρ αὐτὸν ἀπὸ τῆς γῆς ἑαυτὸν ἐπαίροντα· καὶ οὐδέ ποτε εἶδον.

88 WEIGANDT, *Der Doketismus im Urchristentum und in der theologischen Entwicklung des zweiten Jahrhunderts*, 40–56; BROX, «'Doketismus' – eine Problemanzeige,» 311; Eric JUNOD, «Polymorphie du Dieu Saveur,» in *Gnosticisme et Monde Hellénistique. Actes du Colloque de Louvain-la-Neuve (11–14 mars 1980)*, ed. par Julien Ries (Louvain-la-Neuve: Université catholique de Louvain, Institute orientaliste, 1982), 38–46; DERS./Jean-Daniel KAESTLI, *Acta Iohannis. Textus alii – Commentarius, Indices,* CChr.SA 2 (Turnhout: Brepols, 1983), 466–493; Pieter J. LALLEMAN, «Polymorphy of Christ,» in *The Apocryphal Acts of John*, ed. Jan N. Bremmer, Studies on the Apocryphal Acts of the Apostles 1 (Kampen: Kok Pharos, 1995), 97–118; LÖHR, «Deutungen der Passion bei Heiden und Christen im zweiten und dritten Jahrhundert,» 567–572 sowie Paul FOSTER, «Polymorphic Christology. Its Origins and Development in Early Christianity,» *Journal of Theological Studies* 58 (2007): 66–99.

89 FOSTER, «Polymorphic Christology. Its Origins and Development in Early Christianity,» 67–77. Ähnlich übrigens schon Adolf HILGENFELD, «Der gnostische und der kanonische Johannes über das Leben Jesu,» *Zeitschrift für wissenschaftliche Theologie* 43 (1900): (1–61) 41–43.

90 Eric JUNOD und Jean-Daniel KAESTLI zählen in ihrem Kommentar insgesamt zwölf Details auf, an denen Polymorphie explizit wird (CChr.SA 2, 474 f.); englisch bei FOSTER, «Polymorphic Christology. Its Origins and Development in Early Christianity,» 86, kritische Bemerkungen bei LALLEMAN, «Polymorphy of Christ,» 170–172.

91 *Acta Iohannis* 89 (CChr.SA 1, 193,7–15 JUNOD/KAESTLI): ἐπειρώμην γὰρ αὐτὸν κατ' ἰδίαν ὁρᾶν, καὶ οὐδεπώποτε εἶδον τοὺς ὀφθαλμοὺς αὐτοῦ

ἐπιμύοντας, ἀλλὰ μόνον ἀνεῳγότας. πολλάκις δέ μοι καὶ μικρὸς ἄνθρωπος ἐφαίνετο δύσμορφος καὶ τὸ πᾶν εἰς οὐρανὸν ἀποβλέπων. εἶχεν δὲ καὶ ἕτερον θαυμαστόν· ἀνακείμενον ἐμὲ ἐπὶ τὰ ἴδια στήθη ἐδέχετο, κἀγὼ συνεῖχον <αὐτὸν> ἑαυτῷ· καὶ ποτὲ μέν μοι λεῖα καὶ ἀπαλὰ τὰ στήθη αὐτοῦ ἐψηλαφᾶτο, ποτὲ δὲ σκληρὰ καὶ ὥσπερ πέτραις ὅμοια, ὡς διαπορεῖν με ἐν ἐμαυτῷ καὶ λέγειν· Τί ἐστιν τοῦτο; [οὗτός] μοι. – Übersetzung nach Knut SCHÄFERDIEK, «Johannesakten,» in *Neutestamentliche Apokryphen in deutscher Übersetzung*, hg. Wilhelm Schneemelcher, 5. Aufl. der von Edgar Hennecke begründeten Sammlung, 2. Bd. *Apostolisches, Apokalypsen und Verwandtes* (Tübingen: Mohr Siebeck, 1989), (138–190) 164 f.

92 Ioannes Stobaeus, *Anthologium* I 3,9 (I, 53,21 f. WACHSMUTH) = Tragicorum Graecorum Fragmenta Adespota 485 (II, 140 KANNICHT/SNELL) οὐχ εὕδει Διός ὀφθαλμός, ἐγγὺς δ' ἐστὶ καίπερ ὢν πρόσω. Die Vorstellung hat eine schöne Nachgeschichte im *Physiologus*, wo der Löwe mit Christus verglichen wird (1 [5 SBORDONE]): Δευτέρα φύσις τοῦ λέοντος. ὅταν καθεύδῃ ὁ λέων ἐν τῷ σπηλαίῳ, ἀγρυπνοῦσιν αὐτοῦ οἱ ὀφθαλμοί· ἀνεῳγμένοι γάρ εἰσι. καὶ ἐν τοῖς ἄσμασιν ὁ Σολομὼν μαρτυρεῖ λέγων· ,ἐγὼ καθεύδω, καὶ ἡ καρδία μου ἀγρυπνεῖ' (cf. Cant 5,2).

93 Erik PETERSON, «Einige Bemerkungen zum Hamburger Papyrusfragment der Acta Pauli,» *Vigiliae Christianae* 3 (1949): (142–162) 157 = DERS., *Frühkirche, Judentum und Gnosis. Studien und Untersuchungen* (Freiburg: Herder, 1959 = Darmstadt, Wissenschaftliche Buchgesellschaft, 1982), (183–208) 202 f. – WEIGANDT, *Der Doketismus im Urchristentum und in der theologischen Entwicklung des zweiten Jahrhunderts*, 48, lehnt diese Deutung ab, weil sie für die von ihm «für diese Schriften» angenommenen Leser (die «aus den unteren Klassen und wohl überwiegend aus vulgärchristlichen Kreisen stammten») «überhaupt zu anspruchsvoll» ist.

94 Vgl. nur Valentinus frg. 7 (MARKSCHIES) bei Hippolyt, *Refutatio omnium haeresium* VI 42,2 (GCS Hippolyt III, 173,22–25 WENDLAND/PTS 25, 259,11–15 MARCOVICH); vgl. für weitere Belege MARKSCHIES, *Valentinus Gnosticus? Untersuchungen zur valentinianischen Gnosis mit einem Kommentar zu den Fragmenten Valentins*, 208–211 und WEIGANDT, *Der Doketismus im Urchristentum und in der theologischen Entwicklung des zweiten Jahrhunderts*, 42–45.

95 Zur Frage nach der Leiblichkeit Christi, der nach klassischer spätantiker mehrheitskirchlicher Vorstellung nach der Auferstehung gemeinsam mit dem Vater im Himmel thront, vgl. Christoph MARKSCHIES, «'Sessio ad Dexteram'. Bemerkungen zu einem altchristlichen Bekenntnismotiv in der christologischen Diskussion der altkirchlichen Theologen,» in *Le Trône de Dieu*, édité par Marc Philonenko, Wissenschaftliche Untersuchungen zum Neuen Testament 69 (Tübingen: Mohr Siebeck, 1993), 252–317, bes. 278–283 = DERS., *Alta Trinità Beata. Gesammelte Studien zur altkirchlichen Trinitätstheologie* (Tübingen: Mohr Siebeck, 2000), (1–69) 32–37.

96 Vgl. für das Agraphon die Nachweise oben S. 497 f. mit Anm. 235 und daraus besonders Alfred RESCH, *Agrapha: Aussercanonische Schriftfragmente, gesammelt und untersucht*, in zweiter, völlig neu bearb., durch alttestamentliche Agrapha vermehrter Aufl. hg., Texte und Untersuchungen 30/3–4 (Leipzig: Hinrichs, 1906), Agraphon 72, 96–98; Ernst VON DOBSCHÜTZ, *Das Kerygma Petri kritisch untersucht*, Texte und Untersuchungen 11 (Leipzig: Hinrichs, 1893), 82–84 und vor allem VINZENT, «‹Ich bin kein körperloses Geistwesen›. Zum Verhältnis von κήρυγμα Πέτρου, ‹Doctrina Petri›, διδασκαλία Πέτρου und IgnSm 3,» 245–260.

97 Lk 24,39 ἴδετε τὰς χεῖράς μου καὶ τοὺς πόδας μου ὅτι ἐγώ εἰμι αὐτός· ψηλαφήσατέ με καὶ ἴδετε, ὅτι πνεῦμα σάρκα καὶ ὀστέα οὐκ ἔχει καθὼς ἐμὲ θεωρεῖτε ἔχοντα.

98 Eine kritische Sicht bei Markus VINZENT, *Christ's Resurrection in Early Christianity and the Making of the New Testament* (Surrey/Burlington, VT: Ashgate, 2011), 10–25. 120 f.; zum Buch vgl. die Rezension von Peter LAMPE u. Adolf Martin RITTER, *Zeitschrift für Antikes Christentum* 17 (2013): 580–588.

99 Für Paulus vgl. Peter LAMPE, «Paul's Concept of a Spiritual Body», in *Resurrection: Theological and Scientific Assessments*, ed. Ted Peters, Robert John Russell and Michael Welker (Grand Rapids, MI/Cambridge: Eerdmans 2002), 103–114, Dag Øistein ENDSJØ, «Immortal Bodies, before Christ: Bodily Continuity in Ancient Greece and 1 Corinthians,» *Journal for the Study of the New Testament* 30 (2008): 417–436 und Candida R. Moss, «Heavenly Healing: Eschatological Cleansing and the Resurrection of the Dead in Early Church,» *Journal of the American Academy of Religion* 79 (2011): (991–1017) 1000–1004.

100 S. o. S. 87–94.

101 Sc. der ‹Lehre des Petrus›, aus der nach Origenes das Herrenwort stammt, vgl. Origenes, *De principiis* I praef. 8 (TzF 24, 95 GÖRGEMANNS/KARPP = GCS Origenes V, 14,18–15,5 KOETSCHAU): *Si vero quis velit nobis proferre ex illo libello, qui ‹Petri Doctrina› appellatur, ubi salvator videtur ad discipulos dicere: ‹Non sum daemonium incorporeum›, primo respondendum est ei quoniam liber ipse inter libros ecclesiasticos non habetur, et ostendendum quia neque Petri est ipsa scriptura neque alterius cuiusquam, qui spiritu dei fuerit inspiratus.*

102 Für das Stichwort «unkörperlich» s. o. S. 104–106.

103 Origenes, *De principiis* I praef. 8 (TzF 24, 96 GÖRGEMANNS/KARPP = GCS Origenes V, 15,8–15 KOETSCHAU): *In hoc enim libello ‹incorporeum daemonium› dixit pro eo, quod ipse ille quicumque est habitus vel circumscriptio daemonici corporis non est similis huic nostro crassiori et visibili corpori; sed secundum sensum eius, qui composuit illam scripturam, intellegendum est quod dixit, id est non se habere tale corpus quale habent daemones (quod est naturaliter subtile quoddam et velut aura tenue, et propter hoc vel putatur a multis vel dicitur incorporeum), sed habere se corpus solidum et palpabile.*

104 So jedenfalls in einem Fragment aus der Schrift *De resurrectione*, das Pamphilus in seiner Apologie für Origenes zitiert: Pamphilus Caesariensis, *Apologia pro Origene* 130 (SC 464, 212,22–24 AMACKER/JUNOD = FChr 80, 350,14–17 RÖWEKAMP): *Cum enim (sc. Paulus) manifeste ostendisset (sc. in 1Kor 15) quia mortui resurgunt et certum esset quod Salvator noster cum ipso corpore resurrexit quod susceperat ex Maria (...)* sowie ebd. 132 (214,1–5 = 352,5–9): *Quod autem omnis illa repromissio resurrectionis mortuorum de hoc corpore sit quod mortuum relinquitur, Sanctae Scripturae multis modis hoc ostendunt; sed et ipsa hoc Domini nostri resurrectio declarat qui ‹primogenitus ex mortuis›* (Kol 1,8) *dicitur* und ebd. 143 (230,9–11 = 362,2–4; vermutlich aus dem ersten Psalmenkommentar): *Ego tamen cum omni fiducia adsevero quia, sicut ‹primogenitus› est ‹ex mortuis› Christus, ita primus carnem evexit ad caelum.* – Für die komplexe Frage, wie Origenes sich die leibliche Auferstehung dachte, vgl. oben S. 508 mit Anm. 287.

105 Georg RÖWEKAMP, FChr 80, 165.

106 Zum spanischen Bischof vgl. Jules WANKENNE, s. v. «Consentius,» in *Augustinus-Lexikon* (Basel: Schwabe, 1986–1994), 1: 1236–1239; zur Frage nach der Auferstehung des Fleisches bei Augustinus vgl. Paula FREDRIKSEN, «Vile Bodies: Paul and Augustine on the Resurrection of the Flesh,» in *Biblical Hermeneutics in Historical Perspective. Studies in Honor of Karlfried Froehlich on his Sixtieth Birthday*, ed. Mark S. Burrows and Paul Rorem (Grand Rapids, MI: Eerdmans, 1991), 75–87.

107 Augustinus, *Epistula* 205,1,2 (CSEL 57, 324,11–325,5 GOLDBACHER): *Quaeris, utrum nunc corpus domini ossa et sanguinem habeat aut reliqua carnis liniamenta. Quid, si adderes, utrum etiam uestimenta, nonne augeretur quaestio? Qua causa, nisi quia ea, quae in usu uitae huius nostrae corruptibilia nouimus, sine corruptione cogitare uix possumus, cum diuinorum miraculorum quaedam documenta iam data sint, ex quibus liceat coniectare maiora? Nam si uestis israhelitarum per tot annos in heremo sine tritura esse potuit, si morticina pellis calciamentorum tam diu sine labe durauit, potest utique deus quorumlibet corporum, per quantum uoluerit tempus, incorruptam protendere qualitatem. Ego proinde domini corpus ita in caelo esse credo, ut erat, quando ascendit in caelum. Dixerat autem discipulis, ut in Euangelio legimus, de sua resurrectione dubitantibus et illud, quod uidebant, non corpus sed spiritum esse putantibus: ‹uidete manus meas et pedes; palpate et uidete, quia spiritus ossa et carnem non habet, sicut me uidetis habere›* (Lk 24,37).

108 So FREDRIKSEN, «Vile Bodies: Paul and Augustine on the Resurrection of the Flesh,» 86. – Für den Hintergrund vgl. Caroline Walker BYNUM, *The Resurrection of the Body in Western Christianity, 200–1336*, Lectures on the History of Religions 15 (New York: Columbia University Press, 1995), 94–104.

109 Dazu ausführlich, wenn auch nicht ganz ohne Akzentunterschiede Augustinus, *De civitate Dei* XXII 19 (BiTeu II, 597,13–600,5 DOMBART/KALB) und *Enchiridion ad Laurentium de fide et spe et caritate* 23,89–91 (CChr.SL 46, 97,58–98,114 EVANS).

110 Dazu vgl. oben S. 213 mit Anm. 167 f. sowie Moss, «Heavenly Healing: Eschatological Cleansing and the Resurrection of the Dead in Early Church,» 1009.

111 Augustinus, *De civitate Dei* XXII 15 (BiTeu II, 592,6–17 Dombart/Kalb): *Sed utique Christus in ea mensura corporis, in qua mortuus est, resurrexit, nec fas est dicere, cum resurrectionis omnium tempus uenerit, accessuram corpori eius eam magnitudinem, quam non habuit, quando in ea discipulis, in qua illis erat notus, apparuit, ut longissimis fieri possit aequalis. Si autem dixerimus ad dominici corporis modum etiam quorumque maiora corpora redigenda, peribit de multorum corporibus plurimum, cum ipse nec capillum periturum esse promiserit. Restat ergo, ut suam recipiat quisque mensuram, quam uel habuit in iuuentute, etiamsi senex est mortuus, uel fuerat habiturus, si est ante defunctus, atque illud, quod commemorauit apostolus de mensura aetatis plenitudinis Christi, aut propter aliud intellegamus dictum esse, id est, ut illi capiti in populis Christianis accedente omnium perfectione membrorum aetatis eius mensura compleatur, aut, si hoc de resurrectione corporum dictum est, sic accipiamus dictum, ut nec infra nec ultra iuuenalem formam resurgant corpora mortuorum, sed in eius aetate et robore, usque ad quam christum hic peruenisse cognouimus (circa triginta quippe annos definierunt esse etiam saeculi huius doctissimi homines iuuentutem; quae cum fuerit spatio proprio terminata, inde iam hominem in detrimenta uergere grauioris ac senilis aetatis); et ideo non esse dictum in mensuram corporis uel in mensuram staturae, sed in mensuram aetatis plenitudinis christi.* – Zum Text ausführlich: Virginia Burrus, «Carnal Excess: Flesh at the Limits of Imagination,» *Journal of Early Christian Studies* 17 (2009): (247–265) 250–260; Bynum, *The Resurrection of the Body in Western Christianity, 200–1336*, 95–99; David Dawson, «Transcendence as Embodiment: Augustine's Domestication of Gnosis,» *Modern Theology* 10 (1994): 1–26 und Moss, «Heavenly Healing: Eschatological Cleansing and the Resurrection of the Dead in Early Church,» 1008–1011.

112 S. o. S. 242–244 mit Anm. 301–307.

113 Dazu zuletzt ausführlich Martin Heimgartner, *Pseudojustin – Über die Auferstehung. Text und Studie*, Patristische Texte und Studien 54 (Berlin/New York: De Gruyter, 2001), 203–221 (Heimgartner votiert für Athenagoras) und Alberto D'Anna, *Pseudo-Giustino, Sulla Resurrezione. Discorso cristiano del II secolo*, Letteratura Cristiana Antica (Brescia: Morcelliana, 2001), 286 («Deutero-Giustino», ein Angehöriger der Schule Justins). Vorher beispielsweise Oskar Skarsaune, s. v. «Justin Märtyrer,» in *Theologische Realenzyklopädie* (Berlin/New York: De Gruyter, 1988), 17: (471–478) 472; für Echtheit plädierte u. a. Pierre Prigent, *Justin et l'Ancien Testament. L'argumentation scripturaire du traité de Justin contre toutes les hérésies comme source principale du Dialogue avec Tryphon et de la Première Apologie*, Études bibliques (Paris: Gabalda, 1964), 36–60.

114 Es handelt sich um eine vielfach belegte Lesart von Lk 24,42 f.: οἱ δὲ ἐπέδωκαν αὐτῷ ἰχθύος ὀπτοῦ μέρος [καὶ ἀπὸ μελίσσου κηρίου]· καὶ λαβὼν

ἐνώπιον αὐτῶν ἔφαγεν. – Vgl. für die Bezeugung dieser Lesart Nestle-Aland[28] App. z. St. (p. 290) und Prigent, *Justin et l'Ancien Testament*, 56 f.

115 Pseudo-Justinus Martyr, *De resurrectione* 9 = Fragment 108 aus Johannes Damascenus (TU 20/2, 47,9–48,24 HOLL = PTS 54, 124,7–126,19 HEIMGARTNER): Τίνος οὖν ἕνεκεν τῇ σαρκὶ τῇ παθούσῃ ἀνέστη, εἰ μὴ ἵνα δείξῃ τὴν σαρκικὴν ἀνάστασιν; Καὶ τοῦτο βουλόμενος πιστῶσαι, τῶν μαθητῶν αὐτοῦ μὴ πιστευόντων, εἰ ἀληθῶς σώματι ἀνέστη, βλεπόντων αὐτῶν καὶ διαταζόντων, εἶπεν αὐτοῖς· ‚Οὔπω ἔχετε πίστιν;' φησί, ‚ἴδετε ὅτι ἐγώ εἰμι'. Καὶ ψηλαφᾶν αὐτὸν ἐπέτρεπεν αὐτοῖς καὶ τοὺς τύπους τῶν ἥλων ἐν ταῖς χερσὶν ἐπεδείκνυε. Καὶ πανταχόθεν αὐτὸν κατανοήσαντες, ὅτι αὐτός ἐστι καὶ ἐν τῷ σώματι, παρεκάλεσαν αὐτὸν φαγεῖν μετ' αὐτῶν, ἵνα καὶ διὰ τούτου βεβαίως μάθωσιν, ὅτι ἀληθῶς σαρκικῶς ἀνέστη. Καὶ ἔφαγε κηρίον καὶ ἰχθύν. Καὶ οὕτως ἐπιδείξας αὐτοῖς, ὅτι ἀληθῶς σαρκὸς ἀνάστασίς ἐστι, βουλόμενος ἐπιδεῖξαι καὶ τοῦτο, καθὼς εἴρηκεν, ἐν οὐρανῷ τὴν κατοίκησιν ἡμῶν ὑπάρχειν, ὅτι οὐκ ἀδύνατον καὶ σαρκὶ εἰς οὐρανὸν ἀνελθεῖν, ἀνελήφθη βλεπόντων αὐτῶν εἰς τὸν οὐρανόν, ὡς ἦν ἐν τῇ σαρκί. – Zu dem Konzept körperlicher Auferstehung bei Pseudo-Justin vgl. jetzt Moss, «Heavenly Healing: Eschatological Cleansing and the Resurrection of the Dead in Early Church,» 1004–1006; zum Konzept in den authentischen Werken Gilles DORIVAL, «Justin et la resurrection des morts,» in *La resurrection chez les Pères*, Cahiers de Biblia Patristica 7 (Strasbourg: Université Marc Bloch, 2003), 101–118 und Horacio E. LONA, *Über die Auferstehung des Fleisches: Studien zur frühchristlichen Eschatologie*, Beihefte zur Zeitschrift für die neutestamentliche Wissenschaft 66 (Berlin/New York: De Gruyter, 1993), 91–110 (Justin) sowie 135–154 (Ps.-Justin).

116 Weitere Stellen bei BAUER, *Das Leben Jesu im Zeitalter der neutestamentlichen Apokryphen*, 45 f.; zur frühen Geschichte der Vorstellung vgl. Angelo P. O'HAGAN, *Material Re-Creation in the Apostolic Fathers*, Texte und Untersuchungen 100 (Berlin: Akademie-Verlag, 1968), ausführlich BYNUM, *The Resurrection of the Body in Western Christianity, 200–1336*, 34–51 sowie abweichend VINZENT, *Christ's Resurrection in Early Christianity and the Making of the New Testament*, 111–125.

117 Alois Kardinal GRILLMEIER †, *Jesus der Christus im Glauben der Kirche*, Bd. II/3 *Die Kirchen von Jerusalem und Antiochien nach 451 und bis 600*, mit Beiträgen von Alois Grillmeier, Theresia Hainthaler, Tanios Bou Mansour, Luise Abramowski, hg. Theresia Hainthaler (Freiburg/Basel/Wien: Herder, 2002), 227–261 und DERS., Bd. 1 *Von der apostolischen Zeit bis zum Konzil von Chalcedon (451)*, 673–686.

118 Aus der Glaubensdefinition des Konzils: Ἑπόμενοι τοίνυν τοῖς ἁγίοις πατράσιν ἕνα καὶ τὸν αὐτὸν ὁμολογεῖν υἱὸν τὸν κύριον ἡμῶν Ἰησοῦν Χριστὸν συμφώνως ἅπαντες ἐκδιδάσκομεν, τέλειον τὸν αὐτὸν ἐν θεότητι καὶ τέλειον τὸν αὐτὸν ἐν ἀνθρωπότητι, θεὸν ἀληθῶς καὶ ἄνθρωπον ἀληθῶς

τὸν αὐτόν, ἐκ ψυχῆς λογικῆς καὶ σώματος, ὁμοούσιον τῷ πατρὶ κατὰ τὴν θεότητα, καὶ ὁμοούσιον τὸν αὐτὸν ἡμῖν κατὰ τὴν ἀνθρωπότητα, κατὰ πάντα ὅμοιον ἡμῖν χωρὶς ἁμαρτίας· (Acta Conciliorum Oecumenicorum 2/I/II, 129,23–27 Schwartz); vgl. zum Text die oben S. 441 mit Anm. 3 angegebene Literatur.

119 Vielleicht hat Aristoteles den Begriff erstmals in diesem Zusammenhang gebraucht, vgl. *De caelo* I 10 270 a 18–21 Εἰ δὴ τούτῳ μηδὲν ἐναντίον ἐνδέχεται εἶναι διὰ τὸ καὶ τῇ φορᾷ τῇ κύκλῳ μὴ εἶναι ἄν τιν' ἐναντίαν κίνησιν, ὀρθῶς ἔοικεν ἡ φύσις τὸ μέλλον ἔσεσθαι ἀγένητον καὶ ἄφθαρτον ἐξελέσθαι ἐκ τῶν ἐναντίων· ἐν τοῖς ἐναντίοις γὰρ ἡ γένεσις καὶ ἡ φθορά. Vgl. auch ders., *Metaphysica* I 10 1059 a 5–12. Nach Diogenes Laertius, *Vitae philosophorum* VII 137 (SCBO II, 355,21–356,1 Long) = SVF II, 526 (II, 168,5–7 von Arnim) sollen allerdings bereits die frühen Stoiker diesen Begriff in der Gotteslehre verwendet haben: Λέγουσι δὲ κόσμον τριχῶς· αὐτόν τε τὸν θεὸν τὸν ἐκ τῆς ἁπάσης οὐσίας ἰδίως ποιόν, ὃς δὴ ἄφθαρτός ἐστι καὶ ἀγένητος, δημιουργὸς ὢν τῆς διακοσμήσεως, (…); sicher hat ihn Epikur benutzt: *Epistula ad Menoeceum* apud Diogenem Laertium, ebd. X 123 (II, 552,6–9) = 59,16–60,2 Usener = 107,2–5 Arrighetti: πρῶτον μὲν τὸν θεὸν ζῷον ἄφθαρτον καὶ μακάριον νομίζων, ὡς ἡ κοινὴ τοῦ θεοῦ νόησις ὑπεγράφη, μηθὲν μήτε τῆς ἀφθαρσίας ἀλλότριον μήτε τῆς μακαριότητος ἀνοίκειον αὐτῷ πρόσαπτε·. Deutlich terminologisch von Aristoteles beeinflusst ist die mittelplatonische Handbuchliteratur: Alcinous, *Epitome doctrinae Platonicae sive* Διδασκαλικός 5,5 (CUFr 10 Whittaker/Louis = 157,31–36 Hermann): εἶτα εἰ ἡ ἀρχὴ ἀγένητος, ὅπερ τίθενται ὡς ὁμολογούμενον, τοῦ ἀγενήτου καὶ ἀφθάρτου ὄντος· ἀφ' οὗ ἀρξάμενος ἐναργοῦς ὄντος συνθήσω τοιαύτην ἀπόδειξιν· εἰ ἡ ἀρχὴ ἀγένητον, καὶ ἄφθαρτον, ἀρχὴ κινήσεως, τὸ αὐτοκίνητον, τὸ αὐτοκίνητον δὲ ψυχή, ἄφθαρτος ἄρα καὶ ἀγένητος καὶ ἀθάνατος ἡ ψυχή. Vgl. auch ebd. 12,1 (CUFr 27 Whittaker/Louis = 167,2–4 Hermann).

120 Vgl. dafür Rm 1,23: (…) καὶ ἤλλαξαν τὴν δόξαν τοῦ ἀφθάρτου θεοῦ ἐν ὁμοιώματι εἰκόνος φθαρτοῦ ἀνθρώπου καὶ πετεινῶν καὶ τετραπόδων καὶ ἑρπετῶν oder 1Tim 1,17 (…) τῷ δὲ βασιλεῖ τῶν αἰώνων, ἀφθάρτῳ ἀοράτῳ μόνῳ θεῷ, τιμὴ καὶ δόξα εἰς τοὺς αἰῶνας τῶν αἰώνων, ἀμήν. – Weitere pagane, jüdische und christliche Belege bei Günther Harder, s. v. φθείρω κτλ., in *Theologisches Wörterbuch zum Neuen Testament* (Stuttgart u. a.: Kohlhammer, 1973), (94–106) 96 f. 102 f. sowie 105 f.

121 1Kor 15,51 f.: ἰδοὺ μυστήριον ὑμῖν λέγω· πάντες οὐ κοιμηθησόμεθα, πάντες δὲ ἀλλαγησόμεθα, ἐν ἀτόμῳ, ἐν ῥιπῇ ὀφθαλμοῦ, ἐν τῇ ἐσχάτῃ σάλπιγγι· σαλπίσει γὰρ καὶ οἱ νεκροὶ ἐγερθήσονται ἄφθαρτοι καὶ ἡμεῖς ἀλλαγησόμεθα.

122 Iohannes Grammaticus, *Aduersus Monophysitas* tit. (CChr.SG 1, 69,1–3 Richard): ἸΩΑΝΝΟΥ ΠΡΕΣΒΥΤΕΡΟΥ ΑΠΟ ΓΡΑΜΜΑΤΙΚΩΝ ΠΡΟΣ ἈΦΘΑΡΤΟΔΟΚΗΤΑΣ. Das Werk, ein Florilegium, das Väterstellen dafür sammelt, «dass der Körper des Christus vergänglich ist vor der Auferstehung»

(2,1 [71,86–88 RICHARD]), beginnt in 1,1 mit einem Satz, der das Problem definiert und damit, auch wenn eine Definition des Titelbegriffs nicht gegeben wird, umschreibt, was «Aphthartodoketen» vertreten und welche Gegenposition der Neuchalcedonenser Johannes vertritt (69,4–7): Εἰ ἄφθαρτον φύσει τὸ σῶμα τοῦ Χριστοῦ καὶ φθορᾶς ἀνεπίδεκτον, πῶς ἡμῖν ὁμοούσιον, περὶ ὧν εἴρηται· ,Δεῖ γὰρ τὸ φθαρτὸν τοῦτο ἐνδύσασθαι ἀφθαρσίαν' (1 Kor 15,53); Τὸ γὰρ ἐκ μεταβολῆς γενόμενον ἄφθαρτον φύσει ἔχει τὴν φθοράν.

123 Vgl. zu den sogenannten Aphthartodoketen vor allem Alois Kardinal GRILLMEIER, *Jesus der Christus im Glauben der Kirche*, Bd. II/2 *Die Kirche von Konstantinopel im 6. Jahrhundert*, unter Mitarbeit von Theresia Hainthaler (Freiburg/Basel/Wien: Herder, 1989), 82–116 sowie 224–241.

124 Zu Leontius vgl. Friedrich LOOFS, *Leontius von Byzanz und die gleichnamigen Schriftsteller der griechischen Kirche*, Texte und Untersuchungen 3/1–2 (Leipzig: Hinrichs, 1887), 22–34, insbesondere 24 f., dagegen Marcel RICHARD, «Léonce de Jérusalem et Léonce de Byzance,» *Mélanges de Science Religieuse* 1 (1944): 35–88 = DERS., *Opera minora* Vol. III (Turnhout: Brepols/Leuven: Peeters, 1977), Nr. 59 und Brian E. DALEY, *Leontius of Byzantium. A critical edition of his works with prolegomena* (Microfiche einer Diss. masch., Oxford: University of Oxford, 1979), LVIII f. GRILLMEIER, *Jesus der Christus im Glauben der Kirche*, Bd. II/2 *Die Kirche von Konstantinopel im 6. Jahrhundert*, 190–195.

125 Leontius Byzantinus, *Contra Aphthartodocetas* (PG 86, 1329 B): τούτοις μὲν οὖν, ἐκεῖνος ἔφη, πάντες κοινῶς συνθήσεται. Τὸ δέ, ὅτι φθαρτὸν ἐκ μήτρας λαβὼν τὸ ἐκ παρθένου σῶμα, εὐθέως αὐτὸ πρὸς ἀφθαρσίαν μετεκεράσατο, τῶν ὀρθῶς ἡμῖν δοκούντων ἐστίν. – Zum Text vgl. Lorenzo PERRONE, *«Il ‹Dialogo contro gli aftartodoceti› di Leonzio di Bisanzio e Severo di Antiochia,»* *Cristianesimo nella storia* 1 (1980): 411–442.

126 Leontius Byzantinus, *Contra Aphthartodocetas* (PG 86, 1325 B): οὐ κατὰ φύσιν ἀπαθές, ἔφη, τὸ σῶμα καὶ ἄφθαρτον λέγομεν, ἀλλ᾽ ἑνώσει τῇ πρὸς τὸν θεὸν λόγον γενόμενον.

127 René DRAGUET, *Julien d'Halicarnasse et sa controverse avec Sévère d'Antioche sur l'incorruptibilité du corps du Christ. Études d'histoire littéraire et doctrinale suivie des fragments dogmatiques de Julien (texte syriaque et traduction grecque)* (Louvain: Smeesters, 1924), 1*–78* (Fragmente); GRILLMEIER, *Jesus der Christus im Glauben der Kirche*, Bd. II/2 *Die Kirche von Konstantinopel im 6. Jahrhundert*, 82–116 und zuletzt Cyril HOVORUN, *Will, Action and Freedom: Christological Controversies in the Seventh Century*, The Medieval Mediterranean 77 (Leiden: Brill, 2008), 28–30. Für die Folgewirkungen: Martin JUGIE, s. v. «Gaianité,» in *Dictionnaire de théologie catholique* (Paris: Letouzey et Ané, 1920), 6: 1002–1022.

128 Iain R. TORRANCE, s. v. «Severus von Antiochien,» in *Theologische Realenzy-*

klopädie (Berlin/New York: De Gruyter, 2000), 31: 184–186; GRILLMEIER, *Jesus der Christus im Glauben der Kirche*, Bd. II/2, 135–185 sowie Mischa MEIER, *Anastasios I. Die Entstehung des Byzantinischen Reiches* (Stuttgart: Klett-Cotta, 2009), 258–269. 289–319. Eine bisher unbekannte Quelle, in der auch von Julian die Rede ist, aus Harvard Syr. 22 hat jüngst ediert, übersetzt und kommentiert Sebastian P. BROCK, «A Report from a Supporter of Severos on Trouble in Alexandria,» in CYNAƷIC KAΘOΛIKH. *Beiträge zu Gottesdienst und Geschichte der fünf altkirchlichen Patriarchate für Heinzgerd Brakmann zum 70. Geburtstag*, hg. Diliana Atanassova und Tinatin Chronz, orientalia – patristica – oecumenica 6/1 (Wien/Berlin: Lit-Verlag, 2014), 47–64.

129 DRAGUET, *Julien d'Halicarnasse et sa controverse avec Sévère d'Antioche sur l'incorruptibilité du corps du Christ. Études d'histoire littéraire et doctrinale suivie des fragments dogmatiques de Julien (texte syriaque et traduction grecque)*, 1*–3* (Fragmente); William H. C. FREND, *The Rise of the Monophysite Movement* (Cambridge: Cambridge University Press, 1972), 253–255; GRILLMEIER, *Jesus der Christus im Glauben der Kirche*, Bd. II/2 *Die Kirche von Konstantinopel im 6. Jahrhundert*, 25 f. 83–85 (zur Chronologie der Auseinandersetzungen) sowie 87–93 (zu Severus).

130 Iulianus Halicarnassensis, *Additiones Iuliani ad Tomum* frg. 52 (57*/58* DRAGUET): οὐ λέγομεν ἡμεῖς τὸ ‚ὁμοούσιος ἡμῖν' κατὰ τὸ παθητικόν, ἀλλὰ κατὰ τὸ ἐκ τῆς αὐτῆς οὐσίας, ὥστε κἂν ἀπαθής, κἂν ἄφθαρτος, ὁμοούσιος ἡμῖν ἐστι κατὰ τὸ ἐκ τῆς αὐτῆς φύσεως· οὐ γὰρ ὅτι αὐτὸς ἑκουσίως ἔπαθεν, ἡμεῖς δὲ ταῦτα ἀκουσίως πάσχομεν, ἐκ τούτου ἑτεροούσιός ἐστιν. Ich folge der Rückübersetzung des syrischen Textes, den Severus zitiert, ins Griechische durch Draguet (für das Syrische vgl. aaO. 19*/20*).

131 Iulianus Halicarnassensis, Tomus frg. 16 (49* DRAGUET): (…) πῶς οὐ πιστεύει οὗτος ὅτι παθόντος ὑπὲρ τῶν ἑτέρων ἑκουσίως τοῦ σώματος παθητοῦ τοῦ κυρίου ἡμῶν, διηνεκῶς ἐν αὐτῷ εὑρέθη ἡ ἀφθαρσία; (syrisch: aaO. 9*).

132 Iulianus Halicarnassensis, Tomus frg. 17 (49* DRAGUET): Εἰ δὲ ὃ εἶπεν ὁ ἐν ἁγίοις Κύριλλος, ὅτι μετὰ τὴν ἀνάστασιν λοιπὸν ὑπῆρξεν τῷ κυρίῳ ἡμῶν σῶμα ἄφθαρτον, λαμβάνουσιν ὅτι πρὸ τῆς ἀναστάσεως ἦν φθαρτόν, καὶ ἐν ἁμαρτίᾳ αὐτὸ λεγέτωσαν (syrisch: aaO. 9*; GRILLMEIER, *Jesus der Christus im Glauben der Kirche*, Bd. II/2 *Die Kirche von Konstantinopel im 6. Jahrhundert*, 104 Anm. 249 verweist auf Cyrillus Alexandrinus, *Epistula ad Successum* I 9 [PG 77, 236 B = ACO I/1/6, 155,17 f. SCHWARTZ]): εἰ γὰρ ὑπενηνέγμεθα τοῖς παραβάσεως τῆς ἐν Ἀδὰμ κακοῖς, ἥξει πάντως ἐφ᾽ ἡμᾶς καὶ τὰ ἐν Χριστῷ, τουτέστιν ἡ ἀφθαρσία καὶ τῆς ἁμαρτίας ἡ νέκρωσις.

133 Eutyches wurde unterstellt, die Ansicht vertreten zu haben, der menschliche Körper Christi sei vom Himmel herabgekommen, was dieser bestritt: Vgl. seine entsprechende Aussage auf einer Synode im November 448 n. Chr., erhalten in den Akten von 451 n. Chr. 1 [Nr. 359] (ACO 2/1/1, 124,27–29 SCHWARTZ): καὶ βιβλίον τι τοιοῦτον προκομίσας ὑπανεγίνωσκεν, προσετίθει

δὲ ὅτι λοιδορίας τινός, ὡς ἔφη, λεχθείσης κατ' αὐτοῦ ὡς αὐτοῦ εἰρηκότος ὅτι γε δὴ ἐξ οὐρανοῦ τὴν σάρκα ὁ θεὸς λόγος κατενήνοχεν, αὐτὸς ἀνεύθυνος τυγχάνει τῆς τοιαύτης λοιδορίας und den feierlichen Widerruf auf eben dieser Synode ebd. [Nr. 522] (ACO 2/1/1, 142,26–32 SCHWARTZ): Εὐτυχὴς πρεσβύτερος εἶπεν· Ἕως σήμερον οὐκ εἶπον· ἐπειδὴ γὰρ σῶμα θεοῦ αὐτὸ ὁμολογῶ (προσέσχες;), οὐκ εἶπον σῶμα ἀνθρώπου τὸ τοῦ θεοῦ σῶμα, ἀνθρώπινον δὲ τὸ σῶμα καὶ ὅτι ἐκ τῆς παρθένου ἐσαρκώθη ὁ κύριος. εἰ δὲ δεῖ εἰπεῖν ἐκ τῆς παρθένου καὶ ὁμοούσιον ἡμῖν, καὶ τοῦτο λέγω, κύρι, πλὴν τὸν υἱὸν τοῦ θεοῦ μονογενῆ, κύριον οὐρανοῦ καὶ γῆς, συνδεσπόζοντα καὶ συμβασιλεύοντα τῶι πατρί, μεθ' οὗ καὶ συγκαθέζεται καὶ συνυμνεῖται. οὔτε γὰρ λέγω τὸ ὁμοούσιον ἀρνούμενος τοῦ εἶναι αὐτὸν υἱὸν τοῦ θεοῦ.

134 Vgl. auch DRAGUET, *Julien d'Halicarnasse et sa controverse avec Sévère d'Antioche sur l'incorruptibilité du corps du Christ. Études d'histoire littéraire et doctrinale suivie des fragments dogmatiques de Julien (texte syriaque et traduction grecque)*, 12. 96–99. 172–180; für Eutyches selbst vgl. Adolf JÜLICHER, s. v. «Eutyches 5),» in *Paulys Realencyclopädie der classischen Altertumswissenschaft* (Stuttgart: Druckenmüller, 1907), 6/1: 1527–1529; Eduard SCHWARTZ, «Der Prozess des Eutyches,» *Sitzungsberichte der bayerischen Akademie der Wissenschaften, philosophisch-historische Klasse* 5 (1929): 1–52; GRILLMEIER, *Jesus der Christus im Glauben der Kirche*, Bd. 1 *Von der apostolischen Zeit bis zum Konzil von Chalcedon (451)*, 731–733 und nach George A. BEVAN/PATRICK T. R. GRAY, «The Trial of Eutyches: A new Interpretation,» *Byzantinische Zeitschrift* 101 (2008): 617–657; zuletzt Christian LANGE, *Mia energeia. Untersuchungen zur Einigungspolitik des Kaisers Heraclius und des Patriarchen Sergius von Constantinopel*, Studien und Texte zu Antike und Christentum 66 (Tübingen: Mohr Siebeck, 2012), 95–102.

135 Friedrich LOOFS, «Die ‹Ketzerei› Justinians,» in *Harnack-Ehrung. Beiträge zur Kirchengeschichte, ihrem Lehrer Adolf von Harnack zu seinem siebzigsten Geburtstage (7. Mai 1921) dargebracht von einer Reihe seiner Schüler* (Leipzig: Hinrichs, 1921), (232–248) 247 = DERS., *Patristica. Ausgewählte Aufsätze zur Alten Kirche*, hg. v. Hanns Christof Brennecke u. Jörg Ulrich, Arbeiten zur Kirchengeschichte 71 (Berlin/New York: De Gruyter, 1999), (369–385) 384 f.; Karl-Heinz UTHEMANN, «Kaiser Justinian als Kirchenpolitiker und Theologe,» in DERS., *Christus, Kosmos, Diatribe. Themen der frühen Kirche als Beiträge zu einer historischen Theologie*, Arbeiten zur Kirchengeschichte 93 (Berlin/New York: De Gruyter, 2005), (257–331) 327.

136 Evagrius Scholasticus, *Historia ecclesiastica* IV 39 (FChr 57/2, 540,2–17 BIDEZ/PARMENTIER/HÜBNER): Τὴν μὲν οὖν πρεσβυτέραν Ῥώμην μετὰ Βιγίλιον Ἰωάννου τοῦ καὶ Κατελίνου ἐπισκοποῦντος, τὴν δὲ νέαν Ἰωάννου τοῦ ἀπὸ Σηρημιος, καὶ τὴν Ἀλεξανδρέων Ἀπολιναρίου, τὴν δὲ Θεουπολιτῶν Ἀναστασίου μετὰ Δομνῖνον ἐπισκοποῦντος, καὶ τὴν Ἱεροσολύμων Μακαρίου αὖθις ἀποδοθέντος τῷ οἰκείῳ θρόνῳ, ἐπεὶ Ὠριγένην καὶ Δίδυμον καὶ Εὐάγριον ἀνατεθεμάτικε μετὰ τὴν Εὐστοχίου καθαίρεσιν, τὸ

καλούμενον πρὸς Ῥωμαίων ἴδικτον γράφει, ἐν ᾧ ἄφθαρτον τὸ σῶμα τοῦ Κυρίου κέκληκε καὶ τῶν φυσικῶν καὶ ἀδιαβλήτων παθῶν ἀνεπίδεκτον, οὕτω λέγων τὸν Κύριον πρὸ τοῦ πάθους φαγεῖν ὥσπερ μετὰ τὴν ἀνάστασιν ἔφαγε, μηδεμίαν τροπὴν ἢ ἀλλοίωσιν ἐξ αὐτῆς τῆς ἐν μήτρᾳ διαπλάσεως μηδὲ ἐν τοῖς ἑκουσίοις καὶ φυσικοῖς πάθεσι, μηδὲ μετὰ τὴν ἀνάστασιν τοῦ παναγίου σώματος αὐτοῦ δεξαμένου· οἷς συναινεῖν τοὺς ἑκασταχῆ ἱερέας κατηνάγκαζε.

137 Eustratius, *Vita Eutychii* IV 33 (PG 86, 2313 B = CChr.SG 25, 32,939–943 LAGA): Πόθεν δὲ οὐκ οἶδα ἢ τίς ἦν ὁ εἰσηγησάμενος τὴν φευκτὴν ὄντως ἐκείνην καὶ βδελυράν, ἢ μᾶλλον εἰπεῖν νοσοποιὸν δογματοποιΐαν, ὡρμήθη λέγειν ὡς ἐν εὐλαβείας δῆθεν προσχήματι ἄφθαρτον τὸ σῶμα τοῦ κυρίου ἡμῶν Ἰησοῦ Χριστοῦ ἐξ αὐτῆς ἑνώσεως γεγενῆσθαι· sowie Theophanes, *Chronica ad annum* 6057 (I, 241,6–10 DE BOOR) und Michael Syrus, *Chronica* IX 34 (II, 272 CHABOT); zu dem auch anderwärts erwähnten, im Wortlaut aber verlorenen Edikt des Kaisers vgl. vor allem GRILLMEIER, *Jesus der Christus im Glauben der Kirche*, Bd. II/2 *Die Kirche von Konstantinopel im 6. Jahrhundert*, 489–495 (mit weiterer Literatur auf S. 489 in Anm. 583).

138 So GRILLMEIER, *Jesus der Christus im Glauben der Kirche*, Bd. II/2 *Die Kirche von Konstantinopel im 6. Jahrhundert*, 493–495.

139 Alois Kardinal GRILLMEIER, *Jesus der Christus im Glauben der Kirche*, Bd. 1 *Von der apostolischen Zeit bis zum Konzil von Chalcedon* (451), 14–132.

140 Ich möchte meiner neutestamentlichen Kollegin Margareta Gruber danken: Sie war seinerzeit Studiendekanin des ökumenischen Studienjahrs der Dormitio-Abtei auf dem Zion in Jerusalem, als im Februar und März 2011 die ersten Entwürfe für die folgenden Passagen entstanden; ein kurzer, aber anregender Aufsatz von ihr gab den ersten Anstoß zu weiteren Überlegungen und einige Gespräche vertieften diesen Anstoß: Margareta GRUBER, «Zwischen Bilderverbot und ‹Vera Icon› oder: Wie viel Bild ist von Christus erlaubt?,» *Lebendiges Zeugnis* 60 (2005): 100–115.

141 Gerd THEISSEN, *Urchristliche Wundergeschichten. Ein Beitrag zur formgeschichtlichen Erforschung der synoptischen Tradition*, Studien zum Neuen Testament 8, 6. Aufl. (Gütersloh: Gütersloher Verlagshaus Mohn, 1990), 107–111; vgl. auch Robert A. GUELICH, *Mark 1–8:26*, World Biblical Commentary 34A (Dallas, TX: Word Books, 1989), 261–263 und Albert FUCHS, «Die ‹Seesturmperikope› Mk 4,35–41 parr. im Wandel der urkirchlichen Verkündigung,» in *Weihbischof Dr. Alois Stöger. Exeget zwischen Bibelkommission und Offenbarungskonstitution*, hg. Ferdinand Staudinger u. Heinrich Wurz, Studien zum neuen Testament und seiner Umwelt 15 (St. Pölten: Philosophisch-Theologische Hochschule der Diözese, 1990), 101–133.

142 Mk 4,37–41: καὶ γίνεται λαῖλαψ μεγάλη ἀνέμου, καὶ τὰ κύματα ἐπέβαλλεν εἰς τὸ πλοῖον, ὥστε ἤδη γεμίζεσθαι τὸ πλοῖον. καὶ αὐτὸς ἦν ἐν τῇ πρύμνῃ ἐπὶ τὸ προσκεφάλαιον καθεύδων. καὶ ἐγείρουσιν αὐτὸν καὶ λέγουσιν αὐτῷ,

Διδάσκαλε, οὐ μέλει σοι ὅτι ἀπολλύμεθα; καὶ διεγερθεὶς ἐπετίμησεν τῷ ἀνέμῳ καὶ εἶπεν τῇ θαλάσσῃ, Σιώπα, πεφίμωσο. καὶ ἐκόπασεν ὁ ἄνεμος καὶ ἐγένετο γαλήνη μεγάλη. καὶ εἶπεν αὐτοῖς, Τί δειλοί ἐστε; οὔπω ἔχετε πίστιν; καὶ ἐφοβήθησαν φόβον μέγαν καὶ ἔλεγον πρὸς ἀλλήλους, Τίς ἄρα οὗτός ἐστιν ὅτι καὶ ὁ ἄνεμος καὶ ἡ θάλασσα ὑπακούει αὐτῷ; – Für die Gemeinsamkeiten und Unterschiede zu den angespielten Passagen Ps 65,8; 89,10; 107,28 f. sowie Jona 1 vgl. Otto EISSFELDT, «Gott und das Meer in der Bibel,» in *Studia Orientalia, Joanni Pedersen septuagenario A. D. VII id. nov. anno MCMLIII a collegis, discipulis, amicis dictata* (Kopenhagen: Munksgaard, 1953), 76–84 = DERS., *Kleine Schriften Bd. 3* (Tübingen: Mohr Siebeck, 1966), 256–264; Gottfried SCHILLE, «Die Seesturmerzählung Markus 4:35–41 als Beispiel neutestamentlicher Aktualisierung,» *Zeitschrift für die neutestamentliche Wissenschaft* 56 (1965): 30–40 sowie Rudolf PESCH, *Das Markusevangelium 1. Teil: Einleitung und Kommentar zu Kap. 1,1–8,26*, Herders Theologischer Kommentar zum Neuen Testament II, 4. Aufl. (Freiburg/Basel/Wien: Herder, 1984), 268–277 mit Exkurs aaO. 277–281.

143 Ps 127/126,2 LXX: εἰς μάτην ὑμῖν ἐστιν τοῦ ὀρθρίζειν ἐγείρεσθαι μετὰ τὸ καθῆσθαι οἱ ἔσθοντες ἄρτον ὀδύνης ὅταν δῷ τοῖς ἀγαπητοῖς αὐτοῦ ὕπνον.

144 Zu dieser Aussageabsicht: PESCH, *Das Markusevangelium 1. Teil: Einleitung und Kommentar zu Kap. 1,1–8,26*, 272–274 und 278 f. Vgl. auch Earle HILGERT, «Symbolismus und Heilsgeschichte in den Evangelien. Ein Beitrag zu den Seesturm- und Gerasenererzählungen,» in *Oikonomia. Heilsgeschichte als Thema der Theologie. Oscar Cullmann zum 65. Geburtstag gewidmet*, hg. Felix Christ (Hamburg-Bergstedt: Reich, 1967), 51–56 sowie Walter SCHMITHALS, *Wunder und Glaube. Eine Auslegung von Markus 4,35–6,6a*, Biblische Studien 59 (Neukirchen-Vluyn: Neukirchener, 1970), 56–68.

145 Lk 11,20: εἰ δὲ ἐν δακτύλῳ θεοῦ [ἐγὼ] ἐκβάλλω τὰ δαιμόνια, ἄρα ἔφθασεν ἐφ' ὑμᾶς ἡ βασιλεία τοῦ θεοῦ. Zuletzt zu dieser Passage (mit weiterer Literatur): Michael WOLTER, *Das Lukasevangelium*, Handbuch zum Neuen Testament 5 (Tübingen: Mohr Siebeck, 2008), 418 f. und Pieter W. VAN DER HORST, «'The Finger of God'. Miscellaneous Notes on Luke 11:20 and its Umwelt,» in *Sayings of Jesus: canonical and non-canonical. Essays in honour of Tjitze Baarda*, ed. William L. Petersen, Johan S. Vos and Henk J. de Jonge, Novum Testamentum Supplements 89 (Leiden: Brill, 1997), 89–103. Für religionsgeschichtliche Parallelen aus der Umwelt vgl. auch Martin HENGEL, «Der Finger und die Herrschaft Gottes in Lk 11,20,» in *La Main de Dieu. Die Hand Gottes*, éd. René Kieffer et Jan Bergman, Wissenschaftliche Untersuchungen zum Neuen Testament 94 (Tübingen: Mohr Siebeck, 1997), 87–106 = DERS., *Jesus und die Evangelien. Kleine Schriften V*, hg. Claus-Jürgen Thornton, Wissenschaftliche Untersuchungen zum Neuen Testament 211 (Tübingen: Mohr Siebeck, 2007), 644–663.

146 Mt 17,2: καὶ μετεμορφώθη ἔμπροσθεν αὐτῶν, καὶ ἔλαμψεν τὸ πρόσωπον

αὐτοῦ ὡς ὁ ἥλιος, τὰ δὲ ἱμάτια αὐτοῦ ἐγένετο λευκὰ ὡς τὸ φῶς. Zum Text vgl. THEISSEN, *Urchristliche Wundergeschichten*, 102–105. 121–125; Johannes M. NÜTZEL, *Die Verklärungserzählung im Markusevangelium. Eine redaktionsgeschichtliche Untersuchung*, Forschung zur Bibel 6 (Würzburg: Echter, 1971), 168 f. 241 f. 281–287; Markus ÖHLER, «Die Verklärung (Mk 9,1–8): Die Ankunft der Herrschaft Gottes auf Erden,» *Novum Testamentum* 38 (1996): 197–217; DERS., *Elia im Neuen Testament. Untersuchungen zur Bedeutung des alttestamentlichen Propheten im frühen Christentum*, Beihefte zur Zeitschrift für die neutestamentliche Wissenschaft 88 (Berlin/New York: De Gruyter, 1997), 118–135; John Paul HEIL, *The Transfiguration of Jesus. Narrative Meaning and Function of Mark 9:2–8, Matt 17:1–8 and Luke 9:28–36*, Analecta biblica 144 (Rom: Edizione Pontificio Istituto Biblico, 2000), 26 f. 76–93 (Parallelen aus der zwischentestamentlichen Literatur aaO. 79–84) sowie Dieter ZELLER, «La metamorphose de Jésus comme épiphanie (Mc 9,2–8),» in *L'Evangile exploré. Mélanges offerts à Simon Légasse à l'occasion de ses soixante-dix ans*, publié sous la direction de Alain Marchadour, Lectio Divina 166 (Paris: Éditions du Cerf, 1996), 167–186 und DERS., «Bedeutung und religionsgeschichtlicher Hintergrund der Verwandlung Jesu,» in *Authenticating the Activities of Jesus*, ed. Bruce Chilton, New Testament Tools and Studies 28/2 (Leiden: Brill, 1999), 303–321. – Eine Auswahlbibliographie bei Thomas F. BEST, «The Transfiguration. A Select Bibliography,» *Journal of the Evangelical Theological Society* 24 (1981): 157–161.

147 Lk 9,29: καὶ ἐγένετο ἐν τῷ προσεύχεσθαι αὐτὸν τὸ εἶδος τοῦ προσώπου αὐτοῦ ἕτερον καὶ ὁ ἱματισμὸς αὐτοῦ λευκὸς ἐξαστράπτων. – Zur Auslegung dieser Passage vgl. François BOVON, *Das Evangelium nach Lukas, 1. Teilband Lk 1,1–9,50*, Evangelisch-Katholischer Kommentar zum Neuen Testament III/1 (Zürich: Benziger/Neukirchen-Vluyn: Neukirchener, 1989), 495 f. und ausführlich FRENSCHKOWSKI, *Offenbarung und Epiphanie*, Bd. 2, 184–187.

148 Ps.-Clemens Romanus, *Homiliae* XVII 7,3 (GCS Pseudoklementinen I, 232,17–20 REHM/STRECKER): πανταχόθεν γὰρ ὁρᾷ, τοῦ ἐν ἡμῖν βλεπτικοῦ πνεύματος ἀπαραβλήτως λαμπρότερος ὢν τὸ σῶμα καὶ παντὸς φωτὸς στιλπνότερος, ὡς πρὸς σύγκρισιν αὐτοῦ τὸ ἡλίου φῶς λογισθῆναι σκότος. – Für eine ausführliche Behandlung der Stelle vgl. oben S. 270 f. bzw. 633 mit Anm. 119 und 120.

149 David H. AARON, «Shedding Light on God's Body in Rabbinic Midrashim: Reflections on the Theory of a Luminous Adam,» *Harvard Theological Revue* 90 (1997): (299–314) 303–307.

150 Kol 1,15: (...) ὅς ἐστιν εἰκὼν τοῦ θεοῦ τοῦ ἀοράτου, πρωτότοκος πάσης κτίσεως. Vgl. Eduard LOHSE, *Die Briefe an die Kolosser und an Philemon*, Kritisch-exegetischer Kommentar IX/2 (Göttingen: Vandenhoeck & Ruprecht, 1968), 85–88.

151 Philo Alexandrinus, *De opificio mundi* 25 (I, 7,17–18,4 COHN): εἰ δὲ τὸ μέρος

εἰκὼν εἰκόνος δῆλον ὅτι καὶ τὸ ὅλον εἰ δ' ὁ σύμπας οὗτος ὁ αἰσθητὸς κόσμος, ὃς μείζων τῆς ἀνθρωπίνης ἐστίν, μίμημα θείας εἰκόνος, δῆλον ὅτι καὶ ἡ ἀρχέτυπος σφραγίς, ὅν φαμεν νοητὸν εἶναι κόσμον, αὐτὸς ἂν εἴη τὸ παράδειγμα, ἀρχέτυπος ἰδέα τῶν ἰδεῶν ὁ θεοῦ λόγος. – Textgestaltung nach Philo of Alexandria, *On the Creation of the Cosmos according to Moses*, Introduction, Translation and Commentary by David T. Runia, Philo of Alexandria Commentary Series (Leiden: Brill, 2001), 150; deutsche Übersetzung nach: *Philo von Alexandria, Die Werke in deutscher Übersetzung*, hg. Lepold Cohn u. a., Bd. 1, 2. Aufl. (Berlin: De Gruyter, 1962), 35.

152 Joh 1,14: Καὶ ὁ λόγος σὰρξ ἐγένετο καὶ ἐσκήνωσεν ἐν ἡμῖν, καὶ ἐθεασάμεθα τὴν δόξαν αὐτοῦ, δόξαν ὡς μονογενοῦς παρὰ πατρός, πλήρης χάριτος καὶ ἀληθείας. Dazu vgl. Udo SCHNELLE, *Antidoketische Christologie im Johannesevangelium. Eine Untersuchung zur Stellung des 4. Evangeliums in der johanneischen Schule*, Forschungen zur Religion und Literatur des Alten und Neuen Testaments 144 (Göttingen: Vandenhoeck & Ruprecht, 1987), 231–247 und für einen Überblick zu den Auslegungsmöglichkeiten Hartwig THYEN, *Das Johannesevangelium*, Handbuch zum Neuen Testament 6 (Tübingen: Mohr Siebeck, 2005), 88–100.

153 Helmut MERKLEIN, «Christus als Bild Gottes im Neuen Testament,» *Jahrbuch für biblische Theologie* 13 (1998): (53–75) 64 f.

154 Mk 14,32: Καὶ ἔρχονται εἰς χωρίον οὗ τὸ ὄνομα Γεθσημανί καὶ λέγει τοῖς μαθηταῖς αὐτοῦ, Καθίσατε ὧδε ἕως προσεύξωμαι. – Für die Zusammenhänge vgl. Detlev DORMEYER, *Die Passion Jesu als Verhaltensmodell. Literarische und theologische Analyse der Traditions- und Redaktionsgeschichte der Markuspassion* Neutestamentliche Abhandlungen Neue Folge 11 (Münster: Aschendorff, 1974), 124–137; Johannes SCHREIBER, *Die Markuspassion: eine redaktionsgeschichtliche Untersuchung*, Beihefte zur Zeitschrift für die neutestamentliche Wissenschaft 68, 2. Aufl. (Berlin/New York: De Gruyter, 1993), 58–74. 104 f.; Wolfgang REINBOLD, *Der älteste Bericht über den Tod Jesu. Literarische Analyse und historische Kritik der Passionsdarstellungen der Evangelien*, Beihefte zur Zeitschrift für die neutestamentliche Wissenschaft 69 (Berlin/New York: De Gruyter, 1994), 138–145. 234–240 sowie Florian HERRMANN, *Strategien der Todesdarstellung in der Markuspassion. Ein literaturgeschichtlicher Vergleich*, Novum Testamentum et Orbis Antiquus = Studien zur Umwelt des Neuen Testaments 86 (Göttingen: Vandenhoeck & Ruprecht, 2010), 338–356.

155 Mk 14,34: Περίλυπός ἐστιν ἡ ψυχή μου ἕως θανάτου· μείνατε ὧδε καὶ γρηγορεῖτε.

156 Mk 14,36: Ἀββα ὁ πατήρ, πάντα δυνατά σοι· παρένεγκε τὸ ποτήριον τοῦτο ἀπ' ἐμοῦ· ἀλλ' οὐ τί ἐγὼ θέλω ἀλλὰ τί σύ.

157 Mk 14,33: καὶ παραλαμβάνει τὸν Πέτρον καὶ [τὸν] Ἰάκωβον καὶ [τὸν] Ἰωάννην μετ' αὐτοῦ καὶ ἤρξατο ἐκθαμβεῖσθαι καὶ ἀδημονεῖν. Vgl. aber aus Lk 22,44 die Rede vom «Schweiß wie Blutstropfen»: καὶ ἐγένετο ὁ ἰδρὼς

αὐτοῦ ὡσεὶ θρόμβοι αἵματος καταβαίνοντος ἐπὶ τὴν γῆν. Zum medizinischen Hintergrund vgl. François BOVON, *Das Evangelium nach Lukas*, 4. *Teilband Lk 19,28–24,53*, Evangelisch-Katholischer Kommentar zum Neuen Testament III/4 (Neukirchen-Vluyn: Neukirchener/Düsseldorf: Patmos Verlag, 2009), 309 f., dort auch: «Meines Wissens haben die Künstler der christlichen Antike nicht gewagt, diese Szene darzustellen» (310).

158 Mk 14,38: γρηγορεῖτε καὶ προσεύχεσθε, ἵνα μὴ ἔλθητε εἰς πειρασμόν· τὸ μὲν πνεῦμα πρόθυμον ἡ δὲ σὰρξ ἀσθενής.

159 Martin HENGEL, «Mors turpissima Crucis. Die Kreuzigung in der antiken Welt und die ‹Torheit› des ‹Wortes vom Kreuz›,» in *Rechtfertigung*. FS Ernst Käsemann zum 70. Geburtstag, hg. Johannes Friedrich, Wolfgang Pöhlmann u. Peter Stuhlmacher (Tübingen: Mohr Siebeck/Göttingen: Vandenhoeck & Ruprecht, 1976), (123–184) 145–164 = DERS., *Studien zum Urchristentum. Kleine Schriften VI*, hg. Claus-Jürgen Thornton, Wissenschaftliche Untersuchungen zum Neuen Testament 234 (Tübingen: Mohr Siebeck, 2008), (594–652) 614–631.

160 Michael THEOBALD, «Jesus, Sohn des Ananias, und Jesus, Sohn des Josef,» *Welt und Umwelt der Bibel* 56 (2010): 36–39; Paul WINTER, *On the Trial of Jesus*, 2nd Edition, revised by Tom Alec Burkill and Geza Vermes, Studia Judaica 1 (Berlin/New York: De Gruyter, 1974), 97–109 sowie Martin HENGEL/Anna Maria SCHWEMER, *Geschichte des frühen Christentums*, Bd. 1 *Jesus und das Judentum* (Tübingen: Mohr Siebeck, 2007), 119 f. u. 595 f.; zum weiteren Kontext Catherine HEZSER, *Lohnmetaphorik und Arbeitswelt in Mt 20,1–16: Das Gleichnis von den Arbeitern im Weinberg im Rahmen rabbinischer Lohngleichnisse*, Novum Testamentum et Orbis Antiquus 15 (Fribourg: Universitäts-Verlag/ Göttingen: Vandenhoeck & Ruprecht, 1990), 267–275.

161 Flavius Josephus, *Bellum Judaicum* VI 304 f. (II/2, 52 MICHEL/BAUERNFEIND): ἔνθα μάστιξι μέχρι ὀστέων ξαινόμενος οὔθ᾽ ἱκέτευσεν οὔτ᾽ ἐδάκρυσεν, ἀλλ᾽ ὡς ἐνῆν μάλιστα τὴν φωνὴν ὀλοφυρτικῶς παρεγκλίνων πρὸς ἑκάστην ἀπεκρίνατο πληγήν ‚αἰαὶ Ἱεροσολύμοις'.

162 Joseph ZIAS und Eliezer SEKELES, «The Crucified Man from Giv'at ha-Mivtar: A Reappraisal,» *Israel Exploration Journal* 35 (1985): 22–27 und jetzt Christoph MARKSCHIES, «Kreuz,» in *Erinnerungsorte des Christentums*, hg. Christoph Markschies und Hubert Wolf unter Mitarbeit von Barbara Schüler (München: Beck, 2010), 574–591.

163 Mk 15,34: καὶ τῇ ἐνάτῃ ὥρᾳ ἐβόησεν ὁ Ἰησοῦς φωνῇ μεγάλῃ, ‚Ελωι ελωι λεμα σαβαχθανι;', ὅ ἐστιν μεθερμηνευόμενον ‚Ὁ θεός μου ὁ θεός μου, εἰς τί ἐγκατέλιπές με;'.

164 1Petr 2,21–25: εἰς τοῦτο γὰρ ἐκλήθητε, ὅτι καὶ Χριστὸς ἔπαθεν ὑπὲρ ὑμῶν ὑμῖν ὑπολιμπάνων ὑπογραμμὸν ἵνα ἐπακολουθήσητε τοῖς ἴχνεσιν αὐτοῦ, ὃς ἁμαρτίαν οὐκ ἐποίησεν οὐδὲ εὑρέθη δόλος ἐν τῷ στόματι αὐτοῦ, ὃς λοιδορούμενος οὐκ ἀντελοιδόρει, πάσχων οὐκ ἠπείλει, παρεδίδου δὲ τῷ

κρίνοντι δικαίως· ὃς τὰς ἁμαρτίας ἡμῶν αὐτὸς ἀνήνεγκεν ἐν τῷ σώματι αὐτοῦ ἐπὶ τὸ ξύλον, ἵνα ταῖς ἁμαρτίαις ἀπογενόμενοι τῇ δικαιοσύνῃ ζήσωμεν, οὗ τῷ μώλωπι ἰάθητε. ἦτε γὰρ ὡς πρόβατα πλανώμενοι, ἀλλὰ ἐπεστράφητε νῦν ἐπὶ τὸν ποιμένα καὶ ἐπίσκοπον τῶν ψυχῶν ὑμῶν. – Zum Verständnis vgl. Hugolin LANGKAMMER, «Jes 53 und 1Petr 2, 21–25. Zur christologischen Interpretation der Leidenstheologie von Jes 53,» *Bibel und Liturgie* 60 (1987): 90–98 sowie Reinhard FELDMEIER, *Der erste Brief des Petrus*, Theologischer Handkommentar zum Neuen Testament 15/1 (Leipzig: Evangelische Verlagsanstalt: 2005), 111–118.

165 Vgl. 1Petr 2,24 f.: ὃς τὰς ἁμαρτίας ἡμῶν αὐτὸς ἀνήνεγκεν ἐν τῷ σώματι αὐτοῦ ἐπὶ τὸ ξύλον, ἵνα ταῖς ἁμαρτίαις ἀπογενόμενοι τῇ δικαιοσύνῃ ζήσωμεν, οὗ τῷ μώλωπι ἰάθητε. ἦτε γὰρ ὡς πρόβατα πλανώμενοι, (…) mit Jes 53,4–6 LXX: οὗτος τὰς ἁμαρτίας ἡμῶν φέρει καὶ περὶ ἡμῶν ὀδυνᾶται καὶ ἡμεῖς ἐλογισάμεθα αὐτὸν εἶναι ἐν πόνῳ καὶ ἐν πληγῇ καὶ ἐν κακώσει. αὐτὸς δὲ ἐτραυματίσθη διὰ τὰς ἀνομίας ἡμῶν καὶ μεμαλάκισται διὰ τὰς ἁμαρτίας ἡμῶν παιδεία εἰρήνης ἡμῶν ἐπ' αὐτόν τῷ μώλωπι αὐτοῦ ἡμεῖς ἰάθημεν. πάντες ὡς πρόβατα ἐπλανήθημεν ἄνθρωπος τῇ ὁδῷ αὐτοῦ ἐπλανήθη καὶ κύριος παρέδωκεν αὐτὸν ταῖς ἁμαρτίαις ἡμῶν.

166 Karlmann BEYSCHLAG, *Grundriss der Dogmengeschichte*, Bd. 2 *Gott und Mensch*, Teil 1 *Das christologische Dogma*, Grundrisse 3/1 (Darmstadt: Wissenschaftliche Buchgesellschaft: 1991), 104–114, kritische Bemerkungen zu diesen Passagen freilich bei Basil STUDER, «Kritische Fragen zu einer Geschichte des christologischen Dogmas,» *Augustinianum* 34 (1994): (489–500) 496–499.

167 Christoph MARKSCHIES, «Der Mensch Jesus Christus im Angesicht Gottes – Zwei Modelle des Verständnisses von Jesaja 52,13–53,12 in der patristischen Literatur und deren Entwicklung,» in *Der leidende Gottesknecht. Jesaja 53 und seine Wirkungsgeschichte*, hg. Bernd Janowski und Peter Stuhlmacher, Forschungen zum Alten Testament 14 (Tübingen: Mohr Siebeck, 1996), 197–247.

168 Albert EHRHARD, «Zur literarhistorischen und theologischen Würdigung der Texte,» in Walter E. CRUM, *Der Papyruscodex saec. VI–VII der Philippsbibliothek in Cheltenham. Koptische theologische Schriften*, mit einem Beitrag von Albert Ehrhard, Schriften der Wissenschaftlichen Gesellschaft in Straßburg 18 (Straßburg: Trübner, 1915), (129–171) 154–168) sowie Tito ORLANDI, «Il *dossier* copto di Agatonico di Tarso. Studia letterario e storico,» in *Studies presented to Hans Jacob Polotsky*, ed. Dwight W. Young (East Gloucester, MA: Pirtle & Polson, 1981), 269–299 und DERS., s. v. «Agathonicus of Tarsus,» in *Coptic Encyclopedia* (New York: Macmillan, 1991), 1: 69 f. – Vgl. auch: *Faijumische Fragmente der Reden des Agathonicus Bischofs von Tarsus*, hg. u. erklärt von Wolja Erichsen, Det Kongelige Danske videnskabernes selskab. Historisk-filologiske meddelelser 19/1 (Kopenhagen: Høst & Søn, 1932).

169 CRUM, *Der Papyruscodex saec. VI–VII der Philippsbibliothek in Cheltenham. Kop-*

tische theologische Schriften, IX–XIII, zur Handschrift vgl. auch Johannes IRMSCHER, «Die Anfänge der koptischen Papyrologie,» in *Graeco-Coptica: Griechen und Kopten im byzantinischen Ägypten* [Referate der V. Koptologischen Arbeitskonferenz, 25.–27. Mai 1983], hg. Peter Nagel, Wissenschaftliche Beiträge der Martin-Luther-Universität Halle-Wittenberg 48/1984 (Halle, Saale: Universität Halle-Wittenberg, 1984), (121–136) 126.

170 Wolfgang SPEYER, *Die literarische Fälschung im heidnischen und christlichen Altertum. Ein Versuch ihrer Deutung*, Handbuch der Altertumswissenschaft I/2 (München: Beck, 1971), 50, vgl. zum zeitgenössischen Kontext auch 193. 265–277.

171 CRUM verweist im App. zur Stelle in seiner deutschen Übersetzung auf 1Kön 8,27 (DERS., *Der Papyruscodex saec. VI–VII der Philippsbibliothek in Cheltenham. Koptische theologische Schriften*, 77).

172 CRUM, *Der Papyruscodex saec. VI–VII der Philippsbibliothek in Cheltenham. Koptische theologische Schriften*, 22,4–20: ⲉⲛⲡⲓⲥⲧⲉⲩⲉ ⲉⲡⲛⲟⲩⲧⲉ ⲭⲉⲡ̄ⲡ̄ⲡⲟⲓⲏⲧⲏⲥⲡⲉ ⲛ̄ⲛⲕⲁ ⲛⲓⲙ ⲉⲧϩⲁⲣⲟⲥ ⲛ̄ⲧⲡⲉ ⲙ̄ⲛⲛⲉⲧⲛ̄ⲧⲡⲉ ⲛ̄ⲧⲡⲉ· ⲡⲁⲓ̈ ⲉⲛⲧⲁⲥⲟⲗⲟⲙⲱⲛ ϣⲁⲭⲉ ⲉⲣⲟϥ ⲭⲉϥϣⲟⲟⲡ ⲛⲟⲩⲟⲩⲥⲓⲁ ⲛ̄ⲧⲉⲗⲉⲓⲟⲥ ⲛ̄ⲁⲧⲉⲓⲙⲉ ⲉⲣⲟⲥ· ⲁⲩⲱ ⲛ̄ⲁⲧϣⲁⲭⲉ ⲉⲣⲟⲥ· ⲁⲩⲱ ⲛ̄ⲁⲧ̄ⲧ̄ⲛ̄ⲧⲱⲛ̄ⲥ ⲛ̄ⲟⲩⲉⲃⲟⲗ ⲁⲛ ⲍ̄ⲛⲉⲑⲩⲗⲏⲧⲉ· ⲛ̄ⲧⲁϥⲧⲁⲙⲓⲉ ⲛ̄ⲕⲁ ⲛⲓⲙ ⲛ̄ϩⲏⲧ̄ⲥ: ⲁⲩⲱ ⲡⲉⲧⲧⲟⲛⲧ̄ⲛ̄ ⲛ̄ⲧⲟⲩⲥⲓⲁ ⲛ̄ⲧⲙ̄ⲛ̄ⲧⲛⲟⲩⲧⲉ ϩ̄ⲙⲡⲉϥϩⲏⲧ ⲁϥⲧⲁϩⲟ ⲉⲣⲁⲧϥ ⲛ̄ⲟⲩⲥⲙⲟⲧ ϩ̄ⲙⲡⲉϥϩⲏⲧ (ⲟϩ̄) ⲉϥⲭⲱ ⲙ̄ⲙⲟⲥ ⲭⲉⲉⲣⲉⲡⲛⲟⲩⲧⲉ ⲟ· ⲙ̄ⲡⲉⲓ̈ⲥⲙⲟⲧ. ⲉϥⲭⲓ ⲃⲟⲗ ⲉⲧⲙ̄ⲛ̄ⲧⲛⲟⲩⲧⲉ· – ⲡⲁⲣⲭⲱⲛ ⲙ̄ⲡⲕⲁⲕⲉ ⲡⲉⲧϣⲱⲗ̄ϩ̄ ⲛ̄ⲛⲉⲓ̈ⲟⲩⲥⲓⲁ ⲉⲧϭⲟⲭ̄ⲃ ϩ̄ⲙⲡϩⲏⲧ ⲛ̄ⲛⲁⲛⲟⲏⲧⲟⲥ. ⲉϥⲣ̄ϩⲁⲗ ⲙ̄ⲙⲟⲩ ⲭⲉⲉⲣⲉⲧⲙ̄ⲛ̄ⲧⲛⲟⲩⲧⲉ. ⲟ̓. ⲙ̄ⲡⲉⲓ̈ⲥⲙⲟⲧ· ⲉⲩϣ̄ⲙϣⲉ ⲉⲓⲇⲱⲗⲟⲛ ⲛ̄ⲥⲉⲥⲟⲟⲩⲛ ⲁⲛ· – ⲉϫⲉⲥⲧⲁⲓ ⲇⲉ ⲉⲓⲙⲉⲉⲩⲉ ⲉⲡⲥⲱⲙⲁ ⲛ̄ⲧⲁⲡⲉⲭ̄ⲥ ⲫⲟⲣⲉⲓ ⲙ̄ⲙⲟϥ ϩ̄ⲛⲟⲩⲧ̄ⲃ̄ⲃⲟ ⲧⲙ̄ⲛ̄ⲧⲛⲟⲩⲧⲉ ⲇⲉ ⲉⲛⲧⲁⲥϩⲟⲧⲣ ⲙ̄ⲛ̄ⲧⲥⲁⲣⲝ̄ ⲟⲩⲁⲧϣⲁⲭⲉ ⲉⲣⲟⲥⲧⲉ ⲉⲩⲙⲟⲩⲧⲉ ⲉⲡⲥⲱⲙⲁ ⲭⲉⲡⲉⲭ̄ⲥ· ⲑⲉⲣⲙⲏⲛⲓⲁ ⲅⲁⲣ ⲙ̄ⲡⲉⲭ̄ⲥⲡⲉ ⲡⲉⲛⲧⲁⲩⲧⲁϩϥ (ⲟⲏ̄) ⲛ̄ⲅ̄ⲧⲙⲙⲉⲉⲩⲉ ⲉⲣⲟⲥ ϩ̄ⲛⲗⲁⲁⲩ ⲛ̄ⲥⲙⲟⲧ ⲭⲉⲛ̄ⲛⲉⲕϣⲱⲡⲉ ϩ̄ⲛⲟⲩⲡⲗⲁⲛⲏ·ⲉⲛⲡⲓⲥⲧⲉⲩⲉ ⲅⲁⲣ ⲉⲡϣⲏⲣⲉ ⲭⲉⲡϣⲁⲭⲉ ⲙ̄ⲡⲉⲓⲱⲧⲡⲉ· ⲁⲩⲱ ⲡⲉⲡ̄ⲛ̄ⲁ ⲉⲧⲟⲩⲁⲁⲃ ⲭⲉⲡⲉϥⲛⲓϥⲉⲡⲉ· ⲧⲉⲧⲣⲓⲁⲥ ⲛ̄ϩⲟⲙⲟⲟⲩⲥⲓⲟⲛ ⲭⲉⲟⲩⲁⲥⲱⲙⲁⲧⲟⲥⲧⲉ· ⲉⲙ̄ⲛ̄ⲧⲥⲁⲣⲭ· ⲟⲩⲇⲉ ⲉⲙ̄ⲛ̄ⲧⲁⲥϩⲁⲏ·. – Deutsche Übersetzung aaO. 76 f.; Parallelüberlieferung bei ORLANDI, «Il *dossier* copto di Agatonico di Tarso. Studia letterario e storico,» 282 f.

173 CRUM, *Der Papyruscodex saec. VI–VII der Philippsbibliothek in Cheltenham. Koptische theologische Schriften*, 25,9–16: ⲁⲩⲱ ⲁⲡⲗⲟⲅⲟⲥ ⲙ̄ⲡⲉⲓⲱⲧ ⲭⲓ ⲥⲱⲙⲁ ϩ̄ⲛⲧⲡⲁⲣⲑⲉⲛⲟⲥ· ⲉⲩⲁⲡⲁⲑⲏⲥⲡⲉ· – ⲉϥⲣ̄ⲡⲁⲑⲏⲧⲟⲥ ⲇⲉ ⲉϩⲛⲁϥ ϩ̄ⲛⲟⲩⲙ̄ⲛ̄ⲧⲁⲧϭⲟⲙ ⲁⲛ· – ⲁϥⲙⲟⲩ ⲉϩⲛⲁϥ· – ⲁϥⲧⲱⲟⲩⲛ ⲉⲃⲟⲗ ϩ̄ⲛⲛⲉⲧⲙⲟⲟⲩⲧ ϩ̄ⲙⲡⲙⲉϩϣⲟⲙⲛ̄ⲧ ⲛ̄ϩⲟⲟⲩ· – ⲁϥⲭⲓ ⲛ̄ⲧⲥⲁⲣⲭ ⲉⲙ̄ⲡⲏⲩⲉ· – ⲉϥⲛⲏⲩ ⲟⲛ ⲛ̄ϩⲏⲧ̄ⲥ ⲉⲕⲣⲓⲛⲉ (ⲡ̄ⲏ̄) ⲛ̄ϥ̄ⲕⲣⲓⲛⲉ ⲛ̄ⲟⲩⲟⲛ ⲛⲓⲙ· – ⲛ̄ⲧⲟⲥ ⲡⲉⲧⲕⲟⲓⲛⲱⲛⲉⲓ ⲉⲡⲟⲉⲓⲕ ϩⲓⲭⲛ̄ⲧⲉⲧⲣⲁⲡⲉⲍⲁ ⲉⲩϣⲁⲛⲥⲙⲟⲩ ⲉⲣⲟϥ· ⲕⲁⲧⲁ ⲑⲉ ⲉⲛⲧⲁⲡⲁⲩⲗⲟⲥ ⲭⲟⲟⲥ· ⲁⲩⲱ ⲡⲉϥⲥⲛⲟϥ ⲟⲛ ⲡⲉⲧⲕⲟⲓⲛⲱⲛⲉⲓ ⲉⲡ̄ⲡⲟⲧⲏⲣⲓⲟⲛ

ⲉⲁϥⲣ̄ⲥⲛⲟϥ· ⲉⲣⲉⲡⲟⲩⲏⲏⲃ ϫⲓ ⲱⲕⲁⲕ ⲉⲃⲟⲗ ϫⲉⲥⲱⲙⲁ ⲕⲁⲓ ⲁⲓⲙⲁ x̄ȳ·. – Deutsche Übersetzung aaO. 80 f.

174 Alois Kardinal GRILLMEIER, *Jesus der Christus im Glauben der Kirche*, Bd. II/4 *Die Kirche von Alexandrien mit Nubien und Äthiopien*, unter Mitarbeit von Theresia Hainthaler (Freiburg/Basel/Wien: Herder, 1990), (170–234) 232; vgl. auch ORLANDI, «Il *dossier* copto di Agatonico di Tarso. Studio letterario e storico,» 277 und 281 (zum handschriftlich überlieferten, mutmaßlich sekundären Titel).

175 GRILLMEIER, *Jesus der Christus im Glauben der Kirche*, Bd. II/4, 231–234.

176 CRUM, *Der Papyruscodex saec. VI–VII der Philippsbibliothek in Cheltenham. Koptische theologische Schriften*, 23,18–27. 24,8–10: ⲉⲧⲓ ⲇⲉ ⲟⲛ ⲧ̄ⲛϫⲱ ⲙ̄ⲙⲟⲥ ϫⲉⲱⲁⲣⲉⲡⲛⲟⲩⲧⲉ ϫⲓ ⲡⲉⲓⲛⲉ ⲙ̄ⲡⲣⲱⲙⲉ ⲱⲁϥⲧⲣⲉⲡⲉϥⲉⲓⲛⲉ ⲟⲛ ⲥⲭⲏⲙⲁ ⲛⲓⲙ ⲉⲧⲉϩⲛⲁⲩ (ⲛ̄ⲃ̄) ⲉⲧⲉⲡⲁⲓ̈ⲡⲉ ϫⲉⲥⲭⲏⲙⲁ ⲛⲓⲙ ⲉⲣⲟⲩⲉⲱ ϫⲓⲧ̄ϥ ⲱⲁϥϫⲓⲧ̄ϥ ⲛⲉⲧⲛ̄̄ⲙⲙⲟⲣⲫⲏ ⲅⲁⲣ. ⲙⲉⲩⲉⲱⲡⲱⲱⲛⲉ ⲛ̄ϩⲏⲧⲟⲩ· – ⲉⲩⲛ̄ⲧⲁⲩ ⲙ̄ⲙⲁⲩ ⲙ̄ⲡⲉⲩⲫⲩⲥⲓⲕⲟⲛ ⲉⲛⲧⲁⲩⲧⲁⲙⲓⲟⲟⲩ ⲛ̄ϩⲏⲧ̄ϥ ⲉⲧⲉⲧⲙⲟⲣⲫⲏⲧⲉ· ⲡⲛⲟⲩⲧⲉ ⲇⲉ ⲛ̄ⲧⲟϥ ⲉⲡⲉⲓⲇⲏ ⲙ̄ⲛ̄ⲧ̄ϥⲡⲟⲓⲏⲧⲏⲥ. ⲇⲓⲁ ⲧⲟⲩⲧⲟ. ϥϫⲓ ⲛ̄ϩ̄ⲣⲃ ⲛⲓⲙ ⲉⲧⲉϩⲛⲁϥ. ⲛ̄ⲧⲁϥⲟⲩⲱⲛϩ̄ ⲉⲁⲃⲣⲁϩⲁⲙ ⲙ̄ⲡⲉⲥⲙⲟⲧ ⲛ̄ⲟⲩⲣⲱⲙⲉ· ϥⲥⲏϩ ⲅⲁⲣ ϫⲉⲁϥϥⲓ ⲛ̄ⲛⲉϥⲃⲁⲗ ⲉϩⲣⲁⲓ̈ ⲁϥⲛⲁⲩ ⲉⲱⲟⲙⲛⲧ̄ ⲛ̄ⲣⲱⲙⲉ ⲉⲩⲛⲏⲩ ⲙ̄ⲡⲟⲩⲉ: – ⲛ̄ⲧⲁϥⲟⲩⲱⲛϩ̄ ⲉⲙⲱⲩ̈ⲥⲏⲥ ⲉϥⲟ, ⲛⲟⲩⲱⲁϩ ⲛ̄ⲕⲱϩⲧ̄· ⲛ̄ⲧⲁϥⲟⲩⲱⲛϩ̄ ⲉⲡⲁⲩⲗⲟⲥ ⲉϥⲟ ⲛ̄ⲟⲩⲟⲉⲓⲛ ⲉϥⲡ̄ⲣⲉⲓⲱⲟⲩ ⲛ̄ϩⲟⲩⲟ (ⲡ̄ⲅ̄) ⲉⲡⲟⲩⲟⲉⲓⲛ ⲙ̄ⲡⲣⲏ ... ⲙⲁⲣⲉⲛⲉⲓ̈ⲡⲁⲣⲁⲇⲉⲓⲅⲙⲁ ⲟⲩⲛ ⲣⲱⲱⲉ ⲉⲛⲁⲕⲣⲟⲁⲧⲏⲥ ⲛ̄ⲛⲟⲉⲣⲟⲥ ⲛ̄ⲥⲉⲧⲙⲉⲣⲃ̄ ⲧⲙ̄ⲛ̄ⲧⲛⲟⲩⲧⲉ ⲉϩⲟⲩⲛ ⲉⲟⲩⲕⲟⲩⲓ̈ ⲛ̄ⲟⲩⲥⲓⲁ ⲉⲥⲃⲟϫ̄ⲃ ⲛ̄ⲑⲉ ⲙ̄ⲡⲣⲱⲙⲉ ⲉⲙⲉⲥⲡⲱⲱⲛⲉ ϩ̄ⲛⲧⲉⲥⲙ̄ⲛ̄ⲧϭⲱⲃ·. – Deutsche Übersetzung aaO. 79.

177 Cf. *Doctrina Addai. De Imagine Edessena/Die Abgarlegende. Das Christusbild von Edessa*, übersetzt u. eingeleitet von Martin Illert, FChr 45 (Turnhout: Brepols, 2007), 9–18 sowie Ernst VON DOBSCHÜTZ, *Christusbilder. Untersuchungen zur christlichen Legende*, 2 Hälften mit Belegen und Beilagen, Texte und Untersuchungen 18 (Leipzig: Hinrichs, 1899) sowie *Mandylion. Intorno al Sacro Volto, da Bisanzio a Genova* [Genova, Museo Diocesano, 18 aprile – 18 luglio 2004], a cura di Gerhard Wolf, Colette Dufour Bozzo, Anna Rosa Calderoni Masetti (Mailand: Skira, 2004).

178 Zur Differenz von (paulinischer) «Nachfolge» und (ignatianischer) «Nachahmung»: Hans FREIHERR VON CAMPENHAUSEN, *Die Idee des Martyriums in der alten Kirche*, 2., durchges. und erg. Aufl. (Göttingen: Vandenhoeck & Ruprecht, 1964), 56–78, anders William R. SCHOEDEL, *Die Briefe des Ignatius von Antiochien. Ein Kommentar*, 72–74. Ausführlich jetzt Candida R. MOSS, *The Other Christs: Imitating Jesus in Ancient Christian Ideologies of Martyrdom* (Oxford: Oxford University Press, 2010), 45–74.

179 Ignatius Antiochenus, *Epistula ad Ephesios* 1,1 (SUC I, 142,8–11 FISCHER): Ἀποδεξάμενος ἐν θεῷ τὸ πολυαγάπητόν σου ὄνομα, ὃ κέκτησθε φύσει δικαίᾳ κατὰ πίστιν καὶ ἀγάπην ἐν Χριστῷ Ἰησοῦ, τῷ σωτῆρι ἡμῶν· μιμηταὶ ὄντες θεοῦ ἀναζωπυρήσαντες ἐν αἵματι θεοῦ τὸ συγγενικὸν ἔργον τελείως ἀπηρτίσατε·.

180 Ignatius Antiochenus, *Epistula ad Ephesios* 1,2 (SUC I, 142,11–14 Fischer): ἀκούσαντες γὰρ δεδεμένον ἀπὸ Συρίας ὑπὲρ τοῦ κοινοῦ ὀνόματος καὶ ἐλπίδος, ἐλπίζοντα τῇ προσευχῇ ὑμῶν ἐπιτυχεῖν ἐν Ῥώμῃ θηριομαχῆσαι, ἵνα διὰ τοῦ ἐπιτυχεῖν δυνηθῶ μαθητὴς εἶναι, ἰδεῖν ἐσπουδάσατε·

181 Zuletzt Majella Franzmann, «Imitatio Christi: Copying the Death of the Founder and Gaining Paradise,» in *A Wandering Galilean: Essays in Honour of Seán Freyne*, ed. Zuleika Rodgers, Supplements to the Journal for the Study of Judaism 132 (Leiden u. a.: Brill, 2009), 367–383.

182 Ignatius Antiochenus, *Epistula ad Romanos* 6,3 (SUC I, 188,16–18 Fischer): Ἐπιτρέψατέ μοι μιμητὴν εἶναι τοῦ πάθους τοῦ θεοῦ μου. Εἴ τις αὐτὸν ἐν ἑαυτῷ ἔχει, νοησάτω ὃ θέλω, καὶ συμπαθείτω μοι, εἰδὼς τὰ συνέχοντά με. – Karin Bommes hat freilich gezeigt, dass μιμηθής kein auf das Martyrium beschränkter Begriff ist: dies., *Weizen Gottes. Untersuchungen zur Theologie des Martyriums bei Ignatius von Antiochien*, 40 f.

183 Ignatius Antiochenus, *Epistula ad Romanos* 2,1 (SUC I, 184,3–7 Fischer): Οὔτε γὰρ ἐγώ ποτε ἕξω καιρὸν τοιοῦτον θεοῦ ἐπιτυχεῖν, οὔτε ὑμεῖς, ἐὰν σιωπήσητε, κρείττονι ἔργῳ ἔχετε ἐπιγραφῆναι. Ἐὰν γὰρ σιωπήσητε ἀπ᾽ ἐμοῦ, ἐγὼ γενήσομαι θεοῦ, ἐὰν δὲ ἐρασθῆτε τῆς σαρκός μου, πάλιν ἔσομαι τρέχων. (Fischer: φωνή) ebd. 4,1 (186,4–7): Παρακαλῶ ὑμᾶς, μὴ εὔνοια ἄκαιρος γένησθέ μοι. Ἄφετέ με θηρίων εἶναι βοράν, δι᾽ ὧν ἔστιν θεοῦ ἐπιτυχεῖν. Σῖτός εἰμι θεοῦ καὶ δι᾽ ὀδόντων θηρίων ἀλήθομαι, ἵνα καθαρὸς ἄρτος εὑρεθῶ τοῦ Χριστοῦ. ebd. 5,3 (188,7–9): Πῦρ καὶ σταυρὸς θηρίων τε συστάσεις, ἀνατομαί, διαιρέσεις, σκορπισμοὶ ὀστέων, συγκοπὴ μελῶν, ἀλεσμοὶ ὅλου τοῦ σώματος, κακαὶ κολάσεις τοῦ δια βόλου ἐπ᾽ ἐμὲ ἐρχέσθωσαν, μόνον ἵνα Ἰησοῦ Χριστοῦ ἐπιτύχω.

184 Ignatius Antiochenus, *Epistula ad Romanos* 8,1 (SUC I, 190,10 f. Fischer): Οὐκέτι θέλω κατὰ ἀνθρώπους ζῆν. Τοῦτο δὲ ἔσται, ἐὰν ὑμεῖς θελήσατε. Θελήσητε, ἵνα καὶ ὑμεῖς θεληθῆτε.

185 Ignatius Antiochenus, *Epistula ad Magnesios* 10,1 (SUC I, 168,4–6 Fischer): Μὴ οὖν ἀναισθητῶμεν τῆς χρηστότητος αὐτοῦ. Ἐὰν γὰρ ἡμᾶς μιμήσηται καθὰ πράσσομεν, οὐκ ἔτι ἐσμέν. Διὰ τοῦτο, μαθηταὶ αὐτοῦ γενόμενοι, μάθωμεν κατὰ Χριστιανισμὸν ζῆν.

186 Schoedel, *Die Briefe des Ignatius von Antiochien*, 215.

187 Glen W. Bowersock, *Martyrdom and Rome*, The Wiles Lectures given at the Queen's University of Belfast (Cambridge: Cambridge University Press, 1995), 59–74 («Martyrdom and Suicide»); dazu Rez. Ekkehard Mühlenberg, *Journal of Theological Studies* 47 (1996): (275–279) 277 und Christel Butterweck, *«Martyriumssehnsucht» in der Alten Kirche?*, Beiträge zur Historischen Theologie 87 (Tübingen: Mohr Siebeck, 1995), 23–35.

188 Daniel Boyarin, *Dying for God. Martyrdom and the Making of Christianity and Judaism* (Stanford, CA: Stanford University Press, 1999), 121.

189 So zuletzt Candida R. Moss, «The Discourse of Voluntary Martyrdom: An-

cient and Modern,» *Church History* 81 (2012): 531–551, die aaO. 533 darauf hinweist, dass es gar keinen antiken Begriff für das gibt, was seit der frühen Neuzeit als «freiwilliges Martyrium» bezeichnet wird.

190 Eine Übersicht über die wesentlichen drei Datierungsvorschläge (ca. 155/156 n. Chr.; 167 n. Chr. und 177 n. Chr.) bei Gerd BUSCHMANN, *Das Martyrium des Polykarp*, übersetzt u. erklärt, Kommentar zu den apostolischen Vätern 6 (Göttingen: Vandenhoeck & Ruprecht, 1998), 39 f. (mit Literaturhinweisen).

191 Die Editionen basieren für den griechischen Text einerseits auf sechs griechischen Handschriften eines spezifischen Menologiums für den Monat Februar, andererseits auf der im Folgenden erwähnten Passage in der Kirchengeschichte des Eusebius (zu Details vgl. zuletzt BUSCHMANN, *Das Martyrium des Polykarp*, 13–16; vorher vor allem Boudewijn DEHANDSCHUTTER, *Martyrium Polycarpi. Een literair-kritische studie*, Bibliotheca Ephemeridum Theologicarum Lovaniensium 52 [Leuven: University Press, 1979], 27–48 [mit einer Synopse aaO. 112–129 = BUSCHMANN, aaO. 17–36]; vorher schon Hans Freiherr von CAMPENHAUSEN, *Bearbeitungen und Interpolationen des Polykarpmartyriums*, Sitzungsberichte der Heidelberger Akademie der Wissenschaften. Philosophisch-historische Klasse 3/1957 [Heidelberg: Winter, 1957], [5–48] 40–48 = DERS., *Aus der Frühzeit des Christentums. Studien zur Kirchengeschichte des ersten und zweiten Jahrhunderts* [Tübingen: Mohr Siebeck, 1963], [253–301] 293–301; zuletzt Candida R. MOSS, «On the Dating of Polycarp: Rethinking the Place of the *Martyrdom of Polycarp* in the History of Christianity,» *Early Christianity* 1 [2010]: [539–574] 541–544).

192 Dan (LXX) 3,46–50: καὶ οὐ διέλιπον οἱ ἐμβάλλοντες αὐτοὺς ὑπηρέται τοῦ βασιλέως καίοντες τὴν κάμινον καὶ ἡνίκα ἐνέβαλοσαν τοὺς τρεῖς εἰς ἅπαξ εἰς τὴν κάμινον καὶ ἡ κάμινος ἦν διάπυρος κατὰ τὴν θερμασίαν αὐτῆς ἑπταπλασίως καὶ ὅτε αὐτοὺς ἐνέβαλοσαν οἱ μὲν ἐμβάλλοντες αὐτοὺς ἦσαν ὑπεράνω αὐτῶν οἱ δὲ ὑπέκαιον ὑποκάτωθεν αὐτῶν νάφθαν καὶ στιππύον καὶ πίσσαν καὶ κληματίδα καὶ διεχεῖτο ἡ φλὸξ ἐπάνω τῆς καμίνου ἐπὶ πήχεις τεσσαράκοντα ἐννέα καὶ διεξώδευσε καὶ ἐνεπύρισεν οὓς εὗρε περὶ τὴν κάμινον τῶν Χαλδαίων. ἄγγελος δὲ κυρίου συγκατέβη ἅμα τοῖς περὶ τὸν Ἀζαρίαν εἰς τὴν κάμινον καὶ ἐξετίναξε τὴν φλόγα τοῦ πυρὸς ἐκ τῆς καμίνου καὶ ἐποίησε τὸ μέσον τῆς καμίνου ὡσεὶ πνεῦμα δρόσου διασυρίζον καὶ οὐχ ἥψατο αὐτῶν καθόλου τὸ πῦρ καὶ οὐκ ἐλύπησε καὶ οὐ παρηνώχλησεν αὐτούς. – Zu den Bezügen auf den biblischen Text vgl. Candida R. MOSS, «Nailing Down and Tying Up: Lessons in Intertextual Impossibility from the Martyrdom of Polycarp,» *Vigiliae Christianae* 67 (2013): 117–136 und DIES., «On the Dating of Polycarp: Rethinking the Place of the *Martyrdom of Polycarp* in the History of Christianity,» 544–547, vorher schon Boudewijn DEHANDSCHUTTER, «The New Testament and the Martyrdom of Polycarp,» in *Trajectories through the New Testament and the Apostolic Fathers*, ed. Andrew F. Gregory and Christopher Tuckett (Oxford: Oxford University Press, 2005), 395–406.

193 *Martyrium Polycarpi* 15,2 nach der Fassung der Menologien (30 Buschmann/ Dehandschutter): τὸ γὰρ πῦρ καμάρας εἶδος ποιῆσαν ὥσπερ ὀθόνη πλοίου ὑπὸ πνεύματος πληρουμένη, κύκλῳ περιετείχισεν τὸ σῶμα τοῦ μάρτυρος. καὶ ἦν μέσον οὐχ ὡς σὰρξ καιομένη, ἀλλ' ὡς ἄρτος ὀπτώμενος ἢ ὡς χρυσὸς καὶ ἄργυρος ἐν καμίνῳ πυρούμενος. καὶ γὰρ εὐωδίας τοσαύτης ἀντελαβόμεθα ὡς λιβανωτοῦ πνέοντος ἢ ἄλλου τινὸς τῶν τιμίων ἀρωμάτων.

194 Ernst Lohmeyer, *Vom göttlichen Wohlgeruch*, Sitzungsberichte der Heidelberger Akademie der Wissenschaften. Philosophisch-historische Klasse 9 (Heidelberg: Winter, 1919), bes. 28–31 sowie Bernhard Kötting, «Wohlgeruch der Heiligkeit,» in *Jenseitsvorstellungen in Antike und Christentum. Gedenkschrift für Alfred Stuiber*, hg. Theodor Klauser, Jahrbuch für Antike und Christentum. Ergänzungsband 9 (Münster: Aschendorff, 1982), 168–175, insbes. 173 f. – Anders, nämlich auf den Opferkontext, bezieht Gerd Buschmann das Vokabular in seinem Kommentar zur Stelle (*Das Martyrium des Polykarp*, 304–309).

Schluss: Erledigte Vorstellungen von Gott?

1 Von «Naivität» kann man allenfalls bei bestimmten zeitgenössischen Formen einer «biblizistischen» Auslegung sprechen: Mark Sheridan, *Language for God in Patristic Tradition. Wrestling with Biblical Anthropomorphism* (Downers Grove, IL: IVP Academic, 2015), 213–215.

2 «Leiblichkeit ist das Ende der Werke Gottes, wie aus der Stadt Gottes klar erhellet (…)»: Friedrich Christoph Oetinger, «Art. Leib, Soma,» in ders., *Biblisches und emblematisches Wörterbuch*, hg. Gerhard Schäfer in Verbindung mit Otto Betz, Reinhard Breymayer, Eberhard Gutekunst, Ursula Hardmeier, Roland Pietsch und Guntram Spindler, 2 Teilbände, Teil 1: Text u. Teil 2: Anmerkungen, Texte zur Geschichte des Pietismus VII/3 (Berlin/New York: De Gruyter, 1999), 223,5 f. = (o. O. [Heilbronn/Neckar]: o. V., 1776), 407; vgl. dazu auch oben S. 439 mit Anm. 11.

3 Brieflicher Hinweis von Marco Frenschkowski (15.5.2009); vgl. zum Thema «Epiphanie» ders., *Offenbarung und Epiphanie*, Bd. 1 *Grundlagen des spätantiken und frühchristlichen Offenbarungsglaubens*, Wissenschaftliche Untersuchungen zum Neuen Testament 2. Reihe 79 (Tübingen: Mohr Siebeck, 1995); zum Thema «Kosmos als Leib der Gottheit» Grace Jantzen, *God's World, God's Body* (Philadelphia: Westminster Press, 1984).

4 Hilfreiche Versuche der Systematisierung von ethnologischen, literaturwissenschaftlichen, religionsgeschichtlichen und philosophischen Mythos-Begriffen bei Werner H. Schmidt, s. v. «Mythos III. Alttestamentlich,» in *Theologische Realenzyklopädie* (Berlin/New York: De Gruyter, 1994), 23: (625–644) 626–628 sowie Axel Horstmann, s. v. «Mythos, Mythologie VI.

20. Jahrhundert», in *Historisches Wörterbuch der Philosophie* (Darmstadt: Wissenschaftliche Buchgesellschaft, 1984), 6: 300–318.
5 Dazu vgl. Kurt HÜBNER, *Die Wahrheit des Mythos* (München: Beck, 1985), 95–108; DERS., s. v. «Mythos. Philosophisch,» in *Theologische Realenzyklopädie* (Berlin/New York: De Gruyter, 1994), 23: (597–608) 599 f.
6 S. o. S. 211–219. – Zur Dimension der Grenzüberschreitung vgl. HORSTMANN, s. v. «Mythos, Mythologie VI. 20. Jahrhundert», 303 f.
7 Bernd JANOWSKI, «Das biblische Weltbild. Eine methodologische Skizze,» in *Das biblische Weltbild und seine altorientalischen Kontexte*, hg. Beate Ego u. Bernd Janowski, Forschungen zum Alten Testament 32 (Tübingen: Mohr Siebeck, 2001), 229–260. – Zum Begriff «Weltbild» vgl. Horst THOMÉ, s. v. «Weltbild,» in *Historisches Wörterbuch der Philosophie* (Darmstadt: Wissenschaftliche Buchgesellschaft, 2004), 12: 460–463 sowie Johannes ZACHHUBER, «Weltbild, Weltanschauung, Religion. Ein Paradigma intellektueller Diskurse im 19. Jahrhundert,» in *Die Welt als Bild. Interdisziplinäre Beiträge zur Visualität von Weltbildern*, hg. Christoph Markschies u. Johannes Zachhuber, Arbeiten zur Kirchengeschichte 107 (Berlin/New York: De Gruyter, 2008), 211–282.
8 Rudolf BULTMANN, *Neues Testament und Mythologie. Das Problem der Entmythologisierung der neutestamentlichen Verkündigung*. Nachdruck der 1941 erschienenen Fassung hg. Eberhard Jüngel, Beiträge zur Evangelischen Theologie 96 (München: Kaiser, 1985), 12. In den Fußnoten definierte Bultmann auch den Begriff «Mythos», den er im Vortrag von 1942 voraussetzt: «Mythologisch ist die Vorstellungsweise, in der das Unweltliche, Göttliche als Weltliches, Menschliches, das Jenseitige als Diesseitiges erscheint, in der z. B. Gottes Jenseitigkeit als räumliche Ferne gedacht wird (…)» (BULTMANN, aaO. 23 Anm. 2).
9 BULTMANN, *Neues Testament und Mythologie. Das Problem der Entmythologisierung der neutestamentlichen Verkündigung*, 14.
10 BULTMANN, *Neues Testament und Mythologie. Das Problem der Entmythologisierung der neutestamentlichen Verkündigung*, 15. – Die heftige Diskussion ist teilweise dokumentiert in den Bänden *Kerygma und Mythos. Ein theologisches Gespräch*, hg. Hans-Werner Bartsch, Theologische Forschung 1, 5., erw. Aufl. (Hamburg-Bergstedt: Reich, 1967); *Kerygma und Mythos. Diskussionen und Stimmen des In- und Auslandes, Band II*, hg. Hans-Werner Bartsch, Theologische Forschung 2 (Hamburg-Bergstedt: Reich, 1965); *Kerygma und Mythos III. Das Gespräch mit der Philosophie*, hg. Hans-Werner Bartsch, Theologische Forschung 5 (Hamburg-Bergstedt: Reich, 1966); *Kerygma und Mythos IV. Die ökumenische Diskussion*, hg. Hans-Werner Bartsch, Theologische Forschung 8 (Hamburg-Bergstedt: Reich, 1966) – BULTMANN hat im zweiten Band der Sammlung noch einmal ausführlich zu kritischen Einwänden Stellung genommen: «Zum Problem der Entmythologisierung,» 179–208, bes. 180–190 zum Mythos-Begriff.

11 BULTMANN, *Neues Testament und Mythologie. Das Problem der Entmythologisierung der neutestamentlichen Verkündigung*, 15 («Erledigt ist [...] der Geister- und Dämonenglaube»); 16 («*Die Wunder des Neuen Testaments* sind damit als Wunder erledigt») und 17 («Die *mythische Eschatologie* ist im Grunde [...] erledigt»).

12 BULTMANN, *Neues Testament und Mythologie. Das Problem der Entmythologisierung der neutestamentlichen Verkündigung*, 17 f.

13 BULTMANN, *Neues Testament und Mythologie. Das Problem der Entmythologisierung der neutestamentlichen Verkündigung*, 22 f.

14 Rudolf BULTMANN, «Welchen Sinn hat es, von Gott zu reden?,» *Theologische Blätter* 4 (1925), 129–135 = DERS., *Glauben und Verstehen. Gesammelte Aufsätze*, Bd. 1 (Tübingen: Mohr Siebeck, 1933), 26–37; das Zitat aaO. 131 = 28; zu dem Aufsatz vgl. Gerhard EBELING, «Zum Verständnis von R. Bultmanns Aufsatz: ‹Welchen Sinn hat es, von Gott zu reden?›,» in DERS., *Wort und Glaube. 2. Bd. Beiträge zur Fundamentaltheologie und zur Lehre von Gott* (Tübingen: Mohr Siebeck, 1969), 343–371, insbesondere 350–361.

15 Robert MUSIL, *Der Mann ohne Eigenschaften. Roman*, hg. Adolf Frisé, neu durchges. und verb. Ausg. 1978, Rowohlt Jahrhundert 1 = rororo 4001 (Reinbek: Rowohlt, 1990), 197 (49. Kapitel). – Vgl. dazu auch Claus-Dieter OSTHÖVENER, «Literarische und religiöse Deutungskultur im Werk Robert Musils,» in *Protestantismus zwischen Aufklärung und Moderne. Festschrift für Ulrich Barth*, Beiträge zur rationalen Theologie 16, hg. Roderich Barth, Claus-Dieter Osthövener u. Arnulf von Scheliha (Frankfurt, Main: Lang, 2005, 286–300).

16 Zum Hintergrund siehe Hartmut ROSENAU, «Gott höchst persönlich. Zur Rehabilitierung der Rede von der Personalität Gottes im Durchgang durch den Pantheismus- und Atheismusstreit,» in *Marburger Jahrbuch Theologie XIX: Personalität Gottes*, Marburger Theologische Studien 101 (Leipzig: Evangelische Verlagsanstalt, 2007), 47–76, bes. 52–60 bzw. 60–66 sowie Christian DANZ, «Der Atheismusstreit um Fichte,» in *Philosophisch-theologische Streitsachen: Pantheismusstreit – Atheismusstreit – Theismusstreit*, hg. Georg Essen u. Christian Danz (Darmstadt: Wissenschaftliche Buchgesellschaft, 2012), 135–213.

17 So zusammenfassend Johann Gottlieb FICHTE, «Ueber den Grund unsers Glaubens an eine göttliche Weltregierung,» *Philosophisches Journal* 8 (1798), 1–20 = *Fichtes Werke*, hg. Immanuel Hermann Fichte, Bd. V *Zur Religionsphilosophie* (Berlin: Veit, 1846 = ebd.: De Gruyter, 1971), (1–20) 17 = (175–189) 188: «Es kann ebensowenig von der anderen Seite dem, der nur einen Augenblick nachdenken, und das Resultat dieses Nachdenkens sich redlich gestehen will, zweifelhaft bleiben, dass der Begriff von Gott, als einer besonderen Substanz, unmöglich und widersprechend ist: und es erlaubt, dies aufrichtig zu sagen, und das Schulgeschwätz niederzuschlagen, damit die wahre Religion des freudigen Rechtthuns sich erhebe».

18 Brief Lavater an Reinhold, Zürich, 16. Februar 1799, zitiert nach: *Appellation an das Publikum (…) Dokumente zum Atheismusstreit um Fichte, Forberg, Niethammer. Jena 1798/99*, hg. Werner Röhr, Reclams Universal-Bibliothek 1179 (Leipzig: Reclam, 1987), 145 (Dokument IV.21); zu Lavater vgl. Gerhard EBELING, «Genie des Herzens unter dem Genius saeculi – J. C. Lavater als Theologe,» in *Das Antlitz Gottes im Antlitz des Menschen. Zugänge zu Johann Kaspar Lavater*, hg. Karl Pestalozzi u. Horst Weigelt, Arbeiten zur Geschichte des Pietismus 31 (Göttingen: Vandenhoeck & Ruprecht, 1994), 23–60.
19 FICHTE, *J. G. Fichte's (…) Appellation an das Publicum über die durch ein Churf. Sächs. Confiscationsrescript ihm beigemessenen atheistischen Aeusserungen* (Jena/Leipzig: Gabler u. Tübingen: Cotta, 1799), 55 = *Fichtes Werke*, hg. Immanuel Hermann Fichte, Bd. V *Zur Religionsphilosophie*, (191–238) 215: Sie (sc. die Gegner) «fassen den Unendlichen in einen endlichen Begriff; und bewundern die Weisheit Gottes, dass er alles gerade so eingerichtet hat, wie sie selbst es auch gemacht hätten».
20 Der Leipziger Neutestamentler *Marco Frenschkowski* hat mich (brieflich, am 15.5.2009) darauf hingewiesen, dass die Vorstellung einer Körperlichkeit Gottes «am Rande der etablierten Kirchen in der jüngeren Religionsgeschichte doch erstaunlicherweise wieder aufgenommen» wird, und freundlicherweise auf die Mormonen aufmerksam gemacht.
21 B. Stephen E. ROBINSON u. a., s. v. «God the Father,» in *Encylopedia of Mormonism*, ed. Daniel H. Ludlow (New York u. a.: Macmillan Publishing Company, 1992), 2: 548–552.
22 *Doctrine and Covenants* Section 130:22 (Items of instruction given by Joseph Smith the Prophet, at Ramus, Illinois, 2 April 1843); hier zitiert nach der Internetfassung der «Kirche Jesu Christi der Heiligen der Letzten Tage», unter http://www.lds.org/scriptures/dc-testament/dc/130.22?lang=eng#21 (letzte Abfrage am 19.2.2013): «Father has a body of flesh and bones as tangible as man's; the Son also; but the Holy Ghost has not a body of flesh and bones, but is a personage of Spirit».
23 Auf einer entsprechenden Homepage der «Kirche Jesu Christi der Heiligen der Letzten Tage» heißt es: «Nur weil einige Aussagen über Gott metaphorisch sind, heißt das noch lange nicht, dass das auf jede Aussage zutrifft. Wenn der Psalmist davon spricht, dass uns Gott mit seinen Federn zudeckt und uns unter seinen Flügeln Zuflucht gewährt, ist die Metapher völlig klar» (http://de.fairmormon.org/Gottes_Körperlichkeit; letzte Abfrage am 19.2.2013).
24 Stephen H. WEBB, *Jesus Christ, Eternal God: Heavenly Flesh and the Metaphysics of Matter* (Oxford: Oxford University Press, 2012), 243–270, bes. 243. – Eine ausführliche Interpretation von Texten aus der Feder von Joseph Smith findet sich aaO. 253–257. Vorher schon: Edmond La Beaume CHERBONNIER, «In Defense of Anthropomorphism,» in *Reflections on Mormonism: Judaeo-*

Christian Parallels: Papers Delivered at the Religious Studies Center Symposium, Brigham Young University, March 10–11, 1978, ed. Truman G. Madsen, Religious Studies Series 4 (Provo, UT: Religious Studies Center, Brigham Young University and Bookcraft, 1978), 155–174, bes. 162.

25 WEBB, *Jesus Christ, Eternal God: Heavenly Flesh and the Metaphysics of Matter*, 244: «What if the monks of Egypt had won their battle in defence of anthropomorphism».

26 Christoph MARKSCHIES, «Theologische Diskussionen zur Zeit Konstantins: Arius, der ‹arianische Streit› und das Konzil von Nizäa, die nachnizänischen Auseinandersetzungen bis 337,» in *Das Entstehen der einen Christenheit (250–430)*, Die Geschichte des Christentums: Religion – Politik – Kultur 2, hg. Charles (†) und Luce Piétri (Freiburg: Herder, 1996), 271–344, bearbeitet und aktualisiert in DERS., *Alta Trinità Beata. Gesammelte Studien zur altkirchlichen Trinitätstheologie* (Tübingen: Mohr Siebeck, 2000), 99–195.

27 WEBB, *Jesus Christ, Eternal God: Heavenly Flesh and the Metaphysics of Matter*, 244.

28 Raymond WINLING, s. v. «Nouvelle Théologie,» in *Theologische Realenzyklopädie* (Berlin/New York: De Gruyter, 1994), 24: 668–675.

29 BULTMANN, «Welchen Sinn hat es, von Gott zu reden?,» 26–28.

30 Adolf VON HARNACK, *Das Wesen des Christentums* (= Leipzig: Hinrichs, 1929), 33 = hg. und kommentiert v. Trutz Rendtorff (Gütersloh: Kaiser, 1999), 87 = hg. Claus-Dieter Osthövener, 2. durchges. Aufl. (Tübingen: Mohr Siebeck, 2007), 37; DERS., *Lehrbuch der Dogmengeschichte*, Bd. 1 *Die Entstehung des kirchlichen Dogmas*, Sammlung Theologischer Lehrbücher 2/1 (Freiburg i.Br.: Mohr, 1886), 11–23. 121–132; dazu Eginhard P. MEIJERING, *Die Hellenisierung des Christentums im Urteil Adolf von Harnacks*, Verhandelingen der Koninklijke Nederlandse Akademie van Wetenschappen, Afd. Letterkunde, Nieuwe Reeks, deel 128 (Amsterdam: North-Holland Publishing Company, 1985) und Christoph MARKSCHIES, *Hellenisierung des Christentums: Sinn und Unsinn einer historischen Deutungskategorie*, Theologische Literaturzeitung. Forum 25 (Leipzig: Evangelische Verlagsanstalt, 2012), 49–58.

31 Vgl. Plato, *Respublica* VI 508 B οὐκ οὐσίας ὄντος τοῦ ἀγαθοῦ, ἀλλ' ἔτι ἐπέκεινα τῆς οὐσίας πρεσβείᾳ καὶ δυνάμει ὑπερέχοντος und Porphyrius, *Sententiae ad intelligibilia ducentes* 10 (BiTeu 4,7–10 LAMBERZ): Πάντα μὲν ἐν πᾶσιν, ἀλλὰ οἰκείως τῇ ἑκάστου οὐσίᾳ· ἐν νῷ μὲν γὰρ νοερῶς, ἐν ψυχῇ δὲ λογικῶς, ἐν δὲ τοῖς φυτοῖς σπερματικῶς, ἐν δὲ σώμασιν εἰδωλικῶς, ἐν δὲ τῷ ἐπέκεινα ἀνεννοήτως τε καὶ ὑπερουσίως. – Vgl. auch Johannes ZACHHUBER, s. v. «Überseiend; überwesentlich,» in *Historisches Wörterbuch der Philosophie* (Darmstadt: Wissenschaftliche Buchgesellschaft, 2001), 11: 58–63.

32 Ähnlich die vorsichtige Verteidigung der klassischen Gotteslehre bei Eginhard P. MEIJERING, «Some Reflections on Cyril of Alexandria's Rejection of Anthropomorphism,» *Nieuw Theologisch Tijdschrift* 28 (1974): 295–301.

33 In diesem Sinne versucht Franz CHRIST, *Menschlich von Gott reden: Das Problem des Anthropomorphismus bei Schleiermacher*, Ökumenische Theologie 10 (Einsiedeln/Zürich/Köln: Benziger u. Gütersloh: Gütersloher Verlagshaus Mohn, 1982), 29–31 und 226–231, im Sinne seines Lehrers Jüngel einen Beitrag zur Erneuerung eines legitimen Anthropomorphismus in der Gotteslehre zu leisten.

34 S. o. S. 242–245 und S. 397.

35 S. o. S. 218 f. In einigen antiken jüdischen wie christlichen Texten ist auch von einer Sexualität der Engel die Rede: Kevin SULLIVAN, «Sexuality and Gender of Angels,» in *Paradise Now. Essays on Early Jewish and Christian Mysticism*, ed. April D. De Conick, Society of Biblical Literature Symposium Series 11 (Leiden: Brill, 2004), 27–35.

36 Vgl. aber Christl M. MAIER, «Körperliche und emotionale Aspekte JHWHs aus der Genderperspektive,» in *Göttliche Körper – Göttliche Gefühle: Was leisten anthropomorphe und anthropopathische Götterkonzepte im Alten Orient und im Alten Testament*, hg. Andreas Wagner, Orbis Biblicus et Orientalis 270 (Fribourg: Academic Press/Göttingen: Vandenhoeck & Ruprecht, 2014), 171–189.

37 S. o. S. 159–162.

38 So Eberhard JÜNGEL, «Die Wahrheit des Mythos und die Notwendigkeit der Entmythologisierung,» in DERS., *Indikative der Gnade – Imperative der Freiheit. Theologische Erörterungen IV* (Tübingen: Mohr Siebeck, 2000), 40–57.

39 So beispielsweise im Anschluss an Bultmann EBELING, «Zum Verständnis von R. Bultmanns Aufsatz: ‹Welchen Sinn hat es, von Gott zu reden?›,» 353.

40 Zu der platonischen Formulierung ἐπέκεινα τῆς οὐσίας vgl. oben S. 61 f.

41 Die klassischen Differenzierungen für Bedeutungen des Begriffs «Möglichkeit» referiert Horst SEIDL, s. v. «Möglichkeit,» in *Historisches Wörterbuch der Philosophie* (Darmstadt: Wissenschaftliche Buchgesellschaft, 1984), 6: 72–92. – Vgl. dazu jetzt Maurizio FERRARIS, *Manifest des neuen Realismus*, aus dem Italienischen von Malte Osterloh, Schriftenreihe des Käte Hamburger Kollegs «Recht als Kultur» 6 (Frankfurt, Main: Klostermann, 2014), 28–36.

42 S. o. S. 11 und jetzt Joachim NEGEL, *Feuerbach weiterdenken. Studien zum religionskritischen Projektionsargument*, Religion – Geschichte – Gesellschaft 51 (Berlin: LIT, 2014), 35–110.

43 So ja auch Eberhard JÜNGEL, «Anthropomorphismus als Grundproblem neuzeitlicher Hermeneutik,» in DERS., *Wertlose Wahrheit: Zur Identität und Relevanz des christlichen Glaubens*, Theologische Erörterungen 3, 2., um ein Register erweiterte Aufl. (Tübingen: Mohr Siebeck, 2003), 110–131, bes. 127–131 mit Hinweis auf Immanuel KANT, *Prolegomena zu einer jeden künftigen Metaphysik, die als Wissenschaft wird auftreten können*, Kants Gesammelte Schriften, hg. von der Königlich Preußischen Akademie der Wissenschaften Bd. 4

(Berlin: De Gruyter, 1903–1911), 357 (Teil III § 57), oben zitiert S. 449 mit Anm. 56. Für das «Recht auf anthropomorphe Aussagen» votiert auch Klaus BERGER, *Ist Gott Person? Ein Weg zum Verstehen des christlichen Gottesbildes* (Gütersloh: Gütersloher Verlagshaus, 2004), 35–38. 59 f.

44 JÜNGEL, «Anthropomorphismus als Grundproblem neuzeitlicher Hermeneutik,» 131.

45 Immanuel KANT, *Kritik der reinen Vernunft,* Kants Gesammelte Schriften, hg. von der Königlich Preußischen Akademie der Wissenschaften Bd. 3 (Berlin: De Gruyter, 1911), B 724 f. = 457 f.

46 Brief G. C. Lichtenberg an Ludwig Christian Lichtenberg, Göttingen, 18. Februar 1799, zitiert nach: *Appellation an das Publikum (…) Dokumente zum Atheismusstreit um Fichte, Forberg, Niethammer. Jena 1798/99,* 145 f. (Dokument IV.22) = Georg Christoph LICHTENBERG, *Briefwechsel,* Bd. 4 1793–1799, im Auftrag der Akademie der Wissenschaften zu Göttingen hg. Ulrich Joost u. Albrecht Schöne (München: Beck, 1992), 1019 (Brief Nr. 2969); vgl. dazu Albrecht BEUTEL, *Lichtenberg und die Religion. Aspekte einer vielschichtigen Konstellation,* Beiträge zur Historischen Theologie 93 (Tübingen: Mohr Siebeck, 1996), 237 f.

47 Johannes SCHELHAS, «Der Leib als Schöpfung,» *Neue Zeitschrift für Systematische Theologie und Religionsphilosophie* 55 (2013): (33–53) 39; Volker GERHARDT, *Individualität. Das Element der Welt,* Beck'sche Reihe 1381 (München: Beck, 2000), 50–59. – Ich danke meinem Berliner Kollegen Horst Bredekamp für allerlei anregende Gespräche in diesem Zusammenhang.

48 Angelika NEUWIRTH, *Der Koran als Text der Spätantike. Ein europäischer Zugang* (Berlin: Verlag der Weltreligionen, 2010), 20–24.

49 Gudrun KRÄMER, «Ja, er kann. Islam als *empowerment*,» in *Was ist der Mensch?,* hg. v. Detlev Ganten, Volker Gerhardt, Jan-Christoph Heilinger u. Julian Nida-Rümelin, Humanprojekt. Interdisziplinäre Anthropologie 3 (Berlin/New York: De Gruyter, 2008), 159–161.

50 Navid KERMANI, *Gott ist schön. Das ästhetische Erleben des Koran,* 4. Aufl. der broschierten Sonderausgabe (München: Beck, 2011), 216.

51 NEUWIRTH, *Der Koran als Text der Spätantike. Ein europäischer Zugang,* 167. Der Ausdruck «Inlibration» geht zurück auf Harry Austryn WOLFSON, *The Philosophy of the Kalam,* Structure and Growth of Philosophic Systems from Plato to Spinoza 4 (Cambridge, MA/London: Harvard University Press, 1976), 244 f.

52 Neuwirth, *Der Koran als Text der Spätantike. Ein europäischer Zugang,* 158–168 (mit Bezug auf Sure 55,1–4).

53 So ʿAlī ibn ʿĪsā ar-Rummānī, gestorben 996 n. Chr., *Talat rasāʾil fī iʿgaz al-qurʾan* [An nukat fi iʿgaz al-qurʿan], ed. Muḥammad Aḥmad Ḫalafallāh, Ḏaḫāʾir al-ʿarab 16 (Miṣr: Dār al-Maʿārif, [circa 1955]), 111; hier zitiert nach KERMANI, *Gott ist schön. Das ästhetische Erleben des Koran,* 241

54 KERMANI, *Gott ist schön. Das ästhetische Erleben des Koran,* 241.

55 Carl SCHMITT, *Politische Theologie. Vier Kapitel zur Lehre von der Souveränität*, 8. Aufl. (Berlin: Duncker & Humblot, 2004 [= ebd. 1922]), 43: «Alle prägnanten Begriffe der modernen Staatslehre sind säkularisierte theologische Begriffe».

56 Edmund PLOWDEN, *The commentaries, or Reports of Edmund Plowden:* (...) *Containing Divers Cases Upon Matters of Law, Argued and Adjudged in the Several Reigns of King Edward VI., Queen Mary, King and Queen Philip and Mary, and Queen Elizabeth [1548–1579]. To which are added, The quæries of Mr. Plowden. In Two Parts* (London: Brooke, 1816), 212a–213: «For the King has in him two Bodies, viz. a Body natural, and a Body politic. His Body natural (if it be considered in itself) is a Body mortal, subject to all Infirmities that come by Nature or Accident, to the Imbecility of Infancy or old Age, and to the like Defects that happen to the natural Bodies of other People. But his Body politic is a Body that cannot be seen or handled, consisting of Policy and Government, and constituted for the Direction of the People, and the Management of the public weal, and this Body is utterly void of Infancy, and old Age, and other natural Defects and Imbecilities, which the Body natural is subject to, and for this Cause, what the King does in his Body politic, cannot be invalidated or frustrated by any Disability in his natural Body»; vgl. dazu Ernst H. KANTOROWICZ, *Die zwei Körper des Königs. Eine Studie zur politischen Theologie des Mittelalters*, aus dem Amerikanischen übers. v. Walter Theimer (Stuttgart: Klett-Cotta, 1992), 29–44 und Arnold D. HARVEY, *Body Politic. Political Metaphor and Political Violence* (Cambridge: Cambridge Scholars Publishing, 2007), 117–118 sowie Jonathan Gil HARRIS, *Foreign Bodies and the Body Politic. Discourses of Social Pathology in Early Modern England* (Cambridge: Cambridge University Press 1998), 141–146.

57 PLOWDEN, *The commentaries, or Reports,* 283: «[T]he King has two Capacities, for he has two Bodies, the one whereof is a Body natural, consisting of natural Members as every other Man has, and in this he is subject to Passions and to Death as other Men are: the other is a Body politic, and the Members thereof are his Subjects, and he and his Subjects together compose the corporation, as Southcote said, and he is incorporated with them, and they with him, and he is the Head, and they are the Members, and he has sole Government of them: and this Body is not subject to Passions as the other is, nor to Death, for as to this Body the King never dies, and his natural Death is not called in our Law (as Harper said) the Death of the King, but the Demise of the King, not signifying by the Word (Demise) that the Body politic of the King is dead, but that there is a Separation of the two Bodies, and that the Body politic is transferred and conveyed over from the Body natural now dead, or now removed from the Dignity royal, to another Body natural».

58 Ulrich KÖPF, «Politische Theologie im Mittelalter,» *Theologische Rundschau* 58 (1993): (437–444) 439. Köpf trägt einige mittelalterliche Belege für die Vor-

stellung nach, dass der «politische Körper» des Königs unvergänglich und somit ewig ist: 441–444.
59 Hans JOAS, *Die Sakralität der Person. Eine neue Genealogie der Menschenrechte* (Berlin: Suhrkamp, 2011), 81 f.
60 JOAS, *Die Sakralität der Person. Eine neue Genealogie der Menschenrechte*, 204–250; vgl. dazu auch Hermann-Josef GROSSE KRACHT, «Kult des Individuums oder Sakralität der Person. Ungeklärte Beziehungen und neue Verständigungschancen zwischen Theologie und Sozialtheorie,» in *Der moderne Glaube an die Menschenwürde. Philosophie, Soziologie und Theologie im Gespräch mit Hans Joas*, hg. Hermann-Josef Große Kracht (Bielefeld: transcript, 2014), 223–241 und Bernd OBERDORFER, «The Dignity of Human Personhood and the Concept of the ‹Image of God›,» in *The Depth of the Human Person. A Multidisciplinary Approach*, ed. Michael Welker (Grand Rapids, MI/Cambridge: 2014), 257–273.

BILDNACHWEIS

Abb. 1: British Museum, Inv.-Nr. 1846, 0910.140 © The Trustees of the British Museum.
Abb. 2: Münzkabinett, Staatliche Museen zu Berlin – Preußischer Kulturbesitz; Akzessionsnr. 1936/184; Objektnummer: 18200646.
Abb. 3: Kestner-Museum Hannover; Inventar-Nummer 1999.4.26.
Abb. 4: British Museum; Inv.-Nr. 1938, 1118.5 nach Ian JENKINS, *The Parthenon frieze*. Austin: University of Texas Press, 1994, 79.
Abb. 5: KRAELING, *The Synagogue*, Plate XXIV.
Abb. 6: SCHÄFER, *Die Geburt des Judentums*, 181, Abb. 2/3.
Abb. 7: KRAELING, *The Synagogue*, Plate LXXIV.
Abb. 8: CSEL 11,197 ENGELBRECHT.
Abb. 9: Winchester Cathedral Library, fol. 172; © The Dean & Chapter of Winchester *2016*. Reproduced by kind permission of The Dean & Chapter of Winchester.
Abb. 10: Galleria dell'Accademia Venedig; Feder in Braun, aquarelliert; mit Genehmigung zum Abdruck freundlicherweise bereitgestellt von dem Institut für Kunst- und Bildgeschichte der Humboldt-Universität zu Berlin durch Horst Bredekamp: DERS., «Das Ideal der Proportion und die Kontingenz des Lebens,» in *Die Verfassung als Aufgabe von Wissenschaft, Praxis und Öffentlichkeit. Freundesgabe für Bernhard Schlink zum 70. Geburtstag*, herausgegeben von Jakob Nolte u. a., 311–320. Heidelberg: Müller, 2014.
Abb. 11: John GALEY, *Sinai und das Katharinen-Kloster*, Einführung George H. Forsyth, Kurt Weitzmann, Übers. aus d. Engl. Brigitte Weitbrecht. Stuttgart/Zürich: Belser Verlag, 1979, 53.
Abb. 12: Pushkin Museum Moskau; Papyrus Golenischev Inv. Nr. 310/8, fol.6^{verso} B; BAUER und STRZYGOWSKI, *Eine alexandrinische Weltchronik*, pl. 6^{verso} B.
Abb. 13: Photographie Mission suisse d'archéologie copte; KASSER, «Le monarchisme copte», 17 Fig. 3.
Abb. 14: Sammlungen des griechisch-orthodoxen Patriarchates in Jerusalem; ISRAELI and MEVORAH, *Cradle of Christianity*, 184.
Abb. 15: Sammlungen des griechisch-orthodoxen Patriarchates in Jerusalem; ISRAELI and MEVORAH, *Cradle of Christianity*, 185.

VERZEICHNIS DER SEKUNDÄRLITERATUR

In dieses Literaturverzeichnis wurden lediglich Titel der Sekundärliteratur aufgenommen, die verwendeten Quellentexte sind über die Verweise direkt bei den zitierten Stellen zu identifizieren.

AARON, David H. «Shedding Light on God's Body in Rabbinic Midrashim: Reflections on the Theory of a Luminous Adam.» *Harvard Theological Revue* 90 (1997): 299–314.

ABEL, Félix M. «Saint Cyrille d'Alexandrie dans ses rapports avec la Palestine.» In *Kyrilliana. Spicilegia Sancti Cyrilli Alexandrini XV recurrente saeculo. Études variées à l'occasion du XVe centenaire de Saint Cyrille d'Alexandrie (444–1944)*, édité par Seminarium Franciscale Orientale Ghizae, 205–230. Kairo: Editions du Scribe Egyptien, 1947.

ABRAMOWSKI, Luise. «Ein gnostischer Logostheologe. Umfang und Redaktor des gnostischen Sonderguts in Hippolyts ‹Widerlegung aller Häresien›.» In DIES. *Drei christologische Untersuchungen*, 18–62. Beihefte zur Zeitschrift für die neutestamentliche Wissenschaft 45. Berlin/New York: Walter de Gruyter, 1981.

–. «συνάφεια und ἀσύγχυτος ἕνωσις als Bezeichnungen für trinitarische und christologische Einheit.» In DIES. *Drei christologische Untersuchungen*, 63–109. Beihefte zur Zeitschrift für die neutestamentliche Wissenschaft 45. Berlin/New York: Walter de Gruyter, 1981.

ABUSCH, Tzvi. Art. «Ishtar.» In *Dictionary of Deities and Demons in the Bible (DDD)*, edited by Karel van der Toorn, Bob Becking and Pieter W. van der Horst, 847–855. Leiden/New York/Köln: Brill, 1995.

–. Art. «Marduk.» In *Dictionary of Deities and Demons in the Bible (DDD)*, edited by Karel van de Toorn, Bob Becking and Pieter W. van der Horst, 1014–1026. Leiden/New York/Köln: Brill, 1995.

ALAND, Barbara. «Die frühe Gnosis zwischen platonischem und christlichem Glauben: Kosmosfrömmigkeit versus Erlösungstheologie.» In *Die Weltlichkeit des Glaubens in der Alten Kirche: Festschrift für Ulrich Wickert zum siebzigsten Geburtstag*, herausgegeben von Dietmar Wyrwa, 1–24. Beihefte zur Zeitschrift für die neutestamentliche Wissenschaft und Kunde der älteren Kirche 85. Berlin/New York: Walter de Gruyter, 1997. (= DIES. *Was ist Gnosis? Studien zum frühen Christentum, zu Marcion und zur kaiserzeitlichen Philosophie,* 103–124. Wissenschaftliche Untersuchungen zum Neuen Testament 239. Tübingen: Mohr Siebeck, 2009.)

–. «Fides und Subiectio. Zur Anthropologie des Irenäus.» In *Kerygma und Logos. Beiträge zu den geistesgeschichtlichen Beziehungen zwischen Antike und Christentum: Festschrift für Carl Andresen zum 70. Geburtstag,* herausgegeben von Adolf M. Ritter, 9–28. Göttingen: Vandenhoeck & Ruprecht, 1979.

–. Art. «Marcion und die Marcioniten.» In *Theologische Realenzyklopädie,* 22: 89–101. Berlin/New York, Walter de Gruyter, 1992. (= DIES. *Was ist Gnosis? Studien zum frühen Christentum, zu Marcion und zur kaiserzeitlichen Philosophie,* 318–340. Wissenschaftliche Untersuchungen zum Neuen Testament 239. Tübingen: Mohr Siebeck, 2009).

–. «Sünde und Erlösung bei Marcion und die Konsequenz für die sog. beiden Götter Marcions.» In *Marcion und seine kirchengeschichtliche Wirkung: Marcion and his Impact on Church History,* herausgegeben von Katharina Greschat und Gerhard May, 147–157. Texte und Untersuchungen zur Geschichte der altchristlichen Literatur 150. Berlin/New York: Walter De Gruyter, 2002.

ALAND, Kurt und Hans-Udo ROSENBAUM, Hg. *Repertorium der griechischen christlichen Papyri.* Vol. 2, *Kirchenväter-Papyri.* Tl. 1, *Beschreibungen.* Im Namen der Patristischen Arbeitsstelle Münster. Patristische Texte und Studien 42. Berlin/New York: Walter de Gruyter, 1995.

ALBARIC, Michel. *Les sources bibliques du De videndo deo de Saint Augustin.* Paris: Le Saulchoir, 1970.

ALCIATI, Roberto. «Origene, gli antropomorfiti e Cassiano: le ragioni di una relazione istituita.» *Adamantius* 19 (2013): 96–110.

ALEXANDRE, Monique. «Le statut des questions concernant la matière dans le *Peri Archôn*.» In *Origeniana: Premier colloque international des études origéniennes (Montserrat, 18–21 septembre 1973),* dirigé par Henri Crouzel, Gennaro Lomiento et Josep Rius-Camps, 63–81. Quaderni di Vetera Christianorum 12. Bari: Istituto di letteratura cristiana antica/Università di Bari, 1975.

ALFÖLDI, Andreas. «Die Geschichte des Throntabernakels.» *La nouvelle clio* 1/2 (1949/1950): 537–566.

ALIMONTI, Terenzio. «Apuleio e l'arcaismo in Claudiano Mamerto.» In *Forma futuri: Studi in onore del Cardinale Michel Pellegrino,* edited by Terenzio Alimonti, Francesco Bolgiani et al., 189–228. Turin: Bottega d'Erasmo, 1975.

ALLISON, Dale C. «The Silence of the Angels: Reflections on the Songs of the Sabbath Sacrifice.» *Revue de Qumran* 13 (1988): 189–197.

ALTANER, Berthold. «Wer ist der Verfasser des *Tractatus in Isaiam* VI 1–7 (ed. G. Morin, Anecdota Maredsolana III 3, Maredsous 1903, 103–122): Ein Forschungsbericht.» *Theologische Revue* 42 (1943): 147–151. (= DERS. *Kleine Patristische Schriften,* herausgegeben von Günter Glockmann, 483–488. Texte und Untersuchungen 83. Berlin: Akademie-Verlag, 1967.)

ALVAR, Jaime Ezquerra. *Romanising Oriental Gods: Myth, Salvation, and Ethics in the Cults of Cybele, Isis, and Mithras*. Translated and edited by Richard Gordon, 305–309. Religions in the Graeco-Roman World 165. Leiden: Brill, 2008.

AMSLER, Frédéric. «État de la recherche récente sur le roman Pseudo-Clémentin.» In *Nouvelles intrigues pseudo-clémentines. Plots in the Pseudo-Clementine Romance*. Actes du deuxième colloque international sur la littérature apocryphe Chrétienne, Lausanne – Genève, 30 août – 2 septembre 2006, édités par Frédéric Amsler, Albert Frey, Charlotte Touati et Renée Girardet, 25–45. Publications de l'Institut Romand des Sciences Bibliques 6. Prahins: Éditions du Zèbrer, 2008.

ANDRES, Friedrich. Art. «Daimon.» In *Paulys Realencyclopädie der classischen Altertumswissenschaft*. Supplementband 3: 267–322. Stuttgart: Metzler, 1918.

ANDRESEN, Carl. «Zur Dogmengeschichte der Alten Kirche.» *Theologische Literaturzeitung* 84 (1959): 81–88. (= DERS. *Theologie und Kirche im Horizont der Antike: Gesammelte Aufsätze zur Geschichte der Alten Kirche*, herausgegeben von Peter Gemeinhardt, 37–45. Arbeiten zur Kirchengeschichte 112. Berlin/New York: Walter de Gruyter, 2009.)

–. *Logos und Nomos: Die Polemik des Kelsos wider das Christentum*. Arbeiten zur Kirchengeschichte 30. Berlin: Walter de Gruyter, 1955.

ANGERSTORFER, Ingeborg. *Melito und das Judentum*. Diss. theol. masch., Regensburg, 1985.

ARMSTRONG, Arthur H. «Beauty and the Discovery of Divinity in the Thought of Plotinus.» In *Kephalaion: Studies in Greek Philosophy and Its Continuation offered to Cornelia Johanna de Vogel*, edited by Jaap Mansfeld and Lambertus M. de Rijk, 155–163. Philosophical Texts and Studies 23. Assen: Van Gorcum, 1975. (= DERS. *Plotinian and Christian Studies*, nr. XIX. Variorum Collected Studies Series 102. Farnham: Ashgate, 1979.)

ASMUS, Rudolf. *Das Leben des Philosophen Isidoros von Damaskios aus Damaskos*. Philosophische Bibliothek 125. Leipzig: Meiner, 1911.

–. «Zur Rekonstruktion von Damascius' Leben des Isidorus.» *Byzantinische Zeitschrift* 18 (1909): 424–480.

ASSMANN, Jan. «Primat und Transzendenz: Struktur und Genese der ägyptischen Vorstellung eines höchsten Wesens.» In *Aspekte der ägyptischen Religion*, herausgegeben von Wolfhart Westendorf, 7–42. Göttinger Orientforschungen. Reihe 4 Ägypten 9. Wiesbaden: Harrassowitz, 1979.

ATTRIDGE, Harold W. «The Philosophical Critique of Religion under the Early Empire.» In *Aufstieg und Niedergang der Römischen Welt. Geschichte und Kultur Roms im Spiegel der neueren Forschung*. II, *Prinzipat*. 16/2, *Religion (Heidentum: Römische Religion, Allgemeines [Forts.])*, herausgegeben von Wolfgang Haase, 45–78. Berlin/New York: Walter de Gruyter, 1978.

AUFFARTH, Christoph. «Das angemessene Bild Gottes: Der Olympische Zeus, antike Bildkonvention und die Christologie.» In *Tekmeria. Archäologische Zeug-*

nisse in ihrer kulturhistorischen und politischen Dimension. Beiträge für Werner Gauer, herausgegeben von Natascha Kreutz und Beat Schweizer, 1–23. Münster: Scriptorium, 2006.

-. «Götterbilder im römischen Griechenland: Vom Tempel zum Museum.» In *Ritual Dynamics and Religious Change in the Roman Empire. Proceedings of the Eighth Workshop of the International Network Impact of Empire (Heidelberg, July 5–7, 2007)*, herausgegeben von Olivier Hekster, Sebastian Schmidt-Hofner und Christian Witschel, 306–325. Impact of Empire 9. Leiden/Boston: Brill, 2009.

AVEMARIE, Friedrich. «Rivalität zwischen Gott und seinen Paladinen: Beobachtungen zum Monotheismus in der rabbinischen Literatur.» In *Gott – Götter – Götzen. XIV. Europäischer Kongress für Theologie (11.–15. September 2011 in Zürich)*, herausgegeben von Christoph Schwöbel, 353–366. Veröffentlichungen der wissenschaftlichen Gesellschaft für Theologie 38. Leipzig: Evangelische Verlagsanstalt, 2013.

AYRES, Larry M. «The Work of the Morgan Master at Winchester and English Painting of the Early Gothic Period.» *The Art Bulletin* 56 (1974): 201–223.

BABUT, Daniel. «Sur les dieux d'Epicure.» *Elenchos* 26 (2005): 79–110.

BACHT, Heinrich. Art. «Einfalt.» In *Reallexikon für Antike und Christentum* 4: 821–840. Stuttgart: Hiersemann, 1959.

BÄBLER, Balbina. «Der Zeus von Olympia.» In *Dio Chrysostomus. Oratio XII De dei cognitione*. Übersetzung und Kommentar von Dion von Prusa. *Olympische Rede oder über die erste Erkenntnis Gottes*. Eingeleitet, übersetzt und interpretiert von Hans-Josef Klauck, mit einem archäologischen Beitrag von Balbina Bäbler, 216–238. SAPERE 2. Darmstadt: Wissenschaftliche Buchgesellschaft, 2000.

BAGUETTE, Charles. «Une période stoïcienne dans l'évolution de la pensée de saint Augustin.» *Revue des Études Augustiniennes* 16 (1970): 47–77.

BALDWIN, Matthew C. *Whose Acts of Peter? Text and Historical Context of the Actus Vercellensis*. Wissenschaftliche Untersuchungen zum Neuen Testament 2/196. Tübingen: Mohr Siebeck, 2005.

BALTES, Matthias. Art. «Idee (Ideenlehre).» In *Reallexikon für Antike und Christentum* 17: 213–246. Stuttgart: Hiersemann, 1996.

-. «Muß die ‹Landkarte des Mittelplatonismus› neu gezeichnet werden?.» In DERS. *ΔΙΑΝΟΗΜΑΤΑ: Kleine Schriften zu Platon und zum Platonismus*, herausgegeben von Annette Hüffmeier, Marie-Luise Lakmann und Matthias Vorwerk, 327–350. Beiträge zur Altertumskunde 123. Stuttgart/Leipzig: Teubner, 1999.

BALTZLY, Dirk. «Is Plato's Timaeus Panentheistic?.» *Sophia* 49 (2010): 193–215.

-. «Stoic Pantheism.» *Sophia* 34 (2003): 3–33.

-. «What Goes Up: Proclus Against Aristotle on the Fifth Element.» *Australasian Journal of Philosophy* 80 (2002): 261–287.

BANEV, Krastu. *Theophilus of Alexandria and the First Origenist Controversy. Rhetoric*

and Power, Oxford Early Christian Studies. Oxford: Oxford University Press, 2015.
BARBEL, Joseph. *Christos Angelos: Die Anschauung von Christus als Bote und Engel in der gelehrten und volkstümlichen Literatur des christlichen Altertums, zugleich ein Beitrag zur Geschichte des Ursprungs und der Fortdauer des Arianismus*. Theophaneia 3. Bonn: Hanstein, 1941.
-. «Zur ‹Engels-Trinitätslehre› im Urchristentum.» *Theologische Revue* 54 (1958): 50–58.
BAR-KOCHVA, Bezalel. *The Image of the Jews in Greek Literature: The Hellenistic Period*. Hellenistic Culture and Society 51. Berkeley/Los Angeles/London: University of California Press, 2010.
BARNES, Timothy D. *Athanasius and Constantius: Theology and Politics in the Constantinian Empire*. Cambridge, MA/London: Harvard University Press, 1993.
-. «Ultimus Antoninorum.» In *Bonner Historia-Augusta-Colloquium 1970*, herausgegeben von Andreas Alföldi unter Mitwirkung von Johannes Straub, 53–74. Antiquitas. Reihe 4. Beiträge zur Historia-Augusta-Forschung 10, Bonn: Habelt, 1972.
BARR, James. «Theophany and Anthropomorphism in the Old Testament.» In *Congress Volume Oxford 1959*, 31–38. Supplements to Vetus Testamentum 7. Leiden: Brill, 1960.
BARTH, Carola. *Die Interpretation des Neuen Testaments in der valentinianischen Gnosis*. Texte und Untersuchungen 37/3. Leipzig: Hinrichs, 1911.
BARTSCH, Hans Werner. *Kerygma und Mythos*. Band 1, *Ein theologisches Gespräch*, herausgegeben von Hans-Werner Bartsch. Theologische Forschung 1. 5., erweiterte Aufl. Hamburg-Bergstedt: Reich, 1967.
-. *Kerygma und Mythos*. Band 2, *Diskussionen und Stimmen des In- und Auslandes*, herausgegeben von Hans-Werner Bartsch. Theologische Forschung 2. Hamburg-Bergstedt: Reich, 1965.
-. *Kerygma und Mythos*. Band 3, *Das Gespräch mit der Philosophie*, herausgegeben von Hans-Werner Bartsch. Theologische Forschung 5. Hamburg-Bergstedt: Reich, 1954.
-. *Kerygma und Mythos*. Band 4, *Die ökumenische Diskussion*, herausgegeben von Hans-Werner Bartsch. Theologische Forschung 8. Hamburg-Bergstedt: Reich, 1955.
BAUCHHENSS, Gerhard. «Wie die Römer die Götter gebildet – Gottesbild und Götterbilder.» In *Götterbilder – Menschenbilder. Religion und Kulte in Carnuntum*, herausgegeben von Franz Humer und Gabrielle Kremer, 30–43. Wien: AV + Astoria Druckzentrum, 2011.
BAUER, Adolf und Josef STRZYGOWSKI. *Eine alexandrinische Weltchronik, Text und Miniaturen eines griechischen Papyrus der Sammlung W. Goleniščev herausgegeben und erklärt*. Denkschriften der Kaiserlichen Akademie der Wissenschaften in Wien. Philosophisch-historische Klasse 51/2. Wien: Gerold, 1905.

BAUER, Karl-Adolf. *Leiblichkeit, das Ende aller Werke Gottes: die Bedeutung der Leiblichkeit des Menschen bei Paulus.* Studien zum Neuen Testament 4. Gütersloh: Mohn, 1971.

BAUER, Walter. *Das Leben Jesu im Zeitalter der neutestamentlichen Apokryphen.* Darmstadt: Wissenschaftliche Buchgesellschaft, 1967. (= Tübingen: Mohr Siebeck, 1909.)

BAUMGARTEN, Joseph M. «The Book of Elkesai and Merkabah Mysticism.» *Journal for the Study of Judaism in the Persian, Hellenistic and Roman Period* 17 (1986): 212–223. 257–259.

–. «The Qumran Sabbath Shirot and Rabbinic Merkabah Traditions». *Révue de Qumran* 13 (1988): 199–213.

BAYER, Oswald. «Gottes Leiblichkeit. Zum Leben und Werk Friedrich Christoph Oetingers.» In DERS. *Leibliches Wort: Reformation und Neuzeit im Konflikt.* Tübingen: Mohr Siebeck, 1992.

BEATRICE, Pier F. «Quosdam Platonicorum Libros: The Platonic Readings of Augustine in Milan.» *Vigiliae Christianae* 43 (1989): 248–281.

BECKAERT, André. «L'évolution de l'intellectualisme grec vers la pensée religieuse et la relève de la philosophie par la pensée chrétienne.» *Revue des études byzantines* 19 (1961): 44–62.

BECKER, Hans-Jürgen. «The Magic of the Name and Palestinian Rabbinic Literature.» In *The Talmud Yerushalmi and Graeco-Roman Culture*, edited by Peter Schäfer, 391–407. Texte und Studien zum Antiken Judentum 93. Tübingen: Mohr Siebeck, 2002.

BEDROSIAN, Matthias. *New Dictionary Armenian-English.* Venedig: S. Lazarus Armenian Academy, 1875–1879.

BELTING, Hans. *Bild und Kult. Eine Geschichte des Bildes vor dem Zeitalter der Kunst.* 2. Aufl. München: Beck, 1993. (= 1991.)

BELLEFONDS, Pascale Linant de u. a. «Rites et activités relatifs aux images de culte.» In *Purification, Initiation, Heroization, Apotheosis, Banquet, Dance, Music, Cult, Images. Thesaurus cultus et rituum antiquorum* Vol. 2, edited by Jean-Charles Balty, 418–507. Los Angeles, CA: Getty Publications, 2004.

BENDRATH, Christian. *Leibhaftigkeit: Jakob Böhmes Inkarnationsmorphologie.* Theologische Bibliothek Töpelmann 97. Berlin/New York: Walter de Gruyter, 1999.

BENGSCH, Alfred. *Heilsgeschichte und Heilswissen: Eine Untersuchung zur Struktur und Entfaltung des theologischen Denkens im Werk «Adversus haereses» des hl. Irenäus von Lyon.* Erfurter Theologische Studien 3. Leipzig: St. Benno, 1957.

BERGER, Klaus. *Ist Gott Person? Ein Weg zum Verstehen des christlichen Gottesbildes.* Gütersloh: Gütersloher Verlagshaus, 2004.

BERGER, Pamela. «The Temples/Tabernacles in the Dura-Europos Synagogue Paintings.» In *Dura Europos: Crossroads of Antiquity*, edited by Lisa R. Brody and Gail L. Hoffman, 123–140. Chestnut Hill, MA: McMullen Museum of Art, Boston College, 2011.

BERGJAN, Silke-Petra. «Die dogmatische Funktionalisierung der Exegese nach Theodoret von Cyrus.» In *Christliche Exegese zwischen Nicaea und Chalcedon*, herausgegeben von Johannes van Oort und Ulrich Wickert, 32–48. Kampen: Kok Pharos, 1992.

BERNOULLI, Carl A. *Der Schriftstellerkatalog des Hieronymus: Ein Beitrag zur Geschichte der altchristlichen Litteratur.* Freiburg im Breisgau: Mohr, 1895.

BERRENS, Stephan. *Sonnenkult und Kaisertum von den Severern bis zu Constantin I. (193–337 n. Chr.).* Historia. Einzelschriften 185. Stuttgart: Steiner, 2004.

BEST, Thomas F. «The Transfiguration. A Select Bibliography.» *Journal of the Evangelical Theological Society* 24 (1981): 157–161.

BESTER, Dörte. *Körperbilder in den Psalmen: Studien zu Psalm 22 und verwandten Texten.* Forschungen zum Alten Testament 2/24. Tübingen: Mohr Siebeck, 2007.

BEUTEL, Albrecht. *Lichtenberg und die Religion: Aspekte einer vielschichtigen Konstellation.* Beiträge zur Historischen Theologie 93. Tübingen: Mohr Siebeck, 1996.

BEVAN, George A. and Patrick T. R. GRAY. «The Trial of Eutyches: A new Interpretation.» *Byzantinische Zeitschrift* 101 (2008): 617–657.

BEYER, Hans-Veit. «Die Lichtlehre der Mönche des vierzehnten und des vierten Jahrhunderts, erörtert am Beispiel des Gregorios Sinaïtes, des Euagrios Pontikos und des Ps.-Makarios/Symeon.» *Jahrbuch der Österreichischen Byzantinistik* 31 (1981): 473–512.

BEYSCHLAG, Karlmann. *Grundriss der Dogmengeschichte. Bd. 2, Gott und Mensch. Teil 1, Das christologische Dogma.* Grundrisse 3/1. Darmstadt: Wissenschaftliche Buchgesellschaft, 1991.

–. «Zur Geschichte der Bergpredigt in der Alten Kirche.» *Zeitschrift für Theologie und Kirche* 74 (1977): 291–322.

BICKERMAN, Elias J. «Diva Augusta Marciana.» *The American Journal of Philology* 95 (1974): 362–376.

BICKEL, Ernst. «Inlocalitas. Zur neupythagoreischen Metaphysik.» In *Immanuel Kant: Festschrift zur zweiten Jahrhundertfeier seines Geburtstages*, herausgegeben von der Albertus-Universität in Königsberg in Preußen, 17–26. Leipzig: Dietrich'sche Verlagsbuchhandlung, 1924.

BIDEZ, Joseph. *Vie de Porphyre: Le philosophe néoplatonicien.* Recueil de travaux publiés par la Faculté de philosophie et lettres. Université de Gand 43. Gand: van Goethem, 1913. (= Hildesheim: Olms, 1964/1980.)

BIENERT, Wolfgang A. *«Allegoria» und «Anagoge» bei Didymos dem Blinden von Alexandria.* Patristische Texte und Studien 13. Berlin/New York: Walter de Gruyter, 1972.

–. «Athanasius von Alexandrien und Origenes.» In *Liturgica, Second Century, Alexandria before Nicaea, Athanasius and the Arian Controversy.* Papers presented at the Eleventh International Conference on Patristic Studies held in Oxford 1991, edited by Elizabeth A. Livingstone, 360–364. Studia Patristica 26. Leuven: Peeters, 1993.

BINGÖL, Orhan. *Magnesia am Mäander. Magnesia ad Maeandrum.* Homer Reihe: Antike Städte 6. Istanbul: Homer Kitabevi, 2007.

BINNS, John. *Ascetics and Ambassadors of Christ: The Monasteries of Palestine 314–631.* Oxford Early Christian Studies. Oxford: Oxford University Press, 1994.

BLOCH, Marc. *Die wundertätigen Könige.* Mit einem Vorwort von Jacques LeGoff, aus dem Französischen übersetzt von Claudia Märtl. München: Beck, 1998. (= DERS. *Les rois thaumaturges: étude sur le caractère surnaturel attribué à la puissance royale, particulièrement en France et en Angleterre.* Strasbourg: Istra, 1924.)

BLOCH, Maurice. «From cognition to ideology.» In *Ritual, History and Power: Selected Papers in Anthropology.* London School of Economics Monographs on Social Anthropology 58. London/Atlantic Highlands, NJ: Athlone Press, 1989.

BLOCH, Philipp. «Die Yorede Merkavah, die Mystiker der Gaonenzeit und ihr Einfluss auf die Liturgie.» *Monatsschrift für Geschichte und Wissenschaft des Judentums* 37 (1893): 18–25. 69–74. 257–266. 305–311.

BLOCH, René S. *Antike Vorstellungen vom Judentum: Der Judenexkurs des Tacitus im Rahmen der griechisch-römischen Ethnographie.* Historia. Einzelschriften 160. Stuttgart: Steiner, 2002.

BLUM, Erhard. «Die Wandinschriften 4.2 und 4.6 sowie die Pithos-Inschrift 3.9 aus *Kuntillet 'Aǧrūd*.» *Zeitschrift des Deutschen Palästina-Vereins* 129 (2013): 21–54.

BOECKH, August. *Philolaos des Pythagoreers Lehren nebst den Bruchstücken seines Werkes.* Berlin: Vossische Buchhandlung, 1819.

BODÉÜS, Richard. *Aristotle and the Theology of the Living Immortals.* Albany: State University of New York Press, 2000.

BOERI, Marcelo D. «The Stoics on Bodies and Incorporeals.» *Review of Metaphysics* 54 (2001): 723–752.

BÖHM, Thomas. «Origenes – Theologe und (Neu-)Platoniker? Oder: Wem soll man mißtrauen – Eusebius oder Porphyrius?» *Adamantius* 8 (2002): 7–23.

–. «Unbegreiflichkeit Gottes bei Origenes und Unsagbarkeit des Einen bei Plotin – ein Strukturvergleich.» In *Origeniana Octava: Origen and the Alexandrian Tradition.* Papers of the 8th International Origen Congress Pisa, 27–31 August 2001, edited by Lorenzo Perrone, in Collaboration with Paolo Bernardini and Diego Marchini, 1: 451–463. Bibliotheca Ephemeridum Theologicarum Lovaniensium 164. Leuven: Peeters, 2003.

BÖMER, Franz. *Der lateinische Neuplatonismus und Neupythagoreismus und Claudianus Mamertus in Sprache und Philosophie.* Klassisch-philologische Studien 7. Leipzig: Harrassowitz, 1936.

BÖTTRICH, Christfried. «Das slavische Henochbuch.» In *Apokalypsen.* Jüdische Schriften aus hellenistisch-römischer Zeit 5/7. Gütersloh: Mohn, 1995.

–. «Konturen des ‹Menschensohnes› in äthHen 37–71.» In *Gottessohn und Men-*

schensohn. Exegetische Studien zu zwei Paradigmen biblischer Intertextualität, herausgegeben von Dieter Sänger, 53–90. Biblisch-theologische Studien 67. Neukirchen-Vluyn: Neukirchener, 2004.

BOLL, Franz. *Sphaera: Neue griechische Texte und Untersuchungen zur Geschichte der Sternbilder.* Leipzig: Teubner, 1903. (= Hildesheim: Olms, 1967.)

BOMMES, Karin. *Weizen Gottes: Untersuchungen zur Theologie des Martyriums bei Ignatius von Antiochien.* Theophaneia 27. Köln/Bonn: Hanstein, 1976.

BONAZZI, Mauro. «Eudorus of Alexandria and the ‹Pythagorean› pseudepigrapha.» In *On Pythagoreanism*, edited by Gabriele Cornelli, Richard McKirahan and Constantinos Macris, 385–404. Studia Praesocratica 5. Berlin: Walter de Gruyter, 2013.

BONWETSCH, Georg N. *Die apokryphe ‹Leiter Jakobs›.* Nachrichten der königlichen Gesellschaft der Wissenschaften zu Göttingen. Philologisch-historische Klasse 7. Göttingen: Vandenhoeck & Ruprecht, 1900.

BORDO, Susan and Monica UDVARDY. Art. «Body, the.» In *New Dictionary of the History of Ideas*, edited by Maryanne Cline Horowitz, 1: 230–238. Detroit u. a.: Thomson Gale, 2005.

BORSCHE, Tilman. Art. «Leib, Körper.» In *Historisches Wörterbuch der Philosophie*, 5: 173–178. Darmstadt: Wissenschaftliche Buchgesellschaft, 1980.

BOSCHUNG, Dietrich. «Kultbilder als Vermittler religiöser Vorstellungen.» In *Kult und Kommunikation: Medien in Heiligtümern der Antike*, herausgegeben von Christian Frevel und Henner von Hesberg, 63–87. Schriften des Lehr- und Forschungszentrums für die antiken Kulturen des Mittelmeerraumes 4. Wiesbaden: Reichert, 2007.

BOSTOCK, Gerald. «Quality and Corporeity in Origen.» In *Origeniana Secunda: Second colloque international des études origéniennes (Bari, 20–23 septembre 1977)*, textes rassemblés par Henri Crouzel et Antonio Quacquarelli, 323–337. Quaderni di ‹Vetera Christianorum› 15. Rom: Edizioni dell'Ateneo, 1980.

BOULLUEC, Alain Le. «Die ‹Schule› von Alexandrien.» In *Die Zeit des Anfangs (bis 250)*, herausgegeben von Luce Pietri, 576–621. Die Geschichte des Christentums: Religion – Politik – Kultur 1. Freiburg u. a.: Herder, 2003.

–. *La notion d'hérésie dans la littérature grecque IIe–IIIe siècles. Tome II, Clément d'Alexandrie et Origène.* Études Augustiniennes. Paris: Études Augustiniennes, 1985.

BOUSSET, Wilhelm. *Apophthegmata. Studien zur Geschichte des ältesten Mönchtums.* Tübingen: Mohr Siebeck, 1923.

–. *Jüdisch-christlicher Schulbetrieb in Alexandria und Rom: Literarische Untersuchungen zu Philo und Clemens von Alexandrien, Justin und Irenäus.* Forschungen zur Religion und Literatur des Alten und Neuen Testamentes 23. Göttingen: Vandenhoeck & Ruprecht, 1915.

BOUSTAN, Ra'anan S. «The Study of Heikhalot Literature: Between Mystical Experience and Textual Artifact.» *Currents in Biblical Research* 6 (2007): 130–160.

BOUYER, Louis. «Mysticism: An Essay on the History of the Word.» In *Understanding Mysticism*, edited by Richard Woods, 42–55. London: Athlone Press, 1980.

BOVON, François. *Das Evangelium nach Lukas, 1. Teilband Lk 1,1–9,50*. Evangelisch-Katholischer Kommentar zum Neuen Testament III/1. Zürich: Benziger/Neukirchen-Vluyn: Neukirchener, 1989.

–. *Das Evangelium nach Lukas, 4. Teilband Lk 19,28–24,53*. Evangelisch-Katholischer Kommentar zum Neuen Testament III/4. Neukirchen-Vluyn: Neukirchener/Düsseldorf: Patmos Verlag, 2009.

BOWERSOCK, Glen W. *Martyrdom and Rome*. The Wiles Lectures given at the Queen's University of Belfast. Cambridge: Cambridge University Press, 1995.

BOYARIN, Daniel. *Abgrenzungen: Die Aufspaltung des Judäo-Christentums*. Übersetzt von Gesine Palmer. Arbeiten zur neutestamentlichen Theologie und Zeitgeschichte 10. Berlin/Dortmund: Lehrhaus, 2009. (= DERS. *Border Lines: The Partition of Judaeo-Christianity*. Philadelphia: University of Pennsylvania Press, 2004.)

–. *Dying for God. Martyrdom and the Making of Christianity and Judaism*. Stanford: Stanford University Press, 1999.

BRACHT, Katharina. «God and Methodius: Use of, and Background to, the Term ἀπροσδεής as a Description of God in the Works of Methodius of Olympus.» In *God in Early Christian Thought: Essays in Memory of Lloyd G. Patterson*, edited by Andrew B. McGowan, Brian E. Daley and Timothy J. Gaden, 105–122. Supplements to Vigiliae Christianae 94. Leiden: Brill, 2009.

BRADSHAW, Paul F. «Liturgy and ‹Living Literature›.» In *Liturgy in Dialogue: Essays in Memory of Ronald Jasper*, edited by Paul Bradshaw and Bryan Spinks, 138–153. London: SPCK, 1994.

–. *The Search for the Origins of Christian Worship: Sources and Methods for the Study of Early Liturgy*, 2nd Ed. London: SPCK/New York: Oxford University Press, 2002.

BRÄNDLE, Rudolf. *Johannes Chrysostomus: Bischof – Reformer – Märtyrer*. Stuttgart u. a.: Kohlhammer, 1999.

BRAKKE, David. *Athanasius and the Politics of Asceticism*. Oxford Early Christian Studies. Oxford: Clarendon Press/New York: Oxford University Press, 1995.

–. Demons and the Making of the Monk: Spiritual Combat in Early Christianity. Cambridge, MA/London: Harvard University Press, 2006.

BRANDT, Wilhelm. *Elchasai, ein Religionsstifter und sein Werk: Beiträge zur jüdischen, christlichen und allgemeinen Religionsgeschichte in späthellenistischer Zeit, mit Berücksichtigung der Sekten der syrischen Sampsäer und der arabischen Mughtasila*. Leipzig: Hinrichs, 1912. (= Amsterdam: Philo Press, 1971.)

BRANKAER, Johanna. *Die Gnosis: Texte und Kommentar*. Wiesbaden: Marixverlag, 2010.

BRATKE, Eduard. *Das sogenannte Religionsgespräch am Hof der Sasaniden*. Texte und Untersuchungen 19/3. Leipzig: Hinrichs, 1899.

BRAUN, René. *Deus Christianorum. Recherches sur le vocabulaire doctrinal de Tertullien.* Seconde édition revue et augmentée. Études Augustiniennes. Paris: Études Augustiniennes, 1977.

BRENK, Frederick E. «In the Light of the Moon: Demonology in the Early Imperial Period.» In *Aufstieg und Niedergang der Römischen Welt. Geschichte und Kultur Roms im Spiegel der neueren Forschung.* II, Prinzipat. 16/3, *Religion (Heidentum: Römische Religion, Allgemeines [Forts.])*, herausgegeben von Wolfgang Haase, 2068–2145. Berlin/New York: Walter de Gruyter, 1986.

BRENNECKE, Hanns Ch. «Die Styliten als Römer.» In *Leitbilder aus Kunst und Literatur*, herausgegeben von Jürgen Dummer und Meinolf Vielberg, 9–30. Altertumswissenschaftliches Kolloquium 5. Stuttgart: Steiner, 2002.

–. «Wie man einen Heiligen politisch instrumentalisiert. Der Heilige Simeon Stylites und die Synode von Chalkedon.» In *Theologie und Kultur. Geschichten einer Wechselbeziehung. Festschrift zum einhundertfünfzigjährigen Bestehen des Lehrstuhls für Christliche Archäologie und Kirchliche Kunst an der Humboldt-Universität zu Berlin*, herausgegeben von Gerlinde Strohmaier-Wiederanders, 237–260. Halle: Gursky, 1999.

BREYTENBACH, Cilliers. *Paulus und Barnabas in der Provinz Galatien: Studien zu Apostelgeschichte 13f.; 16,6; 18,23 und den Adressaten des Galaterbriefes.* Arbeiten zur Geschichte des antiken Judentums und des Urchristentums 38. Leiden: Brill, 1996.

BRINKER, Wolfram. Art. «Seele.» In *Platon-Lexikon: Begriffswörterbuch zu Platon und der platonischen Tradition*, herausgegeben von Christian Schäfer, 253–258. Darmstadt: Wissenschaftliche Buchgesellschaft, 2007.

BROCK, Sebastian. «A Report from a Supporter of Severos on Trouble in Alexandria.» In ⲤⲨⲚⲀⳄⲒⲤ ⲔⲀⲐⲞⲖⲒⲔⲎ. *Beiträge zu Gottesdienst und Geschichte der fünf altkirchlichen Patriarchate für Heinzgerd Brakmann zum 70. Geburtstag*, herausgegeben von Diliana Atanassova und Tinatin Chronz, 47–64. orientalia – patristica – oecumenica 6/1. Wien/Berlin: Lit-Verlag, 2014.

–. «Clothing Metaphors as a Means of Theological Expression in Syriac Tradition.» In *Typus, Symbol, Allegorie bei den östlichen Vätern und ihre Parallelen im Mittelalter*, herausgegeben von Margot Schmidt in Zusammenarbeit mit Carl F. Geyer, 11–40. Eichstätter Beiträge 4. Regensburg: Pustet, 1982.

–. «Jewish Traditions in Syriac Sources.» *Journal of Jewish Studies* 30 (1979): 212–232.

BRODERSEN, Kai. *Die sieben Weltwunder: Legendäre Kunst- und Bauwerke der Antike.* C. H. Beck Wissen in der Beck'schen Reihe 2029. 7. Aufl. München: Beck, 2007.

BROEK, Roelof van den. «The Sarapis Oracle in Macrobius, Sat. I, 20, 16f.» In *Hommages à Maarten J. Vermaseren: Recueil d'études offert par les auteurs de la Série Études préliminaires aux religions orientales dans l'Empire romain à Maarten J. Vermaseren à l'occasion de son soixantième anniversaire le 7 avril 1978*, édité par Margreet B. de Boer et T. A. Edridge. Vol. 1, 123–141. Études préliminaires aux religions orientales dans l'Empire romain 68. Leiden: Brill, 1978.

BROISE, Henri et Yvon THÉBERT. «Élagabal et le complexe religieux de la Vigna Barberini: Heliogabalium in Palatino monte iuxta aedes imperatorias consecravit eique templum fecit (HA, Ant. Heliog., III, 4).» *Mélanges de l'École française de Rome. Antiquité* 111 (1999): 729–747.

BROISE, René de la. *Mamerti Claudiani vita ejusque doctrina de anima hominis: Thesim Facultati litterarum Parisiensi proponebat*. Paris: Retaux-Bray, 1890.

BROWN, Peter. *A Life of Learning. Charles Homer Haskins Lecture for 2003*. Occasional Paper 55. New York: American Council of Learned Societies, 2003.

–. *Die Keuschheit der Engel: sexuelle Entsagung, Askese und Körperlichkeit am Anfang des Christentums*. Aus dem Englischen von Martin Pfeiffer. München/Wien: Hanser, 1991.

–. «Report.» In *Symbolae Osloenses Debate: The World of Late Antiquity Revisited (= Symbolae Osloenses 72)* (1997): 5–30.

–. *The Body and Society: Men, Women and Sexual Renunciation in Early Christianity*. Lectures on the History of Religions 13. New York: Columbia University Press, 1988.

–. *The Body and Society*. Twentieth-Anniversary Edition with a New Introduction, Columbia Classics in Religion. New York: Columbia University Press, 2008.

–. *The Ransom of the Soul: Afterlife and Wealth in Early Western Christianity*. Cambridge, MA/London: Harvard University Press, 2015.

BROX, Norbert. «Der einfache Glaube und die Theologie: Zur altkirchlichen Geschichte eines Dauerproblems.» *Kairos* 14 (1972): 161–187. (= DERS. *Das Frühchristentum: Schriften zur Historischen Theologie*, herausgegeben von Franz Dünzl, Alfons Fürst und Ferdinand R. Prostmeier, 305–336. Freiburg u. a.: Herder, 2000.)

–. «'Doketismus' – eine Problemanzeige.» *Zeitschrift für Kirchengeschichte* 95 (1984): 301–314.

BULHART, Vinzenz. «Buytaert, Eligius M. L'héritage littéraire d'Eusèbe d'Émèse (Book Review).» *Gnomon* 30 (1958): 537–540.

BULTMANN, Rudolf. *Neues Testament und Mythologie: Das Problem der Entmythologisierung der neutestamentlichen Verkündigung*. Nachdruck der 1941 erschienenen Fassung, herausgegeben von Eberhard Jüngel, Beiträge zur Evangelischen Theologie 96. München: Kaiser, 1985.

–. «Welchen Sinn hat es, von Gott zu reden?» *Theologische Blätter* 4 (1925): 129–135. (= DERS. *Glauben und Verstehen: Gesammelte Aufsätze*. Bd. 1. Tübingen: Mohr Siebeck, 1933.)

–. «Zum Problem der Entmythologisierung.» In *Kerygma und Mythos*. Band 2, *Diskussionen und Stimmen des In- und Auslandes,* herausgegeben von Hans-Werner Bartsch, 179–208. Theologische Forschung 2. Hamburg-Bergstedt: Reich, 1965.

BUMAZHNOV, Dmitrij. *Der Mensch als Gottes Bild im christlichen Ägypten: Studien zu Gen 1,26 in zwei koptischen Quellen des 4.–5. Jahrhunderts*. Studien und Texte zu Antike und Christentum 34. Tübingen: Mohr Siebeck, 2006.
–. «Einige Aspekte der Nachwirkung des Ankoratus und des Panarion des hl. Epiphanius von Salamis in der früheren monastischen Tradition.» *Adamantius* 11 (2005): 158–178.
–. «Kann man Gott festhalten? Eine frühchristliche Diskussion und deren Hintergründe.» In *Christianity in Egypt: Literary Production and Intellectual Trends. Studies in Honor of Tito Orlandi*, herausgegeben von Paola Buzi und Alberto Camplani, 165–176. Studia Ephemeridis Augustinianum 125. Rom: Institutum Patristicum Augustinianum, 2011.
–. *Visio mystica im Spannungsfeld frühchristlicher Überlieferungen: Die Lehre der sogenannten Antoniusbriefe von der Gottes- und Engelschau und das Problem unterschiedlicher spiritueller Traditionen im frühen ägyptischen Mönchtum*. Studien und Texte zu Antike und Christentum 52. Tübingen: Mohr Siebeck, 2009.
BUNGE, Gabriel. «Aktive und kontemplative Weise des Betens im Traktat *De oratione* des Evagrios Pontikos.» *Studia Monastica* 41 (1999): 211–227. (= DERS. «*Die Lehren der heiligen Väter» (RB 73, 2): Aufsätze zu Evagrios Pontikos aus drei Jahrzehnten*, herausgegeben von Jakobus Kaffanke, 23–40. Weisungen der Väter 11. Beuron: Beuroner Kunstverlag, 2011.)
–. *Das Geistgebet: Studien zum Traktat De oratione des Evagrios Pontikos*. Schriftenreihe des Zentrums patristischer Spiritualität Koinonia im Erzbistum Köln 25. Köln: Luthe, 1987.
–. «Hénade ou Monade? Au sujet de deux notions centrales de la terminologie évagrienne.» *Le Muséon* 102 (1989): 69–91.
–. *«In Geist und Wahrheit»: Studien zu den 153 Kapiteln «Über das Gebet» des Evagrios Pontikos*. Übersetzt von Hagia Witzenrath. Hereditas 27. Bonn: Borengässer, 2010.
–. «Mysterium Unitatis: Der Gedanke der Einheit von Schöpfer und Geschöpf in der evagrianischen Mystik.» *Freiburger Zeitschrift für Philosophie und Theologie* 36 (1989): 449–469. (= DERS. «*Die Lehren der heiligen Väter» (RB 73, 2): Aufsätze zu Evagrios Pontikos aus drei Jahrzehnten*, herausgegeben von Jakobus Kaffanke, 98–120. Weisungen der Väter 11. Beuron: Beuroner Kunstverlag, 2011.)
–. «Origenismus-Gnostizismus: Zum geistesgeschichtlichen Standort des Evagrios Pontikos.» *Vigiliae Christianae* 40 (1986): 24–54. (= DERS. «*Die Lehren der heiligen Väter» (RB 73, 2): Aufsätze zu Evagrios Pontikos aus drei Jahrzehnten*, herausgegeben von Jakobus Kaffanke, 121–154. Weisungen der Väter 11. Beuron: Beuroner Kunstverlag, 2011.)
BURGER, Christoph. *Aedificatio, fructus, utilitas: Johannes Gerson als Professor der Theologie und Kanzler der Universität Paris*. Beiträge zur Historischen Theologie 70. Tübingen: Mohr Siebeck, 1986.

BURGESS, Richard W. and Jitse H. F. DIJKSTRA. «The ‹Alexandrian World Chronicle›, its *Consularia* and the Date of the Destruction of the Serapeum (with an Appendix on the *Praefecti Augustales*).» *Millennium* 10 (2013): 39–113.

BURRUS, Virginia. «Carnal Excess: Flesh at the Limits of Imagination.» *Journal of Early Christian Studies* 17 (2009): 247–265.

BUTLER, Judith. *Bodies that Matter: On the Discursive Limits of «Sex»*. New York/London: Routledge, 1993.

BUTTERWECK, Christel. *«Martyriumssehnsucht» in der Alten Kirche? Studien zur Darstellung und Deutung frühchristlicher Martyrien*. Beiträge zur historischen Theologie 87. Tübingen: Mohr Siebeck, 1995.

BUYTAERT, Eligius M. «L'authenticité des dix-sept opuscules contenus dans le Ms. T. 523 sous le nom d'Eusèbe d'Emèse.» *Revue d'histoire ecclésiastique* 43 (1948): 5–89.

–. *L'héritage littéraire d'Eusèbe d'Émèse: Étude critique et historique, textes*. Bibliothèque du Muséon 24. Louvain: Bureaux du Muséon, 1949.

BYNUM, Caroline Walker. «The Female Body and Religious Practice in the Later Middle Ages.» In DIES. *Fragmentation and Redemption: Essays on Gender and the Human Body in Medieval Religion*, 181–238. New York: Zone Books, 1992.

–. *The Resurrection of the Body in Western Christianity, 200–1336*. Lectures on the History of Religions. New Series 15. New York: Columbia University Press, 1995.

–. «Why all the Fuss about the Body? A Medievalist's Perspective.» *Critical Inquiry* 22 (1995): 1–33. (= DIES. «Warum das ganze Theater mit dem Körper? Die Sicht einer Mediävistin.» *Historische Anthropologie* 4 [1996]: 1–33.)

CAMPENHAUSEN, Hans Freiherr von. *Bearbeitungen und Interpolationen des Polykarpmartyriums*. Sitzungsberichte der Heidelberger Akademie der Wissenschaften. Philosophisch-historische Klasse 3/1957 [Heidelberg: Winter, 1957], [5–48] 40–48. (= DERS. *Aus der Frühzeit des Christentums. Studien zur Kirchengeschichte des ersten und zweiten Jahrhunderts*, 253–301. Tübingen: Mohr Siebeck, 1963.)

–. *Die Idee des Martyriums in der alten Kirche*. 2., durchgesehene und ergänzte Aufl. Göttingen: Vandenhoeck & Ruprecht, 1964.

CARNEY, James, Robin DUNBAR, Anna MACHIN, Tamás DÁVID-BARRETT and Mauro SILVA JÚNIOR. «Social Psychology and the Comic-Book Superhero: A Darwinian Approach.» *Philosophy and Literature* 38 (2014): A195–A215.

CASEY, Robert P. «Clement of Alexandria and the Beginnings of Christian Platonism.» *Harvard Theological Review* 18 (1925): 39–101.

CASIDAY, Augustine. *Reconstructing the Theology of Evagrius Ponticus: Beyond Heresy*. Cambridge: Cambridge University Press, 2013.

CASTAGNO, Adele Monaci. «‹Origene ed i molti›: due religiosità a contrasto.» *Augustinianum* 21 (1981): 99–117.

CASPARI, Carl P. «Ein Glaubensbekenntniss des Bischofs Johannes von Jerusalem (386–417) in syrischer Übersetzung aus einer nitrischen Handschrift, sammt

Allem, was uns sonst von Johannes übrig geblieben.» In DERS. *Ungedruckte, unbeachtete und wenig beachtete Quellen zur Geschichte des Taufsymbols und des Glaubenssymbols*, Teil 1. Christiania: Malling, 1866. (= Brüssel: Culture et Civilisation, 1964.)

CAVALLERA, Ferdinand. *Le schisme d'Antioche (IVe–Ve siècle)*. Paris: Picard, 1905.

–. *Saint Jérôme, sa vie et son oeuvre*. Spicilegium Sacrum Lovaniense 1 und 2. Louvain: Spicilegium Sacrum Lovaniense, 1922.

CERTEAU, Michel de. «‹Mystique› au XVIIe siecle. Le probleme du langage ‹mystique›.» In *L'Homme devant Dieu. Mélanges Henri de Lubac*, 2: 267–291. Paris: Aubier, 1964.

CHADWICK, Henry. «Origen, Celsus, and the Resurrection of the Body.» *Harvard Theological Review* 41 (1948): 83–102.

–. «Origen, Celsus, and the Stoa.» *Journal of Theological Studies* 48 (1947): 34–49.

–. «The Latin Epitome of Melito's Homily on the Pascha.» *Journal of Theological Studies* 11 (1960): 76–82.

–. *The Sentences of Sextus: A Contribution to the History of Early Christian Ethics*. Texts and Studies. New Series 5. Cambridge: Cambridge University Press, 1959.

CHADWICK, Owen. *John Cassian. A Study in Primitive Monasticism*. Cambridge: Cambridge University Press, 1950. (= 2008.)

CHANIOTIS, Angelos. «Das Bankett des Damas und der Hymnos des Sosandros: Öffentlicher Diskurs über Rituale in den griechischen Städten der Kaiserzeit.» In *Ritualdynamik. Kulturübergreifende Studien zur Theorie und Geschichte rituellen Handelns*, herausgegeben von Dietrich Harth und Gerrit J. Schenk, 291–304. Heidelberg: Synchron, 2004.

–. «Old Wine in a new Skin: Tradition and Innovation in the Cult Foundation of Alexander of Abonouteichos.» *Electrum* 6 (2002): 67–85.

CHANTRAINE, Pierre. *Interférences de vocabulaire entre le grec et les langues européennes*. Studii clasice 2. Bukarest: Ed. academiei republicii populare romîne, 1960.

CHARLESWORTH, James H. and Carol A. NEWSOM, ed. *Angelic Liturgy: Songs of the Sabbath Sacrifice*. The Dead Sea Scrolls 4B. Tübingen: Mohr Siebeck, 1999.

CHATZIDAKIS, Manolis and Gerry WALTERS. «An Encaustic Icon of Christ at Sinai.» *Art Bulletin* 49 (1967): 197–208.

CHERBONNIER, Edmond La Beaume. «In Defense of Anthropomorphism.» In *Reflections on Mormonism. Judaeo-Christian Parallels: Papers Delivered at the Religious Studies Center Symposium, Brigham Young University, March 10–11, 1978*, edited by Truman G. Madsen, 155–174. Religious Studies Series 4. Provo, UT: Religious Studies Center, Brigham Young University and Bookcraft, 1978.

–. «The Logic of Biblical Anthropomorphism.» *Harvard Theological Review* 55 (1962): 187–206.

CHESNUT, Glenn F. *The First Christian Histories: Eusebius, Socrates, Sozomen, Theodoret, and Evagrius*. Second Edition, Revised and Enlarged. Macon, GA: Mercer University Press/Leuven: Peeters, 1986.

CHESNUT, Roberta C. *Three Monophysite Christologies: Severus of Antioch, Philoxenus of Mabbug, and Jacob of Sarug.* Oxford Theological Monographs. Oxford: Oxford University Press, 1976.

CHICKERING, Roger. *Karl Lamprecht: A German Academic Life (1856–1915).* Atlantic Highlands, NJ: Humanities Press, 1993.

CHIESA, Bruno and Wilfrid LOCKWOOD. *Ya'qūb al-Qirqisānī on Jewish Sects and Christianity: A Translation of ‹Kitāb al-anwār›, Book I with Two Introductory Essays.* Judentum und Umwelt 10. Frankfurt, Main u. a.: Lang, 1984.

CHITTY, Derwas J. *The Desert a City: An Introduction to the Study of Egyptian and Palestinian Monasticism under the Christian Empire.* Crestwood, NY: St Vladimir's Seminary Press, 1995. (= Oxford: Blackwell, 1966.)

CHRIST, Franz. *Menschlich von Gott reden: Das Problem des Anthropomorphismus bei Schleiermacher.* Ökumenische Theologie 10. Einsiedeln/Zürich/Köln: Benziger/Gütersloh: Gütersloher Verlagshaus Mohn, 1982.

CIRILLO, Luigi. *Elchasai e gli elchasaiti: un contributo alla storia delle comunità giudeo-cristiane.* Cosenza: Marra, 1984.

CLARK, Elizabeth A. *The Origenist Controversy: The Cultural Construction of an Early Christian Debate.* Princeton: Princeton University Press, 1992.

CLAUSS, Manfred. *Kaiser und Gott: Herrscherkult im römischen Reich.* Stuttgart/Leipzig: Teubner, 1999.

–. *Mithras: Kult und Mysterien.* München: Beck, 1990.

CLEMEN, Carl. «Tempel und Kult in Hierapolis.» In *Pisciculi: Studien zur Religion und Kultur des Altertums. Franz Josef Dölger zum sechzigsten Geburtstage dargeboten von Freunden, Verehrern und Schülern,* herausgegeben von Theodor Klauser und Adolf Rücker, 66–69. Münster: Aschendorff, 1939.

CLEMEN, Otto. «Eine seltsame Christusreliquie.» *Archiv für Kulturgeschichte* 7 (1909): 137–144. (= DERS. *Kleine Schriften zur Reformationsgeschichte (1897–1944).* Bd. 3, *1907–1911,* herausgegeben von Ernst Koch, 193–200. Leipzig: Zentralantiquariat, 1983.)

COAKLEY, Sarah. «Introduction: Religion and the Body.» In *Religion and the Body,* edited by Sarah Coakley, 1–12. Cambridge Studies in Religious Traditions 8. Cambridge/New York: Cambridge University Press, 1997.

COARELLI, Filippo. Art. «Heliogabalus, templum; Heliogabalium.» In *Lexicon Topographicum Urbis Romae,* a cura di Eva M. Steinby, 3: 10 f. Rom: Edizioni Quasar, 1996.

COHEN, Martin S. *The Shi'ur Qomah: Liturgy and Theurgy in Pre-Kabbalistic Jewish Mysticism.* Lanham/London: The University Press of America, 1983.

–. *The Shi'ur Qomah: Texts and Recensions.* Texte und Studien zum Antiken Judentum 9. Tübingen: Mohr Siebeck, 1985.

COLISH, Marcia L. *The Stoic Tradition from Antiquity to the Early Middle Ages.* Vol. 2, *Stoicism in Christian Latin Thought through the Sixth Century.* Second Impression with Addenda et Corrigenda. Leiden u. a.: Brill, 1990.

COLLINS, John J. *The Apocalyptic Imagination: An Introduction to Jewish Apocalyptic Literature*. The Bible Resource Series, 2nd Ed. Grand Rapids, MI/Cambridge: William B. Eerdmans, 1998.
-. «The Son of Man in First-Century Judaism.» *New Testament Studies* 38 (1992): 448–466.
COLLINS, Roger J. Art. «Faustus von Reji,» In *Theologische Realenzyklopädie*, 11: 63–67. Berlin/New York: Walter de Gruyter, 1983.
COLPE, Carsten. *Einleitung in die Schriften aus Nag Hammadi*. Jerusalemer Theologisches Forum 16. Münster: Aschendorff, 2011.
-. Art. «υἱὸς τοῦ ἀνθρώπου.» In *Theologisches Wörterbuch zum Neuen Testament* 8: 407–481. Stuttgart u. a.: Kohlhammer, 1969.
CORBOUD, Pierre. «L'oratoire et les niches-oratoires: les lieux de la prière.» In *Le site monastique copte des Kellia. Sources historiques et explorations archéologiques. Actes du Colloque de Genève 13 au 15 août 1984*, édité par Philippe Bridel, 85–92. Carouge: Mission Suisse d'Archéologie Copte de l'Université de Genève, 1986.
COURCELLE, Pierre. *La première expérience augustinienne de l'extase*. Paris: Études Augustiniennes, 1954.
-. *Les lettres grecques en Occident: de Macrobe à Cassiodore*. Bibliothèque des écoles françaises 159. Paris: E. de Boccard, 1948.
-. *Recherches sur les Confessions de Saint Augustin*. Nouvelle édition augmentée et illustrée. Paris: De Boccard, 1968.
COURTH, Franz. *Trinität: in der Schrift und Patristik*. Handbuch der Dogmengeschichte. Bd. 2, *Der trinitarische Gott – Die Schöpfung – Die Sünde*. Fasc. 1a. Freiburg im Breisgau: Herder, 1988.
CROUZEL, Henri. «La doctrine origénienne du corps ressuscité.» *Bulletin de littérature ecclésiastique* 81 (1980): 175–200. 241–266. (= DERS. *Les fins dernières selon Origène*, nr. VI/VII. Collected Studies Series CS 320. Aldershot: Variorum, 1990.)
-. «Les critiques adressées par Méthode et ses contemporains à la doctrine origénienne du corps ressuscité.» *Gregorianum* 53 (1972): 679–716.
-. *Origène et la philosophie*. Théologie 52. Paris: Aubier, 1962.
-. *Théologie de l'image de dieu chez Origène*. Théologie 34. Paris: Aubier, 1956.
CUMONT, Franz. *Die orientalischen Religionen im römischen Heidentum*. Bearbeitet von August Burckhardt-Brandenberg. 9., unveränderte Aufl., reprografischer Nachdruck der 3. dt. Aufl. Stuttgart: Teubner, 1989. (= 1931.)
CZAPLA, Bruno. *Gennadius als Literarhistoriker: Eine quellenkritische Untersuchung der Schrift des Gennadius von Marseille «De viris illustribus»*. Kirchengeschichtliche Studien 4/1. Münster: Schöningh, 1898.
DAFNI, Evangelia G. «ΣΑΡΞ ΜΟΥ ΕΞ ΑΥΤΩΝ (LXX-Hosea IX 12): Zur Theologie der Sprache in der Septuaginta.» *Vetus Testamentum* 51 (2001): 336–353.
DALGISH, Edward R. Art. «Bethel (Deity).» In *The Anchor Bible Dictionary*, 1: 706–710. New York u. a.: Doubleday, 1992.

DAM, Raymond van. *Leadership and Community in Late Antique Gaul*. The Transformation of the Classical Heritage 8. Berkeley/Los Angeles/London: University of California Press, 1985.

DAN, Joseph. «Jewish Gnosticism?.» In *Jewish Studies Quarterly* 2 (1995): 309–328.

D'ANNA, Alberto. *Pseudo-Giustino, Sulla Resurrezione: Discorso cristiano del II secolo.* Letteratura Cristiana Antica. Brescia: Morcelliana, 2001.

DANZ, Christian. «Der Atheismusstreit um Fichte.» In *Philosophisch-theologische Streitsachen: Pantheismusstreit – Atheismusstreit – Theismusstreit*, herausgegeben von Georg Essen und Christian Danz, 135–213. Darmstadt: Wissenschaftliche Buchgesellschaft, 2012.

DAROCA, Javier Campos et Juan L. LOPEZ CRUCES. Art. «Maxime de Tyr.» In *Dictionnaire des philosophes antiques*, publié sous la direction de Richard Goulet, 4: 324–348. Paris: Éditions du Centre national de la Recherche scientifique, 2005.

DASSMANN, Ernst. Art. «Ambrosius.» In *Augustinus-Lexikon*, 1: 270–285. Basel: Schwabe, 1986–1994.

DAWSON, David. «Transcendence as Embodiment: Augustine's Domestication of Gnosis.» *Modern Theology* 10 (1994): 1–26.

DE LANGE, Nicholas R. *Origen and the Jews.* Studies in Jewish-Christian Relations in Third-Century Palestine. University of Cambridge Oriental Publications 25. Cambridge u. a.: Cambridge University Press, 1976.

DEAKLE, David W. «Harnack & Cerdo: A Reexamination of the Patristic Evidence for Marcion's Mentor.» In *Marcion und seine kirchengeschichtliche Wirkung. Marcion and His Impact on Church History.* Vorträge der Internationalen Fachkonferenz zu Marcion, gehalten vom 15.–18. August 2001 in Mainz, herausgegeben von Gerhard May und Katharina Greschat in Gemeinschaft mit Martin Meiser, 177–191. Texte und Untersuchungen 150. Berlin/New York: Walter de Gruyter, 2002.

DECHOW, Jon F. *Dogma and Mysticism in Early Christianity; Epiphanius of Cyprus and the Legacy of Origen.* North American Patristic Society. Patristic Monograph Series 13. Macon: Scholar's Press, 1988.

DECLERCK, José. «Théophile d'Alexandrie contre Origène: Nouveaux Fragments de l'Epistula Synodalis Prima (Clavis patrum Graecorum 2595).» *Byzantion* 54 (1984): 495–507.

DECRET, François. *L'Afrique Manichéenne (IVe–Ve siècles): Étude historique et doctrinale.* Bd. 1. Paris: Études Augustiniennes, 1978.

DEGHAYE, Pierre. «Die Natur als Leib Gottes in Jacob Böhmes Theosophie.» In *Gott, Natur und Mensch in der Sicht Jacob Böhmes und seiner Rezeption*, herausgegeben von Jan Garewicz und Alois M. Haas, 71–111. Wolfenbütteler Arbeiten zur Barockforschung 24. Wiesbaden: Harrassowitz, 1994.

DEHANDSCHUTTER, Boudewijn. «The New Testament and the Martyrdom of Polycarp.» In *Trajectories through the New Testament and the Apostolic Fathers*, edited

by Andrew F. Gregory and Christopher Tuckett, 395–406. Oxford: Oxford University Press, 2005.
DELBRÜCK, Richard. «Uranius of Emesa.» *The Numismatic Chronicle and Journal of the Royal Numismatic Society* 8 (1948): 11–29.
DELEEUW, Patricia. «A Peacefull Pluralism: The Durene Mithraeum, Synagogue, and Christian Building.» In *Dura Europos: Crossroads of Antiquity*, edited by Lisa R. Brody and Gail L. Hoffman, 189–199. Chesnut Hill, MA: McMullen Museum of Art, Boston College, 2011.
DEUBNER, Ludwig. *Attische Feste*. Berlin: Heinrich Keller, 1932. (= Berlin: Akademie-Verlag, 1956.)
–. Art. «Speichel.» In *Handwörterbuch des deutschen Aberglaubens*, 149–155. Augsburg: Weltbild, 2000. (= Berlin: Walter de Gruyter, 1937.)
DEUSE, Werner. *Untersuchungen zur mittelplatonischen und neuplatonischen Seelenlehre*. Akademie der Wissenschaften und der Literatur. Abhandlungen der Geistes- und Sozialwissenschaftlichen Klasse. Einzelveröffentlichung 3. Wiesbaden: Steiner, 1983.
DEVOS, Paul. «Silvie la sainte pèlerine.» *Analecta Bollandiana* 91 (1973): 105–121.
–. «Silvie la sainte pèlerine. II. En Occident.» *Analecta Bollandiana* 92 (1974): 321–343.
DIELS, Hermann. «Eine Quelle des Stobäus.» *Rheinisches Museum für Philologie* 30 (1875): 172–181.
–, Hg. *Doxographi Graeci collegit, recensuit prolegominis indicibusque instruxit*. 4. Aufl. Berlin: Walter de Gruyter, 1965.
DIETRICH, Bernard C. «Divine epiphanies in Homer.» *Numen* 30 (1983): 53–79.
DIETRICH, Manfried. «Das Kultbild in Mesopotamien.» In *«Jahwe und seine Aschera»: Anthropomorphes Kultbild in Mesopotamien, Ugarit und Israel: Das biblische Bilderverbot,* herausgegeben von Manfried Dietrich und Oswald Loretz, 7–38. Ugaritisch-Biblische Literatur 9. Münster: UGARIT-Verlag, 1992.
DIHLE, Albrecht. «Vom sonnenhaften Auge.» In *Platonismus und Christentum*. Festschrift für Heinrich Dörrie, herausgegeben von Horst-Dieter Blume und Friedhelm Mann, 84–91. Jahrbuch für Antike und Christentum. Ergänzungsband 10. Münster: Aschendorff, 1983.
DILLON, John. «Iamblichus of Chalcis (c. 240–325 A.D.).» In *Aufstieg und Niedergang der Römischen Welt. Geschichte und Kultur Roms im Spiegel der neueren Forschung*. II, Prinzipat. 36/2, *Philosophie, Wissenschaften, Technik*: Philosophie, herausgegeben von Wolfgang Haase, 862–909. Berlin/New York: Walter de Gruyter, 1987.
–. «The Nature of God in the ‹Quod Deus›.» In David WINSTON and John DILLON. *Two Treatises of Philo of Alexandria. A Commentary on De Gigantibus and Quod Deus Sit Immutabilis*. Brown Judaic Studies 25, 217–227. Chico, CA: Scholars Press, 1983.
– and Wilhelm H. WUELLNER, ed. *The transcendence of God in Philo: Some possible*

sources. The Center for Hermeneutical Studies in Hellenistic and Modern Culture, Protocol of the Sixteenth Colloquy, 20 April 1975. Series Colloquy 16. Berkeley, CA: The Graduate Theological Union & The University of California, Berkeley, CA, 1975.

DINZELBACHER, Peter. *Christliche Mystik im Abendland: Ihre Geschichte von den Anfängen bis zum Ende des Mittelalters.* Paderborn u. a.: Schöningh, 1994.

–. «Barbara Feichtinger und Helmut Seng, Hg. *Die Christen und der Körper: Aspekte der Körperlichkeit in der christlichen Literatur der Spätantike* (Rezension).» *Plekos* 8 (2006): 73–76.

DITTENBERGER, Wilhelm. *Sylloge Inscriptionum Graecarum, Volumen alterum*. 3. Aufl. Leipzig: Hirzel, 1917. (= Hildesheim u. a.: Olms, 1982.)

DOBSCHÜTZ, Ernst von. *Christusbilder: Untersuchungen zur christlichen Legende.* Beilagen, Texte und Untersuchungen 18/1–4. Leipzig: Hinrichs, 1899.

–. *Das Kerygma Petri kritisch untersucht.* Texte und Untersuchungen zur altchristlichen Literatur 11/1. Leipzig: Hinrichs, 1893.

DODDS, Eric R. ΠΡΟΚΛΟΥ ΔΙΑΔΟΧΟΥ ΣΤΟΙΧΕΙΩΣΙΣ ΘΕΟΛΟΓΙΚΗ. *Proclus, The Elements of Theology: A Revised Text with Translation, Introduction, and Commentary.* Oxford: Oxford University Press, 1963.

DÖHLER, Marietheres. *Acta Petri: Text, Übersetzung und Kommentar zu den Actus Vercellenses.* Diss. theol., masch., Berlin 2015.

DÖLGER, Franz J. *Die Sonne der Gerechtigkeit und der Schwarze: eine religionsgeschichtliche Studie zum Taufgelöbnis.* 2., um hinterlassene Nachträge des Verfassers verm. Aufl. Liturgiewissenschaftliche Quellen und Forschungen 14. Münster: Aschendorff, 1971.

–. *ΙΧΘΥΣ: Der heilige Fisch in den antiken Religionen und im Christentum.* Bd. 2. Rom: Spithöver/Münster: Aschendorff, 1922.

–. *Sol salutis: Gebet und Gesang im christlichen Altertum, mit besonderer Rücksicht auf die Ostung in Gebet und Liturgie.* 3., um Hinweise vermehrte Aufl. Liturgiewissenschaftliche Quellen und Forschungen 16/17. Münster: Aschendorff, 1971.

DÖRING, Klaus. *Die Megariker: Kommentierte Sammlung der Testimonien.* Studien zur antiken Philosophie 2. Amsterdam: Grüner, 1971.

DÖRRIE, Heinrich. «Der Platoniker Eudoros von Alexandreia.» *Hermes* 79 (1944): 25–38. (= DERS. *Platonica minora.* Studia et testimonia antiqua 8. München: Fink, 1976.)

–. «Platons Begriff der Seele und dessen weitere Ausgestaltung im Neuplatonismus.» In *Seele: ihre Wirklichkeit, ihr Verhältnis zum Leib und zur menschlichen Person*, herausgegeben von Klaus Kremer, 18–45. Studien zur Problemgeschichte der antiken und mittelalterlichen Philosophie 10. Leiden/Köln: Brill, 1984.

–. «Porphyrius' Lehre von der Seele.» In *Porphyre: Huit exposés suivis de discussions. Vandoeuvres-Genève, 30 août–5 sept. 1965*, herausgegeben von Heinrich Dörrie, 165–192. Entretiens sur l'antiquité classique 12. Genève: Fondation Hardt,

1966. (= DERS. *Platonica Minora*, 441–453. Studia et testimonia antiqua 8. München: W. Fink, 1976.)

–. *Porphyrios' «Symmikta zetemata»: Ihre Stellung in System und Geschichte des Neuplatonismus nebst einem Kommentar zu den Fragmenten*. Zetemata 20. München: Beck, 1959.

– und Matthias BALTES. *Die philosophische Lehre des Platonismus: Einige grundlegende Axiome/Platonische Physik (im antiken Verständnis) I: Bausteine 101–124: Text, Übersetzung, Kommentar*. Der Platonismus in der Antike. Grundlagen – System – Entfaltung 4. Stuttgart-Bad Cannstatt: Frommann-Holzboog, 1996.

– und Matthias BALTES. *Die philosophische Lehre des Platonismus: Von der «Seele» als der Ursache aller sinnvollen Abläufe, Bausteine 151–168: Text, Übersetzung, Kommentar*. Der Platonismus in der Antike: Grundlagen – System – Entwicklung. 6/1. Stuttgart-Bad Cannstatt: Frommann-Holzboog, 2002.

DOHMEN, Christoph. *Das Bilderverbot: seine Entstehung und seine Entwicklung im Alten Testament*. Bonner biblische Beiträge 62. 2. durchgesehene und um ein Nachwort erweiterte Aufl. Frankfurt am Main: Athenäum, 1987.

DONATI, Silvia. «Ägidius von Roms Kritik an Thomas von Aquins Lehre der hylomorphen Zusammensetzung der Himmelskörper.» In *Thomas von Aquin: Werk und Wirkung im Licht neuer Forschungen*, herausgegeben von Albert Zimmermann, 377–396. Miscellanea mediaevalia 19. Berlin/New York: Walter de Gruyter, 1988.

DORANDI, Tiziano. Art. «Démétrios Lacon.» In *Dictionnaire des philosophes antiques*, publié sous la direction de Richard Goulet, 2: 637–641. Paris: Éditions du Centre national de la Recherche scientifique, 1994.

DORIVAL, Gilles. «Justin et la resurrection des morts.» In *La resurrection chez les Pères*, 101–118. Cahiers de Biblia Patristica 7. Strasbourg: Université Marc Bloch, 2003.

–. «Nouvelles remarques sur la forme du *Traité des Principes* d'Origène.» *Recherches Augustiniennes* 22 (1987): 67–108.

–. Art. «Origène d'Alexandrie.» In *Dictionnaire des philosophes antiques*, publié sous la direction de Richard Goulet, 4: 807–842. Paris: Éditions du Centre national de la Recherche scientifique, 2005.

–. «Origène et la résurrection de la chair.» In *Origeniana Quarta: Die Referate des 4. Internationalen Origeneskongresses (Innsbruck, 2.–6. September 1985)*, herausgegeben von Lothar Lies, 291–321. Innsbrucker Theologische Studien 19. Innsbruck/Wien: Tyrolia, 1987.

–. «Remarques sur la forme du Peri Archôn.» In *Origeniana: Premier colloque international des études origéniennes (Montserrat, 18–21 septembre 1973)*, dirigé par Henri Crouzel, Gennaro Lomiento et Josep Rius-Camps, 33–45. Quaderni di ‹Vetera Christianorum› 12. Bari: Istituto di letteratura cristiana antica, Università di Bari, 1975.

DORMEYER, Detlev. *Die Passion Jesu als Verhaltensmodell. Literarische und theologische*

Analyse der Traditions- und Redaktionsgeschichte der Markuspassion. Neutestamentliche Abhandlungen Neue Folge 11. Münster: Aschendorff, 1974.

DORNSEIFF, Franz. *Das Alphabet in Mystik und Magie*. Stoicheia: Studien zur Geschichte des antiken Weltbildes und der griechischen Wissenschaft 7. 2. Aufl. Leipzig: Teubner, 1925. (= ebd.: Reprint-Verlag, 1994.)

DOUGLAS, Mary. *Natural Symbols: Explorations in Cosmology*. New York: Pantheon Books, 1970.

–. *Purity and Danger: An Analysis of Concepts of Pollution and Taboo*. With a new Preface by the Author. New York/London: Routledge, 2002. (= New York: Praeger, 1966.)

DRAGUET, René. *Julien d'Halicarnasse et sa controverse avec Sévère d'Antioche sur l'incorruptibilité du corps du Christ : Études d'histoire littéraire et doctrinale suivie des fragments dogmatiques de Julien (texte syriaque et traduction grecque)*. Louvain: Smeesters, 1924.

DRAZIN, Israel. «Dating Targum Onkelos by means of the Tannaitic Midrashim.» *Journal of Jewish Studies* 50 (1999): 246–258.

DRECHSLER, Wolfgang und Rainer KATTEL. «Mensch und Gott bei Xenophanes.» In *Gott und Mensch im Dialog: Festschrift für Otto Kaiser zum 80. Geburtstag*, herausgegeben von Markus Witte, 1: 111–129. Beihefte zur Zeitschrift für die alttestamentliche Wissenschaft 345. Berlin/New York: Walter de Gruyter, 2004.

DRECOLL, Volker H. und Mirjam KUDELLA. *Augustin und der Manichäismus*. Tübingen: Mohr Siebeck, 2011.

DRESS, Walter. *Die Theologie Gersons*. Gütersloh: Bertelsmann, 1931.

DRIOTON, Étienne. «La discussion d'un moine anthropomorphite Audien avec le patriarche Théophile d'Alexandrie en l'année 399.» *Revue de l'orient chrétien* 20 [= 2. Sér. 10] (1915–1917): 92–100. 113–128.

DROBNER, Hubertus R. «15 Jahre Forschung zu Melito von Sardes (1965–1980): Eine kritische Bibliographie.» *Vigiliae Christianae* 36 (1982): 313–333.

DROZDEK, Adam. «Epicurean Gods.» *Classica et Mediaevalia: Revue danoise de philologie et d'histoire* 56 (2005): 155–166.

DUDEN, Barbara. *Geschichte unter der Haut: Ein Eisenacher Arzt und seine Patientinnen um 1730*. Stuttgart: Klett-Cotta, 1987.

DULAEY, Martine. «Les relations entre Lérins et Marseille: Eucher et Cassien.» In *Lérins, une île sainte de l'antiquité au moyen âge*, édité par Yann Codou et Michel Lauwers, 63–82. Collection d'études médiévales de Nice 9. Turnhout: Brepols, 2009.

DUNN, Geoffrey D. «Mary's Virginity *in partu* and Tertullian's Anti-Docetism in *De carne Christi* reconsidered.» *Journal of Theological Studies* 58 (2007): 467–484.

DUNN, James D. G. *The Parting of the Ways Between Christianity and Judaism and Their Significance for the Character of Christianity*. London: SCM Press, 1991.

DURAND, Matthieu-Georges de. «Evagre le Pontique et le ‹Dialogue sur la vie de saint Jean Chrysostome›.» *Bulletin de littérature ecclesiastique* 3 (1976): 191–206.

EASTERLING, Henry J. «Quinta natura.» *Museum Helveticum* 21 (1964): 73–85.

EBELING, Gerhard. «Genie des Herzens unter dem Genius saeculi – J. C. Lavater als Theologe.» In *Das Antlitz Gottes im Antlitz des Menschen: Zugänge zu Johann Kaspar Lavater*, herausgegeben von Karl Pestalozzi und Horst Weigelt, 23–60. Arbeiten zur Geschichte des Pietismus 31. Göttingen: Vandenhoeck & Ruprecht, 1994.

–. «Zum Verständnis von R. Bultmanns Aufsatz: ‹Welchen Sinn hat es, von Gott zu reden?›.» In DERS. *Wort und Glaube*. Bd. 2, *Beiträge zur Fundamentaltheologie und zur Lehre von Gott*. Tübingen: Mohr Siebeck, 1969.

EBIED, Rifaat Y. and Lionel R. WICKHAM. «Timothy Aelurus: Against the Definition of the Council of Chalcedon.» In *After Chalcedon. Studies in Theology and Church History*, offered to Albert van Roey for his Seventieth Birthday, edited by Carl Laga, 115–166. Orientalia Lovaniensia Analecta 18. Leuven: Peeters, 1985.

EDWARDS, Mark J. «Further Reflections on the Platonism of Origen.» *Adamantius* 18 (2012): 317–324.

–. «Ignatius and the Second Century: An Answer to R. Hübner.» *Zeitschrift für Antikes Christentum* 2 (1998): 214–226.

–. «Middle Platonism on the Beautiful and the Good.» *Mnemosyne* 44 (1991): 161–167.

–. *Origen against Plato*. Ashgate Studies in Philosophy & Theology in Late Antiquity. Aldershot: Ashgate, 2002.

–. «Origen no Gnostic: Or, on the Corporeality of Man.» *Journal of Theological Studies* 43 (1992): 23–37.

–. «The *Clementina*: A Christian Response to the Pagan Novel.» *Classical Quarterly* 42 (1992): 459–474.

–. «Xenophanes Christianus?.» *Greek, Roman and Byzantine Studies* 32 (1991): 219–228.

EGO, Beate. «Trauer und Erlösung: Zum Motiv der Hand Gottes in 3Hen §§ 68–70.» In *La Main de Dieu: Die Hand Gottes*, édité par René Kieffer et Jan Bergman, 171–188. Wissenschaftliche Untersuchungen zum Neuen Testament 94. Tübingen: Mohr Siebeck, 1997.

EHRHARD, Albert. *Überlieferung und Bestand der hagiographischen und homiletischen Literatur der griechischen Kirche von den Anfängen bis zum Ende des 16. Jahrhunderts*. Texte und Untersuchungen 52/2. Berlin: Akademie-Verlag, 1952.

–. «Zur literarhistorischen und theologischen Würdigung der Texte.» In Walter E. CRUM, *Der Papyruscodex saec. VI–VII der Philippsbibliothek in Cheltenham: Koptische theologische Schriften*, mit einem Beitrag von Albert Ehrhard, 129–171. Schriften der Wissenschaftlichen Gesellschaft in Straßburg 18. Straßburg: Trübner, 1915.

EIJK, Philippus van der. «The matter of mind: Aristotle on the biology of ‹psychic› processes and the bodily aspects of thinking.» In *Aristotelische Biologie: Intentionen, Methoden, Ergebnisse*, herausgegeben von Wolfgang Kullmann und Sabine Föllinger, 221–258. Philosophie der Antike 6. Stuttgart: Steiner, 1997.

EILBERG-SCHWARTZ, Howard. *God's Phallus and other Problems for Men and Monotheism*. Boston, MA: Beacon Press, 1994.

EISSFELDT, Otto. «Der Gott Bethel.» *Archiv für Religionswissenschaft* 28 (1930): 1–30. (= DERS. *Kleine Schriften*. Bd. 1, herausgegeben von Rudolf Sellheim und Fritz Maas, 206–233. Tübingen: Mohr Siebeck, 1962.)

–. «Gott und das Meer in der Bibel.» In *Studia Orientalia, Joanni Pedersen septuagenario A. D. VII id. nov. anno MCMLIII a collegis, discipulis, amicis dictata*, 76–84. Kopenhagen: Munksgaard, 1953. (= DERS. *Kleine Schriften Bd. 3*, 256–264. Tübingen: Mohr Siebeck, 1966.)

ELIAS, Norbert. *Über den Prozess der Zivilisation: Soziogenetische und psychogenetische Untersuchungen*. Bd. 1, *Wandlungen des Verhaltens in den weltlichen Oberschichten des Abendlandes*. Bd. 2, *Wandlungen der Gesellschaft. Entwurf zu einer Theorie der Zivilisation*. Basel: Verlag Haus zum Falken, 1939.

–. *The Civilizing Process*. Translated by Edmund Jephcott. New York: Urizen Books, 1978.

ELIOR, Rachel. «From Earthly Temple to Heavenly Shrines: Prayer and Sacred Song in the Hekhalot Literature and its Relation to Temple Traditions.» *Jewish Studies Quarterly* 4 (1997): 217–267.

–. «The Foundations of Early Jewish Mysticism: The Lost Calendar and the Transformed Heavenly Chariot.» In *Wege mystischer Gotteserfahrung: Judentum, Christentum und Islam. Mystical Approaches to God: Judaism, Christianity, and Islam*, herausgegeben von Peter Schäfer unter Mitarbeit von Elisabeth Müller-Luckner, 1–18. Schriften des Historischen Kollegs. Kolloquien 65. München: Oldenbourg Verlag, 2006.

–. *The Three Temples: On the Emergence of Jewish Mysticism*. The Littman Library of Jewish Civilization. Oxford/Portland, OR: Littman Library of Jewish Civilization, 2004.

ELM, Susanna. «The Dog That Did Not Bark: Doctrine and Patriarchical Authority in the Conflict between Theophilus of Alexandria and John Chrysostom of Constantinople.» In *Christian Origins. Theology, Rhetoric and Community*, edited by Lewis Ayres and Gareth Jones, 68–93. London/New York: Routledge, 1998.

ELORDUY, Eleuterio. «El influjo estoíco en Orígenes.» In *Origeniana: Premier colloque international des études origéniennes (Montserrat, 18–21 septembre 1973)*, dirigé par Henri Crouzel, Gennaro Lomiento et Josep Rius-Camps, 277–288. Quaderni di ‹Vetera Christianorum› 12. Bari: Istituto di letteratura cristiana antica, Università di Bari, 1975.

ENDSJØ, Dag Ø. «Immortal Bodies, before Christ: Bodily Continuity in Ancient

Greece and 1 Corinthians.» *Journal for the Study of the New Testament* 30 (2008): 417–436.

ENGEMANN, Josef. «Zu den Dreifaltigkeitsdarstellungen der frühchristlichen Kunst: Gab es im 4. Jahrhundert anthropomorphe Trinitätsbilder?» In *Jahrbuch für Antike und Christentum* 19 (1976): 157–172.

EPP, Eldon Jay. «The New Testament Papyri at Oxyrhynchus in Their Social and Intellectual Context.» In *Sayings of Jesus: Canonical and Non-Canonical. Essays in Honour of Tjitze Baarda*, edited by William L. Petersen, Johan S. Vos and Henk J. de Jonge, 47–68. Supplements to Novum Testamentum 89. Leiden: Brill, 1997. (= DERS. *Perspectives on New Testament Textual Criticism: Collected Essays, 1962 – 2004*, 497–520. Supplements to Novum Testamentum 116. Leiden: Brill, 2005.)

ERBSE, Hartmut. *Untersuchungen zur Funktion der Götter im homerischen Epos*. Untersuchungen zur antiken Literatur und Geschichte 24. Berlin/New York: Walter de Gruyter, 1986.

ERLER, Michael. «§ 18. Demetrios Lakon.» In *Die hellenistische Philosophie*, herausgegeben von Hellmut Flashar. Grundriss der Philosophie, begründet von Friedrich Ueberweg. Bd. 4, *Die Philosophie der Antike*, 256–267. Völlig neu bearbeitete Ausgabe. Basel: Schwabe, 1994.

ESBROECK, Michel van. «Les Œuvres de Méliton de Sardes en Géorgien.» *Bedi Kartlisa. Revue de kartvélologie* 31 (1973): 48–63.

–. «Nouveaux fragments de Méliton de Sardes dans une homélie grégorienne sur la croix.» *Analecta Bollandiana* 90 (1972): 63–99.

ESSER, Gerhard. *Die Seelenlehre Tertullians*. Paderborn: Schöningh, 1893.

ESSLER, Holger. *Glückselig und unsterblich: Epikuräische Theologie bei Cicero und Philodem*. Schwabe Epicurea II. Basel: Schwabe, 2011.

ESTIENNE, Sylvia. «*Simulacra Deorum* versus *Ornamenta Aedium*: The Status of Divine Images in the Temples of Rome.» In *Divine Images and Human Imaginations in Ancient Greece and Rome*, edited by Joannis Mylonopoulos, 257–271. Religions in the Graeco-Roman World 170. Leiden: Brill, 2010.

FALCON, Andrea. *Aristotelianism in the First Century BCE: Xenarchus of Seleucia*. Cambridge: Cambridge University Press, 2011.

FANTINO, Jacques. *L'homme, image de Dieu, chez saint Irénée de Lyon*. Paris: Les Éditions du Cerf, 1985.

FATTI, Federico. «*Pontifex tantus*. Giovanni, Epifanio e le origini della prima controversia origenista.» *Adamantius* 19 (2013): 30–49.

FAUTH, Wolfgang. *Helios Megistos: Zur synkretistischen Theologie der Spätantike*. Religions in the Graeco-Roman World 125. Leiden: Brill, 1995.

FAVALE, Agostino. *Teofilo d'Alessandria (345 c. – 412): Scritti, vita e dottrina*. Biblioteca del Salesianum 41. Torino: Società Editrice Internazionale, 1958.

FAYE, Eugène de. *Origène: Sa vie, son oeuvre, sa pensée*. Vol. 3, *La doctrine*, 27–30. Paris: Ernest Leroux, 1928.

FEICHTINGER, Barbara. «Einleitung.» In *Die Christen und der Körper: Aspekte der Körperlichkeit in der christlichen Literatur der Spätantike*, herausgegeben von Barbara Feichtinger und Helmut Seng, 9–26. Beiträge zur Altertumskunde 184. Leipzig/München: K. G. Saur, 2004.

FELDMANN, Erich. *Der Einfluss des Hortensius und des Manichäismus auf das Denken des jungen Augustinus*. Diss. Theol. Münster, 1975.

–. *Die «Epistula Fundamenti» der nordafrikanischen Manichäer: Versuch einer Rekonstruktion*. Altenberge: CIS, 1987.

FELDMEIER, Reinhard. *Der erste Brief des Petrus*. Theologischer Handkommentar zum Neuen Testament 15/I. Leipzig: Evangelische Verlagsanstalt, 2005.

FELLMANN, Ferdinand. *Orientierung Philosophie: Was sie kann, was sie will*. Rowohlts Enzyklopädie 55601. Reinbek bei Hamburg: Rowohlts Taschenbuchverlag, 1998.

FERRARIS, Maurizio. *Manifest des neuen Realismus*, aus dem Italienischen von Malte Osterloh. Schriftenreihe des Käte Hamburger Kollegs «Recht als Kultur» 6. Frankfurt, Main: Klostermann, 2014.

FESTUGIERE, André-Jean. *La révélation d'Hermès Trismégiste*. Vol. 2, *Le dieu cosmique*. Paris: Les Belles Lettres, 1986. (= ebd.: Gabalda, 1949.)

–. *La révélation d'Hermès Trismégiste. Vol. 4, Le dieu inconnu et la gnose*, Études Bibliques. Paris: Gabalda, 1954.

–. *L'idéal religieux des Grecs et l'Évangile*. Études bibliques. 2 éd. Paris: Librairie Lecoffre/J. Gabalda, 1981.

FEUERBACH, Ludwig. *Das Wesen des Christentums*. Bearbeitet von Wolfgang Harich und Werner Schuffenhauer. Gesammelte Werke, Bd. 5. Berlin: Akademie Verlag, 1984.

FICHTE, Johann G. *J. G. Fichte's ... Appellation an das Publicum über die durch ein Churf. Sächs. Confiscationsrescript ihm beigemessenen atheistischen Aeusserungen*. Jena/Leipzig: Gabler/Tübingen: Cotta, 1799. (= FICHTE, Immanuel H., Hg. *Fichtes Werke*. Bd. 5, *Zur Religionsphilosophie*. Berlin: Veit, 1846. [= ebd.: Walter de Gruyter, 1971.])

–. «Ueber den Grund unsers Glaubens an eine göttliche Weltregierung.» *Philosophisches Journal* 8 (1798): 1–20. (= FICHTE, Immanuel H., Hg. *Fichtes Werke*. Bd. 5, *Zur Religionsphilosophie*. Berlin: Veit, 1846. [= ebd.: Walter de Gruyter, 1971.])

FILLION-LAHILLE, Janine. *Le De ira de Sénèque et la philosophie stoïcienne des passions*. Études et commentaires. Paris: Klincksieck, 1984.

FINAMORE, John F. *Iamblichus and the Theory of the Vehicle of the Soul*. American Classical Studies 14. Chico, CA: Scholars Press, 1985.

FINKEL, Joshua. *Maḳ'āla fi teḥiyat ha-metim: Maimonides' Treatise on Resurrection*. Proceedings of the American Academy for Jewish Research 9. New York: ha-Aḳademyah ha-ameriḳanit le-mada'e ha-yahadut, 1939.

FINKELBERG, Aryeh. «Studies in Xenophanes.» *Harvard Studies in Classical Philology* 93 (1990): 103–167.

FINKELBERG, Margalit. «Two Kinds of Representation in Greek Religious Art.» In *Representations in Religion*. Studies in Honor of Moshe Barash, edited by Jan Assmann and Albert I. Baumgarten, 27–41. Studies in the History of Religions 89. Leiden u. a.: Brill, 2001.

FISHER, Seymour. Art. «Body Image.» In *International Encyclopedia of the Social Sciences*, edited by David L. Sills, 2: 113–116. New York: Macmillan, 1968.

FLOROVSKY, Georges. «The Anthropomorphites in the Egyptian Desert. Part I.» In *Akten des XI. Internationalen Byzantinistenkongresses München 1958*, herausgegeben von Franz Dölger und Hans-Georg Beck, 154–159. München: Beck, 1960. (= DERS. *Collected Works*. Vol. 4, *Aspects of Church History*, edited by Richard S. Haugh, 89–96. Belmont, MA: Nordland Publishing, 1975.)

–. «Theophilus of Alexandria and Apa Aphu of Pemdje. The Anthropomorphites in the Egyptian Desert. Part II.» In *Harry Austryn Wolfson Jubilee Volume on the Occasion of his Seventy-Fifth Birthday. Sefer ha-yovel li-khevod Tsevi Volfson*, 275–310. Vol. I English Section. Jerusalem: American Academy for Jewish Research, 1965. (= DERS. *Collected Works*. Vol. IV, *Aspects of Church History*, edited by Richard S. Haugh, 97–129. 290–296. Belmont, MA: Nordland Publishing, 1975.)

FÖRSTER, Niclas. *Marcus Magus. Kult, Lehre und Gemeindeleben einer valentinianischen Gnostikergruppe: Sammlung der Quellen und Kommentar*. Wissenschaftliche Untersuchungen zum Neuen Testament 114. Tübingen: Mohr Siebeck, 1999.

FOLEY, Helene P. *The Homeric ‹Hymn to Demeter›. Translation, Commentary, and interpretative Essays*. Princeton, NJ: Princeton University Press, 1993.

FONTENROSE, Joseph. *Didyma: Apollo's Oracle, Cult, and Companions*. Berkeley/Los Angeles/London: University of California Press, 1988.

FORSCHNER, Maximilian. «Die pervertierte Vernunft: Zur stoischen Theorie der Affekte.» *Philosophisches Jahrbuch* 87 (1983): 258–280.

FORTIN, Ernest L. *Christianisme et culture philosophique au cinquième siècle: la querelle de l'âme humaine en Occident*. Études Augustiniennes. Paris: Études Augustiniennes, 1959.

–., «Saint Augustin et la doctrine néoplatonicienne de l'âme (Ep. 137,11).» In *Augustinus Magister. Congrès international Augustinien. Paris, 21–23 Septembre 1954, Actes*, 3: 371–380. Paris: Études Augustiniennes, 1954.

FOSSUM, Jarl. «Sects and Movements.» In *The Samaritans*, edited by Alan D. Crown, 293–396. Tübingen: Mohr Siebeck, 1989.

FOSTER, Paul. «Polymorphic Christology: Its Origins and Development in Early Christianity.» *Journal of Theological Studies* 58 (2007): 66–99.

FOX, Robin L. *Pagans and Christians in the Mediterranean World from the Second Century AD to the Conversion of Constantine*. London: Penguin Books, 1986.

FRANK, Karl S. ἀγγελικὸς βίος: *Begriffsanalytische und begriffsgeschichtliche Untersuchung zum «engelgleichen Leben» im frühen Mönchtum*. Beiträge zur Geschichte

des alten Mönchtums und des Benediktinerordens 26. Münster: Aschendorff, 1964.
-. «Fiktive Mündlichkeit als Grundstruktur der monastischen Literatur.» In *Biblica et apocrypha, orientalia, ascetica*. Papers presented at the Eleventh International Conference on Patristic Studies held in Oxford 1991, Vol. 2, edited by Elizabeth A. Livingstone, 356–375. Studia Patristica 25. Leuven: Peeters, 1993.
FRANKENBERG, Wilhelm. *Die syrischen Clementinen mit griechischem Paralleltext: Eine Vorarbeit zu dem literargeschichtlichen Problem der Sammlung*. Texte und Untersuchungen 48/3. Leipzig: Hinrichs, 1937.
FRANZMANN, Majella. «Imitatio Christi: Copying the Death of the Founder and Gaining Paradise.» In *A Wandering Galilean: Essays in Honour of Seán Freyne*, edited by Zuleika Rodgers, 367–383. Supplements to the Journal for the Study of Judaism 132. Leiden u. a.: Brill, 2009.
FRATEANTONIO, Christa. *Religion und Städtekonkurrenz: Zum politischen und kulturellen Kontext von Pausanias' Periegese*. Millennium-Studien 23. Berlin/New York: Walter de Gruyter, 2009.
FREDRIKSEN, Paula. «Vile Bodies: Paul and Augustine on the Resurrection of the Flesh.» In *Biblical Hermeneutics in Historical Perspective. Studies in Honor of Karlfried Froehlich on his Sixtieth Birthday*, edited by Mark S. Burrows and Paul Rorem, 75–87. Grand Rapids, MI: Eeerdmans, 1991.
FREND, William H. C. *The Rise of the Monophysite Movement*. Cambridge: Cambridge University Press, 1972.
FRENSCHKOWSKI, Marco. *Offenbarung und Epiphanie*. Bd. 1, *Grundlagen des spätantiken und frühchristlichen Offenbarungsglaubens*. Wissenschaftliche Untersuchungen zum Neuen Testament 2/79. Tübingen: Mohr Siebeck, 1995.
-. *Offenbarung und Epiphanie*. Bd. 2, *Die verborgene Epiphanie in Spätantike und frühem Christentum*. Wissenschaftliche Untersuchungen zum Neuen Testament 2/80. Tübingen: Mohr Siebeck, 1997.
FREUD, Sigmund. *Das Unbehagen in der Kultur* (1930). Studienausgabe. Bd. 9. Frankfurt, Main: S. Fischer, 1974.
FREY, Martin. *Untersuchungen zur Religion und Religionspolitik des Kaisers Elagabal*. Historia. Einzelschriften 62. Stuttgart: Steiner, 1989.
FRICKEL, Josef. *Das Dunkel um Hippolyt von Rom; Ein Lösungsversuch: Die Schriften Elenchos und Contra Noëtum*. Grazer Theologische Studien 13. Graz: Institut für ökumenische Theologie und Patrologie, 1988.
-. *Die «Apophasis Megale» in Hippolyt's Refutatio (VI 9–18): Eine Paraphrase zur Apophasis Simons*. Orientalia Christiana Analecta 182. Rom: Pontificium Institutum Orientalium Studiorum, 1968.
FRIEDLÄNDER, Julius. «Die unter Hadrian in Elis geprägte Münze mit der Darstellung der Bildsäule des olympischen Zeus von Phidias.» *Berliner Blätter für Münz-, Siegel- und Wappenkunde* 3 (1866): 21–26.

FRIEDLÄNDER, Moritz. *Der vorchristliche jüdische Gnosticismus*. Göttingen: Vandenhoeck & Ruprecht, 1898.

FRITSCH, Charles T. *The Anti-Anthropomorphisms of the Greek Pentateuch*. Princeton Oriental Texts 10. Princeton: Princeton University Press, 1943.

FROHNHOFEN, Herbert. *ΑΠΑΘΕΙΑ ΤΟΥ ΘΕΟΥ: Über die Affektlosigkeit Gottes in der griechischen Antike und bei den griechischsprachigen Kirchenvätern bis zu Gregorios Thaumaturgos*. Europäische Hochschulschriften 23. Theologie 318. Frankfurt, Main u. a.: Lang, 1987.

FUCHS, Albert. «Die ‹Seesturmperikope› Mk 4,35–41 parr. im Wandel der urkirchlichen Verkündigung.» In *Weihbischof Dr. Alois Stöger: Exeget zwischen Bibelkommission und Offenbarungskonstitution*, herausgegeben von Ferdinand Staudinger und Heinrich Wurz, 101–133. Studien zum neuen Testament und seiner Umwelt 15. St. Pölten: Philosophisch-Theologische Hochschule der Diözese, 1990.

FÜHRER, Joseph. «Zur Geschichte des Elagabaliums und der Athena Parthenos des Pheidias.» *Römische Mitteilungen* 7 (1892): 158–165.

FÜRST, Alfons. «Hieronymus gegen Origenes: Die Vision Jesajas im ersten Origenismusstreit.» *Revue d'Études Augustiniennes* 53 (2007): 199–233. (= DERS. *Von Origenes und Hieronymus zu Augustinus: Studien zur antiken Theologiegeschichte*, 239–274. Arbeiten zur Kirchengeschichte 115. Berlin/New York: Walter De Gruyter, 2011.)

FUHRER, Therese. «Augustins Modellierung des manichäischen Gottesbildes in den Confessiones.» In *Monotheistische Denkfiguren in der Spätantike*, herausgegeben von Alfons Fürst, Luise Ahmend, Christian Gers-Uphaus und Stefan Klug, 179–195. Studien zu Antike und Christentum 81. Tübingen: Mohr Siebeck, 2013.

FUHRMANN, Manfred «Die Mönchsgeschichten des Hieronymus: Formexperimente in erzählender Literatur.» In *Christianisme et formes littéraires de l'antiquité tardive en Occident. Huit exposés suivis de discussions*, avec la participation de Helena Junod-Ammerbauer et François Paschoud. Entretiens préparés et présidés par Manfred Fuhrmann, Vandoeuvres-Genève, 23–28 août 1976, 41–89. Entretiens sur l'antiquité classique 23. Genève: Fondation Hardt, 1977.

FUNKE, Hermann. Art. «Götterbild.» In *Reallexikon für Antike und Christentum* 11: 659–828. Stuttgart: Hiersemann, 1981.

GALVAO-SOBRINHO, Carlos R. «Embodied Theologies: Christian Identity and Violence in Alexandria in the Early Arian Controversy.» In *Violence in Late Antiquity. Perceptions and Practices*, edited by Harold Allen Drake, 321–331. Aldershot/Burlington, VT: Ashgate, 2006.

GASPARO, Giulia Sfameni. «Protologia ed encratismo: Esempi di esegesi encratita di Gen 1–3.» *Augustinianum* 22 (1982): 75–89.

GASTER, Moses. «Das Schiur Komah.» *Monatsschrift für Geschichte und Wissenschaft* des Judentums 37 (1893): 179–185. 213–230. (= DERS. *Studies and Texts*, 1330–1353. Vol. 2. New York: Ktav Publishing House, 1971.)

GAUER, Heinz. *Texte zum byzantinischen Bilderstreit: Der Synodalbrief der drei Patriarchen des Ostens von 836 und seine Verwandlung in sieben Jahrhunderten.* Studien und Texte zur Byzantinistik 1. Frankfurt, Main: Lang, 1994.

GAUGER, Jörg-Dieter. «Eine missverstandene Strabonstelle (zum Judenbericht XVI 2,37).» *Historia* 28 (1979): 211–224.

GAUSE, Ute. *Paracelsus (1493–1541): Genese und Entfaltung seiner frühen Theologie.* Spätmittelalter und Reformation. Neue Reihe 4. Tübingen: Mohr Siebeck, 1993.

GEERLINGS, Wilhelm. «*Libri Platonicorum*. Die philosophische Bildung Augustins.» In *Platon in der abendländischen Geistesgeschichte. Neue Forschungen zum Platonismus*, herausgegeben von Theo Kobusch und Burkhard Mojsisch, 60–70. Darmstadt: Wissenschaftliche Buchgesellschaft, 1997.

GEEST, Paul van. *The Incomprehensibility of God: Augustine as a Negative Theologian.* Late Antique History and Religion 4. (= The Mystagogy of the Church Fathers 1) Leuven: Peeters, 2011.

GEHRKE, Hans-Joachim. *Geschichte des Hellenismus*. Oldenbourg Grundriss der Geschichte 1B, 4. Aufl. München: Oldenbourg Verlag, 2008.

GEMEINHARDT, Peter. *Antonius. Der erste Mönch. Leben – Lehre – Legende.* München: Beck, 2013.

–. «Volksfrömmigkeit in der spätantiken Hagiographie: Potential und Grenzen eines umstrittenen Konzepts.» *Zeitschrift für Theologie und Kirche* 110 (2013): 410–438.

GERBER, Douglas E. «Pindar, Nemean Six: A Commentary.» *Harvard Studies in Classical Philology* 99 (1999): 33–91.

GERHARDT, Volker. *Individualität. Das Element der Welt.* Beck'sche Reihe 1381. München: Beck, 2000.

GERHARDS, Albert and Clemens LEONHARD, ed. *Jewish and Christian Liturgy and Worship: New Insights into its History and Interaction.* Jewish and Christian Perspectives Series 15. Leiden/Boston: Brill, 2007.

GERLACH, Jens. «Die Figur des Scharlatans bei Lukian.» In *Lukian, Der Tod des Peregrinos: Ein Scharlatan auf dem Scheiterhaufen*, herausgegeben, übersetzt und mit Beiträgen versehen von Peter Pilhofer, Manuel Baumbach, Jens Gerlach und Dirk U. Hansen, 150–152. SAPERE 9. Darmstadt: Wissenschaftliche Buchgesellschaft, 2005.

GESTRICH, Reinhold. *Schönheit Gottes: Anstösse zu einer neuen Wahrnehmung.* Ästhetik – Theologie – Liturgik 47. Berlin u. a.: LIT, 2007.

GEUDTNER, Otto. *Die Seelenlehre der chaldäischen Orakel.* Beiträge zur klassischen Philologie 35. Meisenheim am Glan: Anton Hain, 1971.

GILL, Mary L. «The Theory of the Elements in De Caelo 3 and 4.» In *New Perspectives on Aristotle's De Caelo*, edited by Alan C. Bowen and Christian Wildberg, 139–162. Philosophia antiqua 177. Leiden: Brill, 2009.

GLADIGOW, Burkhard. «Epiphanie, Statuette, Kultbild. Griechische Gottesvorstellungen im Wechsel von Kontext und Medium.» *Visible Religion* 7 (1990): 98–121.

–. «Zur Ikonographie und Pragmatik römischer Kultbilder.» In *Iconologia sacra. Mythos, Bildkunst und Dichtung in der Religions- und Sozialgeschichte Alteuropas. Festschrift Karl Hauck zum 75. Geburtstag*, herausgegeben von Hagen Keller und Nikolaus Staubach, 9–24. Arbeiten zur Frühmittelalterforschung 23. Berlin/New York: Walter de Gruyter, 1994.

GLANCY, Jennifer A. *Corporal knowledge: Early Christian Bodies*. New York/Oxford: Oxford University Press, 2010.

GLESSMER, Uwe. *Einleitung in die Targume zum Pentateuch*. Texte und Studien zum Antiken Judentum 48. Tübingen: Mohr Siebeck, 1995.

GMIRKIN, Russell E. *Berossus and Genesis, Manetho and Exodus: Hellenistic Histories and the Date of the Pentateuch*. Library of Hebrew Bible. Old Testament Studies 433. New York/London: T&T Clark, 2006.

GÖGLER, Rolf. *Zur Theologie des biblischen Wortes bei Origenes*. Düsseldorf: Patmos, 1963.

GÖRANSSON, Tryggve. *Albinus, Alcinous, Arius Didymus*. Studia Graeca et Latina Gothoburgensia 61. Göteborg: Acta Universitatis Gothoburgensis, 1995.

GOETHE, Johann W. von. *Berliner Ausgabe: Poetische Werke: Gedichte und Singspiele*. Bd. 2, *Gedichte: Nachlese und Nachlaß*, 3. Aufl. Berlin u. a.: Aufbau-Verlag, 1979.

GOLB, Norman. «Who Were the Maġārīya?.» *Journal of the American Oriental Society* 80 (1960): 347–359.

GOLDSCHMIDT, Victor. «ὑπάρχειν et ὑφεστάναι dans la philosophie stoïcienne.» *Revue des Études Grecques* 85 (1972): 331–444.

GOLDSTEIN, Jonathan. «The Central Composition of the West Wall of the Synagogue in Dura-Europos.» *Journal of the Ancient Near Eastern Society* 16/17 (1984/1985): 99–142.

GOLITZIN, Alexander. «The Form of God and Vision of the Glory: Some Thoughts on the Anthropomorphite Controversy of 399 AD.» In *Mistagogia – experienţa lui Dumnezeu n Orthodoxie. Studii de théologie misticâ*. 184–267. Colecţia Mistica. Sibiu: Editura Deisis, 1998.

–. «'The Demons suggest an Illusion of God's Glory in a Form'. Controversy over the Divine Body and Vision of Glory in Some Late Fourth, Early Fifth Monastic Literature.» *Studia Monastica* 44 (2002): 13–43.

GOODENOUGH, Erwin R. *Symbolism in the Dura Synagogue*. Vol. 3, *Illustrations*. Jewish Symbols in the Greco-Roman Period 11 (= Bollingen Series 37/11). New York: Pantheon Books, 1964.

GOODRICH, Richard J. *Contextualizing Cassian: Aristocrats, Asceticism, and Reformation in Fifth-Century Gaul*. Oxford Early Christian Studies. Oxford: Oxford University Press, 2007.

GORDON, Richard L. «The Real and the Imaginary: Production and Religion in the Graeco-Roman World.» *Art History* 2 (1979): 5–34.

GOTTSCHALK, Hans B. *Heraclides of Pontus.* Oxford: Clarendon Press, 1980.

GOTTSTEIN, Alon G. «The Body as Image of God in Rabbinic Literature.» *Harvard Theological Revue* 87 (1994): 171–195.

GOULD, Graham. «The Image of God and the Anthropomorphite Controversy in Fourth Century Monasticism.» In *Origeniana Quinta. Historica – Text and Method – Biblica. Philosophica – Theologica – Origenism and Later Developments.* Papers of the 5th International Origen Congress, Boston College, 14–18 August 1989, edited by Richard J. Daley, 549–557. Bibliotheca Ephemeridum Theologicarum Lovaniensium 105. Leuven: University Press/Peeters, 1992.

GOULD, Josiah B. *The Philosophy of Chrysippus.* Philosophia Antiqua 17. Leiden: Brill, 1970.

GOULDER, Michael D. «Ignatius' ‹Docetists›.» *Vigiliae Christianae* 53 (1999): 16–30.

GOULET, Richard. «Augustin et le *De regressu animae* de Porphyre.» In *Augustin philosophe et prédicateur. Hommage à Goulven Madec,* édité par Isabelle Bochet, 67–110. Collection des Études Augustiniennes. Série Antiquité 195. Paris: Institut des Études Augustiniennes, 2012.

GOURINAT, Jean-Baptiste. *Les stoïciens et l'âme.* Philosophies. Paris: Presses Universitaires de France, 1996.

GRABBE, Lester L. Art. «Aristobulus of Alexandria (The Philosopher).» In *Encyclopedia of the Bible and its Reception,* 2: 724–726. Berlin/New York: Walter de Gruyter, 2009.

–. *A History of the Jews and Judaism in the Second Temple Period.* Vol. 2, *The Early Hellenistic Period (335–175 BCE).* Library of Second Temple Studies 68. London/New York: T&T Clark, 2008.

GRAETZ, Heinrich. «Die mystische Literatur in der gaonäischen Epoche.» *Monatsschrift für Geschichte und Wissenschaft des Judentums* 8 (1859): 67–78. 103–118. 140–153.

GRAF, Fritz. «An Oracle against Pestilence from a Western Anatolian Town.» *Zeitschrift für Papyrologie und Epigraphik* 92 (1992): 267–279.

–. *Gottesnähe und Schadenzauber: Die Magie in der griechisch-römischen Antike.* München: Beck, 1996.

–. «Plutarch und die Götterbilder.» In *Gott und die Götter bei Plutarch: Götterbilder – Gottesbilder – Weltbilder,* herausgegeben von Rainer Hirsch-Luipold, 251–266. Religionsgeschichtliche Versuche und Vorarbeiten 54. Berlin/New York: Walter de Gruyter, 2005.

GRANT, Edward. *Planets, Stars, and Orbs: the Medieval Cosmos, 1200–1687.* Cambridge: Cambridge University Press, 1994.

GRANT, Robert M. *The Early Christian Doctrine of God.* Charlottesville, VA: University Press of Virginia, 1966.

GRAPPONE, Antonio. «Annotazioni sulla cronologia delle omelie di Origene.» *Augustinianum* 41 (2001): 27–58.

GRAUBNER, Hans. «Zum Problem des Anthropomorphismus in der Theologie (Hume, Kant, Hamann).» In *Johann Georg Hamann und England: Hamann und die englischsprachige Aufklärung: Acta des siebten Internationalen Hamann-Kolloquiums zu Marburg/Lahn 1996*, herausgegeben von Bernhard Gajek, 381–395. Regensburger Beiträge zur deutschen Sprach- und Literaturwissenschaft, Reihe B, Untersuchungen 69. Frankfurt am Main/Berlin/Bern: Peter Lang, 1999.

GRAUMANN, Thomas. «Reading *De oratione*: Aspects of Religious Practice in the Condemnation of Origen.» In *Origeniana nona. Origen and the Religious Practice of his Time*. Papers of the 9th International Origen Congress, Pécs, Hungary, 29 August – 2 September 2005, edited by György Heidl and Robert Somos, 159–177. Bibliotheca Ephemeridum Theologicarum Lovaniensium 228. Leuven: Peeters, 2009.

GREATREX, Geoffrey. «Introduction.» In *The Chronicle of Pseudo-Zachariah Rhetor. Church and War in Late Antiquity*, edited by Geoffrey Greatrex, translated by Robert R. Phenix and Cornelia B. Horn, with Contributions by Sebastian P. Brock and Witold Witakowski, 3–31. Translated Texts for Historians 55. Liverpool: Liverpool University Press, 2011.

GREENBERG, Moshe. *Ezechiel 1–20*. Mit einem Vorwort von Erich Zenger, aus dem Amerikanischen übersetzt von Michael Konkel. Herders Theologischer Kommentar zum Alten Testament. Freiburg im Breisgau: Herder, 2001.

GRESCHAT, Katharina. *Apelles und Hermogenes: zwei theologische Lehrer des zweiten Jahrhunderts*. Supplements to Vigiliae Christiane 48. Leiden u. a.: Brill, 2000.

–. «Selbstentfaltung Gottes in der Geschichte bei Irenäus von Lyon? Zur Kritik an einer weitverbreiteten Auffassung.» In *Gott in der Geschichte. Zum Ringen um das Verständnis von Heil und Unheil in der Geschichte des Christentums*, herausgegeben von Mariano Delgado und Volker Leppin, 71–84. Studien zur christlichen Religions- und Kulturgeschichte 18. Fribourg: Academic Press/Stuttgart: Kohlhammer, 2013.

GRIFFIN, Carl W. and David L. PAULSEN. «Augustine and the Corporeality of God.» *Harvard Theological Review* 95 (2002): 97–118.

GRIFFIN, Jasper. *Homer on Life and Death*. Oxford: Oxford University Press, 1980.

GRILLMEIER, Alois Kardinal. «Das ‹Gebet zu Jesus› und das ‹Jesus-Gebet›: Eine neue Quelle zum ‹Jesus-Gebet› aus dem Weißen Kloster.» In *After Chalcedon. Studies in Theology and Church History*, offered to Albert van Roey for his Seventieth Birthday, edited by Carl Laga, 187–202. Orientalia Lovaniensia Analecta 18. Leuven: Peeters, 1985.

–. *Jesus der Christus im Glauben der Kirche. Bd. 1, Von der Apostolischen Zeit bis zum Konzil von Chalcedon (451)*, unter Mitarbeit von Theresia Hainthaler. 3., verbesserte und ergänzte Aufl. Freiburg/Basel/Wien: Herder, 1990.

-. *Jesus der Christus im Glauben der Kirche.* Bd. 2/2, *Die Kirche von Konstantinopel im 6. Jahrhundert,* unter Mitarbeit von Theresia Hainthaler. Freiburg/Basel/Wien: Herder, 1989.
-. *Jesus der Christus im Glauben der Kirche.* Bd. 2/3, *Die Kirchen von Jerusalem und Antiochien nach 451 und bis 600,* mit Beiträgen von Alois Grillmeier, Theresia Hainthaler, Tanios Bou Mansour, Luise Abramowski. Herausgegeben von Theresia Hainthaler, 231–233. Freiburg/Basel/Wien: Herder 2002.
-. *Jesus der Christus im Glauben der Kirche.* Bd. 2/4, *Die Kirche von Alexandrien mit Nubien und Äthiopien nach 451,* unter Mitarbeit von Theresia Hainthaler. Freiburg/Basel/Wien: Herder, 1990.
GROSS, Walter. «Die Gottesebenbildlichkeit des Menschen nach Gen 1,26.27 in der Diskussion des letzten Jahrzehnts.» *Biblische Notizen* 68 (1993): 35–48.
GROSSE KRACHT, Hermann-Josef. «Kult des Individuums oder Sakralität der Person. Ungeklärte Beziehungen und neue Verständigungschancen zwischen Theologie und Sozialtheorie.» In *Der moderne Glaube an die Menschenwürde: Philosophie, Soziologie und Theologie im Gespräch mit Hans Joas,* herausgegeben von Hermann-Josef Große Kracht, 223–241. Bielefeld: transcript, 2014.
GRUBER, Margareta. «Zwischen Bilderverbot und ‹Vera Icon› oder: Wie viel Bild ist von Christus erlaubt?» *Lebendiges Zeugnis* 60/2 (2005): 100–115.
GRUENWALD, Ithamar. *Apocalyptic and Merkavah Mysticism.* Arbeiten zur Geschichte des antiken Judentums 14. Leiden: Brill, 1980.
GRÜTZMACHER, Georg. Art. «Hilarion.» In *Realencyclopädie für protestantische Theologie und Kirche,* 8: 54–56. Leipzig: Hinrichs, 1900.
GRUND, Alexandra. «‹Aus der Schönheit Vollendung strahlt Gott auf› (Ps 50,2): Bemerkungen zur Wahrnehmung des Schönen in den Psalmen.» In *«Wie schön sind deine Zelte, Jakob!» Beiträge zur Ästhetik des Alten Testaments,* herausgegeben von Alexandra Grund u. a., 100–129. Biblisch-Theologische Studien 60. Neukirchen-Vluyn: Neukirchener, 2003.
GRUNDMANN, Walter. Art. «καλός.» In *Theologisches Wörterbuch zum Neuen Testament* 3: 539–553. Stuttgart: Kohlhammer, 1938.
GRYPEOU, Emmanouela. «Höllenreisen und engelgleiches Leben: Die Rezeption von apokalyptischen Traditionen in der koptisch-monastischen Literatur.» In *Christliches Ägypten in der spätantiken Zeit.* Akten der zweiten Tübinger Tagung zum Christlichen Orient (7.–8. Dezember 2007), herausgegeben von Dmitrij Bumazhnov, 43–54. Studien und Texte zu Antike und Christentum 79. Tübingen: Mohr Siebeck, 2013.
GUELICH, Robert A. *Mark 1–8:26.* World Biblical Commentary 34A. Dallas, TX: Word Books, 1989.
GUILLAUMONT, Antoine. «Das Jesusgebet bei den Mönchen Ägyptens.» In DERS. *An den Wurzeln des christlichen Mönchtums: Aufsätze,* ins Deutsche übertragen von Hagia Witzenrath. Weisungen der Väter 4. Beuron: Beuroner Kunstverlag, 2007.

–. Art. «Evagrius Ponticus.» In *Theologische Realenzyklopädie*, 10: 565–570. Berlin: Walter de Gruyter, 1977.
–. «Histoire des moines aux Kellia.» *Orientalia Lovaniensia Periodica* 8. (1977): 187–203.
–. «La vision de l'intellect par lui-même dans la mystique Évagrienne.» *Mélanges de l'Université Saint-Joseph* 50 (1984): 255–262. (= DERS. *Études sur la spiritualité de l'Orient chrétien*. Spiritualité orientale. Série Monachisme primitif 66. Bégrolles en Mauges: Abbaye de Bellefontaine, 1996.)
–. *Les «Kephalaia Gnostica» d'Évagre le Pontique et l'histoire de l'Origénisme chez les Grecs et les Syriens*. Patristica Sorbonensia 5. Paris: Éditions du Seuil, 1962.
–. *Un philosophe au désert: Évagre le Pontique*. Textes et Traditions 8. Paris: Vrin, 2004.
–. «Une inscription copte sur la ‹prière de Jésus›,» *Orientalia Christiana Periodica* 34 (1968): 310–325 (= DERS. *Aux origines du monachisme chrétien. Pour une phénoménologie du monachisme*, 168–183. Spiritualité orientale 30. Bégrolles en Mauges: Abbaye de Bellefontaine, 1979.)
GUINOT, Jean-N. *L'exégèse de Théodoret de Cyr*. Théologie historique 100. Paris: Beauchesne, 1995.
GUMBRECHT, Hans U. «Incarnation, now: Five Brief Thoughts and a Non-Conclusive Ending.» *Communication and Critical/Cultural Studies* 8 (2011): 207–213.
GUNDEL, Wilhelm. *Dekane und Dekansternbilder: Ein Beitrag zur Geschichte der Sternbilder der Kulturvölker. Mit einer Untersuchung über die ägyptischen Sternbilder und Gottheiten der Dekanae von Siegfried Schott*. Studien der Bibliothek Warburg 19. Glückstadt/Hamburg: Augustin, 1936.
–. Art. «Teukros 5).» In *Paulys Realencyclopädie der classischen Altertumswissenschaft*, 5A/1: 1132–1134. München: Alfred Druckenmüller, 1934.
GUNDRY, Robert Horton. *Sōma in Biblical Theology: with Emphasis on Pauline Anthropology*. Society for New Testament Studies. Monograph Series 29. Cambridge/New York: Cambridge University Press, 1976.
HAAS, Christopher. *Alexandria in Late Antiquity: Topography and Social Conflict*. Baltimore: Johns Hopkins University Press, 1997.
HABER, Honi Fern and Gail WEISS, ed. *Perspectives on Embodiment: The Intersections of Nature and Culture*. New York: Routledge, 1999.
HABERMEHL, Peter. *Perpetua und der Ägypter oder die Bilder des Bösen im frühen afrikanischen Christentum. Ein Versuch zur Passio sanctarum Perpetua[e] et Felicitatis*. Texte und Untersuchungen 140. Berlin/New York: Walter de Gruyter, 2004.
–. *Petronius, Satyrica 79–141: Ein philologisch-literarischer Kommentar. Bd. 1, Sat. 79–110*. Texte und Kommentare 27/1. Berlin/New York: Walter de Gruyter, 2006.
HACHLILI, Rachel. «The Zodiac in Ancient Jewish Art.» *Bulletin of the American Schools of Oriental Research* 228 (1977): 61–77.
HADOT, Ilsetraut. «Erziehung und Bildung bei Augustin.» In *Internationales Sympo-*

sion über den Stand der Augustinus-Forschung, vom 12. bis 16. April 1987 im Schloss Rauischholzhausen der Justus-Liebig-Universität Gießen, herausgegeben von Cornelius Mayer und Karl Heinz Chelius, 127–130. Cassiciacum 39/1 (= Res et Signa 1). Würzburg: Augustinus-Verlag, 1989.

HADOT, Pierre. *Marius Victorinus. Recherches sur sa vie et ses œuvres.* Paris: Institut des Études Augustiniennes, 1971.

HÄKKINEN, Sakari. Art. «Ebionites.» In *A Companion to Second-Century Christian «Heretics»*, edited by Antti Marjanen and Petri Luomanen, 247–278. Supplements to Vigiliae Christianae 76. Leiden u. a.: Brill, 2005.

HÄLLSTRÖM, Gunnar af. *Fides simpliciorum according to Origen of Alexandria.* Societas Scientiarum Fennica. Commentationes Humanarum Litterarum 76. Helsinki: Finnish Society of Science and Letters, 1984.

HAHN, Johannes. *Gewalt und religiöser Konflikt: Studien zu den Auseinandersetzungen zwischen Christen, Heiden und Juden im Osten des Römischen Reiches (von Konstantin bis Theodosius II.).* Klio. Beihefte. Neue Folge 8. Berlin: Akademie-Verlag, 2004.

–. «The Conversion of the Cult Statues: The Destruction of the Serapeion 392 A. D. and the Transformation of Alexandria into the ‹Christ-Loving City›.» In *From Temple to Church: Destruction and Renewal of Local Cultic Topography in Late Antiquity*, edited by Johannes Hahn, Stephen Emmel und Ulrich Gotter, 335–366. Religions in the Graeco-Roman World 163. Leiden u. a.: Brill, 2008.

–. «‹Vetus error extinctus est› – Wann wurde das Serapeion von Alexandria zerstört?.» *Historia* 55 (2006): 368–383.

HÅLAND, Evy J. «Athena's Peplos: Weaving as a Core Female Activity in Ancient and Modern Greece.» *Cosmos* 20 (2004): 155–182.

HALBFASS, Wilhelm. Art. «Evidenz.» In *Historisches Wörterbuch der Philosophie*, 2: 829–832. Basel: Schwabe, 1972.

HALFWASSEN, Jens. *Der Aufstieg zum Einen: Untersuchungen zu Platon und Plotin.* Beiträge zur Altertumskunde 9. Stuttgart: Teubner, 1992.

–. Art. «Platonismus II. Religionsphilosophisch.» In *Religion in Geschichte und Gegenwart. Handwörterbuch für Theologie und Religionswissenschaft*, 6: 1387–1389. 4. Aufl. Tübingen: Mohr Siebeck, 2003.

–. «Schönheit und Bild im Neuplatonismus.» In *Neuplatonismus und Ästhetik. Zur Transformationsgeschichte des Schönen*, herausgegeben von Verena Olejniczak Lobsien und Claudia Olk, 43–57. Transformationen der Antike 2. Berlin/New York: Walter de Gruyter, 2007.

HALL, Robert G. «Isiah's Ascent to See the Beloved: An Ancient Jewish Source for the Ascension of Isaiah.» *Journal of Biblical Literature* 113 (1994): 463–484.

HALLEUX, André de. «La définition christologique à Chalcédoine.» *Revue théologique de Louvain* 7 (1976): 3–23. 155–170. (= DERS. *Patrologie et Oecuménisme: Recueil d'Études*. Bibliotheca Ephemeridum Theologicarum Lovaniensium 93. Leuven: Peeters, 1990.)

HALPERIN, David J. *The Faces of the Chariot: Early Jewish Responses to Ezekiel's Vision*. Texte und Studien zum Antiken Judentum 16. Tübingen: Mohr Siebeck, 1988.
-. *The Merkabah in Rabbinic Literature*. American Oriental Studies 62. New Haven, CO: American Oriental Society, 1980.
HAMACHER, Elisabeth. «Die Sabbatopferlieder im Streit um Ursprung und Anfänge der jüdischen Mystik.» *Journal for the Study of Judaism* 27 (1996): 119–154.
HARDER, Günther. Art. φθείρω κτλ., in *Theologisches Wörterbuch zum Neuen Testament*, 94–106. Stuttgart u. a.: Kohlhammer, 1973.
HARKER, Andrew. *Loyalty and Dissidence in Roman Egypt: The Case of the Acta Alexandrinorum*. Cambridge: Cambridge University Press, 2008.
HARL, Marguerite. *Origène et la fonction révélatrice du verbe incarné*. Paris: Editions du Seuil, 1958.
-. «Structure et cohérence du Peri Archôn.» In *Origeniana: Premier colloque international des études origéniennes (Montserrat, 18–21 septembre 1973)*, dirigé par Henri Crouzel, Gennaro Lomiento et Josep Rius-Camps, 11–45. Quaderni di ‹Vetera Christianorum› 12. Bari: Istituto di letteratura cristiana antica, Università di Bari, 1975.
HÅRLEMAN, Einar. *De Claudiano Mamerto Gallicae Latinitatis Scriptore Quaestiones*. Uppsala: A. B. Lundequistska Bokhandeln, 1938.
HARNACK, Adolf von. «Brandt, Wilhelm. Elchasai, ein Religionsstifter und sein Werk (Rezension).» *Theologische Literaturzeitung* 37 (1912): 683 f.
-. *Das Wesen des Christentums*. Leipzig: Hinrichs, 1929. (= Herausgegeben und kommentiert von Trutz Rendtorff. Gütersloh: Kaiser, 1999. = Herausgegeben von Claus-Dieter Osthövener. 2. durchgesehene Aufl. Tübingen: Mohr Siebeck, 2007.)
-. *Der kirchengeschichtliche Ertrag der exegetischen Arbeiten des Origenes: II. Teil: Die beiden Testamente mit Ausschluss des Hexateuchs und des Richterbuchs. Texte und Untersuchungen 42/4*. Leipzig: Hinrichs, 1919.
-. *Die Überlieferung der griechischen Apologeten des 2. Jahrhunderts in der alten Kirche und im Mittelalter. Texte und Untersuchungen 1/1–2*. Leipzig: Hinrichs, 1882. (= Berlin: Akademie-Verlag, 1991.)
-. *Lehrbuch der Dogmengeschichte*. Bd. 1, *Die Entstehung des kirchlichen Dogmas*, 4., neu durchgearbeitete und vermehrte Aufl. Tübingen: Mohr Siebeck, 1909.
-. *Marcion: Das Evangelium vom fremden Gott: Eine Monographie zur Geschichte der Grundlegung der katholischen Kirche. Neue Studien zu Marcion. Texte und Untersuchungen 45 und 44/4*. 2., verbesserte und vermehrte Aufl. Leipzig: Hinrichs, 1924. (= Darmstadt: Wissenschaftliche Buchgesellschaft, 1960.)
HARRÉ, Rom. Art. «Mind-Body Dualism.» In *International Encyclopedia of the Social & Behavioral Sciences*, edited by Neil J. Smelser and Paul B. Baltes, 14: 9885–9889. Amsterdam u. a.: Elsevier, 2001.

HARRIES, Jill. *Sidonius Apollinaris and the Fall of Rome AD 407–485*. Oxford: Oxford University Press, 1994.
HARRIS, Jonathan Gil. *Foreign Bodies and the Body Politic. Discourses of Social Pathology in Early Modern England*. Cambridge: Cambridge University Press 1998.
HARTENSTEIN, Friedhelm. Das *Angesicht JHWHs: Studien zu seinem höfischen und kultischen Bedeutungshintergrund in den Psalmen und in Exodus 32–34*. Forschungen zum Alten Testament 55. Tübingen: Mohr Siebeck, 2008.
–. «JHWHs Wesen im Wandel: Vorüberlegungen zu einer Theologie des Alten Testaments.» *Theologische Literaturzeitung* 137 (2012): 3–20.
–. «Vom Sehen und Schauen Gottes: Überlegungen zu einer theologischen Ästhetik aus der Sicht des Alten Testaments.» In *Marburger Jahrbuch Theologie XXII (2010)* (= Marburger Theologische Studien 110). Leipzig: Evangelische Verlagsanstalt, 2010.
–. «Wolkendunkel und Himmelsfeste. Zur Genese und Kosmologie der Vorstellung des himmlischen Heiligtums JHWHs.» In *Das biblische Weltbild und seine altorientalischen Kontexte*, herausgegeben von Bernd Janowski und Beate Ego, in Zusammenarbeit mit Annette Krüger, 125–179. Forschungen zum Alten Testament 32. Tübingen: Mohr Siebeck, 2001.
HARTMANN, Andreas. «Judenhass und Martyrium: Zum kulturgeschichtlichen Kontext der *Acta Alexandrinorum*.» In *Zwischen Antike und Moderne. Festschrift für Jürgen Malitz zum 65. Geburtstag*. Dargebracht von Kollegen, Freunden, Schülern und Weggefährten. Herausgegeben von Andreas Hartmann und Gregor Weber, 119–209. Speyer: Kartoffeldruck-Verlag Brodersen, 2012.
HARVEY, Arnold D. *Body Politic. Political Metaphor and Political Violence*. Cambridge: Cambridge Scholars Publishing, 2007.
HARVEY, Susan Ashbrook. «Locating the Sensing Body: Perception and Religious Identity in Late Antiquity.» In *Religion and the Self in Antiquity*, edited by David Brakke, Michael L. Satlow and Steven Weitzman, 140–162. Bloomington, IN: Indiana University Press, 2005.
HASSELHOFF, Görge K. *Dicit Rabbi Moyses: Studien zum Bild von Moses Maimonides im lateinischen Westen vom 13. bis 15. Jahrhundert*. 2., um ein Nachwort erweiterte Aufl. Würzburg: Königshausen & Neumann, 2005.
HAUSHERR, Irénée. «Le *De Oratione* d'Évagre le Pontique en Syriaque et en Arabe.» *Orientalia Christiana Periodica* 5 (1939): 7–71.
–. «Le *traité de l'oraison* d'Évagre le Pontique (Pseudo-Nil).» *Revue d'Ascétique et de Mystique* 15 (1934): 34–93. 113–70.
–. «Les grands courants de la spiritualité orientale.» *Orientalia Christiana Periodica* 1 (1935): 114–138.
–. *Noms du Christ et voies d'oraison*. Orientalia Christiana Analecta 157. Rom: Pontificium Institutum orientalium studiorum, 1960.
HECK, Eberhard. «Perrin, Michel. Lactance, La colère de dieu (Rezension).» *Gnomon* 57 (1985): 145–148.

HEIDRICH, Peter. Art. «Mystik, mystisch.» In *Historisches Wörterbuch der Philosophie*, 6: 268–273. Darmstadt: Wissenschaftliche Buchgesellschaft, 1984.

HEIL, John Paul. *The Transfiguration of Jesus: Narrative Meaning and Function of Mark 9:2–8, Matt 17:1–8 and Luke 9:28–36*. Analecta biblica 144. Rom: Edizione Pontificio Istituto Biblico, 2000.

HEIMGARTNER, Martin. *Pseudojustin – Über die Auferstehung: Text und Studie*. Patristische Texte und Studien 54. Berlin/New York: Walter de Gruyter, 2001.

HEINRICH, Elisabeth. «Religionskritik im Spannungsfeld von logischer und genealogischer Argumentation.» In *Kritik der Religion: Zur Aktualität einer unerledigten philosophischen und theologischen Aufgabe*, herausgegeben von Ingolf U. Dalferth und Hans-Peter Großhans, 95–116. Religion in Philosophy and Theology 23. Tübingen: Mohr Siebeck, 2006.

HEINZE, Richard. *Tertullians Apologeticum*. Berichte über Verhandlungen der Königlich Sächsischen Gesellschaft der Wissenschaften. Philologisch-historische Klasse 62. Heft 10. Leipzig: Teubner, 1910.

HEINZELMANN, Martin. «Gallische Prosopographie 260–527.» *Francia* 10 (1982): 531–718.

HEITSCH, Ernst. «Das Wissen des Xenokrates.» *Rheinisches Museum* 109 (1966): 193–235.

–. «Hesiod.» In DERS. *Gesammelte Schriften*, Bd. 2, *Zur griechischen Philosophie*. Beiträge zur Altertumskunde 153. Berlin/New York: Walter de Gruyter, 2002.

HELDERMAN, Jan. *Die Anapausis im Evangelium Veritatis: Eine vergleichende Untersuchung des valentinianisch-gnostischen Heilsgutes der Ruhe im Evangelium Veritatis und in anderen Schriften der Nag-Hammadi-Bibliothek*. Nag Hammadi Studies 18. Leiden: Brill, 1984.

HELSSIG, Rudolf. *Die lateinischen und deutschen Handschriften der Universitätsbibliothek Leipzig*. Bd. 1, *Die theologischen Handschriften*, Tl. 1 (Ms 1–500). Wiesbaden: Harrassowitz, 1995.

HEMER, Colin J. *The Book of Acts in the Settings of Hellenistic History*, edited by Conrad H. Gempf. Wissenschaftliche Untersuchungen zum Neuen Testament 49. Tübingen: Mohr Siebeck, 1989.

HENGEL, Martin. «Der Finger und die Herrschaft Gottes in Lk 11,20.» In *La Main de Dieu. Die Hand Gottes*, édité par René Kieffer et Jan Bergman, 87–106. Wissenschaftliche Untersuchungen zum Neuen Testament 94. Tübingen: Mohr Siebeck, 1997. (= DERS. *Jesus und die Evangelien. Kleine Schriften V*, herausgegeben von Claus-Jürgen Thornton, 644–663. Wissenschaftliche Untersuchungen zum Neuen Testament 211. Tübingen: Mohr Siebeck, 2007.)

–. *Juden, Griechen und Barbaren: Aspekte der Hellenisierung des Judentums in vorchristlicher Zeit*. Stuttgarter Bibelstudien 76. Stuttgart: Verlag Katholisches Bibelwerk, 1976.

–. *Judentum und Hellenismus: Studien zu ihrer Begegnung unter besonderer Berücksichtigung Palästinas bis zur Mitte des 2. Jahrhunderts vor Christus*. Wissenschaftliche

Untersuchungen zum Neuen Testament 10. 3., durchgesehene Aufl. Tübingen: Mohr Siebeck, 1988.
-. «Mors turpissima Crucis: Die Kreuzigung in der antiken Welt und die ‹Torheit› des ‹Wortes vom Kreuz›.» In *Rechtfertigung*. FS Ernst Käsemann zum 70. Geburtstag, herausgegeben von Johannes Friedrich, Wolfgang Pöhlmann und Peter Stuhlmacher, 123–184. Tübingen: Mohr Siebeck/Göttingen: Vandenhoeck & Ruprecht, 1976. (= DERS. *Studien zum Urchristentum: Kleine Schriften VI*. Herausgegeben von Claus-Jürgen Thornton, 594–652. Wissenschaftliche Untersuchungen zum Neuen Testament 234. Tübingen: Mohr Siebeck, 2008.)
-. «‹Setze dich zu meiner Rechten!›: Die Inthronisation Christi zur Rechten Gottes und Psalm 110,1.» In DERS. *Studien zur Christologie: Kleine Schriften IV*, herausgegeben von Claus-Jürgen Thornton, 281–367. Tübingen: Mohr Siebeck, 2006. (= PHILONENKO, Marc, ed. *Le Trône de Dieu*, 108–194. Wissenschaftliche Untersuchungen zum Neuen Testament 69. Tübingen: Mohr Siebeck, 1993.)
- in Zusammenarbeit mit Christoph MARKSCHIES. *The «Hellenization» of Judaea in the First Century after Christ*. London: SCM Press, 1989.
- und Anna M. SCHWEMER. *Geschichte des frühen Christentums*. Bd. 1, *Jesus und das Judentum*. Tübingen: Mohr Siebeck, 2007.
HENGELBROCK, Jürgen. Art «Affekt.» In *Historisches Wörterbuch der Philosophie*, 1: 89–93. Darmstadt: Wissenschaftliche Buchgesellschaft, 1971.
HENNESSEY, Lawrence R. «A Philosophical Issue in Origen's Eschatology: The Three Senses of Incorporeality.» In *Origeniana Quinta: Historica – Text and Method – Biblica – Philosophica – Theologica – Origenism and Later Developments*. Papers of the 5th International Origen Congress Boston College (14–18 August 1989), edited by Robert J. Daly, 373–380. Bibliotheca Ephemeridum Theologicarum Lovaniensium 105. Leuven: Peeters, 1992.
HENRY, Paul. *La Vision d'Ostie. Sa place dans la Vie et l'Œuvre de saint Augustin*. Paris: Vrin, 1938. (= DERS. «Die Vision zu Ostia.» In *Zum Augustin-Gespräch der Gegenwart*, herausgegeben von Carl Andresen, 201–270. Wege der Forschung 5. Darmstadt: Wissenschaftliche Buchgesellschaft, 1962.)
-. *Plotin et l'Occident: Firmicus Maternus, Marius Victorinus, Saint Augustin et Macrobe*. Spicilegium Sacrum Lovaniense 15. Louvain: Spicilegium Sacrum Lovaniense, 1934.
HERRMANN, Florian. *Strategien der Todesdarstellung in der Markuspassion: Ein literaturgeschichtlicher Vergleich*. Novum Testamentum et Orbis Antiquus. (= Studien zur Umwelt des Neuen Testaments 86). Göttingen: Vandenhoeck & Ruprecht, 2010.
HERRMANN, Klaus. «Jüdische Gnosis? Dualismus und ‹gnostische› Motive in der frühen jüdischen Mystik.» In *Zugänge zur Gnosis: Akten zur Tagung der Patristischen Arbeitsgemeinschaft vom 02.–05.01.2011 in Berlin-Spandau*, herausgegeben

von Christoph Markschies und Johannes van Oort, 43–90. Studien der Patristischen Arbeitsgemeinschaft 12. Leuven/Walpole, MA: Peeters, 2013.

–, Hg. *Massekhet Hekhalot: Traktat von den himmlischen Palästen; Edition, Übersetzung und Kommentar*. Texte und Studien zum Antiken Judentum 39. Tübingen: Mohr Siebeck, 1994.

–. «Text und Fiktionen: Zur Textüberlieferung des Shiʿur Qoma.» *Frankfurter Judaistische Beiträge* 16 (1988): 89–142.

HERZOG, Rudolf. *Die Wunderheilungen von Epidauros: Ein Beitrag zur Geschichte der Medizin und der Religion*. Philologus. Supplement 22/3. Leipzig: Dieterich, 1931.

HEUSSI, Karl. *Untersuchungen zu Nilus dem Asketen*. Texte und Untersuchungen 42/2. Leipzig: Hinrichs, 1917.

HEYDEN, Katharina. *Die «Erzählung des Aphroditian»: Thema und Variation einer Legende im Spannungsfeld von Christentum und Heidentum*. Studien und Texte zu Antike und Christentum 53. Tübingen: Mohr Siebeck, 2009.

HEZSER, Catherine. *Lohnmetaphorik und Arbeitswelt in Mt 20,1–16: Das Gleichnis von den Arbeitern im Weinberg im Rahmen rabbinischer Lohngleichnisse*. Novum Testamentum et Orbis Antiquus 15. Fribourg: Universitäts-Verlag/Göttingen: Vandenhoeck & Ruprecht, 1990.

HILGENFELD, Adolf. «Der gnostische und der kanonische Johannes über das Leben Jesu.» *Zeitschrift für wissenschaftliche Theologie* 43 (1900): 1–61.

–. *Die clementinischen Recognitionen und Homilien, nach ihrem Ursprung und Inhalt*. Jena: Schreiber, 1848.

–. *Ketzergeschichte des Urchristenthums urkundlich dargestellt*. Leipzig: Fues, 1884. (= Darmstadt: Wissenschaftliche Buchgesellschaft, 1963.)

HILGERT, Earle. «Symbolismus und Heilsgeschichte in den Evangelien. Ein Beitrag zu den Seesturm- und Gerasenererzählungen.» In *Oikonomia: Heilsgeschichte als Thema der Theologie. Oscar Cullmann zum 65. Geburtstag gewidmet*, herausgegeben von Felix Christ, 51–56. Hamburg-Bergstedt: Reich, 1967.

HIMMELFARB, Martha. *Ascent to Heaven in Jewish and Christian Apocalypses*. New York: Oxford University Press, 1993.

–. «Heavenly Ascent and the Relationship of the Apocalypses and the *Hekhalot* Literature.» *Hebrew Union College Annual* 59 (1988): 73–100.

–. «Merkavah Mysticism since Scholem: Rachel Elior's *The Three Temples*.» In *Wege mystischer Gotteserfahrung: Judentum, Christentum und Islam. Mystical Approaches to God. Judaism, Christianity, and Islam*, herausgegeben von Peter Schäfer unter Mitarbeit von Elisabeth Müller-Luckner, 19–36. Schriften des Historischen Kollegs. Kolloquien 65. München: Oldenbourg Verlag, 2006.

HIRSCHBERG, Martin. *Studien zur Geschichte der «simplices» in der Alten Kirche: Ein Beitrag zum Problem der Schichtungen in der menschlichen Erkenntnis*. Berlin: maschinenschriftlich vervielfältigt, 1944.

HOEK, Annewies van den. «*Papyrus Berolinensis 20915* in the Context of other Early Christian Writings from Egypt.» In *Origeniana Octava: Origen and the Alexandrian Tradition*. Papers of the 8th International Origen Congress Pisa, 27–31 August 2001, Lorenzo Perrone, edited in Collaboration with Paolo Bernardini and Diego Marchini, 75–92. Bibliotheca Ephemeridum Theologicarum Lovaniensium 164. Leuven: Peeters, 2003.

HOFIUS, Otfried. «‹Der in des Vaters Schoß ist› Joh 1,18.» In DERS. und Hans-Christian KAMMLER, *Johannesstudien: Untersuchungen zur Theologie des vierten Evangeliums*, 24–32. Wissenschaftliche Untersuchungen zum Neuen Testament 88. Tübingen: Mohr Siebeck, 1996.

HOFFMANN, Wolfgang. Ὁ θεὸς ἀπροσδεής. Gottes Bedürfnislosigkeit in den Schriften der frühen Väterzeit. Teildruck einer maschinenschriftlichen Dissertation an der Gregoriana Rom 1965. Bonn: n. n., 1966.

HOLL, Karl. «Die Zeitfolge des ersten origenistischen Streits.» In DERS. *Gesammelte Aufsätze zur Kirchengeschichte*. Bd. 2, *Der Osten*, 310–335. Tübingen: Mohr Siebeck, 1928.

HOMMEL, Hildebrecht. *Symmetrie im Spiegel der Antike*. Sitzungsberichte der Heidelberger Akademie der Wissenschaften. Philosophisch-Historische Klasse 5/1986. Heidelberg: Universitätsverlag Winter, 1987.

HOPKINS, Clark. «The Excavation of the Dura Synagogue Paintings.» In *The Dura-Europos Synagogue: A Re-Evaluation (1932–1972)*, edited by Joseph Gutmann, 15 f. Chamberburg, PA: American Academy of Religion, 1973.

HOPPE, Heinrich. *Beiträge zur Sprache und Kritik Tertullians*. Publications of the New Society of Letters at Lund 14. Lund: Gleerup, 1932.

HORN, Hans Jürgen «Stoische Symmetrie und Theorie des Schönen in der Kaiserzeit.» In *Aufstieg und Niedergang der Römischen Welt. Geschichte und Kultur Roms im Spiegel der neueren Forschung*. II, *Prinzipat*. 36/3, *Philosophie, Wissenschaften, Technik: Philosophie (Stoizismus)*, herausgegeben von Wolfgang Haase, 1454–1472. Berlin/New York: Walter de Gruyter, 1989.

HORST, Pieter van der. «Moses' Throne Vision in Ezekiel the Dramatist.» *Journal of Jewish Studies* 34 (1983): 21–29. (= DERS. *Essays on the Jewish World of Early Christianity*, 63–71. Novum Testamentum et Orbis Antiquus 14. Göttingen: Vandenhoeck & Ruprecht/Fribourg: Universitäts-Verlag, 1986.)

–. «Some Notes on the ‹Exagoge› of Ezekiel.» *Mnemosyne* 37 (1984): 354–375. (= DERS. *Essays on the Jewish World of Early Christianity*, 72–93. Novum Testamentum et Orbis Antiquus 14. Göttingen: Vandenhoeck & Ruprecht/Fribourg: Universitäts-Verlag, 1986.)

–. «‹The Finger of God›. Miscellaneous Notes on Luke 11:20 and its *Umwelt*.» In *Sayings of Jesus: canonical and non-canonical. Essays in honour of Tjitze Baarda*. Edited by William L. Petersen, Johan S. Vos and Henk J. de Jonge, 89–103. Novum Testamentum Supplements 89. Leiden: Brill, 1997.

HORSTMANN, Axel. Art. «Mythos, Mythologie VI. 20. Jahrhundert.» In *Historisches*

Wörterbuch der Philosophie, 6: 300–318. Darmstadt: Wissenschaftliche Buchgesellschaft, 1984.

HOSSFELD, Frank-Lothar. «Das Buch Ezechiel.» In *Einleitung in das Alte Testament*, herausgegeben von Christian Frevel, 592–621. 8., vollständig überarbeitete Aufl. Kohlhammer Studienbücher Theologie 1/1. Stuttgart: Kohlhammer, 2012.

HOVORUN, Cyril. *Will, Action and Freedom: Christological Controversies in the Seventh Century*. The Medieval Mediterranean 77. Leiden: Brill, 2008.

HUBER, Irene. *Rituale der Seuchen- und Schadensabwehr im Vorderen Orient und Griechenland: Formen kollektiver Krisenbewältigung in der Antike*. Oriens et Occidens 10. Stuttgart: Steiner, 2005.

HÜBNER, Reinhard M. *Die Einheit des Leibes bei Gregor von Nyssa. Untersuchungen zum Ursprung der ‹physischen› Erlösungslehre*. Philosophia Patrum 2. Leiden: Brill, 1974.

–. *Die Wahrheit des Mythos*. München: Beck, 1985.

–. «Melito von Sardes und Noët von Smyrna.» In *Oecumenica et Patristica: Festschrift für Wilhelm Schneemelcher zum 75. Geburtstag*, herausgegeben von Damaskinos Papandreou, Wolfgang A. Bienert und Knut Schäferdiek, 219–240. Stuttgart/Berlin/Köln: Kohlhammer, 1989. (= DERS. *Der paradox Eine: Antignostischer Monarchianismus im zweiten Jahrhundert*. Mit einem Beitrag von Markus Vinzent. Supplements to Vigiliae Christianae 50. Leiden u. a.: Brill, 1999.)

–. Art. «Mythos. Philosophisch.» In *Theologische Realenzyklopädie* 23: 597–608. Berlin/New York: Walter de Gruyter, 1994.

–. «Thesen zur Echtheit und Datierung der sieben Briefe des Ignatius von Antiochien.» *Zeitschrift für Antikes Christentum* 1 (1997): 44–72.

HUFFMAN, Carl A. *Archytas of Tarentum. Pythagorean, Philosopher and Mathematician King*. Cambridge: Cambridge University Press, 2005.

HULTSCH, Friedrich. *Griechische und römische Metrologie*. 2. Aufl. Berlin: Weidmann, 1882.

HUME, David. *Dialogues concerning Natural Religion*. Pt. 4: *A Treatise of Human Nature being an Attempt to introduce the experimental Method of Reasoning into Moral Subjects and Dialogues concerning Natural Religion*. Edited with preliminary dissertations and notes by Thomas Hill Green and Thomas Hodge Grose. Vol. 2. Aalen: Scientia Verlag, 1964. (= London, 1886.)

HUNT, Edward D. *Holy Land Pilgrimage in the Later Roman Empire AD 312–460*. Oxford: Clarendon Press, 1998.

–. «St. Silvia of Aquitaine: The Role of a Theodosian Pilgrim in the Society of East and West.» *Journal of Theological Studies* 23 (1972): 351–373.

HUNT, Hannah. *Clothed in the Body. Asceticism, the Body and the Spiritual in the Late Antique Era*. Ashgate Studies in Philosophy & Theology in Late Antiquity. Farnham, Surrey/Burlington, VT: Ashgate, 2012.

HUTTON, Jeremy M. «Southern, Northern and Transjordanian Perspectives.» In

Religious Diversity in Israel and Juda, edited by Francesca Stavrakopoulou and John Barton, 149–174. London/New York: T&T Clark, 2010.

HYATT, J. Philip. «The Deity Bethel and the Old Testament.» *Journal of the American Oriental Society* 59 (1939): 81–89.

ICKS, Martijn. *The Crimes of Elagabalus: The Life and Legacy of Rome's Decadent Boy Emperor*. London: I. B. Tauris, 2011.

IRMSCHER, Johannes. «Die Anfänge der koptischen Papyrologie.» In *Graeco-Coptica: Griechen und Kopten im byzantinischen Ägypten* (Referate der V. Koptologischen Arbeitskonferenz, 25.–27. Mai 1983), herausgegeben von Peter Nagel, 121–136. Wissenschaftliche Beiträge der Martin-Luther-Universität Halle-Wittenberg 48/1984. Halle, Saale: Universität Halle-Wittenberg, 1984.

ISRAEL, W. «Die Vita S. Hilarionis des Hieronymus als Quelle für die Anfänge des Mönchtums kritisch untersucht.» *Zeitschrift für wissenschaftliche Theologie* 23 (1880): 129–165.

ISRAELI, Yael and David MEVORAH, ed. *Cradle of Christianity*. Exhibition at the Israel Museum Jerusalem, Weisbord Exhibition Pavillon, Spring 2000 – Winter 2001. Jerusalem: Israel Museum, 2000.

IVANKA, Endre von. «ΚΕΦΑΛΑΙΑ: Eine byzantinische Literaturform und ihre antiken Wurzeln.» *Byzantinische Zeitschrift* 47 (1954): 285–291.

JACOBS, Andrew S. *Christ Circumcised: A Study in Early Christian History and Difference*. Philadelphia: University of Pennsylvania Press, 2012.

JACOBSEN, Anders-Christian Lund. «The Constitution of Man according to Irenaeus and Origen.» In *Körper und Seele: Aspekte spätantiker Anthropologie*, herausgegeben von Barbara Feichtinger, Stephen Lake und Helmut Seng, 67–94. Beiträge zur Altertumskunde 215. München/Leipzig: K. G. Saur, 2006.

–. «The Importance of Genesis 1–3 in the Theology of Irenaeus.» *Zeitschrift für Antikes Christentum* 8 (2004): 299–316.

JACOBSON, Howard. «A Philonic Rejection of Plato.» *Mnemosyne* 57 (2004): 488 f.

–. *The Exagoge of Ezekiel*. Cambridge: Cambridge University Press, 1983.

JACOBY, Felix. *Diagoras ὁ ἄθεος*. Abhandlungen der Deutschen Akademie der Wissenschaften zu Berlin. Klasse für Sprachen, Literatur und Kunst 3/1959. Berlin: Akademie, 1959.

–. Art. «Hekataios 4) Hekataios aus Abdera.» In *Paulys Realencyclopädie der classischen Altertumswissenschaft*, 7/2: 2750–2769. München: Alfred Druckenmüller, 1912.

JAEGER, Werner. «Greeks and Jews: The First Greek Records of Jewish Religion and Civilization.» *The Journal of Religion* 18 (1938): 127–143.

–. *Paideia: Die Formung des griechischen Menschen*. Bd. 1. Berlin/Leipzig: Walter de Gruyter, 1934.

–. *Die Theologie der frühen griechischen Denker*. Stuttgart u. a.: Kohlhammer, 2009. (= ebd. 1953.)

JAMMER, Max. *Concepts of Space: The History of Theories of Space in Physics.* Cambridge, MA: Havard University Press, 1954.
JANOWITZ, Naomi. «God's Body: Theological and Ritual Roles of *Shi'ur Komah*.» In *People of the Body. Jews and Judaism from an Embodied Perspective,* edited by Howard Eilberg-Schwartz, 183–202. Albany, NY: University of the State of New York Press, 1992.
JANOWSKI, Bernd. «Das biblische Weltbild: Eine methodologische Skizze.» In *Das biblische Weltbild und seine altorientalischen Kontexte,* herausgegeben von Beate Ego und Bernd Janowski, 229–260. Forschungen zum Alten Testament 32. Tübingen: Mohr Siebeck, 2001.
–. «Keruben und Zion. Thesen zur Entstehung der Zionstradition.» In DERS. *Gottes Gegenwart in Israel,* 247–280. Beiträge zur Theologie des Alten Testaments 1. Neukirchen-Vluyn: Neukirchener, 1993.
JANTZEN, Grace. *God's World, God's Body.* Philadelphia: Westminster Press, 1984.
JASTROW, Marcus. *A Dictionary of the Targumim, the Talmud Babli and Yerushalmi, and the Midrashic Literature.* London: Luzac, 1903/1905. (= Peabody, MA: Hendrickson, 2005.)
JELLINEK, Adolf. *Beiträge zur Geschichte der Kabbala.* Bd. 2. Leipzig: Fritzsche, 1852.
–, Hg. *Beth ha-Midrasch: Sammlung kleiner Midraschim und vermischter Abhandlungen aus der ältern jüdischen Literatur.* Nach Handschriften und Druckwerken gesammelt und nebst Einleitungen herausgegeben. 6. Teil. Jerusalem: Bamberger & Wahrmann, 1938. (= Leipzig/Wien: Wahrmann, 1877.)
JEWETT, Robert. *Paul's Anthropological terms: a Study of their Use in Conflict Settings.* Arbeiten zur Geschichte des antiken Judentums und des Urchristentums 10. Leiden: Brill, 1971.
JOAS, Hans. *Die Sakralität der Person. Eine neue Genealogie der Menschenrechte.* Berlin: Suhrkamp, 2011.
JONES, Arnold H., John R. MARTINDALE and John MORRIS. *The Prosopography of the Later Roman Empire.* Vol. I, *A. D. 260–395.* Cambridge: Cambridge University Press, 1971.
JONES, Christopher P. «The Olympieion and the Hadrianeion at Ephesos.» *The Journal of Hellenic Studies* 113 (1993): 149–152.
JONES, F. Stanley. «Marcionism in the *Pseudo-Clementines.*» In DERS. *Pseudoclementina. Elchasaiticaque inter Judaeochristiana. Collected Studies,* 152–171. Orientalia Lovaniensia Analecta 203. Leuven/Paris/Walpole, MA: Peeters, 2012.
–. *Pseudoclementina: Elchasaiticaque inter Judaeochristiana. Collected Studies.* Orientalia Lovaniensia Analecta 203. Leuven/Paris/Walpole, MA: Peeters, 2012.
–. «The *Book of Elchasai* in its Relevance for Manichaean Instruction with a Supplement: *Book of Elchasai* Reconstructed and Translated.» In DERS. *Pseudoclementina: Elchasaiticaque inter Judaeochristiana. Collected Studies,* 359–397. Orientalia Lovaniensia Analecta 203. Leuven/Paris/Walpole, MA: Peeters, 2012.

–. «The Genre of the *Book of Elchasai*: A Primitive Church Order, not an Apocalypse.» In DERS. *Pseudoclementina. Elchasaiticaque inter Judaeochristiana. Collected Studies*, 398–416. Orientalia Lovaniensia Analecta 203. Leuven/Paris/Walpole, MA: Peeters, 2012.

–. «The Pseudo-Clementines: A History of Research.» in DERS. *Pseudoclementina: Elchasaiticaque inter Judaeochristiana. Collected Studies*, 50–113. Orientalia Lovaniensia Analecta 203. Leuven/Paris/Walpole, MA: Peeters, 2012.

JORDAN, Hermann. *Armenische Irenaeusfragmente*. Mit deutscher Übersetzung nach Dr. Willy Lüdtke, zum Teil erstmalig herausgegeben und untersucht. Texte und Untersuchungen 36/3. Leipzig: Hinrichs, 1913.

JORI, Alberto. «Geschichte der Lehre vom ersten Körper (Äther).» In *Aristoteles: Über den Himmel*, übersetzt und erläutert von Alberto Jori, Aristoteles Werke in deutscher Übersetzung 12/3, 193–259. Berlin: Akademie-Verlag, 2009.

JUGIE, Martin. Art. «Gaianité.» In *Dictionnaire de théologie catholique*. 6: 1002–1022. Paris: Letouzey et Ané, 1920.

JÜLICHER, Adolf. «Bemerkungen zu der Abhandlung des Herrn Holl ‹Die Zeitfolge des ersten origenistischen Streits›.» In Karl HOLL, *Gesammelte Aufsätze zur Kirchengeschichte*, Bd. 2, *Der Osten*, 335–350. Tübingen: Mohr Siebeck, 1928.

–. Art. «Eutyches 5).» In *Paulys Realencyclopädie der classischen Altertumswissenschaft*, 6/1: 1527–1529. Stuttgart: Alfred Druckenmüller, 1907.

JUNG, Franz, Hg. *Hilarius von Arles: Leben des heiligen Honoratus. Eine Textstudie zum Mönchtum und Bischofswesen im spätantiken Gallien*. Fohren-Linden: Carthusianus, 2013.

JÜNGEL, Eberhard. «Anthropomorphismus als Grundproblem neuzeitlicher Hermeneutik.» In DERS. *Wertlose Wahrheit: Zur Identität und Relevanz des christlichen Glaubens*, 110–131. Theologische Erörterungen 3. 2., um ein Register erweiterte Aufl. Tübingen: Mohr Siebeck, 2003.

–. «Die Wahrheit des Mythos und die Notwendigkeit der Entmythologisierung.» In DERS. *Indikative der Gnade – Imperative der Freiheit. Theologische Erörterungen IV*, 40–57. Tübingen: Mohr Siebeck, 2000.

–. *Gott als Geheimnis der Welt: Zur Begründung der Theologie des Gekreuzigten im Streit zwischen Theismus und Atheismus*. 8., erneut durchgesehene Aufl. Tübingen: Mohr Siebeck, 2010.

JUNOD, Éric. «Polymorphie du Dieu Saveur.» In *Gnosticisme et Monde Hellénistique*. Actes du Colloque de Louvain-la-Neuve (11–14 mars 1980), édité par Julien Ries, 38–46. Louvain-la-Neuve: Université catholique de Louvain, Institute orientaliste, 1982.

–. «Wodurch unterscheiden sich die Homilien des Origenes von seinen Kommentaren?.» In *Predigt in der Alten Kirche*, herausgegeben von Ekkehard Mühlenberg und Johannes van Oort, 50–81. Studien der Patristischen Arbeitsgemeinschaft 3. Kampen: Kok Pharos, 1994.

JOUSSARD, G. «Une citation et un ouvrage de saint Hippolyte sous le nom de saint Irénée?.» *Revue des sciences religieuses* 17 (1937): 290–305.

KAESER, Bert. «Die Körper der Götter und die Wahrheit der Bilder.» In *Die Unsterblichen: Götter Griechenlands*, herausgegeben von den Staatlichen Antikensammlungen und Glyptothek München, 52–79. Lindenberg im Allgäu: Kunstverlag Josef Fink, 2012.

KAISER, Otto. «Der eine Gott und die Götter der Welt.» In DERS. *Zwischen Athen und Jerursalem: Studien zur griechischen und biblischen Theologie, ihrer Eigenart und ihrem Verhältnis.* Beihefte zur Zeitschrift für die alttestamentliche Wissenschaft 320. Berlin/New York: Walter de Gruyter, 2003.

–. *Der Gott des Alten Testaments: Theologie des Alten Testaments Teil 2: Jahwe, der Gott Israels, Schöpfer der Welt und des Menschen.* Uni-Taschenbücher. Wissenschaft 2024. Göttingen: Vandenhoeck & Ruprecht, 1998.

KAISER-MINN, Helga. *Die Erschaffung des Menschen auf den spätantiken Monumenten des 3. und 4. Jahrhunderts.* Jahrbuch für Antike und Christentum. Ergänzungsbände 6. Münster: Aschendorff, 1981.

KANNENGIESSER, Charles. «Das Vermächtnis des ‹fleißigen Origenes› zur Theologie des Athanasius.» In *Origeniana septima. Origenes in den Auseinandersetzungen des vierten Jahrhunderts. 7. Internationales Origeneskolloquium, vom 25. bis zum 29. August 1997, Hofgeismar.* Herausgegeben von Wolfgang A. Bienert, 173–186. Bibliotheca Ephemeridum Theologicarum Lovaniensium 137. Leuven: University Press/Peeters, 1999.

–. «Origen, Systematician in *De Principiis*.» In *Origeniana Quinta: Historica – Text and Method – Biblica – Philosophica – Theologica – Origenism and Later Developments*. Papers of the 5th International Origen Congress Boston College, 14–18 August 1989, edited by Robert J. Daly, 395–405. Bibliotheca Ephemeridum Theologicarum Lovaniensium 105. Leuven: Peeters, 1992.

KANT, Immanuel. *Kritik der reinen Vernunft.* Kants Gesammelte Schriften, herausgegeben von der Königlich Preußischen Akademie der Wissenschaften. Band 3. Berlin: Walter de Gruyter, 1911.

–. *Prolegomena zu einer jeden künftigen Metaphysik, die als Wissenschaft wird auftreten können*, herausgegeben von der Königlich Preußischen Akademie der Wissenschaften. Kants Gesammelte Schriften, Bd. 4. Berlin: Walter de Gruyter, 1903–1911.

KANTOROWICZ, Ernst H. *Die zwei Körper des Königs: eine Studie zur politischen Theologie des Mittelalters.* Aus dem Amerikanischen übersetzt von Walter Theimer. Stuttgart: Klett-Cotta, 1990 (= DERS. *The King's Two Bodies: A Study in Medieval Political Theology.* Princeton, NJ: Princeton University Press, 1957).

KARPP, Heinrich. *Probleme altchristlicher Anthropologie: Biblische Anthropologie und philosophische Psychologie bei den Kirchenvätern des dritten Jahrhunderts.* Beiträge zur Förderung christlicher Theologie 44/3. Gütersloh: Bertelsmann, 1950.

KASSER, Rodolphe. «La ‹prière de Jésus› Kelliote réexaminée en quelques points.» *Orientalia Christiana Periodica* 62 (1996): 407–410.
–. «Le monachisme copte.» In *Les Kellia, eremitages coptes en Basse-Egypte*. Musée d'art et d'histoire Genève, 12 octobre 1989 – 7 janvier 1990. Genève: Editions du Tricorne, 1989.
–. «Sortir du monde: Réflexions sur la situation et le développement des établissements monastiques aux Kellia.» *Revue de théologie et de philosophie* 109 (1976): 111–124.
KATTENBUSCH, Ferdinand. *Das apostolische Symbol: Seine Entstehung, sein geschichtlicher Sinn, seine ursprüngliche Stellung im Kultus und in der Theologie der Kirche*. Bd. 2, *Verbreitung und Bedeutung des Taufsymbols*. Leipzig: J. C. Hinrichs'sche Buchhandlung, 1900.
KAULBACH, Friedrich. Art. «Leib, Körper. II. Neuzeit.» In *Historisches Wörterbuch der Philosophie*, 5: 178–185. Darmstadt: Wissenschaftliche Buchgesellschaft, 1980.
KEARNS, Emily. «The Gods in the Homeric Epics.» In *The Cambridge Companion to Homer*, edited by Robert Fowler, 59–73. Cambridge: Cambridge University Press, 2004.
KEIL, Bruno. «Ein neues Bruchstück des Diagoras von Melos.» *Hermes* 55 (1920): 63–67.
KELLEY, Nicole. *Knowledge and Religious Authority in the Pseudo-Clementines: Situating the Recognitions in Fourth Century Syria*. Wissenschaftliche Untersuchungen zum Neuen Testament 2/213. Tübingen: Mohr Siebeck, 2006.
KELLNER, Karl A. *Heortologie oder die geschichtliche Entwicklung des Kirchenjahres und der Heiligenfeste: von den ältesten Zeiten bis zur Gegenwart*. 3. Aufl. Freiburg: Herder, 1911.
KELLY, Christopher J. *Cassian's Conferences: Scriptural Interpretation and the Monastic Ideal*. Ashgate New Critical Thinking in Religion, Theology and Biblical Studies Series. Farnham/Burlington, VT: Ashgate, 2012.
KELLY, John N. *Altchristliche Glaubensbekenntnisse: Geschichte und Theologie*. Aus dem Englischen übersetzt von Klaus Dockhorn unter Mitarbeit von Adolf Martin Ritter. Göttingen: Vandenhoeck & Ruprecht, 1972.
–. *Golden Mouth: The Story of John Chrysostom – Ascetic, Preacher, Bishop*. London: Duckworth, 1995.
–. *Jerome: His Life, Writings, and Controversies*. London: Duckworth, 1975.
KERMANI, Navid. *Gott ist schön. Das ästhetische Erleben des Koran*. 4. Aufl. der broschierten Sonderausgabe. München: Beck, 2011.
KERN, Otto, Hg. *Die Inschriften von Magnesia am Maeander*. Berlin: W. Spemann, 1900.
KESSLER, Herbert L. «409 Two copies of minatures from the Cotton Genesis.» In *Age of Spirituality: Late Antique and Christian Art, Third to Seventh Century. Catalogue of the Exhibition at The Metropolitan Museum of Art, November 19, 1977,*

through February 12, 1978, edited by Kurt Weitzmann, 458. Princeton: Princeton University Press, 1977.

KIHN, Heinrich. *Theodor von Mopsuestia und Junilius Africanus als Exegeten, nebst einer kritischen Textausgabe von des letzteren Instituta regularia divinae legis*. Freiburg: Herder, 1880.

KIM, Young R. «Epiphanius of Cyprus vs. John of Jerusalem: An Improper Ordination and the Escalation of the Origenist Controversy.» In *Episcopal Elections in Late Antiquity*, edited by Johan Leemans, Peter van Nuffelen, Shawn W. J. Keough and Carla Nicolaye, 411–422. Arbeiten zur Kirchengeschichte 119. Berlin/Boston: Walter de Gruyter, 2011.

KIPPENBERG, Hans G. *Garizim und Synagoge: Traditionsgeschichtliche Untersuchungen zur samaritanischen Religion der aramäischen Periode*. Religionsgeschichtliche Versuche und Vorarbeiten 30. Berlin: Walter de Gruyter, 1971.

KISSLING, Robert C. «The ΟΧΗΜΑ ΠΝΕΥΜΑ of the Neo-Platonists and the De insomniis of Synesius of Cyrene.» *American Journal of Philology* 43 (1922): 318–330.

KITZLER, Petr. «*Nihil enim anima si non corpus*. Tertullian und die Körperlichkeit der Seele.» *Wiener Studien* 122 (2009): 145–169.

KLAUCK, Hans-Josef. *Allegorie und Allegorese in synoptischen Gleichnistexten*. Neutestamentliche Abhandlungen. Neue Folge 13. Münster: Aschendorff, 1978.

KLAUSER, Theodor. «Der Festkalender der Alten Kirche im Spannungsfeld jüdischer Traditionen, christlicher Glaubensvorstellungen und missionarischen Anpassungswillens.» In *Kirchengeschichte als Missionsgeschichte. Bd. 1, Die alte Kirche*, herausgegeben von Heinzgünther Frohnes und Uwe W. Knorr, 377–388. München: Kaiser, 1974.

KLOCH-KORNITZ, Peter von. «Zum Anfang von Pindars Nemea VI.» *Hermes* 89 (1961): 370 f.

KLOOS, Kari. «Seeing the Invisible God: Augustine's Reconfiguration of Theophany Narrative Exegesis.» *Augustinian Studies* 36 (2005): 397–420.

KOBUSCH, Theo. Art. «Nichts, Nichtseiendes.» In *Historisches Wörterbuch der Philosophie*, 6: 805–836. Darmstadt: Wissenschaftliche Buchgesellschaft, 1984.

KOCH, Anton F. Art. «topos (1)/Raum.» In *Aristoteles-Lexikon*, herausgegeben von Otfried Höffe, 603–605. Kröners Taschenausgabe 459. Stuttgart: Kröner, 2005.

KOCH, Hal. *Pronoia und Paideusis: Studien über Origenes und sein Verhältnis zum Platonismus*. Arbeiten zur Kirchengeschichte 22. Berlin: Walter de Gruyter, 1932.

KOCH, Klaus. *Daniel: 1. Teilband Daniel 1–4*. Biblischer Kommentar 22. Neukirchen-Vluyn: Neukirchener Verlag der Erziehungsvereins, 2005.

KÖCKERT, Charlotte. *Christliche Kosmologie und kaiserzeitliche Philosophie: Die Auslegung des Schöpfungsberichtes bei Origenes, Basilius und Gregor von Nyssa vor dem Hintergrund kaiserzeitlicher Timaeus-Interpretationen*. Studien und Texte zu Antike und Christentum 56. Tübingen: Mohr Siebeck, 2009.

KOENEN, Klaus. *Bethel: Geschichte, Kult und Theologie.* Orbis Biblicus et Orientalis. Fribourg Schweiz/Göttingen: Universitätsverlag/Vandenhoeck & Ruprecht, 2003.
—. «Süßes geht vom Starken aus› (Ri 14,14): Vergleiche zwischen Gott und Tier im Alten Testament.» *Evangelische Theologie* 55 (1995): 174–197.
KÖPF, Ulrich. Art. «Erfahrung III. Theologiegeschichtlich 1. Mittelalter und Reformation.» In *Theologische Realenzyklopädie,* 10: 109–116. Berlin/New York: Walter de Gruyter, 1982.
—. «Politische Theologie im Mittelalter.» *Theologische Rundschau* 58 (1993): 437–444.
KÖRTING, Corinna. *Zion in den Psalmen.* Forschungen zum Alten Testament 48. Tübingen: Mohr Siebeck, 2006.
KÖSTERS, Oliver. *Die Trinitätslehre des Epiphanius von Salamis. Ein Kommentar zum «Ancoratus».* Forschungen zur Kirchen- und Dogmengeschichte 86. Göttingen: Vandenhoeck & Ruprecht, 2003.
KÖTTING, Bernhard. *Peregrinatio Religiosa: Wallfahrten in der Antike und das Pilgerwesen in der alten Kirche.* Forschungen zur Volkskunde 33–35. 2. Aufl. Münster: Stenderhoff, 1980. (= ebd.: Regensberg, 1950.)
—. «Wohlgeruch der Heiligkeit.» In *Jenseitsvorstellungen in Antike und Christentum, Gedenkschrift für Alfred Stuiber.* Jahrbuch für Antike und Christentum. Supplementband 9. Münster: Aschendorff, 1982.
KÖTZSCHE, Lieselotte. Art. «Hand II (ikonographisch).» In *Reallexikon für Antike und Christentum,* 13: 402–482. Stuttgart: Hiersemann, 1986.
KOGAN-ZEHAVI, Elena. «The Tomb and Memorial of a Chain-wearing Anchorite at Khirbet Tabaliya, near Jerusalem.» *Atiqot* 35 (1998): 135–148.
KOHLBACHER, Michael. «Unpublizierte Fragmente des Markianos von Bethlehem (nunc CPG 3898 a-d).» In *Horizonte der Christenheit. Festschrift für Friedrich Heyer zu seinem 85. Geburtstag,* herausgegeben von Michael Kohlbacher und Markus Lesinski, 137–167. Oikonomia 34. Erlangen: Lehrstuhl für Geschichte und Theologie des christlichen Ostens, 1994.
KOOTEN, George H. van. *Cosmic Christology in Paul and the Pauline School: Colossians and Ephesians in the Context of Graeco-Roman Cosmology, with a New Synopsis of the Greek Texts.* Wissenschaftliche Untersuchungen zum Neuen Testament 2/171. Tübingen: Mohr Siebeck, 2003.
KOUTRAS, Dimitrios N. «The Beautiful According to Dionysius.» In *Neoplatonism and Western Aesthetics,* edited by Aphrodite Alexandrakis and Nicholas J. Moutafakis, 31–40. Studies in Neoplatonism, Ancient and Modern 12. Albany, NY: State University of New York Press, 2002.
KRAELING, Carl H. *The Synagogue.* Reprinted, with new Foreword and Indices. The Excavations at Dura-Europos conducted by Yale University and the French Academy of Inscriptions and Letters, Final Report 8/1. New York: KTAV Publishing House, 1979. (= Yale: Yale University Press, 1956.)

KRAMER, Bärbel. Art. «Didymus von Alexandrien (311–398).» In *Theologische Realenzyklopädie,* 8: 741–746. Berlin/New York: Walter de Gruyter, 1981.
KRÄMER, Gudrun. «Ja, er kann. Islam als *empowerment.*» In *Was ist der Mensch?,* herausgegeben von Detlev Ganten, Volker Gerhardt, Jan-Christoph Heilinger und Julian Nida-Rümelin, 159–161. Humanprojekt. Interdisziplinäre Anthropologie 3. Berlin/New York: Walter de Gruyter, 2008.
KRÄMER, Hans. «Die ältere Akademie.» In *Die Philosophie der Antike.* Bd. 3, *Ältere Akademie – Aristoteles – Peripatos.* Herausgegeben von Hellmut Flashar, 1–174. Grundriss der Geschichte der Philosophie, begründet von Friedrich Ueberweg, völlig neu bearbeitete Ausgabe. Basel/Stuttgart: Schwabe, 1983.
KRAUSS, Samuel. *Griechische und lateinische Lehnwörter im Talmud, Midrasch und Targum.* Mit Bemerkungen von Immanuel Löw, 1: 250–252. Berlin: Calvary, 1899. (= Hildesheim: Olms, 1987.)
KREMER, Klaus. *Die neuplatonische Seinsphilosophie und ihre Wirkung auf Thomas von Aquin.* Studien zur Problemgeschichte der antiken und mittelalterlichen Philosophie 1. Leiden: Brill, 1966.
KRETSCHMAR, Georg. «Jüdische und christliche Kunst.» In *Abraham unser Vater. Juden und Christen im Gespräch über die Bibel. Festschrift für Otto Michel zum 60. Geburtstag,* herausgegeben von Otto Betz, Martin Hengel und Peter Schmidt, 295–319. Arbeiten zur Geschichte des Spätjudentums und Urchristentums 5. Leiden/Köln: Brill, 1963.
–. *Studien zur frühchristlichen Trinitätstheologie.* Beiträge zur historischen Theologie 21. Tübingen: Mohr Siebeck, 1956.
KREUZER, Johann. «Der Abgrund des Bewusstseins. Erinnerung und Selbsterkenntnis im zehnten Buch.» In *Die Confessiones des Augustinus von Hippo. Einführung und Interpretation zu den dreizehn Büchern,* herausgegeben von Norbert Fischer und Cornelius Mayer, 445–487. Forschungen zur europäischen Geistesgeschichte 1. Freiburg u. a.: Herder, 1998.
KRÜGER, Gustav. Art. «Doketen.» In *Realencyklopädie für protestantische Theologie und Kirche,* 4: 764 f. 3. Aufl. Leipzig: Hinrichs, 1898.
KRÜGER, Julian. *Oxyrhynchos in der Kaiserzeit: Studien zur Topographie und Literaturrezeption.* Europäische Hochschulschriften 3. Reihe Geschichte und ihre Hilfswissenschaften 441. Frankfurt, Main und New York: Lang, 1990.
KÜBEL, Paul. «Zum Aufbau von Origenes' DE PRINCIPIIS.» *Vigiliae Christianae* 25 (1971): 31–39.
KÜLZER, Andreas. «Die Festbriefe (ΕΠΙΣΤΟΛΑΙ ΕΟΡΤΑΣΤΙΚΑΙ): Eine wenig beachtete Untergattung der byzantinischen Briefliteratur.» *Byzantinische Zeitschrift* 91 (1998): 379–390.
KUHN, Peter. *Offenbarungsstimmen im Antiken Judentum: Untersuchungen zur Bat Qol und verwandten Phänomenen.* Texte und Studien zum Antiken Judentum 20. Tübingen: Mohr Siebeck, 1989.

KULIK, Alexander. «The Gods of Nahor: A Note on the Pantheon of the Apocalypse of Abraham.» *Journal of Jewish Studies* 54 (2003): 228–232.

KULLMANN, Wolfgang. *Aristoteles und die moderne Wissenschaft*. Philosophie der Antike 5. Stuttgart: Steiner, 1998.

–. «Gods and Men in the *Iliad* and *Odyssey*.» In DERS. *Homerische Motive: Beiträge zur Entstehung, Eigenart und Wirkung von Ilias und Odyssee*, herausgegeben von Roland J. Müller, 243–263. Stuttgart: Steiner, 1992. (= *Harvard Studies in Classical Philology* 89 [1985]: 1–23.)

KURZ, Otto. «The Date of the Alexandrian World Chronicle.» In *Kunsthistorische Forschungen, Otto Pächt zu seinem 70. Geburtstag*, herausgegeben von Artur Rosenauer, 17–22. Salzburg: Residenz, 1972.

LABROUSSE, Mireille. «Les origines du monastère (V^e–VIIIe siècle).» In *Histoire de l'abbaye de Lérins*, 23–124. Bégrolles-en-Mauges: Abbaye de Bellefontaine, 2005.

LACKNER, Wolfgang. «Zum Zusatz zu Epiphanios' von Salamis Panarion, Kap. 64.» *Vigiliae Christiane* 27 (1973): 56–58.

LALLEMAN, Pieter J. «Polymorphy of Christ.» In *The Apocryphal Acts of John*, edited by Jan N. Bremmer, 97–118. Studies on the Apocryphal Acts of the Apostles 1. Kampen: Kok Pharos, 1995.

LAMBERTON, Robert. «Homer in Antiquity.» In *A New Companion to Homer*, edited by Ian Morris and Barry Powell, 33–54. Leiden u. a.: Brill, 1996.

LAMPE, Peter. «Paul's Concept of a Spiritual Body.» In *Resurrection: Theological and Scientific Assessments*, edited by Ted Peters, Robert J. Russell and Michael Welker, 103–114. Grand Rapids, MI/Cambridge: Eerdmans 2002.

– und Adolf M. RITTER. «Vinzent, Markus. Christ's Ressurection in Early Christianity and the Making of the New Testament (Rezension).» *Zeitschrift für Antikes Christentum* 17 (2013): 580–588.

LAMPRECHT, Karl. *Deutsche Geschichte: Ergänzungs-Band: Zur jüngsten deutschen Vergangenheit*. Bd. 2/2, *Innere Politik, äußere Politik*. 4. Aufl. Berlin: Gaertner, 1921.

LANGE, Christian. *Mia energeia. Untersuchungen zur Einigungspolitik des Kaisers Heraclius und des Patriarchen Sergius von Constantinopel*. Studien und Texte zu Antike und Christentum 66. Tübingen: Mohr Siebeck, 2012.

LANGKAMMER, Hugolin. «Jes 53 und 1Petr 2, 21–25. Zur christologischen Interpretation der Leidenstheologie von Jes 53.» *Bibel und Liturgie* 60 (1987): 90–98.

LANNE, Emmanuel. «La ‹Prière de Jésus› dans la tradition égyptienne: Témoignage des psalies et des inscriptions.» *Irénikon* 50 (1977): 163–203.

LARDET, Pierre. *L'apologie de Jérôme contre Rufin: Un commentaire*. Supplements to Vigiliae Christianae 15. Leiden u. a.: Brill, 1993.

LAUSBERG, Marion. *Untersuchungen zu Senecas Fragmenten*. Untersuchungen zur antiken Literatur und Geschichte 7. Berlin: Walter de Gruyter, 1970.

LAQUEUR, Thomas. *Making Sex. Body and Gender from the Greeks to Freud*. Cambridge, MA/London: Harvard University Press, 1990.

LECHNER, Thomas. *Ignatius adversus Valentinianos? Chronologische und theologiegeschichtliche Studien zu den Briefen des Ignatius von Antiochien.* Supplements to Vigiliae Christianae 47. Leiden u. a.: Brill, 1999.
LECLERCQ, Henri. Art. «Chronique alexandrine.» In *Dictionnaire d'Archéologie Chrétienne et de Liturgie,* 3/1: 1546–1553. Paris: Letouzey et Ané, 1911.
–. Art. «Dieu.» In *Dictionnaire d'Archéologie Chrétienne et de Liturgie,* 4/1: 821–824. Paris: Letouzey et Ané, 1920.
LEDEGANG, Fred. «Anthropomorphites and Origenists in Egypt at the End of the Fourth Century.» In *Origeniana Septima: Origenes in den Auseinandersetzungen des 4. Jahrhunderts.* 7. Internationales Origeneskolloquium, vom 25. bis zum 29. August 1997, Hofgeismar, herausgegeben von Wolfgang Bienert und Uwe Kühneweg, 375–781. Bibliotheca Ephemeridum Theologicarum Lovaniensium. Leuven: University Press/Uitgeverij Peeters, 1999.
LEHMANN, Henning J. *Per piscatores: Orsardaukh: Studies in the Armenian Version of a Collection of Homilies by Eusebius of Emesa and Severian of Gabala.* Aarhus: Eget, 1975.
LEHMANN, Karl. «The Dome of Heaven.» *Art Bulletin* 22 (1945): 1–17.
LEIBNIZ, Gottfried W. «Causa Dei asserta per justitiam ejus cum caeteris ejus perfectionibus cunctis actionibus conciliatam.» In DERS. *Opera philosophica quae exstant latina gallica germanica omnia,* instruxit Johann Eduard Erdmann, 653–665. Faksimiledruck der Ausgabe 1840 durch weitere Textstücke ergänzt und mit einem Vorwort versehen von Renate Vollbrecht. Aalen: Scientia Verlag, 1959. (= *Die philosophischen Schriften von Gottfried Wilhelm Leibniz,* herausgegeben von Carl I. Gerhardt, 439–462. Bd. 6. Hildesheim: Olms, 1961.)
LEIPOLDT, Johannes. *Schenute von Atripe und die Entstehung des national ägyptischen Christentums.* Texte und Untersuchungen 25/1. Leipzig: Hinrichs, 1903.
LEJEUNE, Albert. *Euclide et Ptolémée: Deux stades de l'optique géométrique grecque.* Recueil de travaux d'histoire et de philologie 3/31. Louvain: Bibliothèque de l'Université, 1948.
–. *L'Optique de Claude Ptolémée dans la version latine d'après l'arabe de l'émir Eugène de Sicile: Édition critique et exégétique.* Augmentée d'une traduction française et de compléments. Collection des travaux de l'Académie Internationale d'Histoire des Sciences 31. Leiden: Brill, 1989.
LEONHARD, Clemens. *The Jewish Pesach and the Origins of the Christian Easter: Open Questions in Current Research.* Studia Judaica 35. Berlin/New York: Walter de Gruyter, 2006.
LEPPIN, Volker. *Die christliche Mystik.* C. H. Beck Wissen in der Beck'schen Reihe 2415. München: Beck, 2007.
LERAUX, Jean-Marie. «Jean Chrysostome et la querelle origéniste.» In *Epektasis. Mélanges patristiques offerts au Cardinal Jean Danielou,* édité par Jacques Fontaine et Charles Kannengiesser, 335–341. Paris: Beauchesne, 1972.
LESHER, James H. *Xenophanes of Colophon: Fragments: a Text and Translation with a*

Commentary. Phoenix. Supplementary Volume 30 (= Phoenix Pre-Socratics 4). Toronto/London: University of Toronto Press, 1992.

LEVINE, Lee L. «The Synagogue of Dura-Europos.» In *Ancient Synagogues Revealed,* 172–177. Jerusalem: The Israel Exploration Society, 1981.

LEWIS, Nicola Denzey und Justine A. BLOUNT. «Rethinking the Origins of the Nag Hammadi Codices.» *Journal of Biblical Literature* 133 (2014): 399–419.

LICHTENBERG, Georg C. *Briefwechsel.* Bd. 4, *1793–1799,* im Auftrag der Akademie der Wissenschaften zu Göttingen herausgegeben von Ulrich Joost und Albrecht Schöne. München: Beck, 1992.

LIEGLE, Josef. *Der Zeus des Phidias.* Berlin: Weidmann, 1932.

LIES, Lothar. *Origenes' Peri Archon: Eine undogmatische Dogmatik: Einführung und Erläuterung.* Werkinterpretationen. Darmstadt: Wissenschaftliche Buchgesellschaft, 1992.

LIETZMANN, Hans. *Apollinaris von Laodicea und seine Schule: Texte und Untersuchungen.* Hildesheim/New York: Olms, 1970. (= Tübingen: Mohr Siebeck, 1904.)

LIEU, Judith. ««The Parting of the Ways›: Theological Construct or Historical Reality?» *Journal for the Study of the New Testament* 17 (1995): 101–119.

LIGHTFOOT, Jane L. *Lucian on the Syrian Goddess, edited with Introduction, Translation and Commentary.* Oxford: Oxford University Press, 2003.

LINDEMANN, Andreas. «Antwort auf die ‹Thesen zur Echtheit und Datierung der sieben Briefe des Ignatius von Antiochien›.» *Zeitschrift für Antikes Christentum* 1 (1997): 185–194.

LOBECK, Christian A. *Aglaophamus sive de theologiae mysticae graecorum causis, idemque poetarum orphicorum dispersas reliquias collegit, libri tres scripsit.* Bd. 1. Königsberg: Borntraeger, 1829. (= Darmstadt: Wissenschaftliche Buchgesellschaft, 1961.)

LOCK, Margaret. «Cultivating the Body: Anthropology and Epistemologies of Bodily Practise and Knowledge.» *Annual Review of Anthropology* 22 (1993): 133–155.

LÖHR, Winrich A. «Christianity as Philosophy: Problems and Perspectives of an Ancient Intellectual Project.» *Vigiliae Christianae* 64 (2010): 160–188.

-. «Deutungen der Passion bei Heiden und Christen im zweiten und dritten Jahrhundert.» In *Deutungen des Todes Jesu im Neuen Testament,* herausgegeben von Jörg Frey und Jens Schröter, 545–574. 2., durchges. und mit einer neuen Einleitung versehene Aufl. Universitätstaschenbücher 2953. Tübingen: Mohr Siebeck, 2012.

-. «Did Marcion distinguish between a just god and a good god?.» In *Marcion und seine kirchengeschichtliche Wirkung: Marcion and his Impact on Church History. Vorträge der internationalen Fachkonferenz zu Marcion, gehalten vom 15.–18. August 2001 in Mainz,* herausgegeben von Gerhard May und Katharina Greschat in Gemeinschaft mit Martin Meiser, 131–146. Texte und Untersuchungen 150. Berlin/New York: Walter de Gruyter, 2002.

-. Art. «Doketismus.» In *Religion in Geschichte und Gegenwart*, 2: 925–927. 4. Aufl. Tübingen: Mohr Siebeck, 2000.

-. Art. «Theophilus von Alexandrien.» In *Theologische Realenzyklopädie*, 33: 364–368. Berlin/New York: Walter de Gruyter, 2002.

LOEWE, Raphael. «The Divine Garment and Shiʿur Qomah.» *Harvard Theological Review* 58 (1965): 153–160.

LOHMEYER, Ernst. *Vom göttlichen Wohlgeruch*. Sitzungsberichte der Heidelberger Akademie der Wissenschaften. Philosophisch-Historische Klasse 9. Heidelberg: Universitätsverlag Winter, 1919.

LOHSE, Eduard. *Die Briefe an die Kolosser und an Philemon*. Kritisch-exegetischer Kommentar IX/2 (Göttingen: Vandenhoeck & Ruprecht, 1968).

LONA, Horacio E. *Über die Auferstehung des Fleisches: Studien zur frühchristlichen Eschatologie*. Beihefte zur Zeitschrift für die neutestamentliche Wissenschaft 66. Berlin/New York: Walter de Gruyter, 1993.

LOOFS, Friedrich. «Die ‹Ketzerei› Justinians.» In *Harnack-Ehrung: Beiträge zur Kirchengeschichte*, ihrem Lehrer Adolf von Harnack zu seinem siebzigsten Geburtstage (7. Mai 1921) dargebracht von einer Reihe seiner Schüler, 232–248. Leipzig: Hinrichs, 1921. (= DERS. *Patristica. Ausgewählte Aufsätze zur Alten Kirche*, herausgegeben von Hanns Christof Brennecke und Jörg Ulrich, 369–385. Arbeiten zur Kirchengeschichte 71. Berlin/New York: Walter de Gruyter, 1999.

-. *Leontius von Byzanz und die gleichnamigen Schriftsteller der griechischen Kirche*. Texte und Untersuchungen 3/1–2. Leipzig: Hinrichs, 1887.

LORENZ, Maren. *Leibhaftige Vergangenheit: Einführung in die Körpergeschichte*. Historische Einführungen 4. Tübingen: edition discord, 2000.

LORENZEN, Stefanie. *Das paulinische Eikon-Konzept*. Wissenschaftliche Untersuchungen zum Neuen Testament 2/250. Tübingen: Mohr Siebeck, 2008.

LOURENÇO, Frederico. «A ‹Cloud of Metaphysics› in Pindar: The opening of Nemean 6.» *Humanitas* 63 (2011): 61–73.

LOUTH, Andrew. «The Body in Western Catholic Christianity.» In *Religion and the Body*, edited by Sarah Coakley, 111–130. Cambridge: Cambridge University Press, 1997.

LOYEN, André. «La Mère de Fauste de Riez (Sidoine Apollinaire C. XVI v. 84).» *Bulletin de la littérature ecclésiastique* 73 (1972): 167–169.

LUBOMIERSKI, Nina. *Die Vita Sinuthii. Form- und Überlieferungsgeschichte der hagiographischen Texte über Schenute den Archimandriten*. Studien und Texte zu Antike und Christentum 45. Tübingen: Mohr Siebeck, 2007.

LUIJENDIJK, AnneMarie. *Greetings in the Lord: Early Christians and the Oxyrhynchus Papyri*. Harvard Theological Studies 60. Cambridge/MA: Harvard University Press, 2008.

LÜTCKE, Karl-Heinrich. Art. «Animae quantitate (De -).» In *Augustinus-Lexikon*, 1: 350–356. Basel: Schwabe, 1986–1994.

-. ‹Auctoritas› bei Augustin: Mit einer Einleitung zur römischen Vorgeschichte des Begriffs. Tübinger Beiträge zur Altertumswissenschaft 44. Stuttgart u. a.: Kohlhammer, 1968.
LUTTIKHUIZEN, Gerard P. *The Revelation of Elchasai: Investigations into the Evidence for a Mesopotamian Jewish Apocalypse of the Second Century and its Reception by Judeo-Christian Propagandists.* Texte und Studien zum Antiken Judentum 8. Tübingen: Mohr Siebeck, 1985.
LUZ, Ulrich. *Das Evangelium nach Matthäus: 1. Teilband Mt 1–7.* 2. durchgesehene Aufl. Evangelisch-Katholischer Kommentar zum Neuen Testament I/1. Zürich/Neukirchen-Vluyn: Benziger/Neukirchener, 1989.
MAAS, Paul. «Die ikonoklastische Episode in dem Brief des Epiphanios an Johannes.» *Byzantinische Zeitschrift* 30 (1929/1930): 279–286. (= DERS. *Kleine Schriften.* Herausgegeben von Wolfgang Buchwald, 437–445. München: Beck, 1973.)
MACH, Michael. Art. «Philo von Alexandrien.» In *Theologische Realenzyklopädie,* 26: 523–531. Berlin: Walter de Gruyter, 1996.
MACMULLEN, Ramsay. *Christianizing the Roman Empire A. D. 100–400.* New Haven/London: Yale University Press, 1984.
MADEC, Goulven. Art. «Christus.» In *Augustinus-Lexikon,* 1: 845–908. Basel: Schwabe, 1986–1994.
-. *Saint Ambroise et la philosophie.* Paris: Études Augustiniennes, 1974.
MADOZ, José. «Un caso de materialismo en España en el siglo IV.» *Revista española de teología* 8 (1948): 203–230.
MADYDA, Ladislaus. *De pulchritudine imaginum deorum quid auctores Graeci saec. 2 p. Chr. n. iudicaverint.* Polska Akademia umiejętności. Archiwum filologiczne 16. Warschau/Krakau: Gebethner et Wolff, 1939.
MAIER, Christl M. «Körperliche und emotionale Aspekte JHWHs aus der Genderperspektive,» in *Göttliche Körper – Göttliche Gefühle: Was leisten anthropomorphe und anthropopathische Götterkonzepte im Alten Orient und im Alten Testament,* herausgegeben von Andreas Wagner, 171–189. Orbis Biblicus et Orientalis 270. Fribourg: Academic Press/Göttingen: Vandenhoeck & Ruprecht, 2014.
MAIER, Paul L. *Caspar Schwenckfeld on the Person and Work of Christ: a Study of Schwenckfeldian Theology at its Core.* Van Gorcum's theologische bibliotheek 33. Assen: van Gorcum, 1959. (= Eugene, OR: Wipf and Stock, 2004.)
MALAMOUD, Charles et Jean-Pierre VERNANT, ed. *Corps de Dieux.* Collection Folio: histoire 120. Paris: Gallimard, 2003. (= Le temps de la réflexion 7. Paris: Gallimard, 1986.)
MALLWITZ, Alfred. *Olympia und seine Bauten.* München: Prestel-Verlag, 1972.
MANDOUZE, André. ««L'extase d'Ostie». Possibilités et limites de la méthode des parallèles textuels.» In *Augustinus Magister. Congrès International Augustinien, Paris, 21–24 Septembre 1954, Actes.* Vol. I, Communications, 53–57. 67–84. Paris: Études Augustiniennes, 1954.

–. *Prosopographie de l'Afrique Chrétienne (303–533).* D'après la documentation élaborée par Anne-Marie La Bonnardière. Prosopographie chrétienne du Bas-Empire 1. Paris: Éditions du Centre National de la Recherche Scientifique, 1982.
MANSFELD, Jaap. «Aspects of Epicurean Theology.» *Mnemosyne* 46 (1993): 172–210.
–. «De Melisso Xenophane Gorgia. Pyrrhonizing Aristotelianism.» *Rheinisches Museum für Philologie* 131 (1988): 239–276.
MARCO, Michele DI. *La polemica sull'anima tra <Fausto di Riez> e Claudiano Mamerto.* Studia Ephemeridis Augustinianum 51. Roma: Institutum patristicum Augustinianum, 1995.
MARIEV, Sergei. «Proklos and Plethon on Beauty.» In *Aesthetics and Theurgy in Byzantium*, edited by Sergei Mariev and Wiebke-Marie Stock, 57–74. Byzantinisches Archiv 25. Berlin/Boston: Walter de Gruyter, 2013.
MARKSCHIES, Christoph. *Ambrosius von Mailand und die Trinitätstheologie: Kirchen- und theologiegeschichtliche Studien zu Antiarianismus und Neunizänismus bei Ambrosius und im lateinischen Westen (364–381).* Beiträge zur Historischen Theologie 90. Tübingen: Mohr Siebeck, 1995.
–. *Das antike Christentum. Frömmigkeit, Lebensformen, Institutionen.* Beck'sche Reihe 1692, 2., durchgesehene und erweiterte Aufl. München: Beck, 2012.
–. «Der genaue Blick: Welche Moden haben uns wo die Qualität verdorben?.» In *What the Hell is Quality? Qualitätsstandards in den Geisteswissenschaften*, herausgegeben von Elisabeth Lack und Christoph Markschies, 134–144. Frankfurt am Main/New York: Campus-Verlag, 2008.
–. «Der religiöse Pluralismus und das antike Christentum – eine neue Deutung der Gnosis.» In DERS. *Gnosis und Christentum*, 53–82. Berlin: Berlin University Press, 2009.
–. «Die Seele als Bild der Welt – gestern, heute, morgen.» *Berichte und Abhandlungen der Berlin-Brandenburgischen Akademie der Wissenschaften* 14 (2009): 9–24.
–. Art. «Epiphanios von Salamis.» In *Der Neue Pauly. Enzyklopädie der Antike,* 3: 1152 f. Stuttgart/Weimar: Metzler, 1997.
–. «‹… et tamen non tres Dii, sed unus Deus …›. Zum Stand der Erforschung der altkirchlichen Trinitätstheologie.» In DERS. *Alta Trinità Beata. Gesammelte Studien zur altkirchlichen Trinitätstheologie,* 286–309. Tübingen: Mohr Siebeck, 2000.
–. «‹… für die Gemeinde im Grossen und Ganzen nicht geeignet …›? Erwägungen zu Absicht und Wirkung der Predigten des Origenes.» In DERS. *Origenes und sein Erbe: Gesammelte Studien,* 35–62. Texte und Untersuchungen 160. Berlin/New York: Walter de Gruyter, 2007.
–. *Gibt es eine «Theologie der gotischen Kathedrale»? Nochmals: Suger von Saint-Denis und Sankt Dionys vom Areopag.* Abhandlungen der Heidelberger Akademie der Wissenschaften. Philosophisch-historische Klasse 1/1995. Heidelberg: Universitätsverlag Winter, 1995.

-. «Gnostische und andere Bilderbücher in der Antike.» *Zeitschrift für Antikes Christentum* 9 (2005): 100–121. (= DERS. *Gnosis und Christentum*, 113–160. Berlin: Berlin University Press, 2009.)
-. *Hellenisierung des Christentums: Sinn und Unsinn einer historischen Deutungskategorie.* Forum Theologische Literaturzeitung 25. Leipzig: Evangelische Verlags-Anstalt, 2012.
-. «Hohe Theologie und schlichte Frömmigkeit? Einige Beobachtungen zum Verhältnis von Theologie und Frömmigkeit in der Antike.» In *Volksglaube im antiken Christentum*, herausgegeben von Heike Grieser und Andreas Merkt, 456–471. Darmstadt: Wissenschaftliche Buchgesellschaft, 2009.
-. «Individuality in Some Gnostic Authors. With a Few Remarks on the Interpretation of Ptolemaeus, Epistula ad Floram.» *Zeitschrift für Antikes Christentum* 15 (2011): 411–430.
-. Art. «Innerer Mensch.» In *Reallexikon für Antike und Christentum*, 18: 266–312. Stuttgart: Hiersemann, 1998.
-. *Kaiserzeitliche christliche Theologie und ihre Institutionen: Prolegomena zu einer Geschichte der antiken christlichen Theologie.* 2. Aufl. Tübingen: Mohr Siebeck, 2009.
-. «Kastration und Magenprobleme? Einige neue Blicke auf das asketische Leben des Origenes.» In *Origeniana nona. Origen and the Religious Practice of his Time.* Papers of the 9th International Origen Congress, Pécs, Hungary, 29 August – 2 September 2005, edited by György Heidl and Róbert Somos in Collaboration with Csaba Németh, 255–271. Bibliotheca Ephemeridum Theologicarum Lovaniensium 228. Leuven: Peeters, 2009. (= DERS. *Origenes und sein Erbe: Gesammelte Studien.* Texte und Untersuchungen zur Geschichte der altchristlichen Literatur 160. Berlin/New York: Walter de Gruyter, 2007.)
-. «Körper und Körperlichkeit im antiken Mönchtum.» In *Die Christen und der Körper. Aspekte der Körperlichkeit in der christlichen Literatur der Spätantike*, herausgegeben von Barbara Feichtinger und Helmut Seng, 189–212. Beiträge zur Altertumskunde 170. München: Saur, 2004.
-. «Kreuz.» In *Erinnerungsorte des Christentums*, herausgegeben von Christoph Markschies und Hubert Wolf unter Mitarbeit von Barbara Schüler, 574–591. München: Beck, 2010.
-. «New Research on Ptolemaeus Gnosticus.» *Zeitschrift für Antikes Christentum* 4 (2000): 225–254.
-. «Nochmals: Valentinus und die Gnostikoi. Beobachtungen zu Irenaeus, haer. I 30,15 und Tertullian, Val. 4,2.» *Vigiliae Christianae* 51 (1997): 179–187.
-. «Odysseus und Orpheus – christlich gelesen.» In *Griechische Mythologie und frühes Christentum*, herausgegeben von Raban von Haehling, 227–253. Darmstadt: Wissenschaftliche Buchgesellschaft, 2005.
-. «On Classifying Creeds the Classical German Way: ‹Privat-Bekenntnisse› (‹Private Creeds›).» In *Biblica, Philosophica, Theologica, Ethica.* Papers presented at

the Sixteenth International Conference on Patristic Studies held in Oxford 2011, Vol. 11, edited by Markus Vinzent, 259–271. Studia Patristica 63. Leuven/Paris/Walpole, MA: Peeters, 2013.

–. *Origenes und sein Erbe*. Gesammelte Studien. Texte und Untersuchungen 160. Berlin/New York: De Gruyter, 2007.

–. «‹Sessio ad Dexteram›. Bemerkungen zu einem altchristlichen Bekenntnismotiv in der christologischen Diskussion der altchristlichen Theologen.» In DERS. *Alta Trinità Beata. Gesammelte Studien zur altkirchlichen Trinitätstheologie*, 1–69. Tübingen: Mohr Siebeck, 2000. (= In *Le Trône de Dieu*, édité par Marc Philonenko, 252–317. Wissenschaftliche Untersuchungen zum Neuen Testament 69. Tübingen: Mohr Siebeck, 1993.)

–. «Theologische Diskussionen zur Zeit Konstantins: Arius, der ‹arianische› Streit und das Konzil von Nicaea, die nachnizänischen Auseinandersetzungen bis 337.» In *Das Entstehen der einen Christenheit (250–430)*, herausgegeben von Charles und Luce Piétri, 271–344. Die Geschichte des Christentums: Religion – Politik – Kultur 2. Freiburg: Herder, 1996. (= DERS. *Alta Trinità Beata: Gesammelte Studien zur altkirchlichen Trinitätstheologie*, 99–105. Tübingen: Mohr Siebeck, 2000.)

–. «Valentinian Gnosticism: Toward the Anatomy of a School.» In *The Nag Hammadi Library after Fifty Years: Proceedings of the 1995 Society of Biblical Literature Commemoration*, edited by John D. Turner and Anne M. McGuire, 401–438. Nag Hammadi Studies 44. Leiden: Brill, 1997.

–. «Valentinianische Gnosis in Alexandrien und Ägypten.» In *Origeniana Octava; Origen and the Alexandrine Tradition. Origene e la tradizione Alessandrina*. Papers of the 8th International Origen Congress Pisa, 27–31 August 2001, edited by Lorenzo Perrone, 331–346. Bibliotheca Ephemeridum Theologicarum Lovaniensium 164. Leuven: Peeters, 2004.

–. *Valentinus Gnosticus? Untersuchungen zur valentinianischen Gnosis mit einem Kommentar zu den Fragmenten Valentins*. Wissenschaftliche Untersuchungen zum Neuen Testament 65. Tübingen: Mohr Siebeck, 1992.

–. «Vergangenheit, Gegenwart und Zukunft der Ideengeschichte. Zum Werk Hans von Campenhausens.» In *Hans Freiherr von Campenhausen: Weg, Werk und Wirkung*, herausgegeben von Christoph Markschies, 9–27. Schriften der Philosophisch-historischen Klasse der Heidelberger Akademie der Wissenschaften 43/2007. Heidelberg: Universitätsverlag Winter, 2008.

–. «Welche Funktion hat der Mythos in gnostischen Systemen? Oder: ein gescheiterter Denkversuch zum Thema ‹Heil und Geschichte›.» In *Heil und Geschichte. Die Geschichtsbezogenheit des Heils und das Problem der Heilsgeschichte in der biblischen Tradition und in der theologischen Deutung*, herausgegeben von Jörg Frey, Stefan Krauter und Hermann Lichtenberger, 513–534. Wissenschaftliche Untersuchungen zum Neuen Testament 248. Tübingen: Mohr Siebeck, 2009. (= DERS. *Gnosis und Christentum*, 83–112. Berlin: Berlin University Press, 2009.)

MARSILI, Salvatore. *Giovanni Cassiano ed Evagrio Pontico. Dottrina sulla carità e contemplazione.* Studia Anselmiana 5. Rom: Herder, 1936.
MARTIN, Annick. *Athanase d'Alexandrie et l'Église d'Égypte au IVe Siècle (328–373).* Collection de l'École Française de Rome 216. Rom: École Française, 1996.
MAUSS, Marcel. «Techniques of the body.» *Economy and Society* 2 (1973): 70–88. (= *Journal de psychologie normale et pathologique* 32 [1935]: 271–293.)
MAY, Gerhard. «Markion und der Gnostiker Kerdon.» In DERS. *Markion: Gesammelte Aufsätze*, herausgegeben von Katharina Greschat und Martin Meiser, 63–73. Veröffentlichungen des Instituts für Europäische Geschichte Mainz. Abteilung für abendländische Religionsgeschichte. Beiheft 68. Mainz: Philipp von Zabern, 2005.
–. «Markions Genesisauslegung und die ‹Antithesen›.» In DERS. *Markion: Gesammelte Aufsätze*, herausgegeben von Katharina Greschat und Martin Meiser, 43–50. Veröffentlichungen des Instituts für Europäische Geschichte Mainz. Abteilung für abendländische Religionsgeschichte. Beiheft 68. Mainz: Philipp von Zabern, 2005.
–. *Schöpfung aus dem Nichts: Die Entstehung der Lehre von der creatio ex nihilo.* Arbeiten zur Kirchengeschichte 48. Berlin/New York: Walter de Gruyter, 1978.
MAYBAUM, Siegmund. *Die Anthropomorphien und Anthropopathien bei Onkelos und den späteren Targumin mit besonderer Berücksichtigung der Ausdrücke Memra, J'kara und Schechintha.* Breslau: Schletter'sche Buchhandlung, 1870.
MAYER, Wendy. «John Chrysostom as Bishop: the View from Antioch.» *Journal of Ecclesiastical History* 55 (2004): 455–466.
MCCABE, Donald F. *Inscriptions of Ionia.* Princeton, NJ: Institute for Advanced Study, 1984.
MCGINN, Bernard. *The Foundations of Mysticism,* Vol. 1, *The Presence of God: A History of Western Christian Mysticism.* London: SCM Press, 1992. (= DERS. *Die Mystik im Abendland.* Bd. 1, *Ursprünge,* aus dem Englischen übers. von Clemens Maaß. Freiburg u. a.: Herder, 1994.)
MCGOWAN, Andrew B., Brian E. DALEY and Timothy J. GADEN, ed. *God in Early Christian Thought: Essays in Memory of Lloyd G. Patterson.* Supplements to Vigiliae Christianae 94. Leiden u. a.: Brill, 2009.
MCKENZIE, Judith S., Sheila GIBSON and Andres T. REYES. «Reconstructing the Serapeum in Alexandria from the Archaeological Evidence.» *Journal of Roman Studies* 94 (2004): 73–121.
MEIER, Mischa. *Anastasios I. Die Entstehung des Byzantinischen Reiches.* Stuttgart: Klett-Cotta, 2009.
MEIJERING, Eginhard P. *Die Hellenisierung des Christentums im Urteil Adolf von Harnacks.* Verhandelingen der Koninklijke Nederlandse Akademie van Wetenschappen, Afd. Letterkunde, Nieuwe Reeks, deel 128. Amsterdam: North-Holland Publishing Company, 1985.

–. «Some Reflections on Cyril of Alexandria's Rejection of Anthropomorphism.» *Nieuw Theologisch Tijdschrift* 28 (1974): 295–301.
MELCHER, Robert. *Der 8. Brief des hl. Basilius, ein Werk des Evagrius Pontikus*. Münsterische Beiträge zur Theologie 1. Münster: Aschendorff, 1923.
MENN, Stephen «Aristotle and Plato on God as Nous and as the Good.» *Review of Metaphysics* 45 (1992): 543–573.
–. *Plato on God as Nous*. Journal of the History of Philosophy Monograph Series. Carbondale, IL: Southern Illinois University Press, 1995. (= South Bend, IN: St. Augustine's Press, 2002.)
MERKELBACH, Reinhold. «Der griechische Wortschatz und die Christen.» *Zeitschrift für Papyrologie und Epigraphik* 18 (1995): 101–148.
–. «Gefesselte Götter.» In DERS. *Hestia und Erigone: Gesammelte Aufsätze*, herausgegeben von Wolfgang Blümel u. a., 17–30. Stuttgart/Leipzig: Teubner, 1996.
–. *Isis Regina – Zeus Sarapis: Die griechisch-ägyptische Religion nach den Quellen dargestellt*. 2. Aufl. München/Leipzig: Teubner, 2001.
–. *Mithras*. Königstein/Taunus: Hain, 1984.
– und Josef STAUBER, Hg. *Steinepigramme aus dem griechischen Osten*. Bd. 1, *Die Westküste Kleinasiens von Knidos bis Ilion*. Stuttgart/Leipzig: Teubner, 1998.
MERKI, Hubert. ὁμοίωσις θεῷ. *Von der platonischen Angleichung an Gott zur Gottähnlichkeit bei Gregor von Nyssa*. Paradosis 7. Freiburg, Schweiz: Paulusdruckerei, 1952.
MERKLEIN, Helmut. «Christus als Bild Gottes im Neuen Testament.» *Jahrbuch für Biblische Theologie* 13 (1998): 53–75.
MESHEL, Ze'ev. *Kuntillet 'Ajrud (Horvat Teman): An Iron Age II Religious Site on the Judah-Sinai Border*. Jerusalem: Israel Exploration Society, 2012.
METTINGER, Tryggve N. D. *No Graven Image? Israelite Aniconism in its Ancient Near Eastern Context*. Coniectanea biblica. Old Testament Series 42. Stockholm: Almqvist & Wiksell International, 1995.
MEULI, Karl. «Die gefesselten Götter.» In DERS. *Gesammelte Schriften*, mit Benutzung des Nachlasses herausgegeben von Thomas Gelzer, 2: 1035–1081. Basel: Schwabe, 1975.
MICHL, Johann. Art. «Engel II (jüdisch).» In *Reallexikon für Antike und Christentum*, 5: 60–97. Stuttgart: Hiersemann, 1962.
MIDDELL, Matthias. *Weltgeschichtsschreibung im Zeitalter der Verfachlichung und Professionalisierung. Das Leipziger Institut für Kultur- und Universalgeschichte 1890–1990*, 3 Bde. Leipzig: Akademische Verlagsanstalt, 2004.
MILGROM, Jacob. «The Dura Synagogue and Visual Midrash.» In *Scriptures for the Modern World*, edited by Paul R. Cheesman and C. Wilfred Griggs, 29–60. Provo, UT: Religious Studies Center, Brigham Young University, 1984.
MILLER, Patricia Cox. *The corporeal Imagination: Signifying the Holy in late ancient Christianity*. Philadelphia: University of Pennsylvania Press, 2009.
MIMOUNI, Simon C. *Early Judaeo-Christianity: Historical Essays*. Translation Robyn

Fréchet. Interdisciplinary Studies in Ancient Culture and Religion 13. Leuven/Walpole, MA: Peeters, 2012.
MITCHELL, Margaret M. Art. «Allegory». IV. Christianity. A. Greek Patristics and Orthodox Churches. B. Latin Patristics and Early Medieval Times.» In *Encyclopedia of the Bible and its Reception*, 1: 796–800. Berlin/New York: Walter de Gruyter, 2009.
MOINGT, Joseph. *Théologie trinitaire de Tertullien.* Vol. 1, *Histoire, Doctrine, Méthodes*, Théologie 68. Paris: Aubier, 1966.
-. *Théologie trinitaire de Tertullien.* Vol. 2, *Substantialité et individualité*, Théologie 69. Paris: Aubier, 1966.
MÖLLENDORFF, Peter von. «Nesselrath, Heinz-Günther. Lukian und die antike Philosophie (Rezension).» *Plekos* 4 (2002): 1–10.
MONTERO, Consuelo Ruiz. «Chariton von Aphrodisias: Ein Überblick.» In *Aufstieg und Niedergang der Römischen Welt. Geschichte und Kultur Roms im Spiegel der neueren Forschung.* II, *Prinzipat. 34/2, Sprache und Literatur (einzelne Autoren seit der hadrianischen Zeit und Allgemeines zur Literatur des 2. und 3. Jahrhunderts)*, herausgegeben von Wolfgang Haase, 1006–1054. Berlin/New York: Walter de Gruyter, 1993.
MORAUX, Paul. Art. «Quinta Essentia.» In *Paulys Realencyclopädie der classischen Altertumswissenschaft,* 24: 1171–1263. Stuttgart: Metzler, 1963.
MOREAU, Joseph. «Épicure et la physique des dieux.» *Revue des Études Anciennes* 70 (1968): 286–294.
MORESCHINI, Claudio. «Tertulliano tra Stoicismo e Platonismo.» In *Kerygma und Logos. Beiträge zu den geistesgeschichtlichen Beziehungen zwischen Antike und Christentum. Festschrift für Carl Andresen zum 70. Geburtstag,* herausgegeben von Adolf Martin Ritter, 367–379. Göttingen: Vandenhoeck & Ruprecht, 1979.
MORIN, Germain. «Notes liturgiques.» *Revue Bénédictine* 30 (1913): 226–234.
MORRAY-JONES, Christopher R. A. «The Body of the Glory: Approaching the New Testament from the Perspective of Shiur Koma Traditions.» In *The Mystery of God: Early Jewish Mysticism and the New Testament*, edited by Christopher R. A. Morray-Jones and Christopher Rowland, 501–610. Leiden: Brill, 2009.
MOSCHOS, Dimitrios. *Eschatologie im ägyptischen Mönchtum. Die Rolle christlicher eschatologischer Denkvarianten in der Geschichte des frühen ägyptischen Mönchtums und seiner sozialen Funktion.* Studien zu Antike und Christentum 59. Tübingen: Mohr Siebeck, 2010.
MOSS, Candida R. «Heavenly Healing: Eschatological Cleansing and the Resurrection of the Dead in Early Church.» *Journal of the American Academy of Religion* 79 (2011): 991–1017.
-. «Nailing Down and Tying Up: Lessons in Intertextual Impossibility from the Martyrdom of Polycarp.» *Vigiliae Christianae* 67 (2013): 117–136.

–. «On the Dating of Polycarp: Rethinking the Place of the *Martyrdom of Polycarp* in the History of Christianity.» *Early Christianity* 1 (2010): 539–574.
–. «The Discourse of Voluntary Martyrdom: Ancient and Modern.» *Church History* 81 (2012): 531–551.
–. *The Other Christs: Imitating Jesus in Ancient Christian Ideologies of Martyrdom.* Oxford: Oxford University Press, 2010.
MOST, Glenn W. «From Logos to Mythos.» In *From Myth to Reason? Studies in the Development of Greek Thought*, edited by Richard Buxton, 25–47. Oxford: Oxford University Press, 1999.
–. Art. «Schöne (das).» In *Historisches Wörterbuch der Philosophie*, 8: 1343–1351. Darmstadt: Wissenschaftliche Buchgesellschaft, 1992.
MOURANT, John A. «Ostia Reexamined: A Study in the Concept of Mystical Experience.» *Philosophy of Religion* 1 (1970): 34–45.
MÜHLENBERG, Ekkehard. «Bowersock, Glen W. Martyrdom and Rome (Book Review).» *Journal of Theological Studies* 47 (1996): 275–279.
–. *Die Unendlichkeit Gottes bei Gregor von Nyssa. Gregors Kritik am Gottesbegriff der klassischen Metaphysik.* Forschungen zur Kirchen- und Dogmengeschichte 16. Göttingen 1966.
MUEHLBERGER, Ellen. *Angels in Late Ancient Christianity.* Oxford: Oxford University Press, 2013.
MÜLLER, Carl W. «Chariton von Aphrodisias und die Theorie des Romans in der Antike.» In *Antike und Abendland* 22 (1976): 115–136. (= DERS. *Legende – Novelle – Roman. Dreizehn Kapitel zur erzählenden Prosaliteratur der Antike.* Göttingen: Vandenhoeck & Ruprecht, 2006.)
MÜLLER, Nikolaus. Art. «Christusbilder.» In *Realenzyklopädie für protestantische Theologie und Kirche,* 4: 63–82. 3. Aufl. Leipzig: Hinrichs, 1898.
MUELLER, Gustav E. «Plato and the Gods.» *The Philosophical Review* 45 (1936): 457–472.
MUILENBURG, James. «The Son of Man in Daniel and the Ethiopic Apocalypse of Enoch.» *Journal of Biblical Literature* 79 (1960): 197–209.
MUNOA, Phillip B. *Four Powers in Heaven: The Interpretation of Daniel 7 in the Testament of Abraham.* Journal for the Study of the Pseudepigrapha. Supplement 28. Sheffield: Sheffield Academic Press, 1998.
MUSIL, Robert. *Der Mann ohne Eigenschaften: Roman.* Herausgegeben von Adolf Frisé, neu durchgesehene und verbesserte Ausgabe. Rowohlt Jahrhundert 1 (= rororo 4001). Reinbek: Rowohlt, 1990.
MUYLDERMANS, Joseph. «Euagriana.» *Le Muséon* 44 (1931): 37–68.
–. *Evagriana syriaca: Textes inédits du British Museum et de la Vaticane.* Édités et traduits, 39–46. Bibliothèque du Muséon 31. Louvain: Publications universitaires, 1952.
MYLLYKOSKI, Matti. «Die Kraft des Herrn: Erwägungen zur Christologie des Petrusevangeliums.» In *Das Evangelium des Petrus. Texte, Kontexte, Intertexte,* her-

ausgegeben von Thomas J. Kraus und Tobias Nicklas, 301–326. Texte und Untersuchungen 158. Berlin/New York: Walter de Gruyter, 2007.
NAAB, Erich. *Augustinus. Über Schau und Gegenwart des unsichtbaren Gottes.* Texte mit Einführung und Übersetzung. Mystik in Geschichte und Gegenwart. Texte und Untersuchungen 1/14. Stuttgart-Bad Cannstatt: Frommann-Holzboog, 1998.
NÄGELSBACH, Karl F. von. *Carl Friedrich von Nägelsbach's Homerische Theologie:* 2. Auflage, nach dem Auftrag des verewigten Verfassers bearbeitet von Georg Autenrieth. Nürnberg: Geiger'sche Verlags-Buchhandlung, 1861.
–. *Die nachhomerische Theologie des griechischen Volksglaubens bis auf Alexander.* Nürnberg: Conrad Geiger, 1857. (= Hildesheim u. a.: Olms, 2004.)
NAUTIN, Pierre. «Études de chronologie hiéronymienne (393–397).» *Revue des Études Augustiniennes* 20 (1974): 273–275.
–. «La lettre de Théophile d'Alexandrie à l'Église de Jérusalem et la réponse de Jean de Jérusalem (Juin-Juillet 396).» *Revue d'Histoire Ecclésiastique* 69 (1974): 365–394.
–. *Le dossier d'Hippolyte et de Méliton dans les florilèges dogmatiques et chez historiens modernes.* Patristica 1. Paris: Les Éditions du Cerf, 1953.
–. «Ὁμοούσιος *unius esse* (Jérôme, ep. XCIII).» *Vigiliae Christianae* 15 (1961): 40–45.
–. *Origène: Sa vie et son œuvre.* Christianisme antique 1. Paris: Beauchesne, 1977.
NEANDER, August. *Allgemeine Geschichte der christlichen Religion und Kirche.* Bd. 2. Gotha: Perthes, 1864.
NEGEL, Joachim. *Feuerbach weiterdenken. Studien zum religionskritischen Projektionsargument.* Religion – Geschichte – Gesellschaft 51. Berlin: LIT, 2014.
NEHRING, Przemyslaw. «Jerome's Vita Hilarionis. A Rhetorical Analysis of its Structure.» *Augustinianum* 43 (2003): 417–434.
NERI, Marino. *Dio, l'anima e l'uomo. L'epistolario di Fausto di Riez.* Rom: Aracne, 2011.
NESSELRATH, Heinz-Günther. «Lukian und die antike Philosophie.» In *Lukian, ΦΙΛΟΨΕΥΔΕΙΣ Η ΑΠΙΣΤΩΝ: Die Lügenfreunde oder: der Ungläubige.* Eingeleitet, übersetzt und mit interpretierenden Essays versehen von Martin Ebner, Holger Gzella, Heinz-Günther Nesselrath und Ernst Ribbat, 135–152. SAPERE 3, 2. Aufl. Darmstadt: Wissenschaftliche Buchgesellschaft, 2002.
NESTLE, Wilhelm. *Vom Mythos zum Logos: die Selbstentfaltung des griechischen Denkens von Homer bis auf die Sophistik und Sokrates.* 2. Aufl. Stuttgart: Kröner, 1975.
NEUSNER, Jacob. «Is the God of Judaism Incarnate?.» *Religious Studies* 24 (1988): 213–238.
NEUWIRTH, Angelika. *Der Koran als Text der Spätantike. Ein europäischer Zugang.* Berlin: Verlag der Weltreligionen, 2010.
NEWIGER, Hans-Joachim. *Untersuchungen zu Gorgias' Schrift über das Nichtseiende.* Berlin: Walter de Gruyter, 1973.

NEWSOM, Carol A. *Songs of the Sabbath Sacrifice: A Critical Edition.* Harvard Semitic Studies 27. Atlanta/GA: Scholar's Press, 1985.

NIEHR, Herbert. «Das Buch Daniel.» In *Einleitung in das Alte Testament,* 8., vollständig überarbeitete Aufl., herausgegeben von Christian Frevel, 610–621. Kohlhammer Studienbücher Theologie 1/1 Stuttgart: Kohlhammer, 2012.

NILSSON, Martin P. *Griechische Feste von religiöser Bedeutung mit Ausschluss der attischen.* Leipzig: Teubner, 1906.

NOETHLICHS, Karl L. Art. «Heidenverfolgung.» In *Reallexikon für Antike und Christentum,* 13: 1149–1190. Stuttgart: Hiersemann, 1986.

–. «Kaisertum und Heidentum im 5. Jahrhundert.» In *Heiden und Christen im 5. Jahrhundert,* herausgegeben von Johannes van Oort und Dietmar Wyrwa, 1–31. Studien der Patristischen Arbeitsgemeinschaft 5. Leuven: Peeters, 1998.

NOLLÉ, Johannes. «Die Münzen von Elis (Kat.-Nr. 1–50).» In *Olympia: Geld und Sport in der Antike,* herausgegeben von Manfred Gutgesell und Anne V. Siebert, 17–30. Museum Kestnerianum 7. Hannover: Kestner-Museum, 2004.

NORDEN, Eduard. *Agnostos Theos: Untersuchungen zur Formengeschichte religiöser Rede.* Leipzig: Teubner, 1912. (= Darmstadt, Wissenschaftliche Buchgesellschaft, 1956.)

–. «Jahve und Moses in hellenistischer Theologie.» In *Festgabe von Fachgenossen und Freunden A. von Harnack zum siebzigsten Geburtstag dargebracht,* herausgegeben von Karl Holl, 292–301. Tübingen: Mohr Siebeck, 1921.

NORTMANN, Ulrich. Art. «schêma/Figur, Form.» In *Aristoteles-Lexikon,* herausgegeben von Otfried Höffe, 520 f. Kröners Taschenausgabe 459. Stuttgart: Kröner, 2005.

NOWAK, Kurt. *Schleiermacher: Leben, Werk und Wirkung.* Göttingen: Vandenhoeck & Ruprecht, 2002.

NÜTZEL, Johannes M. *Die Verklärungserzählung im Markusevangelium. Eine redaktionsgeschichtliche Untersuchung.* Forschung zur Bibel 6. Würzburg: Echter, 1971.

OBBINK, Dirk. «‹All Gods are true› in Epicurus.» In *Traditions of Theology: Studies in Hellenistic Theology, its Background and Aftermath,* edited by Dorothea Frede and André Laks, 183–222. Philosophia antiqua 89. Leiden: Brill, 2002.

OBERDORFER, Bernd. «The Dignity of Human Personhood and the Concept of the ‹Image of God›.» In *The Depth of the Human Person. A Multidisciplinary Approach,* edited by Michael Welker, 257–273. Grand Rapids, MI/Cambridge: 2014.

O'CONNELL, Robert J. «Augustine's Rejection of the Fall of the Soul.» *Augustinian Studies* 4 (1973): 1–32.

–. «Ennead VI, 4 and 5 in the Works of Saint Augustine.» *Revue des Études Augustiniennes* 9 (1963): 1–39.

O'DALY, Gerard J. P. Art. «Anima, animus.» In *Augustinus-Lexikon,* 1: 315–340. Basel: Schwabe, 1986–1994.

ODEBERG, Hugo, ed. *3 Henoch or The Hebrew Book of Henoch.* Translated for the

First Time with Introduction, Commentary, and Critical Notes by Hugo Odeberg. Cambridge: Cambridge University Press, 1928.
O'DONNELL, James J. *Augustine Confessions.* Vol. 2, *Commentary on Books 1–7.* Oxford: Clarendon Press, 1992.
–. *Augustine Confessions.* Vol. 3, *Commentary on Books 8–13. Indexes.* Oxford: Clarendon Press, 1992.
–. Art. «Memoria.» In *Augustinus-Lexikon,* 3: 1249–1257. Basel: Schwabe, 2004–2010.
OETINGER, Friedrich C. Art. «Leib, Soma.» In DERS. *Biblisches und emblematisches Wörterbuch,* herausgegeben von Gerhard Schäfer in Verbindung mit Otto Betz, Reinhard Breymayer, Eberhard Gutekunst, Ursula Hardmeier, Roland Pietsch und Guntram Spindler, 223,5 f. 2 Teilbände. Teil 1, Text. Teil 2, Anmerkungen. Texte zur Geschichte des Pietismus 7/3. Berlin/New York: Walter de Gruyter, 1999.
–. Art. «Offenbaren, Phaneroo.» In DERS. *Biblisches und emblematisches Wörterbuch,* herausgegeben von Gerhard Schäfer in Verbindung mit Otto Betz, Reinhard Breymayer, Eberhard Gutekunst, Ursula Hardmeier, Roland Pietsch und Guntram Spindler, 246,30–248,4. 2 Teilbände. Teil 1, Text. Teil 2, Anmerkungen. Texte zur Geschichte des Pietismus 7/3. Berlin/New York: Walter de Gruyter, 1999.
O'HAGAN, Angelo P. *Material Re-Creation in the Apostolic Fathers.* Texte und Untersuchungen 100. Berlin: Akademie-Verlag, 1968.
ÖHLER, Markus. «Die Verklärung (Mk 9,1–8): Die Ankunft der Herrschaft Gottes auf Erden.» *Novum Testamentum* 38 (1996): 197–217.
–. *Elia im Neuen Testament. Untersuchungen zur Bedeutung des alttestamentlichen Propheten im frühen Christentum.* Beihefte zur Zeitschrift für die neutestamentliche Wissenschaft 88. Berlin/New York: Walter de Gruyter, 1997.
OHST, Martin. *Schleiermacher und die Bekenntnisschriften: eine Untersuchung zu seiner Reformations- und Protestantismusdeutung.* Beiträge zur Historischen Theologie 77. Tübingen: Mohr Siebeck, 1989.
OLIN, Margaret. «‹Early Christian Synagogues› and ‹Jewish Art Historians›. The Discovery of the Synagogue of Dura-Europos.» *Marburger Jahrbuch für Kunstwissenschaft* 27 (2000): 7–28.
OLOFSSON, Staffan. *God is my Rock: a Study of Translation Technique and Theological Exegesis in the Septuagint.* Stockholm: Almqvist & Wiksell International, 1990.
O'LOUGHLIN, Thomas. «The ‹Libri Platonicorum› and Augustine's conversions.» In *The Relationship between Neoplatonism and Christianity. Proceedings of the First Patristic Conference at Maynooth,* edited by Thomas Finan and Vincent Twomey, 101–125. Dublin: Four Courts Press, 1992.
O'MEARA, John J. *Porphyry's Philosophy from Oracles in Augustine.* Paris: Études Augustiniennes, 1959.
–. «Porphyry's Philosophy from Oracles in Eusebius' *Praeparatio Evangelica* and Au-

gustine's Dialogues of Cassiciacum.» *Recherches Augustiniennes* 6 (1969): 103–138.
OORT, Johannes van. Art. «Elkesaiten.» In *Religion in Geschichte und Gegenwart*, 2: 1227 f. 4. Aufl. Tübingen: Mohr Siebeck, 2000.
–. «The Young Augustine's Knowledge of Manichaeism: An Analysis of the *Confessions* and Some Other Relevant Texts.» *Vigiliae Christianae* 62 (2008): 441–466.
OPELT, Ilona. «Des Hieronymus' Heiligenbiographien.» *Römische Quartalschrift* 74 (1979): 145–177.
–. *Hieronymus' Streitschriften.* Heidelberg: Winter, 1973.
OPITZ, Hans-Georg. Art. «Theophilus von Alexandrien.» In *Paulys Realencyclopädie der classischen Altertumswissenschaft,* 5A/2: 2149–2165. München: Alfred Druckenmüller, 1934.
OPPENHEIM, Philippus. *Das Mönchskleid im christlichen Altertum.* Römische Quartalschrift. 28. Supplementheft. Freiburg: Herder, 1931.
OPPERMANN, Hans. *Zeus Panamaros.* Religionsgeschichtliche Versuche und Vorarbeiten 19/3. Gießen: Alfred Töpelmann, 1924.
–. «Falco, Victorius de. Iamblichi Theologoumena arithmeticae (Rezension).» *Gnomon* 5 (1929): 545–558.
OPTENDRENK, Theo. *Die Religionspolitik des Kaisers Elagabal im Spiegel der Historia Augusta.* Habelts Dissertationsdrucke. Reihe Alte Geschichte. Heft 6. Bonn: Habelt, 1969.
ORBE, Antonio. *Antropología de San Ireneo.* Biblioteca de Autores Cristianos 286. Madrid: La Editorial Catolica, 1969.
ORLANDI, Tito. Art. «Agathonicus of Tarsus.» In *Coptic Encyclopedia,* 1: 69 f. New York: Macmillan, 1991.
–. «Coptic Literature.» In *The Roots of Egyptian Christianity,* edited by Birger A. Pearson and James E. Goehring, 51–81. Studies in Antiquity and Christianity. Philadelphia: Fortress Press, 1992. (= 1986.)
–. «Egyptian Monasticism and the Beginnings of the Coptic Literature.» In *Carl-Schmidt-Kolloquium an der Martin-Luther-Universität 1988,* herausgegeben von Peter Nagel, 129–142. Martin-Luther-Universität Halle-Wittenberg. Wissenschaftliche Beiträge 23/1990 (K 9). Halle: Martin-Luther-Universität Halle-Wittenberg, 1990.
–. «Il *dossier* copto di Agatonico di Tarso. Studia letterario e storico.» In *Studies presented to Hans Jacob Polotsky,* edited by Dwight W. Young, 269–299. Beacon Hill: Pirtle Polson, 1981.
–. «La Cristologia nei testi catechetici Copti.» In *Cristologia e catechesi patristica.* Convegno di studio e aggiornamento Pontificium Institutum Altioris Latinitatis (Facoltà di Lettere cristiane e classiche) Roma, 17–19 febbraio 1979 – 1980, Bd. 1. Herausgegeben von Sergio Felici, 213–229. Biblioteca di scienze religiose 31. Rom: LAS, 1980.

–. «La tradizione di Melitone in Egitto e l'omelia *De anima et corpore*.» *Augustinianum* 37 (1997): 37–50.
–. «Theophilus of Alexandria in Coptic Literature.» In *Monastica et ascetica, orientalia, e Saeculo Secundo, Origen, Athanasius, Cappadocian Fathers, Chrysostom, Augustine*. Papers presented to the Seventh International Conference on Patristic Studies held in Oxford 1975, Vol. 2, herausgegeben von Elizabeth A. Livingstone, 100–104. Studia Patristica 16/2 = Texte und Untersuchungen 129. Berlin: Akademie-Verlag, 1985.
ORLOV, Andrei. «Ex 33 on God's Face: A Lesson from the Enochic Tradition.» In *Seminar Papers 39: Society of Biblical Literature Annual Meeting 2000*. Atlanta: Society of Biblical Literature, 2000. (= DERS. *From Apocalypticism to Merkabah Mysticism*, 311–326. Leiden: Brill, 2006)
–. «God's Face in the Enochic Tradition.» In *Paradise Now: Essays on Early Jewish and Christian Mysticism*, edited by April D. DeConick, 179–193. Symposium Series 11. Atlanta: Society of Biblical Literature/Leiden: Brill, 2006.
–. *Heavenly Priesthood in the Apocalypse of Abraham*. Cambridge: Cambridge University Press, 2013.
–. «In the Mirror of the Divine Face: The Enochic Features of the Exagoge of Ezekiel the Tragedian.» In *The Significance of Sinai: Traditions about Sinai and Divine Revelation in Judaism and Christianity*, edited by George J. Brooke, Hindy Najman and Loren Stuckenbruck, 183–199. Themes in Biblical Narrative 12. Leiden: Brill, 2008.
–. *The Enoch-Metatron Tradition*. Texte und Studien zum Antiken Judentum 107. Tübingen: Mohr Siebeck, 2005.
–. «The Face as the Heavenly Counterpart of the Visionary in the Slavonic Ladder of Jacob.» In *Of Scribes and Sages: Early Jewish Interpretation and Transmission of Scripture*, edited by Craig A. Evans, 2: 59–76. Studies in Scripture in Early Judaism and Christianity 9. London: T&T Clark, 2004. (= DERS. *From Apocalypticism to Merkabah Mysticism*, 399–422. Leiden: Brill, 2006.)
–. «‹The Gods of My Father Terah›: Abraham the Iconoclast and the Polemics with the Divine Body Traditions in the *Apocalypse of Abraham*.» *Journal for the Study of the Pseudepigrapha* 18 (2008): 33–53. (= DERS. *Divine Manifestations in the Slavonic Pseudepigrapha*, 217–235. Orientalia Judaica Christiana 2. Piscataway, NY: Gorgias, 2009.)
–. «‹Without Measure and Without Analogy›: The Tradition of the Divine Body in *2 (Slavonic) Enoch*.» In DERS. *From Apocalypticism to Merkabah Mysticism: Studies in the Slavonic Pseudepigrapha*. Journal for the Study of Judaism. Supplements 114. Leiden: Brill, 2007.
OSBORN, Eric. *Irenaeus of Lyon*. Cambridge: Cambridge University Press, 2001.
OSTHÖVENER, Claus-Dieter. «Literarische und religiöse Deutungskultur im Werk Robert Musils.» In *Protestantismus zwischen Aufklärung und Moderne*. Festschrift für Ulrich Barth, Beiträge zur rationalen Theologie 16, herausgegeben von

Roderich Barth, Claus-Dieter Osthövener und Arnulf von Scheliha, 286–300. Frankfurt, Main: Lang, 2005.

OTTEN, Willamien. «Christ's Birth of a Virgin Who Became a Wife: Flesh and Speech in Tertullian's *De carne Christi*.» *Vigiliae Christianae* 51 (1997): 247–260.

OTTOSSON, Magnus. Art. «היכל.» In *Theologisches Wörterbuch zum Alten Testament*, 2: 408–415. Stuttgart u. a.: Kohlhammer, 1977.

OVERWIEN, Oliver. «Kampf um Gallien: Die Briefe des Sidonius Apollinaris zwischen Literatur und Politik.» *Hermes* 137 (2009): 93–117.

PÄLTZ, Eberhard H. Art. «Böhme, Jacob (1575–1624).» In *Theologische Realenzyklopädie*, 6: 748–754. Berlin/New York: Walter de Gruyter, 1980.

PAFFENROTH, Kim. «Notes and Observations: Paulsen on Augustine: An Incorporeal or Nonanthropomorphic God.» In *Harvard Theological Review* 86 (1993): 233–235.

PARKE, Herbert W. *Festivals of the Athenians*. Aspects of Greek and Roman Life. London: Thames and Hudson, 1986.

PANNENBERG, Wolfhart. *Systematische Theologie*. Band 1. Göttingen: Vandenhoeck & Ruprecht, 1988.

PASQUALI, Giorgio. «Doxographica aus Basiliusscholien.» *Nachrichten der Königlichen Gesellschaft der Wissenschaften zu Göttingen. Philologisch-Historische Klasse* 1910, 194–228. Berlin: Weidmannsche Buchhandlung, 1910.

PASSONI, Anna Dell'Acqua. «Innovazioni lessicali e attributi divini: Una caratteristica del giudaismo alessandrino?.» In *La parola di Dio cresceva (At 12,24): Scritti in onore di Carlo Maria Martini nel suo 70. Compleanno*, a cura di Rinaldo Favris, 87–108. Supplementi alla Rivista Biblica 33. Bologna: EDB, 1998.

PATMORE, Hector M. *Adam, Satan, and the King of Tyre: The Interpretation of Ezekiel 28:11–19 in Late Antiquity*. Jewish and Christian Perspectives 20. Leiden u. a.: Brill, 2012.

PATTERSON, Paul A. *Visions of Christ: The Anthropomorphite Controversy of 399 CE*. Studien zu Antike und Christentum 68. Tübingen: Mohr Siebeck, 2012.

PAULSEN, David L. «Early Christian Belief in a Corporeal Deity: Origen and Augustine as Reluctant Witnesses.» In *Harvard Theological Review* 83 (1990): 105–116.

–. «Reply to Kim Paffenroth's Comment.» In *Harvard Theological Review* 86 (1993): 235–239.

PAX, Elpidius. Art. «Epiphanie.» In *Reallexikon für Antike und Christentum*, 5: 832–909. Stuttgart: Hiersemann, 1962.

PEERS, Glenn. *Subtle Bodies: Representing Angels in Byzantium*. The Transformation of the Classical Heritage 32. Berkeley/Los Angeles/London: University of California Press, 2001.

PEÑA, Ignacio, Pascal CASTELLANA et Romuald FERNÁNDEZ. *Les reclus syriens: Recherches sur les anciennes formes de vie solitaire en Syrie*. Publications of the Stu-

dium biblicum franciscanum. Collectio minor 23. Mailand: Centro Propaganda e Stampa, 1980.
PÉPIN, Jean. *Idées grecques sur l'homme et sur Dieu.* Collection d'Études anciennes. Paris: Les Belles-Lettres, 1971.
–. «Remarques sur la théorie de l'exégèse allégorique chez Philon.» In *Philon d'Alexandrie: Lyon, 11–15 Septembre 1966*, Colloques nationaux du Centre National de la Recherche Scientifique. Paris: Éditions du Centre National de la Recherche Scientifique, 1967.
–. *Théologie cosmique et théologie chrétienne (Ambroise, Exam. I 1, 1–4). Bibliothèque de philosophie contemporaine. Histoire de la philosophie et philosophie générale.* Paris: Presses universitaires de France, 1964.
–. «Une nouvelle source de saint Augustin: le ζητήματα de Porphyre. Sur l'union de l'âme et du corps.» In *Revue des études anciennes* 66 (1964): 53–107.
PERLER, Othmar. «Recherches sur le Peri Pascha de Méliton.» *Recherches de science religieuse* 51 (1963): 407–421. (= DERS. *Sapientia et caritas.* Gesammelte Aufsätze zum 90. Geburtstag, herausgegeben von Dirk van Damme, Otto Wermelinger u. a., 315–329. Paradosis 29. Freiburg, Schweiz: Universitätsverlag, 1990.)
–. «Méliton ‹Peri Pascha› 56 et la traduction géorgienne.» In *Forma futuri: Studi in onore del Cardinale Michele Pellegrino*, edited by Terenzio Alimonti, Francesco Bolgiani et al. 334–349. Turin: Bottega d'Erasmo, 1975. (= DERS. *Sapientia et caritas.* Gesammelte Aufsätze zum 90. Geburtstag, herausgegeben von Dirk van Damme, Otto Wermelinger u. a., 349–364. Paradosis 29. Freiburg, Schweiz: Universitätsverlag, 1990.)
PERRONE, Lorenzo. «Il ‹Dialogo contro gli aftartodoceti› di Leonzio di Bisanzio e Severo di Antiochia.» *Cristianesimo nella storia* 1 (1980): 411–442.
–. *La preghiera secondo Origene: L'impossibilità donate.* Letteratura Cristiana antica 24. Brescia: Morcelliana, 2011.
PERRIN, Michel. *L'homme antique et chrétien: L'anthropologie de Lactance 250–325.* Théologie historique 59. Paris: Beauchesne, 1981.
PERRY, Ben E. *Secundus the silent philosopher.* American Philological Association Philological Monographs 22. Ithaca, NY: American Philological Association, 1964.
PESCH, Rudolf. *Das Markusevangelium 1. Teil: Einleitung und Kommentar zu Kap. 1,1–8,26.* Herders Theologischer Kommentar zum Neuen Testament II. 4. Aufl. Freiburg/Basel/Wien: Herder, 1984.
PETERSMANN, Hubert. «Religion, Superstition and parody in Petronius' *Cena Trimalchionis*.» In *Groningen Colloquia on the Novel*, Bd. 6. Herausgegeben von Heinz Hofmann, 75–85. Groningen: Forsten, 1996.
PETERSON, Erik. «Einige Bemerkungen zum Hamburger Papyrusfragment der Acta Pauli.» *Vigiliae Christianae* 3 (1949): 142–162. (= DERS. *Frühkirche, Judentum und Gnosis: Studien und Untersuchungen.* Freiburg: Herder, 1959. [= Darmstadt: Wissenschaftliche Buchgesellschaft, 1982.])

–. «Theologie des Kleides.» *Benediktinische Monatsschrift* 16 (1934): 347–356. (= DERS. *Marginalien zur Theologie und andere Schriften*, 10–19. Mit einer Einführung von Barbara Nichtweiß, Erik Peterson. Ausgewählte Schriften 2. Würzburg: Echter, 1995.)

–. «Theologie der Kleidung.» *Wort und Wahrheit* 2 (1947): 193–199. (= DERS. *Marginalien zur Theologie und andere Schriften*, 20–27. Mit einer Einführung von Barbara Nichtweiß, Erik Peterson. Ausgewählte Schriften 2. Würzburg: Echter, 1995.)

PÉTREMENT, Simone. *A Separate God: The Christian Origins of Gnosticism*. Translated by Carol Harrison. London: Darton, Longman and Todd, 1991. (= DIES. *Le Dieu séparé: les origines du Gnosticisme*. Paris: Les Editions du Cerf, 1984.)

PETRY, Sven. *Die Entgrenzung JHWHs: Monolatrie, Bilderverbot und Monotheismus im Deuteronomium, in Deuterojesaja und im Ezechielbuch*. Forschungen zum Alten Testament 2/27. Tübingen: Mohr Siebeck, 2007.

PFEIFFER, Henrik. «Die Herkunft Jahwes und ihre Zeugen.» *Berliner Theologische Zeitschrift* 30 (2013): (11–43) 36–40.

PFISTER, Friedrich. Art. «Epiphanie.» In *Paulys Realencyclopädie der classischen Altertumswissenschaft*, Supplementband 4: 277–323. München: Alfred Druckenmüller, 1924.

PHILIPP, Hanna. «Zu Polyklets Schrift ‹Kanon›.» In *Polyklet. Der Bildhauer der griechischen Klassik: Ausstellung im Liebieghaus Museum alter Plastik Frankfurt am Main*, herausgegeben von Herbert Beck, Peter C. Bol und Maraike Bückling, 135–155. Mainz: Zabern, 1990.

PHILIPPSON, Robert. «Die Quelle der Epikureischen Götterlehre in Ciceros erstem Buche De natura deorum.» *Symbolae Osloenses* 19 (1939): 15–40.

–. «Zur epikureischen Götterlehre.» *Hermes* 51 (1916): 568–608.

PIETRI, Charles und Luce PIETRI. *Prosopographie de l'Italie Chrétienne (313–604)*. Vol. 1, A-K. Prosopographie chrétienne du Bas-Empire 2/1. Rom: École Française de Rome, 1999.

–. *Prosopographie de l'Italie Chrétienne (313–604)*. Vol. 2, L – Z. Prosopographie chrétienne du Bas-Empire 2/2. Rom: École Française de Rome, 2000.

PINES, Shlomo. «Points of Similarity between the Exposition of the Doctrine of the Sefirot in the Sefer Yezira and a Text of the Pseudo-Clementine Homilies: The Implications of this Resemblance.» *Proceedings of the Israel Academy of Sciences and Humanities* 7 (1989): 63–141.

PLATT, Verity. *Facing the Gods: Epiphany and Representation in the Graeco-Roman Art, Literature and Religion*. Greek Culture in Roman World. Cambridge: Cambridge University Press, 2011.

PLESCH, Julius. *Die Originalität und literarische Form der Mönchsbiographien des hl. Hieronymus*. Beilage zum Programm des Wittelsbacher-Gymnasiums München 1910. München: Wolf, 1910.

PLÖGER, Otto. *Das Buch Daniel. Kommentar zum Alten Testament 18*. Gütersloh: Mohn, 1965.
PLOWDEN, Edmund. *The commentaries, or Reports of Edmund Plowden: (...) Containing Divers Cases Upon Matters of Law, Argued and Adjudged in the Several Reigns of King Edward VI., Queen Mary, King and Queen Philip and Mary, and Queen Elizabeth (...). In Two Parts*. London: Brooke, 1816.
POHLENZ, Max. *Die Stoa: Geschichte einer geistigen Bewegung*. 7. Aufl. Göttingen: Vandenhoeck & Ruprecht, 1992.
POULSEN, Richard C. *The Body as Text: In a Perpetual Age of Non-Reason*. New York: Peter Lang, 1996.
PRAECHTER, Karl. Art. «Syrianos.» In *Realencyclopädie der classischen Altertumswissenschaften*, 4A/2: 1728–1775. Stuttgart: Alfred Druckenmüller, 1932.
PRESTIGE, George L. *God in Patristic Thought*. London u. a.: Heinemann, 1936. (= Eugene, OR: Wipf & Stock, 2008.)
PRIGENT, Pierre. *Justin et l'Ancien Testament: L'argumentation scripturaire du traité de Justin contre toutes les hérésies comme source principale du Dialogue avec Tryphon et de la Première Apologie*. Études bibliques. Paris: Gabalda, 1964.
–. «La main de Dieu dans l'iconographie du paléo-christianisme.» In *La Main de Dieu: Die Hand Gottes*, édité par Jan Bergman et René Kieffer, 141–156. Tübingen: Mohr Siebeck, 1997.
–. *Le Judaïsme et l'image*. Texte und Studien zum Antiken Judentum 24. Tübingen: Mohr Siebeck, 1990.
PRIMMER, Adolf. *Ἀπάθεια und Ἔλεος im Gottesbegriff des Origenes*. Wien: Diss. phil., masch., 1956.
PRINZ, Friedrich. *Frühes Mönchtum im Frankenreich. Kultur und Gesellschaft in Gallien, den Rheinlanden und Bayern am Beispiel der monastischen Entwicklung (4. bis 8. Jahrhundert)*. München: Oldenbourg, 1965.
PRINZIVALLI, Emanuela. «Aspetti esegetico-dottrinali del dibattito nel IV secolo sulle tesi origeniane in materia escatologica.» *Annali di storia dell'esegesi* 11 (1994): 433–460.
PUJIULA, Martin. *Körper und christliche Lebensweise: Clemens von Alexandreia und sein Paidagogos*. Millennium-Studien zur Kultur und Geschichte des ersten Jahrtausends n. Chr. 9. Berlin/New York: Walter de Gruyter, 2006.
QUISPEL, Gilles. «Ezekiel 1:26 in Jewish Mysticism and Gnosis.» In *Vigiliae Christianae* 34 (1980): 1–13.
–. *Makarius, das Thomasevangelium und das Lied von der Perle*. Supplements to Novum Testamentum 15. Leiden: Brill, 1967.
–. «Sein und Gestalt.» In DERS. *Gnostic Studies*. Vol. 2. Uitgaven van het Nederlands Historisch-Archeologisch Instituut te Istanbul 34/2. İstanbul: Nederlands Historisch-Archaeologisch Instituut in het Nabije Oosten, 1975.
RADKE, Gyburg. *Die Theorie der Zahl im Platonismus: Ein systematisches Lehrbuch*. Tübingen/Basel: Francke, 2003.

RAMELLI, Ilaria. Art. «Allegory. II. Judaism.» In *Encyclopedia of the Bible and its Reception*, 1: 785–793. Berlin/New York: Walter de Gruyter, 2009.
–. «Evagrius and Gregory: Nazianzen or Nyssen? Cappadocian (and Origenian) Influence on Evagrius.» In *Greek, Roman, and Byzantine Studies* 53 (2013): 117–137.
– and Giulio LUCCHETTA. *Allegoria*. Vol. 1, *L'età classica*. Introduzione e cura di Roberto Radice. Studi e testi 98. Mailand: Vita e Pensiero, 2004.
RAPP, Christof. Art. «pathos/Widerfahrnis, Affekt.» In *Aristoteles-Lexikon*, herausgegeben von Otfried Höffe, 427–436. Kröners Taschenausgabe 459. Stuttgart: Kröner, 2005.
– und Tim WAGNER. Art. «eidos/Gestalt, Art, Form.» In *Aristoteles-Lexikon*, herausgegeben von Otfried Höffe, 147–158. Kröners Taschenausgabe 459. Stuttgart: Kröner, 2005.
RAPP, Claudia. *Holy Bishops in Late Antiquity: The Nature of Christian Leadership in a Time of Transition*. The Transformation of the Classical Heritage 37. Berkeley u. a.: California University Press, 2005.
REBENICH, Stefan. *Hieronymus und sein Kreis: Prosopographische und sozialgeschichtliche Untersuchungen*. Historia. Einzelschriften 72. Stuttgart: Steiner, 1992.
– and Adam H. BECKER. «Traditional Models and New Directions.» In *The Ways that Never Parted: Jews and Christians in Late Antiquity and the Early Middle Ages*, edited by Adam H. Becker and Annette Y. Reed, 1–34. Texts and Studies in Ancient Judaism 95. Tübingen: Mohr Siebeck 2003.
REED, Annette Y. «Rethinking (Jewish-)Christian Evidence for Jewish Mysticism.» In *Hekhalot Literature in Context. Between Byzantium and Babylonia*, edited by Ra'anan Boustan, Martha Himmelfarb and Peter Schäfer, 349–377. Texte und Studien zum Antiken Judentum 153. Tübingen: Mohr Siebeck, 2013.
–, F. Stanley JONES and Claude MIMOUNI. «Two Books on Jewish-Christianity.» *Annali di Storia dell'Esegesi* 30 (2013): 93–101.
REHLING, Bernhard. *De Fausti Reiensis epistula tertia. Commentatio Historica*. Diss. phil., Münster, Aschendorff, 1898.
REHM, Albert und Richard HARDER, Hg. *Didyma*. Teil 2, *Die Inschriften*. Mainz: von Zabern/Berlin: Mann, 1958.
REHM, Bernhard. «Zur Entstehung der pseudoclementinischen Schriften.» *Zeitschrift für die Neutestamentliche Wissenschaft* 37 (1938): 77–184.
REINBOLD, Wolfgang. *Der älteste Bericht über den Tod Jesu. Literarische Analyse und historische Kritik der Passionsdarstellungen der Evangelien*. Beihefte zur Zeitschrift für die neutestamentliche Wissenschaft 69. Berlin/New York: De Gruyter, 1994.
REINDL, Joseph. *Das Angesicht Gottes im Sprachgebrauch des Alten Testaments*. Erfurter Theologische Studien 25. Leipzig: St. Benno, 1970.
REINHARDT, Karl. *Poseidonios über Ursprung und Entartung: Interpretation zweier kul-

turgeschichtlicher Fragmente. Orient und Antike 6. Heidelberg: Universitätsverlag Winter, 1928.

REININK, Gerrit J. «‹Das Land Seiris› (Sir) und das Volk der Serer in jüdischen und christlichen Traditionen.» *Journal for the Study of Judaism in the Persian, Hellenistic and Roman Period* 6 (1975): 72–85.

REITZENSTEIN, Richard. *Die hellenistischen Mysterienreligionen nach ihren Grundgedanken und Wirkungen*. 3. Aufl. Leipzig: Teubner, 1927.

–. «*Historia Monachorum*» *und* «*Historia Lausiaca*»: *Eine Studie zur Geschichte des Mönchtums und der frühchristlichen Begriffe Gnostiker und Pneumatiker*. Forschungen zur Religion und Literatur des Alten und Neuen Testaments 24. Göttingen: Vandenhoeck & Ruprecht, 1916.

–. *Poimandres. Studien zur griechisch-ägyptischen und frühchristlichen Literatur*. Leipzig: Teubner, 1904.

RENGER, Almut-Barbara und Alexandra STELLMACHER. «Der Asketen- als Wissenskörper. Zum verkörperlichten Wissen des Simeon Stylites in ausgewählten Texten der Spätantike.» *Zeitschrift für Religions- und Geistesgeschichte* 62 (2010): 313–338.

RENTSCH, Thomas. Art. «Theologie, negative.» In *Historisches Wörterbuch der Philosophie*, 10: 1102–1105. Darmstadt: Wissenschaftliche Buchgesellschaft, 1998.

RESCH, Alfred. *Agrapha: Aussercanonische Schriftfragmente, gesammelt und untersucht*. In zweiter, völlig neu bearbeiteter, durch alttestamentliche Agrapha vermehrter Aufl. herausgegeben. Texte und Untersuchungen 30/3–4. Leipzig: Hinrichs, 1906.

REYNDERS, Bruno. *Lexique comparé du texte Grec et des versions Latine, Arménienne et Syriaque de l'«Adversus Haereses» de Saint Irénée*. Vol. 2, *Index des mots Latins*. Corpus scriptorum Christianorum orientalium 142. Subsidia 6. Louvain: Durbecq, 1954.

–. *Vocabulaire de la «Demonstration» et des fragments de Saint Irénée*. Louvain: Éditions de Chevetogne, 1958.

RICHARD, Marcel. «Léonce de Jérusalem et Léonce de Byzance.» *Mélanges de Science Religieuse* 1 (1944): 35–88. (= DERS. *Opera minora*. Vol. 3, Nr. 59. Turnhout: Brepols/Leuven: Peeters, 1977.)

–. «Nouveaux Fragments de Théophile d'Alexandrie.» *Nachrichten der Akademie der Wissenschaften zu Göttingen* 2 (1975): 57–65. (= DERS. *Opera Minora*, Vol. 2, Nr. 39. Turnhout/Leuven: Peeters, 1977.)

–. «Témoins Grecs des fragments XIII et XV de Méliton de Sardes.» *Le Muséon* 85 (1972): 309–336. (= DERS., *Opera minora*. Vol. 1, Nr. 7. Turnhout: Brepols/Leuven: Peeters, 1976.)

–. «Une Homélie de Théophile d'Alexandrie sur l'institution de l'Eucharistie.» *Revue d'histoire ecclésiastique* 33 (1937): 46–54. (= DERS. *Opera Minora*. Vol. 2, Nr. 37. Turnhout/Leuven: Peeters, 1977.) (= DERS. «Les Écrits de Théophile d'Alexandrie.» *Muséon* 52 [1939]: 33–50.)

RICHTER, Gerhard. *Oikonomia: Der Gebrauch des Wortes Oikonomia im Neuen Testament, bei den Kirchenvätern und in der theologischen Literatur bis ins 20. Jahrhundert.* Arbeiten zur Kirchengeschichte 90. Berlin/New York: Walter de Gruyter, 2005.

RIEDMATTEN, Henri de. *Les actes du procès de Paul de Samosate: Étude sur la Christologie du IIIe au IVe siècle.* Paradosis 6. Fribourg: Éditions St-Paul, 1952.

RIEDWEG, Christoph. *Mysterienterminologie bei Platon, Philon und Klemens von Alexandrien.* Untersuchungen zur antiken Literatur und ihrer Geschichte 26. Berlin/New York: Walter de Gruyter, 1987.

RIEL, Gerd VAN. *Plato's Gods.* Ashgate Studies in the History of Philosophical Theology. Surrey/Burlington: Ashgate, 2013.

RINGGREN, Helmer. Art. «יפה.» In *Theologisches Wörterbuch zum Alten Testament*, 3: 787–790. Stuttgart u. a.: Kohlhammer, 1982.

RITTER, Stefan. «Münzbilder im Kontext: Zeus und Olympia auf elischen Stateren des 4. Jahrhunderts v. Chr.» In *Konstruktionen von Wirklichkeit: Bilder im Griechenland des 5. und 4. Jahrhunderts v. Chr.*, herausgegeben von Ralf von den Hoff und Stefan Schmidt, 89–105. Stuttgart: Steiner, 2001.

ROBERT, Louis. *Hellenica: Recueil d'épigraphie, de numismatique et antiquités grecques.* Vol. 11. Limoges/Paris: Adrien-Maisonneuve, 1960.

ROBINSON, James M. *The Pachomian Monastic Library at the Chester Beatty Library and the Bibliothèque Bodmer.* Occasional Papers of the Institute for Antiquity and Christianity 19. Claremont: Institute for Antiquity and Christianity, 1990.

–. *The Story of the Bodmer Papyri: From the First Monastery's Library in Upper Egypt to Geneva and Dublin.* Eugene: Cascade Books, 2011.

ROBINSON, Stephen E. u. a. Art. «God the Father.» In *Encyclopedia of Mormonism*, edited by Daniel H. Ludlow, 2: 548–552. New York u. a.: Macmillan, 1992.

RÖLLI, Marc. «Philosophische Anthropologie im 19. Jahrhundert – Zwischen Leib und Körper.» In *Leiblichkeit: Geschichte und Aktualität eines Konzepts*, herausgegeben von Emmanuel Alloa, Thomas Bedorf, Christian Grüny und Tobias N. Klass, 149–161. UTB, Mittlere Reihe 3633. Tübingen: Mohr Siebeck, 2012.

ROHDE, Erwin. *Der griechische Roman und seine Vorläufer.* 3., durch einen zweiten Anhang vermehrte Aufl. Leipzig: Breitkopf & Härtel, 1914.

RÖHR, Werner, Hg. *Appellation an das Publikum (…) Dokumente zum Atheismusstreit um Fichte, Forberg, Niethammer. Jena 1798/99.* Reclams Universal-Bibliothek 1179. Leipzig: Reclam, 1987.

ROME, Giles of (= Aegidius Romanus). *Errores Philosophorum: Critical Text with Notes and Introduction.* Edited by Josef Koch, translated by John O. Riedl. Milwaukee, WI: Marquette University Press, 1944.

ROMENY, Robert B. ter Haar. *A Syrian in Greek Dress: The Use of Greek, Hebrew and Syriac Biblical Texts in Eusebius of Emesa's Commentary on Genesis.* Traditio Exegetica Graeca 6. Leuven: Peeters, 1997.

ROSCHER, Wilhelm. Art. «Helios.» In *Ausführliches Lexikon der griechischen und römischen Mythologie*, 1/2: 1993–2026. Leipzig: Teubner, 1890.

ROSENAU, Hartmut. «Gott höchst persönlich: Zur Rehabilitierung der Rede von der Personalität Gottes im Durchgang durch den Pantheismus- und Atheismusstreit.» In *Marburger Jahrbuch Theologie XIX: Personalität Gottes*, herausgegeben von Wilfried Härle und Reiner Preul, 47–76. Leipzig: Evangelische Verlagsanstalt, 2007.

–. *Mit Gott reden – von Gott reden: das Personsein des dreieinigen Gottes: Votum des Theologischen Ausschusses der Union Evangelischer Kirchen (UEK) in der EKD*, herausgegeben von Michael Beintker und Martin Heimbucher. Evangelische Impulse 3. Neukirchen-Vluyn: Neukirchener Verlagsgesellschaft, 2011.

ROSTOVTZEFF, Michael. *Dura Europos and its Art*. Oxford: Clarendon Press, 1938.

ROUSSEAU, Philip. *Ascetics, Authority, and the Church in the Age of Jerome and Cassian*. Second Edition. Notre Dame, IN: University of Notre Dame Press, 2010.

ROUSSELLE, Aline. *Porneia: On Desire and the Body in Antiquity*. Oxford: Basil Blackwell, 1988. (= DIES. *Porneia. De la maîtrise du corps à la privation sensorielle. IIe–IVe siècles de l'ère chrétienne*, Les chemins de l'Histoire. Paris: Presses Universitaires de France, 1983.)

ROWLAND, Christopher. *The Open Heaven: A Study of Apocalyptic in Judaism and Early Christianity*. Eugene, OR: Wipf and Stock, 2002. (= London: SPCK, 1982.)

–. «The Visions of God in Apocalyptic Literature.» *Journal for the Study of Judaism in the Persian, Hellenistic, and Roman Period* 10 (1979): 137–154.

–. «Things to which Angels Long to Look: Approaching Mysticism from the Perspective of the New Testament and the Jewish Apocalypses.» In Christopher ROWLAND and Christopher R. MORRAY-JONES, *The Mystery of God: Early Jewish Mysticism and the New Testament*, 3–215. Compendia Rerum Iudaicarum ad Novum Testamentum 3/12. Leiden/Boston: Brill, 2009.

RUBENSON, Samuel. «Evagrios Pontikos und die Theologie der Wüste.» In *Logos. Festschrift für Luise Abramowski zum 8. Juli 1993*, herausgegeben von Hanns C. Brennecke, Ernst L. Grasmück und Christoph Markschies, 384–401. Beihefte zur Zeitschrift für die neutestamentliche Wissenschaft 67. Berlin/New York: Walter de Gruyter, 1993.

–. «Origen in the Egyptian Monastic Tradition of the Fourth Century.» In *Origeniana septima: Origenes in den Auseinandersetzungen des vierten Jahrhunderts. 7. Internationales Origeneskolloquium, vom 25. bis zum 29. August 1997, Hofgeismar*, herausgegeben von Wolfgang A. Bienert, 319–337. Bibliotheca Ephemeridum Theologicarum Lovaniensium 137. Leuven: University Press/Uitgeverij Peeters, 1999.

RUBIN, Nissan and Admiel KOSMAN. «The Clothing of the Primordial Adam as a Symbol of Apocalyptic Time in the Midrashic Sources.» *Harvard Theological Review* 90 (1997): 155–174.

RUDOLPH, Kurt. *Antike Baptisten: Zu den Überlieferungen über frühjüdische und -christliche Taufsekten.* Sitzungsberichte der Sächsischen Akademie der Wissenschaften zu Leipzig, Philologisch-Historische Klasse 4/121. Berlin: Akademie-Verlag, 1981. (= DERS. *Gnosis und spätantike Religionsgeschichte: Gesammelte Aufsätze.* Nag Hammadi and Manichaean Studies 42. Leiden u. a.: Brill, 1996.)

RÜTHER, Theodor. *Die sittliche Forderung der Apatheia in den ersten beiden christlichen Jahrhunderten und bei Klemens von Alexandrien: Ein Beitrag zur Geschichte des christlichen Vollkommenheitsbegriffes.* Freiburger Theologische Studien 63. Freiburg: Herder, 1949.

RÜPKE, Jörg. *Aberglauben oder Individualität? Religiöse Abweichung im römischen Reich.* Tübingen: Mohr Siebeck, 2011.

RUH, Kurt. *Geschichte der abendländischen Mystik.* Bd. 1, *Die Grundlegung durch die Kirchenväter und die Mönchstheologie des 12. Jahrhunderts.* München: Beck, 1990.

–. «Vorbemerkungen zu einer neuen Geschichte der abendländischen Mystik im Mittelalter.» In DERS. *Kleine Schriften.* Bd. 2, *Scholastik und Mystik im Mittelalter,* herausgegeben von Volker Mertens, 337–363. Berlin/New York: Walter de Gruyter, 1984.

RUNIA, David T. *Philo of Alexandria and the Timaeus of Plato.* Philosophia Antiqua 44. Leiden: Brill, 1986.

–. «The Beginning of the End: Philo of Alexandria and Hellenistic Theology.» In *Traditions of Theology: Studies in Hellenistic Theology, its Background and Aftermath,* edited by Dorothea Frede and André Laks, 281–316. Philosophia Antiqua 89. Leiden/Boston/Köln: Brill, 2002.

RUSSELL, Norman. *Theophilus of Alexandria.* The Early Church Fathers. London and New York: Routledge, 2007.

–. «Theophilus and Cyril of Alexandria on the Divine Image.» In *Origeniana Octava: Origen and the Alexandrian Tradition.* Papers of the 8th International Origen Congress Pisa, 27–31 August 2001, edited by Lorenzo Perrone, in Collaboration with Paolo Bernardini and Diego Marchini, 2: 939–946. Bibliotheca Ephemeridum Theologicarum Lovaniensium 164. Leuven: Peeters, 2003.

RYNOR, Duncan H. «The Faith of the Simpliciores: A Patriarch's Dilemma.» In *Cappadocian Fathers, Chrysostom and His Greek Contemporaries, Augustine, Donatism and Pelagianism.* Papers presented to the Tenth International Conference on Patristic Studies held in Oxford 1987, Vol. 4, edited by Elizabeth A. Livingstone, 165–169. Studia Patristica 22. Leuven: Peeters, 1989.

ŞAHIN, Mehmet Ç. *Die Inschriften von Stratonikeia.* Teil 1, *Panamara.* Inschriften griechischer Städte aus Kleinasien 21. Bonn: Habelt, 1981. (= *Steinepigramme aus dem griechischen Osten,* herausgegeben von Reinhold Merkelbach und Josef Stauber. Bd. 1, *Die Westküste Kleinasiens von Knidos bis Ilion.* Stuttgart/Leipzig: Teubner, 1998.)

–. *Die Inschriften von Stratonikeia.* Teil 2/1, *Lagina, Stratonikeia und Umgebung.* Inschriften griechischer Städte aus Kleinasien 22/1. Bonn: Habelt, 1981.

SALLES, Ricardo. «Ἐκπύρωσις and the Goodness of God in Cleanthes.» *Phronesis* 50 (2005): 56–78.

SALOMONS, Robert P. *Einige Wiener Papyri*. Studia Amstelodamensia ad epigraphicam, ius antiquum et papyrologicam pertinentia 4. Amsterdam: Hakkert, 1976.

SAMBURSKY, Shmuel. «On the Origin and Significance of the Term Gemaṭria.» *Journal of Jewish Studies* 29 (1978): 35–38.

SANDERS, Kirk R. «Cicero De natura deorum 1.48 f.: Quasi corpus?.» *Mnemosyne* 4 (2004): 215–218.

SANDMEL, Samuel. «Parallelomania.» *Journal of Biblical Literature* 81 (1962): 1–13.

(= DERS. «‹Parallelomania›: The Presidential Address Given Before the Society of Biblical Literature, December 27, 1961.» In *Presidential Voices: The Society of Biblical Literature in the Twentieth Century*. Biblical Scholarship in North America 22, edited by Harold W. Attridge and James C. VanderKam, 107–118. Leiden/Boston: Brill, 2006).

SCHÄFER, Peter. Art. «Bibelübersetzungen II. Targumim.» In *Theologische Realenzyklopädie*, 6: 216–228. Berlin/New York: Walter de Gruyter, 1980.

–. *Der verborgene und der offenbare Gott: Hauptthemen der frühen jüdischen Mystik*. Tübingen: Mohr Siebeck, 1991.

–. *Die Geburt des Judentums aus dem Geist des Christentums*. Tria Corda. Jenaer Vorlesungen zu Judentum, Antike und Christentum 6. Tübingen: Mohr Siebeck, 2010.

–. *Die Ursprünge der jüdischen Mystik*. Aus dem Amerikanischen von Claus-Jürgen Thornton. Berlin: Verlag der Weltreligionen, 2011.

–. *Geniza-Fragmente zur Hekhalot-Literatur*. Texte und Studien zum Antiken Judentum 6. Tübingen: Mohr Siebeck, 1984.

–. «Jewish Liturgy and Magic.» In *Geschichte – Tradition – Reflexion*, edited by Peter Schäfer, 541–555. Festschrift für Martin Hengel zum 70. Geburtstag. Vol. 1, *Judentum*. Tübingen: Mohr Siebeck, 1996.

–. «New Testament and Hekhalot Literature: The Journey into Heaven in Paul and Merkavah Mysticism.» In DERS. *Hekhalot-Studien*, 234–249. Texte und Studien zum Antiken Judentum 19. Tübingen: Mohr Siebeck, 1988.

–. «Shiʿur Qomah. Rezensionen und Urtext.» In DERS. *Hekhalot-Studien*, 75–83. Texte und Studien zum Antiken Judentum 19. Tübingen: Mohr Siebeck, 1988.

–. *The Origins of Jewish Mysticism*. Princeton: Princeton University Press, 2011.

– and Joseph Dan, ed. *Gershom Scholem's Major Trends in Jewish Mysticism: 50 Years After*. Proceedings of the Sixth International Conference on the History of Jewish Mysticism. Tübingen: Mohr Siebeck, 1993.

–, Margarete SCHLÜTER und Hans Georg VON MUTIUS, Hg. *Synopse zur Hekhalot-Literatur*. Texte und Studien zum Antiken Judentum 2. Tübingen Mohr Siebeck, 1981.

SCHÄUBLIN, Christoph. *Untersuchungen zur Methode und Herkunft der antiochenischen Exegese.* Theophaneia 23. Köln/Bonn: Hanstein, 1974.

SCHART, Aaron. «Die ‹Gestalt› YHWHs. Ein Beitrag zur Körpermetaphorik alttestamentlicher Rede von Gott.» *Theologische Zeitschrift* 55 (1999): 26–43.

SCHEER, Tanja S. *Die Gottheit und ihr Bild: Untersuchungen zur Funktion griechischer Kultbilder in Religion und Politik.* Zetemata 105. München: Beck, 2000.

SCHELHAS, JOHANNES. «Der Leib als Schöpfung.» *Neue Zeitschrift für Systematische Theologie und Religionsphilosophie* 55 (2013): 33–53.

SCHENKE, Hans-Martin. «The Phenomenon and Significance of Gnostic Sethianism.» In *The Rediscovery of Gnosticism.* Proceedings of the International Conference on Gnosticism at Yale, New Haven, Connecticut, March 28–31, 1978, edited by Bentley Layton, 588–616. Vol. 2, *Sethian Gnosticism.* Studies in the History of Religion 41/2. Leiden: Brill, 1981.

SCHERER, Eckart. Art. «Sinne, die.» In *Historisches Wörterbuch der Philosophie,* 9: 824–869. Darmstadt: Wissenschaftliche Buchgesellschaft, 1995.

SCHIBLI, Hermann S. «Hierocles of Alexandria and the Vehicle of the Soul.» *Hermes* 121 (1993): 109–117.

SCHIEBE, Marianne Wifstrand. «Sind die epikureischen Götter ‹thought-constructs›?.» *Mnemosyne* 56 (2003): 703–727.

SCHIERING, Wolfgang. *Die Werkstatt des Pheidias in Olympia.* 2. Teil, *Werkstattfunde.* Olympische Forschungen 18. Berlin/New York: Walter de Gruyter, 1991.

SCHIFFMAN, Laurence H. «Merkavah Speculation at Qumran: The 4Q Serekh Shirot Olat ha-Shabbat.» In *Mystics, Philosophers, and Politicians.* Essays in Jewish Intellectual History in Honor of Alexander Altmann, edited by Jehuda Reinharz and Daniel Swetschinski with the Collaboration of Kalman P. Bland, 15–47. Duke Monographs in Medieval and Renaissance Studies 5. Durham, NC: Duke University Press, 1982.

SCHILLE, Gottfried. «Die Seesturmerzählung Markus 4:35–41 als Beispiel neutestamentlicher Aktualisierung.» *Zeitschrift für die Neutestamentliche Wissenschaft* 56 (1965): 30–40.

SCHINDLER, Alfred. Art. «Augustin, Augustinismus I.» In *Theologische Realenzyklopädie,* 4: 646–698. Berlin/New York: Walter de Gruyter, 1979.

SCHIWIETZ, Stephan. *Das morgenländische Mönchtum.* Bd. 2, *Das Mönchtum auf Sinai und in Palästina im vierten Jahrhundert.* Mainz: Kirchheim, 1913.

–, *Das morgenländische Mönchtum.* Bd. 3, *Das Mönchtum in Syrien und Mesopotamien und das Aszetentum in Persien.* Mödling bei Wien: Missionsdruckerei St. Gabriel, 1938.

SCHLAPKOHL, Corinna. *Persona est naturae rationabilis individua substantia: Boethius und die Debatte über den Personbegriff.* Marburger Theologische Studien 56. Marburg an der Lahn: N. G. Elwert, 1999.

SCHLEIERMACHER, Friedrich D. *Der christliche Glaube nach den Grundsätzen der evangelischen Kirche im Zusammenhange dargestellt.* 2. Aufl. Berlin 1830/31. Herausgegeben von Rolf Schäfer. Kritische Gesamtausgabe 1/13, 1. Teilband. Berlin/New York: Walter de Gruyter, 2003.

SCHMID, Wolfgang. Art. «Claudianus Mamertus.» In *Reallexikon für Antike und Christentum,* 3: 169–179. Stuttgart: Hiersemann, 1957.

SCHMIDT, Carl. *Studien zu den Pseudo-Clementinen, nebst einem Anhange: Die älteste römische Bischofsliste und die Pseudo-Clementinen.* Texte und Untersuchungen 46/1. Leipzig: Hinrichs, 1929.

SCHMIDT, Francis. *Le testament Grec d'Abraham.* Introduction, édition critique des deux recensions grecques, traduit par Francis Schmidt. Texts and Studies in Ancient Judaism 11. Tübingen: Mohr Siebeck, 1986.

SCHMIDT, Werner H. Art. «Mythos III. Alttestamentlich.» In *Theologische Realenzyklopädie,* 23: 625–644. Berlin/New York: Walter de Gruyter, 1994.

SCHMIDTKE, Alfred. *Neue Fragmente und Untersuchungen zu den judenchristlichen Evangelien: Ein Beitrag zur Literatur und Geschichte der Judenchristen.* Texte und Untersuchungen 37/1. Leipzig: Hinrichs, 1911.

SCHMITHALS, Walter. *Wunder und Glaube: Eine Auslegung von Markus 4,35–6,6a.* Biblische Studien 59. Neukirchen-Vluyn: Neukirchener, 1970.

SCHMITT, Arbogast. «Symmetrie und Schönheit. Plotins Kritik an hellenistischen Proportionslehren und ihre unterschiedliche Wirkungsgeschichte in Mittelalter und früher Neuzeit.» In *Neuplatonismus und Ästhetik. Zur Transformationsgeschichte des Schönen,* herausgegeben von Verena O. Lobsien und Claudia Olk, 59–84. Transformationen der Antike 2. Berlin/New York: Walter de Gruyter, 2007.

SCHMITT, Carl. *Politische Theologie. Vier Kapitel zur Lehre von der Souveränität.* 8. Aufl. Berlin: Duncker & Humblot, 2004. (= ebd. 1922.)

SCHMOLDT, Hans. Art. «עתק.» In *Theologisches Wörterbuch zum Alten Testament,* 6: 487–489. Stuttgart u. a.: Kohlhammer, 1989.

SCHNEEMELCHER, Wilhelm. «Der Sermo ‹De anima et corpore›. Ein Werk Alexander von Alexandriens?» In *Festschrift für Günther Dehn, zum 75. Geburtstag am 18. April 1957 dargebracht von der Evangelisch-Theologischen Fakultät der Rheinischen Friedrich-Wilhelms-Universität zu Bonn,* herausgegeben von Wilhelm Schneemelcher, 119–143. Neukirchen-Vluyn: Erziehungsverein, 1957.

–. «Die Kirchweihsynode von Antiochien 341.» In *Bonner Festgabe Johannes Straub zum 65. Geburtstag am 18. Oktober 1977, dargebracht von Kollegen und Schülern,* herausgegeben von Adolf Lippold, 319–346. Bonner Jahrbücher, Beihefte 39. Bonn: Habelt, 1977. (= DERS. *Reden und Aufsätze: Beiträge zur Kirchengeschichte und zum ökumenischen Gespräch,* 94–125. Tübingen: Mohr Siebeck, 1991.)

SCHNELLE, Udo. *Antidoketische Christologie im Johannesevangelium: Eine Untersuchung zur Stellung des 4. Evangeliums in der johanneischen Schule.* Forschungen

zur Religion und Literatur des Alten und Neuen Testaments 144. Göttingen: Vandenhoeck & Ruprecht, 1987.
-. *Paulus. Leben und Denken.* Walter de Gruyter Lehrbuch. Berlin/New York: Walter de Gruyter, 2003.
SCHOEDEL, William R. *Die Briefe des Ignatius von Antiochien: Ein Kommentar.* Aus dem Amerikanischen übersetzt von Gisela Koester. Hermeneia-Kommentare. München: Kaiser, 1990.
SCHÖLLGEN, Georg. «Die Ignatianen als pseudepigraphisches Briefcorpus: Anmerkungen zu den Thesen von Reinhard M. Hübner.» *Zeitschrift für Antikes Christentum* 2 (1998): 16–25.
SCHOEPS, Hans J. *Vom himmlischen Fleisch Christi: eine dogmengeschichtliche Untersuchung.* Sammlung gemeinverständlicher Vorträge und Schriften aus dem Gebiet der Theologie und Religionsgeschichte 195/196. Tübingen: Mohr Siebeck, 1951.
SCHOLEM, Gershom G. *Die jüdische Mystik in ihren Hauptströmungen.* suhrkamp taschenbuch wissenschaft 330. Frankfurt, Main: Suhrkamp, 1980. (= Zürich: Rhein, 1957.)
-. *Jewish Gnosticism, Merkabah Mysticism, and Talmudic Tradition: Based on the Israel Goldstein Lectures, delivered at the Jewish Theological Seminary of America, New York.* New York: Jewish Theological Seminary of America, 1965.
-. *Major Trends in Jewish Mysticism. 50 Years After: Proceedings of the Sixth International Conference on the History of Jewish Mysticism.* Edited by Peter Schäfer and Joseph Dan. Tübingen: Mohr Siebeck, 1993. (= 3. Aufl. New York: Schocken Books, 1961.)
-. «Odeberg, Hugo. 3 Henoch or The Hebrew Book of Henoch (Rezension).» *Orientalische Literaturzeitung* 33 (1930): 193–197.
-. *Ursprung und Anfänge der Kabbala.* Mit einem Geleitwort von Ernst L. Ehrlich und einem Nachwort von Joseph Dan, Studia Judaica 3. 2. Aufl. Berlin/New York: Walter de Gruyter, 2001. (= 1962.)
SCHORN-SCHÜTTE, Luise. *Karl Lamprecht: Kulturgeschichtsschreibung zwischen Wissenschaft und Politik.* Schriftenreihe der Historischen Kommission bei der Bayerischen Akademie der Wissenschaften 22. Göttingen: Vandenhoeck & Ruprecht, 1984.
SCHREIBER, Johannes. *Die Markuspassion: eine redaktionsgeschichtliche Untersuchung.* Beihefte zur Zeitschrift für die neutestamentliche Wissenschaft 68. 2. Aufl. Berlin/New York: Walter de Gruyter, 1993.
SCHROEDER, Caroline T. *Monastic Bodies. Discipline and Salvation in Shenoute of Atripe.* Divinations: Rereading Late Ancient Religion. Philadelphia: University of Pennsylvania Press, 2007.
SCHROER Silvia und Thomas STAUBLI. *Die Körpersymbolik der Bibel.* Darmstadt: Wissenschaftliche Buchgesellschaft, 1998.

SCHUCHHARDT, Walter-Herwig. «Athena Parthenos.» In *Antike Plastik. Forschungen zur griechischen und römischen Skulptur* 2 (1963), 31–53.
SCHÜTTE, Hans-Walter und Rainer FABIAN. Art. «Anthropomorphismus II.» In *Historisches Wörterbuch der Philosophie*, 1: 377 f. Basel/Stuttgart: Schwabe, 1971.
SCHULZ, Dietrich. «Zum Kanon Polyklets.» *Hermes* 83 (1955): 200–220.
SCHULZE, Martin. *Die Schrift des Claudianus Mamertus: Presbyters zu Vienne, über das Wesen der Seele (De statu animae)*. Diss. phil. Leipzig, 1883. Dresden: Rammingsche Buchdruckerei, 1883.
SCHWABL, Hans. Art. «Zeus Teil II.» In *Paulys Realencyclopädie der classischen Altertumswissenschaft*, Supplementband, 15: 994–1411. München: Alfred Druckenmüller, 1978.
SCHWANZ, Peter. *Imago Dei als christologisch-anthropologisches Problem in der Geschichte der Alten Kirche von Paulus bis Clemens von Alexandrien*. Arbeiten zur Kirchengeschichte und Religionswissenschaft 2. Halle: Niemeyer, 1969.
SCHWARTZ, Daniel R. «Diodorus Siculus 40.3 — Hecataeus or Pseudo Hecataeus?.» In *Jews and Gentiles in the Holy Land in the Days of the Second Temple, the Mishnah, and the Talmud: A Collection of Articles*, edited by Menachem Mor, Aharon Oppenheimer, Jack Pastor, and Daniel R. Schwartz, 181–198. Jerusalem: Yad Ben-Zvi Press, 2003.
SCHWARTZ, Eduard. *Codex Vaticanus Gr. 1431. Eine antichalkedonische Sammlung aus der Zeit Kaiser Zenos*. Abhandlungen der Bayerischen Akademie der Wissenschaften. Philosophisch-historische Abteilung 32/6. München: Oldenbourg, 1927.
-. «Der Prozess des Eutyches.» *Sitzungsberichte der bayerischen Akademie der Wissenschaften. Philosophisch-historische Klasse* 5 (1929): 1–52.
-. «Von Konstantins Tod bis Sardika 342.» In *Nachrichten von der Königlichen Gesellschaft der Wissenschaften zu Göttingen. Philologisch-Historische Klasse* 1911, 469–522. Göttingen: Vandenhoeck & Ruprecht, 1911. (= DERS. *Zur Geschichte des Athanasius*, 265–334. Gesammelte Schriften. Bd. 3. Berlin: Walter de Gruyter, 1959.)
-. «Unzeitgemäße Beobachtungen zu den Clementinen.» *Zeitschrift für die Neutestamentliche Wissenschaft* 31 (1932): 151–198.
SCHWARTZ, Howard. «Does God have a Body? The Problem of Metaphor and Literal Language in Biblical Interpretation.» In *Bodies, Embodiment, and Theology in the Hebrew Bible*, ed. by S. Tamar Kamionkowski and Wonil Kim, 201–237. Library of Hebrew Bible 465. New York/London: T&T Clark, 2010.
SCHWEMER, Anna M. «Gott als König und seine Königsherrschaft in den Sabbatliedern aus Qumran.» In *Königsherrschaft Gottes und himmlischer Kult im Judentum, Urchristentum und in der hellenistischen Welt*, herausgegeben von Martin Hengel und Anna M. Schwemer, 45–119. Wissenschaftliche Untersuchungen zum Neuen Testament 55. Tübingen: Mohr Siebeck, 1991.
-. «Gottes Hand und die Propheten: Zum Wandel der Metapher ‹Hand Gottes› in

frühjüdischer Zeit.» In *La Main de Dieu: Die Hand Gottes*, édité par René Kieffer et Jan Bergman, 65–85. Wissenschaftliche Untersuchungen zum Neuen Testament 94. Tübingen: Mohr Siebeck, 1997.

SCIBONA, Concetta Giuffrè. «The Doctrine of Soul in Manichaeism and Augustine.» In ‹*In search of truth*›*: Augustine, Manichaeism and Other Gnosticism: Studies for Johannes van Oort at Sixty*, edited by Jacob A. van den Berg, 377–418. Nag Hammadi and Manichaean Studies 74. Leiden: Brill, 2011.

SCOPELLO, Madeleine. Art. «Haeresibus ad Quoduultdeum (De-).» In *Augustinus-Lexikon*, 3: 278–290. Basel: Schwabe, 2004.

SCOTT, Alan B. *Origen and the Life of the Stars: A History of an Idea*. Oxford Early Christian Studies. Oxford: Clarendon Press/New York: Oxford University Press, 1991.

SCOTT, Walter. *Hermetica: The ancient Greek and Latin writings which contain religious or philosophic teachings ascribed to Hermes Trismegistus*. Vol. 3, *Commentary: Latin Asclepius and Stobaei Hermetica*. Oxford: Clarendon Press, 1936.

SEDLEY, David. «The Origins of Stoic God.» In *Traditions of Theology: Studies in Hellenistic Theology, its Background and Aftermath*, edited by Dorothea Frede and André Laks, 41–84. Philosophia antiqua 89. Leiden: Brill, 2002.

SEGAL, Alan F. «Heavenly Ascent in Hellenistic Judaism, Early Christianity and their Environment.» In *Aufstieg und Niedergang der Römischen Welt. Geschichte und Kultur Roms im Spiegel der neueren Forschung*. II, *Prinzipat*. 23/2, *Religion (Vorkonstantinisches Christentum: Verhältnis zu römischem Staat und heidnischer Religion)*, herausgegeben von Wolfgang Haase, 1333–1394. Berlin/New York: Walter de Gruyter, 1980.

–. *Two Powers in Heaven: Early Rabbinic Reports about Christianity and Gnosticism*. Studies in Judaism in Late Antiquity 25. Leiden u. a.: Brill, 1977.

SELLIN, Gerhard. «Gotteserkenntnis und Gotteserfahrung bei Philo von Alexandrien.» In *Monotheismus und Christologie: Zur Gottesfrage im hellenistischen Judentum und im Urchristentum*, herausgegeben von Hans-Josef Klauck, 17–40. Quaestiones Disputatae 138. Freiburg/Basel/Wien: Herder, 1992.

SELTMAN, Charles T. *The Temple Coins of Olympia*. Reprinted from ‹Nomisma› VIII. IX. XI. With a foreword by William Ridgeway. Cambridge: Bowes & Bowes, 1921.

SENG, Helmut. «Seele und Kosmos bei Macrobius.» In *Körper und Seele. Aspekte spätantiker Anthropologie*, herausgegeben von Barbara Feichtinger, Stephen Lake und Helmut Seng, 115–141. Beiträge zur Altertumskunde 215. München/Leipzig: K. G. Saur, 2006.

SHEPHERD, Massey H. Jr. «The Anthropomorphic Controversy in the Time of Theophilus of Alexandria.» *Church History* 7 (1938): 263–273.

SHERIDAN, Mark. *Language for God in Patristic Tradition. Wrestling with Biblical Anthropomorphism*. Downers Grove, IL: IVP Academic, 2015.

SIMON, Gérard. *Der Blick, das Sein und die Erscheinung in der antiken Optik. Anhang:*

Die Wissenschaft vom Sehen und die Darstellung des Sichtbaren. Aus dem Französischen von Heinz Jatho. München: Fink, 1992.
SIMONETTI, Manlio. «Fausto di Riez e i Macedoniani.» *Augustinianum* 17 (1977): 333–354.
–. «Modelli culturali nella cristianità orientale del II–III secolo.» In *De Tertullien aux Mozarabes: Mélanges offerts à Jacques Fontaine, membre de l'institut, à l'occasion de son 70ᵉ anniversaire, par ses élèves, amis et collègues.* Institut de Recherche et d'Histoire des Textes, comité, édité par Louis Holtz, 381–392. Vol. 1, *Antiquité tardive et christianisme ancien (IIIᵉ–VIᵉ siècles).* Collection des études augustiniennes 132. Paris: Institute d'Études Augustiniennes, 1992. (= DERS. *Orthodossia ed Eresia tra I e II secolo*, 315–331. Armarium 5. Soveria Manelli/Messina: Rubbettino, 1994.)
–. *Orthodossia ed Eresia tra I e II secolo.* Armarium 5. Messina: Soveria Manelli, 1994.
–. «Osservazioni sulla struttura del *De principiis* di Origene.» *Rivista di filologia e di istruzione classica* 90 (1962): 273–290. 372–393.
SINN, Ulrich. «Olympia – Zeustempel und Wettkampfstätte.» In *Erinnerungsorte der Antike. Die griechische Welt*, herausgegeben von Elke Stein-Hölkeskamp und Karl-Joachim Hölkeskamp, 79–97. München: Beck, 2010.
SIZGORICH, Thomas. *Violence and Belief in Late Antiquity: Militant Devotion in Christianity and Islam.* Divinations: Rereading Late Ancient Religion. Philadelphia: University of Pennsylvania Press, 2009.
SKARSAUNE. Oskar. Art. «Justin Märtyrer.» In *Theologische Realenzyklopädie*, 17: 471–478. Berlin/New York: Walter de Gruyter, 1988.
SKINNER, Quentin «Bedeutung und Verstehen in der Ideengeschichte.» In *Die Cambridge School der politischen Ideengeschichte*, herausgegeben von Martin Mulsow und Andreas Mahler, 21–87. suhrkamp taschenbuch wissenschaft 1925. Berlin: Suhrkamp, 2010.
SMITH, Geoffrey. *Guilt by Association: Heresy Catalogues in Early Christianity.* Oxford Early Christian Studies. Oxford: Oxford University Press, 2014.
SNELL, Bruno. *Die Entdeckung des Geistes: Studien zur Entstehung des europäischen Denkens bei den Griechen.* 9. Aufl. Göttingen: Vandenhoeck & Ruprecht, 2009.
SOKOLOWSKI, Franciszek. *Lois sacrées de l'Asie Mineure.* École française d'Athenes. Trauvaux et mémoires 9. Paris: De Boccard, 1955.
SOKOLOWSKI, Kurt. Art. «Emotion.» In *Allgemeine Psychologie*, herausgegeben von Jochen Müsseler und Wolfgang Prinz, 337–384. Spektrum Lehrbuch. Heidelberg: Spektrum, 2002.
SOLMSEN, Friedrich. «The Background of Plato's Theology.» *Transactions and Proceedings of the American Philological Association* 67 (1936): 208–218.
SOMMER, Benjamin D. *The Bodies of God and the World of Ancient Israel.* Cambridge: Cambridge University Press, 2009.

SORABJI, Richard. *Matter, Space and Motion: Theories in Antiquity and their Sequel.* Ithaca, NY: Cornell University Press, 1988.

SOWAAL, Alice. «Cartesian Bodies.» In *Canadian Journal of Philosophy* 34 (2004): 217–240.

SPANNEUT, Michel. «*Apatheia* ancienne, *Apatheia* chrétienne. 1ère partie: L'*apatheia* ancienne.» In *Aufstieg und Niedergang der Römischen Welt. Geschichte und Kultur Roms im Spiegel der neueren Forschung.* II, *Prinzipat*. 36/7, *Philosophie, Wissenschaften, Technik: Systematische Themen; Indirekte Überlieferungen; Allgemeines; Nachträge,* herausgegeben von Wolfgang Haase, 4641–4717. Berlin/New York: Walter de Gruyter, 1978.

–. «L'‹apatheia› chrétienne aux quatre premiers siècles.» *Proche-Orient chrétien* 52 (2002): 165–302.

–. *Le Stoïcisme des pères de l'Église: De Clément de Rome à Clément d'Alexandrie.* Patristica Sorbonensia 1, Nouvelle édition, revue et augmentée. Paris: Editions du Seuil, 1969.

SPECK, Paul. *Ich bin's nicht, Kaiser Konstantin ist es gewesen.* ΠΟΙΚΙΛΑ ΒΥΖΑΝΤΙΝΑ 10. Bonn: Habelt, 1990.

SPEICH, Nikolaus. *Die Proportionslehre des menschlichen Körpers: Antike, Mittelalter, Renaissance.* Andelfingen: Akeret, 1957.

SPERBER-HARTMANN, Doris. *Das Gebet als Aufstieg zu Gott: Untersuchungen zur Schrift De oratione des Evagrius Ponticus.* Early Christianity in the Context of Antiquity 10. Frankfurt, Main u. a.: Lang, 2011.

SPEYER, Wolfgang. *Die literarische Fälschung im heidnischen und christlichen Altertum: Ein Versuch ihrer Deutung.* Handbuch der Altertumswissenschaft 1/2. München: Beck, 1971.

–. «Spuren der ‹Genesis› in Ovids Metamorphosen.» In *Kontinuität und Wandel: Lateinische Poesie von Naevius bis Baudelaire: Franco Munari zum 65. Geburtstag,* herausgegeben von Ulrich J. Stache, 90–99. Hildesheim: Weidmann, 1986.

SPICKERMANN, Wolfgang. «Lukian und die (Götter)bilder,» in *Römische Götterbilder der mittleren und späten Kaiserzeit,* herausgegeben von Dietrich Boschung u. Alfred Schäfer, 87–108. Morphomata 22. Paderborn: Wilhelm Fink, 2015.

SPINOZA, Baruch de. *Epistolae, Stelkonstige Reeckening van den Regenboog, Reeckening van Kanssen – (Nachbericht).* Im Auftrag der Heidelberger Akademie der Wissenschaften herausgegeben von Carl Gebhardt. Spinoza Opera Band 4. Heidelberg: Universitätsverlag Winter, 1972. (= 1925.)

STADEN, Heinrich von. «Body, Soul, and Nerves: Epicurus, Herophilus, Erasistratus, the Stoics, and Galen.» In *Psyche and Soma: Physicians and Metaphysicians on the Mind-Body Problem from Antiquity to Enlightenment,* edited by John P. Wright and Paul Potter, 79–116. Oxford: Clarendon Press, 2000.

STÄHLI, Hans-Peter. *Antike Synagogenkunst.* Stuttgart: Calwer Verlag, 1988.

STAEHELIN, Hans. *Die gnostischen Quellen Hippolyts in seiner Hauptschrift «Gegen die Häretiker».* Texte und Untersuchungen 6/3. Leipzig: Hinrichs, 1890.

STARK, Isolde. «Religiöse Elemente im antiken Roman.» In *Der antike Roman: Untersuchungen zur literarischen Kommunikation und Gattungsgeschichte*, von einem Autorenkollektiv unter Leitung von Heinrich Kuch, 135–149. Berlin: Akademie-Verlag, 1989.

STEAD, Christopher G. «Augustine, the *Meno* and the Subconscious Mind.» In *Die Weltlichkeit des Glaubens in der Alten Kirche. Festschrift für Ulrich Wickert zum siebzigsten Geburtstag*, herausgegeben von Dietmar Wyrwa in Verbindung mit Barbara Aland und Christoph Schäublin, 339–345. Beihefte zur Zeitschrift für die neutestamentliche Wissenschaft 85. Berlin/New York: Walter de Gruyter, 1997.

–. Art. «Gott V. Alte Kirche.» In *Theologische Realenzyklopädie*, 6: 652–657. Berlin/New York: Walter de Gruyter, 1980.

SEIDL, Horst. Art. «Möglichkeit.» In *Historisches Wörterbuch der Philosophie*, 6: 72–92. Darmstadt: Wissenschaftliche Buchgesellschaft, 1984.

STEIDLE, Basilius. «Neue Untersuchungen zu Origenes' Περὶ ἀρχῶν.» *Zeitschrift für die Neutestamentliche Wissenschaft und Kunde der älteren Kirche* 40 (1941): 236–243.

STEIMER, Bruno. *Vertex Traditionis: Die Gattung der altchristlichen Kirchenordnungen.* Beihefte zur Zeitschrift für die neutestamentliche Wissenschaft 63. Berlin/New York: Walter de Gruyter, 1992.

STEIN, Edmund. *Die allegorische Exegese des Philo aus Alexandria.* Beihefte zur Zeitschrift für die alttestamentliche Wissenschaft 51. Gießen: Alfred Töpelmann, 1929.

STEIN, Markus. *Manichaica Latina.* Bd. 2, *Manichaei epistula fundamenti: Text, Übersetzung, Erläuterungen.* Abhandlungen der Nordrhein-Westfälischen Akademie der Wissenschaften. Sonderreihe Papyrologica Coloniensia 27/2. Paderborn/München/Wien/Zürich: Schöningh, 2002.

STEMBERGER, Günter. «Die Bedeutung des Tierkreises auf Mosaikfußböden spätantiker Synagogen.» *Kairos* 17 (1975): 23–56.

STERN, Menahem, ed. *Greek and Latin Authors on Jews and Judaism.* Vol. 1, *From Herodotus to Plutarch*, Publications of the Israel Academy of Sciences and Humanities. Jerusalem: The Academy of Sciences and Humanities, 1974.

STERN, Sacha. «Rachel Elior on Ancient Jewish Calendars: A Critique.» *Aleph* 5 (2005): 287–292.

STEWART, Columba. *Cassian the Monk.* Oxford Studies in Historical Theology. New York/Oxford: Oxford University Press, 1998.

–. «Imageless Prayer and the Theological Vision of Evagrius Ponticus.» *Journal of Early Christian Studies* 9 (2001): 173–204.

–. «John Cassian's Schema of Eight Principal Faults and his Debt to Origen and Evagrius.» In *Jean Cassien entre l'orient et l'occident. Actes du colloque interna-*

tional organisé par le New Europe College en collaboration avec la Ludwig Boltzmann Gesellschaft, Bucarest, 27–28 septembre 2001, édité par Cristian Bădiliţă et Attila Jakab, 205–220. Paris: Beauchesne/Iaşi: Polirom, 2003.
STRACK, Hermann L. und Paul BILLERBECK. *Kommentar zum Neuen Testament aus Talmud und Midrasch.* Bd. 4, *Exkurse zu einzelnen Stellen des Neuen Testaments: Abhandlungen zur neutestamentlichen Theologie und Archäologie.* 1. Tl. München: Beck, 1928.
STRAUSS, Leo. «How to Begin to Study The Guide of the Perplexed.» In *The Guide of the Perplexed by Moses Maimonides*, translated by Shlomo Pines, XI–LVII. Chicago: University of Chicago Press, 1963.
STRECKER, Georg. Art. «Elkesai.» In *Reallexikon für Antike und Christentum*, 4: 1171–1186. Stuttgart: Hiersemann, 1959.
–. *Das Judenchristentum in den Pseudoklementinen.* Texte und Untersuchungen 70. 2., bearbeitete und erweiterte Aufl. Berlin: Akademie-Verlag, 1981.
STROHEKER, Karl F. *Der senatorische Adel im spätantiken Gallien.* Darmstadt: Wissenschaftliche Buchgesellschaft/Tübingen: Alma Mater Verlag, 1948.
STROUMSA, Guy. «Form(s) of God: Some Notes on Metatron and Christ.» *Harvard Theological Review* 76 (1983): 269–288.
–. «Jewish and Gnostic Traditions among the Audians.» In *Sharing the Sacred. Religious Contacts and Conflicts in the Holy Land. First – Fifteenth Centuries CE*, edited by Arieh Kofsky and Guy G. Stroumsa, 97–108. Jerusalem: Yad Izhak Ben-Zvi, 1998. (= DERS. *Barbarian Philosophy. The Religious Revolution of Early Christianity*, 258–267. Wissenschaftliche Untersuchungen zum Neuen Testament 112. Tübingen: Mohr Siebeck, 1999.)
–. «Le couple de l'ange et de l'esprit: Traditions Juives et Chrétiennes.» *Revue Biblique* 88 (1981): 42–61.
–. «Polymorphie divine et transformations d'un mythologème: L'‹Apocryphon de Jean› et ses sources.» *Vigiliae Christianae* 35 (1981): 412–434.
–. «The Incorporeality of God: Context and Implications of Origen's Position.» *Religion* 13 (1983): 345–358.
STROUMSA, Sarah. *Maimonides in His World. Portrait of a Mediterranean Thinker.* Princeton: Princeton University Press, 2011.
–. «Twelfth Century Concepts of Soul and Body: The Maimonidean Controversy in Baghdad.» In *Self, Soul, and Body in Religious Experience*, edited by Albert I. Baumgarten, Jan Assmann, and Guy G. Stroumsa, 313–334. Studies in the History of Religions 78. Leiden/Boston/Köln: Brill, 1998.
STRUKER, Arnold. *Die Gottebenbildlichkeit des Menschen in der christlichen Literatur der ersten zwei Jahrhunderte: Ein Beitrag zur Geschichte der Exegese von Genesis 1,26.* Münster: Aschendorff, 1913.
STRUTWOLF, Holger. *Gnosis als System: Zur Rezeption der valentinianischen Gnosis bei Origenes.* Forschungen zur Kirchen- und Dogmengeschichte 56. Göttingen: Vandenhoeck & Ruprecht, 1993.

STRZYGOWSKI, Josef. «Wilperts Kritik meiner alexandrinischen Weltchronik.» *Römische Quartalsschrift* 24 (1919): 172–175.

STUDER, Basil. *Gratia Christi – Gratia Dei bei Augustinus von Hippo: Christozentrismus oder Theozentrismus?.* Studia Ephemeridis ‹Augustinianum› 40. Rom: Institutum Patristicum ‹Augustinianum›, 1993.

–. Art. «Incarnazione.» In *Origene: Dizionario: La cultura, il pensiero, le opere*, a cura di Adele Monaci Castagno, 225–229. Rom: Città Nuova Editrice, 2000.

–. «Kritische Fragen zu einer Geschichte des christologischen Dogmas.» *Augustinianum* 34 (1994): 489–500.

–. «Zur Frage der dogmatischen Terminologie in der lateinischen Übersetzung von Origenes' De Principiis.» In DERS. *Dominus Salvator: Studien zur Christologie und Exegese der Kirchenväter*, 67–89. Studia Anselmiana 107. Rom: Pontificio Ateneo S. Anselmo, 1992.

–. *Zur Theophanie-Exegese Augustins: Untersuchung zu einem Ambrosius-Zitat in der Schrift «De videndo Deo» (ep. 147).* Studia Anselmiana 59. Rom: Herder/Rom: Editrice Anselmiana, 1971.

SULLIVAN, Kevin. «Sexuality and Gender of Angels.» in *Paradise Now. Essays on Early Jewish and Christian Mysticism*, edited by April D. De Conick, 27–35. Society of Biblical Literature Symposium Series 11. Leiden: Brill, 2004.

SULLIVAN, Lawrence E. «Knowledge of the Body in the Study of Religion.» *History of Religions* 30 (1990): 86–99.

SUMNEY, Jerry L. «Those who ‹Ignorantly deny him›: The Opponents of Ignatius of Antioch.» *Journal of Early Christian Studies* 1 (1993): 345–365.

SUNDERMANN, Werner. *Mitteliranische manichäische Texte kirchengeschichtlichen Inhalts*. Mit einem Appendix von Nicholas Sims-Williams. Schriften zur Geschichte und Kultur des Alten Orients. Berliner Turfantexte 11. Berlin: Akademie-Verlag, 1981.

SYCHOWSKI, Stanislaus von. *Hieronymus als Litterarhistoriker: Eine quellenkritische Untersuchung der Schrift des Heiligen Hieronymus «De viris illustribus»*. Kirchengeschichtliche Studien 2/2. Münster: Schöningh, 1894.

SZLEZÁK, Thomas Alexander. *Pseudo-Archytas über die Kategorien: Texte zur griechischen Aristoteles-Exegese.* Peripatoi 4. Berlin/New York: Walter de Gruyter, 1972.

TANNER, Jakob. Art. «Body, History of.» In *International Encyclopedia of the Social & Behavioral Sciences*, edited by Neil J. Smelser and Paul B. Baltes, 2: 1277–1282. Amsterdam u. a.: Elsevier, 2001.

TARDIEU, Michel. Art. «Heraiskos.» In *Der neue Pauly: Enzyklopädie der Antike*, 363. Stuttgart/Weimar: Metzler, 1998.

TESELLE, Eugene. Art. «Credere.» In *Augustinus-Lexikon*, 1: 119–131. Basel: Schwabe, 1986–1994.

TEREZIS, Christos and Kalomoira POLYCHRONOPOULOU. «The sense of Beauty (κάλλος) in Proclus the Neoplatonist.» In *Neoplatonism and Western Aesthetics*, edited by Aphrodite Alexandrakis and Nicholas J. Moutafakis, 53–60. Studies in Neoplatonism, Ancient and Modern 12. Albany, NY: State University of New York Press, 2002.

THEILER, Willy. «Courcelle, Pierre. Recherches sur les Confessions de Saint Augustin (Rezension).» *Gnomon* 25 (1953): 113–122.

-. *Die Vorbereitung des Neuplatonismus.* Berlin/Zürich: Weidmann, 1964. (= 1934.)

-. Art. «Erinnerung.» In *Reallexikon für Antike und Christentum,* 6: 43–54. Stuttgart: Hiersemann, 1966.

THEISSEN, Gerd. *Urchristliche Wundergeschichten: Ein Beitrag zur formgeschichtlichen Erforschung der synoptischen Tradition.* Studien zum Neuen Testament 8. 6. Aufl. Gütersloh: Gütersloher Verlagshaus Mohn, 1990.

- und Annette MERZ. *Der historische Jesus: Ein Lehrbuch.* 2., durchgesehene Aufl. Göttingen: Vandenhoeck & Ruprecht, 1997.

THEOBALD, Michael. «Jesus, Sohn des Ananias, und Jesus, Sohn des Josef.» *Welt und Umwelt der Bibel* 56 (2010): 36–39.

THEUNISSEN, Michael. *Pindar: Menschenlos und Wende der Zeit.* 2., durchgesehene Aufl. München: Beck, 2002.

THOM, Johan C. *Cleanthes' Hymn to Zeus: Text, Translation, and Commentary.* Studien und Texte zu Antike und Christentum 33. Tübingen: Mohr Siebeck, 2005.

THOMA, Clemens. Art. «Gott III. Judentum.» In *Theologische Realenzyklopädie,* 6: 626–654. Berlin/New York: Walter de Gruyter, 1980.

THOMASSEN, Einar. *The Spiritual Seed: The Church of the ‹Valentinians›.* Nag Hammadi and Manichaean Studies 60. Leiden/Boston: Brill, 2006.

THOMÉ, Horst. Art. «Weltbild.» In *Historisches Wörterbuch der Philosophie,* 12: 460–463. Darmstadt: Wissenschaftliche Buchgesellschaft, 2004.

THYEN, Hartwig. *Das Johannesevangelium.* Handbuch zum Neuen Testament 6. Tübingen: Mohr Siebeck.

TÖLLE-KASTENBEIN, Renate. *Das Olympieion in Athen.* Arbeiten zur Archäologie. Köln/Weimar/Wien: Böhlau, 1994.

TORRANCE, Iain R. Art. «Severus von Antiochien.» In *Theologische Realenzyklopädie,* 31: 184–186. Berlin/New York: Walter de Gruyter, 2000.

TRÖGER, Karl W. «Doketistische Christologie in Nag-Hammadi-Texten: Ein Beitrag zum Doketismus in frühchristlicher Zeit.» *Kairos* 19 (1977): 45–52.

TURNER, Bryan S. *The Body and Society: Explorations in Social Theory.* 3rd Ed. London/Los Angeles: SAGE, 2008.

-. «Recent Developments in the Theory of the Body.» In *The Body: Social Process and Cultural Theory,* edited by Mike Featherstone, Mike Hepworth, and Bryan S. Turner, 1–35. London/Newbury Park, CA: SAGE, 1991.

TURNER, Cuthbert H. «The *Liber Ecclesiasticorum Dogmatum* attributed to Gennadius.» *Journal of Theological Studies* 7 (1906): 89–99.

TURNER, John D. *Sethian Gnosticism and the Platonic Tradition.* Bibliothèque Copte de Nag Hammadi. Section «Études» 6. Québec: Les Presses de l'Université Laval, 2001. (= Louvain/Paris: Peeters, 2001.)

TZAMALIKOS, Panayiotis. «Origen and the Stoic View of Time.» *Journal of the History of Ideas* 52 (1991): 531–561.

–. *Origen: Philosophy of History & Eschatology.* Supplements to Vigiliae Christianae 85. Leiden/Boston: Brill, 2007.

UEBELE, Wolfram. *«Viele Verführer sind in die Welt hinausgegangen»: Die Gegner in den Briefen des Ignatius von Antiochien und in den Johannesbriefen.* Beiträge zur Wissenschaft vom Alten und Neuen Testament 151. Stuttgart u. a.: Kohlhammer, 2001.

UTHEMANN, Karl-Heinz. «Kaiser Justinian als Kirchenpolitiker und Theologe.» In DERS. *Christus, Kosmos, Diatribe: Themen der frühen Kirche als Beiträge zu einer historischen Theologie,* 257–331. Arbeiten zur Kirchengeschichte 93. Berlin/New York: Walter de Gruyter, 2005.

VANNIER, Marie-Anne. «Jean Cassien, historiographe du monachisme égyptien?.» In *L'historiographie de l'église des premiers siècles,* édité par Bernard Pouderon et Yves-Marie Duval, 149–158. Théologie historique 114. Paris: Beauchesne, 2001.

VASILIEV, Alexander Alexandrovic. «The Life of Saint Theodore of Edessa.» *Byzantion* 16 (1942/1943): 165–225.

VERNANT, Jean-Pierre. «Mortals and Immortals. The Body of the Divine.» In DERS. *Mortals and Immortals: Collected Essays,* edited by Froma I. Zeitlin, 27–49. Princeton, NJ: Princeton University Press, 1992.

VERSNEL, Hendrik S. «What Did Ancient Man See When He Saw a God? Some Reflections on Greco-Roman Epiphany.» In *Effigies Dei: Essays on the History of Religions,* edited by Dirk van der Plas, 42–55. Studies in the History of Religions 51. Leiden: Brill, 1987.

VICTOR, Ulrich. «Die Religionen und religiösen Vorstellungen im Römischen Reich im 1. und 2. Jahrhundert n. Chr.» In *Antike Kultur und Neues Testament. Die wichtigsten Hintergründe und Hilfsmittel zum Verständnis der neutestamentlichen Schriften,* herausgegeben von Ulrich Victor, Carsten P. Thiede und Urs Stingelin, 87–170. Basel/Gießen: Brunnen Verlag, 2003.

–, Hg. *Lukian von Samosata: Alexandros oder der Lügenprophet.* Religions in the Graeco-Roman World 132. Leiden u. a.: Brill, 1997.

VIELBERG, Meinolf. *Klemens in den pseudoklementinischen Recognitionen: Studien zur literarischen Form des spätantiken Romans.* Texte und Untersuchungen 145. Berlin: Akademie-Verlag, 2000.

VINZENT, Markus. *Christ's Resurrection in Early Christianity and the Making of the New Testament.* Farnham, Surrey: Ashgate, 2011.

–. «Das ‹heidnische› Ägypten im 5. Jahrhundert.» In *Heiden und Christen im 5. Jahrhundert,* herausgegeben von Johannes van Oort und Dietmar Wyrwa, 32–65. Studien der Patristischen Arbeitsgemeinschaft 5. Leuven: Peeters, 1998.

–. «‹Ich bin kein körperloses Geistwesen›: Zum Verhältnis von κήρυγμα Πέτρου, ‹Doctrina Petri›, διδασκαλία Πέτρου und IgnSm 3.» In Reinhard M. HÜBNER, *Der paradox Eine: Antignostischer Monarchianismus im zweiten Jahrhundert*, mit einem Beitrag von Markus Vinzent. Supplements to Vigiliae Christianae 50. Leiden/Boston/Köln: Brill, 1999.

VLIZOS, Stavros. *Der thronende Zeus: eine Untersuchung zur statuarischen Ikonographie des Gottes in der spätklassischen und hellenischen Kunst*. Internationale Archäologie 62. Rahden, Westfalen: M. Leidorf, 1999.

–. «Das Vorbild des Zeus aus Olympia,» in *Römische Götterbilder der mittleren und späten Kaiserzeit*, herausgegeben von Dietrich Boschung und Alfred Schäfer, 41–69. Morphomata 22. Paderborn: Wilhelm Fink, 2015.

VÖLKER, Walter. «Basilius, Ep. 366 und Clemens Alexandrinus.» *Vigiliae Christianae* 7 (1953): 23–26.

VOGT, Ernst. «Tragiker Ezechiel.» In *Poetische Schriften*, 124. Jüdische Schriften aus hellenistisch-römischer Zeit 4/3. Gütersloh: Mohn, 1983.

VOGT, Hermann J. «Bemerkungen zur Echtheit der Ignatiusbriefe.» *Zeitschrift für Antikes Christentum* 3 (1999): 50–63.

VOGÜÉ, Adalbert de. *Histoire littéraire du mouvement monastique dans l'antiquité. Premier Partie: Le monachisme latin*. Vol. 2, *De l'Itinéraire d'Égerie à l'éloge funèbre de Népotien (384–396)*. Patrimoines christianisme. Paris: Les editions du Cerf, 1993.

–. *Histoire littéraire du mouvement monastique dans l'antiquité*. Vol. 6, *Les derniers écrits de Jérôme et l'œuvre de Jean Cassien*. Patrimoines christianisme. Paris: Les editions du Cerf, 2002.

–. «Pour comprendre Cassien. Un survol des Conférences.» *Collectanea Cisterciensia* 39 (1979): 250–272. (= DERS. *De Saint Pachôme à Jean Cassien. Études littéraires et doctrinales sur le monachisme égyptien à ses débuts*, 303–330. Studia Anselmiana 120. Rom: Pontificio ateneo S. Anselmo, 1996.)

VOLLENWEIDER, Samuel. «Zwischen Monotheismus und Engelchristologie: Überlegungen zur Frühgeschichte des Christusglaubens.» *Zeitschrift für Theologie und Kirche* 99 (2002): 21–44. 28–31. 34–38.

WACHT, Manfred. *Aeneas von Gaza als Apologet: Seine Kosmologie im Verhältnis zum Platonismus*. Theophaneia 21. Bonn: Hanstein, 1969.

WÄCHTER, Ludwig. «Astrologie und Schicksalsglaube im rabbinischen Judentum.» *Kairos* 11 (1969): 181–200.

WAGNER, Andreas. «Das synthetische Bedeutungsspektrum hebräischer Körperbezeichnungen.» *Biblische Zeitschrift* 51 (2007): 257–265.

–. *Gottes Körper: Zur alttestamentlichen Vorstellung der Menschengestaltigkeit Gottes*. Gütersloh: Gütersloher Verlagshaus, 2010.

WAINWRIGHT, William J. «God's Body.» *Journal of the American Academy of Religion* 42 (1974): 470–481.

WAITZ, Hans. «Das Buch des Elchasai, das heilige Buch der judenchristlichen

Sekte der Sobiai.» In *Harnack-Ehrung: Beiträge zur Kirchengeschichte, ihrem Lehrer Adolf von Harnack zu seinem siebzigsten Geburtstage (7. Mai 1921) dargebracht von einer Reihe seiner Schüler*, 87–104. Leipzig: Hinrichs, 1921.
-. «Die Lösung des pseudoclementinischen Problems.» *Zeitschrift für Kirchengeschichte* 59 (1940): 304–341.
-. «Neues zur Text- und Literarkritik der Pseudoklementinen?.» *Zeitschrift für Kirchengeschichte* 52 (1933): 305–318.
WALLRAFF, Martin. *Der Kirchenhistoriker Sokrates: Untersuchungen zu Geschichtsdarstellung, Methode und Person*. Forschungen zur Kirchen- und Dogmengeschichte 68. Göttingen: Vandenhoeck & Ruprecht, 1997.
WALTER, Hans. *Das griechische Heiligtum, dargestellt am Heraion von Samos*. Stuttgart: Urachhaus, 1990.
WALTER, Jochen. *Pagane Texte und Wertvorstellungen bei Lactanz*. Hypomnemata 165. Göttingen: Vandenhoeck & Ruprecht, 2006.
WALTER, Nikolaus. *Der Thoraausleger Aristobulos: Untersuchungen zu seinen Fragmenten und zu pseudepigraphischen Resten der jüdisch-hellenistischen Literatur*. Texte und Untersuchungen 86. Berlin: Akademie-Verlag, 1964.
-. «Fragmente jüdisch-hellenistischer Exegeten: Aristobulos, Demetrios, Aristeas.» In *Jüdische Schriften aus hellenistisch-römischer Zeit*. Bd. 3. Lieferung 2, *Unterweisungen in lehrhafter Form*. Gütersloh: Gütersloher Verlagshaus Mohn, 1975.
WANKENNE, Jules. Art. «Consentius.» In *Augustinus-Lexikon*, 1: 1236–1239. Basel: Schwabe, 1986–1994.
WARE, Kallistos. ««My Helper and my Enemy›: The Body in Greek Christianity.» In *Religion and the Body*, edited by Sarah Coakley, 90–110. Cambridge: Cambridge University Press, 1997.
WASCHKE, Ernst-Joachim. Art. «תמונה.» In *Theologisches Wörterbuch zum Alten Testament*, 8: 677–680. Stuttgart u. a.: Kohlhammer, 1995.
WASZINK, Jan Hendrik. *Quinti Septimi Florentis Tertulliani De Anima*. Supplements to Vigiliae Christianae 100. Leiden/Boston: Brill, 2010.
WATTS, Edward J. *Riot in Alexandria: Tradition and Group Dynamics in Late Antique Pagan and Christian Communities*. Transformation of the Classical Heritage 46. Berkeley u. a.: University of California Press, 2010.
WEBB, Stephen H. *Jesus Christ, Eternal God: Heavenly Flesh and the Metaphysics of Matter*. Oxford: Oxford University Press, 2012.
WEBER, Dorothea. «Augustinus, *De Genesi contra Manichaeos*: Zu Augustins Darstellung und Widerlegung der manichäischen Kritik am biblischen Schöpfungsbericht.» In *Augustine and Manichaeism in the Latin West. Proceedings of the Fribourg-Utrecht Symposium of the International Association of Manichaean Studies (IAMS)*, edited by Johannes van Oort, Otto Wermelinger and Gregor Wurst, 298–306. Nag Hammadi and Manichaean Studies 49. Leiden/Boston/Köln: Brill, 2001.

–. «Textprobleme in Augustinus, De Genesi contra Manichaeos.» *Wiener Studien* 111 (1998): 211–230.
WEED, Jennifer Hart. «Maimonides and Aquinas: A Medieval Misunderstanding?.» *Revista Portuguesa de Filosofia* 64 (2008): 379–396.
WEHNERT, Jürgen. «Abriss der Entstehungsgeschichte des pseudoklementischen Romans.» *Apocrypha* 3 (1992): 211–236.
–. «‹Das Geheimnis der Siebenzahl›: Spekulationen über die unendliche Gestalt Gottes in den pseudoklementinischen Homilien, Buch 16 und 17.» In *Nouvelles intrigues pseudo-clémentines. Plots in the Pseudo-Clementine Romance*. Actes du deuxième colloque international sur la littérature apocryphe Chrétienne, Lausanne – Genève, 30 août – 2 septembre 2006, édités par Frédéric Amsler, Albert Frey, Charlotte Touati, Renée Girardet, 461–467. Publications de l'Institut Romand des Sciences Bibliques 6. Prahins: Éditions du Zèbrer, 2008.
–. «Literarkritik und Sprachanalyse: Kritische Anmerkungen zum gegenwärtigen Stand der Pseudoklementinen-Forschung.» *Zeitschrift für die Neutestamentliche Wissenschaft* 74 (1983): 268–301.
–. «Petrus *versus* Paulus in den pseudoklementinischen Homilien 17.» In *Christians as a Religious Minority in a Multicultural City: Modes of Interaction and Identity Formation in Early Imperial Rome*, Studies on the Basis of a Seminar at the Second Conference of the European Association for Biblical Studies (EABS) from July 8–12, 2001, in Rome, edited by Jürgen Zangenberg and Michael Labahn, 175–185. Journal for the study of the New Testament. Supplement Series 243. London/New York: T&T Clark, 1980.
–. *Pseudoklementinische Homilien: Einführung und Übersetzung*. Kommentare zur apokryphen Literatur 1/1. Göttingen: Vandenhoeck & Ruprecht, 2010.
WEHR, Lothar. *Arznei der Unsterblichkeit: Die Eucharistie bei Ignatius von Antiochien und im Johannesevangelium*. Neutestamentliche Abhandlungen 18. Münster: Aschendorff, 1987.
WEIGANDT, Peter. *Der Doketismus im Urchristentum und in der theologischen Entwicklung des zweiten Jahrhunderts*. Diss. theol., masch., Heidelberg, 1961.
WEIGELT, Horst. Art. «Kaspar Schwenckfeld.» In *Theologische Realenzyklopädie*, 30: 712–719. Berlin/New York: Walter de Gruyter, 1980.
WEIL, Eric. «Remarques sur le matérialisme des Stoïciens.» In *Mélanges Alexandre Koyré*, publiés à l'occasion de son soixante-dixième anniversaire. Vol. 2, *L'aventure de l'esprit*, 556–572. Histoire de la pensée 13. Paris: Hermann, 1964.
WEINRICH, Harald. Art. «Metapher.» In *Historisches Wörterbuch der Philosophie*, 5: 1179–1186. Basel: Schwabe, 1971.
WEISS, Adolf. *Mose Ben Maimon, Führer der Unschlüssigen*. Übersetzung und Kommentar von Adolf Weiß, mit einer Einleitung von Johann Meier. Philosophische Bibliothek 184a–c. 2. Aufl. Hamburg: Meiner, 1995.
WEITZMANN, Kurt. *The Monastery of Saint Catherine at Mount Sinai: The Icons*.

Vol. I, *From the Sixth to the Tenth Century*. Princeton, NJ: Princeton University Press, 1976.
- and Herbert L. KESSLER. *The Frescoes of the Dura Synagogue and Christian Art*. Dumbarton Oaks Studies 28. Washington: Dumbarton Oaks Research Library and Collection, 1990.
WELTEN, Peter. «Lade – Tempel – Jerusalem. Zur Theologie der Chronikbücher.» In *Textgemäß. Aufsätze und Beiträge zur Hermeneutik des Alten Testaments. Festschrift für Ernst Würthwein zum 70. Geburtstag*, herausgegeben von Antonius H. Gunneweg und Otto Kaiser, 169–183. Göttingen: Vandenhoeck & Ruprecht, 1979.
WENDLAND, Paul. «Eine doxographische Quelle Philo's.» *Sitzungsberichte der königlich preussischen Akademie der Wissenschaften zu Berlin* 23, 1074–1079. Berlin: Verlag der Königlichen Akademie der Wissenschaften, 1897.
WENNING, Robert. «The Betyls of Petra.» *Bulletin of the American School of Oriental Research* 234 (2001): 79–95.
WESSEL, Klaus. Art. «Christusbild.» In *Reallexikon zur byzantinischen Kunst*, 1: 966–1047. Stuttgart: Hiersemann, 1966.
–. Art. «Hand Gottes.» In *Reallexikon zur byzantinischen Kunst*, 2: 950–962. Stuttgart: Hiersemann, 1971.
WHITE, Hugh G. Evelyn. *The Monasteries of the Wâdi 'n Natrûn*. Part 2, *The History of the Monasteries of Nitria and of Scetis*, edited by Walter Hauser, 17–144. Publications of the Metropolitan Museum of Art Egyptian Expedition. New York: Metropolitan Museum, 1932. (= ebd.: Arno Press, 1973.)
WHITTAKER, John. «Ἐπέκεινα νοῦ καὶ οὐσίας.» *Vigiliae Christianae* 23 (1969): 91–104. (= DERS. *Studies in Platonism and Patristic Thought*, nr. XIII. Collected Studies Series CS 201. London: Variorum Reprints, 1984.)
–. «God and Time in Philo of Alexandria.» In DERS. *God – Time – Being. Two Studies in the Transcendental Tradition in Greek Philosophy*, 33–57. Symbolae Osloenses. Fascicle Supplement 23. Oslo: Universitetsforlaget, 1971.
WICKHAM, Lionel R. Art. «Eucherius von Lyon,» In *Theologische Realenzyklopädie*, 10: 522–525. Berlin/New York: Walter de Gruyter, 1982.
WIKENHAUSER, Alfred. «Die Traumgesichte des Neuen Testaments in religionsgeschichtlicher Sicht.» In *Pisciculi: Studien zur Religion und Kultur des Altertums*, edited by Franz J. Dölger, 320–333. Antike und Christentum 1. Münster: Aschendorff, 1939.
WILAMOWITZ-MOELLENDORFF, Ulrich von. «Ein Stück aus dem Ancoratus des Epiphanios.» In *Sitzungsberichte der preußischen Akademie der Wissenschaften, philologisch-historische Klasse*, 759–772. Berlin: Verlag der Königlichen Akademie der Wissenschaften, 1911.
–. *Euripides Herakles erklärt*. Bd. 1. Zweite Bearbeitung. Berlin: Weidmann, 1895.
–. «Der Zeus von Olympia.» In DERS. *Reden und Vorträge*, 3., vermehrte Auflage, 199–221. Berlin: Weidmannsche Buchhandlung, 1913.

–. «Kern, Otto. Die Inschriften von Magnesia am Maeander (Rezension).» In DERS. *Kleine Schriften*. Bd. 5/1, *Geschichte, Epigraphik, Archäologie*, 343–368. Berlin: Akademie-Verlag, 1971.

WILDBERG, Christian. *John Philoponus' Criticism of Aristotle's Theory of Aether*. Peripatoi 16. Berlin/New York: Walter de Gruyter, 1988.

WILLEITNER, Joachim. *Die ägyptischen Oasen: Städte, Tempel und Gräber in der libyschen Wüste*. Zaberns Bildbände zur Archäologie. Mainz: Zabern, 2003.

WILLIAMS, Rowan. Art. «Origenes/Origenismus.» In *Theologische Realenzyklopädie*, 25: 397–420. Berlin/New York: Walter de Gruyter, 1995.

WILPERT, Joseph. «Beiträge zur christlichen Archäologie XIII. Das Bild des Patriarchen Theophilos in einer alexandrinischen Weltchronik.» *Römische Quartalschrift* 24 (1910): 3–29.

WILSON, Robert R. McLachlan. «The Early History of the Exegesis of Gen. 1,26.» In *Papers presented to the Second International Conference on Patristic Studies held at Christ Church Oxford*, edited by Kurt Aland and Frank L. Cross, 420–437. Studia Patristica 1 = Texte und Untersuchungen 63. Berlin: Akademie-Verlag, 1957.

WILSON, Walter T. *The Sentences of Sextus*. Society of Biblical Literature. Wisdom Literature from the Ancient World 1. Atlanta, GA: Society of Biblical Literature, 2012.

WINGREN, Gustaf. *Man and the Incarnation: A Study in the Biblical Theology of Irenaeus*. Translated by Ross Mackenzie. Edinburgh/London: Oliver and Boyd, 1959.

WINLING, Raymond. Art. «Nouvelle Théologie.» In *Theologische Realenzyklopädie*, 24: 668–675. Berlin/New York: Walter de Gruyter, 1994.

WINKELMANN, Friedhelm. «Einige Bemerkungen zu den Aussagen des Rufinus von Aquileia und des Hieronymus über ihre Übersetzungstheorie und -methode.» In *Kyriakon: Festschrift Johannes Quasten in Two Volumes*, edited by Patrick Granfield and Josef A. Jungmann, 532–547. Vol. 2. Münster: Aschendorff, 1970.

WINKLER, Gabriele. «Die Licht-Erscheinung bei der Taufe Jesu und der Ursprung des Epiphaniefestes: Eine Untersuchung griechischer, syrischer, armenischer und lateinischer Quellen.» *Oriens christianus* 78 (1994): 177–229.

WINLING, Raymond. «Nouvelle Théologie.» In *Theologische Realenzyklopädie* 24: 668–675. Berlin/New York: Walter De Gruyter, 1994.

WINN, Robert E. *Eusebius of Emesa: Church and Theology in the Mid-Fourth Century*. Washington, D. C.: The Catholic University of America Press, 2011.

–. «The Natural World in the Sermons of Eusebius of Emesa.» *Vigiliae Christianae* 59 (2005): 31–53.

WINTER, Paul. *On the Trial of Jesus*. Second Edition, revised by Tom Alec Burkill and Geza Vermes. Studia Judaica 1. Berlin/New York: Walter de Gruyter, 1974.

WINTERLING, Aloys. «Wie modern war die Antike? Was soll die Frage?.» In *Geschichte denken: Perspektiven auf die Geschichtsschreibung heute*, herausgegeben von Michael Wildt, 12–34. Göttingen: Vandenhoeck & Ruprecht, 2014.

WIPPEL, John F. *The Metaphysical Thought of Thomas Aquinas: From Finite Being to Uncreated Being*. Monographs of the Society for Medieval and Renaissance Philosophy 1. Washington, DC: Catholic University of America Press, 2000.

–. «Quidditative knowledge of God according to Thomas Aquinas.» In *Graceful Reason: Essays in Ancient and Medieval Philosophy presented to Joseph Owens on the Occasion of his Seventy-Fifth Birthday and the Fiftieth Anniversary of his Ordination*, edited by Lloyd P. Gerson, 273–299. Papers in Mediaeval Studies 4. Toronto: Pontifical Institute of Mediaeval Studies, 1983.

WISSE, Frederik. «Stalking those Elusive Sethians.» In *The Rediscovery of Gnosticism*. Proceedings of the International Conference on Gnosticism at Yale, New Haven, Connecticut, March 28–31, 1978, edited by Bentley Layton, 563–576. Vol. 2, *Sethian Gnosticism*. Leiden: Brill, 1980.

WISSOWA, Georg. *Religion und Kultus der Römer*. 2. Aufl. Handbuch der Altertumswissenschaften 4/5. München: Beck, 1912. (= 1971.)

WLOSOK, Antonie. *Laktanz und die philosophische Gnosis: Untersuchungen zu Geschichte und Terminologie der gnostischen Erlösungsvorstellung*. Abhandlungen der Heidelberger Akademie der Wissenschaften. Philosophisch-historische Klasse 2/1960. Heidelberg: Universitätsverlag Winter, 1960.

–. «Römischer Religions- und Gottesbegriff in heidnischer und christlicher Zeit.» *Antike und Abendland* 16 (1970): 39–53. (= *Res humanae – res divinae. Kleine Schriften*, herausgegeben von Eberhard Heck und Ernst A. Schmidt, 15–34. Bibliothek der klassischen Altertumswissenschaften 2/84. Heidelberg: Universitätsverlag Winter, 1990.)

–. «Vater und *Vatervorstellungen* in der römischen Kultur.» In *Das Vaterbild im Abendland*. Bd. 1, *Rom, frühes Christentum, Mittelalter, Neuzeit, Gegenwart*, herausgegeben von Hubertus Tellenbach, 18–54. Stuttgart u. a.: Kohlhammer, 1978. (= *Res humanae – res divinae. Kleine Schriften*, herausgegeben von Eberhard Heck und Ernst A. Schmidt, 35–83. Bibliothek der klassischen Altertumswissenschaften 2/84. Heidelberg: Universitätsverlag Winter, 1990.)

–. «§ 570. L. Caecilius Firmianus Lactantius.» In *Restauration und Erneuerung. Die lateinische Literatur von 284 bis 374 n. Chr.*, herausgegeben von Reinhart Herzog, 383–385. Handbuch der lateinischen Literatur der Antike Bd. 5 (= Handbuch der Altertumswissenschaft 8/5). München: Beck, 1989.

WOLFSON, Harry Austryn. «The Aristotelian Predicables and Maimonides' Division of Attributes.» In DERS. *Studies in the History of Philosophy and Religion*, edited by Isadore Twersky and George H. Williams, 2: 161–194. Cambridge, MA: Harvard University Press, 1977. (= *Essays and Studies in Memory of Linda R. Miller*, edited by Israel Davidson, 201–234. New York: Jewish Theological Seminary of America, 1938.)

-. *The Philosophy of the Kalam*. Structure and Growth of Philosophic Systems from Plato to Spinoza 4. Cambridge, MA/London: Harvard University Press, 1976.

WOLTER, Michael. *Das Lukasevangelium*. Handbuch zum Neuen Testament 5. Tübingen: Mohr Siebeck, 2008.

WOODS David. «Ammianus Marcellinus and Bishop Eusebius of Emesa.» *Journal of Theological Studies* 54 (2003): 585–591.

WROTH, Warwick. *Catalogue of the Greek Coins of Galatia, Cappadocia and Syria*. A Catalogue of the Greek Coins in the British Museum 20, London: Printed by the Order of the Trustees of the British Museum, 1899.

WURST, Gregor. *Die Homilie De anima et corpore, ein Werk des Meliton von Sardes? Einleitung, synoptische Edition, Übersetzung und Kommentar*. 2 Bde., Einleitung, Kommentar (Habil. Masch.). Freiburg/Schweiz: masch., 2000.

WYRWA, Dietmar. *Die christliche Platonaneignung in den Stromateis des Clemens von Alexandrien*. Arbeiten zur Kirchengeschichte 53. Berlin/New York: Walter de Gruyter, 1983.

-. «Kosmos und Heilsgeschichte bei Irenäus von Lyon.» In *Die Weltlichkeit des Glaubens in der Alten Kirche: Festschrift für Ulrich Wickert zum siebzigsten Geburtstag*, in Verbindung mit Barbara Aland und Christoph Schäublin, herausgegeben von Dietmar Wyrwa, 443–480. Beihefte zur Zeitschrift für die neutestamentliche Wissenschaft 85. Berlin/New York: Walter de Gruyter, 1997.

YARRY, Jacques. «Une semi hérésie syro-egyptienne: l'audianisme.» *Bulletin de l'Institut Français d'Archéologie Orientale* 63 (1965): 169–195.

YOUNG, Frances M. «God's Image: The ‹Elephant in the Room› in the Fourth Century?.» in *Studia patristica*. Including Papers presented at the National Conference on Patristic Studies held at Cambridge in the Faculty of Divinity under Allen Brent, Thomas Graumann and Judith Lieu in 2009, edited by Allen Brent and Markus Vinzent, 57–72. Studia Patristica 50. Leuven/Paris/Walpole, MA: Peeters, 2011.

YUVAL, Israel J. «Christianity in the Talmud: Parallelomania or Palallelophobia?.» In *Transforming Relations. Essays on Jews and Christians, throughout History in Honor of Michael A. Signer*. Edited by Franklin T. Harkins, 50–74. Notre Dame: IN, University of Notre Dame Press, 2010.

-. «Passover in the Middle Ages.» In *Passover and Easter: Origin and History to Modern Time*. Edited by Paul F. Bradshaw und Lawrence A. Hoffman, 127–160. Two Liturgical Traditions 5. Notre Dame: IN, University of Notre Dame Press, 1999.

ZACHHUBER, Johannes. Art. «Überseiend; überwesentlich.» In *Historisches Wörterbuch der Philosophie*, 11: 58–63. Darmstadt: Wissenschaftliche Buchgesellschaft, 2001.

-. «Weltbild, Weltanschauung, Religion: Ein Paradigma intellektueller Diskurse im 19. Jahrhundert.» In *Die Welt als Bild. Interdisziplinäre Beiträge zur Visualität von Weltbildern*, herausgegeben von Christoph Markschies und Johannes Zachhuber, 211–282. Arbeiten zur Kirchengeschichte 107. Berlin/New York: Walter de Gruyter, 2008.

–. Art. «Weltseele.» In *Historisches Wörterbuch der Philosophie, 12: 516–521*. Darmstadt: Wissenschaftliche Buchgesellschaft, 2004.

ZEDLER, Johann H. Art. «Leib, lat. *Corpus*, franz. Corps.» In *Grosses vollständiges Universal-Lexicon,* 16: 1504 f. Graz: Akademische Verlagsanstalt, 1961. (= Halle/Leipzig: Johann H. Zedler, 1737.)

ZEEGERS-VANDER VORST, Nicole. *Les citations des poètes grecs chez les apologistes chrétiens du IIe siècle*. Université de Louvain. Recueil de travaux d'histoire et de philologie Sér. 4, 47. Louvain: Bureau du Recueil, Bibliothèque de l'Université, 1972.

ZEKL, Hans G. Art. «Raum I. Griechische Antike.» In *Historisches Wörterbuch der Philosophie,* 8: 67–82. Darmstadt: Wissenschaftliche Buchgesellschaft, 1992.

ZELLER, Dieter. «Bedeutung und religionsgeschichtlicher Hintergrund der Verwandlung Jesu.» In *Authenticating the Activities of Jesus*, edited by Bruce Chilton, 303–321. New Testament Tools and Studies 28/2. Leiden: Brill, 1999.

–. «Die Menschwerdung des Sohnes Gottes im Neuen Testament und die antike Religionsgeschichte.» In *Menschwerdung Gottes – Vergöttlichung von Menschen*, herausgegeben von Dieter Zeller, 141–176. Novum Testamentum et Orbis Antiquus 7. Fribourg: Universitätsverlag/Göttingen: Vandenhoeck & Ruprecht, 1988.

–. «Gott bei Philo von Alexandrien.» In *Der Gott Israels im Zeugnis des Neuen Testaments*, herausgegeben von Ulrich Busse, 32–57. Quaestiones Disputatae 201. Freiburg/Basel/Wien: Herder, 2003. (= DERS. *Studien zu Philo und Paulus*, 13–36. Bonner Biblische Beiträge 165. Göttingen/Bonn: Vandenhoeck & Ruprecht Unipress/University Press, 2011.)

–. «La metamorphose de Jésus comme épiphanie (Mc 9,2–8).» In *L'Evangile exploré: Mélanges offerts à Simon Légasse à l'occasion de ses soixante-dix ans*, publié sous la direction de Alain Marchadour, 167–186. Lectio Divina 166. Paris: Éditions du Cerf, 1996.

ZIAS, Joseph and Eliezer SEKELES. «The Crucified Man from Giv'at ha-Mivtar: A Reappraisal.» *Israel Exploration Journal* 35 (1985): 22–27.

ZIEBRITZKI, Henning. *Heiliger Geist und Weltseele: Das Problem der dritten Hypostase bei Origenes, Plotin und ihren Vorläufern*. Beiträge zur Historischen Theologie 84. Tübingen: Mohr Siebeck, 1994.

ZIEGLER, Konrat. Art. «Plutarchos (2) von Chaironeia.» In *Paulys Realencyclopädie der classischen Altertumswissenschaft,* 21/1: 636–962. München: Alfred Druckenmüller, 1951.

ZIMMERLI, Walther. *Ezechiel: 1. Teilband Ezechiel 1–24*. 2., verbesserte, durch ein neues Vorwort und einen Literaturnachtrag erweiterte Aufl. Biblischer Kommentar Altes Testament 13/1. Neukirchen-Vluyn: Neukirchener, 1979.

ZIMMERMANN, Franz. «Des Claudianus Mamertus Schrift: ‹De statu animae libri tres›.» *Divus Thomas* 1 (1914): 238–256. 332–368. 440–495.
ZINTZEN, Clemens. «Mystik und Magie in der neuplatonischen Philosophie.» *Rheinisches Museum* 108 (1965): 71–100. (= DERS. *Athen – Rom – Florenz: Ausgewählte Kleine Schriften*, herausgegeben von Dorothee Gall und Peter Riemer, 53–96. Hildesheim: Olms, 2000.)
ZÖCKLER, Theodor. «Hilarion von Gaza. Eine Rettung.» *Neue Jahrbücher für deutsche Theologie* 3 (1894): 146–178.
ZÖLLNER, Frank. *Vitruvs Proportionsfigur: Quellenkritische Studien zur Kunstliteratur im 15. und 16. Jahrhundert.* Manuskripte für Kunstwissenschaft in der Wernerschen Verlagsgesellschaft. Worms: Werner, 1987.
ZUNTZ, Günther. «Baitylos and Bethel.» *Classica et Mediaevalia* 8 (1945): 169–219.

STELLENREGISTER

Von Marie-Christin Barleben und Almut Bockisch

BIBLICA

Vetus Testamentum
Genesis
1,26: 93 f., 500 Anm. 249; 101 f., 507 f. Anm. 281; 183, 567 Anm. 27; 351, 707 Anm. 518; 362 f., 714 f. Anm. 569
1,27: 44, 546 Anm. 14
1,28: 363, 714 f. Anm. 569
12,7: 250, 615 Anm. 15
17,1: 250, 615 Anm. 15
28,11: 65, 475 f. Anm. 123
31,13: 50, 460 f. Anm. 42
Exodus
3,14 LXX: 63, 473 Anm. 13
19,9–20,22: 295, 675 Anm. 249
19,16: 295, 675 Anm. 249
20,4–6: 41 f., 454 f. Anm. 2
23,20: 107, 511 Anm. 302
24,10: 65, 475 f. Anm. 123
33,11: 185, 569 Anm. 39
33, 18: 358, 712 Anm. 553
33,20: 43, 455 Anm. 4; 278, 639 f. Anm. 60 f.
33,30: 358, 712 Anm. 553
34,29 f.: 280, 642 Anm. 174
Numeri
12,8: 22, 443 Anm. 13; 25
23,19 LXX: 64, 474 Anm. 116
Deuteronomium
4,24: 87, 495 f. Anm. 225;
100 f., 506 Anm. 278
6,4: 22, 442 Anm. 11
12,5–6: 65, 475 f. Anm. 123
Regnorum II
6,2: 51, 462 Anm. 50
15,7: 50, 460 Anm. 41
Regnorum III
6,23–25: 51, 462 Anm. 50
8,6 f.: 51, 462 Anm. 50
19,12: 52, 463 Anm. 55
Paralipomenon I
28,18: 182, 566 Anm. 22
Psalmi
8,4: 223, 593 Anm. 210
8,6: 44, 456 f. Anm. 15
22,2: 409, 754 Anm. 163
91/90,4 LXX: 102, 506 f. Anm. 281
99,1: 51, 462 Anm. 50
99,2: 50, 460 Anm. 41
127/126,2 LXX: 405, 751 Anm. 143
Hosea
9,12: 48, 459 Anm. 34
Amos
7,7: 51, 462 f. Anm. 52
9,1: 51, 463 Anm. 53
Sacharia
4,10: 101 f., 507 f. Anm. 281
Isaias
6,1: 51, 463 Anm. 54
6,1–13: 358 f., 712 Anm. 553–557

40,12: 207, 585 Anm. 141
53,4–6 LXX: 409, 755 Anm. 165
63,1–3: 293, 655 Anm. 239; 294, 655 f. Anm. 241, 243
66,1: 94, 500 Anm. 250; 102, 507 f. Anm. 281

Ezechiel
1,4: 181, 565 Anm. 10
1,5: 181, 565 Anm. 12
1,14: 205, 583 Anm. 127
1,15f.: 182, 565 f. Anm. 17
1,19: 182, 566 Anm. 20
1,21: 182, 566 Anm. 20
1,26: 181, 565 Anm. 11; 182, 565 Anm. 16
1,27: 182, 565 Anm. 16

Daniel
3,46–50 LXX: 417, 759 Anm. 192
7,9: 49; 183, 567 Anm. 29; 197
7,13: 184, 567 Anm. 31
10,6: 222, 593 Anm. 209

Alia Biblica

Jesus Sirach (gr.)
49,10: 183, 566 Anm. 23
Jesus Sirach (hebr.)
49,8: 183, 566 Anm. 23

Novum Testamentum

Evangelium secundum Matthaeum
5,8: 293, 654 f. Anm. 238
6,9: 99
10,28: 293
12,41: 405
17,2: 406, 751 f. Anm. 146
Evangelium secundum Marcum
4,37–41: 404, 750 Anm. 142
4,40: 397, 745 Anm. 115
14,32: 408, 753 Anm. 154
14,33: 408, 753 Anm. 157
14,34: 408, 753 Anm. 155
14,36: 408, 753 Anm. 156
14,38: 408, 754 Anm. 158
15,34: 409, 754 Anm. 163
Evangelium secundum Lucam
9,29: 406, 753 Anm. 147
11,32: 405
24,39: 394, 742 Anm. 97; 395, 397, 745 Anm. 115
Evangelium secundum Iohannem
1,14: 407, 753 Anm. 152
1,18: 358, 712 Anm. 553
4,24: 301, 661 f. Anm. 276
17,21: 387, 736 Anm. 66
Liber actuum Apostolorum
8,10: 598 Anm. 230
14,11: 375, 724 Anm. 8
Ad Corinthios I
15,28: 236, 605 Anm. 274
Ad Galatas
5,6: 309, 668 Anm. 314
Ad Philippenses
2,6: 307, 667 Anm. 308
4,7: 309, 668 Anm. 314
Ad Colossenses
1,15a: 406, 752 Anm. 150
2,9: 377, 725 Anm. 15
Ad Timotheum I
6,16: 308; 344; 347; 355
Epistula Petri I
2,21–25: 409, 754 Anm. 164
2,24 f.: 409, 755 Anm. 165
Epistula Iohannis I
3,2: 306 f., 666 Anm. 304

Pseudepigrapha, Apocrypha, Acta Martyrum

I/II Henoch (äth. /slaw.)
I, 37–71: 184, 568 Anm. 34
II, 22,1: 185, 568 f. Anm. 37
5. Esra
2,43: 601 Anm. 250
Acta Iohannis
89: 392, 741 Anm. 91

STELLENREGISTER 871

90,3: 232, 602 Anm. 250
93: 391, 740 Anm. 87
Acta Petri
  20: 387, 736 Anm. 66
  22: 366, 719 Anm. 589
Apocalypsis Abraham
  18: 186, 570 Anm. 41
Ascensio Isaiae
  9,27: 187, 570 Anm. 43
Evangelium Petri
  10,39f.: 232, 602 Anm. 251

Acta Acacii
  4,6 (SQS.NF 3, 59,25–28): 378,
  727 Anm. 21
Martyrium Polycarpi
  15,2: 417, 760 Anm. 193
Passio SS. Perpetuae et Felicitatis
  10,8: 601 Anm. 250
Passio SS. Philippi ep. Heracleae et
  sociorum
  545–548, bes. 546 F: 50, 562
  Anm. 47

IUDAICA

Hekhalot-Literatur
Hekhalot Rabbati
  § *68:* 222, 593 Anm. 208
  § *102:* 204, 581 Anm. 118
  § *159:* 203, 581 Anm. 117
  § *167:* 212, 589 Anm. 163; 221,
  593 Anm. 204
Hekhalot Zutarti
  § *335:* 204, 582 Anm. 119
  § *352:* 205, 583 Anm. 127; 594
  Anm. 128
  § *356:* 584 Anm. 129
  § *367:* 219, 592 Anm. 194
  § *407:* 204, 582 Anm. 120
Merkava Rabba
  § *688:* 203, 581 Anm. 115
  § *699:* 209, 586 Anm. 148; 220,
  592 Anm. 198; 222, 593 Anm. 209
  § *705:* 246, 612 Anm. 314
Sefer ha-Qoma
  Zz. *12–21:* 215, 591
  Anm. 180
Shi'ur Qoma
  § *939 nach M40 (293,30 Schäfer):*
  207, 585 Anm. 140
  § *939 nach M40 (293,30–36 Schäfer):*
  212, 587 Anm. 159

  § *948f. nach M40 (294,2–34*
  Schäfer): 217, 591 Anm. 186
  § *948 nach M40 (294,11 f. Schäfer):*
  219, 592 Anm. 197
  § *948f. nach M40 (294,19 Schäfer):*
  217, 591 Anm. 183
  § *949 nach M40 (294,25 f. Schäfer):*
  222
  § *950 nach M40 (294,37–53 Schäfer):*
  217 f., 591 Anm. 187
  § *950 nach M40 (294,50–53 Schäfer):*
  207, 585 Anm. 141
  § *950 nach M40 (294,52 Schäfer):*
  208, 585 f. Anm. 145
  § *951 nach M40 (294,58–61 Schäfer):*
  218, 591 Anm. 191
Siddur Rabba
  Zz. *1–6:* 215, 591 Anm. 179
Geniza-Fragmente
  G8: 212, 587 f.
  Anm. 159
  G11: 217, 591
  Anm. 184

Mischna
Chagiga
  2,1: 199, 579 Anm. 100

Megilla
  4,10: 199, 578 Anm. 98

Midraschim
Bereschit Rabba
  8,1 zu Gen 1,26: 602 Anm. 252
  20,12 zu Gen 5,21: 280, 641
  Anm. 172

Wajiqra Rabba
  20,1 zu Lev 16,1: 280, 641 Anm. 171

Tosefta
Chagiga
  2,3: 200, 579 Anm. 104, 105
Megilla
  4,6: 578 Anm. 97

AUCTORES CHRISTIANI

Aeneas Gazeus
Theophrastus sive de animarum immortalitate et corporum resurrectione dialogus
  46,5 f. Colonna: 715 Anm. 571

Agathonicus
Fides Agathonici
  22,4–20: 411 f., 756 f. Anm. 172
  23,18–27. 24,8–10: 413, 757
  Anm. 176
  25,9–16: 412, 757 Anm. 173

Ambrosius Mediolanensis
De Isaac vel Anima
  78 f.: 299, 659 Anm. 263
Expositio evangelii secundum Lucam
  I 24–27 (CChr.SL 14, 18,370–20,430): 306, 666 Anm. 300
  I 24 (CChr.SL 14, 18,377–19,385): 665 f. Anm. 302
  I 25 (CChr.SL 14, 19,93–99): 306, 666 Anm. 303
Homiliae in Hexaëmeron
  I 6,23: 492 Anm. 210

Anastasius Sinaitica
Viae Dux
  XII 2,18 (CChr.SG 8, 203,197 f.): 258, 621 Anm. 53

Anonymus
Apophthegmata Patrum
  48 (Arsenius 10): 357, 711 Anm. 548
  306 (Theophilus 3): 336, 692
  Anm. 442
  870 (Sopater 1): 362, 714 Anm. 566

Anonymus
Epistula synodica patriarchatum orientalium ad Theophilum Imperatorem
  28,1–5: 245, 612 Anm. 31

Anonymus
Epistula ad Sapaudum
  CPL 984: 540 Anm. 25

Anonymus
Vita Aphunis
  2,7: 345, 703 Anm. 493
  5,1 f.: 346, 703 Anm. 497
  5,3: 346, 704 Anm. 500
  5,4: 346, 704 Anm. 498; 350, 706 Anm. 514
  6,1 f.: 346, 704 Anm. 501
  7,8–8,11: 347, 704 Anm. 502
  10,1: 348, 705 Anm. 504
  10,2–9: 348, 705 Anm. 505
  11,1–3: 348 f., 705 Anm. 506
  12,11: 356, 711 Anm. 542

STELLENREGISTER 873

Anonymus Cyzicenus
Historia Ecclesiastica
  II 14,1–2: 363, 715 Anm. 569
  II 15,6–8: 363, 715 Anm. 570

Apolinarius Laodicenus
Fides secundum partem
  31: 255, 620 Anm. 44

Aristobulus
  fr. 2: 53–55, 464 Anm. 61, 62, 63,
    465 Anm. 65, 70
  fr. 4: 55, 465 Anm. 67, 68

Aristophanes
Nubes (Scholia)
  830 g: 129, 527 Anm. 87

Arnobius Maior
Adversus nationes
  III 12: 224, 594 Anm. 212

Arnobius Iunior
Conflictus Arnobii et Serapionis
  II 2,5,14: 158, 546 Anm. 74
  II 2,5,15 f.: 158, 546 Anm. 75
  II 2,5,19 f.: 158, 546 Anm. 76

Ps.-Athanasius
De anima et corpore
  64–70 (1: 5 Wurst): 253, 617 f.
    Anm. 29
  83 (1: 6 Wurst): 618 Anm. 31
  135 (1: 10 Wurst): 253, 618
    Anm. 34
  270 (1: 16 Wurst): 254, 619
    Anm. 36
  334–347 (1: 24 f. Wurst): 619
    Anm. 39
  360 (1: 26 Wurst): 255, 620
    Anm. 42

Athenagoras
Supplicatio pro Christianis
  6,4: 83, 491 Anm. 209
  36: 503 Anm. 263

Augustinus
De beata vita
  4: 171, 561 Anm. 172
Confessiones
  III 12: 170, 559 Anm. 165
  V 19: 170, 559 Anm. 162
  VII 1: 169, 558 Anm. 158, 558 f.
    Anm. 159; 170, 559 Anm. 164
  VII 9,13: 299, 658 Anm. 260
  VII 20,26: 299, 659 Anm. 261
  IX 10,23–25: 299, 660 Anm. 265
  IX 10,24: 300, 660 Anm. 268
  IX 10,24: 301, 661 Anm. 273
Contra epistulam fundamenti
  12: 561 Anm. 169
  13: 170, 560 Anm. 167
  43: 171, 560 Anm. 168
De civitate Dei
  VI 10: 67
  XIII 19,49: 549 f. Anm. 100
  XXII 15: 396 f., 744 Anm. 111
  XXXI 10: 158, 546 Anm. 74
De Genesi ad litteram libri duodecim
  VII 21: 168 f., 558 Anm. 156
De Genesi contra Manichaeos
  27: 559 f. Anm. 166
De haeresibus ad Quodvultdeum
  86: 562 Anm. 177
De moribus ecclesiae catholicae et de moribus Manichaeorum
  I 17: 170, 559 Anm. 163
De quantitate animae
  2: 172, 562 Anm. 174
  4: 172, 562 Anm. 175
  77: 172, 562 Anm. 176
Enchiridion
  59: 158, 546 Anm. 74

Epistulae
　92,2: 302, 662 Anm. 278, 279
　92,3: 302, 662 Anm. 280
　92,5: 302, 662 Anm. 277
　92,6: 302, 662 Anm. 281
　92A: 303, 662 Anm. 282
　147,3: 304, 663 Anm. 288; 664 Anm. 292
　147,4: 304, 663 Anm. 289
　147,5: 303, 663 Anm. 287
　147,6: 305
　147,7: 305, 665 f. Anm. 295
　147,9 f.: 665 Anm. 298
　147,12–17: 666 Anm. 301
　147,20: 306 f., 666 Anm. 304
　147,22: 307, 666 f. Anm. 306
　147,19: 666 f. Anm. 307
　147,26: 661 Anm. 274
　147,28: 667 Anm. 308
　147,29: 307, 667 Anm. 309, 310
　147,31: 667 f. Anm. 311
　147,33 f.: 308 f., 668 Anm. 314
　147,38: 663 f. Anm. 291
　147,44: 308, 668 Anm. 312
　147,51: 663 Anm. 286
　158,8: 161, 549 Anm. 97
　205,1,2: 395, 743 Anm. 107
　238,15: 543 Anm. 47
Retractationes
　I 8,1: 171, 561 Anm. 173
Soliloquia
　II 17,31: 561 Anm. 171

(Ps.-?)Barnabas
Epistula Barnabae
　6,13: 94, 500 Anm. 251

Basilius Caesariensis
Epistulae
　366: 736 Anm. 67
Homiliae in Hexaëmeron (Scholia)
　I 11: 83, 491 f. Anm. 210, 211

Ps.-(?)Basilius Caesariensis
Homilia de creatione hominis
　I 5 (SC 160, 176,4–10): 595 Anm. 216
　I 5 (SC 160, 176,11–178,19): 225, 594 Anm. 215

Besa
Vita Sinuthii
　§ 10: 370, 721 Anm. 602

Iohannes Cassianus
Collationes
　X 2,1–3 (CSEL 13, 287,3–24): 341 f., 698 f. Anm. 474
　X 3,1 f. (CSEL 13, 288,22–25): 351, 706 f. Anm. 518
　X 3,3 (CSEL 13, 288,22–25): 351, 707 Anm. 519
　X 3,4 (CSEL 13, 289,7–14): 352, 707 Anm. 520
　X 4,1 (CSEL 13, 289,7–14): 352, 708 Anm. 523
　X 5,1 (CSEL 13, 289,7–14): 353, 708 Anm. 525
　X 5,1 (CSEL 13, 290,9–11): 353
　X 5,1 (CSEL 13, 289,9–12): 691 Anm. 434

Claudianus Mamertus
De statu animae
　Praef. (CSEL 11, 18,2 f.): 149
　Praef. (CSEL 11, 18,4 f.): 540 Anm. 29
　Praef. (CSEL 11, 19,6 f.): 542 Anm. 39
　I 1: 162, 163, 550 Anm. 108, 109
　I 2: 163, 550 Anm. 110
　I 4: 163, 550 Anm. 111, 112
　I 5: 164, 550 f. Anm. 113
　I 7: 164, 551 Anm. 114
　I 12: 164, 551 Anm. 116

I 16: 164, 551 Anm. 117
I 17: 164, 551 Anm. 118
I 19–21: 165, 551 f. Anm. 119
I 23: 165, 552 Anm. 120
I 24: 165, 552 Anm. 123 f.
I 25: 165, 552 Anm. 121, 122
II 3: 166, 553 Anm. 128, 553 f.
Anm. 131, 554 Anm. 132
II 4: 166, 554 Anm. 133
II 5: 166, 554 Anm. 134
II 7: 166, 553 Anm. 130; 167, 554
Anm. 135, 136, 137, 138; 554
Anm. 140
II 8: 555 f. Anm. 143, 144
II 9: 168, 556 Anm. 146, 147; 557
Anm. 151, 154
II 11: 562 f. Anm. 180
II 12: 173, 563 Anm. 181, 182, 183
III 5: 173, 563 Anm. 185
III 9: 173, 563 Anm. 186
III 16,3 bzw. 5: 174, 563 f.
Anm. 187
Epilogus: 564 Anm. 189
Epistula apud Sidonium
Epistulae IV 2,2: 150, 541 Anm. 30

Clemens Alexandrinus
De providentia
fr. 37: 97, 504 Anm. 266
Excerpta ex Theodoto
10,1 (III, 109,16–20): 241, 609
Anm. 294
45,3–46,2 (III, 121,13–16): 240, 609
Anm. 293
Paedagogus
III 60,2 f. (I, 270,17–23): 718 f.
Anm. 587
III 61,1 (I, 270,27–31): 366, 719
Anm. 588
Stromata
I 51,1: 78, 487 Anm. 188
III 59,3: 387, 735 f. Anm. 64

III 91,1: 384, 734 Anm. 55; 385,
735 Anm. 60
III 95,2: 386, 735 Anm. 61
III 103,3: 97, 504 Anm. 267
IV 109,2: 637 f. Anm. 149
IV 116,2: 272, 634 Anm. 128
VII 108,1 f.: 384, 733 Anm. 54
V 77,1: 187; 188; 571
Anm. 47, 48
V 77,2: 187, 571 Anm. 46; 188
V 89,1: 469 Anm. 86
V 89,2-4: 78, 487 Anm. 188
V 94,3: 60, 469 Anm. 88; 97
V 98,1–134,1: 59, 469 Anm. 87
V 99,4: 60, 469 Anm. 88; 97
V 102,2: 136, 533 Anm. 119
V 106–108: 60, 469 Anm. 89
V 109,1: 60, 469 Anm. 90
V 109,2 f.: 57, 466 f. Anm. 75, 76
VII 22,1: 57, 467 Anm. 77; 60,
470 Anm. 93

Ps.-Clemens Romanus
Homiliae
II 15,1 f. (I, 40,25–41,6): 638
Anm. 155
II 44,2 (I, 53,12 f.): 279, 640
Anm. 166
XVI 10,4 (I, 223,8–11): 270, 632
Anm. 114
XVI 19,1–3 (I, 226,22–227,1): 633
Anm. 116
XVII 3,3 (I, 230,6 f.): 269, 632
Anm. 110
XVII 3,5–7 (I, 230,12–16): 269, 632
Anm. 111
XVII 7,2 (I, 232,13–1): 633
Anm. 117
XVII 7,2–6 (I, 232,16–233,1):
270 f., 633 Anm. 119
XVII 7,3 (I, 232,18): 278, 640
Anm. 165

XVII 7,3 (I, 232,17–20): 406, 752 f.
Anm. 148
XVII 8,1 (I, 233,4–7): 273, 635
Anm. 137
XVII 8,3–5 (I, 233,4–19): 274,
635 f. Anm. 138
XVII 8,9 (I, 233,29–234,3): 636
Anm. 143
XVII 9,1–10,3 (I, 234,7–235,2):
275, 637 Anm. 145
XVII 10,1 (I, 235,5–9): 275, 637
Anm. 148
XVII 10,2 (I, 234,21–235,2): 277,
639 Anm. 156
XVII 10,5 (I, 235,5–9): 277, 639
Anm. 157
XVII 10,5 (I, 235,7–9): 633
Anm. 120
XVII 11,2 (I, 235,11–14): 277, 639
Anm. 158
XVII 16,2–6 (I, 238,9–16): 278,
639 f. Anm. 161
XX 7,6f. (I, 272,21–26): 281, 643
Anm. 182
Recognitiones Clementinae
III 30,5: 640 Anm. 163
VIII 15,4: 82, 491 Anm. 207

Commodianus
Instructiones adversus gentium
I 18,5: 520 Anm. 47

Cosmas Indicopleustes
Topographia Christiana
X 17: 317, 674 Anm. 349

Cyrillus Alexandrinus
Solutiones ad Tiberium
1 (137 Wickham): 355, 710
Anm. 533
De dogmatum solutione
Quaestio 1 (549,3–8 Pusey): 355,
710 Anm. 534
Responsio 1 (549,9–17 Pusey): 355,
710 Anm. 535
Responsio 1 (550,1–6 Pusey): 710
Anm. 536
Responsio 1 (550,6–10 Pusey): 355,
710 f. Anm. 537

Cyrillus Scythopolitanus
Vita S. Sabae
41: 338, 695 Anm. 455

Ps.-Dionysius Areopagita
De divinis nominibus
4,7: 204 f., 583 Anm. 126
De mystica theologia
1,1: 193, 574 f. Anm. 76

Dionysius Cartusianus
Sermo Septimus in Festo Johannis
Apostolae et Evangelistae
31: 192, 575 Anm. 73

Epiphanius Constantiensis
Ancoratus
54,1: 361, 714 Anm. 565
De fide
13,5: 695 Anm. 454
Panarion haereses
19,1,1 sowie 2,1: 599 f. Anm. 241
19,1,4: 596 f. Anm. 223; 598
Anm. 229
19,2,1: 227, 597 f. Anm. 227
19,4,1–2: 230, 600 Anm. 242
30,17,6f.: 231, 600 f. Anm. 245
31,7,2: 603 Anm. 263
31,13,4: 605 Anm. 272
31,17,12: 240, 609 Anm. 293
33,3,1–7,10: 235, 604 Anm. 265
34,3,4: 235, 604 Anm. 266
34,3,4: 235, 604 Anm. 267
34,4,7: 235 f., 605 Anm. 271

STELLENREGISTER 877

34,4,11 und 5,1: 236, 606 Anm. 275
34,5,5–7: 237, 606 f. Anm. 279
34,6,4: 237, 606 Anm. 277
30,14,3: 738 Anm. 78
30,17,6: 390, 738 f. Anm. 81
42,3–5: 391, 739 Anm. 84
53,1,9: 232, 601 Anm. 246
64,4,1: 327, 683 Anm. 399
70,2,4f.: 703 Anm. 491
70,15,5: 703 Anm. 492

Epiphanius Monachus
Vita Mariae
302**,5: 611 Anm. 305
302**,5–8: 612 Anm. 309

Eusebius Caesariensis
Praeparatio Evangelica
III 9,9: 487 Anm. 187
VIII 9,38: 53, 464 Anm. 60
VIII 10,1: 53, 464 Anm. 61
VIII 10,2–5: 54, 464 Anm. 62
VIII 10,5: 55, 465 Anm. 70
VIII 10,7: 54, 464 f. Anm. 63
VIII 10,8: 54, 465 Anm. 64
VIII 10,9: 55, 465 Anm. 70
VIII 10,9–17: 54, 465 Anm. 65
IX 29,5: 186, 569 f. Anm. 40
XIII 12,3–8: 55, 465 Anm. 67
XIII 12,7: 55, 465 Anm. 68
XIII 13,1–65: 59, 469 Anm. 87
XIII 13,27: 136, 533 Anm. 119
XIII 13,36: 60, 469 f. Anm. 90, 92
XV 7: 81, 490 Anm. 204
XV 13,5: 96, 503 Anm. 260
XV 14,1: 483 Anm. 167
Historia ecclesiastica
IV 26,2 (GCS Eusebius II/1, 382,7 Schwartz): 249
IV 26,2 (GCS Eusebius II/1, 382,3.5 Schwartz): 616 Anm. 21

V 24,5 (GCS Eusebius II/1, 492,3–6 Schwartz): 613 Anm. 6
VI 8,1–3 (GCS Eusebius II/2, 534,15–336,6 Schwartz): 337, 694 Anm. 451
VI 38 (GCS Eusebius II/2, 592,24–594,2 Schwartz): 227, 598 Anm. 228

Eusebius Emesenus
Sermones
20,1: 293, 654 Anm. 236
20,2: 293, 654 f. Anm. 237
20,4: 655 Anm. 238
20,24: 294, 656 Anm. 244
20,25: 295, 656 Anm. 245
20,39f.: 295, 656 Anm. 246
21,2: 295 f., 657 Anm. 250
21,2: 297, 658 Anm. 255
24,19: 296, 657 Anm. 253
24,25: 297, 658 Anm. 257
24,25: 298, 658 Anm. 258
24,28: 297, 658 Anm. 256
25,6: 296

Eustratius
Vita Eutychii
IV 33: 750 Anm. 137

Evagrius Ponticus
Capita Gnostica
I 35: 688 Anm. 420
III 25: 688 Anm. 421
IV 19: 686 Anm. 413
De malignis cogitationibus
43: 331, 687 f. Anm. 419
De oratione
3 (PG 79, 1168 C): 329, 685 Anm. 409
57 (PG 79, 1181 A): 327, 682 Anm. 395; 330, 685 Anm. 410
67 (PG 79, 1181 C): 685 Anm. 411

69 (PG 79, 1181 D): 331, 689
Anm. 426
72 (PG 79, 1181 D): 331 f., 689
Anm. 427
Epistula ad (Ps.)-Melaniam
29: 331, 687 Anm. 417
Epistula fidei
2,7: 330, 685 f. Anm. 412
Practicus
64: 331, 687 Anm. 418

Evagrius Scholasticus
Historia Ecclesiastica
IV 39: 402 f., 750
Anm. 136

Faustus Rhegiensis
Epistulae
3: 152-156; 159; 542 Anm. 44,
46; 543 Anm. 53, 54; 544
Anm. 58, 59, 60; 544 f.
Anm. 62; 546 f. Anm. 80;
547 Anm. 81; 563 Anm. 184;
564 Anm. 189
5: 159; 546 f. Anm. 80

Gennadius Massiliensis
De viris illustribus
34 (TU 14/1, 73,23–74,12 Richardson): 700 Anm. 481
34 (TU 14/1, 74,9–12 Richardson): 344, 701 Anm. 483
84: 151, 541 Anm. 36
86: 152, 542 Anm. 40
Liber sive diffinitio ecclesiasticorum dogmatum
11 f.: 158, 546 Anm. 77

Gregorius Iliberritanus
Tractatus Origenis
XIV 8: 733 Anm. 52

Gregorius Nazianzenus
Testamentum
158,4–7: 327, 683 Anm. 397

Hermas
Pastor Hermae
83,1: 232, 602 Anm. 250

Hermias
Irrisio gentilium philosophorum
II: 491 Anm. 210

Hieronymus
Commentarii in epistulam Pauli apostoli ad Galatas
III ad 6,8 (CChr.SL 77A, 214, Raspanti): 734 Anm. 56
Commentaria in Esaiam
III 4 in Esaiam 6,2: 712 Anm. 555
Contra Iohannem Hierosolymitanum
1 (CChr.SL 79A, 5,11–6,15 Feiertag): 676 Anm. 359
5 (CChr.SL 79A, 11,1–7 Feiertag): 680 Anm. 380
8 (CChr.SL 79A, 15,16–22 Feiertag): 324, 680 Anm. 382
10 (CChr.SL 79A, 18,13–22 Feiertag): 320, 676 Anm. 360
11 (CChr.SL 79A, 20,14–22 Feiertag): 677 Anm. 361
11 (CChr.SL 79A, 20,22–33 Feiertag): 321, 677 Anm. 362
14 (CChr.SL 79A, 24,19–32 Feiertag): 677 Anm. 363
37 (CChr.SL 79A, 73,32–35 Feiertag): 675 Anm. 355
37 (CChr.SL 79A, 73,42–73,54 Feiertag): 679 f. Anm. 377
De viris illustribus
24,2: 251, 615 Anm. 17; 252
24,3: 614 Anm. 7

STELLENREGISTER 879

80,1–3: 284, 644 Anm. 188
91,1–3: 292, 654 Anm. 231
Epistulae
 18A, 7 (CSEL 542, 82,17–85,2
 Hilberg): 359, 713 Anm. 559
 51 (CSEL 542, 395,5–412,5
 Hilberg): 322, 678 Anm. 367
 51,1 (CSEL 542, 396,18–397,24
 Hilberg): 321, 678 Anm. 365
 51,3 (CSEL 542, 400,4–7 Hilberg):
 322, 678 Anm. 368, 369; 326
 51,6 f. (CSEL 542, 406,24–407,3.
 407,9–19 Hilberg): 705 Anm. 503
 82,1 (CSEL 552, 107,19–108,10
 Hilberg): 681 Anm. 386
 82,5 (CSEL 552, 112,8–10 Hilberg):
 325, 681 Anm. 385
 82,8 (CSEL 552, 114,21–115,2
 Hilberg): 321, 678 Anm. 366
 92 (CSEL 552, 147,1–155,2 Hilberg):
 316, 673 Anm. 338; 693 Anm. 448
 92,1 (CSEL 552, 147,18–24
 Hilberg): 694 Anm. 449
 92,1 (CSEL 552, 147,25–148,9
 Hilberg): 337, 694 Anm. 450
 92,2 (CSEL 552, 149,11–19
 Hilberg): 338, 691 Anm. 433; 696
 Anm. 460
 92,3 (CSEL 552, 150,11–20
 Hilberg): 316, 673 Anm. 339, 340
 92,4 (CSEL 552, 152,15–20
 Hilberg): 339, 697 Anm. 465
 92,4 (CSEL 552, 152,20–23
 Hilberg): 697 Anm. 467
 92,6 (CSEL 552, 154,3–12 Hilberg):
 692 Anm. 441
 124,9 (CSEL 56/12, 110,4–12
 Hilberg): 331, 686 Anm. 416

Hilarius Pictaviensis
De Psalmo
 118 Koph 8: 157, 546 Anm. 73

In Matthaeum
 V 8: 157, 546 Anm. 72

Hippolytus
Refutatio omnium haeresium
 I 21,1: 78, 487 Anm. 186
 VI 42,2: 235, 603 f. Anm. 264
 VII 38,3: 739 Anm. 84
 VIII 10,7: 389, 737 Anm. 71
 VIII 10,3: 389, 737 Anm. 72
 X 16,6: 390, 738 Anm. 80
 IX 13,1: 598 Anm. 229
 IX 13,1–3: 229, 599
 Anm. 237; 232,
 602 Anm. 353
 IX 14,1: 599 Anm. 239
 IX 15,1.3: 232, 601
 Anm. 248

(Ps.-?)Ignatius Antiochenus
Epistula ad Ephesios
 1,1: 414, 757 Anm. 179
 1,2: 414, 758 Anm. 180
Epistula ad Magnesios
 10,1: 415, 758 Anm. 185
Epistula ad Romanos
 2,1: 415, 758 Anm. 183
 6,3: 415, 758 Anm. 182
 8,1: 415, 758 Anm. 184
Epistula ad Smyrnaeos
 2: 732 Anm. 46
 5,2: 732 Anm. 49

Ps.-Ignatius Antiochenus
Epistula ad Trallianos
 10,4–6: 732 f. Anm. 50

Iohannes Damascenus
Sacra Parallela
 Nr. 107: 388, 736
 Anm. 68

Ps.-Iohannes Damascenus
Epistula ad Theophilum imperatorem de sanctis et venerandis imaginibus
PG 95, 349,17–22: 244, 611 Anm. 308
PG 95, 349,23–26: 243, 611 Anm. 306
PG 95, 349,26–42: 243, 611 Anm. 304

Iohannes Grammaticus
Adversus Monophysitas
CChr.SG 1, 69,1–3 Richard: 399, 747 Anm. 122

Irenaeus
Adversus haereses
I 2,6: 605 Anm. 272
I 4,5: 240, 609 Anm. 293
I 13,5: 235, 604 Anm. 268
I 13,6: 235, 604 Anm. 266
I 13,7: 235, 604 Anm. 267
I 14,1: 235 f., 605 Anm. 271
I 14,2: 606 Anm. 275
I 14,4: 237, 606 Anm. 277
I 14,3: 237, 606 f. Anm. 279
I 24,2: 382, 731 Anm. 44
III 18,1: 264, 626 Anm. 81; 267
III 22,2: 387, 736 Anm. 65
IV 20,5: 265; 627 Anm. 84 f., 88
V 6,1: 263, 512 Anm. 314; 385, 734 f. Anm. 58 f.; 625 Anm. 74; 627 Anm. 83
V 16,2: 264, 626 Anm. 82
Demonstratio apostolicae praedicationis
5: 263, 626 Anm. 77
10: 263, 626 Anm. 77
11: 262, 624 f. Anm. 70
32: 264, 626 Anm. 78 f.

Iulianus Halicarnassensis
Additiones Iuliani
fr. 16: 401, 748 Anm. 131
fr. 17: 402, 748 f. Anm. 132
fr. 52: 401, 748 Anm. 130

Iustinianus Imperator
Tractatus adversus impium Origenem
ACO III, 202,18–203: 693 Anm. 446
ACO III, 202,23–23: 713 Anm. 562

Iustinus Martyr
Dialogus cum Tryphone
2,6: 96, 503 Anm. 260
67,5 f.: 735 Anm. 62
114,3: 223 f., 593 Anm. 210

Ps.-Iustinus Martyr
De resurrectione
7: 266, 628 f. Anm. 89
9: 397, 745 Anm. 115

Lactantius
De ira Dei
2,9 f.: 287, 647 Anm. 202
4,2: 287, 648 f. Anm. 206
4,6: 288, 649 Anm. 207
4,11: 288, 649 Anm. 208
5,1–3: 288, 649 Anm. 209
5,9 f.: 288, 649 Anm. 211
6,1: 289, 649 Anm. 212
7,3–5: 289, 650 Anm. 214
15,3 f.: 289, 650 Anm. 215
15,5: 650 Anm. 216
15,10–12: 650 Anm. 217
17,13: 287, 648 Anm. 204
17,17: 287, 648 Anm. 205
18,13 f.: 289, 651 Anm. 219
De opificio Dei
8,3: 285, 645 Anm. 193
Divinae Institutiones
I 5,26 (BiTeu I, 20,13–15 Heck/Wlosok): 648 Anm. 203
IV 4,2 (BiTeu II, 320,10 Heck/Wlosok): 285, 645 Anm. 191

Leontius Byzantinus
Contra Aphthartodocetas
PG 86, 1325 B: 400, 747 Anm. 126
PG 86, 1329 B: 400, 747 Anm. 125

Ps.-Macarius/Symeon
Homiliae
XX 1: 642 Anm. 177

Maximus Confessor
Capita de substantia
PG 91, 264: 97, 504 Anm. 266

Melito
Fragmenta
fr. VIIIb, 423*: 260, 623 Anm. 62
fr. XIII A, Zz. 334–343: 254, 619 Anm. 38
fr. XIII B, Zz. 578: 259, 622 Anm. 59
De Pascha
9,58f.: 258, 621 Anm. 49
55,389–391: 259, 622 Anm. 57
55,390–56,392: 618 Anm. 30; 621 Anm. 54
55,391: 618 Anm. 35
56,392–397: 258 f., 621 f. Anm. 55
96,715f.: 621 Anm. 52

Methodius
De resurrectione
III 10,2: 501 Anm. 253

Nemesius Emesenus
De natura hominis
5,165f.: 491 f. Anm. 210
6,173f.: 296, 657 f. Anm. 254

Origenes
Commentarii in Genesim
D 11 (Metzler): 89, 496 Anm. 230; 102, 507 f. Anm. 281; 249, 614 Anm. 8; 250, 615 Anm. 15; 511 Anm. 305
Commentarii in Euangelium Iohannis
VI 55,287: 294, 655 Anm. 241
XIII 21,123: 100, 505 f. Anm. 276
XIII 21,124f.: 101, 506 Anm. 278
XIII 21,125: 101, 506 Anm. 279
XIII 21,125f.: 82, 490 f. Anm. 206
XIII 21,130–22,131: 101, 506 Anm. 280
Commentarium in Cantia Canticorum
Prologus
1,7: 200, 579 Anm. 101
Contra Celsum
I 15: 92, 499 Anm. 245
I 21: 78, 486 Anm. 185
IV 14: 78, 487 Anm. 185
VI 71: 77, 486 Anm. 182; 103, 507 Anm. 284; 104, 508 Anm. 285
VII 33: 273, 654 Anm. 135
VII 38: 63, 472 Anm. 110; 111, 512 Anm. 315
VII 43: 103, 507 Anm. 282
De oratione
15,1: 333, 690 Anm. 432
23,3: 99, 505 Anm. 273
De principiis
Prol.: 153, 543 Anm. 47
I praef. 8: 89, 497 Anm. 234; 90, 498 Anm. 237, 238, 239; 395, 743 Anm. 103
I praef. 9: 91, 498 f. Anm. 240; 105, 509 Anm. 292
I 1,1: 87, 495 Anm. 225; 88, 496 Anm. 227, 229
I 1,2: 98, 504 Anm. 270
I 1,6: 103, 507 Anm. 283; 295, 656 Anm. 247; 330, 686 Anm. 415
I 1,9: 103, 507 Anm. 282
I 1,28: 104, 509 Anm. 289
I 7: 153, 543 Anm. 47
I 7,5: 100, 505 Anm. 275

II 4,3: 99, 505 Anm. 272; 105, 488
   Anm. 290
IV 2,7: 111, 515 Anm. 315
IV 3,15: 105, 509 Anm. 291; 153,
   543 Anm. 47, 48, 49
IV 4,5: 105, 509 Anm. 291
IV 4,6: 100, 505 Anm. 274
Dialogus cum Heraclide
   § 12: 78, 479 Anm. 185
Fragmenta ex Homilia in Psalmum 82
apud Eusebium Historia Ecclesiastica
   VI 38: 227, 598 Anm. 228
Homiliae in Genesim
   3,1: 92, 499 Anm. 243
   3,2: 92, 499 Anm. 244
   I 13: 94, 500 Anm. 249, 250
Homiliae in Isaiam
   1,2: 359, 712 Anm. 556
Homiliae in Leviticum
   IX 11: 84, 501 Anm. 253

Palladius Helenopolitanus
Dialogus de vita Sancti Chrysostomi
   3: 341, 698 Anm. 469
   6: 316, 673 Anm. 342; 316, 674
     Anm. 343
Historia Lausiaca
   38: 331, 688 Anm. 423
   55: 322, 679 Anm. 371

Photius
Bibliotheca
   Codex 244: 55, 466
     Anm. 71, 72

Prudentius
Apotheosis
   453: 116, 513 Anm. 13

Rufinus
Apologia contra Hieronymum
   II 15: 322, 679 Anm. 373

Commentarium Origenis in Cantica
Canticorum Prologus
   1,7: 200, 579 Anm. 101
Prologus in Clementis Recognitionis
   2: 322, 679 Anm. 370

(Ps.-?)Sextus
Sexti Sententiae
   13: 337, 695 Anm. 453
   273: 337, 694 Anm. 452

Severus Antiochenus
Epistulae
   2: 256, 620 Anm. 45

Sidonius
Epistulae
   IV 3,2: 149, 540 Anm. 27
   IV 3,6f.: 149, 540 Anm. 28
   IV 11,1: 151, 541 Anm. 33
   IV 11,6: 151, 541 Anm. 34, 35
   V 2: 150, 541 Anm. 31

Sinuthius
Contra Origenistas
   19: 371, 721 Anm. 604
Opus sine titulo (Canones)
   Canon III: 371, 723
     Anm. 611

Socrates Scholasticus
Historia Ecclesiatica
   II 9,1–3: 290, 651 Anm. 222
   II 9,1f.: 292, 653 Anm. 228, 229
   II 9,41f.: 291, 652 Anm. 224
   VI 2,1–12: 325, 681 f. Anm. 388
   VI 7,1: 313, 670 Anm. 326
   VI 7,3: 313, 670 Anm. 327
   VI 7,4: 317, 674 Anm. 345
   VI 7,7f.: 335, 692 Anm. 438
   VI 7,8: 344, 701 Anm. 485

Sozomenus
Historia Ecclesiastica
VIII 11,1: 313, 670 Anm. 328
VIII 11,2: 313, 670 Anm. 329
VIII 11,3–4: 335, 692 Anm. 439
VIII 11,5: 335, 692 Anm. 440

Tatianus
Oratio ad Graecos
25,3: 96, 503 Anm. 261

Tertullianus
Adversus Marcionem
II 11,2: 286, 489 f. Anm. 200
II 16,1: 286, 489 Anm. 199
II 27,1: 286, 489 Anm. 198
II 27,5: 107, 511 Anm. 302
III 8,2 f.: 381, 730 Anm. 37
III 9,1: 108, 511 Anm. 304; 381, 730 Anm. 39
III 10,2: 381, 731 Anm. 40
IV 4,3: 269, 631 Anm. 108
Adversus Praxean
7,8: 106, 510 Anm. 296
27,4: 379, 728 Anm. 24
27,6: 378, 727 Anm. 23
27,7 f.: 379, 728 Anm. 25
Apologeticum
47,6: 78, 487 f. Anm. 189; 106, 509 Anm. 293
50,7 f.: 338, 696 Anm. 458
De anima
5,2: 157, 545 Anm. 69
22,2: 156, 545 Anm. 65
De carne Christi
2,1 f.: 381, 731 Anm. 43
11,3–4: 157, 545 Anm. 70
11,4: 107, 510 Anm. 298; 379, 728 Anm. 30
15,2: 379, 728 Anm. 28; 391, 740 Anm. 86

De praescriptione haereticorum
30,1–2: 269, 631 Anm. 108

Ps.-Tertullianus
Adversus omnes haereses
6,1: 380, 730 Anm. 35
6,5: 390, 739 Anm. 82

Theodoretus Cyrrhensis
Commentaria in Isaiam
XIX 63,2: 294, 656 Anm. 243
Epistulae
82: 380, 729 Anm. 32
Graecarum Affectionum Curatio
II 113: 78, 487 Anm. 187
III 72: 60, 470 Anm. 92
Historia monachorum
26,12: 371, 722 Anm. 606
26,22: 371, 722 Anm. 607
26,23: 371, 722 f. Anm. 610

Theophilus Alexandrinus
Epistulae
fr. 7: 342 f., 700 Anm. 479
fr. 8 (63,34 f. Richard): 339, 697 Anm. 463
fr. 8 (64,1–3 Richard): 339, 697 Anm. 464
Tractatus contra Origenem de visione Esaie
2 (OWD 10, 338,1–11 Fürst/Hengstermann): 358, 712 Anm. 553
2 (OWD 10, 342,15–23 Fürst/Hengstermann): 359 f., 713 Anm. 560
2 (OWD 10, 338,21 f. Fürst/Hengstermann): 359, 712 f. Anm. 557
2 (OWD 10, 338,22–24 Fürst/Hengstermann): 359, 712 Anm. 554

Zacharias Rhetor Mitylenaeus
Ammonius sive De mundi opificio disputatio

248–260: 364, 716 Anm. 575
1233–1241: 364, 716 Anm. 574

ALII AUCTORES

Aëtius
Placita philosophorum
 I 3,18: 70, 480 Anm. 154
 I 6,1: 290, 651 Anm. 220
 I 7,33: 75, 485 Anm. 175
 I 14,6: 84, 492 f. Anm. 214

Agathias
Historiae
 II 21: 207, 584 f. Anm. 139

Alcinous
Epitome doctrinae Platonicae sive Διδασκαλικός
 7,4: 217, 591 Anm. 182
 10,7: 95, 502 Anm. 256, 257; 147, 538 Anm. 15
 10,8: 96, 503 Anm. 259
 14,7: 147, 538 Anm. 16
 15,2: 148, 539 Anm. 19
 15,4: 147, 538 Anm. 17

Alexander Aphrodisiensis
De mixtione
 3: 76, 485 f. Anm. 178

Anonymus
Acta Alexandrinorum
 8. Acta Hermaisci: 126, 523 Anm. 66

Apuleius
De Platone et eius dogmate
 5,190: 128, 526 Anm. 80; 145, 536 Anm. 3

 I 9,199: 160, 547 f. Anm. 88
 I 192: 167, 555 Anm. 139
Metamorphoses
 XI 17,1: 128, 526 Anm. 79; 145, 536 Anm. 2

Aristoteles
De anima
 I 2, 404 b 31: 89, 497 Anm. 232
 II 7, 418 b 7–9: 80, 490 Anm. 201
De caelo
 I 2, 269 a 30–34: 80, 487 Anm. 197
 I 2, 269 b 13–17: 79, 488 Anm. 191
 I 3, 269 b 18–23: 80, 489 f. Anm. 200
 I 3, 270 b 20–24: 80, 489 Anm. 198
 I 5, 271 b–273 a: 27, 460 Anm. 41
 I 10, 270 a 18–21: 399, 746 Anm. 119
 II 4, 286 b 10–287 b 21: 80, 489 Anm. 199
Ethica Nicomachea
 II 4, 1105 b 21–23: 289, 650 Anm. 218
Historia Animalium
 511 b 17: 121, 519 Anm. 42
 521 b 6: 121, 519 Anm. 42
Metaphysica
 I 10, 1059 a 5–12: 399, 746 Anm. 119
 VII 3, 1029 a 2–7: 269, 632 Anm. 112
 XIII 1, 1075 a 32–37: 27, 446 Anm. 39
 XIII 2, 1077 b 12–16: 27, 446 Anm. 39

STELLENREGISTER 885

XII 7, bes. 1072 a 25 f.: 29, 448
  Anm. 48
Physica
  IV 1, 209 a 16: 89, 497 Anm. 232
  IV 4: 270, 632 Anm. 113
Poetica
  21, 1457 b 7–9: 31 f., 450 Anm. 59,
  60; 46, 450 Anm. 23
Politica
  I 2, 1253 a 24–27: 114, 455 Anm. 6

Ps.-Aristoteles
De melisso
  7, 977 b 19 f.: 58, 468 Anm. 79

Arius Didymus
Physica
  fr. 29,8: 84, 492 f. Anm. 214

Atticus apud Eusebii Praeparationem
evangelicam
  XV 13,5: 96, 503 Anm. 260

Chariton
De Callirhoe narrationes amatoriae
  II 2,5 f.: 130, 529 Anm. 90
  III 2,14: 131, 529 Anm. 91
  III 2,16 f.: 132, 529 Anm. 94
  III 6,4: 131, 529 Anm. 93
  VII 5,3: 132, 529 Anm. 95
  VIII 1,3: 132, 529 Anm. 95

Cicero
Academia priora
  II 17: 305, 664 Anm. 294
  II 126: 84, 492 Anm. 213
De divinatione
  II 27,40: 70, 480 Anm. 152
  II 58: 128, 526 Anm. 81
De natura deorum
  I 12,30: 72, 481 f. Anm. 161
  I 15,39: 74, 484 Anm. 171

  I 15,41: 75, 484 Anm. 172
  I 25 f.,71: 69 f., 479 f.
    Anm. 150
  II 24,64: 83, 492 Anm. 212
Epistulae ad Atticum
  II 20[40],3: 46, 458 Anm. 26
Orator
  27,94: 46, 458 Anm. 26
Tusculanae disputationes
  I 10,22: 79, 488 Anm. 194

Claudius Ptolemaeus
Optica
  II 1: 389, 737 Anm. 74

Cleanthes
Fragmenta apud Iohanni Stobaei
Anthologium I 1,12
  Hymnus: 75, 485 Anm. 174

Cornutus
Theologiae Graecae compendium
  I: 83, 492 Anm. 212

Damascius
In Platonis Phaedonem commentaria
  I 551 (Westerink): 161, 549 f.
    Anm. 100
  I 168,5–8 (Westerink): 162, 550
    Anm. 105
Vita Isidori (Historia Philosophorum)
  fr. 174: 116, 514 f. Anm. 18,
    19

(Ps.-?)Demetrius Lacon
De forma dei
  3: 71, 481 Anm. 158
  5: 71, 481 Anm. 158

Dio Chrysostomus
Orationes
  XII: 120, 518 Anm. 38

XII 52: 120, 518 Anm. 39;
146, 537 Anm. 7
XII 59f.: 122, 518 Anm. 40
XII 62: 123, 519 Anm. 44, 45
XII 81: 122, 518 Anm. 41

Diodor Siculus
Bibliotheca historica
Xl 3,4: 55, 466 Anm. 71

Diogenes Laertius
Vitae Philosophorum
II 116: 129, 527 Anm. 85
VII 134: 73, 483 Anm. 166
VII 135-137: 83, 492 Anm. 212
VII 137: 339, 633 Anm. 119
VII 147: 44, 256 Anm. 11; 74, 484 Anm. 170
IX 27: 338, 695 Anm. 456
IX 59: 338, 696 Anm. 457
X 139: 69, 479 Anm. 148

Epicurus
Ratae sententiae
I: 69, 479 Anm. 148

Epictetus
Dissertationes ab Arriano digestae
I 6,23: 120, 517 Anm. 32

Euclides
Optica definitiones
1: 389, 737 Anm. 73

Eudorus Alexandrinus
Fragmenta apud Simplicii *In Aristotelis physicorum libros commentaria*
I 5: 226, 595 f. Anm. 219

Eunapius
Vitae Sophistarum
VI 11,6: 369, 420 f. Anm. 599

Galenus
De methodo medendi
II 7: 73, 482 Anm. 164
De placitis Hippocratis et Platonis
V 3,15: 213, 589 Anm. 168
VII 5,31–41: 273, 635 Anm. 133
VII 7,25: 160, 548 Anm. 89
De temperamentis
I 9: 214, 590 Anm. 177

Ps.-Galenus
Historia philosophorum
16: 69, 479 Anm. 147

Ps.-Heraclitus
Allegoriae
67,6f.: 46, 457 Anm. 20

Herennius Philo
Phoenicica apud Eusebii *Praeparationem Evangelicam*
I 10,16: 50, 461 Anm. 43
I 10,23: 50, 461 Anm. 44

Hermias Alexandrinus
In Platonis Phaedrum scholia
I 64: 161, 549 Anm. 97
II 15: 161, 549 Anm. 98

Herodotus
Historiae
II 6,3: 207, 584 f. Anm. 139; 22, 599 Anm. 236
V 53,1: 207, 584 f. Anm. 139

Hesiodus
Opera et dies
251–253: 116, 514 Anm. 14
Theogonia
33: 133, 530 Anm. 103
105: 133, 530 Anm. 103

Hesychius
Π 659: 207, 585 Anm. 139

Hierocles
In aureum Pythagoreorum carmen commentarius
26,1 f.: 161, 549 Anm. 97

Homerus
Ilias
I 194–198: 135, 532 Anm. 113
III 396–398: 135, 532 Anm. 115
V 339: 134, 531 Anm. 105
V 339–342: 134, 531 Anm. 110
V 341: 134, 531 Anm. 107
V 870: 134, 531 Anm. 105
XVI 381: 134, 531 Anm. 105
XVI 670: 134, 531 Anm. 105
XVI 680: 134, 531 Anm. 105
XVI 867: 134, 531 Anm. 105
XVII 194: 134, 531 Anm. 105
XVII 202: 134, 531 Anm. 105
XX 358: 134, 531 Anm. 105
XXII 9: 134, 531 Anm. 105
XXIV 460: 134, 531 Anm. 105
Odyssea
V 347: 134, 531 Anm. 105
V 197–200: 134, 531 Anm. 108
VII 260: 134, 531 Anm. 105
VII 265: 134, 531 Anm. 105
VIII 365: 134, 531 Anm. 105
X 222: 134, 531 Anm. 105
XI 330: 134, 531 Anm. 105
XVII 485–487: 66, 477 Anm. 130; 375, 725 Anm. 10
XVIII 191: 134, 531 Anm. 105
XXIV 59: 134, 531 Anm. 105
XXIV 445: 134, 531 Anm. 105
Hymni Homerici in Cererem
275 f.: 272, 634 Anm. 125
275–281: 135, 532 Anm. 111

Iamblichus
De anima
26: 160, 548 Anm. 92
De mysteriis
I 19: 117, 515 Anm. 21
V 19: 117, 515 Anm. 20
V 23: 117, 515 Anm. 23, 24
VII 5: 209, 586 Anm. 150, 151
Fragmenta in Platonis Timaeum
81: 160, 549 Anm. 94
84: 160, 548 Anm. 93

Ps.-Iamblichus
Theologumena Arithmeticae
1: 226, 596 Anm. 221
6: 275, 636 Anm. 144; 276, 638 Anm. 153
7: 276, 638 Anm. 151

Iohannes Philoponus
In Aristotelem De anima
I prooemium (CAG XV, 9,4–9 Hayduck): 80, 489 Anm. 195

Iohannes Lydus
De ostentis prooemium
8: 126, 523 Anm. 67

Iohannes Stobaeus
Anthologium
I 1: 61, 471 Anm. 99
I 1,12: 75, 485 Anm. 174
I 3,9: 239, 578 Anm. 92
I 8,42: 73, 482 Anm. 164
I 10,16c: 84, 492 f. Anm. 214
I 21,5: 84, 492 f. Anm. 214
I 49,60: 159, 547 Anm. 83
II 7,13: 136, 533 Anm. 119

Flavius Iosephus
Bellum Iudaicum
VI 304 f.: 408 f., 754 Anm. 161

Lucianus
De Syria dea
　10: 125, 523 Anm. 65; 145, 537 Anm. 4
Imagines
　4: 127, 525 Anm. 74

Lucretius
De rerum natura
　VI 75–78: 70, 479 Anm. 149

Macrobius
Somnium Scipionis
　I 11,12: 161, 549 Anm. 95; 161, 550 Anm. 101
　I 12,13f.: 161, 549 Anm. 96
Saturnalia
　I 20,16f.: 68, 478 Anm. 144; 209, 556 Anm. 147

Marcus Aurelius
Ad se ipsum
　III 3: 122, 519 Anm. 42

Maximus Tyrius
Dissertationes
　XI 12: 116, 514 Anm. 15

Melissus
Fragmenta apud Simplicii
In Aristotelis physicorum libros commentaria
　I 2: 274, 636 Anm. 139

Olympiodorus
In Platonis Alcibiadem commentarii
　17 ad Platonis Alcibiadem I 103 A/B: 161, 549 Anm. 99

P. Ovidius Naso
Fasti
　IV 337–348: 127, 525 Anm. 77
Metamorphoses
　I 83: 115, 513 Anm. 7
　VIII 626f.: 375, 725 Anm. 9

Pausanias
Graeciae descriptio
　I 24,3–5: 124, 521 Anm. 56
　I 26,6: 126, 524 Anm. 69
　III 15,7: 125, 522 Anm. 63
　V 11,1-12,2: 119, 517 Anm. 30
　V 11,4–6: 120, 517 Anm. 33
　V 11,9: 120, 517 Anm. 34
　V 13,8: 115, 513 Anm. 9
　IX 33,6: 125, 522 Anm. 62
　X 32,6: 124, 521 Anm. 54

Petronius
Satyrica
　17,5: 132, 528 Anm. 98

Philo Alexandrinus
De Abrahamo
　30: 134, 531 Anm. 106
De agricultura
　54: 134, 531 Anm. 106
De confusione linguarum
　98: 64, 474 Anm. 116
　135: 66, 477 Anm. 131
　156: 83, 492 Anm. 212
De decalogo
　32: 64, 474 Anm. 116
　47: 66, 476 Anm. 128
De gigantibus
　8: 84, 494 Anm. 217
De opificio mundi
　25: 407, 753 Anm. 151
　69: 64, 474 Anm. 115
　135: 84, 494 Anm. 219
De plantatione
　3: 84, 493 Anm. 216
　18f.: 84, 494 Anm. 219

De posteritate Caini
  4: 65, 475 Anm. 121
  7: 64, 474 Anm. 118
De sacrificiis Abelis et Caini
  94–97: 64, 474 Anm. 117
De somniis
  I 21: 84, 493 Anm. 215
  I 61–64: 65, 475 Anm. 123
  I 232 f.: 66, 477 Anm. 130
  I 237: 64, 474 Anm. 116
  I 184: 65, 475 Anm. 122
Legum allegoriae
  I 36: 65, 475 Anm. 120
  III 161: 84, 494 Anm. 219
Quaestiones in Genesim
  I 42: 66, 479 Anm. 129
  III 6: 84, 493 Anm. 216
  IV 8: 84, 493 Anm. 216
Quaestiones in Exodum
  II 73: 84, 493 Anm. 216
Quod Deus sit immutabilis
  53: 64, 474 Anm. 116
  55: 66, 477 Anm. 132
  56: 134, 531 Anm. 106
  57: 66, 476 Anm. 127
  57–59: 64, 474 f. Anm. 119
  62: 64, 474 Anm. 116
  69: 64, 474 Anm. 116
Quis rerum divinarum heres sit
  283: 84, 494 Anm. 218

Philodemus
De Diis
  I col. 2,7–11: 71, 481 Anm. 160
  III fr. 8,6: 71, 480 Anm. 155
  III fr. 9,3: 71, 481 Anm. 156
  III col. 11,13 und 19 f.: 71, 481 Anm. 159
De pietate
  II: 74, 483 Anm. 169; 74, 484 Anm. 171

16: 75, 484 Anm. 172; 75, 484 Anm. 173
Rhetorica
  III col. 4: 46, 458 Anm. 24
  IV col. 14: 46, 458 Anm. 24

Philo Mechanicus
Mechanicae Syntaxis
  IV 1: 214, 590 Anm. 175

Pindarus
Carmen Nemeanum
  VI 1–3: 136, 532 f. Anm. 118

Plato
Leges
  XI 931 A: 123, 519 Anm. 46
Parmenides
  137 B: 61, 471 Anm. 100
  137 D–138 A: 61, 471 Anm. 102
  139 E–140 A: 61, 471 Anm. 101
Phaedo
  67 A: 165, 553 Anm. 127
  67 D: 253, 618 Anm. 33
  78 B–80 B: 68, 478 Anm. 142
  85 E: 89, 497 Anm. 232
Phaedrus
  246 C/D: 62, 472 Anm. 105, 108
  246 D: 61, 470 Anm. 97; 62, 464 Anm. 106
  246 D 1: 147, 538 Anm. 12
Respublica
  II 379 A: 113, 513 Anm. 1
  II 379 B: 61, 470 Anm. 96
  II 381 C: 61, 470 f. Anm. 98
  II 380 D–381 D: 66, 477 Anm. 130
  II 381 C: 133, 530 Anm. 99; 272, 634 Anm. 126
  II 382 A: 133, 530 Anm. 100
  VI 508 B: 424, 765 Anm. 31

VI 509 B: 61, 471 Anm. 103; 100,
506 Anm. 277
Sophista
246 A/B: 62, 472 Anm. 104
248 E/249 A: 62, 472 Anm. 107
Timaeus
30 C 9–31 A 1: 147, 538 Anm. 11
34 A/B: 68, 477 f. Anm. 139
36 E–37 A: 68, 478 Anm. 141
40 A: 147, 537 f. Anm. 10
41 A: 117, 515 Anm. 22
45 B/C: 273, 634 f. Anm. 130
47 B/C: 68, 478 Anm. 142
92 C: 68, 478 Anm. 140

Ps.-Plato
Alcibiades
I 130 C: 111, 512 Anm. 315
Axiochus
365 E–366 A: 60, 469 Anm. 88
Epinomis
981 C: 79, 488 Anm. 192
984 D–985 B: 79, 488 Anm. 193
984 D 3–E 1: 147, 538 Anm. 14
985 A 3–7: 147, 538 Anm. 14
Hippias maior
296 E: 204, 583 Anm. 124
296 E: 272, 634 Anm. 127

Plinius Maior
Naturalis historiae
XXXVI 4,21: 127, 525 Anm. 74

Plotinus
Enneades
I 6 9,44: 204, 582 Anm. 122
VI 7 33,255: 204, 583 Anm. 125

Plutarchus
Moralia
3. De Audiendo 13, 45 C/D:
214, 590 Anm. 176

15. Regum et imperatorum apophthegmata Alex. 16, 80 E: 134, 531
Anm. 110
21b. De Alexandri Magni fortuna et
virtute II 9, 341 B: 134, 531
Anm. 110
23. De Iside et Osiride 71, 379 C:
121, 519 Anm. 43
60. De facie in orbe lunae 12, 926
C/D: 75, 485 Anm. 177
67. Platonicae quaestiones 8,4, 1007
C/D: 68, 478 Anm. 143
70. De Stoicorum repugnantiis 41,
1053 A: 84, 492 f. Anm. 214
72. De communibus notitiis adversus
Stoicos 30,1073 E: 73, 482
Anm. 164
Vitae parallelae
Alexander 28, 681 B: 134, 531
Anm. 110
Comparatio Aristidis et Cato-
nis 31[4],2, 354 F: 134, 531
Anm. 106
Coriolanus 38,1–3, 232 B/C: 128,
526 Anm. 81

Porphyrius Tyrius
De Antro Nympharum
11: 159, 547 Anm. 83
Fragmenta De regressu animae
301 (Smith): 161, 549 f. Anm. 100
Fragmenta ex ignoto opere
382 (Smith): 159, 547 Anm. 83

Proclus
Commentarii in Platonis Timaeum
I ad Platonis Timaeum 23 F: 161,
549 Anm. 97
III ad Platonis Timaeum 32 D/ 33
A: 160, 547 Anm. 86
III ad Platonis Timaeum 36 B: 161,
549 Anm. 97

STELLENREGISTER 891

IV ad Platonis Timaeum 37 D: 191,
575 Anm. 69
IV ad Platonis Timaeum 40 B/C:
161, 549 Anm. 97
IV ad Platonis Parmenidem 133 B:
191, 575 Anm. 70
V prol.: 161, 549 Anm. 97
V ad Platonis Timaeum 41 A: 161,
549 Anm. 97
V ad Platonis Timaeum 41 D/E:
161, 549 Anm. 97
In Platonis Cratylum commentaria
73 ad Platonis Cratylum 391 D/E:
161, 549 Anm. 97
In Platonis Rem Publicam commentarii
II 196,24–30: 148, 566
Anm. 20
II 197,12–16: 148, 566 Anm. 20
Institutio theologica
207: 160, 547 Anm. 86
Theologia Platonis
I 24: 204, 583 Anm. 123
III 5: 160, 547 Anm. 86
III 11: 204, 583 Anm. 123

Michael Psellus
Opuscula philosophica
38: 162, 579 Anm. 104

Oracula Chaldaica
fr. 150: 209, 586 Anm. 149
PG 122, 1132 c 1: 209, 586
Anm. 149

Sallustius
De dies et mundo
15: 129, 527 Anm. 86; 134, 531
Anm. 106

L. Annaeus Seneca
De ira
I 1,3f.: 288, 649 Anm. 210

De superstitione
fr. 36: 127, 524 f. Anm. 73
Divi Claudii apocolocyntosis
8,1: 290, 651 Anm. 221
Fragmenta
fr. 65 (Vottero): 67, 477
Anm. 134

Sextus Empiricus
Adversus Mathematicos
IX 25: 44, 455 f. Anm. 9
IX 123–126: 84, 492 f.
Anm. 214
IX 144: 58, 469 Anm. 81; 67,
477 Anm. 135

Simplicius
In Aristotelis Categorias commentarius
II b 11: 155, 543
Anm. 57
In Aristotelis physicorum libros
commentaria
I 2 ad p. 184 b 15: 58, 468
Anm. 80

Strabo
Geographica
VIII 3,30: 119, 516 Anm. 29; 123,
520 Anm. 50
XI 11,5: 207, 584 f. Anm. 139
XVI 2,35: 44, 456 Anm. 12

Suetonius
De vita caesarum
2. Divus Augustus 91: 127, 525
Anm. 75

Synesius
De insomniis
6: 161, 550 Anm. 102
7: 159, 547 Anm. 84, 85

Teucer
De duodecim signis
   VII, 194,15: 238, 607 Anm. 280

Themistius
Orationes
   VI 78a: 136, 533 Anm. 119

Tryphon
De tropis
   I: 46, 458 Anm. 25

Vettius Valens
Anthologiae

Vitruvius
De architectura
   III 1,2: 214, 590 Anm. 173
   III 1,3: 213 f., 590 Anm. 172
   III 1,7: 208, 585 Anm. 143

Xenophon
Expeditio Cyri
   II 2,6: 207, 584 f. Anm. 139

CORPORA, SAMMLUNGEN

Anthologia Graeca
   IX 58: 118, 515 Anm. 26
   XVI 81: 517 Anm. 29
Corpus Hermeticum
   I 1: 232, 601 Anm. 249
   XVII: 123, 520 Anm. 48
Asclepius
   6: 82, 491 Anm. 208
Doxographi Graeci
   305,15–306,11: 75, 485 Anm. 175
   313b,1f.: 84, 492 f. Anm. 214
   537: 63, 472 Anm. 111
   546b,28–36: 74, 483 Anm. 169

   608,16–609,1: 44, 455 Anm. 9
   654,1–3: 83, 492 Anm. 210
Florilegium Edessenum
   12: 255, 620 Anm. 43
Gesta Ephesina
   54: 318, 674 Anm. 351, 352
Scriptores Historiae Augustae
   XVII. *Aeli Lampridii Antoninus Heliogabalus*
   3,4: 50, 461 Anm. 46
Suda
   H 450: 116, 514 f. Anm. 18, 19; 191, 574 Anm. 66, 67

GNOSTICA

Anonymum Brucianum
   4: 239, 609 Anm. 289

Apokryphon des Johannes
(NHC II,1)
   p. 3,22 f.: 109, 512 Anm. 311

Pistis Sophia
   I 6: 239, 608 Anm. 286
   II 63: 239, 608 Anm. 287
Zweiter Logos des großen Seth
(NHC VII,2)
   p. 56,20–25: 109, 511 Anm. 309

INSCHRIFTEN

Didyma
  nr. 496 A, p. 299: 129, 526 Anm. 83
Corpus Inscriptionum Graecorum
  II nr. 2715: 124, 521 Anm. 57

Die Inschriften von Magnesia am Maeander
  nr. 98, p. 82-84: 126, 524 Anm. 71

MANDAICA ET MANICHAICA

Codex Manichaicus Coloniensis
  p. 94,9 f.: 227, 597 Anm. 224

PAPYRI, OSTRACA

Papyri Graecae Magicae
  XII 242–244: 69, 479 Anm. 145
  XIII 766–772: 69, 479 Anm. 145
  XXI 3–7: 69, 479 Anm. 145

PERSONENREGISTER

Von Marie-Christin Barleben und Almut Bockisch

ANTIKE AUTOREN

Acacius, Märtyrer 378
Aeneas von Gaza 363
Agathonicus von Tarsus 410–413
Albinus, Procurator 408
Alcibiades 229
Alcinous 95 f., 103, 147 f.
Alexander der Große 53, 55
Alexander von Alexandrien 252
Alexander von Aphrodisias 75 f.
Alexandra, Priesterin 129
Ambrosius von Mailand 63, 168, 171, 299, 305–308
Ammonius Saccas 93
Amun, Mönch 328
Anastasius vom Sinai 258
Anatolius von Laodicaea 276
Anaxarchos, Philosoph 338
Antonius, Mönch 328, 336, 365
Apelles 391
Aphu, Mönch 345–350, 355 f., 361
Apolinarius von Laodicaea 255, 281, 412
Apuleius von Madaurus 128, 145 f., 160, 167
Aqiba, Rabbi 200 f., 203, 205, 215, 220
Aratus 55
Archytas von Tarent 155, 166
Aristobul 53–55, 179 f.
Aristoteles 27, 32, 59, 63, 79–84, 88, 122, 146, 154, 160, 164, 270, 272, 286 f., 390
Arius 279, 322, 326 f., 412
Arnobius von Sicca 224 f.
Arnobius der Jüngere 158
Arsenius, Mönch 357
Athanasius von Alexandrien 252, 291, 325, 336
Athenagoras 82, 96, 266
Atticus 81
Audius 345
Augustinus von Hippo 67, 161, 165, 167–173, 175, 177, 284, 298–309, 359, 395–397
Augustus 138
Aurelius Prudentius Clemens 115

Basilius von Caesarea 83, 225, 327, 352, 388

Callixtus 229
Celsus 77, 103, 105
Cerdo 380
Chariton 130
Chrysipp von Soli 44, 74, 76–78, 84
Cicero, Marcus Tullius 46, 70–72, 79, 84, 128, 145, 161, 167, 170, 298, 305
Claudianus Mamertus 148–152, 162–168, 173–177

PERSONENREGISTER 895

Claudius, Kaiser 290
Claudius Ptolemaeus 389
Cleanthes 75
Clemens von Alexandrien 58–60, 78,
    97, 187 f., 197, 240 f., 272, 286,
    366, 384–388
Commodian 123
Consentius 395 f.
Constantinus 291
Constantius 291 f.
Cosmas Indicopleustes 317
Crispus 285
Cyrill von Alexandrien 281, 318,
    354 f., 357, 398, 401

Damascius 116, 162
Decius, Kaiser 378
Demetrius Lacon 71
Demokrit 338
Diagoras von Melos 129
Didymus der Blinde 322, 328
Dio Chrysostomus 118, 120–122, 146
Diocletian 284
Diodor Siculus 55
Diodor von Tarsus 398
Diogenes von Babylon 74–76
Diogenes Laertius 73, 129
Dionysius Areopagita 192 f.

Elagabal 50 f.
Elchasai/Elxai 227–234, 242, 390
Elisha Ben Abuyah 201
Epiktet 119
Epikur 44, 69 f., 74, 78, 287, 399
Epiphanius von Salamis 228–231, 235,
    238, 318–321, 323–327, 338, 345,
    348, 361, 390
Eratosthenes 160
Eucherius von Lyon 168
Eudorus von Alexandria 226
Euklid 389
Eunapius, Philosoph 369

Euripides 114
Eusebius von Caesarea 53 f., 59 f., 78,
    90, 227, 249, 251, 279, 291 f., 416
Eusebius von Emesa 284, 290–298
Eustathius von Antiochien 363
Eutyches, Mönch 402
Evagrius Ponticus 327–334, 339–341,
    352 f., 365
Evagrius Scholasticus 402

Faustus von Riez 148–150, 152–156,
    158 f., 161 f., 164, 166, 173–175, 177
Flavius Rufinus, Präfekt 322
Flora 235

Gaius Velleius 70 f.
Galen 160–162, 213 f., 273
Gennadius von Marseille 151 f., 158,
    343 f.
Georg von Laodicaea 290, 292
Gessius, Philosoph 364
Gregor von Elvira 384
Gregor von Nazianz 327, 330, 352
Gregor von Nyssa 352, 354

Hadrian 115
Hecataeus von Abdera 44, 55
Hecataeus von Milet 55
Heraclas von Alexandrien 360
Heracleides Ponticus 80
Ps.-Heraclitus 45 f.
Heraiscus 116 f., 191
Heraklit 78
Hermias von Alexandrien 161 f.
Herodot 207
Hesiod 116, 135 f.
Hieronymus 90, 154, 164, 251, 284 f.,
    292, 315, 318–321, 323–325, 328,
    336, 358 f., 365–367, 385
Hilarion von Gaza 365–367
Hilarius von Poitiers 157, 168
Hippolyt 78, 229–232, 388, 390

Hippon von Metapontus 166
Homer 45 f., 66, 117, 119, 122 f.,
   133–135, 272, 375

Jacobus, Mönch 337
Iamblichus 117, 155, 160, 167, 209
Ps.-Jamblich 226, 276
Jehuda, Rabbi 199
Ignatius von Antiochien 90, 382 f.,
   414–416
Johannes Cassianus 154, 164, 177,
   340–343, 351–353, 356
Johannes von Caesarea 267, 399
Johannes Chrysostomus 325
Johannes Damascenus 243, 397
Johannes von Jerusalem 318–325,
   354 f.
Johannes Lydus 126
Josephus Flavius 408
Irenaeus von Lyon 93, 234–236, 238,
   247, 254, 261–267, 282, 385, 387 f.
Isaak, Mönch 341
Isidor, Philosoph 116 f., 191
Isidor, Presbyter 319, 323–325
Italica 302 f.
Julian Apostata 115
Julian von Halikarnassus 400–402
Julius Cassianus 340–345, 351–353,
   356, 384–386, 388, 391
Justinian 314, 360, 402 f.
Justin der Märtyrer 96, 223 f., 266,
   388, 391, 397

Konstantin 228, 304

Lactantius 284–290
Leontius von Byzanz 400 f.
Lucian von Samosata 118, 125, 145 f.
Lucretius 69 f.

Macarius, Mönch 280
Macrobius 161

Mani 170, 227, 298 f.
Marcion 99, 105, 107–109, 269,
   380 f., 391
Marcus, Gnostiker 210, 234–238, 242
Marius Victorinus 167, 299
Mark Aurel 122, 128, 145
Maximus von Tyrus 86, 116
Melissus 274
Melito von Sardes 108, 247,
   249–262, 264, 266 f., 282,
   312, 353, 372
Monnica 299 f.

Natan, Rabbi 218
Nechespso 225
Nemesius von Emesa 296
Nero 67
Nestorius 355
Nicocreon von Zypern 338
Nilus, Asket 329
Novatian 390
Numenius 92

Olympiodorus 161
Origenes 63, 76–78, 82, 87–108,
   110 f., 153 f., 199, 224, 227,
   247–251, 255, 257, 259 f., 262, 266,
   278, 282, 286, 291, 293–295, 298,
   304 f., 310–313, 316–322, 324–328,
   330–342, 344, 348, 352 f., 358–360,
   364 f., 369, 372, 390, 394 f., 412,
   424
Ossius von Cordoba 363
Ovid 115, 375

Palladius von Hellenopolis 331
Pantaenus 241
Paphnutius, Mönch 342, 351
Parmenides 58, 191
Patrophilus von Scythopolis 291
Paulina 301–307, 309
Paulinianus, Mönch 321

PERSONENREGISTER

Pausanias 118–120, 123, 125
Petosiris 225
Phidias 115, 118–124, 129, 146
Philo von Alexandrien 53, 63–66, 84, 93, 98, 134, 179 f., 286, 406
Philodem von Gadara 46, 69, 71–77
Philolaus 166
Philippus von Opus 79, 147
Photin, Mönch 351–353
Photius 55
Pindar 136
Plato 55, 59–63, 66–68, 72, 80 f., 89, 95, 113, 116, 123, 128, 133, 146 f., 160, 165–167, 187 f., 204, 272 f., 363
Plotin 93, 148, 204, 299, 301
Plutarch 68, 75, 81, 118, 122, 128 f., 134, 214
Polykarp von Smyrna 416 f.
Polyklet 213 f., 233
Porphyrius 93, 148, 159 f., 165, 167, 299, 301
Posidonius von Apamea 44, 312
Praxeas 106
Praxiteles 127
Proclus 116, 160–162, 191, 204
Ptolemaeus, Gnostiker 234–236
Ptolemaeus, Philosoph 160
Ptolemaeus I. 55
Ptolemaeus VI. Philometor 53
Pythagoras 55, 78

Quartilla, Priesterin 132
Quintus Sextius 167

Rufin von Aquileia 87–89, 98, 105, 268, 318, 322–325, 328

Sabas, Mönch 337 f.
Sallustius 129
Satornil 382
Schenute 370 f.

Seneca 67, 127, 129, 287 f., 290
Serapion, Mönch 351–353, 356
Severus von Antiochien 256, 267, 401 f.
Sidonius Apollinaris 148–151, 165
Silvia, Asketin 322
Simeon Stylites 371
Simon Magus 228, 268 f., 270, 273, 277
Simplicius 154 f.
Socrates Scholasticus 290 f., 311–313, 317 f., 325, 335 f., 340, 344, 350, 353, 360
Sokrates 55, 166
Sopater, Mönch 362
Sozomenus 290 f., 311–313, 317 f., 325, 335 f., 340, 350, 360
Speusipp 61
Stilpon 129
Strabo 118, 121
Sulla 125
Synesius von Kyrene 161

Tatian 96, 390
Tertullian 14, 78, 106–108, 156–158, 162, 172, 176, 249, 261, 266, 282, 284–287, 290, 312, 338, 353, 362, 372, 378–381, 391, 394
Teucer 238
Theodor von Mopsuestia 398
Theodoret von Cyrrhus 60, 78, 294, 371
Theodotus 240
Theophilus, Kaiser 243
Theophilus von Alexandrien 314–319, 323–327, 333, 335–344, 346–350, 354–356, 358–361, 372
Tiberius, Diakon 354 f.
Timotheus Aelurus 266 f.
Timotheus von Konstantinopel 311 f.
Titus Petronius Arbiter 132

Trajan 126, 227
Tryphon 46

Valentinus 234 f., 349, 386–388
Varro 290
Vitruv 208, 213 f., 216, 233

Xenophanes 57–61, 66–68, 97, 113

Yishmaʻel, Rabbi 203, 207, 212, 215, 217, 220

Zacharias Rhetor 364
Zeno von Citium 73–75, 78, 84
Zeno von Elea 338

MITTELALTERLICHE UND NEUZEITLICHE PERSONEN

Aaron, David H. 279, 406
Aegidius Romanus 27
Alexander, Philip 373
Anselm von Canterbury 26, 29

Baltes, Matthias 161 f.
Baltzly, Dirk 76, 147
Barr, James 47 f.
Barth, Karl 31
Bauer, Walter 377
Baumgarten, Josef M. 242
Beyschlag, Karlmann 410
Bloch, Marc 35
Bodmer, Martin 261
Böhme, Jakob 13 f., 29
Bömer, Franz 165, 167, 174
Bonaventura 192
Bowersock, Glen 15
Boyarin, Daniel 373 f.
Brandt, Wilhelm 233
Brown, Peter 14 f., 39
Buber, Martin 52
Bultmann, Rudolf 421, 424
Bumazhnov, Dmitrij 266, 350 f., 361
Butler, Judith 39
Buytaert, Eligius M. 292
Bynum, Caroline Walker 15, 36–39

Chadwick, Peggy 16
Clark, Elizabeth 327

Cohen, Martin Samuel 206, 215
Courcelle, Pierre 162, 165, 299
Crone, Patricia 15

Dechow, Jon F. 328
Descartes, René 40, 376
Dionysius Cartusianus 192
Dörrie, Heinrich 160
Douglas, Mary 35
Drioton, Étienne 350

Edwards, Mark 16, 69, 111
Elias, Norbert 35
Elior, Rachel 195 f.

Feichtinger, Barbara 36
Feuerbach, Ludwig 11, 110, 427
Fichte, Johann Gottlieb 422
Finkelberg, Margalit 115, 122
Florovsky, Georges 266, 350
Fortin, Ernest L. 158 f., 165, 174
Foucault, Michel 35 f.
Frenschkowski, Marco 419
Freud, Sigmund 11, 427

Gaster, Moses 210, 242
Geertz, Clifford 46
Geest, Paul van 309
Glancy, Jennifer A. 39
Goethe, Johann Wolfgang von 12

PERSONENREGISTER

Goldstein, Jonathan 140
Golitzin, Alexander 350, 357
Gottstein, Alon Goshen 279
Gould, Graham 344
Graetz, Heinrich 210
Grillmeier, Alois Kardinal 377, 404, 412
Guillaumont, Antoine 327, 333
Gumbrecht, Hans Ulrich 375 f.

Habicht, Christian 15
Halperin, David 199
Hårleman, Einar 165
Harnack, Adolf von 107, 381, 424
Harries, Jill 150
Hartenstein, Friedhelm 45 f.
Hausherr, Irénée 333
Helmig, Christoph 16
Hengel, Martin 52
Hennecke, Edgar 233
Henry, Paul 299, 301, 430
Herrmann, Klaus 208
Himmelfarb, Martha 196
Hume, David 30

Jaeger, Werner 59, 66
Jellinek, Adolf 210
Joas, Hans 431
Johannes Gerson 192
Jones, F. Stanley 233
Jüngel, Eberhard 16, 30 f.

Kaeser, Bert 136
Kaiser, Otto 45
Kant, Immanuel 30 f., 44, 428 f.
Kantorowicz, Ernst 35, 430 f.
Kermani, Navid 429

Lamprecht, Karl 35
Lavater, Johann Caspar 422
Leibniz, Gottfried Wilhelm 30, 44, 111
Leonardo da Vinci 213 f., 216
Leonhard, Clemens 373

Lichtenberg, Georg Christoph 428
Lohmeyer, Ernst 417
Loofs, Friedrich 402
Lonergan, Bernard 194

Maimonides 21–29, 39, 111
Mauss, Marcel 35
McGinn, Bernard 193, 200
Merkelbach, Reinhold 370
Merklein, Helmut 407
Miller, Patricia Cox 38 f.
Mohrmann, Christine 312
Moss, Candida R. 16
Most, Glenn 15
Musil, Robert 421

Nautin, Pierre 323 f.
Neuwirth, Angelika 430
Newsom, Carol 195
Nietzsche, Friedrich 132

Odeberg, Hugo 210
O'Donnell, James 301
Oetinger, Friedrich Christoph 13, 29
Orlandi, Tito 261, 345
Orlov, Andrei 195 f.

Peers, Glenn 39
Peterson, Erik 393
Philipps, Thomas 411
Pines, Shlomo 279
Plowden, Edmund 430
Prestige, George Leonard 14
Psellus 162, 209

Quispel, Gilles 280

Rehm, Bernhard 282
Reitzenstein, Richard 225
Rohde, Erwin 132
Romeny, Bas ter Haar 291
Rosenzweig, Franz 52

Rubenson, Samuel 334
Rucker, Ignaz 255

Sanders, Kirk 70
Sandmel, Samuel 180
Schäfer, Peter 15, 140, 180, 189–196, 199–202, 206–208, 210 f., 215, 220 f., 232, 234, 238, 242
Schart, Aaron 52
Schelhas, Johannes 429
Schindler, Alfred 299
Schleiermacher, Friedrich Daniel Ernst 21
Schmitt, Carl 430
Schneemelcher, Wilhelm 233
Scholem, Gershom 180, 193–195, 207, 210, 220, 238
Schulze, Martin 158 f., 176
Schwartz, Eduard 267, 281 f.
Schwenckfeld, Kaspar 20, 29
Simonetti, Manlio 282 f.
Sirmond, Jacques 292
Smith, Joseph 422 f.
Sommer, Benjamin D. 32, 41, 43 f., 49–51
Spinoza, Baruch de 29 f.
Staden, Heinrich von 15
Stewart, Columba 352
Stroumsa, Guy G. 16, 109
Stroumsa, Sarah 16, 26
Strzygowski, Josef 314
Studer, Basil 309

Tanner, Jakob 34, 36
Theiler, Willy 299
Thomas von Aquin 26–29, 111, 192, 424
Tsaferis, Vasilis 409
Turner, John D. 240

Uthemann, Karl Heinz 402

Vernant, Jean-Pierre 47, 67, 133, 135 f.

Wagner, Andreas 43, 47, 52
Wainwright, William J. 13 f., 29
Waitz, Hans 268
Watts, Edward J. 336
Webb, Stephen H. 31, 423 f.
Wehnert, Jürgen 268
Weitzmann, Kurt 140, 245
Whittaker, John 65
Wickham, Lionel R. 355
Wilamowitz-Moellendorff, Ulrich von 114, 120
Wlosok, Antonie 285
Wolfson, Henry A. 430
Wurst, Gregor 251 f., 256, 427

Yuval, Israel 373

Zachhuber, Johannes 16
Zimmerli, Walther 182